市町村
第1年合本〔第1号-第6号〕

前田　郁　編輯

地方自治法研究
復刊大系〔第二四〇巻〕

市町村

第一年合本〔第一号－第六号〕

日本立法資料全集　別巻
1050

信山社

LA COMMUNE

市町村

創刊号

第一年第一号

帝國自治研究会

祝發刊

日本銀行

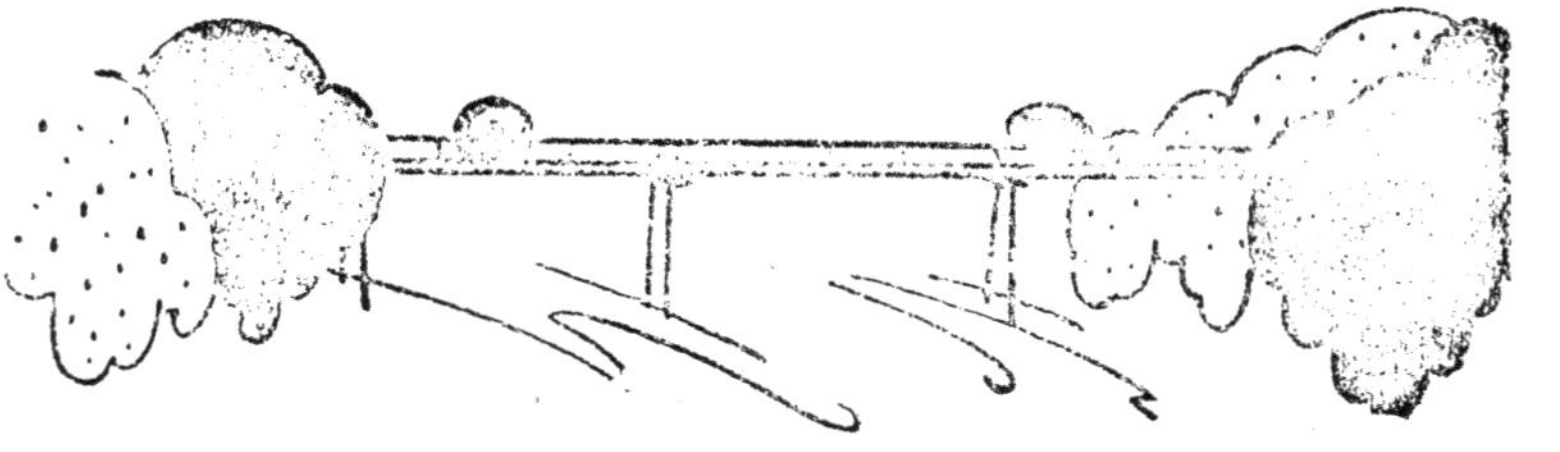

「市町村」第一卷第一號目次

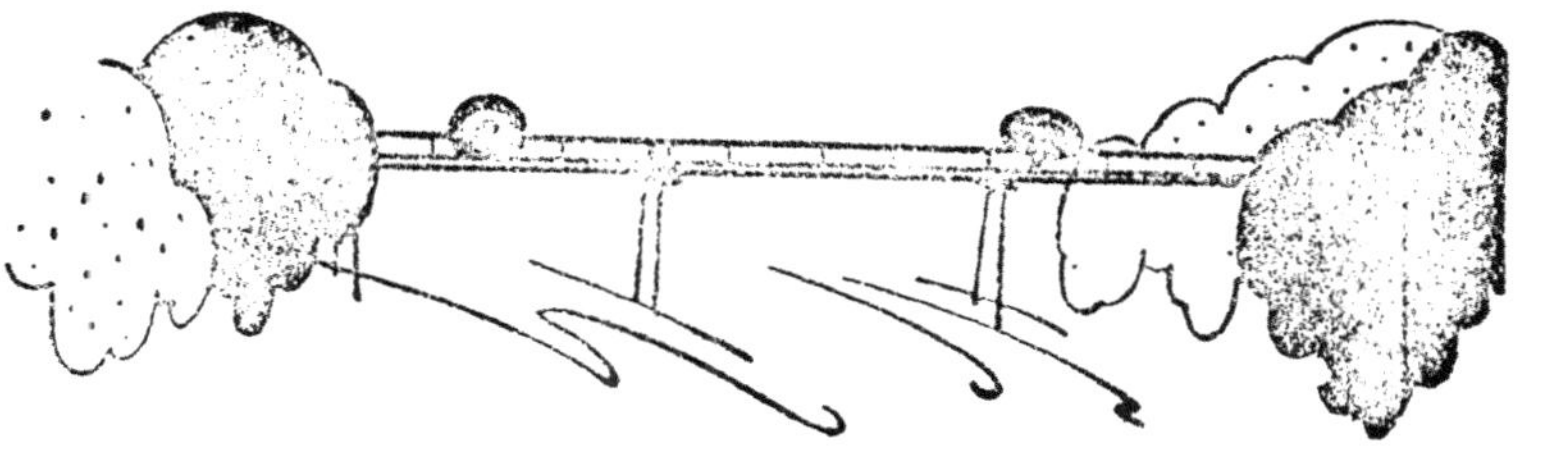

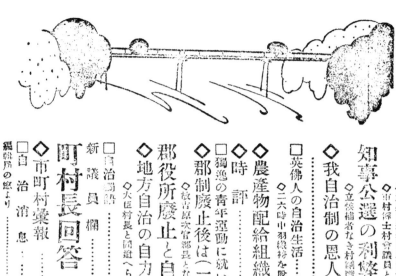

一讀して直に出來る
無病長壽幸福の秘法

大久保公雲著
アウン健康法
特價金一圓五十錢（送料共）

アウン健康法の主なる目次

一、處世の準備
一、アウン健康法の効果
一、病氣の原因
一、身體の作用
一、アウン健康術（直立時の健康術 臥床時の健康術 アウン呼吸法 睡眠時の健康術）
一、アウン安眠法
一、工場體操に就て
一、實行の方法
一、家庭と健康法
一、精神と肉體
一、心の作用
一、各器官に及ぼす影響及び治療に就て
一、現代の治療に就て
一、實行者の心得

萬病根治の新療法

大久保公雲著
アウン治療法
特價金一圓五十錢（送料共）

アウン治療法の主なる目次

一、アウン治療法
一、靈働法
一、アウン靈波法
一、同効果
一、病氣の原因除去
一、病者の飲食物
一、同統一法
一、暗示法
一、同原理
一、治療の方法
一、傳染病豫防法

發行所 東京市赤坂區青山北町三丁目十番地
アウン健康會
振替貯金口座東京五〇七九一番

澤田順次郎先生著
特價壹圓廿錢
最新形縦クロース金文字入上製箱入
○前金送料六錢（書留コテ）
○代金引換一圓四十五錢

男女望み通りの子が出來る法
（圖入）
生殖左右論

◉處女も人妻も青年も必讀の良書はコレ
本書《ほんしよ》は有名《いうめい》な性學《せいがく》の大家《たいか》澤田《さはだ》先生《せんせい》が多年《たねん》の研究《けんきう》を發表《はつぺう》せられる珍書《ちんしよ》にて男女《だんぢよ》の性慾生活《せいよくせいくわつ》と男兒でも女《ぢよ》兒《じ》でも望《のぞ》み通《どほ》りの子《こ》を生《う》む秘法《ひはふ》秘訣《ひけつ》を實物密畫廿枚《まい》寫眞《しやしん》數枚《すうまい》入にて何人《なんぴと》にも分《わか》り易《やす》く親切《しんせつ》丁寧《ていねい》に説明《せつめい》しあれば子供《こども》の欲《ほ》しい欲《ほ》しくない人《ひと》も一讀《どく》すれば人生《じんせい》無上《むじやう》の幸福《かうふく》が得《え》られる。

（内容目次の一部）
◉卵巢◉精蟲◉卵珠成熟と月經◉月經中の○○◉姙娠を望む者の心得◉姙娠と子宮◉流産の原因◉人工姙娠法◉男女の分る原因◉野合と女子◉子のない夫婦◉男兒を生む法女兒を生む法◉性交の方法懐胎中男女の別を知る法◉其の他數十項目あれど略す（市町村名記入至急注文者には景品）

珍本 處女の性慾を一冊定價四十錢 無代添付

發行所 東京四谷區本村町二 振替東京六三六九七
積文堂本店

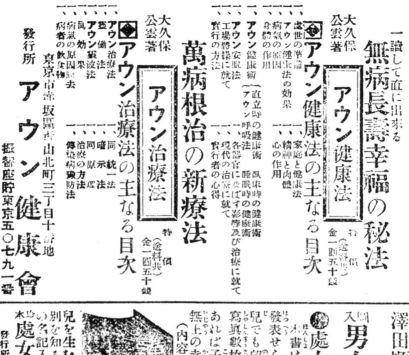

少資本にて出來る
特約店募集

不景氣、生活苦と何んぞカコツ！
本社は永久有利事業なる特約店を從來同業者が執り來りたるか如き傳統的販賣制度を排し求むるに最も簡易なる條件にて全國各市町村に一名限り特約店を一縣一郡下には一手賣捌所を募集し賣藥界に定評ある種々の權威變化粧品を販賣せしむ
本社と特藥店、一手賣捌所は家族的に互助し協力一致以て救世主たなん信念の下に活躍するものなり
特約店を優遇するの表象として左る物品を無代進呈す
商品陳列戸棚看板宣傳ビラ、ポスター其他希望者多數あり地域に限定あらば至急申込あれ選定す

中央商事株式會社
東京驛前丸ビル七四七區
電話牛込二八一四番
振替東京七〇八四一番

第一工場　東京市外上尾久村
第二工場　東京市外池袋驛前

人に誤魔化されぬ
日常百般 證文の書き方
▼本書一冊あればどんな六ケ敷い證文契約書でも間違なく書ける▼

▽必備の寶典 金錢《きんせん》の貸借《たいしやく》物件《ぶつけん》の賣買《ばいばい》貸借《たいしやく》讓《ゆづ》り渡《わた》し其他《そのた》一切《さい》の證文《しようもん》は書《か》き方《かた》が惡《わる》いと飛《と》んだ損害《そんがい》を蒙《かうむ》つたり思《おも》はぬ損害《たねん》を招《まね》く事《こと》がある。本書《ほんしよ》は日本法律研究會《ほふりつけんきうくわい》で多年《たねん》苦心研究《くしんけんきう》の結果《けつくわ》大成《たいせい》したもので△金錢《きんせん》の貸借《たいしやく》△動產《どうさん》不動產《ふどうさん》の賃貸借《ちんたいしやく》△使用人《しようにん》の雇《やと》ひ入《い》れ△約束手形《やくそくてがた》及《およ》び爲替手形《かはせてがた》△委任狀《ゐにんじやう》及び身元保證《みもとほしよう》△其他《そのた》一切《さい》の證文《しようもん》契約書《けいやくしよ》の書方《かきかた》は勿論《もちろん》△登記《とうき》强制執行《きやうせいしつかう》△民事《みんじ》刑事《けいじ》及《およ》び人事《じんじ》訴訟《そしよう》の申請《しんせい》手續《てつゞき》に至《いた》るまで一々其書式《そのしよしき》及書例《およびしよれい》を示《しめ》し誰《たれ》にも分《わか》る樣丁寧親切《ていねいしんせつ》に說明《せつめい》してあるから本書《ほんしよ》一冊《さつ》あれば高《たか》い金《かね》を拂《はら》つて辯護士《べんごし》や法律《はふりつ》の專門家《せんもんか》に賴《たの》まなくとも間違《まちがひ》のない有效《いうかう》な證文《しようもん》や契約書《けいやくしよ》をかく事《こと》が出來《でき》る。猶《なほ》附錄《ふろく》としては願書申請書式便覽が附《ふ》してあるから出產死亡還失盜《しゆつさんしばうゑんしつたう》難兵事營業其他一切《なんぺいじえいげふそのたいつさい》の願《ねが》ひ屆《とゞけ》が自由自在《じいうじざい》に書《か》ける

△四六判三百頁定價二圓 特價金一圓五十錢 小包料二十錢割引
△此の際申込限り ハガキで申込次第代金引替で送る
前金は送料當方負擔即時急送す
▼東京小石川表町三號地 決 送文館 ▽振替東京六六八〇〇番

自治制施行當時の殊勲者

（一二一頁參照）

內務大臣　山縣有朋伯　　獨逸　アルベルトモツセ

內務次官　芳川顯正　　縣治局長　末松謙澄

創刊號

大正十四年五月一日發行

巻頭言

嘗て地方自治體の經營は、何等特殊の智識若くは技術を要せざりし時代もあつた。その時代に於ては聊かの常識と、奉公の誠意とがあれば、立派に自治體の經營に任ずることも出來た。

しかし、時代が變遷し、世の中が複雜となるに從つて、自治體の有する問題も亦複雜となり、その經營も亦次第に困難となつた。それは特殊の智識と經驗とを以てするに非ざれば、解決し難い幾多の難問題を有するやうになつた。而して職業的公務員が、自治體の經營に隱然たる大勢力を有するやうになつた。こゝに新たなる治者階級は生れたのである。

これは憂ふべき傾向である。公務員は飽迄も使用人であるべきである。支配者は飽迄も人民でなければならない。そのためには、人々は準備すべきである。我等は、如何にして自治體を經營し、如何にして自治體の有する問題を解決し、如何にしてより良き自治體を造るべきかの方法と技術とを知らねばならぬ。

知ることこそは實にすべての進歩の基礎である。

民衆よ 醒めねはならぬ

自治即國民生活

――發刊の辭に代へて――

我々民衆は、國家と云ふ團體生活に於て、初めて其生活の目的を達成し得るのであつて、この團體生活を離れて、民衆の生活は全然考へられないのである、そこで、民衆の生活を充實すると云ふことは、其前提に於て、又同時に、團體共ものを充實せしむることでなくてはならない、然るに、國家の基幹となるべき團體、即ち地方自治團體に對する一般國民の態度如何、其多くは日常生活に沒頭して、自己の實生活に最も相即圓融する、唇歯輔車の關係ある團體的生活を漫然放擲し、一部の職業政治家や、多數の職業的公務員に壟斷せしめて怪まないのである、即、子女の教育をなすべき學校の問題、凡ゆる產業の問題一般民衆の娛樂運動の機關、土地開發に關する問題、其他百般の公共的施設に對してさへも、何等の興味を感ぜず、殆ど、風馬牛相關せざるの狀態である、されば今日自治政治の振興せざる、立憲政治の根本確立せざる、亦當然の事である。

蓋し、立憲政治の根底は、自治政治の確立である、未だ嘗て、自治政の運用妙機を得ずして、憲法濟美の美果を結んだことがない、明治二十三年二月十三日、市制町村制實施に際し、時の山縣內務大臣は、地方長官會議に於ける訓示の一節に、夫れ市町村制は國家行政組織上最下級の團體にして、實に國家の基礎に屬し、市町村制は此團體をして、法律の範圍內に於て、自ら其部內の事務を理治せしむるものなり、故に能く自治の機關を造成し、自治精神を發達し、人民をして市町村制の公務に鍊熟し、漸く國事に任ずるの實力を養成せしめば、以て立憲政治の根本を全ふし、國事の基礎を鞏固ならしむる。と說述して居る、彼の軍閥政治家の本尊と目せられたる故山縣公でさへ、自治政治を以て、立憲政治の根本を全ふし、國家の基礎を鞏固ならしむるに至るものと信じたのである、然るに拘らず、我國の自治政が、依然遲々として牛歩の如く、發達向上を見ないのは、一面に於て、餘りに中央集權の弊を受けて、其權限は束縛せられ、活動の範圍は狹少となり、自治生活の內容を豐富ならしむべき機能を不可能ならしめし結果と、他面に於て、自治團體の中堅となるべき青年に、之を研究指導せんとするものなく、一般有識者も亦、斯る無味乾燥なる自治生活に、興味と理解とを有せざるに至つた結果である。故に今日、自治政の振興發展を策せんと欲せば、先づ、一般民衆を啓發して、自治生活に對する深甚の注意と、興味とを喚起しなければならぬのである、卽ち、市町村自治團體の有する問題の性質と、其道義とを闡明にし、これが如何に國民の實生活に甚大の關係を有するかを、徹底的に了解せしめなければならぬ、卽ち各地方に於ける民衆を指導すべき有識者を糾合し、各當局者とも和衷協力し、全國各自治團體の總動員を行ひ、法令の改正を迫り、舊套を破つて、地方自治團體の活動範圍を一層擴張するのが、何よりの刻下の急務である。

今や、黨爭に惱める現代の政治を見るに、內治外交乃至財政の刷新を高唱するものあるも、一も國家の根幹たる地方自治政の問題に觸れたものはない、そは餘りに民衆の實生活と距離があり過ぎるからである。本立つて道は生ず、自治制度の運用其妙を得ずして、獨り立憲政治の完美を望むは、所謂木に擄りて魚を求めるの類である、我等は帝國議會の腐敗惰落を叫ぶ前に先づ市町村會の革新を計らねばならぬ、善良なる自治政治の行はれる所には、先づ優秀なる市町村會議員が選出される、尙ほ優良なる府縣會議員も擧げられ、進んでは、國家の選良として恥かしからざる代議士を衆議院に送ることが出來るのである。要するに、國富を增し、民福を進むるも、政黨の革新も、官僚政治の打破も、普選の美果も、一に、國政の源泉たる自治團體の健全なる發達に基因せざるものは斷じてないのである。

本會は、斯樣な趣旨を以て、全國各地方市町村にある、自治團體の當局者や、議員や、農會や、產業組合や、戶主會、青年團、在鄕軍人團、教育會、婦人會、其他有力なる團體と連絡を結び、本會の趣旨を宣傳し、國家の基幹たる、自治政の發展に貢献したいと思ふのである、冀くば、獨立自尊の自治精神に滿ちたる諸賢よ、快き贊同を賜はらんことを。

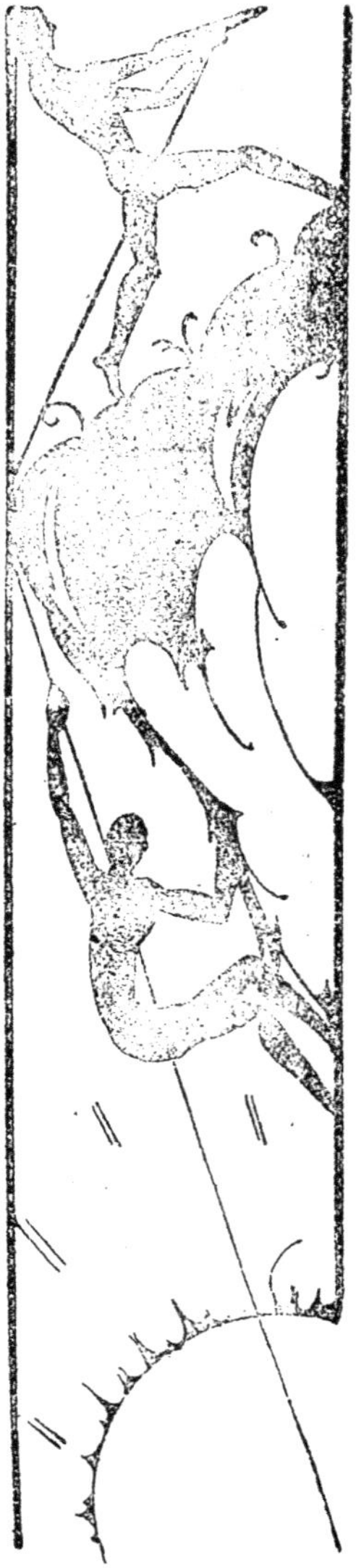

世は普選

自治政に立脚して

新町村會議員諸氏へ望む

憲政史上特筆すべき普通選擧法の實施せらるゝ本年は、恰も全國町村會議員總選擧の年に當り、殊に陽春四月に行はるゝものが多い。大正十年四月町村制の改正せられたる結果、從來の不合理なる二級制度が廢止せられ、且つ公民權の擴張を見たるも、同年四月に行はれたる町村會議員の總選擧は、選擧手續其他の關係に依り、猶ほ舊制に基いて之を行つたから、本年四月に總選擧を行ふ町村に取ては、新制度の下に於ける最初の選擧たるが故に、從來とは著しく異つた意義を有するのみならず、當選議員も亦新制度最初の議員として、其の職責の一層重大なるものがあるのである。爲に新町村會議員諸氏の當選に對し、衷心慶賀の意を表すると共に、新時代に於ける吾人の覺悟を述べて、聊か參考の資に供せんことを欲する。

選擧權の擴張

多年の懸案たりし普通選擧は、幾多の欠陷を包藏するにせよ、兎も角も議會を通過し、次の總選擧より實施せらるゝことゝなつた。之に伴ひ近き將來に於て、公民權の擴張せらるべきことは火を視るよりも瞭である。選擧權の制限が理論上不可なることは贅言を要せざる所であるが、吾人の注意すべきは、公民權の擴張後町村會議員の選擧に如何なる影響を及ぼすべきかに在る。町村制施行以來議員選擧に際しては、常に町村の一部少數有力者が相會して、有力者本位の候補者を推薦したるを例としたが、近來漸く町村民自覺し來り、有力者の專斷に盲從するを快しとせずして、公民本位の候補者を立つるの傾向を生じ、選擧競爭著しきものあるに至つた。

併しながら將來は町村民本位の候補者でなければ到底當選を期し難い。固より從來とても理論上、町村民本位の者でなければ、議員たらしむべきではなかつたのであるが、事實は常に有力者本位の者でなければ議員たるを得ない狀態であつた。其の原因は勿論因襲的觀念にも基いたであらうが、公民權の極端なる制限が、勢ひ有力者擁護の結果を生ぜしめたと見るを至當とする。然るに將來公民權の一大擴張あらむか、町村民卽ち公民であるから、公民本位とは直に町村民本位たることを意味することゝなり、今迄一部公民の利益を重んじて、多數町村民の不利益を顧みなかつた議員も、到底かゝる橫暴を行ひ難く、終に多數公民卽ち町村民本位の態度を執らざるを得ざるに至ることは、之れ自然の理と云はなければならぬ。

吾人は普通選擧が實施せられたからと云つて、直に政黨の分野が變改するものとは思はない。維新以後世論囂々たりし時、國民の前途に一大光明を與へたものは、國會開設の大詔であつた。其の宣布に感泣したる日本國民は、上下擧て一日も早く帝國議會の開設せられんことを希ひ、一度國會の創設あらむか、地に餓莩なく、頒白者道路に負戴せず、能は用ゐられて不善影を潛むるの黃金時代を現出し、堯舜の古に勝る一大善政布かるべしと期待したけれども、帝國議會開設と同時に選擧干涉に伴ふ流血の慘に會し、開會の度を重ぬるに從ひ、國會も亦動物園に如かざるを悟り、代議士の言論も蠻勇腕力には勝ち得ざるを知りて、國民は今更ながら其の期待の餘りに大なりしに愕然として居る。之と同じく普選實施後國民が其の期待を裏切られて、茫然自失するが如きことなくむば幸である。

けれども普選の實施に伴ひ政黨の消長に大なる變化なしとしても、代議士各個の思想政見には著しき差異を見るべきは當然である。從來民衆を無視しても當選し得られし人々も、將來は少くとも表面は民衆を基礎とせざれば當選を期し得ない。かくして徐々に政黨の分解作用は行はれ、幾多試錬の後普選の實效も期待し得らるゝのである、公民權擴張後と雖も亦之と趣を同じうすることを覺悟せねばならぬ。單に大正十年四月改正せられたる町村制の一回或は二回の成績のみを見て、公民權の擴張必しも町村自治の振興を促すものでないと速斷すること勿れ。公民權擴張の必要なしと考ふるが如きは尙更愚である。理論上正しきものは何時かは其の實效を示す時が來る。其の秋の臻るべき遲速は要するに當路者の覺悟如何に依るのである。

人には新を好む慾望が存する。此の慾望が急激に外部に勃發する時は戰爭となり、內部に發する時は革命となる。爲政者若し革命の慘劇を避けむと欲せば須らく新を好む慾望の歸趨を透察して、之を善導すべきである。此の慾望は大小の差こそあれ人類の悉くが有つて居るのであるから、如何なる完全なる制度と强も、因襲の久しきに至れば人心をして倦ましめざるを得ない況んや我が自治制の如き欠陥の多いものに在ては、よく〳〵人心は倦んで居るのである。中央當局は固より、町村當局者も此の點を察するの明がなくてはならぬ。而して町村住民の倦怠を打破する一大武器は公民權の擴張に在ると信ずる。町村會議員諸氏は宜しく此所に留意して、公民權擴張を促進すると共に、益々町村民本位の自治政を顯現することに努むべきである。

自治政と政黨

近來黨弊膏肓に入り、自治制の發達を賊することに甚しきものがある。純理よりせば立憲制度に政黨が必然的存在價値を認めらるべきではなく、唯だ便宜の問題に屬する。數百の議員一堂に會して國事を議するとき、各人の意思には必ず多少の差異がある。若し些少の意見の差を以て各人悉く自己の主張を强調するならば、遂に議の決する機會なく、國務は擴廢に歸することのであらう。爰に於て各人は小異を棄てゝ大同に從ふの賢に出づるのである。若し初めより主義政見にして大體一致することの分明ならば、最初より一致の行動を執ることを便宜とするは云ふ迄もない。從て主義政見の合致せるもの相集り、一の團結を組織して常に議場に臨むならば、議事の進行を圓滑ならしめ、國務の遂行を容易ならしむるの利あること勿論である。之れ卽ち政黨の生ずる所以である。

如何なる國に於ても國會に政黨の存在せざるものはない。我が貴族院には政黨存在せずと强辯する者あるも、研究會や公正會の名は單純なる同僚團體であつても、實は政黨たること寸毫の疑がない。國會ある所必ず政黨は存する。併しながら市町村會の如く議員數少く、且つ區域其他の點に於て遙に國會より其の範圍狹きものに在つては、純理上は勿論、便宜の上より見ても毫も其存在の必要を見ないのである。現今町村會議員の定員少きは八人、多きも三十人を出でない。此の少人數が議題の如何に拘らず、初めより主義政見を以て相岐れ、兩々相對峙して議論の爲めの議論を鬪はして、果して幾何の利があるか。殊に國會の如く議場に於てのみ相見ゆるのとは異り、朝夕相接する者が、黨派心に囚はれて互に排斥し合ふことは町村政上何等の效果なきのみならず、反て其の發達を妨ぐるものである。自治體は特に和衷協同を必要とする。町村會は議論をなしたり、空論に走るべき所でなく、懇談以て町村の福利增進を決すべき所であることを忘れてはならぬ。

自治制の大敵は黨弊である。黨弊の趨く所如何なる罪惡をも行はざれば止まぬ。純然たる地方問題も政黨の喰物とせられ、道路は泥濘と塵埃に道行く人の足を沒せしめ、學校は腐朽するに委せて、愛兒の苦痛も意に介する所でない。恰も鹿を逐ふ獵師の山を見ざるに齊しく、黨人の眼中唯だ黨利あるのみ、之に對し町村の發展と住民の福利を希ふは、寧ろ求むる者が愚である。自治體を黨爭の渦中より脫出せしめざる限り、自治の振興は到底期待し得ないと思ふ。

愛知縣には町村會議員の協議會なるものが行はれて居る。其の實蹟の如何は知らぬが、出席者にして眞に自治制に貢献せむと欲する人々のみならば、偉大なる效果あるべきは云ふ迄もない。唯だ吾人の危惧に堪へざるは、かゝる會合が往々其の本質を忘れて、黨爭の具に供せらるゝこと之である。政治と全く無關係なるべしと豫期せられたる在鄕軍人會が選擧に利用せられ延いては町村政に惡影響を及ぼせる事實は、吾人の屢々見聞する所である。町村會議員協議會の如き有益なる會合も、若し黨臭を帶ぶるに至らば地方自治の振興には毫厘の益もないであらう。町村は政黨に超然たるべし。町村會は何處迄も黨爭を離れて、和衷協同、懇談的に議事を進行せしめなければならぬ。

町村中心主義

現代我國の一大弊風は事大主義である。都市住民は外國模倣を事とし、町村住民は都市模倣に心醉して、自己を忘るゝものゝ如くである。外國のことでさへあれば如何なる有害なものでも平氣で之を輸入し、國粹は次第に失はれて、民族の長き傳説の尊さは毫も顧みられない。偶々國粹の名を冠するものあれば、國粹でなくして其の形骸に過ぎぬ。上下唯だ大なるものに從して、自主的精神なきが我が現狀である。洋行歸りの云ふことは平凡無益の言葉でも金言として聽かれ、田園に自適する隱士の言は、如何なる名言と雖も之を顧みる者がない。婦女は金髪の顰に倣いて時と勞力と金錢とを空費し、紳士と自認する輩は日本を忘れて外國の弊習に自己を殺して得々たり。擧世滔々輕佻浮薄の陋習天下に彌漫して、帝國將に危殆に瀕せむとすると云ふも過言ではないのである。

數年前成金風の吹き荒んだ時、一國の心臟たるべき農村にも此の弊風浸入し來り、黨弊と相俟て町村の腐敗を促進せしめた觀がある。町村の靑年は徒に都會の俗惡なる風習を眞似、婦女は虚榮に憧れて郷土を棄て、町村當局者は其の歴史や地理的事情を考慮せずして、滑稽なる新政策を樹てむことを焦慮したものが尠くない。町村會議員の如きも亦外國通を振廻すもの續々として出で來り、某村に於て小學校の理科標本購入豫算を議するとき、和名を以てしたるときは否決せられたるに拘らず、次に英語名を以てしたるときば何等の異議なく可決したと云ふ事實さへある。小學校で踊を敎へた敎員があるとて問題にした議員が自己の子女が學校にてダンスを習ひたりとて得々たり。而して其のダンスは全國に於ける最も下品のものにて、我盆踊にも劣るものであつたのである。踊りと云へば惡し、ダンスと云へば有難涙を流すのが我が現狀である。

併しながら如何なる小町村と雖も、其の地固有の歴史、風俗習慣を有するものである。若し之等の事情が全然同一ならば、合併して一大町村を作るべきであるが、中央政府の熱心なる奬勵あるに拘らず、容易に合併の行はれざるは、感情の點に在ることも尠くないが、其の多くは歴史を異にし、民風の自ら相違することに基因するのである。之等習俗の異る町村には假令貧弱なりとするも其の地固有の美點美質は存在する。勿論短所もあるであらうが、其の短所を矯めて、長所を發揮し、各町村有無相通ずる所に社會の發展充實を見るのである。全國の市町村が其の業態民風悉く同一となつたとしたならば人生の幸福は期待し得られようか。秩序を保ちながら相異れる幾多の事物相錯綜せる所に、人生の妙味はあるのである。町村には町村自體の使命がある。其の使命を忘れて徒に都市の模倣を爲すが如きは、人類の幸福を無視するものと云はなければならぬ。但し其の町村にして工業都市若くは商業都市として將來發展すべき運命を有するものは、何所迄も其の運命を開拓すべきは當然である。

巴里の街衢は整然として居る。けれ共伯林を見るときは一層整然たるに驚くものがある。足一度伯林に入らむか如何なる横町と雖も五階の家が一直線に列んで居る。四階もなければ六階もない。都市計畫の偉大に感歎せざるを得ないが、數日を經過すれば其の單調に飽き、矢張り巴里や維納が懷しくなる。之れ伯林は餘りに劃一主義であるからである。巴里の街路は全體の調和に重きを措くも、個々の建物に對して形式的桎梏を加ふることはなさぬ。之れ伯林よりも巴里の人間味豐富なる所以であるが、若し東京が巴里を模し、日本の都市が東京市を其の儘倣ふとしたならばどうであらうか。巴里は世界に一あるが故に其の存在の意義がある。日本の都市が悉く巴里となつたならば、今日持て囃さるゝ巴里の都市計畫も、平凡なるものとなるであらう、如何なるものと雖も其の個性を失つたならば存在はないのである。

如何なる町村たりとも其の個性がある。獨立性がある。其の個性の長所を發揮する所に町村存在の意義がある。然るに其の長所を棄てゝ他市町村の模倣をのみ事とするときは、獨立の存在の價値は認められない。各町村が自己を中心とし、各異つた方面に發展充實すると共に、御互に有無相通じ長短相補ふ所に自治の振興を期待すべく、同時に日本國の發展充實を來すのである。徒に輕佻浮薄なる人眞似をするを止めよ。町村には町村の使命がある。新町村會議員諸氏は此の使命の那邊に在るかを考案して、其の進むべき道を誤てはならぬ。（一四、四、一三稿）

＊　＊　＊　＊　＊　＊　＊　＊

自治に徹底せしめよ

1、自治の不振なる原因

動もすれば『自治制度布かれて既に四十餘年、然るに國民の自治制に對する態度を見れば、風馬牛相關せざるものゝ如く、自治の實蹟は毫も擧らず、郡會は吏員の腐敗に惱み、農村は日に益々荒廢し、人々は私利私慾に專らにして何等公共事務を顧みざるが如くである。我國民は畢竟するに自治に適せず、又その能力をも有せざるものではあるまいか』との嘆聲を聞く。自治の實蹟擧らず、地方自治團體の大部分が殆んど財政窮乏のどん底に陷り、何れもその經營に苦しんで居るのは事實である。これを以て自治制の將來を憂ふるは如何にも尤もである。しかしながら、我國の自治體が、かくの如き現狀に沈淪せねばならぬ樣な事情になつた理由のものは、唯單に國民の自治的能力の有無、乃至はその自治制度に對する適不適と言ふが如き簡單なる命題を以て解決し去つても宜しいものであらうか。

如何にも自治制度の運用が、その宜しきを得ると得ざるとは、主としてその運用者の素質如何に係つて居る。如何に良い制度を與へても、これを運用する者が、その方法を正しく諒解して居ないならば、到底その實蹟を擧げることは不可能である。しかしながら、これと同時にその制度そのものが、果して國民の要求に合致して居るや否や、それは自治體の利福を增進せしめ得る樣に出來て居るや否やの問題をも考へなければならない。如何に自治的に自覺せる國民と雖も、制度そのものが不完全であるならば、到底滿足なる成績を擧げることは出來ない。又制度そのものが、國民の性質や習慣に適合して居ないならば、理論から言つて如何に欠點のないものであつても、圓滑に運用せられ得ることは不可能である。制度はたとへば機械である。人はその運轉士である。如何に技術の優秀な運轉士でも、機械そのものゝ惡いのは如何ともし難い。これと同時に如何に機械が上等でも、運轉する者がその使用方法に習熟して居ないならば、故障の事故は續出するであらう。又たとへ使用方法は知つて居ても、運轉士には機械に對する好き嫌ひもある筈である。これ等の條件が完全に一致した時に於て、機械は始めてその全能力を發揮し、運轉士は始めてその妙技を十分に揮ひ得るのである。機械の不完全、又はその不適なるをも、顧みず徒らに運轉士の無能、拙劣を非難するのは決して正しい態度ではない。自治に對してもこれと同じことが言ひ得る。

2、制度は死物にあらず

忌憚なく言へば、我國の自治制度は機械としては劣惡なものであり、國民はその運轉士として未熟である。尤も制度が惡いから、國民が自治的に自覺し得ないのであるか、國民が自治的に無自覺であるから、制度が發達しないのであるかに就ては、いろ〳〵議論があるであらう。而して私しをして言はしむれば、欠點はその一つではなくして兩者である。强いて甲乙を立つれば寧ろ制度が惡いから國民の自治的覺醒が妨げられて居るのであるといふ方に贊成する。

一體眞の意味に於ける自治といふものが、今まで我國にあつたことがあるか。眞の意味に於ける自治といふことは、自分達に關係する公共事務は自分達の間で處理するといふのが原則である。處理の方法や機關等は、他に迷惑を及ぼさゞる範圍內に於て、飽迄も自由でなければならぬ。それでなければ自治ではないのである。然るに我國に於ける制度の實際は如何。我國に於ては府縣及び市町村は、所謂自治體とは稱せられて居るが、その一つたりとも自分達の共同事務を處理する機關を、自分達の最も適當なりと信ずるやうに定め得るものがあるか。その信ずる樣な方法で處理して行ける團體があるか。その機關は法律で固定的に定められ、その方法は嚴重に制限せられ、一にも監督、二にも監督で、何一つ思ふ樣に處理して行くことは許されず、手も足も出せぬやうに束縛せられて居るのが、その現狀ではないか。

或は自治團體に對して廣汎なる權利を與ふることは、國家としての統一を害するに至るであらうといふものがある。なる程政治上の便宜から言つても、國民に對する公平を期する上から言つても、國家の制度は或る程度まで統一せねばならぬ。しかしそれは、飽迄も國民の進歩と發達とのための手段であつて、それ自身目的であつてはならない。國民の進歩と發達とを助長し得るものであるならば、それが行政上から見て、如何に都合が惡くても採用すべきである。又公平と言ふことも、それがために決して他の進歩を抑へるものであつてはならぬ。伸び得るものは、出來るだけ伸び得せしめよ。伸び得ざる者は、他に劣らざるやうその進歩を助けよと言ふのが、眞の公平である。他に伸び得ざるものあるが爲めに、伸び得る實力を有する者までも抑壓して置くことは、決して公平の道ではない。

然るに我國の實狀はどうか。

3、我國自治制の最大欠陷

現今我國に於ける市の數は既に百を越え、町村の數は一萬二千餘を算して居る。しかもこれらの市町村は北は青森の果にあるものも、南鹿兒島の奥にあるものも、全然同一の法規、同一の制度、同一の監督、同一の束縛を受けて居るのである。人口二百萬を超ゆる大都市も、僅かに二三萬に過ぎざる小都市も、自治體としては、全然同一な支配に服し、制度を維持して行かねばならぬのである。歲入歲出二億に近き東京市も、僅か數萬圓に過ぎざる小都市と同一の待遇を受けなければならぬ。それは大人と小供とを全然同一に取扱つて居るものである。程度に於てこそ多寡はあれ、質に於て何等の差別をたさゞるのがその特色である。その結果として、大人に與ふべき食物を小供に與ふるならば、まだしも、小供にのみ適する食物を常に大人に與へつゝあるが如き實狀になつて居る。これが眞に公平の道であらうか。眞の統一とは、こんなものであらうか。

これがために大都市も小都市も、都會も農村も自分達に最も適する如き方策を樹て得ないで苦しんで居る。見よ、都市に於けるその不衛生さ加減を。更に見よ、農村に於けるその疲憊さを。現狀のまゝであつては大都市も、農村も、自らを救ふことが出來ないやうになつて居る。その方策がないではない。その方策の樹立を許されざるがために、それが不可能になつて居るのである。

つい先達、イギリスに於て地方自治體の選擧が行はれた。その際諸方に於て選擧の題目となつたものは、主として生活費の問題であつた。たとへば甲の黨派は、自分達の黨派が前任期中に於て、この町の物價を幾ら下げたとか、税金を幾ら廉くしたとかを主張し、乙の黨派は物價の低落が決して甲黨派の政策に基くものでないことや、市民の負擔が決して廉くなつて居ないこと、水道、電燈、瓦斯を始め、その他の公共施設が却つて惡くなつた事等を力說して選擧を爭つたのであつた。地方自治體の施設はこゝまで、卽ちその政策や施設によつて、物價を調節したり、負擔を輕減したりし得る程度にまで來なければ噓である。しかしながら、これは自治體が廣汎なる權力を有するに非ざれば到底不可能な話しである。

これはアメリカに於ける進步的都市に於ても同樣である。アメリカに於ける自治體の組織は、州により地方により同一ではないが、大體の傾向としては益々自治政の擴張に向いて居る。最も進步的なる州に於てはその權限又は政治組織等をも自治體の欲するがまゝに許し、州は唯大體の標準を示し、他の自治との協調を破らざること、市民の權利を不當に束縛せざること等を要求するに止まり、積極的に干涉するが如きことを避けて居る。而してその結果として市によつては市會議員の數を五人位に減少したり、市長を廢止して、その代りに理事者を聘して市政の全部を委ねたりする樣な、所謂都市支配人制度の如きものすらも行はれて居る。彼等はかくの如くにして、如何にすれば最もよくその自治組織を運用し得べきか、如何にすれば自治體の發展を期し得べきかを考究して居るのである。その結果としてアメリカの自治體は近來頗る發展して、有能、有識なる人士も喜んで自治政に參加するやうになつた。

顧みて我國は如何。その自治體の組織は何等の改良を要するが如き狀態になつて居らぬか。有能、有望なる青年は進んで自治體に來り投ずるが如くになつて居るか。我國の自治政の振はないのは、制度の劃一的なると、その權限の餘りに小なる點とにある。自治をして徹底せしめよ。されば自治政は求めずして振興するであらう。方今自治政の進步を阻むものは劃一的な現今の制度と、內務當局の無理解にある。

自治宗と普選

よし、さらば前へ進め!!

子爵　後　藤　新　平

『國難來』を警告した

私は昨年來、屢々、帝國の各方面に瀰漫する國運の亡狀を露骨に指摘して、國難來を警告したが、それ等、內憂外患の諸問題は、一つも解決せられず、そつくり其のまゝ、利息まで加はつて大正十四年の肩に轉荷せられた。試みに內を見よ。政界には相變らず我田引鐵的黨爭心理が充滿して居るではないか、經濟界の前途も全く暗黑で、圓價暴落、物價騰貴、貿易不振の頽勢を挽回する適切な方策は一つも斷行せられず、姑息な關稅の改正や、時宜を解せぬ緊縮整理や、名ばかりの農村救濟論の喧騷裡に人爲的慢性飢饉の情勢は益々濃厚の度を加へたではないか。社會の各方面には生活の不安に驅られて世を呪ひ人を憎む、不平怨嗟の聲が喧びすしいではないか。眼を外に轉ずれば、我が世界政策の關鍵たる對露對支の關係は今に至るも尙ほ定まらず、滿鮮に於てさへ帝國の地步は日轉月進の嘆あるに拘らず、太平洋を中心とする國際的經濟文明の戰爭は愈々露骨に深刻に展開し來るではないか。何の點から見ても大正十四年は太平樂の年ではない。國難も國難、我が三千年の國史中未曾有の國難年である。明治維新の際と雖も、これ程の危急存亡に直面しては居らなかつた、此の年に處する國民の用意覺悟如何は、殆んど未來永劫に亘り國運民命の禍福を支配するであらう。吾人は此の大なる禍運を轉じて大なる福運の基となす爲めに深く內省自責せなければならぬ。

幸にも、我が政界多年の懸案であつた普通選擧は今年の議會を通過した。私はこゝに

轉禍爲福の大光明

を認め、深く感激して、一千萬の新有權者が、國難打開の大責任に當る日の到來を翹望する。實に普選は、各國の政治史に一新時代を劃したる如く、我が國の政治史もこれによつて面目を一新するに相違ない、卽ち累年邪道に迷ひ込んだ我が國の立憲政治は、これを機會に正道に歸復するであらう。否、互ひに相戒めて憲政復興の大業を完成しなければならぬ。

然るに何事ぞ、世間には往々此の重大なる事態に對し、襟を正して感激せず、普選になつたからといふて、政界に何の新味も加はりはせぬ。寧ろ從來よりも多額の選擧費を使つて腐敗の範圍を廣くするに過ぎぬと、したり顏で冷評する者がある。從來、買收選擧によりて選擧民を腐敗墮落に導いた、所謂選擧ずれのした玄人觀は大抵これである。然しながら斯る觀察は、新有權者を侮蔑するの甚しきのみならず、より以上に評者自身を侮蔑する自嘲自罵の言ではあるまいか。

日本救濟の如來像

蓋し現在多數の政黨者流は、選擧の度每に選擧民を誘惑し競つて、腐敗選擧の勵行に骨折つた事實はあるが、假りにも選擧民の自治的自覺を促し公正な選擧の範を示したことはないではないか。**果然！我が選擧界を今日の如く腐敗せしめた元兇は夫子自身である。**彼等が若し自ら過去の過ちを悔ひ改め、新制度の下に於て清新な選擧を行はんと、一念發起すれば、一千餘萬の有權者は、皆悉く日本救濟の御光を背負つた如來像である。乃ち、彼等には舊有權者の過失をさへ非難する資格はない。況んや新有權者をや。彼等は新有權者が其の參政權を正當に行使する自覺ありや否やを疑ふ前に、先づ自ら新有權者に臨むに、從來の間違つた選擧心理を改める自覺ありや否やを自問自答すべきである。斯くいへばとて私は決して政黨員は皆無自覺であり、選擧民は現在の腐敗選擧に對して何等の責任がないと云ふのではない。私の知つて居る政黨首領の中にも既に從來の過ちを悟つた者があり、新進氣鋭の黨員の中には現狀に飽き足らず、もつと眞面目な選擧と政治を實現したいと焦慮して居る者の多數あることを認める、しかもそれ等の覺醒した人々が端的に其の所信を貫き得ない重なる理由は、今の選擧民を相手に眞面目な行き方をしても、是れを支持する力は極めて微弱であつて、結局敗者となる外はないであらうといふ不安である。而して此の不安は單なる杞憂にあらず從來の選擧に於て、屢々實證せられた根據ある不安である。

有權者の自治的自覺

さへ確かりして居れば、無自覺な政黨員をさへ改めさす事ができる。然るに況んや自ら改めんと志す純良分子をさへ援け容れることができないとあつては、有權者の不名譽、之れに過ぎぬではないか。これ私が常に政黨は空中の蜃氣樓ではない。善くも惡くもそれは選擧と云ふ種板に映された選擧民の寫眞であるから、政黨が惡いと思つたら、政黨を攻めるよりも、もつと嚴格に、さういふ醜い寫眞の本體である自己を責めよと說く所以である。

私の遵する自治宗

遮莫、普選實施後の新有權者に對しても、恐らく從來の選擧に於て試みられたと大同小異の種々なる誘惑が、手を代へ品を換へて、試みられるであらうそれ等の誘惑を完全に擊退し、美に與みし良を擧げて憲政の濟美を期する爲めに、新有權者は、廣汎なる人類協同生活の根本基調を成す自治の精神に徹し透徹した理解を持たねばならぬ。我が國では自治といふ言葉は比較的新らしく、オートノミーとかセルフガバメントとか云ふ言葉を飜譯した舶來の思想であると解し、其の範圍も自治行政の一局面に限定して考へる人が多い。けれどもそれは間違ひで、自治の精神は決して舶來の新思想でもなければ、一行政の局面に專用せられる程、狹ま苦しい觀念でもない。其の淵源は深く生物固有の本能に根ざし、其の作用は人類社會の協同生活全般を支配する。古人は格物致知誠意正心修身齊家治國平天下と說いたが、吾人の所謂自治精神とは之を要するに此の修身の工夫、修養、努力に外ならない。然らば如何にして身を修めるかといへば正心誠意致知格物と下學して上達するのである。其の下學するや近代科學の眞を究めて物に格り、其の上達するや宇宙の大靈と冥合する。斯くの如くにして靈血一如、佛身一體の三昧境に悟入せんとするのが、私の奉ずる自治宗である私は此の

自治宗のお題目

として、日常他に對し

第一、人のお世話にならぬやう（自主的自治）

第二、人のお世話をするやうに（社會奉仕）

第三、そして酬いを求めぬやう（皇恩奉謝）

の三諦を說き、自らも努めて居る。蓋し、人類の自治的本能は文化の進むと共に漸く洗練せられて法理的倫理的の二方面に發動するやうになつた。しかも自治の理想的淨土は、此

の二方面が渾然と融合調節せられた社會である。然るに近來の文化生活にあつては、自治の法理的精神のみが病的に著るしく强調せられて、自治の倫理的精神は甚だしく等閑に附せられて居る。其の結果、權利偏重、法律萬能の社會を現し、世を擧けて、法律の許す限り最小の義務に服して最大の權利を取らうとする弊に陷いつた。私が上掲の三諦をもつて自治宗の題目とした理由は眞に全人類の協同生活を圓滿にし、向上せしめる爲めには、法理の命ずるよりも、もつと廣い、もつと崇高な、自發的の義務と奉仕が必要であると信じたからで、此の題目の中に包含せられた愛と奉仕の生活が、自治の極致である。而して私は斯る自治精神の最も麗しい端的な發現を、親子夫婦の仲睦まじい家族生活の裡に看取する。同時に、斯る家族的生活を延長し擴大したものが、我が國體の精華卽ち我が國家々族主義の眞髓であることを想ふ毎に、私は無限の歡喜にうたれざるを得ない。

幸ひに新有權者が、此の國體美を自覺し、全國民一家族の理念に徹底すれば、諸君は必ず、彼の『政治は權力なり』と云ふ言葉を曲解して、政治の目的は權力の獲得にあり、權力の獲得は議會の多數を制するに在り、此の目的を達する爲には手段を擇ばず選擧を投票買收の市場と化し、此の市場に於て買收したる議員の頭數を絕對價値と賴んで、政權爭奪の取引に沒頭した從來の徒黨政治を厭離して

『政治は奉仕である』

殊に我が國に在つては、溫かき家族的奉仕であると觀ずる新政治理想に歸依せられるに相違ない。旣に政治は奉仕である。從つて國民が政治に參與することは、兵役納稅の義務と同樣、國民の神聖なる義務ではあるまいか。卽ち、參政權は實は參政義務である。これを參政權といふは、國家々族主義の妙諦を會得する因緣に乏しい、歐米個人主義の文化を鵜呑みにした迷語であらう。

明治大帝は踐祚の始め、五條の御誓文をもつて、新日本の大理想を公宜し給ひ、次いで明治七年五月二日、議院憲法頒布の詔勅に於て

朕踐祚ノ初、神明ニ誓ヒシ旨意ニ基キ、漸次ニ之ヲ擴充シ全國人民ノ代議人ヲ召集シ、公議輿論ヲ以テ、律法ヲ定メ上下協和、民情暢達ノ路ヲ開キ、全國人民ヲシテ、各其業ニ安ンシ、以テ國家ノ重キヲ擔任スヘキノ義務アルヲ知ラシメンコトヲ期望ス

と宣し給ひ、更らに明治二十三年二月十一日の憲法發布の勅語には

……………朕我臣民ハ、卽チ祖宗ノ忠良ナル臣民ノ子孫ナルヲ回想シ、其ノ朕カ意ヲ奉體シ、朕カ事ヲ奬順シ、相與ニ和衷協同シ、益々我帝國ノ光榮ヲ中外ニ宣揚シ、祖宗ノ遺業ヲ永久ニ鞏固ナラシムルノ希望ヲ同シ、此負擔ヲ別ツニ堪フルコトヲ疑ハサルナリ

と宣はせ給ひ、我々國民に恐れ多い程の信賴を托させ給ふた。帝國憲法が、明らかに皇室を中心とする大家族主義の國體美の所產であり、其の參政權は此の國體美を中外に宣揚する、國民の重要なる義務である事に、最早寸毫の疑を挾む餘地はない。苟くも有權者が、明治大帝のこの御信賴に感激して起てば、我が憲政の倫理化は期して待つべきのみ。國難何ぞ恐るゝに足らん

今や帝國は未曾有の國難に際會してゐる。此の危機より國運民命を救つて、將來の福運を打開する途は、唯、國民各自が自ら新たにし、自治精神の大自覺に基く無黨派聯盟的活動により、俗惡なる徒黨政治の弊を匡正し、一歩每に、自已の周圍を愛と奉仕の自治宗で踏み固めつゝ、牛歩の如く堅實に進む外はない。未だかすかなれども、大なる天の聲は、既に全國青年の耳に囁やかれた。曰く

『普選以後に備へよ』

と。やがて必ず『普選既になる』と應ずる聲、既成政黨の凋落を吊ふ挽歌と共に、地の東西南北より湧き起るであらうその時耳ある者は必ず『よし、さらば前へ進め！』と號令する天の聲を聽き、相呼應して國難救濟の義軍に來り投ずるであらう。『前へ進め！』（了）

珍無類の有權者名簿

（大分縣下毛郡に於て）

中津町會議員有權者名簿は四月二十一日より町役場で一般に縱覽せしめたが普通選擧も實施された今日自分の年齡も知らず生れたところも知らぬといふ呑氣な男があり小祝には園力藏といふ同姓同名の男が三人二人組の同姓同名は橋本熊次郞外二十餘組の多數で吏員も大マゴツキにマゴついが有權者中の最年長者は新見伊藏君の九十才最年少者は右田國造君の滿二十五才であると

我自治制の基本的欠陥

明治大學敎授　小島　憲

一

英國の憲法學者サー、ウォールター、バジォットは其の有名なる著書英國憲法論中に於て、官僚政治の下に在ては、官吏は事務の結果よりも其の形式を重んじ、形式なるものは目的を達する一の手段たることを忘れて、形式其のものを目的なりと誤信する必然的の缺點がある。彼等平常の訓練並生活の習慣が、知らず〳〵の間に彼等をして恰も仕立屋の如きものとなし了り、全く仕事を器械化して仕舞ふ結果何等の生氣を見ることが出來ない。多年事務上の形式を習ふことにのみ忙殺された彼等は、其の形式を如何に事務上に適用するかと云ふ見當違ひのことに腐心するから、事務は彌が上にも繁雜となり、官僚的役人氣質を生じて、遂に低級政治に陷り、過度政治に歸結する』と云て居るが、全く其の通りであつて、當に至言と云ふべきであるが、墮落せる自治政治は官僚政治よりも尙ほ劣ることを知らねばならぬ。

理想なき政治の墮落することは爰に云ふ迄もないが、政治の墮落の最大原因は要するに人を得ざるに基因する。而して其の人を得ざるは多くは其の選任方法の謬れるに由るのである。殊に自治制に於ては選擧權の行使の如何に依り其の影響する所頗る大なるものがあるのであるから、自治體發達の如何は公民權の如何に依て定まると云ふも過言でない。然るに我國自治制の基本的缺陷が此所に在りとせば苟くも日本國民たるものは一日たりとも之を等閑に附してはならぬのである

二

自治なる語は其の使用の範圍が頗る廣いけれ共、此所に謂ふのは官治に對する言葉であつて、團體が自ら選任したる機關卽ち市町村會の如きものに依り一定の範圍内に於て、自己の費用を以て其の團體の事務を處理するを謂ふのである。

昔文化の未だ幼稚であつた時代には此の意味に於ける自治は多く存在せずして官治を原則とした。勿論地方行政も國家が直接其の任に當つたのであるが、國家が漸次進歩發達すると共に社會狀態は愈々複雜となり、政治組織も亦之に伴ふて變化を來し、官僚政治必しも最善の政治でないことが判明し、地方の事務に關しては其の地方の人民をして之に參與せしむることが事實上必要であり且つ有益なることが認めらるゝに至つた。而已ならず社會の進化は必然的に中央政府の政務を多端ならしめたから、國家が劃一的に凡ての地方を完全に治することは極めて困難となつたのみならず、事情に適應せざる憾がある。故に各地方の事情に適應し、其の地方の人々の利益幸福を增進せしむるには勢ひ其の地方に直接利害關係を有する人々をして自ら處理せしめざるべからざるに至つて、自治制度の出現を見たのである。

自治の範圍は國に依て異つて居る。警察や裁判のこと迄自治の範圍内に入れて居る國もあれば、かゝることは國の行政に屬するものとして居る國もあつて、其の範圍は一定して居らぬけれ共、自治とは國家が直接に行動を爲さずして、地方團體をして自ら治むるの權能を賦與したものであるから、決して國家の行政と分離して考ふべきものではない。自治事務は公共事務であつて、私立會社の營業と同一視してはならぬ。自治は國家が行政する一の手段に外ならずして國家が必要に應じて地方團體に權能を與へて其の團體の事務を處理せしむるものである以上自治體も亦國家の機關に外ならぬ。換言すれば自治體の處理する事務も國家の事務である。從て國家が自治體を監督することも當然であり、自治體は其の團體の事務を法律に從ひ完全に處理することが國家に對するの責務である。

要するに自治體は國家の下に成立し、國家の法律に依り其の監督を受けて間接に國家の事務を行ふものであるから國家を離れて自治體が存在せざることは固より明であるが、國家が既に自治を許す以上、之に對し極端なる干渉を試むるが如きは自治制の基礎を破壞するものと云はねばならぬ。

三

支那の保甲や德川時代の五人組制度を以て自治制であると云ふ人が尠くないが、私は今日の自治制度とは其の根本觀念を異にして居ると斷言する。之に付ては稿を更めて說くが、我國に於て完全に自治制の確立を見たのは明治二十一年四月二十五日公布せられた市制町村制の制定に在て、其の出發點は明治四年七月の廢藩置縣である。翌明治五年四月庄屋以下の稱呼を改めて戸長副戸長とし、十一年七月に郡區町村編成法發布せられ、次で府縣會規則地方税規則成り、十三年四月には區町村會法の發布を見た。明治十七年町村法草案脱稿したけれ共不充分なりしを以て更に調査を爲すことゝなり、地方制度編纂委員設けられて獨人モッセの意見採用せられ、遂に明治二十一年四月法律第一號を以て市町村制を發布し、翌二十二年四月一日より地方の情況より見て府縣知事の具申に依り内務大臣の指揮を俟て之を施行することゝし、爰に我自治制度の確立を見たのである。其の時の上諭に曰く

朕地方共同ノ利益ヲ發達セシメ衆庶臣民ノ幸福ヲ増進スルコトヲ欲シ隣保團結ノ舊慣ヲ尊重シテ益々之ヲ擴張シ更ニ法律ヲ以テ都市及町村ノ權義ヲ保護スルノ必要ヲ認メ玆ニ市制及町村制ヲ裁可シテ之ヲ公布セシム

然るに實施後幾何もなくして其の改正の必要を認め、明治二十九年より其の改正に着手し、三十九年以來屢々之が全部の改正を帝國議會に提案したるも容易に議決するに至らず、漸く明治四十四年四月法律第六十八號同六十九號を以て現行市制町村制發布せられ、大正十年四月之に多少の改正を加へて現今に至て居る。

四

惟ふに我國程選擧權を制限して居る國は稀である。之を市町村會議員の選擧に付て云ふならば、明治十七年の町村法草案に於ては左の如く規定して今日よりは遙に進んで居た。

第七十五條　町村會ノ議員タル者ハ二十歳以上ノ男子ニシテ其町村内ニ本籍ヲ定メ土地家屋ヲ有シ現ニ住居スルモノナル可シ

第八十四條　町村會議員ヲ選擧スルコトヲ得可キモノハ二十歳以上ノ男子ニシテ其町村内ニ現ニ住居シ町村費ノ賦課ヲ受クルモノナルヘシ

公民權の要件を年齢二十歳とし單に町村費の賦課を受くるを以て足ると爲せる點は舊市制町村制は勿論大正十年改正せられたる現行法と比較するも餘程進んで居たのである。而して明治二十一年に制定せられた市制町村制に規定せる公民權の要件は次の如くである。

一、帝國臣民たること

二、公權を有すること

三、獨立の男子たること

四、二年以來其の市町村の住民たること。

五、二年以來其の市町村の負擔を分任すること

六、二年以來其の市町村に於て地稅を納め若は直接國稅二圓以上を納むること

七、公費を以て救助を受けたる後二年を經ざる者に非ざること

爰に獨立の男子と云ふのは滿二十五歲以上の男子にして一戶を構へ且つ治產禁を受けざる者を謂ふのである。次で明治四十四年市制町村制改正の際公民權の要件に付ても改正が加へられたが、單に字句を改めたに止り、其の範圍に付ては毫も之が擴張はなかつた。夫れが爲めに時勢は進んだに拘らず公民權を有する者の千分比は逐年減少するの奇現象を呈したのである。

年次	人口	市町村會議員有權者	千分比
明治二二	三九、七五四千人	四、一二一、九五〇人	一〇三
同　三〇	四二、二二〇	四、〇九九、三六三	九七
同　三六	四五、四一九	四、二四六、六六〇	九三
同　四四	五一、〇〇〇	四、三八三、六二三	八五
大正　六	五五、六七六	四、六二三、四〇〇	八三

於此大正十年四月之を改正し左の如くしたが未だ不徹底たるを免れざるのみならず、町村の二級制を廢しながら市の三級制を二級制に改めたが如きは、全く時勢の進運に逆行するものと云はなければならぬ。

一、帝國臣民たること

二、獨立の生計を營む年齡二十五年以上の男子たること

三、二年以來其の市町村の住民たること

四、二年以來其の市町村の直接市町村稅を納むること

五、貧困の爲め公費の救助を受けたる後二年を經ざる者に非ざること

六、禁治產者、準禁治產者及六年の懲役又は禁錮以上の刑に處せられたる者に非ざること

五

市町村が株式會社でないことは既に述べた。株式會社であるとすれば株主は各々其の持株に依りて權利に差等あるは勿論であるが、株式會社と全然其の趣を異にする市町村が其の住民の權利を資力に依て區劃するの理が何處に在るか。大正十年級別撤廢の改正案成りたる時、內務省の原案は市町村共

に之を廢することゝなつて居たのであるが、多數議員の反對の結果遂に市を二級とし、町村も亦內務大臣の許可を得て二級と爲し得ることゝしたのである。公民權の資格に制限を設くるは未だ可なり。同一公民にして其の投票權に差を設くるが如きは斷じて許すべからず。而も此の許すべからざることが公々然と行はれて居ることを忘れてはならぬ。我が自治制の根本的缺陷は實に茲に存するのである。

政治上の變革は小より大に、單より複に及ぼすを原則とする。先づ地方議會の經驗を經たる後に於て國會の開設を見たのも此の理に基くのである。然るに帝國議會に於て普選を通過せる今日、地方議會に於ける級別の撤廢公民權の擴張に對し何等の考慮を拂はれざるは全く不思議に堪へぬ。國民が悉く此の基本的缺陷を自覺せざる限り、我國自治制の發達は永久に期待し得ないであらう。

伊太利の哲人マーシリオは今より六百年前に「一般民衆が悉く政治家たり得るとは思はれない。併しながら我々は製靴者でないとしても、自己の履いて居る靴が自分の足に適ふか否かの判斷力は誰でも有すると同樣、我々が善く治められて居るか、惡く治められて居るかの判斷力はある。故に選擧權は何人とも之を認めてよい」と云て居る。普選に反對した人や公民權の擴張に反對する人々は宜しく此の言を味ふべきである。政治は理想を尙ぶ。爲政者たる者須らく三思すべきではないか。（一四、三、三〇稿）

サーベル內相の功績

故陸軍大將伯爵兒玉源太郞氏は故陸軍大將子爵川上操六氏と相並んで、我陸軍に於ける名參謀總長の雙璧と稱せられ、その神籌鬼算には流石智波を以て鳴りたる露西亞の故クロパトキン氏をして遂に豫定の退却を餘儀なくせしめたが、伯の偉らき處は軍事上に留まらず、伯に取りては殆ど門外漢の觀ある內務行政に就きても僅かに一雙眼を有して居つたことは天下何人も意外の感を抱く處であらう。現に故伯が明治三十六年初めて內務大臣に親任せらるゝや、千葉縣源村の村治の大に擧れるを知り、當時の地方局長故吉原三郞氏及び秘書官水野錬太郞氏（前內相）等を伴ひ、炎暑烈くが如き三伏の候を冒かしてワザ／＼此模範村を視察した伯が武辯一片の人でなかつたことを如實に證明して居る。その他東京市のために電氣事業の統一を主唱したり、府縣の併合、郡制の廢止、郡の分合などを企てたのも亦伯であつた。世上伯の軍事上に於ける武勳の赫々たる方面のみを見て、內務行政に於ける隱れたる功績を稱するもの殆と少きを憾し、爰にこれを紹介して置く。

地方財政と自治

日本銀行總裁　市來乙彥

我國自治制施行されてより已に三十餘年を經過してゐる、然るに今日自治の成蹟遲々として進まないので、或一部では自治制度施行に對し、尚早論をなすものもあるが、それは酷評である、勿論數百年の歷史を有する西洋諸國に比すれば、未だ遙かに及ばないであらう、又理想より云へば前途遼遠と云はなければならぬけれども、既往三十餘年の實蹟に顧みれば相當の成績を擧げたものと云つて差支はない、而して自治の成績如何は、一般文化の進步社會の發達に大なる影響はあるけれども、自治團體の當局者たる町村長其力の力與つて大なりと謂はねばならぬ、將來に於ても自治の成績に大關係があることは言ふ迄もない、西洋でも矢張り町村長其人の如何かが自治の成蹟に大なる關係を有するやうである、されば我國の如き自治の日尚淺き今日に於て、其成蹟が最も多く町村長に左右せらるゝことは決して怪しむに足らないのである。

御承知の通り我邦の自治政は最初より官治で發達し今日に至つたもので恰かも温室で培養された花瓣の如く、美麗は美麗であるが未だ外氣に觸れるの機會がなかつた。左ればこれを風雨寒暑に堪へ得るやうに發達せしむることは刻下の急務である。

帝國自治研究會が爰に見る處ありて、全國一萬二千有餘の市町村のために雜誌『市町村』を發刊し、その指導誘掖の任に當らんとするは、時宜に適合せる壯擧たるを失はない。

惟ふに今後は一國の政治も財政經濟を離れては何等の國策を斷行し得ない如く、市町村に於ても財政が總ての市政町村政の基礎をなすものであるから、此基礎を益々鞏固にすることに全力を傾倒するにあらざれば、到底地方自治の繁榮を計ることは出來ない。私は同會が將來益々發展せんことを望むと共に、市町村當事者が此點に一層奮勵あらんことを希望して止まぬ。

自治政は國家の根本

内務大臣　若槻禮次郎

今や我邦は内外共に多事多難の時機に直面して居る。内には諸政の刷新、思想の善導、人心の緊張を翹望すると共に、外に關しては國威の發揚、貿易の振興を急務とする。これがためには先づ國礎を培養し、思想の動揺を防止すると同時に地方自治體の發達を期せなければならぬ。

然るに我自治制施行以來既に三十有餘年を經過せるに拘らず、地方の發達は遲々として進まず、共同心の向上、團體的福祉の増進に至りては尙ほ遺憾の點が尠くない。

自治は言ふ迄もなく、國民の協力に依りて成る政治生活である、眞に根底ある自治を行ふには、町村民の自治思想に俟たなければならぬ、仍で町村當局は努めて、町村民の自治思想の普及徹底を圖るやうにしたい。而して又自治の思想を根本的に養ふには、結局敎育に俟たなければならぬが直接な方法としては、町村民を訓練することが最も必要である、それには、町村制の内容を町村民に一般に知らしむることが適切なる方法と考へられる、更に町村の現狀其他を町村民に知らしむる如きは最も必要なことであつて、今後は町村民に徹底的に了解ある自治政を行ふべきである、實に自治政は國家の根本であるから、各自共に熱心に之れが發達を期せなければならぬ。

今回帝國自治研究會が此趨勢に鑑み、地方自治のために雜誌『市町村』を發刊するに至りたるは、蓋し時宜に適したる措置たるを失はない。余は同會が益々發展して我邦市町村のために一大努力をなし、全國一萬二千有餘の自治團體の最も權威ある指導機關となり、自治の完成に貢献せられんことを切望して已まぬ。爰に『市町村』の創刊に當り、一言希望を述べて祝辭に代ふ。

イギリスの地方自治（一）

マスター、オブ、アーツ　弓家七郎

總説

1　イギリス人の自治觀念

一國の健全なる政治的發達は健全なる地方自治體の上に築かれねばならぬ。地方に於ける自治制度の運用宜しきを得て國政の運用は始めて完きを得るのである。イギリスは立憲代議政體の揺籃として、久しい間議會政治の模範國たる名聲を恣にして居る。何が故に代議政治が他の國に發達せずして、特にイギリスに於て發達したか。何が故にイギリスのみが議會政治の模範國として仰がれて居るのであるが。その理由はこゝに穿鑿すべく餘りに大きな問題ではあるが、私しはその最大の理由を以て彼等の特殊なる國民的性情と、その有し來つた地方自治制度にありと考ふるものである。

イギリスに於ける自治の特色は、自分達に關係のある公共事務は自分達が自ら處理して行くべきであると信ずる點に存ずる。彼等はこの原則を國家に適用して議會政治の基礎を確立し、地方に應用して地方自治體のために大なる權限を保有した。寔にイギリスに於ては自治は官治に對する觀念ではない。彼等の頭腦には始めから自治等といふ政治の樣式は考へられて居ないのである。政治といふことが卽ち自治なのである。この點はドイツ流の所謂形式的な自治とは大に異る點である。

2　自治制度の沿革

イギリスの自治制度を語り、それが如何に運用せられつゝあるかを語るには、一通り自治制度の沿革を述べて置かねばならぬ。今日に於ける、その美しき自治制度は決して價なくして得られたものではない。又その運用は始めから圓滿完全に行はれて居たものではないのである。矢張り或る時代に於ては腐敗の極に達して居たこともあれば、專制抑壓に惱んで居たこともあるのである。これを知つて居なければ現在の狀態を了解することも亦出來ないであらう。

イギリスに於ては國家が出來る前に、既に地方自治體が出來て居た。紀元前四五十年の頃ローマの英傑ユーリス・ケーザルが、この地を伐ち從へたる時、こゝに住んで居た人種はケルト人種であつたが、ローマ帝國の滅亡と共に、チユートン人種卽ち今のドイツ民族の祖先は、海を渡つて潮の如くこのブリトンの地に侵入した。北歐の森林に育ち、北海の荒波に嘯きたるチユートン人種は、徹頭徹尾野性に滿ちたる標悍野蠻なる民族であつた。彼等はその侵入に當つた、苟くもその土着民族たるケルト人と妥協するが如きことなく、彼等の有せるローマの文明を一蹴し、飽迄も暴慢なる戰勝者の態度を以て彼等を遇し、その存在を認むることをせずして遂に彼等をアイランドの地に驅逐し去つた。勿論ローマの文明とその誇りとしたる制度も法律も悉く葬り去つて、風寒き北歐の森林中に於ける祖先傳來の制度をそのまゝこゝに移植したのである。卽ちテインの所謂『ゼルマン以外のゼルマンをブリトンの地に造つた』のであつた。今日に於けるイギリスの地方制度はこのチユートンの制度を骨子として傳承發達して來たものなのである。

3　古代の自治と近代の自治

チユートンの制度は頗る複雜して居るけれども、その骨子を簡單に說明すれば、一番小さな自治團體はタウンシップ(村)及びボロー(區)であり、その上にハンドレッド及びシャイア等があつた。タウンシップは進化して今のパリッシュ(寺區)となり、ボローは幾變遷を經て內容も大に變つたけれども今猶その名を存し、ハンドレットは大體に於て現今のディストリクト(區)と變り、シャイアはカウンチー(郡)となつたものである。タウンシップ及びボローの政治は、自由民全體の會議に依つて行はれて居たが、ハンドレッド及びシャイアにありては、その區域も廣く住民も從つて多くあつたので、自由民全體の會合を不便なりとし、彼等は自分達の中から代議員を出して共同の公共事務を處理せしめて居た。而して中央政府は、何等これ等の地方自治に關與はしなかつた。否干涉するだけの實力がなかつたのである。中央政府は自由民に負はしむるに、軍役に從ふべきこと、橋梁の維持を助くること、城砦の修繕に助力すること等、軍務に關聯したる義務を以てしたる外には、何等その行動を制肘するやうな行動には出でなかつた。地方團體は頗る大なる特權を享有して居たのである。それは實に地方團體の黄金時代であつた。

然れども、この黄金時代も永くは續かなかつた。紀元第十一世紀の半頃、ノルマン人がイギリスに侵入し、ウ井リアムが王位に卽くに及んで、イギリスの自治制に於けるチユートン人種の傳統は一大脅威を受けた。ウ井リアムは王族の强大を以て聞ゆるフランスの心醉者であつた。のみならずイギリスの傳統等には殆んど何等の尊敬をも拂はない男であつた。彼は戰勝者として英國に臨み、英國民に對しては英國正統の國王たるの權利を以てし、古來英國王の權利なりとして、形式的にのみ許されて居た、すべての權力を掌中に收め、而して大陸に於て漸く行はるゝに至りて封建制度を移植し、强大なる中央政府を樹立したのであつた。この故に彼の下に於てイギリスは始めて國家的統一を保ち得るやうになつた。しかし、これと同時に地方自治體の活動を事每に制肘したので自治體の勢力は次第に凋落し、十九世紀の半頃までといふものは、その自治政は毫も振はず、國民は自治政治に興味と熱心とを失ひ、從つてその自治は少數の貴族、地主等の專斷、横暴のまゝに放任せられて居たのである。

4　自治體の無力とその腐敗

この時代の自治體が如何に甚だしく腐敗して居たかは、一八三三年に任命された市政調査委員の議會に致したる調査報告に詳しく物語られて居る。市會はあつても、市會議員は市民の選擧によると言はんより、寧ろ少數地主、富豪の任命によりて選ばれ、稅金は不公平に賦課せられ、法律の適用は公平を缺き、裁判すらも法律に依らずして爲されて居た都市さへあつた。その腐敗、亂雜さは殆んど言語に絕して居たのである。

改革の第一歩は、一八三二年の改革條例に始り、一八三四年には救貧法の改正となり、翌年には都市條例の改正となつて現れた。救貧法の改正は、身體の强健なる貧民に對する救助の廢止、寺區を廢合して救貧聯合區を造ること、全國的なる救貧委員會を設置すること、救貧事務を平和判事と、選擧による委員とを以て構成する、貧民救護委員會に委ぬること等を主眼としたものであつた。都市條例の改正は、一八三二年の改革條例の論理的結果で、市政の內部に於ける腐敗を一掃する目的を以てなされたもので、これに依りて、六十九のボロー(市)は廢止せられ、その他の市も殆んど皆その憲章を改められ、寡頭特權階級の政治を葬つて、政權は選擧に依る市長、市參事會、及び市會の手に委ねられたのである。一八八八年この主義は地方政務條例に依つて、郡部にも及ぼされイギリスの地方自治體は大にその面目を改めた。

5 自治體の再生

かくの如く十九世紀の初め以來、地方自治體の改良を目的とする幾多の法律は發布せられた。しかし、これらは多く或る特殊の改正を目的とするもので、何れも制度の根底に迄立入つた改正ではなかつた。從つてその權限や、區域も、頗る雜多で且つ不統一を極めて居た。その制度は、ハーバート大學の敎授ローレンス・ローウエル博士の指摘した通り、全國が幾つかの郡、救貧聯合區、寺區等に分たれ、その間にボロー道路區、墓地區、衞生區、土木區、學校區その他が相錯綜して存在し、寺區と救貧聯合區とを除けば、その他のものは何れも必然的の關係を有して居らず、全く混沌、雜然たるものであつたのである。試みに一八八三年に於ける、英蘭及び威斯の地方行政區劃數を見れば、五十二の郡、二百三十九の市七十の土木區、千〇六の市部衞生區、五百七十七の郡部衞生區二千〇五十一の學校區、四百二十四の道路區、八百五十三の墓地區、六百四十九の救貧聯合區、一萬四千九百四十六の救貧區、五千〇六十四の道路寺區、一千三百の寺區等合計二萬七千〇六十九個の地方團體に分たれ、その區域が相錯綜して居るため、人民は一人にて十九種の異なる地方團體に屬しその何れもから別々に地方稅を賦課せられて居たのであつた

これは實に耐ゆべからざる混亂さであつた。この故に地方行政の整理は、日を經るに從ひて益々重大となり、政府は一八九四年、衞生區及び救貧區條例を以て、その大部分を整理し、且つ地方自治體相互の區制を明瞭ならしめんとした。その結果として地方政治は殆んど全く、人民の選擧する議員の手を以て行はるゝことゝなり、從つて地方自治體の數も大に減少するに至つた。それでも所謂、地方廳、即ち一九一六年發布の緊急地方財政條例によりて、地方稅の支辨を受くる團體、及び保健大臣が地方廳と認めて居るものゝ數は、寺區會村部會、市部會、市邑議會、郡會、救貧局、埋葬局等の七つを算し、所謂地方廳には非ざるも、地方の政務に携るものには救貧監督會、平和判事、警察官等を始め、警察聯合委員會、港灣衞生聯合委員會、病院聯合委員會、埋葬委員會等を始め幾多の官廳、委員會が存在し、各々その管轄區域と特殊の權限とを有して、地方政務に關與して居る。

自治心と公共心

□立憲國民の資格を具備せよ□

國民新聞社長　德富猪一郎

憲政的敎化の二大要綱

憲政的敎化に於て、二大要領は、自治心と公共心の養成である。自治心とは、我自ら我を恃み、我自ら我事を做すと云ふ心を意味し、公共心とは、我は公共團體の一員である。故に其の一員として、公共團體全般の爲めを圖らねばならぬと云ふ心である。而して此二者は、自ら綫針相通じてゐる。自治心を擴ぐれば公共心となり、公共心を卷けば自治心となる

自主の心と自治の人

自主の心ありて、始めて自治の人たるを得、自治の人にして、始めて立憲國民の根本的資格が出て來る、若し我に自治心あらんか、如何に煽動政治家出で來るも、如何に投票仲買人が高價に糶り上ぐるも決して我心を動かす如きことなけぬ

自治心の要

自治心の要は我が分內の事は、他の强制や、勸誘を俟たず又他の援助や、示導を仰がず、我自ら我事を行ふにあり。一國の弱きは、其要素たる國民の弱きが爲め。而して其の國民の弱きは、彼等が自治心なきが爲め、云ひ換ふれば、窮すれば天を怨み、人を咎め、苦めば自暴自棄し、困すれば他人に向つて救護を叫ぶ。斯る腑甲斐なき國民の集合では、幾億ありとも、決して賴みとす可きではない。

憲政的敎化の大乘

但だ、自ら我事を做して、他人の厄介にならぬは立憲治下の國民として、纔かに小乘的敎養に止まる此れを一歩踏み出し、進んで我自ら公共團體の一員たるを自覺し、其の自覺心に依りて、我自ら公共團體の爲めに貢獻し、奉仕し、時としては我自らの利益さへも、之を抛つて顧みざるに至る。此の

如くにして始めて、憲政的敎化の、大乘に達し得たものと云はねばならぬ。自發的に我が利益を抛ち、公に殉するに至りて、玆に始めて公共心の完全なる働きを見る。

人間到處公共心の試錬所

凡そ公共心の發動するは、決して一國の大政の上のみでない、一町に於ても、若くは向ふ三軒兩隣に於て、或は汽車の中、乘合自動車の中、苟くも二人以上の群集する所、必づ公共心の試錬所たらざるはない。

我儘心はあり自治心はなし

群集の中にありて、その群集を認めず、宛も自分一個、我家の一室中にあるかの如く心得、傍若無人の振舞を爲す者は如何にも淺ましき野蠻人と云はねばならぬ。彼等には我儘心はあるが自治心はない、自治心の本諦は、我自らを時と場所とに應じて、其宜しきを爲すにあり。群集の中に處しては其の一人らしく行動するが、自治心の發露である。自ら治むるが爲めに、他に迷惑をかけても顧みづ、自ら治むるが爲めに他に損害を與へても頓着せずと云ふが如きは、是れ自治心でなくして、自慢心である。自治でなくして他害である。

治自心公共心頗る缺乏

我が敢爲、勇往なる日本國民は、不幸にして、此の自治心の敎養が缺乏して居る。而して其必然の結果として、公共心に至りては、頗る缺乏してゐる。其所謂上流社會より、一般に通じて、吾人のあらゆる群集の中に、多數の各個人を見出すも、未だ所謂一國の群集なるものを見出さぬ。彼等十人でも、百人でも、只だ個々別の十であり、百である。其極、互に睨み合ひとなり。妨害の原動力及び反動となる。宛も身を群集の中に投ずるは、宛も人をして、敵中に入るの感あらしむ。

立憲國民の資格を具備せよ

若し夫れ、所謂公共心ある者は、互に相集まれば乍ら一私し、乍ら一私すれば、乍ら自他の利害を、其の團體の利害中に沒投して、互に中合する迄もなく、相競ふて、其の團體の爲めに害を去り、利を致すの努力を事とす。敎養此に至りて始めて立憲國民の資格具備するに庶幾し。

(『國民小訓』中の一節、特に先生の快諾を得しもの)

地方自治の現狀

＝中央政界の惡影響は大に排斥すべし＝

貴族院議員　宮　田　光　雄

地方自治體の情勢を觀察するに、町村民間に動もすれば融和一致の態度を缺ぎ、感情の疎隔より一町一村の平和を攪亂するやうな事端を醞釀するやうな場合が尠くないやうだ。但しその原因は多少ないでもない。卽ち現在の町村區域は不自然のもので、從來郷、字或は山川等の如き天然自然の境界により決定して居つた區劃を合併し、現在町村の行政區劃に改めたので、勢その間に無理が出來、利害關係の相異せるもの、氣分感情の到底融和すべからざる二部落が、同一町村內に存在するの已むなきに至つた、そこで町村長の選擧や町村會議員の選擧に際しては、此等の相反せる氣分感情や、柄鑿相容れざる利害觀念が參差錯綜して大紛擾となる譯である

地方自治體に中央政界の餘弊が波及するといふことは、立憲治下の現立に於ては到底免がれざる自然の數であるかも知れぬが、その弊害の及ぶ所尠少でない。蓋し中央政界に於ては各自の抱懷せる主義主張によりて、その進退を賭し、その去就を定める處に主義政策の異れる甲黨乙派の存在が有意義となつて來る譯であるが、それと同時に此黨爭は年と共に熾烈となつて來ることは到底否定することは出來ない。

然かしながら、地方自治體が何處迄も中央政界の分野を直映し、それによりて地方問題を論議せんとするならば、その結果は測り知る可からざるものがあると思ふ。卽ちその町村の存亡死活の依りて岐かるゝ道路開通の事でも、鐵道の敷設にしても、これを一片の黨派的感情より觀察し、甲黨派か之れを提案したりとて反對し、或は乙黨派が提出したからとてこれに贊成するが如き事があつたとすれば、町村會は常に擲ぐり合の修羅場と化し、地方の開發は百年河淸を俟つたや

うなもので。到底期することは出來ない。

此點に於て地方自治體は常に黨爭の外に超然たるべきものでなければならぬことを我輩は痛感する。

或は云ふ　我邦現下の自治體が今尚ほ渉々しい成績を擧げて居ないのは、畢竟自治體に人物が缺乏して居るからであると。しかし我輩は必らずしも然うは思はぬ。地方に於ても相當の人物は輩出して居ると思ふ。だが此等の人物が自治體のために獻身的に努力する餘裕を有して居ない事實のあるを認めなければならぬ。一體地方有識者であるとか、有力者であるとか云つた風のものは、多くはその地方に於ける地主か又は資本家か、然らざる迄も土地若しくは財産の所有者である。此等の人々が一郷一村の繁榮のために、町村長の職に就くことは衷心から希望して居る處であるに相違ないと思ふが現下の社會狀態は昔時と異つて餘程複雜となり、經濟問題が紛糾して來たので、一生を町村のために捧ぐることが出來ないやうになつた。

これまでは　小作人と地主との關係は、頗る圓滿でその間何等の風波も起らなかつたのであるが、今日では小作人も地主に對し、種々の要求をなし其要求の容れられざる間は小作人は農業勞役に就くを欲せない、耕地は爲めに荒廢するといふ實狀である。そこで地主と雖もこれまでのやうに安閑として居る譯には行かなくなつた。從つて一家の經濟問題としても日夜勞苦の種の絶えないのが地方地主の現狀である。斯る有様であるから、自治體の發達のために蹶起する餘裕が無いと思はれるが、小作爭議は獨り地主對小作人の問題にあらずして、農村全體の問題であり、之れを大にしては國家の大問題であるから、その萌芽の裡に禍根を芟除して、悔を後日に貽さないやうにしなくてはならぬ。

なぐり通した市電パス

……岡田助役邸で手打……

市電のパス請求運動について數頃區會議員の代表者が岡田助役を毆つた事實等があつて運動も其儘中止の形ちになつてゐたが、今度鳩山一郎氏が仲裁に入つて双方仲直りをする事になり、四月十六日夜岡田助役邸に於て市會議員代表者と目出度く手打ちの式を擧げる事になり問題のパス運動も無事落着して希望通りパスは交附されたのである

地方財政史観

平井良成

第一

我邦に於て地方自治制を施行して約四十年の數を算するのであるが國家の財政を離れて獨立の經濟を地方團體に於て建てたのは德川幕府時代からである、併し國家財政も專制に出て地方財政も唯協議費に止まり之れを觀察するには資料も乏しく批判するには緣遠き感がある、依て地方財政を明治二十五年度以降に付き其狀態を述べ批判し以て聊か地方自治行政研究の資料といたすのである。

最近所謂護憲三派が政權を執つて頻りに財政の緊縮を計り中央も地方も消極主義を以て臨み、起すべき事業も起すに途なく進むべき生活に直面した事業も之を營むに術なき狀態となつた、國民の放漫な生活を懲らし實力に伴ないて國勢を仲暢する方針であると思はる、果して國民は玆に目醒めて政府特に大藏大臣の方針に副ふことを得るのであるか或は意氣阻喪して自暴自棄に出づるにあらざるか大疑問である。地方財政に對する政府の監督方針の如き時々緊縮に出で或は公債の許可を取締り或は事業の認可の手加減を爲し來つたが膨張する財政の勢は遂に今日の狀態となつた、國家財政の安固を計り國稅々源の培養を爲さんと企て地方財政を威嚇するは甚だ愚策である屢々試みて失敗した方針である政策である。

　地方財政の變遷移轉の狀態を述ぶるに先ち明治二十六年度以降國家財政の大體には記述するは必要であると思ふ、何となれば國の財政と地方の財政とは常に相關聯して之を全然別物として取扱ふべきものでないからである。

國家財政の狀態

年度	歳入	歳出	過不足
明治廿六年度決算額	一一三、七六九、三八一円	八四、五八一、八七二円	二九、一八七、五〇九円
同三十年度同	二二六、三九〇、一二三	二二三、六七八、八四四	二、七一一、二七九
同三十五年度同	二九七、三四一、三四八	二八九、二二六、七三一	八、一一四、六一七
同四十年度同	八五七、〇八三、八一七	六〇二、四〇〇、九五九	二五四、六八二、八五八
大正元年度同	六八七、三九一、四八〇	五九三、五九六、四四四	九三、七九五、〇三六
同　五年度同	八一三、三〇三、六一四	五九〇、七九五、三五三	二二二、五一三、二六一
同　十年度同	二、〇六五、七一一、一八五	一、二八九、八五五、六一三	七七五、八五五、五七二
十三年度豫算	一、四〇九、〇五四、〇八六	一、四〇九、〇五四、〇八六	…………

右表に付いて見るに明治二十六年度は歳出に於て八千四百五十八萬圓なるに五年の後には二倍半即ち二億二千三百六十七萬餘圓十九年後の大正元年度には七倍して五億九千三百五十九萬餘圓となり更に十年の後即ち大正十年度には十六割增の十三億八千九百八十五萬餘圓を算するを見る。

　此くの如き歳計の狀態に對して其歳入は如何なるものであるか試みに租稅收入と稅外即ち官業及官有財產收入とに付き前各年度の收入額を表示すると左の如き數を示すのである。

年度	租稅收入	官業及官有財產收入	計
明治二十六年度決算	七〇、〇〇四、七六三円	一一、七四三、二六八円	八一、七四八、〇三一円
同三十年度同	九四、九一二、八五〇	一九、七七三、九一六	一一四、六八五、七六六
同三十五年度同	一五一、〇八四、九四九	四九、九一八、八四九	二〇一、〇〇三、七九八
同四十年度同	三一五、九八三、五三七	一四一、七七一、〇〇一	四五七、七五四、五三八
大正元年度同	三六〇、九六九、九一九	一四二、一七四、一三〇	五〇三、一〇四、〇四九
同　五年度同	三四八、六七三、八三八	二〇七、七〇八、五八六	五五六、三八一、四二四
同　十年度同	七八五、八五一、七三九	三三三、七八二、八一五	一、一一九、六三四、五五四
同十三年度豫算	七二一、九三七、七一三	三二三、七八六、四三五	一、〇四五、七二四、一四八

右表に依ると明治四十年度に至つて租稅は倍加せるを見るのである又更に大正十年度に於て倍加する、之れ歳出に於て見るが如く帝國の諸般施設經營に大變動を與へた彼の日露戰爭及世界戰爭の影響である、一面から見るときは帝國の發展とも謂へる進步とも見らるゝが反面を觀察すると國民の實力は國家財政の上に顯はれた如くには發展も伸暢もしておらない

國民性の上に於て精神界に於ては却て廢頽し衰微し萎縮せるかの感がある、富はパンを以て表現すべきものでない、今次政府が大正十四年度豫算に大斧鉞を加へ財政の緊縮主義を唱へ與黨亦之を歡迎した、それで議會の協贊を得た豫算額は如何であるかと謂ふに、

前記大正十三年度豫算額は當初議定したるもので其後の追加額を加算すると十五億五千七十八萬六千圓となるに對し大正十四年度豫算額は十五億二千四百三十九萬九千圓であつて兩年度を比較すると其差は僅かに二千五百餘萬圓に過ぎない、故に如何に消極主義に依りて財政の緊縮を圖るとも國民の負擔を輕減して減租に依りて所謂民力休養を爲すが如きことは不可能の事と謂はねばならぬ。

國家財政の變遷は大體右記述するが如きものであるが更に國債現在高を見るに明治二十六年末に二三四、八一四、八五一圓なりしものが同三十年末には三八二、九五三、一二八圓同三十五年末には五一八、三九三、五二五圓となり同四十年末には一躍して二、二四三、八九五、九七五圓に增加し大正元年末には二、五七九、〇四五、七五一圓同六年末には 二、五〇五、五七一、七八四圓同十一年末には更に三分の一を增加して三、七二二、一一三、七〇三圓なるを見る國債增加の趨勢此の如きを以て若し公債政策を從來しかく襲踏するときは將來之が返還財源の負擔は實に憂ふべきものである。

郵便貯金の狀態は明治二十六年末には二四、八一五、九八六圓なりしものが、同三十年末には二六、〇二九、八五四圓同三十五年末には二八、五三六、七七〇圓となり同四十年末には九〇、九四七、八五三圓大正元年末には著しく增加して二〇六、〇五八、六九九圓となり同六年末には更に倍加して四三八、七一九、二〇三圓となり同十年末には 九四四、四七九、一五二圓同十二年末には實に一、一四七、二二四、二九二圓となつた。

明治年間に於ての產業發達の中心となつたものは銀行制度と會社制度とであつたことは爭ふべからざる事實である、依て先づ銀行狀態から述べる。

銀行の狀態を見るに明治卅年には銀行數一、五九九で其拂込資本金額二一〇、四八二、三六四圓であつたが同卅五年には行數二、三四二で其資本額三七三、二三九、一〇五圓同四十年には行數 二、一九八其資本額四四五、〇一五、三七二圓大正元年には行數 二、一五一で其資本額五七〇、四八九、〇〇〇圓となつた同六年には行數 二、一一四で其資本額七七五、七七一、〇〇

〇圓同十一年には行數二、〇一五で其資本額一、八五八、七三五、〇〇〇圓となつた。約廿年間に於て行數は僅かに四分ノ一を增加したに過ぎないが拂込資本額が八倍してをるのである

營利會社の狀況は明治三十五年以降左の如きものである

年次	鑛業 社數	鑛業 出資額（千円）	工業 社數	工業 出資額（千円）	商業 社數	商業 出資額（千円）	運輸業 社數	運輸業 出資額（千円）
明治三五年	—	—	二、四二七	一七三、三三三	五、三三五	四四〇、三〇三	六四六	二六三、六七六
同　四〇年	—	—	二、八四七	三八一、八一五	六、一九七	三六九、四八六	七三四	一五〇、八九一
大正二年	—	—	四、九六一	八一四、三〇四	八、八一三	九三一、二一五	一、一三六	二一〇、〇六一
同　六年	二八八	五七、一六一	六、六七七	一、一五六、〇一五	一〇、七一四	一、三〇四、九一六	一、四三〇	三六五、四八五
同　十年	五〇三	七二〇、七七三	一三、九五一	三、五五一、二一〇	一五、六三〇	四、〇八九、三二四	二、二二七	八二六、四八五

通貨內地流通狀態は左の如きものである。

年次	硬貨流通高（千円）	紙幣流通高（千円）	計（千円）
明治二十六年末	五〇、六六二	一八七、八三六	二三八、四九八
同　三十年末	九一、七三六	二三八、七〇四	三三〇、四四〇
同　三十五年末	九四、四七八	二三二、〇九四	三二六、五七二
同　四十年末	一三八、四五二	三六九、九八四	五〇八、四三六
大正元年末	一六七、八八一	四四三、八三七	六一一、七一八
同　六年末	一九七、八四六	八一六、四一九	一、〇一四、二六五
同　十年末	？	一、七五七、〇四〇	？
同　十二年末	？	一、七四四、〇〇〇	？

右流通高の內地人口一人當りを見ると大正十二年末では三十圓餘で大正元年末では十一圓餘である。

外國貿易中 輸出入の狀態を見るに左の如きものである

年次	輸出（千円）	輸入（千円）	合計（千円）	輸出(入)超過（千）
明治二十六年	八九、七一三	八八、二五七	一七七、九七〇	出　一、四五六
同　三十年	一六三、一三五	二一九、三〇〇	三八二、四三五	入　五六、一六五
同　三十五年	二五八、三〇三	二七一、七三一	五三〇、〇三四	入　一三、四二八
同　四十年	四三二、四一三	四九四、四六七	九二六、八八〇	入　六二、〇五四
大正元年	五二六、九八一	六一八、九九二	一、一四五、九七四	入　九二、〇一〇
同　六年	一、六〇三、〇〇〇	一、〇三五、八一一	二、六三八、八一六	出　五六七、一九三
同　十年	一、二五二、八二七	一、六一四、一五四	二、八六六、九八一	入　三六一、三二七
同　十二年	一、四四七、七四九	一、九八七、〇六三	三、四三四、八一二	入　五三九、三一四

右の如く貿易高の增大は年と共に盛なるも輸入超過の狀態は免るゝに由なきが如く內國經濟の不利は實に憂ふべきものである。

金融の事情は大體以上述べた如き狀態であるが更に溯つて

農業及工業の狀態を考察することが必要な事項であると信ずる元來我國は農本國であつて舊幕政時代に在つて彼の水戸烈公が夙に農業を重んじて農人形を作り其食膳に向ふとき先づ一箸の飯粒を之に供へ然る後に自ら食するを例とし「朝な々々飯食ふごとに忘れじな惠まぬ民に惠まるゝ身は」と歌へるは農業を尙ぶの精神に出でたものである、斯かる國柄も歐米の潮流に抗し難く農業政策を閑却して一に商工業政策に重きを置くに至つた、其結果農業の衰微を來たし今日農業者の窮境に陷つた狀況は甚しきものがある小作人も地主も共に困憊しておるは事實である、依て農業の狀態を述べ次で工業に及ぼして一言するの要がある。

農業の狀態を見るに

(一)耕作地增加の狀況

年次	田（町歩）	畑（町歩）	合計（町歩）	明治三十八年ヲ一〇〇トス
明治三十八年	二、八四一、四七一	二、五四〇、九〇六	五、三八二、三七八	一〇〇
大正元年	二、九三九、四五五	二、八八〇、三〇一	五、八一九、七五六	一〇八、八
同九年	三、〇四二、二八〇	三、一〇五、六九〇	六、一四七、九七〇	一一四、二

(二)米麥收穫增加の狀況

(イ)米

年次	作付反別（町歩）	收穫高（石）	一反步當收穫（石）
自明治二十一年至同二十五年平均	二、七三四、五二一、四	三五、八五三、三九六	一、三一〇
自明治二十六年至同三十年平均	二、七七四、〇六七、三	三七、六三五、〇六五	一、三五九
自明治三十一年至同三十五年平均	二、八三六、〇五八、九	四二、四七九、八〇九	一、四九七
自明治三十六年至同四十年平均	二、八八六、二五七、三	四六、二八六、一三五	一、六〇四
自明治四十一年至大正元年平均	二、九五七、一九二、七	五〇、五八七、九七五	一、七一一
自大正二年至同六年平均	三、〇五四、九一七、六	五五、二三九、三七〇	一、八〇八
自大正七年至同十一年平均	三、一三九、七八六、七	五八、九二〇、三四一	一、八八八

此表に依り米の收穫は總高に於ても一反步當に於ても漸次追增せるのである。

(ロ)麥

年次	作付反別（町）	收穫高（石）	一反步當收穫（石）
自明治二十一年至同二十五年平均	一、八八五、八三六、九	一五、〇六三、七〇九	〇、八九四
自明治二十六年至同三十年平均	一、七三六、一八一、八	一八、二六〇、一四八	一、〇四〇
自明治三十一年至同三十五年平均	一、八〇五、六八三、二	一九、七九八、一五四	一、〇九五
自明治三十六年至同四十年平均	一、八〇五、七三四、四	一八、八八三、九九〇	一、〇四八
自明治四十一年至大正元年平均	一、七七三、一三一、九	二一、六六七、七三一	一、二二三

自大正二年至同六年平均	一七、〇九、九五八、一	三、四三三、二〇三	一、三〇七
自大正七年至同十一年平均	一七、〇九、九五八、一	三、四三三、二〇三	一、三〇七

此表に依ると反別は減ずるも總收穫高は漸次增加し一百步當收穫に於ては遞增するを見るので耕作方法の改良の結果の良好なるを證するに足る。

（三） 自作農と小作農との狀況

農家を自作農と小作農と自作並小作農とに區分し表示すると左の如きものである。

年次	自作農戶數	小作農戶數	自作兼小作農戶數	合計
明治四十四年	一、八一八、九七八戶	一、五〇九、九三八戶	二、一七一、五六八戶	五、五〇〇、四八四戶
大正四年	一、七九九、〇五七	一、五三〇、四三三	二、二三五、五一八	五、五六五、〇〇八
大正九年	一、七四一、二九二	一、五六六、〇四四	二、二六四、七六一	五、五七三、〇九七

であるが其區分に從ひて農家總戶數に對する割合を示すと。

年次	自作農	小作農	自作並小作農
明治四十四年	三割、三一	二割、七四	三割、九五
大正四年	三、二一	二、七七	四、〇二
大正九年	三、一三	二、八一	四、〇六

であるに之に依つて見ると自作農家數は減少し小作農家數の漸次增加するを見る、此は農業上大に憂ふべき現象である故に自作農の奬勵策を講ずることであるが資本主義に基く耕地兼併の結果であるから其奬勵の好果を見るは容易であるまい、更に進んで農家經濟の實況を考察するときは其困憊の狀は寒心に堪へざるものである小作爭議の頻發することは故なき業でない、如何に普通選擧法を實施するも之れに依て農業は振作するものでない、農村救濟の彌縫策は農民の生活を安定するに足らないものであることは農業界の實際に付き、其一端を見れば思ひ半ばに過ぐるものである。

（四） 米價の推移を見ることも見逃がすことの出來ない事項である依て明治二十六年以降標準相場一石建に付東京市及び大阪市の正米相場を表示する。

年次	東京	大阪
明治三十六年	七円、三七五	七円、一九五
同 三十年	一一、七九九	一一、三四一
同 三十五年	一二、六五三	一二、二六七
同 四十年	一六、四二八	一五、二五六
大正元年	一九、五八七	一九、三九八
同 六年	二〇、〇七四	二〇、二七五
同 十年	三〇、七三〇	三一、二一一
同 十二年	三二、四〇〇	三二、九二〇

それで尚米價變動の割合を見ると。

明治三十三年中の平均相場を指數百とし東京大阪市の各變動の割合は左の如きものである。

年次	東京 實數	東京 指數	大阪 實數	大阪 指數
明治三十三年	一一、九三〇円	一〇〇、〇〇〇	一一、五三〇円	一〇〇、〇〇〇
同　三十五年	一二、六五〇	一〇六、〇八〇	一二、〇七〇	一〇六、六三〇
同　四十年	一六、四八〇	一三八、一三〇	一五、四三〇	一三三、八六〇
大正元年	二〇、九六〇	一七五、六八〇	二〇、五七〇	一七八、四一〇
同　六年	一九、八四〇	一六六、三九〇	一九、一六〇	一六六、一八〇
同　十年	三〇、七九〇	二五八、〇八〇	三一、六三〇	二七四、三三〇

米價の變動は以上の如くで遞年高騰する傾行である今日その最高相場は大正八年十二月の五十二圓五十錢(東京市場)であるが平均は同年の五十圓八十一錢を除く外未だ四十圓に達しない、而して農民は收支償はざるの悲境に在る。

轉じて工業の狀態を見るに幾多の波瀾があつたが非常の發展を爲したものは工業である實に事業界の中心は工業と見らるゝに至つた往昔より農業國であつたものが工業國となつた感がある工場及職工數を見るに左の如きものである。

年次	工場數	職工數 男	職工數 女	計
明治三十二年	六、六九九	一五八、七九三	二六四、三七八	四二三、一七一
同　三十三年	八、二七四	一八二、四〇四	三〇一、四三五	四八三、八三九
同　四十一年	一一、三九〇	二四八、七五一	四〇〇、九二五	六四九、六七六
大正元年	一五、一一九	三四八、三三〇	五一五、一一七	八六三、四四七
同　七年	二〇、九六六	五六七、八〇四	七一三、一二〇	一、二八〇、九二四
同　十年	八七、三九八	七九八、八三八	八八七、五一五	一、六八六、三五三

又生産額を見るに明治四十二年に七億九千六百四十二萬八千圓であつたものが大正十一年には實に五十六億八千九百二十二萬七千圓に達したのである、斯る生産額は工業の如何なるものが多額なるかを見るに左の如きものである。

	明治四十二年	大正十一年
染織工業	三八八、九二〇	二、四八四、七九四
機械及器具	六三、五三二	七四五、六一〇
化學工業	一一五、三二五	七五五、五三六
食料品工業	一四七、二三九	八八六、四八六
雜工業	六三、〇七九	四七九、四二九
特別工業	一〇、四五五	八八、二〇一
加工料及修繕料	七、八七一	一、四九、五二八
合計	七九六、四二八	五、六八九、二二七

以上述べたる所のみでも農業が經濟上衰頽の狀態を示し工業が其發展の急激であることを明かに認めらるゝのである、我國の經濟政策として農本主義を繼續し行くべきか將又工業主義を助長し之を國家の基礎とするか實に重大問題と謂はなければならぬ。

右の如き國情の下に府縣市町村の財政は如何の狀態であるか吾人は十分に考究せざるを得ないのである。

バーミンハアム市と圓卓主義

赤毛布生

嘗て東京市の高級吏員が、都市研究の爲めに歐米諸國を週遊した事があつた。英國に渡り、バーミンハアム市を訪づれると、彼の地の市長代理は禮を盡して一行を迎へ、宏壯なる其の市役所を隅から隅まで殘る隈なく叮嚀に案內して吳れた先づ階下を見物して二階に上ると、何れの部屋も皆委員室ばかりで、その數の多きに一驚を喫したが、あまり數多くの似通つた室ばかりを、細密懇切に案內された一行は、最後の一室は見る氣もせずに、其のまゝ行きすぎやうとすると、市長代理はこれを呼びとめて、是非この部屋を見て吳れと云つた、餘程珍らしい部屋でゞもあるのかと思ひながら、ドアを排してみると、それは普通の部屋よりズット狹く、おまけに陰鬱な薄暗い部屋で、中央に圓い卓子と八脚の椅子があるばかり右方の壁に、市長の年代表が張つてある外には、何等の裝飾も、何等の特異も見出せなかつた。

奇異の面持ちで、疑問の眼を見かはしてゐる一行に對し、徐ろに口を開いた市長代理は、まあおかけなさい、この部屋を特に、是非、見て戴きたかつたのです。と一行を落ち着かせ、さてその部屋の說明をしてくれた。此の部屋は特別委員室で、若し紛糾した重大問題が起つて、何うしても解決のつけられぬ場合に、始めて、この部屋で特別委員會が開かれるのです、御覽の通り、この卓子は圓い、何處が始めで何處が終りだか全く分らない、その樣に此の部屋に入つては、議長もなければ委員長もなく、又年齡の差異もなければ、官等席次關係も全然なくなつて終ふ、そして飽迄誠意を披瀝して愼重審議し、感情を捨て、情實を去り、互に論ずべきを論じ、爭ふべきを爭ひ、然る後、恰も此の圓い卓子の如く、圓滿な解決を告げると云ふのが、この部屋の特徵であり又、今日此部屋を特に紹介した所以であります、我バーミンハアム市は只此の部屋によつて、市政を圓滿に發達させて行きつゝあるのです、と云ふことであつた。

この、圓卓主義なるものがあつてこそ、初めて自治政を圓滿に發達させることが出來、立憲政治を立派に運用することが出來るのである、而して是が卽ち英國立憲政治の妙味である。

特別市制を必要とする譯

田川大吉郎

一

特別市制を必要とするや、否やの、お問に對しては、私は夙くの昔から、それを必要缺くべからずとする論者の一人であります。

なぜ、特別市制を必要とするかといふ意見は、極めて容易に、又、最も簡單に述べることが出來ませう。

一、人口三萬の都市がある、人口五十萬の都市がある、又人口百萬、二百萬の都市がある、その政治的組織の内容はその必要とせらるゝ計畫、設備の程度に從つて、是等のあるのが、當然でありませう、特別市制は、こゝに必要を認められます。

二、それのみで無い、政治的の都市もある、商業上の都市もある、仲繼ぎ港としての貿易市もある、小ぢんまりと固まつた、山間の奥地もある、その位地、形勢の相違に由つて、施設せらるべき諸般の目的、方針は異なりませう、こゝに、特別市制の必要がある。

私は、この二點の説明で、既に明白であると存じます、少くとも、私の理解は、之だけで、既に表明されて居ると信じます

二

然しながら、お問は、この一般的の説明、批判に止まらず東京市の如き、帝國の首都に、首都として、他の大都市と區別した、別種の市制を敷く必要があるかといふ意味を含んでゐませう。

その、お問に對しても、私は、然り、その必要があると答へます。その理由は、尚、以上の一般的解答の理由でも、説明できると思ひますが、それよりも、海外の事例を擧げた方が、早分りでありませう。

一、獨逸の伯林は、その他の都市と異なつた制度、組織、例へば、その警察事務の如きは、特設された別個の機關を有してゐます、然しながら、獨逸は、世界で一番、都も、鄙も、推しなべて、一樣の組織を有して居る所と謂はれます。

二、佛國の巴里には、民選の市長すらありません、それだけ、巴里の市制は、他の大小の市と、かけ離れた組織になつて居ります。

三、英國のロンドンは、倫敦政府法と稱する、特別制度の下に支配され、これ又、他の都市と、常に引き離されてゐます、因みに、英國の都市は、概して、その市〳〵に、特別の計畫、特權を有してゐます。それだけ、研究するに、別段の面倒がありますが、又、別段の面白味があります。

四、米國のワシントンは、巴里と同じく民選の市長を有しません、のみならず、その市民は、代議士を議會へ送る投票權をすら有しません、その代り、その經費の四割は、議會から支出されます、その初めは、全部の費用を、國が負擔したのであります。

以上の如く、各國は、その首都に、皆、特別の市制を有してゐます、これは、首都としての經營、施設に伴ふ、必然の要求から來たのである。何となく總ての市民、或は、總ての國家の、これを要求し、是認して居る所であると申すべきでせう、日本の國家にも、又、東京の市民にも、他の國民と同樣、自然に此の要求のあるべき筈。

今日に至り、頻りに特別市制の要求せらるゝ譯は、些しも怪しむに及ばない事でせうと、私は思ひます。

三

これにて、私の、お答へは盡きました、終りに尚一點を添へます。

それは、特別市制を、東京市に敷く必要があるからとて、東京市の區域を、東京市外の八十箇町村に擴げ、若くば三多摩を含めた、東京府全體に擴ぐる必要があるかといふ問題であります。

これに就ては、私は、その必要は無用と答へます。

勿論、東京市の計畫をするに、東京市外の各町村と、連絡を保つ必要のある場合は、しば〳〵あります。例へば、上水道にしても、下水道にしても、或は道路にしても、電車にしても、これを東京市内に限らねばならない理由は無く、これを限つては、本來の目的の、得て達せられない、種々の故障難點が、いろ〳〵あります、故に、これらの事業その他を東京市に起す場合には、東京市は常にその周圍の各町村と、緊密の連絡を保たねばなりません、それには、組合を作るが宜しい、市と各町村との組合を作るが宜しい、必らずしも、それを、一特別市制の下に集めて、一律に拘束する必要は無いと思ひます。

それを一市の下に集めることは、絶對に不可かと問はるれば、絶對に不可ではありますまいが、例へば、その設備の、よしあしの程度と云ひ、租稅負擔の輕重の程度と云ひ、その斟酌、その決定が、いろ〳〵面倒でありませう、或種類の、特に必要の事柄のみを撰んで、時々に相談して、計畫するといふ方が、寧ろ人情に近く、實際に適して居りませう。

私はかくの如き注意、了解を以て、特別市制、特に、東京の特別市制を要求いたします、但、東京に特別市制を敷くがため、その市長を、下命の市長とするといはるゝ方針、退步の方針、非自治的方針には、絶對に反對いたします。

自治體と官僚政治

法學博士　水野錬太郎

近年官僚政治とか、官僚派とか云ふことを屢聞くのであるが、余は遂に其の眞正の意義を解し得ない。

官僚政治とは官吏の行ふ政治と云ふ意義ならば、國家の政治は凡て官僚政治である。然るに自治行政は、官吏の行ふ政治に非ずして、人民の公選に係る機關の行ふものであるから此の意義に於ては官僚政治でない。歐洲の學者の中にも、此の意義に於て自治行政を官僚政治（Bureaucratie）に對して說明して居るものもある。併しながら若し官僚政治を Hierarchie の意義に解し、一の長官の下に上下の秩序整然たる階級組織をなし、各吏員は容易に動かす可からざる鞏固なる地位を有し、專門の職業として行政事務を處理する制度を稱して官僚政治と云ふならば、自治體にも亦官僚政治があり得るのである。現に獨逸の自治體の如き、明に此の意義に於ける官僚政治である。

獨逸の市長は國王の裁可に依りて就職し、殆んど永久的事務官であり、市の執行機關たる市參事會員中有給參事會員の如きも所謂事務職であつて、各部局の事務を擔任し、官廳的組織に依りて執務し、其の狀態は官吏と少しも異る所がない。只任命に由る官吏でなく、人民の公選に出でたりと云ふ差があるに過ぎないのである。其の他の吏員も市參事會の任命に係り、上司に隷屬し、恰かも官廳の上官下官の如き關係を有し、局課の組織を以て事務を處理するのであつて、此の點より見れば全く官僚政治（Beamtenthum）である。現に英米人は獨逸の自治行政を稱して、市官僚政治（Municipal Tureaucracy）と云ふて居る。

米國の市政學者モンローは獨逸の市の自治行政を評して『獨逸の市政は純然たる官僚主義である。市の吏員は當初就職の際には公選の吏員たることを考ふるも、漸次に其の精神を沒却し、上官に依りて命ぜられたる固定事務を機械的に處理する器具たるに過ぎないで、市民と接するに當り、民衆の奴僕たる事を忘れ、恰かも其の主人たるが如き態度を採るのである。卽ち獨逸の市官僚政治は適切に評すれば一の機械に過ぎない。併しながら此の機械は世界に於ても、最も有力なる行政器械であつて共同の精神に富み、腐敗に陷らず、且精勵勤勉であることは實に賞讚に値すべきである』(Munto, Government of European Cities)と云ふて居る。若し斯る政治を官僚政治と云ふならば、自治體にも官僚政治があつて國家の官僚政治と何等の差違はないのである。

豈に啻に獨逸のみ 然りと云はんや。佛國の自治體も亦同一である。佛國に於ては市長が單獨執行機關であつて、其の部下の吏員の任命は一に市長の權內に存し、市長は之を自己の手足として使用する。卽ち市長が長官であり、助役が次官、局長の地位を占め、更に其の下に隷屬する各種專門事務官があつて、其の事務を處理するのである。而かも市書記以下の吏員は永久的事務官であつて、其の地位は牢として動かす可からずである。而して市長が單獨長官たる點は獨逸の制度より一層官僚政治に近く、殊に市長が國政事務を管掌する Deconcentration の狀態は純然たる官僚政治である。

豈に啻に獨逸と 佛國とのみ然かりと云はんや。獨佛の自治を官僚政治と評する英國自身の自治體も亦然りである。英國に於ては議決機關と執行機關とが一であつて、公選に出でたる市會議員が直接に市の行政を處理するのであるから、此の點に於ては官僚政治の臭味を脫するが如きも、市會の委員組織の下にありて事務を執る市書記以下の事務員は專門の學識と長時の經驗とに依りて市行政の實權を握り、階級あり秩序ある事務所的組織を以て市の政治を行ふのである。名義上の市政の執行者は市會の委員なるも、事實上の擔任者は永久的事務員たる市書記であることは前述したる如くであつて、『所謂船の舵手』は市長にあらず、市會にあらずして市書記であると云ふ實況である。官僚政治の特質たる屬僚政治は英國の市に於て實行して居るのである。通常市政學者の說明する處に依れば、獨逸の市の行政は專務職の手に依りて行はれ、英佛の市にありては名譽職之れを行ふとのことであるが、是れ單に自治體の外形を見たるものであつて、實際は三ケ國共に專門家たる恆久老練なる吏員が之を行ふのである、而して是れが是等の國の自治行政の能く行はるゝ所以である。米國人にして歐洲の都市行政を研究したる者が、此の美點を擧げて、米國市政の之に倣はんことを主張したるは正に此の點にあるのである。曰く。

『吾人米國人は獨逸の市官僚主義を排斥するも可なり。然れども我米國の鐵道會社にして其の運轉又は工事の爲めに熟練なる專門技師を必要とする以上は、獨逸の國民が市行政の執行に學識經驗ある專門吏員を選任し之に依賴するの理由あることを知らざる可からず』と。

斯く觀察し來れば英佛獨の自治體は共に皆官僚政治である。而して此の官僚政治が是等諸國の自治體を鞏固にし其の自治行政を完全ならしむる所以である。果して然らば官僚政治は利あつて害なく之に對し何等非難すべき點はないと思ふ。此の意義に於ける官僚政治ならば、國の政治にも自治體の政治にも、之を助長せしむるに利ありて之を打破するに害ありと云はねばならぬ。官僚政治を打破せんとする論者は夫の政治の變動に伴ひ門衛使丁までも更迭せしむる米國の惡制を採らんとするか。是れ恐らくは論者の主旨にあらざることゝ思ふ。政黨內閣、責任內閣を標榜する英佛諸國の政治に於ては、實際此の意義に於ける官僚政治が行はれて居るのである。議會の多數に依りて內閣を組織する政治組織に於ては勢官僚政治たらざることを得ない。何となれば內閣を組織する大臣は固より事務的官僚でなく、政黨出身の政務官であるから、事務官より經上りたるものゝ如く、其の省の事務には經驗なきを常とするが故に、事務に付ては其の部下の專門的事務官の意見に聞くの必要があるからである。若し斯かる事務官を罷めて、凡て之に代るに無經驗の政務官を以てするときは國家の行政は澁滯するを免かれない。上に大政を料理する大臣あり、下に精勵なる專門家たる永久的官僚あつて、始めて國政の進步は期し得らるゝのである。若し大臣が顯微鏡的に細微なる專門的事務に干涉し、自ら之れを處理せんとし專門家たる職業的官僚が政治家を氣取りて、政治に容喙し、大臣と進退を共にせんとするが如きことあらば、國家の政務は阻止廢滯するに至るは當然である。故に余は此の意義に於ける官僚政治は益々之を助長發達せしむるの必要ありて、之を打破せんとするが如きは思はざるの甚だしきものであると思ふ。顧ふに世の論者の打破せんとする官僚政治は前述の意義に於ける官僚政治にあらずして夫の官權の擴張を是れ主とし、官廳や官吏の便宜を第一義に置き、形式手續を煩にし繁文縟禮に流れ國民の幸福利益を輕視するが如き政治を指稱するのであらうと思ふ。此の意義に於ける官僚政治ならば、余も論者と共に之を打破するを必要と考ふるのである。元來國家の政治は國民の幸福利益を基礎に置かねばならぬ。國家の富强は國民の富强に基くのである。政府の官僚は常に此の心を以て心と爲し、身を被治者の地位に置き國民の福利を增進することを以て行政の指針となさねばならぬ。然るに夫のモンローが獨逸の自治行政を評したるが如く、永く官僚的組織の中に生活するときは、漸次被治者と遠ざかり知らず識らずの間に、其の利害を顧みざるの傾向を生ずるに至る。是れ實に官僚政治の弊である。若し斯かる傾向が官僚政治に生ずるとするならば、先づ第一に官僚自身に於て常に注意して之を打破することに努めねばならぬ。故に余は第一の意義に於ける官僚政治は、之を維持するの利益を認むるも、第二の意義に於ける官僚政治は之を打破するの必要ありと思ふ。

大英國を操縦する三つのC

立憲生

英人は、彼等の立憲政治の妙味を「三つのCをもつて、立派に云ひあらはす事が出來る」と云ふ。

＊　＊　＊

即ち Contest（競爭）Conrference（討論、協議）Compromise（妥協、讓步）の三つのCである。

＊　＊　＊

先づ、第一に總て政治上の問題は、お互に競爭する、選擧の如きは其一例で第二にそれが濟むと、互に討論し合ひ、協議し合つて、意見の相違を主張論駁し、飽く迄、主義主張の爲めに論議するのである、充分に論じ盡し、議し終れば、第三に、讓るべきは讓り、纏むべきは纏めて、圓滿な解決をつけ、政の進捗を圓滑ならしめるのであつて、此の三つのCが即ち、英國政治の妙味を云ひ表はすべき三Cである。

＊　＊　＊

英國の政治が、流石に、憲政の母國たる名譽を毀損しないと云ふことも亦、故なきにあらずと云はればならぬ。

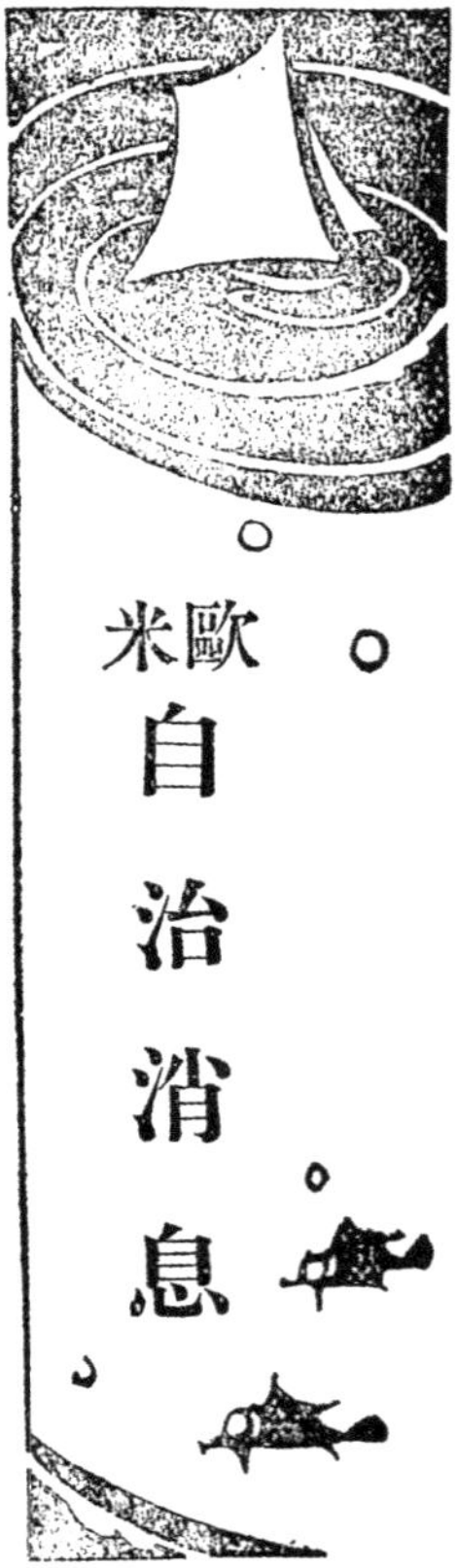

歐米 自治消息

東京市政調査會參事　弓家七郎

英國に於る壯丁の體格惡化

サー・レオナルド・ダンニングがイギリスの(英蘭及び威斯)郡、市等に於ける警官に關して發表したる報告に依れば昨年度に於ける警官志願者の體格檢査の成績は頗る不良にして志願者中九割まで醫師の檢査を俟たずして落第し辛うじて檢査に合格したるものは全數の僅か五分に過ぎざる狀態であつた。その結果。定員は五十八郡百二十三市に於て合計三萬六千五百六十二人であるのに二千二百人程不足して居た。猶應募巡査の成績を基礎として彼は次の樣な言葉を以て婉曲に小學校教育を非難して居る。曰く『眞の國民的精神は今の小學校教育に欠けて居る樣に思はれる。……然し少年の品性を淘冶したり、看察、服從、自恃、忠實、等の習慣を養成したり、公衆に對する奉仕の精神及び技術の訓練をなすところの他の運動(ボーイ・スカウト)は今や次第にその結果を示しつゝある。かくの如き訓練を喜び熱心事れに努むる青年は警官として半ば出來上つて居る人達で甚だ喜ばしいことである』と言つて居る。英國に於ては徴兵制度がない爲巡査の體格檢査等が國民體格のバロメーターとして論議されるのである。

ハルウヰッチ市電力開通式

イギリスのハルウ井ッチ市はドーバー海峽に面する人口一萬三千の小都市である。その市長はルーシー、エム、ヒル夫人と言ふ婦人であるが、なかなかの活動家で數年前には失業者の救濟のために海面埋立の大工事を起こし、しかも埋立地を利用して、そこに大水泳場や、ヨット碇泊場や小さなゴルフ運動場等を造り、海岸には美しい遊歩道を設け等しく遊覧客の吸收に努め町の繁榮を謀つた。しかし同町には未だ電燈の設備がないので市街も暗く不便も尠くなかつた。それで電燈經營の問題は絶えず起つたが、獨立して發電所を建てたのでは經濟上引合はず、それかと言つて營利會社等にやらせたのでは十分に市民の利益を保護することが出來ぬので、市は久しい以前から大東鐵道會社から電力を纏めて買ふ交渉を始めた。この計畫はその後大東鐵道會社が東北鐵道會社と合併するやう地方政務院から注意を受けるやらして一寸行惱んで居たが昨年の秋になつて、電氣委員會は市に對してこの事業のため四萬磅(約四十萬圓)の市債募集を認めたりして大分具合よく進捗し、市はバークストンの發電所から延長十九哩の電線を自分で引いたり途中に五個の變壓所を設けたりして漸く電燈が市街を照すことになつた。將來は電車も市が經營する計畫であると言ふ。電流開通式は去る一月二十一日行はれた。市長がスウ井ッチを切つた瞬間大通りの兩側に飾られた花電燈は一齊に輝いて市民は觀呼してこれを祝した。

イギリスの全國町村會々議

本年一月ロンドンに開かれたるイギリスの全國町村會議實行委員會はワームレー村會書記シーモア・ウ井リアムス中佐を議長として次の諸件に付協議した。

一、地方税法案の改正問題

議會に提出せられんとする地方税法案に關し全國郡會々議は課税價格を査定するに當りては郡毎に査定委員會を設くべしとの決議をなし本會は之に對し反對したるが、未だ該法案も脱稿なし居る譯にあらざるを以て法案が脱稿してから適當なる運動方法を講ずること

二、道路法の改正に就て

道路法案中、幹線道路の修繕及び維持に關する件即ちその第二條及び第三條の規定に依れば或る道路を以て幹線道路なりと定むる權限を有するものは當該道路管理者である。而して郡會が或る道路を幹線たらしめんとしたるに當該道路管理者が之に應ぜざる場合は郡會は交通者に訴願す

るを得となつて居るがこの郡會の訴願權には反對すること、第一條の道路管理者が定めたる幹線道路に郡會が反對したるときは當該道路管理者に訴願するを得としてあるのは諮問會を開きたる後交通大臣の裁決に一任すと言ふ修正で贊成すること。道路維持費國庫補助金增額の件に付いては本問題に關する昨年の會議に於て議決したる事項を交通大臣及び大藏大臣に陳情する以前、本問題に關係深き代議士に更に意見を開陳すること等を相談した。

三、肉類取締條例の改正建議

レックスハム及び其他六町村は一九二四年の公共衞生(肉類取締)條例は不備の點少なからざるを以て改正の必要あり、その建議を政府に爲すことに就ては更に實施の成績を調査して態度を決すること

牛津市學務課の兒童齒衞生

大學で有名なイギリスのオックス・フォード市では先年來兒童の健康が齒の衞生と密接な關係あることに着目し專任の齒科醫數人を採用して巡回診療部を組織し各小學校を巡回して、在學兒童の齒の衞生及び治療に從事せしめて居たが、その成績頗る良好なりしに依り、最近に至り、同市學務課では、(一)專任の齒科醫を、も一人增員する事、(二)現在未だ齒科衞生及び治療をなし居らざる學校にもこれをなすこと(三)巡回診療部々員を增員すること等の決議をした。因にこれが爲めに計上されて居る豫算は經常費七百五十磅(七千五百圓)臨時費七十五磅(七百五十圓)である。

米加兩市事務主任勤續年數

雜誌アメリカン、シチーが米國及び加奈陀に於ける二千百七十の都市に付きてその事務主任《シチー、クラーク》の勤續年限を調査したるところによれば

勤續年數五十年以上のもの	一人
同四十年以上五十年以下のもの	二人
同三十年以上四十年	二七人
同二十年以上三十年	六七人
同　十年以上二十年	一八八人
同　五年以上十年	三〇三人
同　五年以下のもの	一、五八二人
合計	二、一七〇人

であつた。米國及び加奈陀に於ける市

長は何れも選擧によるものでその任期は大概二年である、尤も、一年のところもあれば四年のところも可成りに多い。從つて市長はどちらかと言へば飾物で、實際の政治は市の高級有給吏員であるところのシチー・クラーク卽ち事務主任に依つて爲される、市政の擧ると擧らざるとは大部分このシチー・クラークの適否に拘るものと見られて居る。それで各市とも良事務主任を得ることに努力し、可成りに高給も支拂ふ。事務主任も亦會社の支配人といふ格で長年勤續するのである。

マンチエスター無車掌電車

イギリスのマンチエスター市は昨年以來市の郊外を通ずる或る地區の電車の車掌を廢止したるが、その後の成績は頗る優良であるといふ。乘客は前部の運轉臺より乘降し乘車の際運轉手の傍に備付けある箱に賃錢を投入するのである、後部々車掌臺を設けざるがため車體の大きさに比して割合多數の乘客を收容することが出來、經費も少くて濟むから頗る經濟的であるといふ。

英國の田園都市の會計報告

イギリスのレッチウアース田園都市の一九二四年度の報告によれば同年度に於ける純益金は一萬二千〇二十七磅十六志三片あつた。それで一昨年と同樣株式に對して五分の配當をなすといふ。同會社は一九〇三年九月一日に創立されたもので爾來年を經ること二十餘年、昨年度から漸く定款に定められてある最大限度の配當卽ち五分の配當を出來るやうになつたので、理事者等は多年の苦心が漸く酬ひられるやうになつたのを喜んで居る。昨年末に於ける狀況は次の如くであり。

人口	約一萬二千人
住宅	三千〇五十七戶
商店及事務所	百五十二
公館	四十一
工場	三十七
仕事場	五十五

水は鑿泉に依つて居るが昨年度に於ける使用量二一二、〇〇〇、〇〇〇ガロンであつた。

米國市町村の空中寫眞撮影

米國の市町村に於ては近來飛行機を用ゐて空中より寫眞を撮影せしめて地圖を製作することが流行して居る。ニユーヨーク市の如きは一昨年の十月より着手して昨年の六月までに之を完成せしめた。人口二三千位の小都會に於ても既に空中寫眞を有するものは無數にある。空中寫眞の利益は第一に測量によるよりも簡單であり、正確でありしかも經濟的であること、第二に現狀をそのまゝ寫すことが出來るから後年になり非常に良い參考となること、第三測量に依りては到底示すことの出來ぬやうな車馬交通の模樣等までも示すことが出來ることであると言はれて居る。鐵道や道路を敷設するにも、殖林を計畫するにも學校や公會堂の位置を定むるにもこの寫眞一枚あれば實地に臨んだと同樣の計畫をすることが出來るから頗る便利である。

猶この寫眞は十平方哩位ならば一枚の種板に收めることが出來る。米國陸軍では三萬呎の高所から面積二十六平方哩のデイトン市を一枚の種板に收めたが、それでも引延しをすれば街路の模樣や家並の樣子までも指示することが出來るといふ。カナダ政府はこれを用ゐて森林地圖を作つて居り、ブラジル政府も人蹟未到の險路アマゾン河流域を空中から寫眞に收めて居り濠洲政府の如きは全濠洲を寫眞に撮影する計畫を樹てたといふ。製圖測量界の革命は既に來たのである。

意外な獨逸の模範村長さん

民衆庄屋

帝國農會理事山崎延吉氏嘗て歐洲漫遊の途次、獨逸模範村の實況を視察したしとて、伯林郊外の一模範村を訪づれ、村長に面會を乞ふた。時に村長鍬を手にし、土に塗れながら蔬菜の栽培に餘念なかつた。

山崎氏先づ姿に吃驚し、村長に問ふていふやう。「此村では村長の執らるゝ事務は御座いませぬか……」と村長言下に「此村では村長の仕事は畑を耕す外に何も御座いませぬ」と山崎氏愈々迷ふ。已むを得ず早々村長の下を辭して、村の倶樂部に立寄り、食事を攝りながら主人を相手に村治を談じ初めた。蓋し主人は此村の村會議員であつたから。主人云ふ「此村の村長は此州でも有名な村長さんで、私どもの最も尊敬して居る方で御座います。此處ではこれ以上の人物は先づ見當りませぬ。此方を頼んで村長になつて貰つたのですから、村民は村長に對し瓜の垢ほどでも心配を掛けてはなりませぬ、それで届書から村の事務に至るまで、村民が銘々に處理して居るやうな次第です」と山崎氏初めて模範村の事務なき事を知り、感歎之れを久しうしたそうな。

市村博士村會議員となつて失敗す

田伍作生

＊　＊　＊

京都帝大教授法學博士市村光惠氏曾て上京の砌、一日內務省に友人の某高官を訪づれ、我自治政の不振を痛罵し、自ら京都府下加茂村會に出馬し平素の持論を實現せんことを洩らした。高官立處にその擧に贊し切に博士の奮起を促した。

＊　＊　＊

博士京都に歸るや、急遽同僚の諸教授間を運動して、芽出度く下加茂村の村會議員に當選した、博士の得意想ふ可し。當時同村會に於て端なくも大問題が持ち上つた。それは加茂村を京都市に合併すべきや否やの議案が提出されたことで、市村新村議初舞臺の村會に於て合併の利益を痛論すること滔々數萬言、大に非合併派の議員を傾聽せしめた。その効あつて村會の大勢は博士の合併說に傾くやうになつた。

＊　＊　＊

時恰かも三伏の酷暑に際し、博士は大學の暑中休講を利用して、地方講習會に赴き、暫らく京都の地を去らざるを得なかつた。

＊　＊　＊

しかるに博士の講習會を終へて京都に歸るや、村會の形勢は掌を翻へすが如くに一變し、僅か一二ケ月前まで博士の合併論に贊成せし村議等も今は非合併派に懷柔せられて、悉く寢返りを打つの騷ぎ、流石の博士も此時許りは地團太を踏んで悔しがつたが、後の祭でどうすることも出來なかつた。

＊　＊　＊

博士は早速旅裝を整へて上京の途に上り、再び內務省に某高官を訪づれ、村會の現狀から村議の腑甲斐なき事を述べ斯る村會に關係することの男子の本懷にあらざること、村會議員辭職の決意を示めした。

＊　＊　＊

高官曰はく

『それだから君の蹶起を促かした譯さ』

と博士の辭職說遂に一蹴さる。

知事公選の利弊

行政裁判所評定官　島村他三郎

最近府縣會議長杯の集會に於て、府縣知事の公選を希望する旨決議し、其他各種の方面に於て公選說が有力となつて來たやうであるが、吾々は果して此公選說に贊成すべきであらうか。若し假りに此說に贊成するとせば如何なる點に於て利益があり、又如何なる點に於て弊害があるかに就きて研究して見る必要があらうと思ふ。

最も爰に知事の公選と云つた處が頗る空漠たる事柄であつて、先づ公選知事の職務權限を何う規定するか、現在の職務權限の儘にして置くのであるか、或は現在の權限を縮少してその一部を公選知事が掌り、他の一部に對して他の機關を設けて之れに委ぬるか。兎に角此等の權限を如何にするかを前提した後でなければ殆ど是非の批評すらなし得ない有樣である。然かし乍ら此等の諸點を假りに問題外に置きて考へて見るならば如何といふに、先づ第一に注目すべきは公選知事となれば一定の任期が限られる事は當然であることと思ふ。既に知事に任期の定めがある事となれば、その任期間は安んじてその職に留まり、自己の所信に向つて勇猛驀進することが出來るのみならず、府縣政市町村政のためにも相當の經綸を行ふことが出來る。蓋し從來と雖も府縣知事がその職に居ること稀に七八年の長きに及ぶものがないではなかつたが、大體に於て內閣更迭毎にその地位が動搖し、安んじてその職に居ることが出來ないといふ弊は慥にあつたのであるから、此點よりすれば公選知事は一定の任期間は先づ地位の保證が出來ると云つてよいと思ふ。此點は慥に公選の利ある一つの點と考へる。

次ぎに公選の利益とも稱すべきものは、府縣の事情に精通せる人材を選ぶことが出來ると思ふ。從來市長などの椅子が空いて居る場合に市の事情に通ぜない人を舁ぎ來つて後任市長となすの例が尠くなかつたが、こんな弊害が多少起るとしても官吏たる知事よりは府縣政の運用上に多大の利益があると思ふ。

以上は知事公選の利益のみを數へたに過ぎないが、然らば府縣知事を公選にすれば如何なる弊害が生じて來るか。それは一に公選知事の權限如何に存するも、少くとも現在府縣知事が有して居る處の警察事務特に萬一の場合に際し軍隊の出動を要求し得るなどの權限をその儘公選知事にも與ふるとせば、怖る可き弊害を釀し來ることは明白である。又市町村、公共組合等の監督關係を公選知事の權限內に入れるとせば知事が自治體を黨爭化せしむる虞れがあると思ふ。故に此點は大に考慮しなければならぬと思ふ。

要するに公選の利弊を調節するがためには、現在府縣知事の權限に屬する警察事務、市町村等の監督事項の如き官治的事務を行ふ機關を現在の府縣よりも廣き區域を管轄區域として新設しこれに委ね、公選知事は主として府縣內の助長行政事務のみを掌れば府縣の自治は相當に行はれて却つて惡弊を未然に防止することが出來ると思ふ。

立候補者なき町議戰

秋田縣では目下町村議員の選擧競爭で各所とも白熱戰を演じてゐるが、こゝにただ一つ南秋田郡の大久保町だけはヒツソリ閑として選擧の選の字の臭ひもしない元來同町は町制布かれて最初の選擧だから初物の町會議員にならうとするものが續出し大混戰を豫想されたのに意外にも一人も名乘り出たものがない▲之では當然投票に來るものがなく町會議員がない町になるので役場でも困つてしまひ昨今吏員總出で有力者を訪問し「この際まげて御出馬を……」と勸誘してゐるさうな▲茨城縣水海道町の鈴木富士藏といふ人、町會議員の立候補宣言とおなじ紙に斷念の挨拶狀を出したのは珍だ▲その文に曰く「……三四友人より突然推薦されなほ名刺等の寄贈を辱うす、愚者もその恩誼に感じ決然候補の列に加はり……」とあつてから「二伸前文の如く立候補せしも當町役場は方位上本命五黄殺に當るより玆に候補を斷念致し候間他の人格手腕ある方に御投票願ひ上げ候」だと

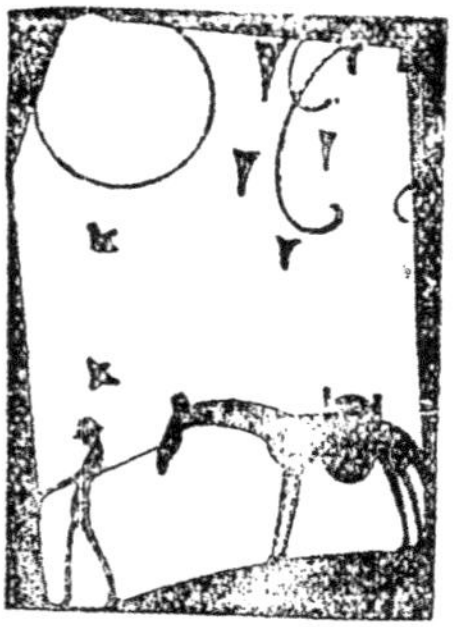

我自治制の恩人モッセ教授を伯林の寓居に訪ふ

内務省社會局書記官　大野緑一郎

我が市制町村制の草案者として六十萬國民の腦裡より一刻も忘るゝ能はざる大恩人――ゲハイムラート、アルベルト、モッセ教授の歸國後に於ける動靜は杳として知ることが出來なかつた。しかもその後教授の故國たる獨逸は、歐洲大戰といふ未曾有の大變動のために敗衂の已むなきに至り、皇帝は身を以て和蘭に蒙塵し、帝政一變して共和政となるに至つた。ために教授の身の上は尚更心配に堪えなくなつた。

余等大正十二年官命を帶びて戰後の獨逸を訪ふや、思ひは先づ同教授の身邊に及び是非とも教授の居を發見せんと苦心した。

そこで伯林に安着するや、我大使館につきて同教授の安否如何を問ひ合はせた處が、誰れも同教授に就きて知るものはなかつた。ところが幸にも兼て照會中であつたケーニヒベルヒ市長からモッセ教授の住所の明かになつたことを通知して來たために、余等は雀躍して喜んだ。

即ち大正十二年十二月十三日午前余等一行はモッセ教授を伯林のチーアガルテン附近にある教授の居を訪づれた。

當時獨逸は馬克の下落から、中産階級のものは孰れも生活の窮迫を告げ、教授の如きも亦その例に洩れぬものであつて頗る窮境に陷つて居られたやうに見受けられた。唯長子が伯林のロカール、アンツァイゲル新聞の主筆となつて居たために漸くにして生活の資を得るといふ有様に過ぎなかつた。

教授は當時七十一二歳であつたやうに見受けられ、身心共に大分老衰して居られた。しかし余等の訪問に對しては衷心から喜びを以て迎へられ兩眼には涙さへ湛へて居られた。

談話は端なくも教授の草案された我市町村制に及んだが、教授の口から洩れ承る處によれば、此市町村制の草稿の大部分は夫人の手に成つたものとのことであつた。しかし教授は云はれた、日本に滯在中位ひ教授の一生を通じて勉强された時はなかつたとの事であつた。

當時は山縣公が内務大臣であつてその下に桂公青木子の如きがあつて内務行政の發達に貢献せられて居つたとの話も出た。我が郡制廢止の際にもワザ／＼教授の下に我政府から意見を徴し來れりとてその手紙を余等に示めされた。教授の談話に依れば我郡制施行の主張者は故青木周藏子であつて子が普魯西の郡制をその儘我邦に持ち來つたものであつたが、モッセ教授はこれには大の反對であつたと當時を追想して物語られた。

尙ほ話の序に今回余は救貧制度の取調のために獨逸に來つたことを告げた時に教授は左の如く物語られた。

嘗て青木子が普魯西に救貧法なるものがあるといふことを伊藤公に告げられた時、伊藤公は呵々大笑されてそんな法律は日本には毫も必要なしと云はれたことがあるが、日本も今日ではそんな法律を作る必要に迫られて來たかと感慨に堪へられない様子であつた。

それから話はそれからそれへと移り行き、日本の政黨の消息から果ては社會黨共産黨の出現の有無など心配そうに問はれたことを記憶して居る。

その後余は伯林を引上げて巴里に行き、其處から自分が紀念のために撮影した教授御夫婦の寫眞を郵送した處が教授は非常に喜ばれて、君の美はしい國も慘酷なる運命から免かるゝことが出來なかつた（大正十二年九月一日の大震火災の事）が、しかし驚嘆すべき精力が必らずや荒墟の後より更生の意氣と不斷の意氣とを以て復興を遂げるであらう。恰かも獨逸國民が復興の事業を完成するを疑はざると同樣に、といふ意味の返事を寄されて吾々日本國民を激勵されたことは、吾々の今尙ほ忘るゝ能はざる處である。

英佛人の自治生活

□滑稽なのは日本の文化生活□

明治大學教授　小　島　憲

＊　＊　＊　＊

◇霧の倫敦にもいつの間にか春は訪れてエルムの香が人の氣を唆つて居る。トウーテイング遊園地に集る人の數も日増しに殖へた。今迄蘆荻の枯殘りに物の哀れを一層深く感ぜしめた同遊園地の小池に忽ち五六十のボートが浮べられた。白い運動服を着た男女がクリケツトやボールに餘念がない。まだ花こそ咲かね何所を見ても春だ。

◇トウーテイング遊園地は倫敦の南の端に在る市の公園である。青山練兵場よりも廣いかと思はるゝ青原に小さな池がある。春三月ともなれば其の池に二人乘の小さなボートが浮べられる。其のボートは普通の型とは異つて恐ろしく圓く不格恰に出來てゐるが、いくら動揺しても沈む心配のない小兒専用のもので、兩横に水車が付いて居て、手でぐる〱廻せば進む樣に出來て居るのも數隻ある。そして市の吏員が二三人監督して居る。十四歳以下の子供でなければ乘せないし、時間は一人三十分を限り、四五歳の子供で漕ぐことは勿論、水車を廻すことさへ出來ぬ者の爲めに、監督の吏員は時々自分で其の子供を乘せて漕いでやつて居る。

◇日曜になると四五歳から十四歳迄の子供の列が二十間三十間と續く。先頭から二人宛順序にボートに乘り、三十分經てば監督が何番と呼ぶと其のボートは歸つて來て、次に待つて居る者に讓る。小さい子供達が何の世話も燒かせずに、自分の順番の來るのを溫順なしく待ち、時間が來れば直ぐ讓り、決して先を爭はふとしない。時には人數が多くて半日位待たされることもあるが、子供等は默つて待つて居る。自分の番が來れば嬉々として來り、時間が來ればニコ〳〵として歸へる。此のを光景を見て居ると何とも云へぬ氣分になつて、實に羨ましい感じがする。殊に條例で十四歲以下の子供に限るとなつて居るのを破る者のないのが賴母しい。

◇幼少の時から此の如き訓練を知らず〳〵の間に受けて居る英國民の自治心が發達して居るのも決して偶然ではないのである。

＊　＊　＊　＊

◇英國の郵便局も亦氣持がよい。いつであつたか日本へ出す手紙を書留にしようと思つて順番を待て居ると、急ぎの用のあるらしい男が飛んで來て、私よりも先きへ窓口に手紙を差出した。一寸癪に觸たが、自分は外國人だからと遠慮して默つて見て居ると、女の事務員が其の男の手紙を突き返し、御前は順序を破つて困る。その日本人が先だと云ひながら私の手紙を取扱つて吳れたのには感心した。これが佛蘭西へ行くと日本と同じことで、早い者勝ちと云ふ氣がするが、英國では此の順序と云ふことは非常に重んぜられて居る。外國人だからと云つて區別しない所に國民の偉大性がある。

◇電車でも乘合自動車でも乘客が車掌の云ふことをよく聽く。二人降りたから二人しか乘つてはならぬと云へば、假令中が空いて居る樣に思はれても二人しか乘らぬ。巡査の云ふこともよく聽く。これは車掌や巡査の社會的地位が高い爲めではない。或意味に於ては日本の巡査よりも英國の巡査の方が世人からは尊敬せられては居ない。然るに之等の人々の云ふことをよく聽くのは何故であらうか。たゞ子供の時から之等の人々の云ふことは聽かねばならぬものだと敎へられたり、見たり、聞いたりした長い間の習慣の力である。

◇習慣は理屈よりも強い。いくら小學校の先生が聲を嗄らして敎へても、先を爭はねば學校の時間に後れる樣では、止むなく電車にブラ下らざるを得ない。いくら謙讓の美德を說かれても、後から押寄せる者に順序構はず切符を賣られては、遂に汽車の時間に間に合はぬであらう。社會全體が強い者勝ちの氣分では、いくら口で自治精神の涵養を說いても、そは要するに空論たるに過ぎまい。

＊　＊　＊　＊

◇一九二二年には英國に於ける失業者百五十萬を超へた。同年十一月十九日には之等失業者大會が倫敦の中心トラファルガルスクエヤーに於て行はれた。ネルソン記念塔下は赤旗を以て圍まれ、骸骨を染め抜いた赤旗には「職を與へよ、否らざれば、餓死せむのみ」と書いてある。塔下四面の段上には勞働黨代議士其の他の名士が熱辯を振ひ、聽衆は默々として之を聽いて居る。云ふ者は實に激しいことを云ひ、過激な文字を列ねたパンフレットは巡査の目の前で頒布せられながら、巡査は眼一つ光らさない。

◇勞働歌を以つて終つた其の日の大會は靜かなものであつた。五百里を隔つるスコットランドの山奥から徒歩で來た、大團體が參列したとはどうしても思へなかつた。散會後示威行列が行はれた。いづれの行列も申し合はせた樣に先づ巡査四五名が一列横隊で前進すると、勞働者より成る樂隊が續き、旗が飜る。示威運動者が之に從ふ。約五六歩毎に巡査が兩側を圍んで歩く。樂隊に合せて時々歌ふ勞働歌革命歌の外には何の喧騒もなく、道行く人々は何の不安も感じない。電車や自動車や人や馬は凡て何等の不平もなく行列の通過するのを待つて居る。示威行列と云ふ文字こそ不穩であれ、凡てが平和である。

◇或る一隊がホワイトホールの戰死者記念碑の側を通る時に、行進者の總てが帽子を取り、無名戰士に對して敬意を表して過ぎた一事は見逃すことが出來ぬ。見てゐて涙がこぼれた。食ふに困る失業勞働者にも猶ほ祖國の爲めに殪れた人々の靈に對して執るべき態度を忘れざる所に英國の眞髓があると思ふ。

* * * *

◇マロニエの實が落ち初めた。ロンシャンの競馬に市民熱狂の時が來た。花の巴里の小春は人を浮立たしめずには措かぬ。ボアルシャンゼリゼーにマルメイソンに人々好む所に散歩するが、私の最も好きな所はルーブルであつた。

◇ルーブルの庭園にいつも天氣のよい日には卑しからぬ老人が見える。手にパンの片を持つて居ると、雀や其の他の小鳥が肩や指先に止つてそのパン片を啄んで飛んでは往き又還る。其の周圍を市民蝟集するも鳥は平氣である。老人の面には微笑が浮ぶ。晴れたる日此の老人を見る毎に德禽獸に及ぶの古言を想出さゞるを得ない。巴里の中心に於て、老幼男女多數集合せる眞中で、人の肩に戯れ得る小鳥こそ幸である。我國に於て小鳥共が人間は決して意地悪いことはせぬものと安心する樣になるのは果して何時であらうか。

◇倫敦のリーゼント公園には小動物が飼放してある。バタ—シー公園には孔雀が草の間に美しい羽根を擴げて居る。子供が菓子の食べ殘りを持つて居るとチヨコ〳〵と栗鼠がやつて來て食ふ。公園に在る草木や小動物は手を付くべきものでないとの觀念が幼少より頭に刻み込まれて居る爲めに、腕白盛りの子供でも之を取らうとしないのであらう。子供に公德心を說く前に世人が其の範を示すことが何よりの急務である。

＊　＊　＊

◇日本に歸つて一番不愉快なことは汽車や電車に乘つた時である。汽車や電車が混雜する爲めではない。乘客の態度が不愉快なのである。殊に汽車の二等が甚しい。無作法な勞働者や、氣障な新しがりの婦人が以前より增したことも一の原因ではあるが、私の最も不快に感ずるのはアメリカスタイルの氣取つた紳士の殖へたことである。

◇電車に乘つて、向側も兩隣りも之等新時代の紳士で圍まれた時程不愉快なことはない。彼等は必ず人の服裝を見る。而して流行に後れたネクタイでも付けて居ると必ず侮蔑の眼を投ずる。一度目と目が合ふ時にはお前には外國のことは判るまいと云つた風の目付をする。實に不愉快である。恁んな人達が二三人乘込むと必ず橫文字入の言葉を遣ふ。婦人が居ると急に氣取る。然り而して座席の空いた時には人を押しのけ、飛鳥の如くに飛び込んで英書らしいものを繙いて濟まして居る。

◇いつの間にか文化生活と云ふ言葉が人の口に上る樣になつた。近來は文化生活を營む人でなければ人でない樣に云ふ。文化生活を營む人と云ふのが卽ち自分だと右の如き紳士は考へて居る。併しながらよく觀察して見ると文化と名の付くものに碌なものはない。誤魔化し物ばかりである。試みに東京の郊外を步いて見よ、マツチ箱式の洋風家屋が所謂文化住宅として到る所に建つて居る。成程外觀は文化式かも知れぬ。小さな窓で洋風に出來てゐても其の殆んど總てが疊を敷いて居るのでは、從來の日本家屋より以上に不衞生ではあるまいか。臺所から出る埃を何所から出すか、日本式住宅であれば之を椽側に掃き出す樣に昔から自然に出來上つて居る。外觀を洋式にして人を驚かしさへすれば足りると思つて居るのが今日の所謂文化生活論者には多い。かゝる徒輩の多ければ多い程我國運は衰退することを思はねばならぬ。

＊　＊　＊　＊

◇形式的外國模倣を止めよ。明治時代に於て既に形式的外國模倣の時は過ぎた。眞に新日本文化の眞髓を發揮すべき秋である。外國の粹は形式ではなくして實質に在る。學ぶべきことは尠くない。叙上社會的訓練の行屆けることは先づ第一に學ばねばならぬことである。之等の學ばざるべからざることを後にして、俗惡なる物質的享樂氣分のみを傚はむとするが如きは愚も亦甚しい。いくら紳士を氣取つても切符を誤魔化す樣では駄目だ。我等の下等視する支那人や馬來人でも上海、香港、新嘉坡の電車では降りる時に切符を車掌に渡さなくてよい。若し電車切符に依て道德上の信用程度を考察するならば、日本人は支那人、馬來人にも劣ると云ふことが出來るであらう。

◇我國に於て最も缺乏して居るものは自治心である。而して之を涵養するの道は社會全部が其の氣分にならなくては不可能である。單に學校で先生が說いた位では効果はない。固より一朝一夕で實現し得べきものとは考へられないが、習慣の力の偉大なることを忘れずに、英國の如く生れ落つると同時に自治的訓練を無意識に實行することが問題解決の根本であると信ずるのである。

二六時中羽織袴を脫がない村長

宮城縣某村に七十歲の村長があつた。村治に盡瘁して多大の功績を擧げ、又青年會長として青年の提撕誘掖に努めた。此村長平素奇習あり、宴會に出る時でも未だ曾て羽織袴を着用しないことがなかつた。

又炎熱燬くが如き夏時と雖も羽織袴を脫したことがなかつた、のみならず無禮講に出づる場合でも依然として羽織袴を着用することを忘れなかつた。

或る時內務省高等官の一行が此地方を視察して、此話を耳にするや試みにこの理由を村長に聞き訊した處が、村長曰はく「私は村長であります、又青年會長でありますから、料理屋の衣服などを纏ふて居ては、地震や火災の起つた場合に何時なんどき不態な身裝を人前に曝らすかも知れませぬから……」と高等官一行その用意の周到なるに感服す。

農産物配給組織の改善

協調會農村課
農學士　根岸勉治

一

我國農村の疲弊は一般に唱へられる所であるが、由來する所、農業其ものゝ特性として商工業に比較して自然力に支配される事多く、機械の使用、分業上にも制限があり、其生産物は一般に純然たる市場販賣の爲の生産ではなく、一部分は市場生産であり乍ら他は自家消費の爲の生産である等、資本主義制度の下にあつて農業が企業として立ち行かんが爲には種々の障害の存するものである。

殊に我國農業は食料品生産の本源であるに拘らず、その組織上に於て幾多の難點の存する事は我國社會全般より觀て決して等閑に附し得ざる問題である。農業は充分に資本主義化する事が出來ないものであると云つても、現在の組織を改善することにより、現在よりは幾分有利な企業として立ち行かしめることが出來ると思ふ。

農に疲弊の最も大きい根源の一つは、農業者が經濟的に劣等の地位にある事であつて、而もその一因は自己の生産に係る農産物の販賣に際し收得の過少に負ふ事が大であると思ふのである。

惟ふに農業も近時漸く自然經濟より交換經濟へと進み、自家消費の爲の生産に比して益々市場販賣の爲の生産、從つて農産物の價格に依賴する所が多大となつて來たのである。それ故農産物の配給狀態如何は、農業者は勿論一般國民經濟上村も大なる影響を及ぼす様になつて來たのである。

然るに現今の農産物の配給狀態を見るに、農業者は依然として自給經濟時代と同じ様な態度を以て業務を行ひ、當然獲得すべき所の利益まで商人に壟斷されてしまふ場合が少くない。又一方消費者に於ても一般に農産物配給には至つて不關心冷淡なため、配給組織は複雜不分明となり、多數商人が參加して利益を占め、爲めに農業者が生産物に對して取得する額と消費者の支拂價格卽ち配給費とは非常に大きなものになつて來るのである。

二

米の樣な日常必需品は仲間者多き割合に其配給が比較的合理的であるのは、米の特性として其價格が一般公衆に知られ又腐敗性に乏しく、他の腐敗性食料品に比して等級別の附し易きため競賣或は記號販賣の可能である等、配給組織がやゝ發達して居るといはれて居るがそれでも尙相當の隔があるのである。蔬菜果實肉類に至つては、配給費は消費者の支拂價格の四五―五〇％甚だしきに至つてはそれ以上にも達して居る

是等配給費に影響する要素は、貨物の取引數量の多少、腐敗性の程度、荷造り包裝の程度、市場と生産者間の距離、貨物の容積重量と其價格との關係、減縮破損蟲喰の程度、或は需要の彈力性等により、貨物の異なるに從つて、又同一貨物であつても時と所の異なるに從ひ配給組織も種々雜多なるものがあり、其組織の合理的であるか否かは主として配給費の問題に係り、その妥當と否とは農業政策、社會政策或は國民經濟上重要な意義をもつ樣になるのである。

現今農産物の配給組織は概して複雜不分明であつて著しく統一を缺き、食料品の樣に公共的配給を必要とするものですら、専ら營利を目的とする仲間者に依つて取扱はれ、投機の目的物となり、利益のある所では横斷的同一階梯の仲間者の手を何回も經る場合も少くないのである。

論者或は配給階梯の單純化を唱ふるものがある。その說く所は、現在の組織は複雜に過ぎて仲間者過多である爲であるとなすにあるが、配給組織改善の主眼は組織全體としての能率を最高とすべきものであつて、其には先づ現在の複雜不分明の組織を統一的有機的のものとなし、之を公共的配給組織とすべきであらうと思ふ。是を行ふには國家、公共團體、農業者、消費者及び現在配給に從事して居る仲間者が協力してその改善に努力すべきであつて、時に地方農業者と消費地の消費者とは自治的に共同團結して組合を組織して卸賣市場と取引し、卸賣市場に於ては特に公正取引の必要から政府は嚴重なる監督をなし充分に情實を排し、競賣の方針をとり公正價格を決定公表すべきである。

公共的配給では局部的能率は私的配給に劣る事がないではないが、全體としては統一的有機的である故、配給費の分配も合理的となり結局配給費を低減せしめ得るものである。公共的配給にあつては取引數量多く、從つて手數料運賃諸掛りが少くて足り、賣買契約上有利の地位に立つに至るべく、かくて販路は確立し農業者消費者共に市況に通じ、仲間者に

利益を壟斷される惧が少くなるであらう。殊に農産物の公共的配給の利益は單り農業者及び消費者の利益ばかりでなく、從來の不正仲間者を排除する代りに、又健全なものをして益々榮えしむる事が出來る特長が存するのである。

三

次に農産食料品である米、蔬菜、果實、肉類の地方生産者から都市消費者に至るまでの配給組織の改善に論を進めたいと思ふ。

元來我國農業者の生産物販賣の量は、時に過少而も不規則である事は、配給上種々の困難を生ずる所以である。我國農家の平均耕地面積は非常に狹くその上生產物の販路が確立せず、市場通信が發達して居ない爲め、生産者は如何なるものを栽培すれば最も有利であるかを知るに由なく、往々前年に有利なものを栽培して失敗し、失敗を免かれんが爲めに狹少面積に多種の生産物を栽培する故、同一種生產物の量は益々僅少となつて來る。我國の現狀では農家は經濟的に餘りめぐまれて居ない。それ故收穫を待つて直ちに現金を得る必要に迫られ、貯藏保管に依つて有利に販賣出來る場合でも其を待つ遑さへなく、一時に供給增加して價格低廉となり、地方仲買人は之に乘じて暴利を得んとするのである。それ故地方の農產物配給組織を改善するには共同經營、共同配給に依つて過剩に存在する不正仲間者を先づ淘汰し、共同販賣を行つて漸次出荷組合販賣組合を普及し、一步進んでは農業倉庫、冷藏倉庫、公設屠殺場等を普及せしめ、其運用宜しきを得んか是等の弊害を除去するに到つて便益が多い事であらうと思ふ。

農產物は一般に腐敗性があり價格の割合に容量が大きいため運搬上に困難があるが、其運搬組織上最も改善を必要とするは、鐵道船舶よりは寧ろ地方生產地の農場から停車場迄及び消費地の鐵道又は船舶の到着地から卸賣小賣市場までの小運送についてゞある。生產地の農場から出荷停車場迄の道路惡く生產物の數量の少い場合に、其を個々別々に出荷しては往々運賃倒れを生ずる場合が少くない。殊に消費地の小運送費は非常に多いのが普通であり、主として同業運送者過多なるためと、終點市場と卸賣小賣市場との位置惡く、終點市場運搬機關の設備不完全に歸着することが多い。只卸賣市場の配給費は比較的少く一般に能率上がり、特に取引所正米市場に於て然りとする。

然し多くの卸賣市場は其位置が惡く設備不完全の點少しとしない。又蔬菜市場は共同的取引が目的であるが、其結合は機械的で單に個々の私的仲間者の集合に過ぎない場合が多く、充分卸賣市場の目的を達して居るとは思はれないものが多い。

蔬菜市場の取引は、取引所正米市場の場合の樣に市場としての取引でなく、個々の取引であるため公正でない欠點があり、冷藏倉庫の如きも市場に直屬するもの少く、多くは私設會社のものであり、市場との位置も遠いゆゑ、勢ひ運賃保管料も高價とならざるを得ない狀態である。販賣は秘密主義を排して公明正大にし、情實を可及的に除いて競爭せしめ、卸賣價格は消費者生産者の標準となるもの故通信機關を完備して公正なる價格の報告をなすべきである。

要するに卸賣市場では米にあつては取引所改善、正米市場の改善普及、蔬菜、果實、肉類にあつては從來の生果物卸賣市場の改善、中央卸賣市場法施行が目下の急務である。

四

配給費中其過半を占めるものは小賣費用である。元來食料品の小賣は貨物が腐敗性に富み、消費者の經論的狀態と相俟つて一時に多量を購入することが出來ず毎日少量づゝ需要する爲め、配給上の費用大であり、從つて配給組織の改善を要する點も少くないのである。

小賣制度中最も大きい缺陷は得意廻り掛賣であつて、小賣商人は家毎に注文を聞き消費者の弱點に乘じて賣込みを爲すものであるが、是等貴重の人間勞働は消費者の購入貨物に課せられ、消費者は貨物撰擇の自由を失ひ價格に暗く、往々不用品購入等に多くの弊害を殘し、支拂不能の危險負擔費も消費者自ら支拂ふの結果となる。近時店頭現金購入も是等と同額を支拂ふ狀態にあるのである。

小賣經營費中賃銀に次いで大きいのは家賃であつて、小賣店は都市の表通りに面し階下二階以上の使用不可能の場合多く、農産物は價格の割合に容量が大きい等家賃を大ならしめる所以である。

小賣商人は價格に暗い消費者から暴利を得んとし、弱小過多の小賣商が不正手段に出づる場合も少くないのである。

小賣費を低減するには私的小賣組織の缺陷を改善し、消費組合を組織して共同購入を爲し、之を生産者の販賣組合と對應させ、公設小賣市場と卸賣市場とを呼應さすべきである。若し其運用宜しきを得ば、ひとり公共的配給に加つたものばかりでなく、他のものにも好影響を與ふること疑ないものがあらう。併し公設市場消費組合に關しては從來種々の缺陷存し不振の狀態にある故、其改善普及が急務である。

五

要するに現今農産物配給組織改善に關しては種々あるが、實行容易なものから漸次行ひ、私的營利的複雜不分明の組織を改善して公共的組織を並立させ、販賣組合と消費組合、卸賣市場と公設小賣市場を對應させ、農業倉庫小包郵便等を發達させて生産者消費者及び配給者協力して配給組織を有機的統一的となし、其組織を合理的ならしむべきである。その運用宜しきを得る場合には啻に農業者一般のみならず、消費者延いては國民經濟上利する所が僅少でない事を信じて疑はないものである。

時評

明治大學教授　小島憲

內務大藏兩省の頭

今朝議會に於て議院提出に係る震災被害地の營業税免除に關する法律案が衆議院に於て議せられたとき大藏當局は震災地市町村財政上重大なる影響あるを理由として極力之に反對し、衆議院を通過して同法案の貴族院に廻付せらるゝや、必死となつて震災市町村の財政上の危險を説明して之が通過を阻止せむと試みた。蓋し大藏省が我が地方自治體の財政に關し斯程迄に熱心なる態度を採つたことは初めてであらう。兎も角も大藏省が市町村の財政に關し同情的態度に出でたことは其の頭が幾分か進んだことを證するものと云つてよからう。

由來內藏兩省の頭は餘程後れて居て殊に大藏省を以て甚しいと斷言し得る一體市町村の監督權は內務大臣に在つて他の各省大臣に在るべきでないに不拘自治制度の欠陷に乘じて大藏省は常に內務省と共に市町村に干渉し、甚しきは文部省迄市町村を抑制せむとして居る。現行法に依れば公債や特別税や使用料の如きは內藏兩大臣の許可を受くべきことゝなつて居る結果、僅か數十圓の特別税を徴收せむとするときにも一二錢の使用料增額のときにも一々市役所、町村役場より縣廳、縣廳より內務省、內務省より大藏省へ許可稟請書が轉々し、許可を得る迄に數月を要するが如き有樣である。從て市町村に於ては出來得る限り本省へ稟請することを避けむと努力する傾向著しく、爰に幾多の無理が生じ、止むを得ざる不正や違法が行はるゝのである。

大藏省は市町村の財政に對しては頗る冷酷である。國家は幾多の施設を自治體に命じながら、其の費用は自ら支辨せずして、自治體に負擔せしむるを常とする。市町村の財源は略ぼ一定して居て、同一財源にのみ賴ることを得ざる場合がある。故に臨時の支出を必要とするとき、又は歳入不足のとき當局者の腦裡に先づ閃くものは借金であるが、起債は容易に許可せられず且つ其の支途の限定もあるから、制限外課税か若は特別の課税に俟つの外はない然るに制限外課税も特別税も大藏省で容易に許さぬ方針であるから、自治體の財政は窮乏を告げざらむと欲するも能はざる有樣である。

大藏省が何故に此の如く自治體に對して辛く當るのであるか。其の理由は實に簡單であつて、自治體が新しく特別税を起したり、公債を募集したりすることが、國の財源に影響すると云ふのである。國税の税源を枯渇せしめ、國債募集の成績を惡からしむることを顧慮する結果である。之が爲めに起債を許可しながら特に公債募集の時期に就ては更めて承認を經よなどと云ふくだらぬ通牒さへ付して顧みない。

併しながら數十圓數百圓の特別税徴收が國税の税源に如何程の影響があるであらうか。之程のことで國家財政の急を告ぐる樣では、如何に大藏省の人達が血眼になつて市町村の財政を監督した所で最早日本の財政は駄目であるいくら日本が貧乏でも一市町村の爲めに財政の窮乏を告ぐる程國家財政の基礎は薄弱でないと信じ度い。勿論直接國家財政に影響あるが如き公債、例へば億を超ゆる市債の如きは之を放任することを得ないであらうが、少額の起債や制限外課税、特別税使用料の如きは全く市町村の任意に委ねて何等の不都合を見ないと思ふ。大藏省は宜しく自治體の財政監督を廢め、内務省も亦町村の監督權は之を地方長官に委任すべしであるが、今日の當局に此の如きことを望むは百年河清を俟つに等しいであらう。

内務省の頭は大藏省の夫れよりも多少進んで居る樣な氣もするが、餘りに形式に流れ、訓令通牒の因襲に囚はれ自治當局者は之を盜人と思へと云ふ觀念で支配せられて居る憾がある。普通選擧法案を立案したる内務省に於てさへ、今尙ほ普選は危險なりと衷心考へて居る者すらある程であるから、市町村當局の職務權限を極度に制限せむと希ふの思想が存在することも寧ろ自然であるが、いつ迄官僚的自治制を持續する心算であらうか。子供の成人を知らずしていつ迄も干渉之れ事とする老人の愚を學ぶべきではない。時代は進んで居る。餘りに干渉するから不良少年となるのだ。殊に市町村を繼兒扱する現狀では、如何なる善良なる自治體と雖も、勢ひ不良性を帶びざるを得ない。自治の振はざるは國家の罪である否國家が善良なる自治體を驅つて不良たらしめつゝあるのだ。職に補弼の任に在る者夫れ能く之を三思せよ。

月俸五圓の有給村長

大分縣下の某村々會に於て、村長不信任の意味で俸給を年六十圓に修正議決したと、最近の新聞に報ぜられて居る。月報酬五圓の名譽職町村長は一昔前には隨分多く存在し、今日も稀に存するが、有給村長に對し月俸五圓とは珍らしい。不信任の意味に於て俸給削減を議するが如きは、最も避くべきことであつて、若し村民多數の信任せざる町村長ならば、何が故に他に適當なる退職の手段を講じなかつたかを怪しむものであるが、此の種の事件が近來頻々として起るにつれ、德望ある者が町村長たることを避けむとするの傾向愈々著しくなつたことは、我國自治の發達上深憂すべきことゝ思ふ。

適當なる町村長を得難き事實は數年來之を見る所であつて、其の因は一方に於て官憲の干渉あり、他方に於て無理解なる町村民町村會議員の妄動あるが故である。町村制に於て町村長の名譽職を原則とする限り、之が救濟は至難の事に屬する。

市町村長の職務は實に複雜であつて殊に近時事務多端となりたる結果、到底片手間にて其の職責を全うし得べきものではない。市長の兼職を認めざるに不拘、町村長は名譽職を原則として兼職を奬勵するが如き法律の存することは全く時代と逆行するものである。事實の示す所に依れば、市長欠員の場合には古手官吏を初め、地方有志家、在京野心家等其の候補者たらむと狂奔するに反し、町村長には此の如き現象年と共に消散し、何人も其の職を希望せざるが如き狀態となつた。之れ實に職務の繁雜に比し待遇之に伴はざるが爲めに外ならぬ。

待遇には二の意味がある。一は生活を保障すべき物質的給付即ち報酬又は給料であつて、他の一は精神的欲望を充足すべき社會的地位である。而して町村長には此の二者共に滿足し得らるべきものが與へられて居ない。待つべき方法を講ぜずして人の來らざるを卿つは餘りに蟲のよい次第と云はねばならぬ。或者は云ふ。町村民が一旦選ばれて町村長となる以上、武士が主君に身命を捧げたと同じく、身命を賭して町村の爲めに盡すべく、物質的待遇の如きは問ふべき限りでないと。併しながら昔の武士には子々孫々に至る迄生活の保障があつた。君の馬前の死は直に子孫の繁榮を齎らした。主君に身命を捧げることは子孫の幸福を增進する所以であつたのである。町村長は之と趣を異にする。固より其の職は武士の如く世襲でない。町村民たる以上町村に對し犧牲的精神を發揮するは當然のこと〻しても、財產を倒蕩して衣食に窮するに至ては、町村民としての義務は事實上全うし得るものではない。生活の保障なき限り誰が好んで劇職に就くことを肯んずる者があらう。

　然らば生活に餘裕のある人が何故に町村長たるを希はざるか。云ふ迄もなく社會上の地位が滿足する程のものでもなく、國家が町村長を遇するに餘りに冷淡であるからである。行政整理のある每に首を心配する老朽官吏が、單に高等官たるの故を以て、功なきに拘らず勳六等以上に叙せらるゝに反し、終生自治に盡して成績見るべきもの尠からざる篤志家が、勳八等に叙せらるゝとは餘りに町村長を輕んじ過ぎて居るではないか。勳章は、陛下より賜ふものである。布衣の身が勳功を旌章せらるゝことは末代迄の名譽たるには相違なけれど、無意味の階級を附せらるゝことは、時に其の有難さを減ずること非常なものがある。數年前町村長定期叙勳の議發表せらるゝや、某縣某郡の町村長は擧て之に反對の意を表明した事實を看過することは出來ぬ。伊太利に於ては公式の場合村長は旅團長の上位に座するとか聞いて居る。社會的地位にして今日の如く低く、報酬給料にして生活費を支辨するに足らずとせば、假令桑滄の變ありとも適當なる町村長を求め得らるべき理がない。若し我が自治制の振興を期せむと欲せば、當局者は速に町村長待遇改善策を講ずべきである。

勤儉週間の恨事

　過般行はれたる勤儉週間に於て、如何なる實績を示したるかを神奈川縣巡査に就き調査したるに、或者は三度の食事を二度に減じ、或者は副食物を一週間鹽に限りたりと新聞は報じて居る固より記事簡單に過ぎ其の眞相を詳にしないが、余輩は此の事實よりして二の社會相を發見するものである。其の一は勤儉の趣旨を誤れることゝ、他の一は薄給者が今日上長の命に依り勤儉を實行せむと欲せば、此の誤れる勤儉方法でも實行せざる限り、到底之れ以上勤儉の餘裕なきこと之である。

　云ふ迄もなく巡査の俸給は極めて僅

少なものである。今でも寒村に於ては村民の尊敬を受けて居る者もないではないが、現今一般に巡査と云へば或意味に於て世間から侮蔑せられ、其の職責の重大、勤務の過酷なるに比し、精神的物質的兩方面の待遇は頗る貧弱である。從て手腕ある者は地位を求めて去り、凡才空しく職に縋るの有様であつて、實に氣の毒に堪へぬ次第と云はねばならぬ。國家は須らく之が優遇の途を講ずべく、社會も亦相當の敬意を拂はねばならぬことゝ思ふが、兎も角も現今に於ては全國を通じて巡査の俸給は斯く、妻子を養ふことさへ容易でない。全く其の日其の日を辛うじて送つて居るに過ぎぬ。然るに之等の人々が勤儉週間に於て、多少でも勤儉の實績を示し、上官の訓示に基き貯金でもしようと思へば、勢ひ鹽を嘗むるか、三度の食事を二度に減ずるより外に執るべき策はないであらう。大正の聖代に於て我等同胞の間に、鹽を嘗むる官吏あることを爲政者は果して何と見るか

現下の日本に於て勤儉を奬勵することは最も時宜に適したることは云ふ迄もない。併しながら當局が已の功を誇らむが爲めに、勤儉週間に於ける形式的實績の大ならむことにのみ腐心し、誤れる勤儉奬勵に陷つた事實の尠からざることを悲しむものである。勤儉とは決して必要なものをも節する意味ではない。此の點に關しては昔の爲政者は今日の爲政者よりも遙に卓見なりしことを思はざるを得ない。

德川吉宗は有名なる節約奬勵者であつた。併しながら鹽を嘗めさす樣な下手な奬勵はしなかつた。紀州政事鏡に記する左の布令を見よ。

雖二儉約中一盆中三日之內、夜中燈籠、切籠一ツ二ツ花火三發宛出し可申候無益の費には候得共年中其時々之義不レ致候得な人の心屈弱に成行事なるもの故右之通可レ爲レ致候。畢竟年中儉約致し候事も其時々の事を可レ致爲也。

諸人の悅び慰めをも一向に差留候事は木石同樣の事也。元來諸人之悅は當家の祈禱と可レ存事也。

華族富豪の徒は勤儉週間と雖も歡樂に耽て居る。彼等に取ては勤儉週間は寄附金謝絕の口實とこそなれ、毫末の痛痒も感じないのである。家に在りては生活難に苦惱し、出勤しては上司より勤儉を强要せられ、一歩街頭に出づれば宣傳ビラに責め立てられて、將に昏倒せむとする薄給者の如何に憐れなるかを少しは考へて見るがよい。國民の實生活に觸れぬ宣傳が幾百ありとも、要するに國費の濫費の外何等の効果をも齎らさないのである。何々デー何々週間の御祭騷をする前に、當局者は先づ國民の實生活を考究すべきであらう。

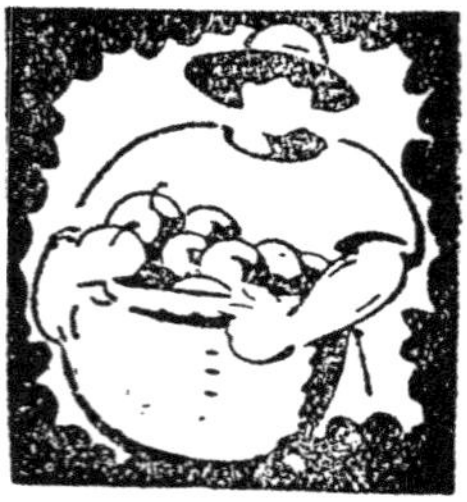

獨逸の青年運動に就いて

獨逸政治學博士　ヘ　ッ　セ

兩極端、而して融合

獨逸の青年に就いては常に兩極端の誤解が行はれてゐる。或は復讐心が多いと云ひ、或は和平心に惑溺して居ると云ふ併し乍ら此の孰れも當を得た觀察とは云ひ難く、事實に於て獨逸の之等兩種の青年運動は、雜然として並行しながら併も猶、互に化合して、二分されてゐる其趨勢を、特に區分する事は不可能である。世界大戰爭は之等青年等に對する一大苦難で、其戰場に赴ける者は塹壕生活の苦を嘗め、其鄕土を守る者は飢餓の憂目を味はつて、發育盛りの幼年等は、榮養の最必要な時期に於て蛋白脂肪の缺乏を來した。殊に此の苦難に直面したのは所謂中等階級で、從つて之等の青年間に、鬱勃たる愛國的機運の醞造せるは極めて當然の事で、又一方戰爭の慘禍を厭ひ、平和運動に從事するものを生じたのも亦當然の結果である。

青年運動勃興の機運

獨逸の青年運動は十五年の歷史をもち、其始め、ワンデルフォーゲル(渡り鳥の義)とかバードフインデル(道路發見者)とか稱された其等の性質は、大體軍事教育を主とし、從つて勞働階級の子弟の政治思想と、當時の青年運動の軍事思想とは相容れなかつた。戰爭前の自治的な青年運動は、戰後統計的性質を帶び、其內容も亦、戰時青年なる語を造り出した程著しく低下した。千九百二十年の精神的沈靜期に於て、獨逸國民中の最優良分子たる中等階級は、之が新たなる組織の改善を高調し、加ふるにヴエルサイユ媾和條約により、一種の公民教育である兵役制度を廢止して、肉體虛弱を來した今日兵役に代るべき滋强運動としての自主的自覺になる青年保育運動が創造された、而して更に政黨の努力が加はつて青年等の運動を勃興せしめた、總べて革命は政黨の一大勃興であつて、選擧人は漸次政黨に入り、政黨は又自己の後繼者を見出す事に腐心する者であると云ふ事實が、政治にくみして、感じやすい青年に惡感化を蒙らしむべからずと云ふ言葉になつて現はれたが、兎に角青年運動勃興の機運を釀成したものである。

最終理想の完成

十二歳から十八歳位の幼年者は、體育の目的を以て遊歷を試みるが、十九歳以上三十歳迄の青年は、日曜も、勞働大學生は其寒い室にあつて、勞働の結果平素不足勝の勉强を補ひ若い勞働者は革命の結果騰貴した物價に苦しみつゝ表面上增加はしても生計費の增加に比すべきもない勞銀で、革命前よりも事實に於て苦しい生活を續けてゐる。彼等は、ヴエルサイユ條約の桎梏に苦しみながらの革命に、何等の光明を見出さなかつたばかりか、ヴエルサイユ條約やドーズ案の結果勞働時間の短縮をさへ實現することが出來なかつた。千九百十八年後の列國の獨逸人に對する待遇、米大統領ウイルソンの約束不履行、フインホーゼン、ダンチヒの諸問題等で深く侮蔑を感じた青年中には、極端なる國民主義を稱へる者、又絕體四海同胞を高調する者等が出來たが、再戰の時も力も持たぬ彼等は、今や此の兩極端の潮流を調和し聯絡しやうとする眞實な思想に醒め始めた、卽ち眞面目に働いて自國民の弱點を反省すると共に、大いに國富を計り、民族の統一團結を强むべしと云ふ意向を生じたのである。大戰の結果、彼等青年の間に勝利を占めたものは所謂社會的思想で、同時に又最も蹂躙されつゝあるものは社會的思想である、玆に於てか獨逸の青年の間に存する三個の理想を調和し綜合せんとするの運動が起るに致つた、卽ち民族主義、社會主義、資本主義の三種の觀念を融合統一する所に獨逸の前途ありとし、而も之等の觀念は互に矛盾して居るかの如く見えながら、其實自ら調和の途ある事を信じてゐる、斯く階級意識撤去を物せんとする青年の運動は、無數の結社を形造つて各分裂しては居るが總べて一樣に靜かに働き、價値を想像し、ありし日の威望を復活すべく、常に、獨逸は滅びず輝く前途ありの確信を抱いてゐる、彼等青年が自已の使命を自覺し、獨逸國民の運命を双肩に擔ふの慨は、現代年長者等の企及する能はぬ所で、而も彼等青年は、人種民族を超越して、廣く世界の握手を求め古來人類文化の理想である、人類最終理想の完成に努力せんとしてゐるのである。

鄕と邑

郡制廢止後は（一）
總て自治體を以つてせよ

農學博士　横井時敬

◇地方の制度を三階級となし、府縣、郡、町村となしたのは、府縣が直に町村に直隷するの不可なるを認めたからであるに相違ない。此の如きは、決して無意義に看過すべきでない。町村は人口稀疎であつて、其資力頗る薄く、文化施設をなすに不十分であるのみでなく、直に府縣に直隷すれば、府縣が施す所の各種の政策は勢ひ劃一的に傾き非常に事情を異にする所の各町村各地方に適合することが難く、圓器方蓋の憾往々にして之れあるに相違ない。是に於て事情頗る相均しき地方の町村を統ぶるに郡を以てし、郡は恰も組織立たる制度に依れる組合町村に似たることゝしたのであらう。但し郡より以上を純粹なる自治體となさゞりしは幾分中央集權の意を寓したものと見ることが出來、官僚主義の發顯ともなすことが出來やう。

◇此の如き意味の下に出來たる郡制である、然るを一朝にして之を廢止すること、恰も弊履を棄つると同一なりしはよく地方の事情に通ぜざりし短見的措置なりしとの非難を免れないである。而して其結果は無資力なる各町村は孤立の地位に置かれ、直ちに府縣に隷屬するの結果、勢ひ府縣の勢力下に立ちて、地方に於ける中央集權の餘弊を受けざるを得ないのである。

◇當初郡制の意味の大に徹底せざりしことは、固より當然で敢て怪むに足らざるものである。一町村の資力の及ばざる所は、郡の力を以て代つて之を行ふことゝする。其仕事振は恰も組合町村に於てすると同様であるべきである。而かも郡內に於ける事業の配當が却て不慣の自治體に於て適當に行ふべきでなく、一時は各種の事業を起して、各町村間の釣合ひを取るが如きは負擔關係上容易に實行が出來ず、一事業を一ケ所に、徐々他に及ぼさんとすれば、各町村間の調和が取れ悪いといふ事情にあつたに相違なく、郡が徴税權を所有せざりしことなども多少の不都合を感じたであらう。郡會議の外に町村會議ありしことも此等の點に多少の關係があり、旁々郡制の活動も甚だ鈍く、遂に郡制の效用の疑はるゝの已むを得ざる有様であつたことは、餘儀なき事と認めねばならぬ。かゝる事情の下に郡制廢止の意見が現出したものと見ることが出來やう。

◇郡制廢止は明治四十年に當時有力なる政友會の原敬氏が内務大臣たりし時、氏に依て提唱せられ議案として提出せられたが、之を阻止する事は却々難事であつたが、余が如きも之れが阻止に就き、微力を致したのであつて貴族院の爲め衆議院の議決を排した。しかし大正七年更に此議案を衆議院に提出した、そして、其の通過するにいたり、しかも事は意外にして貴族院は衆議院の決議を重じて全然之に同意し、茲に郡制廢止の議案が成立した、我々は實に啞然たらざるを得なかつた。

◇試みに各府縣に就きて郡なる區劃が如何なる根據を有したりしかを研究せば各郡事情の頗る相均しからざるあるを發見するに相違ない、余は今一々之を指示するまでもないが例へば山形縣の如き、各郡若しくは各二三郡、一圍となりて殆んど全然山脈を以て包圍せられ、擂鉢の底に類するの狀あるを見るのであつて、人をして如何に各部其事情を異にして居るかを直覺せしむるに足るものがあらう、凡て村と村とは各々事情の異なるものあるが常なれども、而かも幾多の村の集まれる所、其村々は多少事情の共通せる點があつて、他の村々の集團と相同じからざるものあるを見るが常である。

◇事情の同じからざるとは、先づ以て土地に關する自然の狀態であつて、交通の便開かるが爲めに遽かに變ずるものでなく、永久的特色を有するものである人文的關係亦た之れに似たるものがある。是れ亦た其環境に支配せらるゝを原則とするもの故、土地の區劃毎に共通せる人情があり。其他幾多の社會的事情の相均しきものあるを常とするのである、蓋し農業が國土的色彩を帶び、鄉土的色彩を有することは著しき事實であつて、農業の經營、町村自治の發展を講ずるもの均しく又た農業に對し。町村自治に對する政策を論ずるもの均しく注目せざるべからざる所である、此の如き事情の下に、即ち殊に農町村政策は中央集權を忌み、劃一を嫌はざるを得ざるのであつて、郡制廢止が地方自治の中央集權と劃一的政策との弊を助長するの傾向あるを想はしむるのである郡制廢止の結果、地方政策が振興を阻止せられ、動もすれば其當を失するに至るの虞あるを思ふ時、既に横斷せられたる郡制廢止の善後策は勢ひ、町村合併の擧に出でざるを得ざるを想はねばならぬ、郡制廢止を其儘にするときは、由來資力に乏しき各町村は則ち孤立無援の境遇に置かれ、大なる不利に陷いるの地方あるべきは疑を容るゝの餘地がない、余は既に農業學校の設立に關する事情を揭げて、郡制が如何なる效用ありて、之が廢止の影響が如何なるものなりしかの一例としたのであるが、更に進んで考ふれば、今後當然實施すべき郡役所廢止の曉に於ては、郡農會、郡敎育會、其郡區域とする所の諸協會などの類は勿論多く其根據を失ふて存立を得ざるに至るべく。道路政策も既に頓挫したる儘にて、多く進展せざるに相違なく、將來縣府出張所は必ず設けらるゝべきも、郡長の存在せる場合に比して府縣の事務が膨脹せる割合には、農村は利便を得ることが出來ず、其結果は地方の文化政策は澁滯し、停止し、退歩し、其進步發展の如きは多く望み得べからざることゝなるを疑はない、若し之を避けんと欲せば、町村を合併して、其活動の區域を增大し、之れが資力を豊にするの必要あるものと見なければならぬ。

◇町村又は町村市の編入、合併と謂ふ事は郡制廢止の豫備政策として、奬勵せられた事があつた。而かも此合併や編入は地方制度改正に關する政府の最惡にして、且つ最後の失策であつたといふて差支ないのである既に此失策があつた爲めに、其善後策として執られたるの失策は愈々出でゝ、愈々其失策の上塗をなしたるの觀がある。模範町村表彰たる小刀細工は合併の結果として容易に自治の實揚らざるを憂ひて、之れが發揚を促進せんとする拙策とも見ることが出來、一種の尻拭ひ政策とも評することが出來ないでもない。神社合併の如き、部落有林野統一の如き、尻拭ひ策の最も著しくして、亦た最も拙劣であり、最も有害なる政策であると評することが出來やう、がかくても容易に自治振興の目的を達することが出來ない。是れ町村合併なるものが大體に於て無理なる政策であつたからである。

◇合併以前の町村は獨逸人の所謂自然村なるもので。各村は成立の歴史を有し、特種の誇と事情とを有し又地勢、人情風紀の上にも異なり、故に此特種の誇りと歴史に基いて居る此の誇を、滅却して果して町村の自治が發展するを得べきであらうか。

又近來町村會議員の選擧等に於ては運動が行なはるゝ事を見聞するが、其の時、果して町村の平和が維持せられ得るであらうか余は疑はざるを得ない。長い間には其目的を達することが出來ないとも限らぬ、併ながら此種の事情は到底根本的に之を變革する事は出來ない。山村は永久に山村、海濱は永久的に海濱である、平地は何時迄も平地村である、農村は何處迄も鄕土的色彩を帶びて居り、農村は之を根據として成立たねばならず。其住民の性行は到底之れに影響せられざるを得ないのである。農村社會は必ずや此等住民によつて諸種なる相違を生ずることを免れない筈である。

◇徒らにかゝる 自然村の根本的狀態を無視して自治體の單位を合併町村に置かんと試みたる明治政府は如何にも地方の事情に暗かつたと見なければならぬ。又都會も田舍も同一の政策に據る事が出來ると思ふた程の愚であつたと評したくならざるを得ない。其實獨逸の新町村制を模倣し、之れと失策の道伴をもなしたものとなすべきであらうか、獨逸の自然村は如何にも狹小である故、之れが合併の暴擧も大に恕すべきであらう、我國の自然村は大抵相當に廣大であるから獨逸に傚ふて其失策を學ぶの必要あるべくも思はれぬ、合併の後に於ても區に相當の權能を附與して、之れが活動を許したならば、まだしもであつたが、それさへ區制は今日殆んど有名無實の有樣に陷るらしめて、益々町村自治の紊亂を助けたといふも差支ないのである。蓋し紊亂の實はなくとも、自治の發揚は爲めに妨げられたものであると思はるゝのである。

◎故吉原次官郡長になり又町村長なる

故吉原三郎氏嘗て內務次官たりし時、一日上京中の郡長の勞を犒ふべく上野精養軒に懇親會を催す席定するや次官立ちて一場の挨拶をなしてその席に復す、傍に座を占めし一郡長「貴方は何處の郡長ですか、只今の御意見には全然賛成です」と次官曰はく「私は郡長ではありませぬ」と問者更に追窮して曰はく「然らば何縣の町村長ですか」と次官苦笑して遂に答ふる處を知らなかつた。

郡役所廢止と自治體

内務省地方局長　潮恵之輔

四月十九日潮地方局長を牛込藥王寺町の官舍に訪ふ。局長多忙の身を持ちながら、特に寸暇を割愛して記者を引見せらる。左は同局長と記者との間に行はれたる談話の大要である。

記者　近時郡役所廢止の聲朝野に喧しと共に町村長の鼻息急に荒くなり、全國町村長會などに於ても其權限擴張に關する決議までが行はれて居りますが、これに對する局長のお考は如何ですか。

局長　郡役所廢止の結果新に之に代る何等かの機關が設けられないとしたらばこれまで郡長が取つて居た事務は、その一部分を或は町村長に委ぬるやうになることもあらうかと思ひますが、それがために急に町村長の鼻息が荒らくなり、郡長がなくなつても如何んな事務でも一人で處理出來ると思ふようなことはありますまい。

元來英國の市町村には喧しい監督が加へられてありませぬ、市町村が自由に市政町村政を運轉して居ります。これに反し獨逸では市町村に對して嚴重な監督主義を執つて居ります。然らば我市町村に對しては何ちらを取るべきかと云ふことになれば、頗る重大な問題で、容易くこれに解答を與ふることが出來ませぬ。我邦の市町村民と英國民とは自治に對する態度に相違があるようですからまだ相當監督の必要はあります。さればとて何處までも干渉して行くといふことも禁物であらうと思はれます。要するに英獨諸國の自治體とは發達の歴史を異にし、國情を異にして居りますから一にこれに則る譯には行きますまい。我が國情に照らして相當の方法を加ふることが肝要であらうと思はれます。

記者 近頃府縣知事を公選にするがよいといふ説がありますが、局是はこれに對して何うお考へになりますか。

局長 縣知事の所謂公選どころではありませぬ、市長町村長も市町村民一般の公選にするが可いといふ聲すら一部には持ち上つて居ります。譬へば東京市の如き市長辭職後半年も事務管掌を置いて市政を處理しなければならぬやうでは、將來が思ひ遣らるゝ、これは是非とも一般投票にすれば後任市長などは立處に確定するじやないかなどゝ云つて居る人もある位であります。しかし一般投票を行つた處でオイソレと後任市長が確定するものとも思はれませぬ。此處らは寧ろ現狀維持の方が宜しからうと思はれます。殊に市會が最少し市長を援助すれば市長の職は存外甘く勤つて行くであらうと思はれます。ましてや市長の一般投票といふことは市會に對する一種の不信任と見らるゝのでありますからこれは餘程重大な問題であらうと思はれます。此點から致しますれば町村長の一般投票に依る公選は、畢竟するに町村會に對する不平の聲であつて大なる不信任の意味が含まれて居ることを知らなければなりませぬ

記者 衆議院議員選擧法の改正が實施されましたに就きましては此際府縣會議員、市會議員、町村會議員の選擧法にも改正が行はれ、國の選擧法と同じく所謂納稅資格の撤廢が改正の眼目となりはせぬかと思はれます、お考如何ですか。

局長 時勢の進運に伴ふて選擧法に改正を加ふるの必要あることは今更申すまでもありませぬ。衆議院議員選擧法が今回改正されたのもこれがために外ならぬ。しかし衆議院議員の選擧と地方議員の選擧とは自らその性質を異にして居りますから、各々別箇に考ふる必要があると思ひます。一を普選にしたから他も普選に改めなければならぬといふ相對的の問題はないと思はれます。

地方自治の自力涵養

◈農村振興策の第一歩◈

農林參與官　黑住成章

「農は國の基」と云ふ言葉は、古くはあるが眞理である。

國民の大多數が農村生活を營なみつゝある、現今我國に於ては、常に、一國の基礎が農村にあることを思はねばならぬ。然るに、斯く國家を形制する我農村は、將して帝國を脊負つて立ち得るだけの實力を、具備して居るや否や。自治制施行せられて、既に三十有餘年、果して農村は、完全に自治體の發達を遂行したと云ふべきであらうか。

完全なる自治體の發達は、今日の如く、國家の補助監督に俟つ筈はなく、退歩せずと雖も、蠢々として、其の餘りに發育の遲々たる、寧ろ其間、却つて種々の弊害を齎らす有樣で自立自營、躍如として自治體の面目を發揮するには、未だ餘程の距りがある。

それには種々の原因もあるであらうが、先づ擧ぐべきものは、明治に入つて、國家總動員を要する大事が頻出した事と維新に際し、往年の封建分權が打破され中央集權になつた事等より、權力財力共に、餘りに中央都市に集中し過ぎた結果ではないかと考へられる。農村振興問題が、近來頓に著しく稱へられ始めたのも、畢竟斯く中央集權の弊に墮し、地方自治の發達を阻害した一事實の表はれに外ならぬ。之が救濟法として講ずべき、緊急の手段としては、總べて姑息的方法を廢し、地方制度に對する根本的改正を敢行して、出來得る限り、地方團體の權限を擴張し、自治團體の財政の確立を計らねばならぬ。

即ち、地方自治團體の權限を、中央より移讓し、地方への監督督勵を緩にして、地方團體の自主的、自覺的發動を促し從來認可を要した地方の公債、課税等の事件は、漸次地方自治團體に一任すべきである。

監督煩はしきに過ぎれば、事務の能率を抵下するばかりでなく、さなきだに疲弊し切つた地方財政を、層一層攪亂する物である。

農村振興問題も、先づ根本たる農村財政の基礎を鞏固にし然る後、はじめて本問に入るべき性質のもので、今日、地方の財政狀態は實に疲弊の極に達してゐる、近年急進的增加を見た地方の歳出の、五割、乃至八割は、義務教育に費され、農村振興の緊急問題たる勸業費は、僅々教育費の三十分の一に該當してゐる狀態で、農村の產業を發達せしめる力は我町村には今日絶無と云つても差支ない。

其意味から、明十五年度より、義務教育費國庫負擔金を增額すると云ふ、現政府の聲明は實に喜ぶべきことであつて、多年の懸案たる農村の振興も、玆に始めて、一の曙光を認め得たと云はねばならぬ。

併し乍ら、斯く國庫負擔、國家の奬勵のみを杖にして、地方の發達を計らうとするは、本末を顚倒せるもので、要は、地方自治の自力作興と涵養にある、此の根本問題を解決し得て、而して國家の恩惠を仰ぎ、然る後、始めて、自治制度の精神を實現し得る物である。

◎大臣村長と間違へなる

大手雀生

先頃薨去せられた宮内大臣伯爵平田東助氏は地方自治及び産業の發達に對しては我邦有數の功勞者であつたことは爰に贅する迄もなき處だが、その身を持すること頗る謹嚴で、又その容姿又極めて簡素であつた。嘗て内務大臣たりし時、偶々省内に地方自治展覽會の催があつた。退廳時に及び大臣自ら展覽會場に入る。看守どの大臣たることを知らず、或は地方僻地の村長ならんと思ひ、平然その擧動を監視して居た。退廳後これを知りたる一屬官倉皇として會場に駈け付け、大臣入場の實否を看守に尋ねた處、看守答へて云ふ「大臣らしい人は未だ來られませぬが、唯今これ迄見たことのない、一人の村長らしい人が退場されましたが……」と屬官啞然として言ふ處を知らなかつた。

自治獨語

夏木宕北

一、捕風是空

空の空にして總ての事風を捕ふるが如しとは往昔の大智者が獅子吼した言葉である、人間社會の事深く考ふれば考ふる程空なるの感が起る、天地の久遠に比して人間一代の如何にも短かきものであつて何事も十分徹底的に成し遂ぐることが出來ない、自然力の獰猛なる威力は人間のあらゆる仕事を破壞する己れ一人が智者であり識者であると思ふては他人を敎ゆるを以て仕事とするが宇宙の理法を一見すると其智其識は頭の髮の數をも知らず七色の各異なる理も識らず智者何處にかある學者何處にかある空の空なる感は更に加はるのである。

空の空なるかな、美人如何に美なるも、力士如何に强きも其肉體は電子の結合と活動とに外ならない、敢て其の美を誇り其力を自慢するの價はないのである三越の看板が銀座街頭を鼻高々々と練り歩き、大丸の見木が田舍の鎭守祭にそり身で行くも詮し來れば一個の臭囊に過ぎない、四股を踏んで土俵の中央に其肉體美をほこるも只腐肉一片に過ぎぬ噫空の空にして風を捕ふるが如きものである。

新議員

◎千葉縣

◇東條村（香取郡） 三月十八日

布施與太郎　賣理謙三郎
鈴木勢三郎　向後竹治郎
岡野松之助　鈴木平吉
宮內貞次　香取德右衞門
向後積善　山本安太郎
遠藤喜一郎　滑川萬次郎

◎茨城縣

◇西小澤村（久慈郡）

高野牧太　小祝造酒之介
田水之介　岡部辰雄
中村哲藏　船橋傳藏
川崎淸　根木勇大郎
川崎常正　川崎喜代之允
富岡金次郎　川又君之介

◇勝鹿村（猿島郡）

齊藤喜三郎　山室佳二

空の空なるかな、政治は政治家の玩弄物である、眞に確信あつての主張であるならば普選法案は右に變し左に移ることはない、貴院の改革が濟國の策であるなら一の貴族院も贊せざるを得ない、眞面目なるかの如き體面をつくらふて唯自己又は與黨の利益を計るの外更に何等の熱もなく信もない主張意地張はあんな結果を得るのであるが總ての專空にして風を捕ふるが如きものである。

空の空なるかな、府縣と云ひ市町村と稱し自治制度と云ふ法令を施行して地方自治と叫んでおる、府縣民も市町村民も、何人か其責任の大なるを感じて努力しておるか、議員の選擧に狂奔するものはある、運動員と稱して自己の懷中を肥やすものはある、地方税を如何にすれば脱税することを得るかと苦心するものはある、市町村長や議員となつて床柱を脊にして集會の上席に座するものはある、新聞紙上で無料廣告を願ふが爲めに委員となるものはある、公有地の權利を優先したり道路改築の上まへを取つたり、學校建築のコンミッションを懷にするものはある、自治行政は監督官の頭腦に祕せらるゝものとして吹聽するものはある、仔細に府縣市町村を觀察するときに利權乃至名譽の爭奪場官吏の自己廣告場の外眞個府縣市町村民の責任に依つて確立した自治を見ることか出來るか、自治は名のみで實は空の空にして風を捕ふるが如きものである。

空の空なるか人間の壽命千年に倍するとも福祉を蒙むるにはあらず、人の勞苦は皆その國の爲めなり衆多の言論ありて喧しき事を増す然れど人に何の

長濱近之進　印出久太郎
吉田健次　小倉菊次郎
青木卯三郎　北村要右衞門
高橋七之助　茂田次郎介
長濱茂市郎　小森谷善兵衞

◇水戸市一級（四月七日）

三宅保　小沼操
小林德次郎　鈴木剛次郎
秋山俊貫　神永千代吉
本多文雄　菊池源一郎
櫻井末男　吉田淳造
山崎勇吉　高瀨藤次郎
大森德太郎　小泉辰壽
中村幡雄　田中福松
中島龜次郎　小沼寅吉
中村千代松　武弓武彥
澤田德道　黑澤常葉
横山記一　角田丈之助
師岡廉治　北川北仙
兼子孝次郎　石田百壽
椎名惣介　瀧源次郎

佐賀村（新治郡） 四月七日

益がある、人は其空しき生命の日を影の如くに送るなり、誰かこの世において如何なる事が人の爲に善き友なるやを知らんと叫んだる智者の言は如何であるか、普選を實行するも國民の福祉は來らず、地方自治を行ふも人民の意思は疏通せず、人の圖ることは空の空にして風を捕ふるが如きものである。

空の空なるかな、殖産に興業に死を賭して努力するものはあるが國力は充實しないで、正貨は流出し、紙幣は增加す、幾多の銀行は彌縫的營業を經續するの外なく、事業會社は只決算報告上の利潤を見るのみである、學校は增設し、講習會は流行し、外國語は普及する、されど裁判所は繁忙を極め刑務所は擴張し、警察行政は研究され警察官は增員するも殺人詐僞取財暴行團は益々其勢を强うする、言論の自由は尊重すると叫ぶも自己に不利益なる相手に對しては威壓を加ふるのである、見る所聞く所行く所の事總て空の空にして風を捕ふるが如きものである。

空の空なるかな、國家財政の緊縮を企て總て消極主義を固守するが如くして與黨の利益分配には政費の如何を省みず民力休養は昨日の戯言であつて苛歛誅求して財源を收め地方財政の源資は枯渇して求むれど得る所なく而かも自治の發展を要求する、水なくして苗は育たず、秩なくては馬肥えず噫空なるかな總ての事空にして風を捕ふるが如きものである。

空の空なるかな　古今未レ有ニ榮而無レ辱得而無レ失成而無レ敗之理也と至言である、政權を得たるものは永く之を持せんことを思ふて失政なるも敢て退かず、一且野に下れば復速かに政權を穫

固加庄之助　矢ノ澤豐次郎
齊藤勇次郎　加固百之助
貝塚靜吉　貝塚民三郎
加固友吉　窪　謙
菅澤源太郎　柳澤作四郎
服部庄五郎　樽見竹次郎

◎栃木縣

◇靜和村（下都賀郡） 四月七日

茂呂　正　佐山舟吾
秋山幸三郎　櫻井仁三郎
三柴利三郎　佐山茂平
渡邊長三郎　栃木岸治
永島房二　船田孝太郎
縫田榮一郎　戸澤定治
栃木粂三郎　荒井房藏
石川喜代藏　茂呂熊之助

◇足尾町二級（上都賀郡） 四月七日

關根乙次郎　前田隆一
長島玉吉　福田勝彌
八田二次郎　山本武助
谷内照藏　石林角次

んが爲凡有の手段を講じ山を見ずして鹿を逐ふ獵夫の如き態を演ず、國民の實生活如何は省慮するの隙なく唯一に政權の爭奪に熱狂する、何れの日が國民生活の安定を期することを得るのであるか、中央も地方も政治は國民の實生活に關係なきものとなる、思想の取締嚴なるも生活の安定は得られない、雄辯と暴力とは國民を代表するに至るも國民の不安は舊の如し政治家は政治に狂し實業家は利に走り勞働者は運動に熱して國遂に危きに至るべきか噫空の空にして總ての事風を捕ふるが如きものである。

空の空なるかな獨立の生活を營むことを得ない者に衆議院議員の選擧權を與へざることと自己の資産又は勞務に依りて生活し能はざる者（即ち所謂貧困者）に選擧權を與へざるとは如何なる距離がある、前者は非にして後者は是なるか獨立の生活とは即ち自己の資産又は勞務に依りて其生活を支持することである、裏面から見れば他人の救助又は扶助を受けそれで生活する者は貧困者である、故に非獨立生活は貧困と等しきものである、某政黨が多年主張した普選有格者の資格は文字を變じて達成した貴族院の修正が衆議院多數黨の同意を得たのは無理でない否當然の締結である政府一助の歡喜は此點である世帶主とか戸主とか獨立の生活者とか云ふ文字に捕へられて普選そのものに反對するが如く解せらるゝは野暮である不粋である馬鹿正直である世間の無智に乘じて綾取りをする理解せざる者に理解せしむる樣な仕掛けをするそこに多數政治の有難味がある凡俗政治の價値がある代議制度は形である

小林龍二　石山貫吉
大牧忠三郎　吉川啓次郎
高崎文平　柏原二四松
渡邊一豊

◇田沼町（安蘇郡）

久保欣一　八下田勝藏
篠崎善吉　清水佐四郎
山上政次郎　中里高次
八下田安造　五月女兼吉
片山求　渡邊茂三郎
勅使川原甲八　鹽田貞藏
津布久利一郎　小林彦十郎
落合定治　石井安治
飯田本三郎　荒井源吉
大塚松市　清水彌三郎
須藤市太郎　勅使川原忠一郎
福島與平　廣瀬幸十郎

◇熱田村（鹽谷郡）

坂本昇一　青木始
池田四六三郎　小島音松
鈴木正雄　白久作松
菊地菊次　植木圭一郎

花である噫空の空なるかな總てのこと風を捕ふるが如きものである。

空の空なるかな處世術や官海游泳術に苦心焦慮して大なる成功を收めた佛人タレイランが最終の語は「ア、八十三年も早や過ぎ去つた、回顧すれば其の間何たる心配ぞ、何たる苦悶ぞ、何たる悲惨な盤根錯節ぞ、何たる傷心な紛擾葛藤ぞ、而して收め來た結果は如何、只唯大いに形骸と精神の疲倦を來した事のみ過去に對しては厭嫉の念を高め將來に對しては絶望の感を深くしたる而已」と國利民福を省みず唯過度の利己主義を實行する政治家よ實業家よ政黨者よ官吏よ公吏よ議員よ、汝等の最後の語如何ぞや、タレイランのそれと異なる所あるや、噫空なるかな總ての事空にして、風を捕ふる如がきものである。

藤田作三　齋藤榮
落合谷次　坂本沖見

◇足尾町一級（上都賀郡） 四月九日

西岡發　清水半三郎
菅德次郎　田中甚五郎
齋藤幸作　渡邊貫一郎
山口金次郎　松本紋四郎
神山春吉　神山長吉
篠原浩　北山美佐吉
竹下源太郎　安西哲作
渡邊榮一郎

◇黒羽町（那須郡）

瀨間熊三　瀧澤金一
井上正二　矢村仙太郎
菊地三之助　後藤房之進
加藤政吉　渡邊初太郎
長谷川義雄　薄井秉吉
井戸沼又一　安田六之助
安田喜之助　松本留吉
磯・嘉伊助　猪股槇之助

◇久下田町（芳賀郡）

日向野盛次郎　平石嘉一郎

鶴見多四郎　阿部實
杉村金次郎　村田彦右エ門
杉山一郎　杉山安一郎
國村善一郎　豊田重藏
鈴木惣吉　仁平清次郎
田口喜助　添野倉一郎
上野正一郎　荒山金五郎
野原多平　立谷清次郎

◎群馬縣

◇伊勢崎町（佐波郡） 三月二十七日

白石海　武孫平
天田仙藏　山田茂
星野清次郎　下城好雄
鎌塚芳五郎　岩路金一
平野八郎　飯島四郎
佐藤忠太郎　中澤豊七
矢内善太郎　關重兵衛
田島彌三郎　澁澤信夫
朝川周太郎　根岸喜三郎
横堀桂次郎　杉原民彌
相川之賀　本間億次

町村長回答

本會は自治政改造問題に就き各縣の代表的意見を聽きたいと思つて居ます、今回先づ第一回の試みとして左記三項に就き各縣町村長會々長及副會長の意見を叩いて見ました。

一、我邦自治政振興のため最も必要なりと思惟せらる事項。

一、自治政振興の爲め監督官廳に對して要求又は希望せらるゝこと。

一、村長が村會議長を兼ぬるゝは弊害なきや。

× × ×

兵庫縣町村長會々長

兵庫縣飾磨郡八幡町長　飯塚重雄

一、目下の町村は財政困難にて土木衛生其他町村の施設すべき事項を成し能はざるが故に振はず、是れを救濟するには國民教育費教員俸給全部を國家が負擔し、其他國家の仕事たる戸籍兵事の報償として、地租移譲を斷行することが焦眉の急なりと信ず。

一、三月中旬兵庫縣町村長會評議員會(二十五郡の意向)に於て郡長を廢

赤沼藤一

◇吉井町(多野郡)

堀越惣吉　黒澤康治

柳澤藤次郎　高橋長吉

植原啓次郎　秋山

◇館林町(邑樂郡)　三月二十三日

杉本八代　牧田普與

正田文右エ門　遠藤幸作

新居小重郎　小川萬吉

千金樂喜一郎　毛塚茂平治

早川嘉一　中村萬吉

渡邊榮作　小室良七

大久保直次郎　田口孫造

田代茂太郎　小林宗三郎

鈴木德平　木村彦四郎

儘田龍作　蛭間淺吉

砂岡兵七　荒井善十郎

上岡平次郎

◇境野村(山田郡)　三月二十一日

周藤作次郎　新井彌市郎

長竹政十郎　高橋重次郎

茂木庄三郎　新井已之吉

し是迄郡長のなしたる事項を町村長に移し、大藏内務大臣の監督を知事に移すこと、縣出張所を設くるの必要なく、郡衙縣有財産の儘に置き技手吏員郡視學の出張所即駐在所となし視學は郡內敎員の統一を圖り敎員任免の内申は町村長に移すこと校長內申云々の說あるも弊害多し。

一、町村長が議長を兼ぬるは既往三十年の歷史に徵し弊害なし。

東京府町村長會副會長
東京府北多摩郡府中町長
桑田英之助

一、一般町村民に對し自治行政の指導をなすと共に小學校兒童に對しても適當の方法を講じて責任義務の訓話をなし自然的に自治觀念の鼓吹を計る事が必要なりと思惟す。

一、監督官廳より各町村會議員に對し適當の方法を以て自治行政の指導をなすことを希望す。

一、甚だしき弊害を認めず。

高知縣町村長會副會長
高知縣長岡郡後免町
野田村組合長　北村　浩

一、町村の大合併を斷行するを以て先決問題とす（郡役所の存廢に拘らず）。

郡役所を廢止し町村長の名譽職を例外とし人材を擧ぐべし、助役名譽職は全く無意義なり。

一、許可認可事項を減すること又其手續を簡易にすること。

一、町村長が議長となる必要なし舊制の理由書の如きは何等理由となら

關口龜太郎　田島覺三郎
大屋勝次郎　高橋善十郎
飯田儀三郎　淺梅平治

◇梅口村（山田郡） 四月七日

小曾根勘助　前原金四郎
大川仲次郎　青木專次
森下岩二郎　石島重吉
島永太郎　青木勝次郎
藤生友三郎　大塚源一郎
佐下橋彌市郎　川島房次郎

◇大箇野村（邑樂郡） 四月六日

高瀨平一郎　前澤廣三郎
高瀨治三郎　楢原高三七
川島富次郎　荒井忠四郎
小林義治　川田仁助
山口源平　田島元吉
龜田喜四治

◇小泉町（邑樂郡） 四月六日

堀江作次郎　金子久七
鹿沼傳吉　關口勘太郎
久保田意一郎　長谷川次定郎
福田延一郎　三科宗橋

ず、但町村長が不正又は自己擁護の行爲に出づる場合は兼務を便利とするならん。

三重縣町村長會々長
三重縣三重郡下野村長
下田　享三

一、我邦自治政振興の爲め最も必要なりと思惟するは町村に屬する不動產登記事務を町村役場へ移すこと

一、自治政振興の爲め監督官廳への希望は唯君國の爲め公平無私の一念を以て監督あらんことのみ。

一、村長は就職期限のあること故村會議長となるも別に弊害あるを見ず。

栃木縣町村長會副會長
栃木縣鹽谷郡矢板町長
大桶　由郎

一、町村基本財產の造成を企圖する事。

一、事務の干擊を成るべく平易にする事。

一、弊害なきものと認む。

宮崎縣町村長會々長
宮崎縣東諸縣郡本庄町長
町長　杉田　四郎

一、自治政の振興上必要事項は權限の擴張と自主權尊重の信念を强くし自治精神の徹底を圖ること。

一、自治政振興の爲め官廳及繁雜なる監督を避け一意事務の簡捷を圖ること。

一、純自治體に於て町村長が町村會議長を兼ねるための弊害の有無は其人に依り決する問題なり、但し理論上は別に設くるを可とす。

橫田德次郎　關口德吉
小山太喜三　近藤定治

◇額部村（日甘樂郡）　四月六日

飯塚宇藏　宮下熊之丞
飯塚治三郎　飯塚又市
三田安太郎　富田儀三郎
原田由太郎　高橋一作
佐藤茂平治　岩井紋吉
飯塚國佐　宮前犬雄

◇秋間村（碓氷郡）　四月七日

小林彌三郎　入澤欽作
戶塚繁太郎　高橋米作
五十貝吉彌　島崎善作
秋原仙太郎　石井卯吉郎
清水長太郎　新野伴作
中里見重太郎　五十貝磯吉
黛　文吉　反町森太郎

◎神奈川縣

◇小鮎村（愛甲郡）

川田利雄　遠藤準之助
岩崎千代松　飯森半三

三重縣町村長會副會長
三重縣北牟婁郡尾鷲町
大井順之助

一、自治政振興の途素より多岐なりと雖も現況此後に對する自治訓練より急なりはなし。

一、現行制度は監督の範圍廣きに過ぎ動もすれば干渉に陷る弊あり宜しく町村長の權限を擴張して充分町村各自其實力を發揮せしむるの要あり則町村制の改正を望む

一、村會は理事者と町會と極めて懇談的に村政の進展を圖ること最も適切なり此意味に於て現行制度可なり。

小島良助　石川與作
小島源藏　志村龜二
早川忠二　井上德次
永島　峻　本杉藤三郎

◇及川村（愛甲郡）

澁谷龜吉　森久保盛造
土屋太郎　沼田一三
桐生力三　和田豊二
佐藤仙太郎　長坂喜次郎

◇林　村（愛甲郡）

小島仁之助　葉山德三
葉山市五郎　成瀨富次郎
成瀨嘉重　瀧澤彌一
平井民次郎　杉山國造

◇橘　村（橘樹郡）

篠田秀五郎　都倉定五郎
持田文五郎　龜ケ谷勝五郎
安藤乾藏　鮫島乘五郎
小泉　茂　横溝逸作
白井與平　小泉彥太郎
內野濱二郎　內田市太郎

◇向ケ丘村（橘樹郡）

矢澤信次　井田五郎
猿渡權作　藤井長之助
新井義一　鈴木彌助
山田久五郎　杉田宗伯
片山正和　林野廣吉
關口民之助　鈴木平藏

◇西浦村（三浦郡）

辻井律太郎　細谷二三郎
福本太郎　高橋　甚
岩崎定吉　若命定吉
福本友治郎　黑川松太郎
新倉豊司　新倉龜吉
關澤富道　福本定次郎
辻恒三郎　三橋德治
奈良屋勝次郎　濱田兵太郎
福本八百藏　新倉平吉

北下浦村（同）

高木幸吉　藤里堅誠
森　銀藏　菱沼久太郎
山田　恒　高木角藏
椙山時太郎　菱沼七藏

（以下次號）

市町村彙報

東京府

■東京市

◇**工務課移管**　道路工事を區より市道路局の手に移管した東京市は仕事の統一と經費の節約の爲に道路局第一第二道路課の工務關係事業一切を取纏め新たに工務課を設置した。

◇**市社會課の民衆化**　失業者救濟法として府下日暮里金杉に設置された市社會課の家具工藝成所は五月一日から開始されたが之等は市の民衆化を物語る物であらう。

◇**深川の紛騷**　三月十九日開催の深川區會協議會へ殺倒した猿江附近五十名の市民の後には太田代議士があるものと目され太田派の區議は島田市議を會長とし新に公誠會を組織して太田氏と分離し同氏の新政團との間に紛騷を引起しつゝある。

◇**貧兒の爲に市が職業敎育**　東京市直營の貧困兒特殊小學校は六月一日より區に移管される事になつたが市は今回新に貧兒の職業指導を目的とする普通及中等實務學校を設置し各種職業を敎ふる事になつた因に敎員は全市中學敎員有資格者を選抜し全市に七校を設置の豫定である。

◇**産業組合支會總會**　産業組合中央東京支會第八回總會は三月三十一日府會議事堂に於て開催し第七回の産業組合功勞者表彰式を擧行した。

◇**甘露園後援會**　一條秀美氏創設の甘露園後援會は今回小石川西丸町に設置一般人事相談を行ふと。

■豐多摩郡

◇**町村長會**　豐多摩郡は三月二十日郡內各町村會長を開催した。

自治消息

□東京府□

○**澁谷町議縣外視察**　朝倉虎次郎氏一同大阪京都神戸名古屋奈良各優良町村視察の爲三月廿一日出發廿八日着町。

○**岩城馬之助氏**　澁谷町收入役十年間勤續の故を以て三月廿日府知事より表彰された。

○**市議表彰**　上大崎高橋林之助氏は町會議員として貳拾四年間勤續公共の爲につくし又下大崎消防組頭川金次郎同副組頭三の宮政五郎兩氏は何れも三拾餘年間消防事務に盡力したので表彰せられた。

○**東京地方職業紹介委員**　左記任命された

東京府知事　宇佐美勝夫氏
東京府書記官　百濟　文輔氏
東京市助役　岡田　忠彥氏
藤原銀次郎氏
志村萬治郎氏
井阪　孝氏
片山　哲氏
川島不二郎氏

◇四一會　三月二十六日郡役所に於て四一會幹事會を開催し郡制廢止對策を附議した。

■南足立郡

◇農會授與式　郡農會主催主要食糧農產增收共進會及併與村外八ヶ村農會聯合上毛品評會授賞式は三月二十八日郡衙に於て開催し河部農林課長の列席があつた。

◇町議選擧事務打合　郡内町村選擧事務主任打合會は三月二十七日郡役所に於て開催し町村議選擧人名簿作成其他を附議した。

■荏原郡

◇六郷豫算　六郷村明年度豫算は五萬四千六百七拾圓に決定した。

千葉縣

◇農會指道講習會　縣農會主催農村指導者講習會は三月十八、九の兩日縣農會階上で開催。

◇養老川水利起工式　二ヶ年を繼あげ今年度から着上することになつた養老川農業水利改良工事の起工式は三月二十二日市原郡五井町出津川原で擧行。

■市原郡

◇聯合青年定期總會　市原聯合青年定期總會は三月十九日開催出席者團長武田氏以下千餘名。

■千葉郡

◇千葉郡青年團評議員會　聯合青年團は三月二十五日評議員會を開き十四年度豫算その他を附議した。

◇佐原町議有權者增加　佐原町會議員選擧有權者は二千二百八名で前年に批し一千八十一名增加。

◇山倉青年總會　山倉村青年團春季總會は三月三十日開催。

■君津郡

◇平岡村青年團　平岡村青年團學藝部は三月二十二日在鄉軍人會と聯合して春季總會兼政治講演會を開催。

■印旛郡

◇婦人講習會　豊住村婦人講習會は三月二十六日開催。

茨城縣

■鹿島郡

◇豊津村助役推薦の紛擾　鹿島郡豊津村助役推薦問題の紛擾に付鬼澤郡書記

◇

高山治郎市氏
東京市主事　松井　驥氏
豊原　又男氏
安田　龜一氏
神奈川縣書記官　市村　慶三氏
職業紹介事務局事務官　遊佐　敏彥氏

□千葉縣□

○此程認可された新町村吏員左の通り
香取郡香西村長八木榮治郎、同郡豊里村助役勳八等島田清太郎、同郡津宮村助役松枝藏次郎、君津郡眞舟村助役鈴木惣治、同郡周西村助役茂田棒太郎、印旛郡久住村長椎名理二郎、山武郡松尾町長小椰賢二、同郡大富村助役町山覺三郎、夷隅郡中根村長中村源二、同郡興津町助役勳八等瀧川常吉諸氏

□茨城縣□

○谷田部產業技師　三月二十日歸水
○代議士菊地謙二郎氏　三月二十日上京
○縣議小峰滿男氏　三月二十日平潟行即日歸水
○根本縣會議員　三月二十日來水
○木川鹿島郡長　三月九日結城町へ十二日

木川郡長の旨を含みて三月二十一日出張し大川茂助氏と共に辭職議員の辭表を撤回する事推薦した助役の認可を延期する事等の條件を提示して調停方奔走中であるが之れに對し非役場派は略承諾したが役場派は未だ諾否を決しない模樣である若し此の調停にして不調に終つた場合は郡に於て斷乎たる處置に出づる意向らしいと

◉北相馬郡

◇川原代處女總會　川原代村處女會では三月二十五日春季總會を開催した。

◉那珂郡

◇靜村講演會　那珂郡教育會は三月二十二日軍人分會青年會と聯合し、大講演會を開いた。

◉新治郡

◇志筑村講演會　志筑村青年會軍人分會聯合講演會は三月二十一日開催。

◉東茨城郡

◇養蠶組合會　養蠶同業組合の三月二十五日郡衙に於て評議員會を開催した。

◉久慈郡

◇青年會總會　幸久村青年總會は三月二十一日開催した。

◇久慈蠶業講習會　蠶業同業組合主催高等蠶業講習會は三月二十七日より五日間開催。

◇模範青年表彰　沼田義雄(世矢)柴田嘉(佐都)渥邊丑松(坂本)若竹嘉一(黒澤)

◇辰の口水利總會　久慈郡辰の口普通水利組合では三月二十五日郡衙樓上に通常總會を開催した。

◉眞壁郡

◇眞壁共進會　眞壁郡農會では三月二十六日水稻麥作多收獲共進會褒賞授與式を舉行した。

◇下館町會　四月八日下館町會開會辰己坂擴張工事其他を附議した。

◉多賀郡

◇耕整補助　松岡村耕地整理組合は縣費補助二千七百五十二圓を交附された。

◉稻敷郡

◇龍ケ崎町會　三月二十八日開會縣稅戸數割追徴に町稅附加稅を賦課せさるの件その他を附議した。

栃木縣

◇自治研究會總會　本縣自治研究會第五回定期總會は三月二十六日議事堂で開

歸郡

○野坂農林主事　三月八日結城町へ出張十二日歸廳

○小作官補富田正作氏　三月八日鹿島筑波二郡へ出張

○社會事業吏員小沼英雄氏　三月八日東茨城へ出張九日歸廳

○農林主事補鹿俣信次郎氏　三月八日結城郡へ出張十二日歸廳

○前猿島郡長小野藍次郎氏　東京和洋裁縫女學校(九段)主事として近日中赴任

○同中山森藏氏　三月十九日東京市へ出張即日歸郡

○影山行方郡長　柴山郡視學を隨へ三月十七日秋津村十八日武田村巡視

○敍任辭令

(水戸教務主任)正八位　涌水　玄痴

(猿島郡長)任八等　倉持　定

敍從七位

(那珂郡長)勳八等　笹目吉左衞門

(行方郡長)　影山六次郎

敍正八位(以上三月三十一日)

○鈴木達氏　四月七日鹿島郡新宮村長就職

○宗町周平氏　築波郡島名村助役就任

催し大正十四年度の豫算大正十三年度の決算並びに會則の一部變更の件を附議した。

◇學務課大英斷　仄聞する所では出石學務課長は小學教育界の刷新を目標として老境に達したと目する教員殊に校長の馘首を斷行すべく長澤縣視學に内命して之が調査の歩を進め大體之の邊と認めた校長等は之の際勇退すれば優遇の途を啓くべく各郡長に辭表取纒め方を要望し之等犧牲者は三十餘名に上るべく目されてゐる。

足利郡

◇市會選擧　（三月二十日）議長荻野太郎、副議長小林隣三。

◇市長改選の紛騷　足利市長改選の指令は四月四日附縣當局を經由したが果然市土木課宮本、川村、野瀬三氏に係る收賄疑獄事件暴露し川島現市長に對する同情及批難並に岡崎氏推薦の聲高く來る選擧戰は目下市政注目の焦點である。

宇都宮市

◇市會　四月十日宇都宮市會開會供用廢止したる道路地市有地へ編入處分の件その他を附議した。

上都賀郡

◇足尾町會　三月二十日開會の足尾町會は十三、四年度追加豫算更正につき附議した。

山田郡

◇農事講習會　梅田村上久方農事講習會は三月十九日開催。

◇治水補助　山田郡の治水關係地造林補助費として牛塚知事は今回左の三氏へ補助金を下附した。

梅田村上久方青木好作二十三圓
川内村仁田山桑原作吉九十八圓
大間々町醫師清見玄道八十圓

河内郡

◇明治青年總會　明治村青年は四月七日總會を開催し優良支部表彰を行つた。

下都賀郡

◇軍人會講演　藤岡町軍人分會主催講會は三月二十一日開催した。

◇技術員視察　下都賀郡第一聯合町村農會技術員は三月二十日より三日間茨城縣結城郡下結城村に於ける副業を視察した。

◇聯合農事講習　四月十三日石橋町姿村聯合農事講習會開催。

芳賀郡

◇中村青年團協議　中村青年團は三月二十二日役員會を開催した。

□栃木縣□

○郡長事務視察　瀧本芳賀郡長は三月十八日事務視察の爲田野村役場に出張した

○產業視察　鹽谷郡役所產業技手齋藤嘉吉合齋藤武の兩氏は三月二十六日より六日間宮城福島山形の三縣下に產業其他の視察の爲め出張した

○石崎晃一氏　河田郡明治青年團長に當選

○渡邊鎌吉氏　四月六日宇都宮市立西校長辭表を提出

安蘇郡書記　吉田要三郎

任河内郡書記給七級俸

□青森縣□

○東郡農會活動　澤谷玖輔氏は千葉埼玉神奈川縣へ副會長川村常吉氏評議員小泉要吉氏幹事須藤作次郎氏は秋田山形福島縣へ石村技手は福島縣長内技手は宮城縣へ夫々出張

○郡書記視察　上北郡書戸館鹿一郎氏は福島方面へ田中隆一氏は山形方面へ行政視察の爲め三月二十七日より一週間出張

○郡書記縣外派遣　東郡と中郡の兩郡役所は事務視察として郡書記を夫々縣外に派遣

群馬縣

◇社會事業同志會　縣社會事業同志會では三月二十六日例會を開き方面委員制度及び損産事業その他について協議した。

◇赤城山調査會解散　赤城山開發事業調査會は大正十年六月創立し勢多郡長を會長とし自來世に紹介せんと各方面に活動して居たが十四年度を以て郡も廢止となり首を失ふので遂に解散する事となつた。

◈前橋市

◇前橋區長會議　前橋市では三月二十五日區長會議を開き方面委員設定の件附武會十四年豫算の件、市指示事項等を協議せり。

◈高崎市

◇高崎市會　は三月二十四日開會した

◇高崎方面委員　高崎市に於ては三月二十日方面委員に關し區長會を開き種々協議あり。

◈新田郡

◇笠懸村會　笠懸村には三月二十五日村會、二十八日總代會を開催した。

◈群馬郡

◇大類村農會總會　大類村農會にては三月十九日總會を開き十四年度經費豫算十二年度決算外數件を附議々定した。

◇相馬桑苗品評會　相馬村養蠶組合聯合會主催にて三月二十日桑苗品評會を開き縣蠶技手出張審査を行つた。

◇佐新繭絲總會　佐波新田繭絲同業組合では三月二十五日總會を開き大正十二年度經費豫算並に事業法萬端に就いて協議した。

◇佐野村會　三月二十四日開會。

◇室田町會　三月二十二日開會。

◇瀧の村會　三月二十五日開會。

◇豊秋村會　三月二十二日開會。

◇桐生市の耕地整理基本調査報告會　は三月二十二日市役所で開會したが當日は該事業の指導者である東京復興、宮崎技師來桐し詳細なる報告あり。

◈山田郡

◇岡登堰普通水利組合の通常會　は三月二十四日郡役所に開會され十四年度豫算十二年度決算並に水源涵養等に關して附議す。

◇毛里田村信用購買組合　は三月二十八日幹事の補缺選擧を擧行せり。

◇郡農會　では嚢に郡内篤志家懇談會を開いたが縣廳では他の郡から左の通り人選を爲し旅費の幾部を補給して縣外に派遣することになつたが視察の府縣や期間等は郡長に一任した。

△西郡富所財務書記△南郡外崎財務書記△上北郡戸館庶務田中財務兩書記△北郡仙庭財務書記△下北郡山本庶務書記

○視學官講演　武井規學官は昨日西郡木造公會堂に於て歐米各國に就ての講演を爲し同夜歸廳

○油川町收入役退職　油川町收入役村上由左衞門氏は今回家事の都合に依り退職した其の後任として油川町軍人分會前副會長福井直作氏滿場一致を以て推薦し其筋と許可申請中

○在郷軍人會役員　三戸郡田子村軍人分會改選役員左の如し

分會長櫻井(重任)副會長西村留池田文左衞門理事日澤運作釜淵富田義男佐藤富彌監事宇藤福次郎鍋倉福松向井鶴吉

□岩手縣□

○鬼首村事務監査　鬼首村役場の事務監査のため玉造郡役所より千葉鈴木の兩郡書記外一名三月二十一日より三日間の豫定に出

開き農業の改善その他に付き協議する處ありたるが更に郡會議事堂に同懇談會を開催し本縣からも技術員臨場せり。

吾妻郡

◇民風作興講演會　吾妻郡樹德會にては星野金龍師を聘し三月三十一日より一周間各村に於て釋放者保護思想普及宣傳と民風作興講演會を開催した。

◇中之條分會活躍　中之條在郷軍人分會は今回分會救護隊を組織あらゆる公共的に必要なる事業に貢獻する事になつた。

利根郡

◇沼田町會　三月二十二日町會開會出席者十六名。

邑樂郡

◇農事功勞者　邑樂郡は三月二十一日郡内農事敎育會青年會各宗協會の功勞者表彰式を擧行した。

神奈川縣

橫須賀市

◇市會開會　橫須賀市會は三月二十日から繼續開會された。

◇二部長後任突如就任　豫て問題となつて居た橫須賀市第二部長の空位は突然三月二十六日になつて鈴木正夫氏が豫定通り年俸千五百圓で就任する事となつた。

三浦郡

◇敎育會幹事會　三浦郡敎育會は三月二十四日幹事會を開催し十四年度歲入歲出豫算を附議した。

◇郡農會選拔學生　三浦郡農會では今回技術員養成の爲め、郡内より學術優良の兒童一名を選拔して農會より縣立農學校に入學さす事となり。南下浦上宮田加藤一郎君(十六)を選拔した

◇長會　三月二十四日郡町村長會開會

愛甲郡

◇愛甲地主會　小作問題の高潮されつゝある愛甲郡地主會は三月二十日解散した。

高座郡

◇溝村の町制施行準備　高座郡溝村にては町制施行の準備の參考に資するため三月二十日村會議員村吏員等六名を三浦郡葉山町、足柄下郡國府津二宮方面に視察に出張せしめた。

◇青處聯合總會　大和村青年團深見支部では思想の善導を計る爲め處女會支部と聯合し三月二十日春季總會を開催した

◇茅ケ崎町會開會　三月三十一日茅

張せり

○長內縣議　三月二十三日花卷へ出張

○藤澤市議　四月二日花卷より

○佐藤(愛)縣議　同同

○高橋正之進氏　三月十八日二戸郡青年會長當選

○及川佐吉氏　同氏は立花村長に當選す

○田村政次氏　岩手郡一方井村助役辭任

□神奈川縣□

○俵大佐　下郡在鄕軍人聯合會長に推薦さる

○毛水直吉氏　中郡南秦野村長辭任

○井上直藏氏　三月二十一日橘樹郡稻田靑年團長に當選

○此木作次氏　都筑郡田村川和靑年支部長に當選

○橫須賀市助役選擧　粟田橫須賀市第二部長は市民の反對も多少あつたが遂に當選した

○和田保氏　三月二十三日愛甲郡寺峰村長に當選

□宮城縣□

○本縣知事表彰　宮城郡にて過般本縣知事

ケ崎町會開催。

◇養蠶組合總會　三月三十一日養蠶組合通常總會開催、當選者左の通り。

△組合長佐藤房吉△副組合長井上和吉

下郡

◇小作委員會合　足柄下郡に於ける町村の小作委員會は三月二十七日午前十時から下郡役所に於て行はれた委員は國府津町田代藤次郎氏外五十餘名。

鎌倉郡

◇鎌倉町會開會　鎌倉町の十四年度豫算町會は三月二十七日開會した

橘樹郡

◇青年總會　稻田村青年團春季總會は三月二十一日開催。

◇いよ〳〵四月一日から新しい鶴見町　愈々四月一日から新自治制を施行する鶴見町は三月三十一日限り舊鶴見潮田兩町廢止と共に總ての機關を消滅したので伊東橘樹郡長は町村制第百四十四條に依り事務進行の爲め町長臨時代理に舊潮田町長梶木直藏氏を助役臨時代理に舊鶴見町長澁谷廣吉氏を收入役臨時代理に舊潮田町收入役本郷定信氏が任命された斯くて舊兩町役場吏員は何れも梶木臨時代理町長から夫々任命される筈。

都筑郡

◇聯合青年團　一月二十日より三月間郡聯合青年團幹部講習會を開催。

福島縣

◇衞生功勞者　衞生課では三月十七日衞生功勞者四十九氏の表彰式を擧行した。

福島郡

◇福島市會　は三月二十七日開會市外給水條例を決議した。

◇福島市聯合青年團長會議　市青年團では三月三十一日各町青年團長を開いた。

信夫郡

◇聯合青年團代議員會　信夫郡聯合青年團代議員會は三月三十日開會した。

◇聯合處女會代議員會　處女聯合代議員會は三月三十日開催。

刈田郡

◇越河村農會解散決議他にも飛火せん、郡當局の憂慮　縣下各町村に於ける農會は無用の長物であるとて刈田郡越河村の如きは過般の總代會に於て早くも解散を決議したとの事であるが斯くの

より表彰せられたるもの左に

宮城郡多賀城村南宮區長　岡崎榮五郎

市町村治績表彰規程〔第〕二條に依り置時計一個を賞與せらる

宮城郡根白石村　永澤庄太郎

大正十三年三月宮城郡白石村小學校基本財產植樹費として金一百圓寄附依つて褒章條例に依りこれを表彰せらる

宮城郡大澤村　早坂多利吉

大正二年十月宮城郡大倉小學校敷地として山林千二百九十坪寄附す依つて褒章條例に依りこれを表彰せらる

宮城郡利府村　鎌田捨五郎

大正十三年七月宮城郡利村尋常高等小學校にオルガン一臺寄附す依つて褒章條例に依りこれを表彰せらる

坂宮義、天野新右衞門、石垣多利衞、櫻井四郎右衞門、菊地市之進後藤大輔の諸氏は赤十字社宮城支部資金として金員寄附し褒章條例により表彰された

○產業組合視察囑託　產業組合宮城支會にては縣外優良產業組合視察のため左の諸氏を視察員に囑託した

刈田郡白石町購買組合長鈴木俊一郎遠田郡中埣購買販賣組合長戶部耕治郎登米郡

如く同村が縣下各町村に魁して解散した事には種々複雜なる事情が潜在してゐる第一同農會は政爭の渦中に投じられ總 會は何時も紛擾を極め何等見るべき仕事もせず其上多大の經費のみ計上されてゐたので兎角批難の焦點となつてゐた際さて解散したことは村民より喜ばれてゐる同農會の解散に就ては郡當局に於ても解散決議取消しの爲め奔走しつゝあるとのことだが同村では絕對に決議を飜へすが如きことはなかるべく延いては仲町村にも飛火するのではないかと憂慮されてゐる。

◇信夫郡町村長會總會　本縣町村長會信夫郡支會總會は四月六日開會し副會長に岡中村長和合庄吉氏當選し評議員に大森村長森山氏當選し、四月下旬山形市に開會の全國町村長會東北部會總會には片平吉井田村長、難波平田村長が出席する事に決定した。

相馬郡

◇助役會　原町及び石神高平太田太甕の四ヶ村は三月二十日原町第一回助役會を開催した。

田村郡

◇農村經濟確立　田村郡大越村では十年計畫を以て共濟組合を組織し加盟農家三十二戸の負債八千餘圓を返濟し更に一萬二千餘圓の土地購入資金をつくつて成功した大正十一年組合を解散して縣下の注意を惹いたが同村では更に七百六十戸が一團となつて目下問題となつて居る農村問題を數字的に立脚して解決し農村經濟の基礎を確立しやうとの計畫を樹て十三年度は同村に於ける生產方面調査し十四年度は同村に於ける消費方面を調査する筈で男女各十八名宛の調査委員を擧げたが十五年度から農村並に[illegible]家經濟の革新に向つて進むのがあると

伊達郡

◇梁川町外八ヶ村　三月二十日農村振興講演會開催。

西白河郡

◇大沼村　三月二十一日青年團總會開催。

◇釜子村　三月二十八日村會開催。

耶麻郡

◇青年團　三月十七日通俗講演會開催

◇北山村　三月二十八日村會開會紛擾中に村長當選を行つたが一波瀾を見るであらうと。

石城郡

石森購買販賣組合長熊谷誠一本吉郡新自購買組合長小山東次郎

○木田源一氏　石城郡平窪村長に當選

○渡邊十平氏　名取郡愛島村收入役再選

○松浦長右衞門氏　三月二十日名取郡東多賀村長に就任

○井上政憲氏　仙臺市助役を辭任

○森良三郎氏　名取郡下增田村長就任

○山本氏　氣仙郡米崎村長再選

○遠藤音右衞門氏　引責辭職中三月三日宮城郡高砂村長に再選

○三浦要氏　三月二十三日刈田郡書記より縣官房へ榮轉

○渡邊榮助氏　原の町助役齋藤榮太夫氏は任期滿了の爲め渡邊榮助氏後任決定

□福島縣□

○行政視察　信夫郡吉井田村長片平清六、伊達郡川俣町長佐藤源吉の兩氏は本縣町村長會より派遣されて四月九日出發關西、九州方面の行政視察を行つた

○豊間村助役表彰　石城郡豊間村鈴木助役は愛國婦人會委員として會の發展に盡瘁したる功績顯著なるを以て去月二十五日總裁殿下より木杯一組に謝狀を添へ表彰せられ

◇大浦村　三月二十六日青年會主催敬老會開催。

◇玉川村　三月二十一日青年總會開催

石川郡

◇石川町　石川町青年會をして從來の所謂官僚青年團より脫却し自治的青年團に組 を變更すべく過般總集會を催し之が可否を團員に問し處總投票數九十五票に對し可とするもの七十一票に達した。

岩手縣

盛岡市

◇自治團　遠野校自治團は學事矯正協議會を開催。

◇市會　四月四日盛岡市會開會。

◇在鄉軍人　四月總會開催。

柴田郡

◇村田町　三月十六日町會開催。

和賀郡

◇小山田村　三月十二日婦人農會總會開催。

二戸郡

◇教育會二戸部會　三月十八日評議員會開催。

◇青年團二戸部會　三月十八日評議員會開催。

岩手郡

◇學校衛生會　三月二十六日第一回總會開催。

◇在鄉軍人會　三月二十三日聯合會開催。

◇平館、澁民兩村　三月二十九日養蠶組合通常總會開催。

◇青年團　四月十一日商議員會開催。

◇梁川村　課税の負擔に苦しみつゝある同村は今回川目部落有山林を村有に統一し之に官行造林を施行したが五十年後には全收益百萬圓にて全然無税にて村經營をなす豫定であると。

九戸郡

◇宇部村　一ケ月に渡る小作爭議は三月二十九日遂に小作組合の勝利となり地主側は其の要求を入れて全く解決した。

宮城縣

◇農會協議會　三月二十八日縣農會農事改進協議會開會。

志田郡

◇教育會　三月十六日郡教育常議員會開催。

た

○山川郡長歸縣　北陸地方へ視察出張中の相馬郡長山川源三氏は三月二十六日歸郡す

○町村吏員視察　本縣では縣下町村吏員中永年勤續の左記十三名を選拔して任意に縣外優良町村を視察せしめた

相馬郡眞野村收入役桑折猶記、双葉郡請戸村書記門馬龜太郎、西白河郡　吹町書記荒井平、爾大沼郡新鶴村助役鈴木新作、耶沼郡廣瀬村助役仙波藏、耶麻郡駒形付收入役大沼千代太、南會津郡　田村收入役室井太平、安積郡丸森村收入役春日茂安達郡上山崎村助役高橋德松伊那郡立子山村助役黑澤市助信夫郡岡山村助役須藤義一

○津田淸一氏　三月二十一日福島市收入役就任

○櫻田隆藏氏　三月十三日信夫郡松川村長辭任

○丹野福松氏　同後任

○永山兵治氏　郡山市助役當選

○根本成氏　三月二十七日相馬郡磯郡村助役就任

○逢隈村長當選　逢隈村々會に於て會田才吉氏は村長に當選した

本吉郡

◇柳津町　三月二十五日柳津町會開催

◇津谷町　三月二十八日町制委員會開

柴田郡

◇大河原町　三月二十八日大河原農會評議員會開催。

登米郡

◇石の森町　石の森町議十八名に増員復舊した。

◇上沼村　三月二十七日上沼村會開會

◇米川村　三月二十一日西上澤青年協議會開會。

加美郡

◇小野田村　三月三十一日小野田村會開會。

宮城郡

◇廣瀬村　三月二十六日青年處女聯合總會開催。

山本郡

◇政治研究會　三月二十一日政治研究會支部創立總會開催。

刈田郡

◇越河村　三月二十六日在郷軍人總會開催。

◇大平村　三月十日在郷軍人分會役員會開催。

◇越河村　三月二十一日青年團總會開催。

伊與郡

◇白川村　三月三十日農會總會開催。

◇大內村　伊水青年春季總會開催。

◇角田村　三月二十五青年團總會開催

青森縣

弘前市

◇青年會　三月二十三日青年同志會討論會開催。

南郡

◇貯水委員　三月十八日淺瀬石川關係貯水池委員協議會開催。

八戸郡

◇自治研究　東北青年俱樂部は四月三日自治問題研究演說會開催。

南津輕郡

◇黑石町　三月二十七日町會開會。

三戸郡

◇田子村　農政青年會創設。

中津輕郡

◇新和村　三月二十八日農會役員會開催。

○川俣町長選擧　川俣町長佐藤源吉氏三月は十六日任期滿了なりしか町會にて滿場一致再選す

○沼渡村長選擧　沼邊村長改選は四月一日に行つたが前村長柴崎庄右衞門氏再選す

□新潟縣□

○齋藤長三氏　三月十九日佐渡郡二宮村長當選

○長谷川鐵太郎氏　中蒲原郡小須戸町助役當選

○澤田要氏　四月三日岩船郡村上町長辭職

○中村寅五郎氏　同後任承諾

○猪股省三氏　三月二十一日北蒲原郡保田青年團長に當選

□富山縣□

○町村長會評議員會幹事及常任幹事（三月二十七日）

幹事

上新川郡豊田村長	清水　忠盛氏
中新川郡上條村長	塩原六日郎氏
下新川郡大布施村長	森丘　正唯氏
婦負郡野積村長	平野　三治氏
射水郡横田村長	堀　　豊氏

秋田縣

◇戸數割　本年度縣税戸數割方は町村配當額は市部三萬四千三百六圓、郡部五拾九萬二千八百八十六圓、合計六十二萬七千百五十二圓である。

◇產業組合　中央會秋田支部は五萬圓の基金を達成した。

〔北秋田郡〕

◇鷹の巣町　三月二十五日青年團同志主催町議政見發表並に政談演說會開催。

◇農婦人　三月十八、九兩日講習會開催。

◇郡技師廢止　十四年度より郡產業技師廢止のため今般北秋田郡技師小野地專次氏山本同五十嵐清助、南秋田同金本忠太氏由利同柴田萬之助氏、仙北同金森順平氏、雄勝同加藏八三郎氏六名は退職となり、小野地氏は平鹿郡沼館農業補習學校に五十嵐氏は大館高等女學校に、森氏は靜岡縣農會柴田氏は由利木炭同業組合に各轉職に決定し、金本氏はしばらく靜養し、加藤氏は近く他に就職する筈である。

山形縣

◇聯合青年團　三月二十二、三兩日鄉土講演會開催。

〔山形市〕

◇參事會　三月二十八日開會。

〔飽海郡〕

◇酒田町　三月三十日町會開會。

◇東平田村　四月三日青年春季總會開會。

◇遊佐村　三月十九日村議增員認可提出。

◇一條村　三月二十二日蠶業組合發會式擧行。

〔最上郡〕

◇豊田村　三月十九日農會授與式擧行

◇荒耕地拂下價額引下陳情　西田山田、皆川、佐藤、大場北町村長等三月十九日三浦知事訪問。

◇町村事務講習會　三月二十三日より四日間。

〔東村山郡〕

◇成生村　三月二十五日小關農事改良實行組合講習會開催。

◇長崎町　三月二十一日納稅表彰擧行

氷見郡氷見町長　大井　義昌氏
東波郡開城端町長　鍋田　祥平氏
西波郡開石動町長　土田　伊藏氏
常任幹事
上新川郡豊田村長　清水　忠盛氏
下新川郡大布施村長　森丘　正唯氏
氷見郡氷見長　大井　義昌氏

○村上秀昭氏　下新川郡黑澤校長奉職中三月十八　死去

○坂井庄次郎氏　三月二十一日婦負郡八尾町長就任

○小松武右衞門氏　三月二十三日中新川郡東水橋町長就任

○井上清三郎氏　三月二十二日富山市東山王青年會長に當選

○爲成金太郎氏　同しく副會長に當選

○町村吏員認可　西礪若林村加助森井宅次郎、氷見上庄村長松田鐵之助、東礪南般若村長松澤清一、同助役秋知良策、射水郡能町村長蒲田寶、下新經田村長横田與平治、下新上中島村長淺井龍次郎、東礪南般若村助役池田仁一郎、婦負山田村長田中松治、中新東加積村長綿谷米次郎、東礪井波町助

新潟縣

新潟市

◇市政功勞者と節婦表彰　（三月二十一日）竹山正男、八幡之助、松井郡治、水澤三代吉、八木リツ。

北魚沼郡

◇町村合併問題　三月十九日より六日間促進のため郡當局は各村民との懇談を試みた。

◇敎育會　三月二十日商議員會開催。

岩船郡

◇大川谷村　三月二十一日婦人發會式擧行。

蒲原郡

◇農會　農家經濟調査並農業經營擔當打合會は三月十九日開催。

中蒲原郡

◇五泉町　三月十八日町會開催。

◇村松町　三月二十四日町會開催。

◇新津町　四月三日農會表彰式擧行。

北蒲原郡

◇安田村　三月二十一日保田青年總會開催。

◇木崎村　三月十五日鳥屋青年總會開催。

◇鴻沼村　共同經營施行結果成績良好なりと。

◇小作調停申立調査　三月十八日小林氏特派。

石川縣

◇義務敎育費配當額

▲市町村義務敎育費國庫負擔金

金澤	一四、五〇三
神井	八、四五四

▲特別市町村配當金

富山	三二、六六一
石川	九七、一二〇
福井	六三、三四九

◇地方主事存廢　(存)珠洲、鳳至、鹿島、石川、能美(廢)江沼、河北(未定)羽咋。

膽澤郡

◇郡農會　四月二十三日技術員會開催

◇郡農會　四月二十四、四兩日講話會開催。

河北郡

◇自治會　三月二十三日理事會開催。

◇蠶業組合　三月二十六日協議會開催

役山河大吉郎、西礪西野尻村助役林俊一、婦負入尾町長坂井庄次郎、中新弓庄村長柳瀬久夫、東礪東般若村助役森恒吉、中新東水橋町長小松武右衛門

□山形縣□

○西置賜郡小國本村長　宮崎喜一郎氏當選

○東山村郡鈴川村助役　加藤菊藏氏當選

○同郡小松町長　井上七郎氏當選

○同助役　金子武次郎氏當選

○山形市參事會員　伊藤勘兵衞氏當選

○佐藤小右衞門氏　西日川郡福深村在鄕軍人分會長に當選

○小松町長改選の結果　井上七郎氏當選助役は金子武次郎氏當選す

○宮崎喜一郎氏(憲政派村會議員)は三月十七日小國本村長に當選した

○加藤菊藏氏　東山村郡鈴川村助役に當選

○後藤源四郎氏　同收入役に當選

□石川縣□

○近藤榮次郎　三月二十七日羽咋郡加茂村助役再選

○指野村長當選　指野村長吉村榮太郎氏は辭職につき二十八日村會を招集村長選擧を

鹿島郡

◇七尾町　三月二十一日町會開催。

石川郡

◇野村　四月一日より金澤市に編入。
◇松任町　三月三十日町會開催。

能美郡

◇自治會　三月三十一日理事會開催。

富山縣

◇參事會　三月二十日定例參事會開催

富山市

◇參事會　三月二十六日開會。
◇有權者激增　市議選擧有權者七萬に激增。
◇清水青年　三月二十一日舊會長彰表。
◇東山玉青年　三月二十二日發會式擧行。

高岡市

◇行政研究會　毎月一回事務研究例會開會を決議。

上新川郡

◇山室村　三月十五日親交會發會式擧行。

宮崎縣

◇農會　三月十六日協議會開催。
◇農會　三月十九日より三日間共同經營研究會開催。

宮崎郡

◇農會　四月十日より三日役員會開催
◇佐度原町　四月四日自治研究會開催

氷見郡

◇聯合青年會　三月三十日評議員會開催。
◇氷見町　四月三日吳山以西戸籍研究會開會。

射水郡

◇自治講演會　三月二十六日より六日間開催。
◇農政幹部會　三月二十一日講演會開催。

東礪波郡

◇町村長會　三月二十三日開催し、庄下中田野尻東山見城端五町村長を評議員に選任。

長野縣

執行した結果。中村忠好氏當選す
○犀川村助役は中野榮太郎氏當選す
○三馬村助役は館濤太郎氏當選す
○二塚村收入役は矢木喜平氏當選す
○藏理三郎氏　珠洲郡正院村長に當選
○神保園平氏　同助役に當選
○村上市左衛門氏　能美郡川北村長に四月一日附就職認可
○池川哲雄氏　能美郡鳥越村助役に四月一日附認可
○中野榮太郎氏　石川郡犀川村助役に四月一日附認可
○東與四郎氏　能美郡久常村長四月一日附退職認可

□山口縣□

○種田義雄氏　三月二十日東八代郡境川青年團長に當選
○生原要次郎氏　三月二十一日東山梨郡春日居青年團長に當選。

□靜岡縣□

柴田長九郎
吉城郡產業技手に任す
土木工手　樋口　幸雄

◇農會　上高井郡川田村を手初めに縣下各組合の分合整理施行。

長野市

◇吉田町　自治政の立場より町會を組織した。

松本市

◇農會　四月二日總代會開催。
◇青年團　四月五日より十日間六九町青年團內視察を遂行。

東筑摩郡

◇波多村　上條信氏波多縣有地貸下を出願。
◇農會　四月一日より郡內十二ヶ村に於て桑接木講習開催。
◇本城村　四月一日自治功勞者表彰。

上伊那郡

◇西箕輪村　三月十六日役員の不信任より農會分裂解散。
◇中澤村　四月三日青年主催農政講演會開催。
◇箕輪村　四月十二日青年團春季運動會開催。

下伊那郡

◇宮原村　三月三十日婦人講習會開催
◇第五部青年會　五月五日研究大會開催。
◇飯田町　三月三十日最終町會開催。

諏訪郡

◇平野村　財政緊縮に基き豫算減少を行つた。

上水內郡

◇聯合青年　三月二十五日修養會開催
◇中郷村　村議西川新吉、長谷川幸平二氏當選匆々辭職し、目下大紛擾
◇農政青年團　四月三日第一回講演會開催。

南佐久郡

◇平賀村　四月三日自治懇談會開催。

北安曇郡

◇聯合青年　三月二十一日第一回研究會開催。
◇大町　青年有志は自治研究會を創立。

靜岡縣

◇町村長會　三月十九日幹事會開催し郡役所廢止對策を討議した。
◇參事會　三月二十三日最終參事會開催。

清水市

◇江尻青年會　三月二十一日講演會開

◇

岐阜郡土木技手を命ず（月俸七十圓給與）
願により本職を解く
○勝又公胤氏　三月二十三日駿東郡富士岡村助役就任

□福井縣□

○小林幸之助氏　大野郡北谷村長當選
○大野郡上庄小學校長山田讓造氏退職のためその後任決定と共に四月七日左の如く郡視學の異動を行ふた

丹生郡視學　齊藤　秀助

大野郡上庄尋常高等小學校訓導兼校長を任ず（三級上俸）

大飯郡視學　吉村　桂

任丹生郡視學（五級俸）

大飯郡本鄉尋常小學校長　吉田虎次郎

任大飯郡視學（五級俸）

□鳥取縣□

○岡本春藏氏（穀物檢查所技師）は大分縣穀物檢查所に榮轉三月二十三日任地に向つた。
○松岡熊藏氏　後進の路を開く爲に東伯郡高勢小學校長を辭職

催。

◇市會　三月二十四日開會。

沼津市

◇追手町　三月二十七日より職業紹介所開所。

◇市會　四月二日緊急市會開會。

駿東郡

◇小山町青年團　郡長より表彰されたので三月二十九日賞狀傳達式を行つた。

志田郡

◇處女聯合會　三月三十一日總會開催

盤田郡

◇產業組合　三月二十三日總會研究會開催

◇久賀村　三月二十六日農會視察遂行

◇上阿多古村　青年處女聯合講演會は三月二十九日開催。

◇向笠村　三月二十六日農會春期講習會開催。

◇聯合青年　四月三日春季大會開催。

◇福島村　四月五日處女講習會開催。

◇今井村　農、靑年、處女聯合總會は四月六日開催。

富士郡

◇靑年團　三月二十二日幹事會開催。

◇處女會　三月三十日見學旅行遂行。

◇富丘村　三月二十八日納稅表彰式擧行。

小笠郡

◇掛川町　三月十日町會開會。

◇中部靑年　三月二十九日聯合講演會開催。

濱名郡

◇中瀨村　四月三日第三支部靑處聯合會開催。

榛原郡

◇中川根村　三月二十一日村會及自治會開催。

◇處女會　四月三日評議員會開催。

島根縣簸川郡日御崎村々長
吉川寛一郎氏

□島根縣□

○長野理八郎氏　八東古江村長に當選

○中村精造氏　安濃郡佐北寶村助役辭任

○古川寬一郎氏　簸川日御崎村長に就任

○奈良軍大郎氏　松江市白潟校長辭任

○天津義明氏　三月二十一日邑知郡吾鄉村青年團長に當選

○古藤要三氏　三月十五日八東郡朝酌村青年團長に當選

□長野縣□

○中島榮氏　埴科郡中之條村收入役任命

山梨縣

◇農村及社會問題　三月二十九日關東勞働總同盟山梨本部主催講演會開催。

◇町村長會　四月十一日通常總會開催

◇縣農會　三月二十四日各種表彰式擧行。

◎甲府

◇參事會　三月二十日甲府市會招集。

◇青年團　四月二日評議員會開催。

◇參事會　四月一日參事會招集。

◎東八代郡

◇豐富道路　三月二十一日開通式擧行

◇錦村　三月二十七日井之上農事講話會開催。

◎西山梨郡

◇千塚村　三月十八、九兩日在郷軍人會第一班分會は千塚大宮間村道擴張工事を遂行。

◇玉諸村　三月二十九日鷹野福儀氏主催立憲山梨中央青年演說會開催。

◎東山梨郡

◇後屋敷村　農會設立許可申請。

◇春日居村　三月二十二日青年總會開催。

◇岡部村　四月三日地主對小作協調會設立發會式を擧行。

◎中巨摩郡

◇聯合青年　三月二十一日第一分團總會開催。

◇玉幡村　花輪六一氏は從來の農事研究會に八幡部落を加へ內容を一新して四月三日之が發會式を擧行した。

岐阜縣

◎大垣市

◇市會　三月二十日及二十四日繼續市會開會。

◎益田郡

◇飛驒の婦人消防隊　萩原署管內下呂村小川字大淵は戶數五十餘の小部落で消防本部より遠隔の爲迅速援助を受くるを得ず加ふるに地勢上失火の際危險なるを考慮し立部頭の斡旋により婦人火防團を組織し其筋の承認を得て發會式を擧行した。

◎武儀郡

◇町村長會　三月三十日開催。

◎大野郡

◇郡青年團　四月十日總會開催。

◎稻葉郡

□滋賀縣□

○村岸峰吉氏　犬上郡豐鄉青年團長に當選

○鏡島正太郎氏　益田郡下呂校長辭任

○松山金之助氏　三月二十三日武儀郡安曾野村長再選

□岐阜縣□

○武儀郡安雲野村長　松山金之助氏村會にて再選

○前田謙二氏　可兒郡久々利村長に當選

□愛知縣□

○本多敬樹氏　岡崎氏聯合青年團長當選

○縣蠶業取締所豐橋支所長產業技師山本英治氏は西尾支所長に轉任川島清三郎氏後任として着任せり

○長澤助役認可　長澤村收入役加藤德藏氏は助役に昇進後川長藏氏收入役に又御津村收入役高橋源三郎氏は何れも此程選任それ〴〵就職認可さる

○岡崎青年團長　岡崎市聯合青年團長は現

◇日置村　四月三日處女發會式擧行。

揖斐郡

◇農團體　四月七日農團體長會開催。

可兒郡

◇春季總會　處女會は三月二十九日青年團は三十日各開催した。

愛知縣

◇縣村議懇談會　町村事務財政産業案を附議

豐橋市

◇學務委員會　三月十八日開催。

岡崎市

◇市會　三月二十一日繼續市會招集。

◇敎育會　三月二十八日評議員會開催

寶飯郡

◇豊川町　三月二十一日より四日間農會講話會開催。

渥美郡

◇高師町　三月二十五日農會觀察打合會開催。

◇福江町　三月二十七日町會開會。

福井縣

◇縣町村長會　三月十九日評議員會開催。

◇山林會　三月二十五日評議員會開催

福井市

◇青年會　三月二十四日役員會開催。

大野郡

◇上穴馬村　小澤正雄氏發企養蠶組合は三月十六日設立認可。

◇農具研究會　三月二十九日春季總會開催。

◇勝山町　四月六日耕宅地委員會開會

南條郡

◇武生町　三月二十三日町會開催。

◇堺村　四月三日青年團總會開催。

三方郡

◇八村　四月十五日青年總會開催。

◇三方村　四月十日村長會開催。

◇學校統一案　八村では過般來一村一校主義から小學校統一問題が區長や村會議員間の問題となり今日まで數回協議を重ね本年度からこれに要する經費の積立をなす事に決定し敷地其他の事については各區長や村會議員等が各區の意向をまとめる事となつてゐたが四月六日最後の協議會を開いた所意外にも一人の贊成者なく學校統一に不贊成の決議をなし折角當事者が畫策した

團長にして市長たる本多敏樹氏當選。

○田原町後任　三月十七日同町長に當選した本多式二氏は固辭して受けなかつたが三十日就任を承諾した。

○助役更迭　川好村では今回助役柘植銀次郎氏辭職したので後任助役に收入役であつた鈴木市太郎氏を推薦し其筋へ認可を申請した。

□三重縣□

○本縣郡長增俸

三重縣阿山郡長　田淵　義雄
同度會郡長　瓜生　精一
同一志郡長　後藤　一郎
同南牟婁郡長　小林　義夫

六級俸下賜(各通)

同北牟婁郡長　白鹿　金市
同員辨郡長　高橋　信藏

七級俸下賜(各通)

同飯南郡長　淸水谷　徹

八級俸下賜

○中村長太郎氏　阿山郡桂城村助役當選

□大阪府□

○内務省は十八日大阪地方職業紹介委員と

學校統一問題はもろくも葬むられてしまつたこれが原因は多々あるが市野村長は自己の進退につき考慮してゐるらしい。

丹生郡

◇青年會　三月二十一日總會開會。

◇農會　三月二十四日品評會開催。

今立郡

◇鯖江町　三月十八、二十兩日町會開會。

滋賀縣

大津市

◇市會　三月二十九日開會。

◇參事會　市緊急參事會は三月二十六日開會。

◇大津地方聯合婦人會　四月二日開催。

◇市會　四月四日開會。

栗太郡

◇草津町會　四月二日開催。

◇公民講習　葉山村にて三月十七日より三日間分會及青年團主催で公民講習會を開催した。

犬上郡

◇福海村西今青年團　三月三十一日精神修養講習會を開催。

◇東甲良村會　三月三十一日開催。

神崎郡

◇八幡村市婦會　四日三日發會式擧行。

◇郡町村長會　四月十一日例會を開いた。

滋賀郡

◇眞野村處女會　三月二十六日見學旅行を行つた。

京都府

京都市

◇市　三月十八日豫算市會開會。

愛宕郡

◇自治研究會開催　四月下旬第三回を開催した。

北桑田郡

◇財團法人北桑田奬學會　三月二十日理事會開會。

◇村長會　三月二十日開催。

◇村農會議會　三月二十一日開催。

◇岡山報德會主催婦人總會　三月二十一日開催。

綴喜郡

して左記の如く官公吏使用者側及び勞働者の利益を代表するものと見らるゝ者を任命した。

大阪府知事　中川　望

兵庫縣書記官　黒瀬　弘志

大阪府書記官　吉村　哲三

大阪市助役　加々美武夫

從七位勳五等功五級　長谷川正五

武藤健、安川第五郎、宇野利右衛門、久留弘三、山名義鶴

大阪市主事　埴岡　信夫

八濱德三郎

職業紹介事務局事務官　久田　宗作

大阪地方職業紹介委員を命ず（各通）

地方事務官　山崎　巖

職業紹介事務局事務官　久田　宗作

大阪地方職業紹介委員會幹事を命ず（各通）

□京都縣□

○岡田與吉氏　三月三十日能野郡湊町助役辭職

○中瀨廣吉氏　三月三十日能野郡湊町助役就任

○井戸崎幸太郎氏　三月三十日能野郡湊町

◇農學研究會　四月一日開催。

◈支謝郡

◇宮津町會　三月三十一日開會。

◈中郡

◇峰山予算町會　三月十八日開會。
◇王個青年團　三月二十日總會開催。
◇三重青年會　三月二十一日開催。
◇五十河村青年團　三月三十日總會開催。
◇町村長協議　職務會四月六日開會。
◇口大野村青年團　四月五日總會開會。

◈天田郡

◇町村長會　三月二十日協議會を開催した。
◇婦人聯合創立總會　四月十二日開會。
◇農事講習會　上夜久野村三月十九日より三日間開催。
◇記念碑　峰山町は今回水道功勞者吉村伊助氏の記念碑を建立した。

大阪府

◇大阪中央卸賣市場　三月二十六日農商務省より設立認可指令があつた。

◈大阪市

◇境界變更と區の設置　三月二十八日附内務大臣より認可指令があつた。
◇編入町村事務引繼　三月二十八日編入町村に關する廳内の事務引繼委員會を開いた。

◈山縣郡

◇町村事務講習會　地方改良協會支部主催にて三月二十五日より二十七日まで開催した。

◈大野郡

◇農事改良講演會　上枝村では四月一日より三日まで開催した。

◈可兒郡

◇可兒處女總會　三月二十九日開催

◈中河内郡

◇地價騰貴　中河内郡布施、小坂兩村は町村施行が有望になつた爲兩村畑地は頓に騰貴した。

三重縣

◇教育奬勵金　今回縣下各優良團體に對し教育奬勵金を交付した。
◇本縣農會長會議　四月八日開催。
◇縣主催第四回中堅青年講習會

收入役就任
○松本菊治氏當選　周枳村青年團に於ては此程役員選擧の結果青年團長に松本菊治氏當選就任した
○澁谷利一氏當選　三重村青年團に於ては此程役員改選の結果青年團長に澁谷利一氏が當選した
○府立工業學校長後任として前埼玉縣立工場試驗場長大塚久改郎氏三月十七日附を以て任命さる
○足立三治氏　天田郡上豐村收入役當選三月十六日認可された。
○多久安信氏　三月二十五日京都市助役選任
○千葉彌助氏　三月二十六日京都市助役を認可さる
◎轉任　第四區土木工營所次席福田勝藏氏は今回第二營區所に轉任した

□兵庫縣□

○谷岡篤氏　城崎郡三方村長に再選
○足立長藏氏　武庫郡馬場青年會長に當選
○江野正治氏　庫兵郡東三青年會長に當選
○津田正三郎氏　三月十九日附を以て美濃

三月十六日より五日間開催した。

圖津　市

◇市參事會　三月三十日招集した。

◇市會　三月二十一日開催。

圖宇治山田市

◇神都青年大會　四月三月開催。

◇東海市長會　四月十、十一兩日開催

◇縣農會主催農事懇談會　四月六日開會。

圖四日市

◇市參事會　三月二十三日開會。

◇市委員會　三月二十三日開會。

圖一志郡

◇船越村會　三月二十八日開會。

圖一志郡

◇町村長例會　四月十八日開催した。

◇久居新町會　四月四日開會。

◇矢野村會　四月二日開會。

圖名賀郡

◇各町村長會　三月三十日開會。

圖鈴鹿郡

◇關初町會　四月七日開會。

◇中野處女講習　三月二十九日開催

◇第一部青年大會　三月二十四日開催。

◇農會　三月十九日花岡農村振興委員會を開催。

圖南牟婁郡

◇町村長會　三月二十六日より二日間開會。

圖安濃郡

◇町村長會　四月六日開會。

圖桑名郡

◇長島村青年團　三月三十日總會開催。

圖安藝郡

◇椋本村處女講習會　三月二十二、三日開催。

◇町村長會　三月二十七日及四月四日開會。

圖阿山郡

◇上野初町會　四月十日開會。

兵庫縣

◇兵庫縣町村長會　三月三十日全國町村長會より諮問に係る郡衙廢止後の措置につき答申した。

圖姫路市

◇市會　三月三十日緊急市會開會。

郡志來村收入役任命

○深澤增吉氏　三月二十日附を以て明石郡垂水村長認可の指令があつた

○安達儀一氏（元武庫郡長）　正五位に進級

○井上昇氏　三月十七日武庫郡鳴尾村長再任

○塩治茂氏　三月十七日城崎郡奥佐津村收入役再選

□廣島縣□

○橋本正治氏　二月二十三日吳市長に當選

○蘆野白河町助役　三月十八日辭表提出

○宗原幸三郎氏　三月二十四日吳市豫算委員會長辭任

○志岐重義氏　三月二十六日帝國在鄉軍人廣島聯合會長辭任

○進藤熊吉氏　三月二十三日山縣郡大朝村長就任

○堤發市氏　三月二十六日山縣郡殿賀收入役就任

○天田快造氏　三月二十一日佐伯郡觀音村長に當選

□岡山縣□

○安藤俊市氏　御津郡金川町助役に當選

◇學務委員　三月二十八日北城村小學校に關し學務委員會開催した。

尼崎市

◇市會と參事會　市會は三月二十六日參事會は二十四日各十五年決算を報告。

◇緊急市會　三月二十九日開會。

明石郡

◇[illegible]會　三月二十七及三十兩日開會

加東郡

◇瀧野町制　瀧野村は四月一日より町制實施

◇合併協議　十二年度來縣案の南部四ヶ町村合併問題に付三月廿三日協議會開會

美囊郡

◇三木臨時町會　三月二十四日開會

明石郡

◇櫨谷村會　三月十七日豫算村會開會

城崎郡

◇竹野村會　三月二十六日開會。

飾磨郡

◇鹿谷村會　三月三十一日開會。

加西郡

◇北條町民大會　三月二十七日開催

◇馬場町青年發會式　三月二十二日舉行した。

養父郡

◇入鹿町會　三月二十八日開會。

加古郡

◇高砂最終町會　三月二十八日開會

奈良縣

◇社會事業講習會　縣主催にて三月二十五日より三日間開會。

◇地方改善費　縣本年度慈善救濟資金は縣當局の手により各地方の申請に基き割當た。

奈良市

◇市會　市豫算本會は三月二十二日開催

◇農民大會　日本農組合奈良縣支部は三月三十一日より二日間開催した。

生駒郡

◇郡教育會功勞者表彰式　三月二十二日舉行。

山邊郡

◇第廿六回山邊教育　總集會、三月二十九日開會。

北葛城郡

◇郡主催處女大會　四月二十五日開催した。

美講習會　郡農會は三月二十七日より

○鴨崎博吉氏　三月二十五日吉備郡菅谷村收入役就任

○信藤忠右衛門氏　上房郡呰部村長に當選

○田中民三氏　三月二十一日吉備菅谷村長に當選

○藤原武夫氏　三月二十五日御津郡竹技村青年團長に當選

○西原房太氏　三月十八日和氣郡福河村長就任

○中村寅男氏　三月二十六日川上郡高山青年分團長に當選

○荒木脩氏　吉備郡日近青年團長に當選

○上杉密藏氏　兒島郡宇野町收入役に再任

○蛭田傳助氏　三月二十八日上房郡有漢村長再選

□山口縣□

○福田龜太郎氏　下關市在鄉軍人聯合會長に當選

□高知縣□

○猪野正義氏　高岡郡東部聯合青年副會長辭任

○根來成氏　安藝郡馬ノ上村長當選。

四日間開催した。

鳥取縣

◇敎育講習會　縣主催にて三月二十八日より三日間開催した。

◇第一回縣學校衛生會議　三月十九日開催。

◇第五回町村農會　經營研究會、三月二十一日西谷農會長を議長に開會した。

◇義務敎育費國庫負擔金　三月二十五日交付の鳥取縣下特別町村の義務敎育費國庫擔金總額は三萬九千七百九十圓で前年度より六千百五十六圓の減額である。

鳥取市

◇參事會　三月三十日開會。

◇市會　四月九日開會。

八頭郡

◇西伯立憲青年黨は三月二十六日若櫻町擬國會を開催した。

岩美郡

◇第一回合併協議會　服部、鹽見兩村吏員は三月二十三日第一回協議會を開會

◇青年總會　三月二十七日開會。

日野郡

◇日野小學校長會　三月十五、六兩日開催。

西伯郡

◇懇談會　青年弓濱部員は三月三十一日懇談會を開催した。

氣高郡

◇勝部青年　勝部青年春季總會は三月二十一日開催出席八十余名。

◇大郷青年　大郷青年團は三月二十七日視察旅行を行つた。

◇納稅表彰　壽谷村は三月二十一日納稅表彰傳達式を擧行した。

◇鹿野軍人　鹿野在鄉軍人分會は三月二十六日春季總會を開催した。

島根縣

◇參事會員選擧　政友派野田議員の缺席により伸び〱の臨時島根縣參事會は三月二十五日開會。

邑智郡

◇川本青年　川本青年團代議員會は三月二十一日開會。

飯石郡

◇在鄉軍人會　中部各村在鄉軍人聯合大會は三月二十一日開催。

松江市

□香川縣□

○堀一郎氏　四月一　綾歌郡加茂村助役就任

○合田丈夫氏　三豐郡豐濱町長に當選

□德島縣□

○小澤北太郎氏　三月二十三日名東郡加茂名町長に再選

○三木保三郎氏　同助役に再選

□福岡縣□

○齋藤正邦氏（福岡縣衛生課長）　二十四日石川縣より赴任

○宇美常吉氏　八女郡邊春村長に當選

○德丸嘉平　四月一日糸島郡前原町長に當選

○福岡縣朝倉郡甘木町青年會

會長　中村修吉氏

副會長　尾籠庫次氏　當選

○邊春村長選擧（八女郡邊春村）

宇美常吉氏當選

○糸島郡前原町長

現助役德丸嘉平氏內定

◇學校衛生　松江市は三月十八日學校衛生協議會を開催。
◇市會招集　三月二十八日松江市會を開會。

八束郡

◇青年總會　來待町青年團總會は三月十六日開催。
◇在郷軍人會　意東分會は三月十日春季總會並に陸軍記念日祝賀會を開催。
◇青年處女大會　川津青年團處女會聯合會は三月二十一日開催された。
◇村長送迎會　古江村は三月十八日村長送迎會を作した。
◇津田青年團　津田村青年團は三月二十五日春季總會を開催した。

簸川郡

◇表彰記念　窪村自治協會は模範自治協會として表彰された此を記念として事業を議し三月十八日協議會を開催した。
◇農會總代會　國富村は三月十六日東村は三月二十三日に各總代會開催。

大原郡

◇春殖村會　三月三十日村會を開會した。

那賀郡

◇戸主會　井野村大谷部落の戸主會は三月二十三日開會。

廣島縣

◇縣參事會　廣島縣參事會は三月二十三日開會。
◇義務教育費交付配當額　廣島縣義務教育費國庫負擔法による各別市町村交附金配當額は十萬五千九百八十圓。

廣島市

◇參事會　廣島市參事會は三月二十四日開會。
◇學務行事　三月二十五日市立小學校長會を開催。

吳市

◇公民講演　工廠を縣募に建設されんとした勞働學校は官憲の目引いては豫算の都合上公民講座の名目となつたが三月二十八日吳市最終豫算市會で原案通り可決。

雙三郡

◇神杉村長　神杉村長駒沢武氏は今日満期勇退したので村會では満場一致折田幹二郎氏を推選した、氏は神杉小學校訓導にて本年三十才の新進者と。
◇三次町會　三月二十日三次豫算町會

□大分縣□

○堀内松十郎氏　三月十八日下毛郡中津町長に當選
○大石壽作氏　三月十三日南海部郡明治村村長に當選
○佐藤大三郎氏外百五十名（戸次町）は財津眞造長野綱良兩氏の紹介で憲政會へ入黨
○別府市整理　別府市役所にては年度替りに於て豫算關係書記以下三名を三月二十一日付を以て解傭した

□佐賀縣□

○小城郡
南多久尋高訓　山田　文市
任三里尋高訓長（五上）
三里尋高訓長　伊東　平八
任西多久尋高訓長（四上）
西多久尋高訓長　小副川匡雄
任北山尋高訓長九五
○中島謙太郎氏　縣學校衛生技師退職
○小野寺健太郎氏　同後任
○永瀬幸吉氏　四月七日神崎郡千歳村長就任

召集。

世羅郡

◇津久志村　前村長人都虎二郎氏送別會擧行。

◇聯合役員會　上山村青年團と在郷軍人會は聯合役員會を三月二十一日開催。

◇三川村會　三川村第三回通常村會を三月三十日開會。

◇青年團例會　造賀村青年團は四月一日例會を開催。

◇農會總代會　三川村農會總代會は三月二十八日開催。

山縣郡

◇青年總會　吉坂村青年團は三月二十日總會を開催した。

◇婦人會總會　吉坂村今吉田婦女會は三月二十一日總會を開催した。

加茂郡

◇農村經營研究會　郡農會主催の農村經營研究會は三月二十日開催。

◇町民大會　三津口町青年は町村の自覺を促し善良町議を選出すべく四月一日町民大會を開いた。

岡山縣

◇自治團體經營　縣經營岡山公園及東山公園は自治團體經營が至當であると云ふ見解の下に今回夫れ〳〵所在市町に移管した。

岡山市

◇市民講演　市社會課主催の第六回市民講座は三月二十四日開催。

◇農會總代會　岡山市農會は三月二十六日開催。

◇農會評議員會　市農會評議員會は三月二十日開催。

水戸市

◇故松原助役弔慰　松原町町會では故助役柴田鐵藏氏に三月十六日弔慰金を贈呈した。

◇[illegible]浦町會議員中　六十五回の町會に於て皆勤者飯塚致格氏一回出席者坂野丑兵衞氏。

御津郡

◇御津町村長會　郡長岩國氏は三月二十六日郡內各町村長を召集打合會を開いた。

赤磐郡

□長崎縣□

○伊藤銓雄氏　三月二十六日南高來郡土黑村長に當選

○坂上與三郎氏　四月二日南高來郡[illegible]崎村長に再選

○藤原周三氏　三月四日南高來郡守山村長を辭任

□熊本縣□

○西村質三氏　縣蠶糸課長より三月二十五日三重縣蠶絲課長に榮轉

○牛島忠任氏　三月十七日玉名郡綠村助役就任

○藤井重樹氏　三月十七日八代郡和鹿外六ケ村組合長就任

○寺川市藏氏　三月十八日鹿北郡百濟村助役就任

曾我儀一

任熊本縣鹿本郡書記給月俸三十五圓

□鹿兒島□

崎山忠夫

鹿兒島縣熊毛郡產業主事補に任ず

月俸六拾圓を給す

◇佐伯北青年總會　佐伯北村青年團春季總會は三月二十五日開催。

図和氣郡

◇福河村會　福河村は三月二十日村會を開會。

◇統計講習會　熊山村では三月五日統計調査員講習會を開催。

◇本莊村會　本莊村會は四月二日開會

図邑久郡

豫算額　邑久郡に於ける十四年度各町村豫算總額は四萬三千十七圓である。

◇鶴山村會　鶴山豫算村會三月二十六日開催。

図小田郡

◇自治協會　自治協會は三月二十三日理事會を開催。

山口縣

◇縣社會事業　三月十九日理事會開會

◇地方改良會　四月四日總會開催。

図下關市

◇政友派所屬市議　三月十八日、十四日會協議會開催。

◇塵芥處分　三月二十八日及四月六日市會開催。

◇參事會　三月二十五日及四月四日開催。

◇西細江町　三月十八日町總會開會。

◇在鄉軍人　三月二十一日總會開催。

図盤浦郡

◇宇賀村　三月三十一日最終村會開會

◇郡農村青年　三月二十日大會開催。

◇栗野小學校　三月二十一日新築落成式擧行。

図佐波郡

◇婦人處女會　三月十九日講演會開催

◇島地村　三月十九日農會通常總會開會。

◇郡內町村長　三月十九日集會開會。

◇山口町　三月二十四日豫算町會開會

図都濃郡

◇牛馬商組合　三月十七日總代會開會

◇德山町　三月二十六日緊急町會開會

德島縣

図德島市

◇德島市會　三月二十日沖洲村合併反對決議。

判任官三等待遇　小城　隆治

鹿兒島縣始良郡產業主事補に任ず

月俸六拾圓を給す

判任官三等待遇　勳八等　須田　文雄

鹿兒島縣薩摩郡產業主事補に任ず

判任官三等待遇

月俸六拾圓を給す　勳七等　高牟禮清信

鹿兒島郡產業主事補に任ず

月俸六拾圓を給す

判任官三等待遇

鹿兒島市助役　上野　篤

免學務課長事務取扱

○平山覺氏　三月二十六日鹿兒島市視學任命

○二宮圓彬氏　三月十五日出水青年團長に當選

○植竹重文氏　三月二十三日出水郡米ノ津青年團長に當選

□宮崎縣□

○甲斐市郎氏　三月二十一日西臼杵郡上野村助役就任

◇助任小學校　三月二十一日新築落成式擧行。

◇予算市會　行惱み中を三月二十四日開會し又もや流會した。

勝浦郡

◇小松島町　四月十四日青年雄辯會開催。

那賀郡

◇新開村　三月十八日坂青總會開催。

◇宮濱村　三月二十六日青年總會開催

◇新野村　廿枝行營青年團貯金組合設立。

名西郡

◇郡校長會　三月十八、九兩日協議會開催。

◇上分下山村　三月二十五日殿宮青年部會並年總會開催。

◇赤河内村　三月二十五日赤松青年團春季總會開催。

板野郡

◇撫養町　四月十二日青年團主催雄辯會開催。

愛媛縣

松山市

◇壽八町　三月十五日青年會主催にて町民大會を開催した。

溫泉郡

◇處女聯合會　郡内五ヶ村聯合處女會三月十五日より三日間。

◇第十二回溫泉青年大會　三月二十二日開催。

東宇和郡

◇横林村諸和會　三月十八日開會。

北宇和市

◇海岸七ヶ町村聯合會　三月十八日開催。

伊豫郡

◇中山町　町制實施祝賀會を三月二十三日の村會で協議した。

周桑郡

◇青年講演會　郡農會主催にて三月十六日より四日間開催。

◇周桑郡處女會總會　三月十四日開催。

◇小作爭議和解　昨年一月以來の國安村字國安地主越智喜七對同村高田小作人黒瀨三郎の小作爭議は今回河上美佐男氏の仲裁に依り和解した。

□北海道□

○木村役場安藤書記　病氣に就三月十七日退職

○石井德一郎氏　野田町小學校長より豊原支廳に轉任

○上野克之氏　幌糠小學校長を三月二十五日退職

○東倶知安山本村長　三月二十九日退職

○中等教員辭令　廳立倶知安中學校教諭田中敏雄命岩手縣出向△廳立室蘭中學教諭上野治命和歌山縣出向△小樽市高等女學校教諭中村トヨ給六級免本職

○高等官辭令　正七横瀨農夫也叙從六△產業主事同人依願免本職

○分會長　川上村分會長高橋長七代後任は濱田民平氏に決した

○栗山市街評議員(三月二十七日)　村井安太郎、河崎義雄、村上太作、飯田一郎、永瀨昌雄、新田久平、大友榮吉、森本高作、小柄作藏、丸山源二

○野田町小能登呂村評議員　熊谷仁造、吉田清五郎、松山洋助、伴勇、工藤正三、堀川弘顯

○發足　三月三十一日を以て木村長打越萬二氏は五級俸川口助役五級俸笹原收入役五級俸何も昇給

○笹井仁佐氏　野田町評議員議長當選

◇郡處女會幹部會　三月三十一日開催。

◇多賀村　三月二十七日處女會開催。

◇三芳村處女會　三月二十八、九日家事講習會を開催した。

圖喜多郡

◇青年處女聯合會　川上區地方青年處女聯合大會は三月十五日開催。

香川縣

◇縣參事會　三月二十一日開會、土佐郡十六村地内で府縣道弘瀨伊野線道路改築工事に要する敷地買收の件外三件を附議した。

◇高松丸龜市を都市計劃指定　三月二十八日附勅令を以て都市計劃法第二條に依り左記の各市を指定する旨公布四月一日より施行、佐世保、長岡、津、岡崎、一宮、清水、大垣、長野、松本、高岡、和歌山、高松、丸龜、高知、大分

圖高松市

◇市會　三月二十日開會。

◇市參事會　四月十日開催。

圖丸龜市

◇參事會　三月二十三日開會。

◇耕地整理　市農會長猪井朋太郎氏及び藤田政男氏等代表にて出願せんとする丸龜市中府及び地方字間內方面の耕地整理は市村山本縣知事に事務費として低利資金六十萬圓の借款を申請した。

◇市會　三月二十九日開會。

圖仲多度郡

◇琴平町會　三月二十二日開會。

圖大川郡

◇農村振興講演會　三月十八日開催

◇農村經營研究會　相生村に三月十七、八兩日郡農會主催した。

◇志度町農會振興會　三月二十日發會式擧行。

◇地方改良協會總會と表彰　三月二十八日。

◇郡町村長同僚會　四月七日開催。

高知縣

◇縣農會主催役職員懇談會　三月十八日開催、郡役所廢止對策に就き意見の開陳があつた。

◇縣農會主催婦人農事講習會　三月二十三日より五日間香川郡小川村に開催した。

圖高知市

◇選擧區條例改正許可　市長より申請中の市議員定數增加の件は內務大臣より許可があつたが市議選擧區條例改正の件も許可された。

◇市參事會　三月二十三日開催。

◇市聯合青年團總會　三月二十八日開催。

圖高岡郡

◇松葉川村振興總會及役員改選會　三月二十三日開催。

◇農事講話會　日下村與之鶴登聚改良組合主催にて三月二十一日開催。

◇處女發會式　上の加江町小矢井賀處女會は三月二十二日擧行。

圖長岡郡

◇郡下各町村收入役會　三月十七日召集。

◇婦女會修養會　三月二十日開催。

圖土佐郡

◇土地青年團總會　三月二十八日擧行。

◇一宮處女家事講習會　三月三十日開會。

幡多郡

◇中村町區長會役員　三月九日左諸氏を選任。

會長藤瀬斧助○副會長弘田仲雄○幹事南啓次郎○岡田牛三○鍋田類○國見清馬○江口柳太郎○和田金次郎○藤岡伊太郎○弘井德之助○友永吉太郎○横田金時

◇入野青年團基本財造成苗木植附　三月十六日行つた。

福岡縣

◇小作官と浮羽郡内十ヶ町村聯合農民組合と爭議相談　三月二十六日に行つた。

福岡市

◇市會　豫算會を三月二十日開催。

◇參事會　四月十八日開催。

◇參事會　三月二十七日開會慰勞金給與其他を附議した。

小倉市

◇合併　市と隣接足立村との合併問題有望。

◇市會　三月二十五日開催。

八幡市

◇參事會　三月二十日開會。

鞍手郡

◇直方町村合併　三月二十一日三時留保となる。

宗像郡

◇郡農主催第一回農事講習　三月二十六日より五日間開催。

◇津屋崎町農會主催農事總會　三月二十五日。

早良郡

◇普通農業講習會　郡農會では三月二十一日より五日間開催した。

遠賀郡

◇郡農會農事視察　三月二十七日より二日間京都築上兩郡へ赴いた。

大分縣

大分市

◇參事會　三月三十日開會。

別府市

◇市會　十四年度事業繰越の件その他につき三月二十五日市會招集。

大野郡

◇川登青年總會　三月十五日開催。

◇大野婦人會發會式　三月十五日擧行。

◇牧口青年團總會　三月二十二日開催。

下毛郡

◇中津町大江村豐田村　三月十七日附合併許可四月一日より三日間祝賀會開會。

◇農事經營講習　下毛農事小組合は三月二十三日開催。

速見郡

◇速見八阪處女總會　三月二十六日開會。

玖珠郡

◇町村長會　三月十六日開催。

◇農村經營研究會　南山田村農會主催にて三月二十六日開催。

◇飯田村魚鄉婦人會　三月二十二日總會開催。

宇佐郡

◇佐田村青年團總會　三月十三日開催。

◇佐田教育總會　三月十三日開催。

◇宇佐農會總會　三月十五日開催。

大分郡

◇郡教育評議員會　三月二十五日開催。

◎直入郡

◇都野村青年團總會　三月二十七日開會。

佐賀縣

◇縣聯合青年代議員會　三月二十六日開會。

◇講習　縣農會は農業組織及經營改善の爲め三月二十二日より八日間開催。

◎佐賀郡

◇小副川處女會　三月十五日開催。

◇郡各村技術員會　三月二十三日開會。

◎西松浦郡

◇養蠶教師議會　四月六日開催。

◎杵島郡

◇杵島郡農會主催町村技術員會　三月十六、七兩日開催した。

◎小城郡

◇町村農會技術員協議會　三月十六日開會。

◎三潴郡

◇大溝村會　三月三十日開會十三年度更正豫算の件を附議した。

◎藤沼郡

◇鶴田町會　四日十日町民大會を開催

長崎縣

◎佐世保市

◇市會　三月三十日招集十三年度及十四年度の追加豫算を附議した。

◎西彼杵郡

◇瀨戸村會　三月二十五日。

◇長與村會　三月二十五日。

◇黑瀨村會　三月二十八日。

◇樺島村會　三月二十七日開催。

◎東彼杵郡

◇大村及大村町合併　四月一日より實施した。

◎南松浦郡

◇郡教育會　三月二十七日總會開催。

◇就學奬勵金　縣より左の如く交附あつた。

△三十圓　福江町△十圓　崎山村△四十圓　濱浦村△百十九圓　北魚目村

◎南高來郡

◇農事改良實行組合　神代村片日名にて三月十六日開催した。

◇守山村會　三月二十日開會。

◇縣稅主任會　各町村縣稅主任會議は三月二十七、八兩日開會。

◇島原町會　三月二十七日開會。

◇小濱町會　三月二十九日開會。

◎南高來郡

◇郡農會主催農事改良實行組合町會　三月二十八日開會。

◎北松浦郡

◇平戸町村及び東彼杵大村町村合併　三月二十日內務大臣の許可があつた。

◇平戸町村會　三月二十七日開會。

熊本縣

◇縣農會主催農會經營研究會　三月二十九日開會。

◇縣農會主催郡市農會役職員業務打合會　三月二十八日開會。

◎熊本市

◇二大事業紀念國産共進會　三月二十日開會。

◎鹿本郡

◇八幡村青年總會　三月二十一日開催。

◇郡主催農事組合幹部會　三月十六、七兩日開催。

▣球磨郡

◇町村長會　三月二十六日開催。

▣飽託郡

◇池[illegible]村處女會　三月二十一日開催

▣葦北郡

◇納税表彰　水俣町は三月二十三日永樂座に於て十三年度納税成績優良者表彰式を開催。

鹿兒島縣

◇縣外農事視察　縣農會主催にて四月十一日出發二十三日歸着した。

◇縣參事會　四月六日開催。

▣鹿兒島郡

◇中郡宇村　三月十七日の村會に於て都市計畫區域に異議なき旨と可決。

▣出水郡

◇青年總會　三月二十二日開催。

◇米津町處女會　三月二十二日開會

◇米津青年總會　三月二十二日開催

▣噌唹郡

◇財部町會　三月十二日開會。

▣姶良郡

◇敎育研究會　郡主催にて三月十五日開催。

◇牧園村上中津川青年團總會　三月二十一日開會。

◇東國分村小村青年團　三月二十七日創立滿十五週年祝を擧行。

◇土井川内兩青年總會　三月二十四日開會。

▣揖宿郡

◇表彰祝賀會　縣より體育選奬校として表彰を受けた六成小校は三月十五日祝賀會を執行。

▣伊佐郡

◇敎育會主催社會敎育講演會　三月十五日開催。

▣肝屬郡

◇大姶良村濱田鑑友青年處女總會　三月十五日開催。

▣薩摩郡

◇品評會授與式　佐志農會の下に三月十七日開催した。

◇郡山村農會豫算會　三月十五日開會。

◇入來臨時會　三月二十六日開會。

宮崎縣

▣宮崎郡

◇三月十九日市會にて決定の區長は左の如し。第十七區長黒木淺吉、第三十一區長宮崎太郎吉、第三十四區長柿木福滿、第三十九區長長友重次、第十一區長長田宇一

▣宮崎郡

◇田野村敬老會　三月三十一日開催

▣北諸縣郡

◇上鄕村[illegible]北支部處女發會式　三月十八日擧行。

◇中鄕村梅北青年團總會　三月十五日開催。

▣東臼杵郡

◇郡南方村農民大會　三月二十五日開催。

◇富高町會　三月二十八日開會。

◇恒富村敬老會　青年會三ツ瀬支部主催にて三月二十一日開催。

◇農[illegible]功勞表彰　三月二十七日擧行

▣東諸縣郡

◇町村庶務主任及收入役事務研究會　三月三十日開催。

北海道

◇役員聯合會議　北海道並に東北六

縣に會役員聯合會は三月五日より三日間開催。

◇空知　外三郡農會は三月三十日管内各町村農會長會議を開催。

◇沼貝　三月二十七日中村明論青年支部總會を開催。三月二十八日沼貝地主會催午後に村農會總代會を開催した。

◇十勝　各青年團幹部講習會三月二十六日開催。

◇帯江町會　は三月二十八日會議室に開會。

◇洞爺　三月二十四日農會代議員會を開會。

◇北仁兩部落　三月二十七日林業講治を開催。

◇幌延布　青年團は三月二十三日第一回辯論會開催した。

◇芽室　三月二十七日村會開催。

◇上富良野　三月二十五、六日在鄉軍人會開催。

◇釧路市　第二市會は三月二十日開會

◇幌加内　三月二十三日開會の村會議場に於て鐵道用地賣渡單價協定委員會を開催した。

市制町村制發布當時の當局者（口繪參照）

内務大臣　伯爵　山縣有朋（當時ノ年俸六千圓）

内務次官　勅一等（上）總務局長　從三位勳二等　芳川顯正（當時ノ年俸五千圓）

縣治局長　奏一等（中）文官試驗委員　從五位勳六等文學博士　末松謙澄（當時ノ年俸二千八百圓）

次長　奏二等（中）正六位勳六等　鳥山重信（當時ノ年俸二千二百圓）

囑託　獨逸　モッセ博士

全部付託調査委員は左の通り

議官　加藤弘之

同　三浦安

同　楫取素彦

同　渡邊清

同　槇村正直

同　神田孝平

同　楠本正隆

議長　大木喬任

内閣の委員は左の通りであつた

法制局參事官　水野遵

同　曾禰荒助

内閣委員

内務書記官　白根專一

内務大臣秘書官　大森鐘一

内務省參事官　荒川邦藏

一萬二千の市町村當局並二十萬の新市町村會議員諸君に訴ふ

國家の單位は市町村である。

國家の繁榮は市町村の繁榮にある。

然るに我邦の自治政は依然として舊套を脫せず官僚的自治政行はれ眞の民衆的自治政は行はれてゐないのである故に本會は從來の自治雜誌の如く法文の解釋や訓令通牒を滿載することを止め主として自治生活の內容卽全國一萬二千の自治團體の活動狀態を詳細に報告し一讀して全國自治團體の活動狀態を知悉し更に進んで自治權確立の爲め諸君の代辯者となつて政府當局に肉迫するのが本誌の使命である故に本會は諸君の機關であり本誌は諸君自由の論壇場である希くは本會の趣旨並本誌の使命に御共鳴給らば本會永久の後援者となり彙報消息其他各種の材料を提供されんことを。

本會顧問及賛助員（イロハ順）

日本銀行總裁 市來乙彦
有隣生命株式會社々長 飯田延太郎
前大阪市長 池上四郎
前内務次官 井上孝哉
貴族院議員法學博士 馬場鍈一
商工省政務次官 秦豐助
和歌山縣知事 長谷川久一
司法大臣 小川平吉
農林大臣 岡崎邦輔
貴族院議員伯爵 大木遠吉
貴族院議員 鎌田榮吉

東京電燈株式會社々長 神戸擧一
全國町村會々長 金子角之助
海軍大臣 財部彪
外務參與官 永井柳太郎
前東京市長 永田秀次郎
衆議院議員 中野正剛
遞信參與官 植原悅二郎
商工大臣 野田卯太郎
前陸軍大臣、 山梨半造
貴族院議員子爵 前田利定
子爵 後藤新平

法學博士 小林丑三郎
衆議院議員 小久保喜七
衆議院議員 兒玉右二
貴族院議員 宮田光雄
法學博士 水野錬太郎
行政裁判所評定官 島村他三郎

本會編輯委員（イロハ順）

明治大學教授 小島憲
マスター、オブ、アーツ 弓家七郎
前東京市電氣局理事 平井良成

本會理事長 前田郁

編輯局の窓より

◎本誌は一昨年九月一日創刊號發行の豫定であつたがかの大震火災といふ未曾有の大事件に遭遇し、事務所印刷所は勿論の事豫て朝野諸名士の手を煩はした原稿全部を烏有に歸せしめたのは返へす〴〵も遺憾の極で深く江湖各位の寛恕を乞ふ次第である。

◎然るに大震災によりて蒙むりたる瘡痍の可なり甚大なるものありしにも拘らず時代の要求は一日も早く理想的自治雜誌の出現を望むと同時に先輩各位よりも本誌の復興發刊を慫慂せらるゝこと頻なれば、爰に陣容を新たにし材料を選擇し理論に趨せず實際に基礎を置き更に海外に於ける自治生活をも紹介するを忘れざるを目的として復興第一號を發刊することゝなつた。

◎編輯局の首腦として内外自治制の研鑽に多年心血を傾倒せられし弓家、小島、平井、三氏を戴くを得たるは本誌の最も光榮とする處であつて竊かに讀者諸彦に誇らんとする處である、然るに愈々印刷成りたる後の本誌を見れば編輯に體裁に讀者の豫期に反するの不備尠からず、これ皆編輯者の責任にして深く各位に陳謝する次第である。

◎從來斯種の雜誌には市町村の動靜に就き報道する處極めて簡に失する嫌あつたため、本誌は萬難を排して全國一萬有餘の市町村につき大いにその材料を蒐集することに努めた、そこに本會編輯部の意圖も存する。若し全國各地の町村長にして此點につき尚ほ詳細にして且つ精確たる消息を提供せらるゝならば本會の滿足は言ふ迄もなく本誌は錦上更に花を添ゆるの風趣を加へることであらうと思はれる。

◎最後に本誌の出現に同し、厚木、川上、野尻、松倉諸兄の甚大なる御同情を深謝すると共に先輩各位の直接間接なる御後援と各地市町村當局の努めて材料を供給されたるに對し滿腔の謝意を表する次第である。

市町村（毎月一回一日發行）

冊數	定價（郵税共）
一冊（一ヶ月）	五拾錢
六冊（半ヶ年）	參圓
十二冊（一ヶ年）	六圓

◎誌代は前金の事◎切手代用一割増◎前金受取書差出不申候◎前金切の節は封紙に其者表示可致候

廣告料

等級	定價
特等面	一〇〇圓
一等面	七〇圓
二等面	五〇圓

◎半頁は總て半額 ◎廣告締切は毎月十五日値引なし

大正十四年四月廿九日印刷納本
大正十四年五月一日發行（第一卷）（第一號）

各項禁轉載

發行兼編輯印刷人 前田郁
東京市本郷區金助町六十八
印刷所 帝國自治研究會印刷部

發行所 東京市麹町區三番町六十八
帝國自治研究會
電話四谷四二七七番
振替東京七一六〇〇番

大阪支局 大阪市東淀川區本庄町一四〇
帝國自治研究會大阪支部
電話北六一五九番

事業部設置

本會は今回地方市町村の便宜を計らんが爲めに、誠實、迅速、懇切を『モットー』として左記業務を開始致候に付精々御利用被下度切望仕候

一、地方農村有利事業の援助紹介
一、各地特有物産の取次賣買
一、農具・種苗・肥料・教育用品・文房具・謄寫版・樂器・寫眞機・書籍雜誌其他

右販賣方御希望の向は書面其他の方法に依り可成明細に條件を附記し見本添付の上御申込相成度候

帝國自治研究會事業部

祝發刊

加藤高明
田中義一
高橋是清
犬養毅
野田卯太郎

若槻禮次郎
岡崎邦輔
濱口雄幸
小川平吉
仙石貢

祝發刊

岡田良平
財部彪
宇垣一成
幣原喜重郎
江木翼

市來乙彥
齋藤實
安達謙藏
望月圭介
賴母木桂吉

祝發刊

株式會社臺灣銀行	株式會社朝鮮銀行	富士製紙株式會社
日本綿化株式會社	株式會社日本興業銀行	日本毛織株式會社

簡易謄寫印刷機ノ御照介

文化ノ進展ニ伴ヒ社會上事務一層繁忙ヲ極ルニ當リ之カ處理ニ敏活ヲ要スルハ實ニ豫想外ナリ而シテ此日々押寄來ル諸種ノ事務ヲ整理決裁ニ必要ナル武器ハ簡易印刷機卽チ最新林式謄寫機ナリ今日迄幾多ノ謄寫版續出セルモ夫等ハ夫レ〲大ナル缺點ヲ有スルカ故ニ茲ニ多年苦心研究ノ結果其缺點ヲ補ヒ更ニ一大改良ヲ加ヘ優秀ナルモノヽ考案ニ成功シタル林式謄寫機ノ出現ヲ視ルニ至レリ元來謄寫機ノ本能ハ印刷ノ簡易敏捷、其費用ノ低廉ナルニ有リ本機ハ此點ニ於テ優秀傑出セル長所ヲ有スルカ故ニ發賣以來各官衛、學校、諸會社、商店等各方向ヨリ注文殺到ト共ニ賞賛ヲ辱フス

最新 林式謄寫印刷機

一般謄寫版用原紙、インキ、鑪版、鑪版修理（附屬品一切）多少ニ不拘御用命ヲ乞フ

東京神田水道橋際（三崎町一ノ十二）

製造發賣元 林商店

（御申越次第カタログ無料送呈）

代理部 帝國自治研究會

東京市麴町區三番町六十八番地

電話四谷四三七七番

振替東京七一六〇〇番

祝發刊

南滿洲鐵道株式會社

大正十四年五月一日第三種郵便物認可）（毎月一回發行）『市町村』大正十四年五月一日發行
大正十四年四月三十日印刷納本
定價金五拾錢

La Commune

市町村

七月号

第一年　第二号

帝國自治研究会

『市町村』第一卷第二號目次

La COMMUNE

七月號

大正十四年七月一日發行

卷頭言

どんな、立派な噴水機械でも、水の騰り得る高さは、その水源までを限度とする。それよりも、高く噴出せしめんとするならば、水源に壓力を加へねばならぬ。自治體にもこれと同様のことが言へる。卽ち、制度や組織が如何に立派でも、國民が自治政に無關心であるならば、その自治政は、國民の關心する程度より以上には良くなり得ない。これを良くせんとするならば、關心に壓力を加へねばならぬ。壓力とは欲求である。

自治政に慊らざる人々よ。この故に先づ欲求せよ。その慊らざる點、その不滿なるところを、明確にして、而してこれを要求せよ。生活が困難であるならば、これを容易くせよと欲求せよ。若し負擔が重過ぎるならば、それを輕くせよと主張し給へ。如何なる方法を以て、生活を容易にし、如何なる政策を用ひて、負擔を輕くすべきか迄も考ふる必要はない。それ等の政策、それらの方法は、專門家の研究に委ねれば宜い。吾人の要求にして眞摯であり、その希望にして熱烈であり、その主張にして正當であるならば、目的は必らず、貫徹せられるであらう。

……本會出現の理由……

◇政治生活の單位は市町村である。市町村の經營が、圓滿、善良に行はるゝことなくして、一國の政治生活の完きを望むことは出來ない。我等の政治に對する欲求は、先づ市町村に於て滿たされねばならぬ。

◇市町村の政治は『ポリチック』でなくして奉仕である。その經營は、主として事務的なものであり、從つて能率を中心とするものである。黨派とか、政略とか、掛引とか言ふが如き、決して健全なる自治體の發達に資する所以の途でない。

◇近代に於ける自治體の經營は、單に圓滿なる人格や、奉公の至誠のみでは出來ぬ。これに加ふるに、明敏達識なる經世的識見と、熟達せる事務的才幹と、豐富にして組織的なる智識とを要する。それは、も早、何人にでも家業の片手間に出來るやうな種類の仕事ではない。

◇然るに現狀を見れば如何。政府は徒らに監督の容易ならんことのみ欲して、只管市町村の權限を束縛し、市町村は目前の苟且を偸んで時勢の進運を考へず、その經營は、唯單に、法律と形式とにのみ從つて爲されて居る。名は自治と稱しても、何處に自治の實があるか。存ずるものは憫むべき官僚的自治政のみである。

◇その結果を見よ。到る處の市町村に於て、その財源は枯渇し、財政は逼迫し、人民は塗炭の苦しみをなして居る。金融の途は絕えても、死亡率が高くなつても、子女の敎育すら滿足に出來なくても、人々はその解決を自治體の經營に依つて求めやうとはしなくなつてる。自治政は國民に見放されて居る。

◇こんなに、盲目であり、こんなに無力であつてはならぬ。我々は官僚の手より、自治を取り返さねばならぬ。眞の使命を自覺して、自治體を甦らさせねばならぬ、自治權を擴張して、それが國民生活上の何物であるかを證明させねばならぬ。

◇帝國自治研究會は、これを使命として生れた。

◇本誌の使命◇

一従來の官僚的自治政を打破し、民衆的自治政を建設するを第一義とすること。

一全國各市町村のため、開放されたる自由な發表機關となりて、自治權の擴張に努むること。

一全國市町村、並に歐米各國に於ける自治體の活動狀態を報導して、經營上に於ける比較研究の資たらしむること

一市町村の近代的經營法を研究し、以てその健全なる發達に資すること。

一自治制度の、運用を完からしむるため、これに關聯して生すべき問題に對し、適切なる解決の途を與ふること。

綱要

第一章　總則

第一條　本會は帝國自治研究會と稱す

第二條　本會は本部を東京市に置き支部を全國各市町村に置く

第三條　本會は地方自治體に關する百般の問題を調査研究し自治に關する思想を宣傳普及し自治政治の進步發達に資するを目的とす

第四條　本會は前條の目的を貫徹する爲め左の事業を行ふ

一、調査部を設置し內外自治政を研究調査すること

二、出版部を設け機關雜誌『市町村』を刊行し全國市町村及關係官廳との連絡を計り研究資料の發表其他各自治團體の紹介をなし、尙圖書の刊行、印刷物の配布をなすこと

三、講演會地方巡回講演會又は活動寫眞會を開催する事

四、事業部を設け市町村有利の事業援助賀贊又は紹介等をなし、必要に應じ地方農村の取次仲介をなすこと

第二章　機關

第四條　本會に左の役員を置く

會長　一名　　理事長　一名

理事　若干名　　評議員　若干名

第五條　本會に顧問及贊助員を置き理事會之を囑託す

第三章　會員

第六條　本會に入會せんとするものは住所姓名を明記し本會へ申込むべし

第七條　本會員は會費年六圓を納付し機關雜誌「市町村」の配布を受くるものとす　但分納することを得

中央集權の弊を排し
官僚的自治制を打破せよ

……今や青春期の我自治體……

自治能力の擴張

一九二三年二月十九日英國議會に、勞働黨員ヘイデイなる者が、同黨の耆宿ウエッブ、ランズベリー、ヘンダーソン等正規の贊成を得て、頗る興味ある一の法律案を提出した。同案は勞働黨年來の主張を具體化したものであつて、其の骨子とする所は、市町村に對し一九〇八年會社法規定の營業能力を認めむとするに在る。而して市町村が各種の營業を爲すに當り必要なる費用は、商務省より資金貸付の途を開き、本法に基きて得たる利益金は、市町村は之を基金として保存し、其の基金を以て住民の福利增進の費用に供することは勿論之を認むるも、第八條に於て特に該基金を以て地方税輕減の資に充つるを得ずと規定して居る。蓋し勞働黨の公營主義と、資本課税主義との一端を、極めて巧妙に表はしたる、立法技術上の苦心を、物語るものと云はざるを得ないであらう。

右法案は勿論保守黨內閣の下に於て否決せられた。併しながら我國に於て夢想だもせざる市町村に營業能力を認めむとする思想が、議院の三分の一を占めて居ることを稽ふるとき、吾人は彼我自治思想に大なる軒輊あることを、今更ながらに痛感せざるを得ないのである。嘗て市制町村制改正の議があつたとき、市町村の行爲能力を今少し擴張してはとの議論もあつたが、現行法に於て別に禁止の條項を存せざるを以て、其の運用の如何に依ては、如何なる收益事業もなし得るとの理由に依り、改正の議なくして止んだ。固より法は死物である。之を運用するは人に在る。法に禁止條項なくとも、之を運用する者が市町村をして收益事業を營ましむべからずと云ふ固陋の見を固持する限り、自治體の行爲能力は事實上大なる制限を受けざるを得ないであらう。

現代の形式的法治國に於ては、法律に規定せざれば實効を期し得られない。殊に文字の解釋に沒頭して、高遠の理想を有せざる屬僚は、法令の規定以外には一歩も踏み出すの勇氣を有たぬ。而して法令の解釋は、精神を忘れて常に字句の末に奔り、消極解釋をのみ事として居る。故に窮屈なる我自治制は益々其の効果を疑はれ、自治制度を有せざると齊しき狀態を呈することが珍らしくないのである。之れ果して誰の罪に歸すべきであらうか？

公營主義が世界の大勢たることは近代の事實である。殊に國民生活に直接關係あるもの、獨占的性質を有するものに於て然りとする。現今都市に於ける交通機關たる電車、自働車、地下鐵道の如きは市營を原則とし、私人企業は之を補ふ意味に於て、其の必要を見るのであつて、國家は交通機關の自治體經營の如きは、極力之を獎勵助長せざるべからざるに拘らず、我が官憲は反て之を阻止せむとするが如き態度に出づること稀ならざるを遺憾とする。殷鑑遠からず東京市營自働車制限問題に在る　交通機關は市民と直接關係あるものなるが故に、其の乘車料さへ一々內務大藏兩大臣の許可を受けざれば增額し能はざる程市町村民を愛撫する政府が、何故に其の交通機關の車輛に制限を加へ、市民の不便を顧みないのであらうか。吾人は當局の態度に對し頗る不滿の念を抱くものなることを市民と共に爰に表明し度い。

從來政府が市町村に於ける各種企業を認むる場合、其の許可の條件としたものは、其の事業より生ずる收益は、成るべく之を税金輕減の資に充つべしと云ふに在た。現今でも此の方針は持續して居る。内務省や大藏省をして云はしむれば、公營事業は決して利益を求むる爲ではなく、收支相償へば足るのであつて、殘金を生ずることが間違て居る。故に殘金ありとせば、必ず之を減税其他負擔輕減の資に充つべきものとするのである。此の考は市町村は如何なる有利の事業ありとも、其の事業を營み、それに依て收益を得べきものでないとするに在て、假りにも市町村と云ふ公共團體が、營利事業を經營せむとするが如き商賣人根性を出してはならぬと云ふのである。武士と町人とは同席相成らぬとの固陋な思想は、今尚ほ日本官吏の頭を支配して居ることを銘記せねばならぬ。

公營主義に付て考慮すべきは、私人の企業を壓迫することである。故に私人の企業との關係に付ては多大の注意を要すべきも、其の利害衝突する場合に在ては、先づ住民多數の利害得失を慮らねばならぬ。若し住民の大多數が公營を可とするに於ては、多少の犧牲を拂ふも公營とすべきであつて、若し夫れ個人企業と何等の利害關係なき事業に至ては、市町村の財政上支障なき限り、之を認むるに何の躊躇をも要せないのである。かの全國市町村の要望する煙草元賣捌の如き、何が故に當局者が之に反對するかを、疑はざるを得ない。

假りに公營事業を認むるとしても、現今の如く其の事業は其の市町村外に亘るを得ずと云ふが如き、窮屈なる考では、到底所期の目的を達し得ない。水道の水が餘ればとて、之を隣接市町村民に直接使用せしむることを禁ずる樣では、事業の發達は期待し得ないであらう。當局者は今少し眼界を廣くせねば、自治の振興を如何に說いても、毫も實効はない。市町村は多數人類の集合體である。因襲に囚はれたる官吏よりも、遙に進歩した考を有て居る人が多い。之等の人々に對し、自治體活動の能力を充分に發揮せしめ、無用の干渉を避くるに於ては、求めずして自治の發達は期し得らるゝのである。猜疑を止めよ。自治能力を擴張し、自治體をして自由手腕を振はしむるに於ては、不振なる自治制は朞年たらずして其の面目を革むるであらう。官憲の固陋なる老婆心は、時代錯誤たることを知らねばならぬ。

自治體の首腦者たる市町村長、助役、收入役、市參與等は、主務大臣知事等の認可を要し、特に市長は御裁可を仰ぐことゝなつて居る。市町村が自己の適當なりと信じて選出したる首腦者を、他の官憲の意思に依て不適當なりと認められたるとき、其所には當然法理上一の矛盾を生ぜざるを得ない。選擧は自治生活の基本である。人民の意思は法理上之に依て反映せらるべきであつて、假令選出せられたる人が、欠點ある人にせよ、住民多數が其の者を可なりとして選出したる以上、其の選出を認むべきは當然でなければならぬ。衆議院議員の選擧に於ては、被選擧資格を有する限り、如何なる人の當選も有効であるに反し、自治體首腦者の選擧に付ては、官督廳の認可なき限り、法律上の効果を生ぜずとは、餘りに事理一貫せざる制度と云はねばならぬ。

認可主義の撤廢

市町村長以下の者に付て認可主義を執るは、時に市町村會が不適任者を選出するの虞あるが故に、其の危險を矯正せむとするに在ると云ふ。既に公民なるものの自治能力を認めながら、夫等の選擧せる者が不適任者に非ざるかと豫測する所に、我が官僚的自治制の面目が存する。此の如く人を疑ふたらば、寧ろ選擧を行はざるに如かずではないか。固より多數選擧人と雖も人である。神佛ではない。情實に囚はれ、買收にも應ずることがあらう。其の選出者が必しも適任者のみとは云へない。政黨や利害の關係により、不適任者を選出する場合のあるべきは、吾人と雖も、之を想像するに吝ではないのである。併しながら偶々かゝる事實の存在を以て、全國の凡てが斯くあるべしと獨斷し、自治の根本を破壞するが如き制度を設けて得々たるは、之れ明に官僚的自治を國民に强ゐむとするものであつて、自己の居住する市町村の首腦者が、官憲の認可あるに非ざれば其の職に就くを得ざるが如き自治制は、之を完全なる自治制とは斷じて云ひ能はざるを憾む。

市町村會にして不適任者選任の惧ありとせば、何故に其の被選擧資格に制限を設けないのであるか。現行市制第四章町村制第三章に於て、市町村長以下各吏員並議員との緣故者就職の場合に關し、多少の制限事項を規定せるも、被選擧資格に付ては別段の規定はなく、市制第十八條、町村制第十五條に於て規定せる、議員の被選擧權の制限よりも遙に寬大にして、市町村會議員たり得ざる者も、市町村長其他の吏員には就職し得ることゝなつて居るのである。市町村監督の方法として、或る個々の問題例へば、國家財政に大關係ある市町村財政に關する事項や、行政區劃の變更を伴ふ市町村區域の變更の如きは、或は許可認可の要あるべきも、市町村會に於て選擧したる人事の事項に迄、官憲の權力を加ふるに至つては、自治制の形骸は存しても、眞の意味の自治なしと云て差支ないのである。

かゝる不合理なる制度の存續すること長ければ長き程、自治の振興は期するを得ない。市町村長の認可制度を撤廢することは、今日の急務であつて、之れ官僚的自治制より脫却する所以である。

監督制度の刷新

吾人は原則として市の監督は內務大臣、町村の監督は府縣知事之に當り、違法越權の場合を除くの外、自治制に對し、何等干涉的監督を爲すべきものに非ざることを主張し、此の點に關する市制町村制の改正を斷行せむことを、當局に望むものである。

從來の實情を見るに、市長は地方の有力者又は知事たりし者多く、殊に大都市に在ては其の傾向著しく、府縣知事の市に對する監督は、事實上有名無實の場合が頗る多いのである。恰も郡役所なるものが、府縣と町村との取次所に過ぎなかつたと同じく、知事は有力なる市長に對しては、主務省に對する單なる取次人たるに過ぎぬ感がある。かゝる有名無實の監督は、無きに如かずであるが、此の如き中間機關あるの結果、事務の澁滯甚しく、害あつて益なきことを示して居る。六大都市特に帝都の制度に關しては、官民共に調査の步を進め、特別市制々定の聲朝野に喧しく、爰に贅言を要せざるも、其他の都市に於ける監督は、內務大臣之に當るを原則とし、府縣行政と直接關係ある事項中主なるものに限り、例外として府縣知事之が監督の任に當ることゝするならば、都市行政の刷新期して俟つべきものがあると信ずる。

町村を今日の如く內務大臣、知事、郡長の三重監督とすることは、啻に行政の煩雜を來すのみならず、町村自治を全うし得る所以でない。郡制廢止の結果當然廢さるべき郡長の町村監督權が、依然として存在して居ることは、郡役所なるものが今尚ほ存在する爲めであつて、將來郡役所廢止の曉には、直接府縣知事之を監督するに至ること勿論であるが、同時に內務大臣の監督權をも之を撤廢するを至當とする。今日如何に交通發達したと云ても、中央官廳に於て一萬二千の町村の實狀を知悉することは到底不可能である。實狀を知らずして果して完全なる監督が出來るであらうか？　內務大臣は府縣及市に足らざる市を監督すればそれでよい。何の必要あつて町村を監督するのであるか。中央集權的官僚思想は、前世紀の遺物たることを思はねばならぬ。大正十年勅令第四百十二號に依て、町村行政に關する監督事項は、市に關するものよりも多數に之を府縣知事に委任して居る　何故に百尺竿頭一歩を進めて、監督事項の全部を府縣知事に委任せざるか。斯くすることに依り中央官廳は事務の煩雜より免れ、町村は事務の澁滯より、救出せらるゝことを得るのである。

現制に依る監督事項は餘りに多きに過ぎて居る。之は違法越權の場合に於てのみ主務大臣知事の取消權を保留すれば足り其他の事項は悉く自治體の自由に委せてよいと思ふ。時代は進んで居る。いつ迄も市町村は子供ではない。餘りに監督を嚴重にするから、自治體は萎縮するのである。我が自治體は歐米に比して其の出現が遲い。それ丈けまだ若い。若い時に伸びる丈け伸ばさゞれば、大成するものではない。青春の期に在る我が自治體をして、制度の桎梏で縛り上げ、官僚的監督で鞭つならば、如何なる名醫が居ても、之を生かすことは出來ないのである。爲政者たるもの今少しく自治體の何ものたるかを悟り、現狀を省察するの必要があると思ふ。

市町村の監督權は內務大臣知事に在ることは云ふ迄もないが、他の各省大臣も亦之を有し、殊に大藏大臣は殆んど內務大臣と同樣の權限を有し、文部大臣之に次で居る。時に或は大藏大臣の有する市町村財政監督權は、內務大臣を凌ぐこ　さへあるのである　例へば市營電車の料金增額の際の如き、僅か一錢の增額にせよ市會で議決したものを、府縣廳に差出し、知事は自己の意見を付して、之を內務大臣に進達し、內務省にして許可すべきものと決定すれば、之を大藏省に廻附する。大藏省に於て若し許可すべからざるものと決するときは、如何に內務大臣之を許可せむとしても能はないのであつて、事爰に至れば內務大臣は事實上大藏大臣の制肘を受くることゝなるのである。大藏省にて許可すべしと決定したるときは、又々之を鐵道省に廻附し、三大臣の意思合致せざる限り、許可を得ることは困難である。之が學校建築費起債の如きものならば、內務、大藏、文部の三省を巡るのであつて、其の間時日を經過すること夥しく、時には許可を得るも、其の時期を失して、事業上多大の損失を蒙り、或は事業中止の止むなきに至ることは珍らしくないのである。

我國自治の振はざる一の原因は、右に述ぶるが如き煩雜なる監督系統に禍せられて居る點に在る。而して其の基く所は、凡て官僚的中央集權的思想に胚胎し、極端なる自治能力の制限を敢てし、之に威壓的監督を加へたる結果である。今にして制度の改正を斷行し、我國民をして官僚的自治制より脫却せしめずむば、我自治制の將來は何等の光明をも認め難いであらう。

伸びんとする力は强い。青春は如何なる壓迫にも堪へ得る。萎縮せる我が自治體も、今にして制度の欠陷を革むるに於ては、其の發達刮目すべきものあるべく、國利民福の增進期して俟つべきものがあらう。吾人は政府當路者が、一日も早く此の點に目覺めむことを望んで息まない。當局者諸士よ、決して改むるに憚ること勿れ、虛勢は自己を冒瀆するものなることを知れ。

（一四、五、二〇稿）

時代は既に變遷す

自治體吏員を優遇せよ

□然らば地方自治は期せずして振はむ□

專門的知識と經驗

地方自治の振はざる、最大の原因は、自治に對する國民の無理解に存する。吾人をして忌憚なく批評せしむれば、國民も、政府も、又大多數の市町村議員すらも、自治の何たるかを了解して居ない。尠くとも、現代に於ける自治問題が、何を要求して居るかを知つて居らぬ。彼等は依然として、自治とは名譽職に依つて、行はるゝ政治なるかの如く考へてゐる。

吾人は、自治體が、名譽職たる議員に依つて、指導せらるべきものであることを、決して否認せんとする者ではない。しかしながら、若しも、眞に健全なる自治體の發達を希ふならば、餘りに多くの期待と職責とを、彼等に負はしむることの愚たるを感ずるのである。抑も、名譽職である議員なるものは、原則として、行政上の專門家でもなければ、公衆衞生上の專門家でもなく、教育學の專門家でもなく、又産業政策上の專門家でもない。彼等は、その人格に於て、その一般的問題に關する識見に於て、又公共事務に對する誠實等に於て、その地方の代表的人物ではあらう。それがために、衆望に推されて、議員に擧げられたものではあらう。吾人は、この點に於て、議員諸君に對して、滿腔の敬意を拂ふものではある。しかしながら、これと共に、彼等が近代の自治體の有する問題に對しては、謂はゞ素人に過ぎぬことも亦認めなければならぬ。

これは當然のことであるから、議員としては少しも恥づる必要はない。しかしながら、國民としての立場から言へば、これを以て當然なりとして、晏如たることは到底出來ない。それも、世の中が昔しの如く單純で、問題が簡單であつた時代ならば、素人であつても、自治體の經營には大した困難は感じなかつたであらう。然れども、時代は既に變化して居る。アメリカに於ける關税の改正が、日本の生絲相場に影響して、直ちに農家の經濟に大なる打撃を與へ、ヨーロッパに於ける、政情の不安が、我國の米相場を狂せる時代である。生活費の問題にしても、金融の問題にしても、小作問題にしても、共濟組合の問題にしても、もつと小さく言へば、道路維持の問題にしても、衛生保健の問題にしても、又副業奬勵の問題にしても、その他苟くも國民の實生活に、直接觸るゝ問題を取扱はんとする場合には、何れも深き專門的の知識と長き經驗とを要するやうになつて來たのである。それは唯人格や、德望や、誠意だけでは、到底解決することの出來ぬ問題である。しかも自治體の健全なる發達を策し、これに依りて國民の利福を增進せんとするならば、これ等は是非とも、自治體に依りて、先づ策進せられねばならぬ。しかも、これ等に對して、自治體の議員諸君は、果してその責任と負擔とに耐え得るであらうか。

自治體の吏員を優遇せよ

かくの如く考ふる時、吾人は、聊か我國自治體の實狀に照して、失望を感ぜざるを得ない。然れども、顧みて思へば、かくの如き專門的の知識と責任とは、初より名譽職たる議員に對しては期待し得ざることであつたのである。若し、期待したとすれば、それは期待するのが誤りであつたのである。然らば、吾人はこれを何人に對して、期待すべきであらうか。

既に名譽職たる議員に、これを期待することが出來ないとすれば、吾人の期待し得るものは、有給の吏員の外はない。幸にして吏員は、それ〲專門の學識、又は經驗に依りて任命せらるゝものである。吾人が、吏員に對して、これを要求し、期待するのは決して無理ではないのである。然らば、自治體の吏員は、果して自治體の有するこれ等の複雜なる問題に通曉し、これを適當に處理すべき、準備と知識とを有して居るか。吾人は、こゝに於て再び失望に逢着せざるを得ない。

然れども、更に翻つて思へば、これは果して、吏員そのものゝ罪であらうか。千言萬語を費やすとも竭きざる憤懣を抑へて、吾人は唯、『世人は自治の何たるかを餘りに了解して居ない。宜い自治は、宜い吏員から生れねばならぬことを知らぬのか』と絶叫する。實に自治體の吏員は、他の會社員や官吏に比して、物質的に惠まれて居らぬ、或は自治體は、會社の如く營利事業でないから、高い給料は支拂へぬ。國家の如く財力が豊でないから、十分の俸給が出せぬと言ふかも知れない。

その結果として、手腕あり、實力ある人士は、或は自治體に入るを屑しとせず、又は永く止ることを快しとして居ない。しかも、自治體の處理すべき事務は、あらゆる社會の問題に關係を有し、その處理すべき問題は營利會社や、官廳等の取扱ふ問題よりもより複雜であり、より廣汎である。その結果は直接に吾人の生活に影響を與へずには置かないのである。從つて國民が生活上、眼に見えざる幾多の浪費と損失とを受けつゝあるは、その結果である、尤も、比較的大なる都市に於ては、幾分かこの點に目覺めて、吏員に對して相當の待遇をするやうになつて來た。大阪市がその市長に年俸二萬五千圓を支拂ひつゝある如き、東京市が同じく二萬圓を給しつゝある如きは、その一例とも見れば、見得ることではある。しかしながら一ヶ年の歳入歳出各々約二億圓を算し、常時二萬數千人の使用人を雇傭しつゝある如きその實狀を考ふるときは、東京市がその市長に對する年俸二萬圓は未だ少額であるとも言ひ得る。況んや、比較的高給を受くる吏員の數は頗る少數であつて、大多數の吏員は、甚だ薄給であるに於てをやである。小都市及び町村等の吏員を遇する方法に至つては、斷じて、自治體の健全なる發展を策進すべき道ではない。あれでは、有能なる人士は、自治體を去つて、自治體の經營は益々困難になる一方であらう。自治體の發達を謀るべき第一の方法は、俸給を惜まずして、有能なる人士をその吏員に採用することである。

自治の專門的研究

第二に考ふべきことは、自治に關する研究が一般に頗る輕視せられて居ることである。繰り返して言ふが、自治體の處理すべき問題は、官廳や營利會社等の取扱ふ問題よりも、より一層複雜であり、且つより一層廣汎である。官廳の事務は、部分的であつて、自治體の如く廣汎ではない。會社の經營は、單に利益を目的とするものであるが、自治體の經營は、公益を主として、しかも財政的にも相當の成績を擧げて行かねばならぬ。その經營は、官廳や會社のそれよりも、一層困難なものがあるのである。然るに官廳の事務を處理すべき官吏、營利會社の經營に任すべき會社員等の養成に付ては、大學に於ても專門學校に於ても、又中等學校に於ても、頗る努めて居るが、自治體の經營に任ずべき吏員の養成に就ては、大學も、專門學校も、中等學校も殆んど相關せざる如き態度を採つて居る。自治體の經營は、餘りに不當にも輕視せられて居る。

これは一般國民が、自治體の經營は素人の片手間でも出來る仕事だと考へて居る結果ではあるまいか。我國に於ける市町村の數は、約一萬二千を以て算する。而して、これが吏員の數は約三十五萬人を數へ、一ヶ年の經營費は約八億圓に垂んとして居る。これだけの多數の吏員があつても、これを養成すべき學校が一つだに存在して居ない。この巨額の經營費を費す事業に對して、何等組織的な研究がなされて居ないと言ふことは、果して自治體の健全なる發達に資する所以であるであらうか。吾人は、大學に自治學部を設け、自治に關する徹底的の研究をなさしむると同時に、將來の自治體を指導すべき有能なる吏員を、こゝに於て養成せしむることの根本的急務たることを、切に思ふものである。

吏員には大なる權限を委ねよ

第三に考ふべきことは吏員の地位を尊敬して、これに大なる權限を委ぬることである。自治體の活動力は優秀なる吏員の中から生れる。議員は優秀なる吏員を採用し、且つその行動を監督するを以て、その主たる職責となすべきである。權限の許さるゝがまゝに、深く細事にまで立入ることは、決して自治體の健全なる發展を策進するの所以ではない。固よりかくの如きは優秀なる吏員の存在を俟つて、始めて要求し得ることではある。ドイツ、イギリス、アメリカ等の諸國に於ける自治體が、その實績を擧げて居るのは、主として、優秀なる吏員を採用し、これに殆んど經營の全權を委ねて居るがためである、例へばドイツ都市に於ける、ビルゲル、マイステル、イギリス都市に於ける、タウン・クラーク、アメリカ都市に於ける、シチー・マネージヤー等の如きは、名は吏員ではあるが、實權は市長である。これ等は殆んど何れも自治體の經營に任ずる、專門の學術を研究し、多年の經驗を經て下級吏員より漸次に昇進したもので、俸給の如きも、一萬圓三萬圓を與へらるゝものは、珍くない。彼等は一の都市に於て、實績を擧ぐる時は、そこに於て昇進し得ることは勿論、場合に依つては他の大都市に招聘せらるゝ可能性をも有して、その昇進は殆んど無制限である。故に優秀なる力量と手腕とを有する者も、進んで自治體の經營に來り投ずるを辭せない。かくして、その自治體は健全に發達しつゝある。吾人は我國自治體の發達を期する上に於て、世人が自治の眞義をよく理解し、優秀なる吏員を採用すると共に、これを優遇せんことを以て急務なりと信ずる。

自治の精神

法學博士　泉　哲

自治の精神は、個人たると國家たるとを問ず、社會的生活を營む人類にとつて必要缺くべからざるものである、吾人にして自治の精神なき時は、一身を支ふる事も出來なければ、一家を維持することも不可能である、從つて自治の精神を缺如する時は奴隷的生活を營なまねばならぬ事となる、市町村の如き社會にして若し、自治の精神と行動を缺く時は、市町村そのものゝ進步發達が不可能なるのみならず、自治的國家、卽ち、獨立主權を維持することが困難となるのである。して觀れば、自治の精神は國家の維持、國際社會の進步發達に必要缺くべからざるものであると云はねばならぬ。

然して自治的國家なるものは、國家の單位たる市町村の自治を完成發達せしむることに依て其の目的を達し得らるゝものである、殊に立憲政治の精神を實現するには地方的自治に之を俟たなければならない。

政治は輿論に依つて指導せられ、外交も亦輿論に其の基礎を置く今日に於ては、自治の精神を涵養し、之を地方自治に依つて訓練し、輿論構成を組織的に爲す事が必要である。

内政問題にしても地方行政の一部である、植民地統治策の如きは輿論の力に依つて之を確立せぬ限り、植民地行政官に任せて居つて決して植民地人の幸福と發達とを期することは困難である、然して植民地發達の到着點は自治植民地でなければならないのである、然るに之の目標を定めて植民地を統治せしむとする政治家は今日幾人あるか、之を見出すこと容易ではあるまい。

予は輿論構成の機關として市町村及植民地の自治を完成せむことを希望して止まぬ、亦同時に自治的社會生活を爲すことに依つて、自治的獨立獨步の人格を養成するの點に於ても、自治の精神涵養を叫ばむとする者である。

時評

明治大學教授　小島　憲

郡役所廢止

五月五日より五日間開催せられたる地方長官會議に於て、最も問題となつたのは、郡制廢止當然の歸結たる、郡役所廢止の件であつた。大體に於て地方長官の意見は三に分れ、存置を主張するもの、郡役所に代るべき中間機關を設くるの必要ありとするもの、及斷然之を廢止せむとするものとであつた而して存置論者の意外に多數なりしことは、余輩の最も奇異に堪へざる所である。殊に存置論者の極力主張する理由の最も重要なるものが、今日の町村は郡役所の指導なきに於ては、到底自治能力を發揮し得ないと云ふ點に至つては、餘りに官僚的氣分の濃厚なるに、今更ながら啞然たらざるを得ないと共に、之れ全く全國一萬二千の町村を侮辱するの甚しいものと云はなければならぬ。自治制布かれて四十年、今尚ほ郡長郡書記の指導を俟つに非ざれば、町村自治が全うし得ずとするならば、我自治制の前途は最早何等の光明なく地方長官たるもの寧ろ自治制撤廢を主張するの賢なるに如かずである。然るに此所迄撤底するの勇氣をも有たずして、徒に監督權の濫用にのみ腐心し、町村當局の無能を云爲するが如きは、抑々僭越至極と云はねばならぬ。

指導と云ふことは少くとも一日の長ある者にして始めて爲し得る所である。我々教職に在る者と雖も固より神や佛ではない。唯だ專門の學に就ては一日の長あるの自信を有するが故に、大學の講壇に立ち數百の學生を指導するのである。郡長や郡書記としても人間である以上、之に神佛たれと望むものでもなく、望んだ所で到底實現するものではないが、少くとも町村を指導せむとせば、町村當局に對しては一日の長がなくてはならないのである。

成程今日郡長郡書記中優秀の者のあることは否定し得ない。けれ共恐らく全國五百の郡長、數千の郡書記の大部分は、大政官布告以來の法規や訓令や通牒に依て、唯だ器械的に働き、四六時中上司の氣嫌を損ぜざらむことを努むるのみで、眞に町村の前途を憂へて之を指導せむとするの大勇猛心を有するものは、曉の星よりも稀であると云てよいのである。余輩を以て云はしむれば、今日町村自治の振はざるは、餘りに訓令通牒に囚はれて、監督權を無暗に振舞はさむとする郡役所が存在する結果である。古い郡長や郡役所吏員は訓令通牒には精通して居るかも知れぬ。併しながら訓令通牒なるものは元々死物であつて、之を適當に運用するに至て初めて生きて來るのである。然るに悲しい哉、大部分の舊式郡長には之を生かして用うるの能力がない。彼等は啻に一日の長なきのみならず、自覺せる町村當局に比し寧ろ一籌を輸すのである。此の如くして如何にして町村を指導することが出來よう？

郡役所は速に之を廢止すべし。三年經てば赤坊も三才となり、歩きもすれば口も利く様になる。況して四十年を經過せる今日、町村は充分一人で立ち行ける。町村の能力を自由に發揮せしめよ。自治の振はざるは郡役所干渉の結果である。

町村會議員選擧の教訓

四月より五月にかけ全國各地に行はれたる町村會議員選擧に於て、我等の考ふべき三の事件があつた。之に就き聊か所見を陳べ度いと思ふ。

茨城縣那珂郡樂村會議員は、當選の嬉しさの餘り開票日以來旗亭に流連して歸宅せず、妻は遂に子を抱いて鐵道自殺を爲したと云ふ。此の例は餘りに極端ではあるが、日夜宴飲に耽り、家を省みざる當選者は、全國を通じて尠くないであらうと思ふ。今や人心弛廢し、單り之等の議員をのみ責むべきではないが、身を修め家を齊へざるに於ては、決して社會は治め得られないのである　議員は市町村の公僕で、市町村民の推薦に俟つべきである、自ら候補に立て選擧に狂奔すること夫れ自身が既に誤て居る。彼等は當選を祝ふ前に先づ責任の重大を自覺すべきである。然るに本末を忘れて、祝酒に醉ひ、家を忘るゝが如きは言語同斷の沙汰と云はねばならぬ。家を忘るゝことは軈て郷土を忘るゝことである。市を忘れ町を忘れ村を忘るゝことである。かゝる徒輩にして議員の職に在る限り自治の振興は期するを得ないであらう。帝都の市會議員が賭博を爲して恥ぢざるのみならず、公然洋行を爲すが如き現代に於て、其の郷土を忘るゝが如き議員の選出せらるゝことは、敢て不思議でないとしても、之が爲め犠牲に供せらるゝ社會民衆の福利を如何にせむやでまるかゝる議員を有する市町村民こそ幸ひなる哉？

長野縣下伊那郡大鹿村村會議員選擧場で、立會の警官が一投票者の懐中を調べ、裸體にして身體檢査をなしたる上、之に退場を命じたと云ふ。何が故に懐中を調べたるか、又如何なる理由を以て退場を命じたるかは、之を詳にせないが、裸體にするとは餘りに過酷であると思ふ。僻村に於ける警官は、當今職權濫用の弊風を存し、若し彼等が其の村內有力者と結托するならば、如何なる非違をも行はれざるはない。選擧競爭の激烈となるや町村の有力者は警察の好意を得むことに腐心し、殊に山間の小村に於ては、駐在巡査の向背は選擧の大勢に關するを以て、其の爭奪には可なりに露骨の手段が弄せらるゝことが珍らしくないのである。

選擧干渉を試みむとするとき、其の最も有力なる武器は警察力である。警官の職務は其れ自體が人民に對し一種威嚇の色彩を帶ぶるが故に、一度其の職權を強く振廻すに在ては、善良なる民衆は萎縮せざるを得ざるに至り、選擧の公正は到底期待し能はないのである。選擧の際は人心多少昂奮し、神經過敏となり勝ちのものであるから、警官は特に其の行動を愼まねばならぬに拘らず、却て民心を撤廢せしむるの態度に出づるが如きは、自己の職責の奈邊に在るかを辨へざるものと云はねばならぬ。綱紀肅清を以て政綱とする現內閣の下に在て、選擧干渉の事實を見る事は余輩の最も遺憾とする所である。

栃木縣眞岡町字田町水平社員黑崎傳三郎氏の町會議員に當選したことは、近來にない快事である。殊に同町水平社員全部で二十四票に過ぎざるに、氏の得票四十七に上り、少くとも二十三票は水平社員以外の有權者の投票たりしことは注目に値する。水平社員の町村會議員は他に類例がないではないが、社員以外の投票に依り當選した例は殆んど稀であらうと思ふ。御互に心の溝を撤して差別觀念を排除するならば、世の中はもつと平和に送らるべき筈である。現代と前代と異る所は、我々は生れながらにして運命付けられぬ點に在る。各人の能力に應じて能力相當の地位を占め得る點に在る。然るに數十年の間一種の差別觀が國民の間に存して、法律上の平等も一部の人に對しては、全く空文に終て仕舞て居た。於此最近數年間に水平運動なるものが盛んとなり、過般奈良縣や群馬縣に起た樣な不祥事を見るに至たのであるが御互が人類愛に立脚して、固陋なる傳統的偏見を棄てるならば、同一國民中に單純な感情を基とした團體的爭鬪が起り得る餘地がないと信ずる。黑崎氏を選出したる眞岡町民は時代の先驅者として、全國民より推賞せらるゝの價値大なるものがあるのである。

メーデー所感

大正九年五月一日我國に初めて勞働祭なるものが行はれてから、今年は第六回のメーデーである。英國に於けるメーデーの光景を目の邊り見た眼には日本のは如何に映るかと、今年のメーデーには或一種の期待を以て居たのであるが、歸朝以來初めて接したメーデーの、豫想以上に整然たりしには、思はず我國勞働運動の前途を祝さずには居られなかつた。世人の多數は勞働者の行列と云へば、直に彌次軍の集りと速斷するが、本年の東京のメーデーは其の秩序ある點に於て、勞働運動の最先進國英國の其れに比し、大なる遜色なしと斷言するに躊躇しない。唯だ警官が餘りに多數且つ横暴にして、勞働者のみならず行列見物の一般民衆に對して、甚だ不愉快の感を抱かしめたことは遺憾に堪へない。

警察の民衆化、軍隊の民衆化と云ふことは、近來到る所で呼ばるゝに拘らず、却て益々民衆と遠ざかりつゝある如くに見へる。嘗て陸軍が年額二十萬圓の節約を爲すが爲めに、午砲を廢したことがある。陸軍と民衆の實生活と直接觸るゝ途は午砲と軍樂隊を除いては何物もなかつたのであるが、陸軍としては强つて必要ではなく、民衆の希望は我の關する所でないとして、全國の午砲を廢止したのである。二十萬圓位は機密費の節約でどうにでもなりそうなものを、と思はれたが、民衆の存在を知らざる陸軍には、民の不便は問ふ所でなかつたのであらう。

警察の民衆化も要するに陸軍の此の態度と同一である。口に民衆化を唱へても警察と民衆とは愈々離れつゝある嘗て親切を以て知られてゐた東京の巡杳が、今は不親切の代名詞となつた。不法監禁は到る所に行はれ、白晝强盜殺人頻々として起り、民衆は全く警察力を信賴しない有樣である。此の狀態が愈々行詰まつたときは、果してどうなるのであらうか。考へれば考へる程恐ろしい。

警察の民衆化は今日の急務である。併しながら警官が民衆運動を一も二もなく危險視する間は、到底實現し得ないと信ずる。民衆運動の善導を爲さずして、之を壓迫するならば、何時かは不平の勃發することがあらう。物理の原則が示すが如く壓迫强ければ强き程其の反動の大なることを覺悟せねばならぬ。殊に罪なき民衆を壓迫するとき善良なる民と雖も遂に不良となるの危險があるを思へば、メーデーに於ける警官の横暴の如きは、實に國を誤るものと云ふべきである。我國の勞働運動は人に譬ふれば二十前後の發育盛りである。伸びんとする力は强い。如何なる迫害を加へらるゝとも死滅するものではない。唯だ之を善導して、矯激に至らざらしめむことを期するが、爲政者の本分である。

（一四、五、一〇稿）

讀書餘滴

○農學士 山田勝伴著「餘が見たる丁抹の農村」定價貳圓貳拾錢 有精堂書店

丁抹は世界の模範農業國と謂ふも不當でないが我元治年間即ち西暦千八百六十四年獨墺の二强國と戰ひて敗れ爲めに膏沃の地スレスウイグ及ホルスタインを掠奪せられ國は狹く民は尠く國民の意氣銷沈し窮困其極に達したことがあつたそれが六十餘年後の今日農業は發達し世界中の富國となつた、我國民の深く學ふべき處が尠くない著者が親しく此丁抹を視察し有りの儘に其實情を記述したのが此書である農業者は勿論非農業者も一讀して大に得る所がある農業者生活の安定を策する上に最良の資料たるべきは疑ふの餘地がない（宕北）

○留岡幸助著「自然と兒童の教養」定價壹圓七拾錢 警醒社書店

著者は有名な感化事業の經營者であつて北海道に於て多數の不良少年を收容し熱と信とを以て敎化に從事しておるその體驗に依つて我邦の敎育制度に二大缺點あるを看取せられた即ち一は人格的要素で一は自然的要素である夫れて自然的要素を與へて敎育制度の大缺點を補ひ善化するの道を述べたのが本書である都會生活が如何に人間を頽廢せしむるか田園の生活が如何に自然的要素を與へて人間を善化するかの問題を事實に照らし說言しておる此書が農村敎育に裨益する所あるべきは敢て多言を要しない。

アメリカ人の選擧妨害手段

見聞生

二言目には「自治制布かれて四十年」云々とは云ひながら、日本の自治政が、さして米國のそれに劣つたものとも思はれぬ、と云ふよりは、彼の地の自治體が、我國に比し著しく立勝つて發達を遂げてゐるとは思はれない。

◇

と云ふのは、或る年の選擧に於て、開票の結果彼等アメリカ人の最も忌厭する黑人が、併も最高の票數を以て擧げられた、選擧した人々は、餘りの意外さに呆然として爲す所を識らなかつたが、その黑人の名が如何にも尤らしく、鹿爪らしい名であつた爲とは、あまりにも馬鹿げた悲劇ではある。

◇

黑人と云へば、過ぐる年の排日法案通過に際し、我々黄色人種すらもが異人種の刻苦を味はつたように、增一層の侮蔑と、增一層の慘忍さとを意識しつゝ、黑人等は白人の冷たい虐を受けてゐる。

法律上、黑人の選擧權を否定することの出來ない白人達は驚くべき野蠻な方法を以て、これが妨害運動を試みる、ある時の選擧、それは黑人の多い南部アメリカの話であつた、選擧期日が切迫して、突り切つた白人等の間に、餘りにも慘虐な黑人選擧妨害手段が案出せられた、選擧場が白人街に決定され、白人の手に依つて、境界の廣い河原では、朝から夜にかけて盛に實彈射擊の練習が行はれた。そして、たつた一つの小さな橋以外には何等交通の方法も持たない黑人達は、遂に一票の投票すらも許されなかつたのであつた。

◇

日本でもさうであるように、アメリカの田舎は總べての事が、如何にも懷かしみに充ちた粗雜さで、事毎に、自治と云ふ事を思はせられる、面白いのは警察で、流石はアメリカ式に、裁判長から巡査まで一般村民の選擧で選出された榮譽ある其の人々は、平素は只ニツケルのマークを胸につけたゞけの普通人で、大きな自動車で家業の八百屋の配達方をやつたり、徒弟相手にトンカチ〳〵の鍛冶屋をやつたり、犯人が出來れば始めて鹿爪らしく巡査になつてこれを裁判所に護送する、裁判所と云つた所で別に特定された建物がある譯ではなく、ある村では一理髪店が裁判所であつたりする、裁判長の理髪屋は、犯人が送られると忽ち營業中の店を取片附けて、石鹼くさい法廷を急造し鍛冶屋や野菜屋の巡査が居並ぶと、附近の女房連が陪審官として、極て公平、妙に審理を行ふのである。

かうした地方では、よく犯人が脱出する、然し、粗末な自動車小屋等が、一時ではあるが牢獄になるのだと聞いては、左程大膽な犯人でなくとも、破獄したくなる筈だと思はせられる。

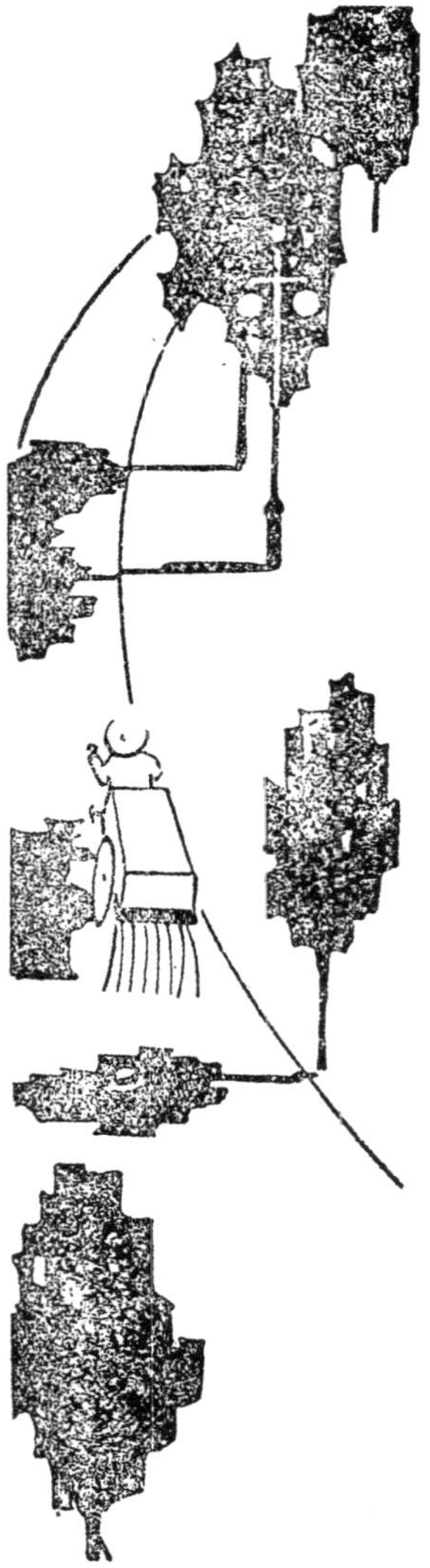

地方自治の完整と促進とに努力せよ

内閣總理大臣　加藤高明

地方自治制は實に國家の根幹をなすものにして其の運用妙を得ずして獨り立憲政治の完美を望むも決して得べからざるなり。

夫の先進諸國を見るに都鄙を通じ、一般に公德の觀念に富み、協同の精神に厚く、加之自治の運用に慣熟し、公職に在る者、亦品性技能概して優秀なるが爲、職を瀆し、公を累はす事甚だ稀に、內容の事務亦齊整し民力之れに伴ひて完實し、何れも競ふて公共の福利を增進しつゝあらざるはなし。

子爵　加藤高明

然るに我國に於ては自治制施行以來既に三十有餘年を經るも、尙地方自治の發達未だ全からず、遺憾の念禁ずる能はざるもの少しとせず。今回帝國自治研究會が此實情に鑑みる處あり雜誌「市町村」を發刊し地方自治の完全と促進に努めんとするは誠に適切なる計畫にして、吾人は切に邦家民人の爲に其前途の成功を祈る。

自治行政の振興發達を任務とする

自治體の聯合組織に就いて(一)

復興局書記官　菊池愼三

一

地方自治の發達　地方事業の振興如何は國運の隆昌に關係する事多大であるから、何人も自治行政の振興發展には異存を唱へることはあるまい。歴代の當局も亦常に自治政の成績如何に多大の關心を懷き熱心なる後援を爲して居ると吹聽する　併しながら地方自治の指導監督と云ひ地方自治の發達助成と云ふが、現在の行政各部に於て、何事を爲し何事を企てゝ居るかと追究して見ると殆ど捉ふる所を知らない、地方自治の監督はあらう、掣肘はあらう。指導誘掖に至つては殆ど皆無と謂つて可なりである。

更に地方自治の　現狀如何も中央當局には殆ど之を組織的に知るべき途がない。曾て監察官の制度があつたが、地方自治の狀況を知るには何等の益もなかつた。地方自治の振興發展を圖るに中央當局が從來何等かの施設努力を爲したかと尋ねると、遺憾ながら皆無に近いと云はざるを得ない。

所謂地方自治體　の監督官廳が其の態度方針を改め、英國の從來の地方政務院及現在の保建省の如く地方行政の知識技術の淵叢たり、懇切なる指導者忠言者たるの方向に轉換すべき必要あることは吾人の宿論であるが、其の實現を見る迄には尙時日を要すると思ふ。併しながら地方自治の發達振興は地方自治當局者自體に於て自主的に自發的に大に努力し活動するの道がある。卽地方自治體又は地方自治當局者が團體を組織して、共同して自治行政の振興發展を圖ることは、最も有效適切な自治行政發達の一手段である。之を歐米の實驗に鑑み之を我國の現狀に照し、自治行政の將來を按じて見ることは此の場合無駄ではあるまい。

二

英國に於ける　地方行政に關係ある各種協會學會聯合會組合等の類は百を以て數へる。地方行政各部面に付て夫々貢献する所がある。地方自治體の吏員從業者の組織する團體にも例之我東京市電の自治會の如き勞働組合又は其の聯合會の如きものがある。或は中産階級組合もある。英國地方稅務監督補助吏員及地方稅徵收補助吏員協會（法人）、英國地方團體財務吏員協會英國市町村被傭者組合、全國教員組合の如きは主として團體員の地位の向上權利利益の擁護を目的とする樣である。或は又救益法及地方公共團體吏員共濟組合の如く團體員の共濟を目的とするものもある。吾人の特に興味を持つ團體は此等のものでないので、市町村吏員委員又は市町村議會の組織する團體であつて、市町村行政の發達振興を目的とするものである。

各種の吏員の　組織するものとしては浴場監督吏員協會、教育事務主任吏員協會、下水事務管理吏員協會、建築測量及監督吏員協會、府縣出納吏協會、度量測檢査吏員協會、掃除監督吏員學會、市町村會計吏員及出納吏員學會、土木技術者學會、電氣技術者學會、瓦斯技術者學會、機械工學技術者學會、市町村及府縣技術吏員學會、衛生工學技術者學會、建築工學技術者學會、水力工學技術者學會、倫敦會計士協會、全國墓地監督吏員協會、全國地方公共團體吏員協會、全國官公吏ギルド、衛生監察吏員協會、保健督務吏員協會、女子衛生視察員協會の如きものがある。此等は勞働組合の系統に屬する地位向上權利利益擁護の爲にも活動することもあらうが、主として各專門とする職務の研究調査及發達を目的とするものらしい。

更に各種事務の　振興發達を目的とするものには救益法組合協會、港務衛生機關協會、瓦斯事務協會、電氣事務協會、防火協會、水道協會、保養地遊樂會、議府縣會協會、學務委員會聯合會、田園都市及都市計畫協會、市町村電氣協會倫敦都市協會並市町村稅納付者協會中央會、倫敦市長公舍衛生及住宅會議、動力車立法委員會、市町村軌道協會、博物館協會、全國衛生會、全國住宅及都市計畫會議、都市計畫學會の類がある。其の他家畜飲水設備協會動物虐待防止協會、道路改良會、公衆保健學會、衛生學會の如きがあり、或は倫敦各區會聯合常設委員會、倫敦各區長聯合會、市町村協會、救益法會議中央委員會、市會町會又は村會聯合會の如きものもある。

三

試みに二三の團體の定款又は事業計畫を調べて見ると市町村會計吏員及出納吏員學會の目的及事業左の如くである。

一會員其の他より市町村財政及會計に關する計數資料を蒐集し、之を分類集計整理して會員其の他に關知せしむること。

二立法機關其の他公の機關に市町村財政會計及統計に關する計數及資料を供給すること。

三市町村制度市町村歳計其の他に關する試驗を執行し、市町村の財務及會計に從事し又は從事せんとする者の知識技能を確かめ賞狀合格證書又は知識持能證明書を交付し、以て關係吏員の專門的並一般的知識を發達向上せしむる事。

特別會員は入會金二十一圓會費年額三十一圓五十錢、普通會員は入會金五圓二十錢會費年額十圓五十錢、學生入會金二圓五十錢、會費年額二圓五十錢である。

次に倫敦都市協會並市町村稅納付者協會中央會の目的及事務次の通りである。

一倫敦並國內に於ける地方行政の有効にして且經濟的なる事務の執行を促進し及維持すること。

二市町村又は納稅者其の他の協會の聯合會等連絡を圖ること。

三市町村債並經費の激增及市町村稅の漸增に對し一般的注意を喚起し、仍て以て議會及地方公共團體をして資本勘定事務費支出の制限及行政費節約を勵行せしむること。

四市町村稅及市町村債の限度を規定する法律を制定すること。

五地方公共團體の財務の檢查を嚴密ならしむること。

六一般の利益を擁護するの目的を以て獨占的事業免許授推に關する法律案に注意し、左の原則を確立せしむること。

(イ)公共團體の主要なる任務は社會全體に必要なる任務にして私企業に於ては公營事務の如く好都合ならざるものを遂行するに在ること。

(ロ)特定の事務の經營に關する獨占的地位を、企業者に特許する場合に於ては相當なる公共的監督に服せしむること。

七**社會主義の普及に反對し、**公共的支出に充つべき財源は無限なりとする見解（社會主義者の見解）を排撃する事。

動力車立法委員會 は千九百十九年の創立に係り、其の標榜する所は。

一道路橋梁の維持及補強、

二道路交通に關する法規の統一及追補、

三相當價格を以てする燃料供給設備、

四動力車の各種使用者間に於ける自動車税負擔の均衡分配を圖ること等である。

學務委員會 聯合會の目的は。

一教育に關する一切の問題に付學務委員會に知識資料を供給し、又は其の他の方法に依り之を援助し、

二教育に關する事項其の他學務委員會に關係ある問題に關し適當の行動を爲すことである。

終りに市町村 相互保險會社の事務を紹介する。千九百三年の創立であつて資本金二百二十萬圓、地方公共團體の爲火災保險勞働者に對する賠償保險自動車保險信用保險工事保險等を爲すを目的とする。我國に於ても早晩此の種の相互保險の創立を圖るべき必要があり、且創立される時機があらうと思ふ。

停車場一つ二つ

△一年中に、殺人罪が二三つしかないと云ふスイッツルでは、停車場に出札場があるのみで、改札口等と云ふものは見當らない、それぱかりか、田舍の停車場では、沿線僅かに汽車の昇降口に、二三段の階段があるばかり、それで別に危險だとも思はないらしい。

△乱暴な事では何と云つてもアメリカの田舍で、停車場とは云ひながらシグナルが一つ立て丶あるきり、併も合圖かなければ止めてくれないのだから、乘らうと思つたら、先づ自分でシグナルを降して待つて居なければならない、汽車が止ると、中から列車ボーイが、小さな梯子を持つて來て汽車の昇り口に掛けてくれ、切符も中で賣つて呉れる、乘客は乘る前におろしたシグナルを上げて置かなければならない事は無論である。

△アメリカでは、良く「女驛長勤續何年間」と云ふことを聞く、然しそれは何も矢鱈に感心するには及ばない事だ、と云ふのは、同じ田舍でも少し氣の利いた驛では、八百屋や果物屋のかみさんが、驛長然として、商賣の片手間に切符を賣つて居る、本職ではないのだから永く續く道理で、日本で煙草店だとか雜貨店だとかゞ、數年も數十年も印紙や切手を賣りつゞけてゐるのと變りつこない。

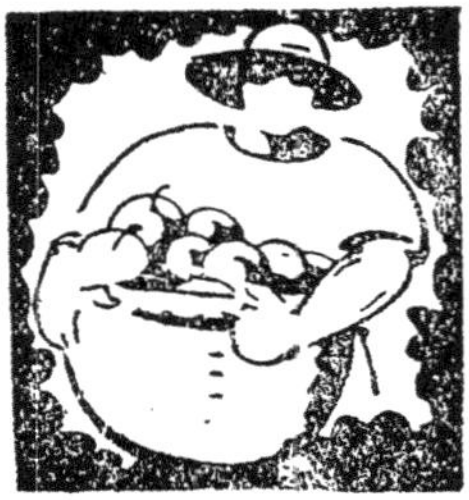

イギリスの地方自治

マスター、オブ、アーツ　弓家七郎

1　イギリスの制度

イギリスの地方制度は、全國に亘つて同一ではない。それは本國と殖民地とでも異れば、同じく本國であつてもイングランド及びウエールスと、スコツトランドとでは多少違ふところがある。勿論アイランドの制度とは、かなりに異つて居る。この故に、こゝに言ふイギリスの地方制度とは、所謂大英帝國の地方制度と言ふ意味ではなく、イングランド及びウエールスの地方制度であることを、前以て斷つて置かねばならぬ。尤もスコツトランドの地方制度も、アイランドの地方制度も、又その殖民地の地方制度も、何れも、イングランド及びウエールスの地方制度と大同小異であるから、イングランド及びウエールスの地方制度を知れば、その他のものは改めて言ふ必要もあるまいとは思つて居る。

註　所謂大英帝國の面積は約十二萬一千平方哩であるが、その屬領及び殖民地等を合計すれば、約一千二百萬平方哩になる。但しその中、イングランド及びウエースの面積は、僅か五萬八千平方哩であるから、我國に比較すれば本州の約三分の二しかない。

2　地方行政區劃

イギリスの地方行政區劃は、先づ第一に全國をカウンチー(縣)に分ち、カウンチーをボロー(市邑)及びディストリクト

(區)に分ち、更にこのボロー及びディストリクトを幾つかのパリッシュ(寺區)に分けて居る。ボローの大なるものには、カウンチーたるの權限を與へて、これをカウンチー・ボローと稱する。ディストリクトは、ルーラル・ディストリクト(村部區)と、アーバン・ディストリクト(町部區)の二つに分たれる。これらのもの丶外に救貧聯合區も可成りに重要な勤めを果して居る、又ロンドンには別に特殊な制度がある。

3 選擧權、被選擧權

自治體は、人民の選擧する議員に依つて經營指導せられる而して如何なる議員が選出せらる丶かは、選擧する者の質と選擧の方法とに影響せらる丶ところが多い。イギリスに於ては、一九一八年以來、選擧權が頗る擴張せられて、婦人に迄も選擧權、被選擧權が與へられて居る。しかしながら、それは婦人に對して、男子と同等な選擧資格を認めたものでもなく、又完全な普通選擧でもない。國會議員の選擧に要する資格と、地方自治體の選擧に要する資格も亦同一ではない。

國會議員の選擧權は、滿二十一歳以上の男子、又は滿三十歳以上の婦人に對して與へられてある。但し、それには種々なる條件を具備して居らねばならぬ。これを先づ男子に就て言へば、

1 年齢滿二十一歳以上なること。

2 法律上の完全なる能力者なること。

3 (a)選擧名簿調製の最終期日に於て、その選擧區内に住所若くは營業上の設備を有するか、或は

(b)選擧名簿調製のために定むるところの期間中(六ヶ月)その選擧區內、若くはその市又は郡內、或は接續市又は郡內に住所、若くは營業上の設備を有したること。

こ丶に『營業上の設備』と言ふのは、年額十磅以上の價格を有する、土地又は營業或は職業等のために用ゆる、設備と言ふ意味である。つまり一種の財產上の資格である。又住所と言ふのは、借家でも借間でも差支はないが、下宿又は諸道具付借間はこの中に入らない。從つて大多數の學生とか、召使とか、親の許に居る青年等に對しては、選擧權は與へられてない。言はゞ一種の「獨立生計」的條項である。その代り住所と營業所又は財產等を別々の選擧區に有するものは、二ヶ所に於て、選擧權を行使することが出來る。

この外、イギリスには大學選擧區と言ふものがあつて、大

學を卒業して學位を有する者には、その選擧區から、國會に代表者を送ることの權利が與へられて居る。從つて大學卒業者は、住所又は營業所に於けるもの丶外、も一つの選擧權があるのであるが、一人で二票以上の選擧權を行使することは禁ぜられて居る。

又婦人の選擧資格には

1 年齡滿三十歳以上なること。

2 法律上の完全なる能力者なること。

3 地方自治體の選擧權を有するか、若くは地方自治體の選擧權を有するもの丶妻なること。

等の條件を有し、大學出身者に對しては、前記男子に對する規則を準用することになつて居る。

4 自治體の選擧

地方自治體に於ける選擧權に付ては、男子と婦人とは殆んど同一である。けれども、先づ男子の方から言へば、

1 選擧名簿調製期日の終りに於て、その地方團體の區域内に於て、土地、住所、又は營業用の設備を所有し、若くは賃借し居たること。

2 選擧名簿調製のために定むるところの期間中（六ヶ月）その區域内、若くはその區内に於て、土地又は營業上の設備を占有し居たること。

この住所といふ意味は、前に述べたところと同一である。年齡等の資格も亦同樣である。婦人に付ては年齡等の點を除いては、男子と同樣である。地方自治體の選擧權を有する者の妻は、その他の資格に缺くるところがなければ、夫と同じく選擧權を有する。

被選擧權は男子に對しても、又婦人に對しても同樣に與へられて居る。但しそれがためには、その自治體の區域内に於て、土地又は建物の所有權若くは賃借權を有し、且つ一ヶ年以上居住したものなることを要する。

かくの如くその選擧資格は、割合に制限せられたものである。イギリスと言へば、直ちに憲政の模範國であると考へ、完全なる普通選擧が行はれて居る國であるかの如く妄斷して居る人々に取つては、これは意想外の事實であるかも知れない。これらの人々に取つて、更に意外なのは、選擧に際して投票する者の頗る尠いことであらう。普通地方自治體の選擧に、有權者の半分が投票する如きことは頗る珍らしい方であ

る。大抵は三分の一位の者しか投票しない。甚だしいのになると、投票數は有權者數の二十分の一位しかないところもある。又候補者にしても、我國の如く起てば必らず選擧を爭ふものとは定つて居らず、寧ろ無競爭の選擧區の方が多い位である。中には立候補する者がないので、自然選擧も行はれず前回當選した人々が、そのまゝ居据つて居る等と言ふ現象を呈して居るところもあるのである。現に本年三月行はれた、カウンチー・カウンシル（縣會議員）の選擧を見ても、バーク・シャイヤでは議員數五十二名のところ、過半數は無競爭で前議員が當選して居り、選擧が爭はれたのは、五區にしか過ぎなかつた。チエシャイヤでは、議員數六十六人の中四十四人は競爭なしで前議員が選ばれて居る。コーンウオールでは、議員數六十六人の中、選擧が爭はれたのは三區にしか過ぎなかつた。カムバーランドでは、五十八人の議員中、三十人は無競爭で選ばれた。しかも、その中二區では候補者さへも立たなかつた。その中或る選擧區では有權者の中、投票したものは二十人に一人もなかつた。ロンドンでは、勞働黨が大に奮鬪したゝめ、無競爭の選擧區は殆んどなかつたが、それでも投票者數は、有權者の三分の一位しかなかつたといふことである。

しかしながら、これを以て直ちにイギリスの國民が自治に冷淡であるとか、又は政治的に無自覺であるとか考へてはならない。その理由については、追々と説明するであらう。

小作爭議累年比較表

年次	件數
大正六年	八五
大正七年	二五六
大正八年	三二六
大正九年	四〇八
大正十年	一、六八〇
大正十一年	一、五七〇
大正十二年	一、九一七
大正十三年	一、二六〇

公民教育の根本義を論ず

文學博士　澤柳政太郎

市町村の自治を發達せしむる爲に、且て内務省では優良町村の表彰を行つた事がある之が爲め他の市町村でも表彰を受けむが爲め極力努め尚その一助として、優良町村の視察を爲すと云ふ有樣であつた、然して其表彰されたものゝ中には、優良なるものもあり然らざるものもあつた、優良なるものは視察者の應待に忙殺されて、市町村長や助役は、公務を執る事が出來なかつた　自分も其公務を妨害した事もあつた。

視察や奬勵は自治の發達を圖る爲の一手段であらう。

然し一度優良町村として其の名を天下に知られたる町村も理事者の更迭等によつて忽ち其名聲を失墜せる者多く、理事者其の人を失つて尚、其の名聲を保持して永く優良町村としての實積を完ふしたものは、稀有と云ふよりも寧ろ皆無と云つても過言ではあるまい、兎に角斯の如き事實が、我國自治體の上に存在して居つたのであるが、此の事實に依つて觀ると所謂模範町村と云はれたものの多くは、一時は確に模範たるの實蹟を具へたるものには相違なきも、眞に自治體の模範であつたと云ふ事は出來ない、若し眞に自治體の模範であつたとしたならば、年を閲するに從ひ、或は一時名聲を墜すことはあつたとしても、それは、單に一理事者の更迭によつて忽ち、模範自治體として擧揚されたる名聲を墜す事はない。簡單に云へば、従來模範町村として内務省の表彰したるものは、寧ろ自治體として町村に表彰したるものでなく、自治體の理事者の功勞を表彰したるものである。

従來の模範町村なるものは、市町村民全部の協力によつて市町村自治の範蹟を擧げたものではない、一、二理事者によつて或る特殊なる事項に對して、模範たる事實を存したるに過ぎない、一體眞個の模範自治體は自治體の住民、尠くとも自治體公民の自覺が基礎となつて、依つて以つて優良なる成績を擧げたものでなくてはなるまい、極端に云へば市町村の公民は、自分の市町村の如何に關しては思慮分別なく、唯篤實にして熱心なる理事者に信頼して、其の指導に、云はゞ盲從を是れことゝしてゐたからで、例令其の市町村たる、平和に、圓滿に治つたと云ふても、それは決して眞に自治體の成績を擧げ得たとは云ふ事が出來ぬ。

極言すれば我が國には制度内容、卽ち、質實共兼ね備つた一の自治體として、治績模範として推稱すべきものがなかつたと云ふべし。然し夫れも無理ない事で、大體を通じて觀るに市町村に公民たる者が、未だ充分に自覺してゐないから、寧ろ自治體としての自治政を擧がらぬ又怪しむに足らぬ。

何故に市町村の公民が自覺しないかと云へば、之と概論すれば、町村公民の教育の充分でなかつたからと云つてよい。

我國の自治政は僅に形式が出來た丈と云つても過言ではないだらう。近時公民教育論の旺んに唱導さるゝに至つた亦當然である。

然し公民たるの自覺に促す教育は、單なる公民教育を以て足れりとする事は出來ない、公民教育の土臺としては或る程度の普通教育を要する、此の基礎なくして直に公民教育に施さむとする、返つて難きを求むる愚擧にしてそれは何等の効果を齎すものではない。

近頃の公民教育論は要するに前に略述したる實際に示現せる欠陷矯正の必要上より唱導さるゝに至りたるものと考へらるゝが、亦世界の大勢に促かされたものと云つてもよい、實際今日歐米の諸國では旺に公民教育が唱導され研究され實施されてゐる、之等の諸國に於ては八年の義務教育を行ひ、それを以て尚滿足せずして更にその上に補習教育を施し、當初はその補習教育も或は夜間に、或はある季節に於て施したゐも、今日は或季間季間を限り、又は一年を通じて實施してゐる、然して之を以て尚足れりとせず、成人教育の進歩又急速なるものがある。

成人教育とは、十八歳以上にして正式に中等高等の教育を受けなかつた者に實施してゐるもので、成人教育を受くる者の大部分は勞働階級の人々である。

之等は我が國に云ふ社會教育、通俗教育に類似するものにして、可成り組織的に行はれ、大學教育の慶にも浴してゐる。

成人教育は廣き意味に於て通俗教育、大學教育を含んで之等よりもつと整然と組織立てられ、實際的である、此の故に近時歐米に於ても勞働大學が大に起りつゝある。

云ふ所の公民教育なるものは、之等の教育の基礎の上に、或は斯る教育の背景の上に施す時に於て、始めて其の効果と完ふすることが出來る。

我が國の如きも、六年の教育年限を八年に延長する時に於て公民教育を力說し、或は實施し始めて、其の効果多しと云はぬ迄も、今日の公民教育に比較して卓越せること萬々である。

公民教育は夫を實施するに當り基礎を要し、背景を要する。そは一般的の教育であらねばならぬ。

自分の最近聞知した處では、公民教育館、公民教育講義錄、又は公民教育に關する出版物も續々出來るが一般教育が今日の如くなれば格別の効果を期待することは出來なかろう。即ち前述せるが如く。

單なる公民教育となしたるのみと以て直に市町村公民の自覺を促すことは出來ぬ。其の自覺なれば市町村の自治政を振興せしむることは出來ぬ、たまく優良なるものが出來ても從來の優良町村に類似するものであつて、此の種の模範町村は無きに優さるも、其の自治體の發達の上から觀て喜ぶべきものではない。

自治體の發達を圖るには市町村住民の全體が、尠くとも公民眞個の自覺を促がさなければならぬ。然して此の眞の自覺を促すには、一般教育を基礎としたる公民教育の徹底に俟たなければならぬ。

再言すれば自治の民衆化と其の眞正な生育を圖る爲めの公民教育の根本義は、義務教育年限を八年に延長して之が充實を期し、然る上に建てらるべきものでありと思ふ。

誤まれる模範町村

日本には、作つた模範町村は澤山あるが作られた模範町村はない。一部野心家やお役人の作つた模範町村が一番不健康の標だ、先づ御役所で推奨する模範町村の標準はと云ふと、(一)租稅完納のこと、(二)設備の整つてゐること、(三)住民の溫順なること。であるか、此が抑々模範町村と誤らしめた原因だ。

納稅は當然なる國民の負擔で、滯納するか如きは國民の資格を缺げる者だ、それとも農村に滯納か多いと云ふならば、それは農民の負擔か苛重であるか或は農村の疲弊を語つてゐる。

產業立國主義

商工省政務次官　泰　豐助

我邦は產業上將來東洋の美國であると、英國のバーカー氏は論じてゐるが、その英國は今日貿易額に於て我邦の十倍である、然らば我國が東洋の英國となるには十倍の貿易を營む丈けの餘地が存してゐる樣な譯である。

□…我邦は大正維新に際會して居る事は云ふ迄もない、政治上に於ても、產業上に於ても、學問技術に於ても、皆更始一新の大方針を以て進まねばならぬ時代である。而して世界の大勢に鑑み、我邦の現狀に照らし、國力を充實する點よりするも、國民生活を安定する上より見るも、經濟本位で國策を樹てねばならぬ、卽ち產業立國を基調とすべきである。

□…產業立國の方針は我邦の輿論であると信ずるのである。

產業の中で、農業は食糧問題と云ひ、又、國民の過半數が之に從事してゐる事と云ひ、其の振興は頗る重要であるから大いに努力せねばならぬ事は勿論である、併し今後發展する餘地如何と云ふ見地より觀察すると、農業は何割を增すと云ふ程度であるが、之に反し商業は何培增すと云ふ廣き發展の餘地を持てゐるのである。

□…工業亦然りである、殊に人口が年々七八萬人殖へると云ふ我邦、人口稠密なる我邦に在ては、商工業が盛んになるの外之を養ふことは出來ないのである、移民固より宜しいが、年々數十萬人出すことは不可能である、又農村の振興に就ても工業の力に俟つこと大なるものがある、農業に最も大なる關係を持つものは肥料であるが、工業の發達に依りて始めて之を低廉に且つ豐富に供給することが出來るのである。

□…又農村に適切なる小工業があつて、共同施設に依て其の生産品を纒めることが、どれ丈農村の振興を助くるかは云はずして明である。

□…此の如く觀來れば、産業立國の方針に就ては商工業が將來發展の餘地最も多く、從て其の盛大を期することが最重要なる國策であると云はねばならぬ。商工業に就ては信用が基礎である、人と人との間に信用關係が生ずることは實に玄妙なるものであるが、農業時代には左まで濃厚にはならないが、商工業になると非常に廣い大きい信用關係が生じて來るのである、是は實に文明社會の花である、故に商工業に付ては『信用第一』をモットーとすべきである。

□…商工業に就ては重要品輸出組合、工業に付ては重要輸出品工業組合が法律で制定せられたるは、此の信用を維持進捗せしめむが爲め共同施設を爲すの目的である、之を活用して商工業の一層の進展を圖りたいものである。

□…商業方面に就ては主として貿易の發展に着眼し、一方輸出促進の方策を講ずると共に、外國品過信の弊風を芟除し、なるべく內國品で間に合せる樣に國產奬勵の實を擧け、以て入超を轉じて出超となさぬまでも入超の勢を調節することも肝要である、之は前年來調査研究しつゝあつた關稅定率の改正に際し充分其の趣旨を徹底せしめ、卽ち關稅改策を內地產業保護の大方針に基き決定せねばならぬ、貿易の逆調に就ては世人非常に悲觀してゐる向もあるけれ共、我邦の外國貿易は左樣に悲觀すべき狀態ではなく、最近十ヶ年の輸出入は（單位百萬圓）

年次	輸出	輸入
大正四年	七〇八	五三二
同　五年	一、一二七	一、八八三
同　六年	一、六〇三	一、〇三五
同　七年	一、九六二	一、六六八
同　八年	二、〇九八	二、一七三
同　九年	一、九四八	二、三三六
同　十年	一、二五二	一、六一四
同十一年	一、六二七	一、八九〇
同十二年	一、四四七	一、九八二
同十三年	一、八〇七	二、四五三

と云ふ狀態で一進一退はあつても、概して輸入も增加すれば一方輸出としても大勢は增進の傾向をたどり、大正七、八、九の三ヶ年の如き異例を除けば堅實なる發展を示してゐる樣

に思へる、この數字に現れた事實に徴して我邦の輸出貿易必ずしも悲觀を要せぬのであつて、輸入の增加もそれ丈國力の餘裕を示すものと思はれぬでもない、唯輸入の各品目に於て見れば、內地で十分間に合ふものでも舶來品尊重の弊からこれを輸入品に仰ぐものや、こゝ暫く辛棒すれば外國品に劣らない立派な國產品の出來る可能性あるものや、一部國民の奢侈贅澤のために輸入されるものなどが甚だ少なくない、是は關稅定率の改正によつて或る程度迄は矯正し得る望がある。

□…我國の工業は今日不振の狀態にあり、これは歐州諸國の經濟復興に伴ひて販路が呑食せられつゝある結果であつて、大正八年頃の盛況に比すれば大いに振はないのであるが、之を歐州大戰前の大正三年に比すれば孰れも數倍になつてゐるのである、これは企業家の積極的のやり方の一面を證明してゐるもので、好景氣時代の利益は主として事業の擴張に振り向けた爲今日に至つて首が廻らないでゐる者が甚だ多い。其の不節制な事業の擴張は無論餘り讚めたものではないが、然し甚だしく退嬰的なのに比ぶればその意氣や稱すべしで、この實際の狀況から見て、國民の經濟活動力は大體に於て旺盛であると思はれる。此の國民の活動力を適當に助長誘導して工業の發展に向かはしむることは、國家の事業として頗る有意義のことである、即ち既に方策として定まつてゐる工業組合の事業の發達を期する爲に適當の助成策を講ずることや產業の鍵と稱されてゐる製鐵銅業を始め、重要工業の發達について助長奬勵の策を廻し、特に今日迄口に唱へられながら經費の關係等で充分行はれなかつた發明の奬勵については、國策として此の際大いに努力し、工業發達の根本的問題である研究發明について充分の力を傾倒せねばならぬ。

□…斯くの如く產業助長の政策を理想的に行はむとすれば少なからざる國費も要する次第であるが、現在の商工省豫算は、一千萬圓未滿の貧弱なもので、これでは到底、產業立國々力發展の大事業をなすに不足である、これは是非相當經費を計上して施設を全ふせねばならぬ。

□…要するに產業立國の方針に依り徹底的に進むことは、大正維新の實を擧ぐべき楔子である。

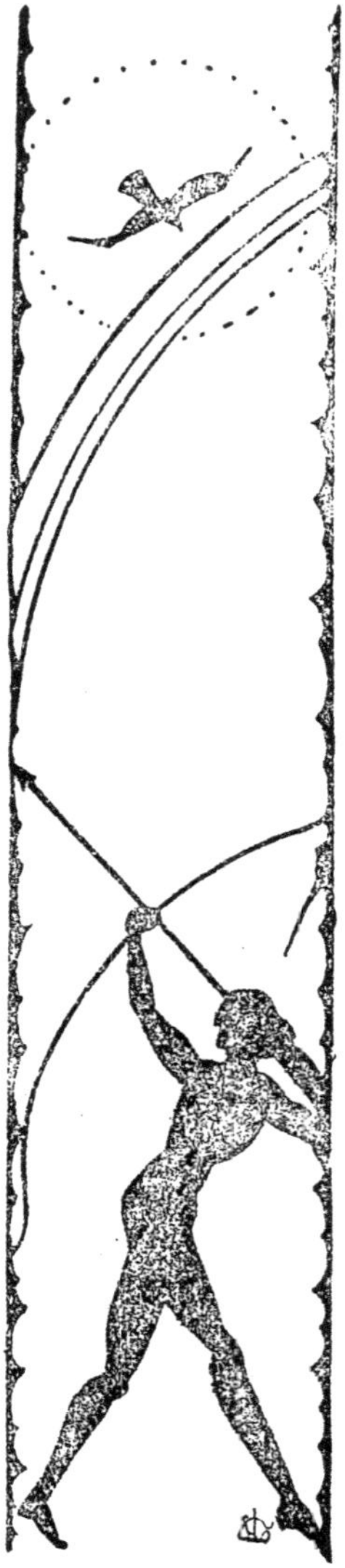

地方財政史觀

平井良成

第二

地方制度の態樣

前號に於て、國家財政の狀態、及び民力の推移狀態に付き至極簡單に述べたのであるから、次て地方財政の推移變遷を述ぶべきである、併し財政を述ぶるに先ち、各地方制度の態樣を明かに爲し置くことが便宜否必要である、仍て本章に於てその事を述ぶる。

(一)地方生活團體の種類

地方生活團體と稱するは今日では府縣及市町村で府縣は府縣制市は市制町村は町村制と云ふ法律で全體の性質活動手續等を規定しておる昨年迄は府縣市町村の外に郡と云ふ地方自治團體が郡制と云ふ法律で定められておつて府縣の下に郡と市があつて郡の下に町村があつた卽ち明治二十三年法律第三十六號を以て郡なる地方自治團體を創設した元來此郡は府縣と町村との間に介在する中間團體であつて無用長物の觀があつたそこで原氏などは郡制廢止を高調して政權を執る度に之

れを提唱したが一木法學博士其他の貴族院内の有志は之に反對した蓋し郡は郡制に依つて初めて設けられた團體で爾來其事業の展開せざるを視て不必要を唱ふるは早計に失す借すに年數を以てすれば府縣と町村との中間自治體として充分に其機能を發揮することが出來るのである之れを事實に徴すれば年一年と郡事業の增加するを知る徒らに制度の改廢を爲すは害あつて利なきものである抑も府縣事業としては一地方の利害に偏し又は其事業小に失するものがある之れを町村聯合事業と爲すも成績擧がらずさりとて一町村と事業爲すには事業大に過ぐるが其利害關係數町村に涉る事あり何れも郡の如き中間自治體をして經營せしむるの必要あつて郡制は制定せられたものである此關係を省みざるは不都合であると郡存置論者は主張した郡制廢止の主張は容易に實現しなかつたが大正十一年の春時の原内閣は郡廢止案を提出し帝國議會は之れを協贊した玆に十數年間の爭點であつた郡制は原氏の主張を貫徹しあゑなくも廢止せられたのである其廢止の理由としては(一)我邦の郡は古來より行政區劃に止まり自治體としては其根抵なく從つて郡民としての自治の精神缺如す、(二)府縣と町村との中間に在るを以て其事業の起すべきも僅少であるから敢て郡なる自治體を存置して經營せしむるの價値なし、(三)郡税なく郡の收入は町村の分擔金と府縣の補助金との外ない財政力の薄弱なる團體は何等活動の力がない、(四)地方行政の發展上却て阻碍を來たすと云ふが如きものである。とにかく郡制は廢止となり郡なる地方自治團體は消滅した郡に屬した財產及事業は府縣若は町村に歸屬したのであるそれで現今我邦の地方自治團體は府縣と市及町村である。

(二)制度の概要

府縣制

府縣を自治團體と認め其權能を發揮せしむるの制度は明治十一年府縣會規則を定めて其基礎を立てたのである同二十三年法律を以て府縣制を制定した之れで完全なる自治團體を形づくつたその後明治三十二年同四十一年大正三年同十一年各法律を以て一部の改正をなした此府縣制に依ると府縣は國と市町村との間に介在する地方團體であるそれで一定の區域が定まつておる即ち府縣制々定前から行政區劃として認められておつた區域に依り其區劃内の市町村及島嶼を包括する此區域を變更するには必らず法律に依らなければならぬ次に住民であるが法令には府縣住民と云ふ規定がない市町村住民を以て

府縣住民と爲す主旨であるかの如く解せらる或は其府縣成立の要素としては市町村及島嶼を單位とするものであると論ずる者もあるが唯法令の明文に府縣住民の規定かないのみで實質上府縣住民の存在を認めざるを得ない法令に明文がないことは立法の慣例に外ならぬ今更斯る明文を加へるのは政府の威信に關するとの考から其必要がないと說明するの外はないのである。府縣が地方自治團體として第一に領域即ち區域を要し第二に住民を要することはその性質上疑ないところであるそこで第三に如何なる權能を有するか換言すると府縣の自治行政權はどんな範圍のものであるか府縣制の第二條には

府縣は法人とし官の監督を承け法律命令の範圍内に於て其の公共事務並從來法律命令又は慣例に依り及將來法律勅令に依り府縣に屬する事務を處理す

と規定せられておるそれで府縣の自治權能は第一にその公共事務である此公共事務が府縣の固有事務であつて此權能を發揮すると否とが府縣に發達を認むるバロメーターであるその以外の權能は所謂委任事務である即ち國の行政を府縣制々定前には法律勅令其の他の命令及慣例に依つて定まつた府縣の事務府縣制實施後は法律勅令を規定する府縣の事務を處理する權能である斯樣に府縣の自治權能の範圍が定められておるが最も必要な自治法規制定權が府縣に認められておらぬ即ち府縣令を制定する權限は府縣知事が有しておるも府縣令に議決權がない故に府縣なる地方自治團體にはその權限がないと見るべきである又此自治權能と共に財政の權能をも有しておるが之れに付ては別に後に述ぶることゝする

府縣の機關

府縣の機關は議決機關と執行機關である議決機關は府縣の意思の決定を爲す機能を有する故に意志機關とも稱する之れは府縣會に府縣參事會である執行機關は府縣知事である、府縣會府縣參事會の府縣知事の順序で其の組織權限を述ぶる

府縣會

府縣會は府縣會議員を以て組織するものであるその議員數は府縣の人口を標準とし三十人を定員として增加數を認めておる（府縣制第五條）一府縣に定められた數の議員は選擧有權者から選擧せらるゝものであるが其選擧有權者の資格要件は府縣内の市町村の公民（帝國臣民たる男子年齡二十五年以上で獨立の生計を營み且二年以來その市町村の住民となり尙二年以來その市町村の直接市町村稅を納むる者）であつて市町

村會議員の選擧權を有する者でしかもその府縣内に於て一年以來直接國稅年額三圓以上を納むるものでなければならぬ。其被選擧資格にも亦、一定の條件がある卽ち(1)府縣内の市町村公民であつて而かも市町村會議員の選擧權を有すること(2)其府縣内に於て一年以來直接國稅年額十圓以上を納むること(3)其府縣の官吏及有給吏員にあらざること(4)檢事警察官吏及收稅官吏にあらざること(5)神官神職僧侶其の他諸宗敎師にあらざること(6)小學校敎員にあらざること(7)府縣に對し請負を爲す者及其支配人又は主として同一の行爲を爲す法人の無限責任社員重役及支配人の職業及地位を有せざること(8)宮内官會計檢査官、行政裁判所の長官及評定官、判事、法務官、衆議院議員の職にあらざること等である此等の條件を具備する者が選擧有權者に依つて選擧せられたるとき則ち府縣會議員で選擧の日より起算し四年間其の職に在るものである。

府縣會議員、府縣會を組織し其議事を爲すには府縣知事の招集を待たなければならぬ、議員は府選方法に依つて課長及副課長を選擧することを要する府縣會は通常會と臨時會とに分たれ原則として公開せらるその會議は定數の半數以上出席者がなければ之を爲すことが出來ない又其議事は出席議員の過半數を以て決すべきものであるが可否同數あるとき課長の決する所に依るは勿論である。

府縣會は市會町村會が市及町村の一切の事務を議決すると異り法律は其權限に屬する事件の範圍を限定しておる故に府縣會の權限は甚だ狹きものと謂はなければならぬ卽ち(1)府縣の歳入出豫算を定むること(2)決算報告を受け之れを承認し或は否認すること(3)法律命令に定むるものを除く外府縣の使用料手數料府縣稅及夫役現品の賦課徵收に關する事項を定むること(4)不動產の處分買受讓受に關すること(5)積立金穀等の設置及處分に關すること(6)歳入出豫算を以て定むるものを除くの外新に義務の負擔を爲し及權利の拋棄を爲すこと(7)法律命令中に別段の規定なき財產の營造物の管理方法を定むること(8)其他法律命令に依り府縣會の權限に屬せしめたること法律命令に依り定められたる選擧を行ふこと(9)法律命令に依り定められたる選擧を行ふこと(10)府縣の公益に關し意見書を府縣知事若は内務大臣に提出すること(11)官廳の諮問に答申すること等である而して府縣令を議定するの權限卽ち自重の權能なきことは前述する通りである故に府縣の自治權能は不完全であると謂はなければならぬ。

自治政改善の爲め

法規萬能主義を排せよ

東京帝國大學教授
農學博士　那須　皓

▽近時敎育界の各方面に、所謂不祥事が頻發して、是非の論が盛んである。

▽一體市町村の敎育費は、豫算の大部分を占むる程多額であり、それ程非常に義務敎育の振撤に力を竭してゐるに不係ず、敎員の地位が甚だ不安固である爲め、敎員が眞劍に兒童の敎育に當らざるの感がある。

▽之に對し、何等かの改革を加へなければ、有力なる國民敎育を維持し、發達せしむる事が益々困難となりはしまいか。

▽小學敎員の監督は、郡視學、縣視學、學務課長及文部省の當務者が之に當つてゐるけれ共、視學は多く敎育方面に理解もあり、見識を有するとしても、學務課長と云ふが如きは、高文に合格したものか、屬官か年功で其の地位にあり附きたるものにして、即ち一個の事務官たるを免れず、敎育問題には理解もなく、批評力もなき門外漢たるを失なはない。

▽然るに地方の敎育問題、殊に敎員の任免の如きは、殆んど之等無理解者に依つて左右され、視學の如き所謂官僚的心理に囚はれて、所信を述ぶる所なきのみならず、反て上役に傍迎するが如き有樣で、此の間何等、國民敎育の眞諦に觸れたる行政が執られてゐない。

▽これが爲に國民敎育は、理想と生活に離れた、そして謬つた途を歩むか、左樣でなければ敎員をして常に不安ならしめ、落付いて然も研究的に敎育に携らはしめざるの幣風を生じてゐる。

▽現に最近、長野縣の敎育界に波瀾を起してゐるのは、學務

課長對教員の進退問題で其の內容は、縣の學務課長が一視學と共に、某校に、丁度修身の教授中視察した處、或教員は、森鷗外氏の著書の一部を敎授して國定敎科書を使用してゐなかつたとかで、兒童の前で其の非を詰責し、後で講評の時も其の修身の先生に對する態度頗る安當を欠き、何等釋明の餘地を與へず、詰腹を切らせたと云ふにあるが、其の教員の語る所では、第一學期の始めでもあり、兒童の敎科書に對する準備を爲さしむる爲で、國定教科書の權威を輕んずると云ふが如き考へは毫もなかつたと云ふのである。

▽それを、一片の考察も批判も加へず、且一言、其の敎員の意志も聞ずして敎員と云ふ尊重すべき地位を奪ふの暴擧に出でたるは、遺憾なくアマチウアー學務課長の幣害と、斯る幣害を生むに至つた制度の罪を暴露したものであると云つてよい。

▽更に輕井澤某校長を何等の豫告も與へずに免職し危怪なる當局の能度に憤慨して辭職理由の釋明を迫つた敎員に、法規に照らして行つたので當局には一點の非もないと、言を左右に託して理由を聲明しなかつたのみならず、反て之等の人々を壓迫するの態度に出で、然も其の校長は、當局の冷談なる態度に痛憤の餘り自殺するに至つたと云ふが如き其一例である。

▽現在の制度では全く何等教員の地位の安固と云ふものがない、又、三十餘年間敎職に在て敎育界に貢献多かりし矢澤松本師範校長を突然辭職せしめたる等、かゝる問題は、長野縣に限らず、表向き問題とならない迄の事で各地方にも頻々とあることゝ思ふ。

▽之等の如きは一長野縣の問題でなく、實に全國的な、敎育行政の根本に橫たはる重大な問題である。

▽敎育に無理解な事務官を學務課長に任ずるの制度並に敎員地位を輕んずるが如き制度は、之を一日も早く改革するに非されば、眞に國民敎育を振興せしむる事は蓋し至難であらふ。

▽何んでもかんでも、法規、法規と、法規一點張で敎育は出來るものではない。然も法規一點張で敎員を任免するが如きは謬れるの甚しきもので、決して敎育の內容改善に觸るゝものではない。

▽之れは單に敎員のみの問題でなく、自治體の官公吏にしても同樣である、一も地位の安固は期待されずに、頻々として更迭が行はれる、少し地方の事情に通じた頃は、辭令一枚で

お決りの更迭轉任、だから恒久的な事業はちつとも起されずに、皆んなお座成式で功名主義的で、國民の要望する所のものは勿論、國民の幸福利益を齎すが如き事業は全然顧られずにゐる。

▽更迭に亟ぐに更迭を以てして公務を執るに落付かず、地位を護るために上役の氣嫌を取ることのみに沒頭してゐるのが官吏の日常である、殊に職に在るに永く、忠實であらねばならぬ町村吏員間にも此の幣風があつて、どうして自治の振興が期し得られやう。

▽自治政行詰れりの難聲ある亦所以ある哉で、何れにするも之等教員、官公吏の地位を今少し確固ならしめ、安んじて職務に當らしむるの方法を講ぜざれば、國民教育の發達も、自治政の完成も、所詮は空望である。

▽町村が血を絞つて多額の費用を割き、國民教育の徹底に力を至しても、少しも効果を擧げ得ない、然も其の費途の内容を見れば、多くこれ等教員の任免、轉任等による事故費であつて、眞正なる教育の方面に費やさるゝものは比較的少きものである。

國費其他自治體に於ける人件費の如きも同樣である。

▽この故に、法文萬能の制度を改革して國民教育の第一線に立つ人々や、自治政の第一階にある人々の地位を安固ならしむるの制度にするならば、迹上の樣な幣害を除かれ、費用も節約出來てもつと有用な方面に使用する事が出來る樣になりはしないかと考へられる。

▽要するに之等の方面に於ては、法規萬能、法律萬能で、此の思想が深く浸潤してゐるから多くの幣害が起り、人間が冷酷になつて、問題が枯淡なのである。

▽故に教育界並自治體にあるものは、早く此の迷夢から醒め、速に此の法文萬能主義に一大改革を加へて、國家興隆の基幹となるべき諸制度の檢立に努めなければならぬ。

▽國家は亦、國民教育の地位にある人々及、地方自治體關係者の地位にある人々を尊重し擁護し、法文を楯に、之等尊重すべき事業に當つてゐる人々の進退を、一事務官の好惡や、無理解に依て輕々ならしめざるの制度に革むるの必要急なるものがある。

保甲と
我國舊時の自治制度

明治大學教授
小島憲

（一）

一、自治觀念の差異

古來支那に於ける社團的自治制度としては、會館及公所があり、地域的自治制度としては保甲及鄉村がある。會館及公所に就ては歐米人の研究せるものが尠くなく、之を以てギルドに相當するものであると云ふ者もあり、會館は商業會議所に類し、公所は全く職工組合に齊しと論ずる者等があつて經濟上趣味ある問題となつて居る。然るに保甲及鄉村に至ては、古來支那並に我國に於ける唯一の自治制度であつて、最も研究を要すべき事項であるに不拘、比較的等閑に附せられて居るのは、此の兩者は歐洲諸國に於ける自治の如く自働的のものではなく、全く他働的自治たるに基因するものと思惟せらるゝのである。歐洲に於ては自治は共同自營の必要に基き、官憲の力を藉らず、寧ろ之と對抗して發達し、中には干戈に訴へて之を獲得したものさへあつた。從て近世國家の確立を見るに至る迄は、地方自治と中央政府との權力の盛衰は相反し、中央政府の權力衰退せる時代には地方團體の勢力甚だ盛んにして、宛然獨立國家を爲すの觀を呈したことさへあつた併しながら支那に在ては中央政府の綱紀頽廢し、其の命令の行はれざる時は、地方自治も之に伴ふて振はず、保甲の如きも其の名のみ存して、其の實なきに至つたことの屢々なることは、歷史上著名なる事實であつて、此の制を模倣した我五人組制度も亦同一の結果を示して居る。

地方自治の由來する所は、人性の自然に出づる隣保團結の精神に胚胎するものであることは疑の餘地なきも、單に隣保團結の事實のみを以て自治と稱するならば、東西古今何れの邦國と雖も此の制度の存せざる所なしと云ひ得べきも、保甲制度は近世國家の自治制度とは嚴に之を區別するを要する。近世國家の所謂自治とは、或團體が國法の認めたる固有の生存目的として、其の團體の公共事務を處理するのを謂ふのである。故に國家が其の行政機關の不備を補はむが爲めに、人民をして或制度を編制せしめ、之に依て國家が自己の生存目的を達するの要件とするに過ぎざるときは、假令其の制度が隣保の團結其他の團體組織と相伴ふことあるも、現代の意味に於ける自治とは云ふを得ない。我五人組制度並支那に於ける保甲制度の如きは、皆此の種類に屬するのである。皇朝掌故彙編に是皆民之各治二其郷之事一而以レ職役二於官一と云ひ、謹按保甲爲二弭レ盗安レ民之良規一と云へるは此の間の消息を語るものであつて、此の保甲制度並に我五人組制度は、警察行政の不備を補ふの目的を以て、隣保の團結を利用し、以て警察機關の補助を爲さしめたものに外ならぬ。即ち維新以前の我自治制度は全く他働的自治制度であつて、歐米の思想に胚胎せる現行市制町村制の主旨とは、自治の觀念を異にせることを忘れてはならぬ。

二、支那保甲制度

保甲制度は周代の比閭族黨の遺制たることは勿論であるが其の性質は稍異て居る。周官大司徒の屬に、州長黨正以下の官があつて、郷大夫の下に位し地方の政令を掌つた。其の制は五家を比とし、比に比長を置き、五比を閭とし、閭に閭胥を置き、五閭を族とし、族に族師を置き、五族を黨とし、黨に黨正を置き、五黨を州とし、州に州長を置き、上下相連絡して地方行政に任じたことは、保甲制度と頗る相似て居るが、保甲に於ける保正以下は人民の公選に係り、州縣官が唯だ其の認可を與ふるに止まつて居るけれども、周官の所謂州長黨正以下は、皆祿秩を有する官吏であつて、保正甲長とは其の性質を異にして居る。又州長黨正以下の事務は頗る複雜であるが、保正甲長は僅に警察の補助を爲すに過ぎない。六典及文献通考に據れば、秦漢より南北朝に至る迄皆郷黨版籍の職役があり、隋唐に至て其の制が整備した。唐令に依れば諸戸百戸を里とし、五里を郷とし、四家を隣とし、三家を保とし毎里に正一人を設けて戸口を按比し、農桑を課植し、非違を檢察し、賦役を催驅することを掌らしめ、又邑居に在るものを坊とし、坊に坊正一人を置き、田野に在るものを村とし、村に村長一人を置いた。坊正、里正、村長等は官吏ではなく其の職務は警察收税を主とするに至り、漸く保甲制度の確立を見たのである。

順治元年各州縣に令して保甲の制を行はしめた。其の制は各州縣所屬の鄕村十家に一甲長を置き、百家に一總甲を置き盜賊逃人姦究等の事件あれば、隣佐より甲長に報知し、甲長は之を總甲に報知し、總甲は州縣衙門に申告し、州縣衙門は事實を審査して之を兵部に申告する。若し一家盜賊其の他の罪犯を隱匿するものがあつて、隣佐の九家甲長總甲其の申告を爲さゞるときは、俱に同罪として處罰することゝした。唯だ地方の情狀全國同一ならざるが故に、里社の設ある所には里長社長を、圖又は保の設ある所には圖長保長を置いたのである。康凞乾隆に至り保甲制度大に備り、乾隆大淸會典兵部詰禁中に之を規定して居る。

凡保甲直省府縣自二城市一達二於鄕村一居民十戶立二牌頭一十牌立二甲長一十甲立二保正一戶給二印紙一登二姓名習業一懸二門楔一以稽二出入往徠一詰二奸究一有下藏二匿盜匪一及干二犯禁令一者上甲內互相覺擧如官吏奉行不レ善及牌頭甲長保正瞻徇容隱或致需索擾累者皆論

順治の制には十家に甲長を置いたが、乾隆の制には十家に牌頭、百家に甲長、千家に保正を設くることゝなして居るのが多少異て居る。

三、保甲の職務

保甲の職務は大別して警察、戶籍、收税の三とすることが出來る。就中警察を最も重しとし、戶籍の如きは、警察又は收税の必要に附隨して行はれたに過ぎない。何となれば戶籍が嚴密に編査せらるゝときは、盜賊奸究の竄匿を糾察するに便なるのみならず、收税に遺漏なきを期し得らるゝからである。而も周禮政要等に記する所に據れば、丁口税を地税に併せて以來、戶籍編査の事務廢弛し、地税の量收の如きも、州縣衙門の胥役が直接に管理する所となり、唯だ滯納者ある場合に保甲が多少の共同責任を負ふに過ぎぬ。殊に或時代には上諭を以て一地の保甲に對し收税事務を免れしめたことさへあつた。嘉慶會典には保正以下の職務を單に稽二其犯レ令作レ匿者二而報焉となせる等の點より察するときは、保甲制度の主とする所は警察に在たと斷言するを憚らぬのである。

保甲制度の眞髓とする所は、共同擔保及共同責任の制である。順治元年の初制に若一家隱匿其隣佑九家甲長總甲不レ行首告一倶治以レ罪となし、乾隆會典には有レ藏ニ匿盜匪一云々と規定せることは既に述べた通りであるが、此の種の團體に於て共同擔保及共同責任の制を設くるは、東西其の軌を一にして居る。

支那の地は廣大に過ぎ、人衆きが故に、州縣官吏の力を以て、地方萬般のことを處理するのは困難である。故に鄕黨中德望ある者を選び、官吏を補助せしむるの制を設け、歷代明君賢相と稱せらるゝ者は、常に此の制度の刷新を以て任とした。而して此の制度に重を措くの結果、往々里正鄕在の徒に與ふるに過大の權限を以てし、弊竇を釀したことが尠くない。明の洪武二十七年(西曆一三九四年)鄕間の有德公平の老人を擇んで、其の鄕の詞訟を掌らしめ、戶婚、田土、鬪毆等の事件は里胥と會同して、之を決することを許し、其の裁判を經ずして州縣官に出訴する者あるときは、越訴として之を罪したことさへあつた。洪熙以後は里老に任せらるゝ者に不良の徒多く、正統年間に至ては此の風最も甚しく、其の勢州縣官を凌ぎ、上司は里老の言を聽きて州縣官の黜陟を定むるに至りしを以て、州縣官の卑屈なものは、重賄を與へて自己を上司の前に賞揚せしめ、私に榮達を圖た者もあつた。後屢々地方官を戒飭して、保甲制度の刷新改善を試みたけれども、多くは徒勞に歸し、清朝末期に至ては其の弛廢愈々甚しきものがあつた。

四、鄕村

保甲の制に關しては法令の備はるものがあるで、鄕村のことに就ては何等文献の徵すべきものがない。スミスの「支那に於ける農村生活」なる著書に據れば、支那近代の村政は之を村民の自治に委ねて居るが、其の實際事務に當れるものは村民中二三僅少の人に限られて居る。故に若し其の自治が純然たる民主々義に依るものと思惟するならば誤て居る。村は各自一小王國の如き狀を呈するけれども、地形其他の事由に依て數村共同して事務を處理するものも尠くない。各地一樣ではないが、概して村には鄕老、鄕長或は守事人と稱する一人の村長があつて、村民の公選に依り、知縣の認可を受くることは保甲の長と齊しい。其の選任の資格には別に定めたものとてはなく、從て必しも村內の年長者たるを要せず、又財產家たり經驗者たるを要せぬけれども、實際は德望ある資產家が、別に選舉を用ゐず、自然に村民の推戴する所となるものが多いのである。

鄕老の職務は之を大別すれば、縣衙門(縣廳)の委任事務、村の公共事務及仲裁事務の三に分つことが出來る。委任事務中最も主要なるは地税の徴收であつて、其の税質並に收税方法は各地一樣ではない。縣衙門需要物品の運搬、堤防修繕材料の供給、道路の取締等も亦之に屬する。公共事務中、主なるものは、若し村に廓壁あるときは、其の築造修繕、壁門の取締、市場の開設並に取締、收獲物の警衞、廟宇、道路、橋梁の修築等であつて、各地一樣ではないが、之等の事務の爲めに、村民は毎月朔望の兩日鎭守の廟祉に集て會議を開き、鄕長之が議長となり、其の議決に依て執行するを例とする。而して仲裁事務とは、家族間の紛事又は村民相互の葛藤等に關して、鄕老之が仲裁の任に當るのを云ふのである。

之を要するに、明治以前に於て常に我國の模範としたる支那に在ては、其の自治制は保甲の外見るべきものなく、而も保甲は他働的自治制であつて、政府の權力が强大にして共同擔保兵同責任に任ぜしむるの實力存する場合には、制度の確立を期待し得べきも、政府の權威地に墮ち、何等保甲の責任を問ふ實力なきに至ては、保甲制度も亦一顧の値なきに臻るのである。此の點歐米諸國の自治制と比較して、大なる相違あることを知らねばならぬ。

希望……投稿……山の如し

本誌一度世に出づるや、歡迎潮くが如く、各地よりの申込殺到し、熱烈な愛誌の希望や、激勵の辭、金玉の稿、机上堆く積まれ、如何に本誌が時代の要求に適合したかゞ證明されました。殊に新聞廣告だけでも、豫想外の反響あつたには痛快に堪へません、所で第一號の發刊が萬事不慣のため遲延し、原稿等も本號締切後に到達したので遺憾ながらこれを收錄することが出來ませんでした。次號からなるべく各地よりの玉稿を掲載したいと思ひますから遠慮なく御投稿を願ひます。

自治制の運用

和歌山縣知事　長谷川久一

自治制度は實に世界の趨勢として各國共に競ふて採用したものであるが其の運用の如何と云ふ事に至ては夫々優劣を示して居るので、本邦の如も制度創設以來多年其の進歩も大分顯著になつては來て居るものゝ、未だに甚だ其の意を知るに苦しむが如き事態を惹起する事のあるは運用の妙が充分に極致に達して居らないのに基因すると思はれる。而して是れが完璧を期せむとするには矢張り自治の根本義を明にし、之れが文明國民の特權であり且つ非常なる榮譽である事を自覺せしむるに如くは無いと考へる。

何が故に自治制は國家の進運を維持するが爲に必要であるか何が故に自治制は世界の趨勢であり文明國民の特權たり榮譽たるかを考へて見れば其の事は極はめて簡單であると思ふ。餘り哲學的に論じて見ても冗長になるから略するが要するに人間には已れを完全にすると云ふ一つの使命があると云ふ事は疑の無い所である、若し人間が絶海の孤島に生活して居るとすれば素より已れの口腹の慾を充たし已れの隨意に起臥して居れば其れで濟む譯であつて敢て自治制の必要も立憲制の必要も起らないのである。併しながら人が孤立せずに集團生活を營むで、社會を形成する時には此の社會をどうしても維持して行かなければならぬ、社會を維持するが爲にはどうしても國家なるものが無ければならぬと云ふ事は論を俟たないのである。而して國家が唯一つであつて他に競爭者が無いと云ふ場合には、官民の懸隔を甚くして最も智慧のある者が治者の位置に立ち智慧の無いものは野に居る、即ち野に遺賢無しと云ふ狀態になれば國は自然に治まるの

である、併ながら一旦他に競爭相手たる他の國が現はれて來たならば玆に國際競爭なるものが起て來て、國家は無爲にして過して居る譯にはゆかぬ。どうしても自分の國の進歩發達を計らなければ列國の伍伴に加はり、之と勢力を拮抗せしめて行く事が出來ないと云ふ事になつて來るのである。而して追々社會の文物が發進歩して行くに從て社會百般の事柄は多數の力に依らなければならぬと云ふ事になつて來る。而して此の多數の者は皆夫々國民たる自覺を以て、國事を荷て行くと云ふ考を持たなければ國は進歩して行かない。進歩しなければ列國との競爭に劣敗者の地位に立つ事になる。故に、各自國事を擔當するの制度が生れ來つた事は、當然の歸結と云はなければならないのである。先づ今日の立憲治下に於ては第一に議會なる機關を通じて國家の政務に參與する事と、自治制に依て國民が國事に參與するといふ此の二つが主なるものになつて居る。尚ほ國民が兵役の義務を荷つて國家の干城となり一朝有事の日には國家を防衛すると云ふ任務のある事は是亦論を俟たないのである。要するに立憲政治と云ひ自治制と云ひ或は兵役の義務と云ふ事は一見異なるが如くに見えても其の根本は皆一に歸するのである、畢竟國民が共に國事を荷ふと云ふ趣旨に外ならないのである。

◇◇◇

今や選擧制度として普選が成立し大多數の人が國事に參與する事になつたのは洵に邦家の進展上悅ぶ可きである。一方軍備は若干整理せられたが同時に新兵器の應用は愈盛にする事に定められ各學校に於ても軍事訓練が開始せらるゝに至つた、此の時に當り自治制の運用も特に一段の進境を見せなければならないと云ふ事は、以上述べた處に依つて明かであらうと思ふ。本誌の筆硯多祥にして、全國の自治制發展の爲め此の際特に格段の努力を拂はれむ事を切望して已まざる次第である。

新議員諸君へ

一、立候補の理由
一、選擧に對する感想
一、議員としての抱負

右に對し忌憚なき御意見の御送付を願ひます次號に掲載します

（係）

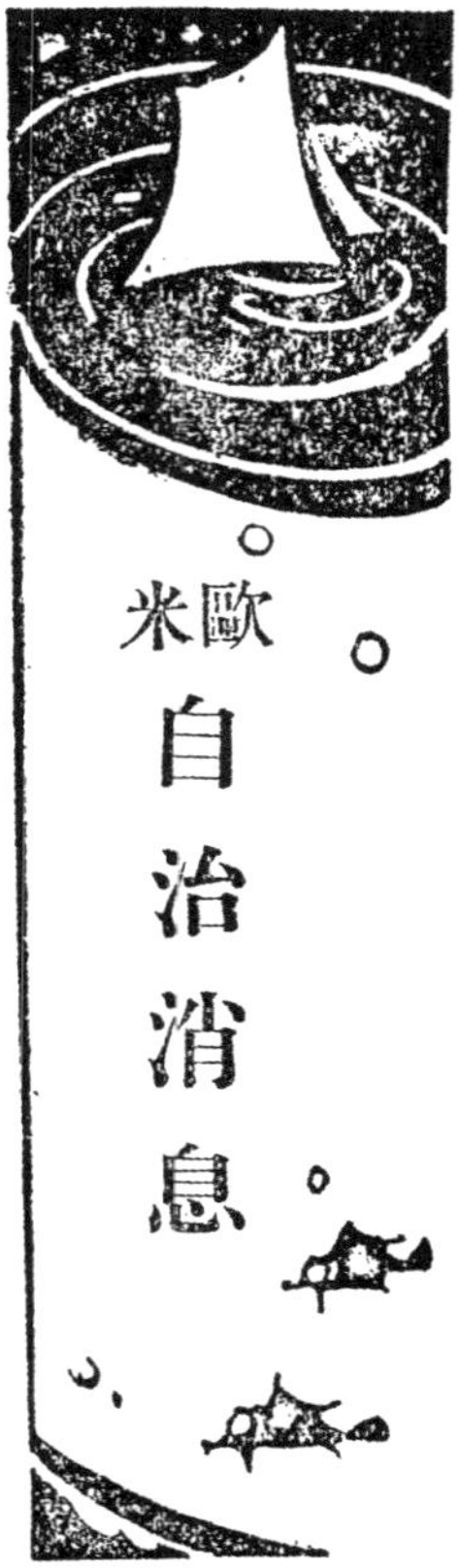

東市市政調査會參事　弓家七郎

イギリス各種吏員募集廣告

自治體の成績如何は、主として吏員の良否に關する。イギリスの地方自治體は、この故に優良なる吏員を招聘するためには、可成りの苦心をして居る。自治に關する雜誌や新聞等には常にこの種の廣告が滿載されてある。試みに近着の週刊都市雜誌第千六百七十五號を見れば、かゝる廣告が三十も揭載されて居り、第千六百七十六號には二十三もある。募集の範圍は、市《タウン》の最高有給吏員たる市事務長《カラーク》から、技手、看護婦、掃除監督人に至るまで、あらゆる級階を網羅して居ると言つて良い、參考までに、その廣告の一二を譯出して見る。

タンブリッ・チウエルス市

市事務長招聘

タンブリッヂウエルス市は、辯護士の資格を有する士を、市事務長及び教育委員會幹事として招聘す。俸給は、最初は年俸一千磅（邦貨約一萬圓）なれども、毎年五十磅（五百圓）づゝ一千二百磅（一萬二千圓）まで昇給の見込あり。

希望者は地方自治の事務に精通し、且つその經驗を有することを要す。

採用せられたる上は、全力を竭して、事務に當ることを要するを以て、他の職業に從事することを許さず。

且つ、一九二二年、地方政務吏員退職法に基きて、本市が設定せる、吏員退職基金に積立金をなすこと、本市に居住すべきこと、來る七月一日より出廳することを要す。解職及び辭職は共に三ケ月以前に、相手方に對して通告なすべし。

希望者は、年齡、經歷及び、三つ以内の證明書を添へて、來る三月二十日までに申込まるべし。

直接又は間接の運動をなしたるもの

は、絶對に採用せざるべし。但し希望に依り、申込書と共に、三十六枚以内の證明書を添附するも差支なし。

一九二五年三月四日

タンブリッヂウエルス市事務長

ダヴリユー・シー・クリツプス

ヘストン・エンド・アイルウオース町

巡回看護婦及臨床看護婦募集

當町に於て、巡回看護婦及び臨床看護婦を募集す。希望者は一般病院に於て、三ケ年以上の實習を積み、且つ保健大臣の定めたる資格の中一以上を有するものなることを要す。既に經驗を有するを必要條件とす。俸給は最初年額百八十磅（約千八百圓）なれども、一ケ年十磅（約百圓）づゝ増額して、最高二百四十磅（約二千四百圓）まで昇給の見込あり。他に制服費として年額十磅（約百圓）を支給す。

職務の内容及び、應募書式等に關しては、當町役場衛生課に照會せらるべし。

希望者は本年三月十二日までに申込まるべし。

一九二五年二月二十四日

町事務長

エッチ・ジエー・ベーカー

豚小屋の禁止問題を投票で

イギリスのサルビストン町會は、その貸地内に豚小屋を置くことを許可するか、せぬかに付て、討議をなした、と言ふのは町の運動場の近くに町有の貸地があつて、そこで豚の飼育をして居るものがある。その悪臭が、運動場の方にまで及ぶので、テニスやボールをやる者が、猛烈にこれに反對したからである。しかし貸地内に豚の飼育を禁ずると言ふことも出來ないので、町會では、町有地の借地人を全部集めて、その一般投票を以て、これを決定する事になつた。

盲人に自由乗車券を交附す

グラウスゴウ市の郊外にある、エーアドリー町では、グラスゴウ市電車部と交渉して、その町の盲人に對して自由乗車券を發給せしめた。その乗車賃は町で負擔するのである。この計畫は大分評判が良いので、グラスゴウ市でも眞似るかも知れないと言ふ。

ロンドン府會議員選擧結果

去る三月五日に行はれた、ロンドン府會議員の選擧は、勞働黨の著るしい擡頭と進歩黨の大敗となつた。議員總數百二十四名の中勞働黨は前回よりも十名の多數を選出し、進歩黨は十一名を失ひ、市政改革派は漸く一名を増し得た。しかしこれを投票數の上から見れば、市政改革派は、前回よりも五パーセント程少く、勞働黨は三萬七千六百票からの增加をなして居る。と言ふ結果を示したのは、勞働黨が選擧に熱心であつたのと、實際的問題を掲げて、縱横無盡に奮鬪したからであると見做されて居る。進歩派が失墜したのは、彼等が餘りに保守的になつて、人氣を捉へ得るやうな題目を忘れたからである。猶こんどの地方選擧で、勞働黨が到るところに於て大勝を博して居るのが、著るしい現象である。ロンドン府會に於ける各派の新勢力は、次の如くである。

市政改革派八十三名（前回八十二名）

勞働黨三十五名　（同　二十五名）

進歩派六名　（同　十七名）

國旗の統一て近隣町村垂涎

アメリカのイリノイ州ブルーミングトン町では、從來祝日等に際して、各戸が區々に掲揚した國旗を統一することにした、即ちその旗の大きさと、旗竿の長さと、旗竿を樹てる場所や、その間隔等を一定にしたのである。この結果、市街の體裁も大層よくなつたので、近隣の町村等から羨しがられて居る。

公共建築物昨年中の火事數

昨年中アメリカに起つた火事で、百七十八の小學校、九十五の教會、二十六の病院、二百十一のホテル、五十九の劇場、三十の裁判所、刑務所、市役所等が燒けて居る。殊に加州の低能兒教育の女學校では、四十一人の在學生中二十三人の生徒を燒死し、オクラホマ州の某學校では、クリスマスの晩に火が出て三十七人の生徒を無慘にも燒殺して居る。ウィスコンシン州の產業委員會は、これ等の統計を掲げて、國家も自治體も刑務所等を造るときには、多額の金を惜まず出して、耐火的の建物を造るが、學校等には、それ程の金を出さぬ。その結果が、かやうの慘事を惹き起したのである。一體刑務所は強制的に人民を收容して置くところだから、燒けることがあつてはならぬと言ふ考かも知れないが、強制的に人民を收容して置くところは、刑務所ばかりではない。義務教育の強制せらるゝ限り、小學校も短時間とは言へ人民を強制的に收容して置く場所である。これ等の建物を刑務所よりも危險な物にして置くのは、甚だ間違つてゐると主張して居る。

モスカウの大都市計畫發表

ロシアのモスカウの都市計畫は、先般來知名の技術家等に依つて、調査中であつたが、この頃その結果が、浩瀚な六卷の報告書となつて發表された。その計畫は、商業地區を中心とし一哩乃至一哩半を隔てゝ數條の環狀路線を敷設し、且つ市の中央から數多の放射線式の大街路を八方に出し、その間に廣い公園や廣場を設へ、郊外には、田園都市式の閑靜幽雅な住宅地を經營せんとするのである。この案には多少反對はあるが近くその實施に着手せらるゝであらう。

米國の國債及地方債の總額

米國國債及び地方債總額は、千九百十二年から十ヶ年の間に、四十八億五千〇四十六萬弗（邦價約九十七億〇〇九十二萬圓）から、三百〇八億四千五百二十六萬弗（邦價約六百十六億九千〇五二萬圓）に激增した。その增加割合は約七倍に當つて居る。國債だけに付て言へば千九百十二年に於けるその總額は十億〇二千八百五十六萬四千弗に過ぎなかつたのが、戰爭のために二百二十一億五千五百八十八萬六千弗になつた。州債は千九百十二年に三億四千六百萬弗だつたのが、約三倍近くも殖えて、千九百二十二年には九億三千五百萬弗の巨額に達した。しかも、その間に於ける州の人口は約一割一分五厘しか增加して居ないとのことである。

一般投票にて市債募集可決

二月二十四日の選擧に於て、英國シカゴ市及びクック縣の市民は次の諸事業の爲、總額一千三　五十二萬五千弗の市債を起す事を、一般投票に依つて可決した。

1. 中央警察署及び裁判所の建築費及び敷地購入費、　二、五〇〇、〇〇〇弗
2. メーフェア區の軌道改築及び路面踏切撤廢費、　一、五〇〇、〇〇〇弗
3. 塵芥處分工場の建築費及び敷地購入費、並に塵芥投棄地購入費、　一、〇〇〇、〇〇〇弗
4. 街燈の建設修繕及び擴張費　一、〇〇〇、〇〇〇弗
5. 刑事裁判所及び刑務所建築費及び地購入費、　四、五〇〇、〇〇〇弗
6. 縣立病院擴張費、　二、五二五、〇〇〇弗

市町村會へ革新の空氣

……中心勢力移動す……

果正市町村制に依る市町村會議員選擧の結果は普選實施後に於ける政治勢力の變動をトすべきバロメーターとし各方面より多大の興味を以て見られて居るが今日までに終了せる地方より內務省に達せる情報を綜合すれば大體の形勢及特異の傾向は左の通りである。

一、候補者の增加

候補者の增加今回の選擧に於ては各地を通じて候補者殊に青壯年の候補者の增加を來して居るが之は選擧資格の（擴張市町村の各直稅を納むるもの）に伴ふ有權者の增加と一般の政治的自覺に基づくものと見られてゐる。

二、運動の變化

從來は多く市町村有志の協議に依る推薦又は戶別訪問等に依つて選擧が行はれて居たが今回は立看板及宣傳ビラの配布當時も市町村政に對する批判演說會等相當盛んに行はれ府縣會議員及衆議院議員の如く主として言論又は文書に依る運動が行はれるやうになつたやうである、尙右の結果一部の人々に憂へられた如く選擧場の混亂、暴行强迫警察官の干涉等の事件も殆どなく選擧は極めて平穩裡に行はれて居るやうである。

三、新興勢力擡頭

今回の選擧に於ける最も著しき現象は農民組合、水平社、勞働團體及有識無産者等の無産階級の代表者が當選せることである、併しそれは工場地帶又は特殊の事情に在る一部の地方に限られ未だ大勢に影響ある程ではない。

四、既成政黨との關係

中央政界と地方政治團體とは必ずしも其の系統を一にして居ないので各政黨の勢力關係に如何なる變化を及ぼしたかは判明せぬが大體に於いて憲政會が優勢の模樣である。

要するに假令少數にせよ從來と色彩を異にせる新勢力が市町村會に浸入せる以上沈滯せる從來の自治政に一脈淸新の氣を注入することは事實であるが現在の如き狀態で實際政治の運用には別段大なる變化はない模樣である。

鄕と邑

郡制廢止後は總べて自治體を以てせよ（二）

農學博士　横井時敬

此の如き事情であるから、重ねて町村合併を以て郡制廢止對策となすも、既にコリ〳〵した多くの町村は容易に之を肯ぜないに相違ない、余は各地に於て見聞せる事實から斯く斷言して憚らない、從つて幾多の努力によつて此勢を矯め、町村合併が實行せられたとしても、そは外部のみ出來て內容は依然とし舊の如く、自治の振興は益々以て望み易からざることゝなり、少くなくとも又た一時大なる混亂を來たし其瘡痍は容易に癒ゆべくもないに相違ない。余は到底此の如き愚策を、反覆して慫慂するを敢てしないのである、余が曾て郡制廢止の善後策として町村の大合併を獻策したるは、此等事情に鑑て區制を更新し、新町村の下に於ける區は概ね自然村の區域に據るゝことゝし、區は自治的法人たらしむることゝするの制となすべく立案したのであつた、而かも尙ほ町村合併の名が人心を背反せしむるの虞あるを思ひ、玆に更めて鄕制邑制を新定せんことを主張したのである。

邑は概ね自然村の區域に據らしむるを原則とする、餘りに狹小なる自然村迄も、全然之が合併を不可なりとすべきでもあるまい、一村僅に十戶にも及ばざるが如きは獨立の力なきものと見る事が出來やう。故に余は或は自然に基づき、或は合併村に據るも、是れ住民の希望に由るべきで、何等强壓を其間に加へざるべきを可とする、自治に强壓を加ふる事今日迄の如きは是れ自治にあらずして官治、否、專制政治であると人をして評せしむるに足るのである。從來町村といへるを、改めて邑とする、是れには大なる意義がある、現今の町村制に或は町といひ、村といふ、是れ舊名に據らしむるを主旨としたのであつたが。而かも民間には差別の意あるものと思ふ者が多く、爲めに町制を布くなどゝいふの語も起つて來たのである、否町制を布て祝賀會などゝ騒ぐが如きは愚のいたりと謂ふべきである。農を賤み、商工を貴む、此の如きは中央集權の餘弊であり、都會本位の政策の誘致せる所で、甚だ以て面白からざる現象である。此の如きは決して農村振興の目的を達する所以でない、されば余は町といはず村とも稱へず、新に邑の名を用ひんと欲するのである、此邑は帝都の義もあること前述の如しで極めて尊き名であり、サトと訓し、ムラとも讀むのである、此名を以て町村の總稱とする。諸外國と同樣、區別を市町村などの間に立てざるを主眼とし、亦たデモクラシーの本意であり農村の爲めに差別的待遇の軌範より脱せしめんとの微意をも含んで居るのである。

邑を合して鄕とする。鄕が邑を統ぶるは猶ほ郡の町村に對せるが如しで、之を郡と云はざるは既に廢せられたる制度の再興の如くに響くを嫌ふのみでなく、其區域を必ずしも郡に據らしむることなきの意を表すると同時に、現今存す所るの多くの市なるものを、均しく鄕となし、單に其制度を幾分異にする位にし、市なる名を廢せんとするのである、若し強ゐて市なる名稱を存せんとせば、人口百萬以上の都會に止むることにしたい、若し郡制なるものが出來るとすれば市制は斷然廢止するを可とするのである、市と町村との差別をする、是れ既に大に不可なるもので、鄕制を布くに至りて、鄕と市とを對峙せしむる、此の如きは亦た決して民衆的ならしむる所以でない、今日市と町村と、行政上に幾多の差別的待遇あるは甚だ面白からざる所である、市長は三名の候補者を選びて、勅裁を仰いで決定する、町村長は一名を選んで府縣知事の認可による。此の如きの類は尚ほ少からぬ、此の如き非民衆的政策を撤廢するにも、名稱を統一するが緊要の事である余が鄕制を立案せるは、此の如き理由に出づるのである。既に郡制に關する問題を述べ、更に町村自治の事を論究せること、以上の如くであつて、此上に鄕制邑制を細論するに及ぶまい、邑は鄕下に於ける自治體である。鄕は邑を統ぶる所の自治體である。故に鄕長は民選に由るべきで、郡長が官吏であつたのと同じからざることゝする、郡は半自治體であつたが鄕は之を完全なる自治體とする、邑に於てなし得ざる事業は鄕に於て之を經營する。病院、圖書館、農業學校の如き是れで、中學校も之に任せても可である、道路經營も同樣である鄕の區域は郡制の區域に比して幾分狹少にして可である、此等仔細の點は之を余が著述に讓らんと欲するのである。

若し夫れ完全に中央集權の弊を矯め、農村振興の根本を矯めんとするには、余は政治都市と商工都市とを分離し、帝都を移して、小さき都市を造ることゝし府縣の名を統一して府又たは縣とし、之れが大合同によりて、日本帝國を多くて八區に分つの英斷に出づるを然るべしとする、田舍の人口漸く減少するの端緒が開かれて、地方制度は既にして變革を必要とするに至らずとも限らぬ、余は此等の點は姑く措くも、今日の縣府郡の區域を以てして、よく中央集權を矯めて、著しき地方分權の政治を望むことは全然不可能の事と信ぜざるを得ないのである。

揚足取の町議戰

山の手生

大童の東京府下澁谷町議候補連、中でも、片や府會議員吉田丕文氏（同好會）片や元滿鐵の副社長中西淸一氏（公友會）のお二人、これはとりわけ猛烈な競爭振りを發揮した

× × ×

言論戰で吉田候補曰く「諸君、御承知の如く澁谷では價格三萬圓以上の家屋には特別稅を課してゐる、現に或人は八十坪で家屋稅を納めてゐるに對し、靑山七丁目の某氏（中西氏を指す）の如きは百五十坪の堂々たる邸宅を構えてゐるにも拘らず一厘も納めてゐるない、橫暴の極みである」

× × ×

これを聞き込んだ中西候補、早速御返報に演說會を開き、「某候補（吉田氏を指す）は靑山七丁目云々を宣傳してゐるさうだが、靑山七丁目で堂々たる大邸宅と云へば梨本宮の御邸で、實に畏れ多い極みである」と一本參つた

× × ×

空に迷つた聽衆もさることながら、塵界の俗事を、あやしくも殿上にまでくゆり昇らせられた吉田氏狼狽すまいことか

自治の振興と
——公民教育の普及——

文部省書記官　木村正義

◇

今日の社會で最も大切なるは、個人と社會との關係を明かにすることである、之を市町村と云ふ團體に就て云へば、市町村と市町村民との關係を明かにすることである、從來我國に於ては社會生活の理解が、國民一般に乏しいのであるが、これは最大の缺陷であると云はねばならぬ。從て此の社會公共生活を理解せしめ、社會の一員として、殊に亦國家構成の一員として智德を涵養することは最も肝要である。社會生活の要點は、政治と經濟との二つであるが、之が根本となるべきものは人と社會との關係、換言すれば社會意識を各人深く自覺する處になくてゝはならぬ。公民教育は即ち此の目的を達成する爲に施す教育であつて、公民とは社會の一員たるを意味し、老若男女を包含して意義極めて廣汎である彼の所謂市制、町村制に謂ふ公民は、玆に云ふ公民の一部分にしか過ぎないのである。

◇

今日我國の教育上に於て、新時代の風潮に順應して改善すべき事項は、制度內容の各方面に亘り、十指に餘るものありと雖も、制度の方は今暫くこれを措き、內容に就て考へるに、公民教育の普及徹底を圖ることは現下緊要の急務であると思ふ。我國民の政治思想の幼稚なること、經濟觀念の缺如せること、思想の混亂、社會問題の紛糾等に對して、適當なる救濟解決の策を講ずるには種々なる方策があるであらうが、其の根本たるものは人と社會との關係を理解せしむる公民教育の振兆にあらねばならぬ。

◇

政治が腐敗墮落すると云ふのも、畢竟するに政治が國民協同の最大表現であり、最大の社會奉仕たる事を自覺せざること、卽ち公民道德の要諦たる自治獨立心、公正共同心、公正友愛心等を涵養すべき、公民教育を閑却せるに基因するものであると云はねばならぬ。

◇

又經濟に就て云へば、今日の經濟は個人經濟より國民經濟に、國民經濟より國際經濟に推移しつゝあるのであるが、これ畢竟するに經濟が協同の表現にして、個人的意義よりも社會的意義に漸次其の重心を置かねばならぬことを雄辯に物語つてゐるものである。更に近代の思想問題、社會問題が、第十八世紀末の個人主義に根源を發し、階級鬪爭の形式となつて社會的不安を惹起してゐるのも、人類の本然たる、社會性に深刻なる意識を持たない結果であるか、或は社會性を全然無視せるの結果である。

◇

要之上述の問題を適當に解決して國家社會の安寧幸福、人類共同生活の圓滿なる進展を圖るには、我國教育の最大缺陷と認めらるゝ公民教育の普及徹底を圖る外、良法なしと信ずる。之を市町村に就て云へば、先づ市町村の理解と云ふことが第一の問題である、從來我國民は自已の棲んでゐる市町村の事情に全く無理解で、役人任せであると云ふことは洵に遺憾である、此の點は歐米諸國の住民が下層階級の人々に至る迄、よく自已の市町村の豫算、事業、產業、教育等の各方面の事情に精通し、然もそれ等に對して熱愛と見識とを有するに比較するに、餘りに甚だしき逕庭あるに驚かざるを得ぬ。

◇

自治は云ふ迄もなく住民の協力による政治生活である、市町村の實況が住民に反映し、そして其內容が豐かにさるゝに至らば、自から自治思想は涵養訓練され、市町村が繁榮に導かるゝのである。故に市町村の幸福を圖りその進展を期待する爲めには、先づ市町村民全體が自已の市町村に就て、政治經濟の各方面に亘り充分之を咀嚼玩味して、市町村民各自其の責任を自覺せねばならぬのである。斯くして始めて自治制の本旨を發揮し、相寄り相存して公共的團體生活を完ふすることが出來るのである。

◇

多年國民が翹望して止まなかつた普通選擧法案も、今期議會を通過して既に五月五日之が發布を見、近き將來愈々實施せらるゝ事になつた、而して遠からず市制、町村制に於ける公民權も亦、住民の大多數に擴張せらるべきは明かであつてやがては男女性別を撤した國民全部に對する政治參與の權が認められねばならぬ。吾々は既に過去三十有餘年、單に立憲自治の制度のみを採用して之が精神の涵養を怠りたるために、今日の如き政治上及市町村政上の缺陷を來してゐるが、再び斯の如き形骸のみを採つて、魂を入れぬ佛作りの愚を繰り返さぬ樣留意しなければならぬ。

◇

單に普通選擧の制度のみに沒頭し、之が實施にのみ急にして、之れに順應すべき國民の政治思想の涵養を等閑に附するが如きことあらむか、我國の政治は更に墮落の深淵を辿つて永久に憲政有終の美を濟すの期なく、國民的偉力を發揮するの期がないであらう。實に今や我國民は、右するか、左するか、向上か、滅落かの、政治的岐路に立てるものと云はねばならぬ、吾人は這般の普通選擧の實施を一轉機として、國民に公民教育を普及徹底し、政治思想を涵養して制度と精神、形式と內容、併進の政策を執り眞に國民の政治的革新を圖り以て大正維新の大業を成就せねばならぬ。それには決して高遠なる大處高所より之を爲すに非ずして、脚下の暗黑に黎明の鐘を打ち鳴さなくてはならぬ、卽ち家庭から部落から、市町村から出發して確かと踏み締めて立つことが必要である

◇

一市町村の政治を上手に料理し得る者にして初めて國務の料理が出來るが如くに、家を立派に治める事が出來て初めて公民の資格は與へらるゝのである、家が立派に治り、自治制が完全に行はるゝ樣になれば、國政は自ずからにして立派に行はるゝ事必然である、從つて市町村に於ける今日の成人が、此の點に深く留意しなければならぬは勿論、將來の市町村の運命を双肩に荷ふ靑年男女は層一層、重大なる使命を帶びてゐることを自覺せねばならぬ。

尙自治に關する公民教育の內容に就ては、之を他日に讓ることゝする。

役場のない模範町村

民衆庄屋

＊　＊　＊

法學者は自治と何んと定義しても、自治庵の診斷では、日本今日の自治は眞の自治でなくして、官治に近いものである、中央政府、道、縣、郡支廳市町村と命令的に壓制された疑似性自治である、歐洲模範町村の、自ら治めると言ふよりも自ら治まると云ふのに比較して、風邪と腹チブス程の差はある。

＊　＊　＊

佛蘭西の模範町村では、役場なんて無いのか普通で、事務は大方村長さんが自分の仕事が終へてから自宅で執つてゐる、或る人がその村を視察に行つて役場を探したけれ共見當らぬ、やつと村長の家を尋ね當て村長に面會を申込んだ所、村長は今牧場に行つて羊の番としてゐるから其處へ行つてお逢ひ下さいとやられた、止むなく牧場迄テクツキ、何うして此の村が治つてゐるのかと聞いても知らないと答へる、人口はどの位、租税は何程と、何と聞いても分らない知らないとのみ答へる。

然らば君の職務は何をするにあるのかと尋ねたら、自分の役目は喧嘩の仲裁をしたり、結婚の媒介をするたけだ、と答へた相である、日本人から觀るとこんな事で、どうして自治體の發達が望まれるか知らと思はれる程簡單である、斯くの如きが眞の自治と云ふのだらう。

＊　＊　＊

又ベルギーあたりの田舎では、小學校長が學校の引けた後で村長の事務を執つて、立派に模範村の名を恥かしめないでゐる所もある。

＊　＊　＊

丁抹の模範村になると、是れもフランス同樣役場と云ふものがなく、事務は村長が自宅で夜仕事にやつてゐる、村會と云ふ樣なもの、及び總ての相談は大抵夜で、そこいらの國の樣な何時も自己の利害のために口角泡を飛す樣な事がない、租税は一度も催促なしで完納となる、勿論總てが簡單だから事務員などいたつて尠く、日本の模範町村が冗員を養ふのとは大いに趣を異にしてゐる、そして之等の國では、仲々模範町村として表彰されないが、一度表彰されたら村長が變らうが、一二年農業が不振であつても財政難にも陷らない程底力もあつて、忽ちペチンコになる模範町村は藥にしたくもない程健康である。

一市民の見たる普選（一）

大篠好邦

政界の一部と勞働運動者と新聞社會とに依つて、數年間高調せられた普選法即ち衆議院議員選擧法の改正案は、今春の帝國議會に於て政府案に協贊を與へた。過去數年間異常の努力を爲し特殊の盡力を爲した者にとりては大に祝賀するも怪しむべき事ではないか、一般國民にとりては選擧有資格者が増加し納税條件が撤廢せられたとて左樣騒がしく喜ぶべきものでない、寧ろ此普選法の實施に就き之れを如何に活用して法の期する目的を達するか、又はその施行に伴ひ惹起する幾多の弊害を如何に防止するかが緊要の事である、立法上に於ての異見や法案提出の内情や政黨の懸引關係の事は、既に議會の協贊を經て已に發布せられたのであるから、今日六菖十菊の恨があるので之を述べない、吾人は法制の運用は如何に解釋して可なるや事實問題として發生する疑問の點に付き研究し置くの必要がある。政界に於ける諸種の事情の爲め政黨者流の申出でや、若手官吏の主張や高等審議社會の杞憂や、其他政府關係の各方面の意見を可成受け入れんとし、之れを法案に參酌加工した爲め法條の全體に渉り吾人は幾多の疑問を發見したのである。固より政治に對し門外漢である、一無産階級者である、吾人が提出する疑問であるから高級の智者學者、政界の得意者、立法上の技師、獨特の解釋權者等の眼から見るときは毫末も疑問とならない點もあるであらう、併し一般の國民は獨占的解釋に依つて會得する智能がない、否な國民は官吏の獨斷的解釋に盲從する義務はないのである。自ら法文を讀んで斯く〳〵と理解するの外はない、一々町村役場へ法律の解釋を尋ぬることそれに依つて郡役所に伺ひを立て、郡長は知事に指揮を乞ひ、知事は幾多の下僚に議會の速記錄や新聞の切拔や各種の著書などを取調べさせ一見識を有するが如き意見を加へたる疑問を内務大臣に提出してその指示を受け、更に前の順序を逆に郡長を經て町村役役に解答する、之れが初めの問者に來る解釋の手續此手續を取ることは困難であるから吾人は本誌上でお互に疑點を研究し政府者を相手とせず政黨者の都合を省みず、國民の權威と自由力に依つて解釋を爲し、改正の要があるものは之れが改正の主張を爲し、國民の眞に願望する普選法の實施を見るに至らしむることを期するのである、尤も衆議院議員で普選法の委員となり兩院協議會の委員となつた石井謹吾氏が、國民新聞で普選法解義と題し博學多識の才能を以て見解を公にせられておるので吾人當初の疑問も幾多消滅したが、更に新に別に疑問となつた點もないではない。

立法との主義主張乃至理由は暫らく立法機關の公表する處に從ひて行くの外はないが、成文との疑點は是非に之を研究しなければならない、故に用文の不辭は勿論文理的解釋の疑問及理論的解釋の不可解の點に付き順を追ふて述ぶることゝする、讀者諸彦にして吾人が本誌にかゝる以外に偷疑義に渉る事項あらば之を提供してもらゐ以て研究の題目とし意見の交換をいたすこととしたい。

第一選擧に關する區域

選擧區域に付て大小選擧區制の弊害のある點のみを見て所謂中選擧區制を採用したるも、未だ中選擧區制にも亦若干の弊害のあるものなることは覺悟せねばならぬがこれは立法上の問題である、今日既に中選擧區制の利害得失を疑問とするの餘地がない、吾人は其實施後の實績に徵し果して政府當局の期待するが如き好成績を擧ぐるや否やを監視することゝする、然るに第一條に於て選擧區及各選擧區に於て選擧すべき議員の數は別表を以て之を定むと規定するが、其の別表を見るに

（イ）東京市京都市に緩り市名を擧けす單に區名のみをかゝけたるは如何なるものであるか、特に京都市は一選擧區と爲されたか故に現行法別表の如く二選擧區たると同一に上京區下京區とかゝくるの理由なく京都市とかゝぐるを至當とするにあらさるか京都市内の上京區であつて市以外に上下京區は存せさるものである、之れに反し名古屋市は區名の存するにかゝわらす名古屋市とし單に市名に止まるは如何

（ロ）別表の末尾に本表は十年間は之を更正せすとあるが　期間は本法施行の日即ち次の總選擧の日の翌日より起算するの意なるか或は民法の例にならひ次の總選擧の執行せられたる月より起算するか分明ならさるの嫌かある。

又投票區は市町村の區域に依るとし特別の事情がある處で

は地方長官卽ち府縣知事に於て其區域を變ずることが出來るのである（第二條）が地方長官がその處分を爲すの時機は如何選擧を行ふの際之を爲し得るか或は選擧を行ふことの未定なる場合例へば本法施行前に於て之を爲すべきものであるが。開票區は都市の區域に依るを原則とするも投票區と同じく特別の事情の存する處に於ては地方長官卽ち府縣知事は郡市の區域を分ちて數開票區を設くることを得るか（第三條）是亦何時地方長官は之を定むるものであるか、本法發布後施行の日までに之を定むるものであるか、或は施行後に之を定むべきものであるか、少くとも成文上では全く地方長官の相當と思料する時に於て之を定むることを得るもので選擧前豫め之を定めねばならぬものとは解し難い、法意果して如何なる時機を指すのであるが

第二選擧權

納稅要件を徹廢したることが本法制定の骨子とするところで、之れが政府當局が普通選擧法として誇りとする點であるかそれはともかく婦人に參政權を與ふることは未だ其時機でないとか民法の成年期に達するも未だ政治上の智能發達せざるが故に特に二十五歲以上の者に選擧權を與ふるとか、或は選擧權享有の始期に付ての年齡は規定するも、同じく政治上の智能の欠如者卽ち老衰者には選擧權を獲得せしむるも不都合なしとするとかの問題は立法上の見解如何に在る事項であるから、之を措き吾人は第六條の規定に依る欠格條件中第三號の貧困に因り生活の爲公私の救助を受け又は扶助を受くる者、一定の住居を有せざる者、特殊の犯罪者にして六年未滿の懲役の刑に處せられたる者に關する規定（第六條第三號四號第六號）に付き聊か不可解の點をかゝぐる　（以下次號）

□四角な問に圓い答□

或る年の或る日、若葉に灑ぐ初夏の陽の光りが、內務省參事官會議室に乱れそゝがれてゐた、人々は公園の使用に就て、横論縱議、初戀の人の樣に熱々、淺間山の樣に燃えあかつてゐた。

「公園と云ふ營造物の使用は、公園の目的に從つて使用するに限る、然るに營利を目的とする公園地利用方法をも、公園使用と稱するは不合理である、斯の如き使用方法は公園の目的に副はざるものである、然るに之を公園使用と認めたる事例如何」とカンカラカンの石ころ論起ちあがつた

說明主任者は言ふに「娘手踊玉乘りの如きもの之れなり」

豆腐も切り樣で圓くなる、さしもの難問題も娘手踊のそれよりも見事に、スル〱と玉乘の鮮かさを以て鮮決した。

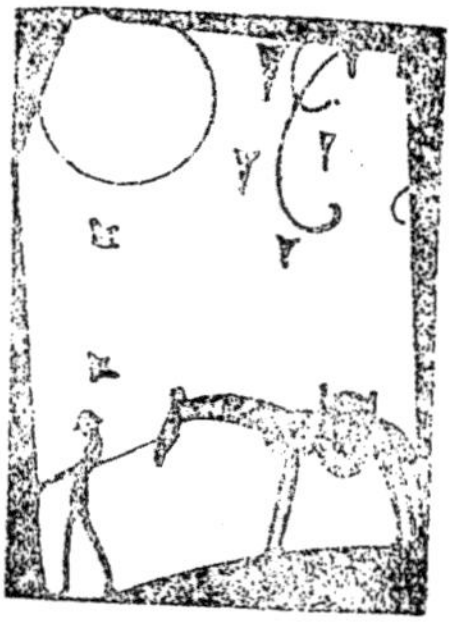

全國町村長會の會長及び副會長

全國町村長會長
神奈川縣高座郡藤澤町長　金子角之助
同　副會長
長野縣上伊那郡赤穗村長　福澤泰江
同　副會長
靜岡縣志太郡燒津村長　鈴木辰次郎

各道府縣町村長會會長副會長氏名並ニ事務所

東京府（麴町區有樂町東京府農會內）
會長　荏原郡品川町長　漆昌巖
副會長　北多摩郡府中町長　桑田英之助

神奈川縣（縣廳內）
會長　高座郡藤澤町長　金子角之助
副會長　中郡[illegible]根町長　上野豐三
副會長　足柄下郡下曾我村長　長谷川良輔

埼玉縣（縣廳地方課內）
會長　入間郡豐岡町長　繁田武平
副會長　大里郡熊谷町長　齊藤茂
副會長　北埼玉郡須影村長　出井兵吉

群馬縣（縣廳地方課內）
會長　新田郡綿打村長　正田盛作
副會長　佐波郡伊勢町長　石川泰三
副會長　碓水郡松井田町長　村山初太郎

千葉縣（木更津町役場內）
會長　君津郡木更津町長　伊藤勇吉
副會長　香取郡久賀村長　菅澤重雄
副會長　山武郡睦岡村長　鈴木祥英

茨城縣（縣廳內）
會長　新治郡土浦町長　笹部重道
副會長　東茨城郡小川町長　伊能林兵衞
副會長　眞壁郡河間村長　秋山猛

栃木縣（縣廳內內務部庶務課內）
會長　上都賀郡足尾町長　峰村鉄一郎
副會長　塩谷郡矢坂町長　大桶由郎
副會長　芳賀郡眞岡町長　神田道堅

山梨縣（縣廳內）
會長　北都留郡島田村長　鰭野弘毅

三重縣
會長　三重郡下野村長　下田亨三
副會長　北牟婁郡尾鷲町長　大井順之助

愛知縣（縣廳內）
會長　海野郡佐織村長　安達臣一
副會長　渥美郡高師村長　大竹藤知

靜岡縣（縣廳內）
會長　志田郡燒津町長　鈴木辰次郎
副會長　小笠郡朝比奈村長　宮本雄一郎
副會長　駿東郡清水村長　高田讓八郎

岐阜縣（長良村役場內）
會長　稻葉郡長良村長　大野錢二
副會長　可兒郡小泉村長　小池松三郎
副會長　安八郡神戸町長　林恒治郎

宮城縣　縣廳地方課內
會長　桃生郡大谷地村長　高城啡造
副會長　刈田郡円田村長　村上勇吉
副會長　遠田郡涌谷町長　坂本敬一郎

福島縣（縣廳内）
會長　北會津郡神指村長　皆川應助
副會長　同　同人

岩手縣（縣廳内）
會長　西磐井郡一關町長　中野協藏
副會長　稗貫郡花卷川口町長　梅津善次郎

青森縣（八戸町役場内）
會長　三戸郡八戸町長　關春茂

山形縣（縣廳内）
會長　東村山郡出羽村長　田中庸茂
副會長　東置賜郡宮内町長　鈴木幸松
副會長　飽海郡鵜渡川原村長　新關彌惣吉

秋田縣（縣廳庶務課内）
會長　南秋田郡金足村長　奈良磐松
副會長　北秋田郡落合村長　庄司易五郎
副會長　由利郡西目村長　佐々木孝一郎

京都府（府廳内）
會長　加佐郡舞鶴町長　水島彦一郎
副會長　宇治郡醍醐村長　戸田敬男
副會長　天田郡福知山町長　高木半兵衛

大阪府（鯰江町役場内）
會長　東成郡鯰江町長　筧半兵衛
副會長　泉北郡鳳町長　宮田治郎

奈良縣（奈良市役所内）
會長　山邊郡波多野村長　中西楢市郎
副會長　磯城郡三輪町長　奥山賀平

滋賀縣（縣廳内）
會長　縣知事　末松偕一郎
副會長　甲賀郡水口町長　西田繁造

和歌山縣（縣廳内）
會長　西牟婁郡田邊町長　那須孫次郎
副會長　東牟婁郡新宮町長　遊木保太郎
副會長　那賀郡長田村長　木村卓夫

兵庫縣（飾磨郡役所内）
會長　飾磨郡八幡町長　飯塚重雄
副會長　赤穗郡鞍居村長　杉本嘉之助
副會長　美方郡射添村長　谷襄

新潟縣（縣廳地方課内）
會長　北蒲原郡新發田町長　寺川鍊彌
副會長　西頸城郡能生町長　高島順作
副會長　中頸城郡七ケ村長　小野周平

長野縣（縣廳内）
會長　上伊那郡赤穗村長　福澤泰江
副會長　南安曇郡豐科町長　藤森磐
副會長　埴科郡松代町長　[illegible]澤賴道

福井縣（縣廳地方課内）
會長　南條郡武生町長　三田村甚三郎
副會長　大飯郡佐分利村長　[illegible]原卓一
副會長　坂井郡三國町長　國崎鐵二郎

石川縣（輪島町役場内）
會長　鳳至郡輪島町長　小西兵五郎
副會長　河北郡氣島町長　長山吉次
副會長　珠洲郡飯田町長　神德大長

富山縣（縣廳内）
會長　射水郡横田村長　堀豊
副會長　東礪波郡出町長　永井加悦
副會長　中新川郡滑川町長　石川新六

鳥取縣（米子町役場内）
會長　西伯郡米子町長　西尾常彦
副會長　東伯郡赤碕町長　梶木勝太郎
副會長　岩美郡宇野部村長　前田之治

島根縣（鹿足郡津和野町役場内）
本縣ノ會長副會長ヲ設ケズ毎年總會開催地町村長之レガ會長トナリ會務ヲ處理シ毎年會長ハ異動スル組織デアル。

岡山縣（岡山市東田町拾九番地）
會長　苫田郡芳野村長　河田有弘
副會長　同　同人
副會長　吉備郡岩田村長　尾俊憲

廣島縣（鞆町役場内）
會長　沼隈郡鞆町長　横山運治
副會長　安藝郡仁保村長　岩澤熊助

山口縣(山口町役場内)
會長 吉敷郡山口町長 河北勘七
副會長 豐浦郡彦島町長 富田恒祐
副會長 玖珂郡高森村長 三戶熊太

德島縣(德島市役所内)
會長 名東郡國府町長 後藤種太郎
副會長 名西郡石井町長 田村龜三郎

香川縣(善通寺町役場内)
會長 仲多度郡善通寺町長 末澤平吉
副會長 香川郡香西町長 久保榮吉

愛媛縣(餘土村役場内)
會長 溫泉郡餘土村長 鶴木房五郎
副會長 越智郡波止濱町長 原眞十郎

高知縣(布師田村役場内)
會長 土佐郡布師田村長 武市義吉
副會長 長岡郡後免町野田村組合長 北村浩

長崎縣(平戶町役場内)
會長 北松浦郡平戶町長 廣瀨俊一
副會長 東彼杵郡大村町長 一ノ瀨勝三郎

福岡縣(堅粕町役場内)
本縣町村長會ハ幹事ノ協議制ニシテ別ニ會長副長副會長ヲ置カズ。幹事氏名左如シ。
幹事 京都郡行橋町長 德田秘勢次郎
同 企救郡企救町長 小野彦太郎
同 嘉穂郡飯塚町長 鶴森善平
同 宗像郡田島村長 大森逵
同 筑紫郡堅粕町長 戶川槌次郎
同 糸島郡深江村長 進藤英太郎
同 浮羽郡千年村長 佐藤準藏
同 山門郡瀨高町長 中島二郎
同 三潴郡大川町長 添田留四郎

大分縣(日出町役場内)
會長 速見郡日出町長 宇佐美熊吉
副會長 速見郡龜川町長 水田卓爾

佐賀縣(高木瀨村役場内)
會長 佐賀郡高木瀨村長 野口勘三郎
副會長 小城郡小城村長 中島健
副會長 神埼郡神埼町長 入谷彌吉

熊本縣(日吉役場内)
會長 飽託郡日吉村長 木村光輝
副會長 八代郡八代町長 山本慶太郎

宮崎縣(宮崎市宮崎縣農會事務所内)
會長 東諸縣郡本庄町長 松田四郎

鹿兒島縣(谷山村役場内)
會長 鹿兒島郡谷山村長 佐藤清光
副會長 川邊郡加世田村長 土持甚左衛門

沖繩縣(東風平村役場内)
會長 島尻郡東風平村長 神谷夏吉
副會長 中頭郡宜野灣村長 山城五郎
副會長 國頭郡羽地村長 比嘉義源

北海道(栗澤村役場内)
會長 空知郡栗澤村長 山田勢太郎
副會長 岡市郡金市町長 吉田卓
副會長 河西帶廣町長 飯田誠一

全國町村長會會長副會長 參名
各府縣町村長會會長副會長 壹百拾名

貧乏人組合

群馬縣澁川町字新町では貧乏人同志が提携して町民の福利を增進させ樣と五月六日貧乏人組合なるものを組織し是が發會式をあげた。組合員は平等な權利で月番幹事をきめて事務を執らせると、前澁川警察署長で今は向町で豆腐屋をやつてる里見輝氏などの肝煎りらしい。

田園都市 レッチワース市を訪ふ

□親切なる、先驅者ハワード翁□

明治大學敎授　小島　憲

＊　＊　＊

大正十一年十二月十一日田園都市運動の告驅者ハワード翁の案內で、名高いレッチワース田園都市を視察した。其の前日當時滯留中であつた岡田復興局書記官の寓居を訪ねると、明日佐竹愛媛縣知事も行かるゝからと勸められたので、同行したのである。

＊　＊　＊

キングスクロッスの停車場を出た時には少し霧がある樣に思はれたが、倫敦を離れると霧は無くなつて、空模樣が怪しくなり、何時降り出すか解らぬ天氣となつた。汽車は北へ北へと青野の中を走る。沿道何處を見ても靑く、牛や羊が遊んで居る。梢は肉を露はして居るが、野や丘の綠が冬の氣分を和らげ、エルムの疎林所々に屯して、尖頭テヤーチが其の中に聳へて居る。全く繪である。

＊　＊　＊

三十哩程走て汽車はヒッチヤムと云ふ小さな市に着いた。此所からケンブリッチ行に乘換へて二十分足らずでレッチワースに著くのであるが、乘換の汽車を待て居る間に白髮の溫顏が現はれ、二三言葉を交す間に初めて此の老人がハワード翁なることを知つた。三人とも初對面である。接して實に氣持のよい、人好きのよい老人で、此の日一行を案内する爲め、態々倫敦より別の汽車で來て、ヒッチヤムに待合はされた勞を謝せずには居られない。

＊　＊　＊

レッチワースに着いて第一に一寸意外に感じたのは、停車場より眞直ぐな大通の兩側に家が建て居らぬことであつた。之は翁の説明に依て、將來公會堂市廳舍其他の公共建築物を建つる爲めに保留してある事を知つた。先づ町役場へ行き大體の説明を聞いて、自働車で全町を視察する事にした。

＊　＊　＊

レッチワース田園都市は二十世紀初頭に於ける、近代文化の誇りであるとさへ云はれて居る。現代の都市が無秩序無方針に建設せらるゝを嘆いたハワード老人は、夙に田園都市運動を起し、都市を科學的に、藝術的に建設せしむとし、今より二十年前に、倫敦を離ること北へ三十餘哩の地に、レッチワース田園都市を拓いたのである。故に現今人口一萬の小都市たるに拘らず、商業地域、住宅地域、工業地域劃然として岐れ、都市としての設備完備せるのみならず、廣大なるゴルフリンクの如きは、スポーツマンたらずとも垂涎せずしては息まぬ。唯だ見る茫々たる沃野の中に建てられたる一小都市が、全世界に其の名を知らるゝに至つた今日迄の、ハワード翁其他創設者の努力には、推賞に堪へざるものがあるのである。

レッチワース田園都市（其一）

＊　＊　＊

田園都市と云てもレッチワースには大工場が五つある。之が此の町の誇りである。現今日本で云ふ田園都市は、本來の意義とは大分異つて居る樣に思ふ。田園都市とは田園の中に在る住宅都市であるとか、どの住宅にも田園趣味を享樂し得る丈けの庭や空地の存する都市であると云ふ樣な單純な考を有つて居る者が可なり多いが、本來の田園都市は之とは大に其の趣を異にして居る。丁度工場地滯を巡遊中、ハワード翁が、田園都市《ガーデンシチー》と田園郊外《ガーデンサバーブ》との別を左の如く説明して呉れたが之に依ると東京府下池上の田園都市は、田園都市ではなくて田園郊外に屬すべきものである。

* * *

翁の親切なる説明に依ると、田園都市とは自然の風致を其の儘保存して、爰に近代の科學的基礎による都市計劃を樹てるのであるが、全く一個獨立したる都市であつて決して大都市の附屬物ではない。故に商業地區、住宅地域は勿論、住民の生活資料を給すべき農業、工業に對する周到なる施設をなし、工業地域、農業地域を設定するものであつて、全住民は此の田園都市内に於て働き、且つ生活するのである。即ち原則として田園都市内に於て生産、分配、消費の三行程が完全に行はれ得べきものでなければならぬ。田園都市は居住所たると同時に働く場所であるのである。然るに田園郊外は之とは大なる相違がある。田園郊外は大都市の附屬物であつて、住所は田園郊外に在るも、働く場所は居住地内にはないのである。故に必しも工場の存在を必要としない。否都會の煤煙を避けて田園郊外を設くるのであるから、工場の建設を禁止することさへあるのである。田園郊外には獨立の存在はない。何處迄も都會の附隨物である。

レッチワース市田園都市（其二）

* * *

レッチワースは小さい町でありながら、凡ての都市的設備が整つて居る。視察當時水道鐵管は廿六哩半、瓦斯埋沒管二十二哩に達し、電燈電力供給線十哩を超へ、道路の舗裝も隅々迄行屆いて居る。而して、之皆第一田園都市株式會社の手に依て爲されたものである。一九〇七年九月三十日より一九二二年十二月迄に同社の支出した主なる經常費左の如くである。

土地及建物	四四、三八九磅
農地改良費	一三、二六五

主要道路　一一、七七三
公園遊園場　六七五
上水道　三〇、五三六
瓦斯事業　六九、四六八
電氣事業　一〇〇、八一八

右の總額を邦貨に換算すると約三百十萬圓程となるが、此の外に同市當局が直接施行せる所多きを以て、レッチワースの規模を此の數字丈けで判斷することは出來ぬ。

＊　＊　＊

小學校を參觀したとき校長が各室を案内して呉れた。尋常六年か高等一年位の組で佛蘭西語を教つてゐたが、男女共學で、無邪氣ないたづらをしたり、本に落書をしてゐたのは、別に日本と變りはない。二人宛並んで座する机に、男は男、女は女と並ばせ、決して男女を同一の机に並ばせてなかつたことは、當時英國教育界で男女共學に付き議論が盛んであつた頃とて、特に目に付いた。校庭が稍狹過ぎる感がしたので校長に質したら、これは運動場《プレイグラウンド》ではなくて、叫び場《シャウティングプレース》と稱して居ると云ひながら、北に續く廣大なる野原を指し、あれが運動場であると答へた。

レッチワース市田園都市（其三）

＊　＊　＊

終日ハワード翁の親切なる案内を受け、充分視察して倫敦に歸つたのは夕飯時であつた。今日より既に二年半を經過して居るがその當時を回想すると、白髮の溫顔が髣髴として、殊に感慨が深い。

一四、五、一〇

（記事中挿入の寫眞は小島教授視察の際入手されたものである）

自治獨語

夏木宕北

私は少しもゆとりのない餘裕と云ふものを見出すことの出來ない生活を爲してゐる感じがする、綱でもにしばられて引廻はされて居る樣な心地がある、何故であろうか全體我邦の社會が自分共をそういふ風な生活を爲さしむるのである、自分共の腹のドン底に潛む力及望は今の我國社會とは調和が取れてゐない、ツマリ自分共の眞の生活と我國の政治とは沒交渉である無關心である、コンナ事では何の時代に國民生活の安定を得らるゝのであろうか。

藝術と自由で西村陽吉氏は、傀儡は踊ると題して『國民の聲だとか時代の現象だとか呼ばれるこれらの社會的出來事は、實は國民中の極少數の階級が興味を寄せる處のものであり而かも社會の表面に出てこれらの芝居を踊る者は、それらの階級の宣傳の手段となつてゐるところの職業的傀儡に過ぎない、眞個の大衆――大多數の國民は默々としてこれらの現象の圈外に各自の生活を行つてゐる

新議員

◎大阪市

大阪市は四十有餘の隣接町村を合併し日本一の大都市となつた今回は第一回總選擧である。（各區一級當選者）

北區（定員五名）

山野平一	伊丹榮助	田中喜三治
塲田種松	神戸萬太郎	

此花區（定員三名）

長谷川淸治	平谷歡次郎	西起三郎

東區（定員六名）

古畑銀次郎	白川朋吉	小西儀助
豊島久七	村井基一	海老友次郎

西區（定員四名）

小西松太郎	鎌田長七	吉田卯之助
吉岡又次郎		

港區（定員四名）

田中藤太郎	筒井蔣吉	岡崎忠三郎
水田秀光		

天王寺區（定員三名）

朝倉義	小出善兵衛	森英之助

云々」と述べておる、寔に我國社會の眞相はその通である、傀儡はよく踊る自分共の關係ない小屋で

自治行政は進歩せず地方團體は發展しないと世間で申しますが寔にそう思はれます、私から見ますと我日本では眞に地方民を心核とし中樞とした自治政は存在いたさないのであります、府縣制と云ひ市町村制と云ふ形ばかりの制度はありますが其運用は官吏の頭腦から産み出されます、そして府縣及市町村の吏僚が阿附的に盲從する處に官廳で選奬せらるゝ優秀の治績を擧げておるとせられます、我日本では地方民夫れ自身に地方制度を理解し之を活用する力がない資格が具はらないとも見られます位置昇進の爲めに自治團體を世話する役人乃至利權獲得の爲めに自治行政に盡力する吏員議員それが大體中心人物として賞讃せられております、何故斯くありますかと申すと我國民は全體眞劍味が乏しい一生懸命でない總ての事物を取扱ふに娛樂的である遊戲三昧であるからで他に大なる原因はないと思はれます。

我國政治界を見渡しますに大臣が待合や料理店でよく政治方策の相談をいたすと新聞は報じます、政黨の首領株乃至陣笠までが議會のかけ引や協調持續や黨略の相談を待合で職業婦人即ちいかがわしき女に酌を取らせつゝ行ふので有ます、議會開會中の重大なる議員の打合會と待合料理店と必ずつきものゝ樣に新聞に記載せられております、用談が濟むまでは下り居れと酌婦や藝妓に申渡すことは忘れないでありませう、併しそ

南　區（定員　四　名）
荒川吉三郎　津熊　宮藏　吉村安兵衛
大槻　吉平

浪速　區（定員　四　名）
三島三郎兵衛　澤野爲之助　逢阪　彌
加藤次兵衛

西淀川區（定員　二　名）
小林　藤藏　山中吉兵衛

東淀川區（定員　三　名）
馬場　源政　北後眞次郎　有山福重郎

西成　區（定員　二　名）
中村　寅吉　岩間　繁吉

東成　區（定員三名）未定
赤田喜代松　石川　弘　木村　作治
田中　清間

住吉　區（定員三名）同點未定
吉村晋次郎　橘　尚藏　太田儀兵衛
今津德之助　成山庄次郎　倉持　篤彌

（各區二級當選者）

北　區（定員　四　名）
上田　孝吉　杉野乙次郎　野村　源吾
廣瀨　德藏

れで酒杯三行三味線は運ばれます、
なまめかしい女の聲が夜のしゞまを
破ります、斯くして政治は打合はさ
れ協調せられ議會の議決となり官報
に登載せられます。

會社の創立發起人會は大抵旗亭か待
合で行はれます、酒なくば打解けな
い、話が角張る理論めく、それで圓
滿に談合するにはけいしやが必要で
ある、酒がなくてはならぬそこで談
合は中途で切れる、打合は三分一後
は次回の會合を要することゝなる、
一回で終る事も二回三回の集合を必
要とする幾度集合するも談合は要領
を得ない、去りながら酒と女とを缺
くべからざるものとしての集合が繰
り返へされておる中に、何時とはな
しに發起人は定つて株の募集が公表
せらるゝのである。

商業上の大小取引は店舗や事務所で
は堅くなる憂がある、丸くまとまら
ないので夕刻を期して待合乃至料理
店にて會合する、取引の話は至極簡
單で用が濟んだなら呼ぶからと申渡
された女共は、廊下の立話中に再び
座席に呼び出さるゝので清元となり
常盤津となり長唄となり二上り新内
となつて夜は更ける俥や自動車は呼
びよせらるゝ、取引上の話は何處の
點まで進んだか何にも是れと云ふ進
みはないが、斯る集合の翌日は事も
なく賣買取引の約束は取結ばれて終
るのである。（つゞく）

此花區（定員四名）
中谷郁三郎　土井芳雄　中野間菊雄
小田仙太郎

東區（定員五名）
森下政一　辻本松次郎　上村重助
細谷辰藏　內藤正剛

西區（定員四名）
一松定吉　南方熊次郎　木野正俊
石原善三郎

港區（定員五名）
桝谷寅吉　青木新治　小林惟治郎
宮武茂平　栗山伊佐美

天王寺區（定員三名）
井上文三郎　松本泰輔　中井善之助

南區（定員四名）
岩崎義人　林田增太郎　中岡政雄
玉置恭太郎

浪速區（定員四名）
竹島佐太郎　川西宗之祐　沼田嘉一郎
村松倉太郎

西淀川區（定員二名）
名越民太郎　北郁正二

東淀川區（定員三名）

……自治講演相談部を設けました………

明治大學教授　小島憲

東京市政調査會參事　弓家七郎

前東京市電氣局理事　平井良成

本會編輯委員たる右三氏の内、小島委員は嘗て内務省地方局にあつて、時の地方局長塚本清治氏（現法制局長官）指導の下に、我國地方行政の局に當り實際問題を研究し、それより歐米に留學し世界十有七ケ國を歴遊して内外自治制の研究を遂げた學者で、弓家委員は明治大學より海外留學を命ぜられワシントン大學に於て四ケ年間政治學を研究し、それより歐米各地の地方行政を研究して、歸朝後後藤子爵設立の東京市政調査會に、參事の要職を奉じ、今や都市政策並地方行政の一大權威として重きをなし、今回明治大學教授となられることになりました、平井委員は明治四十四年舊制を改正して現行、自治制が編まれた時自治制の生字引とも云はれた故近藤行太郎と共に腹案を作つた人で、行政學者としてのオーソリチーであります、以上編輯部の首腦なる三委員は、官僚的自治制打破を以て信條とした平民的の學者で、毎月責任を以て、本會の主義主張を論説に評論に逸話其他に執筆されますから、本誌の内容は決して無責任なものでなく、他の自治雜誌と類を異にすることを聲明します、されば若し自治制の問題に就き質疑がありましたならば、遠慮なく御通知下さい、三委員は充分に研究を重ね、實際に照し、海外の實例等を引例して、懇切丁寧なる解答をされます、尚講演部は各地に講演會及び巡回講演會を開く事にしましたから若し地方に於て自治に關する講演會等に有力なる講師の必要がありましたならば三氏は可成繰合はして出席されますからこれも遠慮なく御申込下さい。

本田彌市郎　田島政次郎　北浦純一

東成區（定員四名）

花崎秀治　福井芳太郎　大橋房太郎

中橋九一郎

住吉區（定員二名）

中野藍治　森下比三郎

西成區（定員二名）

八代德太郎　吉川吉郎兵衛

◎神奈川縣

前羽村（下郡）

岩堀伊太郎　大曾根輝三郎　石塚與三郎

椎野邦太郎　伊藤繁次郎　小澤良三

石塚龍藏　石塚榮太郎　北村朝次郎

石塚八郎右衛門　石塚八右衛門

土肥村（同）

加藤富太郎　菅沼萬太郎　八龜米吉

高杉模次郎　西山文治　室伏兼吉

寺ヶ良吉　杉本清三郎　力石林七

室伏勝藏

下府中村（同）

門松善太郎　原宏　長田友吉

永井仙太郎　神谷助次郎　松本梅太郎

第二回 町村長回答

本會は自治政改造問題に就き、第二回の試みとして左の如き質問を發しました所、前回の數倍に及ぶ回答に接しましたのは欣快の至りに堪へません。

一、現行自治制に於ては市町村長の選擧は市町村會の選擧に依るもこれを一般公民の直接選擧となしては如何

栃木縣町村長會副會長
栃木縣塩谷郡矢板町長　大稲由郎

町村長を町村公民直接選擧するは理想として良く、近き將來實現すべきも、現狀にては現行法を可と思考す。

群馬縣町村長會副會長
群馬縣佐波郡伊勢崎町長　石川泰三

府縣知事公選を高唱さるゝの時、市町村長は市町村公民の直接選擧となすは、最も當を得たる義と被存候。

福井縣町村長會會長
福井縣南條郡武生町長　三田村甚三郎

自治觀念の旺盛ならざりし既往に於ては階級制となして市町村會に於て市町村長を選擧せしむるは、其公正を保つ上に於て已むを得ざる事情ありしならんも、今や普選を前にしてかゝる時代錯誤の制度を存すべきにもあらざれば、公民直接選擧と改正するを可とす、現に福井縣町村長大會に於て此の件を滿場一致可決せり。

鳥取縣町村長會副會長
鳥取縣岩美郡宇倍野村長

原　正雄　飯山亨之太郎　樽田浦太郎
星崎辰五郎　志村岩太郎　原田吉之助

吉濱村（同　）

常盤梅太郎　岩本福太郎　小澤　一郎
鈴木安太郎　榎本吉太郎　内藤彦太郎
富山　元隆　淺田岩次郎　杉山　周吉
家本　常吉　藤中　芳郎　淺田　長吉

蝶ケ谷村（愛甲郡）

山口智一三　山口重太郎　山田彌太郎
大矢庄太郎　山口　多助　山田喜代司
杉山　耕三　山田　次三　山田元治郎
山田保之吉　山田　助之　加藤　芳廣

南毛利村（同　）

杉山　金重　濱田峰次郎　石井　玉造
武井忠一郎　吉岡　新作　河内近太郎
神崎　又平　安藤忍四郎　山田瀧次郎
柳田　勘作　細野　虎松　神崎　岩吉

三田村（同　）

落合　林　柳川　守治　竹松　民三
大塚　榮　河口啓太郎　小島安太郎
石塚初五郎　森　住大郎

名倉村（津久井郡）

和智　保幸　倉田　鶴吉　内藤　禮一
山口齊一郎　大垣　熊藏　倉田仲太郎

前　田　元　吉

村長を公民の直接選擧とするは時尙ほ早し

理　由

我地方は文化の發達遲れたるにも可依かと被察候も公民叢林の足らさる現時に、開放せる選擧は、或は情實に、或は黨派に依つて選出さるゝ恨あり、公民は總て己の自治體に向つて、意義ある奉仕を進んで提供し、一般各公民をして充分其の人格と手腕と信用を認識し、其特長を適所に遇するの鑑識眼を與ふるの機會有る時代と自覺とに進むを要する事。

長野縣町村長會副會長
長野縣埴科郡松代町長
矢　澤　賴　道

右問題は理想としては異議無之も、現今の町村狀態にては尙早と考ふ、要するに町村公民中、自治政治を解するものは頗る僅少にして、現に本年の町村會議員選擧に際して明らかなり、故に目下急務とする處は自治思想の訓育、奬勵にあると思ふ、加之何れの選擧も他人の事の樣に考へ、煽動政治黨、又は政治運動常習者に頤まれて行ふ樣なことでは駄目と信じます。

神奈川縣町村長會副會長
神奈川縣中郡大根村長
上　野　豊　三

照會の件は市町村長は元の通り市町村會に於て選擧するを適當とす。

理　由

市町村公民の直接選擧としても、結極市町村會の意志に基くものにて、一般民を無益に運動させ、且つ尊き時々を費すのみ。

島根縣鹿足郡津和野町長
望　月　幸　雄

町村制改正後本年の總選擧の狀況に鑑み市町村長の選擧を市町村公民の直接選擧とすることは、尙早と確信仕候。

秋田縣町村長會副會長
秋田縣北秋田郡落合村長
庄　司　易　五　郎

民度發達十分ならじ尙早。公民教育を徹底せしむるは目下の急務なり、現行法と市町村公民直接選擧とは、優良市町村長選出には五十步百步と思ふ。

千葉縣町村長會副會長
千葉縣香取郡久賀村長
菅　澤　重　雄

第二回自治硏究問題に付御照會の處右は普選施行の今日公民の直接選擧が理想に候

尾崎傳五郎　倉田澤太郎

日蓮村（同）

前田勘次郎　岡部政右衛門　小野啓太郎
岡部　忠一　小野　瑜造　山崎林次郎
尾崎麟次郎　山崎　亭作

川尻村（同）

八木　太市　小儀　磯吉　小池　正平
佐藤　庄助　村田齊次郎　金子源太郎
宮崎榮之助　安西新之助　澁谷角之助
八木　高助　小池　要藏　八木彌之助

湘南村（同）

中里　惣作　齋藤　宇一　齋藤　巖作
吉村　藤藏　井上藤三郎　馬場十五郎
馬場　高　林　勘太郎

三澤村（同）

平本　五助　山岸　政　安西德次郎
高城　剛　高城　嘉重　井上　喜一
八　德太郎　山岸　銀藏

內鄕村（同）

小川　喜市　山口　治兵　齋藤民五郎
宮崎德次郎　井上　彌平　沼崎　又次
大神田代次郎　岩田　喜正　榎本　淸重
山口菊太郎　小野澤文次郎　芳澤辰次郎

も村會議員は公民の選擧により一村を代表せる者故現制度の村會議員の選擧と大差は無い、市町村の公民が能く自治制の眞諦を理解せざる時代は現制度と何等選ぶ所は無い只新規を好む連中が理想論のみを高唱するも事實は理想と相去るもの、如し。

愛知縣町村長會々長
愛知縣海部郡佐織村長
安達臣一

市町村長を公民の直接選擧となすは害あつて益なし、無論現今制度可なりと認む、

右及回答に候也

愛知縣町村長會副會長
愛知縣泡海郡高師村長
大竹藤知

拜啓御照會の件市町村會に於て選擧するを可とす。

理由　普選實施後は市町村公民の直接選擧するを理想とするも目下町村殊に農村の如きは公民の多くは自治に關する知識極めて低く每度行はるゝ選擧の際も狩出を爲すにあらされは大部分の選擧權を放棄する狀態なるが故、此際公民の直接選擧となすも徒に煩雜ならしむるのみにして効果少なし要するに時機尙早しと認めらる。

埼玉縣町村長會々長
埼玉縣入間郡豐岡町長
繁田武平

事務の局に當る理事者は複選がよい、即ち市町村長は從來の如く市町村會の選擧を可とす、米國大統領選擧の如きも亦此の例である。

香川縣町村會々長
香川縣仲多度郡善通寺町長
末澤平吉

拜啓　陳者御來照に係る市町村長選擧の件に關し愚見左記の通御回答申上候　不備

記

一、市町村長の選擧は現行法の規定通を可とす。

高知縣町村長會副會長
高知縣長岡郡役無町野田村組合長
北村浩

答　町村會と對立する町村長を町村會をして選擧せしむるは不可なり宜しく町村公民をして之を選擧せしむべし、但町村長は議員と異なり相當の資格(學力及事務等)なかるべからず之を區別する事は一般公民には甚だ困難なり由て、數倍の選擧人(代たる村會議員を選擧せしめて之に一任す

澤井村(同　)

加藤友一郎　關口吉之助　山田德太郎
落合寅藏　森川喜一郎　鈴木藤十郎
石井好太　播野佐助

青野原村(同　)

杉本榮吉　平本藤吉　井上大助
小俣勇　井上又次郎　井上和龜
尾崎要藏　山口嘉一　山崎二三吉
佐藤樂住田　高城常七　井上藤次郎

小淵村(同　)

中村林太郎　守屋秀高　塚平富夫
石井恒一郎　近藤萬次郎　諸角重晴
大塚太郎　臼井好平

佐野川村(同　)

舟橋傳一　大河原嘉十　清水正茂
佐藤武平　田松源兵衛　佐藤榮太郎
小山延秋

浦賀町(三浦郡)

谷口治助　櫻井仁八　胡幡莊作
加藤喜七　新倉鐐五郎　宇野武右衛門
飯田禎次　飯田兼吉　本木作助
大橋萬藏　土屋留吉　菱沼久次郎
加藤小兵衛　川澄登之助　小川善太郎
宮井清一郎　長島彥太郎　臼井源之助

る方法（一選）となすべし。

福井縣町村長會副會長
福井縣坂井郡三町町長

岡崎 儀二郎

市町村長は市町村公民の直接選擧を可とす。

愛媛縣町村長會々長
愛媛縣溫泉郡余土村長

鵜本 房五郎

一、町村民の凡てが完全に自治を理解したる時最善の方法と信す。

滋賀縣町村長會副會長
滋賀縣甲賀郡水口町長

西田 繁造

拜復 自治制に依り市町村長選擧上に付御諮問の次第左に答案申進候（大都市に於ける識見を欠く）大體市町村長を公民より直接選擧を爲すことは乃ち自治體の本義にして有意義のものと信じ候、本來公選に依れば最も衆望の高きにあらざれば推薦の當を得ず、其當選者たるものにあつては愼重になつて輕々辭退するを得ず、若其反面に野心家ありて候補を爭はんとするものありとしても是容易に勝を制すべきものにあらず歸する所敢て自から名乘らざる衆望の厚きをして當選し責任も重くなく威嚴も具り自治體健實となる。

山形縣町村長會々長
山形縣東村山郡出羽村長

田中 廣茂

市町村長を公民の直接選擧とすることは理想としては强く不可ではないが、由來自治體は家族制度の延長であるから其主張たる市町村長と公民とは同心一體なると同時に急思機關たる市町村會議員も亦同し事である故に病軀變狀を來さざる限り日常此間の關係は一家族と同一であられはたらぬ。今若し之を直接選擧となさんか畜に其の手續の繁なる斗りでなく却て惡弊之に伴ひ双互の乖離と共に和平輯睦を害する處あれば現在の復選法を以て最適當と認む。

兵庫縣町村長會副會長
兵庫縣赤穗郡鞍居村長

杉本 磊之助

公選を可とす。

兵庫縣町村長會長
兵庫縣飾磨郡八幡村長

飯塚 重雄

二見定次郎　小川 龜吉　臼井 辰三
西村 誠　石井 辰助　宮永新次郎
戸上 雄吉　小磯 仁助　蔭山新太郎
高村 敬吾　河野 泰助

南下瀬村（同）

藤平 政吉　長谷川仲藤　菱沼 俊廣
吉田 增藏　石井 剛臧　藤平源兵衛
藤平福太郎　桁原初太郎　蛭田 岩吉
湯山安次郎　岩野 粕助　吉田泰次郎
岩田高太郎　秦倉武四郎　大村常次郎
蛭田泰次郎　新倉 初藏　黑田佐右衛門

初聲村（同）

田中毅太郎　古山 留藏　大井新太郎
志村廣太郎　伊東 和輔　山崎善太郎
米本 常藏　岩野 留藏　鈴木 要藏
進藤 長吉　石渡 彌平　和田多喜丸

腰越津村（鎌倉郡）

坂本 定吉　今子市太郎　中村春次郎
島村 宗三　榎本信太郎　岡山 眞治
山崎作次郎　島村 一郎　島村 長藏
土屋 忠要　岩田 紋藏

六綱村（橘樹郡）

飯田 助夫　白井 義三　金子 淑藏
峰岸 新助　青木 近藏　座間 安助

拜復陳者御尋ねの市町村長選擧の件は現行法に依るも何等差支度之三十年來の歷史の證明する處にて有之候之に反して公民一般の直接選擧となる時は相當の人格者運動進んて市町村長となるもの無き有樣となり不人格者市町村長となる傾きあり。

此頃內務省地方局に制度改正調査會なるもの開かれ普選に伴ふ市町村制改正せらるゝものゝ如く相見へ候市町村は國家と隨小區域のものなるに付世帶主に公民即ち選擧を附與し一家即ち非世帶主に與へざる方適當ならん如何となれば一字を知らざるもの一市町村を料理する能力なきものなりと云ふべし。

滋賀縣町村長會々長
滋賀縣知事
末松偕一郎

市町村長を市町村公民の直接選擧と爲すことは市町村長か市町村會の制肘を受けす自由に活動するの能力を得べく制肘直接選擧は眞に多數公民の意思を實現之得へきを以て理論上に於ては適當の制度なりと認むされど市町村會議員の多數か市町村會に反對の地位に立つ者選出せらるゝことあるへく斷る場合に於て自治の圓滿を欠く爲種を不利益を生すへしとの反對說亦有力なり予は種々の理由に困り直接選擧は尙早なりと認む。

宮崎縣町村長會長
宮崎縣東福岡郡本庄町
杉田四郎

一、市町村民直接公選の可否に付ては大に考慮研究を要する重大問題にして市町村制實施以來三十年を經も尙一般民衆で自治の精神に欠くる處頗る多く故に此道程に在るの際一般民の公選は時期に尙早にして幾當の弊害生ずる恐れあり依り當分現行法に依るの外なかるへし。

栃木縣町村長會副會長
栃木縣芳賀郡眞岡町長
神田道堅

市町村長は復選却て弊害あり、寧ろ多少の弊はありとも公民直接の選擧を可なりと信し居申候、又斯くせさ　へからさる時勢の到來し居る事と感ぜられ候

（時日の都合上遺憾乍らこれを以て締切とします）

增田八十吉　前川泰助　竹生源藏
横濱藤次郎　伊東政吉　磯部幸助

稲田村（同）

佐野源治　關山鎭三　井上金兵衛
白井英太郎　小林福壽　小彌左衛門
元木仙吉　吉田福治　上原茂八
平山福藏　古谷孝壽　上原喜作
小林忠七　三平牛七　小林活造
高橋甚八　田村國太郎　五島一郎

高津村（同）

杉崎眞三郎　上田安左衛門　石川萬藏
小黑錦七　田邊永三郎　河原榮之助
鈴木愛之助　原榮七　田邊宇兵衛
石川久二郎　大谷武右衛門　本所晴吉
杉崎美三郎　岡信一　越水榮吉
小池德太郎　大山又二郎　市野正二郎

◎長野縣

手良村

北原澤次郎　向山亮四郎　海野高次郎
海野倭吉　登内善五郎　登内正一
中山幹　松島孫十郎　那須野五兵
靈澤正二郎　矢澤佐賀雄　向山雕太郎

高遠町

自治風聞録

行政史上未曾有の大事件
島根來島村表彰辭退問題

田吾作生

■慈善家と云はれたさに所謂慈善を爲すお目出度貴婦人もある樣に、腐肉の『模範村』の空名に幻惑して『模範村』になりたがつてゐる多くの自治體の中に、島根縣飯石郡來島村民の表彰辭退運動は地方民の覺醒を如實に語るもので、將に黎明の聖戰である。

■十有五年に亘る村政の墮落を巧に欺瞞し、村長及其一味野望家の手に依り『模範村來島村』の宣傳は久しい以前から行はれてゐたが、覺醒せる村民はその無意義なる事を痛感して殆んど問題にしてゐなかつた、大正十三年四月內務省から村落の模樣を調査に來たが內閣の更迭後更に其の調査に基き、愈々選奬される事になり本年二月十一日飯島來島村長は縣廳に出頭して表彰狀を受領歸村したのである。

■之より曩き同村の有識者は戸谷一雄加瀨部新太郎、松原信義の諸氏を中堅とする『來島表彰尙早團』を組織し、納稅狀態、村務の狀態、村有財產、敎

黑河内一太郎　池上　吉聯　伊藤吉十郎
中山猪之助　黑河内節治　山川　新藏
岡部德治郎　市川　美廣　中山十九十
山下　友義　藤澤榮太郎　山邊　道廣
田中理一郎　森下高治郎　北原　政治
春日　藤一　柴田　藤八　井口純一郎

長藤村

向山丑太郎　北原　安太　北原　太藏
小笠原浦三郎　北原　直衛　高島　長重
伊藤　勘藏　北原淸次郎　池上勇太郎
保科　總藏　北原　幾郎

鼎村

小林治郎作　本田亥太郎　乘倉惣一郎
小林力太郎　菅沼覺治郎　鋤柄　新一
本庄　健三　加藤　定吉　五十君彥四郎
牧野　貫二　野口作一郎　北澤　金一
關口福太郎　吉川　福二　伊原　勘七
林　春治　北澤精一郎　牧野加賀司

廣丘村

百瀨　喜一　小林與三郎　赤羽　又晴
百瀨　藤十　三村祐十郎　小松喜佐三
平林斧吉（死亡す）山田千一　平出　省三
百瀨字金次　永原　和重　上條和人司

寺尾村

育產業道路等十數項目に亘り、詳細なる調査を爲し、表彰の無意義なるを力說して、『來島村表彰尙早理由書』を作製して關係官廳を始め各方面に提出して即時表彰辭退運動を開始した尙此の理由書の中には、飯島村長が模範村の村長たりと云ふ名譽慾を滿足せしむる爲めに村民の無自覺と、村會議員の無能とを奇貨とし、村民の經濟狀態を無視して頻りに村の外形裝飾に腐心し、醜聲さへ傳へらるゝ過大なる土木事業の眞相を摘發してゐるが、之と同時に表彰辭退及村長糺彈演說會を開催し、『飯島村長の引責辭職を要求し來島村表彰の延期を期す』此の決議文を村長に手交したる處、飯島村長は村會議員の一部組長、區長其の他腹心の者を集めて協議を重て之が對策を講じ、一方上級官廳其他の人々に仲裁を依賴したるも解決を得ず事態紛糾を重ね、飯島村長は遂に辭表を提出するに至た。

■尙早團は此の目的一部貫徹に氣勢を得て、飯島派の『暴力擁護團』に抗し正義を唱へて讓らず、確固たる定見の下に更に表彰延期運動の步調を進めたのである、その結果菅澤飯石郡長の來村となり、事件圓滿解決のために尙早團と妥協を諭せるも郡長の言行は表裏ありて決裂の止むなきに至り、尙早團は更に第二期運動たる『學校建築物調査』を開始するや飯島派の驚愕一方ならず、村民を集合して非常識的なる文書に調印を强制し、反つて有識村民の非難を受くるに至つた。斯く飯島派と尙早團の抗爭の爲め、村務の停滯を憂慮すべき事態の釀成は、來島村の自滅を早めるものなりとの見解より、別府島根縣知事、森山縣會議員は、兩者の

若林　謙一　桑名　偵　酒井龜久郎
岡澤松太郎　小林　男也　柴田重太郎
宮林仙太郎　和田六之助　鈴木芳太郎
宮本　玄章　淸水　喜助　淸水　原保

東條村

相澤文之助　小林柳太郎　北澤淸十郎
幡場　寬治　月岡　和雄　田中藏之助
北澤善太郎　河口　美儀　相澤德之丞
富岡昇之助　中澤八重作　玉井又左衛門

岩村田町（北久）

神津今朝次郎　角田市太郎　角田代三郎
佐藤道太郎　樋口長一郎　荻原長次郎
中澤菊太郎　出澤　莊助　佐藤　仙夫
白井　安太　神津市之助　小平　博
矢ヶ崎伊始郎　山崎長次郎　市川　宗內
茂木　金作　金澤　多助　秋山　正吉

龍江村（下伊）

伊坪　重作　木下榮之助　松尾　久米
鹽澤　榮助　澤柳　幸作　二木　計之
三石　藤次　窪田　勝彌　林　安藏
窪田增右衛門　吉澤　貞吉　奧村　賢治

下久堅村（同）

佐藤　順一　宮田　一六　池田　淸八

間に相計り種々協調に努め努力を惜まなかつた爲め、尙早園もその誠意に打たれ玆に和解の光明を認むるに至つたのである。尙早園は別府知事、森山縣會議員、及志々村長木村景範氏の妥協案を基礎として一切を菅澤郡長に一任し、三月十三日來島村公會場にて關係者及有志列席の席上圓滿解決を見るに至つた。尙早園が正義の叫びには內は勿論縣下に地方人覺醒の先驅的新彩を放ち、堂々たる歷史的記錄を殘すに至り、民論沸騰三十餘日に至れる『表彰辭退運動』の結末を告げたるも、此は腐敗せる自治體に一大警鐘を與へたるものにして、行政史上特記すべき記錄なるを以て、更に事件の內容を精査し詳細傳ふる所あるべし。

變つた決議

■岡山縣邑久郡玉津村一隅の別天地敷非は弘安文永の頃勇名をはせた豪族の子孫が住む部落である。

■先祖代々村の娘さんは田吾作の妻となつて甘んじてゐたが世のうつりかはりは。

■田吾作の妻、娘を生み娘又田吾作に稼するをきらふやうになつた。

■何よりもいやなのはクサい肥桶を姫御前があられもなくになつてあるくこと。

■このあひだその婦人會ではとう〳〵「肥桶をかつぐことは向後これを夫の負擔とす」と決議した。

人類愛に基いて

■栃木縣の町村會議員改選は一般に競爭猛烈で、眞岡町は殊に甚だしかつた、

■同町字田町は公認候補者四人の處へ別に四人の獨立候補者が現れ、いやも

桐生　一郎　平澤　恭一　佐藤　茂一
平澤喜代吉　田中金重郎　下平　善一
山下　英一　宮川　千晴　大島　政七

智里村（同）

熊谷武一郎　熊谷愛治郎　原　虎松
澁谷由太郎　原　健造　熊谷實太郎
石原伊與三郎　熊谷八十太郎　伊原彦太郎
原　角太郎　小林　彦吉　柵田春太郎

會地村（同）

塚田美穗三　熊谷　錄逸　北原宗治郎
黑柳　善作　原　佐之吉　熊谷順之助
蘆澤民之助　佐藤隆之助　佐々木與一
米澤　米吉　林　滿吉　角山　太郎

野澤町（南佐）

市川安次郎　田中　新一　小林　榮重
臼田　耕平　伴野熊太郎　金子喜一郎
岡村　善一　畠山　淸一　伴野孫次郎
高見　澤誠　相澤　三郎　小林茂一郎
木村　武　竹內　匡雄　井出　善藏
茂原　馬太　平林長十郎　萩原　豊助

中込町（南佐）

山岡愼一郎　萩原　務功　土屋　熊治
小林　牧太　依田　末治　市川治三郎
市川治兵衞　植松春二郎　上原　金吾

うあらゆる手段が弄された。その中に水平社員黒崎傳三郎氏もその獨立候補の一人であつた。

■ところが選擧の結果水平社員全部で二十四票を有する黒崎氏が四十七票で當選した。他縣には水平社員の町村會議員は多々ありませう。しかしそれは大抵水平社員の票數を以てその位置をしめたもので、黒崎氏の如く大半は全く水平社以外の得票であつた人はあんまりあるまい。

■人類愛に基いて水平社同人の爲清き一票を投じた二十三名のあつた事を私は水平社同人の爲にもわが自治體の爲にも祝したいと思ひます。

■日本帝國臣民全部がこの選擧民のやうな公明な心もちになつたら水平社との不祥な紛爭も起るまいし、第一水平社といふが如き團結の必要もなくなる。さういふ日の一日も早く來らんことが望ましい。

自治體に婦人の參政

■イタリー下院は五月十五日婦人參政權法案を可決した。

右法案は地方自治體議員選擧に對する投票權を婦人にも付與するものである。

少年市長

■サンフランシスコでは四月廿六日から五月二日までの一週間を少年週間といつてその期間中少年で出來る範圍內で同市の諸般の事務をとる少年市長を選擧した。

■即ち同市にある公立小學校五十有餘並に各教會學校からそれぐ\市長候補者を指名し、指名された少年市長候補者は四月二十一日同市々會議事堂で審判官グラハム氏の考査を受け合格した

小林金次郎　萩原　源吉　柳澤　種助

海瀬村（同）

有賀　善勝　加藤　虎　新海　恒吉
內藤　庄太　佐塚麟太郎　井出爲之助
井出和太郎　中島　忠照　新海袈裟藏
石井　多吉　友野榮四郎　阿部　梅千

宮田村（上伊）

代田　千章　春日運治郎　酒井　嘉藏
駒澤　武夫　平澤　傳　平澤　源藏
加藤德治郎　小田切駒一郎　矢島　憲郎
平澤宗太郎　田中佐太郎　小田切宗一郎
飯島辨二郎　矢島房二郎　伊藤源一郎
伊藤　貞二　大田　又十　田邊　清人

小諸町（北佐）

柳田　一郎　小山　愼六　渡邊十六二
小山　三郎　土屋　八朔　工藤直三郎
小山　辰平　掛川　清香　小山甚三郎
相原　仕人　平井晉次郎　大池　百助
吉澤代五郎　竹內　四一　長谷川昌壽
鹽川　駒勝　小林寅右衛門　小林源次郎
土屋　守彦　森山　忠諒　小宮山三郎
高橋重右衛門　小山　英助　笠原　久平

大桑村

細川　金次　平田庄太郎　木下　宗一

少年が即ちその少年市長たる名譽を擔ふたのである。

婦人に啓發されて共和がぐ芽む

■兵庫縣飾磨郡餘部村青山は部落内に暗闘を續け何事にも一致を缺いてゐたが過般婦人會が總會を開いて農事の改良を圖る爲め共同して事業を行ふべく申合せたので戸主會もそれに値されて五月十四日午後一時から農事改良組合等に關し協議會を開いた。

一回五圓の奢驕税

■同郡廣村戸主會では十年ほど前から奢驕と云ふ規約を設けて會員が宴會などを催す際に酌婦を雇ふ場合は一回につき五圓づゝ同會に納める事に申合せ爾來嚴重勵行してゐるので近頃では成績よく何でもない事に宴會を開く者が少くなり一面風紀も改善さるゝに至つた。

■五月十三日同村の鰯地曳き網卸しを視察に行つた福井郡長も感心して歸廳したそうだ。

中央集權のお叱り

■五月八日午後地方長官を内務省に集め德富蘇峰老の歷史講演があつたが最後に『中央集權の弊を避けなるべく地方分權として知事の權限を擴張しなくてはならぬ』と油をかけた。

■講演がすんだ後で中川大阪君湖地方局長の肩をたゝき『地方分權はよく記憶してゐてもらひたいね』と注文をつけたが地方分權論は前日山縣廣島君が二十年來の長廣舌とやらを振ひ『郡役所廢止は中央集權の弊を助長する』と既に前座を勤めてゐるところへまた德富老に裏書されたので隨行の屬官連までが鬼の首でも取つたやうに喜ぶこ

横平勝治郎　鈴木兼吉　貴舟正智
常盤井虎一　野知里宗太郎　池田文太郎
遠野鐵之助　前野鶴吉　前野太郎
川合要　篠原傳之助　勝川初太郎
金澤謙三　木戸垣一　古根太郎

開田村

山下萬平　千村萬三　畑田勝藏
古坂七之助　村上寅吉　山本乙吉
古畑彌七　小倉初太郎　中村温
下島松壽　藤村貞一　上田莞次郎

神坂村

鈴木英一　牧野久六　西尾利右衞門
鈴木廣助　原岩吉　勝間幸太郎
大脇源太郎　島崎成三郎　西尾宮吉
原豐藏　島崎廣藏　洞田嘉兵衞

平野村（訪諏郡）

（二級）

小口金吾　小松滌衞門　小口與一郎
野村忠雄　酒井敬英　中村七五郎
武井慶一郎　神尾賴之　藤岡謙仁
笠原八百七　武居善重　赤羽惣吉
黑澤武雄　宮坂五郎吉　赤島一郎

（一級）

山口勝治郎　小口重太郎　赤松米市

と。

カツグとカツグ

■宮城縣石卷町町會議員の選擧に出口作兵衛といふ候補者の細君、鳩山薫子さん獲才喰へといふ勢ひで夫君のために日夜運動した。

■或る日ヤキ德といふ葬儀屋に出かけて『どうぞ主人をカツいでいたゞきたいもので』といふとヤキ德葬儀を頼みに來たものと早合點し『ヘイツイ二三日前にお逢ひしましたがいつお亡くなりになりましたか?』

■細君アワてゝ手を振り『イヽエ、死んだんぢやありません、選擧にカツいで頂きたいんで……』と誤りを正して頼み込んだがそれが籤をしてか件の御亭主見ン事落選したとは氣の毒。

禿頭の買賣ぢやない

■秋田縣湯澤の町議選擧は縣下第一の激戰地だけに隨分毛色の變つた人が當選したが、中にも羽太博士や吉井勇さんと呑まはつた縣內有數のデカタン高久辰太郎君。

■日本有數の愛犬家京野兵右衛門君、町役場書記入江五郎君等といふ三十前後の人が見ン事鹿を射止めた。

■それ等の連中『町村會議員は禿頭の專賣ぢやない、日本の自治機關にわれ〳〵若いものが新生命を吹き込んだんだ』と大威張りだと。

自治兒童團

■德島縣那賀郡新野町廿枝の汗愛兒童園は折野勝美(高一)古屋石男(高一)君等の努力によつて、自治的訓練の下に夜學をやつてゐる。

■三十名あまりの兒童が夕方から藤江氏方に集合し三組に別れクラスにはそれ〴〵上級生が教授監督し精勤者や成

小口　英藏　增澤　金助　高木林次郎
今井　重男　宮坂　逐造　兩角　壽十
武井吉太郎　矢島廣之助　宮坂健次郎
林　菊次郎　森　七六　今井佐次郎

王瀧村

松原新一郎　山本小左右內　小瀨川久之丞
奥田　民吉　松原銀三郎　家高左太郎
新井德太郎　三浦傳治郎　胡桃澤光一
大塚七郎治　出口直治郎　岡田　鶴治

豐田村

田中綾之助　花岡　壽郎　伊藤　明敬
闘山　勝　笠原平衛務　松澤　卷治
宮坂喜一郎　飯田辰次郎　小泉　廣吉
山田角治郎　北澤　孝吉　有賀準太郎

傍陽村(小縣郡)

小森　三郎　三井庄次郎　三井今朝次郎
飯島　太吉　清木壽一郎　中村丈左衛門
堀內菊五郎　佐藤喜治郎　堀內　次郎
堀內吉次郎　堀內文治郎　坂口　甚作

信里村(更級)

風間　重義　高橋　忠雄　內山　直治
佐藤信一郎　下條幸右衛門　小林眞喜多
笠井　芳作　吉岡　織太　島田　軍平
野澤伊佐雄　倉田寅之助　小山田茂一

績良好の者には賞をあたへ眞面目なそして有益な夜學をやつてゐるが自治的で大人で干渉しないのに、よく秩序が整つてゐる。

彌次の子の彌次

■千葉縣第六區の補缺選擧に當選した千葉三郎君は一高時代から劍道の猛者として鳴らした一方、長唄に凝り高座にまで上つて唸つた程の變物だ。

■また名うての吞助で曾て上野邊で深更まで飲み廻つてから腕車に乘つたところ、車夫がヨボヨボのお爺さんなのに憐愍の情をおこし、辭退するのを無理矢理車に乘せ自分が梶棒を握つて威勢よく走り出し、坂本三丁目の車夫の家へ送り屆けてから車賃を拂つてやつたといふ逸話もある。

■米プリンストン大學に留學中ゴルフに凝り芝生に坐つては長唄をうたつてヤンキーを驚かしたものだ、――天性大の彌次馬なのもその筈、亡父は同縣長生郡の素封家千葉彌次馬氏で、謹直な關和知さんの後にしかもおなじプリンストン大學を出ながらかゝる彌次馬が現れたのは面白い。

退屈會議

■地方長官會議と云ふと何だか大層いかめしい樣にも聞えるが實際は案外實のないものらしい。

■と云ふのは第一日と云ふ五月五日にも午前十時開會と云ふ振り出しなのに時間勵行で十時二十分に開會首相藏相翰長の訓示が朗讀演說で合計四十分、正十一時には用濟み、引續いて幣原外相を聞かして呉れと云つた所、これは午後だと云ふのでまだ來てゐない仕方なく一先づ休憩。

■午後零時半までの一時間半にお上り

塚田由太郎　成田磯太郎

中箕輪村（上伊那）

笠原　道直　大槻　茂　唐澤　康雄
小原眞一郎　横山角太郎　山岸　節三
唐澤　舍人　唐澤　政雄　向山　治雄
日野　清正　中坪　頴治　北條孫七郎
丸山　盛藏　桑野　良三　小池　照雄
浦野　喜作　榮　慶藏

須坂町（上高井）

小田切安次郎　山口卯之助　高橋庄右衛門
爾津半兵衛　羽生田幸吉　小野澤庄桂
宮崎寅一郎　廣田佳太郎　田幸千太郎
牧野藤兵衛　小松太兵衛　牧　熊吉
宮本　長作　宮崎　彌作　小田切常三郎
牧六郎右衛門　田尻　新治　田中　邦治
浦野權之助　清水　庄吉　長谷川小三郎
青木　政藏　牧　寅助　梅本　倉治
小柳磯次郎　花岡喜三郎　島田吉太郎
高橋蔦之助　永井　善俊　鈴木興喜治

信級（更級郡）

寺島　積吾　田中　茂　宮本　安榮
栗林　泰治　村田　唯藏　保科　繁治
越山權市郎　小出　義雄

小嶋田村（同　）

連中お國自慢や首の噂もやり飽きて生あくびをかみころしてゐる呑氣連もあれば、上役にめぐり合ふ毎に、最敬禮を長して首つなぎ策に血眼になつてゐる良二千石も見受けられた。

■「こんな間の拔けた長官會議は先づこゝ十年許りありませんよ。政府もタガがゆるんだのかそれとも安心してしまつてゐるのか殊によると氣候のセイかも知れません」が何しろ退屈でたまりませんとは某古參知事の陰口。

??心理

■懇親會と名付けらるゝも、酒と女への近ずきが落ち、同業相和するなんて千里の彼方だ、だが此の話は艶ぽい所を北極送り、役人にはお定まりのこと、或る時、地方自治關係者の懇親會が某所に催された時の事である、地方の人には、年に一日の垢流し、トントン勢いよくやつて來た中に、一人傲然椀車を馳つて入場した者がある、招待後の地方局の一高級屬官さき程から下げ通しの頭を一層下げて、バッタの米搗ききつきゆうじよとして迎ひ入れた後同僚に問ふて曰く『今の來客にうすら覺えはあるが、唯れであるか忘れた、どこの知事だい』と高官の名前を忘れたのをみつ可を喰ひそこねた女の樣に惜しさうな顔付をして尋ねた、同僚コミあげてくるお可笑さをジッと耐らへ、無神經者の如く『君、アリヤ某縣の内務部長だよ』眞黒な入道雲がむく湧きグラ〳〵と來てからアノ大地震だ、『ムウ、何んだ！　馬鹿々々しい、きやつは内務部長か、糞ッ』後の放送、先の放途を追ひ越さず、大安賣に賣つた頭は、自ら買ひもどせ。

田中　令助　岡澤今朝治郎　小林輝之助
長澤永太郎　齊藤陸太郎　穗刈大三郎
清水　龜松　中村　榮重　井上　操
中村　總治　安川　彌作　安川助治郎

清野村（埴科郡）

近藤　茂堯　小出藤太郎　山崎平重郎
青木　金時　窪田　久衛　北澤　義喜
宮賀覺次郎　若林保治郎　色部　郡七
高野覺之進　上原　順平　久保清太郎

中之條村（同）

中島　貢　塚田　順　中島　澤吉
中島　嘉雄　塚田　恒作　塚田多治郎
柳澤　喜市　中島　義助　堀内　駿總
柳澤若之助　柳澤　廉平　今井　喜好

埴生村（同）

宮坂法一郎　市川　與平　北川儀左衛門
小高周治郎　相澤　善彌　宮坂　助雄
宮坂千代吉　池田袈裟五郎　川島今朝治
宮坂重太郎　竹内　右内　市川辨治郎

豐榮村（同）

宮本　港　宮本　千尋　須坂　喜内
宮入義十郎　柳澤　德治　柳澤　貞雄
宮尾　茂雄　宮尾一重郎　鳥羽　信炳
久保田磯治郎　久保田新太郎　山岸　登

各府縣町村長會々報

郡役所廢止と全國町村長會

全國町村長會に於ては其の多年の主張に係る郡役所廢止問題が議會に於ける當局の聲明に依り來年度より實施斷行の事に確定したるに依り同會では其の廢止方法に關し豫て全國各府縣町村長會の意見を徴しつゝあつたが昨今大體纏りたるを以て五月十八日より三日間幹部總會を開催し審議決定の上當局へ獻策すると共に同會將來の態度をも決した尚本問題に關し今尚反對意見を有するものがあるが同會に於ては其の頑迷固陋を一笑に附してゐる其の反對論者の所説中には若干認むべき點なきにはあらざるも何れも官僚萬能の舊思想に囚はれ若しくは一部官僚が自己の運命擁護の窮地より發したる時代錯誤の甚だしき迷論として之を退けてゐる

岡山縣

西部村長部會　川邊村役場にて五月二十六日西部十ヶ村長部會を開き戸數割賦課資料其他の町村行政事務に關する研究會を開き質疑應答の爲め高杉主席書記が出席した

町村長會　都窪郡町村長會を五月二十七日郡衙樓上に開き出席町村長十八名（萬壽村長缺席）で高見郡長、堀、河和、小郷、各郡書記列席し楠戸會長議長席に着き目下歐米視察中の全國町村長代表者の一員である古屋野萬壽村長より町村長會へ安否の通知があつた報告をなし

今秦楠戸帶江村長河合早島町長の二氏京坂神地方に於ける本縣産米穀視察の狀況を述べ一、會則變更の件は顧問に高見郡長を推薦し一、大正十三年度收支決算を認定し堀郡書記の説明に依り一、勸儉奬勵に關する件一、勸儉奬勵狀況報告の件

一、稲作螟虫驅除豫防の件

等の注意があつた。

岐阜縣

武儀郡町村長會　五月二十七日武儀郡役所に於て町村長會を開き所得調査員選擧其他の件につき協議した

安八郡町村長會　安八郡にては五月二十九日郡內町村長會を召集し大震災義捐金募集に關し打合せをなした

三重縣

員辨町村長例會　員辨郡町村長は五月二十六日より例會を郡役所協和館に開き竹林改良共進會、土地臺帳、名寄帳等整理、納稅組合設置及活動、海外協會等に關する件其他を附議した

廣島縣

中部各町村長と小學校長會　本郡中部各町村長並に各小學校長會を五月二十六日本鄕町役場議事堂に於て開催された上北方村組合村長秦靖造氏座長席につき開會を宣し左の事項を協議した

一、郡教育活動寫眞の件
二、各町村道路品評會の件
三、補習教育委員の件
四、郡中部地方合同視察の件
五、勤儉週間勵行の件

各事項とも數時間に亘りて各會員より議論百出意見の交換を行ひ滿場異議なく協定閉會した

香川縣

勸業主任會生る　木田郡は今回各町村庶務、會計、税務、兵事、勸業、衛生、學務各主任書記を以て勸業主任會を組織し五月二十三日郡會議場で第一回の總會を開き役員選擧の結果會長に出井木太村長、副會長に村尾富次氏幹事に山本、平井、吉岡林村の各書記當選、左記件を附議したが本會の會則は左の通りである

提出問題

一、河川土石採取に關する件
二、麥稈眞田奨勵金交付申請に關する件
三、道路一時占用に關する件
四、麥檢査規則改正に關する件（五月八日縣令第十四號）
五、儉儉奨勵ポスター圖案募集の件

木田郡勸業主任會々則

第一章　總則

第一條　本會は木田郡庶務會計税務兵事勸業衛生學務主任會と稱し事務所を會長關係の町村役場内に置く

第二條　庶務を第一部、會計税務を第二部、兵事を第三部、勸業を第四部、衛生を第五部學務を第六部と假稱す

第二章　目的及事業

第三條　本會は各部主任各分擔事務を講究し以て自治行政の刷新向上を計るを目的とす

第四條　前條の目的を達せんが爲各部各別に左の事業を行ふ

一、名士講演を聽講する事
二、事務の研究をなす事
三、先進地を視察する事
四、其他必要事項

第三章　組織

第五條　本會は左の關係者を以つて組織す

一、各部關係の郡官吏
二、各町村長各部主任町村吏員

第六條　本會各部毎に左の役員を置く、但し役員は名譽職とす

一、會長　一名
二、副會長　一名
三、幹事　二名

第七條　役員の任期は四ヶ年とし滿期再選を妨げず

第八條　會長は會務を總理し會議の議長となる

第九條　副會長は會長を補佐し會長事故あるとき代理す

第十條　幹事は會長及副會長の指揮を承り會務を掌理す

第四章　會議

第十一條　會議を分ちて左の二種とす

一、通常總會
二、臨時總會

第十二條　通常總會は各部毎に毎年春季に開き臨時總會は必要を認めたるとき開催す、但し差し合はざる樣各部會長連絡を採り開催するものとす

村長協議會　一豊郡勝間村で五月二十八日第五區其外六ヶ村長會合事務上及戸數賦課の件につき協議した

福井縣

町村長議會　南條郡では五月二十八町村長會を郡役所に於て開き但馬地方震災義捐金及び慰問袋募集に關する件勤儉獎勵に關する件、第三回勤儉週間協調に關する件等につき協議した

郡市長會諮問案の內容　本縣では六月十日頃郡市長會議を開き左記諮問案を附議した

一、事務簡捷、能率增進の適切なる方法如何

一、道路保護團體の活動を促す方案如何

愛知縣

東加茂の町村長會　東加茂郡役所では五月三十日例會である郡內町村長會を開催し町村行政事務研究協議を爲した

西加茂郡町村長會にては、六月一日より三日間の豫定を以て藤岡村長高見鎌也、高橋村長都築峰太郎の兩氏を模範村たる大阪府下泉南部上ノ郷村へ出張村勢の視察をなさしめた

山形縣

西田川町村長會　西田川郡にては去五月二十八日鶴岡　會館において町村長會議を開き各大臣の訓示の傳達及び左記指示事項を協議した

一、町村の財政緊縮に關する件

二、町村會議員選擧に關する事

三、農村振興に關する件

四、トラホーム豫防に關する件

五、醫師産婆の配置普及方法に關する件

六、青年團及處女會の下賜金に關する件

滋賀縣

犬上郡町村長會　五月三十日郡衙で開催但馬地方への地震火災被害者救援義捐金募集に關して協議をなし尚郡市長會議の結果を早川郡長が訓示し同じく郡長は郡市長會の指示事項を報告後左の協議事項につき打合せをなした

農業倉庫利用に關する件△繭乾燥販賣に關する件△震火災義捐金募集に關する件

△勤儉週間實施に關する件

滋賀縣自治協會委員會　六月九日縣公會堂に於て總會開催名譽會員として新に玉置、喜久田、山田、秋山、高谷の各郡長を推選することゝなり知事の諮問事項及び各郡部委員の提出事項左の如し

諮問事項

一、郡役所廢止に伴ひ諸般制度の改善を要する事項如何

二、同上官公署の改廢を要する事項如何

三、同上町村事務の處理上改廢を要する事如何

提出事項

縣稅戶數割追加賦課額議決省略の件（伊香郡各町村委員提出）新に納稅義務を生じたる者の縣稅戶數割賦課額議決省略の件（同上）田租第一期の納期一月十五日を一月末日限に改正方の件（同上）追加縣稅戶數割の徵收期限を三月一日より末日限り又は二月　日より二月末日限りと規定方の件（犬上郡磯田村）市町村長以外の市町村吏員にも市町村長同樣叙勳の恩命あるべき樣又市町村吏員各部に官吏同樣叙位あるべき樣その筋へ請願するの件（同上）町村會議員選擧に付條例を以て選擧區を設くること

を得るやう町村別の改正を要請するの件（野洲郡各町村委員）衆議院議員縣會議員選擧投票及び選擧立ち會人費用辯償額の増額を要請するの件（同上）所得税法施行規則第七條に規定の控除すべき經費中に府縣税戸數割及び同附加税をも包含せしむるやう請願する件（滋賀郡伊香立村）徴兵旅費繰替支辨方法を改正する件（同上）自轉車鑑札並に記號票は同一官廳に於て下附し船烙印は町村長に委任せられたき件（伊香郡南富永村）軍人が勤務演習の爲入退營する時及び簡閲點呼參會等の爲汽船に便乘するものに對し割引券の發行方會社に交渉する件（同郡永原村）不動産登記事務を町村長に移し登錄税を町村の收入とするの件（同郡古保利村）罹災救助基金法に依る定額を改正するの件（同郡自治協會長）

新潟縣

北蒲原町村長會　は五月二十五日開催會長香川新發田町長議長席に着き大正十三年度決算及び同十四年度豫算は原案を承認議決し左記協議題を審議閉會した

松塚村長提出

一、營利會社は毎期の營業報告書を出資者の居住する市町村へ配布すべしとの規定を設けられんことを其筋へ開申する事

二、法規加除綴を官報局に於て出版せられんことを其筋に建議するの件

笹岡村長提出

一、郡役所廢止後に於ける町村長職務權限の擴張に關し意見書を監督官廳に提出する件

二、本會の事業として自治講習會を開催する件

西部町村會長提出

一、國縣道維持費の件

二、左の年報を即報に改正せられんことを望む

（イ　養育に係る棄兒表

（ロ）市町村吏員退隱料受領人員並に金額調査

（ハ）公共團體所有國債調表

新發田町長提出

一、羽越線鐵道運轉回數一回（往復共）増加請願の件

中部町村會長　北蒲原郡中部町村長會議は五月三十日新發田町役場に於て開會し先般同郡町村長會の決議に基き郡役所廢止に伴ふ町村長權限擴張案を審議した

島根縣

那賀町村長會　那賀町村長會を五月二十五日濱田町役場階上に開き左記町村の提出問題について討議の結果財務、庶務等に分類し各委員を擧げて審議し來六月三日更に本會を開き決定する事とし閉會した

江津町提出

一、鄉村社神社費を町村費支辨とする件

二、縣税雜種税中興行觀覽税にして實際下足のみ徵する場合は之に課税せざる樣改正の件

三、縣税營業税及雜種税を滯納せし者に對しては完納に至る迄其營業を停止する途を講ぜられたき件

四、商工會法設定方を上申するの件

岡見村提出

一、市町村吏員縣下一般統一の互助會を設置するの件

（方法）縣補助及市町村積金並に各吏員

の積金を以て之に充つるものとす

下府村提出

一、學校教員任轉免は町村長の意見を徵する樣法の改正方を其筋へ建議するの件

上府村提出

一、市町村豫算決算作製に付種目の廢止を其筋へ建議するの件

二、町村長は公選とする樣法律の改正方を建議する件

長野縣

西筑摩郡町村長會決議　西筑摩郡自治町村長會は五月二十四日福島町役場に開會勤儉奬勵委員を各町村中より新任する事になり郡役廢止善後策については中間機關を廢し種々調査事項はこれを縣の政務調査會に一任する事に決議を見た

東筑摩郡村長會（郡役所廢止善後策協議）東筑摩郡村長會は五月二十五日郡役所內に於て評議員會を開き郡役所廢止後の措置に關し協議したるが大體左の如く意見の一致を見た

一、中選擧區を一行政區劃として支廳を設くるの案に對しては元來支廳の二次監督制度の許に町村の相談相手の機關を他に設け置くことは現下の狀況に鑑み自治發達上必要と認め

二、從來の郡長の職務權限を知事に移し重要ならざる許可認可を廢し知事の指導監督權を町村長に委任變更せしめ知事は官吏の身分進退及び縣治の大體と豫算世行權其他の大綱をすべるに止め以て行政權能の敏捷を圖ることの案に對しては町村の自治權擴張で事務の簡捷其他行政機能の敏活を圖る目的を以て地方分權の精神として原案通に決し

三、町村は八百戸を標準として廢止分合を行ふ案に對しては之も自治發達を遂ぐるは八百戸程度を標準とするを可として原案に決した

石川縣

町村長會　城森郡長は六月五日郡內四十一ヶ町村長を郡衙に招集訓示指示打合せ及び協議事項、軍隊慰問の件、郡招魂祭執行期日場所決を定した

自治會報發刊　石川郡自治協會は本年度事業として自治會報を發刊し左記事項等を掲載し郡內各方面團體と聯絡融和を圖るべく發刊豫定は年五回とし郡內各種團體町村役場等の原稿の掲載をなす事となつたが六月二十日迄に送附さるべく原稿種類は左の如し

一、町村役場、自治會、學校其他官公衙團體の通信及施設事項概況等

二、町村內適當なる人士の感想、評論研究等にして妥當穩健且つ成可く社會改良自治體向上に裨益するもの

三、產業改良上適當なる研究

四、雜件

五、卑猥ならざる韻文、趣味ある短文

六、原稿は成るべく二十五字詰たるべき事

千葉縣

本縣町村長會（第六回定期總會）縣町村長會第六回定期總會は五月二十五、六の兩日に亘り銚子高等女學校で開催會長伊藤木更津町長外二百餘名出席、第一日は午前十一時三十分開會、會長の開會の辭詔書捧讀會務報告あり次に十二年度歲出入決算

二千五百五十九圓　歲入豫算高
金二千五百八十四圓八十二錢　歲入決算高
金二千五百五十九圓　歲出豫算高
金二千四百三十六圓九十五錢　歲出決算高
歲入歲出差引殘金
金百四十七圓八十七錢

を滿場一致承認し引き續き本年度豫算二千九百二十八圓を附議決定し正午休憩、午後二時三十分に至りて漸く再會元田知事の告辭（郡庶務課長代讀）あり上杉愼吉博士の講演に移つた現在の各種組織から說き起して共存共榮の本義を明らかにし普通選擧に論及、約一時間に亘つて極めて明快なる講演ありて四時閉會、同十分銚子驛發軌道自働車で一同犬吠海岸頭島方面見物に出むいた

第二日目

千葉縣町村長會總會第二日目は二十六日午前十時より前日に引つづき銚子高女校で開會、出席者同樣にて伊藤會長、座長となり會員提出の議案

一、小學校職員更迭に關する件
一、郡役所廢止後に於ける準備行爲として組合町村研究會を設置せられたし
一、衆議院並に縣會議員選擧に關する投票立會人及選擧立會人費用辨償額の改正を縣へ申請の件
一、行路病人及び死亡人に關する費用限度を改正出願の件
一、埋火葬届に關する件
一、新兵入營旅費支給に關する件
一、造林奬勵補助規程を設けられんことをその筋へ建議する事
一、小學校教員の更迭に對して町村長の意見を徵しその筋へ建議すること
一、本會評議員の缺けたる際は會長指名又は他の方法を用ふる等便宜補缺選任の方法に出づることただし右の主意を貫徹するの實行方法は會長に一任す
一、明治十七年十月大政官布達第二十五號墓地及び埋葬取締規則改正の件
一、明治十七年大政官布達第二十五條の次に第三條の二を加ふ第三條の二市町村長及區長は戶籍法（大正三年三月法律第二十六號）第百十六條により死亡の屆け出ありたるときは直ちに埋火葬認を附與すべし

を附す

茨城縣

行方町村長會　行方郡では六月二日町村長會開會影山郡長より過般の郡市長會議に於ける次田知事の訓示要項を傳達し訓示及指示協議あり

結城町村長會（町村合併等協議）　結城郡では五月二十九日郡衙樓上に郡町村長會議を開き岡野郡長の訓示後町村合併問題其他重要事項に關し諸種の協議を遂げた

町村長會議題　（眞壁郡長提出）

今五月三十日開會の眞壁郡町村長會議に附議された事項左の如し

小學校敎員養成、補助教育、就學奬勵體育指導、神職任用發成史蹟名勝天然紀念物保存、在鄕軍人、勤儉貯蓄、優良農具普及副業奬勵、穀物檢査手數料徵收規程、銀行合併、產業組合指導奬勵、共同乾燥裝置助成、繭正賣買取引、國產品愛用耕地整理、國勢失業、產業統計、飲料水改良、納稅思想涵養

本誌の反響

（順序不同）

未だ一回も上梓されない本誌

× × × ×

方五寸の新聞廣告に依つてのみ、僅かにその存在を認められたに過ぎない本誌

× × × ×

而も斯く熱誠迸る滿天下の贊辭と激勵とを辱うするを得た本誌

× × × ×

本誌の使命は重且大である――五月八日――

（五月一日發行の豫定が、色んな手違ひで廿日を過ぎて終つたことを深く謝罪いたします。）

靜岡縣賀茂郡自治會社會教育會主事

藤田訓二

拜啓愈々御清祥奉賀候扨今回は雜誌「市町村」御發行に相成候こと時宜に適したる御計畫國家の爲慶賀の至に不堪候何卒市町村自治を確立し民族の安榮社會の福祉を增進致す樣御計畫相願度候、未だ雜誌は拜見致さす候へ共社說と云ひ研究と云ひ名士の論說海外消息各町村の活躍狀態自治問答等用意周例將に自治雜誌の第一と被存公民教育上にも稗益いと尠と考へられ社會教育の任に携はる小生等の喜びは殊の外嬉しきもの有之候種々御計畫の事とは存候へ共愚見左に申上候幸に御一讀下され候はゞ幸甚

(1) 雜誌紙面による指導は勿論

(2) 時々自治講演會の開催をなし

(3) 市町村長其他に對する自治講習會も開き

(4) 地方巡回指導員を設置して地方の開發につとめ

(5) 市町村長其他の懇談會を催して相共に研磨せしめ

(6) 市町村長其他の內地視察に旅費を贈りて見聞を廣め海外視察もなして親しく外國の事情をも知らしめ

(7) 寄附金を集めて市町村自治會館の設立をなし

(8) 市町村の自治體の表彰をなして其成績を宣傳し

(9) 自治功勞者の表彰をなして其功勞に酬ひ

(10) 地方自治に關する顧問員を設けて地方自治の相談に應し

愈々地方自治の完成に努め度く候條厚なる意見には候へ共喜びのあまり開陳お祝申上候

草々敬具

宮城縣登米郡登米町新町

平拔與一

大正十四年實に意識ある年である普選案通過し漸く暗夜に灯を得たる樣同然たり然るに自治の下にゐて自治を諒せす人又多々あるは甚遺憾たり、此の度御發行の「市町村」又實に我等にとつて至幸なり

北海岩見澤町四條西五丁目岩見澤

青年團中央支部內

廣瀬重雄

拜啓貴會益々御隆昌の段奉大賀候陳者今般東京日日新聞紙上にて拜見仕候處今回貴會に於て自治雜誌「市町村」を創刊仕り候趣を拜承し

方今地方自治精神の向上を叫ぶ折柄地方自治の爲延いては邦國の爲此の種の御計畫は誠に適切にして、且つ地方人士の受くる餘慶對に多大なるものと創刊に當り祝意を申上度候

高知縣長岡郡十市村
土居開吉

拜啓愚生青年有志者は現在の自治に對して幾多の不滿をもてひそかに之が改善を計畫しつゝある折柄突然!!それは暗夜の光明の如く現はれたのは「市町村」誌そのものであります今まで市町村に關する雜誌あれど我意を得ざる今日貴誌は必ずや吾人青年の理想に合致するものなるを信じます

福岡縣早良郡姪岐村大字戸切
新村會議員　吉岡德七郎

謹啓貴會益々御諧祥奉賀候陳而此度御貴會に於て雜誌「市町村」御創刊御發行の由新日紙上にて拜見致し我々新議員のため有益なる參考書と喜しく存じ候

北足立郡蕨町
德丸茂兵衛

啓上今回貴會に於て自治雜誌「市町村」を創刊

致されし趣新聞にて承知仕候國民の自治に對する研究及びこれが修得は今日一日も忽がせにする事不能と存候

宮城縣石越
記念圖書館長

拜啓今回御創刊被遊候雜誌「市町村」毎號地方自治研究參考書として備付永く御保存仕度候

靜岡縣小笠郡南山村新道
南山村自治研究會長
小池吉三郎

拜啓時局に際し貴會愈御繁榮の段大賀奉候却說小生も國家の爲小心乍も一歩々々其進行を期し居る者にて鄉里の佗住居中拙村に於て自治研究會を組織致居者に候

京都府相樂郡棚倉村綺田
澤村吉之助

拜啓貴會益々御繁昌奉大賀候陳者貴會今般御創刊相成候日本一の自治雜誌「市町村」を村會議員當選祝に永久購讀致度希望致居候尚友人にも勸誘努力仕可候

長野縣北佐久郡望月町
豐盛社望月支部内

田村艷近

拜啓貴會益々御多祥の段奉賀候就いては今度「市町村」なる雜誌を發行になりし由全く國家のために祝詞申上候

大阪市南區役所庶務課選擧係
田村朝象

謹啓貴社益々御隆盛の由國家の爲奉恭賀候却說「市町村」創刊の由最も時機に適應致したる自治機關雜誌として自治研究上實に他に比類なき雜誌と思料候

新潟縣見附町
坂田增太郎

謹啓仕候御貴會今回「市町村」雜誌御發行相成候段誠にお目出度御祝申上候

山梨縣北都留郡丹波山村
山口隆淳

△發刊市町村
双手競立滿腔之
祝贊熱情以
△生聲を擧て嬉ぶ市町村

滋賀縣蒲生郡武佐村西生來

堤　文　一

貴研究會に於て今回創刊せられたる誌「市町村」を東京日日新聞紙上に於て承り自治精神向上に大なる力あること、確信仕り今後は我々友人及び村内有志の方々にも普及させ度と存識候

福岡縣浮羽郡水分村字高木

古　賀　勘　吾

拜啓陳者時下新緑の候貴會益々御隆盛の段奉大賀候就は此度町村自治研究雜誌御發行の由大慶に存候就は小生未だ青年團消防組の幹部として町村政には未だ嘴を入れ居らざるも近き將來に於ては當局者の地位に立つやも知れず依つて參考書として是非一讀致度と存候

靜岡縣田方郡北上村

湯　山　慶　次　郎

帝國自治研究會御中

拜啓今回御發刊に相成り候市町村は至極適當と存じ自分は村長個人として購讀可仕候就て自分の希望としては市町村は國家根元なる事は申す迄もなき事なれば謂所根本たる事を自覺して其責任を盡すにあり即市町村責任如何は直に國家の盛衰に關するは論を候たず如何に我々は責任の重きかを感すると同時に其責任を盡し能ふべきかを恐る此に於て我々市町村は如何にして此大責任を果すべきか即全國一萬二千の市町村の内には尤も完全に其責任を果し而して益繁榮に趣きつゝ有もの少なからずと信ず我々は議論や理屈を戰はすものにあらず要は實際に其使命を果すにあり故に全國市町村の内にて其使命を果しある市町村を此機關雜誌に揚載して以て力の足らざる市町村の指針に供し度と存候就ては全國市町村の内には産業組合報徳社等と役場とが中心となり農會其他各種團體は市町村の一團となりて尤も圓滿に活動しある所を御取調べ毎號御揭載被下度御願申上候以上希望申上候内容に就ては員數の多きを望まず不必要のものは可成省略相成度し市町村彙報如きも必要條件丈に致したし大家と雖も經驗もなき空論は省略願度　敬具

模範村への警鐘

設備の充分に整つて居ると云ふことは、少なくとも、現在の日本の模範町村に於ては、外見のみが立派であると云ふことに外ならない、鎭守の森の木を材り出して、役場や學校が分不相應にキラ〳〵を纏つた時は、お宮は赤裸であることを發せねばならぬ。

無用の設備や裝飾に、町村民から絞り取つた金を注ぎ込み、活動もしないくさ〲の團體をずらりと列べたてること、それが模範町村の資格であると云ふ。

或る模範小學校の用意周到なる學校暦には

九月二日（二百十日）此頃は暴風吹きて農作物を暴し、頗る危險なれば、橋を渡るには眞中を通るべし

とあつた。注意大いに結構、併乍ら歩いてる人間は死んではゐなかつた。

其無智であること、其無自覺であることを、柔順と間違へられる位はまだしも、民風淳朴等と、二百十日の嵐以上に煽てあげられては、馬鹿々々しくて腹も立たぬ。

模範町村の内政を調査しやうとして、こつぴどく毆ぐられた正直者もあつたと聞く「模範町村は、墮落町村の第一期過程なり」と。むべなるかな。

市町村彙報

東京府

◇府參事會　五月一日開會十四年度追加豫算連帶支辨五件郡部支辨一件を可決した。

◇地方長官會議　五月五日より五日間開會　縣知事の質問及討議あり、郡制廢止問題其他を協議した。

◇町村區畫整理　東京市の隣接町村が不備生な現狀に鑑み宇佐美東京府知事はその區畫整理を唱道した結果今回左記十四ヶ町村に對し區畫整理を斷行すると共に同事業助成の意味で區畫整理の設計及び圖面を東京府で作成しこれに對し補助金を交付すべきか否か目下詮議中であるがこの區畫整理は各町村に組合を作らしめて遂行するものである。世田ヶ谷町、目黒町、大崎町、井萩村、中[illegible]村北裏、南千住町、世田ヶ谷（第二區）奥戸、砧村、板橋町、中野町（第二區）同、目黒町、小川[illegible]町抗張、大森町

◇表彰式　東京市は五月十一日御銀婚をトして市内小學校員二十六名の表彰式を擧行た。

◇府會　五月十日銀婚式奉祝府會開會。

◇市會　五月五日銀婚奉祝豫算審議會開會。

◇市會　五月十日同賀表棒呈議決。

◇特殊學校いよ〳〵移管　市の管理は面白からずとして各區に移管し一般小學校同樣に取扱しめやうとした特殊學校移管問題は區長、校長會議等の反對で一對惱みとなつたがこの程各區長會議の結果諒解が出來いよ〳〵移管することになつた、兒童數一萬で移管後も區から　用品其他を給與

自治消息

□東京府□

○東京市では五月十一日市會議事堂に於て第三回學校教員表彰式を擧げたが、これは教育上効績顯著なものに對し市長から奬勵金一封を授與さるゝのである、表彰された教員は小學校訓導二十五名、實業補習學校教諭一名合計二十六名である

○宮田光雄氏（前翰長）澁谷町有志に推されて町議職に出馬し理想選擧で當選した

□大阪府□

○中川大阪府知事　四月二十二日東京永田町首相官邸に加藤首相を訪ひ總理の大阪旅行に關する打合をした

○關大阪市長　四月二十日官邸に加藤首相を訪ひ、首相が大大阪紀念博覽會に祝辭をよせた事につき禮を述べた

□長崎縣□

○錦織幹氏（長崎市長）　四月二十四より三

する筈である校名左の如し。

芝浦小學校(芝)△絶江小學校(麻布)△鮫ヶ橋小學校(四谷)△林町小學校(小石川)△萬年小學校(下谷)△玉姫小學校(淺草)△菊川小學校(本　)△三笠小學校(同上)△太平小學校(同上)△靈巖小學校(深川)△猿江小學校(同上)。

◇**東京市參事會**　四月三十日參事會招集區劃整理地區編入の件他諸件を可決した

◇**王子町**　五月三日立憲政治思想鼓吹の爲青年團主催第四回模擬議會開會。

◇**淺草區劃復整理**　區劃整理が兎角怠り勝ちの折柄、復興局が公表した整理事業が日を逐ふにつれ夫れ〳〵缺陷を生じて來たのでその區整制度の革新を標榜して淺草區民は五月一日大演說會を開催した。

◇**復興理事會**　東京市復興委員會理事會は五月十三日開會建築會社の件及區畫整理進行況狀を協議した。

◇**道府縣會議長連の建言**　過般東京府で開會した全國道府縣會議で決議した左記の各項は主旨貫徹のため主務大臣に陳情すべく申合せたが折柄議會開會中のため果さなかつた、依つて實行委員中野、東京、鈴木福島、森川群馬、森田栃木、平井岐阜若林福岡、水津島根の各議長は五月十三、十四の兩日に亙り大藏、文部の各當局を訪問陳情することになつた。

一、知事公選の件
一、知事の原案執行權に制限を附するの件
一、國道工費　部國庫負擔
一、小學校教員俸給全部國庫負擔の件
一、地租及營業稅の地方移讓の件其他

京都府

◇**市會**　五月七日開會動物園東門設置等附議。

◇**愛宕聯合會青年團評議員會**　四月十六日開會。

◇**自治研究會**　愛宕郡役所員町村吏員小學校長を以て同會を組織し第三回を四月二十七、八兩日開會。

◇**熊野處女會評議員會**　四月十日開會。

◇**熊野聯合青年團總會**　月十二日開催。

◇**熊野郡町村長例會**　四月二十日郡役所に開催政務諸般に就き協議打合せをなした。

◇**府教育熊野郡部會通常總會**　五

日間仁川及京城に開催の港灣協會組合會に出席の爲二十二日出發

□埼玉縣□

○篤行者　五月十日銀婚式を卜して表彰された縣篤行者は左の如し
川越市大字川越一五山崎いち、秩父郡原谷村大字大野原齋藤ツネ、入間郡大家村大字成願寺木下勇吉、兒玉郡神保原村大字忍保竹内忠次郎

□靜岡縣□

○伊東知事　四月二十三日磐田郡自治會表彰式に出席

○磐田郡長　五月四日縣廳に辛島內務部長を訪問。

○鈴木伊東町長　同土木課へ。

□岐阜縣□

○白根知事　白根縣知事は中央政界用務を帶びて四月九日豊田官房主事を從へ五日間の豫定を以て上京した

○松尾市長　四月十日より宇治山田市に於て開會の東海市長會議に出席の爲め松尾岐阜市長は奧村書記を隨へ同月九日出發

月三日開催。

◇船井郡高原村青年團　四月十二日開會。

◇綴喜郡町村長會　四月十五日開催。

◇樂郡聯合處女會　四月廿七日開催。

◇木津町青年團長會　六月四日開會。

◇紀伊郡伏見町會　四月廿四日開會。

◇加佐郡聯合處女第一總會　五月三日開會。

大阪府

◇府會　四月六日招集の臨時府會は議事結了し十一日閉會した。

◇大日本聯合青年團第一回大會　四月十七日前日に引續き名古屋縣會議事堂で開催。

◇經濟講演會　全國經濟調査機關聯合關西臨時大會は四月二十四、五兩日中央公會堂に開催。

◇兒童致養の所感　二月十一日學校兒童養のかどで大阪府より表彰を受けた人々は更に大阪毎日新聞社より表彰された。

◇愛國婦人會總會　五月八日開催。

◇大阪市參事會　四月二十五日開會。

◇立葉婦人會　市難波立葉尋小校區内在住の婦人又は同志の婦人で大阪立葉婦人會が組織された。

◇大阪市參事會　五月二日開會中央おろし賣市場創設費繼續年期支出方法變更の件等附議。

神奈川縣

◇愛甲郡町村長會　四月十三日評議員會を開き十四年度歳入出豫算の件外諸件を附議した。

◇縣下町村長會　五月三日逗子小校に開催。

◇横濱市石川青年大會　四月十九日開催。

◇横濱南太田町富士見青年團　四月二十八日開會。

◇横濱市參事會　五月八日本市水道豫算其他を決議。

◇川崎市青年團評議員會　四月二十日開催。

◇同市青年團總會　四月廿六日開會。

◇同市會　四月六日開會。

◇川崎市玉川處女總會　五月五日開催。

◇御幸處女總會　五月十日銀婚式祝賀

○白根知事　四月十八日山縣郡谷合村に於ろ役場落成式、電燈打取開始、縣道編入學の縣賀式に安田縣房隨行臨席した

□長野縣□

○梅谷知事　四月十三日南安曇郡下の諸官衙學校を視察の上山葵栽培の實況視察夕刻松本聯隊區司令官の招宴に臨み諏訪に向つた

□青森縣□

○松原知事　地方長官會議に出席の爲五月二日出發

○阿部市長　阿部青森市長は四月三十日弘前市に赴き招魂祭に參列即日歸青

□山形縣□

○矢坂大安氏（最上郡長）：四月八日縣外視察即日歸郡

○武田信一氏（衞生課長）　最上郡理髪會大會臨席の爲め四月九日新出六張次て莊内に赴いた

□福井縣□

○三田村武生町長　上京中の處四月八日歸

式舉行。

◇三浦郡豆子初町町會　五月一日開會。

◇鎌倉郡町村長會　四月廿八日開會。

◇鎌倉町青年團　五月五日運動會開會。

◇中郡平塚初町會　五月一日開會。

◇中郡青年團主催講演會　五月六日開會。

◇中郡青年團長會議　四月十日會合四月中に青年陸上競技會開會の協議をなした。

◇伊勢原町農會　農用機械器具講習會を四月十六日開催。

◇青年團長會議　中郡青年聯合會の陸上競技準備の爲め四月二十四日開會。

◇都筑郡都岡今宿青年講演會　四月十五日開會。

◇足柄下郡聯合青年會理事會　四月十三日開會。

◇秦野村農會　四月二十八日開會。

◇宮川村野川處女會　四月十五日同分教場で臨時總會を開會。

◇隣保自治組合　四月十七日定期總會開會。

◇保土ケ谷町教育總會　五月二日開催。

◇宮前村初村會　五月二日開會。

◇橘樹郡生田初村會　五月六日開會。

◇松田町青年團總會　四月十八日開會。

◇足柄上郡上村長會　四月二十三日郡衙に總會開會。

◇松田町青年團　五月三日總會開催。

◇横須賀市參事會　四月十六日十四年度追加豫算審議した。

◇橘樹郡青年團長會議　北部各青年團では四月十九日團長會議開催。

◇保土ケ谷町青年團　四月二十七日勤儉奬勵講演會を開催した。

◇田島町會　四月二十四日町會開催。

◇宮前養蠶組合總會　五月一日開會。

◇南多摩郡町田町會　四月二十五日開會。

兵庫縣

◇縣參事會　四月九日開會。

◇町村長會　四月十一日揖保郡役所會議室にて開會。

◇縣參事會　四月二十日定例縣參事會

式

○豊田知事　四月二十四日福士縣視學を隨へ三國小學校に赴き同校案の教授振を視察した

□富山縣□

○矢郷射水郡長　早苗高岡助役、齋藤縣議堀豐榎田村長の諸氏四月十四日縣廳に出頭

○岡知事　地方長官會議に列席の爲め中本官房を隨へ五月一日上京

□島根縣□

○別府島根縣知事　四月二十六日歸縣

□岡山縣□

○大海原知事　地方長官會議列席の爲五月三日上京

□廣島縣□

○山縣知事　五月五日より開催の地方長官會議に列席の爲五月三日出發

□德島縣□

○小幡知事　四月名西郡神領村の橋梁開通

を開會した。

◇定例縣參事會　五月五日開會。

◇神戸市　四月十六日市會開會。

◇參事會　四月二十八日神戸市參事會開會。

◇初市會　五月六日市議改選後第一回の神戸市會開會。

◇青年團　四月七日開催した明石市聯合青年團幹部會にては大正十三年度事業報告及び決算報告外數件を附議した。

◇姫路市　五月二日參事會招集。

◇城北青年團　四月廿二日例會開會。

◇飾磨郡　四月十三日村會開會。

◇手柄村　四月十日町村長會開會。

◇置鹽村　四月二十日村會開會。

◇鹿谷村　五月七日青年團總會開催。

◇津田村　五月七日津田青年會は一夜講習會を開催した。

◇高砂町　四月十三日臨時町會開會。

◇高砂町　五月四日高砂町協議會を開會。

◇加古川町　四月十七日同町役場に於て町議改選後初、町會を開催した。

◇加古川町　四月二十六日青年團總會を開催。

◇加古郡　五月十日町村長會開會銀婚御式奉祝の件其他を協議した。

◇明石郡　四月十日村長會開催。

◇伊川谷村　四月十一日町議改選後の初町會開會。

◇口佐津村　四月二十七日及五月三日村會開會。

◇氷上郡　五月二日町村長會開會。

◇飾磨町　五月五日初町會開催十四年度追加豫算を可決した。

◇國府村　五月四日國府處女會は各所の見學を行つた。

◇市場村　新事業に關する協議や豫算追加其他につき四月十八日初村會を招集した。

◇大藏村　四月二十五日青年會總會を開催。

◇上郡町　五月一日初町會開催。

長崎縣

◇縣參事會　四月十日參事會室に於て開會地方待遇職員死亡給與金規程設定の件外諸件を原案通り可決した。

◇長崎青年聯合會　四月八日開會十三年度決算及十四年度豫算を決定他諸件を

式に參加

○藤岡郡板野郡長　五月十一日より三十一日迄管内町村の徹底事務監督を行つた

□香川縣□

○淺川知事　地方長官會議出席のため五月二日より二週間上京

□高知縣□

○藤岡知事　地方長官會議出席の爲め西野官房長を隨へ四月三十日出發

□福岡縣□

○安藤龜五郎氏（大分市助役）　四月十七日都市計畫打合の爲め上京

○吉川戸畑市長　病氣靜養中

○新妻駒五郎氏（小倉市長）　九州沖繩市長會議出席の爲四月十七日熊本に出張

○永長涌氏（小倉市助役）　小倉板櫃合併問題に關し四月十七日縣廳に出頭

□熊本縣□

○立國福岡市長　市長會議出席の爲四月十六日着熊

○吉川門司市長　四月十七日同上

決定。

◇長崎市仁町三丁目青年團　四月十五日開會。

◇市會　四月二十日改選後第一次の市會開會納富甚吉氏を議長に原茂久雄氏を副議長に各選出した。

◇東琴平町青年團總會　五月二日開會。

◇東彼杵郡町村長會議　四月十三日郡役所樓上に開催した。

◇大村青年團總會　四月十二日同村小校に開會。

◇東彼杵聯合處女團　縣外模範處女團の視察に四月二十二日出發同二十四日歸來した。

◇江の浦青年團總會　四月十七日開會。

◇北高來郡諫早町會　四月二十九日開會。

◇吉井村　四月二十四日郡農會蠶業講習會開催。

◇西彼杵郡伊木力村　四月二十二日村會開催。

◇村松村　四月二十一日村會開會。

◇西彼杵郡崎戸村　四月二十日小校増改築起債方許可。

◇島原町會　四月十三日同町役場に開會。

◇南高木布津村會　四月十三日招集。

◇島原町會　四月二十七日開會。

◇杉谷多比良村會　議員改選後第一回村會を四月二十七日開會。

◇土黑村會　四月二十九日開會。

◇南杉浦青年團大會　四月二十六日有川村にて開會。

◇聯合軍人公會　四月十九日總會開催。

◇南松浦福江町會　四月十八日開催。

◇南松浦岐宿村會　四月二十一日開會。

新潟縣

◇縣參事會　四月十一日開會。

◇市會　四月二十六日開會。

◇東蒲原津川町會　四月二十九日開會。

◇刈羽郡高田村會　四月十三日開會。

◇刈羽上條郷聯合青年大會　五月一日開催。

◇正泉聯合青年會　四月十七日開會。

○小栗若松市長　同上。

□宮崎縣□

○大迫市長上京　大迫宮崎氏長は五月六日突然上京したが用件は不明である

□大分縣□

○田中內務部長　熊本鹿兒島地方出張中の所四月二十日歸縣

○相良金澤市長　四月二十日大分市役所を防方上水道計畫內容を調査した

□鹿兒島縣□

○相良安之助市(市衛生合組聯合長)　福岡市に開催の全國衛生組合聯合大會に出席

○勝目清氏(鹿兒島市助役)　都市計畫展覽會視察の爲め熊本へ出張

○鵜木東國分村小村青年團長　四月六日青年團代表者として縣外視察團に參加

□沖繩縣□

○龜井知事　先島出張中四月廿五日歸廳

○龜が知事　地方長官會議出席のため若官房主事同伴四月二十五日出港

◇白根青年辯論會　四月二十九日辯論會開催。

◇保田青年辯論會　四月十二日開催。

◇新發田町會　四月二十二日開會。

◇北蒲原青年會第三回辯論大會　五月三日。

◇豊照青年十四年度總會　四月十五日開催。

◇三條町會　四月十六日招集十四年度追加豫算其他の件を附議した。

◇両津町教育會　四月二十五日開催。

◇北魚沼小千谷町青年會　四月十九日辯論大會開會。

◇西蒲原大野青年役員會　四月十八日開會。

◇卷町第七回町會　四月廿日開會。

◇地藏堂町會　四月二十七日開催。

埼玉縣

◇合併絕望　浦和、木崎合併の鍵を握る木崎村議選擧は五月八日擧行左の如き結果であつた爲合併派の慘敗に歸し浦和、木崎合併は問題絕望の余儀なきに至つた。

合併派（六名）　野中吉三、吉野嘉平、石塚邦殷、石井幸之助、石井吉藏、石塚茂則。

反對派（十名）　澁谷寅吉、近藤森吉、武笠貞一郎、石川治助、横山善作、小川一、吉野龜司、町田市右衛門、星野阿久平、松本成。

◇小學教育　異端視され勝ちの小學教員も昨今不景氣時には生活上の安定を得られる爲か縣最近の調査に依れば二十年以上勤續者三百十四名五年未滿は一千五百二十三名の多數に上ると。

◇柏崎村　五月八日在鄉軍人分會及青年團聯合總會開催。

◇町村豫算增加　縣では目下大正十四年度の町村豫算を調査中で南埼玉郡を除いた他の郡は纏まりを見たそれによると▲北足立郡二百三十九萬三千八百圓▲比企郡六十萬一千六百九十七圓▲入間郡百七十六萬一千三百六十六圓▲北葛飾郡五十八萬七千四百五十六圓▲大里郡十八萬一千五百圓▲北埼玉郡百八萬六千百十七圓▲秩父郡八十六萬三千四百六圓▲兒玉郡六十二萬四千四百六十三圓であるこれを十三年度に比すると大里郡は二萬三千二百圓の減額であるが他の郡にあつては緊縮の聲を裏切つて悉く膨脹を示し

□北海道□

○置戸辻門村長池木貴田岡三氏　四月六日網走に出張

○對馬高麗夫氏道廳產業技師　四月十日歸廳

○大森吉五郎氏（同土木部長）　四月十日歸廳

○東英治氏（道會議員）　四月十四日歸札

（加藤廣吉氏（道議）　四月十四日出札

○林理一郎氏（苫前村長）　同上

○鹽谷洋氏（大江村長）　同上

○始尾良貫氏（新得村長）　四月十四日出札

○赤尾關祭藏氏（三石村長）　四月十四日出札

○吉田貞次郎氏（上富良野村長）　同上

○菅野省三氏（札幌市議）　上京

○中村俊濟氏（室蘭市長）　同上，

○佐臨長次郎氏（河合村長）　四月十四日出札

○松村逝二氏（道廳技師）　四月十四日出札

○三浦留五郎氏（下川村長）　四月十四日出札

北足立郡の如きは三十萬六千八百を兒玉郡は八萬一千六百圓を增額し他の郡にあつても一萬五千圓乃至三萬圓を增してゐる南埼玉が不詳であるから總額は判らないが同郡か昨年同額で少しも殖へないと見へ既に四十二萬圓の增加で一千萬圓を突破するに至つた。

◇片槻町　五月八日在鄕軍人分會は戰死者招魂祭擧行後總會を開催した。

◇大砂村　青年の組織になる力行會は五月十日修養通俗講演會を開催。

群馬縣

◇前橋市　四月十七日市參事會開會寄附金採納の件他數件を附議した。

◇前橋市　五月一日初市會を開會した。

◇桐生市　四月十三日參事會開會錦櫻橋開通に就き協議した。

◇高崎市　四月二十四日參事會開會。

◇高崎市　五月一日聯合青年講演會開催。

◇市會　四月二十九日高崎市會開催。

◇高崎聯合青年團　四月二十七日評議員を會開催し十四年豫算を附議した。

◇安蘇郡　四月二十日町村長會開催。

◇邑樂郡　四月二十四日町村長會開會。

◇大間々町　四月二十一日町會開會。

◇櫻田村　四月二十七日村會開催。

◇沼田町　五月二日初町會開會。

◇富岡町　五月五日町會開催傳染病豫防委員選擧其他を附議した。

◇佐野町　五月五日町會開會。

◇新高尾村　四月十五日中尾青年會支部講演會を開催した。

◇中室田青年會　會員奮鬪の結果蓄積した財產により青年文庫を設置すべく四月十二日記念會を開催した。

◇群馬郡　四月二十三日町村長會開催。

◇豐秋村　四月二十六日村會開會。

◇群馬郡　四月二十七日青年處女聯合總會開催。

千葉縣

◇千葉市會　四月二十五日開會。

◇阿蘇村農會主催の農村振興會　四月十四、五兩日同村小校に開催した。

◇中里村青年團　五月一日見學旅行。

◇八生村農事講習會　五月六日小校に開會。

◇千葉郡農會　四月十五日春季總會開

◇◇入事移動◇◇

東京府

○澁澤子市參與再選　東京市參與養育院長子爵澁澤榮一氏は市參與の任期滿了したので市會は、同氏と再選し豫て內務省に上申中であつたが四月二十八日內務大臣の認可があつた

○東京市で十八日付左の如く任命すると共に岡田助役の兼務を解いて

文學博士　矢吹慶輝

○東京市社會局長事務を囑託す

（報酬年額一萬圓給與）

文學博士　大島正德

○東京市學務局長（報酬年額一萬圓給與）

京都府

○竹內政吉氏　三月三十一日京都久世郡富野校長退職

○小早川來次郎　三月三十一日久世郡荒道小學校長退職

神奈川縣

會。

◇安房郡丸村青年團總會　四月十七日開會。

◇戸田青年處女聯合總會　四月二十六日開催。

◇海　郡町村長會　五月四日開會銀婚式奉祝協議。

◇西銚子町　四月二十八日役場位宜を大字本城百七十七番地の一に變更した。

◇飯野村　三月十六日役場位置を大字下飯野百二十六番地に變更した。

◇佐貫町　四月一日役場位置を大字佐貫西上原八十四番地の一に變更。

茨城縣

◇縣聯合青年團總會　四月十九日開會。

◇縣教育會　四月八日役員會開會。

◇縣町村長會　四月二十九、三十兩日開催。

◇安積郡　五月一日郡山に於て郡聯合青年春季總會を開催した。

◇反葉郡　四月十七日富岡町郡公會堂に於て第二回町村會議員大會を開催した。

◇石城郡　四月七日高久村青年總會開催。

◇上入遠郡　四月廿三日青年總會開。

◇太田町會　四月二十三日開會。

◇生瀬初村會　五月五日開會。

◇久米村會　五月七日開催銀婚式奉祝外數件を附議した。

◇土浦町　四月二十四日初町會開催。

栃木縣

◇縣參事會　四月二十五日開會。

◇宇都宮市　四月二十八日市會協議會

◇今泉町　開會五月六日青年團三丁目支部の樹立式擧行。

◇宇都宮市　五月四日參事會招集。

◇常盤村　四月十二日青年有志企劃青年講演會開催。

◇犬伏町　田中、上岡、樋口各正副團長は四月十二日同町出身宇都宮各屯營に入隊の現役兵慰問を行つた。

◇佐野町　五月五日町會開會。

◇幸久村　四月九日金剛院に一島青年總會開催。

◇木瀬村　四月十日村會開會學務委員土木委員、勸業委員の改選を行つた。

◇絹村　四月十八日中央校に於て自治研

○石村安氏　愛甲郡小鮎村長に四月二十五日認可があつた

○有吉忠一氏　横濱市長決定

兵庫縣

○吉谷治郎氏　四月二十八日八代村長認可

○田淵仁一郎氏　加茂村長に再選

○田中寳氏　大田村長決定四月八日認可

○丹田文之助氏　明石郡伊川谷村長に再選四月二十一日附認可

○新免恭　四月九日兵庫城崎郡啓成小學校長退職

長崎縣

○林一郎氏　西彼杵郡野母村長に當選

○松本啓一郎氏　北松浦郡今福村長に五月二日認可

新潟縣

○小杉伊之助氏　四月六日佐渡郡金泉村長改選の結果再選

○時田勉氏　北蒲原郡乙村長に當選

○保坂茂之助氏　四月六日西頸城大野村長に當選

○內田直三郎氏　北蒲原猿橋村長に當選

究會。
◇石橋町　四月二十九日町會開會。
◇小山町　四月二十一日第五回町會開會。
◇野木村　五月五日村議改選後第一回の村會を開いた。
◇本郷村　四月青年總會開催。
◇烏山町　四月二十七日初町會開催。
◇足尾町　四月二十九日自治功勞者表彰式を舉行した。
◇永野村　四月三十日青年講演會開催。
◇日光町　五月一日初町會開會。
◇矢板町　五月八日初町會開會。
◇芳賀郡　五月七日郡村長の組織になる自治研究會を開催した。
◇眞岡町　五月九日町會開會。
◇足利郡　五月五日郡內町村農會技術員例會開催。
◇足利市　五月六日市會協議會開會。
◇足利市　五月七日市處女會評議會開會。
◇御厨町　五月六日初町會開會銀婚式奉祝の件他諸件を附議した。
◇喜連川町　五月五日第二町會開會。
◇足利市　五月九日西原青年總會開催。

◇田沼町　五月十一日町會開會。
◇栃木町　五月五日初町會開會。
◇鹿沼町　五月九日町會開會。
◇佐野町　五月五日町會開會。
◇葛生町　五月四日町會開會臨時出納檢査立會人選舉に關する件を附議した。

奈良縣

◇奈良市學務委員會　四月二十二日開催。
◇市青年團陸上競技會　五月一日理事會決定。
◇一夜講習會　生駒郡青年會では、四月十一、二兩日見學旅行し尙一夜講習會も開催。
◇郡處女大會　五月十日開催。
◇三鄉村處女會　四月十九日總會開催。
◇北葛城高田町改造會　四月十日總會開催。
◇二階堂村青　團春季總會　五月三日開催。
◇狹川村青年團總會　五月九日開會。
◇郡山町會　五月九日開會。

三重縣

○石井安太郎氏　北蒲原分田村長に認可
○五十嵐寛一郎氏　北蒲原中浦村長認可
○桑原透一氏　南魚沼鹽澤町長認可
○野澤快男氏　南魚沼大卷村助役認可
○飯持多吉氏　同郡上穗村長認可

茨城縣

○明間卯之介氏　東茨城妻根小學校及農學校廢校につき三月十一日退職

栃木縣

○手塚才次郎氏　河內豊岡村長に四月十日附認可
○大岡恒次郎氏　河內郡羽黑村長に五月二日當選
○山口甚田郎氏　足利市長　五月一日就任

奈良縣

○中井已之吉氏　高市村長に五月六日附認可
○小林守之吉氏　生駒郡南生駒村長當選
○吉田德次郎氏　高市郡新澤村長に決定

三重縣

○見島鐵藏氏　磯城郡柳本町長に再選

◇縣町村長會　四月八日農村振興上町村のとるべき方策に就き決議した。

◇津市　四月二十四日津市會招集。

◇四日市市　四月廿七日市會招集。

◇四日市市　五月十七日青年聯合運動會開催。

◇富洲原町　四月二十五日町會開會。

◇鹽濱村　四月二十八日教育研究會開會。

◇員辨郡　四月十日郡町村長會例會開催。

◇員辨郡　郡町村外吏員の組織になる自治協會は四月十二日總會を開催十三年度中退職者に慰勞金を交附した。

◇員辨郡　四月十三日各町村青年會幹部會を開催。

◇青年總會　四月廿八日員辨郡青年團總會開催。

◇安濃郡　四月二十六日處女團第三回總會開催。

◇奥町　四月七日初町會開會町税附加税徴收改正の件外數件を附議した。

◇鈴鹿郡　四月十三日町村長會議開會。

◇鈴鹿郡　四月二十七日青年幹事打合會開催中堅青年訓練會に關する件外數件を協議した。

◇書生村　四月二十八日處女會總會開催。

◇名張町　四月十三日初町會を開催町定調査委員設置規定改正の件分數件を附議した。

◇桑名町　四月八日町會開催。

◇尾鷲町　四月二十五日町議改選後初の町會を開會した。

◇西拓植村　四月二十四日青年總會開催。

◇國府村　五月三日處女會講習會開催。

◇松阪町　四月九日初町會開會役員選擧を行つた。

◇松阪町　四月三十日公會堂に於て町會開會。

愛知縣

◇定例縣參事會　五月六日開會。

◇渥美郡泉青年新農博參觀　泉村八王子青年支會々員二十五名は四月十三日出發十六日歸村した。

◇奉仕團　寶飯郡內各町村出身者組織の明治神宮奉仕團第三回記念會は四月十二日開催した。

○近藤安太郎氏　四月二十二飯南郡松阪第一小學校退職

山梨縣

○前田貞造氏　甲府市相生青年團長當選

○內田清重氏　東山梨郡奥野田村長に當選

○飯島龜鯀氏　八幡青年團長に當選

○中澤重一氏　北巨摩登美村長當選

○田丸重一氏　同安都那村長に當選

○功刀七右衞門氏　中巨摩在家塚外二ヶ村組合長當選

○篠原恒孝氏　北巨摩郡朝神青年團長に當選

滋賀縣

○音瀨寶氏　大上高宮町青年團長當選

○加藤德太郎氏　同副團長に當選

○藤川榮三郎氏　北靑柳青年團長に決定

○北村七左衞門氏　同副團長に決定

○前田左門氏（愛知郡長）　五級俸下賜

○高谷九一郎氏（前淺井郡長）　同　同

岐阜縣

○花村良一氏　東武藝村青年團長に四月四日決定

◇額田郡額田町村長會　四月十八日開會。

◇菜栗郡北方村會　四月二十日議會招集。

◇安城町農會　本年度より短期間養蠶技術員を設置すると。

靜岡縣

◇町村長幹事會　五月十二日開會。

◇靜岡市參事會　四月五日市役所樓上開會。

◇市衛生組合總會　五月九日明治館に開會。

◇南御厨村農會主催農學研究會　四月十八日開會。

◇向笠青年處女大會　四月十九日開會。

◇磐田郡二俣町會　五月一日開會。

◇富士郡大宮町會　四月十六日開會。

◇富士青年事務打合會　四月十八日開會。

◇田方郡熱海初町會　四月二十五日開會。

◇下中根處女講習會　第一回を四月二十六日開講。

◇周知奥山村　五月十日より町制執行。

◇榮上郡字島町處女總會　四月二十八日開會。

◇田方郡三島初町會　五月四日開會。

◇清澤青年處女大會　村青年第一部第二支部鍵穴處女會聯合大會四月十二日開催。

◇加茂郡町村長會　五月一日開會。

◇中藁科村　水見色青年會春季大會及入退式擧行。

◇安八郡町村長例會　五月四日開會。技術員會。

◇引佐郡內町村農會技術員會　五月五日開會。

◇島田町青年春季大會　五月十五日開會。

◇濱名郡町村長會　四月二十八日開會。

◇濱名郡青年役員協會　四月六日開會。

◇榛原郡中川根村處女總會　四月十二日開催。

山梨縣

◇大會出席者　四月十五日より三日間

○都筑與七郎氏　益田郡川西村長に四月二十一日再選

長野縣

○原彌太郎氏　下高井郡平野村長に再選

○高木義重氏　同郡上木島村長に當選

○湯本寛輔氏　同郡科野村長に當選

長野縣南佐久郡長

敍陞高等宮七等　但丸留藏氏

宮城縣

○柴崎庄右衛門氏　柴田沼邊村長に再選四月十日附認可

福島縣

○蒲井得彌氏　田村嚴江村助役四月二十日認可

○難波又四郎氏　信夫郡平田村長に四月二十日認可

○飯盛正利氏　會津郡一箕村長當選

○富澤甫氏　南會津郡富田村長五月一日認可

○阿部金治氏　荒井村土湯村組合村長に當選

名古屋市に於ける大日本聯合青年團並に大會に山梨縣よりは武居主事以下六名出席した。

◇町村長會　四月十一日縣町村長總會開催。

◇甲府市　四月二十日春日校に於て青年團總會を開催。

◇朝氣町　五月三日處女會發會式擧行。

◇七里村　永らく紛擾をつゞけた七里七村小學校問題は此の程村會協議會に於て二校設をとり圓滿解決を告げた。

◇大藤村　四月十六日農會開會。

◇八幡村　四月十日鎭目處女會發會式擧行。

◇玉宮村　四月二十一日青年總會開會。

◇鹽崎村　四月二十三日青年團總會開會。

◇北巨摩郡　五月五日峽北青年　五分團春季總會を開催した。

◇上野村　四月十日同村小學校に於て青年團春季總會を開催した。

◇上野原　五月五日婦人會及少年團總會開催。

◇西山梨郡　四月十二日村長會開催。

滋賀縣

◇縣自治協會總會　特別委員會四月十三日開會。

◇大津市　五月六日定例參事會開會。

◇野洲郡　四月十二日第三回主婦處女聯合總會開催。

◇兵主村　四月二十六日實業補習學校に於て農業教育研究會開催。

◇三津村　四月十一日處女會大會開催。

◇岩谷村　四月十一日日崎支部青年團總會開催。

◇東淺井郡　四月二十三日町村長會開催。

◇虎姫町　四月二十五日町會開會。

◇神崎郡　四月十一日郡役所に於て町村長會開會。

◇五峰村　四月十五日處女會總會開會。

◇建部村　四月二十四日農會開會。

◇神崎郡　五月四日郡役所に於て町村長會開會。

◇婦人會　八幡、五峰兩村處女聯合總會は五月六日開催。

◇彦根町　四月十三日町會開會。

◇龜山村　四月十六日村會開會。

靑森縣

○鈴木連治氏　北郡梅澤村名譽職村長認可

○後藤金太郎氏　南郡淺瀨石村村助役四月十一日認可

○稻葉萬藏氏　四月十日青森三戸郡八戸小學校長退職

○山内元八氏　四月十四日青森浦町小學校長奉職休職を命ぜらる

山形縣

○石川作一氏　北村山郡油崎村長に再選四月二十八日認可

○松浦爽次氏　四月三十日東村山郡成生村長に再選

秋田縣

○伊藤理記之助氏　南秋田郡飯田川村長認可

石川縣

○岩手縣農技手　早川憲次

石川縣農林技手に任ず判任官二等待遇五級俸給與農事試驗所技手を命ず

○村上義禮氏　羽咋中莊村長に四月十四日

◇彦根町　四月二十六日青年講習會開催。
◇西甲良村　四月十八日青年會處女會聯合講演會開催。
◇犬上郡　四月二十日郡農會開催。
◇北青柳村　四月二十六日處女會開催。
◇彦根町　四月二十九日青年體育役員會開催。
◇南青柳村　五月二日處女會見學旅行執行。
◇高宮町　四月二十八日町會開會。
◇河瀬村　四月二十八日村會開催。
◇久德村　五月三日處女會總會開催。
◇東甲良村　五月十日處女發會式擧行。
◇犬上郡　四月三十日郡衙に於て町村長會開催。
◇長濱町　五月二日町會開會役員選擧を行つた。
◇水口町　四月十七日町議改選後第一回の町會開會。
◇北比都佐村　四月二十四日青年團支部長會開會。
◇南鄕里村　四月廿二日村會招集。
◇月撫村　四月二十五日村會招集村道改修の件他諸件を附議した。

岐阜縣

◇會　稻葉、羽島、本巢、武儀、郡上、山縣の六郡長より成る郡制並に町村制研究會は山縣郡役會議室に於て四月十一日開催された。
◇會　益田大野吉城三郡各町村長會は四月十八開催。
◇市町村長會　四月二十七日大垣市にて二市八郡の市町村長會を開會。
◇縣農學協會總會　五月十七日開會。
◇婦人農事講話會　岐阜農林學校主催の第二回婦人農事講會を五月二十四月開會。
◇大垣市　五月一日參事會招集。
◇本巢郡　四月十日町長町會を開催會長に北方町長西川雄二氏を推した。
◇加納町　四月十五日青年團入退團式擧行。
◇大矢田村　四月十八日青年團總會を開催入退團式を擧行した。
◇武儀郡　五月二日東部青年總會開催。
◇武儀郡　五月三日六造青年團聯合總會開催。
◇飛驒郡　四月十八日高山町役場に於

附認可
○角田三郎氏　羽咋郡自治會主事に任命

富山縣

○水見稻積村助役認可　烏内與太郎氏
○婦負保内村長認可　中谷龜次郎氏
○同池田村長　中林榮一氏
○中新川加積村長　永田菊次郎氏
○杉澤吉次郎氏　下新青木村助役に認可さる
○石崎吉藏氏　西礪石黑村長認可
○佐々木平衛氏　射水伏木町長認可
○山口常美氏　婦負卯花村長認可
○金田重太郎氏　中新寺田村助役認可
○小川規雄　三月三十一日公立高女校長より富山縣高岡市小學校長に轉任した
○篠島久太郎氏　富山高岡小學校長退職

鳥取縣

○馬場友藏氏　東伯郡社村長當選
○佐伯爲治氏　西伯光德村長に當選

島根縣

○品川久太氏　邑知郡君谷村長に四月六日決定

て町村長會を開會した。

◇**益田郡**　四月十四日町村長會を開催した。

◇**大野郡**　四月十日高山別院に於て青年團總會を開催した。

自治功勞者

丹生村長
長逝す

岡部爲作氏　群馬縣北甘樂郡丹生村長奉職中四月二十八日逝去氏は明治二十二年町村制實施以來四十年全身を擧げて地方産業の發達自治の統制に意を用び財を投じて社會事業に貢獻する所があつた同村では緊急村會を招集協議の結果五月二日村葬を執行した

◇**羽島郡**　四月二十六日羽島青年會總會開會。

◇**揖斐郡**　催四月二十六日揖斐處女大會開催。

◇**春近村**　四月十日青年團總會を開催した。

◇**岐阜市參事會**　五月五日開催。

◇**敎員體育評議員會**　五月十一日大垣市開催。

◇**可兒土岐兩郡聯合産婆總會**　五月七日開催。

◇**農村振興講演會**　縣にては縣農會共同にて五月十七日開會。

◇**岐阜市青年總會**　四月二十四日開會。

○**鳥屋尾美登氏**　田岐村長認可

岡山縣

○萱野亥之進氏　四月十一日足守町長受諾

○仲田竹三郎氏　宇治村長後任に決定

○關藤碩衛氏　都窪郡倉敷町長四月二十一日認可

○高槻治郎氏　小田郡中新川村長決定

廣島縣

○田邊直七氏　本地村長に四月八日當選

○池田嘉太郎氏　四月十六日本郷町會にて町長に當選

○福萬德三郎氏　神石郡牧村外三ケ村組合長認可

○迫村吾一氏　安佐狩小川村助役認可

○槇林孫一氏　安藝郡下瀨野村長認可

○脇田延次氏　安藝下蒲刈島助役認可

○竹内貞氏　山縣郡安野村助役認可

○木村多代松氏　安藝下蒲刈島村長認可

○長城正之助　伯飛瀨村助役認可

○堤礒市氏　山縣郡殿賀村助役認可

○富地福松氏　御調郡三浦村助役に認可さる

○**五田九十九氏**　**豐田郡高坂村長認可さる**

長野縣

◇長野市　五月二日區長及代理者補闕選擧の件につき市會招集。

◇長野市　五月九日市會開會。

◇松本市　五月九日聯合青年會講演會開催。

◇上田市　四月二十四日常磐城聯合青年會開催。

◇上田市　四月二十五日常磐城青年會辯論大會を開催した。

◇上伊那郡　農學校々友大會は四月十日農政研究會創立會を開いた。

◇伊那富村　四月十六日初村會開催十四年度豫算更正其他を附議した。

◇河南村　四月二十日初町會開會物品採納の件其他を附議した。

◇上伊那郡　五月七日養蠶研究會開催。

◇木曾福島町　四月十二日青年團總會開催。

◇東筑摩郡　五月九日聯合青年會代議員會開會。

◇中野町　臨時町會に於て名譽助役を小林治雄氏に推薦決定。

◇須坂町　四月十九日青年講演會開催。

◇下高井郡　四月二十九日町村長會開催。

◇北安曇郡　四月二十二兩日神城村に於て同二十五、六兩日南小谷村に於て、いづれも郡主催自治講習會開催。

◇諏訪郡　四月十九日郡青年總會開催。

◇下水内郡　五月八日聯合青年會開催。

◇南佐久郡　前山立憲青年團は五月三日開會。

◇上水内郡　信濃教育會上水内郡會總會は五月十五日開催。

◇上田市　五月九日市會開會。

◇上田市　五月七日參事會開催。

◇上伊那郡　五月六日自治町村長會例會開催した。

宮城縣

◇刈田郡白石町會　開催四月八日開會。

◇鹿又村道德的青年會總會　四月六日開會。

◇青年夜警廻番　廣淵村字町下區青年團にては昨冬來町内の夜警廻番をしてゐるが町民の感謝は非常な物である。

◇鹿又青年役員會　四月廿五日開會。

○橋本正治氏　四月二十四日附貴市長就任御裁可があつた

山口縣

○松本彦次郎氏　四月三十日豐浦郡彥島小學校長退職

香川縣

○安倍粂太郎氏　大川郡小海村長當選就職の件四月十一日附認可さる

○佐野義禮氏　四月九日綾歌山田小學校長退職

愛媛縣

○山岡榮氏　伊豫市山町青年團長に當選

○西田鶴[illegible]氏　同副團長に當選

高知縣

○中島和三氏　香川郡須崎町長に就任

○弘瀨進氏　土佐郡鏡村青年團長に當選

○高橋一郎氏　同副團長に當選

福岡縣

○木村民槌　四月十日若松小學校長退職

◇飯野川初町會　五月五日開會。

◇愛島青年處女團　四月十七日擧季總會開會。

◇一迫町青年入團式　四月十七日擧行した。

◇吉川町初町會　五月六日開會。

◇大平青年の奉仕　鶴巣村青年團第五分團たる大手青年團員は同村區內村道の改修工事を引受け努力した。

◇柴田郡大河原初町會　四月二十五日開會。

◇伊具郡角田初町會　四月二十九日開會。

◇北鄕村處女會　四月幹事會開催。

◇伊具各町村自治研究會　五月九日開催。

◇枝野村辻畑青年會並に學部會　四月三十日開催。

◇志田郡敎育總會　五月十六日開會。

◇越河村初村會　五月七日開會。

◇御岳村會　五月十三日開會。

◇吉川町初町會　五月八日開會。

◇大岡村初村會　五月四日諸種議案を附議。

◇舩岡村農會總會　五月四日開會。

◇下增田青年處女總會　四月三十日開會。

◇玉浦青年團總會　四月三十日開催。

福島縣

◇町村長會　四月二十九、三十兩日開會。

◇縣聯合青年團總會　四月十九日開催。

◇農村振興講演會　四月二十四日開會。

◇縣町村長會　五月一日評議員會開會。

◇縣參事會　五月一日銀婚式奉祝住宅寄金等協議。

◇福島市　五月六日參事會招集。

◇若松市　四月十四日參事會招集十四年度歲入出豫算更正の件を協議した。

◇西白河郡　四月十五日聯合處女會開催。

◇喜多方町　四月八日町會開催町醫に猪俣七藏氏を推薦するの他、各種協議案を議決した。

◇佐倉村　五月二日處女會總會開催。

◇一箕村　四月十二日同村第三小學校

◇

大分縣

○曾宮宇五郎氏　四月十六日南海部郡直見村助役に當選。

○近藤卓爾氏　三月二十八日大分西國東郡桂陽小學校長退職

○渡邊藤一氏　四月二十日下毛郡豊田小學校長退職

熊本縣

○佃信藏氏　宇土郡轟村長四月十五日附認可

○上原重雄氏　天草郡赤崎村長四月十五日認可

○佐藤榮藏氏　玉名郡月瀨村長認可

○奥村一馬氏　玉名郡豊水村長四月十五日認可

○守永留吉氏　球磨郡須惠村助役四月十六日認可

宮崎縣

○佐土原玉樹氏　四月八日宮崎那珂郡飫肥小學校長退職

鹿兒島縣

に於て總會を開催した。
◇河沼郡　四月二十三日より四日間河沼處女大會を開催。
◇坂下町　四月十八日町會開催。
◇坂下町　四月二日臨時町會開會。
◇余目村　四月九日同村小學校に於て春季總會を開催した。
◇平野村　四月三十日青年見學團出發。
◇島川村　四月三十日處女會見學旅行執行。
◇青井田村　四月三十日見學旅行擧行
◇安達郡　四月二十三日旭村に於て東部聯合青年團大會を開催。
◇平町　四月二十八日町會開會。
◇郡山市　五月十五日市聯合青年團總會開會。
◇信夫郡　五月五日縣町村長會郡支部臨時參會開催。
◇田村郡　聯合處女會總會五月五日より八日まで各町村に於て開催。
◇睦合村　役場位置を大字成田字引地十九番地に變更した。
◇石城郡　窪田村を勿來町と爲し五月一日より施行した。

岩手縣

○盛岡市參事會　十四年度第二次追加豫算並に寄附金採納に關する緊急市參事會は四月八日開會。
◇盛岡市本會議　四月十三日議員改選後初市會四月二十七日開會。
◇市參事會　四月二十二日開會。
◇市會　五月四日開會。
◇川口村　農事督勵委員及統計調査委員聯合協議會を四月十一日開會。
◇農事講演會　大更村主催にて四月八日開催。
◇久慈町青年會　四月八日久慈小校に郡聯合運動會の準備の爲め幹部會を開いた。
◇久慈町會　四月十八日開會。
◇上閉伊遠野町會　初町會を開會。
◇上閉伊處女會議會　四月十八日開會。
◇黒澤尻町初町會　四月十三日町役場に開催。
◇宮野目青年團　四月十五日小校に開催。
◇矢澤村會　四月十八日開會。
◇稗貫郡大迫町會　四月二十一日開會。

○土持甚左衛門氏　五月四日川邊郡加世田町長に再選
○小原助市氏　薩摩郡平佐村長に四月十四日認可
○五月十日聖上銀婚式をトして表彰せられたる鹿兒島縣篤行者氏名左の如し
鹿兒島市鳥居町二五番地　草原　仲吉
熊毛郡北種子村西之表一石　大木　ムメ
鹿島郡谷山町山田二〇六石　井原十兵衛
囎唹郡末吉町二之方　中崎　エイ
出水郡米ノ津町下鯖淵一七五四地　平原　千代

北海道

○横山昇、坂上久雨氏、罷戸市街部落長に當選
○長谷部美登氏　歌棄校より黒松校に轉任
○高野氏　美流渡萬高線上校長辭任
○間宮日六翁氏　四月八日御影青年團長當選
○後藤長太郎、大野義信兩氏　四月九日御影衛生功勞者として表彰された
○川岸氏　一已村書記辭任
○各戸留吉氏　同後任

◇稗貫新渥村會　四月二十二日開會。

◇柴波郡煙山青年團總會　四月十二日開會十四年度豫算事計畫等を決議した。

◇花巻川口町會　四月二十二日村役場に開會。

◇稗貫郡外川目組合村會　四月二十一日開催。

◇江刺郡青年團　四月十九日岩谷堂尋常高小校内に開會。

青森縣

◇青森市　四月二十日合併村財產處分に關する意見答申案を主題に市會を開會した。

◇弘前市　四月七日一時借入れ金及其償還方法に就いて參事會を招集した。

◇三本木町　三月三十一日より四月二日まで臨時町會開會し追加豫算三千六百三十三圓を可決するの他數件を附議した。

◇野邊地町　四月二十二日臨時町會開會。

◇南郡　四月十一日町村農會長聯合協議會を開催した。

山形縣

◇本縣參事會　四月十一日縣廳内參事會室に於て土地賃貸借契約變更並に寒河江川の縣費支辨を決議。

◇縣參事會　五月十一日開會。

◇縣農會　四月九日役職員會開催。

◇酒田町會　五月八日町會議事室にて開會。

◇大藏農事講習會　五月七、八、九三日間開催。

◇山形市　五月五日青年團總會開催。

◇山形市　五月一日市會招集選擧名簿の確定を見た。

◇鶴岡市　四月八日都市計畫第一回委員會を市役所に於て開催。

◇飽海　四月十六日郡役所に於て町村長會を開催した。

◇吹浦村　四月十八日急施村會開催。

◇酒田町　四月十二日町會議員協議會開催。

◇最上郡　四月五日郡會議室に於て町村長會を開催した。

◇新庄町　四月廿三日青年團總會開催。

◇西星村　五月三日處女會見學旅行擧行。

◇豐田村　四月二十五日青年團總會開催。

◇大郷村　五月一日急施村會開會。

秋田縣

◇秋田市會　四月八日開會議長に湊氏副議長に長谷川氏決定。

◇初市參事會　四月十日參事會室に開催。

◇秋田市會　四月十三日開會及五月五日開會。

◇市參事會　四月二十四日開會。

◇仙北郡神代村青年團春季總會　四月二十九日開會。

◇南秋田郡五城目町自治問題講演會　四月十九日開催。

◇北秋田郡　鷹巣町役場位置を字西屋敷反三十五番地に變更した。

福井縣

◇自治協會兩會　四月十三日縣參事會室に於て幹事會及代議員會を開會。

◇縣下村長幹事會　四月二十四日開會。

◇福井市　五月一日市青年團役員會開會。

◇福井市　四月二十五日福井市に於て縣聯合青年團總會を開催した。

◇吉田郡　四月十四日郡役所に於て郡青年評議會開會十二年度決算認定十四年豫算並に事業に就き協議を行つた。

◇武生町　四月二十日第　回町會を開會。

◇鹿蒜村　四月十六日青年總會を開催。

◇坂井郡　五月一日町村長町會開催。

◇大野町　四月十七日新町初町會開會。

◇鯖江町　四月十三日町會開會十二年度歳入出追加豫算外數件を議決した。

◇今立郡　五月二日町村長會開會。

◇鯖江町會　五月六日より

石川縣

◇石川郡金石町初町會　四月十七日開會。

◇柏野村會　四月十八日開會。

◇元涌谷日向青年敬老會　四月二十三日開催。

◇加美郡處女團總會　四月二十八日開會。

◇羽咋町會　四月十五日若槻町長は町役場階上に町會を招集。

◇河北津幡町會　四月十八日初町會を開會。

◇才田校下處女會　四月二十四日講習會開會。

◇松尾鶴來町會　五月四日初町會開催。

◇山中初町會　五月四日開會。

◇小松町會　五月五日商業校案審議。

◇能美郡自治會評議員會　五月十五日開會。

富山縣

◇縣參事會　四月十日開會。

◇富山市　四月十四日參事會招集十四年度基本財產歳入出追加豫算其他諸件を議決した。

◇東礪町村吏員大會　自治行政の向上を期する目的を以て組織されてゐる東礪汲郡町村長會の主催にかゝる町村吏員大會は四月二十六日郡公會堂に開催。

◇富山市　十三年度恩賜兒童就學奬勵金は三月末日つきを以て五月六日本縣知事から三百二十六圓下附の旨、牧野市長へ指令した。

◇魚津初町會　五月十日郡公會堂に開會。

◇福光初町會　五月四日本年度豫算一部變更の件他二、三を附議した。

◇伏木町　佐々木町長彈劾町民大會及政談大演說會は四月六日開催宣言文決議文及祝電文朗讀政談演說等あつた。

鳥取縣

◇鳥取市會　四月二十八日開會。

◇鳥取縣參事會　四月十三日開會。

◇鳥取立憲青年春季總會　五月五日開催。

◇西伯處女會と青年會　米子町就將校に於て四月十二日開催。

◇東伯町村長會　四月十七日開會。

◇倉吉町會　五月二日開會銀婚式奉祝費豫算等協議。

◇東伯自治協會　四月三十日評議員會開催。

◇東伯青年總會　四月十三日開會優良なる各青年團を表彰した。

◇八頭役員會　船岡青年團長は團則による定例役員會を四月六日招集した。

◇八頭郡處女會　四月二十六日開催。

◇八頭教育總會　五月十一、二兩日開

催。
◇日野自治協會　四月二十二日理事會を郡會議場に開催。
◇日野青年團　議員會　四月十三日開催。
◇氣高郡町村長會　五月四日青谷町開催。
◇岩美青年團春季雄辯大會　五月七日開催。

島根縣

◇松江市參事會　四月十一日開會十四年度松江市水道歳入出追加更正豫算並に寄附物件收受の件を附議。
◇米子町青年團　四月十九日本年入團すべき青年團員の宣誓式を擧行。
◇米子町會　四月二十五日開會。
◇北堀青年團　此の程幹事會にて十四年度豫定事業其他を議決し四月十八日には春季總會を開催した。
◇福島村初村會　四月十一日開會土木委員選擧の件外數件を協議した。
◇能義郡青年團體育會　五月十五日開催。
◇廣瀬町會　四月二十一日開會。
◇　田村青年團　四月十一日總集會開催。
◇隱岐海士村青年團　四月五日開會。
◇濱田町會　四月二十七日開會。
◇大原郡木次町青年團　四月二十二日總會開催。
◇伯青年團中央友部競技會　五月九日擧行。
◇西鄕町青年團　四月十一日臨時總會開會。
◇佐太村婦人會　四月十二日優良村の視察を行つた。
◇佐太青年團總會　四月十四日開會。
◇志々村信用組總會　四月二十九日開會。
◇自治協會　國富村自治協會婦人部國富支部總會を四月十六日開催。
◇平田町會　四月二十二日開會。

岡山縣

◇自治大會　備比三郡阿哲上房川上三郡自治大會は四月二十五日開會。
◇玉島町會　五月四日町役場開會。
◇岡山市　五月二十日市會招集諮問第四號柳川線軌道延長工事に關する件其他を附議した。
◇兒島郡　東兒青年總會は自治會の補助を受け自立的に四月二十六日決行た。
◇津山町　四月六日町會開會提出議案數件全部を可決した。
◇苫田郡　四月十日郡衙に於て町村長會開催。
◇津山東町　四月十一日町會開會。
◇小田村　四月十一日同村役場にて村會開催。
◇中谷村　四月九日農會役員會開催。
◇泉村　四月八日青年團總會開催役員改選の結果坂午裕氏を團長に友保巣司を副團長に選任した。
◇香々美南村　四月十一日青年役員會開催。
◇苫田郡　五月二日青年團幹部會開催。
◇赤磐郡　四月二十八日聯合青年團總會開會。
◇後月郡　四月五日青年聯合會主催一夜講習會開催。
◇今井村　五月二日青年團總會開催。
◇三谷村　四月三日より二日間青年團幹部十名は上房郡有漢村を視察した。
◇矢掛町　四月十一日町會議場に於て

町會開會。

◇小田町　四月十六日私設町長定斯總會開催。

◇笠岡村　四月十九日青團長皆期總會開會。

◇笠岡町　四月二十九日町會招集。

◇總秋町　青年團宮本支部團員は四月十五日香川縣琴平地方へ見學旅を行つた。

◇秦村　四月廿六日福谷處女總會開催。

◇眞庭郡　四月二十五日より六日間自治會主催自治講演會開催。

◇勝山町　四月十四日町役場に於て町會開會。

◇落合町　四月十四日町役場に於て町會開會。

◇川上郡　四月五日日里村に於て郡南部青年聯合大會開會。

◇川上郡　四月十二日青年團員會議開會。

◇宇治村　吹屋、宇治、高倉三ヶ町村聯合町村長會を四月二十一日宇治村に於て開催した。

◇本莊村　四月十六日村會開會旱害救濟低利資金借入の件其他を附議した。

◇日笠村　四月十六日役場に於て村會開會。

◇香登村　四月二十四日役場に於て村會開會。

◇連島町　四月十三日江長支部青年團主催講演會開催。

◇久米郡　四月十八日郡町村長會主催自治研究會開催。

◇邑久村　四月十四日村會開催十四年度追加豫算他諸件を附議した。

◇美和村　五月十日主婦會總會開會。

◇中津井村　四月十八日處女修養會開催。

◇下竹莊村　四月二十九日處女總會開催。

◇倉頭町　四月十八日町會開會。

◇庄村　青年團西尾支部は毎月辨總會を開催。

◇小田郡自治協會第一回講習證書授與式　五月十三日擧行。

◇津山町會　五月四日銀婚式に關する件附議。

◇淺口久條院村會　五月四日開會。

廣島縣

◇廣島市會　四月二十日開會。

◇市參事會　四月十六日及五月六日開會橋架換費追加支出其他を附議。

◇自治講演會　市民の自治心を喚起する意味で廣島市教育會と市教育協會共同にて五月十六、七兩日開會。

◇津久志村青年團　四月二日見學旅行擧行。

◇西大田村青年團總會　四月十七日開催。

◇津久志聯合處女大會　四月二十三日開催。

◇世羅聯合青年團主催大會　五月三日開催。

◇三川校伊尾小谷松崎婦人會　四月三十日開會。

◇小田切青年團主催講習會　四月四日より六日まで農村振興について外二三講演があつた。

◇生桑初村會　四月十一日村役場に開會。

◇吉田初町會　四月十七日開催。

◇大長村青年團總會　四月十日開催。

◇三次町初町會　四月八日開會。

◇十日市町村會　四月十二日開催。

◇作木村別作處女總會　四月十五日開催。

◇自治協會雙三郡支部總會　四月二十四日開催。

◇作木村各處女聯合大會　五月十日開催。

◇作木青年團役員會　四月十九日開會

◇山縣六ヶ町村事務研究會　四月六日開催。

◇加汁町婦女會總會　四月十九日開會

◇吉坂村婦女會總會　四月十一日開催

◇三和村青年團峠分團入退團式　四月七日。

◇飛渡瀬村青年處女大會　四月二十日開催。

◇佐伯郡處女大會　五月二日開會。

◇觀音村靖年團大會　四月二十六日開會。

◇觀音處女會　四月十九日開會。

◇加天茂町民大會　四月十三日開催。

◇甲奴郡青年團長會　四月二十九日委員會開會。

◇安藝第二回聯合處女大會　五月十五日開催。

◇府中初町會　四月二十日開催。

◇三原町會　四月二十七日開會。

◇落合青年團長會及評議員會開催

◇安佐處女會總會　五月二日開催。

◇雙三神板村會　五月五日開會。

◇豊田大友村教育講演會　五月六日開會。

◇六林村處女會例會　四月二十五日開會。

◇大津野村青年團總會　四月二十五日開催。

◇上三永青年團總會　四月十八日開催

◇賀永村仁賀青年團總會　四月三十日開會。

◇造賀村青年團例會　五月一日開會。

◇美古登村　四月七日青年及處女總會開催。

◇領家村　四月十三日青年總會開催。

◇夫野村　四月二十四日青年總會開催。

◇領地村　四月二十五日村會開催。

◇領地村　五月三日處女會總會開催。

◇上下町　四月二十八日町會開催。

山口縣

◇聯合青年團評議員會　四月十四日開會十二年度決算十四年度豫算を協議した

◇青年團　生田村青年團中村支部團員十四名は四月一日出發岩國宮島廣島呉等を觀察し五日歸郷した。

◇豊浦郡西市初町會　四月十日開會。

◇豊浦郡川棚初村會　四月二十二日新議員改選後の第一回村會を開會。

◇青年處女意見發表　四月十日町村農會主催にて岩國物品陳列場に開催した。

◇岩國町會　四月二十八日開會。

◇厚狭初町會　五月一日開會。

◇豊浦郡　五月一日より町制施行。

◇萩町　五月一日役場位置を大字江向四百三十三番地に變更した。

德島縣

◇德島市參事會　四月八日開會德島公園西ノ丸にて圓形競馬開催許可の件外二、三と附議可決した。

◇市參事會　五月三日銀婚式の件に付開會。

◇富岡町青年團役員會　四月六日西路見校に開會十三年事度業決算報告外二三を附議可決した。

◇邦加天町村長會　四月十三日開會

農業倉庫公營に關する件等を協議した。

◇富岡町東石塚青年團支部員活躍　四月十三日早朝より總動員にて傍示内の破損せる道路を修理した。

◇神領村青年團　本縣にて特に撰ばれ表彰さる。

◇飯谷青年團總會　四月十三日開催。

◇棚野農事研究會　四月廿二日開會。

◇石井青年馬坂支部團　四月十三日副部團長福田芳明氏送別會を開催。

◇三好郡池田町會　四月廿一日開會。

◇縣郡聯合處女講演會　四月二十五日開催。

◇板野郡撫養町會　四月廿日開會。

◇板野郡町村長會　四月廿四日開會。

香川縣

◇高松市會　五月四日開會。

◇綾歌郡農會議員協議會　五月七日開催。

◇三豊郡中姫農會　總代會を開催十二年度收入決算報告の認定及十三年度收支豫算追加並に十四年度豫算原案通り可決。

◇大川郡　四月十四日町村長會開催町村事務の打合を行つた。

◇木田郡村長會　西植田村役場で四月十六日郡內町村長同僚會を開いた。

◇小豆郡青年團評議員會　四月十六日開會、十四年度に於る事業計畫に就て協議した。

◇大川郡白鳥本町再町會　四月二十五日開會。

◇一宮村部落講話會　四月二十七日より五月一日迄第六回講話會を開催。

◇欒地自治組合總會　五月一日開催。

◇池田村處女總會　五月三日開催。

◇香川郡農事講話會　弦打村飯田高木長五郎氏宅に四月十四日農事講話會を開催。

◇町村長の慰問　香川郡町村長在鄉軍人會は四月十六日丸龜十二聯隊に於ける郡出身者の慰問をなした。

◇府中村青年總會　四月十二日同村小學校に開催。

◇農事講話　䮧村大原園子出組合では四月十日記念運動場に於て開催した。

◇旱害講話　五越村農會では四月九日開催。

◇旱害豫防麥生產檢查の講話會　四月二十三日開會。

◇綾歌郡農事研究會　五月五日開催。

◇成器村青年團總會　四月十一日十四年度春季總會を開催した。

◇岩美郡町村農會　四月二十一日郡役所に町村農會技術員協議會を開催。

◇服部鹽見村合併委員會　兩村合併委員調査會は四月十六日郡役所にて開催された。

愛媛縣

◇松山市聯合青年評議員會　四月二十日開會。

◇伊豫郡中山町青年團　四月十二日第一、二、三各分團聯合總會開會。

◇砥部村青年總會　四月十九日開會。

◇中村主婦處女聯合會　四月十九日開催。

◇温泉郡處女會　四月十八日幹事會を開催。

◇青年團代議員會　四月十八日幹事會を又二十四日代議員會を開會。

◇生石青年團辯論會　四月二十二日開會。

◇温泉郡處女會及び青年團代議員會　四月三十四日開會。

◇三津濱町民大會　四月廿七日開會。

◇喜多郡御祓青年總會　四月十五日開會。

◇交二峯村青年團二名支部會　四月十二日總會開催。

◇丹原町處　總會　四月十九日開會。

◇來村處女會　四月二十六日奥南村へ遠足。

◇各町村處女會長會　五月五日開會。

◇八幡濱自治會　五月五日春季總會開催。

◇温泉郡　古之津村を廢し同郡三津濱町へ編入し五月十日より施行したが因に古三津村の財産は三津濱町に歸屬した。

日本最古の町長逝去す

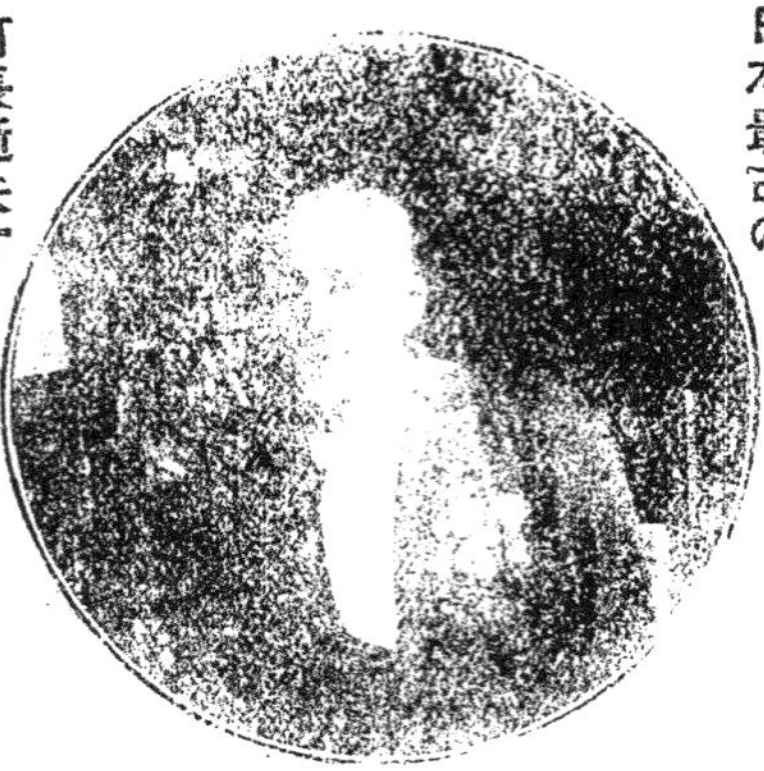

伊東春義翁

神奈川縣三浦郡葉山町長在職中五月十四日長逝したが翁は享年八十四歳で町村制實施以來町村長を勤むること四十年、名主時代から通算すると五十一年の長年月で爲に村內も圓滿におさまり五、六年前には村から人力車を贈られた程で現在勳六等に叙せられてゐるが宮內省より特別の御沙汰がある筈

高知縣

◇因襲打破　四月二十日覺醒會發會式擧行。

◇縣參事會　四月二十五日開會。

◇縣聯合青年團評議員會　五月五日開會。

◇檮原村青年團總會　四月十二日開會

◇矢井加天青年會　毎月十日に風俗矯正のため研究會を開會する事にした。

◇農學視察團　各町村吏員農會役員學校職員青年團員篤農家等は四月二十八日より六日間郡外視察執行。

◇豐永村　四月十三日西岸正念青年好人主催敬老會開催。

◇高岡郡農會　四月十七日技術員會開催

◇豐永村　四月十九日在鄕軍人　談會開催。

◇黑岩村農民大會　四月廿六日開會。

◇東津野村處女總會　四月二十六日開會。

◇川內青年處女聯合總會　四月三十日開催。

◇布師田村青年團　四月十四日入退團式擧行。

◇一宮村處女會　四月二十九日講習會開催。

◇高知市會　四月十四日開會。

◇高知市參事會　五月四日開會。

◇香美郡美良布村　四月十四日青年總會開催。

◇岩村　四月十九日垣內校長謝恩會開催。
◇江川崎村　四月十七日。
◇明治村青年處女會　四月十一日開會。
◇須崎町　四月十六日町長及校長送迎會開會。
◇長濱村　四月十八日安並氏表彰祝賀會開會。
◇長岡郡東豐永青年團西峰支團　四月十三日開會。
◇長岡郡田井青年團　四月二十日總會開催。
◇江川崎村　四月十七日餓死者慰靈祭並に赤十字社及愛國婦人會江川崎分區第二回總會開催。
◇中村町町條例設定　五月一日町會決定。
◇西川村青年團總會　四月廿七日開催

福岡縣

◇縣參事會　五月二日開會。
◇福岡市　五月十三日改選後第一回目の市會を開いた。
◇八幡市　四月十七日參事會招集特別教育基金寄附採納の件他數件を審議した。
◇小倉市　四月十六日市會開催小倉要樞の合併に關する柴田福岡縣知事への追申案を附議した。
◇大牟田市　四月十一日市會開會。
◇大牟田市　四月二十日市會開會。
◇夜須村　四月十二日中牟田市に於て青年總會開催。
◇粕屋郡　四月八日郡公會堂に於て養蠶技術員會開催。
◇筑紫郡　四月二十一日太宰府校に於て處女總會開催。
◇嘉穗郡　四月二十六、七、九二日間各町村青年處女聯合運動を開會した。
◇遠賀郡　四月十八日より三日間處女幹部講習會開催。
◇糸島郡　四月十八日青年團總會擧行。
◇糸島郡　四月廿一日處女會講習會開催
◇後藤寺町　役場の位置を大字奈良字大黑九百五十島の四九百五十番の五の內、九百四十三番の一の內九百四十四番の一の內九百四十五番の一の內に變更した。

大分縣

◇大分市　四月二十二日市會開會。
◇大分市　四月二十二日市參事會開會。
◇大分市　四月二十八日市委員會開會。
◇別府市　四月二十一日及五月十日市會開會。
◇大分市　五月五日戶數割資料調查打合の爲協議會を開會した。
◇東國東郡　四月二十三日中武莊小學校新築落成式擧行。
◇關町　四月六日町會開會學校敷地買收及借入れ其他を附議した。
◇三ケ村會　海部下浦兩村は四月廿日下の江村は同月廿一日各村會を開催した。
◇北海部郡　四月廿三日町村長會議開會
◇宇佐郡　四月十日町會開會。
◇竹田町　四月十二日町會營造物使用出願許可諸件を附議した。
◇宮砥村　四月十八日在鄕軍人總會開催
◇南庄內村　四月十三日青年團總會を開催。
◇植田村　四月十三日戶主會を開催した
◇高田村　四月二十九日初村會を開會。
◇日田町　四月十八日町會開會間接縣稅均一賦課に關する件他諸件を議決した。
◇南海部郡　五月四日町村長會開會。
◇佐伯町　四月二十日町會招集小學校用地指定替の件外數件を附議した。
◇佐伯町　四月廿町議選擧演說會開催。
◇玖珠郡　四月廿一日青年團總會開催。

◇萬年村　四月十九日塚協小學校增築落成式を擧行した。

◇臼杵町　四月二十一日及二十七日町會招集。

◇小野市村　四月二十九日和村會開催。

◇大分郡　五月六日三佐村役場位置を大字三佐字堀川二百五番地に變更した。

佐賀縣

◇佐賀市　四月九日水道公債抽籤執行今年の償還額は一萬七千百圓殘額は二十二萬八百圓である。

◇市參事會　四月十七日開會十四年度追加豫算の件を附議した。

◇戸畑市會　四月十三日招集した。

◇遠賀郡處女講習會　四月十八日より三日間岡垣村吉木小校に開會。

◇佐賀郡青年代議員會　四月十四日開催。

◇杵島北方村處女會　四月二十五日講習會開催。

◇仁比山村青年總會　四月二十九日開會。

◇仁比山青年處女會　四月二十九日開會。

熊本縣

◇市町村農會長研究會　本縣農會主催にて四月八日開催研究議題は農會費賦課額の制限を撤する件其他數件。

◇縣參事會　四月二十一日開會。

◇各郡市視學會　四月二十八日參集事務上の打合せをなした。

◇八代郡町村長會　四月六日及四月二十一日八代町に開會。

◇八代町會　四月二十二日開會。

◇農事講習會　五月八日より十日迄郡農會主催開會。

◇天草聯合處女總會　四月九日合津十一日一町田、十一日本渡町に於て開催した。

◇本戸村處女講習會　四月九日より三日間小校に養蠶講習會を開催。

◇聯合處女總會　四月十七日玉名郡外五ケ所に開催。

◇玉名聯合處女北部支會　四月十四日開會。

◇百濟來青年總會　四月十三日開催。

◇球磨町村長會　四月十四日開會。

◇小城郡三日月青年處女會　四月十九日開催。

◇飽託第五青年幹部講習會　四月十七日。

◇二岳村品評會及納税受賞式　四月二十日擧行。

宮崎縣

◇縣參事會　四月十日縣參事室に於て開催。

◇縣町村長會　四月十七日開會。

◇縣學務當局　鈴木宮崎工業校長轉任を議とし近く當局大彈劾を行ふと。

◇九州町村長會　四月二十四日縣公會堂に開催。

◇參事會　四月二十七日開會。

◇自治研究會　四月二十日より三日間縣門各町村吏員を招集し自治事務講演會を開催した。

◇北諸縣郡　四月二十日郡主催自治講演會開會。

◇高崎村　四月十六日自治講演會開催。

◇北諸縣郡　四月二十七、八兩日農事協議會開催。

◇封戸村　四月十八日小學校新築落成式擧行。

◇西諸縣郡　四月十九日青年會雄辯大會開催。

◇南鄉村　四月五日湯上小學校に於て青年大會開催。

◇宮崎郡　住吉村青年團檢閱の成績に鑑み又四月二十五日赤江村青年團の檢閱を施行した。

◇富田村　四月十三日村會開催。

◇兒湯郡　四月十七日東部町村長會開催。

◇富高町　四月二十二日助役選擧の件に就き町會開會。

◇延岡町　四月二十五日青年團總會開催。

◇北方村　五月二日役場位置を大字北方字諏訪河原四二三九番に變更。

鹿兒島縣

◇縣參事會　四月二十日招集。

◇鹿兒島市會　四月十三日招集十四年度追加豫算退職給與金外二件を附議した。

◇市參事會　四月九日及二十八日開會汚物掃除夫退職給與他數外を附議した。

◇大口町　四月五日青年團總會開催。

◇笠砂村　四月五日青年講演會開催。

◇日置村　五月一日初村會開催。

◇西串良村　五月二日新町青年發會式擧行。

◇大崎村　五月二日聯合青年會開催。

◇大始良村　五月四日野里青年會總會開催。

◇東國分村　五月三日婦人處女會開催。

◇大村　五月二日下手部落婦人春季總會開催。

◇大村　四月十二日青年團春季總會開催。

◇黑木村　四月十四日婦人會總會開催。

◇山崎村　四月十七日臨時村會開催。

◇山崎村　四月二十七日青年團春季總會開催。

◇始良村　四月十八日臨時村會開會。

沖繩縣

◇那覇市尋常小學校同窓會では四月二十五日臨時總會を開催した。

◇體操講習會　那覇市教育部會主催にて。

◇那覇市　體操講習會を那覇市教會主催に開催した。

◇農會技手會　四月二十九日島尻郡役所會議室に開會した。

◇水產事務協議會　五月二日より二十九日迄開催。

北海道

◇道參事會議案　四月二十二日開會十四年度追加豫算の件他諸件を附議した。

◇相內　五月七日村會開會。

◇室蘭市會　四月二十三日開會。

◇罾戶　四月十日罾戶村會開會。

◇罾戶農會評議員會　及總代會開催。

◇罾戶青年會　四月二十日開會。

◇沼貝　四月七日沼貝村會開會。

◇網田　四月六日厚青年總會開會。

◇初山別　四月二十八日村會開會。

◇壯瞥　五月五日村會招集。

◇一已　五月空知聯合青年第四方管內團長會議開催。

◇倶知安町會　五月四日開會。

◇夕張町會　五月四日開會。

◇小淸谷村會　五月五日招集銀婚式奉祝外一件附議

◇御影　四月八日豖帶青年分團總會開催

青年團各分團長協議會を四月十三日御影小學校に開催

御影村處女會例會は四月十二日開催本年度行事其他を協議した

◇室蘭　四月八日學務委員會開會し小學授業料廢止其他を附議した

◇三笠山　四月五日幾春別在鄉軍人分會總會開催

◇三石郡延出　延出青年團は四月四日評議員會開催運動主任選擧を行つた

◇白石　四月四日白石青年團北鄉分團總會會催、白石村青年會は四月五日定期總會を開催

◇士幌　中川郡川今村と河東郡川上村との村界變更は四月一日道廳告示を以て發表

◇雨龍　四月六日雨龍村第七部住民組合總會會催

◇當別　四月一日本村字當別部落總會會催

◇一已　四月十二日教育研究會開催

◇湧別　四月十二日湧別處女會例會開催湧別村聯合青年會の役員會は四月二十六日開會

◇晩生內　本村青年團では團員の親睦を敦うし兼ねて修養に資する目的で六月から團報を發行する事となつた

◇岩見澤町　町會を四月十三日町會議事堂に開會した

◇芽室　芽室自治研究會立憲青年會外各新聞關係者の主催で四月十二日祝賀會を開會した

◇芽室村下美生青年團　四月二十日開會

◇下美生處女會　四月十九日開催

◇西士狩青年團　四月廿五日開會

◇野田生　野田生青年會では四月十日小校にて役員會を開生した

◇風連　多寄村聯合青年團では四月十九日辯論並に講演會を開會

◇赤平　上赤平青年支部は豫て計畫中の上赤東小校門柱を四月十六日總員出働建設した

◇蘆別　村內班溪青年支部は四月十八日定期總會開催した

◇眞狩別　研修會第一分校に青年分團十六區青年が集合し研修會を組織し發會式を四月十六日擧行した

◇音更　音更青年分團市街支部は四月十七夜幹部會を開催した

◇音更村會　四月二十日から二日間の豫定で本年度特別稅反別割賦課等級査定其の他數件を附議した

◇竹田只房氏　月形木村南耕地部落部長に任命さる

◇倶知安町　町會四月二十七日開催

◇町會　五月四日開會銀婚式祝典奉祝に關する件等附議

◇山越　野田青年會の入會の入會式四月十九日擧行

◇藻岩　四月十八日地主役員會開會

◇右左府　青年團右左府支部は團體的訓練目的に廿、廿一兩日薪伐採を行つた

◇別　四月二十七日村會開會

◇追分處女總會　第二回は四月二十六日開會

◇新篠津　四月二十八日村會招集

◇四月三十日　新篠津青年團役員會開會

◇四月三十日　新篠津處女會役員會開會

◇北見　上湧別村會、四月廿九日開會

◇東倶知安　四月十三日木村聯合青年議員會開會

◇新夕張　青年總會　五月三日聯合總會開會

◇豐茨村會　五月四五兩日開會

編輯後記

◇發刊第二聲　おほらかな初夏の光に、衝天の勢ひをもつて本誌は伸びて行く。

◇本誌刊行の廣告一度巷衢に出づるや、忽註文殺到し、賞讃、激勵、机上山を成すの有様で、その反響の大きなことは實に豫想外であつた。愈々發行された本誌が、一朝にして江湖の注目を集め得たことも、强ち不思議ではない。

◇かうした本誌の力强さは、一に執筆諸家の溢れる同情に依るもので、はち切れるばかりの本誌の充實味こそは、げに、獲難いこれ等珠玉の、かぐはしい理想の輝きであり地を踏んで立つ「現實」の强さでもある。

◇嘗て、筆をとつたことのない加藤總理が珍らしくも本誌の爲めに稿を寄せられ、わが「市町村」の成功を祝福された、實に破天荒の事で、斯界空前の一大驚異であると共に如何に、本誌が、時宜に適した自治政の機關であるかと云ふことを、雄辯に物語るものである。

◇遮莫、本誌は、本誌を熱愛する讀者諸氏のため、否我邦自治政改革の高遠な理想の爲め、層一層の努力を以つて、わが使命を完うせねばならぬ。

◇幸ひに志を同じうする江湖諸氏よ、本誌こそは鄕等が唯一の自由論壇である、「市町村」は鄕等の「市町村」である、生に滿ちた諸氏の思想を、新しい鄕等が試みの一端を滿天下の同志に報導すべく本誌は大手を擴げて待つてゐる。

◇自治體當局者の、折にふれての寫眞、地方自治政に關する新しい報導、玉稿の寄贈本誌はこれ等を無制限に蒐集し無制限に掲載し得ることを誇り度い。

◇斯くして、小さな埋草の一つにも、眞に活きた記事を盛ることに腐心する本誌が、順月その内容を充實させて行くことは、お決まり文句ではあるが、來月、さらに再來月を刮目して待つて戴きたい、諸氏の望み諸氏の期待の繩張内を、本誌はグン〱突進して行くであらう。

◇創刊號は五月一日發行の所、萬事不慣の上、約[illegible]郵便や、三種郵便物手續等に齟齬を來し、月末漸く發送した有樣で、殊に第一版賣切れの爲第二版は六月發送の余儀なきに至りました、そこで止むなく第二號を七月一日發行としましたから、惡からず御了承を願ひます。

市町村（毎月一回一日發行）

冊數	定價（郵税共）
一冊（一ヶ月）	五拾錢
六冊（半ヶ年）	參圓
十二冊（一ヶ年）	六圓

◎誌代は前金の事◎切手代用一割増
◎前金受取書差出不申候◎前金切の節は封紙に其者表示可致候

廣告料

等級	定價
特等面	一〇〇圓
一等面	七〇圓
二等面	五〇圓

◎半頁は總て半額
◎廣告締切は毎月十五日、値引なし

大正十四年六月廿九日印刷納本
大正十四年七月一日發行（第一卷）（第二號）

各項禁轉載

發行編輯兼印刷人　前田郁
東京市本鄕區金助町六十八
印刷所　帝國自治研究會印刷部

發行所　東京市麴町區三番町六十八
帝國自治研究會
電話四谷四二七七番
振替東京七一六〇〇番

大阪市東淀川區三東ノ町一〇四
帝國自治研究會關西支局
電話北六一五九番

本會顧問及贊助員（イロハ順）

日本銀行總裁　市來乙彥
有隣生命株式會社々長　飯田延太郎
前大阪市長　池上四郎
前內務次官　井上孝哉
貴族院議員法學博士　馬場鍈一
商工省政務次官　秦豐助
和歌山縣知事　長谷川久一
司法大臣　小川平吉
農林大臣　岡崎邦輔
貴族院議員伯爵　大木遠吉
貴族院議員　鎌田榮吉
東京電燈株式會社々長　神戸擧一
全國町村會々長　金子角之助
海軍大臣　財部彪
外務參與官　永井柳太郎
前東京市長　永田秀次郎
衆議院議員　中野正剛
遞信參與官　植原悅二郎
商工大臣　野田卯太郎
前陸軍大臣　山梨半造
貴族院議員子爵　前田利定
子爵　後藤新平
法學博士　小林丑三郎
衆議院議員　小久保喜七
衆議院議員　兒玉右二
貴族院議員　宮田光雄
法學博士　水野錬太郎
行政裁判所評定官　島村他三郎

本會編輯委員（イロハ順）

明治大學教授　小島憲
マスター、オブアーツ　弓家七郎
前東京市電氣局理事　平井良成

本會理事長　前田郁

事業部設置

本會は今回地方市町村の便宜を計らんが爲めに、誠實、迅速、懇切を『モットー』として左記業務を開始致候に付精々御利用被下度切望仕候

一、地方農村有利事業の援助紹介

一、各地特有物産の取次賣買

一、農具・種苗・肥料・教育用品・文房具・謄寫版・樂器・寫眞機・書籍雜誌其他

右販賣方御希望の向は書面其他の方法に依り可成明細に條件を附記し見本添付の上御申込相成度候

帝國自治研究會事業部

六十の青年　三十の老人

或人《あるひと》は、六十をこえても尚若《なほわか》やいで四十代恰好《だいかつかう》の元氣《げんき》で活動的《くわつどうてき》であり、また婦人《ふじん》でも年齢《ねんれい》を聞《き》いて吃驚《びつくり》されるほど若々《わかわか》しく美《うつく》しい人《ひと》がある、かと思《おも》へば一方《ぱう》には、まだ四十の聲《こゑ》もきかぬ身《み》でありながら、いかにも元氣《げんき》が無《な》く、血色《けつしよく》から動作《どうさ》まで老《らう》人《じん》じみた人《ひと》があるのを發見《じつげん》します。能率《のうりつ》も、富貴《ふうき》も、榮達《えいたつ》も、家庭《かてい》の圓滿《ゑんまん》と國家《こくか》の繁榮《はんえい》もあらゆる人類《じんるゐ》の幸福《かうふく》は、年輩《ねんはい》に支配《しはい》されず、逆《ぎやく》に年輩《ねんはい》を支《し》配《はい》する元氣《げんき》が生《う》むのであります。この元氣《げんき》こそは健康《けんかう》の泉から湧《わ》き出《だ》す淸流《せいりう》で、この眞《しん》の健康《けんかう》は『氣《き》血《けつ》の整調《せいてう》』を目的《もくてき》とする自然療器《しぜんれうき》オキシヘーラーによつて容易《ようい》に然《しか》も的確《てきかく》に得《え》られます。故《ゆゑ》に病者《びやうき》は勿論健康《もちろんけんかう》を增進《ぞうしん》して靑春《せいしゆん》の元氣《げんき》を永《なが》く保《たも》ちたい方《かた》は、創製《さうせい》以來《らい》十餘《よ》年間《ねんかん》の光輝《くわうき》ある歴史《れきし》と英米佛西等各政府《えいべいふつせいとうかくせいふ》の專賣特許《せんばいとくきよ》によつて比類《ひるゐ》なき効力《かうりよく》を證明《しようめい》されて居《ゐ》るオキシヘーラーを御常用《ごじやうよう》なさることをお奬《す》めします。

●尙來會者《なほらいくわいしや》には無料實驗《むりやうじつけん》の需《じゆ》に應《おう》ず。

治病實驗例附
說明書は申越
次第無料進呈

東京市牛込區神樂町一ノ一
オキシヘーラー獎勵會
電話長牛込二二〇四・二二〇五

耳の惡い人

オートミンは耳專門《みゝせんもん》の靈藥《れいやく》として到《いた》る處《ところ》で大好評《だいかうへう》を博《はく》し其名聲《そのめいせい》は夙《つと》に遠《とを》き海外《かいぐわい》にまで響《ひゞ》いて居《を》りますこの名高《なだか》きオートミンを用《もち》えればドンナ耳《みゝ》だれでもスグ惡臭《あくしう》を去《さ》り奇妙《きめう》にウミを止《と》めます特《とく》に此《この》藥《くすり》は耳病中《じびやうちう》でも一番難治《なんぢ》とせらるゝ耳鳴《みゝな》り耳遠《みゝとを》き人《ひと》に一層靈驗《れいけん》が著《いちじ》るしいと云《い》ふので實驗者《じつけんしや》はいづれも驚嘆《きやうたん》して居《を》られますお困《こま》りの方《かた》はハガキで御《おん》申越次第《まをしこししだい》くわしい說明書《せつめいしよ》を進呈《しんてい》す

東京靑山南町二丁目電車通り
駒場洋藥研究所

定價……五十錢、一圓廿錢、二圓廿錢

全國各地《ぜんこくかくち》の信用《しんよう》ある藥店《やくてん》にあり萬《まん》一品切《しなぎれ》の際《さい》は直《ちよく》接左記本舗《せつさきほんぽ》へ御注文《ごちうもん》を願《ねが》ひます（送料不要《さうりやうふえう》）

東京米穀商品取引所

第一切取引員

甲 常盤增三郎商店

東京市日本橋區蠣殼町壹丁目三番地

電話浪花 五〇七六 三一四一 五一三八 五三八九 五四七四

電信略號 トウケイトキワ

發信略號 (トキ)ヌ ハ(ト)

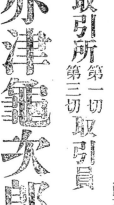

青年榮達の最捷徑

文官講義錄の最高權威

中央大學教授講師執筆

普通文官養成講義錄

講義錄毎月二回
機關誌毎月一回

新學期開講

最新式通信教授法に依り
毎月五日新學期開講

顧問 貴族院議員 法學博士 花井卓藏
會長 貴族院議員 法學博士 馬場鍈一

本會講師は何れも皆中央大學教授講師の現職者のみ隨て本講義錄は之等講師諸氏が各科共文官試驗令に準據し流麗簡潔なる文をもて自ら執筆せられたるものなり

獨學青年登龍の門!!!

小學卒業のみの學歷にて容易に成功し得る登龍門は實に官界なり官界に入るの途は敢て難きに非ず先づ普通試驗乃至は裁判所書記試驗を突破せよ之等試驗の受驗資格は何等の制限なし僅かに尋常小學校卒業程度の學力ある者は本講義錄を講習し直に受驗し得容易に判任官たり得べし

規則書附內容見本無代進呈

「不遇なる秀才保護事業の遂行」を標語として起てる本會講義錄は優良なる内容と整然たる秩序の下に毎號正確に期日を誤るなく發行す蓋し今日入會せば一年後の今日諸君は官界に入るを得べし來れ!!

會員大募集

東京神田駿河臺下（振替東京六六九五〇番）

獨學協會出版部

大正十四年七月一日（第三種郵便物認可）
大正十四年六月二十九日印刷納本
（毎月一回發行）
『市町村』大正十四年七月一日發行
定價金五拾錢

La Commune

市町村

八月号

第一年　第三号

帝國自治研究会

『市町村』第一卷　第三號目次

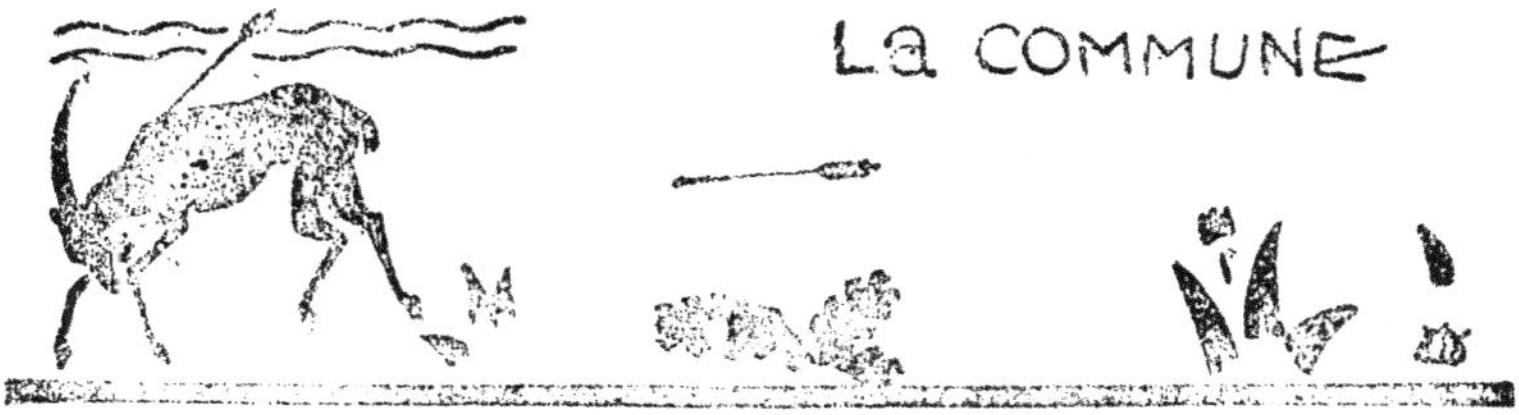
La COMMUNE

潮内務省地方局長序文法令研究會編纂

實例
判例
文例
市制町村制總覽

菊版六號二段組 三百貳拾頁
上製表紙付加除綴込式……金參圓也

發行所 東京市外中澁谷八三〇
敬文社出版部
電話特長青山八二一番
五、七二一七番
振替 東京六九、五二一番
口座 名古屋二〇、五〇三番

「憲政ノ振興今ヤ頗ル著シカラムトシテ其基礎タル地方自治ノ完成殊ニ急ヲ要スルノ秋法令研究會市制町村制總覽ノ著アルヲ見ルハ寔ニ機ヲ得タルモノニシテ自治制度ノ運用ニ資スル所蓋シ尠カラサルモノヲ信ス」

——潮内務省地方局長官序文ノ一節——

本書ノ内容

參考法規 ハ各條項ハ直接關係セルモノツ悉ク採録ス

學說 ハ學者ノ著書中ヨリ其要旨ヲ拔萃シタリ

行政實例 ハ斯法ニ關スル最近ニ至ル迄ノ主務省ノ訓令回答通牒ノ要旨ヲ掲記シタリ

訴願裁決例 ハ訴願ニ對スル裁決トシテ發表セラレタルモノヲ掲記セリ

民事刑事行政判例 ハ大審院以下ノ各司法裁判所、行政裁判所判例中其要旨ヲ摘録シタリ

文例 (書式)ハ法務省ニ於テ作成セラレタルモノ及實務家カ實務ニ當リテ作成セルモノヘル掲記セリ

發行方法 新例ヲ毎回挿入シツツ編纂シ一回參圓内外(三百二十頁以上)十四年中五回位ニテ完成致完成後ハ新例挿入ノ爲年一回發行ノ豫定

八月號

大正十四年八月一日發行

卷頭言

高下駄ほど、日本人の缺點を露骨に示して居るものはない。なが雨の降りつゞいた時、道路が泥濘でこねまはされて居る時、高下駄は、誠に便利な履物ではある。しかし、日本人は足に高下駄を穿くばかりでなく、頭にも高下駄を穿いて居る。

道が惡い時、道を良くしやうとはしないで、高下駄を穿いて過ごすのが日本人だ。政治の惡い時公共の施設の謬つて居る時、その政治を良くし、誤謬を正さんとはしないで、自分一人だけの世界を守り、世を白眼視して居るのが日本人の癖だ。即ち頭にも高下駄を穿いて居るのだ。歐米人は、道が惡ければ、協力してその道を良くする。政治が惡ければ、輿論を喚起してこれを改革する。彼等は、自分だけ高下駄を穿いて足れりとはしない。

これは歷史と因襲の結果でもあらう。長い間、專制抑壓の統治を受けて來た日本人が、高下駄を穿くやうになつたのは無理もないことではある。しかし、もう高下駄は捨てねばならない。今は、自分だけ良ければ、他は構はぬと言つて居る時代ではない。自治的覺醒とは、頭から高下駄を脫ぐことである。

地租を地方に委讓せよ

◈國民の負擔を公平にし地方財政に彈力性を與ふる爲◈

地租及營業税は市町村に委讓せねばならぬ。

先般、政友會が、地租及び營業税の地方委讓を聲明するや、これに對して、贊否、揣摩臆測、實に種々なる議論がなされて居る。これを以て、單なる人氣取りの政策に過ぎぬとか、實行不可能の問題であるとか、或は憲政會に對する挑戰であるとか言つて、寧ろ政友會のこれに對する誠意を疑ふものすらも、可成りに多いやうに思はれる。

吾人は、政黨の内幕や、その驅引のことは知らない。どうせ、政黨のことであるから、驅引もあらうし、又獻本主義的の政策もないではあるまい。だが、其動機の如何を問はず、地租並に營業税の地方委讓そのものに對しては、それが行詰りたる地方財政に彈力性を與へ、國民負擔の公平を齎すものであると信ずるが故に、吾人は大に賛成せざるを得ない。殊に、都市の立場から言へば、地租及び營業税を委讓して貰ふに非れば、すべての進歩的施設は殆んど全く行き詰つて居るのである。

地租は性質上國税たるに適せぬ。

元來、地租はその性質上、國税としてよりも、寧ろ地方税として適當なるものである。何となれば、それは税率に於ても、又地價の定め方に於ても全國劃一的なるに適當して居らぬ。これを全國劃一的のものとするときは、必らず、負擔を不公平たらしめ、而して同時に租税としての彈力性を失はしめねば止まぬものである。

理論的に言へば、地租は、土地から生ずる收益に對して課税するものである。從つてその課税額は、常にその收益額に比例を保たしめねばならぬ筈である。それでなければ公平なる課税は出來ぬ。或るものが百圓の收益ある土地に對して、十圓の地租を課せらるゝとき、他の五百圓の收益を有する土地所有者が、二十圓か三十圓か位の地租しか課せられないで居るとすれば、これは一般の納税者に對して、頗る不公平なるのみならず、百圓の收益ある土地に對して十圓の地租を課せらるゝ納税者は、その負擔の苛重なることを訴へるであらう。而して同時に國庫は當然有すべき收入を得ることが出來ず、國家は疲憊せざるを得ない。これを以て地租の行き詰りと稱するのである。

かくの如き實例は、我國の到るところに於て認め得られる現象である。これを東京市に於て見るも、現在一坪當りの地價二千圓以上と評價せられて居る、日本橋區室町一丁目三越呉服店附近の土地は、法定地價僅かに百圓に過ぎない。又一坪當り二千五百圓と稱せらるゝ、日本橋白木屋附近の土地は、法定地價僅かに八十七圓五十錢である。帝都の中央、銀座の眞中、即ち銀座尾張町の電車交叉點附近の土地は、少くとも一坪二千圓以上と評價せられて居る。然るにその法定地價は、白木屋附近と同じく八十七圓五十錢である。更に帝都の大玄關、東京驛前の土地、時價三千圓と稱せらるゝ、丸の内ビルディング附近の法定地價は僅かに四十圓である。而して、同時に法定地價四十圓や五十圓を有する土地は赤坂、本郷、下谷、淺草等の場末にさへも、殆んとザラに存在して居る。本鄕の場末にある時價二百圓內外の土地が、丸ビル附近の時價三千圓と稱せらるゝ土地と同額の地租を賦課せられて居ると言ふことは、その不公平なることは勿論、決して健全なる社會の狀態ではない。

負擔の公平を期するには每年評價せねばならぬ。

これは、公平なる課稅價格の評價法を有せぬからである。卽ち、地租を國稅たらしめて置く結果、完全なる地價の評定を絕えず行ふことが出來ないが爲めである。我國の法定地價と雖も始めは土地の收益を基準として、これを定めたものであつた。卽ち、明治六年乃至十四年の交その法定地價を定むるに當つて採用した評價方法は、農耕地に就ては、その收穫高を金錢に換算してその中より種子代及び肥料代として、總收益の一割五分を控除し、更に公租として百分の四を引き、その殘部を純收益と見做し、これを金利四分乃至七分、通例六分に依りて還元し、以て地價を定めたのである。又郡村宅地の地價は、地位の便否に依り、耕地の地價を標準として、これを定め、市街地は、賣買地價又は貸地料を標準として定めたものであつた。その方法は頗る粗笨なものであつたにしても、兎に角、大體に於て土地の收益を目標として定めたものであつた。故にその負擔は多少の不公平は免れずとは言へ、大體に於て始めは比較的公平に近いものであつたのである。從つて、せめて三年か五年置き位に、地價の修正を行つて來たならば、今日の如き負擔の不公平、地租の行き詰りを現出することはなかつたであらう。

土地に對する課稅價格の評定は、每年これを行はねば公平を期することは出來ない。少くとも三年か五年位に一回宛は必らずこれを行はねばならない。アメリカの重なる都市に於ては、通例每年その評價を行ふことになつて居る。或は二年に一回、三年に一回づゝ行ふものもあるが、その場合に於ては絕えず、地價を修正することに依りて、不公平を除去せんとして居る。イギリスに於ては、五年目に一回づゝ、全部の土地を評價し直すことになつて居るが、もちろん、地價の變動に應じて、絶えずこれを修正し得るやうに爲されて居るので、事實は毎年修正せられて居ると同樣である。然るに我國に於ては明治六年乃至十四年の間に定められた地價を以て、今猶、大體に於て課税の基礎として居る。尤も特殊の地方に就ては、その後、明治二十年、二十二年、三十二年に亘つて多少の修正は行はれ、殊に宅地に就ては、明治四十三年に稍大なる修正はせられて居る。しかし、その方法の如きも頗る幼稚なもので、決して、現實の地價と一致せしめたものではないので、不公平は依然として存續して居た。たとへその時には公平に近い評價がせられたとしても、その後既に約二十年に近き年月を經て居るのである。その不公平なものであることは、前述東京市の地價に就て述べた通りである。

地租を國税として置くことは不正である。

それは是非とも、毎年新に評價せられねばならぬ。それと同時に、その評價は現實の收益を標準とするものでなければならぬ。而して全國一齊に評價し直すに非れば、不公平である。何となれば、現在に於ける法定地價なるものは、決して現實の地價を表して居るものではなく、甚だしきは現實地價の數十分の一乃至數百分の一にしか評價されて居らぬ。これを現實の收益を標準として評價し直すとすれば、改正せられたる法定地價は數十倍乃至數百倍の大なるものとなるであらう。全國の土地が一齊にかくの如く直されるものであれば宜しい。然らずして、或る土地は、依然として舊來の法定地價を有し、他の土地は改正せられたる地價を有することとなり、而してこれに同一率の租税が賦課せらるとすれば、それは驚くべき暴擧であらねばならぬ。これを避くるの途は、唯區域に依つて賦課率を異にすることあるのみである。これ即ち地租が、全國劃一的なる國税として不適當なる一の理由である。

しかしながら、吾人は單にこれだけの理由を以て地租の地方委讓を要求するのではない。眞の理由は、地租の税源たる土地收益そのものが、國家の力に依るよりも、寧ろ主として地方的貢献によりて生ずるものなるが爲めである。殊に都市に於てこれを見れば、如何にその地價が都市のなす施設に依つて騰貴するものであるかは、直ちに知られるであらう。都市の中央にある宅地が、一坪數千圓を唱ふるに至るも、交通機關の延長に從つて、その沿線に於ける地價が直ちに數倍の騰貴を見ることも、この事實を明かに物語つて居る。卽ちその地價なるものは土地所有者の力に依つて騰貴するよりも、主として都市のなす事業、若くはその地方人民の力によつて騰貴するものである。この故に、理論から言へば、その增價額は全部その存在する地方自治體團に歸屬せしめても然るべきである。尠くとも、その地價騰貴に依る一部分の利益は、地方自治體に與ふべきである。然るに現行の如く、地租を以て國稅として居れば、地方自治體は自らの貢献に依りて造りたる地價騰貴の利益を、全部國庫に奪はれ、唯僅かに附加稅として殘肴を與へらるゝに過ぎなくなる。これは地方自治體に對して甚だしい不正である。

負擔の不公平を顧みざる輕減は更に不公平。

この故に吾人は、地租の地方委讓を以て、理論上より見るも、實際上より言ふも、絕對に必要なりと主張する。急務なのは、地租の地方委讓である。而して土地を每年評價してその課稅價格を定めることである。地租は每年評定したる價格に基いて賦課するに非ればその公平を期することは出來ない。現在我國でやつて居るやうに、四五十年前に定めた地價を土臺とし、それに粗末な修正をしたゞけの臺帳に基いて、賦課することは、餘りに幼稚な課稅方法である。正確に近い地價が評定せられ、これに基いて地租を賦課したならば、甚だしく不當の利當を受けるものがなくなる代り、甚だしく不當な負擔をさせられるものもなくなる。卽ち負擔が公平になるから、地租に對する非難もなくなるであらう。現在のやうな、出鱈目な臺帳に基いて課稅する以上、たとへ如何に減稅しても、もと〳〵不當に重課せられて居るものゝ負擔は、やはり〳〵なか〳〵重く、始めから負擔の輕過ぎる者は益々不當に保護せられることになる。地租の輕減等は問題ではない。要はその公平を期することである。公平にさへすれば、一般の負擔は自ら輕くなるであらう。（大正十四、六、十五）

形式監督主義の弊害

(一) 形式主義の教育

十九世紀は自然科學的文化の世紀であつた。此の自然科學的文化は、舊道徳の根底を覆へし、之に代ふるに適者生存、優勝劣敗の敎を樹てしめ、此の精神は又我國にも影響して、學校卒業生の多くは形式的智識萬能主義を奉じ、教育の完成は單に智識の集積に在りと考ふるに至り、一種の卑しき智識階級を生じたのである。

之等智識階級を以て任ずる者の內、最も優秀なり物識りなりと自認する輩の多くは、官界に入るを以て成功の基と心得明治二十年代より三十年代に亘つて、學校を卒業せる者は先を爭て官吏となり、今日の官僚政治の基礎を確實に築き上げた、而て彼等は封建の遺風たる繁文縟禮を復活し、爰に現今行はるゝが如き、完全なる形式的監督主義を樹立したのである。

嘗て或教育批評家が「近時の學校を見るに、日に夕に雜巾をかけ、時間の合間に箒で掃き、塵一本落ちて居ない。椽板は鏡の如く輝き、兒童の衣服が汚れて居れば直に洗濯を命ずる。これが都會ならばまだしも、田舍の學校が此の通りである。自分は清潔を好むことに於て、人後に落ちないが、山間の農村の家庭に於て、此の清潔を保つことが出來ようか?、斯く極端に清潔の習慣をつけられた兒童が、他日農業を營むことが厭になりはせぬかを恐れるものである。神聖なる百姓を嫌て敎員たらむとする者が尠くないが、之等の先生達が考へる樣に、農家の仕事は清潔とか衛生などに拘泥することは、到底之を許されない。私は學校で消極的衛生思想を注入する程、危險なものはないと考へる。少くとも農村廢滅の兆は、之より生ずるのである」と歎いたが、大多數の小學校に於ては、兒童に衛生思想を普及するは第二の目的であつて、第一の目的は、之に依り視學の氣嫌を取り、學校の名聲を揚げて、模範學校たらむとするに在ることを、吾人は斷言して憚らぬのである。

試みに模範學校なるものを見よ。校內隅々迄掃除は行屆き、何事も整頓して兒童の行儀作法亦正しきものがある。敎員の態度頗る熱心にして、成績の擧らむことにのみ腐心するが如く、兒童の出席步合は常に百を保ち、遲刻早退は殆んど之無き有樣である。而して來觀人至るや之が取扱極めて鄭重にして、校長は謙遜しながら滔々と施設訓練の方法に關し、得意の辯を振ひ、各種の印刷物、統計類を與へて、各室を案內するを常とする。兒童は來觀者來る時の態度に關して、校長初め敎師より每日の如くに敎へられて居るから、其の要領に從ひ、來觀人をして感嘆せしめざれば止まぬ。兒童成績品陳列室には畫家の描きたるかと怪まるゝが如き圖畫を列べてあり、書方手本の字と殆んど區別し難き種の淸書が綴つてある。理化學敎室の設備は貧弱町村にては到底行い難き完全なものであり、上級學校入學者の數は他に冠絕して居る。

模範學校なるものゝ外面は實に叙上の如くである。けれども其の內容はどうであらうか。兒童の出席を奬勵するのは其の兒童の學業が後るゝことを憂慮するが爲めであり、早退遲刻を注意するのも亦兒童訓練上の必要より爲さるべきであるに拘らず、多くの場合受持敎員の成績に關する出席步合の低下を惧れたる結果に基き、何等兒童本位ではないのである。尋常五六年の少年少女を放課後數時間、準備と稱して智慧の詰込を爲す熱心には感心もするが、それが兒童とは全く沒交涉で、一人でも中學や女學校に入學者の多きことにより、自己の手腕を認められむとする自己本位の努力たるを知らば啞然たらざるを得ない。之が犧牲に供せらるゝ兒童の將來こそ最も憐むべきものゝ一であらう。一にも成績、二にも成績、かくして作り上げられたる兒童が表面のみ飾り、內容の空虛なることは固より當然であつて、客觀的成績主義卽ち形式主義の敎育が、現代の日本國民をして、浮華輕兆ならしめた罪は、斷じて之を許すべきではないのである。

植木屋の作た盆栽は室內の裝飾にはよいかも知れぬが、家を建てる材料とはならぬ。形式主義に敎育せられた人間は、一寸の間に合ふかも知れぬか、國家有用の材とはなり得ない。型に嵌らぬ人間や、自然に伸びた大木にして、初めて社會全般の用を爲すのである。

(二) 形式監督主義の自治

形式主義は單り教育ばかりではなく、社會の全般に行亘て居る。殊に我自治體の監督に關して甚しい。近來内務省に於て表彰せられた模範町村中、相次で其の醜狀を暴露し、模範村變じて惡村となつた物が尠くない。特に表彰後幾何もなくして其の醜を天下に曝した鳥取縣田後村、島根縣來島村の如きは其の最も著しい例であらう。從來内務省が模範町村か否かを調査するに當ては、吏員在任の年數、出勤欠勤其他執務の狀況、吏員前科の有無、事務の整理、簿册編綴の狀況、文書の處理統計報告遲速の狀況、帳薄記帳の整否、國府縣町村稅納付狀況、公債償還の實狀、基本財產現在高、部落有財產の種別現在高、學齡兒童、就學兒童不就學兒童の數及就學出席歩合、犯罪人の種別、補習敎育實業敎育其他特種敎育の狀況、傳染病の豫防、種痘普及窮民數、救恤金支給額、消防非常災害施設其他郡費分賦金納入成績等の形式的調査を基礎として居る。

表彰する場合に於ては責任者を派遣して實地調査を爲さしむるのであらうが、內容は深く問はぬらしく思はるゝ。出張する吏員と雖も、固より神佛ではなく、帝都の中央に在て僻遠の一小村の事情を知る由もない。實地調査に至る時には縣郡村の當局者等が前以て帳薄の整理を爲し、形式上萬遺漏なきを期して居るのであるから、餘程練達の士でなければ眼光紙背に徹して、其の虛實を見究めることは出來ぬと思ふ。從て知事の表彰上申書其儘を採用することゝなり、かくして表彰したるものに偶々不正のもの出で、表彰其のものゝ價値を著しく減少して、地方自治振興に一大障害を與ふるの結果を來すのである。模範町村が年を經るに從ひ普通町村に低下することあるは不思議でない。同時に惡村變じて模範村となる事實もある。新陳代謝は世の常であつて、之あるが爲めに世運の進展を期し得らるゝのであるが、模範村なりとして內務大臣が表彰したる其の翌日より村內に於て幾多の醜態を演ずるが如きは、餘りに表彰の輕率ならざるかを疑ふものである。

形式監督主義の現代に於ては其の內容は兎に角、形式さへよければそれでよいのである。表面さへよければよいのである。帳薄書類が整頓して居れば模範村たり得るのである。田後村の如き國縣村稅は每年納期內完納の好成績を示して居た。

帳薄は勿論整頓し、現金も帳薄と一致し、漁村にしては實に珍らしいとせられて居た。村長亦人物であつた。偶々村長沒後村政紊亂し、縣當局も其の整理に惱まされたと聞いて居る。然らば何が故に模範村が村長沒後直にかゝる窮境に陷たのであらうか?、吾人を以て云はしむれば模範村たらむが爲めに幾多の無理な策が講じてあつたことに基因するのである。卽ち國縣村各税の納期内完納の如き明に役場の帳薄に其旨記載せられてあり、現金も亦確に役場の金庫に入て居たには相違ないが、之は各納税者が完全に納付したのではなくして、同村の最有力なる團體たる漁業組合が、各納税者に代り納期内に一括して納税したものである。從て帳薄上の納期内完納は、各納税者の義務觀念とは全然關係なく、或は大多數の納税者は徵税令書を見たこともなければ、納税の事實そのものさへ知らない者があつたことゝ思ふ。納税觀念より發したる納期内完納でなくて何の生命があらう。たゞ模範村たらむが爲めの誤魔化しに過ぎぬ。内容の如何は問ふ所でない。形式の整備、たゞ之が模範村たるの要件であつては、我國の模範村も、寔に心細いものと云はなければならない。

島根縣來島村の事に就ては本誌第二號に其の紛擾の内容が載て居るから爰には之を說かぬが、二月十一日内務大臣の表彰を受けた村が、月餘にして其の醜狀を天下に暴するが如きは、未だ嘗て見ざる所である。殊に「協同緝睦相卒ゐて公共の事に竭し」として表彰された村が、直に不協同不緝睦の模範を示す等、餘りに皮肉ではないか。之が表彰方を上申した縣郡當局者の不明を責むる前に、内務當局は先づ其の傳統的監督方針たる形式主義の弊實の如何に大なるかを慮らなければならぬ。

(三) 形式的成績熱より覺めよ

官吏、吏員、敎員の殆んど凡てが、形式的成績熱に浮かされて居る現狀を作たのは、果して誰の罪であるか。今日有能なる郡長とは、町村政の懇切鄭寧なる相談相手を云ふのではなくして、中央政府や縣當局より割當られたる寄附金を、一厘でも多額に募集し得る能力を有する郡長を云ふのである。將來ある知事とは政黨の提灯を最もよく持つ度胸のある知事を云ふのである。模範敎員とは中等學校に一人でも多數の入學者を出さむが爲めに受持兒童を犧牲にすることを念とせざる敎員のことを云ふのである何事も數字を以て表し、其の數字の大小に依りて手腕を評價せらるゝのであるから、勢ひ其の内容の如何を問はず、數字にのみ囚はれ、形式第一の觀念はいつの間にか各人の心より拔くべからざるものとなり、形式的畫一主義は全國の自治體に確立せられて、平凡主義、事勿れ主義は、官吏執務上の一大原則と化するに至たのである

嘗て某縣知事は管下某村に於ける役場吏員の精勵なる證として、村長以下吏員一同早朝より出勤し、夜遲く迄執務し、日曜にも休みたることなき事實を擧げて大に之を推賞し、模範村としての價値充分ありと云たことがあるか、吾人をして云はしむれば此の如きは推賞の價値なきものである。僅か戸數二百の小村に於て果して日曜にも出勤せざれば事務を處理し得られざる理があらうか。假りに事務多端なりとしても、數年來日曜日を休みたることなき習慣が、將來永久に繼續し得るものと考へ得られようか。現村長現吏員は日曜日に休養せずとも可なりとの信念を抱いても、人の休むべき時に休むが社會人として、新時代の國民として踏むべき道ではなからうか。かゝる無理があつては、何時かは破綻の生ずるものである。出勤日數の多きことは、決して村治の功績を示すものではないのである。最近迄行はれた土曜日全日勤務が、官吏の怠業氣分をこそ助長したれ、其の能率効程に何等の好結果を齎らさゞりしことを三思せなければならぬ。

内容充實して形式自然に整ふるは最も望ましい事である。内容充實して形式整はざるは、之を恕すべきである。然るに如何に内容充實するも、形式整はざれば之を責むるが、我が國監督官廳の從來の方針である。まだ之丈けならばよい。内容整はずして形式のみ整て居れば、一も二もなく之を善しとし、時に或は之を表彰するに至ては吾人又何をか云はむや、形式監督主義の弊竇の趨く所亦知るべきのみである。

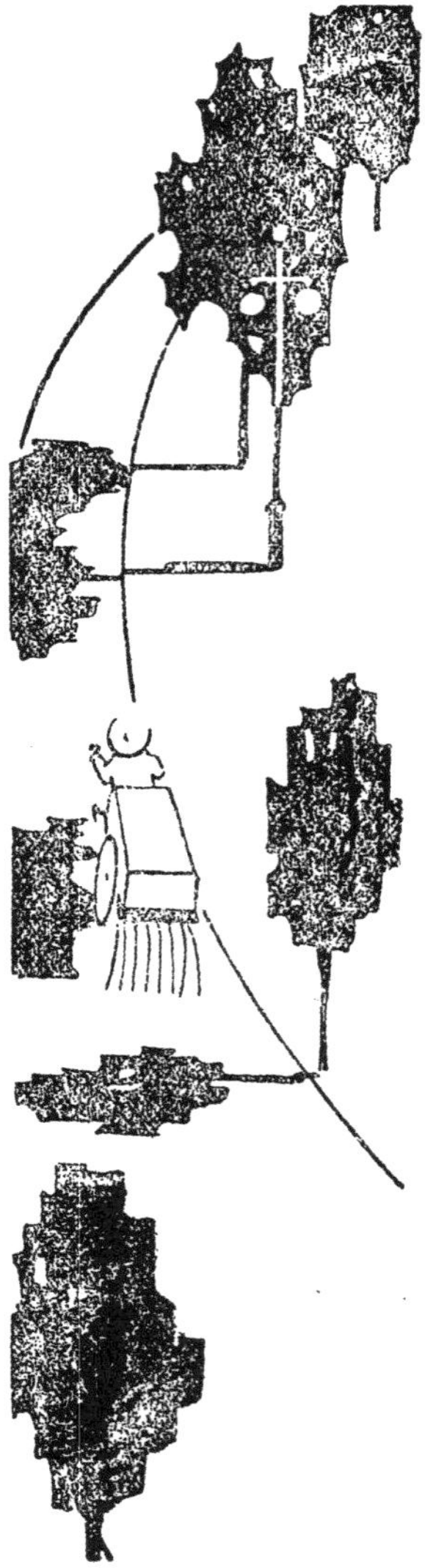

地方自治團體に適當なる財源を與へよ

——今や更始一新の秋——

立憲政友會總裁　田中義一

明治維新の大業は、中央集權に依つて其目的を達成し得たものである。然るに、五十有餘年を經たる今日を見るに、新興の氣運は停頓し、民心は弛緩してゐる、茲に於て中央集權の弊を排し世を擧げて更始一新を高唱せざるを得ないのである。教育に、產業に其他各方面に於て一大革新を加ふべきの必要が急迫してゐると思ふ、政治上に於ては、國民多年の要望たる普通選擧法の成立を見たのであるから、其運用を誤まらざらしめぬためには國民は各自に、健實なる政治に對する智識を養はねばならぬが、更に重大なる問題は國家の根本たる地方政治に對する興味と智識を有せしめ、自治團體の健全なる發達を遂げしめることが必要である。それに就ては自治團體に適當なる財源を與へる事が必要である。而して其の運用に於ては地方有力者に充分なる連帶責任を感せしむる樣にしなければならないと考へる。

男爵　田中義一

更に地方自治の强固と、產業の開發、經濟力の伸張の如きは、此の秋に於て準備をなす事が必要である。されば、地方の中心勢力たる青年は、自治の觀念を養成し大義名分を重んじて國家に對する責任を全うする事に努力せねばならぬ。要するに地方自治はもとより、其の他各方面に涉りて更始一新を計らねばならぬ。此の大切の秋に當りて、雜誌市町村刊行を見るは、我輩衷心欣喜に堪へざるところである。希くば此の雜誌刊行の目的を達成せんがために大いに努力せられん事を切望する。

改正當時の町村郡市區劃標準

明治二十一年市町村制發布に際し、從來の區を廢して市を設け、七萬有余の町村を合併して內地町村數を一萬三千三百三十八、北海道沖繩縣其他二千六百六に減少したる當時の、內務省に於ける決定標準內規は左の如くであつて、市制施行と同時に市となつたものは三十九に過ぎず、其の中で東京の一、三八三、六〇九人を最高とし、久留米の二四、八五九人を最少とした。

町村合併標準

第一項　從來の關係は成るべく保存すべし。故に人口稠密且自治の目的を達し得べき十分の資力を存する町村は從前の儘据置き獨立とす。

第二項　各町村大凡そ三百戶以上を通例とす。三百戶以下と雖も左の場合の一に當るものは特別を以て獨立とすることを得。

甲、富有の町村にして町村の治務を十分に擧行し得べき力あるもの

乙、町村の地形たる若し之を他の町村と合併するときは其町村人民相互に協同戮力することを得ず、且共有物を共用し能はざる事情あるもの

丙、舊穢多村にして他の町村と平和の合併を爲し得ざるもの

第三項　三百戶以下の町村にして前項の理由なきものは大凡そ三百戶に滿るを目的とし、左の方法に依て便宜合併し以て有力の町村を造成し、獨立せしむべし。

甲、從前何れの町村にも屬せざりし地所は便宜最寄の町村に編入す

乙、小町村は其地形に從ひ最寄相合併し、又は最寄の大町村に合併して一の町村と爲す。

第四項　前項に從ひ編入若は合併するときは成るべく町村の情願を酌量し且平穩調和を企圖すべし

第五項　略　　第六項　略

第七項　合併の町村には更に新規の名稱を附す可し、例へは大町村と小町村を合併するときは其大町村の名稱を以て新町村の名稱と爲し或は殆と優劣なき數多の小町村を合併するときは各町村の舊名稱を來互折衷する等勉めて民情に背馳せざることを要す、但合併各町村の舊名稱は大字と爲す。

郡の分合標準

第一項　大凡そ五萬人を以て一郡と爲す。

第二項　五萬人以內と雖も獨立し能ふべき資力あるものは特に一郡と爲すことを許す。

第三項　五萬人以內と雖も地勢懸隔他郡に合すべからざるものは一郡と爲すことを許す。

第四項　五萬人以上にして區域廣濶に過ぎ人民の交通上不便なるものは分割して數郡と爲す。

第五項　郡を合併したるときは舊名稱を來互して新に郡名を定め、又は小郡の名を廢して大郡の名に依り又は分割したるときは東西南北等の字を冠して舊名稱を存す。

市制地標準

第一項　從前の各區（三府の區を除く）は改めて市と爲し市制を施す。

第二項　前項の外人口二萬五千以上の市街にして郡と相對して獨立し能ふべき資力あるものは市制を行ふことを許す。

第三項　二萬五千以內と雖も商業繁盛にして將來に望あるものは特に市制を行ふことを許す。

保甲と
我國舊時の自治制度

明治大學教授
小島憲

（二）

五、五人組制度

我國に於ける自治制として、古來稱せらるゝものに五人組制度があるが、此の制度の最も完備したのは、徳川時代であつて、支那の保甲制と其の性質を一にする。五人組を除いては幕府以前に於て自治制度として見るべきものはない。日本書紀神代紀に天邑君があり、古事紀神武の條に熊野村があり、書記神武紀に吾田邑等が記載せられて居ることを以て見れば我上古の行政區劃中に村又は邑の存したことは明である。東雅はムラとは聚也群黎の聚を云ふ也と云て居るが、其の村邑が自治的に如何なる程度迄活動して居たかは明白でない。今日我國の行政法學者の多數は、我國に於ける自治制度の濫觴は、遠く建國の昔に在て、所謂氏族の制度に之を發し、其の後班田の制、莊園の制等は自治的性質を帶びたものであつて殊に徳川時代の五人組は地方自治の素質を多分に含んで居ると云て居るが、民族の制や班田莊園等の制度に、果して現今の自治即ち自己の費用を以て、自己の選任したる機關に依り一定の範圍の公共事務を行た事實が存して居たか否かは、頗る疑問とせざるを得ないのである。

農政座右に保のことを記して「これも莊の類なるべし。其の起りは孝徳天皇の紀に凡戸皆五家相保一人爲レ長。元明天皇の紀に五保而不レ告者與ニ同罪一などあるに出でゝ拾芥抄に坊七十二坊保三百保とあるもの也。東鑑に承久兵亂後諸國郡鄕庄保新補ニ地頭一所務之事と見え、又丹後志樂社伊禰保、信州長倉保など見え、貞永式目にも郡鄕社保とあり、武家の代になりて一轉して定まる所ならむと信濃地名考にあり。さもあらむか。常陸保內と云ふ所あるは、この保の遺なるべし」と云ひ、又新編常陸國誌等を見れば、保は五保卽ち五人組の名より出で、遂に轉じて町村組合の名となつたものゝ様である。

唐制を模倣したる令には、凡戸皆五家相保一人爲長以相檢察勿造非違如有遠客來過止宿及保內之人有所行詣並語同保知と規定し、尙ほ凡戸逃走者令五保追訪三周不獲除帳其他還公未還之間五保及三等以上親均分佃食租調代輸とありて、全く保甲制度と其の軌を一にする。德川時代の五人組は勿論此の保に胚胎するものであるが、何時より此の制度が確立したかは明でない。其の法一村中五家宛組合を定め、其の中の一家を長として、判頭、筆頭又は五人組頭と呼び、其の選任法は選擧のもの、世襲のもの、名主庄屋の任命に係るもの等があつて、一定して居らぬ。其の職務は名主や組頭の通知を組合員に傳達し、又は外に對して組合を代表し、尙ほ組合共同の事務を掌る。

五人組の法規は、五人組帳前書に依り、其の個條は時代と地方に依り必しも一定しない。地方凡例錄に載するもの五十四條、地方聞書に六十四條、大成令、教令類纂は共に七十條を記載して居るが、天保七年山本大膳が編纂したるものは百四十五條に上て居るけれども、何れも其の內容は大同小異である。其の要領は、何人に拘らず最寄次第家五軒宛組合萬端申合せ、諸事吟味を遂げ、互に助け合ひ、農業相勵み、法度を守り、非違を戒め、年貢諸役夫々無滯相勤め、年貢不納の者あるときは組中にて辨納し、組中に切支丹宗を信仰し、又は惡事相働く者あるときは、組合一同其の責に任ずべきものとしたる、共同責任組織である。而して五人組帳奥書に、法度を遵奉すべきを誓ひ、名主、組頭、五人組員連印して支配役所へ差出し、其の寫を村方に取置き、每年定期に朗讀して農民の記憶に訴へた。享保七年十二月の五人組帳前書として憲法編年錄に記載せるものは左の如くであつて、之を見れば五人組制度が如何に保甲制度と類似せるかを知ることが出來る

一、兼而被仰出候通大小之百姓五人組を究置何事によらず五人組之内に而御法度相背候儀は不及申上に惡事仕候者申上候者有之候はば其者には品により御褒美被下五人組之者名主共に曲事に可被仰付旨奉畏候惡事仕候者申上候はは自然同類親類緣者杯後日にあだをなすべきと氣遣存候はは隱密に可申上候由是又奉畏候諸事致吟味間次第御注意可申上候臨百姓家抱前地居之者共に五人組を極判形取證可申候若五人組はつれ申候もの御座候はは名主組頭

曲事に可被仰候事

一、右御法度之惣御箇條之趣村方に而も寫置毎日一度宛惣百姓共名主所江寄合爲讀聞被仰付候通急度相守可申候若違背仕候者有之候はは何様の曲事にも可被仰付候爲其名主年寄五人組連印之一本差上申候仍如件

年號月日　何國何郡何村

百姓

誰　印

誰　印

誰　印

誰　印

誰　印

六、名主庄屋

上代村邑里の制は史籍に散見するのみで、詳細に之を知り難いけれども、村里の長を村首、村主、稲置或は村長里長と云たことは明である。中古以来庄屋名主等の稱が起た。農政左右に據れば名主は名田主と云ふことで、多く田地を所有する者を謂ひ、莊屋は莊司莊官の類にして、私領莊園の主たりしものゝ遺稱であるとし、地方凡例錄には、庄屋名主の稱は鎌倉將軍家の時代より始まり、貞永式目、東鑑、庭訓往來、應仁紀等に庄官名主職とあり、何れも一鄕を奉行する職分にて武官なり。今の名主庄屋とは異なり、其後時代押移り、士農愈々分れて、村里は農家のみに成行たる故、一村の内家柄正しく田畑等多く所持したる百姓を一村の長とし、庄官名主と定め、村中を支配するに至ると記載して居る。而して關東にては名主、上方では莊屋、西國では別當と云ひ、奥州では慶長元和の頃は肝煎と云た。

名主庄屋は其の家筋定て居て、歴代世襲し、若し名主庄屋を勤むべき者幼少なるときは、親族組頭之を補佐後見して其の事務を執り、假令他に大地主の存することあるも、其の家に非れば決して名主庄屋たるを得なかつた。從て其の權威自然に重く、殊に德川幕府の初期に在ては、各村一名或は隣村より兼帯せる所もあつて、其の數比較的尠かつたが爲めに、格式高く、村内よく治たが、世襲の弊害漸く甚しくなるに及び、享保年中より一村内に二三の家柄を定めて年番に就職せしむるか、或は別に一代限りの名主庄屋を選ぶこともあつた併しながら家柄の吟味は依然として嚴重であつて、濫に普通

百姓の職に在るを許さなかつた。一代限りの名主庄屋病歿或は退役したときは、總百姓の選擧に依て候補者を定むることもあり、或は又總百姓の連印を以て願出つることもあり、先名主の子を願ふものもあつた。

投票のことを當時入札と云ひ、地方凡例錄に其の入札の方法を記して居る。卽ち入札は銘々一己の存寄を以て相認め、印形封印の上差出すを例とし、相談札は禁制、無印の入札は刎札とする。入札は組頭、百姓代、長百姓立會の上札を開き宗門帳、五人組帳、印形と入札の封印突合の上之を定む。新規名主選擧又は願出の節は、料所は代官、私領は領主地頭役人篤と吟味の上之を申付け、高札たりとも不相應の人物なるときは、理解の上二番札に申付又は改選せしむることもある但し改選を除くの外此の場合に於ては、二番三番札の者を申付るとも、村中少も申分なき旨總百姓連印の書付を差出さしむることゝした。恰も今日市長候補者三人を市會にて選擧せしめ、其の候補者中の最適任者を御裁可あらせらるゝと同樣であつて、若し三人共就職の意思なきか、不適任の場合には內務大臣は之が再選を命ずることを得ると相似て居る。

七、名主庄屋の職務

名主庄屋は一村の取締を以て自ら任じ、總百姓をして法度制禁を守らしめ、農事を勵まし、年貢の取立上納を爲し、一村中の利害を申立つることを初めとし、諸役人馬の割付、人別帳、宗門帳、五人組帳、村明細帳、村鑑帳、取箇帳、石高帳其他諸帳薄を整頓して支配役所に差出し、水利、灌漑、戶籍、家督の相續、財產讓渡其他百般の行政事務より、更に進んで風俗の取締、旅人の出入、火災の豫防消防、犯人の檢查捕縛、犯罪の豫防等一般の司法警察の事務に亘り、其の職務の廣汎なりしこと今日の町村長の比でなかつたのみならず、當時村々には村役場の如きものなく、名主庄屋は自宅で自家業務の餘暇を以て、施政のことに當り、組頭其の配下に在て之を補佐した。

私領中所に依ては名主庄屋の外に大庄屋なるものがあつて大なるは一郡、小なるは數十ヶ村を支配し、幾多の名主庄屋を其の配下として、帶刀を許され、家格威嚴共に高く、領主地領の申付に依る世襲の職であつた。之を檢斷又は總庄屋とも云ひ、組下の村方より其の給米を差出すことゝなつて居たが、享保中勘宛奉行神尾若狹守が大庄屋の役を停止して以來廢絶した。(矢野文一著日本農政史二六六頁に大庄屋の廢止を正德三年としてあるが疑はしい。姑く地方凡例錄に據ることゝする)

名主庄屋の給米は、村高百石以上二百石迄二俵、三百石以上四百石迄四俵、四百石以上六百石迄五俵、六百石以上千石迄八俵の割で、千石以上之に準じて增し、小前より別段取立て相渡す名主の引高は廿石に限り、其他一切百姓並の高役を勤むる。村方年中入用、庄屋元筆墨紙代及村役人支配役所へ出頭し、又は役所用向に付他所へ出張せる時の雜用等を附立つる入用帳は、白紙帳二冊を製し、別書に惣百姓連印の上、每年正月中役所へ差出し、押切を受け、右村々の入用二冊同樣に附立、臨時入用或は大造なる入用等有之節は、村役人の外長百姓相集め相談を遂げ、石高に應じて割賦するを原則とした。年中入用記載の上歲暮に至り之を割賦するときも、長百姓立合廉々相改め、百姓得心の上高割し、翌春二冊とも支配役所へ差出し、改を受け、押切印形にて一冊は村方へ渡し一冊は役所へ留置くことゝなつて居たと、五人組帳地方大成に記載して居る。

名主の下に組頭、百姓代と云ふものがあつた。此の三者を村方(地方)三役と云ひ、又村役人とも稱した。元來組頭は五人組の頭分であつたけれども、後には百姓の内達筆にて人品も善く、高も相應に持て居て、用立つべき者を、村の大小に依て五人三人宛入札又は總百姓相談等にて定め、名主の下役となつて領主地頭の用向並に村用をも勤めたものである。病氣或は他に事故があつて退役するときは、又他の者を見立てゝ勤めしめた。組頭に對しては給米なき村が多く、引高はあつても、定列がない。上方西國邊では年寄又は長百姓と稱した。

名主組頭の外其の村にて大高持の百姓一人を定め、名主組頭に對する目付役とした。之を百姓代と云ひ、村に依ては二人三人の所もあつて、村入用其他諸割賦物等の節に立合はせ又村役人の私利私曲を監督せしめた。而して地方三役は總て村より出す諸種の文書に連印したのである。之等諸役は村民と地方官との中間に在て、幕府其他の法度を一般村民に傳へ又下情上達の機關となつて、德川時代より明治初年に亘り、自治機關の中心となつて居たものである。

國際主義と地方自治

貴族院議員　鎌田榮吉

一

自治制は習慣的には日本にも相當發達して既に、德川時代には完全とは云はれぬが相當圓熟せる程度に達して居たことは確な事實である。乍併素より專制政治の下に發達したる自治なるが故に其の欠陥の多い事は止むを得ない、自治とは云へ其の精神と形態とに於て眞正の自治ではない。

如何なる施設も、往々、專制政府の意嚮に依て破壞せらるゝが、其の專制が幾ら極端であつても多くの場合に於ては昔から培かはれた習慣を破ることが出來ず、却て專制政府其物が之に制せられて居つたのである。兎に角專制政治の下に在りながら相當に發達したる自治であるが、未開時代の自治たるが故に其の不完全なるは云ふ迄もない。然し明治維新となりて新らしい思想の下に、總ての制度が改革され、封建の陋習を徹廢する爲に中央集權制を執り、細大ともに中央にて裁斷さるゝことゝなり、地方自治發達の餘地なからしめたるも、後年を經るに從て漸く中央集權の弊に堪えず、地方自治の必要を認め、府縣會、町村會等を設けて中央政府の事務を地方機關に委讓することになつたのである。

二

元來立憲政治を發達せしめ、理解によりて政治を行ふには先づ、地方自治より始めなければならぬ。地方の自治完成せざれば立憲政治の行はるゝ能はざるは、之を外國の例に批するも明白であり、又外國の例を見ても、自治の發達せざる中央集權の國々に於ては先進立憲國の範に傚ひ、自治の振興に努めつゝある事を知つた、隨て我國に於ても之等の例に倣ひ明治二十二年度從來の地方制度を改正して市制、町村制の發布を見るに至つたのである、然れども、我邦の自治は民衆よりの要求でなく、政府よりの命令に依たものである。自治は自然の必要と、國民の理解を根本として發達すべきに、一朝命令的に出されてもそれで早速に自治の行はれるものでない尤も其の準備を與へ、國民に自治思想を普及し、之れを理解せしむるために當初二ヶ年間の猶豫を與へたのであるが、二年や三年で自治思想が涵養される道理のものでない、相當長き年月を掛けて國民も政府も兩々相伴つて、自治政の振興に努めて行かなければならない事は勿論であつた。

三

要するに自治の區域が擴張せらるれば擴張された丈官治の區域は縮少されなくてはならぬ。換言すれば地方政治が民治に依て行はるゝ樣になれば成つた丈、中央の干渉は省けて行かなければならぬ。處が實際はそう行つて居ない、自治制が布かれたにも拘らず、矢張中央の決裁と干渉に依ることが多い、然して此の自治制も形式に於て仲々複雜である。複雜なるが故に中央の監督や指導を受けなければならぬ。複雜益々複雜となり、繁辱益々繁辱となる幣が起つて來た、然し亦それも止む得ない事情もある。今日尚人民が自治に馴れない、殊に外國の形式に倣つたもので國情に合ない爲めに之に慣熟するは仲々容易でない、如何にして之に慣熟せしむるかと云ふ丈でも中央と地方との關係を複雜ならしめる。これでは到底自治處の話でなく、益々行政を煩雜ならしめ、從て事務も澁滯し、經費も增加する。況んや國民に自治の精神の發達すると云ふことは容易に行かぬ有樣である。數十年前に嘗て私が云つた事がある。それは町村長も總理大臣も同じだと云ふのだ、唯町村長は一町村の事をすると云ふのと、總理大臣は全國市町村の事務をすると云ふ丈で、其の爲す所には何等變りない、之れは極端なる中央集權制の時代に於てはやむを得ないことであるけれ共、自治制布かれて四十年を經て尚此の有樣を離脫するを得ないのは何事か。一向に自治の眞意が徹底せず、反つて自治の弊害のみ多きを見るのは慨歎の至りである。是れは畢竟形式に拘泥して其の精神を官民共忘却して居るからである。

四

從來行政整理、稅制整理等と云つた事は度々唱へられ、度々實行せられて來たけれ共、自治の根本政策に於て徹底せざれば何等效果はない。例之は或る種の國稅を地方稅に移す、何故に之れを爲すかと云へば、漸次に中央の爲す所を省いて地方に移すが故に、中央の事務が減少する、從つて官吏も減員され經費も節減される。地方に於ては其れ丈責任が增すが又、一々中央の命令に俟たず事務が處理されるから事務も進み、經費も其の割に增さぬと云ふことになる。之れ手近かな行政整理の一例で、憲法に保障せられたる人民の自由も實際に伸張される譯である。只從來の成行を見るに、自治と官治とは益々交錯して來て、自治の本體を完ふせしむるに樣々の障害を醸しつゝある。要するに自治制は其の形式に止まらずして其の精神を發揮して初めて地方行政が圓滿に行はれ、公共團體が一家一族の樣にならなくてはならぬ。

五

自治の大切なるは此の如くであるが、乍然地方の自治が中央の政治と連絡を失ふならば之れ亦大なる缺陷を作るものである。云ふ迄もなく町村は國家の構成分子であるが故に、國家の構成分子が國家と步調を共にせざる時は國家の生命に故障を生ずる。殊に昔と今とは大いに趣を異にして、交通機關の發達通信機關の進步等其他諸種の事情が集りて、國家と云ふものを大いに縮圖化しつゝある。隨て諸事打てば響く有樣に成つて來た。昔日は國家と地方との相互の影響も痴鈍であつたのが、今日は町村と府縣、府縣と其家との關係が相關的に非常に親密又銳敏になつて來た。それと同時に世界各國の關係も極めて密接に成つて來たのである。國家の獨立自由と云ふことは勿論尊重し、努めて其の基礎の確立發展の爲めに努めなければならぬことは當然であるが、又一國は世界の一員として世界の進むべき道に向つてお互に共力協調して行かなければ、全然別個に一國として勝手の道を步むことが其の國家の福利の上からも出來なくなつて來たのである。學問にしても思想にしても、經濟勞働衞生の諸問題にしても、國家と國家との關係は從前に比し密接となつて來た。其の顯れは所謂國際聯盟と何とか云ふ樣な事に成つたのである。況んや一國內に於ける町村と府縣、府縣と國家との關係も又此れ以上の精神に依つて協調的關係を保持し、以つて自治の行政に當らなければならぬ事は當然である。之れを手近な例に見ても、一家の掃潔も軈て町杓の掃溜問題となり、町杓の掃溜問題は國家の衞生問題となる。國家の衞生問題が國際的衞生問題となるは今日の現狀である。

國民たる者此の趨勢を理解して其の爲めに當らなければならぬ。而してこれが決して自治の重要さを減少するものでない事は、國際關係の進むに、國家獨立の意義を殺ぐものでなく、益々其の重要を覺ゆると同樣である。要するに地球が自と公轉を兩ながら全ふする事に依つて其の美を發揮するが如くであらう。(完)

小作人の窮乏ご農民組の緩和運動

◇

最近小作爭議當事者たる地主が小作人を對手取つて、土地返還請求訴訟、或は土地所有權侵害廢除請求訴訟を提起し、之に伴つて係爭耕地に對する小作人の立入禁止假處分申請と爲すものが著しく增加した。

◇

殊に香川、兵庫、岡山、福岡方面に於ては爭議關係耕地の殆んど全部に就て此の假處分が執行されつゝある狀態であるが、小作料納入請求訴訟に關する立毛差押、又は收獲物差押處分と異り、耕地立入禁止處分を執行されたる小作人は全く生活資料を奪はれたる結果となつて、何等施すべき對策なく山々敷社會問題なりと見做されてゐる。

◇

一體耕地は其性質上他の一般不動產同樣に處分すべき筋のものに非ずとの見解から、近來大坂控訴院の如きは此種小作爭議關係耕地の假處分は其の効力を認めざる判例を作つて居るが、此の精神は今尚下級裁判所に徹底せず、地方裁判所、區裁判所の如きは、地主の申請に從つて、容赦なく耕地の假處分を執行しつゝある狀態で、小作人の困憊極めて甚だしいものがある。

◇

從て小作人の司法當局に對する不滿日に險惡に傾きつゝあるので、日本農民組合長杉山元次郎、同岡山聯合會長山上武雄兩君は此の情勢を憂ひ、耕地立入禁止假處分の亂用は

一、小作人の生活資料を奪ふ結果社會的不安を醸成すべき事

二、地主は處分耕地を完全に利用し得ざる結果國家の食糧問題より見て甚だ有害なる事

との見地より、主務省の反省を促し、假處分執行緩和方に就き運動中である。

＊　＊　＊　＊

◇

不景氣なれども米高し。

◇

國を擧げて二食主義は何うだ時恰も夏減食却て健康に可ならずや。

◇

內務省や東京市に二食週間の運動を奬める。

◇

昔、ギリシヤ貴族の長壽と健康とは一食主義より來れり。短命の勞働者は三食せり。

◇

最も持久力に富む駱駝は一食早疲れの馬は三食。

イギリスの地方自治

マスター、オブ、アーツ　弓家七郎

第一章　寺區（パリツシユ）

第一節　寺區の沿革

さて、イギリスの地方自治體の中、その最も區域の小なるものを、パリツシユとする、パリツシユは、ギリシヤ語のパロイキア、即ち僧侶の住む場所といふ言葉から出た名稱である。

パリツシユは、サクソン時代のタウン（町）から進化して來たものである。タウンは城壁又は墻壁を以て繞らされて居る土地と言ふ意味の言葉であつた。その地域をタウンシツプと稱する。タウンシツプの政治は、其の自由民全體の會議に依つて行はれた。これをタウン・ミーチング（町總會）と言つた。職員及び吏員の任命や、慣習法の布告等は、このタウン・ミーチングでなされたのである。それはイギリスに於ける、地方制度の中の最も古い形式である。その後シヤエアとか、ハンドレツトとか言ふ大きな自治團體が生れるに及び、各タウンシツプは、町長と四人の代表者とを選出してその會議に列せしむるやうになつた。これが代議政治の起源となつたのである。

然るに、その後キリスト教が傳播し、教會の勢力が强大となるに及んで、全英國は教會を基礎とする數多の小區域に分割された。而してその一區域は、パリツシユと呼ばれた。パリツシユは、多くの場合に於て、タウンシツプとその境界を等くしたけれども、人口の多い南部地方に於ては、一つのタウンシップか幾つものパリッシュに分たれ、人口の少い北部地方では、反對に幾つものタウンシップが集められて、一のパリッシュとなつたこともある。

パリッシュは生れた。が、それは明かに宗教的の區畫であつて、始めから政治的の區畫ではなかつた。政治的には、タウンシップが儼然としてその存在を有して居たのである。而してこのタウンシップの政治的存在を葬つたものは、中世紀に於ける封建制度そのものであつたのである。

封建制度のことは、こゝに詳しく說明する譯に行かないが簡單に言へば、人民はその獨立と自由との全部を捧げて領主に對する忠誠を誓ひ、領主はその武力を以て之が保護を誓つた契約のやうなものである。人民は、これに依つて、サクソン以來保持して來たところの自由を失ひ、領主の專制がこれに代つた。この時に於て、一般人民の無智文盲はその極に達し、學問は僅に僧侶階級の間にのみ辛うじてその生命を維持した。寺院は智識の淵叢として、又信仰の中心として、民衆の間に拔くべからざる地位を築き上げて居た。諸侯の權力著にして、サクソン以來の民權地に墜ちんとしたる時、封建諸侯に對する一敵國として、民衆のために敢然、傳統的の自治主義を固執したものは、實にこの寺院であつたのである。僧侶等は、寺院に關する共同事務を議するとの名の下に、民間の有力者を寺院內の一室に集めて、屢々公共の問題を討議決定した。これが今日まで續いて居る敎區會（ヴェストリー・ミーチング）の濫觴である。討議決定事項の重なるものが、貧民救助に關したものであつたのも、自然の成行であつた。

一八九四年の地方政務條例の改正に依つて、久しく、忘れられて居たパリッシュは再び地方自治體の一單位となつた。現今に於て、パリッシュは、政治寺區《シヴィル、パリッシュ》と、敎會寺區《エクレシアスチカル、パリッシュ》との二種に大別せられ、政治寺區は、更に市部寺區《アーバン、パリッシュ》と村部《ルーラル》寺區《パリッシュ》との二つの種類に分つことが出來る、その最も重要なるものを村部寺區とする。

第二節　寺區の政治組織

寺區會　村部寺區の政治機關は、寺區會《パリッシュ、ミーチング》と、寺區議會《パリッシュ、カウンシル》とである。寺區會は選擧有權者の總會である。人口百人以下の寺區、及び人口百人以上、三百人以下の寺區にして、寺區議會を有せざる寺區は、すべてこの寺區會に於て共同の事務を決する。寺區議會を有せざる寺區の寺區會は、法人としての存在を有するものである。寺區會は年に二回例會を開くその中一回は毎年三月一日乃至四月一日の間に開かねばならない。その外議長に於て必要と認め、又は有權者六名以上の請求ありたる時は、臨時會を開く。會議は午後六時以後でなければ開催することが出來ぬ。

寺區會の權限中重なるものは、三ヶ年毎に寺區議會の議員を選擧すること、救貧監督官を任命すること、寺區の財產處分に關する監督又は承認をなすことである。その外、寺區道の閉鎖及び變更に對する理事者の決定を拒否するの權、及び特別採擇法を採用する事の權等をも有して居る。寺區議會が一磅に付、三片以上の地方稅を賦課せんとする場合、又は公債を募らんとする場合等には、又この寺區會の承認を經なければならぬ。

又下級教育官廳としてその寺區內にある學校の理事者に一人乃至二人の學務委員を選ぶことが出來る。又縣會は、寺區會に對して、寺區議會の權限の一部乃至全部を委ねることが出來る。

寺區議會　人口三百以上を有する村部の寺區は、寺區議會を有たねばならぬ。三百に滿たずとも、百人以上の人口を有するときは、寺區會の決議を以て、これを有することが出來る。百名以下である場合でも、縣會の許可を得れば、同じくこれを組織することが出來る。選擧は寺區會でするので、特別の要求なき限り、別に投票等に依ることはなく、唯單に出席者の擧手を以て爲されるのが常である。

寺區議會は、槪ね五人乃至十五人の議員を以て構成せられ議員の任期は三ヶ年である。議長は議員中から互選することもあれば、外部から選ぶこともある。その選擧及び被選擧資格等は前に述べた通りである。又一つの寺區は、必らずしも一つの寺區議會を有するものとは限らぬ。數個の寺區が集つて一つの寺區議會を組織して居るところもある。寺區議會は一ヶ年に四回例會を開く。その外議長又は議員二名以上に於て、必要ありと認めた時には、何時たりとも例會を開くことが出來る。

寺區議會の權限　寺區議會の權限を列擧すれば、次の如くである。

1.　一般的權限。寺區の救貧監督官を任命し、救貧副監督官の任免をなすこと。教會に關係を有せざる救貧事業をなすこと。その寺區又は他の寺區の課稅評價に對して抗議をなすこと。その外會議室、事務室等を有し帳薄

金庫等を備付け、消防機械等を設備することが出來る。

2. **衞生及住宅問題。** 元來保健衞生の機關ではないけれども、上級地方廳に代つて、保健、衞生等の規則を勵行し、住宅の衞生檢査等をする。

3. **道路。** 步道の修繕、通路の維持、道路の閉鎖、變更の拒否。

4. **敎育。** 最下級の敎育官廳として寺區會と同樣の權限を有する。

5. **土地。** 役所、運動娛樂場、通路、消防署、浴場及び洗濯場、墓地、圖書館等のために、土地を購入すること。

6. **小農奬勵。** 小農に對して土地を分割貸與するため縣會の承認を得て、七年乃至三十五年の期限を以て、强制的に土地を借りることが出來る。

7. **寺區議會は。** 寺區會の承認を得たるときは、街燈を點じ、浴場、洗濯場の施設をなし、その他、特別敎區事業法に定められたる仕事をなすことが出來る。特別敎區事業法のことは後節にて述べる。

役員。 寺區會の役員は、書記と收入役とである。有給なのが普通であるが、議員又は救貧副監督官にして、書記を兼ぬるものも相當に多い。

財政。 寺區議會には直接の課税權はない。その經費は、救貧監督官の手を通じて支辨せられるのである。救貧監督官は土地、家屋等の貸借價格を基礎とし一磅に付、三片までを限度として占有者から稅金を取立てるのである。これ以上の賦課をする時は寺區會の承認を經なければならない。寺區會及び縣會の承認を經るときは、公債を發行することも出來るがその總額は寺區內に於ける課稅評價總額の二分の一を限度とする。その會計は保健省の地方會計監督官の監督を受けて居る。

村有の嫁入仕度

愛媛縣の御槇といふ村で、村有の嫁入式服をこしらへた。話しがきまつて、きものがあいてをれば、その日にも式が擧げられるさうだ。兎角浮世は手つ取り早くなつて行く。

郡役所廢止と町村

遞信參與官　植原悦二郎

□

郡制の廢止された郡役所は、縣廳と町村との間に於ける中繼機關として存在して來た、けれ共明年度は、此の內閣が來るべき議會迄存續してゐるものとすれば必ず廢止される運命となつた。本年度の豫算編成の時に若槻內相は十五年度より郡役所を廢止すべき事を聲明した。夫れ故此の內閣としては明年度は之を斷行せねばならぬ、郡制廢止の郡役所徹廢も行政上の關門を尠なくすることであるから、行政事務の簡捷を計る上に於て洵に結構のことである。今日に於ては、國內を通じて交通通信の機關は相當に設備される樣になつた、此の場合、郡役所の存置を繼續さる理由はない、郡制廢止に伴ふ郡役所の徹廢は當然のことであつて、今日迄寧ろ之が制限されて居つた恨みがある問題である。

□

郡役所の廢止は當然のことである、殆んど論議すべき餘地のない事である、けれ共單に之を徹廢した丈で町村の自治權は擴大されず、縣廳の町村の行政に對する監督干渉が制限さるる事なく、町村行政上の事務取扱に關する縣廳事務取扱が從前の如くであるとすれば、茲に大いなる問題が起ると思ふ。

實際我邦の町村は、自治團體であるが如くに考へられて居るが、殆んど自治の能力は與へられて居らぬ。町村長の如きは縣の指揮監督なくては何事も爲すことは出來ない、名は自治體であるけれ共實際に於て町村は殆んど自治的權能を與へられて居らぬ。事每に內務行政、卽ち縣の指揮命令監督を受けて行政事務を行つてゐる丈である。

□

夫れ故に無益のもの丶樣であつたが縣廳よりも手近に在る郡役所は町村には便宜のものである、指揮や命令を仰ぐに縣廳迄出掛けなくとも、中繼機關の郡役所で用を便する事が出來るので、一つの事を決するに中繼機關が多い丈、より多くの時間を要するけれ共、手近な場所に郡役所が存在するが爲めに、出張旅費を多く要することなく事務を辨ずる事が出來る。然に郡役所が廢止されたる後に、町村の權能が現在の如くであり、事毎に縣廳の指揮監督や、命令許可を受けねばならないものとすれば、直接に縣當局と町村長とは交渉をしなければならぬ。さうして縣の役人の事務取扱方が從前の如くで、更に刷新されぬものとすれば、一つの事を片付ける爲めに町村長は三回や五回は縣廳に出掛けなければなるまい。のみならず、郡役所が廢止された後の町村の事務は直接縣廳の管理監督となるから、從前の如き縣廳の仕事の遣り方では随分事務が累積される樣になるであらう。さすれば、郡役所廢止後は總ての事務は敏速なる解決を望まれぬやうな結果になるかも知れぬ。さうして町村長が一つの事で三四回も縣廳を往復しなければならぬ樣になれば、町村の費用は此の點のみに於ても何なり增加されるものと思はなければならぬ。

□

若し郡役所廢止後、出來得る丈町村の自治權も擴張され、縣廳の命令監督の範圍が縮小されぬとすれば、郡役所廢止後の結果、或は幾く程各町村の費用が增加するかも知れぬ。又郡役所の廢止の爲に政府としてどの位の費用が節約出來るか郡役所が廢止されても縣廳に於て增員を必要とするであらうから、郡役所の廢止のために生ずる經費の節約を豫想する事は出來ぬが、到底一千萬圓には至らぬであらう。然して前にも云ふが如くに郡役所が廢止されたのみで其他の事の刷新改善が斷行されなければ、町村費の增加は一千萬圓か、一千五百萬圓に止らぬかも知れぬ、勿論或る場所に於ては直に町村費の增加にならう、又或る特殊の町村長の如きは縣出張旅費の大部分を自分の懐より支出するかも知れぬ、何れにもせよ其の爲に要する費用は費用であつて、町村費が增しても增さなくとも郡役所廢止の爲に、町村行政に當るものがより多くの費用を要する樣になれば、國家經濟の上から名儀は何と以てするも事實は同一である。郡役所廢止のために氣遣ふことは此の一事である。

□

郡役所廢止後、其廢止の意義を徹底せしむるには、何んとすればよいかと云ふことだが、町村を純然たる自治體にすべく、町村の權能を擴張する事である。さうして極度に縣の監督權を縮小すること、之を斷行せずして郡役所廢止のみは無意味だ。さうして之が實行されると見て次に爲すべき事は如何なる事であるかと云ふと、是れには縣廳と町村との間に直通電話の普及を圖ることだ、さうして町村長と縣當局と電話に依つて仕事を解決すれば宜しい、と云ふ程度迄事を進めなければならぬ、何んでもかんでも人を信ぜず、書類によつて盲目判を捺かなければ行政事務が取扱はれぬと云ふこの舊式な行政事務取扱を徹底的に打破しなければならぬ。記錄のために書類を遺すことは差支ない、故に大概の事は電話で片付け、書類はあとで作つて後日の記錄に遺す爲に郵送すると云ふ樣に簡單に行政事務が取扱はれる樣にせねばならぬ。さうなれば郡役所の廢止も意義があり、町村の自治も發達し、町村の費用も節約出來、人民も繁文縟禮の弊に禍ひされず、隨分便宜を感ずる樣になるであらふ。

□

世界の一等國と迄も云れる國が、町村役場と縣廳と電話で話が出來ず、町村長がノコノコ縣廳へ出掛けると云ふ樣な狀態で、どうして人民が世界の文化に浴するなどと云ふ事が出來やうか、即ち郡制廢止と共に、町村に直通電話の普及を圖ること、町村を眞の自治體ならしむること、此の二つを實現する樣にせねばならぬ。斯うなれば郡制廢止は洵に結構な事だ。(完)

新議員回答

山口縣玖珂郡北河内村　岩根　重造

一、選擧民の推薦を俟つて候補を容認するを常とす、故に立候補の理由なし。

一、立憲思想未だ不完全なりと雖も民衆の力も亦強大なりと云ふべし、反對派を撃退して顏色なからしめたり。

一、大中至誠、公平無私、町村の公益、民衆の福利を増進せしむるを以て念とす。

新議員諸氏へ

引つゞき毎號左の問題に對する忌憚なき御回答を願ひます。

一、立候補の理由。

一、選擧に對する感想。

一、議員としての抱負。

自治展開と公民教養

鹿兒島縣出水郡大川内村書記　上野良治

市町村は國の單位である、一國の隆昌繁榮は、一に繫つて市町村單位の發達如何に存す、故に近來自治の研究、農村振興の聲は、昨今の流行語となつた、斯く近來一般に叫ばるゝに至りたる丈それ丈、自治と農村は須要の位置にあらねばならぬ、されど從來は、政治は、國政研究と、官僚的政治に丈重きを置いて、研究論議せられ、現今の如く、民衆化。公民教養等、直接具體的に、國家單位に觸れずして、理論に走り、上滑りするの憾みがあつた。

然るに、國家は再び難局に陷りて、昨今は復興と、整理に忙はしく、擧國一致して、新興國民の建設に、努力奮鬪の時代となつた、玆に世人は目覺めて來た、曩きに、市町村長會發企せられて、近來着々其が活動を見るに至り漸く自治機關の發達を研究討議せらるゝこととなり、選擧法改正の結果、民衆の教化、公民の覺醒を促すの必要生じ、來年度よりは、郡制廢止を見ることゝなり、層一層、自治の發育を要求することゝなり、市町村機關の重且大なる所以となつた。

這般、帝國自治研究會に於かれては時勢の要求と、時代覺醒とを促し、我が國自治に立獻する處あらんとして、玆に雜誌市町村の發行を敢てせらるゝに至つた。

時代の趨勢と、世人の覺醒は、必らずや、此の發刊に共鳴、後援して、所期の主旨と、抱懷は、屹度時代を更生して、我が國自治をして、一新面目を革むるに至るであらう！。

御發刊に努力せられた各位の勞を謝すると共に、健全なる本誌の發達を祈り欣賀の至り玆に拙文を綴りて祝意を表する次第である（大正十四年六月稿）

左に掲ぐるは一九二二年十一月保守黨ボナー、ロウ内閣の下に於て行はれたる總選擧の獨立勞働黨候補者選擧費用調であつて、一九二三年の同黨大會に於て發表せられたものである。獨立勞働黨と云ふのは、世界に於ける最も有力なる社會主義の政治團體で英國勞働黨の中心となつて活動して居る。黨の首領は英國勞働黨内閣最初の總理大臣ラムゼー、マクドナルドであつて、大藏大臣として名を馳せたスノウデン、勞働問題研究の一大權威たるウエッブ等之に伍して居る。

過般公布せられたる我國選擧法は、普選の實施と共に、選擧費用の制限を規定して居る之は全く英國の制度を其の儘採用せるものであるから、左の數字は此の際最も興味ある參考資料であると信ずる。グラスゴウスプリングバーン選出代議士ハーディーの如き、選擧費用千六百二十圓票一票當僅に十錢に過ぎざるが如きは、我國人の夢想だもせざる所であらう。

尙ほ英國は極端なる小選擧區即ち一人一區主義であつて、選擧費用の制限は左の如くである。

郡部選擧區　有權者一人ニ付　七片（約二十八錢）

市部選擧區　同　五片（約二十錢）

但し候補者自身の支出は之を算入せず

英國總選擧各候補者別選擧費用

選擧區	有權者數	候補者名	得票數	選擧費用	得票一票當
アベラボン	三四、七一六	マクドナルド	一四、三一五	二、〇三七円	七五錢
アクリングトン	四一、九六〇	ブックストン	一六、四六三	八、三八〇	五〇
ブート	三三、六九一	パトン	九、三三三	一、九〇四	二〇
バーモンドシー	三六、一六八	サルター	七、五五〇	四、六七六	六〇
バーミンガム レディーウッド	三三、三〇八	ダンスタン	一〇、五八九	三、一九三	三〇
ビショップ オークランド	三五、九六五	スプーア	一三、九四六	四、五七〇	三三
ブラックバーン	六四、八四九	デビス	二四、〇四九	五、二二〇	二〇
ブラッドフォード 中央	四四、六八九	リーチ	一三、九三七	二、九三四	二〇
同東區	三六、七五八	ジョウエット	一三、九七三	二、七七九	二〇
ブリッグ	三〇、六八五	クヰベル	九、一八五	六、一三〇	六五
ブリストル北區	三六、九八五	イース	九、五六七	六、一六三	六四
カーヂフ中央	—	エドマンド	八、一六九	三、五三三	四〇
カーフイレー	三五、七九七	ヂヨンス	一六、〇八三	三、七六四	三一
チエルシー	二八、四五五	ベルトランド ラッセル	四、五一三	二、三三五	五〇
コルンバレー	—	スノウデン	一三、六一四	七、〇九六	五六
コンセット	—	ダンニコ	一四、四六九	六、〇〇四	四〇
ドウスベリー	二八、一四五	リレー	八、八二二	四、一一三	四四
ダンバートン シャイヤー	—	マルチン	一三、三二六	三、六五八	二六
エヂンバラ中央	—	グラハム	二、八七六	三、一三六	二五
グラスゴー ブリッヂトン	—	マツクストン	一七、五九〇	一、七四[illegible]	一〇

グラスゴーカムラシー	ー	ステフエン	一五、一八二	ー	ー
同カスカート	ー	ジョンペイ	九、一三七	一、八八〇	二〇
同ゴヴアン	ー	マクリーン	一五、四四一	二、〇六八	一六
同中央區	ー	ミツチエル	一二、九二三	四、五八七	二四
同メリーヒル	ー	ムーア	一三、〇五八	二、九一〇	二〇
同ポロツク	ー	マツケイ	五、七九五	一、五四七	一六
同セントポロツク	ー	スチユワート	一六、一一四	三、五三三	二〇
同セトルトン	ー	フイートレー	一四、六九五	四、三〇〇	一八
同スプリングバーン	ー	ハーデイー	一五、七七一	一、六三一	二〇
ハツダースフイールド	三六、二四三	ハドソン	一五、六七三	四、六七五	一八
ハル南西區	三五、一八三	アー ツト	四、八五九	一、九二〇	二七
イプスウイツチ	三八、九二四	チヤツクソン	一四、九二一	四、一〇六	二七
カイレー	ー	リーズスミス	一三、九七八	三、一八〇	三三
キルマーノツク	ー	クリミー	一〇、七五三	二、〇八三	二〇
ラナーク	ー	デイツクソン	九、八二三	三、一六八	三一
ラナークルサーグレン	ー	ライト	一四、〇三九	三、三五九	二三
ランカスター	三六、一三二	ブロツクウエイ	九、〇四三	九、〇〇六	一、〇〇
リーズ北東區	三六、〇六九	パドレー	六、五三五	二、七六九	四二
同西區	三八、三五九	スタムフオード	一二、四八七	二、四八四	二〇
レスター東區	三七、七四九	パントン	一三、八五〇	二、三五四	一九
リンリスゴウ	ー	シンウエル	一二、六二五	六、八六〇	三四
メルシール	三六、五一四	ウオールヘツド	一七、五一六	四、五九八	二四
モントローズ	ー	カーネギー	七、〇四四	三、一七四	四三
ニユーカツスラ イム	三〇、三〇〇	ウエツヂウツド	一四、三〇三	六、二八九	四〇
同中央區	三四、八四四	トレペリアン	一三、七〇九	ー	ー
ノーウイツチ	六〇、一五九	ウイタード	一五、六〇九	二、一一三	一三
レンフリユー東	ー	ニコル	九、七〇八	三、一五五	三一
同西	ー	ムレー	一一、七八七	二、三三九	一九
シエフイールドブイトサイド	三六、八七四	ポンソンビー	一六、六九二	三、五四二	二〇
スペンバレー	ー	トムマイアー	一三、五一九	五、九六三	四四
ライムハウス	三〇、三六二	アトレー	九、六八八	四、三九三	四四
スターリング東區	ー	ウエアー	一〇、三二二	三、六〇八	三三
同西區	ー	ジョンストン	八、九一九	三、八七三	四二
スワンシー東區	二七、三四六	ウイリアムス	一一、三三三	三、九一二	三四
ウエストハム	ー	ガードナー	七、二六八	三、二〇七	二六

備考

一、表示金額ハ一磅ヲ十圓一志ヲ五十錢一片ヲ四錢トシテ換算シタリ

二、選擧費用總額中ニハ候補者自身ノ支出ヲモ含ム

地方財政史觀

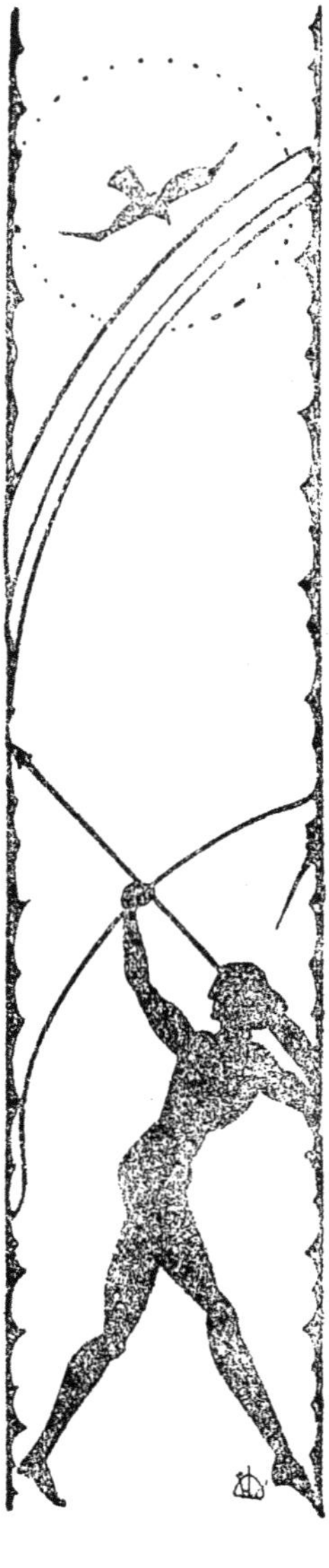

平井良成

第三

前號では府縣會の組織及權限の事を述べたが次で府縣參事會の組織及權限を說明する。

組織　府縣參事會は府縣知事府縣高等官二名と名譽職參事會員で組織するがその府縣高等官は內務大臣が府縣の高等官中から任命する名譽職參事會員は府縣會に於て互選に依り府は十名縣は七名を擧ぐるのである此名譽職參事會員の任期は一年であつて次の參事會員が就職する日までは任期が滿ちても在任するものとして府縣行政上に支障を生ぜざらしむるのである而して高等官參事會員は內務大臣に依て任免せらるゝが故に任期は定まつておらない。參事會の議長は府縣知事が其任に當る。

府縣會參事會の會議は公開を許されない故に府縣會議員でも參事會員に非らざる者は傍聽することを得ないそして議長及名譽職參事會員の半數以上出席せざる時は開會することを得ないが官吏の參事會員は二名共出席せざる場合でも開會は出

來るのである而して決議は出席者の過半數の同意に依り定む可否同數の場合は議長の決する所に依るべきものである。

職務權限　府縣參事會の職權は

(イ) 府縣會の權限に屬する事件でその委任を受けたるものを議すること故に府縣會の權限が市會の如く廣汎でないから市參事會の權限の如く廣汎なることを得ない

(ロ) 府縣會の權限に屬する事件で臨時急務を要し而かも府縣知事が府縣會を招集する暇なしと認むるとき府縣會に代つて其急施事件を議決すること此場合知事が代議決を要求するに於ては府縣參事會は急施事件として可否を議決するの外權限がないので急施を要せざる事件ありとして議案を返付するが如きことは適法でないのである。

(ハ) 府縣知事より府縣會に提出する議案に付府縣知事に對し意見を述ぶること府縣知事は府縣會に議案を提出する場合は必ず先づ其議案を府縣參事會に提出し審査を求むべきものであるから此議案に對しては參事會は意見を述ぶるの權限がある故に贊否共に意見として述べねばならぬ府縣知事は其參事會の意見を添附して府縣會に提案するを要する

(ニ) 府縣會の議決したる範圍內に於て府縣の財產及營造物の管理に關し重要なる事項を議決すること、元來府縣會は法律命令中別段の規定なき限りのものに對しては府縣の財產及營造物に付てその管理方法を定むるものであるが其議決が詳細に涉らず爲めに管理の執行上の事件で重大なるものは府縣參事會で議決するのであるその議決は府縣會の議決以外に超越することを許されないは勿論である

(ホ) 府縣費を以て支辨する工事の執行に關し法律命令に別段の規定あるもの、外その規定を議決すること此權限は府縣なる自治團體の工事でなくとも凡そ府縣費で支辨するものに付ては議決するを得るのである

(ヘ) 府縣に係る訴願訴訟及和解に關する事項を議決すること故に府縣に取つては重大なると然らざるとを問はず苟くも府縣に關する訴訟訴願和解事件は府縣參事會で議決しなければならぬ府縣會は此事案に付ては議決の權限がないのである市會と市參事會との關係との異なる點である

と右の外法律命令に依つて府縣參事會の權限に屬する事項此權限は例へば府縣の公益に關する事件に付意見書を府縣知事又は內務大臣に提出すること官廳の諮問に答申することの如きものである

府縣の意思機關卽ち議決機關は府縣會又は府縣參事會でその組織及職務權限は右略述せる所であるが屢々述ぶる通り市の市會が一切の自治事務に關して議決の權限を有するとは趣を異にしてゐる卽ち府縣會は列擧的權限換言すれば府縣自治事務中の特種の事項を限りてその權限と定められてゐる從つて府縣參事會も亦市參事會に比してその權限は狹少な範圍である此の關係に基き市長の權限は狹く府縣知事の權限は廣いので府縣知事公選說の存ずるは復茲に根元を發したるものと思はる府縣なる自治團體の機關の中議決機關の職務權限が制限せられ國家の機關である府縣知事が理事機關として却つて廣汎な權限を有すると云ふ奇現象が府縣制に表はれておる以下府縣知事が如何なる性質のもので府縣の事務に付き如何なる權限を有するかを略述する。

府縣知事とは何か國家に依つて任免せられその機關である官吏である卽ち府縣の區域に屬する國の行政を掌理する國家の行政機關であつて幾多の補助機關を有してゐる此國家の行政機關としての性質權限は地方官々制に依て明かにせらるゝ今之を抄記すると。

地方官々制第四條　知事は內務大臣の指揮監督を承け各省の主務に付ては各省大臣の指揮監督を承け法律命令を執行し部內の行政事務を管理す

同第五條　知事は部內の行政事務に付き其の職務又は特別の委任に依り管內一般又は其の一部に府縣令を發することを得

である此の如き權限を有する府縣知事は府縣の自治行政に關し其理事機關として左の職務權限を有する卽ち府縣制の規定する所である。

(イ)府縣を統轄し府縣を代表すること

(ロ)府縣費を以て支辨する事件を執行すること

(ハ)府縣會及府縣參事會の議決を經べき事件に付其の議案を發すること

(ニ)府縣の財產及營造物を管理すること但特に管理者なるときは其の事務を監督すること

(ホ)府縣の收入支出を命令し及會計を監督すること

(ヘ)府縣の證書及公文書類を保管すること

(ト)法律命令又は府縣會若は府縣參事會の議決に依り府縣に屬する使用料手數料及府縣稅及夫役現品を賦課徵收すること

(チ)其の他府縣行政に關して法律命令の定むる所に依り府縣

知事の職務に屬する事項

等を掌理するの權限を有するものである故に府縣の自治事務に付ては府縣會及府縣參事會が制限を加へられてゐる爲めに其兩機關の權限にあらざる部分は一切府縣知事の職權に屬するものであると謂はなければならぬ加之府縣制にはその第八十八條に「官吏の府縣行政に關する職務關係は此の法律中規定あるものを除く外は國の行政に關するその職務關係の例に依る」と在るを以て府縣の自主權であるべき自治諸規制定の如き府縣會に屬せずして府縣知事の職務權限に屬するものと謂はなければならぬ其他府縣吏員の任免懲戒の權及府縣會府縣參事會議決の取消權再議に付するの權場合に依り專決處分するの權等を有す要するに府縣自治行政に關しては議決機關たる府縣會及府縣參事會の權限に制限を加へられ理事機關たる府縣知事の權限は執行の權限のみでなく更に廣汎なる範圍の權限を有するものである。

府縣知事は素より單獨制の官廳であるが國家の行政を掌理する爲めに書記官地方事務官地方警視地方小作官地方技師視學屬警部小作官補技手通譯警部補等の補助機關を具備しておる此等補助機關は復た必要に應じ府縣知事の職務權限に屬する自治行政を補助執行せしむるもので其他に府縣吏員を設置して自治行政の補助機關たらしむるのである。

府縣自治行政の機關は叙上する如きもので此等機關に依つて府縣は活動するそして其活動の範圍即ち府縣行政は如何と云ふに官の監督を承け法律命令の範圍内に於て其の公共事務竝從來法律命令又は慣行に依り及將來法律勅令に依り府縣に屬する事務を處理するものである即ち。

(一) 府縣の固有事務たる公共事務

(二) 委任事務即ち府縣制施行前は法律勅令其他の命令及慣行に依り府縣に屬する事務竝府縣制施行後は法律勅令に依つて定められたる府縣に屬する事務

を府縣の自治行政として處理するその府縣制施行前定められた事業としては主として明治十三年四月太政官布告第十六號に依つて定められておる即ち地方警察事務土木事務衛生及病院事務教育事務救濟事務勸業事務の如きものであるが彼の社會事業の如きは府縣が之を經營し得るものなるか否か疑なきを得ない。

府縣は其固有事務及委任事務其他府縣の各機關即ち府縣會府縣參事會府縣知事其他の官吏々員に委任せられたる事務執行

に要する費用を處理する爲めに府縣としての經濟を立つるの必要がある之れが府縣財政であつて此財政處理の權能を財務行政權卽ち財政權と稱す財政權は當然自治行政に屬する性質のものでない此財政權は法令に依つて賦與せられたものである。

府縣に財政が存するその財政とは府縣がその需要を充たす爲めに必要なる經濟上の手段たる勤勞又は財貨を獲得して之を利用する行政行爲であるから府縣稅の賦課徵收使用料手數料の徵收公債の借入公金の支拂豫算決算の處理等の行爲に外ならぬ此財政の關係法規に付ては後に詳述する。

府縣と同じく北海道も亦財政上から見れば同一の地方自治團體なるが如く解せらるゝが單に北海道會法（明治三十四年法律第二號）で北海道會を組織し其組織員として會議員を選擧し北海道地方費に關して、（一）歲入出豫算を定め、（二）決算報告を議定し、（三）使用料手數料夫役現品及地方稅の賦課徵收を定め、（四）不動産の處分買受讓渡の事を議し其他積立金穀等の設置處分財産の管理方法等を定むるの權限を有せしむるも之を以て直に公共事務を處理する地方自治團體とは認められない然しながら北海道地方費法（明治三十四年法律第三號）に依り財政史上公法的財團とも視らるゝ團體であるから府縣と同じく地方財政に關し同一の取扱を爲すべきものである其關係法規に付ては府縣のそれと共に後に詳述する。

□讀書余滴□

○事務管理（商學士金子利八郎著）

本書は本誌本號「官廳事務管理に就て」の執筆者金子利八郎氏の著書にして、數次の外遊と長年の實務とによれる研究の記錄なるもの、行政及自治事務の發達と阻害せる原因を述べ、官廳事務管理に從ふ人達に其の赴く所を指示せむとするものなりと云ふ。公私事務に當る人々の味讀すべき良書として推奬するに足る。（東京巖松堂、定價四圓五十錢）

○太古史闡明（井口丑二著）

我が民族の祖先を知り、國當時の眞相を明かにすることは民政開發上緊要の事であるが神代の事は神秘難解であつて茫漠として事實を捕捉する能はさるものである著者深く玆に感する所があつて十數年間研究に腐心し熱心以て本書を公刊することとなつた卽ち高天原の所在を述へ神代の眞相を論し建國の大信條を「此の漂へるクニを作り固め成せ」に在りとして建國の精神か進取的なるを看破し大和魂の基礎を究めたるは寔に稀有の珍書である民衆政治の根源は實に建國の精神に在るので今日自治制度の改造を要するの秋に當り本書の公刊せられたるは快心に堪へさる所である（中央報德會、定價二圓八十錢）

自治行政の振興發達を任務とする

自治體の聯合組織に就いて（二）

復興局書記官　菊　地　愼　三

四

獨逸に於ける市町村聯合會の發達に付ては『斯民』に詳述したから茲には其の概略を述べるに止めるが、千八百五十年代以來漸次盛となり、中央當局は常に之を喜ばずビスマルク公亦社會主義者鎭壓法制定の餘威を以て當時之に壓迫を加へたに拘らず、都市の駸々たる發達に伴ひ各地に聯合組織を見るに至り、殊に二十世紀に入つて蔚然たる組織を見、且其の事業も大に見るべきものがある樣になつた。獨逸都市會議中央部の事業、地方事業資金統一運用の道を講ずる資金仲介所の施設の如きは勿論の事、大戰中には軍國の事業殊に食糧被服住宅等の配給國家總動員の任務に貢献する所が顯著であり、戰後の經濟復興には消費者代表機關として重要なる委員會組織に參加した。或はライン占領地帶の市町村聯合會は獨逸國權の保護を求むるを得ない狀況の下に於て、自ら佛國主權に對抗し利益を擁護するに努めて居る。『斯民』に書き洩したから茲に千九百二十一年五月現在獨逸國內の地方公共團體の代表聯合團體の概要を說明して置く。

獨逸都市會議は人口一萬以上の都市及都市を主要素とする自治體聯合團體を以て組織する。直接會員たる都市數二百十、十五の聯合團體に依り間接に會員たる都市數五百五十六、都合七百六十六都市を會員とする。千九百五年の創立に係り最も有力なる團體である。獨逸都市同盟は人口四萬未滿の中小都市千二十六を以て組織し、千九百十年創立、獨逸村自治體會議は各聯邦各州村自治體聯合會を以て組織する。プロイセン郡聯合會は四百三十郡を以て組織し獨逸全國に擴張の計畫中である。プロイセン都市會議は人口二萬五千以上の都市又は其の聯合會を以て組織する。千八百九十六年創立、直接會員たる都市百十六、十二の聯合會に依り間接に會員た都市四百四十九である。

其の 他東プロイセン都市會議ブランデンブルグ都市會議以下各州に都市會議がある。ライン占領地帶都市聯盟は三十八都市を以て組織する。プロイセン村自治體會議（約六百村）とプロイセン村自治體聯合會（約八百村）とは合同の議進行中である。更にプロイセン各州（自治體）聯合會もある。バイエルンザリセン以下の各聯邦にもプロイセンと略同樣の都市會議同盟村郡等の聯合團體がある。

五

以上 の獨逸公共團體聯合會は公共團體全般の目的を達せんとする團體組織であるが、別に特定の目的を達せんとする聯合組織もある。獨逸地方公共團體傭主聯合會 Arbeitgeberverband de.tscher Gemein den und Kommunalverbande は千九百二十年五月八日の創立に係るもので、地方公共團體の使傭する勞働者に對する勞働協約締結の當事者となつて、公共團體が傭主の地位に立つ場合に於ける勞働問題の解決に善處する任務を有する。獨逸公共團體振替取引中央聯合會は千九百十六年創立、獨逸市町村貯蓄金庫聯合會は從來から存し獨逸市町村銀行聯合會 Dentsche Verband der kommunalen Banken は千九百二十一年の創立に係り、市町村銀行の創設を促進せんとする。

ライン 河流域四十の港灣都市を以て聯合するライン河流域港灣同盟。千九百十二年の創立に係るラインウエストファリア相互保險聯合會は漸次各聯邦に普及する形勢に在ると云ふが、加入町村數四千四百七十三郡數三十町村組合數八行中である。ラインウエストファリア學校聯合會もある。獨逸公共劇場聯合會は千九百二十年創立十三州二十四都市を以て組織する。獨逸都市敎化演藝同盟は特に活動寫眞の改善發達を圖り社會敎化の効用を擧げしめる施設を講ずる。

市町 村長及行政各部局長の聯合團體も固より多い。初は市町村長の聯合團體であつたものが公共團體の聯合會に發達したものもある。又是等の團體組織中單に其の地位向上又は權利々益を擁護するを目的とするものが多いが、行政上の目的を有するものも少なくない。千九百九年創立の獨逸大都市財務主脳吏員會議の如きは其の一例であつて、定期に大都市の財政關係報告を蒐集し各般の調査を進め意見を加へ成案を作り地方財政の改善發達に貢献する所が多い。其の成案が基礎となつて獨逸都市會議の採用する所となつた事案の一例は吾人が曾て『地方公共團體有資金統一運用の議』に於て紹介した獨逸都市資金仲介所の施設の如きがある。

六

ペロポンネリス同盟デロス同盟の昔は謂はずもがな、ハンザ同盟の獨逸諸都市は世界史上重要なる役廻りを演じて居る國內の公共團體が聯合組織をして、行政上社會上の問題に付き調査し決議し論議をする場合に於ては、有力なる地位に立つことは當然である。團體組織團體の行動は一大勢力となつて、氣の弱い中央當局者を手こずらす事もあるであらう。舊思想の持主は從つて公共團體の團結を喜ばないで、之を萠芽の間に抑壓せんとすることもあらう。社會主義者鎭壓法を制定した當時の獨逸中央當局の態度は之を實證する。或は國內の公共團體の聯合が勢力を占めることは、國家主權に對抗する形勢を馴致する虞があると云ふ者もある。

併しながら舊思想の持主が喜ぶと否とに拘らず、勞働組合無產者團體の類が續出し、漸次に勢力を增大することは抑ふべからざる大勢である。公共團體の聯合組織も中央當局の希望保守主義者の態度如何に拘らず、漸次其の勢を大にすると思ふ。却て將來に於ける行政の要道は是等の健全なる團體を善導して、一般消費者一般社會の代表者として、勞働聯合無產者團體に對立せしめることに在りはしないか。吾人は此の場合是非の論斷を避けるが、大勢の趨く所を察し機微に徹するの達識の士は、是の間に處すべき途を發見するに苦しまないと思ふ。農會產業聯合漁業聯合山林聯合の類には聯合會中央會の制度を國法は認めて居るのである。一般地方公共團體が聯合會中央會の制度を採らんとするに對して、强ひて反對すべき理由及必要はあるまい。市町村の共同の利益を增進し、自治行政の健全なる發達を企劃し、地方行政財政の改善を目的とする地方公共團體の聯合會中央會の類の團體組織の發達は、我國地方行政史上正に其の時機に迫らんとして居る。

現行制度は敢て此等の團體組織を否認しない、此等の團體は民法に依つて公益法人とすることも差支ないと思ふ。公法人の組織する私法人は毫も不思議はない。市町村相互保險會社の設立も現行保險業法の否認しない所であると思ふ。市町村有財產の管理に付公有建物を火災保險に付するもの、非常災害積立金を置いて所謂自己保險の制を採るもの、何等の手段を講ぜざるもの等區々たる間に在つて、公有財產管理事務の監督官廳は相互保險組織を如何と見るか知らないが、保險の本旨に鑑み蓋し適當の施設であらうと思ふ。

全國 町村長會議の決議した郡役所廢止斷行の要望及義務教育費國庫負擔金增額の要望が、二つとも政黨及政府を動かして政策決定の主要動機となつた事例は、將來に於ける各種の地方公共團體聯合組織の前途を樂觀せしめるものがある吾人は刮目して將來の發達に注意したいと思ふ。

街頭所見

土用ま際

高い卷雲の群さへもが疲れ果てたやうな、眞ひるの屋敷街に、そこばかりは、ま夏の厭怠も、日盛りの物憂さもない、子供の世界がくりひろげられて、七つには充たぬ女の子が二人、小さな蔭の、思切り短かく縮まつた午後一時の木陰に戯れてゐた。

＊　＊　＊

「お父さんとお母さんが、喧嘩する所をやりませう。私がお父さんで、あなたがお母さん……。そして私が何か投げたらあなた泣く眞似するのよ」

驚然として振り向くと、罪のない顔が、得意げに笑みこぼれてゐる。

＊　＊　＊

恐ろしいことだ。さうして、培はれて行く、幼い性情は、やがて、再び、彼等の子供への、より恐ろしい遊びの手本であるにちがひない。孟母三遷は、何時の世にも大切な、人の子の親の教へではある。

＊　＊　＊

然も、もつと廣い意味に於ても、それは必要である。

公民教育と云ひ、成人教育と云ふ。だが、すべては、急ごしらへの片わものでなしに、幼い時から、その純眞な魂に間斷なく注ぎ込まれた物であつて、始めて、完全な物とも云へやう。

＊　＊　＊

公民教育は、葉卷莨や脊廣服の專賣ではない。夫婦喧嘩をまねばせる前に、先づ、如何にして公民教育を施すべきかを考へるべきである。

△自治獨語▽

宕北

○農村は衰微した廢頽した、農業は廢たり農民はやせたので俄かに農村救濟策とか農業振興策とか唱へられて來た、死なゝければ香奠はもらゑない、農村が衰へなければ救の聲は生じない、我が兄弟死せり主よ來り救ひ玉へとの信仰からの救濟であるか否か、救はなければならぬ救ふべきものである、農村救濟は焦眉の急務であるとの叫びは朝野に普ねく聞ゆるのであるが事實は普選が急務と考へてゐる、貴革問題が大事と心得てゐる政治家が尠なくない、自己看板の塗り替に苦心してゐる間に農村は衰へた、農業は廢たれた、而かも農村の娯樂機關の欠如せるが故に其衰退を來たし、青年男女が都會のみ集中する、須らく農村に娯樂機關を備へよと呑氣にも程のあるものである。

○いくら農村の青年男女が娯樂を追ひ求むるとはいへ、貧弱な設備では滿足し難いのである、離落より連擔へ町より小都會へ小都會より大都會へと流れ行くのは何故か、農村に如何に娯樂機關を設けられたとて、此青年男女の流れ行く勢は阻止する事は不可能である、今の政治家は存外呑氣である、役人連も呑氣である、呑氣な連中の弄ふ政治が農民の苦境を何で救ひ得るか、農村の救濟は蓋し農業を樂ましむるに在る貧弱な娯樂墮弱な慰安夫れが何であるか、酒も女も活動も角力も浪花節も八木節も何の價値がある、之れ等の娯樂慰安が農民を救ふの方法であるなどと考へてゐる政治家が存する間は農村は益々滅亡に近かざるを得ない。

○國民が求むる所に從ひ、その願ふ所を追ひ朝に夕に國民の要求に應し、其願望を滿たさん事の外更に國民を指導し善導し、國民をして眞に歸趨する所を知らしむるの大經綸を行ふの政治家がないならば、特に農村のみでなく國全體が救はれない、國民をして低級な娯樂によりてのみ存在せしめんよりは、救に至る途に出でしめ大なる活動の反面意義ある休養を得さしむる爲め娯樂慰安の方途を講じてこそ政治の眞價があり偉大なる政治家の力が知らるゝのである。一農耕さゞる民之が爲に飢る者あり一女織らざる民之が爲に寒る者ありと管子の言やよし勤勉よりも娯樂を考へ努力に先して慰安の途を求むるの國民は如何なる將來を有するか眞蟄に考へねばならぬ問題である。

時評

明治大學教授　小島　憲

總理大臣より市長へ

五月十七日佛國リオン市會は滿場一致を以て、四月十日宰相の職を退いたばかりのエリオー氏を市長に推薦し、氏は直に之が就職を快諾した。出でては一國宰相の重職に在つて、ルール徹兵の難事業を遂行し、退いては地方自治に盡瘁して倦まざる氏の如き人物を有する佛國は幸である。

エドアール、エリオー氏は一八七二年六月三日トロイに生れた。今年五十四の働き盛りである。リオン大學教授たりし時佛國學士院賞を受け、一九〇五年リオン市長に當選した。四十歳に達するやローヌ縣選出上院議員となり議員中の最年少者として矚目せられたが、後同縣選出下院議員となり、急進社會主義派の首領に推された。大戰中ブリアン内閣の食糧大臣として手腕を揮ひ、昨年六月總理大臣の印綬を帯びて以來、獨逸に對する從來の強壓政策を止めて、ルール徹兵を斷行し、歐洲平和に貢献したこと多大なるものがあつたが、本年に入り財政上の諸難問續發し、四月三日藏相クレメンテル氏辭職に引續き、上院の内閣不信任決議に遭ひ、遂に四月十日桂冠するに至つた。

リオンは佛國第三の都會で人口五十萬、神戸や京都よりも小さい市である其の市長に一ヶ月前迄總理大臣の職に在つた人が就職するが如きは、現下の我國では一寸相像し得られないことである、若しも我國の大政治家と稱せらるゝ人々に、エリオー氏の半分程の自治政に對する理解があつたならば、我自治政の不振今日の如く甚しきに至らずして止んだであらうと思ふ。後藤子が東京市長を中途で逃出した如きは、決して自治の振興を期待し得べき所以でない。

英國のバーミンガムは人口百萬の大都市であるが、世界に於ける模範都市として推賞されて居る。而して其の此所に至た原因は、全く統一黨の大立物ヂョセフ、チャンバーレン氏が市長として、市政に献身的努力を吝まなかつたに在る。國政に參與するも、自治政に參與するも、國家に奉仕することに變りはない。國家行政の首腦者たることも、自治體の首腦者たることも、其の職務の重大なることは同一であつて何等優劣はないのである。それにも拘らず我國民の大多數は國家の官吏を以て、自治體の吏員よりも重しとなし、市長は老朽知事の棄場所の觀を呈して居る。將來ある官吏は自治體に入ることを避け、朽無能の官吏にして始めて自治體に入り、老後の安逸を貪らむとするを常とする。働き盛りの政治家が自治政に努力するが如きは愚の極と考へられ、總理大臣たり得る者が、市長となるが如きは、政治家の品位を墮するもので有との謬見さへ行はれて居る。此の調子では何時迄經ても我自治政は其本來の面目を發揮するの時が來ないと斷言して憚らない。

嘗て千葉縣一宮町長に舊藩主加納子爵が市長たりしことがあつた。當時町は非常に善く治り、大名町長として加納子の名は、全國自治體に知られて居た。子逝いて後に之に代るべき人あるを聞かぬ。我自治政の爲めに惜みても餘りあることである。英國人は倫敦市長と總理大臣とを社會上同一の地位に置き、青年は倫敦市長たるか、總理大臣たるかを理想として居る。我國の青年に市長たらむと志す者が果して幾人あるであらうか？　吾人は政界を隱退した高橋是淸老や犬養木堂氏が、過去の罪亡しの爲めに、地方自治政に貢献せむことを望んで息まぬ。

貧窮に依る不就學兒童問題

小學校令第三十三條第三項の保護者の貧窮に基く學令兒童の就學猶豫又は免除の規定は、現代に於ける錯誤的規定なりとして、第五十議會に於ても削除の建議案が提出せられたが、文部當局は理論としては全く異論の餘地なきも、該規定削除に伴ふ兒童並其の家庭救濟に關し、多額の費用を要する爲め財政上の理由より今直に實行し難きを言明して居る。

最近文部省の推計に依れば、右條項

適用の爲め、就學せざる兒童は全國を通じて五萬人を超へ、此の外形式上就學せるも、事實上全く登校せざる者頗る多數に上ると云ふ。貧困兒童の就學奬勵に關しては、曩に攝政宮殿下御慶事に際して御下賜ありたる百萬圓を各府縣に配當し、各府縣では其の配當額を基金とし、其れより生ずる利益金以上を支出して、之が費用に充てて居るが、國庫よりは何等の補助をも受けて居らない。

現在公私の學校を通じて貧困兒童の爲めにする施設あるものは五十九校で約十八萬人の兒童が學用品其他を給與せられて居るが、今假りに不就學兒童五萬人に對し、一人一日十五錢宛生活費補助を與ふるときは、一年二百五十萬圓以上の支出を要し、之に學用品の給與を行ふときは、現在給與せられ居る十八萬人に五萬人を加へたる二十三萬人に對し、一人年額三圓とするも、約七十萬圓となり、貧困兒童に對する總支出額最少限度に於て三百二十萬圓となるを以て、之を現在疲弊せる地方財政より解決することは、文部當局の云ふが如く容易の業でないことは明である。

併しながら兩三年以來行はれ來た行政整理に於て、政府は常に社會政策上の諸施設は、出來得る限り整理の範圍外に置かむとして居る。貧窮に依る不就學兒童問題は單に義務教育上の問題たるのみならず、實に社會政策上の問題である。義務教育費は從來地方費支辯を原則としたが、近年漸く一部國庫負擔の途を招き、大正十五年度豫算には其の國庫負擔額二千萬圓増額計上の議を、過般の閣議に於て決定した程である。從前地方費支辯を原則とした議務教育費でさへ、國庫より支辨せむとするに至た今日、社會政策上の一大問題たる貧窮兒童不就學問題を、單に地方財政上の一問題として取扱はむとする文部當局の眞意何所に在るかを疑はざるを得ない。

産業革命に基因する資本主義生産組織は、或一部に富の集中を來した。富者益々富み、貧者愈々貧するの事實は否定し得ざる所であつて、貧富の懸隔は日一日と甚しくなりつゝある。稼ぐに追付く貧乏なしとは、家内工業手工業時代の格言であつて、今日の器械工業工場工業の世には三文の値打もない言葉となつて仕舞た。勞働者は終生勞働者であり、資本家は生れながらにして資本家である。汗水垂らして働いても、漸く其の日を送るに足る丈けの賃金を得て歸る勞働者に、子女教育の餘裕があるであらうか？ 世人は云ふ貧困は自ら招く所であると。固より自ら招く者あることは否定し得ない。怠惰飲酒、賭博等を原因として貧困に陷る者も決して尠くない。けれ共嘗て内務省に於て東京市深川區、本所區及大阪市に於ける 細民四、五九一世帶に付調査したるに、本所、深川兩區の細民は自己の代より貧困に陥りたる者多きに反し、大阪にては父祖の代より貧困のもの多きを示して居る。其の比例は左の如くである。

	父祖以來	自己より
本所	二八、三	七一、七
深川	二七、九	七二、一
大阪	五二、二	四七、八

而して貧困に陥りたる原因中放蕩、飲酒、賭博等の不良行爲に基くもの、本所二二、九 深川一八、三 大阪一七、二に對し、勞銀の低廉、物價の騰貴、勞働需要の欠乏、機械工業の競爭等社會的關係に基くもの實に 本所一六、九 深川三三、九 大阪三五、一に上り、水害火災又は凶作等自然的關係に基くもの 本所一二、五 深川一九、三 大阪二、二を示して居る。

右の數字が雄辯に物語るが如く、貧困の原因は必しも自己の怠惰不注意等より起るものとは云へぬ。若し又假りに自己の怠惰や惡癖に依るものとしても、其の兒童に何の罪があらう。親の貧困なるが故に教育を受け得られざる兒童五萬を越ゆるに拘らず、國家が三百五十萬圓の僅少なる支出を回避して之を地方當局の解決に委ねむとするが如きは、國政の大本を誤るものと云はなければならぬ。

憲法は大日本帝國臣民は等しく文武官に任命せらるゝこ を保障して居る併しながら此の保障をして完からしめむが爲めには、教育の機會均等を實現せなければならぬ。教育上のデモクラシーを見ざる限り、憲法上の保障は單に空文に歸するであらう。低腦や發育不全の爲め就學し得ざる者は仕方なしとしても、親の貧故に國民の當然受くべき義務教育をも受け得られざる程悲慘なことが、法令の規定の下に、公然行はれ居ることは、不合理と云はむよりも寧ろ殘忍の極と云ふべきである。黨勢擴張の爲め狂奔する各政黨は、義務教育費國庫負擔額の増加を議する前に、先づ憐れなる五萬の不就學兒童救濟策を講ずべきであらう。

都市貧民窟の改善

政府は社會政策實行の一端として、大都市に散在する貧民地區を取拂ひ、他に適當の地をトして之等居住民を移轉せしむるの計畫を樹てつゝありと報ぜられて居る。寔に善い計畫には相違ないが、細民住宅の改善は、普通住宅問題とは異り、特殊の事情の存するものであつて、其の移轉は容易の業ではなく、集團バラツク民が立退を肯んぜざりしと同樣の問題に、逢着することあるべきを豫め覺悟せねばならぬのである。

エマヌエル、ウルムが獨逸社會民主黨大會の席上に於て、勞働者の飲酒癖は、其の劣惡なる住宅條件より來ると云たと同じ樣に、細民の怠惰、無秩序、不道德の大半は、其の住宅より來ると云ても差支ない。多數人が小さな部室に雜居する結果の恐ろべきものあるは説く迄もなく、不潔に慣れ、殘忍性濃厚となり、幾多の犯罪行はれて疾病殊に傳染病患者續出し、大人は飲酒賭博に耽て、小人は不良性を帶ぶるに至り細民窟の存在は風致上及保健上、國運の進展を阻碍すること甚しく、特に近代產業の集中化と、多數勞働者の都市集中とは此の弊を增進し、細民の住宅問題は最早忽諸に附すべからざるに至て居る。我國に於ては最近漸く之に關し、世人の注意を惹くに至たに止り、水平部落住宅改善の爲め、地方改善費として國費を支出せる外、特に細民住宅の改善に對し、國富が努力せる跡を認めざるを遺憾とする。

細民住宅は社會上普通住宅とは異り特殊の地位を有することを知らねばならぬ。其の特質は細民の內部生活の改善を併び行はざる限り、如何に住宅個々の改善を圖るとも無益なることゝ、細民は住居區域の制限を受くること著しきものあることゝの二點に存する。

普通一般の住宅問題は、適當なる住宅の供給と、家賃の低廉とを以てすれば、問題は解決するけれども、細民に在てはそう簡單に片付けられぬ。彼等は習性の然らしむる所や又は生活難に逐はるゝの結果、住宅を意に介する暇なく、唯だ雨露を凌ぎ得れば足れりとなし、家賃の低からむことをのみ希ふの狀態である。故に個々の住宅に對し如何なる改善策を講ずるも、其の內部生活の改善を圖らざる限り、之が維持能力を欠ぎ、或は又住民の移動激しきが爲め、住居に對する執着心なく、從て清潔を保つが如きは夢想だもなし得ざる所である。從來稀に行はれたる細民個々の住宅改善策が、豫期の如き效果を擧げ得ざりし一因は此所に存して居る。此の如き個々の改善策を講ずるよりも、細民集團地區を一括して、之が對策を講ずるを以て、問題解決の根本義とする。於此都市細民住宅問題は住宅問題と云はむよりは寧ろ都市計畫問題なりと云ふを至當とするのである

如何に都市密住の弊を說き、郊外生活を奬勵しても、其の業態に依り到底之を實行し能はざるものあることを知らねばならぬ。殊に細民は生活資料を得るの關係上、居住地區の制限を受くること甚しく、多額の交通費を支出して郊外に居住するが如き餘裕は、全く之を有せないのである。同潤會が如何に小住宅を建設してバラック民の移轉を勸誘しても、東京市を距る三里の荻窪に誰か好んで移る者があらう。細民住宅の改善を策するものは、先づ細民の業態を考へなければならぬ。現在の細民集團地區は決して偶然に生じたものでないことに留意するを要する。

叙上の諸點より稽へて吾人は都市細民住宅問題解決とは、一方に於て敎育制度の完成を期し、各種社會的施設を行ふと共に、大體現存細民集團地區の上に完全なる區畫整理を斷行し、理想的都市計畫を樹て、國費を以て永久的アパートメントを建設するの可なるを信ずるものである。其の理由は、

一、細民集團地區の大多數は低濕地に存し、東京深川猿江、淺草町、四谷旭町、京都柳原の如き何れも滿潮面上又は最大高淡水面上四尺未滿の土地であつて、僅の降雨を以てしても直に浸水する狀態であるから、之に從來の如き普通住宅を建設せむか、依然として不衞生たるを免れぬ。著しく住居地區に制限を受くる細民に取ては、適當の地を他に求むることは困難なるべく、又他に適當の地ありとしても、從來の細民集團地區を私人の自由に委するならば、又々低濕地に住宅を建築するの弊に陷るやも測り難い。故に之に適當の地盛りを施し、永久的アパートメントを建設するならば、從來の不衞生より免るを得るであらう。

二、細民は家賃を出來得る限り支出せざらむと努むるを例とする。故に細民住宅は現存の如き極めて粗雜なるバラック建築に非ざれば、營利經濟の目的には供し難い。此の間の事情を無視して、細民住宅の改善を私人に委ぬるが如きは、木に椽りて魚を求むるよりも難しとする所である。

三、完全なるアパートメントを建設せむとせば相當の資金を必要とする。若し營利經濟の見地に基きて之を建築せむか、家賃を普通住宅以上にせざれば收支は償はない。細民は普通住宅に住むの資力さへなきものであるから、如何にして私人經營のアパートメントに居住し得るの理があらう？

於此國家は國費を以て之を建築し、其の使用料卽ち家賃は唯だ管理費を支辨し得れば足る限度に止め、借家人には一定の條件例へば特殊小學校入學資格の如きものを附し、尙ほ各種社會的施設を完備するを以て、策の得たるものと信ずるのである。（一四、六、一二稿）

東京市の社會事業（一）

東京市庶務課　三輪爲一

資本家本位の經濟組織に、幾多の缺陷や弊害の存することは、マルクスや其の流を汲む人達の指摘する迄もなく、吾人の現實に味ひ而かも苦む處である。若しも社會が望まれたる共存であるならば、此等の缺陷や弊害を矯正し又之が爲めに生ずる犧牲者を救濟することは、啻に經濟上の弱者たる犧牲者や無産階級への問題のみでない。實に社會全體の爲めの問題であつて、又社會が社會の爲めになすべき施設である。換言すれば社會全體の責任であつて、社會夫れ自身の義務である。昔は之を慈善事業とし、今は社會事業と云つてゐるのであるが、慈善事業は寧ろ、社會全體としての事業と云ふ自覺よりも、個人の道徳的感情に基く自發的行爲であつた。然るに今日の社會事業は之と全く異つた意味に於ける、社會全體としての責任若くは、共存の觀念から出たものである。茲に於てか國家及公共團體が力を社會事業に致すに至つたのであるが、東京市も亦夙に之が對策に關して攻究する所があり、即ち社會事業として精神的竝に物質的兩方面から各般の施設を經營し以て、一般市民の生活の安定や福利の增進を期してゐる。以下暫らく之が梗概に就て記述するであらう。

（一）兒童保護事業

（イ）産院及乳兒院　輓近本邦大都市に於ける乳兒の死亡率が年々增加するは、蓋し母體の不健全、住宅の狹隘不潔等に原因するのは勿論であるが、姙婦に衞生思想の缺如せると其の出産時に於ける手當の不行屆に因ることも亦否まれない。仍て東京市は經濟的に不遇な地位にある姙産婦を保護せむが爲め、大正十三年十月京橋區築地明石町聖路加病院跡に築地産院兼乳兒院を設置した。其の收容定員二十五名分娩費用は總て無料で入院中の食費のみを徴收してゐる。大正十三年度中に於ける收容者數は産婦實數七十九人、延數九百六十二人、乳兒實數十八人、延數九百九十九人である。猶目下淺草區永住町百二番地に淺草産院兼乳兒院を建築中である。

(ロ)兒童相談所　人の一生の健康が幼時に於ける夫れに如何に影響されるか、又本邦乳兒死亡率の年々歳々増加する事は重ねて述べる迄もない。而して其の原因も種々擧げられるであらうが、東京市は之が對策として、育兒知識の普及並に指導をなさむが爲め大正十二年六月兒童相談所を開始した。本所は滿六歳以下の乳兒、幼兒の哺育、養育等總ての健康相談に無料で應ずる許りでなく、時々係員を派出して各家庭を訪問せしめ、育兒衞生上の相談に與らしめてゐる。其所在地は京橋區明石町、淺草區玉姫町、本所區入江町、深川區富川町及下谷區上野公園竹の臺の五個所であるが、大正十三年下半期に於ける相談兒童の延數は一千三百人を下らない。

(ハ)牛乳配給所　大正十二年九月一日の大震災は市民に食糧の缺乏を訴へしめ、何人も米穀を得るに急であつて、乳幼兒の食糧の如き之を考へるの餘裕もなく又之を得る方途さへもなつた。故に内務省は此等乳兒の食糧として牛乳を配給することゝしたが、災後幾何もなくして之を廢止した。然るに本事業は其後と雖も繼續すべき必要を認めたので大正十二年九月二十六日東京市は内務省に代つて之を繼續し今日に及むでゐる。其所在地は次の如くである。

鮫ケ橋牛乳配給	四谷區元町六六
築地牛乳配給所	京橋區築地明石町三七
富川町牛乳配給所	深川區富川町七
猿江牛乳配給所	深川區猿江町四五
江東橋牛乳配給所	本所區入江町二四
淺草牛乳配給所	淺草區馬道町七ノ九
玉姫牛乳配給所	淺草區玉姫町一二六
古石場牛乳配給所	深川區古石場町市營住宅第一事務所内

大正十三年度に於ける配給牛乳量は千五百二十四石一人當一合六勺餘で被配乳兒延人員數は九十五萬人に達してゐる。

(ニ)兒童榮養食供給所　由來榮養不良兒童の食事公給問題は國家的事業であつて、佛國の如き西暦一八八二年之に關する條例の制定を見、英國に於ては一九〇六年食事公給條例が發布され、續いて瑞西、獨逸等に於ても漸次其の法令の公布を見るに至つた。東京市は大正十二年九月の震災後、上野公園バラック在住の兒童に晝食並におやつを支給した。之れ實に本事業の嚆矢である。然るに其の成績は見るべきものがあつたから、大正十二年市内に五十個所兒童榮養食供給所を設置することに決定したのであるが、現在は芝浦、靈岸、猿江、菊川、三笠、太平、玉姬、龍泉寺の各小學校と其の他に九個所あるに過ぎない。大正十三年度に於ける給食兒童の延數は七十五萬三千人に近い。

(ホ)託兒場　少額收入者をして就業上の繋累をなからしめ以て生産能力を增進せしむると共に一方兒童を教養せむが爲めに、本所區入江町、深川區富川町、京橋區月島、淺草區玉姬町及下谷區龍泉寺町に託兒所を設置して、每日兒童を收容し遊戯、唱歌、談話、手藝等を課して保育してゐる。保育料は一日二錢であるが事情に由つては之を減免してゐる。各所とも每日の收童兒童は三十人を下らない。

(ヘ)兒童遊園地　稠密せる人家、雜沓せる街路は何れも生氣潑溂たる兒童の活動を羈束し自然の發達を阻害するものあるや必してゐる。東京市は嚢に淺草區御藏前片町九番地に二百三坪餘の敷地を得必要な設備を施して一般に解放した。大正十三年中の入園者數は二十三萬七千人を超してゐる。

(ト)幼小年保護所　市内を浮浪徘徊する不良性を帶び又は不良の傾行ある少年少女を保護し適當な方途を得せしめむが爲め大正二年四月小石川職業紹介所の附帶事業として甫めて兒童保護部を設置し又本年四月には府下池袋他領に理想的建築物の竣成を見たから翌五月から玆に移轉して、小石川區大塚坂下町の舊保護所は專ら少女のみを收容することゝした保護兒童は滿八歳以上十八歳未滿の少年少女で、之を十五日乃至五十日間保護所に收容し規律ある生活に慣れしむると共に、其間に適當なる處世上の方途を指導するのである。大正十二年度收容人員は男四百十八名、女十九名で內男十二名は感化院に送致するの已むなきに至つた。

(チ)性能診査少年職業相談所　芝區櫻田本鄕町二五に在る、少年職業指導の機關として、科學的方法に依り性能の診査をなすと共に、職業選擇、學校選擇、教養相談、採用考査等に應じてゐる。大正十三年中に於ける取扱數は男一萬六百人女三百三十人に及むでゐる。

――米國人の見たる――

米國の政治家

エッチ・エル・メンケン

＊　＊　＊

米國の憲法はその國會議員をして選出さるべき州の住民たることを要求して居る。而して多くの州に於ては更にその選出さるべき選擧區の住民たることすらも要求して居る。その結果として議員たらんとする者の選擧區は唯一つであつて他國に於けるが如く若し甲の選擧區で落選したならば乙の選擧區へ行くといふことは出來ぬ。

＊　＊　＊

彼は絶對に地方民の要求に服從せねばならぬ。若し地方民の忌諱に觸るゝ如きことあらんか彼の政治的生命は直ちに斷たれるのである。大政治家の出る能はざるも亦所以なきではない。若し天才的能力を有する議員が出たとすれば、それはほんの偶然である。若し徹底的に正直なる議員があつたとすればそれは殆んど奇蹟である。

＊　＊　＊

下院四百三十の議員中一家の見識を有するものは二打を出ない。更に公明正大なる立論をなし得る者は一打はない。大多數の議員は淺薄にしてその任務の重きを知らず、又これを敎へ導かんにも餘りに頑愚である。彼等の知識程度は田舍新聞の記者が精々でありその社會的地位は田舍の銀行家程度である。彼等に常識や、識見や、責任感を要求するのは要求する方が無理である。

＊　＊　＊

彼等の文學に對する知識はマクガフエー第五讀本に書いてある位の程度であり、その政治學に對する知識は田舍の青年讀書會か選擧の時に聞く程度のものであり、その歷史に對する知識は小學校で小供等が敎られて居る程度のものであり、而して藝術及び科學に對する理解に至つては全く絶無である。

「現代米國の文明」より

◇茨城は下館徵兵署における徵兵官と一壯丁の珍問答

徵「職業はそうりよ（僧侶）であるか」

壯「そうりよ（惣領）は私の兄であります」

徵「お前の名前は？」

壯「なまいなまい」（生井生井）

徵「生年月日は」

壯「青年合併は致した事はありません」

歐米自治消息

東京市政調査會參事　弓家七郎

救貧委員の無料乘車券要求

イギリスのニューキヤッスル市では從來市會議員に對して市營電車の無償乘車券を與へて居たところ、同市會議員等は最近更に救貧局委員等に對しても、同じく無償乘車券を與へよとの運動を起して大論爭をなした。即ち市參事移員メーン氏は曰く、『この運動は元來市會の運輸及電氣委員會で提出したものである。而して自分は同委員會の委員長ではあるが、救貧局委員に無料乘車券を與ふるの必要は絕對にないと信ずるから、市會では極力反對する積りである』又救貧局の委員長にして市會議員たるテルフォード氏はこれに對して曰く『救貧局の委員は貧民救助のために、四六時中、市内の各方面を廻り步かねばならない。然るに委員の大部分は金持ちではないから、電車賃だけでも中々大變な負擔である。若し無料乘車券を出さぬとなれば、生活に餘裕のないプロ階級は、この委員には成ることが出來なくなるかも知れない。かの國會議員等は歲費を四百磅(約四千圓)も貰つてる上更に鐵道の無料乘車券さへ與へられて居るではないか。その癖國會議員等は自分等ほどの仕事はして居ないのだ。その國會議員さへ貰つて居るものを救貧委員に與へぬとは事理を辨へざると思ふ云々』と、その他甲論乙駁、遂に市會は三十一對十二票を以て救貧局委員にも市營電車の無料乘車券を與へることになつた。

地下に設くる自動車停置場

自動車の數が增加すると同時に、直ちに問題となるのは、その停置場の問題である。商業中心地へ用があつて、自動車で來たけれども、道路の兩側は全部自動車で塞がれて、その上停滯せしめ置く場所が少しもないため、遙か十町も十五町もの先へ自動車を停めて置かねばならぬのは、歐米大都市に於ける現狀である。ロンドンの自動車協會はこの困難を解決するため、市街の主要なる部分に、小公園なり廣場なりを設け、その下に地下室の自動車停置場を造つてこの問題を解決せんと考へた。こうすれば、上は運動場なり散歩道なりに使用することも出來、市街も清潔であり、場所も取らぬことになる。この案には贊成者が頗る多い。

紐育市内に於ける交通機關

昨年度に於けるニユーヨーク市の地下鐵道乘客數は、十六億一千百五十三萬八千〇七十二人で市街電車の乘客數は十億六千百四十萬二千二百四十七人合計二十六億七千二百九十四萬〇百三十九人であつた。又汽車汽船等でニユーヨーク市へ入つた者の數は合計約三億二千五百九十二萬人であつた。それで居ながら、市街電車の收入は昨年よりも十五萬七千弗減少したので、それでなくても經營困難な電車會社は頗る困窮して居る。尤も地方鐵道會社は、これに反して五百萬弗からの增收があつた相である。これは速力の遲い市街電車に乘るものは、だん〳〵少くなつて、速力の早い地下鐵道に乘るものが增加して來たためであることは言ふ迄もない。ニユーヨーク市は地下鐵道の建設のために、約三億弗の資金を地下鐵道會社に注ぎ込んで居る。

製氷及び其販賣事業の市營

イギリスの下院に於ける地方立法部委員會は、ウオルバーハムトン市に氷及びその販賣事業の經營を許可するの決議をなした。イギリスに於ては下院が地方自治體に對して、或る種の權限を與へたりする權能を有して居り、而して下院は通常その委員會の決定通りに可決するのが習慣であるから、ウオルバーハムトン市は製氷事業の經營を許可せられたと見て差支はない。同市は古くから製氷事業を經營して居たが、今迄は市で使用した殘餘の部分だけしか賣ることが出來なかつたのであつた。それを今度は積極的に市民に賣るために製氷しても宜いと言ふことになつたのである。同地の肉屋や魚屋はこれで大に助かるであらうと言はれて居る。

英國町會聯合會の對議會策

イギリスの全國町區會聯合會の實行委員會は去る四月二十三日ロンドンに會議

を開いて。割賃園法、消防署員年金法、育兒所法、公衆保健法、他來其議會に於て議せらるべき諸問題を討議した。

育兒所法に對しては、政府の案は育兒所の監督及び檢査の權を郡會に與へんとするものであるが、人口一萬以上を有する町に於ては、町會に對してかくの如き權利を與ふべきものであると決議し、地方政務法に關しては、郡内にある市を、郡と同格ならしむるには、少くともその人口を五萬以上たらしむべきこと等を適當と認むる旨の調査委員よりの報告を可決し、結核豫防に關しては、更に一層結核豫防法の規定を嚴重にすべきことを、保健大臣に要求することを決議し、更に最近の保健省よりの通牒第五百二十號に依れば地方自治體が、保健省に命ぜられたる事業を營みたるために、期限四十年以上に亙る負債を有するに至れる場合には、(一)その欠損に對して每年政府より補助せらるべき金額と、これに對する四十年間の地方稅額を還元せる元金見積額に等しき資金を四十年の期限にて融通するか、(二)若くはその欠損額に對して八十年間の期限にて資金を融通すべしとの通知ありたるも、公共事業公債局に於ては期限八十年の資金融通の方法に關しては、少しも相談に乘つてくれない。これは不都合であるから、保健大臣及び大藏大臣に談判することに決定した。その他ラヂヲの取締り及びこれに對する課稅等を町區會がたすことの可否等に關して相談をなした。

詩人と畫家の家屋保存さる

十九世紀に於けるイギリスの最大なる詩人、キーツの最後に住んだ家は、ロンドンの郊外ハムステッドにあつた。キーツを崇拜する人々は、その家屋の荒廢することを悲しみ、四千六百五十磅(邦貨約四萬六千五百圓)ばかりの基金を公衆から募集し、その地所及び建物等を買取り、これをハムステッド市に移管し、『キーツの家』と名付けて長く詩人の紀念に保存することになつた。『キーツの家』は昨年八月九日開館式が行はれた。

最近には又有名なる畫家ライトンの家が、ケンシングトン市有に移されたライトンの家は既に二十七年もライトン家屋協會の手で保管せられて來たのであつたが、今回これを、市の藝術、音樂、文學等の會場として讓受けたのである。その價格は二千七百磅邦貨約二萬七千圓であるが、その中にある繪畫だけでも五千磅乃至六千磅の價格を有して居ると言ふ。

音樂と藝術に依る市民教育

イギリスのトルケイ市に於ては、市民に健全なる娛樂趣味を與ふるため、種々なる娛樂施設をして居るが、昨年度に於て音樂にのみ支拂ひたる金額が七千百八十六磅（邦貨七萬千八百六十圓）に達して居る尤もこの町は景色の宜いところで四時遊覽客の多い所であるからこうして娛樂や趣味のために高い金を費すのも地方繁榮策の一つと見做されて居るのでもある。今年も、この夏十六週間の約束で、一流と稱せらるゝ有名な音樂隊を二組も雇ふ約束をして居る

米國諸都市の水道組合組織

アメリカのサンフランシスコの對岸にある、オークランド、アラメダ、バークレー等の諸市を初め、九個の市及び町は從來私立の水道會社から、給水を受けて居たが、水量も不十分勝ちなので、今度聯合して水道組合を作り、約八十七哩の遠方にある、ランチヤプラナに貯水地を設け、そこから水を引く計畫を樹てた。そしてこの組合に屬する各市町民は、先達て一般投票を以て、三千九百萬弗（邦貨約七千八百萬圓）の公債募集の件を可決した。尤もこの公債募集の件に就ては反對もあり、目下係爭中なので何れこれが決定次第、直ちに工事に着手する筈である。

市制の大變革と經費の問題

アメリカのクリウーヴランド市は昨年その市制に大變革を行ひ、所謂都市支配《シチー、マネジ》人組織《ヤー、プラン》を採用して鋭意市政の刷新に努めて居たが、昨年度の經費を見ると一昨年度よりも（特別會計は別として）百八十六萬八千弗（邦貨約三百七十三萬六千圓）ほど多くを要して居る。そこでこの市制組織に反對な人々は支配人制度が、決して經濟的でもなければ又能率的でもないことを主張して居る

しかし、この組織に贊成する人達は、これに對して、市政の良否は決して經費の多少のみを標準として語ることは出來ぬ。經費はいくらかゝつても、それだけの仕事をして居れば成功したものと言はねばならぬ。現在の支配人ホプキンス氏は今まで人手の足りなかつた市役所に人を入れたり、吏員の俸給を上げてやつたり、捨てゝ顧みられなかつたも同様の公園や運動場を改良したり、道路を改善したり、二年以來殆んど掃除もされなかつた下水の手入れをしたりして居る。以前の市長時代に

經費の少かつた理由は、彼等が何事も放任して顧みなかつたからである。それであるから昨年は、かの様に大なる經費を要したのである。今年度は、もつと經費が少くて濟むであらうと述べて居る。

市政調査會の都市財務攻撃

アメリカのセントルイス市の市政調査會は同市の市債發行方法が、不經濟極まるものであるとして、市當局を非難した。即ち市當局者は、或る土木工事のため公債を募集するのに、實際に資金を要する期日よりも遙か以前に公債を募集してこれを二分二厘五毛の低利で銀行に預金し、これに對して四分五厘の利息を支拂つて居る。そのため市民は無用の負擔を強ひられて居る。市は宜しく實際に資金を必要とするに到つて、募債に着手すべきであると言ふのである。

紐育市の不動産價格と税率

最近に行はれた、ニューヨーク市の課税評價に依れば、同市に於ける不動産價格總額は約百十九億弗（邦貨約二百三十八億圓）で、税率は不動産價格百弗に對し二弗六十八仙の割合である。猶今年度に於ける同市の豫算額は三億九千八百九十五萬四千二百二十八弗（邦貨約七億九千七百九十萬八千四百五十六圓）である。

× × × ×

なるほど

◇長野縣小諸町長の吉村源太郎氏縣會議員が滿期になつて小諸の町長に就任して以來と云ふもの未だ震災以後の東京を知らないと仰つしやる。

◇いやしくも縣下に聞えた町長さんとして中央の事情にはとたづれて見ると斯うだ。

◇どこのお役所でも同じことだが役人や吏員の旅費の少いには困つてゐるところへ緊縮だ。處で大ていの役所では出張旅費はいつも頭株が獨専して下々には行渡らない。

◇これでは仕事の能率が上がらない出張はなるべく若い新進者にして貰ふ方がよい。

◇と云ふのである、そうして吉村氏自身は最近の東京もご存じないとやら。側に聞いてゐた人達フームなるほど部下を愛するにはこうしなければならないかなと感心。

證券市場に於ける
地方債の地位

東京現物團主事　岩本文太郎

▽我國に於ける國債以下地方債、銀行債、會社々債は本年三月末に於て實に九十二億八千七百餘萬圓にして府縣債以下地方債總額は七億八千三百萬圓の巨額に達してゐる年併地方債が有價證券として市場に流通してゐるものは其の一部分である。即ち地方債は從來預金部資金の流通を受けてゐるものが多く一般の公募に附したものは極めて尠いのである。從つて市場に證券として流通してゐるものが少いのである。然るに地方事業中一時に巨額の事業費を必要とし同一年度中に之を發行する場合がある。民間事業を買取して之を府縣市郡の事業と爲す場合の如きそれである。例令は電氣瓦斯、水道事業等の如きものである。是等の事業を民間より買取する場合に於て其の事業費調達の方法に二途ある其の一は公債を發行して民間に交附するものと其の二は市場に於て公債を募集し以て現金を交附するものとである。中には一部を公債にて一部を現金にて交附することも亦稀にはある。

▽地方事業費の調達は一時に巨額の事業費を必要とする場合でも上述の如く種々の方法があつて必ずしも公募しない之即ち今日迄の起債額中市場に流通する地方債證券が少い所以である。從つて金融市場に於ける地方債の地位は極めて低位にあつたのは實に已を得ないことである。

▽然るに最近地方費の膨張に伴ひ益々巨額の事業費を必要とするもの多く預金部資金等の融通のみにては困難なるものありて之を一般の公募に附するもの漸く多く地方債も亦金融市場に於て一勢力を有するに至り投資家の注目する所となつて來たのである而して今日地方債が投資家の注目するところとなつたのは更に重要なる理由がある。即ち地方債の利廻りである。公債は其の確實なる點にあつては之に及ふものなきも利殖の方法としては其の利廻りは銀行預金と大差なく、會社々債の利廻りは公債銀行預金等に優ることこそ萬々にして二倍に達するものさへあるけれども確實なる點に於て缺くるところなしとせず。然るに地方債にあつては確實なる點は會社々債に優り、有利なる點は公債、銀行債に優るもの多きか故に市場の人氣は期せずして地方債の確實有利なるものを歡迎するやうになつたのである

▽今最近市場に於て募せられたる重なる地方債、舉ぐれば左の如し。

銘柄	起債額（千圓）	利率（分）	發行價格（圓）	發行年月（年月日）	償還年月（年月日）
東京市五回上下水道短期債	一五、〇〇〇	六・五	九六、五〇	一四、五、一	一九、五、一
福岡市二回水道公債	三、七〇〇	七・五	一〇〇、〇〇	一四、五、一〇	一七、三、三一
和歌山市上水道公債	三、二〇〇	七・〇	九五、〇〇	一四、三、一五	三八、九、一

地方自治と社會事業

大阪市立市民館長　志賀志那人

某市の市會議員候補者の政見中に、社會事業の如きは自治體の經營すべきものでなく、國家の爲す可き事業だと云ふ一節があつたやうに思ふ。之れは恐らく社會事業の財源難から來た意見であつて、一應は尤もな考であるが一概に社會事業全體に就いて謂へる事ではないと思ふ。巨額の財源と大仕掛の機關とを要する失業保護や社會保險や、住宅經營の如きものには、右の說は當て嵌まるに相違ないが其の他の方面に就いては、必しも妥當でない。

今日の自治體特に大都市の各種の行政的方面に於いて著しい事は、公營諸事業の經營で其れが發達して都市の代表的事業となり、恰かも一大營利會社の如く、利益を得んが爲めに投資し、之れを運轉して、自治體の發達に資する傾向頗る著しく、舊くより行政上の地位を確保する敎育、衞生、勸業等動もすればその爲めに壓倒せられ、新興の社會事業等は全く閑却され勝な有樣で、其の原因は右の投資對利益と云ふ自治行政上最近の觀念より來るものである。而かも他面社會的不安の甚しくなるや、各自治體は流行的に社會施設なるものを試み、その財源と事業計畫とは相背馳するやうな立場に置かれて、居常社會の要求に應じ難きのみならず、一朝突發的社會事變に際して何等の自信なき實情にある。

隨つて勢ひ低利資金により償還方法を立て得る自給自足的性質を有する諸事業に重點を置き、此處にも營利會社的性質を發揮せねばならぬ。其の現れが現下見られる小賣市場、住宅、質舖、食堂、浴場の如きもので、之等は資本償却の方法立ち易く極めて安全な出ず入らずの事業である。

然るに之等によつて充さる可き社會的缺陷は極めて一小部分であつて、未だ他に廣い分野のある事は勿論である。手近かな所では、直接救濟、兒童保護、隣保事業等を數へる事が出來るが、之等は孰れも右の條件に當て嵌まらないもので、直接何等の償却の途立ち難きものである。然るに此の方面の缺陷は自給自足的方法によりて充され得べき缺陷に對して何等の遜色なく、寧ろ自治體自身に取りて直接肝要なる施設事業の一方面を爲すものと謂はなければならぬ。此等の方面に要する經費は、少くとも教育、衞生、勸業等の豫算の年々の膨脹と同率に增加せしめても尙足らざるを想ふものである。

地方自治體の職能上當爲の事業は多方面なるべきも現今流行の所謂社會施設中自給し得ざるもの、或は國家に於て行ふも効果を見ず而かも當社會に緊要なる社會事業は地方自治體の當然の責任であると考へる。それ等事業の缺陷は大概個々自治體に存し、夫々特色があり、何は措いても各自が先づ着手すべき事業であると信ずる斯かる事業例へば社會中心或は隣保事業、兒童保護施設、直接救濟の如きは其の地方の社會的環境と充分なる諧調を保ちて始めて効果を期し得るもので、到底中央や地方廳などの長竿の先で指揮監督の出來ない物である、之等は地方自治體が完全に其の職能を發揮し始めて其の目的を達する物である。

今日の地方自治體は昔のそれに比して餘程民衆本位であるが未だ何處かに役所臭く繁文縟禮的遺習もあつて、民衆に直接々觸して、其の一人々々を幸福に導く迄には至らないと云ふ人もある。即ち碎けた努力が足りないと云ふ事である。此の碎けた努力は直接救濟や隣保事業や兒童保護の財源に代るべき極めて必要なる社會事業の動力である。吾人は經費の捻出よりも先づ此の方面の努力と工夫とを要すると思ふ。之れによつて自治體内の社會的缺陷を補ひ得ること少からずと信ずる。而かも斯かる方面の事業は人格ある地方有閑階級や他の篤志家の組織的奉仕によりても充分に其の目的を達するを得、財源の負擔をも減ずるものである。又事業の美果も隨つて多く得られるのである。斯くして自給自足し得ず、財源難に惱まさるゝ有力なる社會事業が地方自治體により幾多の困難を征服して發達せん事を期したい。

公民教育と創造生活

夏木宕北

×

本誌第二號に於て澤柳文學博士は公民教育の根本義を論すと題し、市町村民に自治の自覺を教育せさるか故に地方自治の成果を見ることが出來ない、公民教育は此教育の欠陥を矯正するに在りと論ぜられてゐる、洵に我邦自治の開發か其成果を擧せざるは市町村民自覺の乏しきに因るものであつて確かに教育の一大欠陥である、博士の高見は敬服する所である

×

歐洲諸國特に獨乙に於ては夙に公民教育に關し學者爲政家が論議せる所である、彼のケルシエンシタイナーか「公民教育の問題は公民の活動が彼等の形成する具象的立憲國を道德的共同團體の無限に遠き理想に近くるに意識的、無意識的、直接、間接に役立つ如く公民を教育するに在り」と論じフォオン、アーター、シレーターは公民教育を定義して「現今の立憲國の成るべく十全なる價値ある國民となり得しめん爲に、教授及び訓練によりて生徒に與ふる具案的影響なり」と述べてゐる、パウル、リユールマンが愛國的感情は必しも國民的感情と全く同一なるものでない、愛國的感情は其崇高なるは疑ふべき所なく、實に神聖にて宗教的責務に類する、一國國民にとつては甚だ重要なること何人も疑はざる所であらう。

乍去是れは畢竟感情である感情はその本性として盲目的に變化し易い、故に國家の危機に當りては、私利を忘れ一身を犧牲にするを勸むるに於て極めて善い、されど一旦思想上に於て何かの疑惑起り、聊か内省狐疑を生ずる曉には忽ち其威力を失墜する處があると論ぜるは我日本國民に在りても恰當する觀察である、近く日清戰爭、日露戰爭に際しての國民の感

情、愛國的感情の發露に徴し、世界戰爭後思想の動搖を惹起せる狀態を稽へなば思ひ半にすぐるものがある。

×

故岡部博士は我邦の教育には五大欠陥がある、即ち國民は眞に一大家族の精神を有し、各自の小利害は常に國家の爲に顧みず、國家の爲に益々勤勉なるべきものであるが此點に付ての教育の欠陥がその一である、我國立憲以來年所を經る敢て短少にあらざるなり、此間國民の廣義の政治的訓練既に十分の效果を奏せるを見ずこれその二である、已に歐米に於ては文明の弊に苦しみ、之が救濟に汲々たるものがある、我國現今の文明は其刺激的なる性質に於て聊か彼の文明の弊に似たり、之を過激に陥らざるに防ぐ宗教道德上の教育一層切實なるを認むるに其實なきは教育欠陥の三である、公民教育運動は現今の時代各自の國家に最も適切なる教育を要望するものなり、我國の普通教育殊に中等教育補習教育は此要望に矛盾する所なるか如し、之れその四である、學生時代より自己自尊の精神を養ひ、國家に對する責任の感を强うし、卒業後國運の發展になり得る活動進取的第二公民を養成するに於て殊に遺漏なるを認むその五なりと述べてゐる、眞に現今我教育の欠陥を指摘して餘地なきが如く思はる。

×

元來我國民は佛教渡來後著しく模倣的生活に浸潤せられた觀がある、政治に於て然り、制度に於て然り、教育に於て、商工業に於て、悉く他に模倣せる形跡は顯著である、それで此の欠陥は亦我國民生活の上にも同一の現象を呈した、我國民は本能的に模倣性に富むとまで評せられてゐる、我國民は果して模倣性のみ發達し創造的生活を營むの資格がないであらうか、建國當時の國民の活動に徴するときは決して左にあらざるを知らるゝのである、故に明治維新の秋先覺者が王政復古を唱へ彼の革政を遂行した、その後國民の創造的性格を涵養するの國是を樹て、玆に努力する所があつたならば現今の如き退嬰的な消極的な、模倣的な、無精神的な、暫定的な生活狀態は發生しなかつたであらう、されど過去は過去として我國民は今日翻然として創造的生活即ち自主自治的生活に還らねばならぬ、危機は既に目睫の間にある、故に公民教育の目的方針は此點にあらねばならぬ、玆に公民教育の成果を見るに於ては眞に國民生活と融和し統一せられた自治が行はるゝに至るは必然である。

余が立候補の理由

貴族院議員
澁谷町會議員　宮田光雄

□

市町村は國家の單位であつて其の基礎を爲すものである。

此の市町村と云ふ基礎工事が立派なものにならなければどうしても國家の健全なる發達は望まれない。然るに當代一流の政治家學者は何れも皆政治問題に熱心であるが、此の根本問題を忘れて終つて居る。市會議員町村會議員選擧があつても馬耳東風、我不關焉の態度で、國民の實生活と相卽してゐる處の自治政治に頗る不熱心である。北海道に鐵道を敷くとか或は九州の一角に鐵道を敷設するとか云ふ問題は國家の大策から爲されるものであつて、無關係な人々は何等興味も必要も感じないのであるが、之に反して學校の建築や、道路の開鑿修繕等は直に自己の實生活に影響を及ぼすので自治問題に携る時、非常なる愉快を感ずるのである。之れはほんの一例にしか過ぎぬが斯く國民の實生活と相卽する自治問題に對して世の所謂識者が極めて不熱心であると云ふ事に對して自分は平常頗る遺憾に思つてゐたのである。

□

過般澁谷町會議員の選擧に當り町內の有權者諸君が、自分を推薦して是非立候補して呉れとの事であつた。元來自分は主義主張も無く、叩頭百拜して當選を幸せむとするが如きは唾忌すべき選擧の惡習であると考へて居たから、衆議院議員立候補の節も有權者に對して斯る忌々しき態度を執らなかつたのである。それで努めて他に適當なる候補者があるならば其の人を推薦して貰ひたいと極言したのであつたが、町內の人は自分の主義を諒解してくれ、當選せむか爲めの陋劣なる手段は一切講ぜぬと云ふ約束で立候補を承諾した次第である、幸ひ推薦者諸君の美しき努力に依つて當選の榮を得た。

□

澁谷町 は御承知の如く大都會の隣接町であるが、此の日本一の大きな町に住居を有してゐる人々は恰も烏の如く、朝は早く澁谷の塒を起き出でゝ、東京市内に稼ぎに出掛ける、そして夜遲く歸つて來る丈で、有閑階級及智識階級の人々は、町にて働くと云ふ事が少ないため、澁谷町を恰好の塒以上には考へて居ないのではないかと思はれる有樣で、ある從つて自分の居住する土地に親しみがなく、東京市内では名譽ある仕事をやつても澁谷の爲めには少しもやらない、のみならず何等自治の精神を解してゐない。支那の聖播は『治國平天下。修身齊家』と云つて居るが、天下を治めるものは先づ身を修め家を齊へなければならぬ。國を治める前に先づ町村を治めねばならない。市町村を健全に發達せしむる事に依つて始めて國家の健全なる發達を期し得らるゝのである。自治體を愛せざる者が如何に國家の大問題を論議しても、夫れは自己の誤れる野心の爲めであつて決して公民の義務を盡してゐる者とは云へぬ。自分は飽迄も澁谷町會議員として自治政發達の爲めに貢献したいと思つて居る。

□

素より 與へられたる義務にベストを盡すと云ふことは當然であり亦最も必要なる事である。豊臣秀吉はその身草履取りの奴にあつた時は最も忠實なる草履取りであつた。又槍持たの務めを爲すの時は最も忠誠なる槍持であつたのである秀吉の生涯を通じて著しく目立つもの、云ひかへれば、偉大なる政治家としての秀吉、彼の性格の輝きは此の義務の最大勵行者であつたと云ふ事である。例令如何なる仕事と雖も、之に對して熱誠を以つて當ると云ふ事が必要である。町村會議員として善良なる愛鄕の士は、やがて優良なる政治家として立派なる大臣宰相たり得る資格の人である。

岡崎農相曰く「金さへあればなんでも出來るが、農村振興問題では金より大切な事は、若い娘が、農家の女房になり手のない事だ」

◇町會議員立候補の理由と所感◇

東京府澁谷町會議員　中西清一

◇自分は常に職業政治家の存在は政治を墮落させるもので、且其の存在を必要としない、代議士は須く居村に歸つて自治體の爲めに働くべきものであると云ふ考へを持つてゐる。

◇自分は澁谷町會議員たること實に十五年、今遽に隱退することも事情之を許さず、今回の改選に際して町有志多數の同情のもとに復々當選の榮を荷ひたるが、父の代より引續き澁谷町に住み町に對しては父が戸長となりたる等關係も深く、非常に愛着も深いのみならず自治政に對しても與味を有してゐるものである。

◇自治政と云へば嘗て法制局の一員として市制、町村制の改正に與つたこともあり、地方自治體と十數年の交渉を有したることもあり、少しくは自治のなんたるかを解してゐるつもりで、自治と云ふことは常に自分の念頭を放れず、自治體の振興と云ふことにも腐心して來た次第である。

◇此の樣な次第から自治政に參與することは自分の念願であり、立候補したものであるが、元來澁谷町は平和な町であつた爲め町政の如きも頗る圓滿に進捗し、町會議員となる者も眞面目なる者、熱心なる者、公共心、犧牲の精神に富んだ者のみであつて、斯る人々によつて町の仕事が行はれたと云ふことは町として非常に幸福であり、町民としても亦喜ばしき次第であつたので自分の如きも常に之等の人と相謀り町政の運用に沒頭して來たものであるが今日の事情は全く之と相反してゐる、智識に於ては或は向上せるものあらんも、町政に眞劍なる人、素朴なる人等は漸次影を潜めて、人物も低下し、野望を有する樣な人が多く議[illegible]になる傾向にある事は町のため甚だ悲しむべきことである、自分は此の憂ふべき現象を見て之等不良分子の排斥に努めて來たものであるが、町民の自覺の足りなかつたのに加へてせん動政治家、職業政治家の奸手段に依つて此等の分子の一掃出來ないことは遺憾である。殊に、國家の選良として自他とも許すべき代議士が、反對せむが爲めの反對に好んで平地に波らんと起し、建設なき破壞をこれ事として町政を攪亂するが如きはよろしく痛擊すべきである。

◇亦自治政を政黨關係に依つて左右せ

むとするが如きも謬れるの甚しきもので、自治の秕政は實に此の黨派的色彩によつて漸次其の度を増すのであるから自分は『自治政は政黨を超越す』と云ふ信念のもとに多年圓滿に働いて來たものであるのに、强て政黨的關係のもとに反對的行動を執るが如きは、此等の人が自治政を如何に解釋し、町會議員たるの使命と職責を如何なる程度迄理解せるか、之を忖度するに困しむのである。

◇以上の如き事情のもとに自分は町會議員として立候補したものであるが、幸ひ自分の主張が容れられる事は衷心喜びに堪えぬ所であるが、尙一言したきは、今回の選擧に就ての感想の一二事例と、今後に對する希望とである。

◇昨年の代議士選擧の餘波を受けて政黨の色彩と對立が濃厚になつたことは光明への道程であるかも知れぬが自治政を毒すること一通りでない、そしてそれが不平分子、職業政治家、破壞主義的分子に依つて其の空氣が釀成されてゐる、その爲めに眞面目にして學識經驗あり、然も自治政に興味を有する者が馬鹿々々しさの餘り立候補せず次第に議員の素質を低下せしめつゝあるは何人も否定せぬ所であらふ。

◇次は智識階級が自治政に極めて冷淡であることで、これは自治政の前途に一抹の暗雲である。理解することも早く、批判する力も持つてゐながら、眞面目に自治體のことを考へてゐない、今回の選擧に際して特に此の感が深かつたことである。

◇更に普通選擧の實施を前にして階級意識に目覺めた人々の擡頭であるが、これは當然斯くあるべき事ではあるが徒らに階級意識のもとに自治政を行ふことは爭亂の基であるから各方面と協調して自治政の運用に努めなば、眞に意義ある自治を行ふことが出來ると思ふ。

◇上述の様なことから考へて自分は先づなによりも自治精神の徹底が急務であると思ふ、自治の眞義さへ理解され徹底してゐれば不良政治家のばつこを防止することも出來るし、有用な人物を得ることも出來る。せん動政治家ののさばり出ると云ふこも、一面には町民が自治政に理解を有せぬことに基因する、これと同時に自治政の民衆化を圖ることで、住民と當務者とのよき仲介者となつて住民のために自治を行ふために努力を拂はねばならぬ。

◇澁谷町は日本最大の町で東京市に隣接せる關係上、なすべき多くの事業施設の山積せる狀態にあるも、それ等は漸次實施し解決するとして自分は右の傾向及理由から自治精神の徹底振興を圖るを最先とするものである。

（中西淸一氏は遞信次官、滿鐵副社長として令名ありし人である）

英國の王室と國民

◇床しきアレキサンドラ大后の御德◇

明治大學教授　小島　憲

一

一九二二年十一月十一日の休戰記念日には、トラファルガル廣場は人で埋つた。遙にホワイトホールの無名戰士記念碑が見へる。緋で彩つた古風な近衛兵の兜の先ばかりが光つて居る。國王の鹵簿が見へ出した。キング、プリンスと云ふ囁が此所彼所から起る。プリンス、オブ、ウエールスを自分の何かの樣に云て騷ぐ女の聲が五月蠅い。喇叭が鳴り渡る。軍樂隊が演奏を始めた。帽子の波は物凄いばかり、ざわつきは愈々甚しい。

午前正十一時一發の號砲は全市に響き互つた。寂として聲がない。一鳥啼いて山更に幽と云ふ趣がある。一秒、五秒、十秒、二十秒、蟲の音さへない。針が落ちても耳を驚かすであらう。三十秒、四十秒、愈々靜である。嗚呼何と云ふ嚴粛な光景であらう。

忽ちウエストミンスターの鐘が寂寞を破つた。伏して默禱をして居た人々の眼には露が宿つて居る。中には聲を立てゝ泣いて居る者さへ尠くない。

休戰の報と共に歐洲の天地は蘇つた。けれ共親を失ひ、兒を失ひ、夫を失つた人々には、休戰はたゞ哀愁を新にしたに過ぎぬ。一家八人の戰死者を出して如何して休戰に浮かれることが出來よう？ 英、佛、白、伊諸國が毎年此の日午前十一時を期して國民全部默禱を捧ぐることゝして居るのは、無理もない次第と云はねばならぬ。英國では此の時刻に凡ての音を止め、急行列車さへ途中で一分間は停車することゝなつて居る。そして其れが完全に實行せられて居る所に、其の國民性を窺ふことが出來る。此の有樣を目の邊り眺めた私迄何となく涙に咽んだ。記念碑に捧げられた花環の中央には、ジョージ五世陛下の署名が鮮かに讀まれ、ウエストミンスター寺院内の墓所には、去りし世の凡ての人の子の爲めにとした花環が香を放て居たが、恐らく愛兒を戰場の露と消へしめた人の捧げたものであらう。

私は休戰記念日のことを書くのが目的ではない。英國に行つて初めてキングの行列を拜觀したのが、此の日であつたが爲めに、又數萬の人々の默禱が餘りに嚴肅に行はれたるが爲めに、爰に筆を起したのである。社會的訓練の斯く迄行屆ける英國には、何と云つても學ぶべき點が多い。

二

英國々王の公式鹵簿程時代錯誤のものはあるまい。先づ儀仗兵の服裝からして數世紀前の儘であつて、馬車に至つては寧ろ滑稽である。何だか譯の解らぬ等身大の金塗り人形飾が前後に附て居る。其の馬車の中に兩陛下の溫顏が拜せられる開院式や其他の日にステート、プロセッションがあると云ふと、女子供は一番に之を見に行く。其の數は日本の行幸啓の場合に於ける拜觀者よりも遙に多い。道の兩側には種々服裝の異た兵隊が徒列し、各別に軍樂隊を有つて居る。新しいバンドもあれば、古風な管絃樂もある。キングの行列が通過して仕舞ふと、之等の軍樂隊は一般民の希望に從ひ、各種の樂を奏して吳れるのが嬉しい。平素軍隊は無用の長物であると論じて居る者の中でも、之ばかりは必要缺くべからざるものであると云つて居るのも面白い。行列の古風なのに比し、兩陛下、皇太后其他皇族の態度は復なく民衆的である。

三

アレキサンドラ太后は本年八十二の御高齡に在すが、容姿端麗英國民渴仰の中心となつて居らるゝ。現皇后クヰーン、メーリーを口にせぬ者も、クヰーン、アレキサンドラの御名は口にする。十八歲の時初めてテームスに其の御姿を現はし給ひし、丁抹王女アレキサンドラ姫を拜した英國人の欣はどんなであつたらう。白のボンネット、純白の御裝ひ、慈愛に充ちた御目、氣高き御容姿、今も尙ほ彼等の忘れ得ざる所である。

女王は先帝エドワード七世の皇后として內助の功著しきものがあつたのみならず、其の天性慈愛に富ませらるゝの結果自ら率先して慈善事業に御奔走になり、先帝沒後は全く之に沒頭して居らるゝ。太后の手に依つて設立せられた施療院、孤兒院、養育院等は國內到る所に在つて、クリスマスには收容者全部に祝物を贈られ、小さき者への贈物を、わざ〳〵御自身が市中の商店に御買出に御出掛けになることさへある。八十を超へさせらるゝ今日も、猶ほ東奔西走、公私慈善團體の各種會合には、必ず御出席になり、我等の善き祖母樣として、子供等の頭に刻み込まれて居る。

一昨年六月十三日アレキサンドラデーに太后の御姿を拜したときは、渺たる東洋の一學究も、そゞろ感激を催さゞるを得なかつた。其の日は太后御主宰の慈善基金募集日であつて薔薇の造花を賣るが故にローズデーとも稱する。我が國の花の日會の如き之を眞似たのであらう。造花を抱へた少女達が此所にも一團、彼所にも一團、全市花に埋り、道行く人の胸に薔薇が笑つて居る。

此の日倫敦市中寄附金募集の狀況を御視察の爲め、太后は公式鹵簿で御所を出でさせられた。珍らしく御道筋の光つた路面には砂利が撒かれてあつた。之は馬が滑らぬ爲めである。オックスフォード街からホルボーンに差掛られた時は午後の三時頃であつたかと思ふ。兩側人で埋り漸く鹵簿が御通過になる程しか空地を存しない。人通の激しい所とて花賣少女の數も多く、數十人一團となつて御通過を御待ち申上げて居る太后の御姿が目の前に現はれたとき、馬車の周圍は少女で取卷かれた。八十の御祖母樣目掛けて薔薇は四方八方から投げ付けられ、少女達は先を爭て手を差し伸べて居る。御老體に御障りはなきかと見てあれば、太后は一々之等に握手を賜ひ御苦勞々々と御挨拶遊ばして、御目には露が宿つてゐた。鹵簿が動き出す頃には馬車の中に花の山が出來、善い御祖母樣の御面には御滿足の色が輝いて居た。太后の御悅は軈て鰥寡孤獨の悅となるであらう。

昨年六月には倫敦を初め全國四百の都市に於てアレキサンドラデーは催され、花賣少女一萬、醵金額倫敦のみにて四十萬圓に上り、戰後一九一九年より昨年迄の醵金千萬圓を超へて居る。僅か一日で之程の醵金あることは、太后の德の如何に洪大なるかを語るものと云ふべきであらう。

四

英國王室が如何に民衆と接觸を保つに努力せられ居るかは其の宮殿庭園等を出來得る限り一般に開放して、民と偕に樂しむの實を示して居らるゝのを以ても、之を知ることが出來る。倫敦の郊外キユウガーデンは我が新宿御苑に比すべき王室植物園である。其の規模は固より新宿御苑より大であり、其の温室の如き實に廣大、熱帶植物が繁茂して居る。園内に日英博覽會へ出品したる我實物大の勅使門模型があるのも懷しい。又ハムプトンコートはテームス左岸に在る離宮であつて、倫敦より數哩の上流に在るが、春の散策には稀に見る好適地である。ケンシントン宮殿内ビクトリア女皇幼時の御居間の如きは、女皇御幼少の時御使用になつた玩具類が陳列せられ、其の玩具類が悉く市中一般使用の物と異らず、御質素の程拜察するに餘りがある。而して有名なるウインゾル離宮よりの眺望は正に天下一品、王侯と其の樂を偕にし得る身の幸を思はざるを得ない。

アレキサンドラ大后

叙上の如き宮殿御苑は凡て一般に解放せられて居る尙ほ王室有公園にして一般民に解放せられて居るものゝ中、倫敦市内外に存する主なるものは左の如くである。

グリーンパーク	五三エーカー
ハムプトンコート、ガーデン	五四
同　グリーン	一七エーカー
同　パーク	七〇〇
ハイド、パーク	三六四
ケンシントン、ガーデン	二七五

キユー、ガーデン　二八八エーカー
リツチモンド、グリーン　一〇
リツチモンド、パーク　二三五八
セント、ゼームス、パーク　九三
リーゼント、パーク　四七二
グリーンウイツチ、パーク　一八八

五

大戰は歐洲に於ける君主國を激減せしめた。露、獨、墺三大帝室倒れて、獨逸聯邦内諸王侯國も悉く其の影を沒した。現在世界に於ける君主國として重を爲すは、東に於て我日本あるの外、西に於て英、伊、白諸國あるに過ぎぬ。其の小なるものに至ても僅に、蘭、丁、諾、暹、瑞典、羅馬尼、ユーゴースラビア外、數國を擧げ得るに止て居る。一時世界はデモクラシーの風に吹き寄せられ、デモクラシーは共和制なりとの獨斷さへ世に行はれた程である。然るに國外の無政府主義者共產主義者たるマルクス、プルードン、バクーニン、クロポトキン等の居住を許し、勞働組合運動の本場として知られて居る英國が、王國として嚴存する所以は何であらうか。唯だ王室と國民との間に何等の隔てがない結果であると思ふ。

歐洲に於ける最も民主的なる國として知られて居る丁抹や白耳義が王國であつて、反て共和國たる佛蘭西に專制的中央集權的氣分の多いことを注意する必要がある。露國や獨墺帝室の滅んだのも、單純な理論上の問題ではなく、滅ぶべき幾多の素因があつたからである。換言すれば帝室と國民との間に避け難き複雜なる感情の衝突があつたからである。英國王室と國民の接觸が今日の如く密接である限り、如何に一部少數者がプリンス、オブ、ウエールスは英國最後のキングであると叫ぶとも、王室は依然として益々榮へて行くであらう。

（一四、六、一五）

＊　＊　＊

山梨前陸相のところに、朝鮮參政權運動のため上京した一行がやつて來た。

將軍一喝して護國の責を果して初めて、參政の權は要求すべきものだ、諸君この責任を盡してから來い、一行無言の行で逃げ歸つた。

一市民の見たる普選（二）

大篠好邦

イ貧困に因り生活の爲公私の救助を受け又は扶助を受くる者に選擧權及被選擧權を與へざることに付ては政府の原案には單に貧困の爲公私の救恤を受くる者となつて其公私の救恤の意義に付ては多少明確を缺くの嫌があつても救恤の意義は他の恩惠に依つて生活の資を得るものであることは疑なき處である故に自力で生活すること能はざる狀態が原因となつて公私の恩惠を受くることの結果を呈したる者卽ち貧困と救恤とか因果關係を有するの條件であつた、之れに依つて罹災救助を受くる者卽ち水難火災震災等の爲め一時公私の救助を受くる者、恩給法、遺族扶助法等に依り官公の給與を受くる者、法律上の權利として受くる被扶養者（例へば親權者より學資を受くる學生生徒卑屬者より受くる養老金に依り生活する老年者の如きもの）等は有權者と謂ふべきであつたが貴族院で他人の救助を受けて生活する者の如きに選擧權被選擧權を與ふる必要なしとの意見に基いて修正を加へ貧困の爲を生活のと爲改めたが兩院協議會で貧困に依り生活の爲めと修正した卽ち衆議院と貴族院とは中心甚だ杆格のある見解を有しながら文字上で妥協したそれで議會の議事錄を見ると兩院の委員長の報告は一致しない如何に政府當局が其解釋を與黨に氣がねして表示するも事實は貴族院では廣き範圍に於て缺格者を定め衆議院では狹き範圍で有格者を定めんとする意思であることは疑がない、一般國民は洵に迷惑千萬である立法機關に參與する者が八百長的行動を敢てした爲め法文上に疑義を生ぜしむるは不親切と謂はなければならぬ、衆議院が否多年可成廣く選擧權者を多からしむる爲めに努力した黨員は何故に其主張を徹底しないか政權の離脱を恐れて心にもなき妥協に從ふたのであるか又貴族院は思想の惡化乃至下級國民の跳梁を憂ひて獨立の生活を營むこと能はざる者無産階級者の如きに參政權を與ふることが帝國主義の衰頽を釀すか或は特殊階級者又は資本主義者の勢力減退を來たすを恐れてか名は普選とするも實は現行法と相去るの遠からざる程度に於て選擧權の擴張を餘儀なくせらるゝものと思へば其考を貫徹せざる限り敢て世の攻撃非難を免かるゝ爲に不明確なる協議を爲したるが杉森某をして資本主義の主惡としての卑屈肯定制と呼ばしむるの愚を爲したるが吾人は兩院の爲めに其勇なきを惜むものである夫れはともかく此缺格條件が如上の關係に依り産出したので疑惑を深うすることである、其理は右述ぶる所で明かであるが尚具體的に之を述ぶることゝする

（一）貧困の意義　貧困とは如何なる狀態に在るものであるか水野貴族院議員は常識で解釋すれば分明である地方制度中にも既に貧困の用文例があるから更に說明の要なきものと述べておるが本法の適用上特に明確に其意義を定むる必要がある何故かと言へば貴族院の主張は獨立の生活を營むこと能はざる狀態に在る者には選擧權被選擧權を與へざる意見である故に衆議院及政府當局の意見と一致しないからである、吾人を以て見ると貧困とは自己の資産又は勤勞に依り自己の生活を營むこと能はざる狀態の外でない、何も理論的とか常識的とかと區別して說明するに及ばないのである、特に本法の制定は個人主義に基礎を置くもので一家とか一族とかと云ふ一團を省みない法制主義である、戶主或は世帶主に選擧權を與ふると云ふことが普選ではないと政府當局が公言しておる處より見ても明かである、されば此個人主義を基礎とする法律の解釋は亦個人本位でなければならぬ即ち各個人が自己を中心として如何なる狀態に在るかと觀察せねばならぬ、換言すると自己以外の環境如何は其者の生活に何等の力を加ふることなく自己所有の力が其者の生活力となつておらない狀態をば貧困と謂ふのである。

（二）生活の爲の意義　生存の狀態で世を送くるいとなみの途の爲である、此に生活の爲とは家族の生存でない自己の生存の爲である、例ひ家族が如何なる狀態であるも

沒交渉であるのである生活卽ちくらしの外の爲に他人の助力を受くるも何等の關係を生じない、例へば娯樂の爲めとか公共の爲めとか他人を援助する爲めとか喜捨を爲す爲めとか俳優や角力取に後援を爲すとかの爲めにするが如きは自己の生活と見ることが出來ないのである、此に生活の爲とは自己の世に生存する爲と云ふに外ならない。

(三)公私の救助又は扶助を受くるの意義　公の救助とは國家若は地方自治團體から恩惠的助力を受くることで救恤規則(明治七年太政官達)三子出生の貧困者へ養育料給與方(明治六年太政官布告第七十九號)明治三十七八年戰役の爲換害を被りたる者の救恤に關する件(明治四十二年法律第三十八號)露國政變及西比利亞事變の爲換害を被りたる者の救恤に關する件(大正十一年法律第三十九號)西比利亞引揚の爲損害を被りたる者等の救恤に關する件(大正十二年法律第三十九號)罹災救助基金法(明治三十二年法律第七十七號)北海道罹災救助基金法(明治三十八年法律第三十七號)沖繩縣罹災救助基金法(明治四十二年法律第十九號)廢兵院法(明治三十九年法律第二十九號)軍事救護法(大正六年法律第一號)各種官公吏等に依る救恤、は勿論其他官公吏等に係る各種共濟的施設の救助を含むものであるが玆に問題となるは私の救助とは如何なる範圍であるか政府當局は或る施設を有する救助のみである、社會的救助の義である、親族等の救助は此内に入らぬと説明しておる、斯る説明は立案者の意思であるかも知れぬ樞密院の意見尊重の爲心ならずも修正した結果斯く説明するの外ないかも知れぬが此説明は「私の救助」と云ふ説明として不徹底であり不可解であり曖昧である官公の救助以外の救助の總てが私の救助と謂はなければならぬ社會的施設に依るものは勿論苟くも他より恩惠的助力を受くることは救助を受くることであらねばならぬが事實上は甚だ之を認めることが困難な場合が少なくない、一般に救助を受けておるものと認識せらるゝに至つたものは此救助の規定を適用せらるゝものと解するの外なきものであらう又民法の規定に依り扶養せらるゝものも亦適用あるものである、唯救助又は扶助を受くる原因が自己の資產又は勞務に依り生活を爲すこと能はざることに存するか(以下次號)

□□事務簡捷の科學的研究□□

官廳事務管理の原則

商學士　金子利八郎

金子氏は古河鑛業株式會社會計次長として令名あり夙に事務管理の學理を研究して會社事務に之を實驗し、昨今理想的能率を擧げ得たりと云はれてゐる程、我國に於ける事務管理科學的研究の第一人者である。本稿は五月九日內閣行政整理幹事會に於て爲せる講演の要點を摘錄せるものにして、朝野事務簡捷の聲喧ましき折柄稗益する時尠なからざるを思ひ、氏に請ひて玆に再錄せるなり讀者の研究を望む。

目次

一、事務管理の目的

玆に謂ふ事務とは英語のサービス Serice と同一義でサービスは事務又は奉仕を意味す。

私經濟公經濟の論なく夫等の行政的活動は二大分する事が出來る、其一つは工場管理で他の一つは事務管理である。

工場管理の目的は物を造ることで其の眼目とするところは安い原價で良い生産物を造ること以外に出ぬ。

事務管理も此れと同樣に安い原價で良い事務を産出することである。

只此の場合産出せらるゝ事務と云ふことは種々なる種類があるのであるが、要するに官廳事務管理の最高の目的は、人民から最低の料金を貰て最上のサービスを人民に與へることである。官廳行政の衝に當る者この目的をさへ失はざれば最良の政治が行はれる筈である。

二、官廳事務管理の特徴

從來官廳事務管理には二つの著しき特徴がある。其一つは事務管理の組織に關する特徴で、他の一つは執務の方法に關するものである。此の内事務管理の組織に關する特徴に就ては後に述ぶるが、執務の方法に關する特徴は獨り我國官廳事務管理許りでなく西洋の官廳事務管理に於ても亦之を見ることが出來る、英米の官廳事務管理に於ける執務方法上の特徴は之を「レッド・テープ」と名付けられてゐる。之は昔英國の官廳事務管理が能率の擧がらなかつたことを諷刺した言葉であるが、米國に於ても一般に事務管理の能率の擧がらない事を「レッド・テープ」と稱へてゐる、米國の辭典に依れば「レッド・テープ」をお役所風と澤してゐる。

要するに日本でも西洋でも官廳事務管理は杓子定規に縛られて、生きた事務が行はれないと云ふことが、官廳事務管理の特徴となつてゐる。

米國に於ては戰後の行政整理に當り時の大統領ハーヂング翁は、先第一に官廳事務管理の「レッド・テープ」を除く爲めに、チャールス・ドースと云ふ人を民間から引き上げて米國中央官廳の事務管理改善を實行させた。此の人の官廳事務管理改善の經過に就て述ぶれば種々大切な事柄があるがそれを全部省略して、ドース氏が官廳事務管理改善の三要件と考へたことに就て述べて見やう。

三、官廳事務管理の三要件

チャールス・ドース氏の考へた官廳事務管理の三要件と云ふのは。

I 商人意識
II 商業組織
III 能率と經濟

である。

一體襲にも述べた樣に官廳事務管理最高の目的は、人民に對し、最低料金で最上のサービスを提供するにあるが故に、其サービスの代金を拂ふ所の人民は官廳事務の管理者から見ればお華客樣である、だから官廳事務管理に從事する所の人達は、どうすることが最もお華客樣の滿足を買ふであらふかを考へて國家の事務に當らなければならぬことは申すまでもないことである。之れ卽ち一般の商人の心掛けである。

此等の商人意識と云ふものは獨り官廳事務管理に當る者に對して必要である許りでなく、總ての事業團體の管理に當る者に對しても必要なることである。例令種々なる慈善團體、敎育團體とか云ふものゝ事務管理に於ても亦商人意識と云ふものに立脚して。之等團體の事務を管理して行かねばならぬ

第二の要件なる官廳事務管理の能率をよくする爲めには其組織を商人意識に基きたる組織、卽ち商業組織に代へなければならぬ、商業組織とは要するに安い費用で良い物を造る組織である、どう云ふ風にすれば左樣云ふ組織が出來るかと云ふことに就ては後に述ぶべし。

第三の要件なる能率と經濟と云ふことは、獨り官廳事務管理に於て之を缺いて居つたのみならず、民間事務管理に於ても之を缺いて居たのである、ただ比較的民間に於ては能率と經濟の點に早く氣が付いて特殊の研究を怠らず、漸次之を事務管理に應用して來たのである。

事務管理に於ける能率の問題は專ら工場管理に於ける能率問題と同樣であるから、從來工場管理に於て採用された所の科學的管理の原則は事務管理にも亦之を適用することが出來るのである、故に此の原則を事務管理に應用したのを名付けて科學的事務管理法などとも云ふ人がある。

四、事務分解

事務管理の能率を考へる時には先第一に事務と云ふものを吟味せねばならぬ、事務を吟味する爲には事務を分解して見なければならぬ、工場管理の發達は昨業の分解から出發する卽ち作業を分解して作業の分化、分擔と云ふことから色々な作業方法作業組織が工夫されたのである、

斯る分化作業の特長はその作業から吾々の人格と云ふものを解放した點である、之れが工場管理の特徴で、事務管理に於ても事務を分解して分化分擔の事務から人格を解放して、一方には事務員の人格を向上せしむると同時に、他方に於て事務の職業化事務の商品化を圖ると云ふ所に事務管理の發達が出發せねばならぬ、乍然事務は之を分解するとしても、必ずしも工場管理に於ける作業の分解と同樣には分化の出來ぬ場合はある、然しながら出來る丈事務を分化して見ると云ふことは事務管理の改善を圖る爲に絶對に必要なことである。

之等の心持から事務を分解して見ると大略二つに區分される、一は判斷事務で他の一つは書記(作業)事務である。此の內書記(作業)事務に對して工場管理の原則が直に應用出來るのであるが、判斷事務に對しては之を應用すること必ずしも容易でない、乍然之等の判斷事務なるものを更に分解して其の內から書記事務又は作業事務を引出し、結局判斷事務を最少限度に限定することが出來る。

斯の如くして見れば事務管理に於ける事務を分解して、最少限度の判斷事務と最大限度の作業事務又は書記事務にすることが、過去に於ける工場管理の發達の跡に顧みて、事務管理も亦工場管理の如く發達せしめ得べしと云ふのが私の主義である。

五、事務管理の組織

茲に謂ふ所の事務管理組織とは、主として事務管理に當る人達の命令系統の組織のことである。

命令系統と云ふのは如何なることかと云へば、何人が何人に對して如何なる事を指圖するか、して亦、指圖を受けた人は何人に對し如何なる事を報告するか、と云ふことを含む所の人的組織を云ふ。

斯る人的組織の形は昔から今日に至る迄色々な種類があるが、之等の種類に就て一々其の是非を申述ぶることは省略して、私の薦めたいと思ふ組織を述ぶべし。

私は其の組織を分化合成事務管理組織と名付けてゐるが其の要項は次の通りである。

分化合成組織と云ふのは要するに、事務を分解分化せしめ然る後分化されたる事務の內で、同一種類の事務は之を集中して管理すると云ふ組織である。

町村事務處理に就いて

平井良成

▽

町村事務の整理とか刷新とか改良とか云ふ問題は、內務省に於ても十數年來訓示もし講演もし、各地方廳に於ても亦種種努力しておるも、今日尙町村民の期待に背くものが少くない、吾人も町村事務の狀態が現在の有樣では官民共に不便至極で自治行政の難有味も一向感じないと思ふ。

▽

事務簡捷と謂ふ事も畢竟町村民に利便を與へ、自治行政を進捗せしむる方法であるが今日の如く法令が細網の如く、五月の蜘蛛の巣の如く、都市街空の電線の如く、而かも朝令暮改繁瑣錯綜極りなき狀態では何人か其局に當るも事務を簡捷ならしむることは容易の業でない、法令に根本的改正を施して簡明平易にし國民をして法令上の手續を爲すに左程面倒を感ぜざらしむることが緊急事ではあるまいか。

▽

夫れはともかく、能率增進問題は獨り工業のみでない、社會全般に渉つて研究し實行せねばならぬ問題である、故に能率研究會が各地に組織せられた、日本大學や名古屋高等商業學校では能率學講座が設けられた、政府部內でも此問題が研究せらるゝこととなつた、過般內閣では政務の能率增進に關し訓示せられたのである卽ち。

(一)執務の方法は上より下に移し、主として局長又は課長の高等官自ら執務するの方針を採ること。

(二) 官吏は執務に當り常に改善工夫を凝らし、煩瑣を除き簡易に就かしむること。

(三) 執務に當りて機械の應用を圖ること。

(四) 處務に當りて速に裁斷し、裁斷したるものは即時決行し以て事務の停滯を除くこと。

(五) 努めて形式に拘泥することを排斥し、實質につき裁斷すること。

(六) 努めて執務に興味を感ぜしめ疲勞除去の方法を講ずること。

(七) 部局の長は絶えず部下の能否を注意し適所に配置すること。

(八) 適材を永く同一地位に置くこと。

(九) 官吏は恪勤精勵たるべきこと。

(十) 官吏は健康保持に注意すること。

(十一) 官吏は虚禮を廢し質實の風に就くこと。

▽

右十一ヶ條の訓示は寔に尤も至極のものである、之れに依つて官廳の能率が増進せられ、國民から出願したものが迅速に取扱はれなば甚だ喜ばしきことであるが能率の増進は獨り人の心得如何のみでなく設備の如何も多大の關係がある、國民に直接することの最も大なる町村役場では更にその事務處理の方法を研究し能率増進の策を講じなければならぬ、されど之れは容易に實行し難い問題である。

▽

町村役場に於ける能率増進は難問題であるにもせよ速かに研究しその實行を視ることが國民一般の切望する所であるは敢て多言を要しない、依つて讀者各位と共に努力し此問題を研究したい、それで先づ吾人の意見を述べて各位の示教を仰ぐこととする。

▽

町村役場事務の簡捷即ち能率増進の方法としては

第一　現行法令に根本的改正を加へて之を簡明平易とし國民をして法令の要求する處を理解し以て法令を遵由志易からしむること。

此方法は政府に於ても調査せられておるか中々一朝一夕に

其成果を見ることが困難であろうされど此方法が講ぜられない限りは町村役場の事務は簡捷を期する上に困難を感ずることが多大である、吾人は政府に於て一日も速かに夫れを實現してもらいたい。

第二　設備の改良を施し執務者をして動作を便ならしめ且つ爽快なる氣分を感ぜしむること卽ち役場建物の構造と器具の構造配置に工夫を凝らし執務上の障碍を除去すること。

(イ)　役場建物の構造　役場建物の位置間取其他の構造が事務簡捷上重大なる關係あることは言ふまでもない事である、故に壯麗華美なるは絶對に之を避け堅牢質素を旨とし主として町村民の出入用務に便なると吏員の執務に便なる構造と爲すを要するのである、寺院の間借、學校の一部使用或は民家賃借の役場を俄かに新築するが如きは現在地方費の節約を計るべき時代には之を見合はすは當然な事であるが財政の許す場合新築改築をなすとすれば前述の構造に注意すべきである、筆者は多年茲に注意し特に其構造に付尙築造方法をも研究しつゝある次第で其經費の見積や其の設計の如きも機を見て本誌上に登載する考である、關係各位も他地方の參考となる企畫設計圖面等を有せらるゝならば公益の爲め當研究會へ惠送せられんことを希ふ次第である、今日迄筆者の實見する所に徵するに中央を土間とし正面に町村長助役の室を設け其兩側に各事務掛の室を設くる所もあるが又町村長の席が出入口に最も近き場所に設け多端なる事務掛り順次各其席を置く所がある或は土間を横に長くして町村長が眞中に席を置く所もある、又町村會議事堂は二階に設けたるものがあるが役場の後方に造る所もある或は又役場と離れ公會堂と兼用する所もある要するに役場建物の構造に就ては今後益々研究を爲さねばならぬ問題である、尙採光風通の點に付ても構造上研究を怠つてはならぬ。

(ロ)　器具の整備　机椅子書籍書棚其の他の器具に付ても其整備如何は獨り執務の便否に止まらず吏員の氣分に大なる關係を及ぼし爽快の感を與ふると否との結果となる此點が復事務簡捷上に至大の影響を及ぼすのである、吾人の實見する所では机の形ばかりのものある、椅子はグラグラしておるものがあるし數時間腰掛け居れば痛を覺ゆる腰掛もある、

(以下次號積載)

自治法令及行政實例批判

請願に依る通信施設費に關する依命通牒の件

○地發乙第六二號大正十四年四月七日內務省地方局長

請願に依る通信施設費に關する件關しては從來大正六年十月二十二日發地第二二四號及大正八年九月十二日遞地等三號通牒に基き內申を爲す向徒に有之候處大正四年勅令第二百十五號（請願に依る通信施設に關する件）第二條に依る負擔金に付ては之か內申を要せさる義に有之候條御了知相成度

（參　照）

○發地第二二四號ノ大正六年十月二十二日

地方局長各地方長官宛通牒

國の事業に對し地方公共團體に於て其の財源を寄附せる向從來其の例乏しからさるも右は地方財政上頗る考慮を要すべき義に有之今後國費事業の經營に際し其の財源を地方公共團體の寄附に待たんとするものに在りては各主務官廳より豫め當省に協議せらるゝことに閣議決定の次第も有之就ては地方公共團體に於て寄附を爲すは其の事業が團體の公益に直接關係あるか若しくは其の利害に重大の關係あるものに限は勿論寄附の爲課稅賦課に涉るが如きなきを期すべく又之が爲起債を爲すか如きは然るべからさるも萬一事情止むを得ずして起債に依らむとする場合に在りても長期の償還又は其の償還い爲課稅賦課に涉るか如きは詮議不

◎長野縣

中郷村（上水內郡）

田中　四郎　長谷川幸平　金井　菊藏
原田　團六　山岸貞治郎　西川　新吉
堀越長四郎　關　政一　水上信太郎
牧野熊太郎　根津　義一　小林　政治
土屋　一二　杉村　硯正　倉石　忠治
內山和忠治　丸山政右衛門　杉山才治郎

西塩田村（小縣）

佐藤常五郎　武田助右衛門　小宮　山都
黑坂重一郎　宮澤八十八　宮澤　友一
樋口　秀實　市村　藤作　樋口　左近
山極壽三郎　小林留次郎　齋藤市太郎
曾根　正一　平林　祐藏

上片桐村（上伊那郡）

森下　二郎　宮澤粂次郎　竹村　正男
宮澤　謙三　下村　實雄　平澤三七三
大澤理一郎　岡本喜代太郎　中島　政一
南林久三郎　大澤　弘　原　展一

高家村（南安曇）

小笠原孫　手塚嘉金次　手塚　太一
木山　十十　前澤　繼衛　竹內　力吉

相成義に有之右に付地方團體に於て國の事業に對し寄附せむとする場合に於ては左記事項と詳具し予め當省へ内申相成度尚今後國の事業の新設等に際し地方官公吏等濫りに出京運動を爲すが如きこと無之樣特に御留意相成度。

追て地方公共團體の事業經營に際其の財源を下級公共團體の寄附に依らむとする場合に於ても大體事文の趣旨に則り苟も下級公共團體の財政に支障さ來さしむるか如きこと無之樣御措置相成度

左　記

一、寄附を爲さむとする事業の種類

二、寄附金額

三、寄附財源

（一）課税によるものは其の税目及課率、税額、

（前三ヶ年課率及税額調添」のこと）

（二）起債に依る時は其償還年次見込並償還財源見込並從來の起債額、

（償還期間内に於ける各税率、税額、本起債償還の爲にするものを除き各償還年度に於ける各税率、税額調添付のこと）

（三）特別基金の運用に依るものは其積戻方法並之に充つへ其財源

（四）寄附に依るものは寄附をなすもの、種類及各金額物件見積価格並其據收の方法

（五）地方公共團體の財政狀況一班

○遞地第三編大正八年九月十六地方局長各地方長官記

○大正四年兩會二百十五號請願ニ依ル通信施設ニ關スル件

第二條　施設ノ爲要スル創設費及維持費ハ請願者ノ負擔トス

創設費ハ請願者ニ於テ主接ニ之ヲ支辨シ維持費ハ之チ國庫ニ納付スヘシ

右批判

請願に依る通信施設費に關しても地方團體に於て其他の寄附に關するものと同一に地方長官より内務大臣に内申すへきものさして所扱ひたる」請願に依る通信施設費に關しては勅令に依り當然請願者の

三原　常吉　宮澤　照平　山田彌佐雄
丸山連一郎　高木　幸　曾根原深雪

南穗高村（同　）

丸山　愛　淺川　斧彌　下里　平三
山田市喜代　飯沼造酒平　丸山　清治
望月　重門　小穴鐵太郎　鳥羽　邦重
堀金　勇樂　細井　佐平　白井八十一

下諏訪町（諏　訪）

中澤　正英　小口　雅雄　林　平吉
今井　榮人　大和　仁平　小口　市郎
小松喜與三郎　山中平之丞　高林　市重
高木清四郎　植松　藤政　土田　根市
花岡　作重　林　嘉平　宮阪長次郎
笠原　三郎　小口竹次郎　林　德三郎
岩本與四郎　小口　龜雄　武井　斐雄
小林　廣忠　小口小次郎　中村内左衛門

北山村（同　）

小松　市平　矢崎　幸藏　守屋　滿一
北澤　覺重　柿澤甚三郎　矢崎　龜
湯田坂龜彌　柳澤　光次　守矢　仁作
兩角彥次郎　篠原元二郎　柳澤　嘉二

永明村（同　）

上原　愡七　上原　幸七　阿部　高光

負擔に歸することとなるを以て內申を致せすして可なる事件なる故に此通牒は當然の措置なり

否寧ろ大正八年九月十二日遞地第三號通牒を以てするを相當なりと認むへきなり

選擧當日滯納處分解除と公民資格の件

照　會

問　一級町村會議員選擧に當り租稅滯納處分の爲公民權停止中の者選擧の當日午後二十分滯納租稅を完納し即日滯納處分の解除を受けたる者あり（投票時刻午前八時より午後四時迄）開票の結果其の者多數の得票を得たるを以て選擧掛長は之に當選者と決定せり

右に對し左の二說あり

（一）投票時刻中の大部分は未た被選擧權を有せす其の間の投票は制第五十條の一項四號に該當し無効投票とすへきも當日の投票は之と被選擧權回復の前後に區分する能はさるを以て同人に對する投票は全部無効とすへく從て其當選は無効とす

（二）被選擧權は選擧當日の現在に依るへきものにして其公民權の回復か選擧當日の午前たると午後たること不問被選擧權を有するものにして本縣當選の決定は有効と認む

右何れが正當なりや（地方內務方局長宛北海道廳長官）

回答　投票中に第五十條一項四六二該當すべきものとするも實際各票の有効無効を決定するに當りては同前を適用し得へきものを確認し難きか故に第五十一條に依り當選者と決定するの外なかるべく從て本件は第五十五條に該當するものと認め難し（北海道廳長官宛內務省地方局長）

兄弟たる緣故者の件

照　會

問　戶主の妹分家し之に入夫婚姻したる夫は其の妻の兄と制第十五條の兄弟緣故者に包含するや（內務省地方局長宛大阪府知事）

回答　戶主の妹分家し之に入夫婚姻したる夫は其の妻の兄とは制第十五條に所謂兄弟たる緣故者にあらすと存す（大阪府知事宛內務省地方局長）

竹村　奎太　牛山　庭　矢崎　武男
戶田　堅吾　清水　潭　芽野　次平
北原　粂治　金井　住三　竹村淺次郎
伊藤　音作　矢島惣一郎　矢島彌一郎
濱　澄治　矢崎縣太郎　北原　國晴

原　村（同　）

荒木　蔦二　五味友十郎　菊地　米十
笹倉　吉藏　宮坂勘兵衞　行田三代次
清水　兵司　北原　松次　林佐次右衞門
鎌倉　吉久　牛山今朝藏　林　梅藏
伊藤志賀藏　伊藤　菊重　清水　佳作
篠原　嘉明　坂本新重郎　田中　茂彌

吾妻村（西筑摩郡）

尾崎逢太郎　林　六郎　北原　岩吉
山森宗四郎　小原　繁信　伊藤　傳一
志水清一體　青木　由松　勝野傳次郎
橋場宗太郎　松下　定吉　麥島　茂平

三岳村（同　）

眞岡龜四郎　田野上重俊　中內　音松
田口　須一　新井直三郎　原　重雄
正又福太郎　森下與左衞門　木戶初五郎
上條　才治　島尻忠左衞門　田代　乗藏

楢川村（同　）

質議應答

問　石炭の採掘經營を爲すに別に運炭專用の道路と設けず村の造營に係る里道を使用し、普通荷馬車を以て運炭を爲す爲め著しく路面を損傷することあり斯くの如き場合、村は其の經營鑛業者に對し、經營法其他適當の方法に依り村道の使用に就き特に適當なる使用料徵收條例等を設けむとす、町村制上竝道路法上違法ならざるか（長崎縣後藤豐太）

答　質問の要旨は道路法第二十八條第二十九條に該當せざるものと認むるを以て同法第四十條に所謂特に道路を損傷する原因となるべき事業を爲すものある場合に該當すと認めらる、然る時は其道路維持修繕費の一部を負擔せしむるには町村長は道路法第五十二條第九號に依るも、第一次監督官廳の認可を要するのである若し認可を受くること困難なる場合に於ては年限を定め一定の年額を營業者に寄附せしむるの契約を爲すを便法とす、

元來里道は町村の營造物に非らざるが故に町村條例を以て町村費を賦課することを得ざるものとす。

折橋房次郎　宮原　彦作　瀧澤宇三郎
築山庄兵衛　千野　一平　唐澤龜太郎
市川　近信　島田　茂助　平野　隆策
百瀬　榮　原　徹　佐藤　道端

日瀧村（上高井郡）

中村伊平太　西方卯三郎　小林　英一
小池　清作　田中　儀吉　松澤角太郎
山岸　末吉　・北澤　茂吉　山崎　庄吉
梅本眞之助　越　元三郎　越　龍藏

小布施村（同）

市村　進　樋田　龜吉　小山　茂市
市川　三郎　富田　房治　黒田　民治
平松　九內　山崎太郎吉　島田　寅一
本間小一郎　吉田嘉一郎　田中十一郎
北澤　壽作　永井　正一　小林圓治郎
高澤長之助　根津　廣吉

高井村（同）

山崎　龜藏　中山　利助　越　盈之助
藤澤　豐昌　鈴木　榮七　中村　直七
宮前　大輔　山崎三治郎　藤澤彥太郎
山崎善重郎　湯本　儀助　黒岩　龍作

保科村（同）

峰村　重治　坂口半之助　竹內袈裟藏

感激、發奮
……そは、やがて……
◆靜岡縣吉野村の美擧◆

早起會百年の大計

靜岡縣濱名郡吉野村では國恩に報ゆる精神から「早起會百年の大計」と稱する計劃で、一握の米を毎日積むこと百年と以て來とすること千三百拾七石余、金にして貳百九十萬七千七百八十一圓を得やうとするのである。

同村民はこの計劃に徹底すべく朝起を勵行して感謝に其の日を送り、之を以て國恩に報いんとするのであるが、之れ、やがては自治體の基礎をも造り上げることにもなるのである。

吉野村は數年前内務大臣から優良村として表彰された村であるつて各種の事務に模範を示してゐる。いも朝起實行の趣旨書を見るに「感激發奮自治の基礎」と題して

吉野村は戸數僅に二百五十戸に過ぎない小自治體であります、今から三十年前は村民勤勞の風すたれ、浮華放縱に傾き遂に離村の極に達したが、悲慘貧窮のドン底から漸くにして目醒め村民は緊張せる態度と以てあらゆる方面に改善を加へた眞先に着手したのが勤儉力行生活の改善の方面でありました、

時を尊重し、時に追はれずして時を追ひ國恩に感激發奮して協同一致の步調で進みました、而して堅實なる村風を作與することに努めました、これが本村開發の第一步でした。

明治三十六年十二月勤儉規約なるものを設け、冠婚葬祭正月五節句に至るまで、祝儀不祝儀の陋習を改善しました、更に大正六年二月には早起會を組織しまして村の中央に時鉦樓に設け、青年團員巡番で毎朝毎

玉井 喜助　竹内 文彌　坂口多兵衞
堀 勇之助　山岸濱三郎　坂口 勝本
峰村清左衞門　丸山袈裟治　星澤 安藏

川田村（同）

西澤 泰　小林 忠太　山岸有喜太
北島 政治　倉島 園平　中島 新輔
宮入 憐平　湯本 平角　宮澤康右衞門
千原 邦作　神山 銀作　坂口 傳吉

都住村（同）

岡野 廣直　田尻 作治　竹内榮太郎
吳羽高之助　川上織三郎　吉澤太三郎
竹内源三郎　關 安治　木之内兼元
吉澤龜之助　片山又三郎　關 卷治

高井村（同）

村石 角治　村石捨次郎　豐田 藤彌
町田 猷吉　關野源十郎　松澤新太郎
宮澤喜右衞門　中澤 圓助　中澤虎次郎
小泉 藤作　樋口 友作　小林 梅吉

綿内村（同）

伊藤 義家　宮澤拾五郎　岩野平太郎
北島 宙司　橋本文左衞門　小林榮十郎
山崎良太郎　藤澤 親助　北島要三郎
坂上角三郎　雨宮 竹治　平井山壽重郎

正午の二回に於て時鉦を打ち鳴し、之を合企に村民は早起し又田圃に働く人は午報と合圖に出領のために家に々に歸ります、斯くして些細の事に至るまで共同の便宜と一致の歩調を計るに努めました。

大正十一年六月濟名郡第一號告諭の主旨に感激發奮致し而して早起會を尙一段を村民の信仰に徹底せしめ、感謝の生活に目醒めた、而して余德を永遠に傳へむとして自治改良會の基金に蓄積する目的を以て最も意義ある貯蓄を考案し、玆に百年の大計を樹てたのであります、

大正十一年十二月より早起會實行組合を村内十三部に區劃致しました、各實行組合の青年團員は巡番で、毎朝時鉦を合圖に鈴を振つて、各戸を廻り一齊に早起勵行を促します起床した家々に在つては瀬口洗面して身を清め、一握の御初穗米を神佛に捧げて家内安全を祈ります。其供へました御初穗米は更に青年團員が第二回の鈴を振つて毎戸を廻り、自治改良會基金への寄附として集めます。

各實行組合は此の寄附米を毎月十二日夜祖日蓮大師の緣日を以て戸主會と開催しまして時價の二割引で貧困者へ賣拂ひ、其の代金は毎月三十日を期して信用組合へ年六分の利率を以つて蓄積し而して利倍增殖を計ります、今後百年の曉には實に金二百九十六萬五千六十一圓餘に達します。

創設してから未だ日も淺く、大正十一年十二月より大正十四年二月に至る二ヶ年と三ヶ月間に於て蓄積し得た現在金一千三百三十九圓廿一錢は全く早起會の結晶として果を收めて居ます。之は寔に感激發奮より信仰に目覺めた報恩感謝の余徒であります。

之は吉野村民が議論でなくして實行してゐる活事實である。

この趣旨書は讀者をして實に徐々人を動かすに足るものがあらう。序を以て吉野村民が一握の米を積み立てる順序と方法とを友に摘記して讀者の參考に供する。

吉野村早起會百年之大計
感激之信仰、感謝餘復、初米積立表

一ヶ月	三十八圓四十一錢	一石九升
一ヶ年	四百六十九圓九十六錢	十三石一斗七升
十ヶ年	六千三百六十八圓余	百三十一石七斗
三十ヶ年	三萬八千四百五十二圓余	三百九十五石余
五十ヶ年	十四萬三千百八圓余	六百五十八石余
百ヶ年	二百九十萬七千七百八十一圓	一千三百十七石余

仁禮村（同　）

和久井部眞　高橋駒之助　篠塚　梅吉
靑木　省三　中島　貫治　石橋又右衛門
玉井　能重　竹前　伶七　小山　駒治
田中初太郎　目黑傳兵衛

山田村（同　）

宮川　順作　田尻　利吉　藤澤三郎兵衛
宮川淸之助　平林石三郎　山崎五三吉
涌井重右衛門　澁谷宇一郎　平林　直人
小林長次郎　藤澤重右衛門

和　村（小縣郡）

兒玉　衞一　土屋惣一郎　小泉幸太郎
竹内生太郎　竹内　右内　大塚　勉夫
白石　文平　淸水淸一郎　押金宗四郎
田中藤太郎　五十嵐和太郎　小山　松平

平岡村（上伊）

花　岡淸　村澤毛佐松　大平　正亮
宮浦　鋼二　遠山　茂　大平千代一郎
小栄　牧一　田村　嘉彥　村澤與三郎
澤柳今朝四郎　村澤　東一　大平　淸市

村上村（更級郡）

坂田英之助　細田德五郎　平林　惣作
込藤　常作　宮原浦三郎　兒玉　市治

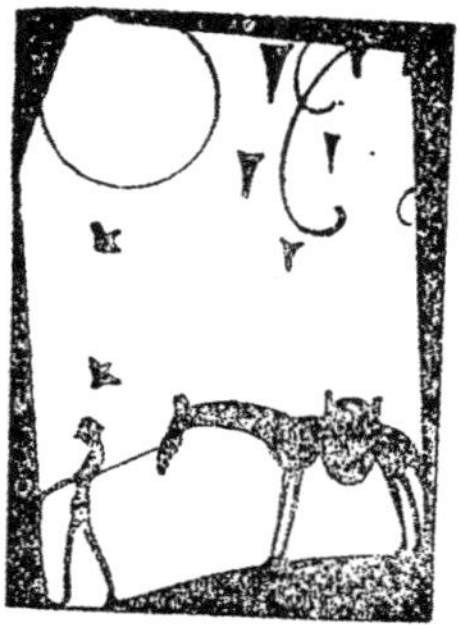

副業に關する優良組合事例（農林省調査）

——新潟縣北蒲原郡築地村下高田——

築地村養豚養鷄組合

一　所在地方の産業及經濟事情の概況

本村の西北は日本海に面し其の一帶は砂丘起伏して松林數里に亙り又南東の一半は所謂蒲原平原の一部を形成し肥沃なる田面を以て充されて居る鐵道は南方約一里の處を通過し羽越線中條驛より西方一里の所に在る。

主業は米作にて之に配するに養蠶を以て副業とし養鷄養豚又盛である殊に養蠶は農家經濟の主要部を占め重要産業に屬してゐる從つて桑樹培養等の見地より自給肥料に關係多き養豚養鷄は前者と相俟つて益々隆盛に赴きつゝある。

二　沿　革

金肥の昂騰は自給肥料の必要を生じ併せて副業收入を得むが爲此の副業を選定し其の徹底的活動を圖るには團體的作業に如かずとし村内有力者の主唱により組合の設立を見るに至つたのである如斯本村養鷄養豚の始つた所以は桑園の肥料を得んが爲であるから其の後の最も著しき影響は桑園の改善せられたことである而して組合の經過頗る順調に進み養豚の如きは設立當時の頭數に比し四倍の多きに達し養鷄は卵價の變動により時に多少の消長があるとは云へ概して發展を見つゝある。

本組合設立以來大字下高田に相當の地主たる浮田長太郎氏

は副組合長として獻身的に活動しつゝある現に同人は組合の種牡豚の飼養並縣種禽育成委託所の業務を擔任し優良鷄の飼養をなし販賣に生産に專ら中心となつて活動しつゝある。

三　組合の構成

設立の目的　養豚養鷄業の改良發展を期すること並品種の統一販賣購入方法の改善其の他斯業知識の向上修得を爲すを以て目的とする。

設立年月日　大正八年九月

組合の區域　築地村一圓

組合員、養豚養鷄を行ふ小作農六十二名

會費又は出資等組合員の義務、別に會費を徴收せず出資は組合に加入の際一人五圓を醵出し尚種付去勢、共同販賣、共同購入に際しては夫々手數料を納付する義務がある。

四　組合の機關

役職名及員數　組合長一名、副組合長一名、理事三名、評議員十二名

役職員の執務狀況　事務所を副組合長宅に置き副組合長に於て萬事庶務を處理する

役職員の報酬又は年末の手當等　別に報酬手當なし

總會又は協議會　通常總會毎年一回之を開き臨時總會は必要に應じて之を開く協議會は一箇年五、六回開催する。

總會には總全員出席し例年縣郡其の他より講師派遣を請ひ講演會を開く

五　組合の財務

出資金　三百四十二圓

積立金　二百五十四圓

其の他組合の資産　百八圓五十二錢

借入金補助金の狀況　借入金なし、補助金は組合の販賣に關する事業費に充當する

運轉資金の額　前記出資金中より必要により之を運轉する

最近一箇年間の經費の額及其の支辨方法　總額六百九十圓で內事業費六百五十八圓である而して其の支辨は大正十二年度に於ては左記收入豫算によつて之を行つた

金三百四十圓　手數料

金二百八十圓　種付料

金七十圓　利子

剩餘金の處分方法　積立金に編入す

六　帳簿

本縣制定の樣式に依り整理

七　事業の種類別狀況竝事業成績

(一)共同販賣

取扱品目　仔豚、成豚、鷄卵、成鷄

販賣方法　成鷄は組合理事者商人對談契約の上産地驛にて引渡をするが場合に依り新發田町産業組合に依託し生肉とし販賣することがある仔豚は豫め注文を取り置き生後四十日位經過したものを運賃先方持で發送販賣する

取扱品蒐集方法　別に一定の方法に依ることなく必要に應じて組合員中の希望者より集合せしめ組合事務所又は中條驛に於て受授する

檢査の方法規則　組合理事者左記條項に依り檢査す（鷄、卵は檢査す）

仔　豚	成　豚
一品種固有の特徴に注意すること	一營養狀態
二病氣其他體の傷害の有無	二病害有害
三營養狀態調査	

販賣の時期　成豚は年中を通じて販賣し仔豚は春秋二期に販賣する。鷄卵は時期を選ばない

販賣先　仔豚は縣內、福島、栃木方面成豚は東京、長野、神奈川、縣內等

現品の引渡竝代金の取立及組合員への支拂方法　現品は主として中條驛で受渡をする但し仔豚は主として鐵道便に於て注文者に送付する

代金は成豚の場合は現金取引とし仔豚の場合は半金を注文と同時に受取殘量は着荷後購入者より送付させる

組合員へは代金取纒め後直ちに支拂ふ但し購入者の代金支拂が延滯した場合は時々組合積立金中より立替支拂ふ事がある

最近一箇年間の取扱數量價額

豚販賣數量			鷄販賣數量		
成　豚	一〇頭	七、〇二一圓	成鷄	二〇〇羽	八〇〇圓
仔　豚	二〇三頭		鷄卵	三、〇〇〇箇	

(二)共同購入

取扱品目　鷄豚の飼料

仕入先　郡內醬油釀造家竝肥料商

仕入方法時期　醬油粕は組合員各箇通帳で豫め協定した釀造家と自由に受渡を行ひ代金は組合で年二回に之を支拂ふ

其他飼料は組合員の希望を取纏め商人と契約購入する組合員への賣却及代金回收方法、購入代金は共同購入の都度之を徴收する但し醬油粕は年二回の徴收日を定め徴收する事になつてゐる手數料は醬油粕は十貫に付五錢とする

組合員が組合利用の狀況　組合員の飼料は總て組合に於て共同購入をする爲め他より購入するものは更にない

最近一箇年間の取扱數量

醬油粕	五千貫	四千圓
米　糠	二千貫	四百圓

(三)其の他の事業の狀況

優秀なる種牡豚を飼養して組合員の牝豚に種付け受胎した場合は一回に附き五圓を徴收する

又組合技術者に委囑し組合員の依賴に應じて隨時去勢を爲し料金一回に付三十錢を徴收する

八　產業上經濟上及社會上に及ぼせる組合の效果

大正十年頃より隣外の影響を受け小作爭議漸次旺となり十一年及十二年は最高潮に達した從て田畑荒廢の徴候を生じ桑園の如き殊に其の做引を見たが浮田副組合長始め地主數名が率先して小作者の爲に組合を設立し何等の報酬を得ず然も相當出費を爲して苦心努力した爲め今や漸く爭議も沈衰し意を安んじて農業に鋭意すると共に養蠶、豚養、養鷄に熱中するの態度を持するに至り縣內有數の組合となつたのは最も欣ふべき現象で附近爭議町村に變つた影響大なるものがある

九　組合經營上最も注意せる點及今後改良せむとする事項

共同販賣上に於て組合員の統一を欠き又組合費納付を延滯したものがあつて設立當時は相當經營に困難を感じたる爲め現在に於ても特に此の點に付留意して居る

今後は種牝豚の檢查種牡豚の更新血統書の下時其を行ひ專ぱら內容の充實に努力せんとしてゐる

養鷄は品格の統一と販賣の改善に一段の努力を爲し又鷄糞の合利的利用に依つて堅實な發展を計りつゝある

一〇　其の他參考となるべき主なる事項

本組合の種牡豚は種畜場拂下の優秀豚で加ふるに管理宜しきを得其の仔豚は極めて良好で大正十三年春關東方面及縣內に販賣したる仔豚も名聲を博し「粲地の豚」として世人に宜傳せらるゝに至つた次第である

全國市郡長會並に町村長會々報

京都府

◆六月十六日より府正廳に郡市長會開會府下十八郡長及京都市長の出席があり議題は右の如きものであつた。

指示事項

一、公民敎育の普及徹底に關する件
一、成人教育に關する件
一、地方振與に關する基本政策確立に關する件
一、副業獎勵に關する件
一、農業倉庫奬勵に關する件
一、實業團體の活躍に關する件
一、出荷團體の普及獎勵に關する件
一、町村吏員に關する件他十三件

注意事項

一、小作問題に關する件
一、産業組合に關する件
一、部落有林野の整理統一に關する件
一、耕地整理に關する件
一、町村基本財産の造成及管理に關する件
一、協議費整理に關する件
一、失業統計調査施行に關する件他十一件

諮問事項

自治團體の基礎を鞏固ならしむるの途如何
一、町村併合の要否
(イ)任意設立の氣運如何
(ロ)强制設立案の有無
二、町村組合設立の能否
(イ)全部事務の組合
(ロ)一部事務の組合
三、町村組合實施後の成績如何

各郡提出案

(葛野郡提出)
一、町村有給吏員に依勵を附與する件
一、郡書記、郡視學待遇の件
一、町村有給吏員任用の件

(愛宕郡提出)
一、府税所得税廢止に關する件

(天田郡提出)
一、篤行者表彰に關する件
一、罹災救助資金蓄積補助制限改正方に關する件其他

(加佐郡提出)
一、町村歲計現金預入許可に關する件
一、小學校教員任命の件
一、思想善導勤儉獎勵に關する件

(天田加佐郡提出)
一、町村合併に關する件

(北桑田郡提出)
一、林業に關する研究又は調査に關する件

(何鹿郡提出)
一、大麻頒布に關する件
一、中等學校の敎化を地方に及ぼさしむる件
一、實業教育の實現に關する件
一、適當なる公民敎育指導者設置方に關する件
一、社會事業を農村に普及せられたき件
一、農村の保健に關する件

(竹野郡提出)

一、農村振興方策として麥作に補給金支出の途を講ぜられたし

一、郡役所廢止後は町村全部事務組合を設けしむる件

一、町村をして府税戸數割規則を嚴格適用せしむる適切なる監督方法其の他

愛媛縣

◎縣郡市長會議を六月八、九兩日開會、各郡市長全部出席、知事訓示、諮問、協議、の順序で第一日を終り第二日は指示事項を審議

諮問

一、穀物生産檢査制度を等級檢査の單式に改むるの可否

二、市町村をして國道及府縣道の定期修繕を施行せしむるの可否

三、目下本縣の實情に鑑み農村振興上特に必要と認むる方策

四、副業奬勵に關する件

協議

一、實業補習教育の振興に關する件

イ、補習學校未設置市町村の絶無を期すべき件

ロ、女子部設置奬勵方の件

ハ、内容充實に關する件

指示事項

一、改正衆議院議員選擧法の施行に關する件

一、大正十四年國勢調査に關する件

一、租税の滯納矯正に關する件

一、住宅組合の監督に關する件

一、地方改善に關する件

一、公有林野離穡處分並に統一に關する件

一、幹繭取引の奬勵に關する件

一、市町村産業技術員資質向上に關する件

一、産業組合に關する件

一、水産業に關する件

一、出荷團體の奬勵に關する件

一、農業倉庫奬勵に關する件

一、寄生蟲驅除に關する件其の他

山口縣

◎六月十八日郡市長會議開催指示協議事項の審議に入り引續き十九日第二日目に殘餘の事項の協議に入つた指示事項左の如し

一、國勢調査事務に關する件

一、社會事業奬勵に關する件

一、地方改善に關する件

一、戸主主婦會設置改善に關する件

一、青年團處女會の發達奬勵に關する件

一、道路維持修繕に關する件

一、國民教育設定に關する件

一、實業補習學校振興に關する件

一、公有林野の事務に關する件

一、畜産組合に關する件

一、農業倉庫奬勵に關する件

一、産業組合監督指導に關する件

一、農事成績向上に關する件其の他

青森縣

◎六月二十五、六兩日郡市長會議開會左記事項を附議した

協議事項

一、町村巡視勵行に關する件

一、町村吏員事務研究會開催に關する件

一、地方税整理改廢に關する件

一、納税成績向上に關する件

一、國勢調査に關する件其の他

福島縣

◎縣下郡市長會議は六月二十四日開催指示

事項、協議事項概要左の如し

指示事項

一、男女青年團體事業奬勵資金に關する件
一、市町村立小學校教員住宅費補助に關する件
一、國勢調査及失業統計調査に關する件
一、農村勸業機關の活動に關する件
一、農業倉庫の普及奬勵に關する件
一、園藝の指導奬勵に關する件
一、公有林野整理に關する件
一、畜力利用奬勵に關する件
一、漁村振興に關する件
一、副業奬勵に關する件
一、優良農具の普及奬勵に關する件

注意事項

一、小學校教員俸給支拂に關する件
一、町村基本財產管理に關する件

岐阜縣

◆郡市長會議　六月二十四日開會、劈頭白根知事の綱紀肅正、選擧法改正、地方財政の整理緊縮、衞生施設小作爭議、冬季施行の臨時國勢調査等の諸般に亘る一場の訓示あり夫れより左記指示事項について各關係課長より設明する所あり之に對し各自より意見を提出し概要した

指示事項

一、町村の指導監督に關する件
一、稅制の整理並に縣稅取締に關する件
一、男女青年指導に關する件
一、家畜奬勵に關する件
一、改良農具の普及奬勵に關する件
一、副業奬勵に關する件
一、耕地整理監督に關する件
一、小作爭議に關する件
一、小作調停委員候補者選定に關する件
一、產業統計に關する件
一、會計事務に關する件
一、縣稅徵收に關する件
一、部落有林野整理統一に關する件

諮問事項

一、地方改善に關する件
一、普通選擧法趣旨徹底に關する件

協議事項

一、町村合併調査に關する件

靜岡縣

◆六月二十三、四兩日郡市長會議は開會指示事項中社會課關係事項方面委員制度に關する件より順次注意事項に亘り提出各課長より說明あつた

新潟縣

◆北蒲原郡中部町村長會は六月三十日先般同郡町村長會の決議に基き郡役所廢止に件ふ町村長の權限擴張案を審議し調査委員として五十公野村長相馬武、川東村長本間百在門兩氏を推薦した

◆白根鄕町村長會は六月二十九日町村合併に關する件及び所得稅調査委員候補者選定の件につき開催せるが協議の結果町村合併は各町村に三名の交涉委員を選出することとなり所得調査委員候補者には野澤白根町長を選擧長とし相澤成次氏を議長と定むる外小林根岸村長、大野新飯田村長を委員に推薦し閉會

◆模範實行町村長會議近日縣下產業改良模範實行町村三十　ヶ町村(各郡市に亘る)長會議を縣農會樓上に召集し各種產業改良上に關する協議を求むべく目下縣は計畫中であるが同會議に附隨して、農業の共同經營共進會並に參作團地競作會褒賞授與を行ふ

◈古志郡町村長會議は七月十八日開催、左記議案に就て協議をなした

指示事項

一、貴族院多額納税議員互選法改正に關する件
二、納税成績の向上に關する件
三、國勢調査に關する件
四、收入役會議並に勸業主務者會議の結果に關する件
五、農村振興に關する件
六、副業奬勵施設に關する件

注意事項

一、町村合併に關する件
二、地主小作者の協調團體設置に關する件
三、優良品種の俵米標識に關する件

◈北蒲原郡私設町村長會の決議に基く郡役所廢止後における町村長の職權張案は六月十六日の委員會に審議を遂げ南部、中部、西部の各提出事項を整理し其要目を左記の如く決議した。

從來郡長の職權に屬せしものにして郡役所廢止後は町村長の職權に屬せしむるを可とする事項中重なるもの左の如し

一、町村費中より町村內の公共團體の補助若くは寄附等の許可を廢する事
一、小學校長及び敎員の增俸は町村長の申請により認可せられたき事
一、小學校產業期休業は各町村の繁閑により多少其時日を異にするを以て之が認可を町村長に移す事
一、淡水漁業の鑑札は町村長に其許可權を移し町村長は之を縣に報告する事
一、町村道に關し從來郡長に於て認可をなしたる事項
一、町村基本財產管理及び處分に關する事
一、特別基本財產及び積立金穀等の管理及び處分に關する事
一、町村制第九十條の規定により舊慣を變更又は廢止する事
一、不動產の管理及び處分に關する事
一、郡市町村吏員賠償責任並に身元保證に關する勅令第六條の權限を町村長に委任する事
一、水利組合法中左記の事項は許可を要せざる事
　一、費用辨償額、給料額、旅費額及び其支給方法
　二、退隱料、退職給與金、死亡給與金及び其支給方法
　三、不動產の管理及び處分に關する事
　四、積立基金の設置管理及び處分に關する事
一、社寺境內枯損木伐採の許可權を町村長に附與する事
一、出納例月檢查成績報告の提出を廢止する事
一、小學校敎員の年末慰勞金は町村長より辭令を交付する事

同獨立問題として左記二案を選定し何れも近く高田市に開催の縣下町村長會議に提案する筈

一、町村制第七條中第一項第二號を削除せられんことを要望する事
二、町村稅の制限外課賦は內務大藏兩大臣の認可を地方長官に移されたき事

埼玉縣

◈比企郡町村長會議は六月二十五日北埼玉郡町村長會議は六月二十二日いづれも過般郡市長村議事項の移牒其の他に關する訓示等があつた。

群馬縣

◆勢多郡町村長會議は六月十九日開會曩に郡市長會議に於て指示注意並に協議ありたる各事項につき安藤郡長より報告あり尙郡誌編纂に關する件公設質屋設置の件を附議し散會した

◆細野群馬郡長は七月一日町村長會を開き郡市長會に於て知事より訓示ありし事項を傳達し其他財政教育生會計等の諸項につき協議した。

◆本縣町村長會幹事會は六月十日開會峰村會長外幹部出席の上曩に全國町村長會から諮問された「郡役所廢止の上は現在郡長の職務權限に屬する事項は如何に之を處理するを適當とするや」に付協議の上答申案を決定直に全國町村長會へ報告した

茨城縣

◆鹿島部町村長會臨時總會は六月五日開催し役員改選後鉾田、鹿島兩町を中心とする隣接村合併問題に就き意見の交換をした

◆行方郡町村長會では六月十四日總會を開き劈頭過般の町村長會議過を報告し中等學校設置ついて隔意なき意見を交換し尙席上町村併合について協議したるも該問題は地勢利害感情經濟各方面のことを顧慮し兩町村の同意を要するので町村合併の實現するには餘程の距離あるものと觀測さる。

◆稻敷郡では七月三日町村長會議を開き平輪郡長より知事の訓示要項を傳達し諸般事務上につき指示したる後町村併合に關する協議に移り郡當局より町村現在豫算に對する經費減少と負擔輕減の基礎的調表を示して併合の急務なるを詳說したが小町村又は資源豐富ならざる君賀、沼里、鳩崎、江戸崎、高田太田、阿波、浮島、長竿、源淸田、伊崎、本新島の十二町村長は閉會後殘留して熟議を凝し翌四日再開協議を進めたる結果大體左の如く併合するを適當なりとし各町村有志協議會を開くことに決し散會した。

▲江戸崎(八日)、君賀(十一日)、沼里(十日)、鳩崎九日以上一町三ヶ村合併

▲阿波(六日)、浮島(七日)以上二ヶ村合併

▲高田(六日)、太田(七日)以上二ヶ村合併

▲長竿(六日)、源淸田(六日)以上二ヶ村合併

▲伊崎(八日)、本新島(八日)以上二ヶ村合併

◆珂郡町村長會は六月十七日開會笹目郡長より這般の郡市長會議に於ける知事の訓示並に會議事項の要諦を傳達し併せて訓示をなし會議に移り問題の小町村合併に就ては町村研究調査の後實施に着手する事に決し左記指示注意、協議事項を附議した

△指示事項　納稅思想涵養、成人教育、補習教育、小學校員の修養に關する件其他

△注意事項　動員事務に就て

△協議事項　小町村合併に關する件

栃木縣

◆下都賀郡内各町村長會議は六月十九日開會左の案件を附議した。

指示事項

一、町村稅滯納整理に關する件

一、國勢調査に關する件

一、地方改善に關する件

一、市町村是實行組合併導奬勵に關する件

注意事項

一、小作に關する件

一、縣稅徵收整理に關する件

◆芳賀郡町村長會議は六月十九日開催左記事項を附議した。

指示事項

一、國勢調査に關する件

一、町村稅滯納整理に關する件

一、町村是實行組合併導獎勵の件

一、納稅改善に關する件

一、産業組會設置普及に關する件

一、農事倉庫設置に關する件

注意事項

一、町村歳出納閉鎖に關する件

一、戸數割賦課額議決に關する件

一、町村稅完結に關する件

一、縣稅徵收金送納勵　に關する件

一、統計上に關する件

一、耕地整理に依る共同心の利用並耕地整理管理に關する件其の他

◆下都賀郡役所では六月十九日午町村長會議を開き貴族院議員令改正、町村稅滯納整理、國勢調査其他の件を附議した。

◆本縣町村長會幹事會は六月十日開催したが右郡役所廢止後に於ける郡長の職務權限は如何に處理すべきかの答申案に就て本縣下町村町會として縣下を一纒めとした急義協調の爲めである。

◆七月四日町村長會議開催された其諮問事項希望事項概要は左の通りである。

一、勤儉獎勵に必要なる施設に關する件

一、縣稅納付に關する件

一、繭共同販賣に關する件

三重縣

◆七月四日桑名町村長會を開き後所得稅調査委員選擧に關する桑名郡村部にて森片岡兩派が競爭をなすは種々な方面より見て面白からざるをもつて兩者の間を妥協せしむるため委員三名を擧げることゝなり其の結果松本大山田、後藤城南、服部能代の三村長當選直に森候補を訪問した。

◆河藝郡は六月十七日南牟婁郡は六月二十五日町村長會を召集しいづれも此程本縣廳で開會したる郡市長會議の訓示、指示事項等傳達旁諸般事項の協議を爲した。

◆阿山郡役所で八月十三日から三日間開く縣統計講習會の附帶事業として郡では左記自治資料の展覽會を催し自治の改善と能率の增進とを圖ると。

○町村施設の參考資料○　村財政の整理資料○家庭經濟の改善　料○勤儉貯金の實行資料○納稅義務實行資料○製産消費の調節資料○執務の興趣昂進並に事務簡健資料○其他能率增進整理改善資料。

◆南郡町村長會を六月二十五、六兩日郡役所に開會左の指示事項を附議した。

町村吏員講習○國務調査施行○滯納矯正○社會敎育振興○共同繭倉庫乾繭裝置助成○養蠶聯合組合組織○畜牛品評會開催○第七回縣畜産共進會開催○統計作興○統計材料秘密扱○遠洋漁業獎勵○農會の指導監督○改良農具普及○農家組合獎勵○副業獎勵○産業組合普及振作○農業倉庫設置利用○出荷組合獎勵○信用組合聯合會加入督勵○耕地改良及び擴張其の他

◆飯南郡町村長會は六月二十九開會、淸水谷郡長、村林、田川、宮崎各課長臨席左の議案を付議した。

一、町村吏員講習會開催の件

一、副業獎勵に關する件其の他

愛知縣

◆額田郡では六月十六日町村長會を開いたが指示事項左の通り

國勢調査に關する件、衆議院議員選法改正に關する件、學校設置に關する件、農事改良實行組合に關する件、農業倉庫の設置並に利用獎勵に關する件、產業組合に關する件、副業獎勵に關する件、部落有林野統一に關する件、森林組合設立獎勵の件 畜產獎勵に關する件

農事改良實行組合數は現在二百一組合組合人員五千三百四十七戶で農家戶數の七割に達して居る。產業組合は二十七組合で人員九千百八十四人出資三十五萬九千四百三十九圓、貯金百二十一萬三千九百十圓に達して居るが未だ信用販賣利用事業は充分ではない、又部落有林野の統一は幸田、常磐、藤川、岩津、美合の五ケ村は未だ行はれない、衆議院議員選擧有權者は五千六百六十三人に過ぎなかつたが選擧法改正の結果は一萬一千六百二十五人に成ると見込である。

滋賀縣

◆自治協會長會制度改善協議　高島郡では六月二十二日町村長開催會引つづき自治協會長會議に移り去る九日本縣町村長會に於て諮問されたる郡役所廢止に伴ふ諸般制度中改善を要する事項の答申案に付協議する所あつた。

岐阜縣

◆稻葉郡町村長會は六月五日開かれ本縣町村長會負擔金に關する件其他數件に就き協議した

▲西濃町村長會　十二日午前十時より安八、揖斐、本巣、稻葉、海津、養老、不破の西濃七郡に於ける町村長代表者會を開き社會事業協會寄附金に關する件、養老郡主唱の聯隊管區復舊に關する件等に就きて打合せする處があつた。

◆本縣町村長會評議員會は六月二十三日開かれ七月下旬北海道札幌市に於て全國町村長會開催に付本縣より代表者二名を選定本縣町村長會より提出する問題に就き各郡市よりの提出問題に關し審議採擇し大野會長より十八、十九兩日東京に開催せし本會常任幹事會の經過に就き報告あり尚關係各大臣て面接力說せし左の審議事項に關し詳細の報告をなし

一、郡役所廢止に關する善處方法の件

一、町村吏員互助組合設置に關する件

一、地租を地方に委讓するの件

一、義務教育費國庫負擔　增額來年度より實現方必ず斷行の件

終つて本年九月岐阜市に開催する國產共進會を機とし臨時全國町村長會又は關西町村長會を岐阜市に於て開催せらるべく全國町村長會長金子角之助氏に乞ふ事に關し協議をなし續いて問題となり居れる岐阜六十八聯隊管下本縣市町村在住各一戶に付金十錢の割合を以て金一萬五千圓を醵出し之れを該軍旗祭基本金の內へ寄附する事に決定し午後四時散會した。

長野縣

◆北安曇郡は七月八日町村長會議を開き過般本縣に開かれた郡市長會議の際の決議及知事等よりの訓示の要項傳達した。

◆南安曇郡町村長會は六月二十九日開會指示事項として「衆議院議員選擧法改正に關する件外二十九項」注意事項として「貴族

院令改正に關する件」外四項あり。

◈南安曇郡私設町村長會　六月三十日開會一郡役所廢止後縣と町村間に中間機關を設置するの可否」に關し協議するところあつたがさうした機關は設置の必要なしと決し引續き「郡役所廢止に伴ふ諸般の製度の改善」を要する事項に入り議論百出したが結局「郡長職務權限の歸屬については自治體の權限擴張の精神を以て決する事」といふ抽象的文案を以て片附「郡役所廢止に伴ふ官公署の改善を要する事項」に於て「產業に關する事項を統一し縣農會市町村農會の二段とし郡農會は廢止する事」とし其他權限歸屬商題は本縣聯合町村長會の調査會に一任することゝし散會した。

◈小縣町村長會　六月四日開會し郡役所廢止後の諸問題につき協議したるが中間的機關を置くことは絕對必要なし但し中間的機關として何等權能なきところの縣出張所の如きものは置くを可とすとの決議をした。

◈上高井郡長野自治町村長會　六月十日郡役所存廢問題を附議し之れに對し小布施村長市川連氏は廢止說を主張し滿場一致之れに賛成し十二日左の決議でなし縣町村長會に答申した。

一、郡役所廢止後は中間的機關を要せず
一、郡長事務中重要なるものは縣へ移し簡易なるものは町村長に委管又は廢止する事
一、郡長の監督權に屬する重要なるものは縣へ移し簡易なるものは之れを廢止する事
一、教育は縣土木は工區衛生は警察署勸業は實業學校等へ委管する事
一、町村は此の際併合し少なくとも一千五百戶以上の町村となす事
一、町村會議員二十四名以上の町村には參事會制度を設くる事
一、諸般の事務形式に拘泥せず簡捷にする事

◈諏訪郡では六月二十二日緊急町村長會を招集し郡市會議に於ける指示事項中直接町村關係事項其の他につき協議した。

宮城縣

◈名取郡町村長會議　六月六日勤倹獎勵實行委員長會終了後郡內町村長會議を開催し左記事項に關し指示協議せり。

一、町村會招集報告に關する件
二、委員に關する件
三、出納檢査に關する件
四、一時借入金及財產金運用に關する件
五、財產金の戾入積、勵行及び管理に關する件
六、收入役身元保證の件
七、徵稅事務處理の件
八、町村稅及稅外收入の整理に關する件
九、縣稅徵收に關する件

福島縣

◈郡役所廢止後に於ける各町村の對策は最も重要なる問題で曩に全國町村長會々長から本懸に對して廢止後の對策について諮問があつたので本縣では去四月若松市に於て開かれた本縣町村長會議の席上で縣當局は該諮問案を提出して答申を求めたが町村長は「我れ等は郡役所の廢止には全然反對であるから廢止後の對策等について協議する必要を認めぬ」と論叫して提案の審議を否認したゝめ、縣當局では困りぬいてゐたが本省の意向としてはあくまでも郡役所廢止後、代理機關を設置せぬことに決したので

縣でもどうしても各町村長の對策意見を聽取しなければならぬことになつたが目下縣では緩和策を講究中である。

山形縣

◆東北六縣町村長會議　七月一二の兩日山形縣々會議事堂に於て開催した東北六縣聯合町村長會議に附議

第一條　本會は東北六縣聯合町村長會と稱し各縣町村長會長及各郡選定代表者を以て之を組織す

第二條　本會は全國町村長及東北各縣町村長と双互聯絡を圖り自治の向上振作を期するを以て目的とす

第三條　會議は毎年一回之を開催其の開催の場所は前會の會議に於て之を決定す

第四條　本會の事務は主催縣町村長會事務所に於て之を取扱ふ

第五條　會議に出席すべき縣の郡代表者たるべき町村長一郡二名とす

第六條　本會に關する事務は主催縣町村長會長に於て之を管理し且つ會議の議長となる但し議長事故ある時は會議に於て其の代理者を選任す

第七條　會議に提出すへき問題は縣郡町村長會議又縣村町長會議の議決を經たるものに限る前中の提出問題は詳細なる理由を付す

第八條　會議に提出すへき問題の審査整理其の他主要なる事項は本會議の前日各縣町村長會議を開催し之を協議す

第九條　本會に要する經費主催縣町村長會の負擔とし代表出席者に關する費用は其の協定に依る

◆町村長會　七月一日開會の東北六縣聯合町村長會議に提出の本縣事項左の如し。

一、府縣税戸數割規則改正の件
一、郡農會を廢止する事
一、町村長は町村公民の選擧に依る樣改正する事
一、町村公民の要件を左の通り改正方建議の件

帝國臣民たる男子にして年齢二十五年以上の者

一、一年以來其の町村住民たる者
一、一年以來其町村の直接町村税を納むる者
一、政府より供給の産業資金貸付方に關する件

自治制度改正
大體普選決定

内務省地方局では普選實施に伴ひ地方制度を改正するに決し七月四日午前局内會議を開き各地方長官より提出された舊制町村制改正の意見中選擧要件につき審議し未了のまゝ散會した地方長官提出意見中には納税資格撤廢獨立の生計の現行制を是なりとするなど色々意見もありたるが地方局の意嚮としては大體普選に準じて納税資格を撤廢するといふにあつた。

福井縣

◆町村長會決議　南條郡町村長會は六月二十八日開き附議した。
一、勤儉奬勵に關する件
◆今立町村長會　七月三日開き縣稅營業稅雜種稅副同課目課題改正の件其他數件を附議した。
◆坂井町村長會　二十日開會提出問題大要左の如し。

指示事項

○衆議院議員選擧法に關する件
○公民敎育に關する件
○產業統計に關する件
○小作爭議調停に關する件
○副業奬勵に關する件
◆足羽臨時村長會　六月二十六日開開會重なる附議事項左の如し。
一、村會計事務監督に關する件
二、衆議院議員選擧法に關する件
三、公民敎育に關する件
四、成人敎育に關する件
五、男女青年團體の發達に關する件
六、產業組合の普及發達に關する件
七、縣稅に戸數割配當標準調査に關する件
◆福井縣町村長會では幹事會及び幹事、評議員聯合會を開き左の諸件に關して協議することに決した。
一、郡役所撤上に關する善處方法の件
一、全國町村吏員互助組合設置に關する件
一、七月二十五六の兩日北海道札幌市に於ける臨時大會出席に關する件
一、地租を地方に委讓するの件
一、義務敎育費國庫負擔金增額を來年度より實現方斷行に關する件其他

石川縣

◆石川縣第二十五回縣下町長會　開催
一、國稅營業稅徵收猶豫期間中のものに對し縣稅を賦課せざる事に改正方を其筋へ建議するの件
二、縣稅納付書に市町村長職印押捺省略方其筋へ建議するの件
三、縣稅戸數割所得額申告廢止を建議するの件
四、度量衡取締規則施行規程第二種取締中町村長を除く可建議するの件等を附議した。

富山縣

◆上新川町村長會議　七月一日開催し過般郡市長會議に於て知事よりうけたる訓示等を傳達しその他諸般の事項について協議注意等をなした。

鳥取縣

◆岩美郡にては七月一日村長會を開催重なる指示事項左の如し
一、町村合併速進に關する件
一、勤儉奬勵實行事項督勵に關する件
一、副業の奬勵に關する件
一、國勢調査に關する件
一、成人敎育公民敎育に關する件
一、青年團、處女會指導に關する件
一、義務敎育費國庫負擔法に依る特別町村調査に關する件

岡山縣

◆東西用水組合關係町村長會　高梁川東西用水組合關係町村長會を六月十八日開催。

一、工事中工費の豫算設計額施金額の過不足に關する件一、工事の概況（最近に於ける漏水問題の問答あり）一、配水池浚渫の件一、各川水路維持の件一、分賦金納附の件等に就て協議をなし終了。

◆苫田郡內町村長會　六月二十日開會重なる事項左の如し。

指示事項

一、國勢調査に關する件一、町村其他公共團體の財政整理に關する件一、自治思想普及徹底に關する件一、町村基本財產管理に關する件一、勤儉奬勵に關する件一、地方改善事業に關する件一、有限責任岡山縣蠶繭販賣利用組合設立に關する件一、副業奬勵に關する件一、產業組合督勵に關する件

協議事項

一、實業補習敎育振興に關する件

山口縣

佐波町村長會　佐波郡にては今秋施行さるべき國勢調査及び縣下に於て最も成績不良の納税成績の向上家產造成貯金奬勵改良改善集中及び其普及町村會議員を中心とせる懇話會開設其他知事の訓示事項傳達等について六月二十五日町村長集會を召集。

◆玖珂郡南部町村長會　六月十六日開催事務打合せ後岩國税務署管內の所得税調査委員選擧は農村代表として目下辭表提出中の伊陸村長星出齊氏を候補に推薦する事に決す。

◆諏訪郡町村長臨時會議　六月二十二日開かれ石原郡長制廢止後に於ける各町村の行政方針に對し自治的精神の涵養の急務なる旨の訓示を行つた。

德島縣

◆市町村長會幹事會　縣下市町村長會幹事會を六月二十九日名東郡役所內において開會郡役所廢止に就いての協議を爲した。

香川縣

◆香川郡町村長同僚會　六月十一日開き郡提出の本縣勤儉奬勵香川郡支會設立外數件を附議した。

◆三豊郡町村長同僚會　六月十五日開催左記事件を協定した。

一大正十四年度同僚會歲入出豫算の件

二所得税調査委員選擧に關する件

三税務署復活其他に關し協議の件

高知縣

◆幡多郡町村長會　六月二十五六兩日開催重なる事項左の如し

指示事項

一町村組合に關する件

一基本財產の蓄積並に處分に關する件

一勤儉勵行に關する件

一地方改善に關する件

一民有林野經營に關する件

注意事項

一町村事務報告に關する件

一土木工事施行に關する件

一戶主會設置に關する件

一優良農具の普及奬勵に關する件

一漁船改良奬勵に關する件

一副業奬勵に關する件

一共同林野整理の件

一產業組合の普及發達に關する件

一壯丁補習敎育に關する件

一町村長會に於ける指示注意事項を關係吏員へ示達の件

協議事項

一寄生虫驅除に關する件

一捕蠅紙の一般普及に就て

一衛生思想普及に關する件

一講演會開催に關する件

一米麥指導圃を各町村に設置の件

國勢調査指示事項

一國勢調査に關する件

一調査區分割に關する件

一水面の調査に關する件

一施行細則第九條の特別調査區域に關する件

福岡縣

◆三井郡町村長會　六月二十六日開會吉原郡長は左記事項に付訓示並に指示注意及協議をした。

○兒童就學奬勵に關する件○公民教育に關する件○勤儉奬勵に關する件○農業倉庫の普及並利用に關する件○養蠶畜産園藝業の奬勵規程に關する件○養蠶組合の設置奬勵に關する件○國勢調査及失業統計調査に關する件

熊本縣

◆縣町村長會各郡支部長會　六月十日開會自治事務の研究をなすと共に來る七月北海道に於て開會の全國町村長會の出席者について協議した。

◆鹿本郡內各町村長會議　六月九日開催。

協議事項

一、山陰地方震災義捐金募集に關する件

注意事項

一、所得調査委員及同補缺員選擧に關する件

二、第三回勤儉奬勵强調週間に關する件

三、產業組合整理に關する件を附議した。

宮崎縣

◆町村長會議　止諸縣郡町村長會議は六月二十四、五の兩日郡會議室にて開催郡長の訓示に次いで指示事項貴族院令改正に關する件外三十三項、注意事項は町村水利組合に於て起債したる場合報告方に關する件外七件其他

一、社會教育主事を設くる件

二、青年の體育運動に關する件

以上議案を愼重協議して閉會した。

沖繩縣

◆銀行合同對策の縣下町村長會　銀行合同問題の目鼻がつきかけたので、縣下町村長會では沖繩砂糖同業組合に於いて臨時役員會を開いて法人預金者としての對策を協議の結果六月五日砂糖同業組合樓上に於いて緊急總會を開き當日は

一、銀行合同問題に關し法人預金者としての態度を決定するために銀行當事者より合同事務の經過を聽取し更に對策を協議する件

二、縣經濟問題に關する件

を協議した。

鹿兒島縣

◆姶良郡勸業協會　姶良郡內の勸業協議會は六月九十の兩日開會諮問事項協議事項中重なるもの左の如し。

諮問事項

一、町村產業方針樹立に關する件

一、耕地整理を施行するに當り組合認可迄

の費用を町村費の補助としては如何

一、本郡教育をして一層農村化せしむる上に於て努力すべき點如何

一、本郡社會教育上一齊に努力すべき點なきや

協議事項

一、特産地の設定を奬勵し其成績を上ぐる方法如何

一、共同作業奬勵に關する件

◆肝屬郡町村長會　六月十五日開會左記の指示注意協議事項を附議した。

指示事項

勤儉奬勵に關する件、國勢調査に關する件實業教育及社會教育に關する件、副業奬勵に關する件、産業改善に關する件、漁村振興に關する件、外數件

注意事項

縣道維持修繕に關する件、土木補助工事に關する件、能率增進に關する件

協議事項

林業講習會開催に關する件、町村長産業組合視察の件、郡制史編纂に關する件、外三件

◆揖宿郡村長會　六月十二日開催過日開催の郡市長會議に於ける事項の外部落品評會則改正等を附議した。

◆町村長會議　日置郡町村長會議は六月十九日開催重なるもの左の如し。

指示事項

一、勤儉奬勵に關する件

一、納税に關する件

一、公民教育振興に關する件

一、社會教育及實業補習教育に關する件

一、漁村振興に關する件

一、産業組合改善に關する件

一、副業奬勵に關する件

注意事項

一、勤儉奬勵に關する件

一、恩賜財團濟生會寄附金整理に關する件

一、土木補助工事に關する件

協議事項

一、納税思想普及のため納税劇開催の事其他

北海道

◆留萌支廳管内各町村長會議　六月二十一、二十二の兩日開催重なる事項左の如し。

指示事項

改正衆議院議員選擧法に關する件、農村保健振興に關する件、國勢調査に關する件、男女青年團に關する件、公民教育の振興に關する件、農業倉庫設置並に利用方法に關する件、産業組合指導監督に關する件、副業奬勵に關する件

注意事項

町村税徴收整理に關する件、教員進退に關する件、民有地を道路敷地に寄附受納並地種目組替の件其他

◆白糠自治振興會成る　白糠郡白糠村は現下財政逼迫し居り加ふるに將來發展は不尠憂慮されて居たが新任村長野坂林八郎氏は深く之を諒として名稱を自治振興會と呼び組織は村有志を以てし正副會長各一名評議員十二名幹事一名を置き主なる眼目は産業の助成發達並に調査研究財政經濟の基礎充實公益上の重要問題等で難局の現下を救ひ一大刷新を試みるとのことである。

自治政功勞者として本誌二號に紹介した故群馬縣北甘樂郡丹生村長岡部爲作翁遺族より、編輯局に宛て永代として金二圓を寄贈された　厚意を謝しつゝ打揃ふて喉をうるほしたのは何でも七月下旬の土曜日、此の夏に入つて始めの暑い日だつた、玆に謹んで謝意を表する次第である。

涼しとも涼しき物よ心より

湧きて流るゝ水と思へば（岩北）

市町村彙報

東京府

◇東京市参事會　五月十三日招集市設卸賣市場使　條件中改正の件其他を審議同二十日招集十四年度市歳入出追加豫算の件不動産取得の件等を附議し尚同日散會後委員會を開會東京ガス社債を條件付承認に可決した。

◇牛込區　五月二十日鶴卷小學校新築落成式擧行　余丁町小學校に庭へ精神教育機關として大神宮鎭座を行つた。

◇全國小學校女教員會　五月二十一日より三日間東京女子高等師範學校に於て開催各種文部省諮問案並に協議事項を附議した。

◇市聯合青年團　實地に就き團員の海事思想養成の爲め五月二十九日橫須賀港を出發。

◇本所區　五月三十日本所高等小學校新築落成式擧行。

◇東京市参事會　六月十七日招集左の件を議了した。

一、大正十四年度市電氣軌道事業費追加豫算一萬四千圓(可決)

一、震災救護用建物收得及處分に關する件價格九萬八千二百八十五圓で賣却（委員附託）

一、不動産收得に關する件、深川東平井町所在地所九百坪代金七萬六千五百圓で東陽公園新設用地として買收(委員附託)

一、不動産收得に關する件、神田山本町所在地所坪百九十二坪代金三萬六千四百九十七圓で中央卸賣市場神田分場建設敷地として買收(委員附託)

自治消息

□東京府□

○北富坂町會長の美擧　淺草北富坂町一七町會長藤田長五長氏は平常から虛禮廢止の主張者であつたが五月十日藤田氏の妻さだ子五三が病死した時にも放鳥生造花の贈與を拒絕した上十一日町會に金二百圓參正靑年分團及少年義勇團に各百圓宛を寄贈し十二日自宅でさだ子夫人の質素な告別式を營んだと。

□京都府□

○篤行者　左記七名銀婚式をトして表彰さろ、大薮政次郞、田茂井きく、村上こと稿本かつ、辻房吉、牧元重、服部じゆん

○藤原孝夫氏(府事務官)　五月十二日午後八時三十分京都驛着列車にて着任

○馬場義也氏(府事務官)　同十三日午前八時二十五分京都驛着列車にて着任

○田中修氏(奈良縣書記官)　同十四日午後二時五十分京都驛發赴任

○松平外譽麿男(滋賀縣書記官)　十四日午後一時四十六分京都驛發赴任

◇東京市會　六月二十九日招集十四年度歳入出追加豫算其他を附議した。

京都府

◇京都市會　舊議員任期中最後の市會を五月七日開會高級助役田原和夫氏を推薦し瓦斯增資問題を議了した。

◇相樂郡　五月六日定例女教員研究會開催

◇丸川町　上京區丸田町は　月十四日より中央職業紹介所を開所。

◇津田町　八幡町自治體の動搖を防ぐ爲に五月八日國粹會の調停により津田電線勞働爭議和解す。

◇葛野郡　五月二十四日教育部會定例春期總會開催。

◇舞鶴町　五月十四日町會開會、公會堂管理規定制定の件其他を附議した。

◇自治研究會　五月二十七日綴喜郡美豆村役場に於て町村自治研究會第二部會を開催町村經營に就て議する所があつた。

◇伏見町　五月二十五日初町會開催臨時各種委員選擧を行つたが連記無記名問題で一波瀾を見た。

◇府教育會　五月三十一日開催教員勤續者表彰式を行つた。

◇市政問題講演　六月三日市議候補藤谷榮泰氏に依つて開催され市政時局問題、選擧費公開役員選擧の裏面等の講演があつた。

◇府聯合青年會　六月十五日理事會開催左記を附議した。

一、團報編輯の件

二、講習會開催の件

三、競技大會開催の件

◇周山村　六月十五日本年度府稅戶數割賦課に關し村會を召集した。

◇木津町　六月十五日より府稅戶數割等差議決の町會を開催したが今回は中流以上の異議が多數を占めた。

◇何鹿郡　六月十二日町村長會開會、勤儉奬勵に關する打合を行つた。

◇峰山町會　六月十五日招集府稅賦課額査定の件　他を附議した。

◇北桑町村會　六月三十日町村長會開會、十六日開催の郡市長會諸事項に關し指示協議を行た。

大阪府

◇新濡會　大阪市會に三十二名の多數を擁

○千葉京都市助役　五月十日市會で可決した賀表を携へ即日上京十二日歸洛

○安田市長東上　安田市長は過般皇太子殿下行啓御禮言上の爲め五月二十四日午後八時四十五分發列車にて東上二十六日歸京。

□大阪府□

○表彰式　篤行者帶谷傳三郎、橋本ぬい、南すえ、山本嘉三郎、豊田宇左衞門、柳原吉兵衞諸氏は五月十日銀婚式をトして宮內省より表彰された。

□神奈川縣□

○軍人表彰　鶴見潮田兩聯合軍人會に於五月七日鶴見分會副長荒谷善藏氏外二十名は帝國在鄕軍人會鶴見町分會役員として潮田高瀨辰五郎氏外三十名は潮田町分員として克く會務を處理し分會の發展に盡力せるを以て之が表彰式を行つた。

○篤行者　足柄下郡は五月十日御式をトして表影の篤行者二名迄を出した、左の如し、中村、田代とめ、足柄村、長濱まさ。

○四校長の慰祭　保土ケ谷町立四校の齊藤

する新議會は幹事會の決議に基き五月七日正式に解散を決議し任期滿了の日を以て解散した。

◇市參事會員增員を認可　大阪市參事會員の定數條例を改正し、從來の八名を十二名（東京市と同數）に增加する件について は内務省に許可申請中であつたが、内務省でもこれを認め六月執行の總選擧からこれを施行するといふ條件で十四日づけで許可指令を交附した。

◇大阪市會　市では關市長の名に於て東宮殿下に捧呈さるべき奉迎文を議決するため五月十九日開會滿場起立の敬意を表して奉迎の辭を可決した。

◇銅像除幕式　三島郡味生村現村長大西多治郎氏の銅像除幕式は五月十八日擧行現職村長が銅像を立てられたのは府下では初めてゞある。

◇少年保護事業講演會　六月八日から十四日迄大阪市東區本願寺津村別院青年會館に於いて開催。

◇舊議員最後の大阪市會　五月二十六日開會したが選擧戰中の爲出席少く御下賜金についての報告其他三十余件を原案可決し泉議長關市長の感謝及挨拶があつた。

◇自治功勞者表彰　三島郡三箇牧村で五月二十八日元村會議員その他自治功勞者の表彰式を擧行。

◇大阪青年聯合團　大阪市青年聯合團は六月十日第六回表彰式を擧行、各團體、團長及役員、團員等の表彰を行つた。

◇市會へ質問書　市會へ提出の市議南方熊次郎氏の質問書は左の如し。

（一）大阪市有財産並に學區財産の火災保險を大阪市自已保險として保險料を積立てる意思なきや。

（二）市の經費を今一段緊縮し本年度の實行豫算中より順次これを行ひ、十五年度の豫算において大削減を行ふ意思なきや。

（三）營業税附加税は重きに失するをもつて大減税を斷行せらるゝの意思なきや。

（四）自動車は路面の破損を大ならしむるにつき、これが附加税を引上げ、一方路面を損傷せざる自轉車税を引下げらるゝの意思なきや。

（五）小學校敎員の人格を向上せしめる最善の方法如何。

（六）都市計畫事業年度の二十二年度を二十七年度まで繼續延長し、以て市税を輕減するの意思なきや。

小田倉足立田島各校長は吉田町長から敎育視察を囑託されたので六月十四日町役場にて視察地の打合せを行つた結果十七日出發京都大阪から越へて九州各地を十五日の豫定にて視察した。

□兵庫縣□

○在鄕軍人表彰　五月一日左記二氏は帝國在鄕軍人會長より表彰された。森本倘吉谷口淸三郎。

○相互視察　飾磨郡町村長の自治會員相互視察日割は左の如く決定した。七月十四日水上村○十七日飾磨町○二十一日妻鹿村○二十四日高岡村○二十八日曾左村。

○鄕軍分會長視察　神崎郡在鄕軍人各村分會長は後藤郡書記帶同し左記日程により優良分會視察。

○五月十二日午前七時五十八分福崎驛發同日朝來郡梁瀨村縣社粟鹿神社に參拜同村村上農場視察梁瀨村鄕軍分會視察後城崎泊○十三日城崎町分會及消防組視察後鳥取泊○十四日鳥取支部に於ける分會議に列席○十五日歸路は隨意解散。

◇大阪市天王寺區役所は　六月二十二日より同區六萬體町十番地に移轉せり。

神奈川縣

◇中原村　村役場工事中の所今回竣成。

◇橘郡　五月九日田島町役場に於て町村事務研究會を開催各種協議を行つた。

◇楠ヶ浦町　五月八日町會開催埋立市域編入を附議した。

◇上郡農會　五月七日より三日間農事講演會開催。

◇榎町　最近急激に發展を見た爲め聖上銀婚式典をトして獨立市制を布く事に決定し五月十日之が祝賀會を開いた。

◇中原町　同じく五月十日より中原、住吉兩村を合併し町制を施行する事に決定した

◇平塚町　五月十五日町會協議會開會　小學校建築工事に關し審議を行つた。

◇小出村　五月九日付を以て信用組合設立を認可さる。

◇大綱村　目下三萬坪の理想的田園都市を計畫中。

◇城鄕村　震災後の大發展に伴ひ目下電話架設運動中。

◇横濱市　五月十四日學務委員會實地踏査遂行。

◇大磯町　五月十五日町會招集常設員その他の選擧を行つた。

◇松田町會　五月十五日協議會開催小學校電話架設其他を附議した。

◇上郡　五月十八日新村會議員全部を召集し村治上の改善問題につき協議勧告した。

◇横濱市參事會　五月二十日開會、メルラン總督寄附金臨時保護所豫算並に公園費追加豫算其他を審議した。

◇小田原町　五月二十五日町會開會、各委員選擧を行つた。

◇鶴見町會　始めて自治機關を具へた鶴見町は六月十六日初町會招集左記を附議した

町長選擧の件

會議錄署名者を定むるの件

◇町村合併町制認可　津久井郡中野郡大井村又野村及三ヶ木村を廢し其區域を以て中野町を置き之に伴ふ財産處分の件は六月二十五日付内務大臣の許可があつた。

◇鎌倉郡瀨谷村は　其役場位置を同村瀨谷四千二百五十一番地に一時變更の處六月十五日舊位置（同村瀨谷二千五百二十八番地）に復歸せり。

◇町村制　第三條に依り津久井郡中野町、

○郡長歸郡　五月四日から上京中の成家加西郡長は十二日歸郡した。

○事務視察　鳥羽印南郡長は長谷川櫻井馬場の三書記と共に十九日的形村六月二十三日大鹽村二十四日北濱村の事務を視察した。

□長崎縣□

○金澤正雄氏（内務部長）　過日來南松浦郡に於ける事務檢査の爲め出張中の處五月九日午後歸任。

○志佐町出身　宮川勇一氏は多年京都市技師として奉職中の所五月二日死去。

○西岡平吉（練早町人力車夫）　五月十日銀婚式をトし篤行者として表彰された。

○松尾郡長出張　北松浦郡長尾綠郎氏は町村事務巡視の爲め有浦相川出口等の郡書記を隨へ五月二十六日より今福鷹島兩村に出張。

○福江兩校長上京　南松浦郡福江尋常高等小學校長野口喜雄二、福江女兒尋高小學校長峰千代松氏は學事視察の爲め上京五月三十日歸校した。

○鈴木長崎縣地方課長　町村事務視察のため末永屬を從へ五月二十六日小濱町へ出

大井村、叉野村及三ケ木村を廢し其區域を以て中野町を置き六月一日より施行す。

◇鎌倉町會　五月二十五日開催、ガソリンポンプ購入、御眞影奉安設置其の他の件に就き審議した。

◇戸塚町會　五月二十六日、學務委員並びに土木常設委員の選擧を行つた。

◇横濱市會　十二年度歳入出豫算に對する決算委員會は五月二十五日再開。

◇秦野町會　五月二十九日、中郡中學校建設組合會議員を選擧の結果佐野義職氏當選更に同町から震災地へ見舞金を送つた。

◇保土ケ谷町會　六月六日臨時調査委員の補充改選をなし同時に町營住宅特別會計設定の件其他を附議した。

◇平塚町會　六月二日窪田辰五郎氏より三百圓町への寄贈受與の件につき附議した。

◇川崎市　六月十日市會招集、小學校建築費起債の件十四年度歳入出追加更正豫算等を原案可決した。

◇横須賀市　六月十一日參事會開會。大正十三年度より十六年震災復舊施設費繼續年期及支出方法議決變更の件等を審査し、十二日市會招集、市議選擧無効の縣參訴願に對する辯明書作製の件楠浦海軍用地買收交渉委員會の小委員選擧の權等を附議した。

兵庫縣

◇加古川町　五月十日緊急町會召集銀婚賀表提出の件を可決した。

◇高砂町　五月十三日實業青年會定例總會開催各種協議を行つた。

◇神戸市　五月十三日市會招集役員選擧、議員當選異議申立の件を附議した。

◇姫路市　五月九日市會開會歩十跡貸下申請他二件を附議した。

◇飾磨郡　五月九日町村長會開會、在營兵慰問の件其他を附議した。

◇武庫郡　五月十日聯合青年團發團式擧行。

◇小野町　五月九日初町會開會寄附金採納の件　十四年度歳入出追加豫算の件等を附議した。

◇美嚢郡　五月七日農事改良奬勵會委員會開催。

◇養父郡　五月八日町村長會開會銀婚式典に關する協議を行つた。

◇豐岡町　自治體振興の目的を以て同町青年團は五月七日評議員會を開催種々協議を行つた。

張口ノ津南有馬島原を經て六月四日歸縣

□新潟縣□

○香川錬彌氏（新發田町長）　全國町村長會常任幹事に臨むべく五月十七日夜上京二十一日歸廷。

○村松森造（古志郡長）　小林書記を隨へ二十六日黑條村役場事務調査の爲出張。

□茨城縣□

○双葉郡長遠藤甯一氏　蠶業視察として酒井技手を隨へ五月十四日久の濱、大久十五日廣野村を巡視した。

○同郡長　遠藤上席、安田、市川の各郡書記を隨へ左の日割で葛尾及津島村の行政監視をなした。五月十八日葛尾村、十九日津島村。

○笹部土浦町長（五月二十三日出縣）

○熊切新治郡長　六月二十七日來水即日歸郡

○堀口多賀郡長　同日日立町へ。

○稻敷郡視學菅井榮吉氏　同日龍ケ町出張所へ。

○尾久久慈郡長　同日福島縣東白河郡々役所へ。

○久慈郡農會幹事井坂亥之吉氏　同上。

◇幸世村　五月九日村會開會戶數割調査委員選擧の件其他を附議した。

◇榮根町會　五月十九日開催、區長辭任に付其後任決定外二三事項協議した。

◇多可郡町村長會　五月十五日開會、產業組合法發布二十五週年紀念事業の件外數件を議した。

◇明石市敎育會　五月二十日總會開會十四年度收支豫算承認の件等附議。

◇高砂町協議會　五月二十五日學校敷地に關する件公園敷地に關する件を協議した

◇三郡（加東、加西、多可）自治會、五月二十三日幹事會開催所得稅調査委員選擧に關する諸般の打合せを行つた。

◇二見村　五月二十九日村會招集助役改選港灣修繕工事費其他を附議した。

◇飾磨町　町長問題の町會六月二日銓衡方法を協議。

◇佐治町協議會　六月二日より四日迄十四年度戶數割追加豫算等の協議會開催。

◇明石市會　六月十六日及廿八日開會市長選擧で一揉めの後十四年度歲出追加豫算六千六百圓支出の件、四十一號家屋稅附加率變更及賦課方法の件其他を附議。

◇尼崎市　六月十二日參事會召集同二十六日市會招集○大物村有財產處分の件○大正十四年度尼崎市大物村有財產に關する歲入出追加更正豫算の件○大正十四年度尼崎市歲入出追加豫算の件其他を附議した。

◇小野町　六月二十一日十四年度戶數割調査委員會開會。

◇各村會　魚住村及神出村六月二十七日、垂水村二十八日開會各左の件を附議した。

一、縣稅戶數割附加の件
一、村稅附加率更正の件
一、豫算更正の件

◇芳田村會　六月二十七日臨時會を開催、大正十四年度縣稅戶數割賦課額並に同年度村稅賦課稅率更正の議定及任期滿了の區長選擧等を行つた。

◇八鹿町會　六月二十六日召集十四年度縣稅戶數割賦課其他を附議した。

◇北條町會　六月二十四日開會町營電氣賣却代金に關する十四年度歲入出豫算變更の件等を附議した。

◇村岡町會　六月二十六日傍聽を禁止し秘密裡に縣稅戶等會を開き外に左の問題を附

○石城郡長小野虎三郎氏　福島より五月二十八日歸郡。

□栃木縣□

○安蘇郡長町村巡視　五月十五日より施行

○褒狀下賜　公益の爲め私財を寄附せし廉を以て本年一月二十四日褒狀を下賜せられたる者左の如し。栃木縣塩谷郡北高根澤村字津權右エ門。

大正十年八月恩賜財團濟生會へ金一千五百圓同十二年二月宇都宮高等農林學校建設費一千五百圓寄附す仍て褒章條例に依り之を表彰せらる芳賀郡中村久保市三郎

大正十年八月恩賜財團濟生會へ金二千五百圓同十二年二月宇都宮高等農林學校建設費金一千五百圓寄附す（以下前同文）

□靜岡縣□

○廣瀨富七郡長　服部茶業組合長と共に五月二十七日同郡根方地方の各製茶工場視察。

□山梨縣□

○石井淳雄氏（甲府市長）　五月十七日上京十九日歸市。

議した。
一、村岡町基本財產管理規程改正の件
一、不屬品拂下規程中改正の件其の他

長崎縣

◇議會報告會　五月十二日北松浦郡に於て森氏議會報告會開會。
◇長崎市教育會　初等教育研究會は五月十一日評議員會開會同西部小學校教員會は五月九日定例總會開催。
◇佐古尋常小學校　五月二十四日新築落成式舉行。
◇島原町　五月二十日學務委員會開催
◇教育會　五月十四日社會教育研究會開催建議題及研究題の諸案を附議した。
◇佐世保市會　五月十九日開會本年度縣稅營業稅雜種稅賦課の件其他附議した。
◇長崎市會　五月二十二日開會、都市計畫地方委員選擧を執行學校備品寄附受入其他を附議した。
◇西彼杵教育會　六月七日總會開催、
◇町村事務視察　長崎縣では五月二十六日から六月二日迄南高來郡に於ける郡役所及び町村の事務視察を行つたが第一班は鈴木登課長、末永屬、第二班は赤木、中島兩屬で金澤内務部長は三十日島原着三十一、二の三日間に亘り視察した。
◇縣參事會　五月二十六日開會、
一、大正十四年度縣稅商業稅賦課額の件
（北松平戶町々會未設立の爲に參事會に於て議決總額千百七拾七圓七拾錢）
其他六件を原案可決した。
◇島原町　六月五日町會、開會、稅賦課率議定の件寄附金受納の件、町長住宅電話架設の件、他十件を附議した。
◇佐世保市會　佐世保市會は六月九日開會都市計畫委員選擧を行ひ成德高女授業料問題等を附議した。
◇岩川町　六月七日下の組合總會開催、決算報告豫算討議事業報告後、役員改選を行つた。
◇大村町　六月十日初町會招集、町會議事規則設定の件、町會傍聽人取締規則設定の件、町長報酬額議決の件戶數割規則中決定の件等を附議した。尙同村は有力なる民間機關として向上發展策調査研究會を設置二十日創立會を開いた。
◇島原町會　六月二十六日招集、公有水面繼續使用額に關する件島原町基本財產轉用の件賦課額議案の件を附議した。

○石井淳雄氏　御嶽新道路組合長として昨日、長潭橋工事狀況視察の爲め現場に出張。
○牛山儀助氏（甲府市助役）　同上。

□岐阜縣□

○高井房吉氏　揖斐町長は奉職中五月七日死去した。

□長野縣□

○午山北安曇郡長　五月九日東京よりの歸途鄉里伊那に立寄り十日歸郡。
○横尾惣三郎氏（元伊那郡長）　五月七日伊那郡視察した。
○田口上水內郡長　五月十八日戶隱村行政視察を行つた。
○臼田榛太郎氏（下伊那郡長）　舊中村小學校御眞影奉還の爲め五月十八日宮澤書記と共に來長。
○田口水內郡長　村井書記同伴にて五月二十一、二十二の兩日管下高岡富士里の兩村行政視察を行つた。
○宇田飯山町長　五月二十七日地元區長町

◇大島村　前年度の事業として村役場移轉改築六月二十五日落成式を擧行した。

◇諫早町會　六月二十六日閉會。

一、大正十四年度縣稅戸數割賦課額議決の件

一、大正十四年度諫早町歲入出追加豫算の件、その他を附議した。

新潟縣

◇市參事會　五月十五日開會、土木賣却の件其他を審議した。

◇長岡市參事會　五月二十八、九日開會十三年度追加豫算六千餘圓其他の件に就て審議をなした。

◇[illegible]第四回町會　六月二日開會、歲入出[illegible]豫算、高女校敷地の追加寄附他數件に關[illegible]諮問案を協議した。

◇[illegible]町會　第五回を五月二十九日收入役代理[illegible]認定の件會計臨時檢査立會員選擧[illegible]附議した。

◇長岡市參事會　五月二十八日舊資山會社建物賣却の件、他諸件を原案通り可決した。

◇西蒲原會根村會　五月二十九日第一號議案收入役代理者の件朝倉虎太氏推薦滿場一致承認他に役委選擧其他を附議した。

◇水原兩町靑年會　各自向上發達に資すべく、十三年に向上會を組織し毎月機關雜誌を發行して相互の意見を發表し親睦を計り居る外事業として先に兩町各戸に消火器用ハケツ一個づゝを配布し萬一の場合に充てた。

◇栃尾町彙報　栃尾町では現在蒸汽ポンプガソリン各一臺を有するが更に二ケ年計畫を以て二臺を購入することゝした。

◇東頸城村長會　六月二十六日敎育、土木兵事徵稅等に關する研究問題や郡役所廢止後に於ける意見等提出された。

◇新潟市參事會　六月二十六日市所有地無料一時貸附の件其他を協議した。

◇町村合併　中蒲原郡早通村を廢し其の區域を龜田町に合併の件七月一日より施行。

◇役場位置變更　西蒲原郡升潟村及曾根村は耕地整理の爲め其の境界を變更し七月一日より之を施行。

埼玉縣

◇寄居初町會　五月十三日召集、東上鐵道寄附金に關する件其他二、三を附議した。

◇川口町會　五月十二日開會、本町各區長會議員と考て出縣。

□宮城縣□

○下山志田郡長　赤十字總會へ出席の下山志田郡長並に中條書記は五月十二日歸任した。

○視察　六月二十七日名取郡增田町々會議員十五名は柴田郡村田村に出張して同地の農業倉庫の事務その他營業方法等を視察速日歸增した。

□福島縣□

○福島市助役近藤節太郎氏　出張中五月十五日歸福。

○耶麻郡長阿牧三郎氏　同十六日歸福。

○福島市助役近藤節太郎氏　市債借替其他の用件にて五月十七日上京十九日歸福。

□福井縣□

○武内福井市長　過般長逝した息女の三七日法會を總つて五月二十三日歸福。

□石川縣□

○相良市長　河崎收入役、岡田市書記と共に五月二十八富山市へ出張した。

滿期改選の件他數件を附議した。

◇青柳初村會　同日招集、十四年度追加豫算を附議し何れも原案可決した。

◇本庄臨時町會　六月二十三日、戸數割賦課に關する規程設置の件、其他數項を附議。

◇大里町村長會　熊ケ谷町役場に於て五月十八日一町十ケ村長集合行政支會として協議を遂げた。

◇大宮町會　五月二十二日十四年度本町歳入出第三追加更正豫算議定の件、外諸件附議。

◇秋平村青年團　此程團則の册子を印刷し會員及び關係者に配布した。

◇粕壁町會　五月三十一日十五年度土木事業縣費補助申請の件、電氣委員四名選擧の件其他諸件を附議した。

◇八和田村　今回九ケ所に火の見櫓設立。

◇川口町會　五月二十八日招集十五年度に於て施行せる土木工事に關し縣費補助申請の件其他諸件を附議した。

◇大宮鐵道官舍換地問題　小口町長加藤青木兩縣議、岩井福太郎の諸氏は五月二十七日上京し鐵道省に陳情した。同月二十八日繼續町會を開き穗積常八參謀から提出の内田町會議當選訴議申立てに關し訴議。

◇郡市長會議　六月八日開會地方長官會議に於ける本省の訓示を傳達した。

◇役場位置變更　北足立郡谷岡村は五月二十六日大字深作宮本村三千四百十番地に

◇浦和町會　六月一日招集島田鐵次郎外三名より提起した選擧無効訴願に對する辯明に關する件、町有財産處分の件等を附議した。

◇大宮町會　六月四日大宮町常設委員設置規程中改正の件其他諸件を附議した。

視察　關口入間郡長、江森蠶業取締支所長及び古谷蠶業學校長の郡内春蠶狀況視察は五月五六の兩日及び八日の三日間行擧

◇川越市參事會　戸數割賦課税率規程に關し六月二十三日開會。

◇川口町會　六月二十六日本年度戸數割賦課の件、小學校建築費借入變更の件、其他附議。

◇岩槻臨時町會　六月二十三日戸數割納税義務者の資定決定外數件を協議した。

◇唐子村會　六月三十日村議初顔合會開會十四年度戸數認定その他を附議した。

◇秩父町會　六月二十七日、縣税戸數割賦課に關する件、前年通り決定助役辭職承認

◇

□島根縣□

○馬場簸川郡長　岸書記同伴にて五月十四日勅使隨行のため出雲大社へ。

○西尾米子町長　縣の水害復舊費及市町村債償還延期實現方法に就き鳥取縣選出の各代議士縣參事會員並に町村長會側と打合せの爲め六月二十二日出張した。

○吉木島根縣農林主事　六月二十一日より四日間副業調査の爲め飯石大原兩郡へ出張。

□山口縣□

○篤行者　左記は銀婚式典に際し表彰さる細田リエ、近藤イネ、田中清志、財部ニハ、下瀨マツ、星野昇、戸山淺野、草原仁吉、寺島與之助、濱口カワ。

○山崎林太郎氏（前下關市長）　五月十一日夫人同伴歸京した。

□愛媛縣□

○佐伯上浮穴郡父三峰村長　五月四日來松

○高橋喜多郡天神村長　同四日來松。

○藤田上浮穴郡柳谷村長　五月二十日來松

○平塚健氏　喜多郡新谷村長　同二十九日

懲罰の件、條例議案改正助役増員の件、其他を附議。

◇寄居町會　六月三十日戸數割査定の件附議埼玉會館に關する件其他を協議した。

群馬縣

◇高崎市會　五月十八日開會、十四年度發入出追加豫算の件外數件を附議した。

◇桃井村會　五月十六日開會、十四年度歳入出豫算更正土木委員滿期改選外四件を附議した。

◇高崎市參事會　五月十四日開會、高崎板紙株式會社長井上保三郎氏より双口地上式の消火栓一個（代二百三十圓）寄附申出に付受入の件外數件を附議した。

◇御厨自治講演會　五月十七日法學士天野弘一氏の「法と仁」の題下に講演があつた。

◇古卷村會　五月二十日開會、現金預けの議、更正他諸件を附議した。

◇相馬村會　五月二十日開會、區長滿期につき後任選舉、寄附受入の件を附議議定

◇藪塚町會　五月二十日十四年度縣稅戸數割所得標準議決の件を協議した。

◇桐生市參事會　六月三日開會、四日に市會招集十四年度追加豫算の件並に土木委員その他を選舉した。

◇明治村會　六月一日村會議員異議申立に付之が決定の件を附議した。

◇高橋南青年團　六月十四日土屋團長引率にて上京し明治神宮參拜、貴衆兩院を見學。

◇桐生市會　六月四日、過年度決算及役員選定を行つた。

◇六郷村會　六月十五日、十四年度歳入出豫算更正罹災救助資金蓄積、外五件を附議

◇瀧川町會　六月十三日開會、常設委員條例中改正の件其他を附議した。

◇東村會　六月十六日縣稅戸數割賦課資力算定課額議定、十四年度歳入出追加豫算外數件を附議決定した。

◇御厨町會　六月十六日町基本財產運用議決の件、同基本財產立木伐採議決の件、十四年度御厨町歳出入豫算追加更正の件附議

◇大間々町會　六月二十四日指定寄附受入の件、十四年度町特別會計基本財產追加豫算案、同縣稅戸數割賦課額議定の件其他を附議。

◇長尾村會　六月二十五日基本財產處分十四年度歳入出豫算追加更正外二件附議

同上

○井上勝清氏　同柳澤村長　同上

○渡邊越知郡鴨部村長　五月十四日同上

○島津上浮穴郡參川村長　同日入船

○井上喜多郡柳澤村長　六月二十四日來松

○平塚周桑郡新谷村長　同上

○岩崎松山市長　六月二十六日御影地方へ視察旅行をなした。

□高知縣□

○西岡里吉（長岡郡長）　五月十五日出港

○杉敬（土佐郡長）　五月十八日入港

○林讓治（宿毛町長）　五月二十七日入港

□香川縣□

○金子木田郡長　上京中の氏は五月十四日歸郡

□福岡縣□

○立花福岡市長　渡滿中の市長は十九日基隆より乘船六月二十二日朝門司入港歸福

○有吉孝一氏（門司市長）　上京中五月九日歸任

◇提ヶ岡村會　六月二十九日、追加豫算縣稅家屋稅賦課資力帶賦課額の件を附議

◇沼田町會　六月十七日、十四年度町歲入出追加豫算、寄附受入の件其他議案を附議

◇富岡町會　六月二十二日、十四年度縣稅戶數割賦課額議定の件に付協議した

千葉縣

◇茂原町　農會各種競技會褒賞授與及び農業功績者の表彰式は五月十二日擧行

◇君津佐貫町會　五月十四日招集、町營住宅資金問題惡化條件につき協議した

◇香取郡東大戶村會　五月十六日招集臨時出納檢査立會人並に戶數割調査委員選擧を行つた。

◇香取青年團聯合會　今回郡内各町村青年團員中から模範青年一名乃至二名宛を選拔し七月二十日から十日間の旅程を以て優良町村を視察した

◇縣會　五月十八日臨時縣會招集議事結了即日閉會せり

◇矢指村會　五月二十八日開會、過般執行した村議選擧に對する加瀨儀助氏の訴願に關し釋明の件につき附議

◇安房郡處女會　五月二十九日縣下優良町村處女會及び主要地を視察した

◇佐原町會　六月十六日戶數割賦課額に就き協議會開催

◇東金町會　六月二十八日開會、縣稅戶數割納稅義務者に對する資力指定方法並賦課額の議案を附議原案可決其他數件附議

◇大森町會　六月二十九日縣稅戶數割賦課標準査定に關する件を附議した

◇自治講習會　千葉郡檢見川町自治會主催の青年團、在鄉軍人分會にて五月二十八日開催

◇鶴舞青年團奉仕事業　今年度の一事業として近く同町四番小路約八十間の改修工事及び衞生思想普及の爲めはい取紙數千枚を各戶に配布して徹底的驅　を行つた

◇千葉市參事會　五月二十二日開會、一條市制第八十條は三條に依り常設の土木委員を置く其他諸議案を協議した

◇西畑校自治研究會　職員研究會では六月二十一日自治教育研究會を開催、諸氏の批評講演があつた

◇本銚子町會　六月二十二日十四年度戶數割賦課、區長、學校建築委員の選擧執行

◇千葉市參事會　六月二十二日開會、家屋稅附加額に關する件其他諸件を附議した

○石田平吉氏（門司市會議長）　九日朝福岡へ

○本縣篤行者　五月十日銀婚式を卜して表彰されたもの左の如し。米次タネ、佐々タツ、草原仲吉、朝技スミ。

○吉川市長歸門　上京中の吉川門司市長は五月八日歸門九日登廳し十日午前六時から和布刈神社、甲宗八幡神社、戶上神社に參拜した

○小田利三郎氏　明治二十七年以來遠賀郡折尾町議として町政發展に盡瘁するの他縣議郡議の公職を經る功績あるを以て聖上銀婚式を卜して表彰された

○立花福岡市長　御婚式奉祝獻上品獻納及び賀表捧呈の爲め去五月五日矢野兵事課長帶同上京中の處十三日午前十一時歸福した

○郡茂德氏（長崎縣書記官）　福岡縣商工課長より榮轉の同氏は五月十二日午前十一時二十六分博多驛發赴任加勢、鈴木兩部長知事内務部長兩夫人、櫻井署長、縣市各課長、縣市會議員等多數の見送りがあつた

○歌川貞忠氏（高知縣書記官）　松山銑一郎

◇市會　六月二十七日開會、家屋稅附加額に關する件及び十四年度國勢調査追加豫算に關する件等何れも原案異議なく可決

◇役場位置變更　君津郡長浦村は六月二十二日大字久保田二三四三番に變更

茨城縣

◇谷田部初町會　五月八日開會席次を定め後臨時出納檢査立會人の選擧を行つた。

◇郡山市會　五月十六日收入役推薦の件等附議

◇勿來町制祝賀　五月一日町制施行し勿來町と改稱した窪田村は五月十七日祝賀式を擧行

◇多賀櫛形村會　五月十八日招集十四年度本村歲出豫算更正議定其他數件を附議した。

◇下館町初町會　五月十八日開會席順を定めて議事に入り臨時出納檢査立會人の選擧を行ひ木村、村上兩氏當選他　務委員選擧等を行つた。

◇助川町會　五月二十六日開會、出納臨時檢査委員選擧の件他數件を附議した。

◇眞壁町會　五月二十二日區長及同代理者の補缺選擧を行ひ寄附金受入承認其他數件を附議する所があつた。

◇小野川初町會　五月二十二日開會席順を定めた。

◇東茨城町村長會　五月二十八日開會郡市長會議の際の訓示傳達並に前田郡長の指示及び訓示があつた。

◇安積敎育會議　五月二十五日開會

◇渡邊村青年團總會　六月二十三日役員改選を行つた。

◇土浦町會　都市計畫調査委員會の成案に基き着々其事業を遂行すべく、五月三十日開會

◇小野川村會　臨時出納檢査立會議員互選の爲五月二十七日開會した。

◇綠岡村農會　今回十支會三十小組合を設置したるを以つて支會長及小組合長選擧を行つた。

◇額田村會　五月三十日開會出納立會人選擧及戶數割第七條年齡控除額決定村道改修の件を附議した。

◇太田町會　五月末日開會本年度豫算更正寄附受入出納檢査立會人選擧其他を決議した。

◇袋田村會　五月二十七日大字下津原尋常

氏（福井縣事務官）　五月十三日午後五時五十七分博多發赴任

○大木俊輔氏（新任佐賀縣書記官）　五月十三日午後零時十三分大分驛發出發二三日別府に滯在十五日午前十時十五分別府驛發同日午後六時二十四分佐賀着

○宮野省三氏（新任宮崎縣事務官）　大木書記官と同日別府に滯在五月十五日午前八時別府發同日午後四時十二分宮崎着の筈

○市町村行政講演　內務省書記官地方課長田中廣太郎氏は沖繩縣へ出張中であつたが、六月十六日朝來福同日午後一時より縣第一公會堂に於て歐米各國に於ける市町村行政狀況に關する講演があり同時に加勢本縣內務部長も一場の講演をなした

○近藤蒲地村長　三瀦郡蒲地村長近藤善太郎氏は豫て病氣の處三十一日逝去したが多年の功勞に依り同村にては六月三日午後三時より立石小學校に於て村葬を營むだ

○小田鐵次郎氏（戶畑市敎育課長）　小倉師範附屬小學校に於ける講習會列席の爲め六月二十六日朝小倉へ

○新妻駒五郎氏（小倉市長）　第十二師團久

小學校を廢して袋田併置校に合併並に右に伴ふ下津原、袋田間架橋の件を附議し一致可決した。

◇中村初町會　六月六日學務委員並に水道委員の件其他二件を附議した。

◇中村二校自治會　六月三日開會した。

◇新宮村會　五月三十日開會、縣稅戶數割賦課控除額決定後臨時出納檢査立會人選擧を行ひ自治改善等に就き懇談した。

◇自治研究會　中村町青年有志より成る自治隊代團は六月八日發會式擧行

◇原町初町會　六月十三日一町二ヶ村學校組合議員並に會計立會人等の選擧を了した

◇結城町會　本年度前期縣稅戶數割賦課決定に關する町會日下委員附託となり等級審査中である。

◇下館町會　六月二十九日縣稅戶數割賦課等級價額決定の件を附議

◇眞壁町會　六月二十五日十四年度縣稅戶數割資力査定及寄附金受入の件を附議

◇小川町會　六月二十六日現金保管規程改正、十四年度追加豫算其他諸件を協議

◇土浦町會　六月二十七日開會戶數割控除額決定、十四年度縣稅戶數割前期賦課資力算定の件は委員附託となつた。

◇石岡町會　六月三十日縣稅戶數割規則施行細則第七條控除額決定の件外數件附議

栃木縣

◇眞岡町會　五月九日議席順を定め次で臨時出納檢査立會人の選擧を行つた。

◇鹿沼町會　五月九日開會席順を定め一號議案學務委員選擧の件等決議

◇定例縣參事會　去五月十二日開會十四年度歲入出追加豫算外數件を附議した。

◇小山町第六回町會　五月十日奉祝の件協議した

◇矢板初町會　五月八日開會一號議案矢板併置校增築基金運用の件等附議した。

◇壬生町會　五月八日開會町會規則改正の件數件を議決した。

◇堀米町會　五月十六日開會十四年度歲入出豫算更正に關する件外二三を附議した。

◇河內郡城山村福岡青年團　五月二十三日第二回農事講習會開催

◇自治研究會　河內郡城山國本富屋篠大澤豐國の六ヶ村聯合事務研究會開催、自治問題に就て諸般の研究を行つた。

◇益子町會　六月十七日町會開會未納欠損承認の件等協議した。

留米移轉に就いての挨拶且つ軍隊にて廢止は移轉跡の土地兵舍處分等に關する用務を帶びて五月二十五日久留米に鐵村師團長を訪問即日歸倉

○神崎慶次郎氏（小倉市會副議長）　市參事會員村井貞三郎氏住野市松氏と共に五月二十四五兩日に掛け縣下各地の縣參事會員宅を歷訪し板櫃町合併實施に就いて謝意を述べた

○岩井大牟田市長　來春開會の大牟田共進會總裁に前商工大臣野田氏推戴の爲上京中の所六月七日午後零時五十六分野田氏總裁承諾の通知を齎して歸牟した

○立花小一郎氏（福岡市長）　共進會準備打合のため六月九日門司出帆の商船蓬萊丸にて臺灣に向つた

○船越岡次郎氏（久留米市長）　六月二十日福岡へ出張

○末永小倉市助役出福　末永小倉市助役は二十五日足立村合併に關する縣廳の推問に應ずる爲め吉本足立村長と共に出福した

□大分縣□

○表彰式　五月十日銀婚の當日表彰さる爲

◇宇都宮市參事會　五月二十日開會消防組よりの寄附金受入の件其他數件に關して協議した。

◇那須郡町村長會　五月十五日郡役所廢止後に於ける町村の執るべき措置如何の答申案其他數件協議

◇犬伏町青年總會　五月十七日開會、十三年度に於ける施設事業報告を爲したる後精神作興、民力涵養講演會を開催

◇石橋町會　五月二十七日、開會縣稅戶數割賦課標準所得調査員選定の件各種所得標準査定の件等議決

◇益子町會　五月二十五日、出納檢査委員の改選町立陶器傳習所評議員の改選その他の件を附議した。

◇小山町會　縣稅戶數割賦課稅に關し六月十六日開會。

◇黑磯町會　六月十六日、十四年度縣稅戶數割賦課に關する件町の歲計現金預入銀行指定の件、町水道委員補缺選擧其他諸件を附議

◇日光町會　六月二十六日、十四年度縣稅戶數割賦課額議定の件、出納檢査員選定の件、小學校建築委員補缺選擧の件其他諸件を附議

◇足尾町會　六月二十四日から三十日迄本年度前期戶數割賦課の件、其他を議決

◇喜連川町會　六月二十七日町村道追加認定路綫の件寄附金受入の件其他二件附議

◇久下田町會　六月二十七日十四年度縣稅戶數割賦課に關する件其他を附議

◇大田原町會　六月二十七日十四年度縣稅戶數割賦課額議定の件其他諸件を附議

◇吾妻村會　は六月二十七日召集左記事項を附議

一、大正十四年度吾妻村歲入出追加豫算議決の件

二、大正十四年度縣稅戶數割賦課額議定の件

◇逆村會　二十九日召集附議事項左の如し

一、大正十四年縣稅戶數割賦課議決の件

二、大正十四年度歲出各款項內流用の件

◇葉鹿町會　は二十九日左記事項を附議

一、大正十四年度縣稅戶數割賦課額議決の件

二、大正十四年度葉鹿町歲入出追加更正豫算議決の件

奈良縣

行者左の如し。

武吉健五郎、濤田佐市、松村義一、安達茂一郎、財部彪、甲斐林太、河野勇平、磯邊ミツ、陶山淺江、三ケ田ツル。

○松村知事　地方長官會議出席のため上京中の所十四日同地出發五月十七日の紫丸にて歸縣の豫定

○日田郡內小學校基本財產及消防組基金寄附者左記諸氏は六月十七日松村知事より表彰された。

佐藤力藏、矢幡敏太、長野榮太郎、梶原晉作、勝河利吉、佐藤伊之助、佐藤龍藏、和田友之助、長直、島崎豊吉、吉田彌平、高村源吾郎、森山智誠、中野照次、武內秋市、中野百次。

○小池豊太郎氏（細島町長）　六月二十五日朝來分

○大分郡內左記小學校長は六月二十九日出發六日間宇佐、下毛、築上三郡學事視察を行つた。

都甲寛（神崎）佐藤堅（東大分尋）永松只作（桃園）池末直喜（別保　廷田久平（吉野）溝口蔵（河原內）飯倉潤平（野津原）濤田富太郎（諏訪）園田盛（由布川　首藤對藏（內成）波多野熊彥（湯平、伊藤明文（大津留）

◇市參事會　五月八日開催、十三年度縣稅戶數割臨時賦課額の件他數件を附議した

◇町民慰安會　市内今小路町では青年團主催となり五月十七日公園鏡池附近にて開催

◇郡山初町會　五月二十三日開催、議員議席決定の件、寄附採納の件、追加豫算議定の件を附議した。

◇宇陀郡教育總集會　五月二十四日開催公民教育と實業補習學校の實施すべき適切なる見本案如何に就き協議を遂げた。

◇生駒郡富雄初村會　五月二十五日開催各委員を選定した。

◇上市初町會　五月二十六日、小資營業者に川端敷地貸與に關する件を附議した。

◇生駒北倭村會　五月二十九日道路改修に就き縣稅補助申請の件他數件を附議した

◇市教育總集會　五月二十七日教育上に於ける普通と特殊の問題、メートル法に付いてと題する講演があつた。

◇生駒郡處女會　總會は五月十七日開催、本多村處女會は五月十七日開催した。

◇榛原初町會　六月九日十四年度歲出入第二追加豫算の件其他諸件を協議した。

◇學校衞生週間　六月二十六日から七月二日まで學校衞生の普及振興を圖る爲め縣では一齊に學校衞生週間を實施する事となつた。

◇市參事會　六月十五日縣稅戶數割賦課額算定に關する規程中改正の件其他諸件附議。

◇十津川村有志會　六月十三日開會文武館中學問題には從前通り決議事項を實行する事村理事者に對し四川區としては辭職勸告書を提出する事其他を協議。

◇富雄臨時村會　六月十九日開會昨年奈良聯隊區司令部から依托された帝國在鄉軍人會の基金募集額中富雄村の分擔額六百一圓は他に費用の出所のない所から村長の費用から支出する事外神職衣服に付附議可決

◇櫟本信用組合　六月二十日櫟本信用購買販組合利用定款變更の件を附議。

三重縣

◇河藝郡町村長會　五月十五日例會開會

◇宇治山田市會　五月十日緊急市會開會銀婚式賀表を滿場一致可決確定直に電報を以て宮內大臣にまで奉呈した。

◇三重郡町村長會　五月十五日開會、共同苗代指導其、諸件につき協議した。

〇教育功勞者　南部津留村に於ては佐藤前中日枠校長久保田前南津留校長の二氏に對し感謝狀及記念品を贈り表彰を行つた。

□佐賀縣□

〇野口市長上京　野口佐賀市長は目下上京中の齋藤知事の召電に依つて六月八日午後四時四十一分佐賀驛發急行列車にて滯京一週間の豫定で上京した。

□熊本縣□

〇篤行者　五月十日銀婚式を卜して左記表彰さる。

須佐美久和　山口只市　岩崎まつえ　平川サメ　武藤熊太郎　志賀みれ　近藤いれ

〇下益城財務視察會　下益城郡主催財務事務視察會は五月十一日より郡內各町村長收入役財務主任を左記三班に分ち各方面へ四日間の豫定にて視察をなした。

△第一班　八代郡宮原町及葦北郡日奈久町方面

池田庶務係長岩田郡書記引率、

當尾、河江、海東、豊野、年禰杉合各

◇矢野村會　五月十二日開會、十四年度縣稅營業稅各賦課額表等原案通り可決

◇府中村會　五月十二日、第一區々長第二區區長代理者第五區々長代理者選擧の件及び助役問選等を決議した。

◇伊賀上野町會　五月十九日開會、阿山郡首席郡書記森藤德藏氏推薦の件等を附議

◇名賀郡町村是確立　町村自治の改善發達を促す目的で十ヶ年計畫の町村是を確立することになつた。

◇松阪町會　五月二十三日開會、區長代理選擧の件、補習學校委員選擧其他數件を附議した。

◇衞生講話　津市處女團橋內東部分團は五月二十日講話會を開會した。

四日市市會　五月二十五日、市稅調査委員、伊達貫一郎氏市會副議就任に伴ふ同調査委員補缺選擧を行つた。

◇上野町會　五月二十七日本年度縣稅營業稅並に料理屋飲食店湯屋稅各賦課額議案其他を附議した。

◇田丸初町會　五月二十七日十四年度田丸町縣稅營業稅各賦課額の件他數件を附議

◇木本町會　五月二十五日縣稅賦課規程中改正の件寄附金受納の件、他數件を附議

◇波切村會　五月二十六日十四年度縣稅營業稅課額の件其他を附議した。

◇久居町會　五月二十八日名譽職辭職理由認定の件其他諸件を附議した。

◇入鹿村　五月二十一日村費支辨の爲一時借入金の件追加豫算を附議した。

◇一身田町會　五月二十九日本年度同町歲出入の追加豫算議案の件其他を附議した

◇津市會　五月二十九日塚澤議員の希望開陳あり日程に入り消防組設備變更の件等を附議した。

◇關町會　六月四日十四年度縣稅營業稅商業稅各戶課額議定の件　他を附議した。

◇三重郡　當局は町村行政事務の向上を期すべく各町村吏員に視察團を組織せしめ六月四五兩日阿山、名賀兩郡內優良町村の行政事務を視察した。

◇田丸町會　六月十三日十四年度歲入出第一回更正豫算の件其他を附議した。

◇片田村青年會　新に青年會館を新設すべく計畫中同會は一週一回一夜講習會を開催して體育奬勵と相待つて身心調練に努めて居る。

◇柿野町會　六月二十七日十四年度戶數割各戶課稅並に町稅附加率の件を附議した

◇

町村長收入役財務主任

△第二班　阿蘇郡北小國村方面

吉田郡書記引率

杉上、守富、隈庄、豐田、豐川、豐福

同上

△第三班　天草郡本村方面

加々山郡書記引率

松橋、豐野、砥用、東砥用、同上

○木村光輝氏（日吉村長）　五月十八九兩日東京に於て開會した鐵道協會主催全國町村長會常任幹　會出席の爲め十六日東上二十四日歸熊。

○靑木地方課長　八代郡に於ける町村吏員實務講習會の講師として五月二十四日から出張。

○木見田縣屬　同上。

○佐方盤林主事　上益城郡飯野村產業組合總會臨席の爲め二十三日出張。

○奥田末吉氏（縣教育會幹事）　帝國教育總會出席のため五月二十三日上京月末歸熊

○田邊秀雄氏（上益城郡長）　六月二日隔間郡書記を伴ひ河原村小學校教員住宅落成式に臨席

○八代郡長の視察　廣田八代郡長は猿渡勸業主任を隨へ六月二十四日八代郡北部の

◇役場位置變更　多氣郡宮村は六月十二日大字野宮字牛葉三百〇番の一及同番二、三四〇五番一一三四〇六番の一に變更せり

愛知縣

◇市參事會　名古屋市參事會五月七日開會十日の市會に附議する今上兩陛下銀婚式當日賀表を捧呈する原文を何等の修正もなく即時可決した。

◇津島臨時町會　五月十六日土木費の追加豫算其他の件に關し開會した。

◇安木町會　五月十日開會安城第一尋高小校の校舍改築變更の件を議決した。

◇豊橋市　独間小學校運動場敷地擴張に就き土地收用法により收用する件は五月二十日認可さる。

◇安城町會　五月二十五日本年度賦課の町税戸數割賦課の下調査を開始した。

◇豊橋市會　六月三月開會、十四年度歳入出追加豫算、災害地所附加税免除、寄附採納其他の件を協議した。

◇豊橋校長會　六月八日開會、學校改善に關する法案につき種々協議した。

◇夏秋蠶不作防止協議會　愛知縣蠶糸課にては各郡市蠶糸試驗場、蠶藥取締所技術員と會し六月二十七日夏秋蠶不作防止の對策を講じた。

靜岡縣

◇縣參事會　五月二十三日開會藤枝警察署敷地として藤枝町より町有地三十坪寄附申出に付受領の件其他を附議した。

◇二俣町會　五月十九日開會、十四年度縣税營業税雜種税の件不用土地賣却の件他二件を附議した。

◇笠井町會　五月二十四日開會縣税雜種營業税合算等級の件を附議した。

◇濱松市參事會　五月二十日都市計畫答申事項を始め東京電力會社合併承認の件其他を審議した。

◇賀茂郡自治會活動寫眞　社會教育思想善導の目的で六月一日より三日間松崎、下田、稲取町に於て開催。

◇靜岡市參事會　五月二十五日開會、十四年度前半期縣税及雜種税等級賦課の件を審議した。

◇下田初町會　五月二十二日、各役員の選擧を行つた。

◇島田町會　五月二十七日、十四年度前半期分縣税營業雜税種税合算等級課額議定

各町村の苗代田に發生せし害虫驅除情況を視察し當日歸廳した。

○堀一雄氏(阿蘇郡視學)　六月二十六日一應赴任事務の引繼を受けて二十七日更らに宇土郡に引返し事務引繼の上單身赴任

□宮崎縣□

○吉崎源藏氏　岡富小學校新築費五十萬を寄附した。

○八代村　村長助役他役場吏員一同は五月七日青島に旅行。

○黒木諦輔氏(縣議)　九州各縣自治行政視察の爲五月十二日出發。

○大島文彦氏(兒湯郡長)　學事用務を帶びて五月十二日來宮。

○柴田正雄氏(市會議員)　六月二十四日鹿兒島地方に向ひたるが二十五日歸熊。

○學事視　關員　本縣教育會西臼杵郡支會事業の一端たる東京地方學事視察は左記の通り派遣する事に決し富永視學團長として五月二十四日より出發六月十二日歸部

西臼杵郡視學富永忍、押方小學校長飯干槇太郎、見立小學校長谷川彦四郎桑野内小學校長松元藤太、大人小學校長

の件其他數件を附議した。

◇沼津市會　五月二十九日午後招集して十四年度後半期營業税及雜種漁業税附加率に就き協定其他諸種件を協議した。

◇濱松市會　市本年度前半期縣税營業税雜種税等級賦課額を議定した、尙寄附物件受領の件外諸件を附議した。

◇淸水市會　五月二十九日、十四年度前半期縣税營業税雜種税等級課額議定の件其他を附議した。

◇下田町起債申請　小學校建築費として同郡白濱村より五萬圓借入起債の件五月二十九日認可申請した。

◇笠原村會　五月三十日、十四年度前半期縣税營業税雜種税合算等級課額議定の件等附議した。

◇掛川町會　五月三十日、寄附金採納の件掛川西南總用水組合議員選擧の件等附議した。

◇二俣町會　六月五日、委員選定を了した。

◇熱海町會　六月十二日、財政計畫調査委員規程中改正の件一時借入金の件其他を附議。

◇靜岡市會　六月十七日、開會都市計畫區域設定諮問に對する答申の件其他諸件附議

◇駿東小山町青年團　數ヶ月前から臨港處分の方法なく時節柄衞生上捨て置けないと靑年團率先して月三回宛總動員をして郊外に搬出燒棄することになり實行中。

◇伊藤町會　六月二十四日縣税戶數割賦課額を定むるの件を附議。

◇熱海町會　六月二十二日開會町財政計畫調査委員規程中改正の件外十數件を可決

◇掛川町會　六月廿九日戶數割賦課額の件學校敷地擴張の件町有地貸付の件を附議

◇大宮町會　六月二十八日本年度上半期戶數割公設市場移轉其他を附議した。

◇熱海町會　六月二十六日シンガー、ミシン機二臺東京麴町區永田町村井義より熱海町小校備品として寄附外六件を可決した。

◇役場位置變更　引佐郡金指町は五月二十九日同町字楠下千二百三十九番地に變更

◇同　盤田郡　磐田郡池田村は四月十七日字中ノ町八百六十四番地の二へ變更

◇同　同郡長野村は四月二十三日小島字北山七百三十三番地の一及二に變更した。

□鹿兒島縣□

佐藤氏、桑弓小學校長宮高武士

○松崎視學官上京　松崎本縣學務課長は六月二十七日より文部省に於て開催さるゝ視學官會議並に社寺主任會議に列席の爲め二十四日出發上京。

○佐土原校長、後藤睦藏氏　學校用務にて六月二十六日出宮、郡役所に學事係訪問即日歸校。

○郡視學井上宇助氏　靑島村敎育會臨席の爲六月二十七日內海小學校まで出張、日歸廳。

○御牧秀一氏(肝屬郡長)　聯隊打合せのため五月七日出鹿八日都城へ出張九日の六十四聯隊解隊式に參列。

○市議功勞者　五月十二日市役所に於て本田前市會議長以下退職市會議員功勞者表彰を行つた。

○市在鄕軍人會　前名山分會長陸軍步兵大尉谷村仲人氏は名山分會創立以來分會長として其の功勞少からざる趣を以て帝國在鄕軍人會鹿兒島支部にては軍事功勞者として表彰すべしとの內議ある由なるが同時に市役所兵事主任萩原書記は十餘年

山梨縣

◇甲府市農會　五月十五日評議員會開會

◇峽北秋田農會　北巨摩郡秋田村農會にては五月十七日縣農會技手を聘し水稻肥料改良の指導を受けた。

◇甲府市會　五月十五日開會、市役所内に電話交換所を設置すること並に朝日小學校通路に架橋するの件を附議原案何れも通過。

◇甲府市參事會　五月二十二日招集寄附受入れの件並に朝日小學校前道路内暗渠新設工事費二百二圓四錢追加の件を附議原案を承認した。

◇甲府市青年團義捐　關西地方に於ける震火災義捐金醵出することゝなり各團員應分の寄附をした。

◇縣農會　今回木原式水稻機を購入したが一、使用時間は一郡市内に於て三日以内一、往復に要する荷作費運賃は使用者の負擔其他諸條件にて郡市農會其他に實地使用の爲め貸付くると。

◇上野原町生繭　附近各村の發蠶が平年より約一週間遲れ六月十三日新繭の走りとして神奈川縣津久井郡各村及吉野等から九十貫三技商店に入荷御祝儀商談として高値

◇甲府市會　六月十三日、營業税雜種税賦課額に人名表、縣有地拂下二件、湯田小學校に高等科併置の件を附議。

◇甲府市内校長會　六月十五日開會、教授等に關し打合せをなした。

◇土木委員會　甲府市にては六月二十三日開催、道路舖装工事の請渡し入札を施行

◇戸數割委員會　甲府市では六月二十九日縣税戸數割調査委員會を開會した。

◇會議所建築員會　甲府商業會議所建築常任委員會を六月三十日開會、電燈設備其他に關して協議した。

滋賀縣

◇苗村青年團第一支部總會并に入團式　五月五日開會

◇彦根町青年團　五月十日銀婚奉祝式を擧行。

◇高宮町會　五月二十一日召集し十四年度縣税營業税雜種税賦課額等級の件を附議した。

◇大瀧村會　五月二十一日開會十四年度縣税營業税雜種税負擔等級議定豫算追加其他諸件を附議。

兵事々務に精勵したる廉を以て曩に陸軍大臣より表彰せられたるが今回は上記鹿兒島支部より更に同樣軍事上の功勞者として表彰さるゝに至るべく右は多分今秋十一月頃なるべし。

○荒井馬次氏（縣農林技師）　囎唹肝屬へ出張中五月二十四日歸任。

○松田德太郎氏（縣社會主事）　社會事業大會出席のため上京中五月二十四日歸任。

○肝屬町村長視察　肝屬郡各町村長は御牧郡長に引率され五日間の豫定で七月一日縣下各町村産業組合視察に赴いたが視察地は岩川、末吉、國分、淸水、鹿兒島、谷山、塔之原等である。

○押領司矢之助氏　（薩摩郡隈之城村會議員）六月二十二日死去二十三日葬儀を執行した。

□沖繩縣□

○田村産業課長　嚴父重態の報に接し五月四日急遽群馬縣へ向つた。

□北海道□

◇八日市町會　五月十九二十の兩日開會十四年度縣町稅戶數割の賦課等級を議決

◇東淺井臨時町村長會　五月二十日開催村治上の件に付指示協議をなした。

◇彥根町會　十四年度縣稅營業稅雜種稅各自負擔等級議定のため五月十九開會

◇石山初村會　五月三十日開會十四年度縣稅雜種稅賦課稅割及び名與職辭職認定學務委員任期滿了に付改選、區長並に區長代理者改選の件等附議した。

◇高野村會　五月二十六日開會縣稅賦課額等級の附議をした。

◇北田村會　本年度縣稅營業雜種稅賦課額等級は五月二十六日開會した。

◇村青年團　五月十八日總會亟に入退團式擧行

◇鏡山村會　五月二十七日[illegible]縣稅賦課等級の件議定

◇久德村會　五月二十九日十四年度縣稅營業稅雜種稅賦課額等級議定の件其他の件を附議した。

◇八日市町會　五月二十九日開會十四年度縣稅營業稅の賦課等級の査定をなした

◇河瀨村會　五月二十八日開會十四年度縣稅營業稅雜種稅賦課等級の件外諸件を附議した。

◇龜山村會　五月三十日十四年度縣稅營業稅雜種稅各賦課等級議定外諸件を附議した

◇瀨田初村會　六月一日十四年度縣稅營業稅雜種稅等級表の議定をした。

◇芹谷村會　六月八日開會十四年度縣稅戶數割各自賦課額議定、諸件を附議

◇日野町會　六月十日開會縣稅營業稅雜種稅負擔額の件、町稅賦課の件他件を原案可決

◇彥根町會　十四年度縣稅戶數割等級議定案編成に付六月二十六日町會召集し其他圖書館敷地と追加豫算の件を附議

◇瀨田村會　六月二十四日十四年度縣稅戶數割賦課額十四年歲入出追加豫算を議定

◇南青柳村會　六月二十七日十四年度縣稅戶數割納稅義務者各自賦課額の件等附議

◇六莊村會　六月二十四日より三日間開催縣稅戶數割等級制定其他六件を附議

◇西大路村會　六月二十七日十四年度縣稅戶數割賦課の件、同歲入追加豫算の件附議

岐阜縣

◇蠶業技術員會　吉城郡養蠶組合聯合會

○紋別本町岩倉町長內地方面出張の所五月四日歸町した

○赤井川村長阿部八郎氏五月十六日出札

白老村長北條瀧三郎氏同日入札

○野寒村長岩崎善正氏同日入札

○千歲村長川合新三郎氏五月十五日入札

○幌延村長高橋文之輔氏同上

○日野長萬部村長關西地方視察旅行中なりしが五月十二日歸村した

○河合村長佐藤長次郎氏五月十八日入札

○稚內町長東鄉金壽氏同上

○陸別村長服部增太郎氏同上

○高橋岡札幌市長上京中なりしが五月二十日歸札した

○美國町長岩淵三樹藏氏五月二十一日出札

○沼田村長齊藤益之氏五月二十二日出札

○清水東興村長五月二十日地價調査會出席の爲め河西稅務署へ出張廿二日一先歸村

○吾妻當別村長村內各部落に出張實地調査をなした

○新十津川村長澁澤兵一氏六月廿五日出札

○勤儉奬勵功績者及調整として表彰されし者左の如し

御影青年分團、同分團祖山青年團、同遊山分團及西山次作、山內發三郎の諸氏

では五月八日開會した。

◇農事協會總會　五月十七日農林省の獨立に伴ふ、村の重要問題に對する宣言決議をなした。尙十三年度經費決算並に會務狀況を報告し議事に入り規約改正の件は異議なく原案を可決役員改選の件は會長指名通りに決した。

◇下麻生町民大會　下麻生町革進會主催となり六月十日町長後任其他町政問題に付開催

◇役場位置變更　山縣郡谷合村は字登千二百四十四番及千二百四十五番地に變更

◇美濃町の農村問題講演　五月十七日開會諸名士の講演があつた。

◇岐阜市教育會　第四十一回總會を五月二十三日開會、會務報告、役員選擧、學校勤續職員表彰等を行つた。

◇大垣市中北部青年團　今回の山陰道の震災罹災者を慰めんため市民の同情を求め慰問袋を募集し罹災地に送つた。

◇岐阜市青年團員美擧　今回の山陰方面罹災者の爲團員より義捐金募集し金二千圓を五月二十七日岐阜新聞社へ持參傳達方を願ひ出た。

◇大垣市會　六月三日開會、營業雜種稅每戶數割等級賦課額其他の件を附議した。

◇安八青年團長會　六月十一日縣聯合青年團加盟に關する件、青年幹部講習會養成に關する件等協議

◇畜產技術員會議　六月二十二三兩日牛の傳染肋膜肺炎豫防に關し農林省椎塚技師の講演があつた。

◇寺尾處女會　六月二、五日開催し武儀郡役所より西川主事出張大正婦人の務と題する講演次に講演裁縫實習等をなした。

長野縣

◇縣下町村長委員會　五月十五日開會郡役所廢止後の事務歸屬に關し意見をまとめ成案の作製に付協議を行つた。

◇伊那町會　五月十三日火災保險契約締結の件及學務委員選擧の件他數件を附議

◇自治研究會　諏訪郡東部玉川湖東米澤北山泉野豐平の六ヶ村は五月十二日開會

◇長野市會　五月九日開會、追加豫算奉祝費(四百五十圓)を一致可決二三諸氏の質問あり日程に入つた。

◇西筑摩北部自治會　五月十九二十兩日開催、第一日は附近の電氣事業其他を視察し二日目は役場內に會議を開いた。

◇◇人事移動◇◇

東京府

○府課長任命　東京府は五月十四日付け左の如く任命した。

前青森縣學務課長　武井群嗣
命庶務課長(地方事務官)
前兵庫縣工場監督官　戶塚九一郎
命地方課長(地方事務官)
靜岡縣工場監督官　矢野恕
命商工課長(地方事務官)

○東京市辭令(五月十三日)

山崎犀二
任東京市主事給四級俸(三六〇〇圓)命道路局庶務課長

○後藤文吾氏　八王子市長平村兵衞氏死去に就き同氏後任として五月二十六日就任の御裁可を經た

京都府

○田原和雄氏　五月七日開會の京都市會に於て京都市高級助役に推薦さる

○本府の新任書記官及び事務官は五月十三

各自納額の標準となるべき所得額及び住家坪數その他を附議した。

◇埴科自治町村長會　五月二十三日開催郡役所廢止後町村間に中間的機關を設置の可否其他の問題に付協議した。

◇上田市參事會　五月二十七日開會縣稅營業稅雜種稅各人の附加額の件、他諸件附議

◇長野市參事會　五月廿日十五年度土木工事縣費補助出願の件外二件に關し開會。

◇赤穗村會　五月二十八日學務委員選擧並に區長辭任認定の件を附議した。

◇中野町會　五月二十八日、本年度の縣稅戶數割賦課稅戶數割付に關する協議をなした。

◇小諸町會　町長及助役改選の町會は五月二十六日開會

◇松本市會　五月二十九日開會、十五年度縣費補助、道路及び市會議員選擧の異議申立てに對する決定其他を附議した。

◇自治研究會　北安曇郡役所では六月二十一日開會席上十ヶ年以上勤續吏員の表彰式を擧行した。

◇上伊那自治町村長會　五月三十日臨時總會開會、郡役所廢止後の町村自治發展に就き協議をした。

宮城縣

◇亘理町會　五月九日十四年度歲入出追加豫算臨時出納檢查立會議員選擧、縣道幅員擴張に關する意見申開、常設委員設置規程その他の事項に關し改選後第一回の町會を招集した。

◇北鄕自治研究會　五月十六日伊具郡自治協會にては事務研究會を開催した。

◇角田町役場　位置を大字角田袋百〇一に轉更

◇高清水町青年團員奉仕　第四分團では五月十九日總出動にて樹木を各所より採取の上學校園に植付寄贈した。

◇本吉自治講演會　五月二十四日東北帝國大學教授鈴木博士の講演があつた。

◇仙臺市會　市會議員選擧無効に關する異議決定並に貧困兒童就學獎勵資金規程、學校敷地買收議定のため五月二十一日招集。

◇聯合教育會　五月二十五日より三日間第九回帝國聯合教育會を開會、教育基金塡補の方法其他諸事項を協議した。

◇增田町會　五月二十五日縣稅戶數割賦課方法議定の件外數件を議定した。

日附を以て左の通り任補された。古川書記官を學務課長に藤原事務官を農林課長に馬場事務官を社寺課長兼兵事、會計課長に。

○稲田嘉平氏　岡田榮吉氏後任として海部村長に當選認可就任せり。

○山﨑保氏　相樂郡瓶原村長に當選

○草木幸太郎氏　五月十八日北桑田郡山國村長に當選

○澤田嘉右衞門氏　六月七日中郡河邊村長に認可就任

○河田敏郎氏　六月七日峰山町青年團長に當選就任

○林武平治氏　六月五日山家村長再選就任認可

○瀧堅新兵衞氏　峰山町助役に認可就任

○中村治作氏　峰山町長に認可就任

都市計畫京都地方委員被仰下（六月十六日）

京都市助役　田原和男

京都府書記官　森岡二郎

（各通）兵庫縣書記官　八木林作

大阪市主事　山口正

大阪府

大阪地方職業紹介委員會委員を命す

◇大河原町會　五月二十七日收入役菊田善助氏の再推薦を承認し、それより營業税附加方法その他を附議した。

◇志津川町會　五月二十九日十四年度戸數割賦課方法議定の件、十四年度營業雜税種税賦課方法議決の件等を附議した。

◇下增田村靑年處女團部會　團向上の目的で今回各區に部會を創立した。

◇若柳町會　五月二十八日十四年度若柳小校備品寄附採納の件其他諸件を審議した。

◇圓田村會　五月三十日本年度縣税戸數割附加方法及び營業税附加方法等協議した。

◇登米町會　五月二十九日道路堤塘使用許可出願の件其他諸件を審議した。

◇柳津町會　同二十九日水道布設認可稟申書提出に關する件等を協議した。

◇二俣村會　六月一日村歳入出追加豫算議定の件寄附採納の件其他を審議した。

◇鹿又村會　六月一日追加豫算議定の件附議

◇中村初町會　六月六日水道委員及び學務委員の任命及びその他二三項を協議

◇角田町會　六月十六日町公民たる制限を特免するの件町長選擧の件を協議

◇白石町會　六月十六日町是調査委員選擧の件は相當考慮を要すとの理由にて延期となり衛生委員選擧を行つた。

◇渡波町會　六月十八日招集し歳出經常、臨時部既決合計金四萬五千二百餘圓の更正豫算の協議その他同町縣税營業税賦課方法を議決した。

◇大鷹澤村會　六月十九日縣税營業税雜種税賦課の件外數項を附議

◇一迫町會　六月二十五日開會町臨時委員費用辨償支給規程設定の件他數件を附議

福島縣

◇市小荒井靑年自彊團總會　五月十日擧行

◇郡山市會　收入役問題で衆目を集めて居た市會は五月十六日開會、市參事會員補缺選擧の件を附議し收入役推薦の件は一致で現收入役總代理永戸直之助氏を推薦した。

◇堰本靑年總會　五月十日本總會を開會

◇福島市參事會　五月二十一日開會上水道鐵橋落成式準備並に市債借入の件等に付種々協議を行つた。

◇若松市會　五月二十九日開會、十四年度歳入出豫算追加の件を附議した。

◇松本市會　五月十八日開會、縣税戸數割

大阪市助役　加々美武夫

大阪地方職業紹介委員會委員を免す（五月二十六日）

神奈川縣

○木下太一氏　五月二十五日附を以て高座郡田名村助役再選認可さる。

○高橋角太郎氏　高座郡澁村長退職

○佐藤幸太郎氏　同後任に當選

○池田榮次郎氏　六月十九日戸塚町助役就任認可さる。

○助役さ收入役　上郡川村では先般村長助役收入役の總辭職をしたが結局村長のみ留任し助役は鈴木濱次郎收入役は兵藤鶴吉の兩氏後任に決定し關係官廳へ認可申請をした。

○宮代新太郎氏　五月二十三日、磯町長に認可就任す

○有吉忠一氏　五月七日渡邊勝三郎氏後任として横濱市長就任の裁可を經た。

兵庫縣

○櫻井米次郎氏　五月七日武庫村長に當選

○永井菊之助氏　上久下村長に再選

○滋岡市長　五月二十六日の姫路市教育會幹事會に於て會長に選定

◇若松市會　五月二十九日開會、十四年度歳入出豫算追加の件を附議した。尙焼け殘りの第五小學校修理及自動車ポンプ購入等其他數件を附議した。

◇若松市教育部會評議員會　五月廿五日開會十三年度豫算收入支出差引殘金を次年度繰越さなすの件を承認した。

◇水原村青年團の基本金蓄積　團員四十名餘は本年四月より十一月まで土湯、金谷川間の道路改修を請負ひその賃金を受けて積立て基本財産の蓄積に努めてゐる。

◇本宮初町會　六月六日議事細則改正の件、外四件を附議可決し、水道調査委員を選擧

◇東白鮫川村會　六月十日十四年度の歳入出並に貧富等差、議事錄署名人、會計檢査立會人等の選擧を行つた。

◇村廢合　大沼郡水玉岡村川路村八町村制第三條に依り之を廢合し其の區域を以て王路村を置き六月十日より施行せり但し水玉岡村及川路村の所有する財産並權利義務の一切は王路村に移管す。

岩手縣

◇稗貫郡自治研究會　五月七日石島谷て發會式擧行

◇第二回久慈町會　五月十三日開會學務委員選定の件、其他二、三の件を附議した

◇金ケ崎初村會　五月二十五日開會、席順を定め第一號議案區長選擧の件を協議した、

◇盛岡市會　五月二十三日十四年度市歳入出第五項追加豫算の件市有土地水面無償讓與の件外諸件を附議した。

◇盛岡市會　五月二十二日東德太郎の村井源之助吉田正人佐々木德太郎に對する異議申立に對して以上の三氏及北田市長よりの訴願に關して協議した。

◇一關町會　五月二十日開會十四年度歳入出更正豫算同年度特別會計更正豫算等附議

◇矢澤村農會　五月二十日總會開會豫備議員選擧及旱害對策に關し協議した。

◇町村道認可　大田村は五月十四日付大迫町、宮野目村は五月二十六日付で町村道全部の路線を認可さる。

◇久慈町會　第三回町會は五月二十七日町諸給與規程設定の件其他諸件を協議した。

◇下閉伊教育研究會　五月三十日開催

◇市參事會　六月十三日十四年度縣稅戶數割各自賦課額並に歳入出第四項追加豫算其

○石橋爲之助氏　病氣に就き神戶市長辭任出願中六月三日付認可さる

○大森英文氏　六月十八日飾磨町長に就任

○齋藤惣三郎氏　六月二十一日城崎町名譽助役に當選

長崎縣

○才木多七氏　北高來郡深海村助役に當選

○江頭忠敬氏　五月十六日江島村會に於て滿場一致同村助役に選擧された

○廣瀨俊一氏　六月二十日平戶町長に就任認可さる

○長崎市教育會代議員（五月八日）

○市川庄次郎○石田利八○合川定平○小田文平○貞方猛○村田直輝○志賀親久○宇野武男○則元卯太郎○武部岸郎

福岡縣

○梅津貞次郎氏　五月七日福岡市松原町壯青年團長に當選

○梅津禮太郎氏　同副團長に當選

○福岡縣各課長任命　福岡縣では十二日付を以て左の通り課長の任命があつた

福岡縣書記官　村山武

內務部學務課長を命す

他三件に關し協議を行つた。

◇久慈町會　第四回町會六月十三、四兩日間開會十四年度歳入出追加更正豫算の件を議決した。

◇湯口村會　六月二十三日十四年度村歳入出追加更正豫算の件村督促手數料條例中改正の件他二三件を附議した。

◇一關町會　六月二十二日十四年度戸數割各自賦課額の件附議したが全員に於て調査審議を爲すこととした。

◇山田町會　六月二十六日十四年度縣稅戸數割各自賦課額議決の件專決處分に關し承認を求むる件學務委員選擧の件其他附議

青森縣

◇野邊地町會　五月十日開會議員席次を定めた。

◇奉祝青森市會　五月十日開會

◇木造町會　五月十日議員席順を定めた。

◇弘前市青年團　五月十五日開催決算並に豫算を評議した。

◇七戸町會　五月十三日開會、全町を擧げ注目してゐる異議申立の件を審議結果多數を以て委員五名に附託となつた。

◇野邊地町會　五月二十一日臨時出納檢査立會人選定の件他數件を協議

◇十三村初村會　五月十四日開會議案第一號兒童文庫設置につき寄附金採納の件を可決し二號渡船場用敷地國有貸付願の件は議論百出し未決のまゝ保留となつた。

◇五戸町會　第二回町會、五月十九日開會前會に引續き異議申立決定に關する件を議した。

◇縣參事會　五月二十五日開會、町村會議員選擧に關する訴願の裁決不動產處分の件その他を協議した

◇七戸町會　松島大景氏より七戸町會に提出の異議申立の件は決定之れに付松島氏は縣參へ提出すると。

◇五所川原町會　五月二十八日開會、町道新設の件其諸件を附議した。

◇東通村會　六月十七日縣稅戸數割每戸負擔額查定方法、同戸數割附加稅率更正するの件等附議

◇三戸自治振興會第三分會　五月二十七日開會實業補習教育振興の目的を以て共同組合を設け專任教員を採用するの件等を研究

◇五戸町會　五月二十六、二十八兩日に亘り異議申立決定に付協議した。

福岡縣事務官　小山三郎
警察部工場課長を命す

福岡縣事務官農林課長　堀内功
内務部商工課長兼務を命す

福岡縣事務官　本間精
内務部社會課長を命す

○天野太郎氏　六月十六日鞍手郡宮田村長に當選

○大場昇吉氏　六月二十三日早良郡姪濱町助役に認可就任

新潟縣

○伊藤建七郎氏　北蒲原郡黑川村長に五月八日再選

○鐔熊次郎氏　刈羽郡野田村收入役當選

新潟縣書記官　原田維織
正五位勳四等　澤田敬義
都市計畫新潟地方委員會委員被仰付

從四位勳三等　池田廉一郎
依願都市計畫新潟地方委員被免

新潟市會議員　安倍邦太郎
同　幸田慶三郎
同　出塚助衛
同　齋藤庫四郎
同　花澤平次

◇鰺ヶ澤町會　六月六日本年度町歳入出追加豫算に關する件基本財產運用に關する件他諸件を議決した。

◇六ヶ所村會　六月十六日村役場敷地繼續出願に付審決處分報告及び有給助役を定むるの件、學務委員增員選擧の件、其他を附議

◇八戸町會　六月二十日町是調查規定の件土地貸與の件、十四年度追加豫算案等を附議、二三質問ありたるのみにて原案可決した。

◇黑石町會　六月二十二日開會、十四年度建物等設議案を附議した。

◇後潟村會　六月二十六日本年度縣稅戶數割每戶負擔額查定方法案其他を協議した。

山形縣

◇山形市參事會　五月八日開會蒸氣ポンプ受納に關する消防組員の變更並に部落有財產處分の件等を附議した。

◇飽海青年團長會　十四年度の豫算その他を協議した。

◇大石田町　五月十四日遠藤楯岡警察署長の衛生に關する講話があつた。

◇本縣郡市長會　五月十八日開會配布した地方長官會議における總理大臣始め各大臣のなした、訓示に基きそれ〳〵これを敷衍し地方稅制整理に就ては大藏省に於ても速に意見を聽取したいと急で居るから各自もそれ〳〵意見を纏めて縣廳に差出されたいその他種々三浦知事より報告した。

◇飽海町村長會　五月十九日開會、事務上に關する案件を協議した。

◇山形市會　五月二十三日開會、消防組員變更の件其他諸件を協議

◇南置賜村長會　五月三十日開催關書記は今回の村長會議員選擧に關する件と村財政整理緊縮に關する件の二項を指示した。

◇白岩町長問題　町長選擧に關する協議會は五月二十八日開會議員連で種々協議したるも容易に纏まらなかつた。

◇新庄町會　本年度の縣稅戶數割賦課に關する資力調查の件を附議した。

◇縣參事會員檢查　六月六日大沼保吉外五氏は酒田警察署及び郡役所の會計檢查を行つた。

◇山形初市會　六月十二日正副議長及び縣參事會員を選擧した。

◇渡邊久三郎氏　南村山郡金井村長當選

◇鵜渡川原村會　六月二十五日名譽職助

同　中島半次

都市計畫新潟地方委員會委員被仰付

埼玉縣

○飯島原代氏　兒玉郡藤田村助役に就任

群馬縣

○平形壽七氏　群馬郡豐秋村長五月二十五日附認可

千葉縣

○石上新藏氏　本銚子町長に五月二十五日認可さる。

○櫻井源右衛門氏　海上村長に六月十五日當選した。

茨城縣

○島醫氏　双葉郡請戶村助役に五月十四日附認可

○荒木貞吉氏　結城郡豐田村收入役に推薦

○增子猛氏　久慈郡佐原村助役五月二十日認可

○潮田新太郎氏　眞壁郡樺穗村收入役決定就任した

○金成茂治氏　石城好間村長六月四日認可

役推薦の件及十四年度縣税戸數割賦課方法の件を附議

◇及位急施村會　六月二十五日罹災救助基金運用に關する件、罹災民建築用材拂下げに關する件其他を協議可決した。

秋田縣

◇土崎初町會　五月九日銀婚式奉祝賀同捧呈の件に就開會

◇秋田市會　五月九日開會田口石川小玉三氏よりの一級選擧の異議訴願の議事調査委員に附托した。

◇土崎港町會　五月十三日學務委員八名選擧の件其他二三を協議した。

◇山本郡町村長會　五月十八日開會、全國町村長會出席者選定の件、他諸件を協議した。

◇秋田市會　市議選擧無効訴訟願ひに對する辯明書を決定す可く五月十六日開會

◇仙北郡教育總會　六月一二兩日開會、普通選擧に直面して社會教育上施設すべき事項等協議した。

◇市參事會　六月二日市築山小學校々地擴張に關し本縣知事諮問に付答申の件其他を附議した。同四日十四年度縣税戸數割賦課標準の及び市消防組給與規定中改正の件を協議した。

◇土崎繼續町會　六月十三日丸山氏は委員會の經過と修正の理由を説明し、議論百出原案贊成説あり、委員會修正案に贊成説あり、採決の結果委員修正案多數にて可決確定した。

◇縣參事會　六月二十四日十四年度追加豫算（社會事業資金、住宅組合建築資金その他）諸件を附議

◇市教育會　六月十五日十五年度本會事業を定め十五年度本會事業費として千六拾圓の補助を市長に申請する件、他數件を協議

◇土崎港町會　六月二十四日十四年度縣税戸數割納税義務者の賦課標準及年賦課額の件、土崎消防組編制替の件等議決

福井縣

◇農政講演會　郡農會並に農政協會主催の農政講演會は五月六日開會

◇武生急施町會　五月十日開會、御大婚奉祝文を決議した。

◇

○八木沼與次郎氏　伊達郡睦合村助役六月四日認可

○關山癸太郎氏　久慈郡小里村助役六月十三日當選

○新井芳之助氏　北相馬郡内守谷村長六月十日當選

○大塚龍次氏　多賀郡南中郷村長六月十四日再選

○佐藤政藏氏　相馬郡原町長六月十八日認可さる

○一石安次氏　筑波小野川村長六月二十日當選

栃木縣

鈴木爲作

○雇を命じ月俸十八圓を給す但知事官房文書係勤務　雇　田宮義一

○御用濟に付雇を解く　田宮義一

○學校衛生書記を命ず月俸三十八圓を給す　北村勝義

○雇を命じ月俸十八圓を給す但内務部學課勤務　雇　楡木光男

○御用濟に付雇を解く　楡木光男

◇**鯖江町會　五月九日開會、各種委員設置**規程可決した。

◇武生町會　第五回町會六月五日開會、縣税營業税雜種税賦課等級案は七名委員に附託となつた。

◇三方村長會　六月十日縣税戸數割營業税雜種税賦課額議決の件其他を協議

◇鯖江町會　六月十二日十四年度歳入出更正追加豫算の件其他を協議した。

◇吉田郡村長會　七月三日郡市長會議の結果に就き審議

◇福井市參事會　六月二十五日開會、自動喞筒修善に關する經費と出品協會申込みの岐阜共進會出品及び納涼地經營等に關する十四年度追加豫算と寄附物件採納の件其他を附議した。

◇足羽郡臨時村長會　六月二十八日開會郡市長會議附議事項に付協議した。

石川縣

◇濱田町會　五月六日開會安達源太郎氏の選擧の効力に關する異議申立を附議した。

◇田中松任町會　五月十二日招集、起債方法等變更の件を附議した。

◇**中條村青年團總會　六月五日入退團式並に十三年度庶務及び會計報告等をなした**

◇**社會體育獎勵**　石川郡自治協會では郡内各町村の社會體育會に獎勵金を寄附し之が開設を獎勵すると

◇**自治會報發行**　羽咋財團法人自治會では五月十日會報第五號を發刊した。

◇珠洲町村長會　五月十七、八兩日開催戸數割規則及び町村議事につき打合した。

◇作見初村會　五月十七日協議委員學務委員臨時出納檢査立ち會ひ人選擧の件を附議

◇北美川町會　五月二十二日招集、十四年度縣税營業税、商業税負擔額其他數件を附議

◇高濱町會　五月二十二日招集、議案十數件を附議

◇野々市町會　五月二十三日町税賦課徴收規程改正の件、其他諸件の提出議案の大體に就き説明があつた。

◇町會　鶴來、寺井は六月二十日小木二十一日高松二十四日各招集、縣税賦課商業税額に就き質問應答があつた。

◇鹿島郡自治會協議會　五月二十八日、第三勤儉獎勵強調週間實行法、其の他同會**施設事業研究等の爲め同會理事並に囑託社**

○**林業助手を命す月俸二十五圓を給す**

○篠崎秀吉氏　四月三十日宇都宮高等小學校長退職

○渡邊鎌吉氏　同西校長退職

○橋本新太郎氏　同日芳賀郡眞岡校長退職

○長安太郎氏　同日足利小學校長退職

○大久保衛隆氏　湯野上村助役認可

○諏合與吉氏　同收入役代理認可

○山口茜四郎氏　足利市長、五月一日就任裁可

○青柳茂雄氏　那珂村長認可就任した。

○鹽田銑次氏　下都賀郡吹上村長決定

○遠藤忠平氏　芳賀郡須藤村收入役六月十日付認可

奈良縣

○山中善藏氏　磯城郡初瀬町長五月十四日認可

○杉崎貞藏氏　五月二十四日宇智郡長再選

○高瀬善一氏　濟美青年團長當選

○多田勝紀氏　同副團長當選

○松田政太郎氏　同上

○吉村宗治郎氏　南北葛城郡披上村村長當選

會教育講師の協議會開催

◇羽咋自治講習會　町村の自治思想涵養と事務取扱の敏活を圖る目的で一役場毎に二名以上の町村吏員の出席を求め七月六日から九日迄開會

◇山中町會　五月二十八日招集、縣稅商業稅料理屋飮食店稅及び道路占用料徵收等は何れも原案可決した。

◇自治活動寫眞並に講演會　五月二十七日鳳至郡自治會主催にて大屋村に開會

◇自治講習會　縣會議事堂に六月一日開催

◇町會　輪島町六月二日七尾町八日大聖寺町九日十四年度縣稅營業稅賦課額同雜種稅料理屋稅賦課額　他を附議

◇津幡町會　六月六日本年度商業稅賦課率及基本財產造成費競馬會補助費他を附議

富山縣

◇富山市會　五月二十二日及二十七日招集市會議員一級當選効力に關する異議申立決定の件を協議

◇下新町村長會　七月三日開催、過般開催の郡市長會議における訓示及指示事項を傳達し町村合併に關する關係町村長の意見打合せをなした。

◇伏木町會　五月二十六日、本年度より新に徵收さるべき町稅特別倉庫家屋稅徵收方法及課稅標準を附議したが約一萬圓である

◇高岡市會　五月三十日市會議員中より度する都市計劃富山地方委員五名選擧の件其他を協議した。

◇下新生地町會　五月二十七日本年度縣稅戶數割賦課額調査の爲め開會した。

◇城端町會　五月二十九日開會西上出丸西新田區長の選定出納檢查委員選擧等について協議した。

◇第四回魚津町會　六月二十日十四年度縣稅戶數割各自賦課額決定の件、同歲入出豫算變更の件等協議した。

◇町村會　下新治六月五日、下新生地西浜羽は八日開會、十四年度縣稅戶數割各自賦課額の件同上隨時の件を附議

◇新湊町會　六月八、九、十の三日間開會十四年度縣稅町稅戶數割各自賦課の件、年度內一時借入れ金に關する二件は可決

◇役場位置變更　婦負郡仁歩村は三ツ松十八番の二十四に移轉

鳥取縣

三重縣

○澤田傳之助氏　北牟婁郡長島町長決定俸給は年俸八百圓と決定した

○度會郡町村長當選者

村長　有田村長北岡駒吉

中川村長鎗田萬之亟

島津村長柳生勘兵衛

五ケ所村長大和喜衛門

宿田曾村長奧山壽太郎

助役　北濱村助役和谷龜太郎

城田村助役鎗田多次郎

大內山助役大西茂平

五ケ所村助役中西嘉市

宿田曾村助役寺田瀧四郎

收入役　田丸町收入役中西朝三

城田村收入役中村鉄三

下外城田收入役中西喜左衛門

中川收入役中山齊作

島津收入役柳生昌光

○星法一氏　北牟婁郡引本町長五月二十日決定

愛知縣

○川口眞七氏　渥美郡福江町助役五月十五

◇中濱村青年團　近時社會的方面に亘つて各自貢献的に一大努力しつゝあり村内の風紀衞生は元より就學兒童の勸奬方に就ても直接間接に援助してゐるが最近自治組合を組織すべく計畫中である。

◇鳥取市會　六月十五日開會、劈頭勸業委員の選擧を行ひ決定し次て野一色議員外立憲青年會議員十二名及び大成會の楠城、山根兩議員贊成署名した報時機關改善に關する建議案を上程した。

◇役場位置變更　西伯郡幡部村を六月五日大字大隅千九十二番地に變更

◇米子町會　六月二十五日開會、本年度戸數割賦課を審議

◇西伯郡縣村　耕地整理組合設計書變更の件附議

島根縣

◇村會　大東五月十八日、川越二十一日、馬木二十九日、出納臨時檢査立會人選選擧の件を附議した。

◇下府初村會　五月二十四日、村行政及び自治施設に關し意見の交換を行つた。

◇宇田川村會　五月二十七日、基本財産土地分收造林に提供の件等を附議

◇三成初村會　五月二十六日村醫設置規程傳染病隔離病舍徵收規則其他を協議

◇町村會　季町五月七日、中野村十五日、十四年度追加更正豫算等を附議した。

◇隱岐島西鄕町會　五月七日過般來の復興地道路敷地土地買取問題附議

◇仁多郡村長會　五月五、六日兩日開催郡役所廢止後の各種團體の連絡如何に付協議

◇濱田町會　五月六日開會、安達源太郎氏選擧効果に就き縣參事會に訴願の件を附議し七日之が委員會を開會した。

◇松江市參事會　五月十一日開會、追加提出に懸かる議案の審議をなした。

◇一宮村會　五月二十九日、區長及代理者選擧の件、常設委員補缺選擧の件其他附議

◇廣瀨町會　淸水助役は六月十一日町會招集町長後任選擧の件其他を附議

◇町村會　濱田町六月十八日、濱原村二十日、大森町二十七日、大野村二十五日、伊野村二十六日、十四年度縣稅戸數割賦課の件其他を附議した。

◇役場位置變更　那珂郡下松山村は大字下河戸六百四十一番の二に變更した。

◇同　簸川郡大社町は六月十八日大字杵築

日附就職認可さる

○丸山常吉氏　八名郡山吉田村長認可

○遠山孝治良氏　南設樂郡鳳來寺村長認可

○伊藤惣右衞門氏　北設樂郡三輪村助役認可さる

靜岡縣

○牛場利三郎氏　磐田郡十束村助役當選

○石川和豫氏　久努村助役再選就職認可さる

○杉山儀三郎氏　小笠原田村長に五月十二日當選

○望月育治氏　庵原郡兩河内村長五月十九日當選

○石川源三郎氏　磐田郡長野村助役當選

○内藤壯次郎氏
農林技手に任ず判任官三等待遇給月俸六十圓内務部產業課耕地整理勤務を命ず

○湯山剛平氏　小山町長五月三十一日當選決定

○村田重次郎氏　賀茂稻生澤村長當選

○伊藤五郎左衞門氏　磐田豐濱村長六月十八日當選

○杉浦郁次氏　濱名天王村長六月二十二日認可

南字院内九百九十八番地に變更

岡山縣

◇津山町會　五月八日開會、特別消費稅遊興稅附加率變更に關する件を協議

◇吳妹村會　五月九日諸般整理上の協議をなした。

◇赤磐町村長會　五月六日開催、町村會議員選擧に關する件外諸件を附議した。

◇庭瀨町會　五月六日開會、前小學校長紀念品贈呈の件及び町長問題を協議した。

◇富山村會　五月六日、小學校基本財產蓄積條例設置其の他を附議した。

◇岡山市會　五月十六日開催、十四年度歲入出追加預算の件を附議した。

◇倉敷町會　五月十二日開會、町長より上水道分讓の專決處分の件を報告し船曳前助役への慰勞金を決定した。

◇富原村會　五月九日開會、公有林立木賣却に關する件等を附議原案通り可決した。

◇岩田村會　五月十六日、戶數割變更の件其他を附議した、

◇笠岡町會　五月二十日開會、第一號から第四號議案は全部可決し、第五號議案は一先づ散會、翌日引續き開會、原案の一部を修正可決した。

◇津川村會　五月十三日旱害救濟資金借入れに關する件等議定した。

◇成羽町會　五月二十二日遊興稅附加稅賦課延期並に戶數割調査標準に就ての打合せ及び併置校運動場擴張の問題三件を合議

◇芳野村會　五月二十五日開會、十四年度縣稅戶數割調査標準の件其他諸件を附議

◇小田郡　小田村は六月一日より町制施行

◇津山町會　五月二十五日町會議員選擧權に關する異議申立決定の件を附議した。

◇町會　矢掛六月二日、東岩瀨四日、十四年度縣稅戶數割賦課等附議した。

◇玉島町會　六月九日、自作農造成資金貸付及臨時委員に關する件他諸件を附議

◇菅谷村會　六月十六日、十四年度縣稅戶數割賦課等級其他を附議　日議了した。

◇笠岡町會　六月二十二日開會、町有給吏員退職給與金條例中改正の件其他協議

廣島縣

◇仁方初町會　從來九區に分れて居たが昨年來龍王方面を一區として獨立させしむべく五月七日初會議に於て可決し八月區長

都市計畫地方委員會技師　伊藤　覈

休職命岡縣引佐郡長　山口　誠作

依願免本官

靜岡市會議員　山脇　常助

同　中村　嘉十

同　齋藤　茂右衛門

同　伏見　忠七

同　中尾　榮治郎

同　稻森　昌

都市計畫靜岡地方委員會委員被仰付

山梨縣

○成島善次郎氏　北巨摩郡若神子村外二ヶ村道路改修組合長に當選

○大原満氏　南都留郡開地村外二ヶ村恩賜林財產保護組合長に當選

滋賀縣

○山家孝藏氏　（七尾村長）四月二十六日附辭職した

○小菅九平氏　久德村靑年團長を今回辭職

○上田米吉氏　犬上郡芹谷村長に當選五月二十六日認可

○藤井喜三郎氏　犬上郡西甲良村長認可

○小林满太郎氏　五月　十八日上等野村長

改選期迄に關係諸規程改正の上實施

◇日總村　下領家里道改修問題は渡邊、藤野、山口の三氏の努力に依り此程圓滿解決

◇三好町　五月九日町議協議會開催、町長問題其他を附議した。

◇阿賀初町會　五月七日開會、阿賀金庫保管規程改正の件他諸件に付協議した。

◇縣下町村長會　五月十三、四の兩日比婆郡庄原町で開催、郡役所廢止對策其の他各町村提出の事項に就て協議した。

◇自治協議會　賀茂郡主催の自治協議會は五月二十日開催した。

◇町村會　府中町、領家村五月二十三日、階見村六月五日開會、縣稅戶數割資力調査委員補缺選擧の件其他を附議

◇加茂郡自治民育協議會　五月二十日開催、戶主會、未設置の町村は速に之を設置すること他五項を協定

◇船木初村會　五月二十二日開會、公有林監視議員選擧其他種々協議をなした。

◇自治研究會發會式　黨派的軋轢を憂慮し川上村青年有志は五月二十一日自治研究會發會式擧行

◇敷信村會　五月二十七日第一回開會、歲出入追加豫算を承認した。

◇甲奴村會　五月三十日梶出區有財產處分の件、火葬場新設費補助の件其他を決議

◇中黑瀨村會　五月二十九日開會、土肥村長は財團法人土肥高女校移轉問題等を報告した。

◇清嶽村會　六月五日村稅不均一課稅助役推薦の件等を議決した。

◇三次町會　六月二十三日、十四年度前半期縣稅戶數割賦課に關する課額議定の件助役特別手當支給の件他諸件を附議した。

山口縣

◇柳井町會　五月十八日招集、上水道布設其他の件を附議した。

◇德山町　改選後町議間に面白からぬ風潮あり、五月八日町政進展を圖るべく懇親會を開催した。

◇宇賀村　五月七日豫算修正其他を附議

◇小郡町會　五月六日、新町東區柳井田區より陳情の官有地使用に就き附議した。

◇富田町會　諸問案未定地編入の件を附議した。

◇小郡町會　五月二十三日、町道使用の諮問歲計現金の保管其他諸件を決議した。

◇赤鄕村會　五月二十三日、十四年度縣稅

認可

○丸岡富太郎氏　阪田郡黑田村助役に六月二十日推薦さる

滋賀縣農村技手　廣部猪八郎

野洲九郎

害虫驅除豫防委員を命す（各通）

岐阜縣

町村長認可

○加藤金之助氏　五月二十日益田郡下京村長認可

○中島眞吉氏　同二十一日同郡小坂町長に認可

○中島桂次郎氏　安八郡淺草村助役再選六月十三日認可

○柴田秋平氏　吉城郡船津町長六月十日認可された

○長柄五三郎氏　揖斐郡町長六月十四日認可

○山井市氏　養老郡多藝村長再選

○交告光儀氏　加茂郡飯地村長六月二十四日付認可（名古屋）

○都市計畫岐阜地方委員被仰付

金森吉次郎

戸數割賦課率更止、戸數割調査委員設置規程中改正の件其他諸件を附議した。

◇吉見村繼續村會　五月二十二日所得調査委員會を開催し二十三日より縣稅戸數割等査定の繼續村會を開き二十五日終了した

◇足立村會　五月二十九日土木費繼續年費支出の件を附議した。

◇柳井町會　五月二十五日築港に關する件を附議

◇町村會　末武南村六月十二日、下松町十七日、長府町二十三日、防府町二十二日、十四年度縣稅戸數割附加稅の件其他を附議

◇岩國町會　六月二十七日區長及び區長代理者選擧の件鐘美館使用條例改正の件外數件を附議

◇豊田下村會　六月二十六日開催收入役後任推薦をなし其他二三項附議閉會した。

徳島縣

◇海部郡町村長會　五月二十日宍喰町に開會郡役所廢止に伴ふ諸制度改廢、官公署町村事務の改廢事項、縣下市町村長會問題其他を附議した。

◇徳島市參事會　五月十八日開會、問題の市兩合區橋崩壞橋脚に對する善後措置の諮問案に就いて種々協議した。

◇撫養町會　町會議員過半數の請求に係る撫養町會は五月二十八日開會

◇徳島市會　五月二十六、八日、下助任町堤防牧草刈取拂下げの件、徳島公園西の丸使用の件を可決確定した。

◇半田町會　五月三十日小學校敷地買收の件、部落有財產編入の件其他を議定

◇第五回自治講習會　名東郡佐那河内村に五月三十日修業證書授與式擧行

◇富岡町會　六月十二、三兩日開會、十四年度縣稅戸數割賦課方法その他を附議した

香川縣

◇丸龜市參事會　五月十四日開會、上水道公債條例改正の件其他附議した

◇自治研究會　小豆郡西部十ヶ町村吏員を以て組織してゐる自治研究會は五月二十三日開催、自治事務上の研究をした。

◇仁尾町會　客年よりの小作爭議未だ解決せず戸數割の難關を前にへて町長助役と釣瓶打ちの辭表提出に痛くまごついた仁尾町も、町長の留任と助役の勇退とによつて一先づ鳧がつき漸く小康を保ち得たので五月二十七日に颶風一過その町會を開いた、

◇

平田銳之助

長野縣

○松下金六氏　五月十六日上高井郡須坂町長に當選

○吉村源太郎氏　小諸町長當選

宮城縣

○小野惣助氏　五月二十九日岩沼町長就任認可

○伊東直治氏　黑川村長五月三十一日認可さる

○金成淺治氏　好間村長六月三日認可

○大堀市藏氏　北會津郡荒井村長六月三日認可

○佐々木家壽治氏　六月二十日志田村長に認可された

福島縣

○佐藤喜彌氏　田村郡小野新町長五月十二日附認可

○宇多川久人氏　河沼郡尾野本村組合三ヶ村組合長認可

○本田久之助氏　安積郡片平村長五月二十一日認可さる

第一號議案本年度縣稅等級課額決定の件外數件を協議した。

◇高松市參事會　市の十四年度諸種稅規定更正並に寄附受納の件につき五月二十五日開會した。

◇引田町會　五月二十四日本年度各縣稅賦課方法を議定したる後御幸橋修繕は現在の設計により行ふこと其他諸件を決定した。

◇町村會　白方村五月二十五日、大田村多度津町三十日白鳥本町二十九日招集、營業稅商業稅等級割の審議會を擧行した。

愛媛縣

◇松山湊町一丁目町民會　今回同町青年團の志望によつて町民會設立五月二十一日創立第一回を催した。

◇松山市會　六月五日勸業委員三名選擧の件其他諸件を附議

◇菊間町會　六月二十四日開會議長寺尾代理町長より町長臨時代理の解任願提呈出の由に述べ、在任中の事業經過を報告し、次いで渡部浩之亮氏は港灣及龍岡に通ずる縣道改修問題に就て寺尾氏の言を布衍して縣當局との交渉顚末を詳細に報告した。

◇大洲町と久米村併合　六月二十五日附を以て內務大臣から許可の指令を發した。

高知縣

◇幡多郡渭南各町村農會主任會　六月十日開催猪捕獲に關する件農業改良打合組合の件等を協議し其他要談

◇本山町會　六月十五日十四年度縣稅戶數割各人別賦課額決定案、町營食料品市場開設案等を附議の初町會を開催した。

◇浦ノ内村會　六月十五日十四年度縣稅戶數割賦課額決定の件他諸件を議決した。

◇東津野村會　六月十五日十四年度村縣稅戶數割賦課の件を協議した。

◇高知市會　六月二十七日高知市會議員選擧效力に關する異議申立訴願の件、女子教育機關設置に關する諮問を附議

◇役場位置變更　高岡郡黑岩村は五月二十日に同村黑原字新町四百八十六番へ變更

福岡縣

◇福岡市　五月九日初市會召集議長以下の選擧を行ひ同十四日及十六日兩日參事會召集銀婚式紀念音樂堂建設追加豫算附議

◇小倉市　六月十二日市會招集、小倉板櫃合併豫算、土木課刷新を附議

岩手縣

○渡邊留吉氏　和賀郡二子村長（五月十六日）認可

○阿部與次郎氏　紫波郡佐比內村長（二十二日）認可

○勝又七郎氏　二戶郡荒澤村長各五月二十七日認可

○及川深氏　江刺郡藤里村長（名）同日認可さる

○勝正一氏　九戶郡葛卷村長認可さる

○伊藤佐吉氏　東磐井郡八澤村助役認可（五月二十五日）

○岩淵誠一氏　氣仙郡吉濱村助役認可（同）

靑森縣

○工藤和吉氏　南部碇ヶ關村長五月十六日辭職

○鈴木武登馬氏　上北郡三澤村名譽村長認可

○鈴木友七氏　北郡喜良市村名譽助役就職認可

○川上千代吉氏　上北郡六ヶ所村有給助役五月十二日辭職承認

十六日市長改選に關する繼續市會を招集

◇大牟田市會　五月八日初市會招集議長以下の選擧を行ひ、十六日市町村合併調査交渉委員選擧の件、土地借入の件を附議

◇足立村　五月七日初村會召集、九軌社用地交換の件を附議した。

◇豫算會　直方町、香井田村、新入村の三町村は各五月十三日、前原町は十一日豫算町村會を開會

◇千手村　五月十三日村會招集區長選擧の件を附議した。

◇後藤寺町　五月十九日町議選擧に對する異議申立の件其他を附議

◇中間町會　五月十九日及二十六日選擧異議申出を附議した。

◇町名改稱　熊田町を五月十日より山田町と改稱實施

◇河東村　五月二十三、四連日の村會協議會に於て部落林野整理統一を協定した。

◇岡垣村　六月十二日村會招集區長及戸數割調査委員の選擧を行つた。

◇町會　木屋瀬は五月二十八日、直方は三十日開會、直方實科女學校縣營に伴ふ兩町外十ヶ町村學校組合解散に關する件を附議した。

◇若松市參事會　五月二十二日私有地使用其他を附議、六月十三日上下水道低利資金を協議

◇戸畑市　五月二十九日市會召集、市吏員移動に依る慰勞金給與の件其他を附議、六月十五日臨時市會招集縣稅戸數割賦課調査委員設置の件を附議

◇門司市　五月七日小森江第二校竣工開校同二十七日より小森江校に於て公民教育實施

◇八幡市　六月二日市會招集水面使用許可の件、十四年度歲入出追加豫算の件、市吏員及給料規約中改正の件、有給吏員退隱料退職給與及遺族扶助料條令中改正の件其他を原案可決した。

◇役場位置變更　早良郡殘島村は役場位置を同村七百二十五番地に變更

大分縣

◇石垣村　五月十日同村役場新築落成式を擧行

◇上北津留村　五月十二日村會招集北部銀行强制和議條件承諾の件他四件を附議

◇大神村會　十四日初村會招集役員選擧を行つた。

山形縣

○金田久吉氏　西置賜郡蠶桑村長に五月十六日當選

○伊藤重治郎氏　飽海郡西荒瀬村長認可

○新關彌惣吉氏　飽海郡鵜渡川原村長六月十八日當選

○鈴木五郎氏　東田川郡八榮島村長五月三十日當選

秋田縣

○鈴木政八郎氏　仙北郡檜木內村長に五月八日附認可された。

○土井善藏氏　雄勝郡東成瀬村助役五月十五日部認可

○杉本作治氏　南秋田郡五里合村助役五月二十五日附認可された

○菊地宥太氏　飯田川助役六月一日附認可された

○藤川眞之輔氏　神代村長同日認可

○中島文雄氏　澤口村助役同日認可

○小松仁五郎氏　由利郡石澤村長六月四日認可さる。

○蝶蠟熊治氏　上北手村長同日認可

○谷藤平治氏　雄勝東成瀬村長認可六月十

◇町會　竹田五月七日、杵築十六日、各十四年度出納檢査立會議員選擧の件其他を協議した。

◇佐伯町　五月十九日區長選擧他數件を協議

◇明治村(南)　五月十七日十四年度縣稅戶數割調査他二件を附議した。

◇蒲江町會　五月十八日岡崎記義外四名より申請の町會議員選擧人名簿の異議申立につき決議した。

◇村會　下浦村五月十二日、八幡村(南)十九日、本年度豫算追加其他を附議

◇川原木村會　二十日召集、手數料條例中改正の件其他を附議

◇南野津村　五月二十日村會開會、消防組組織變更の件他四件を附議した。

◇豐岡村　五月二十二日初村會招集各委員選擧を行つた。

◇相知村會　五月二十七日、和田山校學級編成、會議錄署委員を定むる件其他諸件可決した。

◇東上浦村會　六月十五日招集十四年度戶數割追加豫算を附議した。

◇神崎村會　六月十二日招集、縣稅及村稅戶數割賦課に關し審議した。

◇中津江村　六月九日初村會開會、左の件を附議した。

一、府縣稅戶數割規則施行細則による控除金額決定の件

一、臨時出納檢査立會議員選定の件

◇町村會　大入村臼杵町は六月十五日、縣稅戶數賦課豫算更正其他を附議した。

◇上伊美村　六月十六日村會招集左の件を附議した。

一、大正十四年度縣稅戶數割配當額更正につき配賦額更正議決の件

一、大正十四年度上伊美村歲入更正豫算議決の件

一、村稅賦課徵收期限中改正議決の件其他

◇役場落成　下入津村は六月二十日役場新築落成式を擧行した。工事費二千七百圓

◇町村會　海邊、川添村は六月二十日開會十四年度縣稅戶數割賦課の件其他を附議した。

◇別府市會　六月十九日召集左記原案可決した。

△決議事項變更の件、市稅賦課徵收規定中改正の件、大正十四年度歲出更正豫算其他

◇大分市參事會　六月二十二日開會、市債償還年次變更の件、縣稅戶數割賦課決定

日

○竹村良助氏　北郡横堀村長六月二十六日付認可

○井村四郎氏　鹿島郡崎山村長五月十五日附認可

○多幡國太郎氏　鹿郡南大谷村長同十五日附認可

○森喜平氏　能美郡根上村長當選五月十八日認可

○南藤仁三郎氏　石川郡大野村長五月十四日辭職

○澤田芳作氏　鳳至郡櫛比村長五月二十六日認可

○廣田小次郎氏　能美郡板津村長五月二十三月退職

○東出太平氏　能美郡白江村長五月三十日當選

○平岡吉平氏　分校村長六月二十五月村會にて再選

○高木正弘氏　六月二十四日赤蔵村會にて同村長當選

富山縣

町村吏員認可

○義浦芳三郎氏　西礪北蟹谷村長

の件、都市計畫調査費寄附の件其他を附議した。

◇中津町　六月二十九日召集、大正十四年度中津町縣税戸數割賦課額の件、同中津町歳入出追加更正豫算の件、中津町町税賦課率更正の件、一時借入金の件等を附議した

◇村會　小野六月二十一日、本間二十五日十四年度縣税賦課額議定の件等を附議した

大分縣日田郡西有田村役場位置を大字有田字兩溪千六百五十二番地の二に變更

佐賀縣

◇唐津町　五月九日町長銓衡委員を選擧

◇王町田村　五月十二日信用組合設立認可さる

◇西魚町　五月十五日青年會館落成式擧行

◇神崎町會　五月三十、三十一兩日開會、石橋助役後任者島豹一氏を選任

◇神崎町　六月十五日町會招集、戸數割査定の件、豫算一部變更の件附議した。

◇小城町會　六月九日開催、町有公會堂（天山閣）使用料區重選擧戸數割調査の諸件を附議

◇佐賀市　五月二十九日及六月十日繼續市會招集池沼貸借契約の件、市勸業調査委員規定制定の件、學齡兒童獎勵資金に關する件、國有財産買受の件、歳入出追加豫算市有不動産無償拂下の件を審議した。

熊本縣

◇藍田村　從來の小自治會を合併し藍田村自治會なる統一的のものを組織し五月五日之が盛大なる發會式を擧げた。

◇山鹿町　五月十二日町會開催、臨時委員設置規定により委員選擧を行つた。

◇人吉町　五月十八日町會開會町議改選の際の不正投票に關する異議申請に就いて審議を行つた。

◇泉初村會　五月十四日開會役場文書保存編纂規程を議決した。

◇町村吏員實務講習　五月二十五日八代郡衙に於て開催、青木地方課長の「自治制度と選擧」他多數郡町村長等の講演があつた。

◇木渡町　五月二十五日町會招集、町會に議錄署名委員選定の件附議し、二十六日縣税營業税、雜種税等級決定の件を附議

◇球磨實務研究會　球磨郡各町村吏員實務研究會は六月三、四兩日開催、第一日は各村實務を觀察し、第二日は諸氏の研究發

○高井芳成氏　射水塚原村長

○金谷太次郎氏　氷見余川村長

○橋林太郎氏　射水守山村長

○岡本八平氏　東礪郡五鹿屋村長

○下新小摺　村長長谷川、中新下條村長森井林太郎、婦負國熊野村長大上善正、氷見布勢村長中辻勇次郎

島根縣

○佐々木稔三郎氏　那賀郡今市村青年團長に當選

○石橋健太郎氏　簸川郡山口村長當選

○森田準一郎氏　六月十六日大社町長認可

○青山善太郎氏　惠曇村長六月十六日決定

岡山縣

○入江長五郎氏　川上郡宇治村長認可五月十日就任

○國光武三郎氏　五月二十一日上房郡下竹莊村長再選

○岩本平重郎氏　土屋村長六月十五日決定

○井田金藏氏　高倉村長に認可

廣島縣

表を行つた。

◇白水村會　五月二十七日、後藤熊定松岡正義兩代より村會議員異議申立の件は取消方提出

◇熊本市會　六日九日招集、左の件を附議した。

一、大正十四年度歲入出追加豫算の件

一、水道費起債及償還方法變更の件

一、部落財產處分の件

◇町村合併の機運　宮地町を中心とする四ヶ町村合併說は六月二十六日の各該町村長の協議により益々具體化しつゝあるが本問題の成績により各地にも實施の筈である

宮崎縣

◇高千穗町會　五月十二日十四年度前半期營業稅及び雜種稅各自負擔額の件其他諸件を附議、六月十五日十四年度町稅賦課率の件、十四年度高千穗町歲入出豫算更正の件其他を附議した。

◇都城市　五月八日市政振興調查會社會部會開催、九、十兩日北諸縣郡聯合町村農會經營研究會開催、二十二日市會協議會開會財部市長の公營問題經過報告があり、六月二十四日より三日間招集の市會に於ては市社會事業資金蓄積の件、市稅賦課徵收規定の件、十四年度縣稅負擔額の件其他を附議した。

◇宮崎市　十四日教育研究總會並懇親會開催、二十二日臨時市會招集十四年度縣稅戶數割控除の件其他を附議、六月十六日より臨時市會招集左の件を附議した。大正十四年度縣稅戶數割各自負擔額議定の件、名譽職市參事會員補缺選擧の件、大字上別府有財產及營造物管理委員選擧の件

◇妻町會　五月二十五日縣稅營業稅負擔額議案他二件を附議、六月二十八日縣稅戶數割調查決定を行つた。

◇八代村會　六月二日縣稅營業稅雜種稅等級の件、會議錄署名議員選擧の件其他を附議した。

◇穆佐村會　五月二十九日今回は前例にない白熱戰であつた爲當日も種々の失格稅等で物議を譲した。

◇沃肥町會　五月三十日各委員の選擧及營業稅雜種稅の議定をなし、六月二十四の兩日本年度縣稅戶數割各自負擔額議定の件、戶數割納稅義務者の資產狀況に關する掛酌額決定の件等を附議した。

◇新田町　五月二十六日の初町會にて議員

◇

町村長助役認可

○蘆品郡服部村長　井口廣助

○御調郡糸崎町長　東楢助

○山縣郡吉坂村長　栗元資

○高田郡吉田町長　西名宗太郎

○豐田郡戶野村長　勝矢秀松

○北婆郡上高野山村長　朝田弘司

○高田郡吉田町長　西名宗太郎氏五月二十二日就任

○小田武右衛門氏　佐伯郡大竹町油見村組合長認可

○森元新太郎氏　安藝郡牛田村長同

○赤木林五郎氏　神石郡永渡村長同

○木本一郎氏　賀茂郡內海跡村長同

○市長就任　廣島縣吳市長森藤嘉平辭任に付其後任として推薦したる候補者中從四位勳三等橋本正治氏は五月二十四日市長就任の裁可を經たり

村長認可

○御調郡向島中村長　岡田榮太郎

○御調郡西野村長　藤井里吉

○西原隆三氏　鷲浦村長推薦決定した

山口縣

○加藤理一氏　熊毛阿月村長五月二十八日

否決定並に傳染病豫防費補助申請に關する件其他を附議、六月二十五日召集の町會に於て縣税戸數割負擔額査定を行つた。

◇沖水村　五月二十五日村會開會、會計檢査立會人選擧の件其他を附議した。

◇富田村會　五月三十日、十四年度營業税賦課額の件資産狀況斟酌選定の件等を附議

◇延岡町會　五月二十九日、大正十四年度營業税、雜種税各自賦課額の件、戸數割に係る控除額の件其他を附議

◇村會　西柳五月二十六日、那賀六月十三日、青島四日、菩田二十九日、十四年度戸數割各自負擔の件其他を附議

◇町會　小林五月二十九日、本庄六月八、九日、大正拾四年度營業税及雜種税各自賦課議決の件其他を附議

◇富高町會　六月十三日招集、町議當選申立に對する決定の件、十四年度歳入出豫算更正の件等を附議した。

◇岩戸村　六月十二日初村會開會十四年度戸數割各自賦課額其他を決定した。

◇東海村　六月十日初村會招集臨時會計檢査立會議選擧の件其他を附議した。

鹿兒島縣

◇鹿兒島市　五月十二日臨時市會招集都市計畫地方委員選擧を行つた。

◇川內村　隈之城村議改選につき五月八日協議會開催

◇伊作町　役場移轉工事中五月八日竣工

◇谷山町　五月六日臨時町會開催、委員選擧を行つた。

◇三笠村　五月四日臨時村會開催、十四年度豫算歳入出を附議した。

◇初村會　勝目村、恒吉村は五月七日委員選擧を行つた。

◇西國分村　五月十四日初村會招集諸役員選擧後嘉例川水利使用工事施設變更に關する件他諸件を附議した。

◇指宿村會　五月十五日招集、指宿高等女學校敷地問題は原案通り指宿村字十町九玉附近に決定した。

◇山田村臨時村會　五月十五日開會、第一號議案に瀨戸山良敏、內村次郎、寄金採納の件を可決決定、第二及び三號も決定、尙第四號議案部落有林野統一委員選擧を行つた。

◇西襲山初村會　五月十五日、本年度戸數割調査方法に付き開會

再選

○龜田六郎氏　豊西村長五月二十九日附認可

德島縣

○岡尾光賀氏　那賀郡福井村椿地青年團長に當選した

○大瀧治一郎氏　三好郡井內谷村長認可

○天享太郎氏　板野郡榮村名譽職村長に五月二十七日再選

香川縣

○辻廳義氏　三農郡莊內村長五月二十一日認可

○藤田辰次氏　香川郡圓座村長六月十六日認可さる

高知縣

○北川英知氏　高岡郡越知町長五月九日當選

大分縣

○永松猛治氏　五月九日宇佐郡北馬城村長に當選

◇財部村　五月二十一日初村會開催、委員選擧を行ひ所得額算出外數件を附議した

◇阿久根町　五月十九日町長選擧の爲町會を招集し各種委員選擧を行つた。

◇加治木町會　六月四日土木山林學校各委員を選擧した。

◇吉利村會　五月二十六日、十四年度戸數割賦課資力並に賦課額決定の件其他を附議

◇黑木村會　五月二十六日、十四年度前期の縣稅營業稅及工業稅、雜種稅等納負擔查定の件附議した。

◇出水町會　五月二十九日十四年度歳入出追加豫算の件を附議

◇米ノ津町　六月八日より三日間町會開催戸數割各自負擔及前期營業稅、雜種負擔查定の件を附議した。

◇姶良村會　六月十五、六兩日招集戸數割查定に關する協議を行つた。

沖繩縣

◇首里市會　五月十八日及六月十六日開會十四年度縣稅戸數割賦課免除の件同調定の件其他諸案附議

◇縣下島司郡市長會議　六月十八日より三日間招集地方長官會議に於ける各大臣の訓辭及審議事項の傳達をなし次いで縣治上に於ける產業教育其他各般の政務事項を提出審議

◇島司郡村長會　六月三十日開會郡市長會議に於ける諸事項を傳達し其他當局の諸事項を附議した。

北海道

◇町村會　豐頃村五月五日、帶廣町十一日樽岸村二十四日開催、十四度年特別反別割に就き協議

◇美唄　目下認可申請中の沼貝村町制實施に就き遂に町名を沼貝町として村會を通過したが市街側では美唄も變更すべく五月二十九日村會に陳情

◇相內村　六月二日第三回勤儉週間實施方法協議

◇鹽谷　本年は本村自治體を構成以來五十年に相當本秋九月五日を期し祝典を擧行

◇生振美登位青年團　基本金造成の爲本村町村費道路の修繕工事を請負ひ六月三十日より二日間の豫定で全員出動した。

◇網走町會　六月二十九日、十四年度豫算追加更正の件、町稅其他權利棄却の件、其他附議

◯郡長更迭　五月十八日

沖繩縣中頭郡長　井口　俊逸
任大分縣大野郡長（七）

大分縣大野郡長　三木進一郎
任沖繩中頭郡長（六）

◯辭令

大分縣大野郡長　井口　俊逸
八級俸下賜

◯杉崎幸太郎氏　五月二十五日坂之市町長に當選

◯溝口由三郎氏　五月三十日速水郡北由布村長に當選

◯又見岩藏氏　六月十五日切畑村長當選

◯廣瀨貞吉氏　六月二十三日南海部郡八幡村長に當選

佐賀縣

◯中野馬太郎氏　小城郡南多久村長認可

◯百崎素一氏　小城郡西多久村長認可

◯村長選擧　杵島郡北有明村長川絞崎平氏辭職につき六月二十六日後任村長の選擧會を開き川崎秀五郎氏を選定申請した

熊本縣

◯米良以平氏　滿期に付人吉町長退職

◇蘭越　五月十八日村會開會、十四年度地方反別割賦課の件其他數件を附議した。

◇磯谷　五月九日村會招集、本年不漁の結果納税に支障し村長後藤氏は節約をなし一萬餘圓の減額をしたが議論百出した。

◇鹽谷村會　五月十八日招集、特別税反別割各個賦課額の件等を附議

◇室蘭市參事會　五月十八日、招集漁業税前期、免許漁業割各個賦課税額査定、第一期地方税反別割各個課税額査定の件其他を附議した。

◇一已　一已、納內、沼田、深川、北龍の各町村長糾合し自治の促進產業開發を目的に北部町村長會を組織、五月二十二日創立總會開會

◇江差町　自治制執行後本年は滿三十年に當るので三十日祝賀會開催

◇茅部郡部落村では　五月二十七日六年以上及十年以上村治功勞者並に善行者の表彰式擧行

◇

○小口數馬氏　同後任として當選

○村長助役認可　玉名郡南關村長　野組次鹿本郡三玉村長立山嘉太郎、兩氏當選の件六月三日附を以て認可

○永水村長認可　梅井豐吉氏當選の件六月八日附認可

○大川正則氏　八分字村長に當選

○村長就職認可　球磨郡免田村長岩崎盛之介天草郡富津村長山下鎮造兩氏當選の件六月二十二日及び二十三日附を以て認可があつた

宮崎縣

○隅地島吉氏　五月七日伊形村長認可指令

○山內泰藏氏　南那珂郡北方村長六月二日認可

○末原彥太郎氏　宮崎郡赤江村長同認可

○和田近太郎氏　西臼杵三ヶ所村長に選擧推薦さる

○島村駒吉氏　延岡町長に推薦さる

○村長認可　北諸縣郡五十市村長に曾原良毅氏六月二十三日付を以て認可

鹿兒島縣

○納賓應氏　大島郡伊仙村長に四月廿五日

○山口濟氏　垂水校長より始良郡視學に榮轉

○上野篤氏　伊集院鹿兒島市長後任として五月二十三日御裁可を經た

○中村重治氏　始良郡吉松村長五月二十六日再選

○楠田正義氏　六月十一日阿久根町長に當選

○河野彌兵氏　六月十六日高崎村長認可就任

○米ノ津町長決定　鹿兒島縣米ノ津町長は町會一致前川邊郡長鳥飼慶四郎氏を推薦したが氏が休職中なので主務省に依願免官の手續を爲し許可を得て就職に決定した

沖繩縣

○村長就任認可

宜野灣村長　山城五郞

北谷村長　伊禮正幸

○島尻兼城村長　大城二之助（六月十六日）

北海道

○土井淸一郞氏　濟益村長再選（五月十九日）

□編輯後記□

◇鰯の呼聲さ、撒水車の無遠慮な飛ばしりとに訪づれでもの、土用がやつて來た。毎年の事ながら、威嚇するやうな日ざしを見ると、この一夏を兎にも角にも過ごすと云ふ事が、重い負擔ででもあるやうに思はれる。

◇今月こそおくれないやうにと、毎號あせりながら、普通一ぺんの雜誌さ趣を異にする本誌として、なるべく新しい各地の消息を、お知らせし度ひ主旨から、八月の雜誌を甚しきは七月の初旬に發行したり等する他種の、無責任さに追從するを避ける爲めに兎角發行がおくれ勝ちになる事も、讀者諸氏に諒として戴き度ひ。

◇さらでだに、難關と目されてゐる三號、然も、此の景氣のさ中を、悠々として出現し得た本誌だ。號更に號を加ふる毎に、發行も早く、加ふるに記事もいよ／＼敏速に、新らしい消息を滿載する迄に、漕ぎつけ得る本誌である事を、諸氏も信じて居られるに違ひない。

◇本會編輯委員小島教授は七月中二十日間島根縣美濃郡教育會の招聘に應じ、二町六ヶ村に於て自治講演を試みられるの他、兵庫縣朝來郡に於ても、與布土村青年團の招聘で、極暑の中を熱誠なる講演を續けられた又本誌記者澤西氏は、今夏札幌に於て開催の、全國町村長大會に出席、親しく實況を調査するの大任を帶びて、數百里の旅を、七月中旬上野驛より出發した。

◇來月號には、之等の貴い努力よりなる、生きた記事の數々が、讀者諸君の意向に投ずること、必然である。

◇本號より、農村經營方法としての副業に關する記事、及目次の一覽によつても容易にうなづき得られる、各種有益項目を設けいよ／＼その緊張振り、充實振りを發揮するに務めた。

◇徒に紙數を增して、浮世の紙くずをふやす事ばかりが能ではない。然し、制限しても／＼尙、重要の記事はがりで、號を追ふ度に、頁數を增さゞるを得ない本誌の、何と云ふ誇らしさ。

◇茲に、諸氏のすこやかなる御奮闘と、有力なる御聲援とを希ふ。

市町村（毎月一回一日發行）

册數	定價（郵稅共）
一册（一ヶ月）	五拾錢
六册（半ヶ年）	參圓
十二册（一ヶ年）	六圓

◎誌代は前金の事◎切手代用一割增
◎前金受取證發出不申候◎前金切の節は封紙に其旨表示可致候

廣告料

等級	定價
特等面	一〇〇圓
一等面	七〇圓
二等面	五〇圓

大正十四年七月廿九日印刷納本
大正十四年八月一日發行（第一卷）（第三號）

各項禁轉載

發行兼編輯兼印刷人 東京市本鄉區金助町六十八 前田郁
印刷所 帝國自治研究會印刷部

發行所 東京市麴町區三番町六十八
帝國自治研究會
電話四谷四二七七番
振替東京七一六〇〇番

大阪市東淀川區三東ノ町二〇四
帝國自治研究會關西支局
電話北六一五九番

顧問及賛助員（イロハ順）

日本銀行總裁　市來乙彦
有隣生命株式會社々長　飯田延太郎
前大阪市長　池上四郎
前内務次官　井上孝哉
貴族院議員法學博士　馬場鍈一
商工省政務次官　秦豐助
和歌山縣知事　長谷川久一
司法大臣　小川平吉
農林大臣　岡崎邦輔
貴族院議員伯爵　大木遠吉
貴族院議員　鎌田榮吉
東京電燈株式會社々長　神戸擧一
全國町村會々長　金子角之助
海軍大臣　財部彪
外務參與官　永井柳太郎
前東京市長　永田秀次郎
衆議院議員　中野正剛
遞信參與官　植原悦二郎
商工大臣　野田卯太郎
前陸軍大臣　山梨半造
貴族院議員子爵　前田利定
子爵　後藤新平
法學博士　小林丑三郎
衆議院議員　小久保喜七
衆議院議員　兒玉右二
貴族院議員　宮田光雄
法學博士　水野錬太郎
行政裁判所評定官　島村他三郎

編輯委員（イロハ順）

明治大學教授　小島憲
マスター、オブ、アーツ　弓家七郎
前東京市電氣局理事　平井良成

理事長　前田郁

東京
冨山房
京橋

青年榮達の最捷徑

文官講義錄の最高權威

中央大學教授講師執筆

普通文官養成講義錄

講義錄毎月二回
機關誌毎月一回

新學期開講

最新式通信教授法に依り
毎月五日新學期開講

顧問 貴族院議員 法學博士 花井卓藏
會長 貴族院議員 法學博士 馬場鍈一

本會講師は何れも皆中央大學教授講師の現職者のみ随て本講義錄は之等講師諸氏が各科共文官試驗令に準據し流麗簡潔なる文をもて自ら執筆せられたるものなり

獨學青年登龍の門!!!

小學卒業のみの學歷にて容易に成功し得る登龍門は實に官界なり官界に入るの途は敢て難きに非ず先づ普通試驗乃至は裁判所書記試驗を突破せよ之等試驗の受驗資格は何等の制限なし僅かに尋常小學校卒業程度の學力ある者は本講義錄を講習し直に受驗し得容易に判任官たり得べし

規則書附 内容見本無代進呈

「不羈なる秀才保護事業の遂行」を標語として起てる本會講義錄は優良なる內容と整然たる秩序の下に毎號正確に期日を誤るなく發行す蓋し今日入會せば一年後の今日諸君は官界に入るを得べし來れ!!

會員大募集

東京神田駿河臺下（振替東京六六九五〇番）

獨學協會出版部

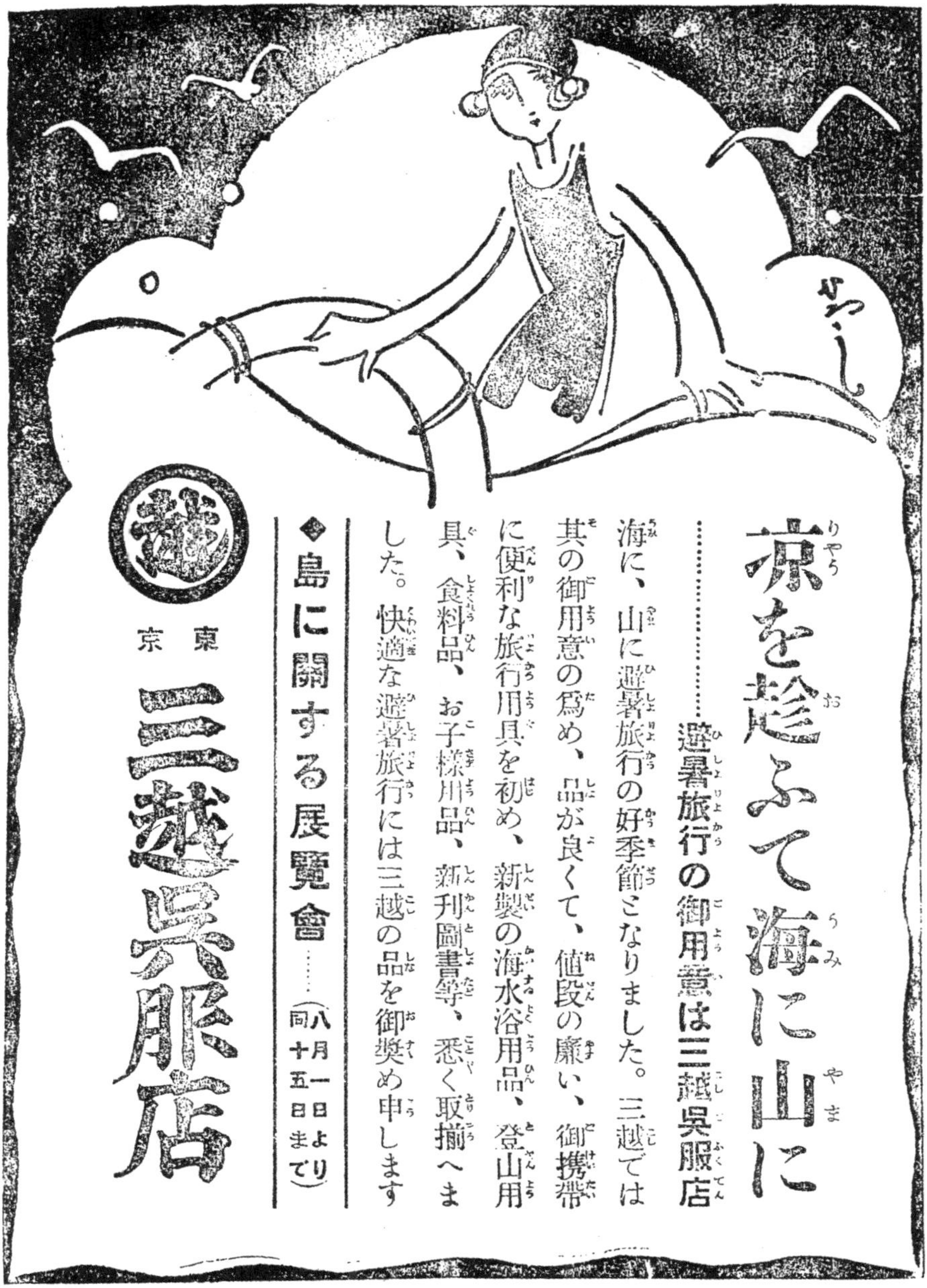

涼《りやう》を趁《お》ふて海《うみ》に山《やま》に
……避暑旅行《ひしよりよかう》の御用意《ごようい》は三越《こし》呉服店《ごふくてん》
海《うみ》に、山《やま》に避暑旅行《ひしよりよかう》の好季節《かうきせつ》となりました。三越《こし》では其《そ》の御用意《ごようい》の爲《た》め、品《しな》が良《よ》くて、値段《ねだん》の廉《やす》い、御携帯《ごけいたい》に便利《べんり》な旅行用具《りよかうようぐ》を初《はじ》め、新製《しんせい》の海水浴用品《かいすいよくようひん》、登山用具《とざんようぐ》、食料品《しよくれうひん》、お子様用品《こさまようひん》、新刊圖書等《しんかんとしよなど》、悉《ことごと》く取揃《とりそろ》へました。快適《くわいてき》な避暑旅行《ひしよりよかう》には三越《こし》の品《しな》を御奬《おすゝ》め申《まう》します
◆島に關する展覽會……（八月一日より同十五日まで）
東京
三越呉服店

大正十四年八月一日(第三種郵便物認可)
大正十四年七月二十九日印刷納本
(毎月一回發行)
『市町村』大正十四年八月一日發行
定價金五拾錢

La Commune

市町村

九月号

第一年 第四号

帝國自治研究会

九月號

大正十四年九月十五日發行

卷頭言

それが主義の問題であつても、政策の相異であつても、政治上の爭は眞劍でなければならぬ。眞劍なる爭は一切の妥協や折衷を排斥する。爭はるるところの主義には、生命が躍動し、論ぜらるゝところの政策には、活力が横溢する。そこに初めて潑溂たる政治が行はれる。

稅制の整理も可である、地租の委讓も惡くはない。財政の緊縮固より不可ではない。要はたゞ、その主張に幾何の自信があり、その實行にどれだけの眞劍さがあるかと言ふだけである。主張に自信があり、これを實行するに眞摯であるならば、吾人は如何なる政黨にでも默つてその政策を行はせて見たい。

現代の政黨に慊らざるところは、彼等が自己の主張に對して殆んと何等の自信を有せず、政治を論ずるに眞劍味を缺いて居ることである。極言すれば、國政を如何に燮理すべきかを知らざるものの如くである。吾人は既に凡庸なる政治家とその政治に飽きた。現代は强き個性を有する政治家を待ち望んで居る。

郡役所の廢止を以て 我國自治制度の一轉回點たらしめよ

建物だけの廢止に止るな

大正十二年四月郡制が廢止せられてから、今日まで存續して居た郡役所も、愈々今年度限りで廢止せらるゝことになつたといふ。

元來郡制は、當時未だ自治の習慣に熟せず、發達の程度幼稚なりし、町村の監督のため設けられた制度であり、郡役所の職務と言へば、殆んど全く町村の監督に竭きて居たものである。町村が今日の如く發達し、人々が自治生活に慣るゝに至つた今日に於て、郡制及び郡役所が廢止せらるゝに至りしことは、極めて當然の結果である。と謂はねばならぬ。しかしながら、それは煩鎖なる監督制度の廢止を意味するものであつて、唯、一監督官廳の廢止だけに止つて居るべきものではない。

町村に對する監督の煩鎖なること今日の如く、府縣廳に於ける監督の嚴重なること從來の如く、即ち町村の自治權が狭少なること現今の通りであるとすれば、郡役所の廢止は、唯町村に對して一層多大の煩しさと、多額の出張旅費を負擔せしむる外何等の効果を有せぬことになる。從來の如く、八釜しき監督を行ひ、町村の自治權を極端に束縛するものであるならば、郡役所の存在は町村にとりて、寧ろ便利でもあり、且つ必要でもあるであらう。郡役所の廢止は、單に一官廳の廢止だけに止つてはならぬ。

憐れむべき我國の町村

もとより、町村の事務には、徴税事務、敎育事務、徴兵事務等の如く國家の委任事務が頗る多い。否、多いと言ふよりは殆んど大部分が國家の委任事務であると言つても宜い程である。この故に如何に自治權の範圍を擴大するとも、國家が全然その監督權を抛棄せんことは不可能な話しであらう。唯、その監督の方法如何に依つて、自治體に生命を吹込むことも出來れば、又これを形骸にのみ止めしむることも出來るのである。

嚴密に言へば、我國の自治體には、國家の委任事務が餘りに多くして、自治體の所謂固有事務なるものゝ範圍が極て狭少である。これを例へば徴税事務に見るも、我國の自治體に於ける税務は殆んど全く國家の事務である。殊に町村に於てこれを見れば、町村の經費は町村自身の財産收入を以て支辨することを以て理想とせしめられて居り、財産收入の不足なる部分だけを國税府縣税に對する附加税を以てし、猶不足なる場合に限りて、國税府縣税の捨てたる特別税に仰ぐことを認めて居るだけである。要するに町村の租税に對する關係は、國庫又は府縣の喰ひ餘したる殘肴を漁るだけの特權に過ぎない。しかるに之を米國に於て見れば、米國に於ける直接税は唯所得税を除き、他は悉く地方税である。國家はその地方税に對して附加税を賦課することだに許されてないのである。もちろん、所得税を除くすべての直接税が、町村税である譯ではない。けれども町村はその最も豐富にして且つ彈力ある財源を與へられて居る。イギリスに於ても町村の有する租税は、同じく租税の基幹をなすもので、我國に於けるが如き附加税の形式を採つて居るものではない。否國税こそ寧ろ町村税の附加税たるかの如き觀を呈して居るのである。故にこれらの國に於ける租税徴收事務は、理論としては國家の委任事務ではあるけれどもその關係は全然我國自治體のそれと異つて居る。これは教育事務や戸籍事務に就て言ふも同様である。これでは國家の監督が益々嚴重となり、自治體の權限が愈々狹少となることも自然であるかも知れぬ。

歐米に於ける監督制度

だが、我國自治體の權限をしてこの上にも狹少ならしむるものは、その監督組織である。元來自治體の監督方法には二通りある。その一は直接行政官廳を以てするもので、その二は立法部を通じてなすものである。前者は獨佛等に於て行はるゝものであり、後者は英米に於て採用せられて居る方法である。一は中央集權的であり、他は地方分權的である。

英米と獨佛とが、かくも異りたる監督制度を有するに至りたる理由は、主としてその國情の相違に依るものである。ドイツにもフランスにも中世以來、封建制度が行はれて居り、地方の政治は殆んど全く地方諸侯の專制を以てなされて居た。しかるに十七八世紀以來、國民的思想の勃興と共に、次第に强大なる權力を有する國王の出現を見るに到り、封建諸侯の勢力は著るしく縮少せられて、彼等の一擧手一投足は悉く中央政府の拘束を受くるやうになり、遂には中央政府の一部門に過ぎざるに到り、吏員の任免は固より財政經濟の事務に至るまで悉く中央政府の代表者たる官吏の手に依つてなさるゝやうになつて玆に封建制度は沒落した。而してその廢墟の中より新なる地方團體は生れ、人民はその政治に參與するの權を與へられたけれども、その根本に於て地方團體が中央政府の一部門に過ぎずとの觀念は依然として存續し、その政治には今猶、中央政府が嚴重なる監督の眼を見張つて居るのである。

しかるに他方英米を見れば、イギリスにも固より封建制度の行はれたことはある。しかしながら、イギリスに於ては國王と諸侯との對抗に於て諸侯が勝を制し、しかもその諸侯も、國王と權力を爭ふに際しては議會の名を以てし、一般庶民階級の後援に頼りたるを以て、そこに出現したる地方團體は、頗る自主的意識の强制なる團體であつた。それは實に名實ともの自治體であつたのである。而して、これらの自治體は、國民的思想の勃興と共に、中央集權的團結を遂げんとする希望には一致したが、自主的意識の强烈なる結果として、行政的中央集權を排斥し、議會を中心として國民的に團結することになつた。從つてその監督も自然、行政的にあらずして立法的の形態を採るに至つたのである。

行政的監督と立法的監督

行政的監督に弊害がある如く、立法的監督にも幾多の缺點がある。その最も甚だしいものは、繁文縟禮に陷り易きことゝ監督が適切なるを得ざることである。立法的監督は法律を以て自治體の權限を詳細に規定し、すべての行動をこの法律に準據せしめ、違反するものに對してのみ司法的制裁を加ふることを主とする。それは飽迄も法律の範圍内に於て、地方自治體に自由を認むることではあるけれども、調和あり節制ある國民的の積極的施設を之に依つて期待することは出來ない。時代の進歩は地方的なる事務と全國的なる事務との區別を益々困難ならしめて居る。たとへば衞生事務は昔しは地方的の問題として置いても大した不都合は起らなかつた。しかしながら今日に於ては、一地方の不衞生は全國民の煩ひとせられて居る。又教育の問題も昔時は地方自治體に放任して居ても、殆んど何等の不都合がなかつた。けれども今日に於ては國民の教育は國家の義務と看做されて居る。その他道路にもせよ、警察にもせよ、その他總べての地方的事務にして、全國的の注意と共同とを要せざるものはなくなつて居る。これらの問題を全然地方自治體の自由處置に放任することは到底不可能事である。この故に十九世紀の末期以後、英米等に於ける地方自治體の監督方法も、次第に行政的の色彩を加へ、今日に於ては法律の命ずる施設を肯ぜざる地方自治體に對しては、監督上級自治體をして豫算の代執行をなすことさへ許して居る。

しかしながら、地方、獨佛等に於ける行政的監督は、次第に立法的監督に代へられつゝある。例へば、嘗てプロシヤの中央政府は地方自治體の決議を無條件にて無効となすとの權限を有し、自治體はこれに對して何等の救濟方法をも示されてなかつた。しかるに一八八三年以後は、かくの如き場合、行政裁判所に訴へることを許さるゝに至つた。又その權限の如きも次第に擴張せられ、一般に委任事務よりも國有事務の範圍が益々增大せられんとして居るのである。

我國に於ける自治體の發達は、概して獨佛のそれに似て居る。中央政府の行政的監督の嚴重なることも亦極めて當然ではあらう。自治體の發達が幼稚なりし時代に於ては、これも止むを得ぬことではあつた。しかしながら、國民も自治體の經營には、最早多年の經驗を積んで居る。今や郡役所の廢止せられんとするに當つて、吾人はそれが唯單に一地方廳の廢止だけに止らず、一行政的監督制度そのものゝ、廢止であることを切望せずには居られない。郡役所の廢止に依つて、町村の自治權が擴大せられ、更に進んでは獨立的財源の委讓せらるゝ第一歩ともならば、我國自治體の發達のため誠に慶賀すべきことである。若し然らずして、それが唯單に郡役所といふ建物だけの廢止に止まるならば、町村の發達は恐らくは著るしく阻害せらるゝであらう。

吾人は郡役所の廢止を以て、直ちに我國自治制度の一轉回點たらしめんことを切望して止まぬものである。

尊き一票

普選が通過せぬ先は所得が無いに拘はらず、ある樣に申告し税金の賦課を受けた、選擧權欲しさの所得税納付者。それが今年からトント減つてしまつたさうだが、お金を出してまで欲しかつた一票の尊さは、選擧民も被選擧人も變りが無かつたと見える。

眞正の自治を行ふ爲に

内務省衛生局長　山田準次郞

自治と云ふ事は、云ふまでもなく自ら治める事である、從つて、治めて吳れる人が役人であらうと、特志家であらうと、よし又土地の名望家であらうと、吏員であらうと等しくそれ等は自治の圏外である。地方自治に就いて云ふならば、市町村民全體が市町村の公務に携さはつて、其の意見を陳開し、理事者は市町村民の意見を遂行するの機關となつて、初めて眞正なる自治と云ふ事が出來る。法律上に於ては、團體自治等と稱して自治團體が認められ自治團體が自ら自治團體の公務を處理するを自治と云つて居るけれ共、其の政治上、實質上の意味より云へば論述の如く、市町村民各自に市町村の事務を處理する事卽ち眞の自治である。然し多數の市町村民全體が、總て市町村行政の實際事務に當ることの不可能であるは言を俟たぬ、然らば、眞の自治とは實行する能はざる所の者であるか否、市町村住民は市町村會議員の選出に依つて最合理的にその公共事務遂行に參加するを得るのである。市町村行政の重要問題に就て選擧人が意見を定め、其の意見に共鳴し、其の意見を遂行する人を選ぶと云ふ事になれば、選ばれる人は選擧人の意見を遂行する人であり、選擧人の意見が實際に行はれる事になる。玆に於て市町村住民は、治められるのでなく、治める事になる從つて市町村住民の政治的訓練、自治思想の發達してゐるか否かに依つて、眞の自治が行はれるか、自治の名目のもとに他治が行はれるかの別が生ずる。

眞の自治の行はれる爲めには、市町村の住民が市町村の行政に當つて、不斷に注意を拂ひ、常に市町村の問題に對して一定の意見を有して居らなければならない。而して選擧に當つては、其の意見に共鳴する者を選び、選出したあとは市町村會の行動に常に注意をして居つて、自己の選んだ所の議員が自己の意見に反する樣な行動を採る場合には、次の選擧には其の議員を排斥すると云ふ手段に依れば、今日の制度の下に於ても眞の自治と云ふものが行はれ得るのである。

斯く眞の自治に覺醒せば、選擧の際に當つて、腐敗、買收の醜事は影をかくすであらう。買收されると云ふ事は畢竟自治行政に對する一定の意見を持たぬ爲であつて、一定の主義政策の下に生きる者は、決つして黃金の爲めに節を賣る事はしないのである。（完）

起てよ青年

▼起ちて自治制革新の第一線に立て

明治大學敎授　小島憲

社會の中心は青年

普選の實施とメートル法の採用は、我文化史上に一劃期を齎らすものと吾人は信じて疑はない。勿論太陽暦採用後數十年にして今尙ほ僻遠の地には太陰暦を使用する所が尠くないと同樣、メートル法を採用したからと云て、五年や十年で此の科學的度量衡制度が、從來の非科學的里町間尺法や或は輸入惡法たる哩碼制と代て仕舞ふとは思はれないが、遲くも三十年後には全國一般に此の良法の效果に感謝する時が來ることゝ信ぜざるを得ない。之に比ぶれば普選實施の效果は遙に早く現はれるに相違なく、既に無産政黨組織の具體的運動著々進行して居る程であつて、殊に普選實施に伴ふ公民權の擴張と共に、之に對する青年の自覺無自覺は直に自治政、國政の善惡に大影響を來すのであるから、青年の責任の重きこと今日より大なるはないと斷言して憚らぬのである。

昔は階級觀念が非常に强かつた。社會組織の中心を爲すものは權力と財産であつた。封建時代に於ては權力が最も强く社會制度の根底を爲し、封建頽れて財産が重を爲すに至た。財産ある者は社會上優秀の地位を占め、之無きものは劣等の地位に甘んぜねばならなかつた。然るに近來に至て財産なるものゝ價値が著しく減少した。經濟上には財産なるものは依然として優秀の地位を占めても、一般社會的には財産は重を爲さずして、人の能力を以て重しとするに至つた。社會の中堅は所謂中産階級なりと云はれて來たのが、今日では社會の中堅は青年であると考へらるゝ樣になつた。

何の時代に於ても青年は社會國家發展の核心を爲すものたることに變りはない。けれ共社會なり國家なりが青年に期待すること今日の如く眞劍な時代はないのである。今や社會組織の中心は中産階級より青年に移つた。青年の起つべき秋だ此の際此の重責を荷ふ青年諸子に其の嚮ふべき途を示すのも決して徒爾ではないと信ずる。

公民權の擴張と青年

普通選擧の實施は直接間接に國政に影響を來すことは云ふ迄もない。唯だ一部少數者の考ふるが如く之が爲めに直に政界の分野に大移動を生ずるとは思はれないが、五年十年の後には驚くべき變化を來すに相違ないと思ふ。併しながら或意味に於ては、普選に伴ふて當然行はるべき公民權の擴張並に郡役所の廢止が、地方自治政に及ほす影響は著しいものがあつて、普選が國政上の革命たる以上に重大なる自治政の大革命と云はねばならぬ。此の自治政の大革命に際し青年の執るべき態度が一歩誤つたならば自治の根底を覆すことゝなり、延いては國家の基礎を危くすることゝもなるのである。

郡役所の廢止は或は一時過渡期に於ける免れ難き運命として多少の不便を來すかも知れぬが、自治振興上最も有意義のものとして吾人は双手を擧げて贊意を表するものであるが、地方には今尙ほ郡役所廢止を以て無謀の擧なりとし、郡役所の指導がなければ自治政の運用が出來ぬものと考へて居る者が尠くないのを遺憾とする。殊に新時代に活動する青年にしてかゝる考を抱いて居る者あるに至りては論外である。青年たるもの緊褌一番郡長郡書記に代て町村自治指導の任に當るの覺悟あつて然るべきであるに拘らず、意氣地なくも舊來の傳統に囚はれて、官僚政の後塵を拜せむとするが如きは最も警しむべきことゝ思ふ。

一體社會上の變事、政治上の變事は小より大に及ほすを以て原則とする。嘗て原内閣の時普選尙早を理由として解散したるとき、先づ地方自治體の普選を實施し、其の結果に依り之を國政に實行するを以て順序とすると說明されたことがあつたと記憶する。政治は理化學や醫術と異つて一々實驗することの出來ぬものである。實驗のつもりで取掛ても夫れ自體が既に政治其のものであるから、うつかりしたことは出來ぬ。初から大なる範圍の革新を行ふよりは、小なる經驗を經たる後之れを行ふの安全なるに如かぬ。此の意味に於て地方自治體の普選より實行し、次で國政上の普選に及ほすを順序とすることは云ふ迄もない。故に今回の普選斷行は時期は寧ろ遲いと思ふけれども、順序から云へば公民權の擴張を爲した上之を行ふを以つて至當とするのである。然るに政治上種々の事情で前後を誤つたのは致し方ないとしても、次の議會には必ず公民權の擴張は實現せられなければならぬ。此の問題に關し世人が餘りに冷淡なのは吾人の意外とする所である。

公民權擴張の曉に於て直面する問題は、公民教育の必要之である。首領は新公民の指導者となり、舊來の頑固黨の[illegible]を改善せなければならぬ。新しく公民たるべきものが、悉く從來よりの公民と同一の誤つた途を辿るならば、公民權擴張の意義はなく、若し又公民が輕擧盲動して舊來の善風美俗を破壞するが如きことあらば、公民權の擴張は遂に自治政破壞の烽火たるに終るであらう。振はざる自治政を振興せしむるは實に此の機會に在る。此の機を外しては又と來ない。かゝる好機に在て之を捉ふることも爲さず、反つて自治政の破壞を企つるが如きことあらば我國の自治政は永久に其の眞髓を發揮することを得ないと思ふ。

自治政振興の方策は之を自働的と他働的とに分つことが出來る。他働的自治振興策は現行法令即ち市制町村制其他の改正である。認可許可制度の撤廢、自治能力の擴張、市町村吏員の優遇を以て其の主たるものとするが、自働的自治振興は一に懸て市町村民の自覺に俟つのである。今日の如く自治體の住民が、お互に兄弟墻にせめぐ樣では、啻に自治政の振興を期待し得ざるのみならず、自治の根底をも覆さずには止まぬであらう。一體今日自治の振はざる最大の原因は、中央の政黨の弊害が地方自治體に迄喰込んで居る點に在ると思ふ。朝夕顏を見合はして居る市町村の人達が、黨を樹てゝ敵視し合ふが如きは、何れの點より見るも好ましきことではない。我々動物は群居を本能とし、植物は叢生を本能とする。本能は理屈や權力ではどうすることも出來ぬものである。此の本能を有する限り我々人類は孤立獨行と云ふことは不可能であらう。アリストテレスが人は生れながらにして社會的動物であると云つたのも此所に在る。

既に人類にして社會的動物たる以上、社會人としての義務あることを忘れてはならぬ。我々は日本人として初めて其の存在を認めらるべきであつて、公民たる以上其の市民の民たるの價値を有するのである。東京市公民は決して大阪市公民ではない。公民には其の市町村に盡すべき責務がある。其の責務を忘れて政爭の渦中に投ずるが如きは、自治の敵であると云て差支ない。自治體をして政爭の渦中より脱出せしむるが、自治體を蘇生せしむる所以であると信ずる。而して自治體を政爭より救出せしむるは青年の力を藉るの外はないのであつて、吾人の青年に期待する所極めて大なるは實に此の點に存するのである。

自治體をして政爭の渦中より救出することは、政爭に狂奔して居る現今の市町村會議員を除くに在る。かゝる腐敗せる議員を選出せざるを以て其の實現を期し得るのである。が併しながら從前の公民を以てしては此の革新は期待し得られない。公民權擴張後に於ける新公民卽ち青年の力を以てせざれば到底實現し得ないと思ふ。此の機を外しては再び自治政革正の秋は來ないのである。於此吾人は天下の青年に向て自治政革新の第一線に立てと叫ぶのである。自治體の革新は軈て國政の革新を意味すること忘れてはならぬ。

社會教育と青年

教育を學校專賣と思惟した時代は過ぎた。學校教育は教育の一小部分に過ぎぬ。殊に人格の淘冶に至ては學校よりも社會に負ふ所が頗る大きい。公民教育、成人教育の叫ばるゝに至つたのも當然である。如何に學校で德育に力を注いでも一歩校門を出づるや之を打壞すが如き社會では決して善良なる市民、善良なる國民は得られない。

試に東京市の兒童を見るがよい。學校では遲刻してはならぬと云ふ。電車や汽車に乘る時は先づ人に讓れと敎へる。人に讓らぬ迄も決して人を押退けて來てはならぬと說く。然るに社會は之を實行し得る樣には出來てゐない。通學時刻に於て人に讓て居れば少くとも停留所に於て一時間は立往生をせねばならぬ。謙讓の美德を發揮すれば勢ひ學校を遲刻することを覺悟する必要がある。遲刻は惡いと敎へられて居る。故に遲刻を避けむと思へばどうしても人を押退けて電車に乘らざるを得ない。これでは如何に學校で善いことを敎へても駄目である。社會が學校敎育を打壞する樣に出來上て居ては、國家が莫大の經費を出して義務敎育に力を竭しても其の效果はないであらう。

從來敎育を學校にのみ任せて置いた一般民の考が抑々間違つて居る。學校敎育よりも社會敎育が大切である。歐米諸國の社會的訓練の行屆いて居ることは驚嘆の外はないが、せめて支那や印度には負け度くないものである。上海、香港、新嘉坡でさへ電車を降りる時に切符を取らぬのに、日東君子國たる日本が電車切符を渡さねば下車出來ぬとは全く恥かしい次第ではないか。

凡て革新は靑年の本領である。我々は社會の改造を老人には賴まない。老人は改造の敵である。普選、郡役所廢止、公民權擴張が殆んど同時に行はるゝ社會的大變革に際して、期待すべきは唯だ靑年のみである。頑冥固陋なる輩は靑年は極端に奔ると憂ふる者が尠くないが、右に枉れる竹を眞直ならしめむと欲せば先づ之を左に枉げなくてはならぬ。極端に腐敗して居る社會を改造するには極端を以てせなければ其の目的を達し得られない。靑年の純眞な意氣を以て時に過激に趨くことあるは恕すべし。時代の何物たるかを辨へざる老人が徒に現狀維持を固守して國家の進展を阻碍するが如きは最も愼むべきである。起てよ靑年、諸君の前途は輝いて居る。如何なる壓迫にも靑年は堪へ得る。靑春の意氣は奈落の底に陷れる自治體を救ひ、國家を興隆せしむる唯一つの原動力たることを知らねばならぬ。淸き者よ、强き者よ、汝の名は靑年である。（一四、八、一七稿）

靑年ガツカリ

『實際問題として最も考慮すべきは現在の樣に農村の子女が農村の靑年を嫌つて何れも都會に走るやうでは到底堅實なる農村の發展を收むることは出來ない故に今後は斯る方面に向つて聊か微力を盡くしたいと思つてゐる』

之は農林大臣の第一代目を承はつた前岡崎農相新任匆々の抱負述懷であつた。

却々わけのわかつたオヤヂさんと農村の靑年達にヤンヤと持て囃されたのは無論の事である。

所が岡崎さんの農相辭任に出會つた村の靑年達ガツカリすまいことか！

自治と警察との根本問題

法學博士　松井　茂

安全生活とは災害防止の思想にして人生の一大要義である而して警察行政の目的は國家が危害を防止し國民に安全生活を營ましめむが爲に存在するものにして、殊に文明時代の警察は最も豫防警察と云ふことに重きを置かねばならぬ。

各個人が有機體であるが如くに社會其物も有機體であるが故、社會人たる吾人は互に共同提携して自治的に災害を豫防してこそ、公共の安寧秩序も能く保持せられ得る次第である。即ち人間は獨り自己のみの存在によりて社會を完全にすることは不可能である、玆に於て社會は連帶の思想に依り初めて社會の目的をも期し得らるゝ次第である。

之を犯罪行爲の例に徵するに、犯罪には固より先天的のものも尠くないが其大部分は社會の環境に依るものであるが故に、犯罪者各人の責任の重大なるは勿論ながら、之と同時に社會人が犯罪の發生に對しては相當の連帶責任を有してゐるのである。されば各自は互に相協同して犯行をなすの虞れある者に對しては克く之を善導し、以て社會生活を向上せしむる樣に努めねばならぬ、換言すれば社會の缺陷や、周圍の誘惑を一掃すべきものである。

全體安全生活は人類が當然要求すべき性質のものにして、何れの國でも何れの時でも人間は自然に本能性として安全を慾望してゐるのである。

何れの邦に於ても古代に在りては世人の災害に對する迷信甚しく、殊に誰人も最も大なる恐怖本能を有して居りたるものである。而して唯今日と昔日と異れる點は、昔は社會の環境が單純であつた爲め人間の災害に對する觀念が今日の如くに敏感でなかつたのである。然るに今日では各人は事實上直接に災害を直覺し來り、自衞上速に之を豫防するの必要に迫り來りたる次第である。

又近時文明時代として特に注意すべき兆候は、文化の發達と共に科學の進歩に伴ひ災害防止の手段方法が進歩し來りたる爲に、從來徒に恐怖したる事柄も今や或る程度迄は之を除去し得ることゝなりたるが故に、今や昔の如くに徒に恐怖するにも及ばぬ事となつたのである。

斯くの如くに災害防止の觀念は個人にも國家にも共同生活上必要缺くべからざるものなる以上は、之が思想を注入すべく玆に安全敎育の必要を生じ來つたのである、而して所謂安全思想とは國民に對し自治の方面より災害防止の思想を注入するの謂である。余が日本安全協會の爲に微力を致しつゝある所以も畢竟此の意に外ならぬ次第である。又政府が近時實業補習科目中に防火、警察、衞生等の如き直接警察行政に關係ある災害防止に關する公民敎育の科目を設くることになつたのも、全く前述の如き主旨に出でたるものである。

普選問題の將に實現されむとするの今日、國民に自治的方面より公民敎育を施すの急務なることは今更論を俟たざる所にして、近く水野錬太郎博士を中心として普選大成の爲めに公民敎育を奬勵すべき機關を設けむとするの needs議の進みつゝあるのも、畢竟國民に公民敎育を奬勵せしむるの趣旨であつて、余も國民警察普及の見地より聊か此の會の爲めにも微力を致さむと志して居る。

災害の防止は人類共同生活の必要條件たるが故に、盜難、火防、疾病等の如き、民衆に直接の利害關係を有する災害の除去は、其性質上人類生活の第一義として、人類は當然自衞せねばならぬ。歐洲の學者が、『自治は防衞行政より發達す』と云ひたる所以も、畢竟自治の基源は警察に關係ある民衆の生命財產に直接せる災害の防止に存在せるが故である。

我國に於て古來、五人組制度が警察的の見地より發達したる所以も、又英國の自治制度が十戸組合及百戸組合等より發達し來り、終に今日の自治制を完成するに至りたるのも、又支那や臺灣の保甲制度が連座方法により治安を維持し來りたるのも其細論に至りては種々の說もあるが、兎に角民衆が自治的に治安を維持した點に相一致した物と云はねばならぬ。

斯くの如くにして國民側に於ても、又警察側に於ても災害を防止すると云ふの點は何れも皆同一目的にして、此の點に於て國民と警察官との間に共通點が存在するのである、而して此の點こそ國民と警察との結合的中心であらねばならぬ。現に英國は勿論、米國の如きも殊に加州バークレー市の如きは、平素に於て民衆が能く警察の事を諒解し居るが爲めに、民衆は積極的に自から進んで警察に告白するのである、例へば萬一犯罪の上に於て擧動不審の者を發見するが如き場合には、民衆は直に之を警察官に報告するの美風を助成し來りて居るのである。

要するに廣く民衆に災害防止の精神を旺んならしめむとするには其方法として第一には、積極的方面より交通道德、刑事道德、火防道德等の方法により之が思想を注入するの必要がある。又第二には、消極的方面より警察力に依り災害を取締るの必要あるは勿論である、而して災害防止の問題は警察の方面よりも、寧ろ國民各自の自治的訓練の力に俟つことが根本問題であらねばならぬ。されば余の常に唱導しつゝある國民警察の意義も、畢竟國民皆警察なりとの觀念に立脚してこそ始めて徹底し得る次第である。

所謂安全敎育とは國民を根本義となすが故に其第一線は家庭である、又之に次では大いに小學兒童に之が思想を注入するの必要がある。現に米國の少年團には交通の事に關し安全保護デーの設けさへある位である、我邦でも相島像一君等の熱心なる主唱に係る交通道德會に於ては、主力を小學兒童に置てゐるのである、畢竟交通道德の如き自治的觀念は、之を兒童の時代より注入し置くの必要あるは勿論である。

全體自治の觀念は道德的思想に基くものにして、安全思想も亦各人の自治的精神が根本にして、國家の權力たる警察力の如きは、抑も第二義に屬するものと云はねばならぬ、此の點より云ふ時は警察の權力も其最終の目的は、國民の道德を維持する手段として存在するものにして、結局警察の根本的觀念も人間愛を基礎とすべきものである。

今や警察行政の目的物たる災害の種類は文明の進步に從ひ益々多きを加へ、其の範圍は愈々擴大せられ、思想の取締問題や、外人の保護問題や、勞働問題や、小作人問題や、水平社問題等數へ來れば限りがない、殊に犯罪人は益々橫暴を逞しくし、就中科學的手段應用の結果は智能犯の輩出が、何れの國に於ても其數を增しつゝあるの實況である。我邦は從來國境が海面に接したる等地理上の關係よりして、犯罪捜索の上に頗る便利の位置を占めて居つたのであるが、是れより東西間の交通は愈々頻繁となり、殊に航空機の發達に伴ひ、犯罪人は各國よりも入り來るべく、犯罪は將來國際的に迄擴大し來るのは逆睹するに難くない、故に國民は今より之に注意し、自治的方面より安全思想を振起すべく多大の注意を拂はねばならぬ、況んや一昨年の大震大火は災害防止上我國民に對し種々なる活敎訓を與へたのである、殊に畏くも、帝都復興の御詔書中には、禍を轉じて福となせよ、と仰せられてある、されば災害防止の思想の振興は我邦現時の國情上實に時代の一大要求である。而して此の點は偶々以て自治と警察との根本問題であらねばならぬ。(完)

今秋の

國勢調査

に就いて

内閣統計局長

下條康麿

國勢調査に關する法律は十年目一回の外其の中間の五年目に簡易なる國勢調査を施行すべきことを定めて居り、今年は恰も大正九年第一回國勢調査を施行してより五年目に相當するので愈々今秋を期し之を行ふことになつたのである。

今年の國勢調査は十月一日午前零時の現在に依り帝國版圖内に現在する人々に付、(一)氏名、(二)男女の別、(三)出生の年月(四)配偶の關係の四つの事項を調査するのであつて、是が爲内閣から任命される二十五萬の國勢調査員が九月下旬に準備調査をして其の結果に依り申告書を各世帶に配り十月一日から五日迄の間に申告書を取集めて整理するのである。此の調査員には地方の名譽職とか、學校敎師、青年團や在鄕軍人團の幹部などが選はれることになるであらう。

調査の目的

往昔に於ては單に國民の兵力を知り又は課稅の必要上戶口を調べるといふことがあつたのであるが近代に於ける國勢調査は極めて重大な意義を有するものであつて各般行政上社會上經濟上の諸問題を解決するに必要なる基礎となつたのである。凡そ國家社會の成立の基本たる人口を確めて其の社會的經濟的狀態を明にして行くことは現存の法律制度の下に中央、地方に於ける政治、公私の事業を行ふに必要なるは勿論、單に人口數及其の分布に就て言ふも、例へば政治代表の關係は人口に依て定まるを通例とし、或は間接に選擧區構成若は定員決定の基礎として用るられ、或は議員數が直接人口より算出せらるゝことがある。我衆議院議員の選擧區の構成、多額納稅議員の各府縣に對する配當は前者の場合であつて、府縣會議員、市町村會議員の員數決定は後者の場合である。又地方團體に在つては團體の輕重、團體の法律上の地位、國家よりの交付金補助金等の額の如きも多くは人口を標準として定められ、其他瓦斯、水道、電氣等の公共施設或は商品其他の生産物の需要量の如きも人口を標準として測定するの外はないのである。

歐米文明諸國に於て國勢調査制度を採用するものは孰れも五年又は十年の周期を以て之を施行して居る、斯の如く繰返して行ふのは調査の時期に於ける社會の縮圖を得て諸般の經營施設の基礎材料とするは勿論、幾度かの調査の比較に依て社會狀態の變遷して行く方向並程度を窺知せんが爲である。我國の國勢調査は當初十年目一回の制を採つたが世變急なる今日十年の期間は長きに失し政治代表の關係を調節し其の他各般統計の基礎となる正確なる人口推計を得る必要上、法律を改正して中間の五年目にも簡易なる國勢調査を施行することゝなつたのである。

調査の客體

國勢調査の客體たる人口には現在人口 (Population presente) と常住人口 (Population residente) とがある現在人口は即ち事實人口(Population de fait)であつて調査の時期に或地域内に現在する者は常住と一時現在とを問はず其の地域内の人口に數へるものである、從て其の地域内に常住する者であつても偶々調査の時期に不在であつたものは之を加へないのである。之に對し常住人口は一般に法律人口 (Population legale) と稱せられるものであつて調査の時期に地域内に現在すると否とに拘らす其の居住の關係から其の地域の人口に屬せしむるものである、故に常住人口は現在人口より一時的現在者を除き之に一時不在者を加へたるものである。我國勢調査は前者即ち現在人口を調べるものである此の現在人口に依る調査の大なる利益は調査の單純なることであつて其の地域内に於て調査の當夜を過した者のみを調査すれば足りる常住人口は利用上の價値よりすれば現在人口に勝るものであるが之が缺點は調査の困難なることであつて凡ての現在者から一時現在者を除き更に一時不在者を加へる必要があり、場合に依つては常住と一時現在との區別は決して容易でないのである。又現在人口の調査に於ては遊覽場、温泉場等の保養地の人口が幾分大となり是等の地方に出遊者を送る地方の人口が其れだけ少く計算せらるゝを免れない。故に現在人口を調査する國に於ては此の缺點を少からしむる爲人口移動の最も少い季節及時期を擇ぶを例とする。我國で十月一日午前零時を調査の時期と定めたのは人の移動が比較的に少く常態に近い數が得られる時期を選んだのである。

調査の時期

今回の國勢調査は前回同樣十月一日午前零時に於て帝國版圖内の現在人口を調査する所謂瞬間調査(Synchronical Census)である。卽ち十月一日午前零時に苟くも帝國の版圖内に現在する者は一人の重複もなく又一人の脱漏もなく之を調べ上げる仕組である。故に午前零時を境として其の時刻に生れた者や時刻後に死んだ者は當夜午前零時の現在者として之を調査し、之に反して其の後に生れた者其の前に死んだ者は調査に入らないのである、又零時前に世帶に入つた者零時後に世帶を去つた者零時前に世帶を去つた者零時後に世帶に入つた者の取扱も右と同樣である玆に二の例外があつて調査の時刻に偶々屋外に在り又は夜業、夜勤、宿直等の爲に世帶なき場所に現在するも十月一日中に自己の世帶に歸るべき者は其の世帶に現在したる者とし又十月一日午前零時に汽車、電車、世帶のなき舟筏又は陸路の旅行中なること豫め明なる者は最後に出發した世帶に、又豫め明ならさる者は十月一日午前に始めて到着した世帶に在りたる者として取扱ふのである。之は調査を受ける單位が世帶である關係上人口を孰れかの世帶で洩れ無く拾ひ上げる爲の止むを得ない例外である。

調査事項

毎十年の中間に於ける國勢調査の調査項目を如何に定む可きやは相當考慮せられる問題であつて、英國に於ても一九〇九年四月王立統計協會(Royal Statistical Society)のセンサス委員會(Census Committee)は「十年目毎に一般的センサスを施行し且男女の別及年齢のみの調査を中間の五年目に施行すべき法律を制定すべきこと」を決議し我が中央統計委員會亦大正十年五月に「毎十年の中間に於て簡易なる國勢調査を施行する場合の調査事項は人口總數、男女配偶關係とせんこと」を希望したのである。當局は之に從つて調査事項を以上の四者に定めたのであるか孰れの事項も必要止むことを得ない事項のみである。第一に氏名を調査するのは、調査の正確を期し進んでは國家社會成立の基本たる人口總數や各地方の集團分布の狀況を知らんが爲であつて、氏名を知るのが目的ではない。第二に男女の別は人類社會の二大部門であつて其の權衡は往々にして道德、文化、經濟に至大の關係があるので之を調査して社會構成の基本を窺はんとするのである。第三に出生の年月は國民の年齢を知る爲に之を調査するのであつて幼年、壯年、老年の割合が判れば一國生産力の程度も知れ將來に於ける人口增減の程度も察せらるゝのである。第四に配偶關係は男女の別に一歩を進めたものであつて未だ結婚しない者か、現に夫又は妻ある者か、配偶者に死別又は離別して現に獨身であるかを調べると、相當の年齢に達して配偶を得ない者鰥寡に泣く者がどの位あるか、社會が健全なるか否かも知れるのである。

調査の方法

如何なる國家に於ても國勢調査の實査手續は、(一)申告書用紙の配付、(二)申告書の作成、(三)申告書の蒐集の三部分から成立つて居るのであるが問題となるのは申告書の樣式如何及び申告書作成方法如何の二點である。

一、申告書の樣式

申告書には一枚の中に世帶員全部に關する調査項目を記入する所謂世帶票と一人に付一枚づゝの申告書を作成する所謂個人票(單名票)の二種がある。第一回の調査には世帶票を用ゐたが本年の調査には個人票を使用するのである。世帶票を使用する場合には結果を整理する爲に申告書から別に所謂計牌を作る要がある。今回の調査は市町村で一應結果の編成をするのであるから申告書を其の儘製表に使へる個人票を採用したのである。

二、申告書の作成方法

申告書作成の方法には自計主義と他計主義との別がある。自計主義とは世帶主に申告の義務を負はしめて申告書を作成提出せしむるの方法で所謂世帶主主義(Householder method)是である。之に反し他計主義とは調査員が調査票に記入するのであつて所謂調査員主義(Canvasser method)是である。此の兩主義を比較するに國民の文化低級なる場合又は複雜なる調査項目に付て調査する場合に於て調査の正確と劃一とを期せんが爲には他計主義を優れりとするも、實査を全國一齊にならしめ實査の勞力を世帶主と調査員とに分配して廣く經費を節減せんが爲には自計主義を以て優れりとする。是れ印度錫蘭の如き文化の程度低き地域又合衆國の如き調査項目の複雜なる國に在りて他計主義を採るに反して、英吉利並歐羅巴大陸諸國が擧つて自計主義を採る所以である。我國に於ても自計主義を採用し申告書の作成を世帶主の義務として居るのは國民の文化と誠實とに信賴するものであつて其の期待する所は國民の好意ある協力である。

各世帶で申告したものを調査員が蒐集し之を市町村長に提出することに依つて實査は終了し之より結果編成の手續に入るのであるが、結果の編成方法には二樣あつて其の一は各世帶から蒐集した申告書全部を中央に集めて製表する所謂中央集査是であり、他の一は各地方で申告書から製表し之に依て全國の數字を得る所謂地方分査である。前回の調査は中央集査の方法に依つたのであるが今回は市町村で調査の結果表を作成し之に依つて郡府縣では郡府縣結果表を作り內閣では府縣結果表から全國篇を完成する仕組である。此の地方分査は調査の事項が簡單であり製表上不統一に流るゝ虞のない場合に限り行ひ得るのであつて製表の複雜なもの例へば「職業」の如き項目ある場合は中央集査の方法に依るの外はないが今回の調査事項は男女別、年齡別、配偶關係で分類上統一を缺く惧もないので地方分査の方法に依ることゝなつたのである。猶ほ一言すべきことは國勢調査は凡て事實に依つて申告さす主義を採つて居ることである。例へば年齡の記入の如きは實際誕生の年月に依つて記入するのであり、配偶關係の如き事實上の關係社會上の觀念に依つて申告するのであつて必ずしも法律上の關係と一致するの要はない。

國勢調査の成績は調査從事員の努力如何に依ること勿論であるが他面國民の自發的協力に俟つに非れは到底圓滿なる調査の遂行は不可能であるから國民たる者はよく調査の趣旨を理解し調査の目的を了解して自治の精神に依つて調査員に援助を與へられたいのである。

早婚同盟

新潟縣東頸城郡保倉村村樹正治氏が主唱し『早婚同盟』といふ物を組織した、卽ち男女とも早く結婚し鄕土に落つけといふのが主旨で部會に走る若者を防ぐためである。

イギリスの地方自治

マスター、オブ、アーツ　弓家七郎

第三節　市部寺區

市部寺區には、村部寺區にあるやうな、寺區會もなければ又寺區議會もない。そこの自治政は、寺區から見れば上級の自治體たる市會又は町區會の手に依りて行はれて居る。一八九四年までは、市又は町に於ても寺區を單位とする教區會（ヴエストリー、ミーチング）が、教會のことのみならず、自治政のことに關しても、いろ〳〵の權限を有して居たが、今は唯單に教會の關係事項を處理するだけの權限しか有して居ない。それとても、市會なり又は町區會なりが、その事項を處理して居るところに於ては、既に全然廢止せられて居る。教區會の權限は、救貧監督官の指名、救貧副監督官の任免、有給書記の任命（但しこれは人口二千以上を有する市部地區に限る）、課税價格表作成費の支出に贊助を與ふること、埋葬委員の任命等を主なるものとし、その外一八六九年の救貧地方税賦課徵集法に基いて、土地家屋の所有者に對し、救貧地方税の賦課徵集をなすことが出來る。

教區會は、原則として、その寺區内に於ける公民全部を以て組織するものであるが、場所に依つては、選擧に依る市部寺區議會を有するところもある。その議員の任期は三ヶ年で毎年三分の一づゝを改選する。その場合、牧師、教職にある者、及び教會の執事等は、職務上議員たるの權利を有する。しかし市部寺區は、最早既に自治體としての權限を殆んど有して居らぬ。

教會寺區の事は、自治に大した關係がないから略する。

第二章　區（デイストリクト）

第一節　救貧聯合區

パリツシユ（寺區）の直ぐ上に位する地方自治團體を、デイストリクト（區）とする。デイストリクトには村部區《ルーラル、ディストリクト》と市部區《アーバン、ディストリクト》の二種がある。區《ディストリク》を説明するには順序として救貧聯合區のことを一言して置かねばならぬ。

一八三四年の改正救貧條例は、その當時存在して居たところの小救貧區を併合して救貧聯合區を作り、この聯合區をして貧民救助、公衆衞生、出生死亡登錄等の事務を管理せしめた。この併合に對する方針は、（一）なるべく市場等のある町を中心にすること、（二）その大きさは各救貧區の負擔が公平に分配せられるやうに作ること、（三）而して、その區域は救貧監督官がその管内の事情を一々詳かに知り得るやう餘り大きくせざること等であつた。從つてその面積も割合に小さく一救貧聯合區の人口も大概六千乃至二萬位が普通であつた。尤も之は、市街地の聯合區と、村落部の聯合區とで異つて居たこと勿論である。

救貧聯合區の行政機關は救貧監督委員會《ボード、オブ、ガーデアン》である。救貧監督委員會は各寺區から選出せらるゝ救貧監督官を以て組織する各救貧監督官の任期は三年で、毎年三分の一づゝ改選せられるのが普通であるけれども、中には三ケ年毎に全部同時に改選して居るところもある。

第二節　村部區及び市部區

救貧聯合區が救貧、公衆衞生、及び出生死亡登錄等の方面に活動して居る最中、政府は一八七五年公衆保健法に改正を加へて、各縣に市部衞生區《アーバン、サニタリー、ディストリクト》及び村部衞生區《ルーラル、サニタリー、ディストリクト》なる新行政區域を作り、救貧監督委員會をして村部衞生區の責任廳たらしめ、各市會及び市街地の地方委員會《ローカル、ボード》をして市部衞生區の自治に任ぜしめた。從つて村部衞生區は唯單に救貧聯合區若くは救貧聯合區の村部にしか過ぎず、その區域も、必らずしも一つの縣内にあるとは限らず、一つ衞生區で二縣以上に跨つて居るやうな物も大分あつたが、一八八八年以來、政府はなるべく二縣以上に跨つて居る衞生區を分合し、同時に村部衞生區を改めて村部區となし、之に村部區會を有せしめて自治を許した。村部區の數は六百四十七ある。

村部區會は、區會議員と議長とよりなる。區會議員は各寺區を代表し、普通各寺區を一選擧區として選出せらるゝものであるが、ところに依つては數寺區を以て一選擧區を構成するところもあれば、又一寺區を幾つかの選擧區に分つところもある。この區會議員は直ちにその區のある救貧聯合區の救貧監督官を兼ぬるものである。從つて救貧聯合區と村部區との區域が同一である場合には、救貧監督官と村部區會議員とは全然同一人である。但し救貧聯合區と村部區とは全く別箇な自治團體であることを忘れてはならぬ。區會議員の任期は救貧監督官と同樣三ケ年で、普通ならば每年三分の一づゝ改選せられる。しかし區會に於て三年每に、全部同時に改選せられんことを希望するならば、縣會の認可を得てそのやうに改めることも出來る。選擧權にも被選擧權にも男女の差別はないが、立候補するには有權者二名以上の推薦を以て、區會書記長に屆出づることを要する。區會は每月一回以上開かれる。區會議員が、病氣若くはその他の正當なる事由なくして六ケ月以上區會に出席せざるときは、その資格を失ふ。これは救貧監督官も同樣である。

區會議長は每年四月區會議員により選擧せられる。普通は區會議員中から互選せられるものであるけれども、區會議員外から選擧せられることも稀ではない。區會議長は當然縣の平和判事に任命せられるもので、頗る重要な名譽職である。猶區會は唯單なる立法部ではなく、區の行政部でもあり、議長の外に別に區長はない。

市部區は一八七五年に作られた市部衞生區――詳しく言へば地方行政區及び改良條例區――から發達したものである。それは概して小市街を中心とする區域ではあるが、必らずしも所謂都市的地方とは限らぬ。一九一一年の國勢調査表に依れば、その最も小なるものは人口僅かに二百に過ぎず、總數七百九十二の中人口三千以下のもの約二百、人口三千以上、五千以下の物も又約二百を有して居る。尤も中には十五萬以上の人口を有する都市もない譯ではないが、概して言へば未だ半村落的狀態を脫せざる都市であると言つて宜いと思ふ。

市部區を統轄する自治團體を市部區會《アーバン、デイストリクト、カウンシル》と稱する。區會の構成、區會議員の選擧及びその任期、議長の選擧等は村部區會と略々同一であるから別に述べない。但し市部區會は村部區會よりも一般に大きな權限が與へられて居る。

第三節　區の權限

區の權限はこれを比較の便宜上、市部村部兩區會共に有する權限、市部區會のみ有する權限及び村部區會のみ有する權限の三つに分ければ、次の如くである。

一、市部村部両區會に共通なる權限

(イ)公衆保健、道路、橋梁、住宅供給、都市計畫等に關する權限。

ディストリクトは、元來が公衆保健、衞生のための行政區劃として發達して來た物で。殊に道路に關しては、縣の管理に屬する幹線道路を除けば、他はすべて區會の管理する處である。又勞働者に住宅を供給するために、政府から低利資金の融通を受け、補助金を仰ぎ、區債を募集する事も出來る。都市計畫に就ては、人口二萬以上を有する市部區でなければ、これを强制せられる事はないが、如何なる區と雖も、都市計畫を行はんとする場合には、種々なる權限を與へられる。

(ロ)法律の施行細則、條例、諸規則を制定するの權限。施行細則に付ては保健省の認可を要する。

(ハ)鑑札、免許等をなすの權限。勞働者、引率者、質屋骨牌場、球戯場、勞働者募集者等その他に對し鑑札を下附し、又は營業を許可するの權限。

二、市部區會のみ有する權限

(イ)一八九〇年公衆保健法修正法第五篇の規定により區債を發行するの權。

(ロ)下級教育官廳として初等教育以外の教育機關を設備し且つ之に從ふを得るの權。

(ハ)割當地《アロットメント》を造り、且つこれを貸付くるために土地を收用し、及び法律の許す範圍内に於て收益を目的とする事業を營むこと。

(ニ)人口二萬以上を有する市部區の區會は、養老年金法、國民健康保險法、及び工場法等の事務に關する責任廳であり、且つ教育法による初等教育廳である。

(ホ)人口二萬五千以上を有する時は、一八六三年の有給裁判官法に基づき、有給裁判官の任命を請願するを得る。

(ヘ)人口五萬以上を有する市部區の區會は、失業勞働者法の事務に關する責任廳であり、且つその區内の救濟委員會を任命するの權を有する。又陸海軍々人年金法に依る地方委員會を設けることが出來る。

(ト)市部區會は、一八八二年の市制法により、市制を施行せんことを申請することが出來る。

三、村部區會のみ有する權限

(イ)一八七八年の公衆保健(給水)法に基く種々の權限を有し、區内各戸に飲料水を十分に供給するの責任を負ふ。

(ロ)村部區會は、その區域内にある寺區會に對して、衛生に關する責任を委託することの權限を有する。

(ハ)村部區の區域が寺區若は救貧聯合區と同一なる時は、村部區會は寺區會、救貧監督委員會の權限責任を繼承し、別に寺區會若くは救貧監督委員會を設けない。

(ニ)村部區會は、縣會に對して市部區會たらんことを申請することが出來る。

第四節　吏員及び財政

(吏員) 市部區會及び村部區會の主なる吏員は、保健醫務員、衛生檢査員、衛生監督、土木技師、書記長、收入役收稅員等とする。保健醫務員は醫學及び公衆衛生に關する專問家たるを要し區會に於て選任せられ、區内の衛生狀態に關し、保健省に報告書を送附するの義務を負ふ。若しその報告にして、滿足すべき物であつたならば、その給料及び衛生檢査員の給料の半額は國庫から支辨して貰う事が出來る。衛生檢査員も區會に於て選任せられる物で、區内の衛生狀態を檢査して衛生醫務員に報告し、食料品等の檢査に當るの外、衛生監督を兼ぬることが出來る。書記長、收入役等は市部區に於ては、特別に任命せられるが、村部區に於ては、救貧委員會の書記長收入役等が、これを兼ねることになつて居る。但し書記長と收入役とを同一人が兼ねることは許されない。收稅員は市部區會に於てのみ任命せられる吏員で、村部區會にはない。

(財政) 市部區會は一般地方稅を賦課する權限を有する。地方稅は土地、建物その他賃貸借し得べき物件の占有者に對しその一ヶ年に於ける賃貸價格を標準として賦課する。但し農業地に對しては他の二分の一しか課稅しない。又村部區會は直接の課稅權はないが、救貧監督官に命じ必要の經費を取立てしむる事は出來る。市部村部兩區會共に永久的性質を有する衛生事業を執行するためならば期限六十ヶ年以內の長期區債を募集する事も許されてあるがその總額は合計して、その區内に於ける一ヶ年の賃貸價格を超ゆる事は出來ない。尤も特別に保健省の許可ありたる時は、二ヶ年分迄募集する事も許される。市部區の會計年度は每年四月一日に初まり、翌年の三月三十一日に終る。村部區の會計年度は三月末日及び九月末日を以て一期とする年二期制度である。

自治の訓練（一）

家庭學校長　留岡幸助

一

『自治の訓練』と云ふ以上、自治とは何であるか、訓練とは何であるかの意義を說かねばならぬ。

自治とは何ぞや　自治とはその字の如く我が市町村の政治を他を煩はさずして自ら治めることである。昔の政治は依らしむべく知らしむべからずと云つて、只政府より命令され、其の命令通りに從つたに過ぎない、謂はゞ服從の政治であつて、今日のやうに自治の政治ではなかつた。其の故に斯る政治から動もすれば壓制侮蔑の事が行はれたのであるこういふ譯で百姓一揆であるとか、佐倉義民事件のやうなものが發生したのである。

二

自治の定義　獨乙のスタインは自治行政を以て國家行政の一部に過ぎないとした爲に、團體が行政を管理するのが則ち自治なりと謂つた、グナイスは自治團體を以て國家と社會との中間にある一種の中立機關とした爲に、彼は亦國家の目的を離れて團體固有の事柄を處理することを以て自治本來の主義であると說いた。

自治の本質　故井上友一博士は自治の本質を說いて地方團體は法律に由て人格を公認せられ、法律の範圍内で住民に對して權力を持つ、團體は國家より委任せられた權力の主體であつて、團體の機關之が作用をなす、これ等の機關は國家直接の機關でなく、團體そのものゝ機關である。團體の權限は其の源を國家に發し、國家は法律の委任に依つて豫め團體に對して自治の權限を與へる。而して團體は國家より授かる所の權限によつて自ら其の任務を處し、之を完成することを以て國家に對する責任としてゐるのである。

と說き、更に進んで自治團體の責任なるものを論じて、

自治團體の責任　地方人民が其協力に由て共同の利益、團體の福利を計るは、自治の團體が自己の責任である許りでなく、又國家に對しての大なる責任である。若し自治の團體にして能く此の責任を果たすことの出來ない時は地方の憂、國家の耻辱、之より大なるはなく、國家の損失についても亦之より甚しいものはない。

と謂つてゐるのである。

三

人格と自治　『選奬さるゝまで』の著者故近藤行太郎君は自治に關して左の如く說いて居る。

自治とは自分を自分の力に依て擴張し、其の土臺の上に自分の力に依て自分の特性を發揚するに外ならぬことであると思ふ。故に個々の自分にも自治があり、各種の團體にも自治がある、自治し得る個人は立派な完全なる人格者である。此の如き立派なる完全なる多數相集つて一の團體を構成し、其の團體が自治を爲し得れば、立派なる完全なる人格者である。

市町村の自治と云へば、自治行政を行ふもので、自分を自分の力で國家に擴張して、其土臺の上に自分の力に依て自分の特色を發揚するにあるのである。其の特色を最も完全に圓滿に發揚し得たならば立派なる。完全なる人格者であるのである。

と云ひ、更に進んで何故に自治行政を行はねばならぬかの理由を述べて、

然らば何の爲に今日市町村は　制町村制度の下に於て自治行政を行ふかと云へば、之　國家存立の目的を遂行する爲である。國家存立の究極目的は國民の幸福利益を保護增進するに在るのであるから、結局市町村の自治は自ら自治の事務を處理して、團體自身の目的を遂行すると同時に、其れは國家存立の目的であると云ふことに歸着するのである。

四

訓練の意義　訓練とは、英語の所謂ディシプリン Dicipline のことで煉り鍛へると云ふ意味である。恰も刀鍛冶が名刀を造る時のやうに、銅鐵を火にくべては鐵砧の上にのせ鐵鎚を以て打たき、之を水に浸しては又火中に投じて燒きを入れ、打ち叩いた如くに、水火を以て鍛練することである。教育は只文字を教へるばかりでなく、火と水を以て鍛練せねばならぬ。ディシプリンは單に文字を教へる斗りでなく其れと同時に或る一種の困難を與へることを意味す、訓練即ちディシプリンは刀鍛冶が名刀を水火でたゝきあげる如く學生に意義ある痛苦を與へる事で、斯くして始めて人間は出來上るのである。

其通りに自治行政も訓練を經ずしては立派な市町村は出來

ないのである。之は一朝一夕のことではない、私は自治行政の訓練と云ふことにつき、特に貯蓄に關する一事例を述べて訓練の何たるかを説明して見たいと思ふ。

五

訓練の一實例　靜岡縣濱名郡積志村は從來良村として名のある村であるが、頃日同村長栁木伸氏より郡長古澤俊次氏へ差出した勤儉施設の活例がある。其の報告に、

積志村の勤儉貯蓄の中心は積志銀行にして、此の美風の本村一般に行渡れる遠因は、則ち明治八年濱松市に屬せし時、有國村外三ヶ村の區域たる二十六小區に於て村債償却の必要に迫られ、時の縣令大迫貞治氏より積志の稱號を受け、玆に初めて積志講社の創設を見以て、義務的に勤儉貯蓄を勵行せしめたるに端を發せり、而して其の積金は漸次增加し、明治二十二年資本金一萬圓の株式會社積志社となり、漸次增資に增資を重ねて、現今貳拾五萬圓に達す。其の間每年利益金を割きて村敎育費基本金に寄付することゝ實に五十年、其金額貳萬圓を超ゆ、現今一ヶ年に金八百圓宛寄付するに至れるは、之れ全く勤儉貯蓄の美風の繼續し來れる賜なることを村民一般理解するに至れり。

と謂つてゐる。而して右報告中に栁木村長は同村各種の貯蓄組合十二を列擧して、其貯金高合計實に金百貳拾四萬貳千八百九拾六圓(大正十三年十二月現在)の巨額に達してゐることを報告してゐる。

これは積志村が今日の如く發展するに至つた經濟的重因である。旣に經濟上の基礎が確立した今日『衣食足つて禮節を知る』で、自ら道德上の發達を見るに至つたのも又怪しむに足らない。然ば即ち之に依つて經濟と道德が密接なる抱擁をなすの妙諦は機微の間に行はるゝものであることを見ることも出來る。かやうにして零細の金を明治八年より大正十三年に至る五十年間に於て貯蓄したのが百貳拾四萬圓餘の巨額に達したことを以て見れば、この間同村民の苦心經營は實に尊敬するに價ありと謂はねばならぬ。然らばこの五十年は貯蓄上に於ける同村民の訓練時期と見て差支へないであらう。斯う考へて見ると訓練なるもの一朝一夕にして成り與はざる事も亦容易に頷き得られる。

以上は貯蓄に關する實例であるが、自治の訓練は單に貯蓄のみに留らぬ、納稅、敎育、風俗、勸業、土木、兵役、衞生社會事業、さては事務の整理に至る迄訓練を經なくてはならぬ、優良町村として令名のある公共團體は、自治體各種の項目につき訓練に訓練を經てゐるものである。之によつて見るも訓練の一事忽にしてはならぬことが分る。(以下次號)

地方財政史觀

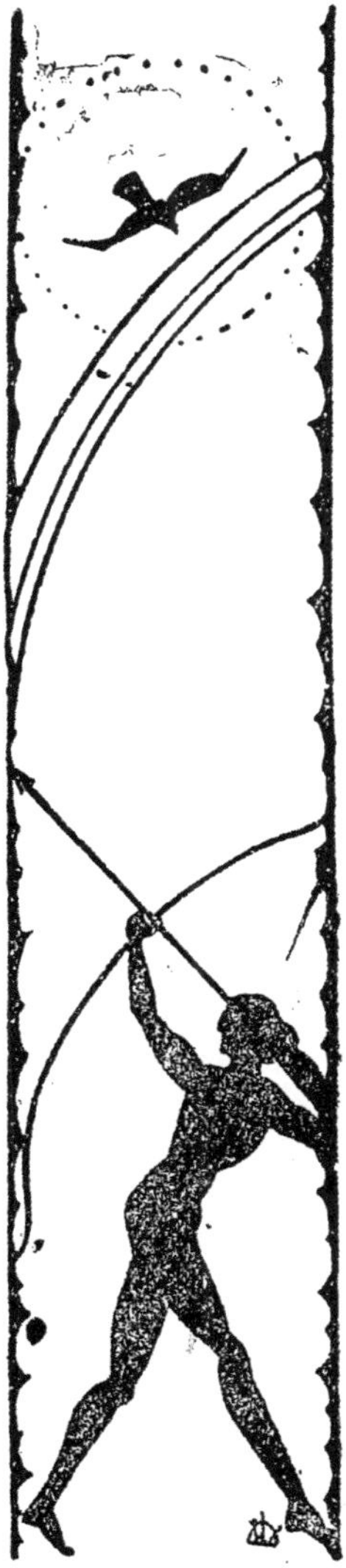

平井良成

第四

市制　市が自治團體として完全に認めらるゝに至つたのは明治二十一年制定の法律第一號市制に依るのである、それより先明治十二年區町村續制法が實施せられ翌十三年には區町村會法が施行せられたのであるが市と稱するは明治二十一年の市制に始まる、その市制は明治四十四年一大改正が加へられた、即ち明治四十四年法律第六十八號を以て發布し大正十年同十一年に一部改正を加へた法律である、此市制に依ると市は府縣の下に位する地方自治團體である、そして夫は一定の地域と住民とをその構成要素として居る、區域は市制々定當時の區域に依りて定まるがその區域を變更し擴張したりするのにはそれ〴〵法定の手續を履行せねばならぬ、又市の廢置分合は內務大臣の權限に屬し、市名を變更するには內務大臣の許可を市役所の位置に付ては府縣知事の許可を受けねばならぬ、住民は市內に住所を有する者で男女老幼貧富を問はない、苟くも其者の生活の本據地がその市內に在ればその者はその市の住民である。

市は地方自治團體であるが其權能の範圍は市制第二條に定められてをる即ち

市は法人とし官の監督を受け法令の範圍内に於て其の公共事務並從來法令又は慣例に依り及將來法律勅令に依り市に屬する事務を處理す

と規定せられてをる、それで市の自治權能は第一に公共事務であるが其公共事務處理の範圍は所謂市の固有事務であつて此事務の振否が市の生命に關係するものと謂ふも敢て過言でない、乍去現今では寧ろ第二の法律の規定に依り市の事務に移されたる事務所謂委託事務の方が多種多様でそれが極めて多くの分量極めて廣い範圍に屬するので市の事務は寧ろ委託事務に過ぎないと思はるゝのである、斯く國家が細かく法令で市への委託事務を擧げて行くと云ふは結局市の生命活動の範圍を縮少するのではあるまいか、とにかく市の事務は以上述ぶる範圍であるが(イ)營利事業を營むことを得るか否か之れは從來頗る議論の存する所であるが利益を生ずる事業で個人經營の場合は純然たる營利事業でもそれがその市の公共の利益を生ずるものであれば公共事務として處理して不都合はない(ロ)請負事業を爲し得るや否やも亦問題であるが、漁業の如く營利事業でない限り、公共事業として處理し得ることは(イ)と異なる所がない(ハ)請願の權ありやと云ふに其市の事務に屬する範圍内なれば請願法に依り之を爲すの權限がある又(ニ)住民に對し保證することを得るかと云ふに之れも保證の權能はあるものである。

自治行政の範圍は右叙述する處であるが此自治の權能には自主の權能を有する事が最も大切である、自主權なくして自治するもそこに眞の生命力がない、此自主權能に依つて自ら法規を制定する事が出來るのである、前に府縣は此自主權能が缺けて居から法規制定權が認められないと述べたが之れに反し市は自主の權能がある即ち條例規則を制定し市住民に之を遵守せしむるの力を有してをる又市は財務行政權を賦與せられてをる此財務行政權の發動が財政として現はるゝのである市住民の權利義務一般に市住民は市の財産及營造物を共用する權利を有する、故に各個に之を利用するの權利はない、必らずや共用するのでなければならぬ、住民の權利として法に認められてをる處は之れのみである、又義務として市の負擔卽ち市税其他の公課を負擔する義務である、住民納税の義務卽ち之れである。

一般的住民の權利義務は右述ぶる如きものであるが住民中特別の資格を有する者には更に公民權を與へてをる、その資格は(一)帝國臣民たる男子にして年齡二十五歲以上の者(二)獨立の生計を營む者(三)二年以上其市に住民たる者(四)二年以上其市の直接市稅を納むる者である、が此(三)及(四)の二年の制限は特に免除せらるることが出來る、尙此等資格を有するも貧困の爲め公費の救助を受けたる後二年を經さる者、禁治產者、準禁治產者、六年の懲役又は禁錮以上の刑に處せられたる者は公民と爲るを得ないのである。

公民は一般住民の權利義務の外に市の選擧に參與し市の名譽職に選擧せらるゝ權利を有すると共に其名譽職に選擧せられたるときは別段の事由なき限り之に就職するの義務を有するその義務免除の事由は(一)疾病に罹り公務に堪へざる者(二)業務の爲常に市內に居ることを得ざる者(三)年齡六十年以上の者(四)官公職の爲市の公務を執ることを得ざる者(五)四年以上名譽職市吏員、名譽職參事會員、市會議員又は區會議員の職に任し爾後同一の期間を經過せざる者(六)市會の議決に依り正當の事由なしと認むる者である。

公民權は之を有するも公民資格を缺如するに至つたときはそれを喪失する、又租稅滯納中か破產の處分を受け復權せざるか刑の言渡を受け服役中の執行猶豫中は權利の行使を停止せらるゝのである。

市の機關

市の機關は議決機關と執行機關である、議決機關は市の意思の決定を爲す機能を有する故に之を意思機關とも稱する、而して此意思を決定する機關は市會及市參事會である、執行機關は市長である、以下市會、市參事會、市長の順序で各その組織權限を略述する。

市會

市會は市會議員を以て組織する、その議員數は人口を標準としてをる、即ち五萬未滿の市は三十人、五萬以上十五萬未滿の市は三十六人、十五萬以上二十萬未滿の市は四十人、二十萬以上三十萬未滿の市は四十四人、三十萬以上の市は四十八人とす而して人口三十萬を超ゆる市に於ては人口十萬、人口五十萬を超ゆる市に於ては人口二十萬を加ふる每に議員四人を增加するものである、尤も此議員定數は市條例を以て之を增減することを得る(市制第十三條)、此一市に定められた數の議員は選擧權を有する公民即ち選擧有權者から選擧せらるゝものである、その被選擧權は選擧權ある公民は總てが之を有するのが原則であるが特に除外する者がある、即ち(一)所屬府縣の官吏及有給吏員(二)その市の有給吏員(三)檢事警察官吏及收稅官吏(四)神官神職僧侶其の他諸宗敎師(五)小學校敎員(六)その市に對し請負を爲す者及其の支配人又は主として市に對し請負を爲す法人の無限責任社員役員(受取役監査役及之に準ずべき者並淸算人)及支配人(七)宮內官吏會計檢査官行政裁判所の長官及評定官、判事法務官等は例令市の公民であつても被選擧權を有しない者である。

市會議員は市の名譽職であつて總選擧の日より起算し四年間は其の職を失ふことはない但失格死亡解散に因る場合は任期間に在つても失職する、而して選擧は市制の定むる所に依つて行はるゝのである。

市會議員　市會を組織しその議事を爲すには市長の招集を待たなければならぬ、市會は選擧に依つて議長及副議長を定むることを要する、會議は府縣會の如く通常會及臨時會の區別なく一に必要に應じ會期を定め又は定めずして市長の招集に依り開會する、原則として公開せらる而して其會議は議員定數の半數以上の出席を要し其議決は出席議員の過半數を以て決する、可否同數の場合は議長の決する所に依るは府縣會と同一である。

市會は市長の招集に依るべきものであるが議員定數の三分の一以上から請求があるときは市長は招集を爲さなければならぬ、招集には總て附議の事件を豫告せねばならぬ、市會の開閉權は市長之れを有するが其の日の會議は議長に於て開閉を爲すものである。

市會の權限は總て市に屬する事件と法律勅令に依つて委任せられたる事件を議決するに在る、則ち市の自治事務の全般に涉り市の意思を決定することが市會の權能である、故に市制(第四十二條)に列擧せる市條例市規則歲入出豫算市稅及諸公課の賦課徵收其他の事項は主なる事件名を記するので決して府縣會の如く限定せられてはおらぬ、此等自治事務の外法律勅令の規定で特に市會の權限に屬せしめた事件、選擧は勿論公益に關する意見書の提出、行政廳の諮問に對する答申の如きは市會の議決決定事項である又市吏員の執行に對しては市會は監督の位置に在る故に市の事務に關する檢閱權を有する如斯市會は廣汎な權限を有するが故に其責任は極めて重大であるが或は其行動が國の行政を紊し市の公益を阻害する虞あるときは市會の行動を制止する必要がある此は卽ち市會の解散であるその市會解散權は內務大臣の有する所である。

自治政に携はる青年諸君へ

法學博士　馬場鍈一

私は元來青年が好きである。何故に好きであるか。一體人間は兎角過去の事柄に對して追慕の念を有し、現在の事象に對しては兎もすれば不平不滿を抱くもので、その將來に對しては又誰しも希望を以て埋められる者である、之は自分一個の考へでなく、人間の通有性であらうと思ふが痛く老ゆれば昔のことが多く頭に殘り昔戀しくなつかしく、將來のことに對しての希望の念は薄らいで來るものである。中年になると多少過去の物語も出るが現在に對する不平の念が強く、現在の不都合をのみ、なじつてゐる。そして此の不平不滿から將來何んとかせねばならぬと云ふ氣分が動いて來て、元氣のある者は將來に希望を置いて働く、青年は現在の事より、將來に重きを置く、將來は世界を動かす人間にならう、世人から崇拜される人間にならう、大政治家大學者にならうと、過去を求めず、現在を知ることよりも、將來に對して大なる希望と非常なる熱度とを持つ、この進展性こそ青年の純情であり特色である。從つて國家の運命は青年によつて左右せられ、國家の消長は一にかゝつて青年の努力如何にある。要するに將來に希望をつなぐ青年は國家を荷ふて起つ人である。故に自分は青年を好愛する。

以上は青年好愛の辯であるが、社會は常に兩極端の存在であり、矛盾の住所である。然し兩極端は相一致し、矛盾は相調和して社會の進歩發達の原子となつてゐるのである。强者のみが勝つたならば今日の平和は得られなかつたであらう强者と弱者との間に何等かの調和があつて吾々の生活があるのである。性の相反する男と女の生活に調和が取れなかつたならば吾々の生活はどうなるであらうか、亦世に能く嚴父と云ふ言葉があり、その言葉のある所に慈母を聯想させる、玆の道理を知らなければ社會の生活を究はめることが出來ぬ。物理の方則にしても兩極端の調和一致と云ふことを多く語つてゐる

又人間は模倣性を有する、眞似ると云ふことは吾々の生活

を豊にしてゐる。青年團を作ると云ふことも唯れかゞ始めたことの良い模倣である、が之れと反對に人から區別されようと云ふ考も多分に持つてゐるもので、何んでも人の爲てゐることに反對し、何か變つた事をしてやらうと云ふ心理がそれで、流行と云ふのはつまり此の模倣性と反模倣心との調和に始まるものである。誰れか今迄の流行と變つたものを作り出すと直に人が之を眞似てそれがその年の流行を支配する樣になる。衣服に就ても思想に就ても之れを多く見るのである。遠心力と求心力との兩作用が車輪を動かすことも之と同樣の理論を有する。例を思想の方面に取つて見ると、個人主義と協調主義、利己主義と相互扶助主義と云ふ樣に極端に相反した思想が、互に社會の進化に良く調和されて役立つてゐる。よく青年に獨立獨歩せよとか吹聽する者もあるが、完全に獨立獨歩して果して生活が出來るか、極端に走ると獨立獨歩が孤立無援になつて、世の中の奴は分らぬなど丶世の中から遠ざかり、昔の所謂仙人みたいなものになつて終ふ。然し乍ら依賴心の發達した有害無益の寄生蟲は孤立無援の仙人より以上に救ひ難く、只お互が助け合つて進むと云ふ事にのみ社會の進歩がある。卽ち獨立獨歩の良い所と、相互扶助のよい所とが調和して社會生活が圓滿に出來るのである。戰敗國獨逸が駸々として勃興しつ丶あるのは、國民の共力、產業の合同の結果で、米國の產業も亦協力の賜である。日本は丁抹の農業に模倣せんとしてゐるが彼れ丁抹を今日あらしめたのも、日本の所謂產業組合の如き共同組織の力に負ふ所が多い、英國に勞働黨內閣の出來たのも隱忍久しきに亘れる勞働組合の偉大なる共心協力の結果である。亦東京の自治政が大阪のそれに比較して劣ること數等なるは何に起因するか、今日大阪に勢力を有する人は多く他國の人の樣であるが、之を仔細に調べて見ると其の奥には純粹なる大阪人が潜んでゐて其の勢力を支配してゐることを知る、これがその原因で大阪市民は大阪市の自治政に深い理解と鄕土愛とを持つて根强く發達し遂に大大阪市の出現を見たのである。此れに較べて東京の自治政は寄合世帶の出來合せ自治である、所謂江戶ッ子が尠く東京に住んで年月を經ない者が多いので市を愛すると云ふ思想が甚だ薄い、寄合ひ世帶には、吾々の東京市であると云ふ觀念がないから從つて自治に對して理解も興味も有しない、東京市の自治政が發達せざるは當然である、愛鄕心の出發は其の土地に住み馴れることに始まる、自治の發達は愛鄕心に基礎を置くもので、寄合ひ世帶の東京市から砂利喰ひの出るのも當然であらう。東京に住み、將來市の中堅となるべき青年等は常に同心協力の精神を以て自治の革正に當るの意氣がなくてはならぬ。今や現下日本の思想界は動搖しつ丶ありとも見られる。之を救ふものは剛健なる青年の思想と共心協力である、故に私は今日の青年、將來に生きる青年に囑望する所甚だ多いのである。

町村事務處理に就いて

平井良成

▽

前號にて、町村事務の簡捷に就ては、第三に執務の心得をかゝげたが、夫れは吏員の採用には、適材適所主義に依らねばならぬものであると述べたが、今日直に能吏を得ることは困難である。素より、吏員選任の方法宜しきを得て、適材を適所に配置し、而かも長く其職に在らしむるときは、町村民は深く其吏員に信頼し、尊敬謝恩の風を生ずるは當然の結果である。

▽

然しながら、斯くの如き吏員を採用せんには、先づ俸給を多くし、退隱料、退職給與金、死亡給與金、遺族扶助金等給與の方法を設くる等、其待遇を進め、安心して職に盡すの途を講ずるは勿論、町村單獨に、或は協同して常に吏員の養成に努めねばならぬ、如何に有能の人物も、その養成訓練を缺くときは、遂に無能に歸するものである。千里を走る駿馬も永く訓練せず放擲するに於ては駄馬と化する。況んや人に於てをやだ、それで十數年來內務省に於ては勿論、各地方も處々で講習會を開催したり、協議會を設置したり、又は吏員養成所を設けるなどの企を行つてをる、至極適切な仕事と謂はなければならぬ。

▽

曾て內務省で第一回町村長講習會を開いたがその講習を受けた町村長中には、歸村後郡長や縣廳の監督の事務を司る官吏の意見を愚とし、中々命令などに從はなくなつたと云ふ事實が生じた。そこで直接に町村長や町村吏員を中央官廳で講習せしむるは、斯の樣な弊害を生ずると云ふ意見があつて、その後は、監督の事務に從事する者を養成訓練する爲に講習會を開くことゝなつた。

▽

素より前記の事實の如き遺憾な事ではあるが、偶々一二の不心得者を生じたとて、町村吏員の養成を轉じて、單に監督者側のみの講習を爲すと云ふは、餘りに神經過敏のことであると思ふ、尙中央法徳會あたりで町村吏員の講習を施しておるが、私の考では、中央政府の高官や、學者達の講演は尤も至極で、實に有益であるが、之を實地に應用するには大なる困難がある、矛盾がある、不合理がある、そこで、講習を受けた者は何か知ら不足を感ずる、無理な注文の様に考へらるゝ、實地問題の解決には距離ある感がある、それでも、可成講習會で與へられた智識で、職務上の事件を解決したいと心掛けてはおるが、何分、敎へられた理論や意見では即座に解決が出來ない。

▽

實際問題の解決は今一段手取り早く取運ばねばならぬ、敎へられ學んだ事は、直に實地に之を施して誤りなきを希ふのが一般の要求である、即座に實際問題を解決する智慧でなければ、雜誌や著書でも十分に之を得らるゝのである、將に、郡役所も廢止せらるゝ事であるから、町村の問題は町村長其他の吏員が專ら解決し行かなければならぬ。

▽

今後は餘計な、干涉的な、無理解な監督、乃至、形式的な窮屈な監督がなくなるが、町村が責任を轉稼する機關がなくなる。不得要領裡に、解決難の事件を葬り去る道具がなくなるから、町村長の責任、即ち自解自決で行かなければならぬ事となつた。そこで、町村吏員の養成方法、訓練方法が必要であることを痛切に感ずる。

▽

その方法は數町村が聯合協力して、研究會とか、講習會とか、協議會とかを設け、相互的養成訓練の途に出づるが、適切であると思ふ。人は、とかくに、同等の地位、同様の經驗を有する者を、輕視するものである。故に、學者とか、中央官廳の高官とかの、意見や講演は敬聽するが、隣村の町村長の實驗談や、東隣の收入役の苦心談などは、アレかと計りの顏をして、中々謹聽しないものである。それは大なる謬見である、鐵を磨くにヤスリを以てする、玉を磨くに金剛砂を以てする、即ち磨かるゝ物より、硬度の大な物を以て磨くの必要はあるが、又物は、同等の硬度の物で、相互に琢磨することに依らなければならぬ場合がある。米とぎや芋洗ひなどがそれである。

▽

斯樣な理も宇宙間に存在して居る以上、人と人との間にも同じ經驗、同じ程度の智識同じ苦心の跡を利用し、相互の進步、發達を促がす事が緊要事である、今後、可成地方々々で相互的訓練の方法を講じ、町村事務處理の上に能率增進の結果を見たいものである。

副業振興の要諦

農林書記官　南　正樹

○我國は富めりや否やと質問したら貧乏國だといふに衆口一致するであらう經濟の振興は各方面ともに必要であるが先づ各人の富を增加し收入を豊かにするが急務である。之には副業に依るが捷徑である。

○副業の振興は市街地と地方との間に考が違て來る。市街地の副業は多く家庭に於ける時間の餘裕を利用して生產に從事するのが趣旨で有故に勢ひ婦人の手工藝が最も適當な物になつて來るのである。之は興味もあるし收入も相當に得られて自然遊惰な生活を戒める事になる。

○市街地にて勤勞生活をする者は一年中能く平均した時間の勤勞をやつてゐる故に副業を是等の人に望むのは無理な場合が多い唯家庭的に時間の餘裕を利用するのが眼目である然るに地方に於ては事情が異つて來る農村に於ては必ず農閑期がある農繁期にはいくら家庭をあげて働いても手が足りないのであるが農閑期になると全く本業たる農業上の仕事はなくなつて時間がありあまる事になるこの間を利用して生產に從事しなくては市街地住民と比して生活が苦しくなるのは寧ろ當然の事理と言つてもよからう。この農閑期に適當な副業を有すると否とはその村落の貧富を卜する一つの目標にもなる譯である。

○農村は多く交通不便であり世上の需給關係を知るに迂遠なるを免れない。之が爲に折角副業に從事しても十分の收入が得られない事となる場合があるされば共同的に働くのが大切である共同作業は能率を高め品質をよくし生產を適確にするので取引上頗る有利である。又共同販賣は仲介機關に利を占めらるゝ事を防ぎ取引上の希望も早く解り力强い賣手となり得るのである。折角副業生產に從事する以上は共同組織で單に個人の富を增すばかりでなく依つて以て村落の經濟を緩和するに資する様でなくてはならぬそれには中心になつて働く人物を得るのが一番大切な事で、また農村には都會と違つて空敷地が多い、之を遊ばせて置くのは愚な話で之が利用方法としては果樹、製紙原料、植物又は杞柳の如きを植ゑるべきで相當の收益があつて收穫に手間のかゝらぬ適當な樹を植ゑよといふのが空敷地利用の要諦である。又近時は稻田養鯉なども到る處で盛になつて來たが之も自然を利用して生産の增殖を計る良い手段である。

○

副業生産品の範圍は頗る廣く原始生産あり加工品あり農産、水産、畜産、林産、工産の各種に亘つて數百種目に上てゐる。就中藁細工は何處でも原料を自給し得るので全國的に普及し得る副業で有がその競技會の如きは村落に一つの興趣を湧き立たせて平和な氣分の中に能率增進を計る事になるのである。藁工品の生産で農家の資本の最も重要な部分を占むる肥料の購入代が出て來るし或は家屋の新築や改築が出來ると言つた風である。

○

養蠶の如き副業に出發して非常な發達を示し絹絲は今日では貿易の大家となつてゐる。今日の日本は先づ富の增加を計るのが急務である副業の振興は之がため最も手近な有數な方法であり適當な種類を選擇さへすれば場所を問はず全國何處に於ても振興出來るものである。

兒童の賃勞働

福島縣信夫郡瀬の上小學校の兒童が農桑休業中に働いてゐた櫻桃桑摘みの賃金を學校で調べ上げた處兒童の働きとしては實に驚くべきもので次の樣な結果を示した。

櫻桃の方が男五百四圓十錢、女が三百七圓二錢で桑摘みの方が男十九圓九十八錢女が七十八圓四十五錢で合計九百七圓五十五錢に達した。

斯うして自分達が得た金の幾分かを貯金して各組毎に兒童文庫の本を購入して休業中に失つた勉强をもどすべく努力してるといふ。

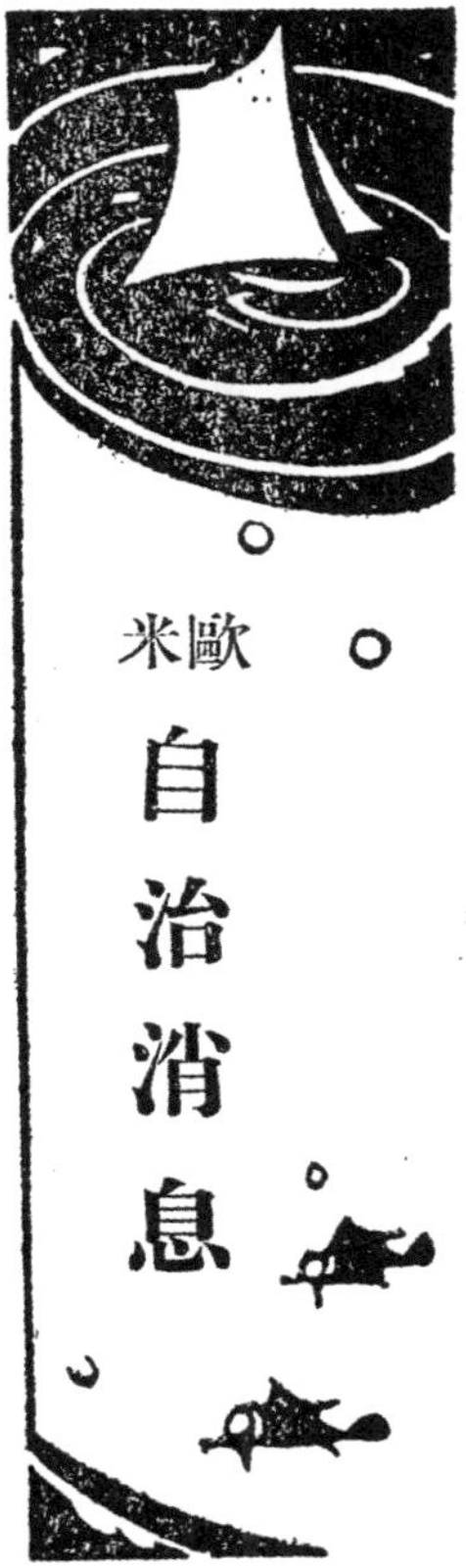

歐米 自治消息

弓家七郎

イギリスの地方税賦課標準

イギリスの地方税は主として土地、建物、鐵道、軌道、機械類等の一ヶ年に於ける賃貸料を標準とし、その占有者に對して賦課するものである。故にこの賃貸價格の評價と言ふことは、直ちに地方税の負擔額に影響するので、頗る重要視せられて居る。而してロンドンに於ては、この評價は毎五年目に行はれ、スコツトランドに於ては毎年行はれるが、ロンドン府を除くイングランド及びウヱールスに於ては別段いつ行ふべきかゞ定められて居ない。それは大體、救貧監督官が適當と思惟する時機に行へば宜いやうになつて居るだけである。尤もこれを五ヶ年毎に行はしめんとする法律案が目下議會に提出されては居る。

ロンドンの評價は今年行はれて、去る六月一日假評價表が出來上つた。異議の申立てや何かゞあつて、これを一通り決定するに今年一杯はかゝり、來月の四月一日から、これに基いて課税せらるゝ譯であるが、今年の評價には嘸いろ／＼な抗議や非難が續出するものと豫想せられて居る。と言ふのは前回の評價は、大戰後の影響を受けて、諸物價が大變動して居た最中として、その評價は前々回即ち一九一五年の評價表に準據して居た。ところが一九一五年の評價當時は、恰も戰爭當時とてその前即ち一九一〇の評價表を少し修正しただけで濟まして居たのであつただから現行の評價表は、丁度十五年前の貨幣價格に大體似寄つて居るもので實際の價格とは甚だしく異つて居る。これを現在の價格に引き直せば、物に依つては數倍高く評價せらるゝものも出來るであらう。だが戰爭以前からある建物に對しては家賃制限法を施行して居るので（賃貸價格年額百〇五磅以下のものに限り）これらの家賃は少ししか騰つて居ない。故にこれとの比較權衡上、無暗に高く評價することも出來ぬ。大部分の地方税負擔者たる借家人が、この不公平を憤るからである。ところが、これを廉く評價するとせばその評價額を基礎として所有者に課税する國の税務署が承知しないと言つて居るので、ロンドンでは今大に因つて居る。

紐育市の慈善事業費の總額

ニユーヨーク市の慈善團體協會では、國、市及び全市四百七十四の慈善團體が一ヶ年に費す金額とその金の出所を調査して最近これを發表したが、これに依ると一九二三年度に於て慈善のために費したる金額は總額約七千萬弗になる。その中、全額の約三割七分卽ち一千九百十五萬八千三百四十六弗は、國又は市の費用中から支出せられ、各慈善團體は五千〇八十九萬二千〇二十七弗を支出して居る。尤もこれは慈善團體だけの話しで、幾多群少の慈善團體はこの中に入れられてないとの事である。

米國市町村社會金庫の成績

最近アメリカの市町村では、市町村民の寄附金を以て市町村民のための共同基金といふやうなものを作ることが非常に流行して居る。これを社會金庫（コムミユニチートチエスト）と呼んで居る社有金庫は全然市町村の財政と關係がなく、その使用方法等も慈善とか運動とか救濟とかに限られて居る。最近米國社會金庫協會の發表したところによると、社會金庫を有する市町村の數は百九十九に達して居る。更に詳しく言へば人口三萬以上を有する都市二百五十一の中百三十七はこれを有して居り人口三萬以下の町村中六十二は社會金庫を有して居ると言ふ。その基金額は一九二三年五月末日現在額三千九百四十六萬八千二百十四弗、一九二四年五月末日現在額四千八百八十六萬三千三百六十六弗であつた。今年の五月末日現在額は未だはつきり分らないが大體五千四百七十萬弗内外であると。（因に目下の爲替相場では米貨一弗は邦貨約二圓四五十錢に當る）

米國の小中學生の市政實演

アメリカのスプリングフイルド市の小中學生は同市商業會議所後援の下に、校庭に一つの摸型的都市を造り、各小中學生其の市の市民となり、市長、都市支配人、市會議員、警察署長、判事等を選擧し、摸型的都市には立派な都市計畫を行ひ、住宅の設備や改良にもその希望を示し、去る五月二十五日から六月十三日これを一般の觀覽に供して市政の實演をなした。

その市制は目下米國に於ける市政に殆んど革命的變動を齎しつゝある都市支配人制を採用し、市長、都市支配人市會議員、警察署長、判事等の選擧にも、正式の豫選及び決選の方法を採り選出せられたる議員及び吏員合計十九名、その中少女五名、市長の榮冠は遂に高等女學校の生徒に授けられた。市長と都市支配人とはワシントン府まで行つて、大統領クリーッヂに面謁し、大統領をその摸型都市へ案內した。摸型都市は十分の一の縮尺を用ひて作られたもので、中央に都心を有し、廣場もあれば、公園もあり、街路は型子型式に放射線を配したもので、商業地域、工業地域、住居地域等も整然と分けられてある。そしてその間には適當に樹木を植え、且街路には豆街燈をさへ點じて居る。又多くの住宅、商店、事務所、銀行、工場、敎會、學校、基督敎青年會館、救世軍本營等をも摸型で造つて、これらの建物に對する少年少女の趣味を見せて居る。

學生模範都市の議員及吏員

紐育市の市債總額と一人當

本年一月一日現在に於ける、ニューヨーク市の市債總額は十四億一千七百二十八萬二千二百五十弗で、その中減債基金を有するもの、二億四千四百〇七萬一千九百八十九弗であつた。その人口は五百六十二萬〇〇四十八人であつたから、一人當りの市債額は二百〇八弗七十五仙になつて居る。

公園に於ける椅子の賃貸し

イギリスのリヴアプル市では、同市のセフトン公園に於て倚り懸り椅子の賃貸しを始めた。同市公園及び庭園委員會長ジエームス、クロッス氏の言に依れば、椅子の賃貸しはロンドンやその他の二三都市でも行つて居るが、同市では成績さへ宜ければ他の公園にも實施する都合であると言ふ。賃貸しは請負人に請負はせてやることになつて居る尤もこの椅子の賃貸しは海岸地方の都市では、可成り久しい前から行つて來たことで、これらの都市では可成りの收入を擧げて居る。

イギリス全國村部區會々議

イギリスの全國村部區會會議は、去る六月三十日、及び七月一日の兩日ウエストミンスターに於て開催せられ約四百の區會議員及び區會吏員之に出席し、ワームレー村部區會書記長シーモア、ウ井リアムス中佐を議長として、村部區會の財務及び政務に關し意見の交換を行つた。

學生模範都市

會議は先づ會務の報告に初まり、次年度に於ける會長、副會長、實行委員（二十名）の選擧、會則の修正等の順序を經て愈々協議に移り、廣告取締法案工業法案等に關する報告、道路維持法案、住宅供給等のため更に多額の補助金を國庫に要求すべき件、移動家屋法案、地方稅賦課評定法案、特別地方政治委員會、特別鑛山補助委員會、衛生醫務員俸給の件、農業地地方稅法案等に移り種々協議するところがあつた。殊に目下議會に提出中である道路維持法案に對しては、同法案が主なる道路の管理權を村部區會の手より取り上げて、これを縣會の手に委ねんとするものであるがために滿場一致の反對を受けた。猶議長たりしウ井リアム中佐は既に二十五ヶ年の間、全國村部區會々議實行委員會の會長を勤めたりし廉を以て今回皇帝陛下より特に「士爵《ナイト》」の位を授けられた。

イギリス全國市部區會々議

全國村部區會々議がウエストミンスターに大會を開催する數日前、全國市部區々會議は三日間に亘りてイルフラカムブに開かれた。會するもの全國市部區會の代表者五百五十名、ロンダ市部區會書記長サー、ウオルター、ニコラスを議長として、一般市部區會行政問題財政問題、討議會策等に就て協議をなした。その議事の主なるものに付いて言へば、無線電信柱建設に關する件。可決。救貧、教育、警察、道路等の事務は唯單に地方的の意味を有するものに非ざるを以て、是らに對して更に多額の國庫補助を仰ぐこと。これに對しては國庫の補助を多く受けることは、自治權をそれだけ失ふことになる虞ありとの反對もありて結局實行委員會附託となつた。市部區に於けるすべての選擧を一期日に行ふの件。可決。ホ井ットレー協議會に關する件。猶引き續き會員となり、兎に角も少し今後の樣子を見ること。地方稅賦課評定法案に關する件。これに對しては種々議論の末、機械類に對する課稅は、別箇の法律を以て規定することを適當なりと認むとの決議を可決した。地方債の利子に對する所得稅賦課の件。從來地方債の利子に對しても政府は所得稅を賦課し居たりしが、今後は地方債に對する小投資家の應募を奬勵するため、利子に對する所得稅地方債の發行者たる地方自治體に於て負擔するを得るやうに法律を改むる建議をなすこと。可決。區會議員に立候補する者に對して供託金をなさしむる件。これに對しては勞働者の立候補を困難ならしむべしとて反對ありて否決。その他食料品取締り失業救濟等に關する協議及討議があつた。

御用心

多議戰開票の結果、各派とも勝つた勝つたと宣傳してをる。

○

昔の眞田幸村は、七人に、姿を見せたが、今の長者議員は、一人で三人分の『色彩』を見せるから、己れのものだと思つてゐると、飛んだ馬鹿を見る。

○

アレは、俺のものだといふ考へ方は、道行く女の一瞥を、惚れてゐるなと思ふ奴。

東京市の社會事業（二）

東京市庶務課　三輪為一

（一）失業保護事業

（イ）職業紹介所　我國に於ける公益職業紹介事業の創設は救世軍が芝區本營内に無料宿泊及職業紹介所を開始したのに端を發してゐるが、公共團體としての斯業は明治四十四年十一月東京市が淺草及芝の二紹介所を設置したのを以て嚆矢とする。殊に輓近財界が不況に陥つて失業者の數は頓に增加し、政府に於ても國策として極力職業紹介所の新設を奬勵し大正十年四月職業紹介法を發布して、全國に於ける紹介事業の統一を期した。而して東京市も亦中央職業介所を設けて各職業紹介所の聯絡を計つてゐる。現在に於ける東京市の職業紹介所は次の如くである。

中央職業紹介所	神田區鎌倉河岸二七號地
玉姫職業紹介所	淺草區玉姫町一二六
芝園橋　同	芝區新堀町三〇
上野　同	下谷區上野三輪町一三
新宿　同	四谷區花園町一〇三
大塚　同	小石川區大塚辻町一七
江東橋　同	本所區入江町二四
淺草公園同	淺草區馬道一丁目
坂本公園同	日本橋區茅場町
深川公園同	深川區富岡門前町
淺草橋　同	日本橋區馬喰町四丁目
業平橋　同	本所中ノ郷業平一七
高輪　同	芝區高輪東町三五
櫻田本郷同	芝區櫻田本郷町二五
水道橋婦人同	本郷區元町一丁目
水道橋技術勞働同	同

職業紹介所は啻に職業の紹介や相談に應ずる許りでなく、職業の指導、勞働賃銀及就職旅費の立替、宿泊事務等を掌つてゐる。今最近十年間の職業紹介(自由勞働紹介を含む)成績を示せば次の如くである。

年次	求人數 男	求人數 女	求人數 計	求職數 男	求職數 女	求職數 計	就職數 男	就職數 女	就職數 計
大正四年	六、〇六二	三九八	六、四六〇	八、九九七	二一四	九、二一一	二、九八二	七三	三、〇五五
大正五年	七、九七九	五五三	八、五三二	六、七四六	二一五	六、九六一	二、八九五	九八	二、九九三
大正六年	九、八九二	一、〇八五	一〇、九七七	五、四二〇	三四五	五、七六五	三、〇〇五	一八三	三、一八八
大正七年	一〇、一八八	一、二一八	一一、四〇六	四、四五一	二七一	四、七二三	二、六二五	一四八	二、七七三
大正八年	一一、三三三	一、八一四	一三、〇三六	五、五〇一	二九七	五、七九八	三、五三三	一七一	三、六九三
大正九年	一九、〇一九	二、四三九	二一、四五八	一四、四五七	三九三	一四、八五〇	七、七六八	二一四	七、九八二
大正十年	一四三、〇四四	一〇、六八七	一五三、七三一	一三三、六二六	二、九二六	一三六、五五二	九三、六九八	一、七二一	九五、四一九
大正十一年	二九九、〇五四	一九、四一五	三一八、四六九	二七三、三八一	五、四二八	二七八、八〇九	二一七、九〇一	三、一三三	二二一、〇三四
大正十二年	六七三、〇五四	三八、六六九	七一一、八八八	七〇五、八六四	一八、三三九	七二四、一九三	五五三、五一六	一四、一三五	五六七、六五一
大正十三年	七七〇、八二六	六四、〇二六	八三四、八五二	八六三、五〇八	三〇、二三八	八九三、七四六	六四二、二三五	二一、七九一	六六四、〇二六

猶紹介所の附設事業たる宿泊は大正十二年十二月から同十三年十一月迄男一萬八千二百五十三人、女二十五人で、勞働賃金及就職旅費立替は同期間に於て、立替人員十二萬五千六百四十人、立替金額二十五萬二千六百六十三圓で其の回收人員は七萬一千九百六人回收金額は十三萬七千六百五十二圓である

(三) 救貧事業

(イ)養育院　本院の創立は王政維新後日尚淺く百事尚草創

の際であつた明治五年である。爾來幾多の變遷があつたが、現在本院を府下板橋町に分院を府下西巣鴨町、板橋町及千葉縣船形町に、又井之頭學校を府下武藏野村に置いて窮民、行路病人、棄兒、遺兒、迷兒及感化生を收容してゐる。大正十三年度の收容成績を示せば次の如くである。

種別	前年度越人員	入院	退院	死亡	年度末現在
窮民	三二七	八	二七	九	二九九
行旅病人	一、一二四	一、六七七	九二八	五二三	一、三五〇
棄兒	三〇四	四六	一〇	三二	三〇八
遺兒	六四	四	一	二	六五
迷兒	二六	六二	五五	二	三一
感化生	一〇九	四四	五〇	五	九八
合計	一、九五四	一、八四一	一〇、七一	五七三	二、一五一

(四) 生活必需品供給事業

(イ)市設小賣市場 穀類、乾物、味噌、醬油等の日常生活必需品供給の爲めには既設、臨時及簡易市場合せて二十箇所を市內樞要の地域に設置して、相當信用ある商人に之を使用せしめ東京市指定の價格に於て販賣せしめてゐる。大正十三年中の賣上金額は六百二十萬四百十四圓である。

(ロ)公衆食堂 低廉にして且つ簡易な食事を供給する爲めには現在左記の食堂を經營してゐる。而して其の供給品目は定食、饂飩、牛乳、パン、コーヒーの五種となし、定食は朝食十錢、晝食及夕食は各十五錢、饂飩は並物十錢、種物十五錢、牛乳は七錢、パン八錢、コーヒー五錢である。

神樂坂公衆食堂	牛込區通寺町五六及横寺町一
神田假設同	神田區鎌倉河岸
日本橋假設同	日本橋區坂本公園內
三味線堀假設同	淺草區小島町
上野假設同	下谷區車坂町二五
深川假設同	深川區黒江町
本所假設同	本所區入江町二四
兩國假設同	日本橋區兩國公園內
九段假設同	麹町區飯田町

(大正十二年十二月から大正十三年十一月迄の成績は次の如くである)

食堂名	定食		うどん食		牛乳コーヒー		備考
	人員	金額	人員	金額	人員	金額	
神樂坂	一〇六八、三五三	一四三、〇四二	二五二、五三四	三一、八二八	五九九、五九三	三八、一四四	

神田	八七一、一四七	一一六、八〇九	一九六、四八六	二四、四九三	一八六、九六三	一三、九五二	
日本橋	七〇九、五九一	九七、〇三六	一六八、四〇〇	三三、〇〇一	二七八、三七一	一九、八一九	
三味線堀	四一六、五一〇	五六、九三三	四一、三三七	五、二五九	七七、〇四六	五、三三八	
上野	七〇九、七二四	一〇八、六七五	二一五、七七一	二七、三九五	—	—	
深川	二三九、三一七	三三、八六六	四二、八七六	五、四九七	九三、八九七	六、七四三	
丸ノ内	一、一〇一、九六八	一五一、一七三	三七一、五四五	四九、〇三一	四三一、八五七	三〇、四五六	大正十四年四月三十日廢止
數寄屋橋	七六〇、八七一	一〇三、一八五	一五〇、〇三三	一九、二五九	三一六、七〇九	三、七三三	大正十三年十二月三十一日廢止
本所	一九〇、九一九	二五、七四〇	二〇、二七三	二、五三九	二七、二九九	一、九三〇	
兩國	三六三、九九一	五〇、六〇三	四九、四九二	六、二四六	一四九、七三三	一〇、四〇八	
九段	五三九、五四二	七二、九九一	一四六、七二三	一八、九一〇	一六五、五九三	一一、五四六	
合計	七〇四二、九三三	九五九、〇四一	一六五五、三六九	一九三、一九八	二三三五、八五八	一六〇、〇四八	

猶嚢に震災救護事務局から二十五萬圓の指定配當があつたから、本郷區眞砂町外四箇所に食堂建設計畫中である。

（五）保健事業

（イ）駒込病院　專ら傳染病患者を收容する。收容定員三百七十八、病室八乃至二十二のもの九棟、特別病舍一棟がある入院患者は全部市費を以て療養するが、病室等の都合に依つて食費藥價のみを徴收する者、私費のみに依る者（入院料一人一日七圓、五圓、三圓五十錢、二圓の四種がある）及官廳其他町村の委託に依る者（入院料一人一日三圓）もある。大正十三年中入院患者は三千四百五十五人其延數十萬五千九百四十八人である。

（以下次號）

カイロ行

△月、たゞ、星▽

明治大學教授　小島　憲

＊　＊　＊

船がスエズ運河の入口に着いたのは朝の二時頃かと思ふ。三時にはもう起された。檢疫があると云ふので、どんなことをするのかと思つたら、スモーキングルームで寢衣のまゝ、檢疫官の前を通過しさへすればよいのであつた。二三日前から感冒の氣味のあつたところへ、夜中に起されたのみならず空氣が意外に冷いため、頭は痛む、熱は愈々昂る、今迄にない寒氣を催したので、ピラミツト見物は止めようかとも思たが一旦定めたことを中止するのも癪だし、又何時行かれるかも判らぬので、苦しいのを我慢してレインコートを着て出掛けた。

＊　＊　＊

スエズは船の泊る小港ポートチユーフイツクから二哩西に在る小さな町である。午前六時四十五分ポートチユーフイツク發の汽車に乘込んだ頃には、今迄來て居た鹿島丸は既に運河を徐かに進んでゐた。砂漠を通る汽車丈けあつて、窓も腰掛も土埃だらけ、白服は一度で眞黑くなつて仕舞ふ。窓を開ければ眼に砂が入り、閉めれば蒸し暑い。初めの程は運河に沿ふて走る。左の方阿弗利加の側に一寸した山があつたが、其れを除くと一面の砂漠、右は運河を距てゝ阿拉比亞の砂漠が遙か天に續いて居る。緩い傾斜をして東に高く連り際涯がない。全く天下の偉觀である。猶太人や埃及人が空想に富み出來もせぬ樣なことを考へたり、又爲ることが大仕掛なのは自然の感化であると思ふ。必要は發明の母とか、基督やマホメットが大宗教を興したのも無理もないと、唯だ譯もなく感心する。

偉大な自然は人物を大きくする。所々棗椰子が水平な砂漠に垂直線を投げて、駱駝や羊の群か悠々と泰平の氣に親んで居る側には、毫も浮世に執着せぬ土人の顏が浮いて居る。大小ビター湖畔には少しの耕地があつて、青々と繁つた森などが眺められる。水の行き渡る低地は青いが少し小高い所は直ぐ砂漠である。駱駝の隊商が繪の樣で、風物悉く異つて居るのが珍らしい。

*　*　*

イスマイリアでカイロ行に乘換へた。此の地は運河會社の本社のある所で、一寸した市街地である。英國兵のキヤムプが廣大な地域を占め、如何にも埃及人を威壓して居るかに見へる。停車場構內の大部分が軍用に供せられ、糧食や鐵材などの積んである貨車が、英兵の指揮の下に動いて居る。大戰中シリア遠征の策源地となつた所だそうで、沿道に所々鐵條網が張つてあつたりしたのが、此所迄來ると一層物々しく、恰も戰爭の氣分がする。戰爭の後片付が濟まぬ爲めでもあらうが、英兵が此所に惩ふ頑張て居ては、埃及人も獨立はしたものゝ、良い氣持はすまいと思ふ。丁度運河の中央でスエズからでもポートサイドからでも、此所を通らねばカイロへ行けぬ形勝の地を占めて居る。

乘換へてから暫くの間は赭土の中を通つて、軈て右は勾配頗る緩な砂漠、左は低く耕地が見へ出したと思ふ間もなく、一面の青い田畑が展開した。これぞナイル河口の沃野、千萬里に連り、濁つた小さな川には帆船が風を孕ませて居る。此の邊はナイルの本流にはまだ二三十里も離れて居るのであるが、灌漑の便開けて居るので、見渡す限りの沃土、實に氣持がよい。砂漠と云つても不毛と云ふのではなく、雨が降らぬ爲め赭土に水分がないから草木一本も生へぬ丈けのこと、若し水を加ふるならば今迄の荒蕪地忽ち變じて沃野となるのであるから、ナイルの水の利用策さへ講ずれば、スエズ西岸の砂漠は一朝にして一大耕地と變ずるであらう。現に灌漑事業を行つて居るのが汽車の窓から見へるのみならず、政府でも盛んに耕地の開拓を爲し、且つ之れを奬勵しつゝあるのである。スエズでもポートサイドでもカイロでもナイルの水を淨化して飮んで居る。ナイルは埃及の寶庫である。

＊　＊　＊

耕地の色は黑い。黑い耕地に綿の木や玉蜀黍や甘藷が見るからに勢ひよく伸びて、所々に例の棗椰子とユーカリ樹がぬつくと立つて居る。四面悉く靑く、白いものは水を嫌ふ汽車の線路と、土人の家ばかりである。

土人の家は雨のない爲め屋根は平坦、暑氣甚しき爲め壁は頗る厚く、空氣乾燥して光線極めて强きが故に、窓は至つて小さい。石が少ない。岩と云つても碎けば凡て粉となる赭土の固りである。木がない。椰子やユーカリでは家が建てられぬ。此の樣な事情からして建築材料としては土が最も得易いので、凡て土人の家は土を煉瓦の型に固めて、之を積んで造られてある。或ものは單に土を以て圍んだと云ふに過ぎぬ粗末なのもある。炭燒竈其の儘だ。見た所貧民窟を聯想せしむるが、別段貧民と云ふのではなく、全く建築材料の關係に依つて其の樣に見へるのである。兎も角各地の建築樣式の如きは、氣候と建築材料等に支配せられた自然の結果であると思ふ。

＊　＊　＊

カイロは埃及の生命たる此の豊壤なる沃土を前にして、背にマカタンの丘を控へ、ナイルを左に抱いて天下を睥睨して居る。ツエッペリン飛行船格納庫かとも思はるゝ重大なる停車場を出ると、土耳古帽を頂いた容貌態度日本人に稍や似て居る靑年達が、緊張した眞面目な風で往來して居るのが目に付く。街路は勿論東京よりも立派である。小さい時からカイロは砂漠不毛の地の眞中に在る敗殘の舊都とのみ思つて居た私は、埃及に時する智識が餘りに淺薄であり、想像が突飛であつたことを痛感せざるを得なかつた。百聞一見に如かず、數千年以前からカイロが埃及の都として、常に文化の中心たりしことは決して不思議でないことを知つた。

＊　＊　＊

シエパード、ホテルで晝食を濟ませ、ピラミッド見物に行く。市の西にナイルが流れて居る。川幅は思つたよりは遙に小さい。隅田川の二倍はとてもない。併しながら濁水滔々として岸を嚙み、渦を卷き、物凄いこと夥しい。年三回の洪水には此の水が氾濫して下流の低地を浸し、減水と共に沃土を遺して、未だ嘗て肥料を施すの必要を見ないと云ふ。此の沃土が卽ちカイロから北に展開するナイルの三角洲である。獨特のカーゴボートが旅人の心を唆る。堤防を隔てゝ沼地が湖水の樣なものがある。家の崩れたのが其の中に點在して、水牛が遊んで居る。椰子が水から生へて、昔からの湖水とは思へない。案內の埃及人に聞くと、之は最近の增水期に、今迄の田畠人家を容謝なく浸して、其の水の流れ出す所がなく、其の儘となつて居るのだと云ふことであつて。天惠も此所迄に至つて過ぎては及ばざるの憾を深うする。

一番大きなギゼーのピラミツトを見る。世界で最も高い人工建築物が巴里のエツフエル塔で、人の住む家で一番大きなのが紐育のウールワース、ビルディング、容積の最も大きいのが此のピラミツドだそうだ。日本の法隆寺金堂は世界最古の木造建築物で、日光東照宮の建築費は大戰前の計算で坪三十萬圓に當り、坪當り建築費では恐らく世界最古のものであらうと、同所の建築學者が云つて居た。

ギゼーのピラミツトは底邊七六八尺、高さ四八〇尺で、其の側に在るスフインクスは、足から尻迄の長さ一〇八尺、正面の高さ六〇尺である。圍內到る所に散在する凡てのピラミツトの水平に對する傾斜角度は、五十一度か五十二度に限られて居ると云ふ。

＊　　＊　　＊

ピラミツトは埃及國王の墳墓である。埃及人は靈魂の不滅を信じ、人死するや魂魄何所に去ると雖も、何時かは歸り來る時がある。其の時若し歸り來るべき魂の家卽ち身體がなかつたならば、魂魄宙に迷ひて浮ぶ瀨がないから、身體は何所迄も保存の必要があるとなし、之を木乃伊として保存することを考察した。而して其れを保存するには石で積んだ。三角塔が最も安全であると云ふので、ピラミツトを造るに至つたのである。リビアンから遠くサハラに續く此の邊一帶の砂漠は、見渡す限り茫漠、椰子の外目を遮るものがない。水平の砂漠、椰子の垂直、ピラミツトの三角、埃及人考案の結果か偶然か知らぬが、自然と人工の調和、全く神の成せる業とか思へない。

ピラミツトの中心には二室あつて、一は王、一は王妃の棺を納めてあるが、今日では學問硏究を名として、之等木乃伊の大部分は倫敦、巴里、紐育等の博物館に持ち行かれ、今猶ほ多數の學者や富豪が、多數の人夫を使役して、白晝公然古代埃及王所屬の寶物を國外に持ち出さうとして居る。想ひ焦がれて歸つて來た瑰魄も、國民の汗水垂らして造つて呉れたピラミットの中には落付く身體がなく、漸く倫敦や巴里のゴシック建の中に辿り着いて、我が舊い身體を發見しても、心なき文明人の弄り物とせられて居るのを見ては、嘸かし寢覺めの惡いことであらう。國衰へ、家滅ぶれば、罪なき故人に迄迷惑を掛くることを考へると、國は矢張り強くなくてはいかぬと思ふ。

* * *

古代埃及王は其の在位中死後自己の入るべき墳墓を造つた故にピラミットの大小に依つて、王の在位の長短、國力の盛衰を知ることが出來る。ケオプ王は當時最も長く位に在た王である。從つて最も大きなギゼーのピラミットを造り上げた。三十年の年月と、二十萬人の勞力を費して造つたと云はれて居るが、驚く程大きなものとも思はれなかつた。其の石材は凡てマカタン丘から運んだもので、外部はアラバスターと稱する石で化粧してあつたのを、後世之を剝がして仕舞ひ、今では上部に極く少し殘つて居るに過ぎぬ。ラムゼ、カルナク、テベス等には歴史的に藝術的により以上價値あるものが殘つて居るさうであるが、時日がないので訪ねる機會のなかつたのは遺憾であつた。古代科學の發達せざりし時代に、之程のものを造つて數千年の後世に迄遺した埃及人は偉い。併しながら駱駝追が金を強請り、足を引張り、ポケットに迄手を入れるのが餘程感興を殺ぎ、之でもピラミットを造つた人々を祖先に有つのかと疑ひ度くなる程である。其の時土人の子供から得た小さい石のスフィンクスは、今でも我が書院を飾つて居る。

* * *

國王の祝日とかで博物館は閉ぢて見られなかつた。動物園には珍らしい熱帶動物が澤山ゐたが、猿の種類の多いのには驚かざるを得なかつた。王宮は極めて平凡で、番兵がゐなければ或は銀行と間違へたかも知れぬ程、埃及氣分より懸け離れた建物である。街は賑であるが、大通りを除けば狹い。其の人込みの中に自動車を走らせても、日の丸の旗を見、日本人だと判ると、笑顏で迎へて呉れる。餘程日本人には好感を有つて居る樣である。先年東宮殿下御訪問の際も、英國官憲はどう思つたか知れぬが、埃及人は非常に喜んだ。當時獨立運動の最も盛んな時で、歐米に對し單り東洋人の爲めに氣を吐いて居る日本の皇儲殿下が訪はれたことは、アラビア人たる埃及國民に取つて、どんなに心强い感じがしたであらう。東宮御訪埃後季年ならずして埃及は遂に獨立した。

モハメッド、アリ、モスクはマカタンの中腹シタデルの側に在る。全市を一望に收め、直ぐ下のサルタン、ハッサン、モスクと共に回教建築の範を示し、アラビア文化の粹を蒐めて居る。回教寺院としては他に多く其の比を見ないと云ふ。ドームが天猶ほ低しと聳へ、壁と云はず、天井と云はず、金銀珠玉が鏤めてあつて、其の美其の壯麗禿筆の克く悉すべきでない。回教の神は太陽なるを以て、本尊を安置すべき壇はなく、唯だ天に向つて禱るのみである。椅子一つない高大な薄暗い、足音一つ立てゝも響き渡るドームの中で、今迄照らされてゐた强い光線の代りに、高尙なる藝術に包まれながら善男善女が祈を捧ぐるとき、凡ての穢れ、汎ゆる罪業は消滅し去つて、後には唯だ至善至美の處が殘るのみであらう。

＊　＊　＊

ポートサイド行の汽車が進むにつれて、弦月が阿弗利加の野を照らし初めた。往路無果花を買つた驛もいつの間にか過ぎて、人々は最早埃及六千年の夢路を辿つて居ることであらう。空氣が乾燥せる爲め星の光が强く、月と其の明を競つて居る。一木なきアラビアの高原や、リビアンの砂漠に立つて生れ落つるより死ぬ迄、夜はたゞ星と月の外何物も見ざる土耳古人や埃及人が、其の國旗に月と星を配したのは決して偶然ではない。古代埃及の文化も亦此の自然が生んだものであらう。月は愈々明く眠れる砂漠を照し、汽車は無心にポートサイドへ急ぐ。曾照吳王宮裡人の一句を想ひ出さゞるを得ない。

＊　＊　＊

今日埃及、土耳古、波斯等回教國民は目覺ましく頭を擡げ初め、基督國過去の暴虐に復仇せむとの勢を示して居る。之を善導して全世界人類の幸福を增進せしむるは、東洋の盟主を以て自任する我國民の責務であることを忘れてはならぬ。

（一四、八、一六）

本年七月現在

簡易保險積立金は如何に運用されつゝありや

（附）最近の趨勢と改善の諸點

調査部

一、最近の趨勢

最近簡易生命保險の趨勢は益々好調を示し、本年四月末現在加入者總數は六百六十三萬五千六百八件、保險金額八億三千八百十七萬八千七百二十八圓、保險料金四百五十四萬千九十八圓と云ふ成績を示し、毎月の新規加入十五六萬件と云はれてゐるから本年末には保險額十億圓を越すであろう。而して簡保金の積立金は五千萬圓に達し、本年度全國市町村に貸付した金額は、昨年度より千二百萬圓増加し、三千二百萬圓で從來の貸付項目以外に公立結核療養所（年四分八厘　上下水道（年五分四厘）公共病院（年六分五厘）産業組合共同施設事業（年六分五厘）の四事業を新定し、低利に社會的事業に貸付居ることは、社會政策上洵に喜ぶべきことであるが、今昨年度中に貸付せる事業別金額を示せば左の如し。

二、事業別積立金貸付金額及件數

共同宿泊所	年四分八厘	三件	三六〇、〇〇〇円
簡易食堂	年四分八厘	三	一七七、〇〇〇
食糧及日用品廉價供給事業	年四分八厘	七	六一、〇〇〇
公益市場	年四分八厘	三〇	三、七六六、〇〇〇
實費診療事業	年四分八厘	一五	一、四四九、〇〇〇
産院	年四分八厘	一	六七、四〇〇
公設職業紹介所	年四分八厘	二	五七三、七〇〇
公設質屋	年四分八厘	七	三七九、三〇〇
公設託兒所	年四分八厘	六	三九五、二〇〇
公益浴場	年四分八厘	一三	一九〇、〇〇〇
自作農創設維持	年四分八厘	一六一	九、三〇一、九〇〇
地方改善地區整理費		四	二六一、〇〇〇
住宅	年四分五厘	二九七	一五、八九八、四四〇
傳染病院	年四分五厘	三	七〇一、三〇〇
農業倉庫	年四分五厘	三五	六六六、八〇〇
小學校	年六分五厘	七六八	一七、三〇三、三〇〇
實業補習學校	年六分五厘	四	三九、〇〇〇
簡易水道	年六分五厘	一五	四七三、〇〇〇
上水道	年六分五厘	四三	四、八五五、〇〇〇
計		一、四五五	五六、九一六、一四〇

附記

事業別に從ひ利率に差異あるは大體左の標準による。

イ、社會政策上急施を要し收入なきもの　四分八厘

ロ、自治團體の經營すべき收入のなきもの　五分四厘

ハ、國家及自治團體の經營すべき收入あるもの　六分五厘

右表によれば小學校建築費に對する貸付件數は全件數の五割を占め、住宅、自作農創設維持之に亞ぎ、金額亦此の順位にして、農村自治體が教育費のため如何に焦慮し、一方都會に於ける住宅問題が如何に重要なるか知るに足るべく、自作農創設及維持に對しては貸付後日尚淺くして其の成績を知るに由なきも、豫期の成績を擧げ得るかは多大の疑問を藏し、當局に於ても其の運用に萬全を期し居り、嚴重なる貸付條件を以て周到に調査しつゝあるも、自作農階級崩

殖甚しき現狀に於て、年千萬圓足ずの資金を以てして其の創設維持に何程の貢獻も爲し得ざるは明白にして、若し之を徹底的に爲さむとせば國家直屬の機關により、一擔土地の國有を決行して然る後之を爲さざるべからざる程の大事業なり、現今保險局の自作農創設維持貸付は更に巨額の增付をなし得ざれば廢止して他の施設事業に貸付するを可とせむか。

三、地方別貸付件數及金額

東京遞信局區內	二八六	一三、一八八、〇四〇円
名古屋遞信局區內	二〇六	九、四七九、四〇〇
大阪遞信局區內	二七六	一一、八七三、八〇〇
廣島遞信局區內	一六六	五、八四八、五〇〇
熊本遞信局區內	一五六	六、四三四、九〇〇
仙臺遞信局區內	二四六	六、三四七、四〇〇
札幌遞信局區內	一〇六	三、三一〇、一〇〇
關東廳遞信局區內	一三	四四五、〇〇〇

右表によれば最も多く利用してゐるのは東京區內にして大阪區內之に亞ぎ仙臺區內が件數に比し利用金額の尠なきは、經濟狀態の貧弱なるに由るか「加入者多き地方に多く貸付」すると云ふ當局の貸付原則より見るときは北海道の如きあの廣大を以てして尙下位に有は或は加入者最少と云ふならむも之れを人口の密度よりする時は反て高率にあるのみならず、前後二回の勤儉週間を通じ加入者最も多く、其の成績顯著なりしは從來貯蓄心なしとせられたる北海道なる事に思ひ至れば、北海道か如何に積立金の利用を要求しつゝあるや知るに足るべし。

更に之を各府縣別(北海道關東廳を除く)に就き平面的に概觀すれば、件數に於て東京の一〇四件を筆頭に、長野六六京都五九之に次ぎ、大阪宮城福島の五五件、新潟の五〇件は何れも高位にあり沖繩の二件を最低とす、佐賀香川山梨千葉石川島根奈良等は何れも皆十五件以下なり、之を金額に就て見るに東京の六百萬圓を最高に大阪の三百九十萬圓、愛知の三百三十萬圓、神奈川の二百五十萬圓、兵庫の二百四十萬圓と云ふ順位にて、島根の二十七萬圓、山梨の二十三萬圓、佐賀の二十萬圓、沖繩の七萬と順次下位にあり、これによる時は東京神奈川の貸付額多きは震災ありしに依るものにじて、貸付金額の尠なきは逆理的に加入者の尠なく、從つて經濟に餘裕を欠き貯蓄心の稀薄なるを語るものなるべし。

四、各遞信局區別事業及金額

		共同宿泊所	簡易食堂	公益市場	食糧及日用品廉價供給事業	實費診療事業	產院	公設職業紹介所	公設質屋	公設託兒所	公益浴場
東京	件數	｜	二	四	一	五	一	一	一	一	五
	金額	｜	一三三、〇〇〇	一、一六〇、〇〇〇	一〇、〇〇〇	七三〇、〇〇〇	六七、四〇〇	四、〇〇〇	九、三〇〇	一五、〇〇〇	一七、五〇〇

	名古屋 件數	名古屋 金額	大阪 件數	大阪 金額	廣島 件數	廣島 金額	熊本 件數	熊本 金額	仙臺 件數	仙臺 金額	札幌 件數	札幌 金額	關東廳 件數	關東廳 金額
	一	一五0、000	二	四10、000	—	—	—	—	—	—	—	—	—	—
	—	—	—	—	—	—	—	—	—	—	—	—	一	四四、000
	五	五三八、000	三	一、四四七、000	二	四0、000	四	四一五、000	一	10、000	一	九一、000	一	六五、000
	二	三0、000	一	五、000	—	—	一	八、000	二	八、000	—	—	—	—
	一	四0、000	六	五五五、000	—	—	一	一四、000	—	—	二	110、000	—	—
	—	—	—	—	—	—	—	—	—	—	—	—	—	—
	一	九、九00	三	三二一、八00	一	11、000	一	一五、000	一	一四、000	二	一六三、000	一	三五、000
	一	二0、000	一	三00、000	—	—	一	10、000	二	三0、000	一	10、000	—	—
	—	—	三	二七0、100	一	10、000	—	—	—	—	一	100、000	—	—
	一	五、000	五	一三八、五00	—	—	二	三四、000	二	七、000	—	—	—	—

	東京 件數	東京 金額	名古屋 件數	名古屋 金額
自作農創設維持	五	一、0三0、000	一三	一、七三0、000
地方改善地區整理費	一	10、000	—	—
住宅	八五	四、九五八、九四0	三六	三五三、四00
傳染病院	三	六三、000	二	一四六、000
農業倉庫	一	10、000	五	三0八、000
小學校	一六七	四、六三三、九00	一三五	二、六三八、100
實業補習學校	—	—	一	八、000
上水道	四	二八六、000	八	一、六三三、000
簡易水道	一	六0、000	四	一六二、000

大阪	件數	七四	二	四三	五	一五	九三	一	八	四
	金額	二、三〇〇、〇〇〇	八三、〇〇〇	二、四四五、〇〇〇	二五五、〇〇〇	一一七、八〇〇	二、二六一、五〇〇	九、〇〇〇	一、一一〇、〇〇〇	九四〇、〇〇〇
廣島	件數	三三	—	三八	三	五	七一	二	一〇	一
	金額	一、四五六、〇〇〇	—	一、八八一、五〇〇	三四三、〇〇〇	四一、〇〇〇	一、三一三、〇〇〇	三一、〇〇〇	七三一、〇〇〇	一〇、〇〇〇
熊本	件數	二六	一	三三	一	二	八〇	—	四	—
	金額	一、九七三、〇〇〇	一六八、〇〇〇	一、五一八、四〇〇	一三、〇〇〇	一五、〇〇〇	一、九八三、五〇〇	—	二五八、〇〇〇	—
仙臺	件數	六	—	三〇	二	三	一八七	—	七	三
	金額	二二五、〇〇〇	—	一、八四四、二〇〇	二一、〇〇〇	一一五、〇〇〇	三、二六九、二〇〇	—	七四七、〇〇〇	六四、〇〇〇
札幌	件數	一四	—	二四	七	四	四六	—	二	二
	金額	四九七、九〇〇	—	九三六、〇〇〇	六〇、二〇〇	六〇、〇〇〇	一、一二三、〇〇〇	—	一〇〇、〇〇〇	六〇、〇〇〇
關東廳	件數	—	—	一〇	—	—	—	—	—	—
	金額	—	—	三〇一、〇〇〇	—	—	—	—	—	—

右表に就て觀ると、東京遞信局區內に於ては住宅小學校建築費に七割を使用し、公設市場、自作農創設維持に使用さるゝ金額二割に達し、共同宿泊所は各團體にて施設されつゝあるも尙此程低利資金の利用なきは何故か、名古屋區內に於ては小學校上水道自作農費に六割を使用してゐる、大阪區內に於ては住宅自作農小學校費に五割九分を、公益市場簡易水道に二割を費し、公益市場農業倉庫の貸付件數が各々の全件數の半ばを占めてゐるが如きは注目に價す。廣島區內は大體に於て都會的施設よりも地方的事業に低利を利用し、住宅自作農小學校費の合計が四百六十五萬圓に達し局區內貸付高の約八割に及び上水道傳染病院に百萬圓近くを貸付せるは目を引く、熊本局區內は小學校自作農住宅の順に貸付し、公益市場に四十一萬中の大部分は長崎縣に貸付せるものなり、仙臺局區內に於て特に目立つは貸付金の大部分が小學校建築費に費やされ、之に伴ふ教員住宅費に百八十四萬圓計五百十餘萬圓にして局區內全貸付金の八割餘に當つてゐるは、新潟を加へたる東北六縣が如何に教育費に苦しみつゝあるか知るに足るべく、全國を通じ小學校費と教員住宅費に二千五百萬圓近くを貸付しつゝあるは、教育費國庫負擔增額の急務を有力に語るものたるべし、北海道に於ても同樣小學校建築費に全體の三割迄を使用し住宅費に九十餘萬圓を貸付されてゐる、開發の途程にある北海道に學校費の多く要求さるゝは當然としても、農業施設に對する要求の餘りに尠なきに過ぎざるや、今や補習教育並

に公民教育の振興徹底の聲の旺んなるに、全國を通じ實業補習學校費に費す處のもの僅に四萬圓足らずなるは當局の貸付方針の如何は知らざれど、地方自治體の教育施設か普通教育に偏するの嫌ありて、實業補習教育施設行亘れりとは如何にするも善釋するを得ざるなり。

自作農創設維持に就ては前に一言せるも聞くらく當局も相當の豫算を計上して十五年度より實施の運びに至れるは爲さざるに優るべしと雖も、茲に一言したきは、小作爭議多き府縣が何れも自作農創設維持の施設を爲つゝあること是れなり、爭議少なき北海道東北に貸付夥く、日本小作爭議の中心地たる關西に之が要求多きを見る、爭議の頻發激甚なりと見らるゝ諸府縣に就て見れば岡山の九十三萬圓を筆頭に、京都の七十九萬圓之に亞ぎ、群馬は七十萬圓にて三位にあり、五十萬圓以上は岐阜福岡愛知三重鹿兒島、二十萬以上は兵庫奈良滋賀德島宮崎の諸縣にして、以上一府十二縣の貸付件數及金額の會計は九十三件六百七十二萬五千圓に上り、全貸付數に比すれば件數に於て五七・七六%弱、金額に於て七三・〇三%弱に當る、新潟廣島長野及爭議少なき鹿兒島の五十萬二千圓は例外を示せり、然して全然貸付なき府縣を列記すれば東京府神奈川埼玉茨城山梨石川富山島根沖繩の一府八縣なり。要するに小作爭議多き地方に自作農創設維持費の貸付多きは即ち、小作爭議に激發せられたる地主の土地解放と、爭議緩和の一方法としての施設と見るべく、一面には小作者が土地を所有せむとするの意欲の表れたりとも考へ得らるべし。

五、積金運用に就て

簡易保險積立金の運用は何を目的とするかと云ふと、加入者の利益、廣く云へば加入者階級全般の利益と、保險事業の社會的利益を收めむとするにある。然して運用上如何にして加入者階級の利益を增進せしむる爲、如何なる事業と如何なる方法に依つて貸付せんかは最も講究を要する所で、當局に於ても廣く民意のある所を察し、積立金運用委員會にも諮つて常に硏究してゐる所である、が原則として、事業の種別は之を別として資金の還元を圖る爲め、加入者多き方面に最も多く貸出す方針であるも、茲に考慮すべきは資金の集中で、一地方に資金が集中固定せざる樣按配してゐる、資金の還元とは保險料の上り高に相當する資金の貸付を云ふものである。以上の如き趣旨から二十種近くの事業を撰び、又新事業を廣く精査して常に加入者階級利益のために努めてゐる。

然し現今の簡易保險は尙國民の要望を充し得ない點が多くあるから、保險規程を改善すると共に農村に對して貸し出の途を廣め金額を增加するの必要がある。改善の要點は

一、保險金額の增加、現在の經濟狀態より見るも、下層階級の經濟より見るも最高三百五十圓の金額は如何にも少額に過ぎるとは一般國民の聲である、中產階級以上を華客としてゐる、民間會社に五百圓の引上は何等影響を及ぼすものではない。

二、產業組合貸付、自治團體より產業組合への貸付即ち轉貸を認めながら直接產業組合に貸付せざるは不合理である。產業組合は一の經濟團體でありとするも經營宜しきを得、基礎確實なる組合に貸付するは何等危險を伴ふものではない、產業組合が借入れむ爲めに自治體にて借入の形式を執ることはさなきだに繁忙なる自治事務を煩雜ならしめ、無用と思はるゝ仕事を爲さればならぬことになる。

三、自作農創設維持貸付、條件の內住宅建設を加へ之に對し別途の貸付を行ふことは現下農村住宅問題上より見て、不衛生なる住宅改善上緊要である、農民の建康が都會住居者のそれと大差なき傾向にあるは採光に衛生に意を用ひざる田園住家に其の端を發する。

四、小兒保險か現在は滿十二歲を加入の最低限度としてゐるか、これは當局が其の事業の健實を圖る爲め死亡率の少ない十二歲以上を選んだ理由であらうと思はれるが、社會政策的意味よりするも亦、無産階級保險の意味よりするも、加入者の年齡を學齡迄低下するか、小兒保險案を制定するかその何れかを速に實施するを必要とする、殊に農村に於て其の緊要なるを認む。

五、取扱手續を簡便にすること、現在起債許可迄は內務大藏省共非常なる手數と日數とを要し、間々事業經營上蹉跌を來さしむること稀れでない、大藏省としては止不得ざる事情もあらうか簡易保險積立金利用を目的とする許可を速にすると共に、遞信省に於ても起債許可出願と共に町村より特別なる調書は同時に提出せしめ、大藏省の許可と同時に貸付の決定を爲する樣取扱ふか積立金運用を大藏省に移管して二重手數と省略せしむる必要がある。

以上改善の要點のみ記したるも尚今後時代の趨勢と共に貸付事業の增加すべきは當然であるか故に、例令農村電化事業に、農業組合共同施設北海道に於ける酪農組合等農村金融機關等に貸付の途を拓くため豫め夫等施設の概要を調査し、農村より吸收の資金還元を圖ると共に加入者階級の便宜を圖る如き施設に出づるを[illegible]明とせむ。

我國簡[illegible]險[illegible]尚淺に[illegible]異常[illegible]に[illegible]異で、此の[illegible]當[illegible]の[illegible]とするものであるが、制限年齡內國民[illegible]部加入の理想を一日も早く實現すると共に、其の積立金運用に萬遺憾なきを期せられむことを切望する。

フイルムになる模　村

静岡縣庵原村は蜜柑の里として又模範村として全國的に著名であるが同村が今日に至るまでには世間に紹介するに足る事跡があるので東京京橋區銀座の英洋行部ではこれをフイルムに收めて廣く世間に公開せんとの議が起り先年來から計畫を進めて居たが其の決定をみて脚本製作に着手すべく同洋行部の水谷ヘンリー技師は近く材料蒐集のため杉山區を視察する事となつたがフイル[illegible]完成の上は模範村として全國に紹介される譯である

一市民の見たる普選(三)

太篠好邦

缺格者として「一定の住居を有せざる者」と定めてをるが政府當局者は議會に於て住居とは「スマ井」であると說明しておる、住所が民法と同一の意味に用ゐらるゝことが、一般法令上の法則の樣に視らるゝに、獨り選擧法のみに住所では不明瞭であるから、スマ井即ち住居としたるものとは、立法者ならでは理解し難いことである、而かも尙、スマ井即ち住居は確定性を帶び、不動的意味を有する生活の態樣であると解しながら、「一定」と云ふ形容句を冠らしたのは如何なるものであるか、住居は變轉極りなきものであつて、浮草的意義を有するものとすれば、一定と云ふ不動的意義を有せしめねばならぬが、斯くスマ井即ち住居は浮草的態樣であるとし、それを一定したる場處に限るとすれば、寧ろ住所と云ふ用話の方が一般國民によく理解せられ易いものである。國民が普通的に習慣的に理解したる用語を用ゐなければ、即ち法律の類なる爲め其用語にも各別の意味ありとすれば、國民は惑はざるを得ない。

刑法上、重罪者と輕罪者とは何に依つて區別するか、通例六年以上の懲役又は禁錮に處せられたる者を重罪犯とし、それ以下の者を輕罪犯と看做すが如く解せらる、選擧法に於てもこの間に區別を樹て、所謂重罪犯者には終身選擧權を與へざるものと定めたのは敢て疑を入るゝの餘地がないが、所謂輕罪犯者の間に於て破廉恥の性質を有するものに付て區別を立て、特に缺格期間を長くしたのは果して國民に對する正當なる知識であるであらうか、司法官の認めたる事實が毫末も過誤なく、感情や行掛や疑や乃至利己滿足等の事なきか、それならば如何に嚴重に此一大國民權に制限を加ふるも不當でないか、一面國家の判定に故意又は不用意に過誤あるに拘はらず、單に國民に對してのみ絕對に過失もなく錯誤もなく完全無缺を要求するは政治の眞諦を得たるものと謂ふを得るか官吏が三百代言的說明を爲すが如きも何等の價値がない。

尙又所謂輕罪犯者にして執行猶豫を受けたものに對し、例令それが破廉恥罪であるにせよ、執行猶豫期間を無事に經過し、有罪の判決が效力を失ふた後までも尙、選擧權を與へざるが如きは當を得たる立法であるか、現に犯罪に對しては、之を國家が犯罪なかりし者と同一に取扱ふことを約束しながら、一面でその無罪者と同一の狀態に在るものに選擧權を與へざるは、法律は萬能力を有するとの說明があるにもせよ、國民に對する公正を失することではあるまいか。特に、況んや實刑を科せられた者よりも執行猶豫を受けた者が、選擧權を得るに却て長き時日を要する場合あるに於ておや。たとへば一年の禁錮に處せられた者が二人ありて同時に判決を受け一人は直に實刑に處せられ、一人は三年間刑の執行猶豫を受けたるものとするに、實刑に處せられたるものは、判決確定の日より滿六年を經過すれば選擧權は得らるゝのであるに、執行猶豫を受けたものは、判決確定の日より滿八年を經過せざれば選擧權は獲られない。卽ち法文に執行を終り、又は執行を受くることなきに至りたる後とあるを以て、刑期二年半以上のものでない限りは、その日から滿五年間缺格者でゐねばならぬ。此の如き不權衡な結果を生ずるも尙ほ國民に對して親切なる立法と謂ひ得るか、公正な法律と認めしむることを得るか、會社の定款や契約や其他國民より提出する認可又は許可の申請に對しては極めて嚴正なる批判を加へ、容易に許可認可を與へざる政府者は、此選擧法中の規定に對し如何なる感かある、吾人を以て視るときは實刑に處せられたる者は其執行を終りたる後、刑期の二倍の期間若し其期間が五年に滿たさるときは五年とし、猶行猶豫者に對しては、執行猶豫期間を加算して、五年卽ち刑の言渡が確定したる日より起算して滿五年間缺格と爲す方、立法上の異見は別として、法文上及其適用の結果公平であると思ふ。

次に法の解釋上の疑義でないが、吾人の大に怪訝に堪えないことは、華族の戶主には選擧權及被選擧權を與へないならば多額納稅者互選規則に依る多額納稅者にも亦選擧權及被選擧を與ふべきものでないことである。華族の戶主に衆議院議員の選擧權及被選擧權を與へざる理由は華族は既に貴族院議員の選擧權及被選擧權を有する、此等に復た衆議院議員の選擧權及被選擧權を與ふるときは一人にして貴族院及衆議院の兩院に跨り一人で二個の公權を有するものとなつて、二院制度の根本精神に反するが故である。果して此華族の戶主に選擧權及被選擧權を與へざることが、相當の理由ありとすればこれと同一の理由を以て、多額納税者にも亦衆議院議院の選擧權及被選擧權を與へざるべきものである。然るを一は與へず、一は之を與ふと云ふことは不公平不權衡の甚しきものであると言はなければならぬ。普通選擧の根本趣旨に基き廣く國民をして參政權を得せしむべきものであるとの議論を尊重して、華族の戶主にも選擧權及被選擧權を與ふるか、或は前述せる華族の戶主に二重の公權を與ふべきものでないとの議論に依り多額税納者にも亦選擧權及被選擧權を與へざることと爲すべきものである。然るに斯の如き不公平なる法律を以て善良なる國民に臨む政治家の心理は吾人の想像に苦しむ所である。人名簿の記載事項(第十二條)中「住居」があるが實際住居の何を記すべきか、住居を有するに至りたる年月日を記するか或は住居地をも記すべきか、人名簿の樣式を一定しそれに依つて其記載の內容を定むるのであるか。

人名簿記載に脫漏又は誤載あるとき、修正申立人(第十四條)は選擧人に限られてをるか、選擧缺格者が誤載せられた場合、其當人は選擧人でないから、修正申立權がないのであると謂はなければならぬ、果して然るか、然るときは何故に修正申立人を選擧人に限るか、其理由を知るに苦しむのである。苟くも修正を要するものありと認めたる者は、何人といへども修正を申立て得ることと爲すを可なりと思ふ。立法に關係した者の意思は如何であるか。

住居と云ふ事實は何に依つて證明せらるゝか、人名簿修正申立には證憑を具ふるを要する。然らば住居を證明する憑據物がなければならぬ、然るに本籍を有する證憑即ち戶籍謄本抄本も住居の證憑ではない。寄留簿の謄本必らずしも住居の證明とならず、借家證も家屋の所有登記も納税書類も米屋酒屋の通帳も常に住居の證憑でない、家主の證明か、地主の證明か、將又隣人の證言か、事實果して何物にかある。

人名簿修正の申立を正當ならずと決定したるとき、郡長は之を申立人にのみ通知することと規定するが、時に關係町村長にも通知するは是を必要とせざるまでも便宜である。然るに單に申立人にのみ通知すべしと規定したのは何故か。

修正申立に對する決定に不服ある者は、地方裁判所に出訴することを許されてをるが、(第十六條)その出訴人は申立人又は關係人とある、その關係人とは如何なる關係の者か、名簿調製人たる町村長をも包含するものか明瞭を缺くのである政府者の說明如何。

自治獨語

夏木宕北

◇彼の有名な群馬縣下世良田村水平部落暴動事件に付て、前橋地方裁判所公判廷で高橋檢事は、一般民側は兎角差別觀念を抱いて部落民を疎外する感情因襲を脱し得ざるを慨し、又一面には水平社員も水平運動の使命を忘れて、動もすれば糺彈の行爲に出て、遂に今日の如き大不祥事の因を成せるは嘆すべしと論じ、更に縣當局が、此一大事件を未發に防禦し得ざりしも遺憾であると論告中に述べたとの事である。此檢事は聊か社會想を理解して居る。達觀しておる。曾て司法官を化石と罵つた大臣もあつたが、今日地方に此の如き公平の觀察と、理解力とを有する檢事のあることは、司法權の威信を顯彰するに足る一快事と思はさるを得ない醒めよ多數の司法官憲よ、

◇自治行政の進歩しない原因は、國民の無自覺が主たるものゝ一である。見よ東京市を、東京市民程無自覺な連中は稀れである。道路の改修が行き屆かない爲め、少しく雨が降れば泥濘脛を沒するも敢て苦情を唱へない。下水工事遷延の爲めに穿穴あるも何とも云はない。小下水は硬塞するも濠水腐さりて悪臭鼻をつんざくも、小言の一つ言はない。電車パッスを強要して助役を毆打する市會議員乃至賭博で有罪となつた市會議員があつても笑つて居る。

新議員

◎長野縣

村上村（更級郡）

宮入嘉太郎　麻野井市治郎　竹内三太郎
永井甚之助　大橋監之進　久保誠一

篠の井町（同）

若林猪三尾　山岸市治郎　酒井健之助
近藤仁助　水上辨治　宮入盛之助
瀧澤豊馬　久保田茂男　平林榮三郎
町田九重　宮入利治　傳田清治

東福寺村（同）

青木倉治　杉村傳太郎　和田實
小林牧衛　西澤久右衛門　小林清良
山崎朝治　瀧澤辰治　久保傳之丞
小山幸治　久保但治　伊藤治藏

伊那町（上伊那郡）

唐木補一　三澤昇　唐澤盈三
宮島見家重　御子柴茂利　重盛二三四
福澤定治　田畑文一郎　矢野善太郎
市原住重　三澤貞良　井澤今朝雄
田中稻雄　中村勝衛　米山喜六
鷂澤八彌　網野泰藏　大瀬木鹿十

市の行政が進歩しやうが澁滯しやうが、市の事業が進捗しまいが、水道料金がどんな理由で高くなろうが、名譽職員が利權の爭奪で紛擾しようが、市有地を權利金を取つて轉貸する議員があらうが、市長助役にどんな人物が就任しようが、平氣の平左である。鮮人來襲の虚傳に狂人の如く騷ぐ市民も、市行政に關して風馬牛である。斯樣な無自覺者で充滿して居る市政が進歩しないは當然過ぎる程當然である。

◇北歐の畫家カンヂンスキーは、其の著藝術論の初めに「斯る模倣は猿の模倣に過ぎない。猿の動作は外面的には十分に人間の動作に似て居る。猿は坐りこんで鼻の先に本を展げ、頁をめくり如何にも仔細らしい顔をする。併しこれらの動作には全然内面の意味を缺いて居る」と述べて居る。模倣に内面的力の充實味がなく生命のない事は獨り藝術の上のみではない。政治に於て、文學に於て、實業に於て、自治に於て、皆然らさるはなきものである。如何に我國民が、模倣に優秀な才能を有するにもせよ、模倣は終に模倣であつて創造でない。創造でないものに力のある理なく、生命の存する譯はないのである。制度を設け、市町村長を置き、市町村會を備へて、形の上では地方自治であつても、猿の人眞似である。外面的自治である。眞に自治をして生命あり力あらしむるには、模倣によらず創造に因る自治でなくてはならぬ。

◇國民の要求する生活とは何であるかよく世間で國民生活と謂ふが、果して何を意味して居るか、現時我國民の要求して居る生活は、那邊に存するかと問ゝば、卽答するに何を以てするか。

青馬桂三郎　北原正三郎　中村宗助
小平修二　明尾浦十　小澤兼太郎

和田村（小縣）

小林丑太郎　小林彈作　白井政治
長井長見　佐藤政次　田中幾太郎
宮下才次　相馬利忠　羽田正
羽田作左エ門　[illegible]野宇太郎　笹井彌惣太
降旗太市　松澤貞逸　福島市太郎
橋澤勇

森村（同）

西村忠七郎　南澤小十郎　島田儀治
横島綠　久保瀰夫　近藤儀七郎
北澤安治　松澤季　宮島熊雄
岡田良治　酒井太錄　稲玉準之助

古里村（同）

徳永近太郎　丸山正次　藤澤東治
小林重作　青木捨治郎　米倉貞造
柄澤千代松　寺島保　小林君治
中澤[illegible]治郎　中村久八　中澤太四郎

豊科町（南安）

早坂直衛　小林政太郎　丸山光司
水谷幸作　坂槇壽一　岡村清實
高山伊保藏　井口佐之平　中野佐之門
藤森綠　熊井晴雄　丸山善吾
笠原茂　笠原好一　岡村政雄

吾人を以て之れを視ると、第一が種々な方面の束縛より解放せられたる自由なる生活、更に言を樣して言へば國家より解放せられ、社會より解放せられ法律より解放せられ、道德より解放せられ、習慣より解放せられた生活、卽ち國民とか家族とかの一切の束縛を逃れた、所謂連帶責任の解除を受けた、心の儘の生活を求むるものと視らるゝ第二は苦勞と勤勉と汗と力とを費すことなくして、多くの報酬を得るの生活一言すれば濡手で粟の生活を求むるものである。斯の如き生活を要求する國民に對しての政治は、餘りに無力である。空虚である。國民が生々した要求進取的な氣象を持する願望、遠大な理想を有する生活、正義と共存共榮の社會的連帶責任の觀念を強く感ずる生活の狀態に在る國民であるならば、今日の如き政治は國民の力で改造せられるのである。社會の現狀は打破せられ、社會は革進せらるゝのである。眞の國家の力は此の國民に依つて求むることを得るのである。

◇歐洲大戰に際して、米國政府は米國海陸軍に參加した日本人、及他の亞細亞人には市民權を與ふる事としたが、昨今同國の大審院では、日本人及亞細亞人の如く歸化することを得ざる國民は、市民權を獲得するを得ずとの新判決を下した。之れは明かに、國際的ペテンと謂ふべきものである。乍去刑法改正の際新刑法は、犯意の有無に重きを置く法律であると明言しながら、專ら行爲の形式のみに依つて、有罪の判決を下す司法官が、國內に充滿する樣では、國內的ペテンと謂はれても辨解の辭がなからう。

丸山　彌生　勝家市太郎　藤森　平藏

大　町（北安）

福川　幸重　福島　元治　福島鐵三郎
平林　秀吾　內山竹一郎　杉木　伯市
武田　豐美　松澤辰次郎　神事　守雄
山本登三郎　窪田助三郎　倉科　重吉
荒井　榮藏　佐藤庄兵衛　金原　政一
高橋角太郎　横澤佐次郎　太田　喜作

北城村（北安）

丸山　榮十　松澤吉右衛門　福島　角十
矢口袈裟二郎　松澤　高治　田中　五郎
吉澤　鐵治　降旗　光純

御厨村（更級郡）

松本　六治　山本　覺雄　田島　英一
小林　倉雄　町田　忠治　町田　岩治
渡邊　玄岱　林　庄太郎　內山三之助
吉村　太郎　林　茂　吉澤　貞

鬼無里村（更級郡）

和田　數馬　德武勇太郎　戶谷喜與美
風間　義衛　中村盛太夫　小林清市郎
吉岡　官治　德武　濟作　松︀　繁造
松本　友市　小林千萬藏　左藤　茂房
坂本倉治郎　原山龜吉郎　宮下八十藏
北澤貞一郎　米山彥之進　久保田高太郎

靑木嶋村（同　）

行政實例

道府縣又は市町村會議員選擧取締に關する件

（大正十四年七月廿九日内發警五三號 道府廳長官宛、内務省警保局長）

道府縣又は市町村會の議員選擧取締に關し今回司法省と打合致候に付右選擧に關しては當分の内本年五月二十八日内務省發警第二四號及六月二十五日内務省警祕第五三一號通牒衆議院議員補缺選擧の場合と同樣の御取扱相成度右依命

貴族院多額納税者議員選擧に關する件

（大正十四年七月卅一日内發警第五七號 廳府縣長官宛、務務省警保局長）

貴族院多額納税者議員の選擧に關しては從來舊刑法第二篇第四章第九節公選の投票を僞造する罪の適用ありたるに過きさりしも這般法律第四八號及勅令第二三四號の公布に依り互選に關する法令改正せられたるの結果本年九月施行の通常選擧より改正衆議院議員選擧法の罰則規定準用せらるゝこととゝ爲れり從つて右の選擧に關し金錢其他の財産上の利益若は公私の地位を供與し饗應接待を爲し又は利害關係を利用して誘導するが如き行爲の處罰せらるべきは勿論苟も選擧の自由公正を害すへき不正不法の行爲は一切禁せられ且選擧に關する罪を犯し刑に處せられたるときは議員候補者としては其の當選無効となり互選人としては啻に互選資格のみならす衆議院議員及改正衆議院議員選擧法の罰則規定を準用する總ての議會の議員の選擧權及被選擧權を一定期間禁止せらるゝ等從來の選擧に於けるよりも刑罰制裁一層嚴重と爲れり。

然るに右の趣旨未だ一般に徹底せさる嫌あるのみならす通常選擧の期日を數旬の後に控へたる今日互選人にして仍且之を知らす舊來の選擧に於けるか如く思惟せる向往々有之哉の聞えあり來るへき通常選擧の取締

柳島　忠造　塚田　善太　蟻川政次郎
市川吉二郎　宮下　謙多　桑名　嘉作
小山　膺人　町田貫一郎　宮崎　善太
市川傳之助　町田國之助　柳島　慶作

伊那村（同　）

伊藤金三郎　湯澤　正　矢澤長五郎
久保田鐵衛　春日　平藏　小林　力彌
福澤倉次郎　澁谷　九市　馬場　信
下平喜代太郎　赤羽　常治　下島　市衛

秋津村（下水）

古田保次郎　丸山絞之助　田中森之助
小野津佐吉　傳田　源藏　田中　由作
藤澤　仙藏　米澤長四郎　丸山　慶治
田中　藤吉　石川　和吉　佐藤善太夫

新開村（西筑）

新井友五郎　原　榮吉　田下吉右衛門
征矢　彦松　青木福次郎　武居九郎右衛門
蜂須賀忠四郎　高木道太郎　大橋初次郎
井上　五郎　田中八左衛門　松原閏五郎
原瀨　常松　山下金太郎　織田今朝吉

讀書村（同　）

鈴木　簡一　古澤源治郎　永井　正喜
林　壽八郎　林　四六　池口　太吉
伊鍋　金八　大坪喜太郎　中島　金八
松原　畔男　田口清之丞　早川　樂禮

に關しては曩に通牒致候通至公至平最も嚴重にせらるへきは勿論の義に有之尚又選擧に關する改正法令の趣旨普及充分ならさるに於ては犯罪豫防上遺憾尠からさる次第に付此の際特に右趣旨の周知徹底に付一般の考慮を拂はれ遺漏なきを期せられ度依命此如及通牒候也。

質屋取締に關する件

照合　近時庶民の金融機關として市町村に於て質舖を經營するもの漸次多きを加ふるに至り候所之等公共團體の經營する質舖に對しても質屋取締法を適用相當取締るを以て適當なりと信し候も最近大阪市の經營に係る質舖條例を見るに其の第十三條に「質物にして盜品若くは遺失物に係るときは市長は警察官署と協議し之を被害者又は遺失者に還付することを得前項の被害者又は遺失者知れさるときは市長は警察官署と協議處分することを得」と規定し其の第十六條に「質物及帳簿は秘密の取扱ひとす但贓物又は遺失物若くは傳染病毒汚染の疑を以て其の閲覽を請求する警察官署に對しては此限りにあらす」との規定あり然るに警察官は質屋取締法に據らば當然上記の職權を行使することを得へく別段條例に斯る規程を設くるの要なしと被存候從つて此の條例の實施せられあるは或は市町村は營業を爲すこと能はさるものなりとの解釋の下に質舖の公營も亦營業にあらさるものと解せられ乃ち一般營業者としての質屋に對する取締法は公營質舖に對しては其の適用を除外され居るにあらざるやとも考へられ候岐阜市に於ても最近公營質舖を計劃中にて該法の取締を受くへきものなるや否や伺出の次第も有之右に對する貴省の御意見承知致度何分の御回示相成度候也

回答　本件に關し御照會之有候處質屋取締法は公共團體の經營する質舖に對しては適用無之然れとも之に取締法令の精神を遵守せしむるの必要あるは民間質屋營業者に於けると敢て擇ぶところ無かるへきを以て之か條例設定に當りては警察取締の必要に應し得る樣御配慮相成度候右經伺の上申進候也。

公有水面埋立免許命令書に關する件依命通牒

（大正十四年八月三日内發土第一一八號　道府縣長官宛、內務省土木局長）

公有水面埋立免許の際免許人に交付せらるへき命令書は從來各府縣區々に亘り且往々

伊奈山榮太部　上田惣太郎　櫻井治三郎
園原　二郎

山口村（同）

田中角次郎　福原　兵助　市瀨　清一
園原彦三郎　牧野　兵六　宮下瀧五郎
園原　政次　宮下　安六　可知金太郎

日義村（同）

三澤初太郎　磯尾〆治郎　野田　佐吉
源澤　金造　森田十右　門　郡上金之丞
古畑　十三　上短戸悦三　三澤　兵助
神林　直一　神林一二郎　長谷川末次郎

津和村（上水内郡）

坂戸健重郎　宮尾　豐治　西澤　國作
松下　喜重　新井八重作　竹村虎五郎
金箱　幸作　菅原　源治　篠根熊三郎
吉澤　助治　吉田　芳三　前佐　益榮
德嵩福五郎　松宗　齊吉

川岸村（津和郡）

堀川　純治　片倉　義美　藤森　福松
片倉久太郎　片倉兼太郎　金原惠重郎
宮澤利三郎　花岡　忠衛　横内　清人
中島　萬吉　花岡今朝造　藤澤　武吉
林　謙吾　宮澤　唯助　矢島　豪
鮎澤源五郎　三澤　義雄　宮澤喜久太
田中榮三郎　山崎鐵之助　横内　係衛

不備の廉ありて照復の爲手數を要する向も有之候に付爾今大體別紙命令書案に據り御處理相成度候條致度。

命令書案

住所　氏　名

右出願人に對し公有水面埋立を免許するに付本命令書を下附す。

第一條　公有水面埋立を免許する區域は府縣郡市町村　字　番地より　番地に至る地先公有水面面積　坪　合　勺（町　反　歩）にして願書添付圖面（出願區域を變更し免許する時は「別紙圖面」とす）

第二條　公有水面埋立の目的は○○に供するものとす。

第三條　埋立の免許を受けたる者は免許の日より起算し○月以内に埋立に關する工事に着手し着手の日より○年以内に竣功すへし。

前項の工事に着手したるときは直に○府（縣）知事に屆出つへし。

第四條　埋立の免許を受けたる者は免許の日より起算し○月以内に工事實施設計書を調製し實測平面圖求積平面圖縱斷面圖橫斷面圖及工作物構造圖を添へ○府（縣）知事に其の認可を申請すへし。

第五條　埋立の免許を受けたる者は前條の工事實施設計認可の日より起算し○月以內に竣功すへし。

前項の工事に着手したるときは直に○府（縣）知事に屆出つへし。

第六條　埋立地の內公用に供する○○及公共の用に供する道路堤塘護岸物揚々等願書添付圖面の箇所○坪は國に歸屬す（○の部分○坪「願書圖面記載」は○府縣（市町村）に歸屬す）

第七條　埋立の免許料は金○圓○錢とし府（縣）知事の發する納入告知書に依り納付すへし。

（半額を竣功期限迄に納付せしむる場合）

但金○圓○錢は○年○月○日迄に納付すへし。

第八條　埋立地に關する權利の設定又は讓渡に付ては○府（縣）知事の許可を受くへし。

第九條　埋立地の○に幅○以上の公共用道路を築造すへし。

第十條　埋立地の○に公共用の溝渠物揚場を築造すへし。

第十一條　工事中は日沒より日出迄通船の安全を保つ爲適當の場所に標燈を揭くへ

山崎　助市　宮澤　一三　三澤小太郎

玉川村（諏訪郡）

五味　玉作　原田　勝吉　白鳥平左衛門
松田　又作　伊藤政兵衛　丸茂　廣作
矢島淸之助　伊藤　茂重　牛山　慶助
田中治郎吉　田中　一作　伊藤　勝重

烏川村（南安曇郡）

佐々木重雄　小林　新市　黑岩　正平
黑岩　元一　靑柳　淸春　唐澤壽八郎
北林文一郎　米倉　增美　山口　平一
田口　染一　藤原　義滿　小穴　定一

東內村（小縣）

中村仲之助　中村與十郎　上坂又十郎
上野袈裟義　小平　和童　赤沼　傳助
山本　兵三　竹花　嘉重　北村　一郎
荻原定一郎　籍山嘉伊作　淸水　榮助

美麻村（北安）

小林　直重　西條　鐵彌　小林　熊吉
田中　相作　吉原　八重　吉田　林作
橫川　條治　永澤　初重　小林　藤吉
金原茂三郎　竹內　啓治　松倉　金吾

會染村（北安）

片瀨　幾藏　橫山嘉一郎　生田內次郎
相澤　漣水　鹽原藤太郎　高山　常次
師岡常一郎　矢口久太郎　內山　正次

し。

第十二條　埋立區域の境界は出願人に於て區劃し境界を設定すへし。

第十三條　本命令書第〇條に依り國に歸屬したる道路護岸防波堤の維持修繕は埋立の免許を受たる者をして之を負擔せしむ

（附　記）

一、命令書案中第四條及第五條は工事實施設計を要する場合に限り附するものとす此の場合には第三條を附せざること。

一、同第七條本文の納入告知書には「〇年〇月〇日（埋立免許の日より一ヶ月目に相當する日）迄に納付すべし」と記入すること。

一、同第八條は主として特別の義務（例へは埋立地内に於ける水道道路等の維持の義務）を埋立の免許を受けたる者に負擔せしむるの要ある場合等に附するものとす故に第十三條を附するときは必す本條を附することを要す。

一、同第九條乃至第十三條は地方長官が公有水面埋立法施行令第七條に依り埋立の免許に公益上又は利害關係人の保護に關し必要と認むる條件を附する場合の數例を示せるものとす。

勝野　貞男　矢花　寛一　遠藤萬次郎

南小川村（上水内）

小林松之助　伊藤　新吾　石坂[illegible]之丞
大日向直一　松本喜佐太　鈴木　莊治
北田　理平　笠原　庄吉　楠久　美平
福島　玉藏　笠原嘉久治　川俣　久治
小林　和禧　松本　賴治　松本鶴之助
西條小市郎　西澤　種司　櫂田作治郎

笹村賀（東筑）

大槻　翠　野村　峰吉　長瀬勝四郎
久保田　孟　赤羽三宇次　波羅　美夫
赤羽　傳憲　赤羽　彌十　上杉　壽作
飯村時次郎　草間　與一　丸山　俊秀

桑原村（更科郡）

柳澤時治郎　横池源五郎　中山　茂
宮本司一郎　關　巖　丸山祐之助
北澤佐太郎　南澤德右衛門　松林　唯雄
能道安太郎　宮本　富宜　柳澤　弘衛

上山田村（同）

若林　正春　西澤莊太郎　若林　信夫
若林　盛平　西澤　幸男　若林正五郎
吉池金治郎　宮原　安平　鹿田與吉郎
山崎重太郎　山崎　兵一　玉　良太郎
市川寅之助　田鳩　久逸

穗高村（同）

小林　朝光　土屋　憲治　中島　高治
岡田　幸吉　市川　克治　山浦　喜義
本山直治郎　久保田榮治　山崎　貞造
大西　源治　川崎肇之助　丸山　長藏
山崎　喜作

日野村（同）

小林　謦介　矢野　清作　小林久三郎
酒井　榮助　浦野　峰吉　池田國次郎
田川市太郎　中山　福藏　小林　長藏
望月定之助　小林　友市　小根澤政勝

豐郷村（同）

富井　眞　河野　房吉　森　虎造
富井太一郎　河野要治郎　片桐　武三
片桐　新作　内田　邊藏　篠田清治郎
河野　眞三　富井　虎松　佐藤藤治郎

平野村（同）

宮崎角治郎　田中藤市郎　永峰吉三郎
畠山末太夫　小林　梅治　平林　愛吉
田中　保吉　清水　對作　篠田　忠恕
町田鑑之助　武田　宇市　高木　源治

上木島（同）

高木　光治　金井喜兵衛　勝山關之助
外谷　勝善　湯本　仙治　佐藤　三吉
森　林之助　小松啓太郎　仲山　寅吉
山田　治助　渡邊　彌吉　關　正勝

質疑應答

全員委員會（特別委員會）と町村長

（照會） 町村會に於て全員委員會及特別委員會を設けたる場合委員長の選擧を行はざりしときは委員會の統理權は町村長たるべきか會議規則に依れば委員長は各々委員會に於て互選委員長は委員會を統理すとありて明に町村長の權限とは區別しあり然れば町村長が委員會を統理してなせる決議は違法に非ざるか町村制第六十九條は單なる委員を統るものにして前述の委員會を組織する場合とは異るものと解釋してよきか（岐阜縣川上溪水）

（解答） 前段の場合會議規則に委員長は各々委員會に於て互選し、委員長は委員會を統理すとの明文あれば委員長を互選せずして爲せる委員會は適法と云ふべからず從て其決議は無効なり、後段の場合は貴見の如く町村制第三十九條は學務委員會常設委員會の場合を指含せるものなり。

鹽尻村（東筑）

横山 鼎　吉江淸一郎　赤澤 周藏
笠原廣一郎　高砂平十郎　堀内貫一郎
賀 三藏　笠原 喜作　味澤 磯市
足助 銀十　高津 英市　小松 眞吾
吉江 盛雄　米窪 藤内　小松 惠壽
三澤 命彌　高津喜與人　奈良井壽三郎
武居 正人　赤羽 爲吉

西穗高村（南安）

平田 慶治　中島 幸一　伊藤宇之吉
中澤善太郎　中山 淸晴　寺島 政次
藤原 利幸　安田 榮　藤原 朝市
木藤 貢　宮島 金一　等々力銀次郎

穗高村（下高井）

小林 朝光　士屋 惠治　中島 高治
岡田 幸吉　市川 克治　山浦 喜義
本山直治郎　久保田榮治　山崎 貞造
大西 源治　川崎筆之助　丸山 長藏

抗瀨下村（埴科）

碓田 穰　宮坂 增治　近藤盛次郎
長坂 武平　宮澤文之助　朝日富三郎
安達 桑治　金 與左衞門　中澤 勝衞
北原喜太郎　山崎 利雄　伊藤專太郎

（未完）

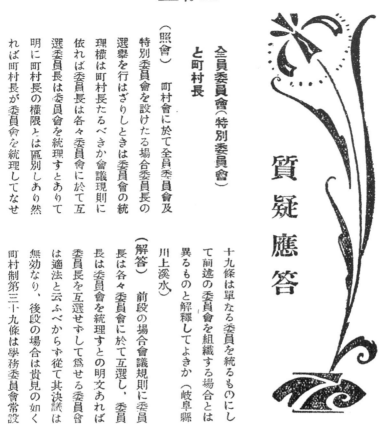

副業に關する優良組合事例（農林省調査）

――宮城縣登米郡上沼村字長根――

上沼村副業製繩組合（繩の共同販賣、藁の共同購入、共同作業場の利用）

一　所在地方の產業及經濟事情の概況

本村は郡の東北に在り、北は岩手縣西磐井郡永井村に界し東は北上川を隔てゝ錦織村に接し南は淺水村西は石森町に隣りして地勢平坦沃土豊かに東西一里十三町南北二里廣袤一、三方里を有してゐる錦織街道は村の南を走り米谷、佐沼、西郡、狼河原、氣仙沼に至る自動車、馬車の便もある鐵道は仙北鐵道村の西南端を走り淺水村米谷淺水驛に約一里同村水越停留所へ約十町石森驛へ約五町。

本町の米の生產額は郡生產額の一割餘を占め又麥、大豆、蔬菜の生產多く副業として製繩、養蠶等が盛である現住人口五、〇〇七同戶數九二二戶年總生產額八〇六、七六二圓で內農產七七二、一八六圓、工產一八、三九五圓、畜產一三、四七八圓、林產一、八九二圓、水產八一一圓に達した。

二　沿　革

設立の動機及盛衰　現組合長小野寺文吉氏は夙に適當の副業なきを慨し明治三十七年名古屋市より原式製繩機を購入し製繩事業を起したが當時は機臺の不完全と副業の觀念の薄き爲終に失敗に終つたが毫も屈せず益々普及發達を計り四十一年新に同式に改良を加へたるものを購入した結果稍見るべき製品を得る事が出來た爾來斯業の發展に努め農家の餘剰勞力

を本事業に注ぐ事を宣傳し其の後漁網用に適した仲田式製繩機を共同購入するの外藁打器の斡旋に努め村内各區に共同作業場を設けて能率增進を計り製品は本人自ら組合員を巡回蒐集して北上川の船便を利用し牡鹿郡石巻地方へ移出するのみでなく一面組合員に義務的に繩の積立をさせ貯蓄の精神を涵養し加ふるに勤勉力行の實を擧げたので今や此の美風は近村は勿論郡や各町村にも及ぼすに至つた最近一ヶ年の產額は實に約一萬圓にも達するの盛況で本年七月從來の組合を擴張し村一圓の副業組合とした組合員は益々結束して作業に從事遂に今日に及んだものである。

中心人物の活動　前述の外組合長小野寺文吉氏主腦となり同村農會の援助を受けて大正十一年一月十五日第一回の製繩品評會を開催し製品の統一共同販賣の實績を擧げた組合員の共同作業場を村内宇長根、長崎、金谷、八幡山、冠木、櫻場の六箇所に設け各所に藁打器一乃至二臺宛を備へ共同使用の便を與へて能率の增進を計り又自村以外の當業者に對しても製繩業の勸奬機臺購入の斡旋をなし傳習會教師として奔走の勞を惜しまず斯業の普及を計りつゝある。

縣郡等の奬勵　大正十一年一月開催の品評會に對し縣よりは金五千圓を補助郡農會よりは機臺購入補助の外同年十一月製繩品評會及競技會の開催に對しての補助を受けるに至つた

三　組合の構成

設立の目的　農家副業の普及及生產の增加竝品質の改良統一、原料及器具器械の共同購入及生產品の共同販賣、共同貯蓄、先進地方の視察、傳習會、競技會、品評會の開催等。

設立年月日　大正十一年一月(大正十三年七月改造)

組合の區域　登米郡上沼村一圓

組合員　農業者百三十八名

會費又は出資等組合員の義務、會費として製繩一丸に付金二錢宛を徵收し大正十二年の成績は二百三十六圓二十二錢であつた本會費は正當證書と引換に現金を徵收し組合長が之を保管して組合員の生產に對する立替拂に用ふる外組合の經費とし殘部は視察費に充てる。

四　組合の機關

役職名及員數　組合長一名、評議員十名、顧問一名(村長)

役職員の執務狀況　組合長は組合一切の事務を統理副組合長は組合長を補佐し組合長事故の場合は之を代理する評議員は組合長の諮問に應じ事務を分掌する。

役職員の報酬又は年末の手當等　組合長及副組合長一ヶ年各六圓、評議員一ヶ年十二圓。

總會又は協議會　協議會隨時開會し萬不得止事故の外は缺席を許されぬ。

其の決議すべき主なる事項は(一)原料の購入貯藏(二)原料機具機械生產品の共同購入又は共同販賣(三)製品の檢査(四)講習講話開催(五)基本金の蓄積(六)豫算決算(七)共同作業に關する事項等である。

五　組合の財務

現在出資金土地建物等はないが借入金一千圓を爲し生產品の一時立替金に充てる補助金は前述大正十一年に縣及郡農會より。

尙積立金として組合員一人に對し一箇月金三圓に相當する製繩を以て貯蓄し組合員及組合員外產業資金として貸付を爲し現在の積立金約九百圓に達し內大正十二年中資金として貸出した金額は八百圓である運轉資金は借入金一千圓の內八百圓を之に充て殘餘は豫備金として會長が保管する。

最近一箇年の經費は二百三十餘圓で生品一丸に付二錢宛を徵收して支辨し剩餘金を積立に充てた。

六　帳簿

組合員名簿、役職員名簿、組合財產臺帳、日誌、製品販賣臺帳、組合員積立金臺帳。

七　事業の種類別狀況竝事業成績

取扱品目　漁網用繩

販賣方法　槪ね需要地の特約店と契約し委託販賣による

受入日　隨時

取扱品蒐集の方法　主として組合長並評議員が其任に當り組合員宅を巡回して指定の北上川沿岸に各自運搬させ舟揖を利用して移出さる。

檢査の方法は左の如くである。

繩の種別	繩の細大に關する罰則	原料其の他	備考
二分徑	二分に充たさる時は四百尋一丸に付三錢乃至五錢引	原料惡しく且撚り惡しきものは五錢乃至十錢引	
二分五厘徑	同上	同上	
三分徑	同上	同上	

販賣の時期　一、二、三、四、五、八、九、十、十一、十二の十箇月間。

(一) **現品の引渡並代金の取立及組合員への支拂方法**　出荷後二十日以内に引渡先より送金する爲め出荷の際記帳の基準に依り支拂ふ中産階級以下の者に對しては豫め時の相場に依り立替拂をする。

販賣先　牡鹿郡石巻町。

手數料　二分經四百尋一丸二分五厘徑三分徑各三百尋一丸に付金二錢の割。

最近一箇年間の取扱數量價格（大正十二年度）

數量一萬四千八百十六貫價格九千七百八十九圓。

(二)　共同購入

組合員の需要を取纏め自村及石森町より原料藁を共同購入する共の額大正十二年は約三千貫價格約三百五十圓である。

(三)　設備の共同利用

設備の種類規模　共同作業場として組合員中篤志家の納屋を解散しその區の組合員の機臺を集めて作業する各自持參の仲田式製繩機及仲田式藁打機一作業場に一臺乃至二臺を設備する。

能率　各自宅作業に對し約二割の増進に達する（藁打機一臺の能率十時間に八十貫匁）

利用の時期　一、二、三、四、五、八、九、十、十一、十二の十箇月及以上の外二箇月間の中公休日の朝仕事及雨天の日に作業する。

利用方法　各自の機臺に付き原料持參の上集合作業を行ふ

利用料なし。

八　産業上經濟上及社會上に及ぼせる組合の効果

近時勞働賃銀の昂騰肥料の高價生活費の向上各種公課の過重に伴ひ生產費さへ償ひ得ぬ狀態で農家の經濟日に月に悲境に陷り農村萎微の聲漸く高く延ては生活の安定を危くし思想の上にも悪影響を及ぼさんとするの有樣で此に本村唯一の富源たる藁を原料とし組合設立後優良機臺の購入を斡旋農家の餘剩勞力を利用して專ら漁網用繩の製作に從事し生品の共同販賣を爲して地方經濟を助長し共同貯金の融通等を圖りつゝある結果地方農家の經濟を緩和し從つて生活の安定を見るに至つた斯く組合設立後共存共榮の實を擧げ延いては地方經濟上社會上に及ぼした効果尠からず勤勉力行の精神を發揚して近村に良影響を及ぼしつゝある次第である。

九　規　約

末記の如し。

一〇 組合經濟上最注意せる點及今後改良せんとする事項

（一）生産增加　（二）改善統一方法　（三）共同販賣の方法
將來共同作業場を設置して散慢な行動を防止し的確なる生産を計り尚組合の基礎を鞏固にする爲貯金の勵行に努める事

上沼村副業製繩組合規約

第一條　本組合は藁工品の改良進歩を計る爲別紙決議事項を實行し以て組合員相互の福利を增進するを目的とす
第二條　本組合は登米郡上沼村に住居し藁細工を製作する者を以て組織し登米郡上沼村製繩組合と稱し其事務所を組合長宅に置く
第三條　本組合に左の役員を置く
組合長一名、副組合長一名、評議員若干名
役員は總會に於て會員中より選擧す
第四條　組合長は組合を總轄し組合を代表す副組合長は組合長を補佐し會長事故ある時は之を代理す
評議員は組合長の諮問に應じ評議の任に當り且つ事務を分掌す
第五條　役員は名譽職とし無報酬とす一販賣其他出張する場合の經費は組合に於て出費す」其任期は一箇年とす、但し再選を妨けす
第六條　本組合は毎年十一月四月總會を開き豫算實行事項等其他諸般の事項を決議すると共に講師を聘し講話會を開き組合員各自の知識の發達を圖るものとす
但し必要ある時は評議員の決議に依り組合長は臨時總會を召集する事を得總會の決議は組合員三分の二以上の同意あるを要す
第七條　組合の經費は組合員の負擔とす
但し寄附又は奬勵補助金等は收入豫算内に繰込む事を得
第八條　本組合の共有財産積立金等は總會の定むる所に依り組合長之を管理す
第九條　本組合の事業年度は毎年一月一日に始まり十二月三十一日に終る
第十條　本組合に左の帳簿を備ふ
一規約　二組合員名簿　三決議錄　四役員名簿
五備品臺帳　六收支計算書　七積立金臺帳　八事業日誌
其他必要なる物品
第十一條　本組合に加入し又は本組合より脱退せむとするものは其旨本組合長に申出つべし
加入脱退者の許否は總會に於て決するを原則とす但し死亡轉居製作廢止に依る脱退者は此の限りにあらす
第十二條　轉居に依る脱會者に對しては當時に於ける組合財産の一人當り金額を附與す
第十三條　本組合は加入者に對し加入金を徵收することあるへし但し加入金は當時に於ける組合の財産に依り定む
第十四條　本會員にして製品を他商人に賣捌き本規約に違反し又は不正の行爲をなし組合の名譽を毀損する行爲ある時は總會の決議に依り除名又は戒告の處分をなすことあるへし除名者は共有積立金等に對する共有權を失ふものとす
本會員は此の規約を遵守し實行を誓約する爲玆に署名捺印す

實行事項決議

一　各組合員の一箇年に生産する種類及數量は左記の通り
一、繩（各種）　參百貫以上
二　生産品は全部組合長宅に於て共同販賣すること
三　製作に用ふる機械は組合指定式たること

各地の——でき事と参考材料

□地方町村に圖書館□

都會地を離れた地方町村の青年は圖書館の設備が不完全なため勉學に非常な不便を感じてゐる、殊に昨今のやうな不景氣では書物を買ふこともできずために良からぬ風習に意を向けるといふ風になり勝である。文部省ではこの傾向を甚だ遺憾に思ひ且つ、普選實施に當つて政治思想が缺けてゐてはそれこそ大變だと、全國の町村に圖書館を建設する計畫をたて、その豫算として三百萬圓を遞信省簡易保險局から低利で借入れることにし、正式に交渉をした。簡易保險局では熟考の上何分の返答をする筈である。文部省の腹では、一町村毎に、最低一萬圓位の圖書館を漏れなくつくらせ、建設費を文部省が或程度まで低利で融通するのだといふ。因に現在圖書館は全國で三千五百五十一あると。

□全國の町村にプロ議員が優勢□

普選實施期の近づいた故でゝもあるものか今度の候補者中には隨分毛色の變つたのがあつた、東京府日暮里町では借家人同盟の秋生秀藏隅田町の日本勞技會員で借家人同盟の佐藤忠藏兩氏や勞働者連の應援しつゝある會社員小工場主、建築業者その他の無產階級候補が半數以上を占めいづれも優勢であつた。

また地方で、大阪、福岡、長野、岡山、山梨、兵庫、新潟、群馬その他各地で多數の勞働階級が立候補し、何れも優勢で相當の成績を收めて居る。八幡市、足尾町等は既に一勢力を得、野田町でも好結果で、群馬縣の藤岡町、梅鄕村でも優勢である、一方日本農民組合では三重縣聯合會が中原村で定員十二名中六名を占有し花岡村では未決監にはいつて居る二名までが當選し、飯南郡で八名、一志郡で十七名、三重郡で五名その他が當選して居る、また海軍聯盟では横須賀工友會から三名の市會議員を出し、吳の警固屋町議には十名を出し、舞鶴、佐世保等でも多數の當選者があつたその他その近接町村にも數名づゝの會員を當選させてゐるかうして全國大抵の府縣とも多數の無產階級が金權と官憲の干渉壓迫のうちに力戰奮鬪を續けて豫想外の好成績を收めてゐる、英國勞働黨が地方自治體に根をおろしてゐることに鑑みて、遠からず全國の各勞働團體、農民組合、水平社等がそれ〳〵に無產政黨を樹立し、やがては相聯絡して新勢力を作らうと旣に各團體とも政治部を設けてその準備を急いでゐる。

□作爭農民大擧して縣廳へ□

兵庫縣加西郡九會村網引は豫て旱害被害を理由として地主十名に對し小作料の割引を要求し其後小作人九十五名は小作組合を組織して地主と對抗し互に讓らずして目下猶爭議を繼續しつゝあるが之に對して縣當局も屢調停を試み警察官も亦不穩的手段に出でざらん事に警戒を行ひつゝあり近く右小作組合は小作官の調停を申立つるべき意嚮ある際其取締の任にある警察官の態度が多少高壓的の點ありと云ふ事に憤慨したる小作人一同は彼の草取りの農繁期にも拘らず七月十四日右組合員の大部分八十餘名は縣廳に押し寄せ中井辯護士を總代として阿部警察部長に面會を求めたが大阪出張中であつたので出原高等課長が代つて農民側の意のある處を聽取した、小作人側の陳情する理由とする處は

九會村は字網引多田六三郞なる地主は自己の所有に係る一反七畝の田地を小作人原田常三郞に貸し原田は更に河合豐松なる者に又借してゐたので本年四月豐松は稻苗を植付けてゐた處地主の多田は『自分は原田に貸したものでお前に貸したものでない』と云ふ理由の下に無賴漢十數名をして折角豐松が植付を了してゐた稻苗を全部拔き取つて了つた、之が爲め豐松と多田との間に小作問題が起り地主は豐松の談判に對し『植付けるなら俺の首を取つてからせよ』とて頑として受付けず却つて無賴漢をして植付せしむる氣配があるので豐松は村民四五十名の者に賴み地主が拔き取つた稻苗を又元の樣に植付けて了つた、處が此の事件の爲め取調ぶる必要ありとて北條署では六月二十八日午前八時頃豐松を同署に召換したが却々取調べが捗取らず午後八時頃豐松の息子である杉治外數名の者が迎へに行つた際巡査は『まだ自白せぬから豐松は返されぬ』とて突き返し同十一時半頃再び迎へに行つて豐松を受取つたら警察に行く迄は何ともなかつた者が警察署を出る時は全く氣が狂つて了つてゐた、之は明かに警察官の取調が嚴に過ぎた爲

めであると思ふ。

とて同村西村醫師の『突發性癲癇性痴呆性』と云ふ診斷書を提示して詰問し

更に

同夜警察官が豊松の聽取書を作るに當り豊松が既に發狂してゐたので傍にゐた織田利市なる者に河合豊松と署名せしめ息子の杉治をして拇印を捺さしめたのは立派な人權蹂躪ではないか、又小作爭議そのものに就て言へば地主が無頼漢をして稲苗を抜きとらしめるのは不都合ではないか農民が不穏の行動に出たのは地主が先づ不穏の態度を執つたからではないか

といふにある、之に對し出原高等課長は『部長に報告の上適當の手段方法を講じやう』と答へ其場を引き取らしめたが農民側の云ひ分が事實とすれば 相當紛糾した場面を見せるであらうと觀測されてゐる。

□農村に託兒所□

山梨縣農會では、農家の活動能率を增進せしむると共に、幼兒敎養の放任され勝なる農繁期に於て、託兒所を特設すべく計畫中であつたが、六月二十二日から十日間、中巨摩郡池田村に於て同村の農會と連絡を圖り、臨時託兒所を設置した。同期間は農繁期の爲め小學校も臨時休校する事に決してゐるので、同校舍を利用して、三四歳から學齢期に達する位の幼兒を託され、遊戲敎養をなす一方、兒童保護者をして充分に田植其他農業に從事せしむる事となつた、今年の成績如何によつては今後連續的に實行する豫定である。

□自治會發會□

宮城縣鹽釜自治研究會は七月十九日發會式擧行宣言及決議左の如し。

宣言

吾人は町民自體に何者の抱負なくして徒らに町治者の無經綸を責むるの愚を止め玆に有志の士を糾合し不斷に町治上の諸意見を研磨練達すると共に之が發現の機を得んことに努め以て町民輿論の健全なる發達とその表現機翼との充實を遂ぐることゝによりて大多數民意の歸趨するところを如實に町政執行の機關及びその施設の上に實現せんことを期す右宣言す

大正十四年七月十九日

鹽釜自治研究會

決議(甲號)

一、町民輿論の健全なる發達を期す

一、自治道德の確立を期す

(乙號)

一、町經濟の緊縮を期す

一、鹽釜築港利用調査會中町民委員の參加を期す
一、鹽釜町の交通道德の徹底を期す
一、魚市場移轉の實現を期す
一、速かに後任町長の選擧を期す

議　案

一、隣接町村の併合の可否如何
一、納税組合制度存廢の是非
一、後任町長を名譽職とすべきか

□規則づくめに憤慨□

横濱市敎育課は全市一萬の兒童の爲めに今夏も海水浴場を子安、本牧、加曾、磯子の四箇所に施設して七日十一日から實行し出した、夫れが爲め施設の樣式に就て縣建築課の許可を必要とするので開始の當初田邊學務委員と山本建築技師とが縣に出頭の上

財源難の爲めに相變らず葭簀張ズック屋根で許可して貰ひ度い

と申入れた處が建築課當局は

今年は市街地建築物法通り一般民營の海水浴場の建築を行はしめた位だから特に市役所のみへ許可する譯に行かない

と突きはね且つ規定に伴はない施設で實行すると水浴兒童を片ッ端から檢擧すると放言劍もほろろの態度だつたので前記兩氏は餘儀なく歸廳其結果を協議したが今更豫算の無いに設計の變更も出來ず一層今年は此のまゝ中止する外あるまいと悲觀してゐる折柄そんな事には一向頓着なく市の建築課では豫算に基いて請負に附し既に七分通りも出來上つて了つてゐる始末に敎育課では全く狼狽善後策に腐心中であるが從來制規中特例を以て許可し來つたのに今年に限つて許可しないとは不親切も極まる殊に交渉者に對してあるまじき暴言を吐いたと極度に憤慨してゐる。

□村長の辭表提出□

兵庫縣神崎郡鶴居村は戸數五百十二戸で其内二百三十戸程は水平社同人である、それで去る四月の村會議員の改選期に定員十二人の中五人は水平社側から選出され村役場吏員も書記四人の内二人は同人から採用されて居る、ところが去る五月廿八日收入役福田美路氏が任期滿了で之より先同月二十六日に村會の認定會を開き滿場一致で同氏が再選就任した、その後水平社側から收入役を自分側から出して貰ひたいと交渉してゐたので福田氏も勇退して讓らんとし去る七月十五日辭表を提出した、よつて去る二十日再び認定村會を開いたが又復福田氏が選任された、そこで水平社側は三役の內收入役位は自己側から出して呉れてもよいのに是は

本村村長が嫌ふのだといふのは町村收入役は村長が推薦して村會の承認を受ければよいのであるから自己側の要求を容れぬのは村長の意志だと抗議を申込んだ。木村村長も之れには困つて七月二十三日引責辭表を提出した處が助役上野彌三郎氏も村長が辭さるゝに自分が止まつて居る事はできぬと連袂辭表を提出せんとしたので斯くては村の行政機關がなくなり郡役所から事務管掌を派遣されることになるそれでは村の體面にも關するといふことで二十三日午後急遽村會議員集合し懇談の形式に於て双方の間を圓滿に調停せんと協議の末水平社側へ交渉中である。

□戸數割問題から村長を亂打□

沖繩縣中頭郡宜野灣村は、近年役場派(政本系)對村民派(憲政)に分れて政爭激烈であるが、七月二十日村會開會中、傍聽席の村民が議場に亂入し、山城村長、新城書記をひきずり出し、棍棒や薪で亂打した駐在美里巡査部長は拔劍して漸くこれを制止し、前日着任したばかりの佐藤檢事は原田書記を從へ現場に至り關係者を嗅問したが、この日兩派はそれ〲村民を非常招集して六尺棒をもつて睨み合つてゐた

宜野灣村では去る六月縣稅戸數割査定の際、村當局は反對派撲滅のため二千六百戸中千四百戸に對し增稅したが、中には十四五圓の稅額が二百圓以上になつたものもあるので、三木郡長は是を不當として取消したが役場派では郡長の取消を不當とし知事に訴願するため、村會を開いてこの騷動をひき起したのである縣當局は上京中の龜井知事に打電して内務省に指揮を仰いでゐる。

□改良竹林の設置□

神奈川縣山林會が十四年以後五ヶ年繼續で縣下五ヶ所に指定改良竹林を設置する件は豫て位置選定中であつたが竹の需要は年々增加するが竹質の良好なる本縣は多く放任のまゝにて荒廢せるを以て模範的土入施肥を行ひ林力の回復を計るもので肥料は地方的材料を以て安價に効力を擧げ一般竹林者の奬勵を計らうといふのであるが大體左記の中より約五畝歩宛を指定する筈であると。

△橋樹宮前村　△久良岐郡六浦莊村
△三浦郡北下浦村　△鎌倉郡中和田村　△足柄上郡川村

全國町村長會雜感

北海道上富良野村長　吉田貞次郎

（一）

本夏全國町村長會臨時總會が吾が札幌に開かれしことは本道を內地に紹介する上に多大の効果ありしことを喜びに堪えざる所なり吾等は本道既住民として內地町村長諸君が今回視察の効果を移民招來の上に實現し憂國の內地農民が相當の覺悟の下に續々來住し同時に內地資本の陸續流入せんことを望んで止まざるものなり。

（二）

臨時總會の議題は別に新味を帶びたるものなく何れも新聞や雜誌乃至は政治屋等に依りて言ひ古されたる事柄なり吾人をして卒直に批判せしむれば全國町村長會の議題として必ずしも適當のものとは言ふ能はず其會議の內容もまた洗練せられたる眞面目のものゝみとは認むる能はず將來町村長會議を存續して眞に其の目的を達成せんとするには自ら別天地に自己固有の特質を發揮し新生命を開拓するの餘地大なるものあるを痛感するものなり。

（三）

近時國民の風潮徒らに內政に沒頭して東洋に於ける帝國の大使命を閑却したるの觀あり吾人の深憂に堪えずとする所なり町村會にして眞に國を憂ひ自治教育の進展により以て大に國運の興隆を庶幾するならば少くも吾人は現在政黨者流が取るが如き人氣取り小策を弄するの行動を避け其の宣言決議の如き國民をして自ら禮を正して蒞ましむるの權威なかる可からずとするものなり。

（四）

今の世表面に立ちて仕事をなし其の署名を內外に趨せんとするもの其數餘りに多し町村長の如きは所謂世の下敷きとなり隱忍自重椽の下の力持ちを以て甘ずるの士にあらざれば到底能く其職能を盡し得べきにあらず吾人は將來町村長會が此の點に稍實味を倍加し徒らに大言壯語を愼み現在に於ける政黨者流の糟粕を嘗むるが如き論議を避け自己の所信に向つて邁往勇進するの氣慨あるを要とするものなり。

（五）

今や普選實施の時期近づき大多數の國民が參政權を行使し得るの途開かるゝ普選に對する町村長會の眞摯なる行動は聽て政治教育の階梯をなし國民をして正しき政治を解し憲政有終の美を結ぶに與つて効果大なるを信ずるものなり吾人は切に町村長會の自重を望みて遙々遠來の勞を謝し其の健康を祝して筆を擱く。（十四、八、一〇）

全國町村長會へ臨むの記

◇エゾ松青き今夏◇

◇北海道に於いて◇

（宣　言）

人口及食糧は我か帝國の前途に横はる喫緊の事項にして之を調節し之を充實するの途は先つ國内未發の地に覔るを最も捷徑なりとす由來北海道は我か帝國北門の寶庫にして天惠遺利極めて少からす之を開拓して如上の急を救ふは實に重要なる國策たるを疑はす想ふに行政財政の整理緊縮は刻下適切の政策なりと雖も北海道は府縣と自ら其趣を異にし前途尙遼遠なるは天下の普く知る所なり單に消極に失し緊縮を旨とせんか此の重大なる拓殖事業の停頓を來たし悔を將來に貽すや必せり吾人は帝國の現狀と特殊の情勢とに鑑み是等施設に對し一段の促進を希望して止まさるなり

普通選擧の制成り政界に一大革新を來たすの秋に方り吾人は舊來の弊風を一洗し責任觀念を高調し國家組織の大本に鑑み指導訓練に力め其の運用に就ては大義に立脚し一路國家社會の福祉を增進せんことに努むへし

國家の基礎たる地方の自治は其の發達未た十分ならすして濟美の實を全ふするに至らさるは遺憾とする所なり須く地方制度の改正を促し中央集權の弊を矯め以て地方自治體の基礎を鞏固にし其の振興を圖らさる可らす

國民敎育の本義に鑑み地方財政の窮狀に徵し義務敎育費國庫負擔金の增額を期するは滿天下の要望せる所にして之か解決は一日も緩うすへからさる一大急務に屬す吾人は右に關する政府の聲明を現實ならしめ町村財政の緩和を圖るの外更に本會多年の主張に係る地方獨立財源の確立を期し以て稅制の大系を整へ地方負擔の輕減を圖るの途に出てさる可らす

今や經濟界の打擊を受け加ふるに國民思想動搖して帝國の前途頗る憂ふへきの時に屬す政府は思想の善導に勤儉の奬勵に施設到らさるなきも未た効果の全たからさるは轉た深憂に堪へさる所なり須く庶政を更張し上下協力以て國運の振興に努むへきなり

今次北海道に本會臨時總會を開催するに方り如上人口の調節食糧の充實地方自治權の擴張町村財源の涵養其他本會に於て累次聲明せる事項に對し更に之を高調し其の目的の達成に勇往邁進せんことを期す

大正十四年七月二十五日

全國町村長會

（決　議）

一、北海道拓殖計畫の更新に方り政府は宜しく積極的方針を樹立し大に拓地殖民の實を擧くること

二、地方制度を改正し中央集權の弊を矯め地方自治體の基礎を鞏固にし其の振興を圖ること

三、税制を整理し地方獨立財源の確立を期すること

四、義務教育費國庫負擔金増額の件は來年度に於て盟つて其の實現を期すること

ステートメント

人口と食糧策の討究を期せんとす

全國町村長會長　金子角之助

今回本會に於て自治行政改善上の緊急事項に付き審議するの外主として我が國政上刻下の重要懸案たる人口食糧政策の解決策討究の爲め今次北海道を選びて特に臨時總會の開催を企てたるに際し本道町村長會を始め道廳其他官民諸氏の熱誠懇切なる奔走盡力に依り諸般遺漏なき準備を整へらるゝより爲めに內地各府縣關係者に於て悉く感奮する所あり遠く四國九州方面を始め各地奮つて參會し斯の厚意に浴せんとしつゝあるの狀あるは本會として最も欣慨に堪へざる所なりとす、何卒豫定の行事を無事終了して各自歸國の上本會合の參加に依り獲たる所を一般に普及宣傳に力められ以て本會合をして一大有意義に了らしめられんことを切望に堪へざるなり、玆に本道官民有志各位に深甚感謝の意を表すると共に出席者諸氏に敢て希望を述ぶるものなり。

本道官民に謝す

全國町村長會主事　福井清通

本會に於て從來臨時總會を開催せしは關東大震災の直後其の善後策を議せんが爲め大正十二年十月八日名古屋市に於て又昨年八月二十九日郡役所廢止問題及義務教育費國庫負擔金增額問題等を議せんが爲め宮城縣石卷町に於て開催したるの外今次札幌市に開催するは第三回目なるが從來の總會出席者は各道府縣共其の代表者三名以下合計百五十人以下の外開催地附近の特別出席者若干名に過ぎざる有樣なりしが今次最遠隔の地たる當北海道に於て開催するに際し、實に豫期以上の四百名近き而かも最遠四國九州方面よりも多數の來會ある如きは實に意外の盛況と謂つべく是れ全く內地町村長諸氏に於て我が國刻下の重要政策たる人口及食糧問題の解決に如何に熱烈なるかを物語るに足ると謂つべきなりとす、而して今回の開催に關し幸ひにも本道町村長會を始め官民有志に於て熱心斡旋され會場の準備各地の接待等懇切の限りを盡くさるるの狀あり余は數日來滯札其の實況を目し誠に感嘆に堪へざるものあり、出席者諸氏に於て其の厚意を諒とせられ今回の會合をして一入有意義たらしめられん事を切望するものなり尙本會の要望を容れ特に片岡內務次官の臨席せらるゝに決したるも亦感謝する所なりとす。

中央集權宿弊の打破等前途多望

北海道町村長會長　山田勢太郎

全國村町長會は往年義務教育費國庫負擔金增額に關する第一回の促進運動を行ひたるの結果頓に三千萬圓の增額を成立せしめたるに端を發し將來本會をして一層有意義の團體たらしめんには之を常設にし不斷の努力を以て自治行政の改善地方振興の途を講するを以て之が使命たらしむるの必要なるを感知し全國的結束の勢威の發揚を期することとし夫々畫策する所ありたるに幸にして全國各道府縣共擧つて共鳴合致する所となり去る大正十年二月に於て其の創立總會

を開催したり示來着々として其の發展活動を見るに至り漸次社會に重視され政府又は政黨に於ても本會の主張に對しては傾聽するに至り最近彼の郡役所廢止問題の如きは義務教育費國庫負擔金更に二千萬圓の增額問題の如き何れも本會の主張が其の實現に與つて力あるは既に一般の認むる所なるべし玆に於てか本會の責任益々重きを加ふると共に將來一般の自覺奮勵を要すること丶なれり、彼の中央集權の宿弊打破、地方獨立財源の確立等を始め本會に於て解決の衝に起つべき幾多の重要懸案の尙眼前に橫はれるあり本會の前途誠に遼遠にして多望なりと謂ふべく就中我國政上刻下の喫緊問題たる比年人口の激增に伴ひ必然發生せる人口の調節食糧の補充に關する對策は實に一日を緩ふすべからざるものあり、而して之を說くは易く行ふは難く殊に近時海外移民の途は漸次梗塞さる丶の難關に遭遇するの際に在りては先以て內地移民の途を講ずるは以て最も捷徑にして實行し易きの法たるべし玆に北海道に於ては廣袤實に六千二百方里今尙數百萬の移民を迎ふるの餘地を存するあり內地移民の途に於て實に天與の境地に在るものなり、時恰も本道拓殖計劃改訂せられんとするの機に際り邁々たる拓殖事業に新生面を與へ更に第二段の活動期に入らんとして大に世人の注意を喚起するの要ある時に當り今次本道に於て全國町村長會臨時總會の開催せらる丶亦偶然ならずと謂ふべし、由來本道移民招徠の微々として振はざるは府縣民が本道を理解せざるもの其の一因なるべく予が屢々府縣に於ける總會に出席の際本道の事情を質問せらる丶範圍は雪と熊と「アイヌ」に限られたり以て其の一端を窺ふべきのみ、今回全國民と直近の關係ある各府縣町村長諸氏に於て本道の風物を察知し加ふるに各地の實況を探査せらる丶に於ては將來內地移民の風を尙一層旺盛ならしむること期して待つべきなりと信ず、予は各町村長諸氏の斯の酷暑の候を犯して豫期以上に多數來道せられたる熱誠を感謝すると共に總會開催に當り新聞社其他の熱烈なる御聲援道廳當局の後援並に諸準備の斡旋各地到る所の官民有志の歡迎に對しては衷心感謝の念禁ずる能はざる所なり、參集せられたる各町村長諸氏も亦此誠意ある各地の歡迎に對し必ずや之に酬ゆるの勞を厭はざるべく將來本道開拓上に齎らす効果亦大なるものあるべきを信ず。

全國町村長會々記

第三回目の全國町村長會臨時總會は七月二十五、六の兩日北海道札幌市北海道議事堂に於て開催せられた。出席者の色別は內地町村長三百三十九名、縣屬四名、郡役所書記一名、北海道町村長百七十名計五百十四名にして遠く九州方面よりも出席し稀有の盛會であつた。

一日目

初日二十五日は午前十時より開會せられ、全國町村長會長金子角之助氏（神奈川藤澤町長）簡單明斷に臨時總會開催の理由と町村會の使命を列擧し、次で北海道官民の熱誠なる歡迎を謝して開會の辭を述べ、次で詔書捧讀を爲し、內務大臣告辭は片岡政務次官之を代讀し、來賓の祝辭演說、祝電の披露を終つて會議に入る。

宣言　別項の通り多少字義を訂正して滿場一致可決。

決議　別項の如く何れも可決。

右にて第一回を終り午後より市内の視察を爲せり。

二日目

前日同樣道會議事堂にて午前九時四十分開會出席者三百餘名、金子會長の開會の辭に次で直に協議案の審議に入る。

一、本會に於て全國町村長表彰規程設定の件。

町村長在職功勞者に對する優遇の一法として本會に於て相當表彰を行はむとするにあり。

全國町村長表彰規定

第一條　本會に於て全國町村長中二十ヶ年以上同一町村に勤續し其の功勞顯著なる者に對し之を表彰するものとす

第二條　表彰は本會常任幹事會の詮衡を經て會長之を決定し毎年一回本會定期總會の際に於て之を行ふものとす

但必要に應し臨時表彰することあるものとす

第三條　表彰を行ふには表彰狀を用ひ且永く記念するに足る物品を贈呈するものとす

第四條　表彰者は順次本會表彰者名簿に登錄すると共に官報に廣告するものとす

被表彰者若し禁錮以上の刑を受け或は素行修まらざる時は表彰を取消し表彰者名簿より削除するものとす

(片岡政務次官の內務大臣告辭代讀)

附則

本規程は大正十五年一月本會定期總會開催の際より既往に遡り施行するものとす

▽(滋賀縣)勤續年限二十ヶ年を十五ヶ年に短縮說。

▽(愛媛縣)年限を定むるは官僚式なりと無制限說。

△(宮城縣)(一)勤續者外の功勞者に對し有形無形の有功褒賞を授與するの規定を設けざる理由、(二)元來町村町の表彰は本會がせずとも直接國家がすべきものなりと思ふが如何。(三)助役其他吏員に及ばざる理由、(四)二十ヶ年と制限したる理由如何と訊く、

▽福井番外(一)深い意味有に非ず、(二)吾々の團體がある以上その方から表彰するも何等妨げざるべし、(三)三十數萬からの吏員全體に及すは取扱上困難且つ町村長會なるより本會は町村長のみに及ぼす(四)最近五ヶ年の調査によれば二十ヶ年以上の勤續者約三十八人あり即ち一年中

平均五六人宛の見當になりこれ位が表彰の價値に於ても適當ならむと答へ、

▽（北海道吉田余市町長）道は內地府縣と異にするが故除外を設け年限を短縮されたし

▽（埼玉縣）各員の意見を綜合して「功勞顯著なるものに對しては年限の如何に拘らず表彰するを得」と云ふ除外を加へては如何と提議し

福井番外　其の調査は政府がやつてさへ不平が起り勝なれば多少理想を離れて單に元老優遇の意味に解されたし

以上諸說紛々して歸趨する所を知らざりしが採決の結果原案多數にて可決、北海道に除外例設定の件は吉田余市町長の力說にてこれ亦可決

二、町村長國際聯盟會加入に關する件

佛國町村長會の主唱に係る町村長國際聯盟會に加入し世界的活動を期せむさするにあり

右は共和國佛蘭西町村長會の主唱にして金子會長の說明ありしも內容詳かならず本年派遣の海外視察員歸朝迄保留することになれり

三、本年秋季岐阜市に於て本會臨時總會を開催するの件

今秋岐阜市に於て全國共進會の開催せらるゝを機とし同縣町村長會の希望もあり十月初旬同市に本會臨時總會を開催し時事問題を審議し兼て海外視察派遣員の報告を聽取せむとするにあり

會長は之を「昨年の總會に於て一般町村長より東京市以外の地に開催して吳れるなとの希望がある爲必ず岐阜に開かればならぬ緊急問題でもない限り一般の意志と尊重して一時保留しては如何」と理由を說明し二三贊成の聲もあつて其のまゝ保留を宣するや可否の諸說紛叫し收拾すべからざる爲一時休憩を宣せられその間「協議案として提出し置き乍ら附議もせずして保留するさは何卒ぞ」と議場益々混亂に陷り喧々ごう〳〵たりしが再開の上採決せるに多數にて保留に決定

議　案

一、町村制の改正に關し世帶主に限り選擧權を附與するの制に定められむことを其筋に建議すること（兵庫縣町村長會）

兵庫縣代表者の說明に對し「軈て普選の實施を見むとする矢先斯る制限を附することには反對である」との意見有勢にて大多數を以て否決

二、貴族院議員選擧法の改正に關する件（千葉縣町村長會）「貴族院議員選擧法を改正して多額納稅者及學士院より何人と割當議員を選出してゐる樣に町村長にも幾人かを割當て、町村長中よりも貴族院議員を選出せしむる改正せむとする」提案者の說明に對し「貴族院改革は天下の輿論にして特權階級の存在すら否定せむとしてゐる今日、何を好んで貴族院議員として特權階級に加はる必要あるか、吾々は天下の町村長一平民として甘ずる者なり」と述べる者あり此の意見に贊成者多數にて否決

三、道府縣廳町村役場間に直通電話架設の件を其筋に建議すること（神奈川縣千葉縣各町村長會滋賀縣自治協會）「郡制廢止に伴ふ郡役所閉鎖のため町村と道府縣廳間の交涉頻繁となるは明白にして公書によりては事務澁滯し、一々出頭しては多額の經費を要するを以て直通電話の架設を建議せむとするものなり」との提案者の意見に滿場贊成直に可決

四、郡役所廢止に伴ふ町村負擔に關する件（東京府町村長會）「郡役所廢止後町村の

負擔を今日以上増加せしめざる」と云ふ提案者の説明を滋賀縣代表更に敷衍説明の後幹部に對し之が處置を訊す處あり然るに愛媛縣代表から「郡役所を廢止しても吏員の出張旅費の嵩む位で格別負擔に荷重を來す憂れがない」と云ふ意見を述ふるや滋賀縣代表承知せず、反駁應酬兩者相讓らず、大聲疾呼して惰眠を覺さしめ滿場亦之に和して議場時ならぬ話氣を呈し會議を通じての大論爭を爲したるも採決の結果原案通り可決

五、産業統計調査費國庫補助に關する件（北海道町村長會）「國政の根幹たる産業統計調査を充實完成せしむるは刻下の急務なるも町村の現在を以てして克くする能はざる所なれば國家は相當額の補助を爲して其の徹底を圖るべし」との提案者の說明に贊成し滿場異議なく可決

緊急動議本年十月一日施行せらるべき國勢調査費を國庫より相當額の補助せられむことを建議すること（島根縣町村長會提出）滿場異議なく可決

それより埼玉縣代表登壇して「連日に亘る北海道の歡待に對し滿腔の謝意を表すべく幹部に一任する」旨述ぶれば滿場拍手して之に贊成、斯くて十一時十分全部の議事を終了し、北海道廳內務部長得能佳吉氏「北海道の現狀に就て」と題し約一時間に亘る講演をなして北海道の實狀を紹介する所あり、山田北海道町會長は「本大會が未曾有の盛況を以て大成功理に無事終了せる」を謝し、金子會長より閉會の辭ありて零時十分縣萬歲を三唱して散會せり。

寄附分讓の裏表

曩に兵庫縣の某と云ふ大資本家、大地主が、十七萬圓を投じて開墾した百町步の新田を縣へ寄付を申出でゝ、小作問題解決の爲に縣の力で何か新らしい經營の試驗に使用して頂きたい。と世の頑迷な地主と小作人を驚かした事があつたが、其の裏面には、十七萬圓は投出しても猶これから十餘年間は、新田を耕作して生活に苦しむ小作人から無理な小作料を取立てなければ、千數百町步の地主組合で勸業銀行から備入て居る水源地の工費が拂へないと云ふ苦しみがあつた。其の時縣民と苦樂を共にする筈の縣廳も、樂を共にする事は希望したが、借金の背負込は斷つた。

アカシヤの都

全國町村長會を覗く

札幌に

（T・S）

◇事實上の全國町村長會議であつた事は三府三十八縣から三百三十九名の出席のあつたのを見ても尤もさうなづける。それ丈主催側の幹事が面喰ひ開催地の北海道町村長會幹部諸君が補助金の增額を歎願するやら接待の準備に汗水たらしての大骨折りであつた事は時節柄お氣の毒とは云へ、寧ろ祝すべき努力と云はればならぬ。

◇出席者の大部分は古老中老、僅に配する青年町村長であつたさするも何れも人格見識を兼れ備へた話せる人達揃り、町村の德望家に非ずんば素封家、自治體の指導者として恥からぬ人揃ひ、英國製ビスケットを饂腹詰め込んでふんぞり返つては如才なく立廻る政務次官殿の態度亦愛すべく敬すべし。

◇あの茫漠廣々なる大國北海道を僅々一週間余の日程で視察した所で、眞相を掴み得るや否やは疑問だが、それにしても從來の移民問題上內地町村長の抱いてゐた誤謬の一部を訂正し得た事に就ては有効であつたにちかひない、然し又一面には誇大に吹聽された北海道の實狀を見て、轉た幻滅の悲哀を感じた人もありはしたらうが北海道を現狀に放任して置くの國家的不得策であると云ふことだけはどの頭にも感じられた事だらう。

◇猫の樣な土地を耕して喰へぬ〳〵と鼠算に生んでは農業が益々非生產的になり非經濟的になり、振興は愚か貧乏への必然的道程となることは請合ひだ、それでゐて自分の村から一人の移住者でもあると何んだか自分の村か亡ろびて行く樣に考へてゐた理事者が昔あつたさうな、島國日本の危機は玆にある、思想左傾の萠芽の胚胎も玆にある、耕地の狹少は遂に日本農民の思想的貧窮である、今更內地農家の平均耕地が一町弱とか北海道の平均が四五町と云ふ統計の比較でもあるまい。此の點視察者及其他町村長の深刻愼思なる考究を望む。

◇扨て會議に就ての一言二言は、何時ものことながら、空鐵砲、不渡手形の多い事だ、何々會合と云ふと直ぐ宏辭美句を列れた宣決議で何んの新味も素氣もなきものあるかと思へば、厭に予言者じみた、自分の地位と力量を考慮外に置いた狹少なる理想か、然ずんば場當り式なのが日本的會合の特有な共通的弊害だ、町村長會議の宣言決議が大分、實際的になつて來たのは嬉れしいが宣聲に對する責任を充れず、その實現に努むるならば敢て小問題と雖も百の空彈に優る事萬々だ、具體案を作製して實行に努むるこそ町村長會議をして權威あらしめ、自治體が國家構成の要素たるを如實に示現せしむる所以だ、大會をして威力あらしめ有終の美あらしむるもの是れ實行。誠實あり責任ある所實行ありである、幹部諸君、それ宜敷緊褌一番して政府に肉迫突擊し、大會の宣言決議をして意義あらしめよ。

◆地方自治の發達ならずと自認せるからには、其の原因を探索して之が阻害の根本を剷除するに努めなければならぬ、吾人の觀る所決して中央集權の幣のみでなく、自治體それ自身が自治の精神を沒却してゐるにある、官尊民卑の思想如何、因果關係とのみ云ふべからず、自治精神の涵發根治に意を注ぎその思想をして旺然たらしめたならば自治は今少し民衆のものたり得たであらう、自治體主腦者にして自治の眞精神を體せるもの果して幾人、自治體に實力があれば中央集權の牙城を擊破するに何の困難が存するものぞ。町村長の權限擴張の要求も宜しい然しその前に吾々は吾々の脚元につき、吾々の脚が確かと自治の大地を踏んでゐるか否やを檢討せずばなるまい。

◇要求する前に要求し得るだけの力強さと如何にして中央集權の幣を打破すべかの成心と用意とを考へた後、吾人は、官治の幣風を一掃し、中央集權の象牙の塔を崩壞せしむることに双手を擧げて贊意を表し、其の實現の一日も速かならむことを全努力を拂つて勵まし勵み猛進したい、本誌の生れた重大なる動機、本誌が荷ふ最大なる使命の一は實に玆にある。さればこそ本誌が町村理事者及市町村の好侶伴となつて全誌を擧げ、諸君が宿願達成の爲めに全頁を提供するに吝ならざる次第である。

◆地方分權の齎す効果は何か、事務の簡捷能率の增進、其他等々の細たる技葉ではない、それは實に文明又は文化の地方移讓の先驅となるべきものだ。中央集權より地方分權へは、即ち、政治經濟の地方移讓であらなければならぬ。更に之に伴ふ文化の地方移讓であらねばならぬ。自治の發達も窮極は精神的所產に求めればならぬ、町村理事者亦此の用意のもとに中央集權の打破に努め、以て自治體の基礎確立と其の振興とを求めなければならぬ。實を採ると共に根をも採るの必要がある。

◆地方自治體に獨立の財源を與へよとは當然且つ緊急の叫びである、恐らくは町村長衷心よりの血の叫びであらう。自治體　振の重大な原因もこゝに存する端的に云へば自治體が貧乏であつたがためである。經濟的に惠まれず、そして何等の約束も與へられてゐなかつた自治體が、爲すべき多くの仕事も出來ず、自治は一の形骸にしか過ぎなくなつた。他面經濟界は其の思想に制度に幾多變遷を重ね以て今日の複雜に至り、此の大勢に對するの順應性を欠いた自治體が漸次落伍の度を增すに至つたのは當然で、今日之を救はずんば町村は破產せぬ迄も全く經濟的に　能力者となり不振　度を增すであらう。固より金は萬能ではない然し基礎がなければ仕事はできぬ自治體として完備し成績の擧つてゐる町村の大部分は何れも富裕である。財政の確立と自治の振興は或る點迄正比例する。唯吾人がこゝに恐るるの一つは最近「市町村に獨立財源を與へよ」と標榜して起つた政黨への苟合でなければ幸ひである。

◆財政確立の反面は消極的に經費の輕減である五月頃の新聞紙上、義務敎育費國庫負擔金の二千萬圓增額が緊縮内閣のもとに立消えになる樣に傳へられたが、町村長會は豎つて增額の實現を期すると云ふ、濱口藏相なるもの、武藤山治氏あたりから「稀に見る信任すべき政治家」として折紙付けられた程責任を重んずる好藏相だ萬々聲明を裏切る樣なことはあるまい。今日の町村の多くは全く教育費負擔團體の感がある。常に理事者の頭を惱ますものは教育問題だ、現在支出の教育費が半減されたら町村はどんなに救はれ、生氣付く事であらう。町村豫算の六割內至八割が教育費で爲めに町村の有用なる施設事業が災ひされ、芽を刈り取られて住民の幸福の大半が減殺されつゝあるは町村の忍ぶべからざる所である。國家は手を下さずして町村の生命を阻み、町村の經濟を破壞し、町村をして自滅の深淵に彷徨せしめ、從て遂に國家自らの行詰の素因を養大しつゝある。須く吾人は聲を大にして政府を叱咤覺醒せしめて町村を窮境より救ひ出さればならぬ。

◇町村長表彰規定論議の際、福井香外が宮城縣の答に對して「町村助役以下吏員の表彰に及ばざるは數の上に於て困難なるのみならず町村長會なるが故に町村長に止むのである」との意味を洩したるが吾人は絕體に反對である。町村會なるが故に町村長に限るさは余りに自已に即し過ぎたる言葉ではあるまいか、優良吏員あつて始めて優良町村の建設は成り、自治運用の妙味と所期の目的を達成することが出來るのだ、一將功成り萬卒枯れて永生自治體の恒久性何處に在りや。町村長會なればこそ數の困難を排して優良吏員の表彰に當るべきで、謙讓の德と云はむより町村長會の男前を示べきだ、自治體吏員優遇は正道であり、天下の聲である。數字上の困難は吏員表彰否定の理由にはならぬ、三四十萬そこ〳〵の吏員の調査も出來得ぬ町村長會がより以上の困難に打ち勝つことができやうか、町村吏員を奴隸と見るの時代は一世記の彼方へ過ぎて終つてゐる、吏員の人格さ尊い努力を無視して能束く自治體を生すの途ありや。町村長の表彰を町村長會自らするもよし。助役以下吏員の表彰をするは更によし、單なる一小問題と云ふ勿れ、十思十省を促す問題である。

◇選擧權を世帶主に限るとは普通選擧法案の成立さ共に抹殺されたと思つたが、これが思想的に比較的進步してゐる筈の町村長會の議題であつた事はあまりにも意外であつた。町村公民權の範圍を普資格より以上に擴張しなければならぬとは最近の思潮ではないが、老若男女、家主家婦、夫子婦子何れもが自治を論じ自治政に關し、而して後始めて眞正自治政への更正がある、今日の女子參政權論者が、國政の參與權のみに走り、自治體參政權を主張しないのは、本末を顚倒したモーダンガールの淺見吾人若し女なら先づ、女子に町村公民權を與へよと絕叫する。この事に就ては何れ本誌上に主張を見る筈だ。兎も角本議案が第二號議案の貴族院議員選擧法改正の件と同一運命のもとに一蹴されたるは、町村長會の面目を漸く保てるものにして慶賀に堪えぬ。町村長會時代を解し正論ありさ此の點聊持ち上げて置く。

◇會議二日目に於て、東京府町村長會より提出の郡役所廢止に伴ふ町村負擔に關する件を點火とし、端しなくも大論爭を惹起したのは痛快であつた、某縣代表者が「郡役所が廢止されても出張旅費の嵩む位が關の山である」と云ふ樣な輕言から場內破るゝが如き喧騷ゆくりなくも華胥の旅を呼び醒まされた人もあつた極度に切りつめられた町村の財政が、この上不用の金を例令五百圓でも千圓でも余分に負擔することは町村の酬えられぬ所だ、旅費のみに町村が二百圓増加し、も二百五十餘圓で事務は澁滯し金は少なくとも影響は大である、行政整理は國家のみの整理冗費のみの節約に止まらずして一歩を進めて町村費負擔の輕減を圖るか然らずんば絶體に町村の負擔を増加せざる様圖られねばならぬ。疲幣の町村に一厘の負擔増額も許されない所である。然るに拘らず當日此の重要な問題が、遂に、充分に本質的論議を爲されずして終つた事は地方自治體の第一人者の集會だけに遺憾千萬で一つの矛盾と不滿とを痛感せざるを得なかつた。

◇一の矛盾とは宣言に明記された「普選後の政治思想及選擧權行使の指導訓練」を夫子それ自身が裏切つた事である。指導訓練とは單に選擧權の行使範圍にのみ限られた言であらうか、政治思想自治思想的にも目醒ぬ國民の多くを啓蒙せしむるには、充分に所信を述べしめ、行はしめ、然して誤れるを正し、正しきに嚮はしめねばならぬ、そこに昂れる感情と、無理解なる壓制とを容るる余地がない筈だ。換言すれば光風霽月の立憲明精神と、冷 沈着たる批評討議とこそ、正しき政治への導きではあるまいか。これ特に地方自治體の理事によつて所謂指導され、訓練されなければならないと信ずる。宣言の第二節は特にこの根本義を宣明し表現したるものではないか。それが二日目の論爭に裏切れたことは重大なる矛盾で、獨り吾人のみの不滿ではあるまい、列席の理事者中にも同感の士尠なからざるべしと信じ敢て芳言す。

◇町村長會に提言すべき事三項、その一は政治問題に沒頭し過ぎることの弊、政治に依るに非らざれば總ての問題を解決し得ずとするは政黨の巧妙なる宣傳であつて、且つ多くの人々が抱ける誤謬の最大なるものである。元來自治體並に自治體の主腦者は原則として、政黨政派に超越し、尠くとも政治に卓然たるべきである、動もすれば政黨を背景とし、政治に沒頭し、僞に自治を謬り自治を汚し自治體を攪亂せしむるの事例の幾多は、實に述上の原則に背きたる結果である。然るに町村長會が未だ迷夢より醒めず、間々政黨捧となつたり、政界の渦中に身を誤らしめたり、政治的色彩を濃厚にせむとするの傾向にあるは斷じて採らざる所である。義務教育費國庫負擔増額運動に昧を占めた町村長會が政黨に利用されむとしつゝあるは否むべからざる事實で、先に憲政會政友會により後に本黨と提携した、目的貫徹の爲めの便法が却て政黨に利用さるるの結果になつたではないか。政治的有[illegible]者の集團であり、一面には政黨に依らざれば解決出來ざる問題もあつたには相違なきも、虚僞と[illegible]慾の集團たる政黨と惡緣を結ぶことは町村長會本來の使命と活動とを期する所以ではない、何れの總會にも提出せらるゝ問題を通じて觀るに、其多くは政治問題で、實際自治に役立つ幾何の問題が、其面目に取扱はれた事があつたであらうか、政治的問題だと云ふと心頭火を發して相爭ひ、自治問題に至ると有耶無耶の中に、微溫的に論議されて、そこに自治體の結合團體的色彩がない、普選後に於ける政界は漸次面目を改め、階級的職業的政黨を組織するは想像に難くない、然る時町村長會は何れの政黨に依つて目的を達成せむとするか。今にして政黨に依據するを改めずんば町村長會の將來は知るべきのみ。同じく政治問題を取扱ふにしても別個の立場より、自由の位置に在て、獨自の活動を爲すべきである。

◇提言の二は町村長會組織機能の問題であ

る。町村長會現在の會議法と經費とを以てしては充分なる問題の討究は極めて困難で議論研究が抽象と平面を出る事の出來ぬは明白の理である。故に之が總會をしてもつと適切にし、もつと効果あらしむる爲めには其處に何等かの工夫を必要とする。一つの試みは會議に不用なる儀式を省くことである、例令ば御世辭たら〳〵の祝辭演說とかを。次に三四の分科に分ち、問題を微細に充分に研究して具體案を作り、活動の方法と方針とを定めて自治體經營並に改善の資に供すべきである。決議及協議案に對しては從前通り何れ幹部が具體案を作るであらうが、等しく町村長と云ふも學識經驗に於て、經濟的方面に明き人もあり、行政事務に練達の人もあり、或は社會問題に一双眼を有する人もあり、又敎育衛生土木等の方面に秀れたる才能を人もあり、之等學問的智識と實際的手練とを有する町村長の内より數人宛を選び、郡役所廢止後の問題であるとか、「税制を整理して地方獨立の財源」等の問題につき充分なる考査研究を爲さしめ、實際に就き權威ある具體案を作製して天下に訴へ、政府に迫るならば、町村長會の活動をして重力あらしめ、其使命を貫徹するに容易であらう。即ち一二幹事の偏智を排し、會員の衆智を集むる方法を執るを賢明なる策とせむか。

◇現在町村に働いてゐる吏員の數は正確に判明せざるも十五萬を超えるであらうと思はれるが、此の多數吏員の敎育は自治振否の分岐點ではあるまいか、現在吏員講習所を開設してゐる所は北海道山形東京市等十數ヶ所に過ぎないであらう。「良い自治は良い吏員に依つて生れる」ことは誰人も是認する所であるに拘ず此の方面の施設の閑却されてゐたことは自治政への大なる不幸であつた。此の事に就ては本誌七月號の社說に詳論しあるを以て省略するも、町村長會が此の方面の施設に力を竭し自治政に貢献する所あらむ事を切望するこれその第三。

◇會議二日目、得能北海道內務部長の講演があつた際。コクリ〳〵の居眠りは未だしも、鼾きをかいてゐた人もあつた、傍聽に來てゐた人の内であつたかも知れないが、講演者に對する冒瀆だ、尤も晝夜兼行各方面を視察し、善智識の多くを收めむとした職務に忠實なりし結果の表れであつた爲かも知れないが。

◇地方別出席の色別けを見ると流石東北地方の出席が多かつたが、青森秋田の妙なかつたのは何うした譯か、靜岡縣の出席四十名廣島縣二十名、新潟縣二十八名、茨城縣二十名は出席數多き方にて地理經濟的關係もあつたらう。遠隔の地九州から十八名の出席のあつた事は大いに感謝すべきであらう。それにしても未開地宮崎縣から殖民地北海道に一名の出席もなかつたのは一寸皮肉の感がないでもない。

◇兎も角町村長會議か大盛況大成功裡に終つたことは地方自治政發展のため祝福すべき所、主催者並に關係地町村長會幹部諸氏の勞も多謝しなければならぬ。それにつけても今期の會をして無意義ならしめざる樣期せられむ事を祈る。妄言謹謝。

男と女

千葉縣長生郡で、國勢調査の下調を行つた處男四萬二千五百、女四萬四千九百、ざつと二千四百人女の方が多かつた。

町村長會々報

京都府

△竹野郡は七月六日中郡は六七兩日開催いづれも郡市長會附議事項を傳達した。

神奈川縣

△足柄下郡七月十六日中郡二十日各郡市長會議の報告を行つた。

△愛甲郡七月二十二日開會左記を附議した

一、國務調査に關する件

一、教育振興に關する件その他

兵庫縣

△飾磨郡七月十三日國勢調査漁業組合役場事務視察等を附議した。

△揖保は七月十日加西八月七日いづれも

一、國勢調査に關する件

一、小作調停法趣旨普及に關する件

一、共同作業奬勵の件その他

長崎縣

△高來郡七月十日南松浦郡十六七兩日西彼杵郡二十日各開催いづれも左記を附議した

一、普選法運用に關する件

一、國勢調査に關する件

一、財務整理に關する件

一、男女青年團發達助成に關する件

一、公民教育關する件

一、農村振興に關する件

一、副業奬勵に關する件

一、産業組合に關する件

新潟縣

△南蒲原郡七月二日開會郡長訓示後納税表彰傳達式を擧行した。

△北蒲原郡六月開會郡長訓示後國勢調査其他の事項を協議した。

△南魚沼郡七月二十一日開會左記を附議した。

○諮問事項

一、納税成績の向上に就て

二、法令の普及並同縣行政事項の周知徹底に關する施設事項

○協議事項

一、夏秋蠶地視察に關する件

一、國勢調査經費に關する件等

埼玉縣

△兒玉郡七月二日開會郡長訓示及自治大學開催の件同經費特別會計豫算案等を原案可決した。

群馬縣

△利根郡三月開會過般郡市長會議事項につき諸般指示協議せられた。

茨城縣

△安積七月六七兩日田村十五日開會町村事務の諸事項につき協議した。

△相馬郡七月三十一日開會左記を附議。

○指示事項

産業衛生に關する件その他

○協議事項

青年團處女團基本金造成に關する件其他

栃木縣

△上都賀郡七月一日開會左記を附議した。

○指示事項

一、貴議院令改正に關する件
一、衆議院議員選擧法改正に關する件
一、町村稅滯納整理に關する件
一、國勢調査に關する件
一、學齡兒童就學保護奬勵に關する件
一、町村是實行組合奬勵に關する件
一、實業補習敎育の振興に關する件

○注意事項

一、傳染病豫防費補助申請の件
一、小作に關する件
一、耕地整理に依る共同心の利用の件
一、戶數割賦課額報告に關する件其の他

三重縣

△河藝郡七月十五日開會左記事項を附議。

一、町村決算書謄本提出に關する件
一、大藏省預金部資金の運用に關する件
一、小作爭議に關する件
一、無免許金融業者取締に關する件
一、發明考案の普及發達に關する件
一、出荷組合奬勵に關する件
一、輸出組合法及重要物產輸出工業組合法に關する件

△三重郡八月五日第一回町村長會開催少年團ジャンボリーの實況を視察した。

愛知縣

△縣町村長會七月十二日丹羽郡に於て開會左記を協議した。

郡役所廢止後の處置に就て
町村財政の整理緊縮に就て
町村事務の能率增進策

△額田郡七月十九日開會岩津村夏秋蠶試驗場敷地買收費寄附金に附き協議をなした。

△上閉伊郡七月十六日開會左を附議した。

○指示事項

一、國勢調査に關する件
一、農事奬勵委員活動
一、副業奬勵
一、戶主會及び青年會の督勵
一、產業組合
一、農業倉庫奬勵
一、社會敎育
一、青年團の發達補助
一、町村 圖書館

○注意事項

一、漁業組合豫算決算書提出に關する件
一、小作爭議防止
一、過年度未納金
一、帝國軍人後援會救護
一、縣稅徵收に關する件
一、年賦金未納整理

靜岡縣

△濱名郡七月十一日開會國勢調査失業者統計納稅調査其他二十數 を附議した。

△田方郡七月八日開會國勢調査貴院議員選擧納稅成績改善町村吏員の優遇町村自治に關する件等を附議。

△駿東小笠十三日及十六日各開會郡市長會議に於る協議事項傳達を行つた。

△富士郡十四日開會左記の指示があつた。

一、町村吏員優遇の件
一、徵稅事務刷新の件
一、國勢、職業調査の件
一、產業組合活動の件
一、林業振興の件
一、實業補習敎育の件其の他

△安倍郡七月十五日開催左記を附議した。

○指示事項

國勢調査町村財務財產管理町村吏員優遇防疫事務其他

○注意事項

國勢調査員選定職業調査委員選定統計講習會其他

△幡田郡七月十七日左記事項を附議した

○指示事項

一、國勢調査並職業調査

一、納税成績の改善

一、町村吏員の優遇

一、民衆娛樂

一、共同作業場設置獎勵

一、改良農具獎勵

一、副業獎勵

一、產業、實業組合獎勵

○注意事項

一、統計講習會

一、縣稅臺帳整理

一、產業統計

一、耕地整理事業資金償還其の他

山梨縣

△北巨摩郡七月九日開會郡市長會議に於る指示訓示等を傳達した。

滋賀縣

△神崎郡六月二十七日開催知事の諮問に對し左の決議をなした。

一、郡役所廢止前適當に町村を整理併合を斷行し町村の基礎鞏固ならしむること

一、郡役所廢止を機とし町村の併合をなし其上行政區域を擴大し併せて町村の機能を擴張し町村吏員を優遇すること

△阪田郡六月二十二日開會左記諸件を附議

○指示事項

恩賜記念男女青年團體事業獎勵資金、教育の振興刷新、產業獎勵方針、產業組合改善振興、納税成績の向上

○注意事項

町村財政小學校に於ける農繁期休業主婦會に關する件

○協議事項

現代農村講座山林會員募集

○雜　件

町村長大會負擔金地方講演集購方

△愛知郡六月二十五日開會郡役所廢止に對する郡長の諮問に對しては熟考後答申する事とし縣青年大會開催經費の件を附議。

岐阜縣

△郡市長會議事傳達の町村長會吉城郡は七月七日郡上郡は十三月益田郡は十五日歸奈郡十六日山縣郡十七日惠那郡二十三日それ〱開催し他に國勢調査に關する打合を行つた。

△益田郡七月七八兩日開會提出事項左の如し。

○指示事項

町村事務の改善、納税成績、產業統計、國勢調査、實業補習教育男女青年指導、改良農具の普　獎勵、副業獎勵、耕地整理監督、小作調停委員候補者選定

○協議事項

町村合併、普通選擧法の趣旨徹底

△加茂郡七月十三日開會左記指示を行た。

町村事務整理刷新

稅制整理並縣稅取締

國勢調査

町村合併並資料調査

男女青年團指導

實業補習教育振興

圖書館並文庫

商工會活動

小作爭議並小作調停其の他

△安八郡七月二十日左記事項を指示した。

町村事務、出納事務、文庫設置、家畜獎勵、改良農具の普及獎勵、副業獎勵、產業獎勵資金貸付、縣稅徵收、會計等に關

する件

長野縣

△下伊那郡六月二十九日開會郡役所廢止善後策に付き左の如く決議した。

一、中間機關を設くる事の必要なし但し交通不便の土地には出張所を設くる事

二、郡長に委任せられたる小學校敎員の進退に關する權限は町村長に移附すること

三、兵事事務は聯隊區司令部に移すこと

四、縣稅徵收に關する郡長の事務は縣に歸屬せしむること

五、郡長の衞生事務は警察署長に扱はしむること

六、土木勸業に關する事務は縣に移すこと

七、縣視學を增員し小學敎員を監督せしむること

△下高井、下縣七月三日及九月各開會衆議院議員選擧法改正に關する件國勢調査に關する件社會敎育に關する件產業獎勵に關する件其の他を附議した。

△埴科郡六月二十九日開會郡市長會議に基く郡長よりの協議注意事項があつた。

宮城縣

△柴田郡七月七日町村長校長會開會左記を附議した。

○指示事項

一、部落養蠶組合設置獎勵

一、桑園の改善方法について

一、條桑育普及

一、穀物檢査制度改正

一、地主小作者間の親善融和

一、副業獎勵

一、動力農具の現狀及耕牛普及獎勵

一、實業補習敎育振興

一、兒童就學獎勵資金

一、男女青年團事業獎勵資金

一、諸稅滯納整理に關する件他十件

○注意事項

一、町村基本財產

一、國勢調査

一、小學校敎員俸給支拂他七件

○協議事項

一、小學校實業補習校農業科擔任敎員視察

一、成人敎育機關

一、明治天皇御遺蹟保存他二件

△名取郡は十三、四兩日桃生郡は二十七日各開催郡市長會議事の傳達をなした。

福島縣

△北會津郡七月十日開會郡市長會の指示事項を傳達した。

△相馬郡三十一日開會提出事項左の如し。

○指示事項

一、衆議院議員選擧改正に關する件

一、町村財政の經理監督

一、十四年度國勢調査

一、統計思想の普及向上

一、町村勸業指導

一、實業補習敎育

一、公民敎育

一、男女青年團指導訓練其の他

○注意事項

一、町村役場稅務主任の設置

一、町村自治の向上刷新

一、公有林野處分其の他

○協議事項

一、本縣青年團基本金寄附に對し本郡各町村青團員より金員寄附に關する件其の他

岩手縣

△岩手郡七月八、九兩日開會左記議案提出

一、產業組合督勵に關する件

一、農業倉庫獎勵に關する件
一、縣稅成績改善に關する件
一、實業補習敎育に關する件
一、社會敎育に關する件
一、靑年團の發達助成に關する件
一、町村立圖書館に關する件
一、貴族院令改正に關する件
一、國勢調査に關する件
一、町村自治思想普及促進に關する件
一、副業獎勵に關する件
一、町村農會活動促進に關する件
一、產業振興十年計畫に關する件
一、農事共同作業組合に關する件
一、町村部落及公共組合歲入出決算に關する件
一、町村事務研究會開催町村財務視察研究に關する件

△膽澤郡は七月二十日稗貫郡は十三日九戶郡は十三、四兩日紫波郡は二十八、九兩各開催いづれも納稅成績向上に關する件、副業に關する件、產業組合振興に關する件、社會敎育に關する件、町村立圖書館に關する件、男女靑年團の發達助成に關する件等を附議した。

靑森縣

△三北郡下北は七月九、十兩日上北は十一日北郡は三十一日いづれも。
一、納稅成績向上に關する件
一、町村稅未納整理に關する件
一、町村吏員事務研究會開催に關する件
一、町村道維持修繕に對する豫算計上に關する件
一、產業組合に關する件
一、社會敎育振興に關する件等を附議

△中郡七月九日左記事項協議
町村巡視に關する件
町村吏員事務研究會開催に關する件
納稅成績向上に關する件
國勢調査に關する件
村處女會設置に關する件
副業獎勵に關する件
公有林野整理促進に關する件
產業組合に關する件
町村道維持修繕に對する豫算計上に關する件其の他

△南郡七月六日開會左記事項を附議
○指示事項
一、町村民成績向上に關する件
一、事務研究會開催に關する件
一、國勢調査に關する件
一、町村處女會設置に關する件
一、兒童就學獎勵費豫算計上に關する件
一、副業獎勵に關する件
○注意事項
一、土木費縣費補助申請に關する件
○諮問事項
一、勤儉獎勵に關する件

山形縣

△西田川郡七月二十七日國勢調査に關する件を附議

福井縣

△大野郡七月四日開會左記問題を附議
一、國勢調査に關する件
一、衆議院議員選擧に關する件
一、町村稅賦課に關する件
一、產業組合の振興に關する件
一、男女靑年團指導に關する件その他

△南條郡七月二日今立郡三日いづれも開會左の各項を附議した。
一、衆議院議員に關する件
一、町村會計監督に關する件

一、國勢調査に關する件
一、縣稅戶數割配當標準調査に關する件
一、道路保護團體設立に關する件
一、公民教育に關する件
一、實業補習教育に關する件
一、男女青年團體指導に關する件
一、小作爭議調停法外の調停に關する件
一、副業奬勵に關する件
一、私有林野の改良並に指導に關する件
一、公有林野統一に關する件
一、森林組合設立奬勵に關する件

石川縣

△鹿島郡七月二日開催左記事項を附議。町村民の指導、町村の併合、國勢調査實施、産業統計、現役小學校教員俸給豫算經理、耕地整理、農村振興、縣稅の賦課徵收

△石川郡十六日左記指示打合せ協議を行つた。

○指示事項

國勢調査及失業統計調査實施、農村振興、耕地整理、副業、輸出組合法及重要輸出品工業組合法、縣稅の賦課徵收、町村道路工事の執行に關する件

○注意事項

農業統計、漁村振興に關する件

△能美郡　二十日開會本縣町村長會へ提出の協議問題を左の如く決議した。

一、町村制第十五條第二項中及府縣制第六條第八項、第十項中「其の之を罷めたる後一箇月」とあるを「十五日」に改正方其筋へ建議の件

二、府縣稅戶數割規則第十三條中所得並に直接國稅及直接府縣稅の通報五月末日迄とあるを四月末日迄に改正方其筋へ建議の件

三、町村長會の決議事項にして其筋へ申請建議等を爲すと雖も從來の實績に徵するに之を等閑に付し何等顧みざるの憾あり之が實行方に付對策決定の件

四、指定神社內規中戶數の制限を廢止することを其筋へ建議の件

五、電信線電話線建設條例第六條中一箇年四錢とあるを玄米一升代と改正方其筋へ建議の件

富山縣

△中新川郡は七月二日婦負郡は四日射水郡は六日氷見郡は七日東礪波郡は八日西礪波郡は九日いづれも左記事項を協議した。

村是設定、町村併合の促進、町村基本財産增殖、事務簡捷能率增進、簡易國勢調査、道路の維持修繕、農業に關する指導奬勵機關の連絡、副業奬勵、請願陳情、地方改善、自治振興共勵要綱普及勵行

島根縣

△縣町村長會七月八日より三日間開催議題左の如し。

○庶務の部

一、基本財産特別基本財産及積立金預入制限擴張に關する件能義郡各町村
一、市町村又は産業組合に於ける電氣事業經營に關する件
一、町村吏員恩給又は共濟制度制定の件八束郡各町村
一、町村會議員選擧に關し選擧區設定方の件
一、町村立小學校教員辭令書町村長經由方の件　簸川郡各町村
一、義務教育費國庫全額負擔方建議の件飯石郡各町村
一、小學校教員恩給基金町村納金廢止の件安濃郡各町村

一、縣道常用修繕方町村委任の件　同
一、在鄕軍人會、青年團國庫補助の件　同
一、町村吏員優遇に關する件八市郡大庭村
一、小學校敎員俸給全額國庫負擔方建議の件　邇摩郡各町村
一、市町村基本財産特別基本財産銀行預入に關する件　簸川郡平田町
一、義務敎育費國庫負擔金增額の件　大原郡各町村
一、郡役所廢止後町村長權限擴張の件　美濃郡各町村
一、起債許可限度に關する件　同
一、市町村財務規程改正の件　同
一、市町村費支辨道路改修費縣費補助の件　邑智郡各村
一、市町村制監督事項中市町村の權限擴張の件　鹿足郡各町村
其他
〇財務の部
一、縣稅賦課規則改正の件　能義郡各町村
一、府縣稅戶數割規則改正の件　安濃郡各町村
一、産業團體統一の件　邇摩郡各町村
一、町村振興調査會設置の件　同
一、郡役所廢止後中間機關設置要否の件　簸川郡平田町
一、産業組合の指導監督の件　鹿足郡各町村
其の他

岡山縣

△小田郡七月二十日開催左記を附議決定
一、來る十月一日國勢調査に關し右調査委員の手當支給に關する件
二、小學校敎員任免辭令の交付遲延の傾向あるに付之れが速達を期する件
三、郡役所廢止後に於ける町村事務整理、並に各種事業團體の處理に關する件
四、同件に關し更らに町村事務干涉、及び能率增進に關する件
五、小學校實業補修學校敎授科目に自治並に農政法令加入の件
△御津郡六月十五日阿哲郡二十六日上房郡七月二、三兩日上道郡二十二日いづれも國勢調査、自治思想普及發達基本財産管理地方改善事業産業組合に關する件等を附議した。

廣島縣

△豐田郡七月二十八日開會國勢調査に關する件町村財政の整理緊縮に關する縣社會事業に關する件を附議

山口縣

△厚狹郡七月二日阿武郡六、七兩日大津郡十日玖珂郡卅一日いづれも國勢調査社會事業奬勵地方改善青年處女團發達助長公民敎徹底副業奬勵等を附議した。

香川縣

△仲多度郡大川郡は七月二日綾歌郡は六日左の提出問題を附議した。
一、國勢調査に關する件
一、農業水利取締に關する件
一、産業組合に關する件
△木田郡七月六日町村長及町村統計主任書記を召集國勢調査に付き事務打合を行た。

高知縣

△高岡郡は七月八日長岡郡は十、十一兩日いづれも郡市長會訓示傳達をなした。
△安藝郡は六月二十九日土佐郡七月三日いづれも町村基本財産蓄積並處分、國勢調査青年團年齡範圍整理、産業組合普及發達、優良農具の普及奬勵その他を附議した。

福岡縣

△朝倉郡七月二十九日開會左記を附議
一、町村税滯納處分勵行に關する件
一、自作農獎勵資金供給に關する件
一、農業倉庫普及利用に關する件
一、兒童就學獎勵に關する件
一、成人敎育に關する件
○鞍手郡七月三日粕屋、宗像各六日糸島郡七日いづれも郡市長會訓示傳達國勢調査事務打合せを行つた。

大分縣

△北海部郡七月三、四兩日町村自治滯納矯正國勢調査町村吏員待遇改正水産獎勵出荷組合獎勵其の他を附議した。
△下毛郡七月二十九日勤儉獎勵滯納矯正水防其他を附議。
△南海部郡七月八、九兩日國勢調査事務整備滯納矯正水産獎勵金下附規定中改正の件農村振興産業組合發達其他を附議した。
△直入郡七月八、九兩日玖珠郡九、十兩日開催いづれも各議議了後國勢調査打合を行つた。

佐賀縣

△縣町村長會七月六日開會左を附議した。
一、大正十四年度歳入出豫算報告の件
一、七月二十五、六日北海道札幌市に於る全國町村長會出席者選定の件
一、政府に對する請願事項の協定

熊本縣

△八代郡七月三日鹿本郡十三日下益城郡十六日上益城郡二十日いづれも左の件を附議
○指示事項
一、兒童就學獎勵の件
一、青年團及處女會指導に關する件
○注意事項
一、在鄕軍人に關する件
一、納税成績向上に關する件
一、釋放者保護に關する件
一、産業組合其の他
△球磨郡七月四日開會左記を附議した。
○指示事項
一、小自治會及隣保組會の整理活動促進に關する件
一、小作爭議對策に關する件
一、町村農會に關する件
一、副業獎勵に關する件
○注意事項
一、縣税小數割資力決定
一、税務主任と收入役の事的連絡に關する件
△天草郡七月九日開會町村吏員選任に關する件納税督促の件等を附議した。

鹿兒島縣

△出水郡六月二十九日開會左記を附議した
○指示事項
一、公民敎育振興に關する件
一、漁村振興に關する件
一、副業獎勵に關する件
一、納税獎勵に關する件
○注意事項
一、國勢調査に關する件
一、土木補助工事に關する件
一、貧困兒童就學獎勵に關する件
一、漁村振興方策其の他

沖繩縣

△島尻郡七月二十四日町村長及校長を招集國勢調査事務に關する打合を行つた。

市町村彙報

東京府

◇東京市夏期事業　虚弱兒童及特殊家庭の兒童の爲に市社會局の設けた林間學校は市内十五區のうち今年は下谷淺草兩區より百五十名を選んで引卒する事となつた。

◇東京市參事會　七月十五日開會左記議案を審議した。

一、公園使用條例中改正の件
一、市有地特賣の件
一、震災救護用建物取得管理及處分に關する議決更正の件
一、市歳入出追加豫算一萬六千圓
一、不動産賃貸の件
一、應訴の件
一、寄附受領の件
一、工事指名入札の件

麴町富士見町一丁目二番地護岸改築費
一、震災救護用建物無償取得に關する件
一、市歳入出追加豫算六十萬圓（委員附託）
託兒場産院共同住宅簡易宿泊所公衆食堂建設費

◇市會　七月十八日東京市會開會石油乳劑不正納入事件に係る垣見八郎右衛門氏の辯明、中村市長の失言釋明後議事に入つた協議事項は

電車券で乘合自動車に乘せるといふ
一、東京市乘合自動車使用條例中改正の件を委員付託に決したほか
一、東京市靑山墓地使用條件中改正の件
一、國勢調査並失業統計調査費繼續年期及支出方法
一、東京市公園特殊施設使用條例設定の件
その他社會教育費そのほかの追加豫算等を

◇

自治消息

□京都府□

○市有功者　京都市は七月四日左記有功者十四名の表彰を行つた。

市會議員在職十二年二ヶ月飾板贈呈高山與三吉、市衛生委員市會議員通算在職八年二ヶ月有功者徽章贈呈阪部秀夫、市會議員在職八年一ヶ月同久保長次郎、同同橋本永太郎、同同田中新七同同大久保作次郎、同同中川新太郎、同同伊藤豐之助、同同俵儀三郎、同同元川喜之助、同同野村與兵衛、同同川上淸、同同田崎信藏、同同前田彥明

□大阪府□

○大阪市長　關大阪市長は七月九日内務、大藏兩省を訪問して大阪市會成立後の狀況及び施設事業進捗狀態などを報告

□神奈川縣□

○田村市庶務課長　七月十六日起債用件を負ひ大藏省に出張

可決

◇砂利置場に反對　復興局で新たに數百萬圓を投げ出して飯田町驛から九段下まで二千餘坪の土地に東洋一の砂利置場を作つて市內供給の中心とすることになるので町民はこれこそ一大事と先頃からしば〳〵反對陳情をしてゐたが當局では「復興事業を圓滿に進めるため止むを得ない」といつてきかぬので町民一致して大反對運動を起して、黃地に黑字で「砂利置場大反對」と書いた旗を九段下から飯田町二丁目、四丁目の一軒一軒につるし、町の有志は二丁目の事務所にあつまつて近く開く町民大會の準備に大童である。

◇八丈島三根村　役場位置を六月二十四日字稻葉に變更移轉せり。

◇南葛飾郡篠崎村　役場位置を本年三月四日大字下篠崎二千三十二番地に變更移轉せり。

◇北多摩郡砧村　役場位置を同村喜多見二千七百三十番地ノ二變更移轉せり。

京都府

◇中郡各町村青年團長會　七月四日研究會開催左記諸議案を附議した。

一、青年團員表彰方其筋へ建議の件（峰山町提出）
一、青年團に對し團庫補助金申請の件（同）
一、青年團事業として活動寫眞及其他の興行の稅免除に關する建議の件（同）
一、小學校敎員と青年團連絡を圖る件（同）
一、堅實なる地方青年思想の發展策如何（口大野村提出）
一、最も有益にして且つ簡便なる青年副業如何（同）
一、山林監視は如何なる方法に依らば其の效果を擧ぐるべきや（同）
一、丹後鐵道開通の曉中郡の發展策として外來人の招致の方法如何（同）
一、公休日を利用する最善の方法如何（同）
一、研究會々報發刊の件（周枳村提出）
一、各青年團の書籍を貸借しては如何（五十河村提出）
一、來る八月上旬海濱に於て中郡青年團幹部講習會を開催しては如何（口大野提出）
一、中郡聯合青年團經費は當郡より直接に町役場へ請求する樣にしては如何（同）
一、郡青年團幹部の優良青年團及補習學校視察を催しては如何（周枳村提出）

◇町村長視察　天田郡町村長郡役所吏員

○楢岡横濱市助役　疾病の爲め七月十五日以來休職。

○栗谷候補訴願　鶴見町議戰に落選の政友候補栗谷三男君の運動員金子延次郎氏外四名は九日鶴見町會が決定した選擧效力の異議申立理由追加裁決に不服なりとて十五日淸野知事に對し訴願をした要旨次の如し。

鶴見町會は申立の要旨異なる爲め單に理由の追加として之を認むべきに非ずといふも而もさきに全部の效力に關する申立をなしつゝありし追加なる以上別箇の性質を存するものといふを得ず單に新たなる異議の申立と解するは不法なりとて鶴見町會がなしたる不受理の決定を取消し其理由を再審議に附すべしと裁決を希望して居る。

○鎌倉郡中和田村上飯田飯島孫八は同村會議員を勤續する事滿二十一年に達したが七月十四日病死に付村長より永年勤續表彰として銀杯を贈つた。

○市議外遊　横濱市會議員高木太郎氏は七月十二日春洋丸にて渡米。

○町長北海へ　杉崎熱海町長は全國町村長會議列席の爲め今七月二十一日北海道に向け出發。

約三十名は七月十九、二十兩日與謝郡本庄村の村有林整理狀況村自治一般耕地整理等の視察を行つた。

◇京都市參事會　七月六日開催。

一、豫備費支出の件

一、十四年度市特別會計積立金經濟追加豫算（百二十一圓御料地所在の本市に下賜せられたるにつき社會的施設事業資金に編入するもの）

其他を附議同二十二日開會左の諸件を附議

一、豫備費支出の件

一、圓山公園貸地

一、寄附受納の件

一、小學校學級增加認可申請の件

一、十四年度歲入出追加

一、十四年度特別會計都市計畫費追加

一、記恩碑寄附

◇峯山町會　七月四日開會教育俸給額增加に關する件を附議した。

◇伏見町會　八月一日開會左記を附議。

一、府道伏見町字彈正町道路擴張費負擔額增加の件

一、失業調査費支出の件

◇何鹿郡小畑村　役場位置を六月十日大字毅治屋小字茅倉丁二十三番地合地に變更せり。

大阪府

◇都市計畫案成る　大阪市都市計畫部ではかねて編入新市に對する都市計畫を立案中であつたが、すでに大體の「案」が出來て過般來實地調査を開始しこれも大分終了したので、更に右の「案」につき一應臨內技術家の意見を求めた上事業施行に關する年度割並に財源等の問題について研究なかされ、近く成案を具して內務省へ內申のはずであつて市では遲くとも本年度中に地方委員會の諮問を經て十五年度から實施したい意向だと。

◇市吏員優遇　大阪市では七月から市吏員の增給を行ふことゝなり豫て調査中であつたが七日漸く大體の決定を見たそれによると大阪市が現在支給して居る給料總額三十五萬圓の百分の四平均で增俸されたのだが、增俸の條件に洩れたものなどがあつて月額約一萬圓外で年俸者は最低百圓から三百圓內外まで、月給者は一圓位から多くて十圓といふ見當で增俸された。

○村長北海へ　全國町村長會出席に都筑郡村長新治村長遠藤稻作氏代表七月二十二日出發。

○有吉市長　中央卸賣市場問題其他の要件を以て七月二十日午後上京八月三日は午前武井內記課長を同伴京濱國道開通式に參列した。

○豐岡町長訪問　山陰震災地の城の崎町長西村佐兵衞豐岡町長伊地智三郎右衞門兩氏は城崎郡長磯野鶴太郎氏と共に二十二日午前小田原町を訪ひ同情を感謝した。

○村長北海へ　七月二十五、六兩日北海道會議事堂に全國町村長會開催橘樹郡は宮前村長都倉義知氏代表二十二日出發。

□兵庫縣□

○事務視察　飾磨郡各町村長をもつて組織されてゐる自治會の第一回相互事務視察は左の日割で行はれた七月十四日水上十七日飾磨町二十一日妻鹿二十四日高岡二十八日曾左。

○七月二十二日多可郡佐藤郡長各町村長は中學校設立問題の爲上縣。

○町役場建築視察　飾磨町會議員全部は八月五日二組に分れ縣下の新しい町役場を視

◇市長問題　堺市會の市長詮衡委員會はその第六回を七月二十一日市參事會室で秘密會として開會した。新生會の須藤委員から、前神戸市助役永田鎗作氏を推薦したので、適否を調査し委員會で賛否を決する事となつたが多數派は依然齋藤前市長の再選を意中に秘めてゐる模樣である。

◇區議に小作人推薦　本年大阪府下の町村會議員選擧に小作人の有權者を背景として立候補したもの百八十九人中、百六十四人まで當選し、全町村會議員の一割を占めその勢力あなどれず、中には議員定數の半分、又はそれに近い數を小作議員に占領されたものも隨所に現れた、日本農民組合ではこの勢ひに乘じて大阪市の區政にも手を染めやうと決心し東成區放出町日本農民組合支部長野村周吉氏(五四)を八月二十九日行はれる同區區會議員選擧に擁立し放出附近の五ケ町の小作人を背景に運動に着手した、同組合では今後續々區會議員の候補者を立てやうと策戰中である。

神奈川縣

◇田島町　七月四日町會開會十四年度歲入出追加豫算の件臨時出納檢査委員選擧の件等を附議した。

◇川崎市　南河原區は市制施行以來の發展に七月十五日同所宮川畚次郎外十二名は石井市長に町副擴張を請願した。

◇戸塚町會　七月十八日開會縣稅戸數割賦課の件を附議した。

◇秦野町　七月十七日の町會にて豫算更正の件を附議したが近く警察町役場の敷地を決定すると。

◇横濱市　港灣部新設七月十六日處務規定を公布された。十五日市會開會

一、本市區會條例改正に關する知事諮問の件

一、市營住宅建設資金借入方法中更正の件

一、都市計畫事務費に關する更正豫算その他を附議した

◇依知村會　七月十六日開會。

一、戸數割賦課方法の件

一、十四年度追加更正豫算等を附議した。

◇生田村會　七月十日開會縣稅賦課割方法を附議した。

◇高津村　同日開會同案及び追加豫算附議。

◇向ケ丘村會　七月九日開會。

察しそれを參考に町役場を改築することゝなつた。

□長崎縣□

○錦織長崎市長　は大型手操網漁業取締改正に關する請願の爲め七月二日午後一時半發の急行列車にて上京。

○小柳村長出席　北高來郡田結村長小柳松榮氏は山口縣岩國町岩國中學校に於て七月十三日より十九日迄開く自治講習夏期大學並に八月十一日より十七日迄秋田縣十和田湖畔和井内養魚場に於て開催の講習會員に本縣より選定せられた。

□埼玉縣□

○福島品三郎氏　兒玉郡丹生村長福島品三郎氏は去る明治三十六年同村書記となり大正二年村長に昇進し十四年六月迄二十二年間村政に貢獻したので七月十日同村小學校に各種團體集合の上紀念品贈呈に關し協議した。

○秋平村を視察阿原郡長一行　阿原兒玉郡長は七月八日内田産業係主任を隨へて秋平村に出張し水田植付不能地の實地視察を爲した。

一、村税賦課割の件
一、村税の追加賦課徴收期日の件
一、本年度前半期縣税賦課方法の件
其他を附議した。

◇厚木町會　七月十一日開會縣税戸數割賦課方法十四年度追加豫算等を附議した。

◇中原町　工費一萬八千圓の役場竣工

◇鶴見町會　七月二十三日開會助役收入役推薦の件選擧異議申立に對する辯明書作製の件等を附議した。

◇市參事會　横須賀市參事會は八月十二日開會、大瀧埋地買收案其他數件を審査。

◇村吏員優遇　愈々來年度より郡役所廢止に付各村事務取扱ひとに大的改革刷新を要すとて都筑郡内都田、新田、中里、田奈柿生の五ヶ村では孰れも村員俸給を二圓乃至五圓昇給した。

◇問題の小田原町會　七月十八日開會、十四年度豫算追加更正、繼續費の更正、町有土地管理、寄附品受納報告、町有地處分交換等を附議し尚豫て問題となつてゐた常設委員の廢止は財政整理の理由で有志から建議され既に關利豐氏は諒とせるも瀬戸秋澤兩常設員のみの承諾である。

◇川崎市會　左記事項を市參事會に委任することに七月十七日の市會で決定した、
課税又は起債に依らざる金額三千圓以内の歳入豫算追加更正の件金額千圓以下の寄附金及物件受領の件但し寄附金額に關する歳入出豫算追加の件等である。

◇大磯町委員會　土木學務官委員は七月二十九日開會小學校增築の協議があつた。

◇鎌倉郡町村庶務主任協議會　八月七日川口村役場に開會郡役所廢止後の町村の庶務財務の執務方法に就て研究をなした。

兵庫縣

◇姫路市　七月十八日參事會招集不明橋保橋運動に對する善後策に關し協議を行つた。

◇北條町　七月十六日北區有志大會開會
一、一回の町會を開くには何程の費用がいる
一、町の負債の明細を聞かせ
一、電氣事業の最初からの決算をなぜ早くしない等町會議員に對する質問攻撃希望續出した

◇勸業主任會　七月二十日開催各郡提出になる。
一、副業獎勵に關する件

□千葉縣□

○宮内郡長赴任　新任山武郡長宮内三郎氏は七月二十九日千葉發の列車で任地へ赴任

○地元關係村長謝意に上京　銚子築港認可に就き地元關係八箇町村長は岩瀬海上郡長同件五日縣廳並に農林、大藏、内務三省各政黨本部を訪問謝意を表する所あつた。

□茨城縣□

○水野石城郡長　七月十一日内務部長に隨行夏井川流域を視察。

○河間村長秋山猛氏　全國町村長會出席の爲め、七月二十日札幌に向つた。

○土浦町長佐部重道氏　札幌市に開かるゝ臨時全國町村長會へ出席の爲七月二十一日午後十一時半出發急行列車にて出發。

○多賀郡長堀口重直氏　七月二十一日日立鑛山に出張。

○木川鹿島郡長　七月十九日より北海道視察中の所二十三日歸所。

○平輪稲敷郡長　七月二十五日龍ヶ崎町大宮村に出張。

○尾戸久慈郡長　七月二十九日金砂村へ出張。

一、普通銀行合併促進に關する件
一、產業組合活動促進に關する施設の件等
二十件を附議した

◇加古川町會　七月二十日開會。積立金處分の件、基本財產處分の件、起債に關する件、町道改修、新設の件、農商務統計調查員設置規程中改正の件、不動產取締の件十四年度追加豫算の件、他數件を附議。

◇廣村　工費十萬圓四ケ年間の豫定を以て村內二百十五町步の耕地整理を決議した

◇村會　押部谷村は七月十六日伊川谷平野兩村は十七日いづれも村會開會十四年度追加豫算を附議した。

◇尼崎市會　七月十三日開會上水道問題及び市歲入出追加豫算を附議した。

◇上郡町會　七月十三日開會同町は新議員に小作組合より選出の無產階級派四名を含み級別撤廢當選打破の宣傳熾烈であるが新町長高田貞治氏は皇室中心主義者である爲め當日は平穩議案決了を見た。

◇西宮市豫算市會　七月九、十一、十三日開會重なる議案左の如し。

大正十四年度兵庫縣西宮市歲入出追加豫算同特別會計基本財產歲入出追加豫算、其他同市稅賦課率の件、同前期市稅徵收期の件西宮市公會式條例制定の件、西宮市吏員定數並俸給の件、西宮市名譽職員費用償規程の件、西宮市有給吏員旅費支給規程の件、西宮市吏員其他俸給支給規程の件、西宮市稅賦課徵收規程報告の件、市會議員選擧人名簿に關する異議申立に對し決定報告の件西宮市財產明細書報告の件等

◇飾磨町政諸會　七月一日學務委員會を開いて村庭の塀維設を協議し二日は勸業衛生委員會を開き飾磨高松間定期航路申請臨埃燒却場設置に關し協議した二十四日町會開催左記諸件を附議。

特別稅遊興稅細則改正の件、大正十四年度追加豫算及新町長報酬年額千五百圓及交際費三百圓支出決定

◇上郡町會　七月一日より五日間本年度縣稅戶數割賦課率を審議。

◇城崎郡王莊村會　七月四日開會、十四年度縣稅戶數割賦課額議決定の件並に十四年度村歲入出追加豫算を附議した。

◇町村會　伊丹町七月二十日汚物燒却爐の件伊丹町給與規程改正の件耕地整理地區編入の件町追加更正豫算等を附議船津村同日低利資金其他を附議篠山町二十二日功勞者表彰追加豫算區長代理選擧等籠谷村二

○久慈郡視學郡司文雄氏　同日多賀郡坂上村へ。

○農林技手根本安雄氏　七月二十八日西茨城郡へ出張二十九日歸廳。

○縣視學向坊英文氏　七月二十七日那珂郡へ出張二十九日歸廳。

○農林技手谷田部保氏　六日稻敷郡へ出張七日歸廳。

□栃木縣□

○自治功勞者　大田原町にては過般の町會に於て前町會議員並に前町長に對し自治功勞者として多年名譽職に在りし左記諸氏に記念品を贈呈。

前町會員飯村峰二十四ケ年金盃一個同川上新太郎二十二年四ケ月金盃一個同川上勝吉二十二年四ケ月金盃一個人見定吉十五年銀盃三ツ組青柳長吉九年七ケ月銀盃三ツ組岩本末吉八年銀盃三ツ組土屋豊三郎八年銀盃三つ組中井源三郎七年銀盃三つ組田邊初吉四年銀盃一個國井兼次郎齋藤幸一郎小林同中津川秀太瀧田最一橋本福松何れも同上山本初太郎二年半銀盃一個町長若林五郎平三年六ケ月床置物一個

○農作物觀察　塩谷郡長菊地彌左衞氏の一

十七日追加更正豫算其の他小野町二十八日町起債及償還方法の件追加豫算決定の件其他住吉町八月八日追加豫算の件塵埃燒却の件豐岡町同日區長及代理者選擧を附議した

◇町制施行準備　城崎郡日高村では逐年人口增加し同村江原を中心として町衢を形成するに至り村當局では愈に町制を施行すべく當局に向け書類を申達し近くこれが認可の指令に接せんとするの情勢にある。

長崎縣

◇戸主會　日見村は七月二十一日大村册は二十二日いづれも村財政並民力涵養に關し總會を開催した。

◇長崎市參事會　七月二十日開會。

一、住宅地域內地賣却の件

一、十四年度縣税家屋税建物賃貸價格增減の件

一、十四年度縣税家屋税賦課額の件

一、增設水道用地買收の件其他を附議した

◇佐世保市會　七月十七日招集本年度特別税戸別税同上家屋税外數件を附議した。

◇島原町會　七月三日開會。特別基本財産建物賣却處分の件、小學教員獻勞金給與の件、町有基本財産蓄積條例改正の件、都市計畫調査費其他を計上せる大正十四年度歳出追加更正豫算の件等を附議した。

◇南高諸村會　杉谷村にては六月三十日村會を招集し十四年度縣税戸數割賦課額議定の件同年度村税戸數割附加税議定の件を議了し北有馬村に於ては二十六日より三十日迄の間に於て十四年度縣税戸數割賦課額議定十三年度村税戸數割附加税異議申立に關し決定書議定の件停車場に通ずる村道改鑿の件寄附受納議定の件賦課率の件等を附議し寄附受納の件を撤回したる外縣税戸數割賦課額議案を一部改正し他原案を可決した尙布津村に於ける戸數割附議の村會は二十八日より三十日迄の間に開會。一時公借の件十四年度歳入出追加豫算の件を附議東有家村でも三十日の村會に於て左の諸件を議了した。大正十四年度縣税戸數割賦課額議定の件村税其他雜收入督促手數料條例中決定の件　其他

◇長崎市會　七月二十四日開會。長崎都市計畫區域決定に關する諮問の爲め縣税家屋税の賦課額決定に關し齋藤氏より質問の件及び金子組の契約保證金返還に對する應

行は八月二十九、三十日の兩日郡內の農作物狀況を視察した。

□三重縣□

○川上四日市市長　公務の爲滯在約四日の豫定にて六月二十九日上京した。

○加藤三重郡長　山本首席書記を從へ七月二十四日千種村二十五日川島村を巡察した

○村田桑名郡長　八月五日古美七八日楠十二十三兩日多度の各村を巡視した。

○小西庄左衛門氏死去　多氣郡東黑部村漁業組合長で前村長並に區會長をも勤めた小西庄右衛門氏は豫て盲腸炎に罹り療養中であつたが七月十日零時二十分死去した享五十歳。

□靜岡縣□

○大石庵原郡長　七月二日縣廳學務課へ。

○伊藤知事　引佐郡に視察の爲七月二十四日出張二十六日歸廳した。

□山梨縣□

辭令

南巨摩郡長　大野　元

中巨摩郡長　武井　佐京

訴の件等を附議。

◇深堀村會　同日開會。
一、都市計畫區域決定の件
一、大正十四年度村歳入豫算追加の件
一、小學校本財產轉用の件
一、納税奬勵規程議定の件　其他を附議

◇青年評議員會　七月二十四日南高來郡聯合青年團評議員會開會役員改選は總て再選し青年團調査の件を審議した。

◇佐世保市　七月二十九日吏員手當規則改正の件に就き市會招集。

◇南高來郡深江村　現村長森孝夫氏就職以來着々村治の改革を行ひつゝあるが七月二十八日村會を召集し、助役水田磯松、收入役本田吉次郎の兩氏を推選し滿場一致選擧する事に決した尙新に收入役代理を設くる事とし村書記吉岡傳三氏を選任する事に決定。

新潟縣

◇黑崎臨時村會　七月七日開會、黑崎村長選擧の件、名譽助役推薦の件、同有給助役推薦の件等附議した。

◇曾根村會　七月四日、十四年度曾根村村税課率中戸數割附加税率改正の件及十四年度歳入出豫算歳入の部改正の件其他滿場一致原案の儘可決確定した。

◇新津町會　町村合併の諮問並に住宅委員任命其他國勢調査に要する經費の追加豫算を附議の町會を七月十六日招集した。

◇新發田町會　七月二十一日開會十四年度追加更正豫算並に水道敷設費起債に關し本縣指示事項を附議した。

◇新潟市參事會　七月二十四日開會、指定寄附受理の件、流作場水害豫防樋管掛替修繕費として江邊長松、外七十七名總代安倍邦太郎より二百三十圓四十錢を寄附出願につき受理するものを附議可決した。

◇北蒲原郡黑川村會　七月二十七日、十四年度村税戸數割附加税課率更正の件、十四年度傳染病院費款內費目流用の件、村有土地處分に關する件等を附議した。

◇西蒲原黑崎臨時村會　七月二十九日開會、十四年度黑崎村歳入出豫算追加の件、同年度同村大字鳥原一部費同上の件、同年度同村大字小平方、大字鳥原新田一部費同上を附議した。

◇新潟市參事會　七月三十一日開會、柴崎前市長慰勞金贈呈の件を附議した。

四級俸下賜

○助役辭職　峽北小淵澤村助役田中實氏は家事上の都合を以て七月二十四日辭表提出

○田中實氏（小淵澤村助役）滿期辭職したが去る二十九日の村會にて再推されて留任する事ゝなつた。

□滋賀縣□

○神崎郡六村長　西部六ヶ村長は七月二日本縣土木課へ栗見村福堂道路の件に付陳情のため出張した。

○竹内村長逝く　蒲生郡鏡山村長竹内儀三

郎氏は七月七日早朝自宅に於て突然卒倒し腦貧血を起して間もなく逝去した。

○速水村長逝去　既報東淺井郡速水村長淸水龜松氏は心臟病を併發して生命危篤の趣で七月十六日辭表を提出したが當日終に逝去享年五十三歳氏は温行篤實にしてよく尉

◇五泉町會　八月八日開會、十四年度歳入出追加更正豫算附議の件、兒童敎育委員附託に關する諮問案寄附品受納の件等附議

◇三條町會　八月三日招集、縣税戸數割附加税付記更正の件を附議した。

◇枇杷島町會　八月五日開會、第七區々長代理者補欠選擧の件、傳染病豫防委員補欠選擧の件、十四年度歳入出第二追加豫算の件を附議した。

埼玉縣

◇秋平村會　六月二十九日開會、戸數割資力算定範圍を定むる件外を附議した。

◇秩父小鹿町會　六月二十七日、十四年度縣税戸數割納税義務者所得額及住家坪數認定の件、公金保管預け入銀行指定の件、十四年度歳入出一回追加豫算案を協議。

◇入間川町會　七月十三日開會、寄附受入の件、十四年度歳入追加更正豫算案附議

◇本庄町會　七月十四日、借入金の件、弔慰金贈呈の件、助役選定の件他二三を附議。

◇大宮町會　七月十三日招集し戸數割納税義務者(隨時)資力算定に關する件並に本町分校臨時建築委員選擧の件、砂利購入に關する件等附議。

◇小鹿野町會　七月二十日、小鹿野小學校々舎增築に關する諮問案、建築委員選擧の件、小學校々舍築資金充用案其他を附議

◇岩槻臨時町會　七月二十六日開會、十四年度追加豫算、消防組第一部火見櫓建設區長及び代理者選擧、出納檢査立會議員選擧の四件を附議した。

◇深谷町會　八月一日開會、水道第二工事に關する件、其他法案を議する件を附議

◇南埼玉岩槻臨時町會　七月二十七日開會平野町長提出の停車場道路改修及消防組第一部内火の見櫓建設その他臨時事業に伴ふ十四年度追加豫算(一千七百九十圓)を決議し次いで區長の代理者を選擧した。

◇兒玉町會　八月六日開會、元村助役木村善太郎氏退職に就き慰勞金並に感謝狀贈呈見玉高等女學校耕地整理請負方法決定、

◇川口町會　七月二十九日開會、川口町助役山本榮次郎氏の病氣辭職認可の件は異議なく可決され同氏に對し退職手當金一千圓と功勞金四百二十圓贈呈の件も可決し其他二三あつた議案も異議なく可決された。

◇川口町議協議會　八月四日町會議員二十四名を招致し先頃立憲勞働黨主催の町民政に通じ村民一致推選したが惜むべし就職僅に半歳にならずして今回の哀悼を見た。

□岐阜縣□

○白根知事　水利組合起債、町村合併、銀行合同等にて上京中の白根本縣知事は七月十五日歸廳。

□長野縣□

○市川北佐久郡長　米大使告別式參列のため七月三十日輕井澤へ出張した。

○長山南安曇郡長　七月三十一日八月一日の兩日小倉村へ。

○高野東筑摩郡長　八月一日梓川問題で出縣。

○梅谷知事　八月一日諏訪下社祭典に參行日山浦方面の蠶況視察を行つた上同夜北山村に至り小澤氏等の周旋で一日から開設された小齋温泉の虛弱兒童夏季保養所を視察し瀧の湯に投宿。

○白石喜太郎氏(小縣郡長)　左の日割を以て行政事務を視察。

七月二十七日浦里村、二十八日青木村、三十一日西内村、八月一日東內村。

○市川北佐久郡長　丹羽郡視　等は七月二十七日輕井澤夏期大學開講式に參列。

大會に於て決議されたる土木請負業者問題に關しての報告をなした。

群馬縣

◇沼田町會　六月五日開會、十四年度町歳出更正豫算の件を附議原案に決した十四年度特別會計水道給水費歳入出追加豫算の件既決豫算金十一萬五百十三圓を千圓を増加し可決した。

◇舘林町　七月十六日町會を招集し十三年度歳入出決算報告、舘林町税徴收不能缺損免除議決の件、舘林町税所得税附加税延納許可の件（上毛モスリン會社の二萬一千餘圓）等を附議し終り無事會。

◇沼田町會　七月五日開會十四年度特別會計追加更正豫算の其他二三重要案件を附議。

◇高崎附近合併　高崎市にては七月十四日都市計畫調査員會を開き近村合併申請の件を審議した。

◇高崎市會　七月二十三日開會市内の各區域變更の件、市金庫設置に關する件其他を可決した。

◇舘林町會　町に於ける十三年度決算は七月二十二日委員調査を終へ二十三日本會議を開き一片の調査報告あり松本氏より町長の費用辨償の件質問あり委員調査ﾉ是認し原案を認可閉會した。

◇群馬郡小野上村會　七月二十八日開會十四年度歳入出追加豫算寄附受附、立方賣却、十三年度歳入出決算、同部落有財産決算の諸件を附議した。

◇勢多郡南橘村會　七月二十七日招集。十三年度歳入出決算、基本財產土地購入の件村吏員報酬額實費辨賞額俸給額及び旅料其の他給支規定一部の改正の件其他に就協議。

◇同郡伊香保町會　七月二十七日開會、十四年度歳入出追加豫算、寄附受入の件附議。

◇高崎市會　八月十一日開會、市費を以て寄附の件、十四年度歳入出追加豫算の二件を附議した。

◇沼田町會　八月六日開會、水道顧問岡崎平三郎氏に對し慰勞金贈呈の件、公園鐵道布設に關し寄附をなす件、十四年度沼田特別會計水道給水費歳入出追加豫算の件、十四年度町歳入出追加豫算の件を附議。

○白石喜太郎（小縣郡長）　左の日割により郡内行政事務を視察。

八月三日和村、四日大門村、五日長久保新町。

○中山忠衛氏（南佐久内山村々長）　七月二十九日出縣、十四年度戸數割賦課の件につき萬地方課長を訪問して陳情。

□宮城縣□

○高橋郡長視察　七月二十日高橋名取郡長は山司農業技手を從へ秋保村野尻區の耕地整理檢査に出張した。

○古川町長　佐々木稜治氏は當町において最も重大なる水道改良工事に關する打合せのため七月二十二日上仙した。

○糟谷郡長視察　連日の降雨にて吉田川氾濫し宮城郡松島村竹谷藤の巻地方の新開墾田は全部白海と化したので郡長糟谷哲郎氏は七月九日耕地整理及農業技手二名を伴ひ午前七時十二分松島着下り列車にて松島村竹谷地方へ赴き被害地の實地踏査を遂げたと。

○村田町會議員　水道委員等は大沼町長と共に七月十六日福島縣坂下町水道視察として出張。

千葉縣

◇夏季講習會　千葉郡產業組合聯合會及び郡農會主催にて八月六日より向三日間開催科目は普通選擧法概論、小作調停法に就いて、社會學概論等である。

◇君津中堅青年會　第六回中堅青年講習會は八月三日から五日間圓西青蓮寺で開會各町村から選拔した青年二名づゝ米副食物作業服等を携帶して出席共同生活をなし精神の修養の鍛錬をなした講師は左の通り。

明治大學敎授小島憲、縣農會技師山﨑時治郎、縣社會敎育主事高橋正之、君津郡長關野周治、木更津中學校長澤渡鏡太郎同校敎諭田中賢一郎、同校水泳敎師松山聞多、縣圖書館司書片岡小五郞、郡視學小林庄太郎、郡社會敎育主事梶四儔

◇銚子町會　八月三日開會、有給吏員支給額變更、十四年度追加豫算、敎員（銚學校丸山訓導）死亡弔慰金贈呈の件を附議した。

◇市原郡　五井町と同郡市原村との境界は耕地整理施行の爲め變更し去る八月一日より施行せり。

茨城縣

◇結城町會　六月一十九日開會、十三年度縣稅戶數割賦課等級課額、町吏員退隱料設定等を附議した。

◇世矢村會　六月三十日本年度歲入出追加豫算村稅賦課率更正同縣稅戶數割前期資力算定の件を附議した。

◇河內村會　六月三十日本年度國稅戶數前期賦課資力算定、大字西河內區長辭職に付理由審議外二件を附議した。

◇石岡町會　六月三十日縣稅戶數割賦課規程外數件を附議した。

◇谷田部町會　七月三日戶數割賦課資力算定十四年度歲入出追加豫算全八百圓は原案可決火葬場設置諮問案は多小修正條件を附して登申に決した。

◇取手町會　六月三十日第二期縣稅戶數割賦課等級の件を附議した。

◇上小川村會　七月二日開會本年度歲入出追加豫算外七件を附議した。

◇土浦町會　戶數割繼續町會は七月五日開會緊急議案桀地區長代理中島直次郎氏の辭職に依る補缺選擧及刑務所跡溝渠拂下代金拂込の件を附議した。

○古川町會議員　二十五名は七月十七日午後四時同町に水道濾過地檢分

○下山志田郡長　三名の郡書記を隨へ七月二十二日三本木町事務監査のため出張した

○桃生郡產業技手山崎良雄氏　七月二十五日鹿又村の稻作狀況を視察尙同技手は漸次各町村を巡回視察すると。

○桃生郡橋浦村長細川信氏　今回職を辭し自由の立場になつたので八月初旬約一ヶ月の豫定で滿方面の視察を行つた。

○廣淵村長中野善作、赤井村長濵美市太郎兩氏、全國町村長會議に出席、北海道各地の自治行政の實際を視察し八月五日歸村

○大沼村田町長　札幌市に開會した全國町村長會議に出席中のところ八月四日歸町。

○赤木志田郡視學　學事視察のため七月二十九日三本木小學校八月三日高倉小學校に出張した。

○志田郡古川町長佐々木稜治氏　八月三日當町水道改良工事に對する縣の補助申請をなす可く上仙した。

□福島縣□

○松江岩松市長　北海道釧路市に開催の東北六縣市長會議列席の爲め七月一日出發。

◇袋田村會　七月一日、十四年度歳入出豫算追加議定、第四區長代理者藤田貞退職事由承認件數件に付附議した。

◇日立町會　六月三十日、本年度戸數割賦課資力算定案に就て異論續出したが結局七名の調査委員を擧げ具的調査を遂げた。

◇額田村會　七月一日開會縣税戸數割第一期賦課資力算定の件を附議した。

◇額田急施村會　那珂郡額田村では傳染病發生の爲め七月二十三日開會し追加豫算を議決した。

◇下妻町會　七月二十五日開會、町營住宅建設議定の件、十三年度の歳入出決算報告十四年度入出追加豫算等協協可決。

◇古河町戸數割　目下縣議中なる戸數割問題に關し七月二十二日以來縣庶務課及猿島郡役所員は修正案に就て實地調査中の處七月二十七日終了した。

◇那珂郡佐野村　其役場位置を七月一日大字高場字神田後百八十三番ノ二に變せり

栃木縣

◇下舘町會　六月二十九日、本年前期縣税戸數割の件を附議した。

◇宇都宮市會　七月四日事業繰延の件本年度歳入出追加豫算の件其他を審議した。

◇鹽原町會　六月二十五日開會、町村道工事補助申請の件、遊園地町經營の件、十四年度縣稅戸數割附加議定の件等何れも可決したが議案調査の爲め四日間休會廿日再戸數割の件に就て闘議する處があつた。

◇石橋町外二ケ村耕地整理組合會議　七月二十八日開會、十三年度豫算變更の件十四年度豫算の件、第一區前組合副會長慰勞金贈呈の件其他を議決した。

◇宇都宮市會　議案(消防器具購入及豫算)調査の爲め休會してゐた市會は七月九日再會されるが議案調査會は二日に亙つて開會され議論も可なり沸騰したにも拘らず原案を認める事になつた。

◇足利市參事會　七月二十七日開會、寄附受入の件、臨時出納檢查立會人互選の件市道路占用に關する件等附議した。

◇復戸數割問題　喜連川町にては十二年度縣税戸數割賦課問題瀆職事件が今尙決定せざる今日十四年度縣稅戸數割賦課が一部町民に對し甚だ不當であると非難さるゝに至つた。

◇矢板町會　七月二十八日開會、區長代理選擧の件、寄附受入の追其他附議した。

□岩手縣□

○佐藤郡長視察　佐藤岩手郡長は七月二十七、八の兩日は御所村二十九、三十の兩日は御明神村へ其々事務視察の爲め出張した

□青森縣□

○石橋北郡長　養蠶視察の爲め上野技手を隨へ七月三日小泊へ向け出發したが四日歸廳した。

○山浦町長參廳　山浦小中野町長は七月六日午前參廳大火に際しての慰問並に復興策についての縣當局の配慮とに對し挨拶を爲し尙其後に於ける狀況を述べて歸町。

○七戸町長　上北郡七戸町長は昨年同町に於て學校建築費の起債認可を受けたが同年度に於て資金借入れに至らざりしため更に本年度に於て借入るべく之が手續きのため七月二十五日參廳した。

○中郡長行政監査　佐藤中郡長は七月二十七、八兩日に亘り大浦村行政監査を行つた

□山形縣□

○二郡長の視察　茨城縣鹿島郡長木川善助宮城縣伊具郡長小野有一の兩氏は七月二十

◇宇部宮市參事會　八月五日開會、國勢調査費追加豫算の其件他一二件に關し協議

奈良縣

◇三本松村會　七月六日招集、會議錄署名委員選擧の件、臨時出納檢査立會人選擧の件、學務委員改正の件他二件を附議した

◇福知山町申請　福知山町では洪水の慘害に鑑み、由良川筋提防西端約六百四十メートルの箇所の嵩置工事に付七月十四日付を以て之が施工促進方を池田知事宛請願した。

◇奈良市校長會　七月二十二日開催、海濱聚落實施に關し村合せの件、市青年教育實施打合の件等附議した。

三重縣

◇久居町會　七月三日開會、戸數割附加税課率並に縣税戸數割各戸課額の二件附議

◇大河内村會　七月六日、戸數割賦課額決定外數件附議の爲開會した。

◇三方村長會　七月三日、町村會計整理の件、公民教育に關する件成人教育の件、男女青年團の指導に關する件他十數件を附議。

◇河保町會　七月十日、本年度縣税戸數割賦課議案を附議した。

◇桑名町會　七月二日開會、十四年度桑名町歳入出追豫算を附議原案可決した。

◇引本町會　七月十日開會縣税戸數割附課額を附議し大體に於て原案通り可決確定

◇船越村會　七月二十二日、十四年度歳入出追加豫算議定の件十三年度歳入出決算認定の件並に村道認定廢止に關し附議した

◇上野町會　伊賀上野町では七月二十七日町税調査會と土木部會を開き下水改修工事の進捗狀況に就て町當局と打合せをなした。

◇桑名町會　七月二十八、九、三十の三日間に亘り町會を開き十四年度戸數割賦課の件を上議した。

◇四日市市會　七月二十九日、本年度戸數割各賦案を附議した。

◇久居町會　八月七日召集、同町學務委員選擧を行ひ其他協議事項を附議した。

◇富田町會　七月二十四日召集同町墓地移轉の件を附議した。

◇伊賀上野町　七月二十五日から町勢調査會を開いて本年度縣税戸數割賦課案の下調査に着手した。

四日來酒し酒田地方の狀況を視察した。

□秋田縣□

○齋藤宇一郎氏　由利郡平澤町長就任挨拶のため七月二十八日縣廳を訪れた。

○優良町村視察　南秋田男鹿部町村吏員十數名は八月五日同郡館野書記同伴で宮城縣下の優良町村の一般行政事務視察として出發視察日程は五日間。

□福井縣□

○坂井郡田中郡長　七月二十七日大安寺三十一日大石村に出張し巡視を行つた。

□石川縣□

○相良市長　市電の配電狀況視察の爲め輪島、穴水、宇出津、飯田の各地方へ七月十三日出張。

○湊村自治會表彰式
生駒己一郎（書記十年、助役四年、村長二年、（合計十六年間勤務）生駒常松（村會議員二十一年間、此間學務委員七年、公園委員四年、森林委員四年勤務）加藤與一（村會議員二十一年間、此間森林委員八年勤務）木谷尹右衛門（村會議員十五

◇高町橋架換へ　松阪町大口を徑て西黑部村に通ずる高町橋は最近腐朽して交通危險となつて來たので七月二十七日川村黑部村長は町役場に川口助役を訪ひ之が架橋に就て工事費負擔の打合せを爲した。

◇自治研究會　飯南郡西黑部村青年會にては今回自治研究會を組織し普通選擧法並に市町村制の改正法規を研究する。

◇伊賀上野町會　八月四日開會、本年度戶數割賦課議案を附議する事に決定した。

◇桑名町會　七月二十九日開き本年度縣稅戶數割賦課議案を上議し先づ福原町長より原案說明あり之に對し全議員を委員として調査を行ふ事となつた。

◇境町會　七月二十八日開會、十四年度歲入出追加豫算は町役場新廳舍落成式及び祝賀會費であつて祕密にあらざれば直に附議し難き事情があるので之を除外延期して境町揭示場設置規定を改正して第四揭示場を上道村字千防南千七百二番地に新設する事と決し外諸件を附議した。

◇田丸町會　八月八日開會、十四年度田丸町縣稅戶數割各戶課額の件、同町稅戶數割附加稅課率の件、十四年度町稅戶數割附加稅徵收期間の件等附議。

◇桑名町會　八月八日織續町會を開き本年度戶數割賦課案決議を上議。

◇濱名國勢調査打合會　八月八日郡下四十ヶ町村の係員を召集、國調に關するもの、調査趣旨普及に關する件等を指示した

◇名賀郡矢持村　同役場位置を六月二十二日大字腰山三百五十五番地に變更せり。

愛知縣

◇名古屋市會　七月十日開會、十四度年名古屋市歲市歲入出追加豫算他數案を附議した。

◇渥美町村吏會　渥美郡第三部落町村吏員は七月十九日會合し郡役所廢止に伴ふ町村事務處理、町村吏員能力增進に就き種々研究した。

◇安城町會　七月十八、九の二日に亙り町會を招集して十三年度の決算、十　年度の衞生費敎員費尙武會費を附議した。

◇名古屋市會　七月二十二日開會、電氣局退職吏員船橋、永瀨兩氏に三千圓兒玉氏に二千五百圓の退職慰勞金の件を議議。

◇豐橋市農評議會　八月一日開會、動力農具破損辨償步合の件、豐橋市農會販賣斡旋所に關する件を附議した。

年間勤務）千津常次郎（村會議員十五年間、此間公園委員四年、森林委員七年勤務）

□富山縣□

○西礪金尾郡長　七月四日小勢六日石堤七日東五位の各村役場事務の普通巡視を執行

○福山富山市助役　七月十五日太田主事を隨件し東吳羽村會に出張同村役場に到つて富山市編入に關する諸般の打合せをなした。

○上埜安太郎（高岡市長）　政變のために上京中のところ六日朝急行列車にて歸岡の豫定。

□島根縣□

○春殖村長逝去　大原郡春殖村長野々村米三氏は昨年十二月以來病氣中の處本月五日遂に逝去した。

○野島忠孝氏（濱田町長）　濱田川浚渫の件に關し七月二十二日縣廳土木課長訪問

○野島濱田町長　は佐野商工會頭と同伴隱岐汽船會社と內鮮貿易に關する打合のため八月四日午後二時三十五分濱田發より列車にて出松一文字屋館に投じた。

○馬場簸川郡長　は小德一郎氏と同道八月

◇安城町　國勢調査員は五十九名で町役場より本縣に向つて申請中であるが近く認可されると。

◇碧海郡棚尾町　其役場位置を七月一日字諏明百二十六番百二十七番百二十八番百二十九番百三十番ノ一地に變更移轉せり

靜岡縣

◇藤枝町會　六月三十日開會縣稅戶數割前半期分賦課及縣稅臨時戶數割賦課の件、教育住宅買收の件外數件を原案通可決確定

◇笠井町會　六月二十九日開會十四年度縣稅戶數割賦課額、町有土地賣却他二件附議。

◇長濱町會　七月六日、本年度縣稅戶數割賦課額七等級制定の件を附議した。

◇熱海町會　七月十日、十四年度縣稅戶數割賦課額を可決した。

◇笠西村會　七月二十三日開會新任村長安間恭義氏の挨拶後前村長戶倉實太郎氏に對する記念品贈呈の件を滿場一致で可決袋井商業學校商議員補缺は選擧の結果戶倉惣兵衛氏が大多數にて當選した。

◇沼津市會　七月二十九日招集、十五年度追加更正豫算六千十二圓土木、勸業、國勢調査費關係及市有土地使用料引上げ其他數件を附議した。

◇賀茂技術員會　八月三日開會、稻作病虫害防除に關する件、早出及抑制蔬菜に關する件本會事業に關する件等を協議した。

◇磐田郡　各町村國勢調査主任者會議は八月十日開會し諸般の打合せ協議をなした

◇靜岡市參事會　八月三日開會、基本財產預入の件、十四年度追加豫算四十圓（國勢調査費）を審議した。

◇六鄉村私營消防設置　小澤原區は戶數少く公設消防の設置が出來ないので在鄉軍人會員に依つて私設消防隊を組織し八月二日發會式を擧した。

山梨縣

◇中駒村長會　中巨摩郡々役所では七月十三日郡下町村長を招集し郡市長會議に對する注意傳達並に一般事務の打合せをなした。

◇繭共進會協議　今秋、開催せられることになつてゐる繭共進會準備打合せの爲七月二十二日高橋取締役其他が參集協議した。

◇勝沼町會　七月二十八日、新議員初顏一日午前七時四十三分出雲今市驛發上り列車にて出松。

○菅澤肆氏（飯石郡長）　八月三日縣廳訪問

○三谷松江市助役　同縣官房其他訪問。

○布施村長長田文次郎氏　七月十三日縣廳產業課を訪問した。

○八束郡書記森脇温一郎氏　北海道札幌市に於て開催の全國町村長會議に出席の爲め七月二十一日松江出發張八月三日歸郡

○八束郡川津村長奧名佐藏氏　前同

○八束郡講武村長宮迫卓藏氏　前同

□廣島縣□

○沖野郡長　郡市長會議へ出席の爲め出縣中なりが七月三日歸廳した。

○立野廳市氏　七月十六日急性心臟病にて死去した。

○菊田郡長出張　七月二十六、七の兩日千生町に於て行はれる徵兵檢査へ徵兵官として出張した。

○永井廣島市助役　廣島市長代理助役永井貢氏は事務打合せの爲十日間の豫定で七月三十一日夜上京した。

□山口縣□

合の町會開會、組合議員選擧區長、區町代理者の選任を行つた。

◇甲府市會　七月三十一日開會、第三五號大正十四年度歳入出追加豫算（自動車ポンプ購入費）を附議原案に費し、職業紹介委員規定設置の件を附議、異議なく確定となつた。

◇郡役所事務取扱費　郡役所廢止に伴ふ郡役所取扱事務府縣移管に關する十五年度豫算概算八月三日前會計課に提出されたが右は貸借資金利年度調辨費及事務費總額五百餘萬圓。

◇七里村民大會　八月六日愛國青年黨の主催で村民大會開會今期村會議員總選擧について村當局の態度を糾彈した。

◇南都留瑞穗初村會　七月三十一日開會寄附物件の受入の件を異議なく決定した。

◇小作官會議　九月十六日から十九日迄開會、調停上の經驗談及小作制度改正に關する意見を述べた。

滋賀縣

◇野洲郡村會　篠原小津村は六月二十九日祇王村は二十九、三十の兩日開會十四年度縣稅戶數割各自賦課額等を議定した。

◇久德村會　六月三十日、戶數割[illegible]除額議定の件、本年度縣稅戶數割納稅義務者各自賦課額議定の件、小財新九郎氏を收入役代理吏員に推薦の件を附議した。

◇八幡町會　七月二十五日招集、寄附物品採納の件、十四年度入出更正豫算等附議

◇大津市會　七月二十四日、大津市特別會計縣經濟寄附物件費出入豫算、同特別會計事業基金歳出入追加豫算等附議した。

◇合併問題　栗見村會を七月二十三日開會六ケ村の合併の可否栗見莊兩村の合併不否に對して對議したが六ケ村の合併が出來ざる場合は栗見莊栗の兩村合件を可する決議した。

岐阜縣

◇大垣市會　七月八日開會、十四年度罹災救助資歳入出豫算追加の件同市歳入出豫算の件市租免除に關する件外三件附議。

◇岐阜市會　岐阜市會議員選擧の効力に關し二級管井好治氏代理桑辯護士より松尾岐阜市長宛提出した異議申立事件は七月十六日提出された。

◇戶數割賦課額　大正十四年度本町縣稅戶數割賦課額は四千一百十六圓七十九錢にして

○山崎林太郎氏　下關市長に再就任の氏は七月十八日朝來關した。

□香川縣□

○大須賀丸龜市長　七月十四日來高登廳した。用件は都市計畫負擔費寄附の件其他再選の件等であつた。

○大川郡長　佐藤富三氏は今回勳五等に敍せられ瑞寶章を授けらる。

□愛媛縣□

○溫泉郡朝美村長三好英夫氏　七月二十四日松山市[illegible]岩寄市長を訪ひ秘密裡に合併問題に關し打合せをなした。

○町村事務視察　伊豫郡では渡部（第一）課長、恩地書記同伴左の通り町村事務並に神社を視察。

八月三、四兩日中山町役場と神社、六、七兩日廣田村役場と神社。

□福岡縣□

○生口澤治氏（若松市助役）　洞海灣に就ける水上國勞調査打合の爲め六月二十九日福岡へ出張

○石橋福岡市助役　滿洲地方に出張中七月

内所得により算定したる資力金二十八萬九千三百二十七圓、住家の坪數により算定したる資力九千九百四十四坪、資産の狀況を斟酌して算定したる資力十八萬八千六百十六點である。

◇戸數割賦課額　昨日の市會に提出した岐阜市の十四年度縣稅戸數割は總額九萬百九十七圓四十錢である。

長野縣

◇須坂町會　七月三日十四年度縣稅戸數割賦課額議定の件、町稅賦課徵收規程中改正の件を附議した。

◇松本初市會　七月十一日開會、正副議長參事會員、土木委員、建築委員等の各役員の選擧を行つた。

◇池田町會　七月六日開會、縣稅戸數割等級賦課の査定をしてゐる縣の割當は七千二百四十九圓である戸數七百三十四戸一等級千二百圓で關恒夫氏である。

◇須坂町會　七月九日本年度縣稅戸數割賦課方法に關する町會を招集附議した。

◇伊那富村會　七月十四日朝日村會は十五日村會招集して本年度縣稅戸數割各人賦課を議定した。

◇滋野初村會　七月二十日開會、戸數割納額の決定臨時會計檢査立會人の選擧擧行

◇飯山町會　七月二十四日招集し十四年度縣稅戸數割各人賦課額、學務委員一名臨時會計檢査立會人一名の補缺選擧の件を附議。

◇長野市會　縣稅戸數割賦課の市會は七月三十一日過日の協議會の內容が洩れた件に就いて各議員は議論を戰はしたが等級割賦課額を原案通り可決した。

◇中野町會　七月三十一日本年度縣稅戸數割に關し町會を開會した。

◇上諏訪町會　八月三日開會し名譽助役に熊井英祐氏に推薦並に他に一名の有給助役の銓衡をなし伺明年度に於て角間澤町有原野五十餘町歩に落葉松二十五萬本植林をなすことを議決した。

◇東筑摩本鄕村　外十一ヶ村農會技術員會、八月五日開會、農事改良組合に對する共同作業共同經營に關する件、昨年の稻作に對する指導方法如何等を協議並に打合をした。

◇西筑摩郡三岳村　役場位置を字下殿六千三百八十六番ノ五に變更せり。

七日歸福した。

○吉川戸畑市長　小田視學同件七月十六日朝倉高女視察。

○生口澤治氏（若松市助役）　同市對筑豐四郡各町村鑛産稅賦課率協定に關し柴田知事の招致に依り阪本稅務係書記を帶同七月二十七日出福。

○吉川門司市長　國立倉庫問題に就て上京中の處二十七日夜歸任。

○長田義陽氏（戸畑市助役）　事務打合のため二十九日午後遠賀稅署へ。

□大分縣□

○宮崎玖珠郡長巡視　玖珠郡長宮崎一雄氏は巡視の爲め七月二十六日出發飯田村に出張した。

○長澤直吉氏逝く　日出町長澤直吉氏七月五日死去享年六十五歲。

□熊本縣□

○高橋熊本市長　阿蘇郡戸下溫泉に靜養中七月九日歸熊十日御船町に開催の上益城郡教育總會の招聘に應じ講演の爲出張。

○木村光輝氏（日吉村長）　七月二十五日より北海道に於て開會の全國町村長會列席の爲

福井縣

◇杜氏組合總會　坂井郡酒造杜氏組會では七月十八日開會、組合規約改正の件講習會開催に關する件等を附議した。

◇義勇青年奉仕　福井義勇青年會では七月三十日社會奉仕日を機とし市内樞要なる交通道路五ヶ處を選び兩側の屋上に鐵線を架し中央に二尺三尺位の左側通行と大書せる宣傳板を揭ぐる事とし午後よりは舊縣廳跡の納涼場に日用品のバザーを開き其純利益金は市を經て市内貧困者の救濟資金に寄附すと。

◇所得調查會　武生町稅務所の所得稅調查會は調査のため休會中であつたが七月二十六日より再開した。

◇町村長幹事會　八月一日開會、北信五縣町村長大會に關する件を協議し本會役員中より角脇副會長並に岡崎幹事出席することゝし其他成るべく多數出席勸する各町村長に出席通知狀を發送することに決し提出問題は農村振興のため教育改善に關する件戸數割の改善に關する件である。

宮城縣

◇古川町會　七月三日開會第九區(北町)長退職事由承認の件、第九區長代理退職事由承認の件、古川町諸給與規程一部改正の件、町稅戸數割附加稅追加賦課稅の件附議。

◇岩出山町　七月六日招集、左記の件何等支障もなく殆と原案の通り決議せられたるが但し收入役身元保證規程制定の件に對しては多少の修正ありたりと。

小學校御眞影奉安庫講堂其他屋根修繕の件寒澤橋外二ヶ所土橋及板橋架換の件、收入役身元保證規程制定の件、大久保溜池耕地整理組合設定同意に關する件。

◇岩沼臨時町會　七月十日助役決定の件十四年度追加豫算の件イ、一町四ヶ村聯合隔離病舍分擔金ロ、郡敎育會寄附金ハ、郡誌編纂寄附金等を協議した。

◇石卷町會　七月十一日招集國勢調查委員選擧、臨時出納檢查立會人選擧其他を審議。

◇古川町會　七月九日開會古川町水道改良工事費繼續年期及び支出方法の件、同工事縣費補助申請の申等を協議した。

◇小野田村會　七月十九、二十の二日間開會諸件の協議をなし委員選擧を行つた。

め七月十九日出發東上二十四日札幌着

荒木一保查氏(鍋村長)　同上

野中一惠氏(岩野村長)　同上

豐田重壽氏(豐田村長)　同上

大野愿氏(御幸村長)　富岡町出張中の所七月二十日歸任。

○伊藤他託郡長　用水の件を帶び視察方十一日大津地方へ出張。

○後藤芳馬氏(球磨郡長)　郡政問題の爲め上京七月二十日歸任。

□宮崎縣□

○宮本郡書記の出縣　西臼杵郡書記宮本文太郎氏は國勢調查並徵兵事務要件を帶び六月二十四日出發二十六、七兩日縣廳における調查打合會に出席し夫れより東諸縣郡高岡に於て徵兵署を視察し七月一日歸廳。

○大島兒湯郡長　土木事務打合せの七月爲二十一日出縣即日歸任。

○小山學務課屬　鵜戸神宮合計檢查の爲二十三日同地へ出張二十四日歸任。

○桑原北諸縣郡長　二十二日出縣即日歸任

○河野高崎村長　同上。

○西臼杵郡長出發　西臼杵郡長坂本賢次氏は去る六月二十九日出縣三十日縣廳に齋藤

◇仙臺市會　七月二十三日、不動産取締に關する件、慶事奉祝記念建築資金運用其の他の件を協議した。

◇桃生郡　小學校長會議は七月二十五日飯野川町に於て開催し種々審議を遂げたるが當日は畠郡長の適切なる訓示があつた。

◇岩ヶ崎町會　七月二十九日臨時町會を開催、栗原、玉造二郡馬匹共進會を九月下旬岩ヶ崎に開催に付費用支出並に仙臺産馬組合へ補助申請の件、岩ヶ崎町水道布設資金借入の件他二件を協議した。

◇青年團の耕作　桃生郡須江村字館青年會は會長安部運太郎氏以下熱心に部落民風改善のため奔走しつゝあるが本年度よりは廣淵沼開墾地約二丁歩を借り受け耕作したその成績極めて良好にて模範とし一般より非常に賞讃を博してゐる。

◇中新田町會　八月一日開會、臨時國勢調査係規程設置の件、町有地處分の件、町有地小作繼續の件、備倉籾貸付の件、本町外一ヶ村組合原野整理委員設置規程の件、本町外一ヶ村組合原野整理委員選擧の件を附議。

福島縣

◇北會津村長會　七月十日、衆議院議員選擧法改正に關す件、町村事務整理刷新に關する件、町村財政經理に關する件を附議

◇鹽釜町會　大演習に關する衞生設備費として三千圓を擧げ七月二十二日町會を招集した。

◇若松市參事會　七月二十七日開會、十四年度追加更正豫算の附議をなした。

◇白河臨時町會　七月二十八日開會、從來の案件たる定期馬市場の件町設住宅使用條例、十四年度歳出入豫算更正の件、同年度特別會計馬市場歳入出豫算更正の件、公園委員設置規定等を附議した。

◇安積三代村會　七月二十六日開會、十三年度歳入出決算を附議したが一萬三千三百十九圓九十五錢にて五千八百八十圓二十五錢を翌年度に繰越した。

◇西白河郡中畑村　役場位置を大字中畑字本村六十番地に變更の件許可せられたり

◇郡山市參事會　八月十五日開會、統計調査委員設置改正の件、郡山消防組織變更の件、十四年度歳入出追加豫算等を附議。

岩手縣

◇山目村會　七月十日開會、村有原野使

知事を訪問したが宮崎二泊の上歸郡。

□鹿兒島縣□

○林業功勞者
前囎唹郡長大井藤助
始良郡牧園鄉長松下紀代志
始良郡東襲山村島田嘉右衞門右三氏本縣林業上の各種施設經營に貢獻する所多く産業開發の爲盡粹せるを以て八月六日第七回林業總會に於て表彰さる。

○御牧秀一氏（肝屬郡長）　大中尾移住地所有權移轉事務打合せのため七月二十三日出廳即日歸任。

○眞島申八氏（佐多村長）　大中尾移住部落救濟問題その他陳情のため二十三日出廳龍潜館宿投。

○柑橘園合同視察　肝屬郡小根占村農會主催柑橘園合同視察は七月五日擧行、津崎副會長上垣技手池端、黑葛原、有富各村會議員其他熱心者五十餘名參加、下村、磯長、河野、有富氏等の經營せる柑橘園を視察し多大の効果を收めて散會した

○楠田義氏（阿久根町長）　出廳中の處七月十七日歸鄉。

○前鹿兒島市長山本德次郎氏　七月三日死

用の件、十四年度歳入出第一次追加更正豫算の件、監督官廳へ諮問の件他三件を附議議。

◇八幡村會開會　七月十四日開會、出納檢査立會議員選擧の件、本年度戸數割附加税課率の件、同歳入出豫算追加更正の件附議。

◇宮古町會　七月十四日開會宮古小學校分教場建築委員規程設定の件、閉伊川筋護岸工事施行に關する調査委員規程設定の件調査及建築委員選擧の件を協議した。

◇久慈町會　七月十五日、區設置規程制定の件及縣道改修費寄附採納報告の件等附議。

◇花巻川口町會　七月二十二日開會、道路費大正十三年度決算十四年度追加豫算等を附議し原案に決定した。

◇東磐井郡磐清水村青年團　七月十七日役員會を開催顧問世話係の意見等を聽し青年講習會を開催する旨協議した。

◇山形村會　六月二十日開會十四年度縣税戸數割各自課額議決の件、罹災救助資金蓄積條例追加の件、教育費積立金設置規程道路積立金設置規程其他諸件を附議した。

◇東磐舞川村會　六月二十七日開會舞川村財務規程中改正の件、出納臨時檢査立會人定員規程設置及選擧の件外三件附議した。

◇平泉村會　六月二十七日十四年度歳入の出追加更正を附議決定した。

◇立花村會　六月二十九日開會十四年度縣税戸數割各自課額に關し審議したが多小の修正をなしたのみで大體原案通り可決確定。

青森縣

◇七戸町會　六月二十九日、十四年度戸數割毎戸賦課法議定同歳入出追加豫算、寄附金受領報告を附議した。

◇田名部町會　六月三十日、中野澤尋常小學校基本財産たる字上山道原野賣拂の件學校委員完數に關する規定改正の件等附議

◇八戸町會　七月三日、十四年度縣税戸數割賦課額類案並に土地貸與議案を附議。

◇木造町會　七月二日、十三年度傳染病豫防費決算及十四年度縣税戸數割賦課額其他を附議した。

◇五所川原町會　六月二十九日開會十四年度縣税戸數割毎戸負擔額查定方案の第一讀會を開き諸氏の質問あり三日間休會に採決。

◇野邊地町會　六月三十日開會、十四年去。

○土持甚左衛門氏（加世田町長）　全國町長會議列席のめ七月十九日北海道へ出張。

□北海道□

○菅原村長は森國收入役と共に村内狀況視察を兼ね賦課材料調査のため六月二十六日字上の湯布谷岱方面に出張した。

○林燒尻村長は過般内地方面に自治講習旁々視察に出張したが八月六日定期船大典丸で歸村。

○高柳町長上京　岩見澤復興資金起債四十五萬圓は道廳から去る八月一日附を以て内務省に申達したが高柳町長は二週間の豫定で六日午前六時二十分發急行列車で上京内務、大藏兩省に出頭諒解を求め認可の促進を期する事となつた。

◇◇人事移動◇◇

京都府

○柳決虎雄氏　七月七日上内村長就件認可と同時に久保郡書記の職務管掌を解かれた

○山路德三郎氏　猶田村助役に當選認可就任した。

度縣稅戶數割每戶負擔額査定方法、金九千四百七十八圓本町配當額負擔査定方法等附議。

◇石川町會　七月六日十四年度縣稅戶數割資力算定及其割合に關する件同年度縣稅戶數割每戶賦課法の件等附議した。

◇七戶町會　七月十一日開會土地買收七戶產馬畜產組合用地百三十六坪を小學校建築上必要に付敷地隣接地なる前記土地を一坪三圓で四百八圓に買收の件其他を附議。

◇弘前市會　七月十九日、十四年度追加豫算の件、市有地貸付の件、諮問案職業紹介所設置の件に付附議した。

◇黑石町會　七月十八日、道路開鑿の件農學校特設請願の件等附議した。

◇弘前市會　弘前市に於ける戶數割賦課方法は大體に於て調査終了したるに依り七月二十九日市參事會に附議した。

◇野邊地町會　七月二十五日開會、建物賃借契約解除議決書を附議異議なく可決。

◇下北東通村會　七月二十八日開會、學校基本財產造林地貸付を青森營林局へ出願の件、十四年追加豫算、十三年度歲入出決算認定の件其他諸件を審議した。

◇弘前市會　戶數割賦課方案に關する市會は八月五日開會原案を承認した七日には市會を開設し經過を報告した。

◇青森市參事會　戶數割賦課を主題とした市參事會は八月一日開會、戶數割賦課方法に追加豫算國勢調査費二千八百五十二圓支出の件に就て原案に同意した。

山形縣

◇津山村會　六月二十八日開會縣稅戶數割賦課額を附議し即日可決確定した。

◇新庄町會　六月六日開會、本年度縣稅戶數割賦課額決定の件を附議した。

◇新庄町會　縣稅戶數割賦課額決定に關する町會は七月六日開催した。

◇天童初町會　七月十一日開會、天童町外三ヶ村傳染病院組合會議選擧の件、天童町學務委員選擧の件を附議した。

◇酒田初町會　七月十一日開會、地目變換の件、荒廢地拂下承認の件、委員選擧の件、十四年度町費歲入追加豫算の件等を附議。

◇農業擔任協議會　飽海郡學事會第二支部農業料擔任教員協議會は七月十九日開會小學校農業科をして地方的たらしむる方案補習學校生徒の晝夜教授の獎勵等附議した

○敦賀町名譽町長の選擧は八月二日行はれ豫備陸軍大佐後藤貞雄氏當選。

神奈川縣

○農會總代人　七月新鶴見町農會總代人選擧を行ひ左記諸氏の當選を見た。

○市場中町佐野左吉○同下町會田六藏○同上町添田守藏○東寺尾齋藤音吉○鶴見仲町顯田作兵衛○生麥原淺井由五郎○矢向小橋村田正之助○鶴見上町鹽田佐太郎○東寺尾二本木齋藤幾藏○同白幡澤野輔造○同別所池田熊吉○菅澤宮田太郎○矢向割畑金子文助○生麥岸池谷源藏

○農會役員改選　中川村は六月三十日會長吉野松太郎氏（村長）副會長高野歲三氏（助役）を推薦した。

○安藤震太郎氏　七月六日溫泉村有給村長に當選。

○中郡相川村村長　大野彌七氏辭職し後任に山口政太郎氏擧げられ二十三日認可。

○石井藤助氏　豐田村長今回任期滿了再選七月二十八日附認可。

○新田信氏　茅ケ崎町長再選七月二十二日附認可の指命を下附された。

□編輯だより□

▼天高く、馬肥ゆるの秋九月。無事にすぎた二百十日は、やがてくる取入れの忙しさ廢しさな物語つて、不景氣の聲に脅かされ乍らも、豐秋ののどけさが快く味はれる。

▼燈火親しむの候、本誌の編輯振りにも今月は一層よりをかけて、今度こそは諸氏の期待を裏切らなかつただらう事をひそかに信じてゐる遠隔の地北海道へ調査の大任をせ背ふた澤西記者の勞も讀者諸氏の滿足に依つて最も良く酬はれたる事を疑はない。

▼諸氏よ、今月の本誌の發行所をお氣づきになられましたか。

▼本會の發展は遂に、帝都中樞の地、日本橋へ出馬しなければ多端の事務がはかどらない迄になつたのです。

▼不景氣風吹きすさむ中を着々として進み更に、新しき第二の階段への第一歩さしてかく中心地へ乘り出した、本會の精鋭の意氣は、更に第三第四への階段に到達するために、讀者諸賢の、貴い御盡力を仰がなければならない。

▼本會發展の姿の、今一つの片影は、この度、山陰地方の愛讀者諸氏の、熱烈なる懸望と、親切なる幹旋とにより

鳥取縣米子町東町九二番地 に新しく本會山陰支局を設けたことである。

▼かうして各地方に、根強い發展の基礎を固めて行きつゝあることを、讀者諸氏にも共に喜んで戴きたい。

▼支局に就いて特に御願ひ申上たいことはいま迄にも、支局に宛てゝ通信を寄せられた方が澤山あつたが、これは非常に間違ひやすく、切角の寄稿を紛失する怖れが多い。で今後は必ず直接に本會宛てに御送付下さるやう御注意願ひたい。

移轉

今回本會事務所を左記の處へ移轉仕候

東京市日本橋區本銀町四ノ三

市町村（毎月一回一日發行）

冊數	定價（郵税共）
一冊（一ヶ月）	五拾錢
六冊（半ヶ年）	參圓
十二冊（一ヶ年）	六圓

◎誌代は前金の事◎切手代用一割増（但し切手は、一錢、一錢五厘、三錢の三種に限る）◎前金受取濟差出不申候◎前金切の節は封紙に其旨表示可致候

廣告料

等級	定價
特等面	一〇〇圓
一等面	七〇圓
二等面	五〇圓

大正十四年九月廿六日印刷納本
大正十四年九月廿八日發行（第一卷）（第四號）

各項禁轉載

發行
編輯兼
印刷人　前田郁

東京市本郷區金助町六十八
印刷所　帝國自治研究會印刷部

發行所　東京市日本橋區本銀町四ノ三
帝國自治研究會
振替東京七一六〇〇番

大阪市東區淀川拾三東ノ町一四
帝國自治研究會關西支局
電話北六一五九番

青年榮達の最捷徑

文官講義錄の最高權威

中央大學教授講師執筆

普通文官養成講義錄

講義錄毎月二回
機關誌毎月一回

新學期開講

最新式通信教授法に依り
毎月五日新學期開講

顧問 貴族院議員 法學博士 **花井卓藏**
會長 貴族院議員 法學博士 **馬場鍈一**

本會講師は何れも皆中央大學教授講師の現職者のみ隨て本講義錄は之等講師諸氏が各科共文官試驗令に準據し流麗簡潔なる文をもて自ら執筆せられたるものなり

獨學青年登龍の門!!!

小學卒業のみの學歴にて容易に成功し得る登龍門は實に官界なり官界に入るの途は敢て難きに非ず先づ普通試驗乃至は裁判所書記試驗を突破せよ之等試驗の受驗資格は何等の制限なし僅かに尋常小學校卒業程度の學力ある者は本講義錄を講習し直に受驗し得容易に判任官たり得べし

規則書附 內容見本無代進呈

「不遇なる秀才保護事業の遂行」を標語として起てる本會講義錄は優良なる內容と整然たる秩序の下に毎號正確に期日を誤るなく發行す蓋し今日入會せば一年後の今日諸君は官界に入るを得べし來れ!!

會員大募集

東京神田駿河臺下（振替東京六六九五〇番）

獨學協會出版部

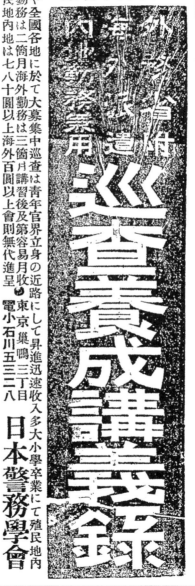

社告

業務の擴張に伴ひ今回左記に本會山陰支局を設置仕候

鳥取縣米子町東町九二

帝國自治研究會山陰支局主任　藤原幸親

大正十四年八月十三日（第三種郵便物認可）
大正十四年九月二十八日印刷納本
（毎月一回發行）
『市町村』大正十四年九月廿八日發行
定價金五拾錢

La Commune

市町村

十一月号

帝國自治研究会

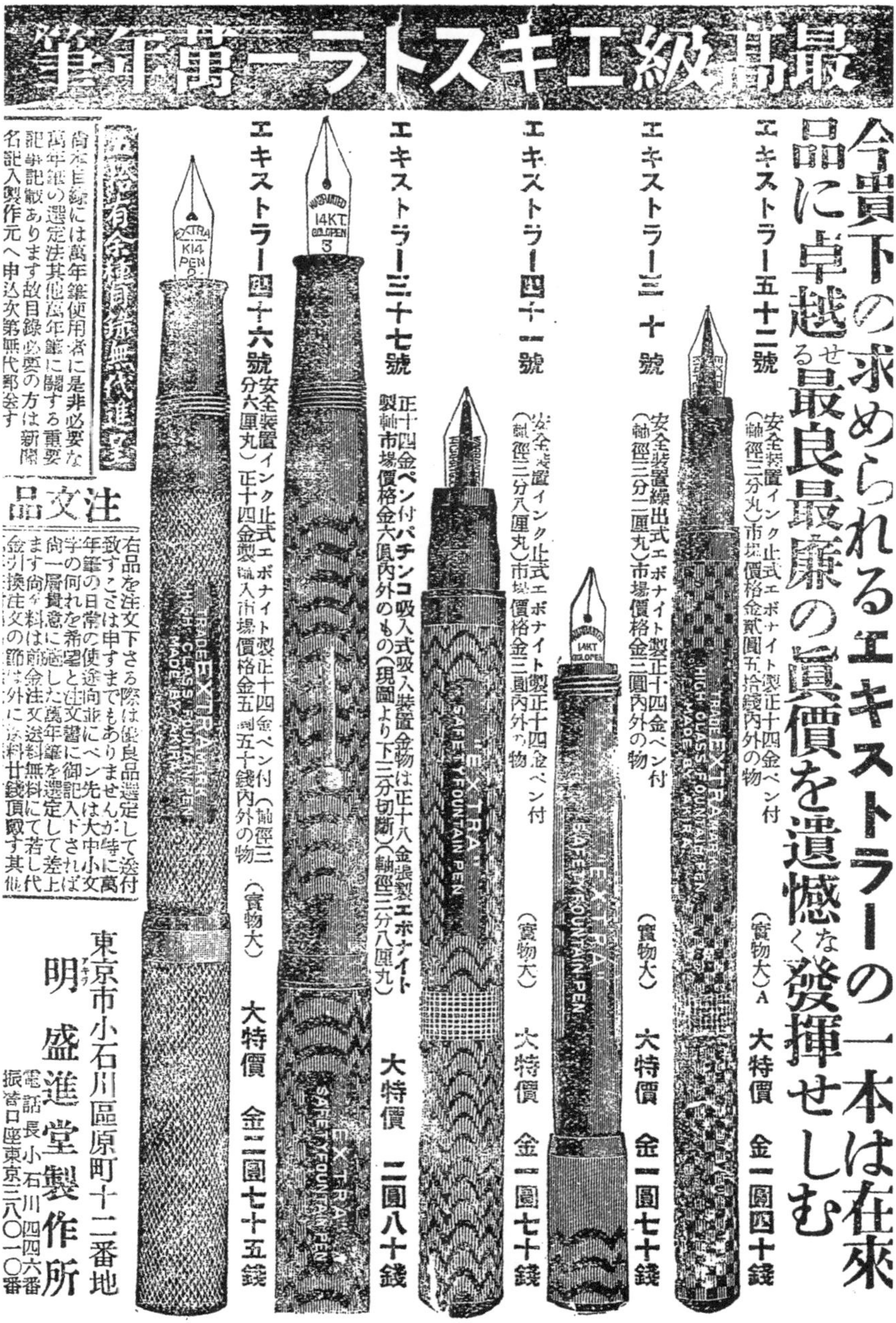
最高級エキストラー萬年筆
今貴下の求められるエキストラーの一本は在來品に卓越せる最良最廉の眞價を遺憾なく發揮せしむ
エキストラー五十二號
安全裝置インク止式エボナイト製正十四金ペン付（軸徑三分丸）市場價格金貳圓五拾錢內外の物
（實物大）A
大特價　金一圓四十錢
エキストラー三十號
安全裝置繰出式エボナイト製正十四金ペン付（軸徑三分二厘丸）市場價格金三圓內外の物
（實物大）
大特價　金一圓七十錢
エキストラー四十一號
安全裝置インク止式エボナイト製正十四金ペン付（軸徑三分八厘丸）市場價格金三圓內外の物
（實物大）
大特價　金一圓七十錢
エキストラー三十七號
正十四金ペン付パチンコ吸入式吸入裝置金物は正十八金製エボナイト製軸市場價格金六圓內外のもの（現圖より下三分切斷）（軸徑三分八厘丸）
大特價　二圓八十錢
エキストラー四十六號安全裝置インク止式エボナイト製正十四金ペン付（軸徑三分六厘丸）正十四金製鐶入市場價格金五圓五十錢內外の物
（實物大）
大特價　金二圓七十五錢
有益精目錄無代進呈
尙本目錄には萬年筆使用者に是非必要な萬年筆の選定法其他萬年筆に關する重要記事記載あります故目錄必要の方は新聞名記入製作元へ申込次第無代郵送す
注文品
右品を注文下さる際は優良品選定して送付致すことは申すまでもありませんが特に萬年筆の日常の使途向並にペン先は大中小文字の何れを希望と注文書に御記入下されば尙一層貴意に適した萬年筆を選定して差上ます尙送料は前金注文送料無料にて若し代金引換注文の節は外に送料廿錢頂戴す其他
東京市小石川區原町十二番地
明《アキラ》盛進堂製作所
電話長小石川四四六番
振替口座東京三八〇一〇番
EXTRA K14 PEN 2
WARRANTED 14KT. GOLDPEN 3
TRADE EXTRA MARK HIGH CLASS FOUNTAIN PEN MADE BY AKIRA
EXTRA SAFETY FOUNTAIN PEN

『市町村』第一卷第五號目次

La COMMUNE

十一月號

巻頭言

過日イギリスの保健大臣ネヴィル・チエムバレーン氏は『若し人ありて、現今の地方自治政に最も要するものを問はるゝならば、余は直ちに、街頭に於ける人々に對して、もつと地方自治の問題に興味を有せしむること、及び地方に於ける最も有能なる市民を、自治體の議員として有することの二を以て答へんとす』と語つて居る。

この言葉は直ちに、我國の自治政にも當嵌る。

街頭は誠に良き自治政の批判所である。街頭に於ける人々をして、もつと自治政に興味を有せしめよ。彼等の實感に基く批判は、自治體の改善に頗る大なる貢献を爲すであらう。市町村に於ける有能なる人々よ。もつと進んで自治體のために働け。徒らに自らを高うして、自治政に關與することを避け、而してその自治政をして不振ならしめ置くことは、決して卿等の名譽ではない。

憲政、政友、政本 三黨の稅制整理案と 市町村の財政

稅制の行詰り

姑息に姑息を續け、彌縫に彌縫を重ねたる我國の稅制が、遂に全く行詰りの狀態となり、國民は負擔の不公平を憤り、政府は徵稅の困難を嘆じ、地方自治體は窮迫して時代の要求する施設に應ずる能はず、國を擧げ、朝野を擧りて稅金難を痛切に感ずるに至り、曩の三派聯合內閣は次の議會に於てはこの問題を提出することに決し、今春以來大藏省の稅制調査會をして調査せしめて居たが、これが具體案を作製する段取りとなつて、憲政會出身の閣僚と、政友會出身の閣僚とは、その意見を異にし、遂に內閣の總辭職となり、改めて現憲政會內閣の組織となつた、而して現內閣は、八月四日その國稅制整理案を決定し、越えて同二十六日地方稅制整理案を可決した。こゝに於てこの問題を以て憲政會と衝突し、內閣の瓦解をも辭せざ

り し政友會も、その責任上自黨の税整案を作製せねばならぬことゝなつて、十月四日これを發表して天下の批判を求め、政友本黨また別個の對案を作りて輿論に問ふて居る。かくの如く一つの問題を中心として、各政黨が各々具體案を公表して國民の批判を求めて居ることは誠に憲政のため喜ぶべき傾向であると言はねばならぬ。以下三黨の整理案を對照し、市町村財政の立脚地より聊か批評を加へて見たい。

三黨の税制整理案

現内閣の税制整理方針は、國税に於ては所得税を中樞とし、地租、營業税、資本利子税を補完税として之に配してその體系を整へ、道府縣税に於ては、賃貸價格に基く家屋税を新設し、之に地租附加税、國税營業税附加税、道府縣營業税等を加へてその樞軸となし、配するに所得税附加税及び雜種税を以てし、市町村税に於ては戸數割を基幹となして、地租附加税、國税及び道府縣營業税附加税、家屋税附加税等を補完とする體系を造つたものである。更にも少し具體的にその細要を示せば次の如くである。

國税整理要旨

一、所得税。(イ)法人の留保所得に對する累進的課税を廢し、留保所得と配當所得との區分を爲さずして、その合計所得に對して比例税を課し、(ロ)これと同時に同族會社に對する取締を嚴にし、(ハ)個人所得の課税最低限を千二百圓に引上げる。

二、地租。(イ)課税評準を賃貸價格に改め、(ロ)田畑に對しては課税最低限を設くることゝし、約二ヶ年を以てその調査を完了せしめ。大正十七年度分より改正法に依り地租を徴收するの方計をとること。しかして新法施行に至るまでの間は農民の負擔輕減の目的を以て、田畑の税率より地價百分の一(北海道にありては地價百分〇・七)を減じ、なほ田畑地價二百圓未滿のものを免稅とすること。

三、營業稅。(イ)課稅標準を純益に改め、(ロ)課稅すべき業體は現行法通りとし、(ハ)課稅最低額を純益四百圓とし、(ニ)總體に於て現行稅額を幾分輕減すること。

四、資本利子稅。地租及び營業稅との權衡上、配當金以外の資本利子(國債利子を含む)に對して資本利子稅を創設し、百分の二の比例稅を課すること。

五、相續稅。(イ)課稅最低限を家督相續五千圓、遺産相續千圓に高め、(ロ)稅率を相當に引上ぐること。

六、通行稅。大正十五年度より廢止すること。

七、醬油稅。自家用醬油稅。大正十五年度より廢止すること。

八、賣藥稅。それも大正十五年度より廢止すること。

九、織物消費稅。綿織物に對しては、大正十五年度より免稅すること、

十、酒稅(麥酒稅、酒精及び酒精含有飲料稅とも)。麥酒に付ては約四割、その他に付ては約二割の增稅を行ひ、大正十五年度よりこれを實施すること。(麥酒一石當り稅率十八圓を二十五圓とし、淸酒一石當り稅率三十三圓を四十圓とす。)

十一、淸涼飲料稅。炭酸瓦斯を含有する淸涼飲料に對し、淸涼飲料稅を創設して一石につき十圓の課稅をなすことゝし、大正十五年度よりこれを實施すること。

府縣稅整理要旨

一、地租附加稅。田畑の地租の稅率低下に因る本稅の減收に伴ふ附加稅は、その稅率を引上げ補塡すること、

二、國稅營業稅附加稅。本稅の減收に因り附加稅の減收を生ぜしめざる程度まで、附加稅率の引上げを行ふこと。

三、所得稅附加稅。(イ)本稅の減收に因る附加稅の減收なかしむるため、附加稅率を引上げること。(ロ)且つ戸數割廢止

の資源として、府縣稅家屋稅(又は建物稅)を創設し、之に充當するも、尙その不足額はこれを所得稅附加稅に依り、補塡することゝし、これがため附加率稅の引上げを行ふこと、

四、戶數割。家屋稅(又は建物稅)と所得稅附加稅とを財源としてこれを廢止すること。

五、特別地稅。(イ)納稅義務者、課稅標準等は地租と同一にすること、(ロ)負擔限度は府縣の地租附加稅額の程度に止むること、

六、家屋稅(又は建物稅)。(イ)納稅義務者は家屋の所有者とし、課稅標準は家屋の賃貸價格となすこと。(ロ)家屋稅は當分配賦稅たることを得せしめ、その場合に於ては、直接國府縣稅額と戶數とを標準として各市町村に配賦し、家屋の賃貸價格は市町村會の議決に一任すること。但し三年以内に之を直接課稅の方法となすこと。

七、府縣稅營業稅雜種稅。賦課細目に付整理を行ひ、且つ之に關する賦課關係法令を整備すること。

市町村稅整理要旨

一、地租、營業稅の附加稅。本稅の減收に基く附加稅の減收を生ぜしめざるやう、その稅率の引上げを行ふ。

二、所得稅の附加稅。所得稅附加稅はこれを廢止して府縣に委讓すること。但し戶數割を施行せざる市町村に於ては、特に許可を得て所得稅附加稅を課するを認むること。

三、特別地稅附加稅。府縣に創設すべき特別地稅に對しては、現行地租附加稅額の限度までの附加稅を課するを得さしむること。

四、家屋稅附加稅。府縣に創設すべき家屋稅に對しては、本稅と同一程度の附加稅を課するを得せしむること。但し現に家屋稅施行地たる市町村は、後述の如く一般市町村に戶數割を施行することゝするも、依然戶數割を施行し難きものあるべきを以て戶數割として徵收すべき稅額は、之を舊の如く家屋稅附加稅により得しむることゝし、家屋稅附加稅

徴收限度をその程度まで認むること。但し前第二號但書に依る所得稅附加稅を課さゞるときは、更にその附加稅額の限度まで、その徴收を認むるものとす。

五、戶數割。(イ)市町村に創立すべき戶數割の納稅義務者は、現行府縣稅戶數割に同じ、(ロ)課稅標準は納稅義務者の資力とし、大體現行戶數割規則を踏襲するも、その資力算定標準中の住家坪數はこれを削除すること。(ハ)現に家屋稅施行地たる市町村に對しては、戶數割に代へ、從前通り家屋稅を課するを認むること。

六、義務敎育費國庫負擔金の增額(二千萬圓)は、主として創設すべき戶數割又は家屋稅附加稅負擔の輕減に充つること。

以上は現內閣の稅制整理案の要點であるが、これに對して在野黨たる政友會及び政友本黨の意見はどうであるかと言へば、大體次の如くである。

政友會の稅制整理案

國稅整理要旨

一、直接國稅は所得稅を中樞として、之に特別所得稅を設けて補完稅とする。

一、地租は廢止して市町村に委讓すること。但し從來府縣が徴收せる地租附加稅も之を市町村に分賦する。

一、地方自治團體に於ては確實なる財源なく、それがために自治團體に財源を與へるの意味で地租委讓をなし、その基礎を鞏固とする。

一、特別所得稅は輕率なる課稅をなす。資本利子に對する稅率は百分の二となす。

一、所得稅の免稅點は千二百圓に引上げる。

一、相續稅は課稅最低限を定め、稅率を引上げる。

一、酒税は從價稅に改め從價三割を課税す。

地方税整理要旨

一、地租委讓の結果、戸數割が約七千萬圓整理減額さる。

一、義務教育費國庫負擔增額は一切税制整理と切離し、主として教育の充實改善に充て、市町村の事情によりてその經營に一任す。

一、府縣税。府税は戸數割を廢止して、比較的に輕率なる家屋税を設ける。地租附加税は從來の程度までは市町村税の附加として徵收し、市町村の所得税附加税はこれを府縣に委讓し、その餘の不足分は所得税の增率に俟つことであるが、その率は百分の二十一とす。

一、直接國税と地方税を通じて三千萬圓、間接國税千一百萬圓、總計四千百萬圓の負擔輕減となり、これは關税の收入及び行財政整理によりて國庫の減收を補塡する。

政友本黨の税制整理案

一、所得税法を改正し、第二種所得税(乙號は別にこれを處理す)を廢す。公債社債の利子、銀行預金の利子、貸付信託の利益は、これを第三種所得税として、個人の所得に總合課税するものとす。新に資本利子税を起す。

二、地租の根本整理を期するはもちろんなれど、農村振興のことたる、それを緩ふすべきにあらず。依つて自作農に限り地租の國税に係るものを全免す。

三、營業税法を改正して純益主義による。

四、所得税法に於ける個人所得最低限、並に營業税法及び相續税法に於ける最低限を引上げて、免税の範圍を擴張し、その所得税法並に相續税共に就ては、新に定めたる最低限に近き各納税者に、税率を低下してその負擔の輕減を圖るものとす。

五、通行税、醬油税、自家用醬油税、並に賣藥印紙税を廢し、綿織物税を免除す。

税制整理の財源として、酒造税、麥酒税並に酒精及び酒精含有飲料税に相當程度の増税を行ふ。

關税の適當なる改正。

六、地方税制の整理は根本整理を待つて行ふこと丶し、農家のために特別に免除する田畑に對し、從來の附加税額の範圍内に於いて、之を地方に徴收せしむるが爲め特に便宜の處置を採るものとす。

七、小學校國庫負擔金二千萬圓を増加し、前期議會に於て政府の公約せるものと合せて、四千萬圓を大正十五年度より増加支出す。

政府案は市町村を無視す

即ち政友會の案が著るしく政府案と異るところは、地租を廢止してこれを市町村に委讓せんとした點であり、政友本黨案の前二者に異るところは、政府案の姑息なる地租改正に反對すると同時に、政友會の市町村委讓案にも賛成せず、これを他日の根本的改正に期して居る點である。その他の點に就ては枝葉に至つてこそ多少の論議を有すれ、根本原則に於ては各黨とも大體一致して居るものと見て差支はなからう。しからばこゝに三黨の政策を比較評論するのには先づこの問題を中心に置くのが最も便宜である。但しその他のものに對しては議論を要せぬと言ふのではない。家屋税の問題にしても、戸數割の問題にしても、一つ一つ考ふれば何れも相當の論議を有するものではあらうけれども、便宜上これらの問題を第二として先づ地租の委讓を中心として、これを見たいと言ふまでゞある。

その前に市町村財政の立場から、第一に考へらるゝことは、憲政會案が如何にも市町村の財政を無視して居ることである。單に國庫の立場から言へば租稅として最も收入の豐富なる所得稅、營業稅及び地租等を悉く國庫の手に收めて居ることは頗る便利ではあらう。道府縣も、またこれらの附加稅の外家屋稅の如き屈伸力ある財產稅的租稅を與へらて將來大に好都合ではあらう。しかしながら政府の發表したる稅制整理案によりて何が市町村に與へられて居るか。今回の整理によりて市町村に與へられた主要租稅は即ち辛うじて道府縣より委讓せられたる戶數割だけなのである。その他は國稅及び道府縣稅の殘肴たるそれらのものゝ僅かなる附加稅だけである。尤も從來兎角の批難絕えざりし戶數割を道府縣に廢して市町村に移したことは、稅制上明に一大進步ではある。しかしながら、これを以て市町村に於ける最も主要なる租稅としたことに對しては、政府の餘りに自治體に對する無理解を嘆せざるを得ないのである。

これに比すれば政友會の提案にかゝる地租委讓論は、地租そのものゝ性質上よりするも、又その徵稅技術上の便否より言ふも、誠に適當なる政策と言はねばならぬ。地租が何故に市町村に委讓せられざるべからざるかに就ては、既に去る八月號の社說に於て詳論したるを以て、更にこれを繰り返さぬであらう。唯次の數字を比較して、その因て來る理由を考ふれば足りる。

	明治二十四年	明治三十年	大正十四年
國稅總額	六四、五〇七、〇〇〇円		七九五、二三七、〇〇〇円
地租	三七、四五八、〇〇〇		七四、一〇五、〇〇〇
所得稅	一、一一一、〇〇〇		一九五、八五五、〇〇〇
營業稅		四、四一六、〇〇〇円	五七、一八三、〇〇〇

地租は本來市町村のもの

これを見れば大正十四年に於ける國稅總額は、これを三十五年前の數字に比較し、約十二三倍の多額に膨張して居る。殊に所得稅の如きは約二百倍近くの激增を示し、營業稅もまた三十年近くの間に十六倍の增加をなし、しかも餘裕を有するが如く見ゆるのに、その間に僅か二倍内外にしか增加しない地租が何故に、負擔難を訴へねばならぬのであるか、單に物價を比較したゞけでも、今日に於ける實際の地租額は三十五年前の何分の一に減少せられて居ると同樣なのである。土地の收入が如何に減少したと言つてもかくの如き輕卒なる租稅の負擔に任じ得られぬ筈はないのである。

然らば、何が故に地租の苛重が訴へらるゝのであるか。それは即ち今日に於ける地租が、依然として三十年も以前に定められたる杜撰なる地價を標準として賦課して居るからである。その結果は負擔の不公平となり、地租の減收となつて今日の如く納稅の苦痛が訴へらるゝに至つたのである。この負擔の不公平を矯正するに非ずんは、地租は到底租稅なるに適しない而してこの不公平を矯正するの途は、年々正確にその收益を調査し、これを標準として賦課するより外に方法はない。これは全國一齊的に行ふことの到底不可能なことである。よし可能なりとしても、困難と苦情と不公平とは、頗る甚しくなつて到底堪へ難きに至るであらう。かくの如きは市町村をして爲さしむることが最も適當なものである。この故に吾人は地租はその性質上市町村に委讓することを得て最も適當なりと認むる。況んやこれを委讓することによりて、市町村は始めて彈力ある、獨立の稅源を與へらるゝことになる。今日の急務は市町村の財政的基礎を鞏固なしむることである。國民の負擔の中最も重きものは市町村の費用である。僅か二千萬圓の敎育費を國庫より補助せらるゝとも將來に有望なる稅源を與へらるゝにあらざれば自治體の經營は到底滿足なるを期し得られぬ。

自治政治とは何か

法學博士　川手忠義

日本の今日謂ふところの立憲政治は如何なることを意味するか、立憲政治なる言葉は日本獨特の言葉で、意味甚だ不明瞭であるが、通俗には憲法治下に於ける政治を意味するものゝ樣である。が、然し自分は、立憲政治は即ち自治政治であると思ふ。自治政治の小なるものが、市町村等の所謂地方自治であり、大なるものが國家の自治政治即ち立憲政治で、ヨーロッパで謂ふところの、デモクラシーの政治、換言すれば立憲政治なのである。此のデモクラシーと云ふことは、今日一般に用ひられてゐるところの意味とギリシャ、ローマ大古時代に用ひられた意味と、多少趣きを異にしてゐる。ギリシャ、ローマ時代のデモクラシーの意味は、專制政治、獨裁政治、又は階級政治に對抗する、共和政治、民國政治、又は國民政治の意味に用ひられて居たのであるか、今日のデモクラシーの意味は國民多數の意志を取つて、國家統治の意志となすを云ふのである。從つて、國民多數の意嚮を取つて國家政治の中心と爲すに於ては、共和政體たると、君國政體たるとを問はないのであつてギリシャ、ローマ時代の專制政治、階級政治とは、意味を異にするのである今日デモクラシーの政治、即ち立憲政治が、民主政體、君主政體の何れの國家の下に於ても行はるゝは、以上の意味に於て行はるゝのである。

或る人は、君主國には、デモクラシーは行はれずして、民主國に非らざれば、實行せられざるが如く云ふは、大なる誤りである。

例之、民主國家と雖も、國民が大統領を選擧して、三年乃至五年の年限の大統領が、立法、行政、司法に關する總てのことを、國民多數の意志に依らざる議會に計ることなくして、總て專斷に行つたならば、これはデモクラシーの政治、即ち、立憲政治と云ふことを得ないのである。反之君主國と雖も其の國の統治の方針が、國民多數の意志を斟酌して、政治を取つてゐる時は其處に立憲政治があり、デモクラシーの政治があると云はなければならぬ。要するに、立憲政治はデモクラシーの意味であつて、デモクラシーとは國民多數の意志によつて政治をなす、國民自治の謂である。從つて、自治制度を研究することは、結局立憲政治、又は制度の研究をなすことで、自治制は未だ完備せず、國民の自治思想徹底せざる今日、最も必要、且つ、重大なる事業であると云はねばならぬ。

燃料政策確立の急務

衆議院議員　秦　豐　助

一、

國力の充實と國民生活の安定とは極めて大切であつて、之れが直に政治の目的である。我々國民の目指す所は即ち國力の充實ミ國民生活の安定に他ならない。國力なる言葉の中には産業的の力ミ兵力ミがあつて、此の産業の力ミ武力の涵養とは國防の上からも亦國民生活の安定の上からも緊要の問題で之に關聯して燃料問題が極めて密接なる關係があり一日も等閑に附すべきものではない。然らば此の燃料に最も關係あるものは何んであるかと云へば即ち電氣である。電氣が一面に於ては燃料ミ相並んで、近頃は動力源として用ひられ、又他面には燃料に對する不足を補ふ情勢にある。殊に我か日本には發電水力が非常に豐富で設備も完成せられ水力電氣に就ては世界の第三位に在る。水力發電所の一時間一馬力が石炭の熱量に換算すると約三封度の石炭を要することになる。日本にある發電水力の利用し得べき總量を石炭に代へると約一億噸となる。詰り一億噸の石炭を年々無盡藏に採掘されるミ同じ事になる。然し今日實際に利用されてゐるものは僅に百三十万馬力で、それに火力發電が約五、六十万馬力ある、現に渇水時に於ても六百万馬力利用し得べき水力があるにも拘はらず僅に百三十万馬力位しか利用されてゐないのは遺憾の次第である。斯くの如く水力は國家の一寶庫ミも見做すべき極めて大切なるものであるから、電氣國營の如き問題も是等に關聯して起つて來るのである。燃料動力ミは一見別物の樣であるが、私の心配してゐるのは、農家の生命である所の、窒素肥料問題である。今日豆粕は一億圓以上輸入されてゐるのであるが、豆粕は窒素分が甚だ尠なく六―七%に過ぎず、反之して人造肥料たる硫酸アムモニアは約二〇%の窒素分を含んでゐるのである。故に今日約一億圓以上の豆粕が這入つて來るから之を硫酸アムモニアに比すれば其半分以上は無駄に捨てゝ居る――無駄なものに高價を拂つて居る。――ことになるのである、我國としては此の窒素肥料の問題も愼重に考慮しなければならないのであつて、肥料國營論の起るのも亦是に存するのである、此の問題に對しても豐富なる水力電氣を利用すべきであると思ふ。併し渇水時の水力丈では不經濟で、どうしても豫備火力發電の設備をして平水時の水力を利用せねばならぬ、即ち水力を有効利用する爲めには火力發電が伴ふことになり石炭を要することが益々大になつて來るのである。要するに電氣が一面に於ては燃料に對する不足を補ひ石炭が亦水力發電の利用を完うせしむる實際の有樣になつて居るのである、故に此の電氣問題は燃料の問題と關聯して、相距るべからざる唇齒の關係にあるのである。

二

偖て燃料自身に對して觀察して見ると、我國民生活に於て今日重要なる位置を占めてゐるのは、云ふ迄もなく薪炭である。薪炭は我々が昔から用ひ來つたものではあるが、甚だ不經濟で非衛生的で且つ是が爲めに非常に能率を害する。斯る大なる缺點あるにも拘はらず、習慣上又は實際の必要から用ひ來つて居るのであるが大いに注意すべきものと思ふ。我國土の約七割を占めて居る所の山林の年々の成長量は約一億二千万石であると云ふが、此の成長量又はそれ以上、時に依つては其倍も薪炭用として伐採して仕舞ふとのことである、其他建築用材として伐採する數量は約五六千万石あるとの事である、斯る狀態であつて見ると今後三十箇年もすれば我が日本の山林は皆伐り盡されて仕舞ふ計算になるのである。是は余程我々の警戒を要することであると思ふ。假令禿山になつて仕舞はなくとも山林が段々衰微して來れば水源が枯渇して爲に農家の灌漑用水が減少し、大雨毎に洪水に遭遇して人命を失ひ財産上の被害を受けなければならぬことになる。故に假令薪炭は我々が祖先より使つてゐる最も親しい燃料であるとは云へ、使用に就てはお互に十分考慮し何か適當な方策を樹てなければならぬもので、所謂山林制度は愼重攻究すべき重要問題であると思ふ。

石炭に就ては今日段々に採掘も進んで來て約三千万噸近くの産出がある。輸出は昔の事であつて、昨今は寧ろ輸入に仰いでゐる有樣であつて、昨年の如きも約三千萬圓ばかりが貿易表に現はれてゐる、石炭は最良の且つ一般的の燃料であり國家的極めて重大なるは今更云ふ迄もなく、諺にも鐵と石炭を支配する者は天下を制する事が出來ると云はれてゐる位である、此の貴重なる石炭を今日では外國に仰がねばならぬ有樣になつて居のは洵に心細い次第である。今後我國に於て採掘し得べき石炭は的確には解らぬが推定埋藏量約八十億噸で其の內實際採掘利用し得るのは約三十億噸である、此の三十億噸を今日の消費の增加率から考へると四、五十年にして採掘し盡して仕舞ひはしないかと思はれる、而も水力電氣の發展に關聯して石炭を原することは多々新に加はつて來るのであるから石炭の需要は益々多くなつて來ることと思ふ、故に之に備へるには日本內地の炭田開發は固より、又一面には泥炭であるとか亞炭であるとかの劣質炭の利用事業も重大なる一つの問題であると思ふ。

次は價格の問題であるが石炭は石油程値段の高低が甚しくなく、外國のそれに比しても高いものとは思はないが尙此上ともに生產費を益々減じさせる樣にし、運送費を低減させ市價を安くすることは國防の充實、國民生活の安定を得るに就て最大なる關係を持つて居るもので極力注意を拂はなければならぬと思ふのである、只此處に問題とすべきは外國の石炭が例へば撫順炭の如きがどん／＼輸入されては內地の石炭市價をくずして仕舞つて日本の炭礦が窮地に陷ることである。只安くばかりすればよい、內地のものは搆はぬと、それではいかぬのであるから其の間の調節も必要であると思ふ。

三

石油に就て云へば石油消費量は今日非常に其の額を增して來て昨年の如きは四百八十二万石となつてゐるのである。之に對して內地產量は其僅か三分の一を滿すに過ぎないのである。即ち三分の二は外國から來るので是又非常に重大な問題である。石油の用途は實に廣汎である、自動車が增して來た飛行機か出來た、是等は何れも皆揮發油を用ひなければならぬ、又漁業用の發動機船も近來著しく其數を增したが、是等は皆輕油を使用するのである、其他工業用としては勿論で斯の如くに其使用が多くなつたに拘はらず我國の有樣は右の樣な次第で此の點は國民として最も深く考慮を要する點である、獨り民間の事業ばかりでない、海軍の艦船の如きも石油を使用するもの次第に其の數を增し、石炭と石油とを混用する混燒氣罐もあるが最も進步せる艦船では石油專用である、殊に一朝有事の際には固より石油を用ひ石油なくては海軍の戰線に立つて活動は全く零である、此の重要なる燃料を海軍は外國油に仰でゐるのである、所で此の貴重なる石油に付ては我國は將來產出の見込があるであらうか、これは石炭より以上に豫想を許さないが日本の油田の分布は可なり廣きに亘つてゐる樣である、我々はどうしても內地油田の開發、之に伴ふ地質上の調査、或は又深堀り等の採油法を行つて、內地產油で日本全部の需要を滿すに足る樣に努力せねばならぬ。近頃獨乙石油抗道掘りを擔當したシュナイダースと云ふ人が日本に來て居られるが、戰時中獨乙では石油政策を誤つた爲同氏の提案を入れ石炭を掘ると同樣に抗道式により辛じて軍事上の必要を滿したと云はれてゐる、石油を自然の力で噴出させたり又はポンプで汲み上げたりするのは恰度人間の身體に針を刺してそこから來る血の樣なものであつて殘量の方が余程多量であるけれども、之をシユナイタース法に依つてやれば其大部分を取り上げて仕舞ふと云ふのである。其の殘存量は一般に二割取つて八割は殘つてゐると云ふから日本今日迄の採油量は三千万石から三千六百万石位だとの事であるから此の四倍即ち一億四、五千万石は未だ採掘されずに殘存してゐる譯で此のシユナイダース法によれば前途有望である。現に同氏が越後方面を視察して來ての話では日本は決して石油の問題で悲觀しなくともよい樣に言はれたが兎に角石油の採掘法、油田の調査開發は大いに努むべきものであらうと信ずる。

石油は自然に湧出する外に人工的に採取することが出來る、例へば低温乾餾に依つて石炭より油を取るとか、或は動植物質の油を變化せしめて之を石油のやうにするとか、其他油の中に他の動植物の油を混用して石油のやうなものにするとか、之等は海軍省の燃料廠とか或は商工省の燃料研究所で相當の規模の下に專心研究されてゐる。民間に在りても九州では貝島氏大阪では乾餾工業株式會社等でやつてゐる、山口縣宇部のは寧ろ無烟性コークス、コーライト—所謂文化炭——を作るのが主眼であるらしい。此の低温乾餾の工業が我國に於てもつと盛んになれば一面に於ては石油の代用物を補足し得て有利であると思ふ。

只石油の値段に付いては余程考へなければならぬものである。國民生活の上から見るも工業動力の上から見るも石油の値段を安くすることは大いに努めなければならぬ、然るに我國に於ける石油の値段は世界中最高であると思ふ、生產費を多額に要するからでもあらうが關稅を加へても外國品の方がずつと安いのであるが之も石炭と同樣只安くする爲めに外國品をどし〲輸入して內地石油業を窮地に陷入れる事は避けねばならぬ、けれ共國民生活の安定、國力充實の上に大切なる關係ある石油としては將來値段を安くする樣努めればならぬことは云ふ迄もない。其の方法手段に付いては色々講究されてゐることではあるが殊に海外油田の確保を遂行するに徹底したる方針を採らねばならぬ。

以上述べたるか如き燃料問題は各國に於ても火花を散し油田の確保に、內地產業の奬勵に日も之れ足らざる有樣で、燃料の缺乏は同時に文明の潰滅であると思ふ。此の意味に於て國家は素より地方自治体に於ても眼光を廣く此の點に注し、水力發電の共同經營奬勵であるとか、造林の奬勵共同薪炭林の設置等燃料政策を確定遂行して住民の生活を保障することは軈て國力の充實、國民生活の安定となるのである、私は今大局より燃料問題を論じたるは地方有識者の反省を求め、燃料政策の確立速かならむことを切望すること痛切なるものあるからである。

イギリスの地方自治

マスター、オブ、アーツ　弓家七郎

第三章　ボロー(市邑)

第一節　ボローの起源

ボローは遠くアングロ・サクソン時代にその起源を有し、イギリスの地方制度中最も古いものである。紀元第九世紀の末期エドワード王が再びイギリス王國を恢復するや、彼及び彼の子孫は外敵に對する防禦の必要上から、諸所に要塞を築いた。その要塞は村落を中に取り入れて居る場合もあれば、又は全然人家のない要害に築造せられたこともあつた。この要塞はバールス、即ち『國王の城砦』と呼ばれた。それは城砦であると同時に、そこが國王の住む場所若くは國王が親しく治めるところであると言ふ考からであつた。かくして、そこには始めから大なる保護があり、安全があつた。人々はそこに集つてその生業を樂しむに至り、その場所は繁榮した。これが今日のボローの起源である。

しかれども、ボローは常に必らずしも『國王の城砦』ではなかつた。殊に對建制度行はるゝに到つてはそれは、完全に『領主の城砦』とせられた。領主はボロー及びボローの住民を保護した代りに、恣に賦金を取立て、飽く迄も市民を誅した市民等は際限なき領主の誅求に堪へず、年々一定貢賦金の納入を條件として所謂自治權の獲得を企てた。而して領主等も市民との絶えざる抗爭に飽きてこれに聽從するやうになつた。市民等は堅く相團結して法人を組織し、救を國王に求め法人の名に於て自治の權限を獲得した。その權限を定めたもの、即ち領主をして承認せしめたものが憲章(チャーター)である。チャーターはボローの憲法でもあり、又自治權の特許狀でもあつた。

第二章　初期に於けるその組織

初期に於けるボローの政治組織は頗る民主的であつた。その政治は自由民たる成年男子全部を以て組織する總會に於て決せられ、市長も撿察官もその他の吏員も、皆この總會に於て選擧せられたのであつた。然るにその後人口が次第に增加するに及んでは、人民全體の總會に依つて政治を行ふことが次第に不可能となり、自然の勢は市會、市參事會等の發生を促し、總會は單に市會議員を選擧するだけの機關に化して、政治は漸く直接市民の手から離れた、ことにこの勢を促進したものは、都市に於ける同業組合《ギルド》の發達と、ボローの法人組織化とであつた。同業組合《ギルド》の發達は中世紀に於ける最も著るしい、社會現象の一であつたが、同業組合が經濟的實權を握るやうになつてからは、政治上の權力も自然その手中に收められ、法人の成員たり得べき資格は殆んど同業組合員のみに限らるゝやうになつて、ボローの政治は頗る寡頭專制的のものとなつた。

中世紀に於けるボロー法人は、市長と市參事會員と市會議員と自由民とを以て組織せらるゝ團體であつた。市長及び市參事會員は市會に於て選任せられ、市會議員は自由民によりて選擧せらるゝことは、現在と殆んど同一である。中世紀に於てはその他、國會に代議士を送り得る權限を有して居た。この權限を有して居たればこそ、その組織が頗る寡頭專制的であり、その政治が甚だしく腐敗して居たるにも拘らず、國王の保護するところとなつて、よくその生命を持續し得たのである。代議士を選出するの權がなかつたならば、十八九世紀にならずして、その組織は一大變革を加へられたであらう。これらの事情を語らんとすれば、イギリスに於ける憲法史を詳細に說明せねばならぬことになるが、極く約めて言へば、初期及び中世に於けるイギリスの憲法史は、封建諸候と國王との抗爭史であつた。かの有名なる大憲章（マグナカルタ）の如きも、言はゞ諸候が國王に迫つて無理矢理に承諾せしめたものである。この故に議會に於て國政が審議せらるゝことになつても、國王と諸候とは常に睨み合の姿であつた。而して一方諸候とボローとの關係は、今日に於ける農村と都市との關係の如く、又は大地主と小作人との關係の如く、何となく利害の一致せざるものあるが如き氣持を有して居た。ボロー選出の代議士は諸候よりも寧ろ國王に好意を有する傾向になり易かつた。のみならず國王はボローに憲章を與へ、又はその憲章を奪ふことの權限を有して居たので、時としては隨分この權限を濫用して、議會を制肘することもあつたのである。

第三章　ボローの改革運動

一六八八年の革命もこの勢をかへることはしなかつた。尤も憲章の濫發濫廢によつて議會を制肘する等といふことは出來なくなつたが、十九世になつてから下附せらるゝ憲章も、その內容は古いものと殆んど變りはなく、ボローの政治は依然として寡頭專制のまゝであつた。その組織は到底產業革命の齎せる新都市問題を解決するには足らず、その權限は進歩的なる都市の經營をなすに充分ではなかつた。この故に大なる都市は、直接議會に請願して、權限の擴張又は追加を求めこれに依りて、辛うじて當面の急に應ずるの施設をなした。水道、下水、街燈の建設施設の如きは、殆んど皆この特別法によりてなされたのである。

改革運動は先づボローの外から起つた。ボローは自治體であつたと同時に、その特權として議會に代議士を送ることの權限を有して居た。しかも第十五世紀の終り頃までに憲章を與へられたボローは事實上に於て人口の多數なる都市であつたが、第十五世紀の末期以後に造られたボローの中には、人口の多寡に關係なく、唯國王が自派の代議士を送らんがために造つたものも多くあつたが故に、議會に於ける國民の代表は頗る不公平であつた。その上產業革命の結果は、人口の分布狀態に急激なる變動を招來し、一方に於ては數百年來殷盛を極めし都市をして、荒れ果てたる廢驛と化せしめ、他方に於ては茫々たる原野の中に忽ちにして一大都市を出現せしめた。しかるに荒れ果てたるボローは依然として、議會に代議士を選出するの特權を有するに引かへ、新興の大都市は何等この權限を與へられて居なかつた。のみならずボローの內部に於ける市民の選擧資格も頗る不同であつて、或るボローに於ては、すべての直接市稅納付者に選擧權が與へられ、他のボローに於ては戶主にのみ限定せられ、又或るボローに於ては法人それ自身がその選擧權者であるところもあつた。一つのボローに於て選擧權所有者が二三十人位しかないところもあつた。六人の大地主が四十人の代議士を選擧し得るやうな狀態であつた。代議士の三分の二は百五十人の大地主に依つて選擧せられて居るとさへ言はれたのであつた。その結果は一八三一年のアール・グレーの改革案となり、議會の解散となり、上院の壓迫となり、遂に一八三二年六月一日議會を通過して五十六のボローは代表權を奪はれ、これに依りて得たる百四十三の議席は、從來代表者權を有せざりし都市、又は縣等に與へられたのであつた。

第四章　市制の根基定まる

改革せられたる議會は、直ちにボローの改革に手を下し、一八三三年特別委員を任命して、その調査をなさしめた。特別委員は、二百八十五のボローに就て、その組織その缺陷、その選擧方法、經營の狀態等を具さに調査し、浩瀚なる報告書を提出した。それはボローのあらゆる缺點を遺憾なく暴露したものであつた。その報告書に依れば、ボローの有權者は平均して人口の百分の五には達して居なかつた。殊に甚だしいのは、人口十六万五千を有せしリヴァプール市に於ける有權者は僅かに五千人であつた。四萬六千の人口を有するボーツマウス市の有權者數はたつた百〇二人であつた。又人口七萬五千と稱するプリマウス市に於ては、四百三十七人の有權者中、百四十五人は市の居住者でなかつた。どこのボローにも市會と市參事會とは別々に存立して居るが、事實上には殆んどその區別がなく、市參事會が別に會議を開く習慣を有するものは極めて少數であつた。市會は殆んど秘密會議で、議事錄の如きは發表しないが殆んと普通であつた。又經營振りも缺陷だらけで、市會議員が自分の親族や知己を矢鱈に市の吏員に採用したり、給料だけ貰つて少しも出勤しない吏員があつたり、別に用もないのに高給を支拂つて名前ばかりの吏員を置いてあつたり、一人の吏員に幾つもの職名を與へて、これに全部の俸給を支拂つたりするやうな例はザラにあつた。又會計簿の編成は亂雜で正確を缺き、ボローの財産は多くの場合に於て、恰かも市會議員等の世襲財産であるかのやうに保管せられて、彼等の勝手に、時としては彼等自身の利益のため、又は快樂のために使はれて居たりした。要するにこの報告書に依つて、ボロー內部の腐敗と組織の缺陷とは遺憾なく暴露せられたのである。

政府はこの報告書に基いて所謂ホキッグ案なる改革條例を

議會に提出した。それは、この規定に合致せざる如きボローの憲章の規定を無効ならしめ、これに依り舊憲章をそのまゝ存立せしめつゝ、ボローの權限を全部同一ならしめんとするものであつた。ボローをして『住民に依りて選擧せられ、住民のために活働し、住民に對して責任を負ふ自治團體』たらしめんとするのが、その理想であつた。而して、このために三ケ年以上引續き地方稅を納付する丁年以上の男子には全部市會議員の選擧權を與へ、市會議員の任期を三ケ年とし、且つ中央政府の監督權を更に强力なるものとし、從來ボローに依りて任命せられたる裁判官を國王に依りて任命せらるゝものとし、ボローの權限を更に縮少したが、平和判事に屬したる免許權その他を與へんとしたものであつた。この案は保守黨、殊に上院に於ける保守黨の大なる反對を招いた。彼等は新なる權限をボローに與ふることに反對し、且つ市會議員の少くとも四分の一を終身議員たらしむべしと主張したのであつた。而して遂に妥協に依りて、政府はボローの權限に關する上院の要求に聽從し、市會議員の任期に就ては、その三分の一を市參事會員と稱して任期六ケ年たらしむることゝした。これが一八三五年の都市團體法である。その後種々なる改正が加へられたが、一八八二年になつて、更にこれらの修正法律を統一して、新なる都市團體法を發布した。これが現在に於けるイギリスの市制である。

頭さへ剃れば

九月は十七日の熊本市會終了して議員一同ゾロゾロと議場を出るや村上議員は質問ありとて佐々木助役を引留め『今回の市會議員二級選擧名簿を見ると子飼町の藤井某と云ふ尼さんが有權者として登錄されてある、頭さへ剃れば女でも選擧權がありますか』と同議員一流の極めて眞面目、且つ皮肉な質問を發したので是には流石の佐々木助役も面喰らつて、早速調べて見ませう……

自治行政と社會事業

東京市社會局　三好豊太郎

1

市町村の公法人は直接に人民の公益に關係するものであるから、人民の公益を增進する事業については、寧ろ國家よりも早くこの事業に着手し、實際に活動を始めてゐる。中世末期において、歐州の都市が各種の社會事業をし始めたのは、この原因が重きをしめてゐる樣である。例へばかのルーテルの乞食禁止に關する意見を始めて採用したのも都市であるし、ツウイングリーの改革的意見を採つたのもまた都市である。都市は常に人民の代辯者であり、また最も熱心な市民的奉仕者であるといふことができる。この點に於ては、國家がその歷史に於てともすると侵畧的であり、征服的であり、掠奪的なもので、其支配者の利害關係が比較的多く歐州に於ては現はれてゐるのと比較して、面白い對照である。これらの關係に對して社會學者は都市、村落等の公共團體は集まる事其れ自身を目的とする處の團體の中へ入れ、國家等を一時的な表面的なものとして、集まることを手段とする團體であると稱してゐるのである。この二つのもの〻社會生活にはいろ〳〵な點で比較し、區別し得ることが多いのであるが、しかしながらこの二つのものは、他の一方から見るならば、また重要な分岐點がある。即ち一方に於ては權力關係といふものが比較的多く含まれてゐるに反し、一方に於ては相互扶助的關係が甚だ多くを占めてゐる。即ち國家の行政を官僚政治とすれば、自治行政は民衆政治とすることが出來、前者よりはより多く民本的色彩を持ち、市民の相互扶助的觀念を其基としてゐる。この二つの相異は極めて明瞭な物であつて、思ふにその原因は、兩種の人間の集合の方法の中に宿つてゐる結果であると考へらるゝから、古來國家の行政と自治の行政とが大に異つてゐるのはこの樣な原因によるものであると思はれる。その例は多數にある。前述したツウィングリーやルリテルの場合のみならず、自治體が特に社會事業の方面を開拓してゐる適例としては、方面委員制度をあげることが出來る始めて此制度を布いたハンブルヒにしても、またそれを模範として更に好成績をあげたエルバーフエルドにしても、その先馳者は都市である。都市の有力者が集て、社會事業に對する奉仕の機關を作つたのであつて、若しこれらの都市がこれを行ふことがなかつたならば、其世界的に行はれるところは甚だ少いものであらうと想像することができる。

都市がかゝる性質によつて、自發的にかやうな制度を發展させて居る事は、重要なことであつた。日本の現在に於ても各都市に於て方面委員制度を布いて居るのが澤山あるが、其れ等は決して命令によつて行はれて居るのではない。皆先進都市の成績に鑑みて自發的に市民がこれをなし、また府縣の當時者の勸誘によつてこれをしてゐるのである。方面制度は都市行政に於て重要な位置を占めて居ること今日の如きはないのであるが、しかし實際に於ては國家の行政としてはこれを行はれない有樣である。都市が先づ實行した國家の行政的活動が之に伴ふといふことは社會事業の方面では隨分多く見ることで、方面委員制度以外にも尙之を見る。感化事業の如きもこの一例と見ることが出來ると考へられる。

2

自治體がかように其本來の性質に於て、社會事業に對する優越な位置を占めてゐることは、極めて意を安んずべきものであるが、また同時に自治體の社會事業經營に於て、充分に注意すべき事項もこれに應じて加はつて來るのである。殊に自治體社會事業の活動範圍が益々盛んならんとする際において、特にこの感を深くするのである。例へて見れば東京市の如きは現今に於ては、其經營する社會事業の量質共に廣くなり、東京府下で經營さるゝ社會事業の數約六百有餘の中、三百餘を占めて居るといふ有樣である。之は自治社會事業のため、大に慶賀すべき一面であると同時に尙注意して、より一層自治體としての特長を此方面に於て發揮すべき必要あることを示すものである。思ふに、自治體社會事業に於ても、其考究すべき問題は澤山にあるのであるが、しかしその中就中重大な問題とせらるゝのは、豫算と人物と技術の問題に歸すると思はれる。大都市内には諸種の解決を要すべき問題がある。それは決して町村團體に於けると比較して比較にならぬほどの大問題があると思はるゝのであるが然し、其存在する事實は、要するに必要な調査の如何によるものであつて、若し其に都市測量又は村落測量をするならば、かゝる問題を發見すること誠に大きなものがあると思はれる。此の點では米國の如きは誠に盛んに行はれて居ることであつて、最近にはコルンビアの測量が發表されて居る。尙小村落に對するものとしてはスモール氏の調査があり、これ等は續々として發表され、都市並に村落の改良上に利用されつゝあるの傾向を示してゐるのである。科學的基礎に立つた社會調査が科學的社會改良に如何に重要な位置を占めるかは敢えていふまでの事はあるまいと思はれる。こうした調査の結果は凡そ如何なる社會でも現實の社會を取て見るならば、改善すべき問題を含まないものを發見することは不可能のことゝ考へられる。日本に於ても着々として發表されつゝある多くの材料は皆此問題に對して、多くの暗示を敎へて居ることを見るのであるが、然しなほ全體の都市の或ひは村落の向上發展の上からはなされねばならぬ問題が澤山あり、其れ等は具體化される爲に、野外調査の必要の前に痛切に投げ出されて居ると見なければならぬ。市町村團體がまづ注意すべき、そして最初に着手すべき方面は先づ其市町村に關する豐富な資料の具體化でなければならないと思はれる。市町村團體に奉職せる人は多くは其市町村社會狀態の熟知者であるから、一見すれば何等の必要もない樣であるが、しかし最も有害な知識は表面的で非組織的で非感受的になつた知識であると考へる。一地方、一村落に長く滯留して居る人は、其村又は町に關する一般的な組織なき知識は持つて居るが、組織的科學化された知識となると持合はせないのが普通である。この故にチャールスブースがロンドンの貧民生活の狀態を發表したことが、一つの社會的驚異であつたのである。左樣な點から貧民改善に對する多くの人々の熱情をそゝる運動となつたのであつて、然らざる限りかくも驚嘆すべき結果を得ることは出來なかつたものと思はれる。しからば當然其地方又はその地域内の改善すべき問題を明かにして、次いでこれに對する具體的方法を講じ得るに至ることは、また明かとなつて來る。具體化された解決對策の出づるに及んで豫算の基礎が出來、こゝに始めて贊同者の出現を待つことが出來る。若しさうでないならば、恐らくいつまでたつても、かゝる問題の解決は不可能であらう。而して市町村は長く下層階級者の哭はしき聲を潜めて進んで行くの外はあるまい。立て此の蒼生の苦衷を救はんとするものは、市町村理事者中に聰明なる人の出づることを待たねばならぬものである。

3

米國人トッド氏は著書「社會事業と科學的精神」の中でかようにいつて居る。こゝに複雜な機械がある。しかも其れは機械の眞一片々なる部分が其あるべき位置にない時にまたは其れがあるべき働きをなさない時に、其機械の全體は休止して終ふものであるといつて居る。これは社會事業についても同樣にいはれることであつて、社會事業の從事者が充分に其職責を發揮し得ない限りは社會事業全體の標準を高めることは出來ない。社會事業の最も重なる問題は人にあるのであるから、人が充分な活動をなさない限りは、社會事業の成績は到底思はしいものはない。然るに行政其のものゝ規定する服務規律なるものは、此點に於て尚遺憾あることを免れない。服務規律に就いて述べるところの者は、職務に服するの義務從順の義務、忠實の義務、秘密、品位を保つの義務等其主要なものである。

これらの種々の義務觀念は充分に論理解釋をする場合には益々其効果を大にすることは出來るのであるが、ともすれば消極的退嬰的な服從義務なるものが、強くなり、忠實の義務等は比較的忽にされ勝となる。しかも積極的な氣持を存することが社會事業家に取て極めて大切なことである。彼のミュンスターベルヒの言つた不撓不屈の精神、事物の眞因を透見するところの明晰なる頭腦、自己犧牲的熱情心を必要條件こしてあげてゐる通りこの三者は極めて重要な社會事業家の態度である。しかもこれらの精神が自治體の社會事業の機關たる公吏に望むことに於ては甚だしく困難を感ずるのである。思ふにかゝる良吏を選むことは、自治行政に於ける財政問題につぐ第二の重要なる事項に屬する。いかにして選むべきかについては、主腦者が全經驗を傾倒すべき重大事である。

自治行政として社會事業の運用上注意を要するのは、直接の事業に從事する關係上、社會事業の實際的技術の必要あることである。社會事業も近代に至ては次第に特種化し、專門化しようとして來てゐる。例へば兒童保護でも、乳幼兒保護と少年保護の相異するが如く、またこれ等と窮民救助、方面事業、社會調査等夫々專門上の智識を要し、且つこれと共にそれらの理論を應用すべき實際上の經驗の豐富なることを要する。社會事業技術のかゝる長足の進步は、自治體社會事業に於て特にまた其必要を見る。社會事業技術をどうしても從業者に注入するが爲に、社會事業養成所又は學校の必要をも充分に認めることが出來るのである。若しかゝる技術的背景なくして社會事業をなすに於ては、極めて事業そのものを誤る恐なしとしない。徃々にしてかゝる社會事業の門外者が、自治體理事者の移動と共に任命さるゝ場合があるのであるが、この點は適當なる方法によつて、緩和し又は之を豫防し得る樣な方策を講づることが大切である。かゝる點がある爲に自治體社會事業は米國等に於ては、私的社會事業の門外漢として過せられたのである。しかしこの後に至つて、都市社會事業の眞價が明かにされ、以つて今日の樣な優勢な地位を占める樣になつたのである。しかし自治體社會事業は充分に反省すべき必要のあることは、どうしても、其長所と共に再考せねばならぬことであらう。その方面は主として技術と事業の將來に對する理解とにある。此の點に於て自治體社會事業者については教育及講習の機會を與へ、眞に自治體の機能として、良果ある社會事業をなすの抱負を全國市町村に於て採用するの必要あるものと考へられる。

くびの爲め

お役人が作つた餘りウマない國勢、失業調査だが其の忙しさだけは尤らしい

□

處で、その宣傳俗謠を方々から寄せて來たうちにうがつた鴨綠江節が一つ

□

國民の失業調査の宣傳に、鴨綠江節、都々逸なんぞに役人が、腦味噌しぼるも首のためチョイ〳〵

岐路にある農村問題

◇都會と農村との關係◇
◇農民の政治上の地位◇
◇農業と婦人との關係◇

貴族院議員　稻田昌雄

「農村問題」は最近の流行社會問題たるの觀があるが、此の問題は單に、一時の流行こしてのみ終らせたくない問題であつて、總ての人々が眞面目に、然も熱心に考ふべき事柄である。此の農村問題に就ては種々の論ずべき點もあるが、玆では二三特殊の問題に就て、稗見を述べて見たいと思ふ。

都會と農村との關係

換言すれば市と町村の問題である。市と町村との關係、或は、場合に依ては市町と村との關係である。即ち、町は其の個々に依て、或は市の色彩を濃厚に有し、或は市よりも寧ろ村の色彩を濃厚に有するものもあるのであつて、其の町々に依て、或は市の方に屬せしめた方がよいこともあるし、或は村の方に屬せしめた方が適當である場合もあるのである。

右の如き意味に於て都會こ農村の關係を見るに、第一の關係は、都會人口增加の原因は、主として農村より都會に移住する人口に依て增加すると云ふ、人口問題に關する關係である。人口の增加は、出生と死亡との差に依る所謂自然增加に依るものと、人爲的な移住によるものとの二つの要素に依て增加するのであるが、都會の人口增加は、後者即ち、移住に依るものである。之は殆んど世界共通の現象であつて、我邦に於ても東京を始め、大阪、京都、名古屋、福岡其他の大都會は皆然りである。若しも農村より都會に移住する人口がなかつたならば、忽ちにして都會の人口は減少するに至るであらう。然し之を農村側より見れば、農村より人口が減少することは、農村にとつては餘り有難からぬ事であつて、農村に於て、將來の農耕地を引受くべき人々が、爭つて都會に馳りて農村の衰退を來すが如き事は、農村にとり由々敷大事と云はざるを得ない。然も、農村より都會に移る者の多くは老年者に非ず、又少年者にも非ず、實に將來の農村を双肩に荷ふべき青年男女に多きことは、最も考ふべき問題である。我邦の農村に於ては、未だ人口豐富にして、多少都會移住者を出しても、忽ち農業經營に支障を來すが如きことはないかも知れないが、今日此れに關して、何等かの對策を講ぜねばならぬことは明である。

都會に取りては極めて必要な、農村よりの都會移住者が、農村に取りて迷惑な事柄であるとするならば、兩者の利害は一致せざるが故に、如何なる點に於て、都會と農村との間に妥協點を見出すかの一事に、實際の問題は係るであらふと思ふ。

都會と農村との第二の關係は、經濟上の生産消費の關係である。即ち農村は食糧を生産する場所であり、都會は之を消費する場所である。一方は生産者であつて、一方は消費者である。生産者は自己の投じたる資本及勞力に對して、適當な利益を加へて或る價格を主張し、一方消費者は、成るべく之を低價に購求せむと欲するので、兩者の希望一致せざることは勿論である。米價の調節問題は、此の生産消費の間に立つて種々困難なる實際問題にぶつつかるのであるが、問題をして一層紛糾せしむるものは、農村に於ける食糧の生産者たる農民が、單に食糧の生産者たるのみならず、消費者たるの地位をも亦有する點であつて、此の故に農民に對しても、單に生産者として之を考ふるを許さないのである。都會人が單に、消費者たるに過ぎざるに反し、農民は、生産者と消費者と、兩者の性質を有するものであつて、之が農民の經濟的立場であることに考慮を要するのである。

然し農民としての立場は、勿論生産者としての立場に重きを置くべきであつて、以て都會人が消費者たる立場を有するに對立關係を有し、兩者は到底相衝突せざるを得ないのである。斯くの如くにして兩者は、經濟上に於て相戰ふのであつて、地域より云へば都會對農村であるが、職業別にして之を見れば、農業對商工業の關係である。要するに産業上に於ける一の階級戰である。農村問題が經濟問題に關する限り、其の結局は、此の産業上に於ける階級戰の結果に俟たざるを得ないであらう。

農民の政治上の地位

第二に述べたいのは、農民の政治上に於ける地位である。從來農民は、政治に參與する機會は與へられてゐなかつたのであつて、殊に小作人階級に於ては、其機會が殆んどなかつたのである。一昨年改正されたる府縣會議員選擧法に依て、小作人階級も、府縣會議員として、選擧權、被選擧權を有するに至つたのであるが、更に本年の第五十議會に於て通過を見たる、普通選擧法に依て、衆議院議員の選擧權、被選擧權を所得するに至つたのである。所謂普通選擧法は、我國の憲政敷かれて以來の大變動であつて、之を農村問題の方面より見ても亦最も重大なる變化である。即ち、今回四百萬人より一千三百萬人に增加したる有權者中には、農村に於ける有權者が其の可なり大部分を占むるのであつて、從來其の權利を持たなかつた小作階級にして、今回其の權利を得たる者は非常に多數に上り、將來の政治は此の多數の農民の意志を除外しては、到底善良なる政治を行ふことは出來ないであらふと思はれる。

斯くの如く、農村に於て新有權者が多數增加したことは、農村にとりて極めて喜ぶべき現象であると同時に、上述の如く、農村の肯背が或る點に於て、一國の政治を左右する力ありとすれば、其の農民の責任は實に重大であつて農民は此の重大なる責任を果たさむが爲めに、自愛自重して其の責務を完ふするに努力を致すべきである。即ち一方に於て、參政の權利を得たると共に、他方に於ては、此の權利を最も合理的に使用するの義務を生じたるものと云はなければならぬ。

政治上より農村問題の解決に努力することも亦、農村問題解決の重要方法であつて、然も此の農村問題を解決するものは決して政治當局者に非ず、學者に非ず、官吏に非ず、將又都會に住する人々に非ずして、農村問題の眞の解決者は農民夫れ自身を措いて、他に之を求むべきものはないのである。此の農村問題の唯一の解決者が新らしき權利を得て、其の政治的活動の端緒を得た事は、農村及農民にとりて喜ぶべき重大變革であると同時に、農民諸氏の愼重なる活動を要すること亦切である。

農業と婦人との關係

第三に述べたいのは、農業と婦人との關係である。

現在の我國の農業は、婦人の手に俟つて辛ふじて其の命脈を維持してゐると云ふ事が出來る。即ち我國農村經營の中心は水田經營であるが、此の水田經營を中心とする我國の農業狀態は、現在にあつては極めて不振であつて、此の本業たる業務よりも、所謂副業と稱せらるゝものゝ收益によつて、漸く其の收支を建て得るが如き狀態が多いのである。然して此の副業は主として婦人によつて行はるゝものなるが故に、我國の農業は此の點に於て、婦人に依て維持されてゐると云ふも敢て奇矯な言ではないであらう。

其の婦人の活動する範圍は多々あるのであるか、先づ第一に養蠶及、養蠶と姉妹關係の觀ある製絲業を擧げることが出來る、第二には、我國重要物產の一つである。製茶業にも、婦人の活動を見出すことが出來るのである。即ち茶芽の摘採は婦人の獨專舞臺である。

其他、或は園藝作物の栽培各種の細工物、又は織物の如き此れ皆、婦人の手に依て行はるゝものである。然して更に以上の如き特殊の部門に限らず、農村經營の本體である普通農業勞働に對しても亦、婦人の勞力は加はつてゐるのである。例令新潟縣其他の地方に於ては婦人農會の存在を見ること決して稀れなりとしないので民る。

斯くの如く、婦人の活動能力の如何に依ては、我國農業上の成績も頗る重大な影響を受けるのであるが、此の如き重要なる立場を有する婦人に對して、從來何等注意を拂はないのは極めて遺憾千萬であつて、農業上の各種の施設を講究するに當り、男女の別に依て之を研究することは、我國の現狀により最も必要なる事項であると云はざるを得ない。

從來の我國の政策は、男子農村政策であつて、女子農村政策は之を見なかつたのであるが將來は、此の點に深く着目して、此種の農業上重要なる任務を擔當しつゝある女子に對して教育施設、其他適當なる政策を施行することは極めて必要であつて、我國の農業を婦人と云ふ立場より見ることは、農業問題と婦人問題とを一貫して研究することであつて、將來に於て新らしく行ふべき一つの政策であると稱すべきである。

地方財政史観

平井良成

市參事會の組織及權限を述ぶれば左の通りである。

組織、市の事務は多種多樣である、且其の事件が町村に比して甚多數であるから屢々市會を開くは煩累に渉る虞れがある、加之多數の市會議員は生活上繁忙であるを以て出席に困難を感じ、或は時に事件の處理につき、時機を失ふことがある、之れが議員中より少數者を選出し、第二次の議決機關を設くるの必要ある所以である、此第二次の議決機關が即ち市參事會である。市參事會は市會議員中より選出したる名譽職參事會員若干名と市長、助役、市參與を置く市に在つては其市參與を以て組織する、而して其名譽職參事會員の定員は一般の市では六人とする、東京市・京都市、大阪市の如き大都市では其市の必要に依り、條例を以て十二人まで增加することを得る。此名譽職參事會は市會議員を選擧する例に依り市會で選擧する、その名譽職參事會員は市會議員に在職する間在職するを原則とするが市會成立せざるに於ては尙更議決を要する事が多いので市會議員の任期滿つるも市參事會員は後任者の選擧せらるゝ日まで在職せしむるを必要とする、故に法律は特に之が規定を設けてをる、されど市會の解散、市會議員の辭職、資格の喪失等の場合は其の事故の生じた時に參事會員も退職するは勿論である。

市參事會は別に議長を置かない、市長を以て議長とする、其市長が故障があつて、議事に參與することが出來ない場合は助役が代理する、故に市長助役共に故障がある場合は通例市參事會を開會することを得ない。

市參事會は市長の招集で開會するものである。而して名譽職參事會員が其定數の半數以上を以て開會の請求を爲した時は市長は必らず之を招集しなければならぬ、市參事會の會議は公開せざるものである、之れは事件の秘密を要するものが少なくないことゝ事務の細則に渉るものがあることゝ或は十分に各自の意見を吐露して圓滿に事を決するの要があるからである。

市參事會の會議は議長又はその代理者と名譽職參事會員の定數の半數以上の出席がなければ之を開くことが出來ない、されど議長及その代理者竝に名譽職參事會員が自己又は近親者の一身上に關する事件につき參與を許されない場合は例外として開會を爲すことが出來るのである。その會期を定めて招集することを得ること、會議の開閉、決議、選擧、議長の權限等は市會に於けるものと異なることがないのである。

權限、市參事會は（一）市會の權限に屬する事件で市會が市參事會に委任すと定めたる事件を議決することゝ（二）市長が市會に提出する議案に付市長に對し意見を述ぶること（三）法令に依り市參事會の權限に屬せしめられたる事件を議決すること（四）市の公益に關する事件に付市長又は監督官廳に意見書を提出すること（五）行政廳から諮問があつたときは之れに對し意見を答申することである。

市長、市の執行機關は市長である、されど市長一人にて其市の事務を悉く實行することは不可能である、加之事務の性質上特立した吏員を必要とする、故に種々の補助執行機關が設けられてある、即ち市參與、助役、收入役、副收入投、區長、區長代理者、委員其他有給吏員である、此等數種の吏員が市長を補佐して以て市の事務を執行するのである、此等市長及其他の吏員の性質、選擧、任免、權限に付説述すると左の通である。

市長は市の有給吏員で執行機關の首長である、其任期は四年である、內務大臣の命に依り、市會で候補者三人を選擧し之れを推薦する、內務大臣は此の推薦に基いて、三人の候補中より上奏裁可を得て一人を市長に任命する、市長は名譽職でないから市公民の資格がない者でも就職する、故に一旦市長となると其在職の間はその市の公民となるものである、市長が其任期中退職せんとするときは內務大臣の認可を受けなければならぬ。

助役も亦有給吏員である、その任期は四年で定員は一人を原則とするが東京市、京都市、大阪市の助役は內務大臣に於てその定數を定むる、尙市は市條例を以て必要なる場合にはその定員を增加することを得るものである、此助役は市長の推薦により市會で之を定むるを原則とする、されど市長が缺員で推薦するものがない場合は市會で直に之を選擧する、そしてその何れの場合でも府縣知事の認可を受けなければ就職することを得ない、又助役も任意に其任期中は退職することが出來ない、必らず府縣知事の認可を受けなければならぬ、又助役も名譽職でないから必らず市公民中より選出されないから其在職間は公民となるものである、

市參與は特別の事業を擔任せしむるの必要ある市に於て市條例を以て之を置くことを得る、その定員はその市條例中に規定し、任期は條例を以て定めざるときは該事業の有續する間は其の期間、その事業の永續する物は無期である、其選任の方法は市會で選擧して內務大臣の認可を受くべきものである、而して名譽職を原則とするが條例を以て有給職と爲すことが出來る、有給の市參與は市長、助役と同じく公民の資格を具へざる者でも在職中はその市の公民と爲る。

收入役は有給吏員であつて其任期は四年である、市長の推薦に依り市會で之を定むる、尙市長缺員の場合には市會が之を選擧する、又其就職については府縣知事の認可を要するのである。收入役も名譽職でないから公民でなくとも就職し得るから其在職中は市公民と爲る。其任期中の退職に付ては何時にても任意退職することが出來る、之れは市長助役と異なる處である。

副收入役は其推薦、選擧、任期等は全く收入役と同一である、尤も副收入役は之れを置くも然らざるも市の任意である、只之れを置かんとするときは條例を要する。

區長は市に依つて異なる、即ち東京市、京都市、大阪市では有給吏員であつて市長が任免する、尙此區長の下には區收

入役、區割收入役を置くものである、右三市以外の市では庶務便宜の爲に區を劃して區長及その代理者を置くことを得るのである、此區長及其代理者は市の名譽職であつて市會で公民中より選擧する、尙名古屋市の如く此等の市の内で内務大臣が必要なりと認むるときは區長を有給吏員と爲すべき市を指定するものである。

委員は臨時又は常設の二種がある、共に市の名譽職である。市會で市會議員、名譽職參事會員、又は市公民中より之を選擧する、而して委員長は市長、市參與、助役を以て充つべきものであるが常設委員の組織に付ては市條例を以て別段の規定を設くることが出來る、その任期は公民より選出する者に對しては市條例で定むるが適當である、市會議員又は市參事會員中より選出する者は議員の任期に依るべきものである、之は議員又は參事會員たるの資格を必要とする關係に基くのである。

其他の有給吏員は種々の名稱がある、例へば局長、主事、理事、事務員、書記、技師、技手、工手の如きものであるから如何なる名稱を付するも同一の有給吏員で其定員は市會で定む、其任免は總て市長に依つて決せらるのである。

此等執行機關は各其種類に依つて職務權限を異にする、依つて各種類に從つて說述すれば左の通である。（以下次號）

珍らしい町

◇姬路市坂元町は町內の後藤末吉、三宅萬吉、森谷重吉の三氏が發起で去る明治三十九年十月以來十六ヶ年間欠かさず町內の者が交代で夜警をなし

■大正十四年は十月の今日まで兩三回出火して大事に至らんとしたのを發見未然に防いだ事があり

◇夜盜などには一回もかかつた家がなく珍らしい町なので姬路署では目下その實際の狀況を參考のため調査してゐる

本邦水産の大勢

質と量との改善振作と漁村振興の實質的方策

農林書記官　三　宅　發　士　郎

の、生計の基礎となり、魚食國民なる我國人に、重要なる保健的副食物を供給し、尚年額六千萬圓の海外輸出をなしつゝあるのが、我水産の概觀である。

（一）

陸土狹小で　其天然資源に貧弱な我國に於ては、海の資源を開發するより外に、他に實際上の良法はない。現在世界の海から漁獲せられる魚介類は、約一千萬噸十七億圓で、内我國は、實際上の數は約三百萬噸六億圓と稱せられ、世界總額の三分の一を占め、英米の如きは約百十萬噸で、我國の三分の一に過ぎぬのである。即ち、我國は水産に於て、世界に覇を稱へて居る次第であつて、我國の産業中、國際場裡に立ちて、日本の産業と稱し得られ、世界一の誇を荷つて居るものは、獨り水産のみである。これ丈け我國は、豐富な漁場と、魚族とを有して居るのである。内は百四十萬人の漁業從業者

（二）

乍併翻つて　其誇る可き我國の水産も内面的に考覈すると尚足らぬ點、改善を要す可き物が極めて多く從來の狀態に放任するに於ては、國民の保健的食料品供給の上に於て、將又思想の上に於て、大なる缺陷を來す虞があるは、否む事の出來ぬ事實である。例へば、我沿岸漁民の生計の根源をなす我沿岸漁業は、年々衰微し、其漁獲高は統計に依れば年々約二百八十萬貫餘も減少しつゝある。而かも一方人口の増加と

交通文化の發達と共に、一人當り及總額に於ての魚介類の需要は、驚く可き勢で增加しつゝあることは、爭へない事實である。一方に於ては、鰊鰯の如きは、外國人が極めて嗜好するに拘らず、我國では鰊は產額の約六割、鰯は約三割を肥料にする樣な次第で、以上の如き現狀から見て、我國の沿岸漁業は、名の大きい丈け、それ丈け、實の伴はぬものである。沿岸漁業の不振は、其漁業從業者の收入の減少を來すこと當然であつて、これは個々人間の利益の減少と云ふ些細な問題ではなく、我國民思想の上に於て、重大な影響を及ぼすものと云ひ得るのである。何となれば、世界に於ける漁業從業者は約三百五十萬人と稱せられて、英の如きは僅々約十萬人で、而も大漁業者の手に依つて大部分の漁獲が爲されるもので、他の諸國も大體同一の狀態に在るけれども、我國に於ては、漁業從事者は約百四十萬人を有し、而かも、其中小漁業者が大部分で、此等の者に依つて、大部分の漁獲がなされる事實に考へ至れば、蓋し、思ひ半に過ぐるものがある。

（三）

以上述へた所に依つて見るに、我國水產業は、質と量との兩方面に改善振作を圖ることが肝要である。先づ第一に、食用魚介類の增獲を圖る必要がある。其方法として、先づ數量にて之が增獲を期せねばならぬ。遠洋漁業及增殖即ちこれである。遠洋漁業の奬勵は、現に從來よりなしつゝある所で、奬勵金の貧弱な嫌はあるけれども、奬勵金を下付してその發達を促して居る。沿岸漁業の不振、沿岸魚族の減少、及需要の增加の點より云へば、沿岸の漁獲に改善を企つる餘地のない以上、遠洋に於て漁獲するの方法を講ずることの必要であることは、云ふを俟たぬ所である。漁場は、近き所より次第に遠所に開發を要するから、新に本年度より、大型船に對しその造船、及これに依る漁業に對し、奬勵金を下付する途を開き、增獲を圖る上に於て、一層の實效を擧げむと努めて居る次第である。

次は增殖である。現在に於ても海苔、蛤蜊、鯉、鰻等の養殖が、地方至る處に行はれて居ることは、周知の事實で、天然產でなく養殖に係る魚介類の年產は約六千萬圓である。乍併此の產額も、實は現在增殖に適するものと認められる水面を、僅々一割にも足らぬ利用をなして產んだ結果である。今若し、適地の殘九割をも利用し、即ち全適地を養殖に利用せば、大凡、現在の日本の總漁獲高と同額の增收を圖り得るものであることは、一部其途の人の間に稱へられて居る所以である。これ程實效のある可き增殖に對しては、現在は主として、漁業組合等の小規模の者がなす增殖設備に對して、年僅々二萬圓足らず政府が奬勵金を下付し、それも、今年度より新に、かゝる小企圖が實現されたに過ぎぬ。我國の現狀を思へば、寔に遺憾な次第で、從來水産局の主張の通り、是非共大々的に增殖適地面積の開發に資することが、冒頭に述べた種々の點から見て必要である。

　次の方法は、漁獲物の數量其物は之を增加せぬが、肥料等に用ゐられるものを食料に轉化し、又腐敗等の原因の爲め、食料用としての魚介類の減少を防止する爲に、必要な手段であつて、これ即ち製造の改良と冷藏とである。後者は現在貯氷庫、冷藏庫、冷藏運搬船の建造に對し、國家は相當の補助金を下付して、これが普及を圖つて居る。前者は、漁業組合等が、小規模に、製造の設備を爲す場合に、僅々年六萬餘圓の下付金のある許りで、一般人が試驗研究をなし、又は大規模に製造の改善を企つる者に對しては、何等之を奬勵する途がないのは、極めて遺憾であつて、現在大量生産に係り、肥料に供せられる魚類の幾分にても、食用に轉化し、國内の需要を充たすに役立てると共に、海外輸出を圖ることが必要であることは、論のない所で、將來は此方面の奬勵制度の確立を期せねばならぬ。

　水産局は、以上の奬勵及指導の任に當つて居るけれども、尙これが貫徹を期せんが爲め、道府縣には水産專門家の配置あり、又、北海道及沿海各府縣には、水産試驗場の設置があつて、地方的の指導の任に當つて居る。政府が、小額乍ら試驗場の事業補助をなすものも、此理由に因り、二重三重の方面より、一に漁業の發達を冀ふに外ならぬものである。

（四）

前にも述た如く、我國には小漁業者が多く、且此等の者の從業する沿岸漁業は、行詰のみか、衰運に在るが故に、之が救濟策としては、此等の沿岸漁業者が、沿岸漁業をなし乍ら、眞の遠洋と迄は行かずとも、沖合漁業もなし得る如くなすことも、亦一方法であると信ずる。又小漁業者が、個々の微力な力と資本とを合して、一體となつて行くことは、生産費の減少を圖り、金融の途を得る所以であり、延いて漁業の振興、漁家の收益を増すことを得るものである。又かゝることは、共同一致の精神を涵養する上に於ても、亦極めて必要なことである。此意味に於て、從來政府は漁業者が相集つて漁業組合を組織することを奬め、これに對しては專用漁業權を附與し、低利資金の融通を圖り、其施設に關する、各般の指導をなしつゝある所以である。水產會、水產組合の設立及支援も、根本に於て、右漁業者の保護を圖るものである。

乍併、從來の方法はまだ充分こ云ひ得ない。これが爲に、本年より新に、漁村振興の業こして、主として、漁業組合等の漁業者團體に對して、共同施設をなす場合には、總額二十九萬餘圓の範圍內で、其設備費の幾分を補助する途が開かれた。農村振興が夙に唱導せられて居つた關係上、漁村振興と銘打つものが、漸く本年認められ、其費用に於ても、又豫算額に於ても、尙不備ではあるけれ共、兎角尙、慶賀すべきことであること丈けは疑のない所である。又本年より、漁業家の副業としての奬勵額が、事實に於て增額せられたのも、新な漁業者保護の制度の一である。尙漁業者の最も苦痛とする所は、金融の途であるので、本年新に漁業財團抵當法を發布して、目下之が實施に依り、金融の上に一般の進境を見せるに至つた。因よりこれは、金融上の一方法に過ぎぬもので、これに依つて直に、これに關する凡ての問題が解決せられたと云ふものでなく、尙水產銀行の設立、少くとも金融業者が漁業を消長常ならぬ產業と見ず、これに對して、同情理解する如くなし、一方漁業者も堅實な經營振りをなし、右の理解を促進するやうになすのが、漁業家の金融を得る途としては根本義である。漁業財團低當法の實施は、この思想實現に一步近づいたものである。此の意味に於て良制度であることを疑はぬ。

(五)

冒頭に述た如く、我國は水產國こして、世界無比である此の意味に於て、我國は水產業に於て、世界文化に貢献し得られる素質を有し又、此の責務を有するものである。然るに天與の好漁場に慣れ、努力研究に遲れた結果、機械力の應用各種の法制に於て尙歐米に比し、凡ての點に於て、優越の地步を占めて居ると、斷言し得ないのは寔に遺憾である。漁業に關する各般の、基本的研究に關する機關の具備せぬのは、寔に遺憾な事であつて、近時識者の間に國立中央試驗場の設立が唱導せられるのは、當然な事であるこ信ずる。根本的各般の、研究の上に立ちて、其原理を應用して、增殖其他、食用魚介の增收の方法を講ずれば、內地の食料問題の解決、輸出貿易の振興を遂げ、國富の增進を期するは容易な事である。又此等の方法と併せて、其他の漁村振興の、實質的方策を確立することに依つて、國民の思想善導も遂げられるものである。水產行政の根本は以上の點に在るものである。

事務管捷の科學的研究

官廳事務管理の原則

商學士　金子利八郎

六、事務管理組織の手續

前項（本誌八月號所載）は寧ろ事務管理組織の態樣を述べたるものであるが、本項は各機關の限界を定むる方法、即ち手續としての事務管理組織に就き述ぶべし。

事務管理の手續の一項たる準備調査は、之に依りて事務の現狀を精査し、新組織の所要目的を知らむとするものにして、事務管理組織手續中最も重要なる手續なり。

分化合成管理組織の下に於ては、各課の間に職責の重複を相像し得ずと雖も、所謂軍隊式管理組織の下に在りては、各課の間常に職責を重複配置するの傾向を有す、如何なる職責は之を如何なる課に分擔せしむべきかは分化の原則によりて決定せらるべきものとして、結局同一種類の職責は同一の機關に依りて分擔せられざるべからず、斯くして職責は合理的に分配せらるゝ場合に於てのみ主務者は其分擔事務に對し適當なる注意と考慮とを注ぎ得ると共に、また人間の性情を外にしては合理的管理組織を定むるを得ざるものとす。

不要職責の存續の不可なるは言を俟たずと雖も、何が不要職責なるかは往々看過せらるゝ所にして、實務に於て屢々人の爲めに職を設くることあり、而して不要職責の多くは不要執務手續の存續によりて行はるゝものなり。

職責の過重負擔は、技能並に所謂經歷貫目が分擔の職責に伴はざる場合の積極的過重負擔と、技能閱歷共に高級なる職責を負ふに足るべき者が、下級の技業事務に關與する消極的過重負擔の二方面より觀察するを得べし、消極的過重負擔は專ら上級主管者に依りて行はれ、斯る主管者は枝葉事務に忙殺され、爲めに重要事務の決裁を誤り、指示の決定に長時間を要し、時に指示妥當を缺きて再三討議を要することあり、之等は上級主管者が下級主管者をして權限の擴張執行に關する養成に失敗したる場合及、當該事務管理に對する自惚れの誤謬に陷れる場合に發生す。

人事配置の調査は一言にして之を云へば適材が適所に配せらるゝや否やに在り。我國官廳事務の管理に於て最も重ぜらるゝ資格要件は、學歴勤續年數、經歷、俸給額等にして形式的考試制度に流れるが如き熟れもレッド、テープの甚しきものなり。

執務手續の調査は專ら不要なる經費の支出、執務の澁滯、誤謬發生の諸原因を探究するにあり。

工場管理に於ては原價計算を無視しては有利なる製作品の管理並生產品の處分が不可能なりとせらる。事務原價計算は亦事務管理より除外するを得ず、殊に新に事務管理を組織し又は組織を改善せしむとするに當りては事務費豫算の設定、節減は事務原價計算に基礎を置かざるべからず、事務費の天引削減は工場管理製作費の天引主義と共に無暴も甚だしきものなり。

七、執務便覽

執務便覽とは事務員をして擔當事務に精通せしむる爲めに、一般的又は特殊事精に關する示敎を目的とする冊子を云ふ、執務便覽には分課分掌案內、事務擔當心得等を包含する外、諸規則並に官廳の沿革及管理方錄等を總稱し、當該事務管理者として知るを要する最少限度の智識を網羅するを要す。然して其の編纂に當りては簡潔なる語を選び、文章情味を有して條文を避け且つ保管携帶に便なるを可とす。

官吏服務規程は會社工場に於ける社內諸規程と同樣熟れも事務管理從事員の遵守すべき諸事項を定むるものにして、從事員は之に依りて其の勤務の最少限度を制限せらる。されど實施に不必要なる困難を伴ふが如き規程の實施は、徒らに事務管理を官僚的にならしめ、且事務管理をしてレッド、テープに墮落せしむるものなり。

我國官廳事務管理に於ける諸規程は勅令、閣令、省令省告省達其他舊太政官布告等に依り定められ、現に施行にかゝるもの約一千則あり。我國官吏服務規程は米國事務管理のそれに比し、内容は著しく相違する所なきも規程の様式は後者の常に説明的且つ指導的なるに反し、前者は常に條文書式に依り且つ極めて命令的なり。然共我國に於ても亦條文體に依らざる社内規程の設けられたるもの丶一として「官規ノ振肅ニ關スル件」(大正六年五月二十五日内閣訓令第一號)あり。これは文章體による我國官廳事務管理に對する社内規程の一例なるが、法律の社會化を要件とする時代の要求に合せざるもののみならず拙劣を極むるもの多し。

分課分掌案内は各分課係内の執務方法を指示するものなり。從つて新入從事員に對しては執務教科書となり、後任者に對しては執務方法引繼書として役立つ、各分課内の事務を中心として其の處理方法を定むるは分課分掌案内にして、事務の各分擔者を中心として其の處理方法を定むるものが事務分擔心得たるなり。

各分課の事務を分類するに當りて最も重要なるは其の代表番號制度又は索引制度なりとす。蓋し分類事項多數なる場合に於ては索引又は番號による時容易に所要事項を誘出するに困難せざるが故なり。

事務擔當票は、事務が科學的に分化せられたる場合、各分課所屬員は如何に擔當事務を處理執行すべきかを指示する執務員の座右銘にして一般にカードに記入せらる。然して擔當票の制立如何は從事員の執務能率に影響し、從つて擔當事務執行に關し如何に部下に指示するを得べきかは分課主管者としての重要なる資格條件の一にして、我國官廳事務管理に於て屢々見るが如き、部下に諮問するに非ざれば自己所管事務に關して執務意見を定め得ざるが如き分課主任者は、科學的事務管理に於て主任者としての第一の資格要件を缺けるものと云はざるべからず。

八、執務手續

事務管理の目的は專ら仕事の生産たる事、工場管理に於ける物件の生産と同樣にして、低廉なる經費を以て尙仕事の質を高め、且つ其の生産分量を增加すると同時に、執務員の勤勞を減少し且つ其の收入を多からしむることを要す。斯くの如く事務管理に於ける仕事生産の爲めの作業手續を稱して執務手續と云ふ。執務手續は專ら事務其物を中心として當該事務が如何に處理執行せらるべきかを定めたる執務順序たる點に於て、分課係又は所屬擔當員の執務職責を指示する執務便覽と其の觀察點を異にす。

執務手續の制定に當りては其の客體たるべき事務の內容に關し精査すると同時に、事務の構成要素たる(1)仕事の性質(2)仕事の分量(3)仕事の所要時間(4)仕事の原價に考慮を要す。

分化合成事務管理組織の下に行はるゝ科學的事務管理に於ては、各分課の手續は互に分化せられたるものなるが故に、各分課の執務を合成することによりて初めて事務管理の効果を擧け得ること既に前號に述べたるが如し。故に執務手續を定むるに當りても各分課の聯絡協力を第一の主眼とせざるべからず。此の點科學的事務管理は執務の交響樂を爲すものにして、各分課相互の協力調和は實は執務手續の生命たり、之れあるが爲に執務手續は初めて圓滑に執行せらるゝを得べし。

九、事務管理の規格統一

規格統一とは單純なる標準に統一することを意味する。標準とは常に單一單位の觀念を有することにして、同一の物件に對し同時に數個の標準を有することは標準の意義に反す、工場管理に對する標準化の試みられたるは最近の事實にして、其の根幹は企劃係と作業係とに兩分し 1、作業物件內容改善 2、產出數の增量 3、生產原價の低廉を標準化の實益とす。然るに翻て事務管理に於ける事務の標準化は未だ多く顧られず、殊に官廳事務管理に其の甚しきを見るも、要するに事務管理に於ける規格統一制度の目的とする所は、事務の迅速且つ完全なる處理と事務原價の節約低減を圖るに在り。

工場管理に於ける作業標準化の原則は、時として事務管理に採用する事困難なる場合ありと雖も、各個の單位事務の執行は工場作業の生產物件に適用せらるゝ標準化の原則は之を事務の生產サーヴィス（仕事）の標準化に適用することを得るものとす。如何なる仕事に對し如何なる標準化を行ふべきかは後述するを以て玆には唯事務の執行によりて生產さるべき仕事に對しても尙、標準化が行はれ得べきものなる事を明にせば足れり。從來事務の執行は特殊の精神作業なりとせられ、從て之によりて完成せらるゝ仕事に對し標準化を試るが如きは異端視せられたる所なれども、それは事務の分解執行と知らざることによりて生じたる謬見にして、一度事務を分解せば事務管理に於ては、企劃制定事務の外には特殊の精神作用によりて完成せざるべからざるの事務あることなし。

事務管理に於ける規格統一の内最も能率の顯著なるは執務方法の標準化にして、第一に執務を分解して執務各部の遂行時間を定むる事必要なり。由來事務管理に於ては事務の執行に關する機微なる手續もない擔當者の工夫選擇に委して、擔當者の異るにより て内容を異にし、執務に關する時間の如きは殆んど顧みられざりしなり。然共特殊の判定事務又は企劃事務を除けば他の一般的書記事務並に作業事務の如きは唯だに之を分解考慮し、其の部分に關する時間研究の可能なるは素より其所にして容易に標準統一を行ひ得べし、而して一度執務方法の標準化を實施せば其の事務管理上に及ぼす効果の顯著なるは作業方法標準化の工場管理に於けると同樣なるも、思慮なき劃一强制に陷る事なく、懇切叮寧に示敎理解せしむるを要す。

設備の標準化は事務の分化が完全に行はれ、各單位事務が單純化せらるゝ場合に於ては、人力に代りて種々なる器具什器が採用せられ、工場管理の場合に於ける作業標準化と同樣の効果を擧げ得べし。又斯くの如く事務の分化行はれざる場合に於ても執務机卓書類戸棚等の備品は一定の標準に基きて作製せらるゝを要す。由來我國に於ては官廳たると民間たるとを問はず、備品の樣式寸法千變萬化なるは事務管理に對する定見なき事を語るものにして執務能率を碍ぐること最も甚しきことなり。

執務用紙の樣式、文房具其他執務消耗品の如きも之が標準化を行はざる時は、擔當員の流用勤務不能、用具品貯藏量の增加、執務流轉速度の遲鈍等種々の障碍を生ずべきを以て、科學的事務管理の原則を理解し、實務執行に關する的確なる識見を以て其の標準化を計らざるべからず。然るに我が官廳に於ける用度課係員は此の方面の理解なきのみならず、上級係員も之を等閑視するが如きは事務管理發達上遺憾なり。

なぜ惡い

福島縣下の中學校では近頃自轉車通學生が激增した

その結果どうも學業の成績が惡い

それは自轉車を自由に購ひ得られる程に有福な家の子弟が多い事と縣の道路が惡く激動が神經を刺戟して腦を痛める爲めだと

これも其處らのプロ連のにくまれ口か？

東京市の社會事業

東京市庶務課　三輪爲一

(ロ)本所病院　同じく傳染病患者を收容する。其の收容定員は二百八十人で、駒込病院が滿員のとき又は特殊傳染病患者發生の際に臨時開院してゐたが、這般震災に因つて燒失したから、大正十三年十月其跡地に建坪七百余坪の假病舍及二百三十九坪のペスト假病舍を建設したが同年度中には開院の運びに至らなかつた。猶大正十六年度から二箇年繼續事業として工費二百五十二萬圓を以て患者七百五十人を收容する病舍及び消毒機鑵を建設する豫定である。

(ハ)廣尾病院　本院も亦傳染病患者を收容するもので、其の收容定員は百二十人、臨時必要に應じて開院するものであつたが、震災後患者の發生夥しく增加した故、大正十二年九月十四日開院して今日に及むでゐる。大正十三年中の入院患者は二千百四十二人、其延人員は七萬七千人である。

(ニ)大久保隔離所　本所も亦臨時開所したのであるが、震災後傳染病患者激增の爲め、大正十二年九月八日以降之を臨時傳染病院に充當してゐる。大正十三年中の入院患者は一千六百二人、其の延數は四萬七千六百二十二人である。因に本所は大正十六年度迄に市立病院に變更の豫定である。

(ホ)消毒所　深川區大工町に本所を、小石川區春日町及芝區赤羽町に支部を置いて、患家の消毒、患死者隔離者の輸送豫防消毒に關する事務を掌つてゐる。大正十三年中に取扱つた件數は、患死者輸送六千七百十五件、患家其他の消毒一萬六百七十八件、物品の消毒二萬九千四百六點、洗濯點數二百五十三點に及むでゐる。

(ホ)療養所　府下野方町に在る。肺結核患者の療養所である。現在患者八百人は僅に收容し得るも、尙近年入所希望者多き

爲め、目下病舍增築中である。大正十三年中に於ける入所者實數は一千四百十九人、其延數二十四萬八千五百四十四人である。

(へ)施療病院　法定傳染病以外の患者を施療する爲め、明治四十四年築地海軍々醫學校敷地内に本院を開設し、爾來受診患者も年々增加するので、增築中不幸にして這般の震災に因つて燒失した。仍つて假病舍の建築に着手して漸く大正十三年末には入院患者三百名、外來患者四百名を診療するに至つた。大正十四年三月末日現在に於ける入院患者は百七十四人、外來患者は五百八十五人である。

(ト)簡易療養所　這般の震災に因る重傷病者を收容する爲め、東京市は九月二日以降十月初旬迄に青山北町外四箇所に簡易療善所を設置したが其の後幾多の改廢を經て現在左記の三箇所に於て之が診療を繼續してゐる。

名稱	所在地	收容定員
大塚簡易療養所	小石川區大塚辻町	四〇〇人
深川簡易療養所	深川區清住町	一六五人
本所簡易療養所	本所區松代町	一八五人

開設當初から大正十三年十二月末日に至る各療養所の收容患**者總數は實人員一萬二千八百八十一人、延人員三十五萬七千百人に達してゐる。**

(チ)外來診療所　震災後震災救護事務局や赤十字社の委託を受けて市內四十四箇所に於て、外來一般傷病者の診療に應じてゐたが、大正十三年二月本事業の經營を更に東京府醫師會に委託し、現在各區一箇所即ち市內十五箇所に於て診療を繼續してゐる。大正十二年十一月から大正十三年十二月に至る診療患者數は百十三萬人を超へてゐる。

(リ)浴場　震災に因る斷水と浴場の破壞は遂に白晝苔滑かな御濠邊に裏若い婦人も打ち交つて肌を洗ふの餘儀なきに至らしめた。玆に於てか東京市は一日も早く浴場を建築せむと畫策の折柄、臨時震災事務局から三十一萬八千圓を得たので、假設浴場二十九箇所を主として罹災民の多い處に設置したのであるが、現在に於ては、深川區古石場町、下谷區金杉下町及京橋區月島の三箇所を有するに過ぎない。

六、住宅供給事業

(イ)市營住宅　人口の增加に伴ふ住宅の不足を緩和せむが爲め、東京市は大正九年二月住宅建設資金として政府の低利資金百萬圓、次いで三月更に四千八百萬圓の起債許可を得て、合

計金百四十八萬圓を以て本事業の遂行に當る事とした。即ち
▽京橋區月島に大正十年六月から同十二年六月に跨つて第一、第二及第三期の工事を完成し、日本建三百四十戸附設浴場一棟を建設して、孰れも其の貸付を了したが這般の震災に因つて全部燒失したから、大正十三年二月日本建三棟十二戸の建築に着手し近く完成の見込みである。
▽本郷區眞砂町第一期住宅四十戸は大正十二年一月に。第二期住宅八戸は同七月、其工事を終へたので貸付を了した。而して第三期二十戸の工事は震災の爲め一時之を中止したが近く竣工の豫定である。

住宅別	家屋種類	種別	戸數	戸數	一棟戸數別	一戸當 間數	一戸當 疊數	一戸當 家賃	一疊當平均額
第一期	木造瓦葺二階建	第二種	三〇	四〇	一棟二戸建	階上六、三 階下六、三 四間	一八	三〇円	一、六六円
第二期	同	同	八	八	一棟一戸建	階上八、六、二 階下八、六、二 六間	三三	五五	二、〇三

▽深川區古石場町共同住宅鐵筋ブロック三階建アパートメント及テネメントハウス九十九戸は大正十二年三月之を竣工して其貸付を了した。

家屋種類	種別	棟數	戸數	一棟戸數別	一戸當 間數	一戸當 疊數	一戸當 一箇月家賃	一疊平均額
鐵筋ブロック	三階建アパートメントハウス	一	五七	一棟五七戸	六、三、二間 七、一、一間 六	九 七 六	一四円 一一 一〇	一、五〇円
同	三階建テネメントハウス	三	四二	一棟一八戸 一棟六戸	六、四半、二間	一〇、半	一六	一、五〇

(ロ) 過般の震災に因る罹災者救護の目的を以て政府から金百六萬四千八百圓及木材二萬石の交付があつて小住宅の建設經營の委託があつたから、東京市は
▽京橋區月島に第一期小住宅二十九棟百九十二戸を大正十三年十一月、第二期二十六棟二百三十二戸を同月、第三期十五棟百六十八戸を同十四年五月竣工した。
▽下谷區三ノ輪町第一期小住宅百二十六戸、第二期三棟二十四戸は孰れも昨年十二月之を竣工した。
▽本所區横網町假小住宅三棟二十四戸は之を買收して大正十三年十一月其の修繕工事を了つた。
▽深川區本村町小住宅三十五棟四百二十一戸は本年三月竣工した。而して此等の小住宅は既に貸付を了したのである。

(ハ)住宅無料紹介　本部を市役所に、支部を市設小賣市場内十二箇所に置いて、準本建築住宅並非罹災地に於ける一般貸家貸間の紹介を無料でなしてゐる。大正十三年中に於ける貸家紹介件數三千九百四件貸間紹介件數四千三百八十七件、貸家申込者數一萬七百五十一人、貸間申込者數一萬六千七百八件で、借方に對する貸方の割合は貸家に於て四一%今貸間に於て三二%である。

(ニ)簡易宿泊所 既に述べた如く東京市は職業紹介所内に宿泊所を附設して一部の希望に應じてゐるが、猶少額收入の獨身男子の爲めに、簡易宿泊所を設置する計畫を樹て、大正十一年五月本所簡易宿泊所を開所し、同十二年九月には深川簡易宿泊所を開所する豫定であつたが、孰れも這般の震災に因つて燒失した。

(ホ)臨時簡易宿泊所 屢々述べた如く這般の震災に因つて市内の家屋の大半は烏有に歸したから、平素木賃宿等を本據とする勞働者の如き身を寄する處なきに至つた。仍て東京市は之が應急的施設の一端として臨時簡易宿泊所を設置し、主として勞働者を收容する計畫を樹て、現在十一箇所を開所するに至つた。

名稱	所在地	棟數	開所年月日
上野臨時簡易宿泊所	下谷區上野公園	二	大正十二年十二月七日
横網臨時簡易宿泊所	本所區被服廠跡	四	同　九日
玉姫臨時簡易宿泊所	淺草區玉姫町二六	五	同
元町臨時簡易宿泊所	本所區回向院内	二	同　十日
林町臨時簡易宿泊所	本所區林町三丁目	二	同
柳原臨時簡易宿泊所	本所區柳原町三丁目	三	同　十八日
太平町臨時簡易宿泊所	本所區太平町二丁目	一	同　廿七日
深川公園臨時簡易宿泊所	深川區深川公園	二	同　廿九日
月島臨時簡易宿泊所	京橋區月島二號地	三	大正十三年一月十二日
濱園臨時簡易宿泊所	深川區濱園町	四	同　十五日
龍泉寺臨時簡易宿泊所	下谷區龍泉寺町戸田伯邸内	二	同　二月八日

右の内太平町及月島の兩宿泊所は築地本願寺に、龍泉寺宿泊所は淺草本願寺に經營を委託し、他の八箇所は、東京市の直營に屬する。而して一箇年の宿泊人員は四十二萬六千三百人を突破してゐる。

七、庶民金融事業

(イ)市設質屋 震災の爲め市内質屋業者の大半は莫大な損害を蒙つて、其復業も亦容易ならぬ狀態であつたから、下層民の金融上の不便は甚大なものがあつた。仍て東京市は震災善後會からの寄附金中十五萬圓を以て

東京市淺草質屋	淺草區馬道町七ノ九
東京市深川質屋	深川區古石場町二二
東京市月島質屋	京橋區月島二號地
東京市本所質屋	本所區入江町二四
東京市下谷質屋	下谷區三ノ輪町八九

の五箇所を設置した。今開設から大正十三年十一月末日迄の成績を示せば次の如くである。

名稱	開設年月日	貸付金	口數	點數	償還金	口數	點數	利子
淺草質屋	大正十三年四月一日	円 三六、七八四、二〇	四、四三〇	八、八一八	円 一八、三三三、〇〇	二、三三四	六、一一七	円 八四八、二〇
深川質屋	同	三三、三六一、一〇	五、四九〇	一三、五一九	一八、〇四三、五四	三、〇四四	七、二八五	七二七、九一
月島質屋	同	二六、一九七、八〇	四、九七〇	二、五四四	一三、八二七、二五	二、七〇四	六、二〇六	五七三、七八
本所質屋	同	五四、四三五、五四	六、五八一	一七、四一六	二九、四八四、四六	三、五八六	一〇、四四一	一、三二一、一九
下谷質屋	同 五月一日	二三、〇七九、四〇	三、五三四	八、九八六	一一、一四四、六〇	一、七三四	四、二七五	四九四、九一
合計		一七三、八五八、一四	二五、〇〇五	六〇、三八三	九〇、七〇一、八五	一三、三八二	三四、三三四	三、九六五、九九

八、方面委員事業

現下の經濟組織は益々社會事業を必要とするに至つて、之が進展を促したのであるが、何事にまれ殷盛な半面には弊害や故障が出て來るものである。社會事業も亦其選に漏れない社會事業の弊害を矯正し、足らざるを補ひ以て、其の進むべき途を指示するが爲めに現はれたものが即ち此の委員制度である。

されば本制度は其土地の狀況に精通する篤志家に委員を依囑して、其關係區域内に於ける一般生活狀態を審にし、細民の指導救護を徹底せしめ能く其弊を矯むるは勿論、進みで家政育兒衞生事項等を初めとし、凡そ生活安全に關する有らゆる施設を通じて其宜しきに就しめ、殊に又社會事業實施の基礎的材材を提供して、其改善普及を促がし、之が運用を有效ならしむべきである。

東京市は大正九年十二月下谷區内に四方面を設置したのを初めとし、現在市内に三十方面、四十八人の委員を置いてゐる。今最近四個年間の成績を示せば次の如くである。

事項＼年次	大正十年	大正十一年	大正十二年	大正十三年
積極事業	一五七	二八二	七五六	一、二三五
相談指導	一、三四七	一、九四五	五、一五二	七、三一一
保健救療	一、四〇八	二、七九〇	八、五四八	八、八〇五
戸籍整理	五〇八	五一九	一、七九三	一、三三九
周旋紹介	六七六	一、九四九	三、一八二	二、四四七
金員給與	六六	一一八	四一七	二、八〇六
育兒奬學	四〇七	二三二	八六二	七一六
保護救濟	七六	一七二	三七六	五九五
其他	二〇三	三〇二	九二〇	七、四八四
合計	四、八四九	八、三〇八	二二、〇〇四	三二、九〇二

九、文化的事業

(イ)音樂堂　日比谷公園に在る。新舊二つの音樂堂があつたが舊音樂堂は這般の震災の爲全く破壞した。新音樂堂は野外劇場式の半面のものであつて、之を半圓形に圍むで後上りの聽樂座席が三千餘も設けてあるが、必要に應じては優に五千人を收容し得る。時々吹奏樂や管絃樂邦樂、野外劇等を催して、煩激な都會人の耳目を樂しましてゐる。

(ロ)自治會館　上野公園に在る。自治制を諒解せしむが爲めの陳列を爲し、又時々講演會、活動寫眞會、展覽會等を開催して市民の自治的精神の普及に努力してゐる。猶本館は使用條例の定むるところに依つて館内の各室を市民の使用に供してゐる。

(ハ)人事相談所　市民の身上に關する諸問題の解決並之が指導相談に應ぜんが爲め、人事相談所を市役所内に、又殊に婦人の爲めには上野に婦人身上相談所を設置して汎く一般の需めに應じてゐる。今大正十二年十二月から大正十三年十一月迄の取扱數を見るに、人事相談所に於ては總件數四千百五十內保護救濟二百十四、職業紹介二千八百四十八、一般紹介百五十三法律上の相談五百十八、相談指導二百二十二、其他百九十五で、婦人身上相談所に於ては、總件數一萬五千七百七十四、內、求職紹介千七百四十九、求人周施三千五十二、相談指導二千三百七十七、保護救濟三百七十九、授產事業六千九十六である。

×　×　×　×　×　×　×

以上を以て私は東京市の社會事業の大要を紹介し得たものだと信ずる。よく地方の方々から「東京市の社會的施設にはどんなものがあるか」とか或は「私の邑にも何か社會的施設に力を致して見たいが……」などゝ聞かれることがあるが、若しも拙ない私の此記事が多少なりとも參考になつたならば幸甚である。

(完)

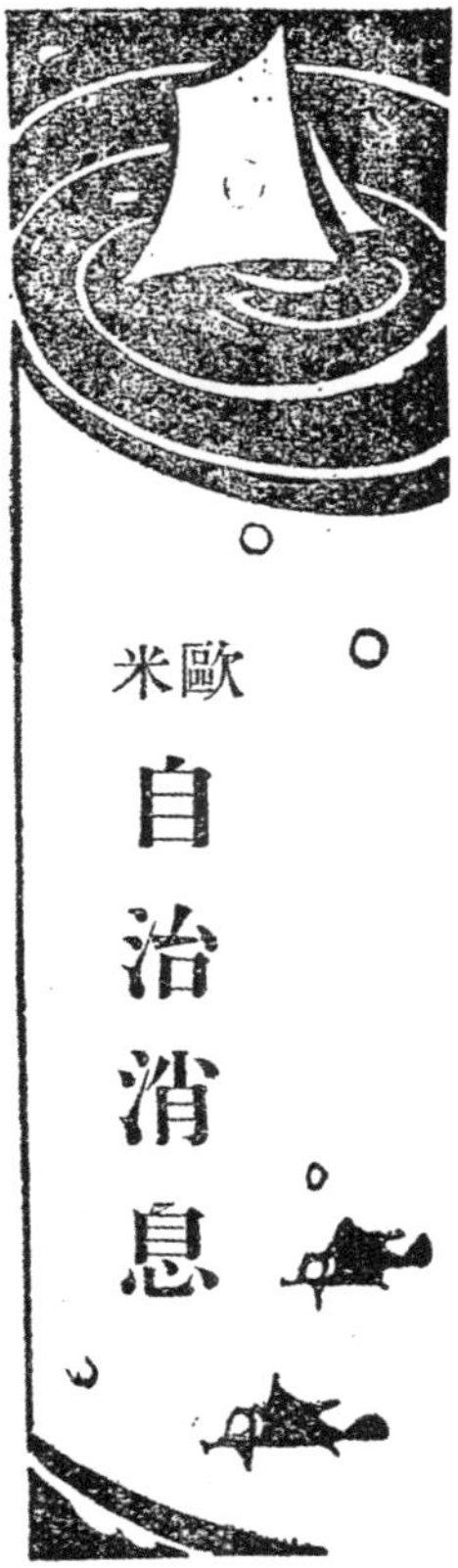

弓家七郎

勞働者の保護をなす市條例

イギリスのシエフキールド市に於ては市の工事に使用する勞働者の勞働時間及び賃銀等に關して次の樣な條例を發布した。この條例は市自身も守るべきは勿論、請負者も遵守せねばならぬものである。その要點を記せば

一、市が請負者に依らず、直接工事をする時には、勞働組合及び雇傭者に依りて承認せられて居る標準賃銀を支拂ふこと。

二、若しかくの如き標準賃銀の定めなき場合には、市は出來得る限りよき雇傭者の支拂ふ賃銀に近き賃銀を支拂ふべし。

三、入札に附する場合には、請負者に對してかくの如き條件を請負者も守らねばならぬことを知らしむること。

四、若し請負者がこの規定を遵守せざる時には損害を賠償せしむることが出來る。

五、市に原料品を供給する請負者はその使用人に關してはこの條件に從ふことを要す。若し標準賃銀のなき場合には、市はその賃銀率を定むるものとす。

六、請負者は市より文書を以て許可せらるゝに非れば、その工事の一部又は全部を下請負せしむることを得ず。但し下請負せしむることが慣習となれる仕事に就てはこの限りにあらず。

七、請負者が勞働者に對して標準賃銀を支拂はざる時は、市は勞働者に對してその不足額を支拂ひ、請負者に支拂ふべき金額中よりこれを差引くことを得。

八、請負者にしてこの請負の條件を遵守せざる者は、將來市の入札を

差止むることを得。

九、請負者は賃銀支拂簿若くは受取證を保存し置き、市吏員により檢査を求められたる時は、直ちにこれを提供すべし。

英國に於ける地方債認可額

先日發表せられた第六回英國保健省年報によると、昨年度中（去る三月三十一日までの一ケ年）同保健省が認可したイングランド及びウエールスの地方債は、救貧法に依るもの、住宅供給のためにするもの及び一時借入れのもの等を除き、總額二千七百二十八萬七千八百〇一磅（一磅は邦貨約十圓に當る）に達し、その中地方行政法第六條に依り失業者に職を與ふるの目的を以て起したる事業費公債は約七百十五万六千〇六十七磅となつて居る。

又事業の種類から見れば、一番大いのは道路橋梁等の一千〇四十三萬八千三百十六磅で、下水工事費も四百三十六萬〇七百六十八磅を算し、教育事業費の項目下には二百九十三萬四千七百〇四磅と記されてある。

それから自治體の種類別に言へば

カウンテー（縣）	四、五二八、九八四磅
市及び町區《ボロー・アーバン・ディストリクト》	二〇、〇九八、九二一
ロンドン府内の區	二七一、〇一五
聯合委員會	四八四、五一九
村部區《ルーラル・ディストリクト》	一、八一六、七八四
寺區《パリッシュ》	五三、三九五
埋葬委員會	六、九一〇
其他	二七、二七三
合計	二七、二八七、八〇一

自働車の鑑札に廣告を印刷

イギリスのウエスト・サセックス縣會では、自働車に交付する鑑札の裏面に廣告を印刷することを決議し、交通省に認可の申請をなした。縣の財務局長の言に依れば、目下のところ年々發行する鑑札は約一萬五千枚に達して居るので、既に一ケ年百五十磅ならば引受けたいと申し出て居る希望者もある位だと云ふ。

パリの市會議員選擧と左黨

去る五月パリ市會議員の選擧が行はれ六月にはパリの所在するセイヌ縣の縣會議員の選擧が行はれた。尤もパリの市會議員は同時にセイヌ縣會議員をも兼ねて居るのである。それで市會議員の數八十名と、郡部分から選出せらるゝ縣會議員四十名を以て、セイヌ縣會は組織せらるゝ。

今回の選擧に於て著るしかつたことは社會主義者と共産主義者と國家主義

者とが幾つもに分裂して互に卍巴となつて選舉を爭ひ、その結果國家主義者が大打撃を受け、共產黨がその勢力を增大したことである。但し國家主義者は辛うじて多數を制することだけは出來た。新縣會の分布は次のやうになつて居る。

右黨派	
聯合國民共和派	四五人
左翼共和派	一三人
進步派	一人
急進共和派	二人
計	六一人
左黨派	
共和社會派	一人
獨立社會派	四人
急進社會派	九人
統一社會派	二五人
フランス社會派	一人
社會共產派	四人
共產派	一四人
計	五九人
合計	一二〇人

米シカゴ市の分離獨立運動

アメリカのシカゴ市はその存在するイリノイス州から獨立せんとする運動を起こした。去る六月二十四日の市會は、イリノイス州から獨立し、シカゴ市のみを以て別に一州を組織すべしとの決議を通過し、更に同三十日には百五十名よりなる市民の委員會を造りて具體的にその方法を講ずべしとの決議をなした。その表面の理由とするところは主として州會に對する不滿である。即ち第一イリノイス州憲法に從へば、州會は十年毎に人口を基礎として州會議員選舉區の改正若くは選出議員數の增減を行はざるべからざるにも拘らず、一九〇一年以來言を左右に托して容易にこの事を行はず、ためにシカゴ市民は更に少くとも、上院議員五名、下院議員十五名の選舉權を奪はれつゝあり、かくの如きは獨立宣言の精神に反するものである。第二、近狀大都市の問題は頗る復雜錯綜して、自ら大なる權限を有するにあらざれば適當に解決し能はざるもの頗る多し。人口二百七十萬を超ゆるシカゴ市の經營を爲すに當つて、農村選出の議員に干渉せらるゝことは迷惑至極であると言ふのである。

アメリカの憲法から言へば、既に存在して居る州の中に別な州を造り、若くは數個の州一部分づゝが寄つて新しい州を造るやうなことは禁止せられて居る。新なる州は唯既に存在して居る州から造つて貰はなければ出來ないことになつて居る。この方法でメイン州がマサチユセッツ州から分離したり、ケンタツキー州がヴアジニア州から獨立したりしたのである。それでシカゴもイリノイス州から分離しやうとするならば是非共州議會を動かして、これに贊成せしめねばならぬことになつてる。しかしこれには種々な複雜せる財政問題や經濟問題が錯綜して居るから、なか／＼容易に事は解決せぬであらう。だが州の干渉を以て無用有害なりとして敢然起つたところに、シカゴ市民の意氣か見えるではないか。

第三回の國際都市聯合會議

去る九月二十八日から、パリで第三回國際都市聯合會議が開催せられ、日本からは東京市政調査會を代表して、前東京市助役前田多門氏が列席して居る。抑も國際都市聯合なる物は、一九一三年ベルギーのガン市に開かれた國際都市會議に依りて創設せられたもので、戰爭中中絶して居が、昨年アムステルダム市に二十一箇國の代表者を集めて第二回の會議を開き、今秋更に第三回の會議が催されることになつたものである。同聯合趣意書は先づ次の文句を以て始つて居る。

「都市の急激なる發展は十九世紀の一大特徴をなし、二十世紀をして、政治家、行政家、事業家等の、總ての注意を要求しつゝあり、或は新規なる、或は重要度を増加し來れる幾多の問題に逢着せしめた。都市は近代人のあらゆる活動の砌礎と融合との中心となつた。彼等は其處に自らを教育し、勞働し、休養し、且つ援助を求めんとする。人類のあらゆる形式の協働が行はれ、且つこの協働が幾多の制度並に集團的組織的活動として最も完全に且つ最も廣汎に表現せられるのも亦都市である。

文明の一般的進歩、最後進諸國民の經過せる文化過程は、今日全世界に於ける地方自治體の行政をして同一の問題に逢着せしめた。而してこれ等自治體中の一に依つて與へられたる解決案は、同時に他の自治體もこれを利用することを得べく、假りに然らずとするも少くとも何等かの必要なる改作を加ふれば足るものである。從つて都市改良、都市計畫、自治體の役務、自治生活の事に携る者は皆その經驗を共同し、且つ廣く相對比して、互に解決策を議することが益々必要となりつゝあるのである。

と述べ、この目的遂行のために

一、國際都市會議を定期的に開催すること。

二、各國に於ける自治體間の全國的連繫、並に一の全國的都市聯合と他の全國的都市聯合との間に於ける國際的連繫を實現し、以て都市間に於ける相互關係の確立並に發達を企圖すること。

三、都市に關する研究及び調査をなす常設機關を設置すること。

を以て事業となして居る。

會員は正會員、通信會員、個人會員特別會員、名譽會員の五種に分れて居る。正會員は地方自治體、若くはその聯合團體を以てし、通信會員は自治體に關する學會又は協會を以てし、個人會員は都市問題に興味を有する個人とし、特別會員は國際都市聯合に對し財政的援助を與ふる。國家官廳その他の團體とし、最後の名譽會員は總會に於て特に選ばるゝ個人若くは學會とする。會費は自治體に對しては人口一千人に付一ヶ年金貨一フラン、個人に對しては同二十フランで、正會員は會費の多寡に應じて投票數が與へられる。猶同聯合の本部はブラツセル市に置かれてある。

蒟蒻の實

農家救濟から意外な發見

三重縣飯南郡農會では疲弊して居る農家救濟の意味で最も有利な蒟蒻芋の栽培を旺に奬勵して居るが蒟蒻芋の莖に最近結實したので郡當局は未だ曾て蒟蒻芋には花は咲くも實を結んだ事はなく何れの植物の書籍を見ても花に關する事は記してあるが結實に關する事は記載して無いので稀有の現象としてそれを寫眞に撮つて保存し斯業大家の鑑定を乞ふとの事であるが其形體は恰もトウモロコシのようなものであるがこの種をまいて發芽すれば植物界に一新記錄を作るものであると郡當局は語つて居た

自治の訓練

家庭學校長　留岡幸助

六

自治制度の根本觀念　從來我國には、國民はあつても、公民はなかつた。公民と云ふ語は、明治二十一年四月十七日に發布になつた、市制町村制によつて初めて出來たのである。從て我か國民には、國民道德と云ふことは分り易いか、公民道德と云ふことは分り難い公民道德とは、云ふまでもなく公民の守るべき道の事であつて、之が培養されなければ、公共團體の事業は充分に發達する筈がない、そこでまづ、市町村制を築き上げた根本思想に就て述べねばならぬ。之は自治制公布の際に賜つた上諭に現はれて居る。

　朕地方共同の利益を發達せしめ、衆庶臣民の幸福を增加することを欲し、隣保團結の舊慣を存重して益々之を擴張し更に法律を以て都市及町村の權義を保護するの必要要を認め、茲に市制及町村制を裁可して之を公布せしむ。

と仰せられた如く、自治制度の根本觀念は、權利義務の思想でこの思想がよく理解されぬと法律の精神は分らぬ法律の精神が分らねば勿論、公民道德は出て來ない。

七

權利義務の思想　所が此の權利義務の思想は、元來日本にはなかつたのであるから、日本人には仲々分らない、權利と云ふ語は英語の Right の直譯で、義務は Duty の直譯である。所が英語を漢語に譯したのであるから、文字通りでは意味が仲々分り難い。西洋の書物にも、能く此の權利義務と云ふ字の使ひ分がしてある。有名な米國大統領、アブラハム・リンカーンの語に

　我々をして權利は力を生ずることの出來ると云ふ信仰を持たしめよ、而して此の信仰によつて我々がそれを了解する時に、我々の義務を遂行すべく勇敢ならしめよ。

と云ふのがある。この文中に權利義務の使ひ分けが判然と現はれてゐる、この言葉によると權利は力の根源で力を生ずるものであるから、この道理を辨へ、此の信仰に立つものは義務の遂行に勇敢なれと云ふのである。

又トマヌ・ゼツフエルソンは權利について、

　吾人は總ての人が平等に造られ、而して賣買すべからざる權利を造物主より贈與されたりとの眞理を自己證明によりて主張するものなり、この裡に生命あり、自由あり、而して人は幸福を追求し得るものなり。

と謂つてゐる。この語によると人は平等に生れ、賣買の出來ぬ權利と云ふものを、神より與へられたことは、自分自ら說明するものであつて、飽く迄も主張すべきである。この觀念の遂行は、自ら生命自由幸福を生ずるものであるといふのである。

八

權利義務の表裏關係　この權利思想、義務觀念が我か市町村制の根本思想を爲して居るのである。市町村は人格者が相寄り、相集つて共同生活を爲す一つの社會なるが故に權利を主張し、義務を履行することに依つて市町村民の人格が表現されるのである。其の故に、前にも云つたやうに公共團體は一の大なる法人格である。而して人格の表現である。一方面は則ち權利である。投票に依つて市町村長、市町村會議員を選擧するのであるが、この公民の權利の表現である投票を賣買するが故に地方行政は腐敗するのである。政治上總ての腐敗は此の投票の賣買に基因する、投票を賣買するのは法律上與へられた權利の尊いことを理解しないからである。投票の賣買は即ち權利の賣買である、

　權利は賣買の出來ないものなるに係らず、之を賣買するのは謂はゞ人格の一部を賣り渡すのである。

　何より尊いものは黃金であつて、黃金以上に尊く善きものはないと思つてゐるものが多い、從つて時としては親でも兄弟でも金のためには裁判所へ願ひ付ける、否金の爲には最愛なる自分の娘さへも賣るのである。

　又義務と云ふことも日本人には能く分らぬ。義務は無理に强ひられて勸められ余儀なく行ふものと誤解し、自ら進んで果すべきものであることを知らぬ。往々見る如く市町村民の多くが、公共團體共同の利益を亨受しながら、義務だけは實行しないと云ふのでは權利を主張するを得ない筈である。

西洋の諺に『彼に發言の權利なし』" Noricht to Speak "といふのがあるが、發言の權利は實行し得る者のみにあるのである。斯くの如く、權利義務は其關係極めて密接にして、義務なくして權利なく、權利なくして義務は存しない。この權利義務は人格の表現であるが故に法人格の公共團體の中に共同生活を營む市町村民は權利義務を完全に了解して能く之が實行に努めなくてはならぬ。

九

一部學者の謬見　所が我が國學者の中には、日本人には到底權利義務と云ふことは分らない、權利義務の觀念は個人主義たる西洋に發達するも、君主國、家族制度の國柄たる日本には、發達しないと云ふのであるが、果して然るや成程西洋では親が子供の家に泊り、或は唯れでも知友の宅に泊つた場合必ず宿賃を拂ひ、或は金持の老婦人が、身寄りの者のあるにも拘らず養育院の一室に、其の余生を送るなどは到底日本人に諒解の出來ないことであらう。

又、公共團體が、歐米に於けるが如く能く發達しないのは、家族制度の國たるが故であるとの論も、一應尤もの樣に考へらるゝが、今社會を、國家—公共團體—家族の三階級に分つて見ると、日本人には國家や家を思ふ觀念は深い、時には有り余る程ある、又養子養女をして迄も家を嗣かせやうといふ熱烈な考へさへある、然に此の中間に位する公共團體即ち市町村のために力を盡すといふ考は甚だ薄弱である。

之を見て我國の或る學者は君主國たり家族制度の國たるが故に公共心、則ち市町村と思ふ觀念に乏しいのである、去つて個人主義の國に行かば、公共團體の爲めに力を盡すことは實に盛んである。これは個人主義の泰西には權利義務の思想がよく發達してゐるからであると云ふ、私は、それにも一理あることを認めないでもないがそれが眞理のすべてであるとは信じない。我國人が、公共團體のために盡す觀念に乏しいのは、自治制度の施行後之を西洋と比較して日尚淺く、從つて市町村民の自治に對する訓練の足らない事より起るものである。依つて、之を敎へ、之を導く時は必ずや理想的自治の政治を行ふに難くないことを信ずる。而して之は、一に訓練と時日とのみによつて解決さるべき問題であらう。

一〇

公共團體は織物　さて私は公共團體を一の大なる美しき織物と云ひたい、この織物は我國では縱糸である權利義務の理想と、横糸である隣保團結、即ち向ふ三軒兩隣りの情誼で成つてゐる。此の向ふ三軒兩隣りの相互扶助は謂はゞ親族關係を擴張したものに過ぎない。準親族の關係で單に法律思想である權利義務だけでは光りはあつても熱がない、熱がなければ暖味がないから公共團體は發達しない、故に前述の上諭中にも

隣保團結の舊慣を尊重して益々之を擴張し、

と宣はせられた如く、權利義務の冷やかな思想に隣保相助の暖かみ味を加へて共同體を圓滿に發達せしむると云ふのが我が自治制度の根本精神である。今日の樣に文運進歩の道程を辿るとすれば隣保相助と云ふことは將來益々必要となつて來る、否ならざるを得ないのである。

二

文明の激浪怒濤　社會進歩の道程に於ては從來社會組織を打ち毀す、家族制度の如きは其一に數へざるを得ないのである。近世文明の一特徵とも云ふべきは人口の都會集中でこの傾向は普遍的であつて局部的の現象ではない。

倫敦は世界で一番巨大な都會であると云はれてゐるが、西曆千三百七十七年即ち今を距ること五百五十年前にあつては人口僅かに三萬乃至四萬に過ぎなかつた小都會であるが、西曆千六百八十五年則ち二百四十年前にありては五十萬となり西曆千八百年の初頭則ち百二十六年前にありては百萬となり、而して現在では人口實に七百五十萬となつた。之を歐州大陸の小國と比較するに、瑞西は人口三百萬、和蘭、白耳義は各々六百萬である、一國の總人口と倫敦一市の人口とを比較するに小國とは云へ一國の總人口が倫敦一市のそれに及ばないと云ふのは實に驚くべき事ではないか。

更に他の方面より之を見るに十九世紀初頭歐羅巴にある人口十萬以上の都會は僅に十四であつたが、十九世紀の終末即ち百年後に於ては十萬以上の都會は百四十に增加した、然るに現今となつては歐羅巴にある人口五十萬以上の都會は三十一を以て數ふる程にも增加した、米國に於ても此の趨勢は同一である、否更に甚しいものがある。

翻て我が東京市の人口は明治十年以前は記錄の徵すべきものなく、明治十一年より五年毎の人口增加表を見るに、如何に我が東京市の人口が激增したかを知るに足るであらう。

明治十一年	八一三、四〇〇人
明治十五年	八八五、四四五

明治二十年	一、二三四、四五〇
明治廿五年	一、二三五、〇二九
明治三十年	一、四〇三、七六九
明治卅五年	一、七〇五、〇二八
明治四十年	二、一五二、二八五
大正　元年	二、〇二二、五九六
大正　五年	二、二八三、八四〇
大正　十年	二、四三七、五〇三

更に大震災後即ち大正十二年下半期に至つては一時非常に東京市の人口は激減したが十三、四年となつては次第に増加しつゝあるより今後十年乃至二十年には驚くべき數に増加するは火を見るよりも明である。

さて大阪は如何と云ふに最近關市長の私に示された數字は左の通りである。

明治　元年	二八一、三〇六
明治二十年	四二六、八四六
明治三十年	七五八、二八五
明治卅七年	一、〇二六、七六七
大正　元年	一、三三一、九九四
大正　六年	一、五五七、九八六
大正十三年	一、四三二、五〇〇

と大阪に於ては斯くも人口の増加を來たし、去る四月一日實施された大大阪の都市制によつて見るに其の人口實に二百十七萬三千六百七十人の多きを示すに至つたのである。

二　都會人口増加の原因

何故に世界各都市人口が斯樣に歩調を揃へたかの如く激増するのであるかと云ふに左に示すものは尠くとも其原因中重なるものならんと信ずる。

一、都會を憧憬するの心旺盛なること、

二、漸次交通機關が進歩整善すること、

三、農民の生活難から農村人口が都會に移動すること、

四、接續町村の合併によること、

五、之を農村人と比較するに僅少ではあるが都會人其物の人口が増加すること、

六、兵營、學校、工場、劇場、寄席、遊廓等が都會及その附近に増設せらるゝこと、

等である。

農閑と農村工藝

◎農村振興の急先鋒は長い農閑の利用から◎

山本鼎

▽副業奬勵の必要△

日本の農村は、農閑が可成長く、雪の多い地方では三ヶ月内至五ヶ月の間農民の大多數が遊んでゐる。夏春の劇しい勞働に對して、冬期の休養は勿論必要であるがそれにしても百日、百五十日とか云ふ日子は余りに多過ぎる。然も一方農村民の生計は日々に苦しく統計家の警告に依ると既に日本の農家は破産し終つて萬事淸算人の手に委ねられてある樣なものだと云はれてゐる今日の人間が其健康を保つて行くに就ては一ヶ月どうしても十圓五十錢程入用ださうだが、今日の農業家の收入を農業者全人口で割つて見ると、一人當六圓某で、即ち毎月銘々四圓五十錢位宛借金して喰つてゐるか、さもなくば健康の得られない程度の貧しい食をしてゐることになる。一方に長過ぎる程の農閑があり、他面斯くも貧乏であるのに、農閑に對する生産的計劃が割合に閑却されてゐるのは、農村振興の聲頗る盛んなる今日實に怪しむべき事だと思ふ。資本主義的な經濟組織の發展に從ひ、生産業は會社や大工場に集中せられ、農民も冬期副業をする必要がなくなるであらうと云ふ人もあり、英米に於ては既に農村副業の必要がなくなりつゝありと云ふ話も聞くが、然し如何なる方面から觀察しても、日本には副業が非常に必要である。夫れ故に農林省も今年度から副業奬勵費を約三倍にし十五萬圓を一躍四十五萬圓程に増加した譯である。

▽農閑利用の農村工藝△

斯く副業を奬勵することになれば、其の種類も充分多種類でなければならず現在でも可成色々あるが、未だ開拓されぬ一方面がある。

夫れは工藝品の製作で、所謂産業としての農村美術が現在日本には無い。七八年前始めて長野縣小縣郡に農民美術研究所と云ふのが出來て今日迄に六つの組合と、三百人許りの製作者を得此の事業の端緒を得たが、外國には隨分前から發達し、大抵國庫、地方廳若しくは有志團體に支持されて、指導者養成の學校や、教講工場や、材料供給機關や、販賣所や、サンプル（見本）品研究所等、此の事業に必要な機關も完備し、堂々たる產業となつて居る、聞く處によると今から十二三年前、佛蘭西の田舍で出來る手工藝品一ケ年の總產額が二十億フランに達したと云ふ一フランが四十錢の時であるから約八億萬圓に當り、我國御自慢の生絲の產額に比肩する程の成績を示してゐる。日本が工品副業の一ケ年の總產額は三億五千圓程で、手工的副業は其の約三分の一位であらう。要するに我國の副業は大產業の區域に達してゐるものとは云はれない。

▽農民美術研究所の目的△

吾々の農民美術研究所は、農村に工藝的な副業を開拓する目的で事業を進めてゐるが、農村民の副業に對する觀念が洵に不健全であるが爲めに、多くの幻滅を味めた、副業をするのは貧窮者で出來るだけ早く止めにせねばならぬ樣に思ひ、事業を進める上困ることが多い、副業によつて利得するは當然であるが、利得の觀念のみでは不健全である。閑だから仕事をすると云ふ觀念でなければ、副業を正しい意味で發達さすことは出來ぬ。然し從來の手工的副業と云ふものは、如何にも趣味のない物であるが故に、多少智識の進歩した者、生計にゆとりのあるものはやる氣にならないのも無理からぬことである。されば副業は從業者の機能に應じ、種々な種類を與へなければならない、研究所現在の仕事は我農村に適した、即ち短日月の講習で覺えられる技術で、而も製作物が商品として末廣に賣れ行くものの見本品（サンプル）を製作し、其れに基いて農村民に技術を敎へ込み、覺えた人達に生產組合を作らして材料の共同購入や、製作品の共同販賣を導くことで、木彫、木工、染色、刺繡、繪畫、機械、塗料の七科を置き、夫々の（サンプル）を作つてゐる冬は農村から志望者を募集して講習會を催し、縣廳や郡農會等の需めで工藝講習會を指導する、目下力を入れてゐる方面は地方土產の開拓で全國の地方土產は地方色なく殆ど箱根靜岡等の會社製品である。究研所は地方土產の製作を地方民の手に據つて作らせたい考へだが製作者の尠ない農村手工品は地方土産に適してゐる。例へば夏アルプス登山者相手の面白味のある工産品を得る途を拓いたならば、アルプス山下の農村の冬の副業には持つてこいであろう。どの地方にも神社、佛閣、名勝温泉地があるから、工産品の創製は全日本的な面白い事業と考へられる。京都市を除く京都府下の遊覽地の一年の遊覽客は約七百萬人で、其れに對して現在ヱハガキと團子とが重なる土産品で、其の年額が八百萬圓を少し超へる由であるが、若し今日の人に向く、喰つて無くなつて終ふ樣なものでない、紀念的な品物を土産として提供することが出來たならば、京都の農村は恐く數百萬圓の收入を加へることであらう極く手近に轉がつてゐる。さう云ふ生産業を捨てゝ置くのは實に惜しいことと云はねばならぬ。

▽結　言△

私は尠くとも農村の讀書家階級の青年男女の副業として斯る趣味的手工業を最も適當と思ふ。一面さう云ふ仕事は農村へ着實な文化的空氣を作り、農村の生活を今日の貧寒無味の狀態から救ふであらうと考へる、ミユンヘン澄のバイヱルン鄕土民福技藝學會の會長ゾオンレー博士は斯う云つた、

『斯る事業を奬勵することは社會主義者、若しくは徒弟の排底を欵ずる職人の反對を買ふであらうが、農村の子弟が滔々として大都會に集中する今日悲しむべき傾向を防ぐことが出來るであらふ』と。要するに農村の振興は、農村民の經濟的向上を計ると共に、彼等の日常生活を趣味あるものならしむるにありと考へる。

メートル村

○メートル法が中々普及しないといふので商工省がその宣傳に大童になつてゐる折柄不思議にも一村をあげてメートル法でなければ夜も日もあけぬといふ珍らしい村がある

○それは宮城縣名取郡愛島村といふ人口二千餘人の一寒村で、同地は東北本線增田驛から五キロ九百八十メートルばかりの所にあるが、この村では村長助役同村青年團長小學校長が率先して大のメートル法論者で、青年團を指揮しメートル法の普及宣傳に力をそゝいだ結果、今では里程などに從來の何里何町を口にするものは一人もなくなつたいふ位

○この間も同省の中央度量衡檢定所の高畑技師がこの噂を聞いて同村の視察に出掛けまづ車屋に役場までどの位の道のりがあるかと聞いたら「三千メートルです」とやられ度膽を拔かれたそうだ

○それにつけても面白い話しは、つい此間のこと此村の或耕地整理組合が耕地整理の設計書をすべてメートル法で設計し宮城縣廳に差出したところが縣廳の役人が面喰ひこれを受付けなかつたことだ

社會精神と「其の環境」

協調會　鈴木誠治

吾々御互の生活は分れ々々のものでなく、相互依存とも稱すべしとの說は、今更事新らしく申す必要もありますまい。然し乍ら、生活の實際を少しく注意して見るならば、其所には案外な思想感情の流れ、または生活樣式を看出すのであります、むつかしい意味で言ふ個人主義的思想でなくも、その感じなり、思ひ方なりには、可成個人主義的の色合が强かつたり、口に協同依存を說へながらも、實生活の樣式には之に反するものがあつたり致します、個人の場合計りでなく、團體的活動に於てさへ。時に思はざる方向を示して居ることがあります。例へば、極く少人數の團體を保護する爲めに、多數が非常に不利益となつたり、不健全になつたり等致すことが屢々あります。それからまた、相當社會的考慮から出發したものにも、時々其の組立やら、他との連絡がよく出來て居らない爲めに、不經濟な遣り方や、時とすると主義に反する樣な結果に終る場合を見るのであります。勿論從來こてもそうした點に着目し、その矯正に努めなかつたのではありません、人格者の個人的感化に依らんとしたり、講演會が企てられたり、其他の方法もせられたのでありました。私は、何もそれが無効であつたが故に、前述の社會的缺陷が存するとするのではありません、然し乍ら、團體生活がもつと相互に都合のよいものとなり、もつと住みよきものとなる、否更に更に、積極的に發達する爲めには幾分吾々從來の行き方を變へる必要があると考へます。と申せばとて何も嶄新な學說なり方法なりを提出するのではありませんが。從來吾々が敎へられた事は、大方個人的成功であつた、獨立獨行とか、立志敢行とか。かくて引例さるゝ人物も、大方は個人的立場から、完成若しくは成功せる偉人であつたのであります、自治の問題にしても、立派な個人となることが淳々と說かれて居りました、その爲め敎へらるゝ所は個人的であり、主意的であり主觀的であり、あつたのであります。つまり、極端なる言葉で言へば、個人の必要として說かれ社會の必要として說かれなかつた、それも、實踐的體驗的であると言ふより、頭の中の事として說かれ勝であつたのであります。

　そんな譯で、一寸矛盾らしくも感じられますが、個人としては立志傳中の人が、社會的には寧ろ厄介なる人物である場合も生じて參ります。そこに吾々御互の誤りがあつたのでは無いでせうか、吾々が、多少なりと社會改造を試みる時、是非に考慮せねばならないのは其の點であります、而も驚くべきことは、其の改造云々と稱する時、實は其の運動に提る者自身社會的に芳しからざる者の幾多さへ有る事であります。此所に於て吾々は、敎育なり訓育なり、否各自の精神的向上なりが、社會の爲めと言ふ立場から致さるゝ必要を感ずるのであります、否それ計りでなく、村なり町なりの仕組にしても、出來得る限り其の主旨に合する樣、具案化され組織さるゝ必要を認むるのであります。吾等の信ずる點より言へば、思想にせよ、感情にせよ、人格にせよ、その育成せらるゝは單なる理智、若しくは理解に依るとするよりも、より重大なる影響は其の四周環境の實際より來る、その中に生捷すると云ふ事から、習慣的無意識的に形成せらるゝのが多いと言ふことであります、社會團體的精神に乏しいとは、實は、そうした環境に置かるゝ事が少ないと言ふ、事實を物語ると見るのであります、勿論總てを環境の力に歸すといふのではありません、只其の勢力の、意外に强きを主張するのであります。此の意味よりして、若し個人主義的色彩の余りに强き個人が、一團體に生活すると云ふことは、其の環境に之を造るべき缺陷があると見度いのであります。假に相當整へられたる環境ありとし、而も然る個人有りとせば、そは個人が之の勢力を享くべき機會を與へられなかつた事に歸し度いのであります、即ち社會精神伸長の機會均等が環境の上に缺けて居つたのであります。故に市町村なり又は他の團體生活なり均しく團體乃至社會的精神の豐かなる個人を造らんとすれば、如何にしても、其の環境が之を育つるに適當なる、そして可成的易々として之を成就し得る、然してまた均等なる機會ある考慮具案が大切と考へらるゝのであります。そして之は經濟生活の方面に於ても、少しも變りないと斷言するのであります。

　然らば之が具體案としては如何にするか、然るものが實現し得るものとせば何の故に吾等の歷史は長年月の間苦しみつゝ之を爲さなかつたか、案あらば示せ、そは痴人の夢であらうと、誰人を問はず難詰せらるゝでありませう、大いに然りであり何人と雖も之に即答明答を與へ得ると考へられません、さり乍ら其所には、幾多の考方なり試なりの存すべき筈であります、此所には紙面の許さゞるものあります故、只一私案として、町村等の社會的活動を整理統一せる一中心を作り、其所に(他所は暫くをき)理想的雰圍氣を造り、之を社會人とし其體得體驗及活動發祥地たらしむといふに止めます。

奮闘實話

山上學園

この清き水の源尋ぬれば—

山上補習學校長　內藤岩雄

筆者內藤岩雄氏は鳥取縣日野郡川上補習學校長として令名ある人なるのみならず、鄕土に立脚せる農村教育の先驅者として血と涙と感謝の生活をなしつゝある人である。曩に今上兩陛下の銀婚祝典の擧げられたるに際し、子弟教育に功勞ありとして表彰せられたる人である。本稿に筆者が皇恩の深大なるに感涙し廣く問むとものせる尊き體驗の記錄である。科學と至誠の綜合を以て人格と智慧の最高に立てる萬人の思慕せる聖なる山上の學園、時代の混沌たる時本篇を獲たるも讀者と倶に本會の喜びとする所である。

◇　◇　◇

「來て見ればさほどにもなし富士の山。出來た結果は何でもないやうで、その道程の苦心は涙ぐましいものがある。殊に精神界の仕事はその業績の目にとまるやうな華々しいものゝない程かへり見れば二十幾年、行きつもどりしたあとが、あまりにみじめでほい〳〵白い線がほのかにきえ殘つてゐるのに、今更感慨無量である。

◇　◇　◇

鄕土教育者、農村教化者として、一生を捧げようと決心してから、一向專念、驀直進前、入りかはつた同人五十人と一心同體（一人もわるい人なく、一日も不快な日なく）二十五年にして

同人を代表して

皇室から、天盃を戴いた時、始めてはつきり我をみとめる事が出來た。「教導感化の功校の內外に及ぶ」の故を以て文部大臣から表彰された時も、たゞ恥しさに充されてゐたのだつた。

天恩無窮只々、見るかげもなき小さい業績を、おみとめ下さつた大御心に感泣するばかりである。

◇　◇　◇

私共の學校は學校といふよりは學園と云つた方がふさわしい、冷たい言葉で學校等といふには餘りに平和すぎる指導者は私を中心として熱と誠意に融合された人々、被指導者は親と慕つてゐる。一段歩の校地が二町歩近くの面積に廣がる迄職員兒童は、二十餘年絕えず土を掘り砂を運び、父兄卒業生は常にこれを助ける。山を崩し谷を埋め

るそれがやがて教育であり、また事業である。校庭をめぐり、四季不斷に香る花一として、皆、職員兒童の手によつて集められ、植ゑられ培はれてゐない物はない。花卉もある梨もある。桑もある。桐も百數十本ひろ葉をひろげてゐる。家事用の材料は香辛味迄悉く校地内に求められる、宛然たる農村の縮圖である。

◇　◇　◇

二百米コース…人々の汗膏、人々の精神の力によつて拓かれたコースの眞上は、大山の山腹に大正なる文字が杉の造林にてかゝれてある。これは校庭の大典記念碑と對象して、磅礴たる根本思想を表徴してゐる。この造林は更に數萬の杉檜學林につゞいてゐる。この造林は、私が就任最初に計畫した勞働主義の發現で、今や學校改築に際し立派に柱となるものもある。自分らの手植の材が新校舍に使はれる。何といふ強い力ぞ。當時作業の休憩時に芝生に横たはりながらよんだ歌

　鶯の啼や山邊に杉植ゑて國の柱こなさんとぞおもふ。

二十五年間育てた青年處女は、國の柱として各方面に目覺しく活動し苦心の杉は今學園の柱となつて高く匂ふ。かう思ふ時私どもの血は湧く。

學園に家庭に、年中勞働する兒童は全郡の强者で、その延長である青年は已に八ヶ年連續の優勝者で、全國的に表彰され、處女亦優るとも劣らぬ。兵士としての成績は全郡の首班で、それが村の中堅として頗る堅實に活動してゐる、とにかく頼もしい現狀である。

◇　◇　◇

このやうにして、活社會にのびゆく學園の業績は、一面、第一歩から、兒童の現境整理といふ主目的に、社會善導といふ任務を帶びて、學園の手は、國家がまだ手をつけぬむかしから、學園外にのばされてゐた。神社講演、寺院説教、部落講話、老人慰藉會、母の會、青年會、處女會、いづれも學園が中心となつて、その發企に、その促進に、その統一に、晝夜兼行の努力を吝まなかつた。

　晝誨童蒙夜父老　說去說來忠與孝
　休道人心日惟危　期成十年理想鄕

同人が、疲れた心身に鞭つて、放吟しつゝ風雪をおかして進む時吟誦した詩である。可笑しく悲しい挿話の數々がある。

◇　◇　◇

學園に段々苔が生えると同時に、敎化の仕事も漸次根が張つて來た、石油

幻燈が瓦斯幻燈となり、電氣となり、遂に反射幻燈に代つたやうに浸潤の勢根づよい物となつて民風に一段の光彩を與へてゐることは爭はれない。話丈ではだめだ。明治三十年代のまだ農村學校の聲の低い時、我學園は村全體にひろげられて、各生徒が一畝から次第に一段歩の家庭田をもつてゐた。職員はみのがさで生徒と歌をうたひながら田を植たものだ。學園と村民とはぴたりとくつついた。父兄會、母會といつても、職員をとりかこむ空氣は、他に異つた、和い暖いものである、

學園中心の報徳社は、また農民精神作興上に甚大の効果を收めて、今や二十年の滿期に近づいて、五錢の善積金はつもり／＼て一萬圓に垂んとし、報德の精神は全村にみなぎつて、村民の言動を支配してゐる。鞋の聖人二宮翁は我等の先導者である。また實に我學園と村との結合力であり、融和力である。

◇ ◇ ◇

我學園は作業學校で勞働學校である。勞働服の男兒、アネさま被りの女兒が嬉々としてはたらいてゐる樣は、眞に自然の樂園である。始終一貫のこの主張と實行とは自然に强いからだと强い心の持主としての人間を作り上げた。農民をのみ目的で動いてゐるのではない。人間となるには日と土と水とにはなれぬ農村學園の門をくぐらなくてはだめだといふ信念の上に立つてゐる。雪消から作り始めた穀菜は、勞働祭と共に神に供進せられ、選ばれた村の精農家(階級を問はず)と共に試食されるのである。その間の情味は眞にいひがたきものがある。すべての施設は一切かうした調子で行はれる。栗ひろいもやる、兎狩も行ふ獲物は兄弟團欒の會食にあてられ、また文庫の費用となる。我農村學園は誰にも負ないが、文化的方面にもまたひけはとらぬといふ意氣込でやつてゐる。

◇ ◇ ◇

かうした精神を一層確實にあらはす爲めに、大正六年、なか／＼ゆるされぬ高等科廢止を斷行して、補習學校令による獨特な補習學校を作り上げた。その方針は明年から改造されようといふ高等科そつくりのものである。この意味に於て、我學園は國家の施設に先つこと、正に形式的にいつても、八ケ年である。殊に第二部といはれる半年制二ケ年程度のものは、最も農村子弟教養法によく適してゐるとおもふ。

青年處女教育も亦頗る夙くから、始

めたが、時代の進運に伴ひ、且地方の事情に適するやうに、併も可成早く引上げる樣にすゝめて來た。期節制度から週年制に、夜學から晝學に、他に卒先して、常に先鞭をつけてゐる。現今我村の實狀から積雪期一ヶ月を主體として徹底的に訓練することとし、その餘の期間即農繁期は、通信教授、召集指導等の手を盡し、相當の功果を收めてゐる。これを行ふがためには職員は夏期休業の一部及冬期休業の殆全部を犧牲にしてゐる。とにかく民情殊に經濟狀態に障害を來さぬ樣にして、理想のもとに教育したいものである。形式の美より内容の充實が必要である。

　今や一段高級の農民教育の必要にせまられつゝあるを認むるを以て、地方を糾合し高等農民學校の設立を計畫しつゝある。これは内面的要求がおこるまでの十分な素地を作つての後でなくてはならぬといふことを強調しておきたい。

山上學園

◇　◇　◇

我學園を中心とした新團體は、青年會處女會(同窓會)も皆獨立してゐる。而も學園との連絡は頗る密接で、その間何等の無理もこだわりもない。渾然として美しいものがある。

　青年と處女とは心に於て極めて接近してゐる。處女は學術的にも決して青年にまけない。品性に於てもむしろ調子が高い――我學園は小學校から通じさうした傾向がある――そこで自然の青年の自重心をおこし、奮闘させるこいふ形になつてゐる。山上は男女開放の樂天地だといふ程相迫つてゐる。從てよめに行つたものや、教育をよして出て行く處女が、よその世界に行つて今更に男女のかけはなれたやうで而も不純なもののあるに驚き且悲むのである。

◇　◇　◇

かくて我學園は、老弱男女すべて、我學園敎化圏内にとり入れ得たのである。老者は感謝の涙をもつて學園に集り、子供デーによつて未就學の兒童は母親につれられ學園に來り、心身の整理指導をうけることになつてゐる。その盛況には、親のめざめ方のつよいのに何時も驚かされる。

今日我學園の形は、二十五年勤續のこの新學園創建の内藤岩雄は、社會敎化者としての責任を果すべく、自決退職し出でゝは外部より學園を援け、入つては「學校のお爺さん」として盡すところあらんとして、園内には十年同行苦心の木村正義血脈をついで、同人と共に血と涙の戰をつゞけて居り、村民の期待以上の効果を收めつゝあり、外に見られぬ空氣がたゞようてゐる。

◇　◇　◇

鄕土に立脚せる農村學校の建設略成り、新築成り報德田購入につれて、一大飛躍を試みんとす。同人等五十人を連記彫刻せる恩賜記念碑は、更に一段の奮闘を我等に强要するものゝ如く、猫額大の小天地ながら、意氣は天を衝くものあり。

この淸き水の源尋ぬれば
わが學園の軒の玉水

村長の言葉

（長野縣）

神城村　長澤幅次郎

◇無事な村ですよ、前には可成りに問題があつた村だつたがね職務管掌が來たりなどしてね

◎今はまァそんな事はない村稅も良く納まるし俺ん所へねぢ込んで來て理窟を申し上げるやうなものもなしね

◎椎茸の栽培も大正五年から始めて何うやらこうやらものになりかけて來た、一寸三千本の榾があるから來年あたりからチッタァ出るやうになるだらうと思ふ

南小谷村　千國善之助

◎先達は村長選擧で一寸揉みましただが先づ無事な村で御座いますだ。七百近い戸數があるが山の中でも米は澤山あるだ

◎何しろ雪がたんと降つて四月にならなければ雪があけねぇから作が急かしいでな、自分の仕事に逐はれてゐるで村の衆も村の仕事なんか出來ましねえだ

◎冬の内は炬燵に獅嚙みついてゐるより外は仕方がねぇだ、何か相當な仕事がねぇかと考へても見るだがな、矢ッ張りなんでもありましねえだ

社會と衛生

□各自の自覺が必要□

醫學博士　兒玉豐次郎

◇◇

【緒　言】

國力の發展は謂ふまでもなく、國民の規律ある活動に基づくものであります。其活動の源泉は國民の健康と其體質の增進とにあります。

◇◇

然るが故に我邦に於ても歷代の天子は國民の貧困と健康とに大御心を傷めさせられた事は歷史を繙きしもの丶齊しく知る所であります。又外國に於ても例へばフリードリツヒ大王の如きは「國民の數は國家の富である」と仰せられました。

◇◇

又一八八七年墺地利に開催せられたる萬國衞生會議の席上同國皇儲ルードルフ殿下（今次世界戰爭の劈頭塞留比亞の首都に於て傷ましくも非業の最後を遂げられた）が「國家及び社會の最も貴重なる資本は人間であり、そうして一人の生命は各夫れ〳〵相當の價値を有するが故に、人命を保持し且つ天壽を全うせしむる事は啻に博愛の上のみならず公共國體の福祉を增進するにも亦缺く可からざる必須要件である」と仰せられました。

◇◇

之れによつて見ても先覺者が如何に國民の健康が萬國の富及び經濟に重大の關係あるかを道破せることを窺知ることが出來ます。

◇◇◇

凡そ人たるものは諸般の現象の由りて來る近因を求め之れに處する所がなくてはなりませぬ。譬へば茲に自分に危害を加へるものあらば極力之れに抵抗してその生命の安全を期し又、近隣に火災が起らば自己の生命及び財産を損害より免かれしめんと努めます。之等は無智なる輩と雖も尙ほ能く成し得る所であります。然し危害の遠因に向つては或る程度の智識がなくしては之れを未然に防止することが出來ないのであります。例へば大正十二年の大震火災の如きは其好例であります。吾々は從來良く古老の口より往昔吾々の祖先が遭遇したる大震災の慘狀を物語の如くに聞かされて居るので大凡六、七十年每に大震災の繰返さるゝ事を豫知することが出來ます。故に從來國民の科學的智識が今よりも一層進步して居つて、學者に對し震災に關する攻究を獎勵し且つこれを鞭撻して居つたならば或は已に震災に對する豫知法が發見せられてあつたかも知れない。尙ほ又其方法が發見せられないまでも少くとも斯かる大震災に原因する火災防止のための家屋建築法が制定されてあつたゞらうと思はれます。

◇◇◇

而かも一般國民が科學的人爲を盡くして天命を俟つの擧に出づること能はず從て震災と云ふ結果に對してのみ驚愕措く所を知らないと云ふ狀態は如何に彼等が科學に冷淡なりしかを證明するものであります。

◇◇◇

されど衞生思想の向上及び衞生的設備の完全は短時間にして直に吾人の健康に影響するものではなく多くは長き歲月を積みて徐々にその効果を齎らし來るものであります。約言すれば吾人の健康を害する因由は多くは近因にあらずして遠因に基づくものであります。

◇◇◇

然らば衞生とは如何なる事を云ふかと云へば吾々の身體を

犯し來たる諸般の有害作用を除去して健康を保持すると同時に其力を增進せしめて天壽（各人の平均壽命を七十歳と成すべく）を全うせしむるにあります。而して此目的を達成するには、各自が身體の攝生に努むるは勿論であるが、更に各自の衞生的知識を向上せしめて間接に國家又は公共團體をして衞生的設備を完全ならしむるにあります。故に從來衞生を便宜の爲めに個人衞生と公衆衞生とに分けたのであるが、國民各自の衞生思想の進歩向上は即ち國家及び公共團體の衞生的設備を促進せしむる所以であるが故に兩者は互に相關聯し劃然區別されるものではありません。

殊に衞生に就て閑却すべからざる事は傳染病の豫防法塵埃及び煤烟を含む不潔なる空氣（獨逸に於ては醫界に「塵埃及び煤烟」と云ふ雜誌があります我邦に於ては之等の雜誌なきのみか都市の塵埃、煤烟に就て研究したるものさへない有樣です、之等の研究のないと云ふ事は學者の背後に科學的智識の進歩せる國民があつて之れを要求し鼓吹せざるが爲めであると思ひます）、不潔なる飲料水、不潔なる土地、不潔なる衣服等の人體に及ぼす影響、下水道の布設、塵芥の處分、國民の榮養、交通衞生、學校衞生、其他一國の文化が進歩するに從ひ多數の國民が都市に集中し來たるは歐洲の實例に徵して明白であります。而して玆に勞働問題が起り且つ又工場衞生の必要が起ります。故に衞生と云ふ事は頗る廣汎に亘るのであるが之れを畢竟するに終局の目的としては次の効果に到達するのであります。

(1) 衞生の効果の特に目立つて見ゆるのは傳染病の減少であります。傳染病の中にても、赤痢「コレラ」腸窒扶斯の病率の減退であります。

(2) 出産率が多くその反對に死亡率が減少する故に人口の增加を來します。

(3) 人間の平均壽命が延長いたします。（今各國の平均壽命は約四十五歲から五十二歲であります。日本國民の平均壽命は如何なる狀態であるかは判明致しません）。

(4) 人體の身長の延長及體重の增加を招來いたします。

如上衞生は頗る多岐多端に亘るが、是れより順次にこれを論述いたしますが、先づ第一に傳染病の豫防法に就て起述して見たいと思ひます。其中でも世界を通じて社會に最も害毒を流がしつゝある所謂國民病とも稱すべき肺結核に就て說明して見たいと思ひます。

自治獨語

宕北

○

普選法の發布に依つて、既成政黨は何とかして利益を得んと云ふよりは、寧ろ、其勢力を削減しない方策を講ぜねばならぬと考へたので、或は府縣市町村の財源充實方策を發表したり、或は教育費國庫負擔額增加を主張したり或は府縣知事の公選を唱道したりなど從前よりは地方民の利權增大策を强唱する狀勢を呈した、此は地方自治の爲めには喜ぶべきことで、普選法の効果の一として視ることも敢て過當でない今日まで政治家が、地味な問題として左程力瘤を入れなつた、地方自治問題、即ち閑等に付した地方分權問題を俄かに既成政黨綱領の看板とし勢力維持の護身具とするに至つたから、之れに依つて地方自治が世の注意を得る題目となつた、乍去眞に地方民の福利增進生活の安定を思はずして、政黨本位の看板護身具とするに止まるのでは、吾々は頗る迷惑である。

○

政治家は政爭に疲かれ國民は生活に苦しみ工業は興らず商業は利なく農業は衰へ斯くて、國力頓に振はざるの秋隣國支那は紛擾に動亂相つぎて收拾すべからざるの狀態を呈した、而かも歐洲は獨逸賠償問題未だ全く解決せずして、關係諸國は互に秘策を戰はし、伊

新議員

◉新潟縣

七谷村（中蒲原郡）

中野　甕平　吉田　久平　小柳　民谷
小野忠三郎　波塚彌一郎　珊瑚精一郎
外山熊三郎　安中　全二　西潟　勝二
山崎武二郎　雛波岩三郎　泉田富太郎
泉田淳一郎　鶴巻金兵衛（年長）

新潟市（二級）

中島　半次　長鄕　有泰　金子左次馬
星　信雄　水澤三代吉　笹川加津惠
花澤　平次　田中　正名　今川　幸吉
安部邦太郎　山田　篤治　安藤　文祐
松野　傳吉　若井種次郎　相馬　三郎
齋藤熊太郎　井上　乙吉　後藤八太郎

新潟市（一級）

竹山　正男　幸田慶三郎　山岸　周吉
岡　正治　雛富　健作　白勢　量作
齊藤庫四郎　河邊　晃　松木　弘
長谷川　寛　宮澤金四郎　出塚　助衛
大森新太郎　井出　智　富岡彌八郎
高橋　又藏　太田久滿太　坂本　有隣

下船渡村（中魚沼郡）

太利はムツソリーニ首相の術策に依ても、國粹黨の勢力を維持するを得ずして、政界動搖し、英國は保守、自由、兩黨の爲勞働黨重要政綱の一である、資本課税や耕地國有も實行を見る能はざる狀態である、世界の大勢の趣く所如何犬養木堂隱退の置土産たる産業立國策は、如何なる體を具へて何れの日に出現するにや。自治なるかな邦家を救ふは自治に在り、自治は日本の農村より興らねばならぬ。

○

成人教育と云ふ事がある。一定の學校教育を終りたる者を、更に人間として完成せしむる社會教育に外ならない器械化せられた人間、模型其まゝの動物凡俗化した生物は、普通教育乃至高等教育に依つて多數に製造加工せられておる、然し眞の人間神と等しき品性は我邦の教育者に依つては生じない、されば文部省あたりで、所謂公民教育を行はんとするも、相當な教師がない有様である、自治行政と云ふも、官學的學者の意見は聞く事が出來る、官僚的經營の事業は見る事が出來るが、眞の人間、自主の理解ある學者、生命力を具へた活動家に依つて、打立てられた自治行政が、我邦の那邊に存在しておるか、噫成人教育なるかなと叫ばざるを得ない。

○

東せんか、西せんか、北せんか、南せんか、進んで新しきに就くべきか、退いて古きに安んずべきか、靈の敎ゆる道に就かんか、肉の求むる所に赴かんか左顧右眄しつゝ十字街頭にさまよへるものこそ現代人の心である、と獅子吼した厨川白村は克く世相を看破したものである、元老准元老に阿從せんが、國民に迎合せんかと迷へるは現在の政黨者流である、官僚に從はんか、町村民に就かんかと惑へるは議員氣質である、營利を計らんか、眞理を傳へんかともだゆるは、雜誌經營者である

南雲 文平　高橋 專平　柳澤善太郎
風卷 輝　中澤久滿一　高橋 義長
原 春陽　石澤大治郎　桑原 重治
桑原 仲吉　大平 梅吉　桑原 甚作

田澤村(同)

井ノ川豊松　樋口金重良　服部紫太郎
瀧澤 瀧政　村山 武一　廣田芳太郎
村田 春藏　小柳 善作　樋口 久松
小卷澤久松　瀧澤龍太郎　渡邊 關藏
樋口 哲治　吉樂作太郎　山田 熊七
桑原長太郎

倉俣村(同)

高橋 熊吉　高橋德太郎　高野 知義
大口 義英　藤ノ木伊勢松　瀧澤善太郎
志田由太郎　志田 由松　桑原 重作
鈴木 泰三　山本 義寛　山田國太郎

新潟村(南蒲原郡)

佐藤謙之助　原 蔦次郎　丸山 友吉
高橋 信一　酒井 健二　小田鐵二郎
大橋 敬作　井田政三郎　小林英二郎
岩崎六太郎　大谷 一郎　北澤 銀藏
小林 傳己　近藤 庄平

兩鹿瀨村(東蒲原郡)

江花 熊吉　長谷川弘一　江花清三郎

寔に現代人は、各方面に於て十字街頭にさまよひつゝあるのである、學者も青年も、老年も、婦人も、政治家も、商人も、工匠も、農民も、何かの點に於て判斷去就に迷ふておる、自尊なく自治なきの心の持主は正に斯くあるべきものである。

○

「首都では辯士がどよめき唸る、されど村には千古の沈默がある」とバークニンは言つたが、その通り何國でも政治家は政權の爭奪に浮身をやつしておる、されど農民は汗と疲勞とに痛ましくも疲れ果ておる、「汝農民よ汝は唯黄に溢るゝ稻の穗波を眺めては、天の惠を感ずるのみである」、と歌ひたい。黨派の勢力を擴張する爲めに、種々の政策は喧傳せらる、されど商人は、狂人の如くに東奔西走するのみである、貯蓄策は奬勵せらるゝも。貯ふべきの餘財なきは小資本の商工と耕作に從事する農民こである、雨にもまがふ汗にぬれ眞晝の暑氣にあへぎつゝ僅かに生くる勞民は何を目的に働くか。

○

農村に生れた私が小學校に通つておる時に、友の姉なる十八歳の娘が「御前さんもよく勉强して、智惠者となつて洋服を着靴をはいて郡役所につこめる人とならなければいかぬ」と云つたことを思出し、現代の女學生が、勞働生活者を厭ひて、俸給生活者に嫁するを望むの風あるを見、昔も今日も娘心に變りがないことを嘆ぜざるを得ないのである、女子の華美安逸を好むこと斯の如き有樣では、一般國民の氣風も思ひ知らるゝのである、女子教育が熾んになり、女子參政論者が生じても、未だ婦人にして地方自治の何たるかを理解したものがない樣では、地方行政は普及せず、農村の不振も故なきここではない。

江花 友多　波田野萬次郎　長谷川忠吉
撫野鍋太郎　鈴木長五郎　鈴木藤五郎
大堀 新吉　佐藤庄太郎　大江 利逸

西川村(同)

讃岐豊次郎　齋藤市太郎　加藤壮太郎
長谷川爲次　長谷川金作　佐藤 勝吉
長谷川源藏　長谷川喜七　渡邊德太郎
加藤 覺馬　長谷川利市　加藤 傳次

東川村(同)

渡部銀重郎　監物榮太郎　佐藤 東吉
清野 留　石川 勇次　石川 清八
渡部市太郎　石川義太郎　七屋 勝得
渡部 哲也　清野勇次郎　加藤 關次

十日町(中魚沼郡)

岡部 源吉　本田 喜市　酒井 右平
宮内重太郎　波間彌二郎　山内々藏之助
島田 新作　庭野助二郎　田村久平次
小島 源吉　田口 米藏　高橋 信吉
阿部 長吉　夏井榮太郎　瀧澤禎太郎
金子 藤松　庭野五郎七　南雲熊五郎

新岡村(中蒲原郡)

成澤 勝三　伊藤千穗造　林 精一
佐藤 純平　渡邊 喜一　間 新作
土田 石藏　山田熊三郎　間市左衛門

照會及回答

疑義に關する件

照會、府縣稅戸數割は戸數割規則第四條に依り夫々市町村に配當し市町村は別紙山梨縣々稅賦課規則第十二條の期限迄に各納稅義務者に對する賦課額を議決すへき次第に有之候處大正十二年大正十三年兩年度分賦課額議決の當時本人の申告なかりし爲納稅義務者調査より脫落し右議決に加はらざりし者あるを發見し本年五月中過年度たる大正十二年大正十三年度分縣稅戸數割賦課額を町會に於て議決したるものあり右は本年町會議員選擧に際し公民たるの資格を與へしか爲特に名簿調製期日以前議決し附加稅たる町稅納稅義務者たらしめむ目的に出てたるものに有之右町會の議決は本縣々稅規則に定めたる期限內に無之全く違法の議決にして効力なきものと被認從て此の議決に基く縣稅戸數割附加稅の納稅者と認むへきものに非すと被存候而して府縣稅戸數割規則及本縣々稅賦課規則に於て一戸を構ふる者及一戸を構へさ

渡邊辨造	瀧山市松	五十嵐藤五郎

菅名村(同)

村田寅藏	石黒石五郎	高地清吾
山崎傳藏	土田由次	井田金藏
北澤長五郎	松澤玉次	石木儀榮門
松尾貞藏	山田宗	須藤藤太
黒井伊助	辻川重五郎	大村修一
和泉澤金藏		

滿日村(同)

杵鞭稻作	長谷川觀造	砂原寅衛武
帆刈潜吾	增井仙吉	山田一平
石川如平	砂原伴次郎	石平友太郎
窪田龜吉	田中彌一郎	小潟與一

福戸村(古志郡)

吉野喜三太	佐藤啓作	佐藤耕二
長部作藏	吉野平三郎	石橋仙藏
山崎啓次	横井蒼	佐藤佐平次
田中健次郎	田中作五郎	長部榮太郎

橋田村(中蒲原郡)

吉井靜策	岩瀬彌一郎	松尾六兵衛
新井熊太郎	內藤久樹	星野卯十次
伊藤善五	山口忠五郎	星三千樹
田中石藏	關谷安次	廣瀬愼郎
田代延四郎	中野四郎作	鬼島辰次

ろも獨立の生計を營む者は戸數割納税の義務あるものにして之れが附加税たる町税の納税義務あるものと解せさるへからす候も府縣税戸數割規則竝に本縣々税賦課規則中過年度分戸數割賦課の方法規定無之隨て脱落に對しては賦課すべき限りに之無ものと被存依て前記町會に於て過年度戸數割賦課額を議決したる者の如き之れに基し附加税を以て町村制第七條第四號の其の時町村の直接町村税を納むるものと認むるを得ざる義と存候も聊か疑義に亘り候條及御伺候也

尚本縣々税賦課規則第七條に脱税者を發見したるときは其脱税額を一時に追徴すと有之候も戸數割の如き配當税に對しては本條適用の無之ものと被認候も併て御伺候

追申

本税伺に對する事實問題としては町會の議決ありたるも郡長に於て賦課令書を發せす從て本税たる戸數割竝に町税附加税もまた賦課なきものに有之候（大正十四年七月二十八日山梨縣知事）

回答、親地發第一九七號御照會標記の件左記の通り御承知相成度

記

一、其の町村内に於て縣税戸數割附加税納付の義務を有する以上偶々賦課洩れの爲納税せさることあるも右は賦課すべきものにして町村制第七條第一項第四號に所謂町村税を納むる者に該當すと存す。

二、貴縣々税賦課規則第七條は戸數割に付ても適用あるものと存す、

（内務省梨地第六八號 一四、八、一七、内務省地方局）

公民權停止に關する件

和泉竹三郎

八幡村（岩船郡）

板垣 太作　富樫桝次郎　板垣富久松
佐野 恐平　加藤小一郎　大瀧政次郎
富樫勘次郎　板垣 卯吉　佐藤 顯正
齋藤吉之丞　齋藤岩次郎　富樫 倉藏

岩船町（同）

鈴木太郎左エ門　大串重右衛門　齋藤 達藏
工藤作次郎　板垣 石藏　脇川久太郎
村山辰之丈　川上善四郎　東 兵エ門
鈴木 鎌三　工藤 政吉　内山 英司

下海府村（同）

佐藤伊之松　中村 末吉　齋藤 市助
本間眞太郎　大瀧 甚吉　齋藤助右エ門
本間 福松　渡邊己之六　齋藤 常作
本間富太郎　渡邊子之吉　佐藤 長助

新飯田村（中蒲原郡）

大野 榮　石田 重吉　横田 乙二
大野 幹男　瀧澤 寅三　横山 房吉
齋藤愿四郎　瀧澤由太郎　小林 勘二
金子藤四郎　星 友治　知野惣太郎
竹内 清太　落合 米次

村上町（岩船郡）

照會、大正十年九月一日家事の都合に依り退職したる名譽職助役たりし者に對し大正十四年四月三十日村會に於て同人は町村制第八條第二項に該當するものとし公民權を停止したるは穩當ならざるも違法に非ざるものと被認候處貴官の御意見承知致候

追て本人退職に付ては村會の承認を經居らざるも當時村長に於ても郡長に對し退職報告を爲し本件に關し何等問題を惹起せしめたる事實無之に付爲念申添候(青庶第二八七五號一四、五、二三青森縣知事)

囘答、青庶發第二八七號を以て御照會の處公民權の停止は名譽職辭任の事實ありたる當時に於てのみ爲し得べきものにして事件の如く辭任後三年余を經過したる今日之を停止するは違法と存ず(青地方三五號一四、八、二〇內務省地方局)

政府保管有價證券差押命令を受けたる場合取扱方の件

照會、當廳取扱主任官の保管に係る標記有價證券にして當地日本銀行代理店へ寄託中のものに對し第三債務者として債權差押命令の送達を受けたる場合は明治二十六年十二月勅令第二六一號第一條三項出納官吏の保管に係る歲入歲出外現金に準じたるものと見做し之が引渡の手續は明治二十七年二月貴省令第二號第六條の二を準用し取扱主任官より提出者に交付せる政府保管有價證券受領證書を差押債權者より提出せしめ拂戻すべきものに有之候哉茲に差懸りたる事實有之候處有價證券の差押に付ては何等規定無之樣被存候條至急何分の御意見承知致度(會第四四三六號一四、八、二一福岡縣知事)

囘答、本件に付大藏省理財局長宛御照

尾崎助右衛門　百武曾根助　小林　留吉
益田甚兵衛　吉田吉右衛門　奥村　彌平
佐藤茂三郎　小野寺彥三　木村　又作
小田　仁平　益田甚次郎　小杉祐次郎
瀧波仲右衛門　板垣　常造　金澤　榮吉
富樫　寅吉　早川庄次郎　五十嵐清平

瀨波町(同)

木ノ瀨彌五郎　八子　正一　小島源之助
菅原與一郎　細野與一郎　渡邊　八藏
五十嵐平次郎　渡邊卯之吉　東海林善太郎
本間　庄藏　久津見寬藏

上海府村(同)

瀨賀　民治　長　幸吉　菅原善三郎
伊藤　六藏　伊藤傳次郎　佐藤熊次郎
佐藤　清藏　三浦久兵エ　三浦喜代七
長谷部岩藏　小林定次郎　大田　末藏

分田村(北蒲原郡)

高柳　順治　石井安太郎　山田　豊郎
塚野　貞爾　吉田石次郎　遠山　貞義
山口　倉太　山口　吉松　雪磯　衛武
塚野岩三郎　山口　忠治　山口彥五郎

關原村(三島郡)

髙木　信青　田村與平治　遠藤伊三郎

會相成候處右は御見込の通取扱可然と存候(長第二〇號ノ内一四、八、二八大藏省官房會計課長)

遊興税課税標準に關する件

照會、遊興税課税標準を消費金額の全部に依るか將亦其一部例へば花代のみに依るか何れか其一方に依るべきことに付ては大正十年三月卅一日内務省一〇發地第一三八號御通牒の次第も有之現に本縣に於ては藝妓の玉代金のみを標準とし課税致居候而して藝妓及酌婦に對しては左記課率に依り別に藝妓税を賦課し居るも藝妓に在りては本人に於て玉代の收入を得るに反し酌婦に在りては特に玉代と稱すべきものなく僅に客の好意に依り受くる金錢の外收入となるべきもの無之其擔税力に於て格段の差あるを認め大正十四年度に於ては酌婦に對する藝妓税を前年度の約二分ノ一弱に輕減しそれでも是等酌婦は元來無産者たると共に家庭の事情等より萬不得止其業に入れるものにして寔に同情すべき境遇に在る者多きを以て全然課税せざる方社會政策的見地より當を得るものと存じ能ふべくんば酌婦に對する課税を廢止し一面之に代るべき財源として從來の玉代を標準とする遊興税以外に酌婦を侍せしめ遊興する場合に於て更に其の消費金額の全部を標準とする遊興税を徴收し以て課税の均衡を圖り度右は前示通牒の趣旨に反せざる義と存候得共一應此の點に關し御意見承知致度(秘地第一七〇九號一四、七、七群馬縣知事)

回答、本件御照會に相成候處同一府縣に於て二種の課税標準に依りて遊興税を賦課するは大正十一年三月卅一日發地第一三八號通牒第二號の趣旨

高木甚四郎　布川　彦治　押見　金平
武藤嘉一郎　佐藤富五郎　荒木　鐵司
松本重次郎　高木甚三郎　沼五　巡作
山田　達治　池田　倉吉　外川　熊司
清水　清吉

濁川村(北蒲原郡)

高橋　久松　齋藤　岩六　近藤　貞吉
高橋　重松　桑野　計太　鈴木孝太郎
佐藤　郎　熊倉　運吉　高崎熊太郎
吉川謙三郎　渡邊　吉郎　金井　龍吉

大野村(西頸城郡)

保坂茂之助　吉田太五吉　齊藤　榮作
佐藤源太郎　保坂大治郎　水澤出太郎
森　慶吉　松澤　茂秋

巻町(西蒲原郡)

長谷川貞五郎　福田　幸吉　土田　宇八
永井伊四郎　内藤秀三郎　荒川　玉治
小林小郡治　田邊源五郎　吉川嘉六
南須原源治　小林　太吉　河治忠一郎
水谷　庄六　内木清三郎　山際清一郎
本田　七　玉木　榮平　田畑　多作

地藏堂町(同)

伊東　半平　中山　庄七　山浦　貫三
中野金三郎　古澤　正男　桑原　右作

に反する義に有之候條御了知相成度（郡地局第五三號一四、八、二八、內務省地方局長）

參號

大正十一年三月卅一日地方主稅兩局長通牒第二號

二、課稅標準は消費金額の全部に依るか將其一部例へは花代のみに依るかは實際の情況に依り適宜決定可然も同一團體に於ては同一の課稅標準に依ること

村會の爲したる議決及選擧の効力に關する件

照會、村會開會の儘無期休會中會議を開くべき日時の通知一人の議員に對し脫漏ありたるも當時出席議員中半數以上なりし時は其議決又は選擧は適法と認めらるゝも疑義あるに付御意見返電を乞ふ（百、七、二二電報照會宮城縣知事）

回答、標記の件に關し曩に電報照會の處村會會議錄に依れば議長に於て無期休會を宣言せる旨記載なきも果して御意見の如く無期休會を爲したるものなるに於ては新に會議を開くに當り議長が一部議員に開會期日を通告せざりし場合は假令出席議員半數以上なりしと雖も其の村會は正當に開會せられたるものと謂ふを得ざるを以て其の會議に於て爲されたる議決又選擧は違法と存ず（內務省地第一一二二號一四九、一、內務省地方局長）

（通牒）

訴願裁決の件

七月二十七日地方二六一八號を以て標記の件報告の處土佐郡土佐山村々會議員選擧人名簿の効力に關する訴願の裁決に於て町村制第十八條第六項に所謂修正は選擧人の追加又は削除を指稱するものにして名簿中の誤載を訂正するが如きは之を包含せざるものと解示

霧島　新平　江口　藤吉　小林　寅次
岡本　鐵吉　古澤　清哉　吉澤　德藏

◎富山縣

福野町（東礪波郡）

寺島統九郎　佐々木幸作　原忠左衛門
安永六之丞　前川　加久　山田　正年
有川晋四郎　小西　圭之　長岡達之助
平野　勇作　二永幸太郎　吉井　一次
大藪藤兵衛　森田茂兵衛　津川　吉次
內山　仙藏

太田村（同）

安念次郎左衛門　田島助次郎　金子喜一郎
平木　三郎　宮脇外次郎　村上市三郎
大井平太郎　安念仁十郎　佐伯他八郎
安念政太郎　野村　辰藏　上田助左衛門

朝日村（婦負郡）

矢鄕德十郎　永井常次郎　永井仁右衛門
松田菊次郎　齋藤五右衛門　堺　兵次郎
數土幸一郎　安川　友治　武部九八郎
上田清左衛門　中田卯次郎　淺野滋太郎

大家庄村（下新川郡）

川上　重松　廣川與次郎　森野米次郎
山崎初太郎　高山六郎兵衛　前川六三郎

せられたるも同條に所謂修正は右の如く狹隘なる範圍に限るものに非ず誤載の訂正をも包含するものとして名簿は一旦縱覽に供したる以上は假令脫漏誤載等あることを發見するも決定、裁決判決の結果に因るの外理事者に限り加除修正することを得ざる義に有之候此段爲念（高地局第五一號一四、八、二四、內務省地方局長、高知縣知事宛）

國費補助豫算繰越使用に關する件

寄生虫驅除奬勵費及「マラリア」豫防撲滅費に對する國庫補助は概算拂精算の結果過剩となりたるものは之を國庫に返納せず次年度に繰越使用するの取扱に有之候處往々右取扱方に據らず返納したる例も有之候に付ては將來に於ては如斯事の無之樣爲念及通牒候也（衞豫第四四五號一四、八、二一、內務省衞生局長、道府縣長官宛（三重ヲ除ク））

地方財政の整理緊縮に關する件

府縣豫算の編成に際し地方財政の整理緊縮に關する方針に付き問合せの向も有之候處曩に地方上官會議の際當省大臣より訓示ありたる通地方財政の整理緊縮に付ては依然客年末の方針に依るべき義に付き嚴に其の趣旨を遵守せられ度隨て來年度府縣豫算の編製は勿論其の他財政の經理に關しては努めて整理節約を圖り尙貴管下市町村等の財政に付ても此の方針に依らしむる樣御措置相成候（內務省發地方第六〇號一四、九、一五、內務省地方局長、各地方長官宛）

西島十右衞門　伊藤九郎右衞門　大久保與三吉
林　竹雄　清水米次郎　廣田　與助

横山村（下新川郡）

高見宅次郎　山崎久次郎　廣川　周造
濱田善之助　池原磯次郎　舟渡理之助
花田竹次郎　廣川　六造　曳田　利作
永山　幸作　濱田駒次郎　尾山　善作

美川町（石川郡）

村田市太郎　北潟久左衞門　任田　郎市
笠間千代吉　通普直次郎　北川宗太郎
北川長太郎　荒木八五郎　白崎　信一
奧田榮太郎　原田鉎次郎　餅田市三郎
北田吉次郎　越野友次郎　永井又八郎
任出與三郎　桶　與三吉　絹谷市太郎

富山市（一級）

長越仙太郎　上田菊次郎　田島　常三
三井　治平　谷村　英吉　吉崎正太郎
出水　寬義　廣田竹太郎　瀬川　伊七
塚本吉右衞門　犬島滋次郎　故木龜太郎
稻垣　悌友　五艘鐵次郎　大菅　昇平
加納　景成　寺田仙之助　須田藤次郎

上庄村（水見郡）

長井太吉衞門　鎌仲　眞三　東　庄次郎
表　源治　小路　昰三　高野　要作
面手　田助　脇　清一　川淵藤左衞門
浦　二平　田島善太郎　谷畑六右衞門

町村解剖

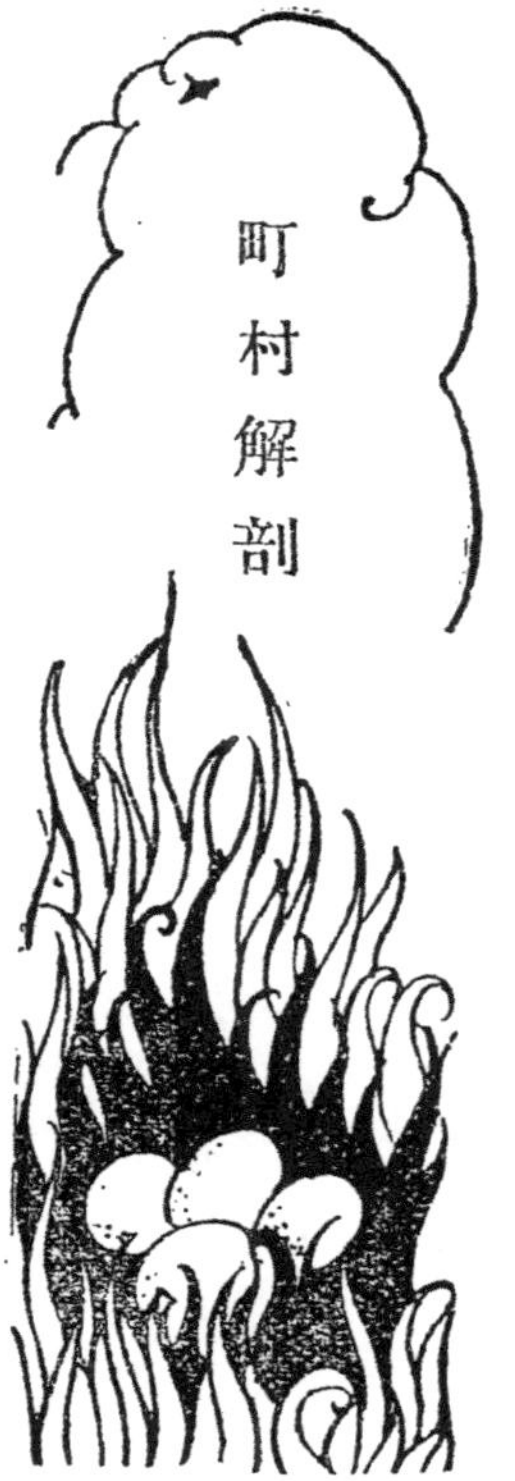

新興の小野村

―島根縣美濃郡―

調査部

はしがき

村の興る所に無形の力の總和がある。優れたる一人の人を中心に村民相倚り相扶け一心不亂永き苦闘と希望を以つてする所に自治の完成がある。自治の要諦は平和である。理事者村民が一心同體となる事である。制度全くして績治擧らざるはこれを忘れて居るからである。骨格の完體があつても精神陶冶に缺くる所あるはそれが爲である。茲に紹介せむとするはさうした意味により治績大いに擧り、漸く建設の時代に入れる美濃郡小野村勢の概要で記者の眼に映じたる所のみである。

1 施政方針

施政方針は一の指導原理で村是の大綱であらねばならないと共に郷土の風習を取り容れ、村民の進むべき所を瞭にしたる村の憲法であらねばならぬ。小野村は「庶政の整備は事務の整頓を第一とし政綱の實現を以て」其の要義とし、政綱實現の根本を「時勢の推移と輿論の趨勢に」究め、實現の方法を「村民の理解と協翼援助に求めて、民衆自治の本義に立脚する」を旨とし、團體の助力に俟つを徑捷として既設團體の刷新改善を圖り必要なるものはどしどし新設して不斷の活動を促し、役場自身は事業の中心、學校を訓育の樞軸とし一致協力共同親睦以て治政の美果を收めむとしてゐる。

2 理事者と村會

自治體の運用の二大機關は理事者と村會とである。村會に人材を網羅し、理事者に其の人を得たならば其の自治體は最早半ば繁榮を獲ち得たものであると云はねばならぬ、小野村が至誠そのものゝ田村村長の下に格勵勤續の有能吏員を擁し、之れに對するに村會に村の有力者が熱心なる支持者となつて一貫自治體の爲に働いてゐることは實に村民自體の幸福である小野村の圓滿であることは村會議員の選擧方法にも能く顯れ、定數の十二名を部落の情勢に應じて飯浦四名、小濱二名、戸田三名、喜阿彌三名と豫選通り自治制施行以來平穩に執行されてゐる。

3 執務狀況と吏員

その廳舍の淸潔さ！淸楚で淸潔であること程感じのよいものはない。事務は總て即日即決主義で吏員は村長以下收入役代理者共に九人。此の間事務の進行を圓滿にする爲に執務時間を嚴守し專心服務の氣分を緊張し專ら事務能率の向上に努めてゐるが、吏員の待遇は三役も同樣島根縣の平均以下であることは、吏員の勤惰が自治政の振否に至大なる關係のある今日再考を要する所である。それでも吏員の勤續年數は十年以上の人が五名も居る位で平均八年五月弱であることは村のため祝福すべきで村民に信望の篤きを物語るものである。

文書の整理が村治發達の基礎たるに留意し書庫は大正三年御大禮紀念として三坪余の土藏平屋建とし日用使用の簿冊を活動部に、保存書類を靜止部に區別して全部を此所に秩序整然と收容し防腐劑を使用してゐるは良い思付である。

文書臺帳を作製して正確に記入し、各簿冊に格納番號、文書番號を附し必要簿冊の誘出の便を圖り、執務要針を重要書類の卷頭に明記して錯誤を防ぎ連絡事務通知票を以て各係聯絡事務取扱に周到なる注意を拂ひ、書棚を小形に一定して持出に便にせるが如きは所謂科學的事務管理の原則に基けるもの。廳舍稍々執務上採光に缺くる所あるを憾む。

我國自治體の振興成らざる一半の原因は自治の政治が行はれてゐない事にある。村民か時に治者となり被治者となるの訓練の行はれてゐないにある。然して之を行はしむるの途は村民全部の意志を基礎としての村治を遂行する爲の村民と理解共和の方法を講ずることである。之か爲めには公民權の擴張政治並に自治思想の敎育普及、村會と理事者の協力等種々あれども、現制度の下に於て簡便に之を爲すの方法は區長との皆調翼動で論的に云ふならば區長の利用である。區長を善用し區長を中繼機關として村意の嚮ふところを察し、村民の望ふ所に善所するのが理事者の職能であり、それが軈て村民を與味あらしめて村政に參與せしめ、眞の自治を行ふの眞諦たらしめ捷經たらしむるのである。小野村は此の點に着目して毎月十七日を區長例會として村民に指示傳達すべきものを交附し、村政の改善すべきものに就ては親しく協議し緊急を要するものは臨時召集する等萬遺憾なきを期してゐる。

4社會事業

社會事業として見るべき動きは經費の關係であらうが唯僅に罹災救助基金に四千圓余を有してゐるのと、紛擾防止に區長か活動して相當の成績を擧げてゐる位である。

5自治協會

自治協會は大正八年の創立にして各種團體の中心となり、奬勵委員各種團體長を會員とし毎年二回定期に集會して活動項目を協定し、各種團體の指導啓發に努め相當効果を收めてゐる。會員は準公務員として待遇され、村會議員、區長の表彰等村自身がなさずして協會が之を爲してゐるのも一特色である。

6産業施設

小野村の産業は從業戸數より觀る時は農業か主で水産が從であるが生産額に於ては略々相比敵してゐる。水産方面は業體其の物が多くの危險性を有するので進取的奬勵を躊躇し、一般漁業者も經濟關係上保守的傾向にあつたが斯くては無盡の富を傍觀するのみと發奮し近時新生面の活躍見るべきものがある。漁業組合の設立活動、漁港の改修、小型發動機漁船の奬勵は其の眼目である。農業方面は村農會、信用組合及其他團體の協調が圓滿で何等確執なく振興に專心してゐるが、由來此の方面の施設は數年で成績顯るゝものでないから着實に氣永なるを必要とする。

自作農維持創設は村の最も力を注ぐ所で信用組合との提携其の宜しきを得たる爲め相當の成績を擧げてゐる。十二年末の調査では二九七戸の農家の內自作農は一二〇戸、自小作農は一二五戸、小作農五二戸の數字を示し、田畑合計二五二町二反の內自作地一二三町五反小作地一二八町七反の差を示してゐる耕地所有者の狀況は所有者四五九人の內五反未滿の所有者が七割の三〇二人を數へ、五百以上が八〇人、一町以上が五五人、三町以上が一六人五町以上か五人。次に農產額は一三萬六千圓で一戸當り五百圓未滿、工・林・畜產額を加へて六七七圓である。これを一戸平均生活費の四六四圓を差引ば二一三圓の余剩で各種の負擔金等を差引けば殘る所は少額であるべき筈が、全戸に割當てた貯金額の三七〇圓余は驚異である。

以上は統計より拾つた數字であるが多くの產業施設が一事一道主義にて實行組合の活動と相俟つて着々實行を收め、尚多年訓練せられ來れる小組（一名講仲間）が自治體に於ける基本機關となつて三二名の督勵委員に依つて萬遍なき活動を續けてゐる。

7財政狀況

納稅成績は本村の最も誇りとしてゐる如く、就中國稅は完納々々で七ヶ年連續廣島稅務監督局長より表彰されてゐる。納稅奬勵方法としては種々なる施設をしてゐるが、區長を巧に利用し小學校及實業補習學校に於ては公民敎化の一資料として納稅智識の普及に努めてゐる。脫稅防止及課稅の均衡も常に心を碎いてゐる所で每年二回定期檢査を行ふ外投書の法を用ひて脫稅防止に努め、課稅均衡に於ては時々村内を巡視し營業狀際及課稅標準資料の調査蒐集に努め其の公平を期してゐる。

次に本村の各稅負擔總額は約三萬圓の内國稅四千圓（一戶平均七・五八圓）縣稅九千六百圓（一戶平均一八圓强）村稅一萬五千圓（一戶平均二九・三〇圓弱）農會費八百圓で全戶平均負擔額は五・六五〇圓弱に當る。

大正十三年三月自治協會にて鐵道開通祝賀紀念として村歌及村章を募集し之が制定を見たが協同輯睦の念を厚し一面鄕土趣味の涵養上資する所大であらう、其他戶主會が五三〇の會員を擁して名實共に各種團體の中心となつて改善の第一線に立ち、村農會亦一千余圓の經費を以てして最大限の活動を爲し居れるか如き他の企及し能はざる所で、徒に會を列ね經費の膨大を誇つて半身不隨にあるが如きは宜しく慚死すべきである。衞生組合の活動顯著たるに比し大正十二年末現在死亡者數が總計七七人（男四六、女三一）にして出生總數一一六八に比し約七割なるは一考を要する所なるべし。

8村の歷史地理其他

さて今大正の世に健やかなる成長に喜悅しつゝある小野村は人皇第五代の遠きに遡り、小野族地方分布の際現今戶田の一部小野に移住せるに依て此の名がある。後小野族更に分れて柿本族宮内族となつたのである。柿本族とは人も知る。我邦の歌聖柿本人麿の先代なり。元和三年より明治二年六月藩籍奉還后濱田縣の管轄に移る迄ば津和野藩の配下に屬し庄屋制によりて支配されてゐたのである。庄屋制度廢止后種々變遷して明治十七年八月戶長役場改正に當り美濃村の内大字有田と聯合して飯山村外四ヶ村戸長役場から同年十月小濱外四ヶ村戸長役場と名稱を代へ更に、明治二十二年四月町村制實施に際し有田村美濃村に復し四ヶ村を現在の大字に改新して今日に至れるものである。

小野村は日本海に面して東西の長さ二里十八丁、日本海から南たる美濃村及中西村まで三十三丁である。三方山岳に圍繞せられて山海に迫り、河川の大もなければ沃野の連らなるなく、加へて海岸線は出入少くして舟舶の繫留甚だ不便である。氣候は概ね温和であると雖も經濟的に惠れざる所謂貧弱村が人力の和化して貯金の村となり與れる村となつたのである。

職業を見るに農家二九七戸で全村五二九戸の半數余を占め、漁業八〇戸、商業六八戸、雜業四五戸、工業三九戸となり、此の人口總數二、八二五人で男一、三六九人、女一、四五六人で女子が八七人過剩を示してゐる。

物產の大宗は米の二千三百三石六萬九千九十圓で清酒の四百七十石五萬圓之に次ぎ、麥、柔魚、鯛、鰤、竹木材等何れも一萬圓以上を產出し、陶器瓦の產出もある。

以上はパノラマ的小野村の概要である。村歌第四節に「御祖の御名をいただきて、譽も高き小野の村、子等に傳へて誇るべく、いざもろともに勵みなむ」洵に然り、村の名は祖先の名である、身を立て家を起し、立派な自治の花を咲かせて村の名を擧げる事は祖先と子孫に對する尊い務であり誇りである。

可笑しな 眞面目なはなし

▲上田市鷹匠町商人宿越中屋へ去十月十九日から三日間滯在してゐた東京府下尾久町吉井山別院の今野音治と云ふのがあつた

▲が同旅館に滯在中旅館の主人が三年前に死去した旨を聞いて金五十錢をお悔み香奠料として後家さんにやつたので女將は茶代と思つて有難く頂戴して置いた所

▲十九日上田商業會議所に往復はがきで「御地地方は香奠料に對し白紙一枚の答禮も無き習慣に候哉御照會候也」と云ふ照會狀が來た

寄書

監督者の頭と被監督者の頭

兵庫縣
深野一道

◇…宇宙の森羅萬象、日月星辰金土水草木禽獸風介すらもが皆兩面を有つて居る如く世の中の事は其の有形無形を問はず悉く皆兩面を有してゐる。我國市町村自治に付ても國家なる監督者と、市町村なる被監督者との兩面を有つて居る。

◇…市は知事と內務大臣が直接の監督者だが町村は未だ其の下に郡長の監督がある。即ち町村の頭一つに對し監督者側は三つもの頭がある譯けだ。市は二つだ唯監督者側の頭には監督の頭に對しても監督の頭があるから、横隊でなく縱隊で市町村に相對して居る。

◇…資本家と勞働者とは昔時の如き主從關係でなしに對等の地位にありて其の事業に對しては等しく權利義務がある。地主と小作人との關係に於ても昔の樣な地主專橫の態度は出來なくなつた。少くとも土地の利益と謂ふものは地主たる權利と小作たる權利との平等按分でなくてはならなくなつた。女中や下男でも給料丈けしか働かぬ樣になつた。給料が勞働力を制限し　主人の强要を防いで、給料其の者が下女や下男の權利義務を守ることになつた。我國民法は未だ改正を見た譯ではないが親が子に對する監督の模樣も隨分變つて來た。先づ嫁貰ひも親の强要は駄目、職業も子供の希望に任せる樣になつた。宗教も本人の自由意思である。唯先祖を祭ることは傳統的に國民として爲さればならぬのであつて、之は宗教的意味はない。

◇…以上は從來資本家とか地主とか主人公とか親とか謂つて特權者の如く意張つて行けた者が時代の進步に伴ひ其の居を覺り各其の權利義務の領分を守る樣になり、又勞働者や小作人、下男下女、子供と謂ふ者も自已の向上と共に自已の有する權利義務に目を覺まし其の領分を守る樣になつて來たといふ事を話したに過ぎないが。謂はんとする問題の趣旨の概畧をも述べたことになる。

◇…從來監督者と謂へば壓迫的態度を其の權域の樣に心得又被監督者と謂へば盲從其のものを職權の如く考へて來た觀がある。

◇…近頃の知事は大概政黨との關係がある樣に見られて居るのは政府當事者が大低政黨出身者だからだ。此の意味に於て郡長の働き振りが極めて露骨に拙劣なる監督振りを發輝してゐるのがある。町村長の政黨關係を無理に色付けて居る郡長は、時の政府反對の黨派的色彩ある町村長に對しては事每に壓迫干涉排斥の態度を表はす。特に何事か起りし體裁を作りて町村の一二を突然巡視し、納税成績が不十分だとか書類の完結が少々滯つて居る位ひの極めて輕易簡單な失態であるにも拘はらず、如何にも大失態の如く吹聴に及び、而も其の町村長は無能なりなど大風呂敷を擴げて誇大的の記事を新聞に書かしめる。之が爲に正直一徹の町村長は郷黨に面目なしとて大概參つて終ふ。

◇…隨分悪辣なやり方だが、優良町村長をして悪風一過忽ら不良化せる無能町村長となし終るのである。惡みても尙餘りある此の監督權の振り廻し方は監督權其のものに締め括りをしてないから奔馬の如く暴れるのである。此の樣な壓迫的監督は今も尙ちよい〳〵見るのであるが、溫厚篤家な地方の名望家としての町村長が跡を絕つに至つたのも斯る災難を畏れての事であらう事を思へば、國家が、國家自分、國家の基礎たる町村をしてたほさしむる樣な、盲人に正宗の名刀を持たしむるの無謀に、戰慄せざるを得ないのである。或時郡長町村の視察に出懸けた。町村長町村會議員等有志家が村境迄出迎へ、歡迎會でも開けば其の町村巡視の結果は何時も良好だが、左樣でない町村は憐むべき結果を見た。今は前記の樣な頭の郡長も居ないだらうが、總て優者の地位に立つ人は相手の立場になり替つて考へて見る丈けの餘裕と誠意がなくてはならない。

◇…實直なる町村長は一郡書記の視察に際しても不動の姿勢を取り兩手を握り合せて敬禮をして居る。皆は之を何と見るか。斯程迄に町村長を去勢し萎縮せしめたのは何の爲か常に不安の裡に職に在らしめるの結果でなくて何ぞ。思へ、町村長は昔の庄屋樣だ。苟も一つの町村の長たる權威者を去勢し、易々諾々一言半句も意見の發表を許さぬ態度を傳承せる郡役所は之を十分に改良し、彼等の自由に活動し得るの大量を示し、理想の玄關口に案內せねばならぬ。

◇…市に對する縣廳の態度は多く枚住の狀態である。時に許可申請でもあるときは、窘めるときは此の時なりと謂はんばかりに百計萬策を考究して手段方法を廻らし、事件の却下、市會のやり直しなどを平氣でやらしめる地方課長もある。兎も角內務部長迄出して貰ひ度いと要求せむか、一喝の元に排斥し、斯樣な不完全なる書類は上局に出す能はす、と。書類は知事宛に出したるものだ。一屬僚が勝手に書類を押し込み又は却下の方法に出るなどは何と馬鹿げた高壓だらう。町村が郡役所を離れての後はどんなになるか分らぬが、再び郡役所見た樣なものが出來る筈もないが若し縣に移つるものとするならば困つたものだ。

◇…時代は日に月に進步闡展して居る。監督者の頭と被監督者の頭は之に伴つて居るや否。

◇…監督權は國法の與ふるところ之を用ひざるは權利の上に眠るのだ。之を用うるは當然の事を爲すのみ。と監督者は口を拭いて知らぬ顔の半兵衛。被監督者は「ハイハイ」と謂つて居れば賢い方法だ、間違のない一期間大丈夫利德も多い譯けだ。と消極的自己本位を發輝してキンカン頭をツルリ言葉や巧みなり、內容事實の混頓を如何にせむやだ。

◇…今や無線電信電話もあり飛行機も飛ぶ世の中だ。明治二十二三年頃の形式を今に踏襲し其の形式に捕はれたる監督や被監督の頭腦は全く時代遲れである。

敏活に親切に國家本位に進め!!

副業に關する優良組合事例（農林省調査）

—熊本縣天草郡佐伊津村—

佐伊津村竹細工組合（竹細工の共同販賣、竹材の共同購入、共同作業場設置）

一　所在地方の産業及經濟事情の狀況

本村は天草島の東北海岸に面し本渡町（天草郡役所所在地）を去る北方約一里の地に在つて海には天草汽船の寄航があり陸には縣道が通過して車馬の便が自由であり交通は比較的便利である。

廣袤東西二十町南北二十八町、戸數七百、人口約三千九百を有し內農家三百五十二戸、漁家二百十三戸で其の他は商業工業海運業者なり、耕地段別は田百十六町歩、畑二百十九町歩にして米、麥、甘藷、甘蔗等約二十萬圓の生産があり古來本村は砂糖の製造が盛であつたが近年は大に減少した、加ふるに、漁業家に於ても其の漁獲高が大いとは云つても之亦年次減少の傾向があつて農業家・漁業家共に經濟は兎角不如意の狀態に在る。近年副業として大に養蠶の勃興を見たが大正十年以來竹細工の製作農漁家の副業として行はれるに至り益々發展の傾向を示してゐる。

二　沿　　革

從來本村の漁家で使用する所の漁獲の運搬に要する粗製の魚籠及笊類の需要は多額に上るにも拘らず本村では更に生産がなく他地方より求めつゝあつたが價格が高價で時に依つては品不足の爲め不便不利を蒙ることが尠なくなかつた爲之か

自給自足を圖る目的で大正十年村當局勸獎の下に縣から敎師の派遣を得て竹細工傳習會を開催した、所が其の成績が大變よくて村内の需要を自給した事は勿論廣く他地方からも注文の倒着する狀態であつた爲め、益々技術を練磨すると共に品質の向上統一を圖り、廣く販路を求め共同販賣を圖る目的で本組合を設立したのである。

傳習會開催竝本組合設立に付ては村當局の熱心な指導勸獎に依ることが甚大であると共に、從來本村に一名在つた竹細工業濱本某の熱心に依ることも、亦非常な物で本人は組合員の指導誘掖に努力すると共に製品を商品として販賣の斡旋原料の購入等に付極力組合の爲め盡瘁した。

三　組合の構成

設立の目的　村内で使用する粗製の魚籠及笊類竝蠶箔桑籠其の他各種籠及笊類の自給自足を圖る爲、竹細工傳習會を開き其の終了日に講習中に製作した、竹細工品の品評會を開催せしめた結果一般の希望に依り、相當の價格で之を販賣し又は自家用品に供するもの等もあつて、一般村民の注意を喚起した結果各傳習生は更に技術の練習を要することを自覺した爲に、講習生を組合員として本組合を設立するに至つた。

設立年月日　大正十年八月十四日

組合の區域　佐伊津村一圓

組合員　竹細工傳習生及從來竹細工に從事した者七十名で農業者及漁業者である。

會費又は出資等組合員の義務　出資金一口に付三十五圓總口數百二十六口其の金額四千四百十圓であるが組合員の出資は一人に付一口とし、總計六十六口で其の金額二千三百十圓であるが共同作業場設立の必要を認め村内有志二十名の後援に依り金二千百圓を得たので經費三千二百圓を投して共同作業場を設立し一千二百十圓を原料竹材購入資金其の他運轉資金に充てる爲出資したものである。

四　組合の機關

役職名及員數　組合長一名、副組合長二名、評議員八名、檢査員一名、名與會員五名。

役員の執務狀況　副組合長二人の内一人は組合の一般事務及會計竝庶務に從事し幹事を兼ね他の一人は事業の實行の職務を掌事而して檢査員を兼ね他の檢査員と共に製品の檢査を爲す組合長は組合の發達に關する指揮命令を爲して居る。

役職員の報酬又は年末手當等　全部無報酬とす。

總會又は協議會　總會は毎年二回三月及十二月之を開し評議員會は年四回開催する全員出席するを常とし總會で事業成績及經費決算報告、販路調査竝經費負擔額其の他、翌年度事業計畫の件等を決議し評議員會では總會提出の分、作業場を公用私用其の他興行團へ貸與の件及其の料金決定の件等を協議する。

五　組合の財務

出資金積立金土地建物等組合の資産

出資金　四千四百十圓

積立金　三百圓

貯　金　七十圓

建　物　四千五百圓

設立の當初は三千二百圓であつたが村芝居開設場所として改築及増築した爲總計費四千五百圓を要した（土地は借地とす）

借入金補助金の状況　借入金なし補助金としては縣費より販賣奬勵金を交付した

運轉資金の額　現在の分三百圓（積立金を使用す）

最近一箇年の經費の額竝其の支辨方法　經費總額金三百九十七圓六十錢で主として販賣手數料より支辨する

剩餘金の處分方法　大正十二年迄は借入金の返却に充てたので其の他に剩餘金の處分なし

六　帳　簿

組合員名簿、規約、出資臺帳、會計簿、貯金臺帳、原料購入臺帳、販賣品整理簿、備品臺帳、記錄綴

七　事業の種類別狀況竝事業成績

（一）　共同販賣

取扱品目　鰮籠、魚籠各種、カキバラ、メゴ、飯素桶蠶箔茶碗籠、桑籠（大中小）、苗運搬籠、繭乾燥箔米揚笊、肥取等

販賣方法　本組合にては竹細工品の注文を受け之を組合員に製作させ製品を委託販賣とする

受入日　隨時受入れ共同作業場の一部に貯藏する

取扱蒐集の方法　共同作業場を利用せぬ場合は組合事務所へ持參する

檢査の方法規則　組合員の製作に係る各種竹細工品は悉く檢査員が合格及不合格の二種に區別する檢査規則なし

販賣時期　注文品は契約の當初現品引渡の時期を協定して

製品を引き渡し其の他の製品中叢具を魚籠並笊類は需要期前に共同販賣し又は隨時共同販賣する

販賣先　長崎縣島原及樺島地方、福岡縣三池大牟田地方及天草郡內等

現品引渡並代金の取立及組合員への支拂方法　販賣品は現品引渡と同時に代金を受取り又は爲替にて送金した組合員への支拂方法は製品賣却後直ちに原料代及手數料を差引き精算して之を支拂ふ

手數料　手數料は賣上金高の五分で大正十二年に於ける金額は四百六十二圓四十錢に達した

倉庫貯藏場等　倉庫及貯藏場等特別の設備を有せず製品は共同作業場內の一部に保管する共同作業場は面積約九十坪で組合員の製品全部を收容するに足る

組合員が組合利用の狀況　組合員は其の大部分共同作業場を利用し小は數人大は二十餘名同時に作業を爲す狀況で組合員の製品は全部共同販賣を行ふ

最近一箇年間の取扱數量價額　大正十二年一箇年間の取扱數量一萬三千八百六十箇、價額金九千二百四十八圓である

（二）　共同購入

取扱品目　原料竹材

注文買見込買の別　評議員會が協議決定の上必要に應じて見込買をする

仕入先　鹿兒島縣出水郡出水地方、縣內蘆北郡水俣町地方及天草郡內の近村より購入する

仕入方法時期等　大體組合員の需要量を見込み評議員會に於て協議の上役員を派遣して適當の竹材を購入す其の時期は四月及五月を除き必要に應じ隨時購入する

組合員への賣却及代金の回收方法　原料竹材は共同作業場の一部に貯藏して置いたものを組合員の必要に應じて賣却する其の代金は製作品販賣後販賣代金中より差引いて精算する而して特に原料代としては取立てない

組合設立の當初は出資金中の一部を原料購入資金に當て居たが共同作業場に於ける設備改善及增築等に依り原料購入資金として積立金を利用しつゝある

手數料　原料竹材購入價額に五分の手數料を加へ徵收しつゝあり其の總額金百七圓八十錢である

組合員が組合利用の狀況　組合員全部組合を利用して原料竹材の共同購入をし組合員直接他より個人購入をするもの

はない

最近一箇年間の取扱數量　原料竹材購入數量九百十屑

價額　金二千百五十六圓で一屑に付上等品二圓五十錢、中等品二圓十錢乃至二圓二十錢、下等品一圓八十錢乃至一圓九十錢である

（三）設備の共同利用

設備の種類規模　共同作業場を有す其の坪數約九十坪で建築物は亞鉛板葺の屋根で土間で作業し一部を板張りにしてゐる

利用時期　農家及漁家等の餘剩勞力を利用して竹細工品の製作に從事する最も多いのは晩秋より冬期に至る間で其他は春季である

利用の方法　組合員は隨時之を利用する又組合員外より之を利用する場合は相當の料金を取り使用させる外公用の爲に使用の場合は無料である

利用料　組合員及村役場、村農會、青年團、處女會、其の他村內公用の使用に關しては使用料を徵收しないが村芝居其他の興行物或は個人使用に對しては使用料金を徵收す一囘の使用料金二圓乃至十圓である

組合員が組合利用の狀況　組合員は各自閑時を利用し隨時作業に從事して居り其の大部分は之を利用する最も少い日は五、六人多き日は二十數名の者が此所で作業する本作業場の爲材料竹を自宅に夫々運搬する必要なく且特に間狹なる漁家では非常に便利である

八　產業上經濟上及社會上に及ぼせる組合の効果

組合設立後日尚淺いにも係らず產業上に於ては農家、漁家共に組合員は協勵して餘剩勞力の利用に努め、竹細工品の製作に從事し副業收益の增加を來し又村內に於ける原料竹材の產出の極めて少ないのを遺憾とし新に竹林を增殖經營するものも出來た。

經濟上に關しては組合員中多きは四百圓內外少きも三、四十圓の生產を爲して組合員一人に付平均百三十二圓餘を製作しつゝあるから經濟上の効果は極めて大である。

社會上に於ては一面に餘剩勞力を利用して勤勞の美風を養ひ、他面には共同作業場を講習講話其他公共の集合場とし或は農閑時に於ては夜間村芝居の興行所として利用させた結果村民の夜間觀劇又は娛樂を求めて他町村に出るものが非常に減少した爲に村民の勞働時間の經濟を圖り金錢の勞費を防ぐ

に至つた

九　定款又は規約

末記の通り

一〇　組合經營上最も注意せる點及改良せむとする事項

組合經營上最も注意したのは製品の販賣で常に注文を受け製作をすることの最も有利であるを認め粗製竹細工品の需要地及消費團體又は組合或は個人大量消費者等に付て調査し注文品の製作をさせることに努め、組合員に對しては常に統一した竹細工品の製作を爲さしめること等である。

今後改良すべき事項としては組合員は現在悉く粗製品の製作のみに從事してゐるから漸次美術的竹細工品の製作技術をも傳習せしめ一層の發達を圖ることにある。

佐伊津村竹細工組合規約

第一條　本組合は竹細工業者を以て組織し佐伊津村竹細工組合と稱す

第二條　本組合は組合員一致協力して副業の發達を計り福利を增進するを目的とす

第三條　本組合は前條の目的を達成せんが爲左の事業を行ふ

一、原料の共同購入

一、製作品の共同販賣

一、毎月一回集會を爲し斯業の研究をなすこと

一、其の他必要の事項

第四條　本組合の事務所は天草郡佐津村一九三八番地濱洲音次郎宅に置く

第五條　學識經驗あるものを推薦し名譽會員とす

第六條　本組合に左の役員を置く

一組合長　一名　一副組合長　二名　一幹事　若干名

第七條　役員は總會に於て互選す

第八條　組合長は組合を統轄し副組合長は助けて組合事務の發展を圖り幹事は組合長の指揮を受け會計庶務に從事す

第九條　組合の役員は名譽職とす但し總團の決議を經て報酬を與ふることあるべし

第十條　役員の任期は三箇年とす但し再選を妨げず

第十一條　本組合に檢查員一名を置き組合長を任免す

第十二條　檢査員は製作品の鑑定を爲し價格を定むるものとす

第十三條　會員の製作品は之を事務所に持寄り鑑定の上價格を協定し共同販賣に附するものとす

第十四條　會員は毎月十五日必ず金五十錢宛貯金を爲すものとす

第十五條　組合員の貯金は總會の決議を經たる銀行若は個人に預け入れ事務所建築の資金其の他に充つること

第十六條　本組合は毎年春秋二回總會を開き事務の報告及其の年の實行事項を協定す

第十七條　本會の趣旨を贊し加入の申込あるときは組合員の同意を得組合長之を許可す

第十八條　組合員中本組合規約を遵守せず組合の體面を汚す行爲あるものは總會の決議を經て除名するものとす

第十九條　本規約を遵守する爲組合員全部署名捺印するものとす

各地のでき事と參考材料

◇文部所管が嫌はれる理由

青年團の所管を文部、内務兩省の何れに決するかに就ては目下行政調査會にて審議されつゝあり議論は區々であるも大體に於て文部所管說に決定を見んとして居る時に當り突如として大日本聯合青年團に於て文部所管に反對の意見が擡頭し何事かの指留に出でんとする形勢があるので文部省では足下から鳥が立つた程に狼狽して居る、大日本聯合青年團が文部所管に反對せんとする理由は今もし文部省の處管となつて青年團を改造さるゝ事となれば、從來の青年團は自治的訓練がその主要な目的の一である所よりして政治運動等に携はる事を大目に見られて居たのが文部當局平常の言動より見て必ず文部所屬にならば年齡も廿歲以下に低下され純然たる修養機關とさるゝ關係上政治運動について嚴重に取締られ自治的訓練の美風を没却する惧があるためだと云ふ。

◇農民の生活

大分縣農會が主となつて昨年の二月一日から本年一月三十一日までに大分縣下で中流の生活程度にある大分郡並に宇佐郡（自作農、小作農）の生活狀態を調査したがその結果に依ると農村民が如何に低級な生活狀態をなし居るかどうかゞはれるが調査表の平均大略を示せば

△大分郡

△一ヶ年家計費（一人當り）百三十六圓八厘
△一ヶ月同上（同上） 十一圓三十三錢四厘
△一ヶ年飲食費（一人當り）四十二圓五十九錢
△一ヶ月同上（同上） 三圓五十四錢

△宇佐郡

△一ヶ年家計費（一人當り）百三十圓十八錢
△一ヶ月同上（同上）十三圓六十八錢二厘
△一ヶ年飲食費（一人當り）六十八圓十錢三厘
△一ヶ月同上（同上） 五圓六十七錢五厘

◇三年越しの分村問題解決

兵庫縣出石郡合橋村の一部、小谷、相田、佐々木三部落民が小學校に關する問題を根據として分村運動を起し大正十二年七月以來騷いで居たが今回田中郡長の調停で無事解決を遂げた、今之が經過を詳記すると。

今橋村は郡內隨一の面積廣汎な村で地勢上四つの小學校を有してゐるが山地が多い爲に面積に比して口戶が

稀薄で租税の負擔が非常に重い、そこで大正十一年二月村長は學校の統一を圖らうとして村會に本校を一として他は分教場とする學校統一案を諮問し村會は分教場の數を減ずる答申をした、處が當時相田校（分村運動を起したは相田校區）の學級增加の必要があつて之は增加に決したが右の統一案に依ると將來相田校は分教場となる處があるので同校區民たる小谷相田、佐々木の三部落民は之を遺憾とし分村して完全な兒童教育を施さうとして一昨年七月陳情書を知事、郡長等に差出し運動を開始した、一方に於て分村の促進を期する上に於て村税の同盟滯納を敢行し從來矢根校に通學してゐる高等科兒童の通學を停止し其の他種々なる方法を以て騷いで、一方當時の村長大石武兵衛氏は種々之が運動中止を勸說したが一向中止しないので松村（前）郡長に調停方を依賴し松村郡長も再三同地に出張して說いた結果一時解決の模樣であつたが問題は再び再燃して前記分村側は合橋村に對して事每に反抗的態度に出で自治の圓滿を阻害する處があつた此の間に片岡氏郡長となり續いて本年田中氏郡長に就任するや日夜此の問題に沒頭し双方調停に力めたる結果此程に至り合橋村側も共に田中郡長に無條件委任となつたので田中郡長は

一、合橋村は相田校に高等科を直に併置すること但學校數は現在の儘とす外小條件數項

一、分村側は將來に向て分村運動を絕對に取消し滯納の村税は直に納付する事

等の條件を提示し去る八月十九日無事該調停書に調印したので二年有餘に亘つた分村問題は急に全く解決した。

◇青年の義擧

大分縣佐賀關町神山青年團員三十名十月二日南海部郡中野村の奇勝小半鐘乳洞の探險に赴き直見驛から徒步で小半に向つたが途中二ヶ所の番匠川支流に架けられてある橋が前日來の出水で流失、または半壞し、いづれも水量が首まであつて交通杜絕してゐるのを見かね三十名の團員裸體となつて、河中に飛込み或者は材料の板を集め、また或者は繩や釘を附近の農家でもらひ受けて復舊工事に着手し、午前九時までに二ヶ所の橋梁を物の美事に復舊架設して、人馬の通行を自由ならしめ橋上に「佐賀關神山青年團鐘乳洞視察の途

次これを架設す」と記してその日ゆうく〳〵鐘乳洞を探勝し即日歸途に就いたが短時間に完全なる架橋工事を完成した敏捷さとその美擧に對しては、同地方民も一驚を喫し、折柄因尾村に出張した橋本郡書記、小野大分縣土木技手の兩民は「この一事によりて徒歩渉りの危險を救はれた」と大喜びで語つた同地方では當然表彰の價値ある行動だとうわさしてゐる。

◇議場で八木節

村長、助役選擧のため十月三日召集された新潟西蒲原郡大野村會は形勢急と見てイキリ立つた幾百の村民は此際彼等少數の自己主義議員の野望を遂げしめてはならぬとて、村會議場たる大字大野の役場を包圍し又噂を聞いて傍聽者も階上階下ギツしり詰掛け全く身動きのならぬ程の人氣を呼んだ、隨つて或る時は盛んに流言も傳はり、更に爲にせんがためのプロバガンダも加はつて村會議場内外は非常に殺氣立ち午後三時半に到るも各議員は出席の樣子も見えず、反對に世間はヤカ問敷くなる計りで、伊藤事務管掌は流會宣言の決意をなし、改めて再招集をなす旨場の内外並に野望派の事務所へ通告せしめたのである、斯くと聞いた野望派議員の連中は大に驚き、殊に神聖なる議場に臨むに泥醉して議場に入り來り事務管掌に向つて開會を强要したが、既に流會宣言後とて如何とも致し方なく結局はヤケクソ紛れに、惡口雜言の極まりを盡し何にも知らぬ事務管掌を手古摺らし無理無體の言放題、仕放題をやつたが幸ひ温厚な事務管掌は柳に風と受流したため事なく納まつた有樣である、然るに彼等自己主義議員の一味は如何に酒の氣嫌とはいへ神聖なるべき議場の中央で八木節を節面白く手拍可子笑しくヨロメキ乍らも踊出したから是を視た幾百の熱心な愛村家は呆れ果てゝ物をも云へず只顔と顔を見合す計りで、而も其心中は是ではならぬ一體斯樣な惡態議員を出した吾々村民には何とか革新を期せねばならぬと來年一月の改選期を云はず語らずの裡に諜し合せたのであるから彼等野望は日一日と其影が薄らぎ行くことであらう。

◇前科者が村長に當選

熊本縣往年の山北山林拂下事件は當時玉名全郡を擧げて由々敷社會問題として今尙世人の記憶に新なる處であるが驚くべし、當時の共謀者淸田永吉は去る八月十二日の村長選擧會に於て同村々長に當選したるが同人は曾て同村の基本財産に組込む目的を以て熊本大林區署に元國有林たりし、同村字長葉及び藤原山林合計十九町餘の拂下を出願し金二千七百圓にて遂に其許可を得て之を同村基本財産に編入したるが之が運動費として熊本農工銀行より借入たる金六百圓の處置のため同村村上孝外三名共有の同村大字大谷及び荒野當畑山林原野合計十町餘と名を交換に藉り之れを横領し、熊本地方裁判所に於て横領贈賄にて懲役八ヶ月に處せられ長崎控訴院に控訴したるも同罪執行猶豫三ヶ年間に處せられ共謀者當時の村長相良賴胤外數名と共に村賊と稱せられ今尚村民指彈の的となり居れるが今回憲政會が其の振はざる黨勢の伸展策と一流の黨略よりして前記清田の當選を圖りし次第なるが同村人士は事の餘りに意外なるに憤慨し此の後の村治上非常の憂慮を抱ける有樣なるが是が認可の問題と郡の取扱上に關し村民齊しく注視の狀況にあるが綱紀肅正を金看板とせる現內閣治下に於て果して其の認可を與ふべきか是一に山北一村の問題に止まらず擧げて全部の興味ある問題となりつゝありと。

◇村長の横暴に自治擁護團を設立

千落縣印旛郡白井村の村會議員選擧は組合として最終の選擧であるが、端なくも、政本系村長五十嵐善太郎は失墜せんとする自派の勢力の維持につとめんとした結果片手落な處置から大紛擾を惹起した。その內容は

候補者石橋源四郎氏の投票中の一票源の一字不明を理由として無効と主張し、立會人に、これを强た事が、暴露したので、組合側は勿論、中立派も村長の態度に憤激し、本部より細野顧問辯護士、川俣本部員、鑛夫總聯合主事加藤勘十氏その他野田勞働組合の應援のもとに同秋村本寺に於て不正村長糺彈村民大會を開催した。

新刊紹介

公民敎育（木村正義氏著） 普選法案の公布を機として擡頭した府民衆敎育に公民敎育と政治敎育とがある、何れも夙に實蹟を擧げて居なければならない時であるのに今漸く此の機運に逢着したと云ふ事は、何れも官民の閑心と良書の缺乏であつた。だが公民敎育の要求が當然提議さるべき所より起らずして從來の例を破り、民間より或は實業補習學校より提議さるゝに至りたる事は注目に値すべきである。そして此の秋多年文敎の要職に在つて熱心公民敎育の研究に沈潜せる斯界の權威者木村氏によりて、適切豐富なる材料と、該博透徹せる見識とを以てなる此の書の公刊を見るに至つたことは、本邦公民仲逢の爲め洵に喜ぶべきところで、苟も公民敎育の核心を摑まむとする人々の讀むべき良書である。

（定價三圓、神田神保町富山房）

市町村彙報

東京府

◇六大都市道路會議　八月廿五日內務省にて開催左記を附議、

一、道路費國庫負擔に關する件

二、街路改良費受益者負擔の程度に關する件

三、安全地帶施設に關する件

四、地下埋設物整理に關する件

◇都制促進會議　九月十七日より三日間東京市會事務局にて開催し六大都市正副議長出席都制促進の意見を開陳し之が運動方法其他を協議した。

◇深川區民激昂　曩に塵芥燒却地問題で騷ぎを起した深川區は今回新東京の糞便溜を同區に新設せんとする市會の計畫に激昂近く結束して大反對運動を起し大局に押寄せて陳情するの模樣である。

◇兒童の遊園地　多年の懸案乍ら豫算の都合上意に委せぬ市は目下盛に私立を奬勵し監督援助及び運動具貸與等を爲すこと。

◇市參事會　九月二日水害問題で市の不始末を追窮した參事會では左記を附議散會した。

一、市對復興建築會社間の契約案（委員報告）

一、震災救護用建物取得及處分に關する件

一、地方鐵道敷設免許申請に關する件

一、十四年度電氣軌道事業費歳入出追加豫算卅六萬六千百七十圓其の他

同九日コレラ豫防、通行税廢止塵芥處分に

自治消息

□東京府□

○澁谷町表彰　府下澁谷町の富豪で府會議員たる朝倉虎次郎氏は明治卅七年以來村會議員町會議員として勤續二十有餘年の久しきに及び其間町治上貢獻した功勞顯著なりとの理由で九月開會の澁谷町會に於て町名譽職功勞者表彰規程第一條の但書に依り表彰された。

□京都府□

法貴千太郎氏（前曾我部村長）
病氣入院中の處九月八日死去

○郡長視察　廿日養魚の狀況視察として庄野佐用郡長及田口郡農業技手外四名は神崎郡山田村養魚場及飾磨郡高岡村の本縣試畜場の視察をなした。

○前馬路村長淺田和一郎氏　病氣中今回死亡した。

□兵庫縣□

○神戸市長黑瀨弘志氏　はいよ〳〵八月廿六日甲府を出發して東上し主務省に市長就

關する意見を交換左記日程を議決した。

一、十四年年度市歳入出追加更正豫算

一、町名改稱の件（小石川區掃除町を八千代町と改稱）

一、芝區役所位置變更に關する件（現區役所敷地を二十七萬六千三百二十圓で復興局に賣却し區役所は芝公園第六號地一番地に移轉）（委員附託）

一、不動產取得に關する件（早稻田鶴卷町三百三十番地外二十九番地坪七百五十坪を道路新設の爲め八萬七千六百四十圓二十八錢で買收）

十六日瓦斯會社配當及び失業漁民救助等に關する質問があつた。

◇市會　九月十四日の東京市會に於て本市會議案中の最重要案「建築會社との契約締結の件」に關しては市の希望通り帝都復興の爲め枯渇せる市の財政より會社の配當八分補償を即決可決、電車と圓太郎切符の共通可決日程に入り

一、市債其他追加豫算

一、町名改正の件

一、大連勸業博覽會東京出品協會へ補助の件

其他を議決した。

◇復興委員會　東京市復興委員會總會は九月十七日開會木造建築助成案の大綱に關し理事者の說明があつた。

京都府

◇自治講習會　九月一日より三日間開催の相樂郡講習科目は左の如し

九月一日　自治の本義　大竹地方事務官

同　二日　地方行政　馬場地方事務官

同　三日　町村財務　大村地方事務官

◇住宅組合　本年度京都市社會課取扱の住宅組合低資借入希望は八十組合中缺格者を除いて七十六組合人員五百九十七人總希望金額百七十九萬一千圓を申請したるところその一割に足らぬ十七萬圓の融通しか受けられぬことになつたので結局八組合五十七人に對して貸付ける外ないがそれも已むを得ざるものとして起債認可の申請中である。

◇峰山町　八月三十日町會開會砂防工事補助申請の件、鐵道省へ水道使用申請の件を附議

◇郡農會廢止　過般府參事會で開催した

任の挨拶をなし廿七日東京發廿八日單身來神就任の爲市吏員二名廿四日當地發甲府に出張した。

○印南郡長事務視察　羽印南郡長は八月二十二日上花村二十四日平莊村の事務視察をなした。

○滋岡姬路市長　九月十五日より秋田市に於ける開會の全國市會會議に列席の爲八日出姬途中都市計畫指定促進並に上水道低利資金借入等の要件につき主務省に出頭の爲東京に滯在十九日歸廳した。

□新潟縣□

○今井龜三郎氏（北蒲原郡長）　南部耕整組合起債の件につき九月十五日上京二十一日歸廳した。

□埼玉縣□

○宮下林平氏（本庄町長）東北地方視察旅行中であつたが豫定の如く視察をなし八月十七日歸町した。

□千葉縣□

○印旛郡富里村農會員　約三十名は八月二

町村會幹事會に於て字治郡より提出にかゝる

郡役所廢止に伴ひ郡農會は廢止さるやう政府へ建議する事

は郡役所廢止に就て町村は從來の如くこれが指導發展をなす能はざるに至るため當然これを廢止すべきものなりとの理由で高唱され可成り議論沸騰したが結局右案に同意し來るべき町村會總會へ提案することに決定された。

◇市政糺彈　愛市公民會主催市民大會は九月二日開催左の決議を可決した。

一、市長は市民に對し施政方針を發表すべし

一、議員は議員の立場より速に是に關し調査すべし

一、市長は速かに市廳舍建築の内容を調査し眞相を發表すべし

◇婦人農事講習會　乙訓郡農會は農村振興策の一端として九月廿五日より婦人農事講習會を開催した。

◇相樂郡耕地整理　政府より低利資金を借入れ旱害救濟策として左の如く耕地整理組合を設くる事となつた。▲加茂村第一耕地整理組(借八三萬圓)▲狛田村同(三萬圓)▲棚倉村字平尾同(八千圓)

◇天田郡自治講習會　自治研究會主催にて十月六日より三日間開催町村吏員教師青年等の聽講生多く科目講師は左の如し

▲自治の本義、池田京都府知事▲町村の財務、山本郡長▲公民教育、古川學務課長▲改正選擧法、大村庶務課長▲町會教育、雪澤社會課長▲土木行政、土木課地方技師

◇深草町政の波瀾　町長問題で町本意を欲いた議員等の暗鬪に町民は町の將來を憂ひ有志等は自治研究會を組織し町政を研究すべく九月十三日之が發會式を擧行した。

◇京都市會　九月廿四、六、七日開會災害復舊費帝展開催費中等學校軍事教育費第二待鳳校起債他豫備費支出及び建築係瀆職事件に關する綱紀肅正の件隣接町村編入に關する件を附議した。

◇相樂郡　今春より模範的農業共同作業を行ひつゝあるが今秋より新く刈取米調製も共同作業をなした。

兵庫縣

十五日農事視察のため來葉、縣農事試驗場畜産試驗場、縣農會等を視察し同夜は縣農會等に一泊翌二十六日千葉市內の各所を見物午後歸村した。

□三重縣□

○安濃郡受盃町村長　大正四年の戰役乃至同九年の震災事件の功勞に依り木盃を下賜された安濃郡内の町村長は左の通りで八月二十日午前十時町村例會席上に於て各町村長に中川郡長より傳達された。

▲新町倉田梅次郎▲藤水村宮本岩吉▲安東村別所伊三吉▲神戸村黑川正吉▲櫛形村別所周太郎▲片田村織田初次郎▲高宮村樋口源之亟▲長野村古川義三▲辰水村藤林雅▲草生村藤谷茂郎▲村主村藤恒三郎▲安濃村荒木與吾助▲明合村小林房次郎▲安西村松田彦兵衛▲雲林院村野呂顯次郎

○後藤一志郡長　八月二十一日松川杉田兩郡書記を隨へ今同の暴風雨に大破したる戸木村地內設置の雲井堰樋破壞箇所實地調査の爲め同地に出張した。

○安濃郡町村視察　郡內各町村新民會、農

◇佐用郡收入役會　八月十八日開催し一市町村財務規程第二十九條の二より町村の歲計現金預入銀行又は信用組合の營業狀態に注意の外十件を附議した。

◇加西下里村會　八月二十一日開會、部落有土地縣道潰地賣却の件、本村牛居前田政治有土地村道の件を附議した。

◇本山村會　八月二十日開會、小學校敷地選定の件、本山村北畑新所屬町村道一部廢止に關する諮問事項を審議した。

◇姫路市　八月廿日參事會招集地下水道排水設備市街地建築物法適用承認の件を協議廿六日市會招集前記の外穩澤町廢道處分を附議。

◇尼崎市　八月廿一日參事會開會內務省からの市街地建築物法案施行の通牒を附議

◇高砂町　八月廿九日緊急町會招集港灣修築に關する件本年度追加豫算の件を附議

◇北條町　八月廿九日町民大會開會會場問題より町長町議員糺彈を行つた。

◇小野町會　九月九日開會助役推薦の件十四年度歲入出追加豫算議定の件、縣道敷地潰地寄附の件、部落有土地耕地整理組合地區編入の件、國有林野土地讓與願の件等を附議。

◇內川村會　廿五日開會暴風雨敗潰による堤防復舊工事費縣補助申請の件等を附議

◇川西村　豫て町制施行出願中九月十七日之が許可を得十月一日より施行。

◇豐岡町會　十八日開會左記を附議した區長選擧の件、縣道敷地寄附の件、一時借入金の件、十四年度追加豫算の件其の他

◇北條町　廿六日臨時町會開會左を附議十四年度豫算追加更正の件十四年度自作農創設維持資金豫算追加更正の件町長へ慰勞金支給の件一時借入金の件特別積立金預入銀行を定む件十三年度各特別會計歲入出決算認定の件讓與不用道路敷表示變更の件收入役推薦の件等。

◇伊丹町　廿四日第六回町會開會寄附採納豫算更正道路河川物撤除並使用規程を附議

◇加古川町會　廿九日召集議案左の如し

一、吏員定員並に給料額に關する件
一、補助を爲すの件
一、町吏員月額手當並に其の支給規定制定に關する件
一、大正十四年度加古川町歲入出豫算に關する件

會教育會代表者（各町村長）は八月廿五日より向三日間町村事務及び農業教育視察のため岐阜滋賀兩縣へ出張した。

○神田鈴雄郡長　縣社の禮野神社に九月四日建設された高さ二十七尺の石造大鳥居工事落成に就いて檢分の爲め同日出張した。

○中村傳一郎氏（三重郡常磐村長）曩に全國町村長會議の推薦で歐米各國の自治視察に派遣された町村長團の一人である中村常磐村長は米國桑港より九月三日午前橫濱入港のサイベリヤ丸で歸朝。

○後藤一志郡長　郡內定期巡視として九月十五日大三、十六日八ッ山、十七日倭村、三ヶ村を巡視。

○宇治山田市長　秋田市に開催の全國市長會出席の爲梶野書記を從へ九月十三日午後二時五十六分發にて出張同二十日歸山。

○員辨郡十和村長　伊藤佐太郎氏は九月六日より三十日迄中華民國漢口へ視察旅行中

□山梨縣□

○石井準藏氏（甲府市長）八月二十二日午後上京都市計畫に關し內務省と打合せをなした。

一、不動產取締に關する件
一、道路新設に關する件
その他

◇明石市會　廿五日道路新設費市有溝渠堤防等の使用規定等に關し協議をなした。

◇神戸市參事會　廿一日の定例參事會に於て十四年度電氣事業追加豫算並に之に伴ふ議決變更の件用地買收の件食糧品評會開催に就き勸業館無料貸與の件小學校用地增加指定諮問答申の件家屋税等級決定の件その他が議決した。

◇印南郡農事奬勵委員會　廿五日開會縣農事試驗場技師の來郡あり左記案件を附議。

一、耕地經濟的利用奬勵の件
二、耕作法改善奬勵の件
三、共同作業奬勵の件
四、除剩勞力の利用奬勵の件
五、共同取引奬勵の件
六、畜牛利用奬勵の件
七、家畜取引法改善の件
八、家畜共濟加入奬勵の件
九、家禽組合設立に關する件
一〇、籾摺臼使用に關する件

新潟縣

◇南魚沼六日町　大正十四年度追加豫算並寄附採納、町道廢止に關する諮問に付八月十七日町會を招集した。

◇南魚沼郡町村農會技術員協議會　八月二十五日開催、三魚沼聯合技術員協議會及農業同志協議會其他に關する件、藁工品製作奬勵方法に關する件、部落採種圃異變種除去指導に關する件等に就て協議した。

◇小千谷町　八月二十四日開會、信濃川堤防上小千谷町々村道に接續せる左の河渡を町村道に認定の件外三件を附議した、九月九日再開し本町、孫八町の下水溝大改修(工費約二千六百圓)を附議した。

◇内郷村會　八月二十四日開會、十四年度歳入出追加豫算改正の件を協議した。

◇小須戸町會　八月二十日開會、大正十四年度歳入出追加豫算(四百四十圓)を決議したる後町民の所得調査を行つた。

◇長岡市參事會　八月二十六日開會、寶田公園前土地交換に關する件、城内町廢道處分の件、高等工業學校職員住宅附近に關する件、その他一般會計追加豫算の件等を

○横山宣要氏逝く　東八代郡南八代村外四ヶ村組合長勳七等横山宣要氏は十八日午後五時病氣のため簀焉易簀す、葬儀は九月二十一日午後三時自宅出棺北八代村吉祥院に於て佛式を以て行れた。氏は郡會議長その他の名譽職に就き德望高かりし爲め一般に惜まる、享年六十七歳。

○石井淳雄氏(甲府市長)　秋田市に於ける市長會議に出席中であつたが九月十八日會議終了と共に上京し中央線電化問題都市計畫等に關し各省を歷訪二十二日歸市。

□青森縣□

○茨城縣知事視察　次田茨城縣知事は八月十八日午後二時五十分淺蟲着東奥館に投宿十九日午前六時四十七分の列車で千曳に到り七戸町の奥羽種馬牧場視察に向かつたが八月二十日午前縣廳に知事を訪問し午後一時半の急行で歸縣。

○中郡長出張　佐藤中郡長は岡川視學を隨へ岩森村處女會總會に臨席した。

□秋田縣□

○視察　八月二十日午前八時から市長市吏

審議した尙市會は九月上旬開催。

◇西蒲原會根村　彌彦神社參道險惡の爲め有志相謀り篤志家の寄附を得敷石伏設の計畫を樹て工事中の處八月二十五日竣工し中央に架設せる御影石の橋梁も落成せるにより植木神宮にて渡初式を八月二十五日擧行同二十九日村境内に於て盛大なる竣工式を擧行した。

◇西蒲原黑崎村會　八月二十五日開會、本年度村歳入出追加更正豫算の說明あつた。

◇寺泊町會　大平寺泊町長は傳染病院費竝に國勢調査費の追加豫算に關し九月四日臨時町會開會した。

◇松代村會　九月十四日開會、十四年度村歳入出追加更正豫算、十三年度村歳出決算認定、十三年度村特別會計罹災救助基金學校建築積立金歳入出決算等議定した。

◇三條町會　九月下旬招集、大正十三年度決算竝に高等女學校備品追加豫算等附議。

◇新發田町會　九月七日開會、國勢調査に關する追加豫算竝に町立商業學校移管請願の件を附議した尙九月二十一日開會、大正十四年度追加豫算水道調査費金二千圓支出の件、水道委員規程設定の件、町長助役主事書記の旅費支給規程を改正して旅費を增加するの件を附議した。

埼玉縣

◇南埼玉町村吏員講習　南埼玉町村長會主催で郡役所廢止に備へるため八月廿六日から三日間粕壁町小學校に町村吏員講習會を開催岡南埼玉郡長、青木縣屬を講師として講習科目は町村自治と改選擧法である。

◇櫻澤村會　大里郡寄居町在櫻澤村にては八月十日招集し本年度の追加豫算竝に決算報告を告げたる追加豫算は滿場一致可決

◇川越市參事會　八月二十四日開會、寄附受け入れの件を附議した後協議會に入り行惱み中の下水施工問題を附議した。

◇本庄町建築委員協議會　八月二十四日臨時建築委員會竝に臨時校舍設備委員會を開會目下新築中なる男子校移轉竝に開校準備に關し協議した。

◇久喜消防組頭會議　久喜警察署管内消防組頭會議は八月二十五日開催、淺見署長の訓示指示あつて後附近町村出火の際の應援區域及び之が擔當の件消防講習の件外

員市議の一行は雄物川茨島埋立工事に要する橋梁架設の箇所を視察をした。

□福井縣□

○豐田知事　野村市助役、熊谷市會議長の三氏は八月二十七日敦賀へ出發した。

○豐田知事　八月廿七日午前七時五十分福井發敦賀に赴き露國領事の新任挨拶に對する答禮を爲し午後は敦賀に入港の旗艦陸奥を訪問して岡田司令長官に敬意を表し又軍艦扶桑に高松宮殿下の御機嫌を奉伺した。

○郡長巡視　大野郡田邊郡長は左記日割を以て各村役場を巡視す。九月二日北谷村、同三日村岡村、同四日野向村、同五日荒士村。

○野村福井市助役　武内市長令息一郎氏不幸長逝のため前川書記を隨へ九月三日午後四時五十七分福井發下り列車で上京した。

○郡長巡視　廣瀨足羽郡長は九日より管内巡視を爲した各村日割は九日六條村、十四日一乘谷村、十八日下文殊村で十月二十日全部終了。

○長野農會員視察　長野縣下伊那郡農會町村駐在技術員十三名は伊藤技師付きそひ十

數件を附議した。

◇小鹿野校新築　小鹿野町小學校々舎增築は經費二萬圓百六十坪を要する模範的校舎であるが土地買收に當つて地主との間に面倒な問題が起つたが漸く圓滿に解決し近く工事に着手した。

◇小鹿野町會　八月二十八日開會、校舎に關し知事の諮問案に對し答申決議をなし尙國勢調査に關する經費豫算の協議をなしたるが原案通り可決した。

◇新發田町　九月十五日新發田町協議會を開會水道調査費支出の件を協定した。

◇大宮町會　九月十三日開會、戶數割納稅義務者(隨時)資力算定に關する件、本町會計規定中改正の件、本町屠殺場使用料條例訂正の件、火葬場建設工事方法決定の件大正十四年度本町歲出(第六)更正豫算議定の件等を附議した。

◇深谷町會　九月十二日開會、隨時戶數賦課其の他の件を附議した。

◇本庄町男子校落成　いよ〳〵工事完成

千葉縣

◇千倉町協議會　八月十八日開催し岩瀨千倉町長、千倉漁業組合長及び安房郡水產會長武津爲世氏等出席し九月中旬千倉町に於て開催せらるべき本縣水產會總會に關し地元町村に於て協贊會組織の件に關し具體案等につき種々協議を遂げたるが兎に角千倉町に於ては未曾有の事なるを以て大々的の計畫であると。

◇君津郡飯野村農會　八月二十四日から農事講習會を開催。

◇郡村處女總會　千葉郡郡村處女會は八月十七日開催郡より小西社會教育主事出席農村處女修養に關する講演があつた。

◇勝山町協議會　八月二十二日午前九時より協議會を開催し同町隔離病舍移轉敷地候補地の實地見分をなした。

◇農村家庭會　安房郡主基村婦人農會主催にて九月一日同村小學校に開催。

◇漁業組合　匝瑳郡白濱村外五ヶ町村の漁業家は何れも漁業組合の新設を希望してゐたが此の程漸く組合を新設する事に決定し準備中であつたが八月三十日認可の指令が到着したので九月二日關係町村の有志者の協議會が開會役員選定の件、組合規約作製の件其他諸設備に關する件を協議。

月四日武生町大同肥料會社及び神山村千福農事實行組合及び蠶業組合を視察。

□石川縣□

○農會視察　柏野村農會では八月十九日役員總代等二十餘名を招集し縣立農事試驗場及び出城村相木の模範水稻試作田の視察をなした。

○長知事　事務打合せの爲八月十三日上京中の處十八日午前列車にて歸廳。

○明浦郡長　津村、牛浦、前田の三郡書記及び高科郡視學を隨へ九月三四の兩日東湊村役場並に同村小學校へ巡視した。

○郡長巡視　京余郡長は澤田、酒井、川崎の三郡書記を伴ひ左記の日程に依り村役場事務の巡視を爲した。

▲九月九日北志雄▲同十日若部村▲同十一日末森村▲同十二日柏崎村

○中新郡長の巡視　家森中新川郡長は九月十五日五百石十六日大森十七日上段二十二日瀬加積二十四日東加積二十五日早月加積の各普通巡視をなした。

□富山縣□

◇市原郡　五井町は其役場位置を七月十日同町五井字北宿五一〇六番地に變更せり。

三　重　縣

◇名張町會　八月二十九日開會縣參事會の町會議員選擧に對する裁決書を請願人に交付する事に決し森村榮吉氏を選擧し統計調查委員設置規定及本年度追加豫算（國勢調查費二百四十二圓）は原案通り可決次に町會議員中の永年勤續者の表彰に就き滿十二ヶ年勤續者勝矢健之助古川熊吉の兩氏に感謝狀と銀盃を滿八ヶ年勤續者綱野豐次郎辻森竹次郎の兩氏に感謝狀を送る事に決した。

◇松坂學務委員會　八月二十九日新築成れる第四小學校で開會し同校落成式並に開校式期日決定及準備の打合をなした。

◇松坂町會　十月二日開會、區長代理者辭職並に後任者選擧の件、水面使用願に關する件、堤塘使用願の件、道路使用願の件、廢道の件、土地交換の件、土地賣却の件、町勢調查會設置規第二條第二號委員選擧の件等を附議した。

◇磯部村會　八月十九日開會、避病院經費に付追加豫算編成の件を議附した。

◇女教員農事講習會　縣立一志實業女學校に開催の縣下各小學校女教員農事講習會は八月十一日より文化的農村建設と經營に就て美濃部同校長擔任し其他諸種科目を講習。

◇兒童早起會　志摩郡船越村小學校兒童は今夏の休暇を利用し體育獎勵の爲早起しを起し午前四時前濱海岸に集合深呼吸、體操、駈足等を行ひ同五時解散しつゝあるが集合兒童の數百四五十名を算し成績頗る良好である。

◇村主村兩會　安濃郡村主村斯民會並に神社氏子總代會は八月二十五日開催、中川郡長より敬神並國並に節約に關する講演があつた。

◇桑名町會　九月十九日開會、堤塘使用許可の件外數項を附議し終つて協議會を開き紀念道路改修に關する件を附議した。

◇府中村々會　阿山郡府中村會は九月二十四日同村會議所に開會大正十三年度歳入歳出決算、學務委員設置規程改正、實業補習學校教育委員規定、實業補習教育委員選擧學務委員報酬額、實業補習教育委員報酬

○岡知事　吉武土木課長等隨て黑部川筋視察中のところ八月十六日午後六時歸官

○三村上新川郡長、金尾西礪波郡長、大石齋治（縣議）の諸氏本日縣廳に出頭。

○巡視　埴生郡長は萱野尾島兩課長及各郡書記をしたがへ八月二十八日下野方村を巡視した。

○中田東礪波郡長、左記役場事務を巡視▲九月二日般若▲三日北般若▲四日庄下▲五日油田▲八日東般若▲九日般若野▲十日雄神▲十一日栴檀山。

○三村上新川郡長、埴生下新川郡長、安井忠篤（縣議）早苗西藏（高岡助役）の諸氏九月二日縣廳へ出頭。

○金尾西礪波郡長、九月三日縣廳出頭

○三村宣元（上新川郡長）九月四日上瀧へ

□島根縣□

○福田源次郎氏　隱岐島司は八月十七日出松十八日縣廳に出頭した。

○新任仁多郡長金子藤一郎氏　八月二十九日幹來松し縣廳各課に新任の挨拶をなし午後一時下りの列車で任地へ着任した。

○松澤龍雄氏（八東郡長）　八月廿日縣學務

額、學務委員選擧、大正十四年度歳入歳出追加豫算、村道縣條線西條橋架設補助の件等を議決した。

◇登記事務研究　南牟婁郡木本區裁判所で二十七日午前九時から郡内村役場書記會合して登記事務研究會を開催した。

山梨縣

◇參事會　八月十七日開會、諸議案及、土木臨時費支出の件等に付審議の上病院入院料直上案は保留して他は原案通り可決した。

◇甲府市參事會　八月十二日招集し伊勢小學校建築費　百圓の追加並に寄附受入れの件を附議した。

◇甲府水晶產業組合總會　八月十一日役員會開、製品の販路及び組合事業に就いて協議した。

◇安都郡初村會　峽北安都郡村役場內に八月十八日午後六時から新選村會議員の初村會を開いた。

◇甲府市參事會　八月二十日開會、甲府市歳入出追加豫算四百九十五圓（伊勢小學校建築追加費）を異議なく可決承認した。

◇建築稅賦課　甲府市に於ては四日以降の隨意建築稅の賦課をなすべく目下調査中であるが四月から約四百戶の新築家屋あり稅額は二千圓に上る豫定である。

◇國調部員協議會　甲府市では九月一日午後一時より國勢調査部員協議會を開き調査に關して打合せをした。

◇南駒校長會　九月七日會開、初等教育振興、學校經營體育振興公民教育振興系統的團體の組織其他諸項を協議した。

◇縣參事會　九月十五日開會、十四年度追加豫算案既報訴願三條外數案を附議して審議の上何れも原案通り可決した。

岐阜縣

◇武儀郡安會野村　七月十八日廢止され同郡美濃町に編入されたり。

福島縣

◇安積郡　小野井村を日和田町となし八月一日より施行せり。

青森縣

◇中澤村會　三戶郡中澤村では同村起債

課廿五日縣廳二十九日別府知事訪問。

○富田郡農會技師　八東郡川津村農會では島根縣の委託を受け郡農會監督の下に螟虫驅去指導田を設置し之が理想的管理をなしつゝあるが二百十日前に於ける發育狀態調査の爲め八月二十七日出張した。

○別府知事　九月二日津和野中學起工式臨場の爲め山田官房主事隨伴同日午前六時三十八分發下り列車にて津和野に出張三日歸廳。

○並河八東郡視學　は九月一日學事視察の爲め能義郡廣瀬町へ出張即日歸廳。

○松澤八東郡長　九月十一日松本勸業主任書記を隨へ浸水地被害視察の爲め二子村へ出張した。

○大野季夫氏（安濃郡長）　八月二十六日縣廳官房訪問。

○並河八東郡視學　八東生馬村青年團主催一夜講習を八月二十四日擧行につき講師として出張。

○松江高橋市長新任挨拶のため八月二十四日各官公衙各會社を歷訪した

○依田昌一氏（前美濃郡長）　八月二十六日出縣の上任地名古屋に赴任。

議決書並に公債償還年次表更正の件、十三區長代理者缺員に付補缺選擧の件等に關し八月十八日村會を開いた。

◇市町村實務講習擬村會　市町村吏員實務講習會は八月十七日終了直に擬村會を開設したるが當日の召集狀は

左記案件に付八月十七日津輕村會を開設

一、大正十四年度津輕村歳入出豫算の件

一、村基本財產運用の件

一、村長選擧の件

一、區長選擧の件

◎青森市參事會　八月二十二日開會、來月來航の軍艦歡迎費一百圓の追加豫算さ今春の通常市會に於て市會の建議のあつた工事監督規程設置さ新設古川小學校工事監督委員設置の諸件に就て審議するごさになつた。

◇八戶耕地整理　八戶町外二ヶ村聯合耕地整理組合では八月二十八日評議員會を開會、十年度豫算並に開出收益徵收の件を午後二時組合會を開き十四年度豫算の件を審議。

◇八戶町會　大正十二年度同町歳入出決算十四年度同追加豫算道路に關する件、町會調査に關する件等に關し八月二十六日招集

◇野邊地町會　八月二十九日開設、大正十三年度歳入出決算承認を求むる件、十四年度歳入出追加及更正豫算、大正十三年度町稅棄損の件、町稅賦課に關する訴願の件を附議した。

◇五所川原町會　八月二十八日開會、町金庫出納事務取扱規程、補助の件、町廢道賣却の件、踏切設置の件、排水新設の件の歳入出追加豫算の件につき審査をなし何れも原案を可した。

◇三本木町會　八月三十一日開會、一時借入金決定の件、十三年度決算承認の件等を附議した。

◇黑石町會　八月二十八日開會、大正十三年度決算案の附議を宣して後千葉氏議長席に着き歳入の全部一讀會に入り承認があつた。

◇木造町會　九月五日開會、過年度收入及十三年度町稅缺損額決定の件、過年度收入及十三年度町稅繰延徵收の件、十三年度各基本財產歳入出決算報告の件等を附議。

山形縣

○別府總太郎氏（知事）　八月二十五日午前十一時二十分森山村より家族同伴歸松。

○大野秀夫氏（安濃郡長）　八月二十九日縣廳土木課訪問。

○望月幸夫氏（津和野長）　八月二十五日縣廳訪問。

□廣島縣□

○蘆田郡視學　學事用務　帶び八月二十日出縣した。

○川淵廣島市長　九月四日午前第五師團司令部を初め陸軍諸官衙部隊を歷訪挨拶をした。

□和歌山縣□

○石橋恒三氏　（二川村長）八月十七日來田

○日置助役二見松次郎氏　八月十七日來田

○安居校長富士原旭氏　八月十七日來田

○高柳東郡長、山門、山下、里中、尾崎、大野各郡書記請川へ出張。

○瀨戶田並村長　西牟婁郡田並村長瀨戶勝太郎氏八月廿七日心臟痲痺で逝去した、葬儀は翌卅日村葬を以て執行同氏は明治九年三月廿九日同村に生れ大正七年

◇村山協議會　八月十八日各町村技術者並關業主任を招集し協議會を開會、本縣より阿部技師臨席した。

◇鶴岡町會　八月十五日開會、大正十四年度歲入支出追加豫算の件、常設委員選擧に關する件、水道調査臨時委員選擧の件を附議した。

◇酒田町會　攝政宮殿下行啓につき奉迎の豫算を決議すべく九月十日町會を開き、傳献願の件、土地交換の件、大正十四年度町費歲入出追加豫算、今年度電氣事業費歲入出追加更正豫算その他の件を附議した。

◇山形市會　東宮殿下行啓に關する豫算附議の山形市會は八月二十八九兩日招集。

◇新庄町會　九月十五日開會、大正十四年度新庄町稻舟村學校組合第二區歲入出追加豫算を附議した。

秋田縣

◇土崎町會　大正十四年度町歲入出豫算追加更正の件に付き八月二十二日開會されたが右豫算內容はチブス豫防注射に付いて支出さるゝ金であると。

◇市參事會　八月二十九日午前十一時から開會。本年度追加豫算更正の件を協議大正十三年度土木事業中未完成になつてゐた道路工事を繼續實施した、九月五日より引續き開會、十四年度市歲入出追加豫算尚ほ水道使用料及手數料條例改正同給水規則改正の件を附議。

◇扇田町會　北秋田郡扇田町では八月二十六日午前十時より臨時町會を開き同町町會議員高橋傳八氏の町稅滯納處分によれる公民權の停止より町議失格の件を附議した同氏の滯納金は百四拾圓にして本稅は十八日に納稅せるが督促手數料その他約貳拾圓はこれを納付せずこれがため處分を受けたるものなるが同日の臨時町會では委員七名を舉げ調査することになつたが委員會では滿場一致同氏の失格を認めこれを翌二十七日の本町會に提出され町會でも高橋氏の町議失格を滿場認むるに至つたがこれには種々なる魂膽もあるらしく噂されてゐる。

◇仙北刈和野町臨時町會　九月二十六日開會新築小學校敷地決定の件歲入出豫算更正の件に就き協議した。

◇市會　九月二十五日開會、兩陛下御結婚滿二十五年御銀婚奉祝本市獻上品に付き御

五月田邊村長に推され同十一年再選今日に至る享年五十歲可惜。

○日高郡南部町長土橋徳藏氏は九月二十一日退職した。

○[illegible]鶴太郎氏(元日高郡南部町長)　地方自治に貢獻するところ多かつた氏は十七日逝去十九日同町で葬儀執行。

□香川縣□

○大森多度津町助役　多度津町助役元縣警部大森幾太郎氏は九月二日着任同町官公署有志へ挨拶に廻つた。

○綾歌郡三井郡長　町村巡視として九月五日端岡村へ出張した。

○河部郡長　八月十七日德島より來縣せる後藤子爵出迎への爲鷗江村へ出張。

○間島多度郡長　八月十八日山地宮武井上三書記を隨へ佐柳島村を視察。

□愛媛縣□

○山村宇和島市長　土木並に教育等の打合せの爲め八月二十四日來松。

○岩崎松山市長　松山市長岩崎一高氏は八月二十三日東豫方面より歸松した。

沙汰報告、十四年度本市歳入出追加豫算、市勸業委員補欠補欠選擧の件等附議。

◇能代町會　九月二十一日招集し十四年度能代港町歳入出豫算追加の件、雜種財產賣拂出願の件等附議した。

福井縣

◇福井市參事會　八月十七日開會、野村助役より提出した市長俸級三千五百圓に同意し閉會した、尙同日市會開會乾小學校位置指定諮問に對し答申の件、乾小學校へ通ずる道路擴張用地交換處分の件、寄附物件採納の件、何れも原案通り可決確定した、福井市長給料額の件は三千五百圓に異議なく可決確定に決した

◇小作官會議　九月十六日より十九日まで四日間農林省會議室で開會。

◇三郡戶籍協議　九月十一二の二日間武生町役場で武生區裁判所管內南條、丹生、今立三郡の町村戶籍吏協議會を開いた。

◇福井市參事會　八月二十五日開會、寄附物件採納の件を附議した。

◇町村農會長會　八月二十八日南條郡**役所で町村農會長會議を開會、郡所廢止後**に於ける郡農會の取るべき方針を懇談した

◇吉田郡村長會　八月二十八日開會附議事項は結核並に傳染病豫防に關する件、火防貯水池設置に關する件其他數件である。

◇勝山町會議　八月二十九日町會開會、大正十四年度歳入出追加更正預算高等女學校建築費積立規程設定公設市場に關する使用料條例變更の件その他二三を協議した。

◇今立郡村農會　九月四日開會町村農會技術員設置國庫補助請願、動力農具購入及農業改善組合事務奬勵金交付請願、農業先進地視察派遣、農產品評會、種子申込其他を打合及び協議した。

◇南條郡町村農會議　八月二十八日開會郡役所廢止後に於ける郡農會のとるべき方針如何、役職員懇談會並講演會開催の件を協議した、

◇敦賀町會　九月十八日招集された主なる議題は高等女學校縣營移管寄附金の件、同校經費縣寄附繼續年期及び支出方法、都市計畫準備委員設置規定制定其他諸件である。

◇大野郡勝山町地主會　九月二十五日開**會今年度經費の支出及び翌年比例費に付き協**

○越智郡視學左記の日割の通り小學校視察

十月五日宮浦小學校　六日宮窪小學校
七日上波方小學校　八日櫻井小學校　九日近見小學校　十日大井小學校

□大分縣□

○古澤猪熊氏　八月二十六日逝去す氏は直入郡白仁村村長村會議員等の名譽職に推されて地方公共事業の爲功勞甚大であつた。

○三浦大分市長　秋田市の全國市長會議を終へて上京借入金問題の交涉中であつたが二十三日東京發二十五日歸分。

□熊本縣□

○上益城郡長巡視　田邊上益城郡長は園田西山兩郡書記を隨へ左記日割の通り矢部地方を巡視。

八月二十四日　下矢部村、同二十五日濱町、同二十六日　名連石村、同二十七日　白絲村、同二十八日　御岳村、同二十九日　朝日村、

○廣田爵太郎氏(八代郡長)　同縣公益事務組合の要件を帶び八月十一日上京し九月二

日開會。

議を行ひ尚十三年度の經費割合高等も算定

◇貸付限度　今回設立された若狹郡小濱信用組合が十四年度に於て組合員に貸付する金額の最高限度は金五十圓であると。

石川縣

◇小松町會　八月十七日開會、十四年度歳入出豫算追加案は一讀會を終へ十三年度決算報告は委員八名を設け調査することに決し十八日委員會を開き十九日開會の上承認決議となすことゝし散會した。

◇納税成績調査　十三年度江沼郡町村税賦課徴收成績を聞くに國税附加税は査定額八萬二千八百三十二圓に對し期間內に納入したるもの八萬一千六百二十四圓、年度內納入額八萬二千八百三十二圓にして縣税附加税は調定額三十二萬二百十七圓中納期內納入額三十一萬九千七百十四圓である。

◇田稗除去期　羽咋郡農會では八月二十二日から十日間に渉り各町村農會に對し水稻田、畦畔道路

◇町村實務講習　八月二十七日より郡自治公會堂に於て鹿島郡主催の町村吏員實務講習會を開會した。

◇松任町會　八月二十九日開會、大正十四年度歳入出追加更正の件（農學校寄附金及繰越金等）大正十四年度縣税戸數割不定期賦擔額、區長代理者選擧の件、不動產購入の件。舊郡役所敷地購入の件を附議した翌三十日は議案調査の爲め休會し三十一日協議會を開會傍聽を禁じ議案調査內示の協議をなしたるが豫算に就ては何等遺漏なかりしを以て午後六時開會原案を可決した。

◇七尾町會　八月二十九日招集、寄附採納魚町區長辭職の件を報告した。

◇鶴來町會　九月七日招集、十四年度町歳入出豫算追加更正及び道路取擴の件、小學校敷地擴擴の件を附議した。

富山縣

◇西蠣石黒村川合田農事實行組合　飼鯉事業計畫を立て村共有の周圍七八町の溜池四個へ二三寸の鯉二千尾を放ちたるが向後毎年數千尾あてを増放し利收は全部組合の基金に積立てすると。

◇高岡市　八月一日より射水郡下關村の地域編入の結果市町村義務教育費國庫負擔法第三條前段により大正十四年度八月、十

○佐賀郡前郡長で現熊本市收入役早田辰次郎氏は過般來鹿兒島福岡長崎三縣の事務視察中であつたが九月十二日長崎視察終了し歸途佐賀郡役所を訪問した。

○高田寛次氏（元深田村會議員）　九月九日突然死去したが、同氏は村治に盡力した、惜しむべき士であた。

□宮崎縣□

○收入役出張　東臼杵郡北方村收入役甲斐英雄氏は去る八月二十日公用務を帶び延岡に出張したが即日歸村した。

○大島兒湯郡長　前知事に挨拶の爲八月十八日出宮。

○原高鍋町長　十八日出縣內務部長訪問。

○黒岩新田村長　同上

□鹿兒島縣□

○城慶之助氏求名（村長）　川內町開會の所得税調査委員會出席中八月十五日腦溢血にて卒倒靜養中。

○麓名瀨町長（嶺山前代議士）交通補助費請願並に支廳位置問題の爲め上京。

○篤志家表彰　原籍大島郡伊仙村大字犬田

一月及二月に於て、金九百十九圓三十八錢を追加下附されることゝなつた。

◇氷見臨時町會　町多年の懸案としての同町火葬場移轉新築方附議の臨時町會は八月十八日。

◇下新協議會　八月十九日魚津下村木入泉寺に於て各町內衛生組合長四十六名を召集し飲料水改良に關する件、下水潜渠清潔保持に關する件に就て協議を遂げた。

◇高岡市參事會　八月二十九日開會、代決議案第四號編入地域に對する家屋稅賦課地等級の件、同第五號十四年度歲入出豫算追加の件、同第六號基本財產管理規程中改正の件、第七號下關尋常小學校雨天體操場建築基金管理規程の件等を附議した。

◇井波町會　町長青木萬太郎氏は今回の大火災につき九月八日急施町長を開き救恤並に復舊に關する案件を附議した。

◇下新町會　九月十日魚津臨時町會を開催し前職龜町長退職慰勞金一千圓に金杯一個(百五十圓以內)を贈呈することを決議し尙在職中病亡せし清水收入役に對し相當弔慰金を贈呈することも決議した。

◇魚津町會　九月十六日開催、本年度歲入出豫算變更の件、水族館移管請願の件、有給吏員退隱料條令制定の件、行政區域擴張規定の件、その他各種委員等選擧の件を附議。

◇射水郡下關村　廢し其地域を高岡市に編入し八月一日より施行した。

鳥取縣

◇自治會　九月廿三日西伯郡上長田村自治會を同村小學校に於て開催諸般の報告、協議を終る東伯郡の篤農家山桝某藏翁の講演あり盛會裡に薄暮散會す。

◇米子町會　八月二十一日召集し、大正十三年度鳥取縣西伯郡米子町歲入出決算認定の件を附議した。尙上水道工事は既に九分通りの竣工を告げ愈來春二月より町內一般の配給が出來る豫定であるので九月七日米子町區長會を開會して水道加入方に就き協議をなし尙國勢調査の件に就ても協議した。尙今回の町議改選を機として、同町少壯有志約四百名は左記綱領を揭げて米子町政革新線同盟

（一）吾等は絕對公平の立場にあり、（二）吾等は如何なる力の制肘も受けず至誠米

布當原現住所鹿兒島市西田町慶俊光氏は鄕里伊仙村に於て十六ヶ年間村會議員の職に携はり同村教育、勸業、土木等に就き直接間接鞅掌し其功績顯著なるを以て今同同村は之を表彰し金二百圓也を贈呈せり。

○勝目淸氏(市助役)　矢野勝彥(縣屬)兩氏は縣市及商業會議所主催の滿鮮視察團二十餘名と共に八月三十日出發。

○松崎薩摩郡長　薩摩郡長松崎陽一氏は須田主事補を随へて八月廿七日樋脇村市比野へ出張午前十時より永照寺に於て同林產組合幹部と懇談會を催し廿八日は西水引村草道青年團夏季總會へ臨席。

○西村種禮氏(縣畜產組合長)　九月一日來鹿兒卽日阿久根へ。

○楠田正義氏(阿久根町長)　同上

○大磯鼎氏(阿久根町農會長)　同上

○日高彥一氏(前薩摩郡長)　廿六日加治木驛發汽車で伊佐郡菱刈村、廿九日歸村。

○勝目淸氏(市助役)　九月二日水道會議に列席のため出發。

□沖繩縣□

○島袋視學出張　島袋縣視學は八重山郡の

子町政の革新を期す。(三)吾等は町會の權威のために今次の總選擧に際し十全の努力を以て其の公正を期し、識見卓越せる人物の選出を要む。(四)吾等は不適當なる候補者其他の不正なる言動に對して十全なる正義の實力を以て望む。(五)吾等は選擧終る後と雖も町政を監視し所信の貫徹に努力す。

◇境町會　西伯郡境町會を拾月五日開會大正十三年度歳入出決算認定其他二件を附議。

◇鳥取縣新税　鳥取縣は十五年度歳入補塡策として現行縣税賦課規則を改正し電柱倉庫、牛馬、鑛泉、自動車の各新税を斷行すべく目下調査中。

島根縣

◇大森町會　八月二十一日開會、區長選擧の件、町長選擧の件、傳染病離舍の件等を附議した。

◇松江市會　八月十八日開會し出席議員二十八名、(米原、勝部兩氏缺席)高橋松江新市長俸給額に就て協議した。

◇町長選任難　簸能義郡廣瀬町長和田米太郎氏辭任の爲め久敷く缺員中の處、之れが後任として同町秦莊右衛門氏を推擧し同氏亦之れを承諾し略その決定を見んとしつゝありしに一部策士連の術計と、憲、政本兩派の政爭のため、遂に同氏の引退聲明となり、再びその選出難に陷り、目下殆しど五里霧中の狀態にあり。

◇國分村役場　那賀郡國分村では村役場の増築を計畫し設計した所大字唐鐘部落選出議員間に此の際右役場を唐鐘に移轉すべしとの議起り悶着を生じてゐるが同部落は經費多端の折柄移轉新築を喜ばず以前の計畫通り只増築のみに止どめることを希望してゐると。

◇島根郡農會長會議　第二拾參回例會を九日二十六日開會、左記の件を附議し翌二十七日も引續開會協議せり。

(一)郡役所廢止後に於ける郡農會經營方針(二)農家副業振興に付き郡農會の施設すべき事業、(三)小作人を主とする團體指導上農會の採る可き方針並に施設すべき事業。

◇木次町(大原郡)長　上代嘉一郎氏は公金約四千圓を横領費消せること發覺取調中の處九月二十九日令狀を執行せらる。

暴風被害調査及び教育視察旁々長者議員選擧監視のため八月二十四日出港の便船で出發した。

□北海道□

○幌加内村長　簡閱點呼參會其他の用務を帶び添牛内地方へ出張中八月十五日歸村倚關上野兩書記は勤務演習應召中の處歸村。

○紋別　福田町長、九月六日着任七日各方面に新任の挨拶をなした。

○視察　上斜里小學長山本光氏は三週間東京大阪長野地方の教育視察を行つた。

○訓子府品田村長　川南北土功組合の用件にて九月二十日札幌に向出發。

○宗谷村問收入役　時前方面へ海扇税徴收に出張中の處九月二十一日歸場徴税成積良好の由、

○篤農家を表彰　九月廿五日午前十時より前田尋常高等小學校に於て篤農家室岡牛次郎山本金右衛門兩氏の表彰式村治功勞表彰式敬老會等を擧行。

◇仁多郡青年團代表者大會　を九月廿九日三成町縣有會館に於て開會「青年團に於ける軍事教育の可否」に就き討論、滿場一致之れを可決せり。

◇教育展覽會　能義郡安來町小學校に於て拾月拾日より參日間教育展覽會を開催し併せて新校舍增築紀念式、校旗制定披露式教育會總會通俗講演會をも執行。

◇大森町長　邇摩郡大森町會を開會、區長及區長代理者選擧の件、歲入出追加豫算の件を附議した。

◇東須佐村會　九月十四日招集大正十四年度豫算更正其他の件を議決した。

◇位置　町村制第三條及大正十年九月勅令第四百十二號第三條に依り能義郡飯梨村赤江村は村界を變更され八月十五より施行せり。

廣島縣

◇甲奴郡領家村會　辭職した領家村長伊達半十郎氏の後任選擧村會は八月十八日開會せられ其結果當分缺員さし適任者を物色する事さなり續いて六百五十六圓四十錢の追加豫算を決議し更に之が賦課率をも決定し終つて田總郵便局電話架設寄附金二百五十圓を計さしたるも百圓を削減して百五十圓を寄附することゝなりて散會した。

◇町民大會　八月二十五三良坂町大社教分院に於て開催、町長佐々木氏は國勢調査勤儉週間衛生に關する件等の講演あつた。

◇縣參事會　八月二十二日開會、軍事教育費一萬二百九十九圓、腸チブス豫防費五百圓農業倉庫補助費二萬一千二百五十圓其他を附議した(總額三萬六千三百四十二圓)

◇福木村會　福木村長は八月十九日村議員を招集して大正十三年度の決算及其他數件の協議をなし午後五時終了した。

◇佐伯郡町總代會議　八月二十二日府中署に於て開催衛生施設の一端さして塵芥箱備へ付けて徹底させる事さなり各組長に於てたが督勵に任ずることになつた。

◇庄原町會　八月二十四日開會、去る六月十日の時の紀念日以來小山町長が自費を以て始めたる午砲の費用を前後通じて町費を以て今後も繼すべく追加豫算を決議し更に過般決議した小學校增築費の一部に町有區有の財產を借入れるにつき之に年五朱の利子を附することに變更した。

□□□ 人事移動

京都府

○山田元一郎氏　篠村村長に推薦さる。

○祝園村助役　久しく缺員中の處岩井新一郎氏當選就任した。

○高麗村助役　高麗村助役中田治三郎氏辭任中田文次郎氏就任。

兵庫縣

○西[illegible]滿十郎氏　八月廿八日城崎郡西氣長有給助役に推薦さる。

○峯塚菊松氏　飾磨郡家島村長任期滿了の所八月二十五日再選。

○富森一郎氏　城崎三椒村有給助役に再選

○鳴海六之輔氏　同竹野村名譽助役に當選

○加古儀平氏　印南伊保庭村助役に推薦

○三枝治兵衛氏　北條町收入役に推薦さる

◇模擬村會　作木村青年團第五分團にては自治思想養成のため八月三十一日青年會館に於て第一回模擬村會を開會した。模擬町會豐田郡中部青年會にて九月二十三日模擬町會開催議會之件を附議せるが傍聽者二十名にて盛會裡に終了した。
◇佐伯郡八幡村組長會　八月二十五日組長會兼勤儉勤委員會を開催、第四同勤儉强調週間に關する件、第二回道路補習に關する件其他諸件に付協議した。
◇廣島市參事會　八月二十八日開會、市長俸給金俸一萬圓に對する不足額追加の件電鐵敷設權認可申請及び航空撮影其他の件を附議した。
◇西條町會　八月二十八日開會、十四年度豫算更正の件及農業倉庫敷地問題に關する件等を附議したが農業倉庫敷地としては御建座が賣却さるゝので其跡約二百坪を借受けの內約半額は同町で負擔する事とした
◇忠海町會　八月二十七日開會、名譽職區長辭職承認の件、區長補缺選擧の件、町醫推薦の件、十四年度町歲入出第二回追加更正の件、寄附受納の件を附議した。
◇廣村會　九月一日開催、大正十四年度歲入出豫算追加の件、廣東尋常小學校敷地買入費指定寄附委細の件外諸件附議。
◇吉舍町會　九月七日開催し本年度戶數割追加の件を附議した。
◇東村會　九月十四日開會、大正十三年度東村歲入出決算の件、同年度東村罹災救助資金持別歲入出決算の件其他諸件を附議
◇加茂郡福田村會　九月二十日第六回村會を開催し左記案件を附議した。

大正十三年度歲入出決算の件
罹災救助資金歲入出決算の件
大正十四年度歲入出豫算追加更正の件
不動產收得後爲を爲すの件

山口縣

◇熊毛郡　平生町大字平生町字飛町地先海面埋立地十五坪は同町の區域に。
◇熊毛郡　閼村大字長島字上小路地先海面埋立地四百三十七坪五合は同村の區域に
◇吉敷郡　井關村大字阿知須字繩田地先海面埋立地三千七百五十二坪三合九勺は同村の區域に。
右何れも町村制第三條に依り夫々町村區域に八月五日編入された。

◇

○宮崎仲藏氏　八月十七日加茂郡大部村長に再選氏は明治廿年即ち市町村制實施以前より戶長等を勤め由來今日迄村治上功績少からぬ名村長である。

○菅原龍造氏　八月十四日積道村長認可
○太田休藏氏　枚田村長に推薦さる同氏は和田山郵便局長奉職中にて地方の福利增進に念慮し和田山町副總代村會議員の要職にあり立志傳中の一人である。

和歌山縣

◇西牟婁三栖村會　八月二十四日開、會十三年度三栖村歳入出決算書認定の件。同年度特別會計小學校財産蓄積金歳入出決算書認定の件、同年度特別會計殖林費歳入出決算書認定の件を附議し既報の村役場新築の件その他村有土地賣却、土地購入歴道敷拂下、國勢調査に關する各事項についても協議した。

◇村有地を賣却　西牟婁郡三栖村では左記村有土地を縣道眞砂田邊線改修の爲該潰地として村有地を賣却する件を八月二十四日の村會にて議決した。

▲大字中三栖字正田二ノ一一〇番地三一四田三畝八歩内十八歩畦畔（この代金二百九十四圓）

▲同大字二一〇九番地の内二歩畦畔（代金三十三圓）

◇西牟婁郡岩田村會　臨時村會を開き兒童數増加のため一學級増設の件及び代用教員一名採用の二件を可決した。

◇新庄村會　八月二十八日新庄村獵區設定、狩獵法施行規則第二十二條承認、制限外徴收、新庄村獵區管理規程、第二議案本年度歳入出第一回追加豫算を附議した。

◇日置町會　八月二十四日開會、大正十四年度歳出入第二回追加更正豫算（五十圓を増加し町設水泳場を開設）等を審議した

◇稻成村會　西牟婁郡稻成村會は九月五日開會、十三年度決算認定、同基本財産積立金歳入出決算の諸件を附議した。

◇三栖村會　九月五日開會、役場廳舍賣却に關する件役場新築に付監督員及び建築委員選擧の諸件を附議し終って數件の協議事項を附議した。

◇西富田村會　九月四日招集し、十三年度歳入出決算認定、同村基本財産歳入出決算、同十四年度歳入出豫算第一回追加更正議決、西富田村獵區設定其他諸附議。

◇川添村會　九月十六日開會、玉傳小學校々地増加指定に付意見答申の件、十四年度川添村歳入出第三回更正豫算、村有財産登記名義變更に關する件を附議した。

◇萬呂村會　九月十八日招集、本年度第二回更正豫算、寄附金受入、下秋津萬呂隔離病舍組合會議員選擧の件等を附議した。

◇大都河村會　九月十五日招集、村長選

新潟縣

○中村市長の就任御裁可

新潟市會の滿場一致推薦した新潟市長に現助役中村淑人氏就任の件は九月廿六日で御裁可あった旨同日午後五時三十分市城所並に縣廳へ公電があった。

○仲本眞要氏　八重山郡竹富村收入役に當選認可さる。

○石田瀧五郎氏　古志郡六月市村收入役に八月二十一日再選認可。

○小林吾平氏　古志郡中之俣村收入役同上

○齋藤陽次郎氏　東蒲原郡津川町長に當選就任認可さる。

埼玉縣

○荒木常四郎氏　大里郡新會村長再選就任

○富田嘉作氏　秩父郡横瀨村長九月十七日當選した。

三重縣

○岩田大長村長　員辨郡大長村長岩田庄三郞は豫れて病氣に罹り三重郡富田町の飯田

擧の件初め學務委員選擧、本年度追加豫算寄附金採納その他諸件を附議した。

◇下秋津村會　西牟婁郡下秋津村では九月二拾八日村會を開き左の諸件を附議した

▲拾三年度歳入出決算並に特別會計歳入出決算認定

▲十四年度追加更正

▲傳染病院組合會議員選擧

▲學務委員同上

▲縣道龍神田邊線改修費へ寄附金承認の件

◇村有山立木賣却　西牟婁郡市ノ瀬村では過日の村會において左記村有山林上木を賣却する事を可決した。

▲同村字淸水山林廿九町六畝五步樹齡三十年生(見積價格三千圓)

▲同村字池二谷町五反五畝步樹齡三十年生(見積五百圓)

◇南富田村會　西牟婁郡南富田村會は九月廿四日開會

▲大正十三年度村、入出決算報告承認

▲十四年度入出第二回追加更に追加更正豫算

▲村收入役任期滿了從任者選擧現收入役尾原理市氏再選された。

◇三川村會　西牟婁郡三川村では九月廿八日午前八時三川豐原組合村役場會議室に村會を開催左記事項を附議した。

▲村有山林購入に關する件

▲十四年度三川村歳入出第一回追加豫算の件

▲十四年度村特別會計基本財產歳出入第一回追加更正豫算

▲田邊警察署長官舍改築費交付金支出の件

◇村長選擧會　東牟婁郡小川村では九月二拾九日午前九時村會を招集し村長辭任の理由承認の件及び村長後任者選擧の件を附議した。

◇朝來村民大會　右西牟婁農業學校問題に關し朝來村においては二十五日午後七時より村民大會を開いた。

◇村役場落札　西牟婁郡三栖村では九月二十月の村會において左の件を附議決定した。

▲田邊警察署官舍改築費三十七圓九十二錢寄附

▲同村役場及び信用組合事務所新築工事

病院に入院加療中であつたが藥石効なく八月二日午後死去した享年四十七遺骸は一時假葬しのち本葬を執行した氏は嘗て小學校長として同郡の教育に精勵し後大長同村長に擧げられ任期を累ぬること二次村望を荷ひつゝあつたので此悲報に接した村民は皆痛惜して居る。尙九月十二日同村小學校に於て村葬式を擧行した。

○內山平藏氏　北牟婁郡須賀利村助役に再選。

山形縣

○戶田代造氏　北村山郡大石田町助役は滿期の處八月十四日の推薦會にて推薦さる。

○後部儀藏氏　飽海郡南遊佐村長に八月十九日の村會に於て當選した。

○中根駒吉氏　西村山郡七軒村助役當選。

○松嶺助役認可　飽郡松嶺町助役改選の結果佐藤一鐵氏當選しその就職認可申請中の處今般認可された。

秋田縣

○田村傑藏氏　山本郡醍渡村長八月十七日付認可された。

落札金額を五千三百圓にして玉置彥平氏へ請負はしむる事に決定

◇基本金使用　西牟婁郡富里村では九月二十一日村會を招集し一時借り入れ金に關する件及び基本財產現金借用に關する件を附議した。

◇病院起債　西牟婁郡富里村では十月二十一日午前九時より村會を招集し大正十四年度第二回追加豫算の件及び同村債起債に關する件を附議した。右起債は傳染病院建築による五千圓の村債である。

◇三栖村會　西牟婁郡三栖村では九月二十日午前十時より村會を招集し左の件を附議した。

▲田邊警察署長官舎改築費寄附の件

▲三栖村役場及び信用組合事務所新築工事入札に付落札金額決定の件

▲其他の協議事項の件

◇那賀郡上神野村　其役場位置を七月十五日大字鎌瀧六番地に變更せり。

香川縣

◇丸龜市參事會　八月十八日開會十四年度追加豫算の件及び戶數割負擔額の件等を附議して散會した。

選勵業決算　郡內に於ける町村勸業費決算總額は一千九圓五錢で是を內譯すると事業費四百八十一圓五錢補助費四百二十圓其他九十八圓である。

◇農事講話　香川郡大野村中の坪農事改良組合では八月二十四日開會した。

◇大川郡津田町衛生活動寫眞　九月四五日同町公會堂と字北山江泊分校で衛生活動寫眞を公開した。

◇香川郡由佐村衛生講話會　八月二十三日から六日迄本縣衛生課近藤技師が講師となつて衛生講話會を開催した。

◇木田郡教育部會役員會　八月二十三日部會圖書館に於て開催し通俗講演會の件に就て協議の結果巡回講演會は九月上旬各町村にて開催する事となつた。

◇丸龜市會　八月二十六日開會、大正十四年歲出豫算追加の件、十四年度縣稅戶數割賦々額の件を附議したが議論百出の結果委員附托となつた。

◇緊急引田町會　九月七日開會、歲入出豫算の追加を可決した。

◇大川郡產業組合定期實務講習　八月

◇

○石川孫左衛門氏　雄勝郡岩崎町助役八月二十日認可された。

○村長就任さる　北秋田郡前田村村長（名譽新選）佐藤直藏氏は申請中のところ九月二十五日付就任認可された。

福井縣

○大谷眞吉氏　鳴鹿村有給助役八月二十一日認可された。

○福井市長就任御裁可　武內徹氏に對する福井市長就任の件二十八日附御裁可となつた。

○辻川甚右衛門氏　本莊村長再選認可さる

○大橋嘉三次氏　坪口村助役九月九日認可

○神山村長認可　南條郡神山村長橋本茂右衛門氏當選の件は九月二十二日付認可があつた。

石川縣

○上田次郎作氏　八月五日苗代收入役に推薦され同十七日認可さる。

○村長有給認可　鹿島郡大呑村では昨年末來村長缺員の處同村の事情上名譽職村長を擧げ得ざる爲め廣く人材を求めて村治を施

二十二日開催、濱口縣主事補出張組合定款に付いて解說があつた。

◇琴平町會　八月二十六日同町小學校講堂に於て開會二十七八兩日も引續開會、第一號議案縣稅戸數割賦課額決議の件及び第二號案戸數割附加稅賦課更正の件は原案通り可決し第三號議案所有土地交換並に土地分割の件は六日の町會に於て招議したもので今回更に該件鐵道拂下げ驛用地一千四百五十八坪九合五勺中參宮鐵道會社に讓渡すべき一千百八十九坪の地目變換及び分割に對する公式手續に關する決議を了した。

愛媛縣

◇市勤儉委員會　八月十八日開催、九月一日より實施する勤儉奬勵第四回强調期間の實施案件について協議した。

◇余土村青年團の校庭修理　八月二十日松田團長以下百十餘名の總員出動し同村小學校庭の大修理を行つたが特に學生團の活動目ざましいものがあつた。

◇郡市農會協議會　八月二十日開會、稻架建設奬勵に關する件、稻架干方法に關する件、農產物出荷奬勵に關する件等決定した。

◇三津濱町々會　十四年度追加更正豫算の件に就き八月二十九日開會した。

◇松山市參事會　九月四日開會、金員寄附受納の件、工事隨意契約の件、吏員退職死亡給與金及遺族扶助料條例制定の件其他諸件を附議した。

◇東宇和郡東部自治研究會　九月二十日開催、出席吏員五十名、森岡遊子川村長席に就き研究討議し二十一日正午閉會した問題は左の通りである。

一、農商務省統計第一回豫想報

高知縣

◇市制第四條町村制第三條に依り高知市及土佐郡鴨田村境界を變更し八月一日より施行せり現在の高知市有財產及土佐郡鴨田村有財產は境界變更を行ふも之を分割せず其儘該當市並に村有財產として存置するものとす。

大分縣

◇西庄内村會　八月十二日より十五日ま

行することとし有給條例設定方を縣へ出願中の處本月十八日附きを以て縣知事より認可があつた。

○村上圓太郎氏　石川郡笠間村長八月十七日認可。

○東長太郎氏　江沼郡那谷村助役同上

○石田雄信氏　能美郡苗代村助役同上

○元田政吉氏　牧村助役八月十八決定

○長澤太朝氏　花園村助役八月十四日決定

○崎田長門氏　河北郡花園村助役八月二十二日附認可さる。

○竹内吉次氏（鳳至郡櫛田村長）　八月一日退職。

○雄谷藤次郎氏　羽咋郡中甘田村長九月二日附認可された。

○柴多進二郎氏　石川郡舘畑村長九月八日付認可された。

富山縣

○吏員認可　西礪高波村長市山有造、上新大澤野村助役石橋榮次、東礪養谷村長永井甚太郎、下新東布施村助役岩田幾範、同郡田家村長高野孫左衛門、同郡宮崎村長長井武右衛門、射水大門町長澤田忠次郎、西礪

で開會十三年度歳入出豫算認定の件を附議

◇南安岐村會　八月十五日開會、村長補缺選擧、十三年度決算認定、學務委員選擧其他數件を附議し第一日の村長選擧會では重光彦三郎氏當選したが同問題は久しく村内の注目を惹き相當紛擾を醸した程で候補者も數名あつたが無事解決したので村民は喜んでゐる。

◇龍王村會　大正十三年度決算認定外數件審議のため八月十二日村會招集した。

◇竹田町會　八月十四日開會、十三年度特別會計に關する歳入出決算認定の件、用水路委員選に就き協議したが十九日再會、十四年度豫算更正、營造物使用、隔離病舍土地借人の各件に就き協議。

◇彌生村　八月十五日開會、十三年度各種歳入出決算認定書及び村費歳計現金預入先決定の件を附議した。

◇南院内村會　八月十四日より十七日まで開會、十三年度歳入出決算認定其他を附議。

◇佐伯町　八月十九日決算認定本町會開會昨年度歳入十四萬六千六百三十八圓歳出十一萬九千九百十五圓繰越金二萬四千八百七十四圓を認定本年度歳出幼稚園建築積立金其他一萬四千五百九圓を附議した。九月二十九日緊急町會を召集、傳染病豫防委員の選擧を行つた。

◇佐賀關町會　八月十五日以來委員附託にて閉會中の決算認定町會は廿一日再會し滿場一致認定可決學務委員選擧は無期延期九月廿六日開會傳染病豫防に關する件を附議。

◇東上浦村會　八月廿七日助役推薦追加豫算道路開鑿等を附議。

◇下北津留村會　廿六日豫算更正を附議

◇竹田町民大會　廿四日開會町費不當支出其他に關する首藤町長糺彈の決議をなした。

◇上猪村役場　工費は明年度豫算に編入して郡制廢止後事務激増を見込し改築を決議。

◇出納檢查立會人　臼杵初村會廿四五兩日御崎村會十二月南津留村會廿一日いづれも出納檢査立會人學務委員その他各委員を選擧十四年豫算を附議した。

◇名護屋村會　十一日十四年度追加豫算を附議廿六日私有財産を村有に寄附採納の

藪波村助役藤田豐太郎、

○市町村吏員認可　東蠣油田村助役龜永久四郎、下新天神村助役安田明、西蠣津澤町助役三輪三省、下新片貝谷村助役木作榮次郎、上新福澤村助役水上龜治、中新音杉村助役李本謙二、新島村助役寺島仙松、射水本江村助役宮垣章、上新上瀧町助役野島利一。

島根縣

○武田銀之助氏　太原郡春殖村長八月十一日附認可。

○高橋節雄氏　豫て内務大臣より奏請中であつた松江市長就任の件は八月二十日御裁可があつた。

○三谷勝之助氏　松江市助役に八月一十二日認可となつた。

廣島縣

○末永通氏　豫て申請中の吳市助役決定の件は八月十八日縣知事より認可を指令した

○町村長助役認可

安郡川北村長　黑瀬福松

御調郡山中村助役　郷田禎次郎

件保安林伐採の件を附議。

◇津久見町　十日有給助役辭退認定の件有給助役條例廢止の件を議決廿七日名譽助役推薦及報酬額十四年度算更正を附議。

◇南郡八幡村會　七日開會追加豫算寄附採納書記增員を附議した。

◇傳染病豫防町村會　下ノ河村廿七日坂ノ市町廿八日いづれも豫防委員設置を附議靑江村廿八日下浦村廿四日各豫防委員選擧の件給與額の件を附議。

◇中津町會　廿六日開會、十三年度決算三十九萬三千四百三十八萬圓が認定したが前年度に比し十四萬六千六百餘圓の增加である。

◇別府市參事會　十四日開會水害に伴ふ復舊費八百圓追加の件寄附採納の件を附議

◇耕地整理認可申請　南海部郡入幡村江畑眞藏ほか四名の地主は大字海崎及び戸穴の耕地二十二町歩の耕地整理を計畫し二十一日附で認可の申請書を其筋に提出した。

◇耶馬溪村(元城井村)　十九日村役場落成式及村名改稱祝賀會を開催。

佐賀縣

◇町村貯金額　神崎郡に於ける大正十三年度末調査に依る貯金總額は七十九萬三千八百六十七圓八十六錢で各町村別にすると左の通りである。

▲東脊振村一七、一一五六圓　▲脊振村一六、八五二、一二〇　▲千歳村一五、一五九〇▲神崎町七、九六〇、八一八▲三田川村七四、五九七　▲三瀬村五、八七七、二三一▲蓮池村二、八七九七▲境野村二、二七六五二〇▲仁比山村一、八九六五、二九▲城田村七〇七九、八九▲西郷村一、二〇一五、七九

◇畜産組合設立　佐賀郡市畜産組合設立の爲め佐賀市江頭孫一東與賀村綾部大吉久保田村古賀喜太郎西與賀村山田竹一氏外十四名の發起で過日來縣廳内に屢々委員會を開催し組合定款を起草してゐたが同市郡業者に案内狀を發し廿五日同意書を取纏めた。

◇都市計畫附議村會　小ヶ倉村上村小榊村三ヶ村はいづれも八月廿四日開會。

◇佐賀市　八月廿七日參事會開會左記を附議した。

一、大正十四年度佐賀市歳入出追加豫算

豊田郡椹梨村助役　松井恕吉
比婆郡東城町助役　橫山兵一
豊田郡久友村助役　中下增次郎
賀茂郡西志和村長　大山正樹
佐伯郡栗谷村長　岡田喜太郎
豐田郡大乘村長　高橋吉之助
神石郡豐松村助役　橋本泰之
佐伯郡水内村助役　山根綱太郎
高田郡戸島村長　菅原一人
比婆郡田森村助役　島田爲次郎
沼隈郡金江村助役　橫山民之助
佗伯郡友原村長　山田繁一
比婆郡口南村助役　片山榮
沼隈郡神村長　福原甚之助
高田郡志屋村長　芥川賛郎九
蘆品郡驛家村長　門利忠右衛門
蘆品郡驛家村助役　寺岡千三郎
賀茂郡造賀村助役　美川八鹽
神石郡永渡村助役　宮野千年
高田郡根野村長　立川理吉
佐伯郡石内村長　沖村一郎
雙三郡布野村長　多田輝彥

○元山縣上殿村長　道管貫一氏は村治に盡瘁しつゝあつたが病氣のため辭職を申出で九月十五日の件

一、大正十四年度佐賀市特別會計學令兒童就學奬勵費歳入出豫算の件其の他

九月一日市會開會左の件を附議した。

一、十四年度佐賀市歳入を追加更正豫算

一、土地賃貸借契約の件

一、土地使用契約の件

一、公有水面有料使用願の件外數件

◇唐津町會　九月五日開會左記を附議

一、大正十四年度唐津町歳入出豫算追加更正の件

一、大正十四年度特別會計唐津町小學校在學貧困兒童學用品給與基金歳入出豫算追加更正の件

一、町長選擧の件

◇耕地換地處分認可　佐賀縣三養基郡北茂安村江口耕地整理區整理委員長立石龍作氏から申請の同地區換地處分の件十一日附認可された。

◇兩組合設立認可　三遜基郡南茂安村西島原卯市氏から申請の田島耕地整理組合設立の件は廿四日付認可された尚ほ同郡基里村酒井東松雪字子吉氏から申請の酒井東耕地整理組合設立の件二十二日認可された。

◇唐津村　廿五日地方維持增進講演會開會地方維持穀物改良販賣法の改善等に關し郡及郡農會技手穀物檢查支部長の講演あり

◇錦江村會　二十一日開會せしも郡町村長例會出席の爲村長缺席せるを以て十四年度歳入出追加豫算を附議村長の誠意有無に賑ひ休會二十二日再會議員は村長の非を責め自決を促し日程に入らすして再び休會した。

◇佐志村收入役の紛擾　現收入役宮崎安藏氏を推薦せんとする山邊村長側と同村書記谷口三治氏を推薦する反村長側との確執強固で十日の村會は休會のまゝ散會した、十二日遂に兩派の面目を尊重し一期を二分して明年十二月末日まで宮崎氏を現職のまゝ認定し十六年一月から殘餘期間を谷口氏に交替することに妥協成立し村會にて萬場一致認定。

◇各青年團　いづれも二十七日秋季總會開會鹿島町は「普選」北山村は「青年の寶」鹿島村は「眞に覺めよ」「青年と信仰」四與賀村は「人生と勤勞」なる題下に各名志の講演あり後競技會を催した。

附家事の都合により辭職した。

○加茂郡東高屋小學校長　河野景麟氏は豊田今里村長に推され萬場一致で當選した。

和歌山縣

○小野氏村長に當選　西牟婁郡田並村では九月一日の村會において故瀨戸勝太郎氏逝去による後任村長として助役小野常藏氏を選擧したなほ前村長瀨戸氏遺族に對しては氏が在職中の功績顯著なりとし弔慰金として二百圓を贈る事を決議した。

○助役認可　西牟婁郡鮎川は今回赤木文之助氏村助役就職の件認可された。

○尾原理市氏(南富田收入役)　今同再選認可申請。

○小原羊男氏　西牟婁郡大都河村長に九月十六日の村會にて再選した。

○小西安兵衛氏　同日學務委員に當選した

香川縣

○上原準一氏　香川郡安原村長認可

○葛西巧氏　香川郡淺野村收に再選

○助役當選　引田町有給助役に安倍氏當選し今回認可を申請した。

熊本縣

◇八代郡　八月二十五日青年團長開催左記を附議した。

一、郡の豫選會に關する件
二、郡の體育會の件
三、青年團幹部講習會に關する件
四、青年團武道大會開催に關する件
五、青年團支部(支團)指導視察に關する件

◇高田村道路品評會　八代郡高田村各部落の青年は其の部落毎に競ふて里道の修繕を加へ九月廿四日之れが品評會を開き郡勸業係員及青年副團長に於て審査を行つたが郡當局では各村に之を奬勵してゐる。

◇柏村戸主會　九月十三日開會開務報告竹林改良に關する郡技手の講演等あり會長に山邊末　氏を選擧した。

◇熊本市　十二日市參事會開會午後市會開會本年度追加豫算の件寄附收受の件都市計畫區域の件を附議した。

◇金剛村講演會　廿八日開會肥後農友會實習所長松田喜一氏の「稻作に就いて」の講演があつた。

◇日奈久町區會　廿七、八兩日開會
温泉本湯改築設計書の成立により査定並に其實行方法を附議
尚從來の本湯々錢取立受負を十月迄延長し十一月より着手の事に可決。

◇球磨農事研究會　郡農會及同業組合聯合主催にて十二日より四日組合總會講演會並農事に關する活動寫眞會開會。

◇田浦村會　八月卅一日開會左記を附議した。

一、海面埋立に關する諮問
一、大正十三年度歲入出決算
一、村會議員辭退報告
一、寄附收受に關する件
一、大正十四年度歲入出追加豫算

◇懇談會　草部村役場にては普通農事、副業、畜產、林業、教化、交通の各部に分ち村內先輩と新進の士とを以て懇談會を開催中此程終了。

◇球磨郡町村長觀業主任會　廿八日開會、議案は去二十二、三兩日產米改良協議會に於て審議可決したる答申案に對する評議にして各委員の意嚮を叩き滿場異議なく了解を遂げた。

愛媛縣

○川之石町長辭職　宇和郡川之石町長宇都宮貞一氏は八月二十五日病氣の故を以て辭職した。

大分縣

○本田喜太郎氏　八月廿七日南海東上浦村助役に當選。
○土戸遙氏　同日西國上眞玉村收入役當選
○渡邊用馬氏　同日大野重岡村長に當選。
○南濱市氏　西馬城村名譽助役滿期退職したが村治に貢献する所多大なりし爲木幡村長は村會の議決を經紀念品を贈呈した。
○三浦數平氏　豫て市長候補として大分市が內務省へ推薦中九月十日同就任の御裁可あり
○木許藤吉氏　八月廿五日鶴岡村助役當選
○廣瀨忠五郎氏　同收入役に當選。
○阿部新策氏　西馬城村助役に當選。
○尾立彥一氏　九月五日豐崎村助役に當選
○幸藤治氏　十三日を以て大在村長任期滿了なるも九日の臨時村會にて再選。

佐賀縣

宮崎縣

◇市木青年會總會　八月十日市木小校で臨時總會を開き岩下會長より精神修養規律奉仕其他二三の訓話があつた。

◇高千穗町　町住宅組合家屋建設の件は總棟數十二棟九月中旬完成。

◇會計檢查　兒湯郡中天寺大場兩書記は八月十二日より廿日迄西部各町村役場會計檢查執行。

◇川南村會　八月廿五日開會十四年度豫算更正其他を附議。

◇蒲江町　八月廿四日決算認定町會を開會。

◇宮崎郡農會役職員會　廿八日協議會開催左記を附議した。

▲指示問題

一、事務處理に關する件

二、副業組合の活動に關する件

▲決議事項

一、農村狀態調査に關する件

二、共同作業の指導獎勵上注意すべき事項如何　（以上郡農會提出）

▲指示事項

一、害虫驅除豫防に關する件

二、晩稻作柄指導に關する件

三、產業實行組合活動に關する件

（以上宮崎郡提出）

◇恒富村　廿四日十四年度豫算追加十三年度決算承認及豫算科目變更の件等を附議したが決算問題に關する物議を釀し閉會後秘密會を開會愼重協議を行つた。

◇岩手町會　八月廿八日十三年度決算認定村會開會。

◇北鄉村小黑木部落　青年會堂建築中九月廿日落成式を擧行したが同部落は優秀部落として推賞されてゐる。

◇都農町　九月十六日町會開會追加豫算其他を附議した廿三日自彊會役員會開會左記を附議した。

一、本町繁榮策として不動神社參拜道路改修の件

一、產業組合利用に關する件

一、普通選擧實施の準備に就て其他數件

◇廣瀨村　廿六日決算認定村會を開會左の件と共に原案を可決した。

一、佐土原高鍋間廣瀨村地內道路敷地出願の件

◇

○久保泉收入役再任　佐賀郡久保泉村收入役木村祭次郎氏は九月一日を以つて任期滿了したので再任の件當局に申請中二日附を以て認可された。

○井手喜代治氏　東松浦郡久里村收入役を辭任した。

○木元茂光氏　九月十日病氣の故を以て唐津町助役辭表を呈出したが事實は過般執行された後任町長選擧に際し唐津町會開設以來の不祥事を惹き起し中島五十男氏推薦多數に壓迫せられて違法招集の町會と知りつゝも會議を續行し遂に不當なる選擧の下に中島氏の當選を見たので其の責を感じ職を辭するの決意をなしたもので同氏の辭職は中島氏推薦派の犧牲となつたわけで人格者の氏に對しては一般に同情の聲が高い。

○藤崎才三氏　蓮池村長當選廿六日就任認可さる。

熊本縣

○辛島知巳氏　在京熊本市會の市長銓衡委員諸氏は赤星典太氏への相談不調に歸したる結果更に適任者物色に努めたが辛島知巳氏（現靜岡縣內務部長）の奮發を求むること

一、村議當選無効訴願に對する辨明追進の件

◇村民の自治的活動　新田村民は小學校庭の荒廢を憂ひ十一日より村長を始め擧村一致押かけ之が改修を行つた。

◇岡富村　廿日青年會では雄辯大會出場者選擧を行ひ森田賀氏を選出、廿一日村區長會開會小學校寄附國勢調査納稅その他に關して協議を行つた。

◇灌漑改良計畫　宮崎市アキヲ住吉二ヶ村水利改良問題は種々協議中であるが負擔金の關係等で行きなやみ今の處田區改正位の程度であると。

鹿兒島縣

◇川内町制問題　多年川内人士の熱望する所で松崎郡長は此輿論を具體化すべく問題解決に奔走中である。

◇永吉村　八月十七日戸主會開會勤儉奬勵を附議農事說話があつた。

◇伊集院町會　八月十九日開會伊集院校敷地擴張の件を附議調査委員の推薦を行つた

◇鹿兒島市　八月廿一日臨時豫算市會開會國勢調査費給水費築港費起債の件其他を附議廿七日參事會開會學校舍に關する件を附議十月二日水道增設其他を附議。

◇東天城村　山より花德へ役場移轉役廳舍は借家を爲し居るが今回新築を決議。

◇恒吉村　八月廿一日區長會開會農事に關する件畜産に關する件勤儉奬勵に關する件傳染病豫防に關する件を附議した。

◇米の津養産組合　八月廿四日支部長會開會左記を協議した。

一、生繭販賣は等級差別に依る入札法によること

一、公設市場以外の販賣者は市場手數料の倍額を組合費として納入すること

一、初秋蠶生繭は八月卅日及九月一、四六、八、十日の六日間公設市場開設のこと

一、蠶種系統は縣奬勵品種に晩秋蠶より統一すること

一、晩秋蠶より二十七支部共特定指導飼育場を設定し各組合員の飼育指導をなすこと

◇加世田町　廿五日土木費外二件の追加豫算に就き町會協贊を需む可く臨時町會開會。

ゝなり清浦子其の他の口添えに由り交渉を進めた處八月二十日就任を承諾した。

○助役當選認可　飽託郡藤富村助役橋本鶴彦、下益城郡小野部田村助役廣瀬德太兩氏當選の件八月十八日認可。

○村長助役認可　球磨郡深田村長岩本盛男菊池郡隈府町助役山下忠雄兩氏當選の件八月十九日及び二十一日附認可。

○村長當選認可　上益城郡津森村長矢島武次氏は八月二十八日附阿蘇郡尾ヶ石村長永害平喜氏は二十九日附を以て何れも當選認可があつた。

○古無田正男氏　廿三日球磨郡山江村長に當選九月十一日認可あり。

○今福寛三氏　九月十一日下津浦村長當選認可。

○松本相良氏　廿二日泗水村長當選就任認可。

○吉田喜一郎氏　久賀島村長當選。

○丸目喜三郎氏　九月七日西瀬村長に當選したが同村村長改選が合同の如く圓滿なりしは始めてゞあると。

○須藤信立氏（八代郡長）　依願免職

◇西太良村　廿八日本年度追加豫算認定の村會を開會。

◇黑木村役場改築　薩摩郡黑木村役場は今回移轉改築することゝなり現今村民は交代に勞役に服しつゝあり。

◇自作農問題　樋脇村塔之原產業組合では從來の耕作人へ對し自作農創定の必要を感じ村を介して簡易保險局へ低利資金供給の希望あり。

◇山田村　八日臨時村會開會、本年度歲入出追加豫算案議決後這般常務學務委員竹下寬康氏任期滿了に付改選の結果滿場一致を以て同氏を再選。

◇樋脇臨時村會　廿八日開會、國勢調查費三百十圓の追加豫算並に村有市比野溫泉使用料徵收條令中變更の件其の他。

◇入來村々會　十六日召集左記を附議

一、溫泉場に水道布設の件

二、敎育視察手當支給の件

三、公園地工事に關する件

四、若宮橋並に停車場道路竣工に付之れが祝賀會開催の件

五、帖佐入來驛間の鐵道布設請願の件

◇樋脇村の行政視察　薩摩郡樋脇村では毎年一回先進地の行政視察を實行しつゝあるが本年は揖宿郡揖宿村の行政視察を兼ね高等農林學校經營の溫床等を見學の爲十五日出發。

◇蒲生村會　十六日開會臨時費一萬四千七百餘圓を決議した。

沖繩縣

◇越來村靑年　八月二十四日より幹部講習會開催。

◇那覇稅務署所得調查委員會　七月二十九日から開催されたが淀みなく調查進行し八月十七日終了。

◇金武靑年幹部講習會　九月四日より三十日まで金武校に於て開會。

◇大黑村　分會にては本年御下賜になつた恩賜金の增殖を計るべく且つ又養鯉業の奬勵の爲役員會に計り村有池を無償にて借受け直に實行に取りかゝり初回は二百尾の鯉を池に放つた。

北海道

◇上富良野　九月一日國勢調查協議會開會。

宮崎縣

○吉田常氏　兒湯郡木城村長に八月十五日附認可となつた。

○村田吉太郎氏　九月十三日宮崎郡靑島村助役就任認可。

○小作調定委員　東臼北鄕村左記諸氏を推薦　菊田市兵衞、甲斐利平、稻岡忠助、甲斐茂作、

○山之城民平氏　飫肥町長九日附認可。

鹿兒島縣

○玉江黑䅣氏（大島郡天城長）　病氣にて九月二十日辭表提出。

○村長助役認可　大島郡天城村長に岡村善次氏を選擧の件肝屬郡小根占村助役に追田要介氏を大島郡和泉村助役に富田貞次郎氏が決定の件何れも九月廿九日認可された。

○牧園村長改選　姶良郡牧園村にては村長任期滿了に付き後任村長としては現收入役種子田直知、田島源一、宮原左熊、黑岩東吉、樺山友重、森直一氏等が噂に上り兎角村長の選出は餘程難產に見られて居たが結局議員富田重治氏が滿場一致を以て當選し

◇湧別蠅取宣傳　村衛生組合は全村に亘り蠅取宣傳及實行の爲め藥品分配した。

◇當麻村會　八月二十七日開會、當麻村十四年度歳入出追加更正豫備費充用認定、費目流用、常設委員選擧其他諸件附議。

◇沼貝町會　八月二十五日町税反別割賦課附議の爲町會招集した。

◇磯谷村會　八月二十一日及び二十二日の兩日招集十四年度全期特別税反別割賦課土地等級決定の件を協議し公立磯谷消防組廢止決議取消報告をなした。

◇三石村會　八月十五日村會開會、大正十三年度一般會計歳入出追加豫算收入役推薦の件を附議尙收入役には小林英五郎氏再任する事に決定した。

◇樣似村會　大正十四年度歳入出追加更正豫算他六件付協議の爲め八月十三日村會を招集したが全部原案可決した。

◇訓子府村會　九月二日開會、大正十四年度特別反別割賦課等級査定の件、不動產取得の件、其他諸件を附議した。

◇稚内町會　九月八日より二日間開會、本年度一般會計歳入出追加更正豫算。地方税附加税制限外賦課變更、同上並不均一賦課變更、一時借入金に關する件、本年度特別會計普通基本財產歳入出追加更正豫算外二件を附議した。

◇多度志村會　九月十二、三日豫算追加外數件に就て村役場會議室に於て村會を開き協議した。

◇湧別會村　本年度歳入出追加豫算の爲め九月七日上湧別村會開催遷宮式擧行も併せて協議原案通り可決した。

◇天鹽町會　九月十八日招集三日間に渉り特別反別割賦課其他の審議を爲した。

◇雄武村會　九月二十一日開會、左記三件を原案通り議決し即日閉會した、十四年度雄武村歳入出更正豫算、立木及火防線調査臨時委員十名設置の件、十四年度普通基本財產歳入出更正豫算。

◇倶知安町會　九月二十六日招集左の案件附議した、十四年度歳入出第五回追加豫算の件、中學校寄附金不足額整理方針を定むる件、水田小作人蒐集方策確立の件、倶知安中學校落成式擧行に關する件。

た。

◯西國分助役改選　西國分村助役越口袈裟次郎收入役中熊次郎兩氏は何れも任期滿了の處九月四日の村會に於て再選留任の事に決定した。

◯山元忠信氏　三股村長に當選

◯田中眞幸氏　同助役に當選

沖繩縣

◯三木進一氏　中頭郡農會長に就任したる同郡長三木進一氏八月五日附選任を認可。

◯辭令

農林技手　高島節

沖繩縣立農事試驗場技手兼務を免す

農林主事補　新里仁信

兼沖繩縣立農事試驗場主事補を命ず

◯仲宗根保信氏　島尻郡摩文仁村助役に九月十日附就任を認可された。

北海道

◯上田櫻次郎氏　愛知郡江部乙村長に八月十九日附をもつて認可された。

◯小玉九助氏　下湧別村收入役に九月二十二日の村會にて再選した。

□編輯雜記□

◇裏山の百舌鳥の聲に、庭の柿の實の一つ々が減つて行く、

　廻顧すれば、四月、歡喜に燃えながら、本誌始めての誕生を、泪ぐむまでに緊張して編輯をとり急いだのも給の時だつた。

　十月！　朝吐く息の白さが、もうなつかしくなつて來た。來月再び誌上に諸子と見える折は、やがて毎朝の新聞が、雪を報ずる頃ともならう。

◇空理、空論を避け、現實の强さに一足々々を踏み込んで行かうとする本誌の努力は、夙に、本誌創刊號以來の特色として、他に追從を許さぬ、市町村の詳らかな彙報を以て、獨自の歩みをつゞけて來たが、更に八月號からは、地方農村の副業奬勵の意味で、各地の優良副業組合を引つゞいて紹介し、更に本號よりは本會調査部の苦心になる町村解剖を掲載することゝした。

　北は雪の蝦夷地から、橘薫る南まで善に、惡に、鋭いメスは縱横に町村を解剖し赤裸々に、その、或は財力、或は施設、又は其の缺陷を指摘するであらう。

◇加ふるに本號は、地方に於ろ、見逃すべからざる尊い體驗として、內藤岩雄氏の山上學閣を紹介することゝした

◇本誌の收める幾多有益の記事に響鳴された氏が、御多忙中にも拘らず、態々書き送られたことを泪して感謝すると共に、讀者諸氏の眞摯な改革の叫びたる、貴い寄稿が、日を追ふてふえ行くことを、こよなく喜しくも亦、力强く思ふ。

　うらむらくは只、誌上にその悉くを掲載するを得ないことを。

◇干戈、動亂、平和の表に建つ關稅會議にも尙、人々は不穩の氣を讀み、世界のいづれかの一角は常に動搖をつゞけてゐる。

　そして、そこから擴がつた波紋の一つ々々は、或は富であり、又貧であり、智識の伸進、爭鬪の絆として我々の身邊を訪れる。而してそれは白も黑も、總て進歩へ向つて走りつゞける汽關車の、エネルギーであることを思はねばならぬ。まこと、世界は常に急行列車で疾走しづゞけてゐる。

◇わが地方自治體よ、おくれてはならぬ。否、いま迄の退歩をとりかへす爲めに、我々には飛行機すらもが必要であらう。

市町村（毎月一回發行）

册數	定價（郵稅共）
一册（一ヶ月）	五拾錢
六册（半ヶ年）	參圓
十二册（一ヶ年）	六圓

◎誌代は前金の事◎切手代用一割增（但し切手は一錢、一錢五厘、二錢、三錢の三種に限る）◎前金受取書差出不申候◎前金切の節は封紙に其旨表示可致候

大正十四年十一月三日印刷納本
大正十四年十一月五日發行（第一卷）第五號

各項禁轉載

發行 編輯 兼 印刷人　東京市京橋區木挽町一ノ二　前田都
印刷所　帝國自治研究會印刷部

發行所　東京市日本橋區本銀町四ノ三
帝國自治研究會
振替東京七一六〇〇番

大阪市東淀川區十三東ノ町一〇四
帝國自治研究會關西支局
電話北六一五九番

鳥取市米子町東町九二
帝國自治研究會山陰支局

市町村創刊號ヨリノ執筆者（イロハ順）

日本銀行總裁 市來乙彦
法學博士 泉哲
男爵 稲田昌雄
衆議院議員 秦豐助
法學博士 馬場鍈一
和歌山縣知事 長谷川久一
貴族院議員 德富猪一郎
家庭學校長 留岡幸助
內務省社會局書記官 大野綠一郎
內務大臣 若槻禮次郎
總理大臣 加藤高明
貴族院議員 鎌田榮吉
法學博士 川手忠義

商學士 金子利八郎
農學博士 横井時敬
政友會總裁 田中義一
明治學院總理 田川大吉郎
農學士 協調會 根岸勉治
農學博士 那須皓
內務省地方局長 潮惠之助
衆議院議員 植原悅二郎
衆議院議員 黑住成章
內務省衛生局長 山田準次郎
法學博士 松井茂
內閣統計局長 下條康麿
子爵 後藤新平
醫學博士 兒玉豐次郎

明治大學教授 小島憲
文學博士 柳澤政太郎
東京府內務部長 菊地愼三
文部書記官 木村正義
東京市政調査會 弓家七郎
法學博士 水野錬太郎
貴族院議員 宮田光雄
農林書記官 南正樹
農林書記官 三宅發士郎
東京市役所 三輪爲一
東京市役所 三好豐太郎
行政裁判所評定官 島村他三郎
大阪市立市民館長 志賀志那人
平井良成

祝山陰支局開設

米子
町政革新總同盟本部
鳥取縣米子町加茂町安島旅館内

電氣工事請負
電氣機械器具販賣
加藤電氣商會
本店　鳥取縣米子町加茂町六一番地
支店　鳥取市東品治町

社告

業務の擴張に伴ひ今回
左記に本會山陰支局を
設置仕候

鳥取縣米子町東町九二
帝國自治研究會
山陰支局主任　藤原幸親

勿驚坪當り純益壹百參十餘圓

趣味と實益

北海道帝國大學水産專門部教授 理學博士 藤田經信先生序文推奬

群馬縣囑託 田中友一先生著

田中式養鯉法

附 釣の秘訣

▲最新刊 正價金壹圓 送料十二錢

著者は元來穀類商であつて何等水産上の豫備智識を有する者ではありませんが過去卅年の尊き體驗者でありまして現に僅か十二坪の小池から毎年坪當り百卅余圓の純益を擧げ更に良き成績を期待して熱心に研究しつゝある篤志家であります。彼の世界的大新聞たる**報知新聞**は本年三月中一週間に亘りて著者の事業を紹介し『鯉の神様』との尊稱を呈し其驚くべき成績を如實に發表して居り升更に斯界の權威として有名なる**藤田博士**は本書に序して『世界的の養殖法』との讃辭を下されたのに見ても如何に田中式養鯉法が適切有益なるかを立證するに餘りありと謂はねばなりません、産業立國を高唱せられ副業奬勵を喧傳せらるゝ今日スグに實行の出來る本書に依り貴家の御家庭に幾分なりとも增收を圖られん事を國家的見地より切に御勸めする次第であります

ハガキにての御注文は代金引換小包で送本致升但引換の送料は廿三錢 ○郵券代用は一割增

○成るべく振替口座を御利用下さい

副業の覇王

發行所 東京市牛込區市ヶ谷谷町六十四番地

日東副業研究會

振替口座東京七壹壹壹貳番

大正十四年八月十三日(第三種郵便物認可)　(毎月一回發行)　『市町村』　大正十四年十一月五日發行　定價金五拾錢

LA COMMUNE

市町村

十二月号

帝國自治研究会

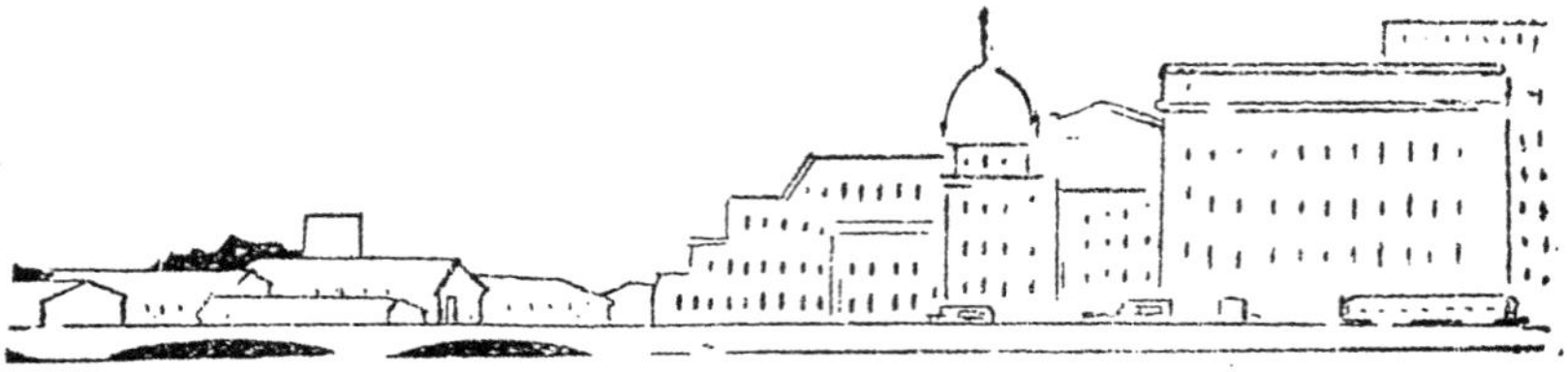

『市町村』第一巻 第六號 目次

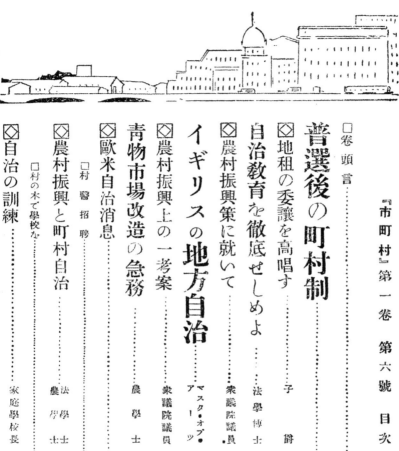

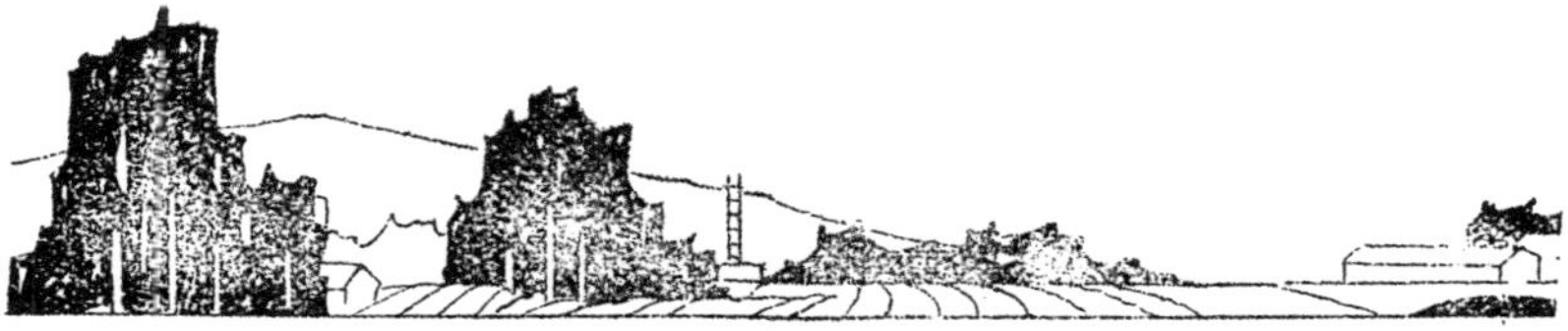

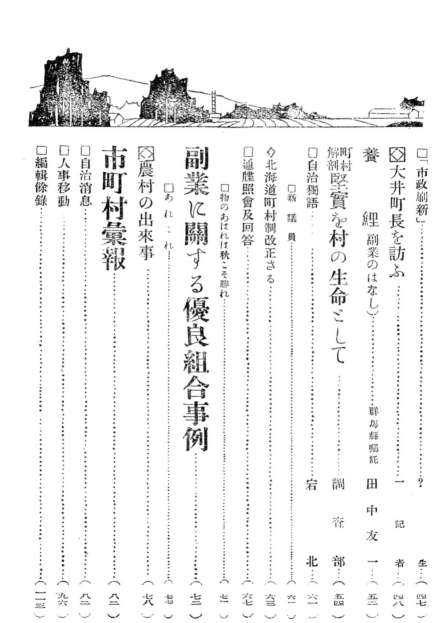

十二月號

巻頭言

嘗て、農村が經濟的に自給自足の生活をして居た時代には、素樸ながらも、農村には農村自體の『文化』が存在して居た。食物はもちろん、衣服も住居も日常品も、すべて農村で生產せられて居た代り、娯樂も教育も宗教も都會に求むる必要がなかつた。農村の生活は社會的にも、また幸福なる自給自足の生活であり得たのである。

しかるに、交通機關の發達と、產業の進步とは、先づ經濟的にその自給自足の生活を不可能ならしめ、今日の農村は衣服、日川器具、嗜好品等はもとより、多額の食料をさへ製造品として都會に供給を仰いで居る。その教育も、宗教も、娯樂も都會に求めなければならぬやうになつたことは必然の勢に違ひない。

これでは農村から『文化』が生れ出づることは到底出來ない。幸福なる『農村文化』の確立は、先づ教育と宗教と娯樂との獨立から着手せねばならない。

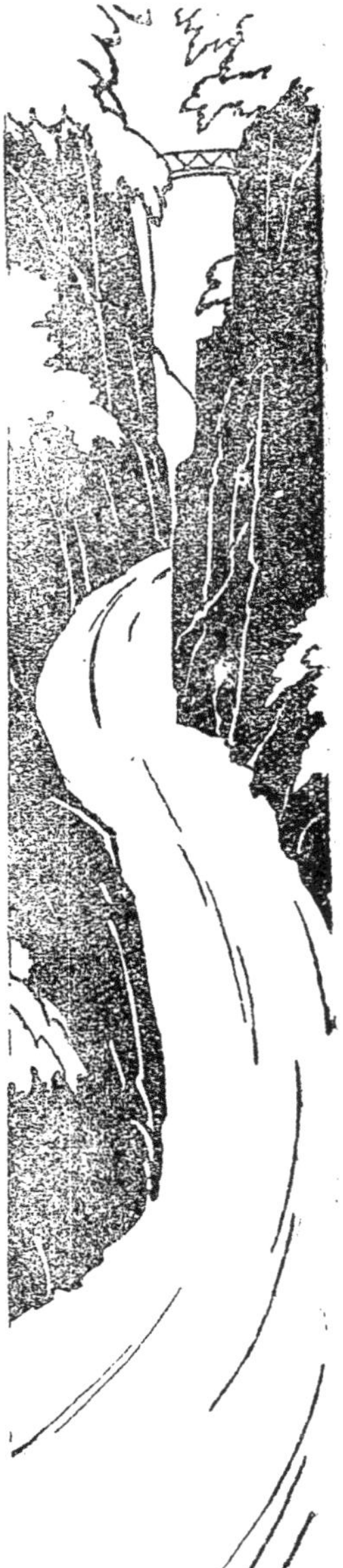

普選後の町村制

——町村制は如何に改正せらるべきか——
——より民衆的に、より能率的に——

町村制改正の急務

衆議院議員選擧法が改正せられて、所謂普通選擧が行はるゝに至り、貴族院議員選擧法も亦改められて、國會は著るしく民衆化せんとして居る。立憲政治の根底であり、その基礎であるところの我が地方自治政は、この機會に於て更に一層民衆化せらるゝの必要はないか。

本來から言へば、普通選擧はこれを國會に行ふ前、先づ自治體に試みることが順序でなければならぬ。旣に明治の前半期時代、國會開設運動の八釜しくなつた時にも、政府は漸を以て追ひ、序を以て進むの精神から、國會を開設するに先ちて府縣會を設立したのである。と言つて吾人は自治體に普通選擧制を行はざる中に、これを國會に施行したることが尙早であると云ふのではない。國會に施行する以上は當然自治體にもこれを施行すべしと言ふのである。吾人は來るべき議會に於て、この問題が當然論議せらるゝに至るべきを信ずる。

形式的の民衆化に拘はるゝな

町村會議員の選擧權、若くは被選擧權と、國會議員の選擧權若くは被選擧權とは、勿論必ずしも同一たる事を要せぬ。又町村會議員の選擧權若くは被選擧權は、國會議員のそれよりも、一層制限を少にせねばならぬと言ふ理由は毫もない。例へば住居に關する要件の如きもさうである。國會は全國共通の政務を論議決定する機關である。この故に國會議員の選擧資格若くは被選擧資格には、住居上の要件即ち地方的又は地理的の條件を必要としない。この點から見れば改正選擧法が、同一市町村内に一ヶ年以上居住することを以て、選擧資格の一要件としたことは或は苛酷に失するかも知れぬ。乍併市町村の場合に於ては、これと異る。市町村の議會は市町村に關する事務を討議決定する機關である。この故に、その市町村と密接する利害關係を有せざる者に依りて、議員の選擧に關與せらるゝことは好ましいことではない。從つて市町村の場合には、現在行はれつゝあるが如く、選擧權を二ヶ年以上住居する者に限ることも決して不當とは言へない。この條件を低下し、例へば六ヶ月以上住居するときは、これに選擧權を認むるが如きことゝすれば、大都市の附近に於ける町村、若くは工場勞働者等の移動頻繁なる町村の住民は、無責任なる一時的の住民のためにその健全なる自治政を蹂躙せらるゝに至るが如き危險なしとは言へぬ。吾人は自治政の更に一層民衆化せんことを切に望む。しかしながら、單なる形式的の民衆化によりて、自治體の發達進歩が害するに至らむことを恐る。自治體の健全なる進歩は、責任ある自治體住民全部の協力に俟たねばならぬ。

權力の中心を町村會に移せ

町村會議員選擧權の擴張と共に更に必要なるは、町村の組織その物の改革である。現行の町村制に據る時は、町村の公民は殆んど町村の政治を支配するの權力を有せぬ。なる程町村公民は、町村會議員を選擧し、この議員をして更に町村長を選擧せしめ、町村長を行政部の中心となし、町村會を議決機關として町村政の燮理に當らしめる事は出來る。併乍單にそれだけである。町村長がその希望に反する經營方針を採つて居る時にも、これを制馭することも出來なければ町村會議員が輿論に反する行動をなしてもこれを制肘することは出來ない。ぢつと我慢して次の選擧期まで待つて居なければならないのが現狀である。或はかゝる場合には監督官廳が相當の制裁を加へてくれると言ふ者があるかも知れない。しかしながら、それでは自治と言ふことは出來ない。自治とは、少くとも自治體の公民が自治機關を自ら左右し得るものでなければならぬ。

猶我國の町村制によれば、町村經營の中心機關は町村長であつて、町村會ではない。町村長は町村會に依りて選擧せられるものではあるが、すべての場合に於て町村會よりも大なる權限を有し、若し町村會と衝突したる場合には、町村會を押へ付け得るだけの權限が與へられて居る。卽ち町村長は、町村會の議長となり、町村會議員の選擧を司り、町村會を召集し、町村吏員を指揮監督し、場合に依りては町村會の議決に再議を命じ、その執行を要するものに在りてはこれを停止し、又はその選擧に再選擧を命ずること等も出來る。要するに町村長は完全に『町村を統轄し町村を代表』して居るものなのである。もちろん、場合に依つてはこれも惡くはない。かくの如き權限を與ふることにより、有力敏腕なる町村長を自治體のために羅致し得る如き利益は或はあるかも知れぬ。けれども町村長は、町村公民が直接に選擧するものではない。從つて町村公民が直接にも間接にも支配することの出來ぬ機關に自治體の中心を定めて置くと言ふことは、決してその理想ではない。

町村長より權限を奪へ

尤も從來の如く、町村長が名譽職であり、その町村の最も有力なる人士である場合には、困難なる問題は餘り生ぜぬであらう。乍併、自治體の事務が益々複雜となり、その經營が益々特殊の手腕と經驗とを要するやうになれば、それは最早、片手間の仕事たるには適せぬ。たとへ篤志な有力者があつたとしても、その經營が專門的の行政的手腕や經驗を必要するに至れば、これを名譽職に一任して置く事は、町村それ自身の爲ではない。實力あり經驗ある專門家を選任し、これに高給を與へてその經營に當らしむることが、遙かに經濟的でもあり又能率的でもあるやうになる。しかるに、かくの如き有給町村長と雖も、町村長たるの權限に於ては、名譽職町村長と全然同一である。この故に極言すれば町村公民は、高給を以て專制君主を雇ふ事になるのである。これは本當の自治と言へるであらうか。この制度はこれを、このまゝ變へる必要はないか。

この故に吾人は、町村の組織をして更に民衆的ならしむるために、町村會に勢力の中心を置き、經營の全責任とこれに相當する權限とを與へんことを主張する。少くとも町村長の有する權限よりも町村會の權限を大なるものたらしめんことを必要なりと信ずる。出來得べくんば、町村長をして唯單に外部に向つて町村を代表するだけのものとし、別に主事と稱する如き有給吏員を置き、主事をして町村會の議決に從つて、すべての事務を處理せしめた方が宜いと思ふ。もちろん、この主事は自治體の經營等に關する經驗と手腕とを有するものでなければならぬ。而して主事に對して比較的大なる權限を與へ、吏員の指揮監督に關する全權を委ね、その爲すところが町村會の議決に反せざるものである限りは、町村會はこれに干渉することなく、自由にその手腕を振はしめたならば、町村の經營はもつと〳〵活氣に滿ちたものとなつて自治の成績は大に擧り得るやうになるであらう。この場合町村會は主事の任免を行ふ外、町村の事務に直接干渉することなく、唯輿論を代表して必要なる議決を行ふだけの機關となるのである。

名譽議員を設けよ

その次に考慮せらるゝものは、町村會議員の任期である。現今に於ける町村會議員の任期は四ヶ年ではあるが、この任期をこれ以上に永からしむることは、種々なる理由により却つて弊害が多くなるであらう。しかしながら町村の經營に益々多くの經驗を必要とすることを思へば　議員の更迭はなるべく頻繁でない方が宜い。殊に現在の如く四ヶ年毎に、全部の議員が同時に改選せられることは、或は町村會の政策や方針に、その都度大なる變更を來さしむる憂があるから、これは二ヶ年毎に半數づゝ改選することが、一層望ましいことではないかと思ふ。かうすれば、政策や方針に急激なる變更を與へないことが出來る。その上名譽議員と言ふが如き制度を設け、町村に於ける有力にして且つ經營に富める人士を町村會に於て推薦せしめ、町村會の議に參畫せしめたならば、町村會は一層堅實にして有能なるものとなり得るであらう。

町村は自治體の單位である。その經營がよく行はれると行はれざるとは、直ちに國政の上にも反映せざれば已まぬ。故にその經營は飽く迄も民衆的のものであるべく、その運用は飽迄も有能的なものでなければならぬ。而してその民衆的なる點から見ても、能率上から言つても現在の町村の經營組織は、吾人の理想に遠ざかることが餘りに甚しい。今や普通選擧行はれんとするに際して、吾人は先づ自治政に普通選擧を施行することの急務なることを思ひ、町村制がもつと科學的に改正せられんことを希望する。

地方自治發達を目的とする 地租の委讓を高唱す

高橋是清

一國の縮圖を村に見る
村長の名言

近來、地方自治即ち市町村の自治と云ふ問題が、各方面に於て喧しく論議せらるゝやうになつたのは、誠に喜ぶべき傾行で、余輩は、大正八年頃より、既に本問題を口にしてゐたのである。

余輩が嘗て、白義國に遊んだ時、同地グーレイドの村長を訪れて、その村治に關する卒直な、而も興味ある、感ずべき話を聞いた事がある。彼曰く

『私は村治の事で非常に多忙であるが、村民は大體に於て勤儉で、その餘ました金を私の所に持つて來ては貯金し、恰も私を銀行の如く考へてゐる。で、私はその金を、バリーの最も堅固なる銀行に持つて行つて預金し、その利息の計算をしたり、或はその內から稅金に振替へ、これを各自に報告したり等の仕事に忙殺されつゝ、村の爲めに朝夕働いてゐる。

然し私は、經濟的發達のみでは、自治政の完美をなす物でないと云ふことに着眼し、次に、兒童の教育に力を注ぐに至つた。一體兒童に對し、貧富の觀念や、差別的意識を與へると云ふことは、兒童教育の爲め、延いては村の自治發展の爲めに、面白からぬことで、先づ學校に於いて、貧富の差別感情を除去する事を必要と考へ、それには、第一辨當を各自に持參することを禁止し、村の資産家と相談して、その寄附に依り、學校で同一樣の晝飯を、無代供給する事とした。そこで共同の食堂を設備し、貧富の兒童に少しも差別なく、同等の食物を與へ、然も營養を充分に攝取せしむべく留意した。

斯くして、共同生活の精神を兒童に敎へると共に、自治生活の根本を確立する事に努力し、遂に今日見るが如き村を建設したのである。」

そこで、共の學校を視察するに、食卓には白布が敷かれ、親切なる婦人が子供の世話をして、貧富の兒童は恰も兄弟の如く、些の差別なく元氣旺盛で勉强をしてゐた。

これを現實に視察した余輩は、國家の根本の、一にかゝつて地方自治體の確立に存することを、切實に感じたのである。而して自治體發達を促すには、市町村に獨立の財源を與へる事の必要なるを感じた。

活きた教育を施す爲
地方には財源が必要

德川時代の我國には、外國との交際はなかつたが、地方には自ら自治體の發達があつた。然るに明治維新の際、中央集權に依つて統一の大業をなし得て以來、國家は中央のみに勢力を集中し、昔日の自治は却つて破壞せられたの憾がある。

先年、余輩が在職中、二十名許りもの村長が訪れて、教育費の負擔に堪え兼ねるから、是非國庫負擔額を增加して吳れと迫つた。そこで余輩は『諸君は學校の教育に依つて、子供が段々善くなり、今迄親の云ふことを聞かなかつた者が、親の云ひつけも聽き、親の手傳もよくするやうになつて、成る程學校は有難いものであると云ふ感が起つたか』と質問してみるに、『いや、學校に出るやうになつたら、却つて云ひつけも聞かず、手助けもせぬのみか、大きくなつたら、親のやうに百姓はせぬとか、鍬を取るのが嫌だとか云つて、結局都會へ走つて仕舞ふのです』との話に實に啞然たらざるを得なかつた。そこで『子供の利益にならない、又家の爲めにもならぬ教育を施す爲めに、どうして國庫補助金の增額運動に態々出て來るのだ。其れよりも先づ、何故に、子供を善くし家庭を幸ひする、即ち親も子供も共に喜び、滿足するやうな教育を施して貰ひ度いとの運動をしないのか』と詰問すると、余輩のこの言葉に感激して、中には歸鄕後書面をよこしたものさへ數人あつたが、元來、我國の教育は、實際に遠くかけ離れてゐるが爲めに、斯樣な結果を生ずる事にもなるのである。地方には、地方に適した教育を施すの必要あるを思へば、先づ、如何にしても、地方自治團體に、確實にして、恒久性のある財源を與ふるの必要を、痛感せざるを得ぬ。

自治政發展の爲め
市町村をひとり立ちさせよ

地方自治の大事を輕視し、いつまでも中央萬能の偏見にとらはれてゐては、之を一家に譬へるならば、親が如何に拮据黽勉し、自分の老後の爲め、且又子孫の爲めに稼いでも、其の子供等が、いつまでも親のすねかぢりで居て、各々勝手次第な放縱な生活をしてゐたならば、第三者の眼から見ては、相當資産を有する家でもその將來は悲慘なものであると觀察される。

之に反して、子供等が親の志を體認して、各自長所を發揮して忠實に働き、根柢ある基礎を作つたならば、貧家と雖もその將來は隆々たるものである。

高橋是清子

國家の盛衰も亦斯くの如くであつて、本當に國家の爲めに活動する市町村がなかつたならば、如何に中央政府の慧眼が働いても、その將來はトするに足るものである。

親が品物を買つて子供に與へるよりは、子供自身に其の物品を購はしたならば、始めて子供はその金の尊さと價値とを意識して來るやうに、親たる國家が、子供の市町村に獨立の財源を與へ、市町村自身に、自治團體の政治をゆだねるならば、市町村は始めて自治の本質を理解して深甚なる興味を持ち、その發達を促進するに至るであらう。

余輩は、この問題を貫徹させる爲めには、地租を地方に委讓して、その財源に備へることの必要を思ひ、當時總理大臣たりし、原敬君に謀り、遂に政友會の重大なる政策をなすに至つたのである。

地租の地方委讓は
一擧兩善の方策

元來地租は、明治六年地租改正條例に依り、舊幕以來の地租を改め、爾來幾多の改廢を重ね、遂に明治四十三年、法律第二號を以て、地租條例の改正があつて以來そのまゝで、何の變化もなく、調査もなく、今日に至つたもので、其の間二三十年の裡に、鐵道其他種々の交通機關發達し、或は停車場が出來、築港が出來、又は工場が建設され等して産業は發達し、加ふるに、鑛山や土地開墾等の爲め、地價に非常なる變動を來し、その爲め、負擔の不均衡は極度に達したのである。

これが調査を、悉く中央政府でやると云ふことは非常に困難で、大藏省で調べたが、その期間だけでも、少くも二年半位はかゝり、その費用は一億圓を要する。而して其の二年半の間には確に地價の變動を生じて居る。そこで地租を市町村に委讓すれば、各自に調査制定し得て、極めて容易な問題であると思惟する。

故に、地租を市町村に委讓すると云ふことは、一面に於て自治團體の財力に彈力性を與へて、その財源問題を解決すると共に、他面、負擔の公平を期し得て、一擧是れ兩善の方策であると思ふ。

産業立國と云ふことも、市町村に獨立の財源を與へ、自治の敎育に依り、産業の發達を計り、眞に共榮共存の目的のもとに事に當り、始めて共同生活の意義を理解するに至るのであつて、延いては、國富の增進と云ふ事にも及ぶのである。

元來、我國に於ては官僚的自治政が行はれ、一定の型を中央で造り上げ而して、その鑄型の中に市町村を叩き込まうとする爲に、弊害が甚しいのである。地方には地方の特徵があり、特産物がある以上、徒に中央の抑塞に甘んずることなく、その特徵に向つて猛進し、地方獨自の生命を保持しなければならぬ。

而して、それが爲に、しかく余輩は地租の地方委讓を高唱し、以上述ぶるが如く、地方自治團體に、活動の根泉たるべき財源を與へんとする次第である。

（右は訪問の砌、その雜談を纒めしものにして、目下税制整理の喧しき折柄、蓋し好參考なりと信ず。）

自治教育を徹底せしめよ

法學博士　水野錬太郎

□…昨今の著しき趨勢として、識者の多くが自治體に着目して來たことは、普通選擧の實施を眼前に控へての影響であらう。自治に關する研究や、書籍雜誌の發刊を見るに至つたことは、遲しと雖も尚喜ぶべき現象である。

□…余が自治研究の爲め、歐米を巡遊して最も研究の資を得たるは英・獨であつて、米・佛の二國は、比較的自治が發達してゐなかつた。是は各國の都市を觀れば直ちに分る事で、英・獨に於ては到る處、道路、公園、慈善病院、圖書館、感化院等の公共事業が非常によく鑿頓されて居り、この一事に依つても、自治政の能く行はれてゐる國の住民が、如何に至大なる利益と幸福とを享けつゝあるがゞ知られる。

之等先進國の自治が世界の模範たるに至つたのは、勿論國民性の然らしめたる所であらうが、長き歳月の間に於ける、先輩が血涙を以てせる貢献の結晶であると云はねばならぬ。

□…然るに我國の識者が『明治二十二年自治制布かれてより三十有餘年、些の發達をみず云々』と徒に歎ずるは、大なる誤りである。我々の一代や二代で完全なる自治の發達を望むことは過望であるけれども、自治團體員たる吾々は自治制の活用に就て大いに講究し、大いに努力を拂はねばならぬ。然らば如何にして自治の發達を謀るか。第一は道義的救濟策で第二は機械的救濟策である。然して機械的救濟策即ち制度法律の改正は時代の進歩と共に次第に改正さるべきものであつて、這般普通選擧法案の公布に從ひ、府縣制、市町村制の改正さるべきは當然である。我國の議會政治は自治制の公布に後るゝこと僅か一年。衆議院議員選擧法の改正に伴つて自治制が改正されたのは、寧ろ順序を誤つた變態的やり方であつて、衆議院のそれと自治制のそれは、必ずしも同一であるを常とはしないが、各國の狀態に就て見るも、地方が先んじて國會の改正に及んでゐる樣である。

□…去る議會に於ける余の質問に對し若槻內相は、地方制度を如何に改めるかを明言しなかつた。而して今日漸く成案を得た模樣で、之に對する批評はいづれ內容を見てすべきであるが、單に制度法律の改正のみで、自治政の發達を期するは大なる誤りである。

□…余は寧ろ自治の發展は道義的救策にあると思ふ。嘗て英國のゼームス、ブライス氏がエール大學に於て米國自治の振はぬ原因につき、第一國民が自治制に不熱心であること、第二利己心が盛んであること、第三黨派心が盛んであることであると喝破したが、此の言をその儘借りて日本人に宛てはめる事が出來やう。其處で此の道義的救濟策の方法として第一に獨立自營の精神を養成すること、第二公共の精神を養成すること、第三共同心を養成することは尠くとも其の三大要點であると信ずる。然し一にこれは國民の發奮に俟つべきもので玆に於てか自治教育の必要を生じて來るのである。

□余は普選の實施を目前に控へ、政治教育の必要を痛感して、自ら政治教育講座を發刊し幸に多數の同感を得てゐるが政治教育は、要するに廣き意味に於ける自治教育で、自治教育は實に政治教育の根本を爲すべきものである。此の意味に於て、自治教育を振興徹底せしむることは、自治制夫れ自身の振興たるのみならず、他面國民の政治的訓練を伴ふものである。

□外國に於ては公衆教育又は庶民教育が盛んで、米國等では子弟を教育すると共に、其の父兄をも教育しなければならぬと云ふ所から、晝は子弟を集めて教育を施し、夜は父兄を集めて教育してゐる。從つて父兄と子弟との連絡もよく取れ自治精神も老若を問はず行亘つてゐる。殊に紐育市の如きは自治會とも云ふべき會が多く、其等の講演の爲に多大の經費を投じてゐる位で、他の地方にても夫々庶民教育に意を注ぎ科學、經濟學、地理、歷史等あらゆる教育を授けて智德の涵養に努め、傍ら、自治を骨子とせる公民讀本を頒布して、自治教育に努めてゐる樣な次第である。

□我國に於ても、東京市の如き自治會館も建立され、自治體に關係ある統計、其他記念物を蒐集して、實物敎育を爲すと共に盛んに自治講演を開催してゐるが、市民の多くが之を利用してゐないのは遺憾である。一般公衆は勿論、今後社會に出て働くべき青年諸君は特に、此自治に注意を拂つて貰ひたいものである。

□：一時前途を悲觀された米國の自治政が、革新の機に向へられ近時將に成功の曉にあるのは、一に自治敎育の賜で、青年に對しても、學童に對しても、夫々の理解力學力に應じたる印刷物が澤山出版され、例へば、市町村長は如何なる職能を有し、どんな仕事をするものであるとか、市町村會議員は如何なる職責を有する物であるか、市町村の水道、公園等は如何にして造られたる物であるか等が、實に判り易く書かれてある、亦歐洲に於ける自治敎育の一方法として、どんな小町村に行つても必ず、其市町村に盡力した市町村長、篤志家の肖像、傳記が市役所、町村役場又は公會堂に揭げられて其の歷史の重んずべく、又市町村の事務に關係した人々の重んずべきを知らしめ、自分等も將來此の市町村に於ける有力者にならうと云ふ樣な考へを起さしめることが、多いものである。それは單に歷史上興味あるのみならず、青年子弟を敎育する上に於ても、又、外國人に敎へ知らせる上に於ても必要であらう。

□：市町村を發達せしめる爲には市町村と住民とを結び付けて、住民に其市町村を愛する考へを持たしめ「一團體は一家族なり」と云ふ考へを深からしむるの必要がある。其の結果外國では第一流の人が常に自治行政に關係し、自治體の發達の爲めに獻身的努力をしてゐる。然るに我國では第一流の人物はさて置き、第二流第三流の人も之に當らないと云ふ所が尠くない、市町村行政の振はないのは第一流の名士が其局に當らない結果であると斷言してもよい。故に地方一流の名士は其の地方團體を見ること、恰も自己の家を見ると同じ考を以て之れに當らねばならぬ。英國自治行政の圓滑なる發達は當局者に其人を得たに依るのであつて、國民一般に此の考を持たせることが必要である。此の意味に於ても亦自治敎育が必要で、此觀念と精神とを國民一般に鼓吹することが卽ち、自治敎育の必要なる所以である。

□：自治行政は國民をして國務の遂行に參與せしめたるものである。而して國家の成務に參與するには、國民が私心を捨公共の爲めに盡すと云ふ公共心と、共同して事を行ふ共同心とを持ち、加之に獨立自營の精神がなければならぬ。就中國民に公共心と共同心とがあつて始めて、國家の政務に參與することを得るのである。

□…余の云ふことを非難する人がある。『君の云ふのは唯理想であつて、實際には行はれぬ。我國の自治の發達を俟つのは百年河淸を俟つに等しい、其證據には大都市の自治はどうだ、東京大阪を始めとして何れも物になつてゐないではないか。今日我國民に公共心、共同心を望むは難い、日本人は私德は進んでゐるが公共的道義心がない、是は昔しからの敎育が然らしめるのであらう。例へば電車に乘つても、公園へ行つても、立派な紳士が不作法な事をしてゐるのが隨分多い、我國では公共心公德心を前提とする自治行政は到底發達しないのである』と云ふのであるが、余は左程自棄するには及ばぬと思ふ。

□…彼の元寇の役にしても、明治三十七八年戰役にしても、擧國一致、國難に處して光輝ある我帝國を傷つくることなくして、泰山の安に置いたのは皆是れ我國民の愛國心卽ち、道義心の發露であつて、外國人に餘り多く見ない所である。斯くの如き時に當つて下は勞働者より、上は宰相に至るまで國民一致して其事に當る。此の如き國民に公共心や共同心のないと云ふことは我國民性を知らざる人の言である。唯此の心が戰爭の時にのみ能く表はれて平時には隱れてゐるのであらう。故に此の、心の奥底に隱れてゐる喜ぶべき思想を、充分に指導し訓練するならば、我國民は平時に於ても共同心、公共心の盛んなる國民と成と信ずるのである。此の訓練は專ら自治敎育によつて達成するこ

水野錬太郎博士

とが出來るのである。

□　人口の都會集中と云ふことゝ共に知識の都會集中は今日の趨勢である。教育を受ける爲めにも、實業に從事する爲めにも、青年の都合に集中する數は著しき傾向で、なに事を爲すにも都會に出なければならぬ、虚榮心を充すにも都會に出なければならぬと云ふが如き思想の弊は實に恐るべきである、文明の進歩に伴ふ商工業の發達につれて人口、富、榮譽の都會集中と云ふことは必然の結果であるが、其の爲に地方自治體の衰微を來すことは國家の健全なる發達上由々敷大事である、地方政治の發展は即ち國家の發達で、地方自治體の基礎ピラミットの如く強大なれば國家の政治亦常に圓滿に行はるゝのである、是れが弊を矯めるには、經濟上、思想上の情態から、云ふ所の地方分權を行ふことゝ、有爲なる青年を土着せしめて、地方自治體の爲に働かせるにある。

□…彼の支那の會國藩は「余は汝等が高位大官を得て權勢を得ることを望まず、寧ろ郷黨の善人たることを望む。高位大官として一世に時めくよりは郷黨の善人として其一郷一黨の利益を圖ることを汝等の理想としなければならぬ」と云つて其子弟を誡めたと聞いてゐる、歐米地方の青年が、善良なる公民たらむことを理想とするのと相對して味ふべき至言である。斯くする爲には前述の如く地方の人物又は東京にある用なき名流の人が、擧つて地方自治體のために働き、自治體亦英國に行はるゝが如き方法を以て、自治體に關係せる人々の功績を永久後世に遺すの方法を執りて、郷土青年の思想を善導し、併せて自治教育の徹底を圖るにあるのである。

□…英國愛國同盟協會のウイルソン、ギロ氏は「自治行政を盛んにするには學生の時代から心を玆に向はしめねばならぬ」と學校に於て他日に於ける自治の練習をなさしめてゐる。然し次期の公民たるべき青年の教育も、これと同時に行はなくては自治體の發展を速に見ることは出來ない。殊に國家が多難の秋に於て、青年の自治的訓練は一日もゆるがせにすることは出來ぬ、況んや普通選擧の實施近き日にあらむとする今日に於て、青年の指導訓練を怠るは國家大成の所以ではない。

□…余は國家の政務、内外に複雜多端なるを思ひ、地方自治體の不振なる現勢に考へ及んで、國民全體に自治教育を浸透徹底せしむることの急務なるを、痛切に思ふものである。

（終り）

農村振興策に就いて

衆議院議員　岡田温

農村問題が一時流行的に喧傳され、昨今は又下火になつたやうだ。然し、それは都市の新聞雜誌に現はれた傾向であつて、商賣だから流行もあり、冷熱もある。我等の農村問題は、そんなものではなく、都市の新聞雜誌が、熱しようが冷へようが、選擧のために、農村問題を擔つぎ廻る議員の態度が、如何に變化しようが、農村問題それ自身の本質には、何等の關係なく、動くべき方面に向つて動いて居る。我等はそれが、人類の必要問題であり、國家社會の重大問題として取り扱つて居るのである。

農村問題は廣汎なものであるが、差向き重要なるは、金融問題である。現今の我國の金融政策は、種々の保險や郵便貯金や、種々の債券や、及租稅、寄附等あらゆる手段で、農村の金を都市に吸收することを本旨とし、農村の資金が枯渴して苦しんで居ても、低利の金が便利に融通される道が充分に開かれない。

農村の重大問題は、自作、小作、小地主を通じ、多大の借金をして居ることである。精確な數字は分らないが、土地抵當や、信用借りを合計すれば、二十億圓以上になつて居るだらう。然もそれが多くは利子が高い。この高利の負債を整理し、償却の道を講ずることは重要なる振興策である。それは政府に於て都市偏重の金融政策を改正せねばならぬ。

然し一方に、國家の金融政策の改善と共に、農村自體が自治的に、これを劃策することが、尚根本の問題である。信用組合を設立しても、その運用が充分に出來ないやうでは、低利の資金を誘導する根本の資格が出來ないのであるから、低利資金の流用は望み難い。町村自體が自治的に活動しない處へ、上の方から、種々の施設をするのは勞多くして効果が少ない。要するに町村自治の本義は、かゝる任務を遂行することであらう。

イギリスの地方自治

マスター、オブ、アーツ　弓家七郎

第五節　ボローの組織

ボローは法人である。法人であるから、權利の主體として財産を所有することも出來れば、他を訴へたり、他から訴へられたり、することも出來る。而してこれを構成するものは市長と參事會員と市公民とであり、その機關は市會である。市公民の資格に就ては、既に七月號に於て詳しく述べた通りであるが、これを簡單に言へば、滿二十一歳以上の男子、及び滿三十歳以上の婦人は概ね市公民として、市會議員及び會計檢査員を選擧するの權利を有し、市長、市參事會員、市會議員、會計檢査員及び陪審員等に選擧又は任命せられたるときは、これに從ふべきことの義務を有するものである。

市會は市長と市參事會員と市會議員とを以て構成する。市會議員の任期は三年で、毎年十一月一日に三分の一づゝ改選せられるのが普通である。被選擧資格は、選擧資格よりも大に寛大である。即ち選擧權を有する者は、すべて被選擧權を有することは勿論、たとへ選擧權を有せずとも、そのボローの中に於て價格一千磅の財産、若くは年額三十磅以上の市税を納付するもの（選擧區數四個以上に分るゝボロー）又は價格五百磅の財産、若くは年額十五磅以上の市税を納付する者（選擧區數四個以下を有するボロー）、若くは選擧前引續き一ヶ年以上そのボローに住居したるもの等は、何れも立候補することが出來る。但し會計檢査員として選擧せられ、現にその任に居る者、ボローと請負契約を有する者、若くはかくの如き會社に關係を有する者等は被選擧權を有して居らない。

立候補せんとする者は、その立候補せんとする選擧區内の有權者十名以上の推薦を以て、選擧期日七日前までに、市總主事に屆出でねばならない。この場合有權者は、その選擧區より選出し得べき議員數よりも以上の候補者を推薦することは許されない。若しもそれよりも以上の候補者を推薦したときには、後から屆出でたるものに記載せられたる署名は無効となる。選擧の通知は我國に於けるが如く、有權者に對して一々爲すことをせず、唯ところ〴〵にこれを告示するのみで足りる。尤も選擧の激甚なときには候補者の方から、其の日時や場所等は詳しく知らせられる。投票は我國に於けるが如く一々投票者がその選擧せんとする候補者の姓名を認めるものではなく、候補者の姓名の印刷せられてある投票用紙に唯印をつけて、これを投票函に投入するばかりである。得票數同點のときには選擧長が裁決を下す。我國の如く年齡等を以てその順位を決するが如きことはしない。

第六節　市長

市會議員の選擧が濟むと、舊い市會議員及び市參事會員は新に選擧せられたる市會議員を迎へて會議を開き　市長、市參事會員、各部委員等の選擧をする。この選擧は普通十一月九日に行はれる。

市長の任期は一ヶ年で無給である。それは市會に於て選擧せられるものではあるけれども、必らずしも市會議員又は市參事會員たることを要しない。市會議員候補者となる資格さへ有するものであれば、何人を選擧しても差支はない。けれども普通は大概市參事會員又は市會議員の中から選出せられるやうである。殊に市參事會員として二期なり三期なり勤めた人が、最も多く選ばれるやうである。市長は外に對しては社會的、儀禮的にボローを代表し、内に於ては市民生活の中心となる名譽なる地位を占むるものではあるけれども、政治上の權限に至りては左まで他の市會議員と異るところなく、又自ら市吏員を指揮して直接都市經營の衝に當るものでもないから、我國の市長の如く行政的手腕とか政治的經驗とかを持つて居なくても勤まる。その代りボローに賓客の來た時には、自ら先に立つて接待歡迎せねばならず、慈善事業の寄附には筆頭に署名せねばならぬので、何よりも金と暇とを有する人でなければならぬ。リヴアプルや、マンチエスターの如き大都市の市長を一ケ年勤めるには、三十五萬圓乃至五十萬圓の金が要るものとせられて居る。尤も大都市に於ては多少は市長の交際費と言ふ豫算は持つて居るが、これらの豫算を當にするやうなことでは、到底市長は勤まらない相である。從つて市長と言へば、頗る名譽ある高い社會的地位になつて居るので、希望者も割合に多く、我國の如く適當なる市長が得られぬので苦しんで居る等と言ふ話しは餘り聞かない。

政治的に言へば、市長は市會の議長であり、各委員會に議席を有して居る。けれどもアメリカの市長の如く、市會の決議を拒否する權限もなく、我國の市長の如く吏員の任免をなす權限も、市政上の問題を裁決するの權限もない。その權限は全部市會議員と同樣であると言つても宜い。だが、個人として勝れたる力量を有する市長ならば、自然市政の指導者となることも出來る。かの有名なるジヨセフ、チエムバレーンのバーミンガム市に於ける治蹟の如きは、これを裏書する有力なる證左でなければならない。

猶、市長はその任期中、當然そのボローの平和判事に任せられる。若しもボローに、平和委員會がないときには、縣の平和判事となる。又そのボローが警察權を有するものである場合には、同じく保安委員會の一員となりて、ボローの警察事務を管掌する。市長に特殊の權限ありとすれば、この點だけであらう。

第七節　市參事會員

市參事會員は、市長と同じく市會に於て選擧せらるゝものである。その資格も市長と同じく、必らずしも市會議員の中から選ばれなければならぬと言ふことはない。市會議員の候補者となり得る資格を有するものであれば、何人を選擧するも市會の自由である。市會議員の選擧に落選したものを市參事會員に選擧することも、固より隨意である。その任期は六ケ年で三ケ年毎に半數づゝの改選をする。その定數は市會議員數の三分の一である。例へば、一〇二人の市會議員を有するリヴアル市の市參事會員は三十四人であり、五十四人の市會議員を有するバーミンガム市の市參事會員は十八人である。

猶、注意すべきことは、イギリスの市參事會員は　名は市參事會員でも、別に市參事會と稱するものがある譯ではなく普通の市會議員と一緒に各委員會又は市會の一議員となるだけである。普通の市會議員より以上の權限と言つては別にない。唯自分の選擧せられた選擧區に於て、市會議員の選擧が行はる時に、その選擧長となることが特殊の權限であると言へば、言はれぬこともないが、この任務は唯單に市參事會員だけに限られたものではないから、嚴密に言へば、その特殊の權限であると言ふことも出來ない。市參事會員と市會議員との相違は、その任期と、選擧された方法だけの差である。尤も一般に市參事會員は市會議員よりも幾分か重く見られ、各種の委員會に於ても多くの場合議長等に選擧せられては居るけれども、市參事會員をして議長たらしむべしと言ふ規則がある譯でもないのであるから、これを以て特殊の權限なりと見ることは出來ない。

要するにイギリスのボローに於て、市會の中に市參事會員を設けたる理由は、前號に於て述べたる如く、全く市制改革當時に於ける保守黨との妥協の結果に過ぎないものである。尤も、この制度あるために市政の實情に通じ、若くは行政上の力量を有する人士を市民の選擧に依らずして市會に羅致することが出來る便益はあるやうである。

第八節　委員會

市會は市政の諸問題を議するため年四回會合する外、保健衞生の行政機關として毎月一回づゝ會議を開く。その外市長に於て必要ありと認めたるとき、若くは市會議員五人以上の請求ありたる時は、何時にても臨時市會を開くことが出來る。市會は議員數の三分の一以上の出席を以て成立し、議事は出席議員數の過半數に依りて決する。

後に詳しく述べる通り、イギリスの市會は、唯單なる議決機關ではない。それは立法機關であると同時に行政機關である。實際は兎もあれ、表面は市會に依つて、すべての經營施設は計畫もせられ、議決もせられ、又執行もせられるのである。而して市會の仕事は又、幾多の委員會に依つて分擔管掌せられる。委員會の中には、これを設けることが法律に依りて要求せられて居るものと然らざるもの常設的の物と臨時的のもの等の種類がある。例へば、保安委員會とか學務委員會とか、養老年金委員會とかの如きは、如何なるボローに於ても設け置かねばならぬ強制的のものである。從つて委員會の數は都市に依りて同一ではない。例へばリヴァプル市の如きは十四の常設委員會を有し、バーミンガム市は十八個を有して居る。委員會を構成する委員の數は、その委員會の重要さに依つて異るも、大概は八名乃至十二名が普通である。委員會の組織や、その實際に就ては次號に於て委しく述べる。

農村振興上の一考察

平均耕地の増大
農村人口の調節
過剰勞力の處分

衆議院議員　栗山博

◇

農村救濟の問題は、多くの學者、政治家の口にし、しば〳〵世論の主要題目にのぼる議論であつて、むしろ言ひふるした觀がないでもないが、然もこれを實際的方面に見るに、徒らに議論のみ進捗して、實蹟の少しもこれに伴はぬものあるは甚だ遺憾のことゝいはねばならぬ、いふまでもなく、我國の如き農業主要國にして、これが日進月歩の時代に遠ざかり、やがて亡滅の經路を辿らんとするに至りては、直ちにこれ國家の亡滅だと斷言して差支へない。農村振興といひ、或は農村の救濟なる題目が、漸く國民の眼前に、具體的に反映しきたりたる所以のもの、たゞに全國一萬二千の農村のみの問題たるに止どまらず、實に我國民全體の當然なる生存本能を刺戟することの、少なからざるものあるによるは勿論である。

◇

今日の農村狀態よりして、その最も急を要する施設は、農家の收支を採算的ならしめるにある。農業に利益あらしむること、言を換へれば農業をして極めて有望なる事業たるに至らしめないまでも、せめて相當の利潤を生じ、他の產業に從事するものに比較して、餘りかけ隔つた收入上の差別なく、日常の生活に、悠々、餘裕を保つの程度に置くことは、極めて必要である。これを外にすれば、農村振興の議論は、殆んど骨拔き同樣であると評するも過言でなく、これを除去したところの農村政策なるものは、あり得る餘地がないのである。

我國農村の狀況を見るに、一戸當りの平均耕作地が、餘りに少に失するの憾みがある。等しく農業者の多數に存在する海外諸國の之れと比較するに、則ち米國のやうに一戸平均十八町といへるが如き、大農組織の特性ある國は、暫くこれを惜くも、我國と國狀の最も類似する獨逸にあつては、農家の全數は、我と大差なき五百五十萬內外であるが、然もその耕地面積に至りては、參千二百五十餘萬町歩に及び、殆ど我國六百十五萬町歩の五倍以上にあたつてゐる。これを以て見るも、一戸當り耕地面積は、六町弱にして、これを我國の一町未滿に比する時は、非常なる等差あるものといふことができる。

◇

勿論、耕地の平均面積が廣大であるから、直ちに農家の收入が豐富であり、延いて農村の根本問題に向つて、振興の要不要を斷定するは今暫く早計に屬するが、少なくも農家救濟の一事が、耕地面積の增大である以上、この問題を等閑に附することはできないのである。

統計によりて按ずるに、我國農家の耕地面積は、五反歩以下の耕作者三五パーセント、一町歩まで三三パーセント、則ちいはゆる過少農と稱するものが七〇パーセントである。過少農は獨逸にあつても少なくない。統計に徵すれば、五反歩以下のもの二六パーセント、二町以下のもの二二パーセント、五町歩までのもの一七、五パーセント、二十町までのもの十九パーセントであつて、我國の二町歩までの耕作者二〇パーセント、三町歩まで六、二パーセントなるに比較すれば、最過少農の五反歩以下において、やゝ相通ずる比率を見るのであるが、それ以上のものに至りては彼は吾に勝ること數等である

◇

獨逸の地味は、必ずしも吾に勝れてゐるといふわけにゆかぬが、さればとて決して吾に劣るといふこともできぬ。一反歩當りの平均地力が、收入に及ぼすことの殆ど伯仲の間にありとすれば、耕作地が廣ければ廣い丈け、從つて農家の利益は多からざるを得ぬ。この點よりすれば、獨逸の農家は、甚だ惠まれてゐるものといふことができるであらう。我國が農村

救濟に手をつけるならば、なるべく過少農を減少し、中農或は自作農として、二町歩或は三町歩平均の耕地を與へることの適切なるはいふまでもあるまい。

誰も知る如く、我が農村の人口は、餘りに多きに失する。人口を減少しなければ、耕地の平均面積を引きあげることはできぬ。則ち移民政策が高唱せられ、更に未墾地の拓殖政策が力說せられつゝあるに至る所以である。移民と未墾地開拓とによる農村人口の調節は、かくの如き經路を辿りきたる必然の要求である。

◇

海外發展は、我國のモツトーであるにしても、現今の狀態は、北米に排斥され、カナダに排斥せられ、濠洲にも南阿にも、白人の領土の中には、擧げて入ることができぬ、僅かに朝鮮、滿洲及び南洋の地ありと雖も、前者は勞力過剩、また後者は酷熱の地なるが故に、日本人の勞力的移民には、適當した條件に缺くるところ少なからぬありさまである。

獨り南米及びメキシコ以南の北米方面に勞力移住の餘地が殘存するのであつて、兎も角、この方面にできるだけ人口の輸出を計ることは、不急の業ではない。外務省あたりで年々五千人程度の移民を海外に送るべき計畫はあるが、我國の現狀より推して、僅かにそればかりでは、どうにもならぬ。勿論外務省の發案は、これを以て天下の人心を注視せしめ、よつて大移民の先驅たらんとするのであらうが、問題は尙ほ一層國家的に雄大な計畫をたて、人口過剩の日本を適當な程度に處し得るところの光明を與へることが大切である。

國內移民として、北海道、臺灣及カラフト朝鮮方面に盛んに內地人の移殖を計るべしとの議論は、今日は一の輿論を形成するのであつて、海外移民より充足されない缺陷を、この方法で幾分なり滿足せんとするは至當のことである。而してこれは、政府のいはゆる未墾地開拓の具體案と相伴ふて進捗すべき性質のものなるが故に、開拓案の內容如何を檢討すればおのづから判明することであるから、こゝにはこれを省略する。

◇

以上の如く、移民政策及び未墾地の開拓により、農村人口をこれに導きて、現在人口の減少を計り、進んで一戶當りの平均耕地を增大すれば、農村救濟の一半を達成することができるわけである。

しかしながら、我國における未墾地の面積は、約二百餘萬町歩であるが故に、現在の耕作地六百餘萬町歩と合するも、八百五十萬町歩を超ゆることは困難である。これを現在の農家五百五十萬戶に割りあつれば、一戶平均一町六反程度となり、やゝその面積を增大するのであるが、然もこれのみでは未だ以て農家の收入を利益あらしむべき單位とはならない。勿論、海外移民の増加につれて、農村人口の減少となり、單位當りの面積に、若干の増加を見るは疑はれぬところであるけれども、これとて過去における移民の成績より徴すれば、甚だ心細い次第であつて、結局、日本の農家は、その一戸當りの平均耕地を、獨逸の如く五町八反まで擴めるは愚か、或は二町も困難であらうと思はれるのである。

◇

こゝにおいて、問題は今一つ殘る。則ち農村における過剩勞力の處分如何といふことである。既に移民と未墾地開發により、農村の人口をできるだけ減少せしむる方策をとる結果、農村は却つて勞力の不足を訴へるであらうことは、ほゞ豫想せらるゝのであるが、一方において、科學の進歩を農村に取入れ、耕作機を初め、勞力を節約すべき農具が、續々、普及するに至るを思へば、將來勞力の過剩となるは、必然の趨勢といはねばならぬ。而してかくならなければ、眞に農村振興の原動力は擡頭したといふことはできぬのである。

然もこの過剩勞力を處分するには、副業の發達と、勞力販賣の二方法がある。副業としては、生糸の如く殆ど今年あたり八億五千萬圓を突破する輸出を示し、國家的大産業たるものがあるが、尚ほこれ以外に、冬期の農閑期に適應した有利なものが必要である。牧畜は勿論、更に農村電化の進捗と共に、この方面に考慮を集中し、或程度まで農村の工業化を計るは、時務に痛切なる問題といはねばなるまい。

過剩勞力の販賣は、從來、普通に行はれきたりたるものである。特に過少農が、都會地に出稼し、或は半農半漁の生活をなし、或は附近の工場に通勤するなど、その方法にはいろ〳〵あるけれども、要するに農業を營んで尚ほ餘る勞力を、他に善用することは、最も推奬に値する。將來はこの傾向をます〳〵顯著ならしめねばならぬ。獨逸の如く、一戸當り平均耕地が六町に近い國にあつても、實際的方面からこれを見れば、五反歩以下のいはゆる過少農業が、全體の二二パーセントに達するのであるから、これを絶滅して悉く二三町歩内外の自作農に平均することは不可能である。故に別にその過剩する勞力の販路を與へてやることが重要である。過少農に適當な程度まで耕地を與へるは無益でないが、兎に角、差しあたりての急務は、勞力の販賣市場として、小都市の分散、工場の分散を初め、勞力を需要する適當なものを全國に散在して建設するのである。

これを要するに、近來述べきたつた問題の骨子は、農家をして利益あらしめようとするものに外ならぬ。農村問題の究極は、小作問題も土地問題も、肥料問題も、文化施設も共に考究せねばならぬのであるが、これらは後日また稿を改めて草することゝする。

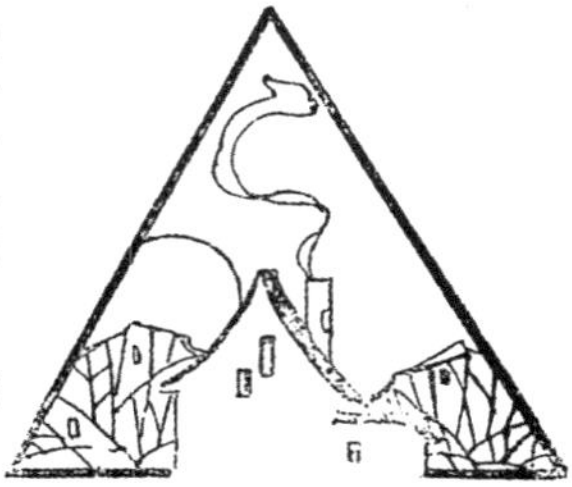

青物市場改造の急務

農學士　鳴鬼喜雄

數年來の經濟界の變調に伴ひ、物價は未曾有の騰貴を示したのに拘ず、中下流者の所得之に伴はず、生活の壓迫は彌が上に加重し、爲めに各地に、同盟罷業等の勃發を見たが、それも萬々其目的を貫徹し得ず、從て彼等の購買力は、戰前に比して一般に著しく衰へ　衣・服・住各方面を通じて安價生活の必要が益々激しくなり、以前は肉類に食卓を粧り立てた者も、今日は、比較的安價な蔬菜を以て、之に代へざる不可るに到たのである。故に若し、此時に際し青物の供給少なく、或は其價格の高價ならんか、社會の多數を占むる蔬菜消費者は、遂に生活、否、生存の糧を得る事能はざるに到て、其結果、或は社會上の一大變革を來すやも謀り知れぬ現狀に立到つた。故に現今之が研究は、社會政策上の意味に於て誠に重大なる意義あるものと云はねばならぬ。

又、生産者たる農民の立場から見るに、一國內に、肥沃なる土地が無限に存在して、安價に之を使用し得べき間は、彼等農民の收入は耕地面積を增加する事によつて、生産を增加すれば足り、其生産品の價格の如きは餘り重きを爲さぬが、既に我國の如く極限された土地に於て、世界に稀有なる、集約的農業の營まるゝ所にあつては、耕作者の收入は、一定の面積より得る報酬を增加せざるにあらざれば、絕對に加重さるゝ事は不可能なのである。而も土地には土地報酬漸減法則が作用して、一定の作物に就ては、或程度を越えて勞力資本を投下しても、收入はそれに比例して增加する事なく、却て、經濟上損失を招くに到る。故に耕作者は、自己の栽培すべき作物を選擇する事によつて、之が缺點を補はねばならぬ。之の點よりして、牧畜は最も原始的農業に屬し、現在の我國の如き狀態にある所では、頗る拙劣なる土地利用法と云ふべきであつて、米國加奈太濠洲の如き擴大なる處女地が、無限に存在する地に於てすら、一千九百年來一人當りの家畜數は逐年減少しつゝある。卽ち米國統計によれば、一千九百年同國に於ける一人當り〇、八三頭の家畜は、十四ヶ年を經過したる一千九百十四年には〇、五七頭に減じて居る。故に教授アダムス氏は曰く、

此處に於て、吾人にとつて注意すべき重要な事柄は、若しも吾人にして、國民として、將來に於て、安價なる食物の供給を得んとすれば、そは動物界よりも、寧ろ、主として植物界より得なければならないであらう。一定の地域內に於ては、動物のそれよりも、植物の生産によつて、より多くの人間の食物が得られうるのである。

此の點より觀て、青物の栽培は現今最も合理的の土地利用法にして、東京市附近の田畑を、穀作に利用する場合は二毛作に留るも、蔬菜栽培に使用する時は三回、乃至五回に及び、其利潤は、前者の二倍に達するといはれる位である。東京府統計によれば、同府の青物栽培面積は年々增加するの傾向を示してをるのである。斯る傾向は單に東京府のみに限らず、大阪、名古屋其他大都市附近の地方に於ては、例外なく悉く一樣の狀態にあり、從て、之等の地方では蔬菜の生産總額は農産物の大なる部分を占有し、其の生産の豐凶、價格の廉否は、都市附近農民經濟に頗る莫大な影響を及ぼすのである。

而近時の如き、交通機關の發達せる時代にあつては、單に都會附近に於てのみならず、山間の僻地と雖も右の趨勢が次第に波及し、尙將來に向て益々甚しからんとしつゝあるのである。

要之に、輓近青物の價格は、生産者たる農民と共に、消費者たる都會中下流者の生活に、重大なる關係を有し、社會政策上乃至は、農業政策上、之が研究は一日も忽諸に附すべからざるものである。然るに我國 於けるに、青物市場の研究は從來殆ど行はれたるを聞かず、同じ生活の必要品たる米及び、米市場の研究及、發達改善の著しきに比して、正反對の奇現象を呈して居るのである。

我青物市場の缺陥は、必ずしも一ならずと雖も、要之に、生産者の所得と、消費者の支出額との差の、莫大なのにある。換言すれば、中間矢費、或は販賣費の多額なるにあつて、其販賣費の高價なる所以は、今日普通に世間で唱へらるゝ商人

の暴利に依るものではなく、寧ろ、生産者と消費者との間に餘りに多數の中間商人が介在して、或は手數料と稱し、或は口錢と云ふ名目の下に、夫々相當の利益を占めるにより、商人の得る利益が、例へ社會上より妥當なりと雖も、其の之を取扱ふ經路に、多數の商人が、各々其專問化されたる取引に預るに於ては、之等商人の得る利益の總和は、實に多額に上り、生産者が漸く生產費を償ひ兼ねる低價で手放したる商品も、轉々終に消費者の嚢所にあげらるゝに及んでは、其の價格は農家の獲得價格の數倍にのぼり、第三、第四階級の消費者を著しく壓迫するに到るのである。現今我國に於て、青物取引上、生産者及、消費者の中間に介在する商人の數は、普通二人より五人、最も多き場合は七人の多數に上るのである。歐米諸國にあつても事情は我國と同じく、近年種々の手段を以て之が缺陥を矯正せんと務めつゝあるが如きも、尙且其の傾向は年と共に益々甚しからんとしてをる樣である。

かく、商人の手を轉々として加重されたる、青物價格の總和は、後に述ぶる如く小賣商の販賣價格が、生產貲の二百パーセント以上、時に五百パーセントに達するのである。中間商人の中で最も巨利を獲得しつゝあるものは小賣者で、後の統計によれば、小賣人の利得は總販賣貲の五十パーセントに垂んとして居る樣である。故に、一見青物市場に於ける小賣人問題は、仲買人の數と共に改良さるべき重大なる意義を有すが如きも、斯の如き結果は、現今市場制度が、小賣に多くの費用を要する樣に仕組まれたるに依る。即ち、小賣商人は其の商品に就て、最も多くの腐敗による損失を見る必要があり、且其の取扱額は至て少量なるが故に、單位量に就て出來得る限り多くの利益を得ざる可からず、特に呼賣する者にあつては、炎天、雨天、嚴寒の區別なく、終日市中を負ひて、苦痛多き勞働に從事せねばならぬのである。故に、小賣費用の高價なるは、又止むを得ざる事情に基くものであつて、現今の市場組織を踏襲し、現今の如き小賣商の存在する間は、到底此が弊を除去せんとする事は、そは軈て、多數の小賣人の餓死を圖るものであつて、青物市場の改善は、徹頭徹尾、中間商人の減少を計り、區々たる一仲介者の利得を云々する事なく、其の根本組織の改革に努力すべきである。故に、余輩は改善の策を研究する前に、先づ、我國青物市場の實際を、以下暫時解剖して見よう。

一、青物市場の組織

現今都市に消費さるゝ青物の供給經路は、頗る多岐に涉ると雖も、各地に行はるゝ方法を例記すれば、大體次の十六種に分類する事を得る。

(一)生產者……消費者
(二)生產者……小賣人……消費者
(三)生產者……地方仲買人……消費者
(四)生產者…地方仲買人…卸賣
(五)生產者…同業組合…卸賣…{(イ)公設市場…消費者 (ロ)……大消費者 (ハ)小賣人……消費者}
(六)生產者……委託問屋
(七)生產者…地方仲買人…委託問屋
(八)生產者…青田買…地方仲買人…委託問屋
(九)生產者…同業組合……委託問屋
(一〇)生產者…農會販賣斡旋所…委託問屋
委託問屋{小賣人……消費者 卸賣人{(イ)公設市場……消費者 (ロ)……大消費者 (ハ)小賣人……消費者}}
(一一)生產者……公設市場……消費者
(一二)生產者…同業組合……公設市場……消費者
(一三)生產者…卸問屋……公設市場……消費者
(一四)生產者…青田師……公設市場……消費者
(一五)生產者…委託問屋…問屋…公設市場……消費者
(一六)生產者…農會販賣斡旋所…公設市場……消費者

右の中(一)及び(二)は近郊產の一部の物のみが經る經路にして、市より遠隔の地方にありては、生產者が直接に自己の生產物を、消費者に運搬する事は絕對に不可能である(四)より(十六)に到る十三は、之を大別して卸賣問屋を經るもの「(四)及び(五)」委託問屋(卽ち青物市場《いちば》)を經るもの「(六)より(十)」及び公設市場を經るもの「(十一)より(十六)」の三となす事を得る。尙此外、生產者より消費者に移る間に、輸送業者が荷主となる事がある。卽海濱地方にある、地方問屋は青物を買集めて之を運搬すべき船の船頭に委託し、販賣方を一任する。此の場合の取引事務の一切は、船頭の自由意志によるのである(生產者より消費者)及び(生產者より小賣人を經て消費者に到る)の二經路は前述の如く、東京大阪の如き大都市にありては、理論上稀有なる行程で、殊に近時の如く青物市場益々發達し、就中大都市公設市場の利用せらるゝ時代にあつては、殆んど之を見る事さへ不可能である。東京市に於て、生産者及び小賣人が、市街を呼賣する數量は、全消費者の約一パーセントに過ぎぬと云ふ。蓋し經濟社會の進歩と共に、取引組織の益々複雜になる事は又止むを得ざる自然の趨勢と謂ふべきである。地方仲買人及び卸賣商を利用して生産者が自家生産品を販賣する場合も、實際上頗る稀なる所で、或特種の物(例ば大阪市に於ける甘藷)の外は絶對に此の方法を用ゐざる樣である。從つて(三)及(四)(五)の經路も先づ硏究の價値薄弱である。公設市場は其最後の目的として、繁雜なる市場を改良し、生産者と消費者を相接近せしめて、低廉なる商品を供給せしめんが爲に興り、我國では沖繩縣に往古より存在して居た樣であるが、內地にあつては大正七年大阪に於て設立され、以來各地競つて其の長を採る可く務めた樣であつたが、其數は未だ六十前後に過ぎず、全國を通じて、其の發達は頗る幼稚と云はねばならぬ。而して玆に公設市場とは、一般に、必ずしも青物のみを販賣するものではなく、一般日用食糧品、其他の物をも取扱ひ、青物類の取引は實際に頗る小額に留り、全國の鼻祖であり且、現在其の數に於て、其の利用に於て、最も旺盛なりと稱せられて居る大阪市に於てすら、全市消費量の、何十分の一にも達しないといはれて居るのである。他府縣の狀態は、以て窺ひ知るに足るのである。此の公設市場不發展の原因に就ては、種々の說く物があるが、要するに、我國の風俗として主婦が外出を厭ふ事、我國の一般家屋の構造が西洋の如く鍵一個で安全に保護する事を得ず從て主婦の外出を困難ならしむる事及び、歐米の住居は立體的にして多數密集するに反し、我住居は平面的に粗散し、從て距離の關係上、充分に利用し得ざる事等は、其主なる原因と云ふ可きである。兎もあれ、我公設市場は其發達程度頗る低く、其青物取引額も極く少額にして、其價値も尙薄しと云はなければならぬ。

(六)から(十)に至る五は所謂市場《いちば》の委託問屋を經るの經路にして、今日、東京、大阪、其他の大都市消費の青物の大部分は悉く本通路を經過するのである。一般近郊産のもので、此の方法による場合は、普通生産者が自身荷主となり、多く荷車馬車小舟等に依つて輸送する。卽生産者は前日收穫調製した物を、翌晨自ら運搬して市場に至り、問屋に委託し、問屋は一定の手數料を生産者たる荷主から取つて、商品を仲買人卸問屋、乃至は小賣人に販賣するのである。遠隔地方の生産品は、多く生産者と市場問屋の間に尚一二の仲介機關、例へば地方仲買人、青田師同業組合、農會販賣斡旋所等の手を經、從つて近郊産の物よりは、仲介機關數は多くなるのである、要之に一般に市場を經過する商品は、仲介商人の手を經る事、他の方法による場合よりも遙に多く、普通極く單純なるものも、市場問屋(委託問屋)、卸問屋、或は仲買人小賣人の三を經由し、右に掲げし如く市場問屋より直接に小賣人に移る事は稀である。而其最も複雜なる場合は青田買地方仲買人委託問屋、卸問屋或は仲買人小賣人の五を經由するのである。而尚東京大阪の青物市場には俗に『とんび』と稱せらるゝ一種の仲買人が居て、市場問屋の廉き商品を買受けて、他の市場に轉送し、販賣方を委託する場合が少くないのである。故にかゝる場合は、生産者と消費者の間に、實に七種の仲介機關を有する事になるのである。卽生産者の收入の少額なる割合に、消費者の支出額が驚く可き程高いのは、必ずしも偶然ではない。社會政策上、農業政策上、青物市場問題の研究及び解決は、此の點を觀過しては亦價値なきものと云はねばならぬのである。故に余輩は、以下二項及び三項に渉つては主として青物市場に關して觀察をして見やう。

二、所謂青物市場《いちば》(狹義)

我國の青物市場は、大正七年三月現在、農商務省の調査によれば、其數六百二十九にして、他の食糧品市場乃至は農産物市場と異りて、廣く各地に分布をして居るが、其地方の人口密度、生活狀態及、生産の多寡によつて其數に大差がある。卽右六百二十九の中、大阪府は五十九個を有して、最も多く東京府の五十二、神奈川縣の二十一等は、全く管內に大都市を有するに原因するものと云ふ可く、愛知縣の二十八、埼玉縣の二十二、群馬縣の十九、奈良廣島の十五、茨城の十四等は、右記原因の外に、氣候地勢等が、青物の栽培に最も適當せる爲に外ならぬ。然らば、之等青物市場の年總取引額は如何と云ふに、內務省の大正七年の調査によれば、全國食料品市場一年總取引額は、一億三千五百萬一千二百七十四圓で、中魚市場の取引額は最も多く、七千萬圓五割を占め、青物市場は、約二千三百六十萬圓一割八分前後である。青物市場が都會地に叢生して、一般に栽培の適地不適地に關せず、大都會地を隔離するにつれて、漸次其數の稀少になるのは、全く青物自身の腐敗性と生産の普遍性に據れるもので、同じ腐敗性を備へて居る魚類が、其の生産が單に海岸に限定されて居る爲に、其市場が都會と海濱に叢生するに反し、青物市場は大都會地を中心に、之を遠ざかるにつれて漸次減少し、而も全國の津々浦々に迄瀰漫して居るのである。而して此の傾向は、市場の取引額に於て一層甚しい事を知るのである。内務省の調査に據れば、東京、京都、大阪、神奈川、愛知、廣島の三府四縣、青物市場年取引額の總計は全國のそれの八割八歩に及び、東京、大阪、愛知の二府一縣の和は、全國の約半額に垂んとして居るのである。之即大都市青物市場の規模の大なるを語るもので、神田青物市場、大阪天滿青物市場の如きは、各々全國の約八分の一の巨額に達して居るのである。全國青物市場の總取引額は、前記内務省の調査に據れば、僅に二千三百六十萬圓に過ぎぬが、之は到底杜撰の誹を免れぬ。抑も右の數字は、各地方廳が内務省の諮問に答へ、各管轄市場の申告にかゝる數字を、其儘具申したるもので、何れの市場に就ても、實際の取引額よりは遙に少額である事は、容易に想像の出來得る所で、戰前、遠藤學士の東京市青物市場の調査によれば、同市の總取引額は、當時既に二千萬圓前後であつたと記憶して居る。又、余輩が昨年、大阪の青物市場を調査した所によれば、同市の市場を經由する青物の額は、一年優に三千萬圓に達して居るのである。故に玆に全國總額を知るに由はないが、右内務省の統計の、如何に誤數であるかは充分想像がつくのである。

三、各種販賣機關の收益割合

扨青物市場には、第一項に記した樣な多數の仲介商人の介在する結果、市場を通過する都市消費の青物價格が、如何なる狀態に變化して行くかを觀るに、抑かゝる種類の調査は、農産物市場の立場よりするも、將又社會政策研究の立場から云ふも、極めて緊急事に屬するものであるが、一面かゝる調査研究は、頗る繁雜なる事業にて、爲に、我國にあつては此種調査統計は、新しく且、安心して、玆に掲げ得べき程のものは、皆無の狀態である。唯稍古きものに、大阪府農會技師の調査にかゝるものと、某信ずべき筋で、數年前調査したる物の二が、現在余輩の知れる全部である（以下それに據つて示さん）

大阪市に於て、青物市場を經由する青物の價格増加の割合は、左の如くである。

品目	生産費	生産者ノ手取値段	地方問屋ノ卸價格	地方仲買人ノ手取値段	問屋ノ卸値段	仲買人ノ卸値段	小賣値段	調査事項數
里芋	一〇〇、〇〇%	一一五、四五 一一五、五九		一六〇、九一 一六一、四六	三〇〇、〇〇 三〇二、七四		四八〇、〇〇 四八四、四〇	二
馬鈴薯	一〇〇、〇〇	一三四、四八 一六六、六七		二〇三、四五	二一〇、五三 二二二、四一	二二七、五七	二九八、二四 三一〇、三四	二
胡蘿蔔	一〇〇、〇〇	一〇五、〇〇 一三四、〇四	一四二、五五	一五一、〇六	一二〇、〇〇 一五七、四四		一五〇、〇〇 一九一、四九	二
茄子	一〇〇、〇〇	一〇九、一四	一一五、四四	一二六、九〇	一三一、九八		一五二、二八	一
胡瓜	一〇〇、〇〇	一二一、二八	一二七、六六	二二五、五三	二三六、一七		三一九、一五	一
梨	一〇〇、〇〇	一〇九、六〇				一二〇、四六	二六三、〇五	一
密柑	一〇〇、〇〇	一四一、七五 一七一、七八			二七八、四二	二一三、五九 三五七、六〇	三八八、二六 四四七、〇〇	二
苹果	一〇〇、〇〇	九三、六七			一〇四、〇八	一一二、六七	七四六、五六	一
柿	一〇〇、〇〇	一〇〇、〇〇	一一六、三三	一三二、二四	一四三、二七 一四三、七五	一七九、五一	二〇四、〇八	二

右表は其の調査事項數極めて少なく、且仲間商人の數、五なる場合に限られたるを以て、必ずしも之を金科玉條と考へ且總ての市場取引に適合せしむる事は不可能であるが、雜と所謂市場を經由する青物の小賣價格は、普通生産費の二倍以上、最高七倍半以上に達するを窺知するに充分なのである。

次に生産者及び、仲間商人の各收益割合は左の如し。

品目	總增加價格	生産者ノ利益	地方問屋ノ利益	地方仲買人の利益	市場問屋ノ利益	小賣人ノ利益	調査事項數
胡蘿蔔	一〇〇、〇〇%	一〇、〇〇 三七、二一	九、三六	九、三〇	一〇、〇〇 六、九八	三七、二一 八〇、二二	二
茄子	一〇〇、〇〇	一七、四八	一二、六二	二一、三六	九七、一	三八、八三	一
胡瓜	一〇〇、〇〇	九、七一	二、九二	四四、六六	四、八五	三七、八六	一
菘菜	一〇〇、〇〇	五、九五	二、九八	三一、五五	五、九五	五九、五二	一

卽右の表によれば、利得割合の最も少きものは地方問屋にして、市場問屋之に次ぎ、生産者たる農民の利益は、第三位に位して居る樣である。然るに、地方問屋及市場問屋は、其取扱ふべき商品は年中絶えず、且多額なる故を以て、個々の單位に就ての利得は僅少なれども、其收入は決して少額に留らぬ。現に今日大阪其他の都市に於ける市場問屋の公稱手數料は、賣上價格の一割内外に過ぎぬが、彼等は悉く、相當な生活を營みつゝある樣である。かゝる點を考慮したる場合、最も利薄なるものは農民である。世間往々、靑物類の高價なるを見て、恰も農民の罪の如く考へ、且主張するものがあるが、その大なる誤謬である事は右の表に據つても明瞭である。

一般に小賣人に比し卸商人及生産者の利得は、右に示す如く必ずしも暴利とは謂ひ難く、寧ろ却つて妥當なりと云ふべきである。最大の利得を占むる者は小賣人にして、總增加價格の三割半、乃至八割は小賣人の利得に原因して居る。此の平均は約五割であるから、今生産費一〇〇の物が、五〇〇の價で消費者に渡されたりと假定する場合、其增加價格の二〇〇の半は小賣商人によつて獲得され、半の二〇〇が生産者及小賣人以外の中間商人に占められた譯になるのである。卽ち茲に於てか、問題の解決は二つに分れ、一方仲間商人の數を減ずると同時に、他方小賣商人の利得步合を少なからしめねばならぬ事になる。然し乍ら、小賣商人の此の多額なる利得步合は、現在の市場組織に於ては止むを得ざる理由に基き、小賣商人の利得は市場組織と密接なる關係の本にあつて、市場組織を改良して中間商人を絶對に介在せしめざるか、或は相對的に減少せしめて、小賣人の取扱量を多額ならしむる事によつて、自然と其の弊害を芟除し得るのである。故に市場問題解決の基調は、一見、二に觀て二に非らず。其組織改良の一點に歸結せられねばならぬのである。(未了)

事の起りは

和歌山縣西牟婁郡下芳養村會議員谷口清太郎氏は十月六日付を以て村長の下まで辭職を申出でた、理由は今回新築した同村駐在所の經費が豫算を超過したゝめだと云ふ、尙提出された辭表は十二日の村會へ附議した結果、村會議員中より委員を選び十三日夜留任の勸告をなした。

歐米 自治消息

弓家七郎

紐育市の市長豫選と民主黨

去る九月十五日、民主黨の紐育市長豫選會があつて、現市長ハイラン氏が、これに破れ、氏を極力擁護したる、例の黄色新聞王ハーストの面目玉が全然蹂躙せられ、州上院議員ジェムス・ジェー・ウオーカー氏が、美事、民主黨の候補者たるべき榮冠を擔ひ、氏を極力推薦したる現紐育州知事スミス氏が、民主黨内に確固たる地盤を築いて、次期の有力なる大統領候補者に擬せられて居る。

知つての通り、アメリカの選擧は先づ各黨派毎に豫選を行つて、その候補者を決定し、そして擧黨一致その候補者を押立てゝ本選擧を爭ふのである。故に有力なる政黨の豫選會に勝利を得たと言ふことは、本選擧に勝つたことも同樣な程重要視せられる。殊にニューヨークの市長は政界の登龍門と目指されて居るので、その選擧はいつも政界の視聽を集める。

本來ならば現市長ジョン・エフ・ハイラン氏は過去八年間も市長を勤め、相當の成績を擧げて居るのであるから、今回も當然豫選せられて然るべきではあるが、餘りに深くハーストと結んで自黨の領袖スミス知事に楯突いたり何かしたので、スミス知事がハイラン市長よりも寧ろハーストを憎み、ハーストの勢力を挫かんがために、激烈なる反對をしたので、遂に約十萬票の大差を以てウオーカー氏の勝となつたのである。この故に諸新聞の批評を見てもこの選擧をハイラン對ウオーカーの競爭と見るものはなく、何れもハースト對スミスの爭としてしか見て居ない。而して美事にスミスが勝つたので、氣の早い諸新聞はスミスの聲望これが爲めに頓に加はれりとなし、次期の有力なる大統領候補者なりとさへ評して居ろ。尤もスミスは前回の民主黨大統領豫選會にも立候補したのであつたが、惜くも敗れた經驗を有して居るのであるから、必らずしも新人とは言はれないが、スミスに反對したブライアンが死んでも居るし、黨內の情勢も、國民の傾向もスミスに有利なやうに轉回しつゝある如くであるから、或は次の民主黨大統領豫選會には頗る有力なる候補者として現れるやうになるかも知れない。

猶民主黨に對して、共和黨では萬年筆で有名なウオーターマン氏を押立てて決戰を試みんとして居る。選擧は十一月の初めに行はれる筈である。

カナダの地方自治體の財政

英領カナダ、サスカツチワン州ムーズ・ジヨウ市の財務委員マツキー氏の報告に依ると、同州の地方財政は大體次のやうな傾向になつて居る。

* * *

サスカツチワン州の人口は、一九〇一年にはカナダ全體の一分七厘であつたが、一九二一年にはその八分六厘强に增加してる。

就學年齡にあるもの、卽ち滿五歲以上滿十九歲以下の人口は全州の人口の三割三分一厘强になつて居る。然るにカナダ全體を平均するときは、それは三割一分五厘であるから、同州は他州よりも多くの敎育費が必要である。

一九一六年の市稅總額は八、三〇二、九六四弗で、一人當りにすれば十二弗八十一仙であつたが、一九二三年には總額一一、〇九九、九八五弗、一人當り十三弗四十八仙に增加して居る。けれども隣りのアルバータ州では、一人當りの負擔額十八弗〇七仙であり、マニトバ州では同じく十九弗八十六仙であるから、他州に比較して決して苛重であるとは言へない。

同州の市債總額は、一九一六年には三四、三三五、八九七弗であつたが、一九二三年には三五、一八七、八〇八弗に增加した。しかし一人當りにして見ると、五十三弗から四十二弗七十四仙に減少して居る。これを他の州に比較すれば、アルバータ州では一人當り市債額百〇七弗九十六仙であり、マニトバ州では同じく百十一弗三十二仙で、何れもサスカツチワン州の倍以上に當つて居る。

猶地方稅の內譯を見ると次のやうな割合になつて居る。

	一九一六年	一九二三年
地租	七七・五%	五五・四%

建物税	一七・六％	三四・二％
營業税	四・九％	八・九％
所得税	〇・一％	一・五％
	一〇〇・〇％	一〇〇・〇％

即ち建物税、營業税、所得税等の收入が漸次増加しつゝあるが、これは即ち都市の發達を物語つて居るものであると。

グラスゴウ市の財政報告

去る五月三十一日を以て終れる、イギリスのグラスゴウ市の一九二四――一九二五年度の財政報告に次のやうな數字が擧げられてある。

收入　一一、〇〇七、六六五磅

支出　一一、一〇七、八九二磅

支出の中には利息支拂一、二〇七、〇〇九磅を始め、減債基金の積立や豫備費等も入つて居る。又市の財産はその有名なる美術館所藏品を別にして、四五、七七四、四六三磅と評價せられ、負債二九、五二二、二二四磅となつて居る。更にも少し細く書いて見ると、同年度に於ける市營電車の收入は二、三八〇、四〇八磅であり、その財産は七、二四四、九四七磅となつて居る。一八九四年七月まで、市街電車の建設費として支出せし金額は合計約三四五、〇〇〇磅で、それ以來今日までの建設費は二、〇七二、八七六磅に達する。しかし今日では車臺だけで約五十萬磅の價値は尤にある相である。猶昨年度に運搬せし乘客數は約四億三千九百萬人に達し、その運轉哩數は三千一百萬哩に及んで居る。

水道部の收入は四二五、九二四磅で、その財産は五百二十五萬磅と評價せられて居る。その一日の給水量平均七千三百萬ガロン以上であつたと言ふ。

市營瓦斯事業は電氣事業よりも好成績を擧げて居る。即ちその收入は一、九七二、〇〇七磅で、その財産總額は五、三〇一、二〇六磅である。供給せし瓦斯量は八、六七九、四四五、二二六立方呎で前年度よりも約一億六千二百萬立方呎の増加を示して居る。瓦斯製造のために使用せし石炭の額は六六八、二八〇噸であつた。又その需用者數は一九三、九一二戸で、これを動力として使用せし瓦斯發動機數七百二十三個その馬力數一萬二千二百十一馬力に及んで居る。

電氣部の收入は一、二四二、一一八磅で、その財産評價額七、九一二、〇〇〇磅である。本年五月三十一日現在の需用者戸數六一、六三九戸、前年度よりも約三千二百戸の増加を示して居る。

その最大負荷量は八五、七〇〇キロワットであつた。

警察部の費用は總額三、三六六、一三八磅の多額に達して居る。

又その社會事業的の公共施設の方を言へば、昨年度の缺損額は約八萬磅である。又細民の爲めに建てられたる住宅を見れば、收入五、七七四磅であるのに、支出は六、三四五磅に達して居る。これを一言に言ふならば、グラスゴウ市は電車、電氣、瓦斯、水道等を市營になして多額の收益を擧げ、諸種の社會事業のために多額の費用を投じつゝあるのである。

サルフオード市の市民合唱隊

イギリスのサルフオード市は、九月始めの市會に於て、市民合唱隊の組織に關する議案を可決した。その案は、市會議員ゴルマン氏の提出したもので、目的は市民の聲樂に對する趣味を涵養し且つ之が教育をなさんとするものである、教授は無料で、サルフオード市に住する十六歳以上の男女はすべて入學資格があるが、級を別けるために簡單な試驗をすると言ふ、その教育は學務委員會と共同して行ふことになり、そのため、市長及び市參事會員を含む五名の委員が選擧せられた、今秋から音樂教育講座を開始し、市民合唱隊を組織する筈であると言ふ。

イギリスの貧民窟改造計畫

誰しも、不潔な汚しい家屋に住みたくはない。しかし、清潔で美しい家屋は家賃が高いので、收入の少ないものは已むを得ず、不潔な汚い家に住まねばならぬやうになる、而して、こゝに貧民窟が出來るのである。けれども貧民窟の存在することは衞生上からは言ふ迄もなく、道德上から言つても、教育上から言つても頗る望ましくないことである。この故に歐米の都市に於ては、都市が多額の費用を投じて、廉くて清潔な住宅を供給し、既成貧民窟を掃蕩することに骨を折つて居る。

最近リヴアプール市は　その場末にある一大貧民窟を掃蕩し、その跡に住民五萬人を收容するに足るやうな、大きな貸長屋を澤山建築する計畫を樹てた。その手始めに鐵骨コンクリート、煉瓦張りの十階建の建物二棟を設計したが、これに收容する人員は合計三百五十家族、一千七百人の見込みであると言ふ。市の經濟上から言へば、こんな貧民窟を買潰して、家を建てるよりも、もつと安い地面を他に探して建てた方が、遙かに經濟的なのではあるが、たとへ、他にどんな家を建てゝやつても、貧民窟をこのまゝにして置けば、又他から入つて來る者があるのは當然なので、一擧に買潰すことにしたのである。建物も十階建と言ふやうなものにせず、二階建位にすれば至極安上りなのではあるが、さうするには地面が足りないから今迄そこに住んで居た人を、その近所に收容することは出來ずと言つて遠くに建てたのでは、今までその邊に居た人が不自由をすると言ふので多額の金を投じて十階建と言ふが如き大貸長屋を設計するに至つたものである。一戸當りの間數は、居室一、寢室三、臺所一、浴場一、それに便所と言つたもので、外に共同洗濯場や、共同食堂や運動場等も廣く取つてある。この計畫は近く市會に附議し、保健大臣の認可を得て直ちに着手する豫定であると言ふ。

村醫招聘

失業の群はうよ／＼してゐるに不思議にも『何方かお出で下されば出來るだけ優遇いたします』と棚からボタ餅式の結構な口が而も二つある……但しお醫者さんの話しかも一向應募者がないので困り果、遂に內務省社會局內の中央職業紹介所に泣かん許りに依賴して來た。

◇

その一つは秋田縣南秋田郡戸賀村といふ日本海に面した村で年俸一千八百圓醫院住居を與へ藥價往診料（一里以上）も自分の所得とし赴任旅費も呉れる野菜等には不自由させず往診には必ず馬で送り迎へするといふ好條件で同村の戸數は三百十七戸人口二千人小學校二つの巡査駐在所郵便局もあり、年末には多少のボーナスも差上るといふ浦島太郎の龍宮に行つた格。

◇

もう一つは岐阜縣吉城郡坂上村で年俸千二百圓藥價往診料も自己所得とし戸數三百六十戸人口二千百人あるといふ。

◇

條件は秋田縣と略同一で兩村とも今迄お醫者樣がなくて大困りだから大至急お世話下さいとの事內務省社會局では鐘大鼓で搜して居るさうな。

農村振興と町村自治

法學士
農學士　田中長茂

明治二十一年四月公布せられた町村制は、從來農村に存在して居た自治の觀念、自治制度に形の上に相當明確なる限界と內容とを與へたのであるが、其の町村制施行の當初に於ては一般に其の精神が未だ透徹せず、又その運用に付ての訓練準備等もなかつたので、充分に自治政が行はれたと謂ふことは出來ないのである、けれども自治機關の關與者が、地位識見に於て其の當時其の農村に於て相當優れた人であり且つ仕事に熱心であつて、加ふるに農村住民又淳朴であつたが故に槪して自治制度の効果は豫想された以上に收められたのであつた、而して此の自治制度の施行の前後、恰も他の方面に於ても種々の革新が成されむとして居たのであつたが、此等の革新と相俟つて產業上に於ても後來の進步發達の氣運が作られ、農業に於ても同樣從來より格段な改良の進路に就いたのであつた、然るに自由民權の思想、個人主義思想の流入普及及政黨政治の發達は、農村に於ける自治政の急速の發達を招徠したと同時に、反面には、無節制なる自由思想、義務の念慮薄き權利思想、利己主義的な思想を醸成するに至り、自治精神を曲解するものを生じ、或は自治制度を惡用して自己の屬する階級の利益のみの擁護に腐心し、或は我儘勝手なる主張をなし、又朋黨私慾の爲に徒に爭鬪をなすなど、自治の運用を著しく阻害した事例は尠くない、近來漸く落着かむとするの傾向ありと想はるゝも尙眞正の自治の行はるゝ迄には前途遼遠である、他方資本主義經濟の發達は近世都市の發達となり、政治經濟の中心は全然都市に移つてしまつて有爲の才は都市に赴き、多くの人々が物質偏重に惑溺し、有德の士は世を避け、農村の自治は多くは名利の爲或は生活の途を得ん爲、或は一部野心家の使嗾に因り職を索むる者の手に任されるやうになつた、さうでなくとも動もすれば輕視され勝な町村長、町村吏員、町村會議員の職は彌々輕視せられ、往々にして外部の勢力に動かされ、甚しきに至りては外部勢力に阿附し協し一部の者の利益擁護に墮するものさへあるのであるそこで町村の自治には大きな暗翳を生じ町村自治の信用は自ら失はれ、地方によりては民衆漸く之より乖離せんとして居る所さへあるやうになつて來て居る、近來小作爭議の盛んな地方に於ては、小作農民が地主其の他從來の有產階級に對抗して自派の町村會議員を選出せむ事に奔走し、更に執行機關たる町村長の椅子をも得むと努力して居る、最近の町村會議員選擧に於ては諸地方に於て或程度にその目的が遂げられた之には色々の原因もあらうが一つは從來の自治政は自分達の福利の增進に餘りに緣遠かつたと謂ふやうな感を持つたからであるやうに思はる、斯くの如き狀況であるので、自治政も右顧左眄全く消極的事務にのみ沒頭して、積極的の仕事は殆と行はない、之或は町村監督の嚴重過ぎる點が多少ないでもなからう、然之は或程度に於て自ら招いたもので、責は自らに在る、又町村財政の窮迫も勿論あるであらう、されど之とて其の一部の原因は町村自治の頽廢に因ることは明である、放慢な財政計畫に禍せられたるものもあり、或は時代の進運に處する策を樹てないで、財政收入が之に伴はないものもある、要するに百年の計を樹て、財政上の緊縮を行ひ、他方產業の振興殊に農業の振興を畫策して之を實行して來たならば、今日の如き疲憊を來すことはなかつたに相違ないと想はれる、そこで町村自治、町村財政は謂ふ迄もなく農村振興と不可離、否寧ろ相表裏するものである。

輓近農村振興の聲全國に普く喧傳せらるゝやうになつた、是洵に喜ぶべきことゝ思ふが、之に對して町村は何を爲さんとして居るのであるか、全町村と云ふのではないか、多くの町村は色々之に唱和しては居るやうであるが、どうも格別の施設を爲して居ないやうに想はれる、或は曰はむ、金と人手とが無いと、さりながら政府及道府縣には出來ないが、町村に於ては金と人手とを左程要しなくとも、從來の施設で、或は之に幾許か足すことに依つて出來る仕事が可なり澤山あると思ふ、例へば經濟生活の協同卽ち農業經營の協同、農產物販賣の協同、協同貯蓄、金融の協同、肥料其の他日用品購買の協同等或は社會生活上の協同——此の協同は町村全體の統制ある協同を必要とする——少くとも之が爲の組織の改良、革新を奬勵するが如きは左程金と人手とを要しないでも出來るのである。其の他種々の施設がある、又現今農村、農業は各方面に眞摯なる指導者を入れなければならない時機に在る例へば如上の協同施設の爲にも又農業技術の指導に付ても必要であることは謂ふ迄もない、而して口の指導よりも手に依る指導を切に必要とする、此等の指導及指導者の設置は町村自治體自ら爲すべき事柄である、即ち農業の現狀は尚農業者個々の爲すがまゝに放任することは出來ないことは勿論、農業者の民間團體に全然まかすことも適當でない、農業政策は他の産業と異り農業の特質、殊に我邦の農村及農業狀態よりして國又は道府縣、少くとも自治體たる町村の保護政策に俟たなければならぬ、國及道府縣の保護政策に依るを要しない時期が到來したとしても、町村の保護政策は尚廢することの出來ないものと思ふ、從來工業の如く分業は重要視せられなかつた、又工業の如く狹き意義の協同についても同樣であつた、然し近來は現代の資本主義經濟に適應する爲又農業が全國的共通性を有する爲、又有限でしかも狹少な土地の上に行はるゝものなる爲、或は之に從事する者が經濟上、社會上、政治上優越なる地位を有しない爲其の他農業及農民の特殊の事情に依りどうしても協同と謂ふ事が絶體的に必要となつて來た、更に之等と關聯して國家の食糧政策よりしても保護政策で進まなければならないものである。尤も此の保護政策を採るべきものであると謂ふ意見に對しては反對者がないではない、農業の不利益、農家の苦痛を高調するものがあるけれども農家が全部さうであると謂ふ譯ではない、更に農業以上に不利益なものが相當に多い、農家以上に苦痛を感じて居るものは更に多數にある、況して農家は主觀的には左程苦痛を感じて居ないのである、又自ら進んで欲求するものも之は、多少の差は認むるも今日尚保護政策を强調することは時代錯誤であると共に餘りに立入り過ぎるものではあるまいか、自ら欲せざるに之に干渉するは徒らに自由を拘束し自治の精神に反す、或は事柄によりては平地に波瀾を起すことがないとも限らない、と謂ふ者がある、されど農業は他の産業に比して概して不利益であり、農家の生活狀態は確かに一般の生活狀態に比較して低い、其の主觀的苦痛の有無は問ふを要しない、國民として他の職業に於ける一般の生活平準迄にはその生活を向上せしめなければならぬ、それが爲には欲求せざるも與ふべく、知らざれば知らしめなければならぬ、自由を拘束すると謂ふも一般民衆の自由の爲には已むを得ないことである、又斯の如き協同は農業者の自覺自發に待つべきであつて外部より强ふべきものでないと。されど少くとも自覺自發を促がす爲にも保護誘導するの要があるのである、今にして之をなすにあらざれば農業は非常に行詰る時が來る、又國家の食糧政策は人口問題、一般産業問題と相關して從來の如き保護政策は考へものであると謂ふも國民の嗜好、人口問題、一般産業狀態より見て必然的保護政策を採らなければ食糧政策の基礎を動すことになる、而して玆に保護政策と稱するも自治團體より見れば之は眞正の自治の一形態に外ならない、そして此の意義に於ての保護政策の徹底は自治團體たる町村に於て初めて之を期待することが出來、且其の効果を擧げることが出來るのである、それ故に農村の振興を達成するにはどうしても町村自治の振興整備を計ることをが肝要である、町村長其の他吏員及町村會議員は適正、公平眞摯なる人に之を崇め、町村の自治が階級に偏し、朋黨、私慾の爲に動かされ其の方途を誤るが如きことのなきやうにし、然も積極的に農村の福利增進の爲活用されるやうにせなければならぬ、斯して初めて民衆の信賴をも復歸し、町村自治も振起するのである、町村の自治の頽廢せる所には人の和なく、人の和なき所には決して協同は望まれない隨つて、農村振興の如き思ひもよらぬ所である、政府が如何に巨費を投じ、名案を授くるも直接指導の地位にあり、實行の衝に當るべき町村にして奮起させるに於ては到底其の効果は擧げることは出來ない、農村振興を効果あらしめん爲には町村自治の刷新振起を實現することが目下の急務であると思ふ。

村の木で學校を

兵庫縣愛甲郡荻野村は十月十六日村會で新宿分教場を改築に決定したが財源は村有山林を伐採之に充當する筈であるが斯くの如き例は縣下を通じて恐らく同村が嚆矢であらう。

尙同校は建坪七十坪七千餘圓で之に充つる同山林は約一町六反である。

自治の訓練

家庭學校長　留岡幸助

三

他人根性の激成

却說かやうに一國の人口が各都會に集注して來ると都會人そのもの丶心理狀態はどう云ふ風になるかと云ふに、都會人に故鄕なしと歐米人が云つたやうに、全く都會人は懷しき故鄕を喪失するのである。故鄕を喪した漂浪人は封建時代にあつたやうな向ふ三軒兩隣りはなくなつて來るのである、故に近所隣りに利害を持たない、如何となれば彼等は漂浪人であるから。思ふに漂浪生活は謂はゞ浮足生活であるから永住の心がない、永住の心がない者に自分の住んで居る都市を愛好する精神のないのは當然ではあるまいか。愛都市のない者が自分の住んでゐる道路、衞生、敎育納稅、兵事、保安、趣味、娛樂等、所謂公共團體に必須缺くべからざる施設に冷淡であるも亦止むを得ないのである。

之を要するに人口集中の結果都市人は次第に他人根性となる、之が共同生活に取つては偉大なる恐威である。都會人は旅人根性である、旅の耻は搔き棄て、人を見たら泥棒と思へ家を出づれば十人の敵ありと謂つたやうな昔からの古諺に馴致された日本人は自分のことや自分の家族以外のことには餘り多くの利害を感じない、假令感ずる者があるにしても其數は極めて少數である。

かやうな身勝手非人情的の諺を聽き慣れてゐる我國人は更に膨張する都會に憧憬れて集中するのであるから、其都會生活は益々他人根性を激成發揮するのである。

我が國が自治制を布いて居る市町村の數は一萬一千九百九十であるが、其の內市は一〇一、町は二千、農村は九千九百弱である。然して數も多いのであるが既に優良村として內務大臣が表彰したものは八十有餘あるに反し表彰された町は數個に過ぎない、その數個の町の中でも三分の一乃至半數は農業乂は漁業部落を混合して居る。町全體が商業區域だけで表彰されて居るものは一つもない、更に市となつては全國百一市の內優良なるものは一つもない、その反對に不良市はザラにある。他人根性の集合團體である都市に優良なるもの丶ないのは洵に見易い道理である。

如上私は都會人口の膨張より都會人の心理に他人根性の激成せらる丶所以の理を述べ、而て都會人に故鄕がないと云つたが他人根性の激成は人口集中からのみではない。

第一、宗敎の衰頽は國民精神の上に偉大なる缺陷を生じて來た。古來我國では儒敎や佛敎や神道を以て德性を涵養して來たのであるが、明治維新以來舊社會制度の崩潰からして百事新を競ひ舊を棄てた、從て國民道德を經緯して來た君に忠親に孝と云ふ上にも著しき影響を及ぼしたのである。考へて見るに忠孝の敎丈では何だか國民の精神生活に物足らない感じを生ずるやうになつた。殊に我國民の根本精神の養成とも云ふべき神儒佛の敎への如きに至つては國民の心を把持する上に於て甚だ力の薄弱なるを感ずるやうになつた。さうかと云て新らしき宗敎である基督敎が我國の人心を支配するやうになつたかと云ふに然らずと言はねばならぬ。基督敎を信じて之に歸依して居るものは極めて少數なるが故に概括して見ると基督敎の人心に及ぼす勢力は之を全體より見るに九牛の一毛にも足りない感じがする。スペンサーが社會進化の過渡期に於ける國民の精神狀態を敍述せる一節に

一の古き敎が人心を支配して居る內に社會が段々進步して其古き敎が力を失ひ、新らしい敎が現はれ、而して未だその敎が十分民心を支配するに至らない時ほど其國に取つて危險な時はない。

と謂つた樣に我國の現狀は卽ちそれである。國民に一日食物を缺かば一日の營養不良となり、一ケ月食物を缺かば一ケ月の營養不良となる。一年缺き十年缺き、五十年缺かば、一年十年、五十年の營養不良に陷るのは見易き道理である。そのやうに殊に德川三百年の治世にありては我が國民の精神的食物は神、儒、佛であつたが、明治御維新から神、儒、佛は漸次其の勢力を喪失するに至つた。云はば五十年間我が國民は精神上の食物を缺如して居たのである。之に代て何が國民の精神を支配したかと云ふに、フイロソフヒーにあらざればサイエンスであつた。ミル、スペンサーでなければ、オイケン

ベルグソンである。然らざればマルクス・カッキーや、クロポトキンだ。五十年間精神上の營養食を執らない我が國民が詐欺や强竊盜や、性慾の亂狂や、直接行道や、氣短や、離婚や、自殺や、精神病等に陷るのは止むを得ないことである。

以上述べた如き國民が公共團體の下にあつて自治行政を行ふ時に、英國や、獨乙に行はれるやうな秩序整然たる自治の行はれないのも亦止むを得ないと云はねばならぬ。

第二、義務思想　權利の觀念のみが法律の條文となつたが之を實行に現はす德義の涵養が足らないのであるから、義務の思想權利の觀念のみは法文の上にも行はれ、否前にも述べたやうに義務を實行せずして權利呼ばりばかりする公民が市町村長又は市町村民となつて、自治行政に携づさはるのであるから能く行はれる筈がない、だから公共團體の事務に他人取引の多いと云ふことも自然の結果と云はねばならぬ。

第三、生存競爭の激成　既に法律に於て自由を許し、法令制度に於て競爭を認めた以上は强食弱肉と云ふ世相は免かることの出來ない現象である。是に於てか資本階級が現はれ無產階級が生じ、貧者、病者、失業者、犯罪者、退化者が續出するのは論理の結果と謂はねばならぬ。生存競爭の世相は取りも直さず他人根性の實現である。斯くして自己を全ふするに急として、他人を顧るに遑なくなるのは亦致し方なき次第である、電車の中を見よ、停車場を見よ、各學校の試驗實況を見よ、己を益して人を害ひ、藥にしたくとも共存共榮の氣持のないのは今日我國狀ではないか。

第四、德性教育の缺乏　この一事は繰返へして云ふまでもなく我國の學校が智育に偏傾して人格の養成に缺けて居ることは衆目の見る所、十指の指さす所である、之が他人根性を養成する一大原因である。

第五、生活難の襲來　世界大戰爭の結果一時我國は莫大の利益を得たが、無制限の生產、無思慮の消費を憶面なく敢行した結果、生活難の苦境に陷つたのである、生活難なるものの内容を今少しく精しく云へば、1食物に不足を生じ、2住宅に缺乏を來し、3土地の狹隘なる割合に、4人口は增加し5從て物價は騰貴する、6農村の疲弊の半面には、7都會が濫に膨張する。

是に於てか生存上他を顧るに遑なくて他人根性は益々激甚となる、此の根性の發輝が益々社會生活、國民生活を不愉快且つ難澁に陷らしめる重大なる原因である。

一四　自治精神の養成

自治體を活動させるに必要なのは自治體の心である魂の涵養である。身體あつて魂なきは死物にして活物でない。故に市町村の活動は魂の養成から始まる。而して魂の現はれにも色々ある。

一、公共心　公共心とは英語の所謂パブリック、スピリット Public Spirit のことである。公共心とは私情を去て自己及自家以外の利害に關係する心である。パブリップ、スピリツトの譯字である公共心は其出處が陸軍公奏議から出て居るらしい、奏議に

夫《レ》國家作《ハス》レ事《ヲ》以《テスル》二公共心《ヲ》一者《ハ》人必樂《ズンデ》而《シテ》從《フ》之《ニ》。以《テ》二私事《ヲ》一爲《スト》心者人《ハ》必《ズ》呼《テ》而叛《ムク》之

とある。我市町村制第二條を見るに

官の監督を承け法令の範圍内に於て共公共事務を處理するのであると明記してあるから、苟も玆に公共事務と云ふからには公共心がなくてはならぬ。

さてその公共心は如何にして涵養すべきは重要なる問題である。

「二十世紀の都市」"Twenty Century Cities"の著者米人ストロング博士は共著述中に

愛國心に二種類ある(一)は古き愛國心にして(二)は新らしき愛國心である。舊き愛國心は死ぬることを理想とし、新らしき愛國心は活きることを理想とす。

と云つて居る。この新らしき愛國心が、即ち玆に私が云ふ所の公共心で之を他語せば市町村に盡す心である。今少し精しく舊新愛國心について説明すれば、舊き愛國心は一朝國家に事のある時は生命を賭しても活動することを少しも意とせないが、平時と雖も國家の一要素である國民であることは少しも變らないのに、それが平時となると氣分が俗化して或は商業に或は工業に其他百般の職業を實行する上に於て耻づ可く賤しむ可き行爲を敢て行ふのである。シーメンス事件の如きは其一例に過ぎないのであるが、日常百般の事に於て多く不正行爲を行ふのである。常に營利事業ばかりでなく、公共事業たる市町村の事務に於てすらも、名を善事に借りて私殖を圖るではないか、故に市町村の腐敗は之から起る、公共心の我國民に稀薄なるは驚く可き程で、市町村制度に明記してある選擧、名譽職擔任又は納税等の最低限度の公共心すらも、事實諒解しないものが多いのである。故に公共團體の發達を冀ふならば斯の心を涵養せねばならぬ。

二、共同一致　共同なる語も比較的新らしい語であつて、公共心と同じやうに共同なる文字は英語の Co operation より出て居る、CO は拉典語の共に Operation（オペレーション）は働きと云ふ二字よりして成立するのである、甲と乙とが所有する力を合せて働くと云ふ意味である。社會が段々進步發達するに從ひ凡ての機關が複雜となる。複雜になれば複雜になる程、個人丈では出來ない事が多くなつて來る、そこで共同一致する必要が自ら生じて來るのである。市町村の仕事には特にこの事が多い、故に共同なる心は自分が公共の爲になすことは勿論、自分以外にも公共團體を善くし得る力の持主のあることを認識せねばならぬ。この氣分は自治戰に於ける一騎打でなし、萬人の力を協せて公共團體を發達せしめ我も人も共々福祉を共有せむとするのである「選奬さるゝまで」の著者は

共同一致は個々の我なることを知ると共に、家族と共の我であり、社會と共の我なる事を知つて、之と力を協せて事を遂ぐるの觀念である。

と云つた樣に、社會を離れて我なく、我を離れて社會はないのであるから、公共團體を發達させようとするならば我を磨き我を進め我を淨めて之を公共に捧げ、而して我より外の幾多の公人と力を協せて活動せねばならぬのである。個人は如何に力があつても共れは一個人丈の力である、この力を他の力に合同する時玆に始めて偉大なる力の生じて來る、之が山を移し、海を翻へす力となつて公共團體を發達せしむるのである、西洋人の「團結は勢力」であると謂つたやうに、勢力は集合力より生ずるのである。

子供を教育するにしても、昔のやうに教師を自家に聘用して教へる時はブルジョア階級の人ならばいざ知らず、普通一般の人では思うて行はれず、冀うて出來ない相談である。啻に教師のみでない、書籍、器具、その他學課に必要なる物品は一人で之を購ふは富者にあらざれば不可能事である。然るに一の造營物なる小學、中學、大學等の專門の場所に學生を集めて教育する時は經費少くして効果は多大である。之れ即協同の賜と謂はねばならぬ。汽車に乘て旅するのでも共通りで、一人や二人や乃至數人の爲に汽車を出して吳れと云つても鐵道會社や政府は出すまい、其を多數合同して乘車するならば容易く乘り得ることが出來る。之れ協同の賜ではないか。

斯やうに我が公共團體なる市町村は我國一部の地域を限つて共同生活を營む集合團體である。之を圓滿に發達さすのは團體員たる我々の責任である。其の責任を果すの道は他にあらず、市町村民が共同一致の活動に依たなければならぬ。一打騎を止めて合同せよ、民衆の力を協せて活動せよ、必ずや公共事務は玆に擧り、市町村たる團體そのものは見るべき發達進步を遂げるであらう。

「市政刷新」

？生

◇

薄ら寒い晩の風に吹かれながら、十一月は十六日の夜道を協調館に急ぐ。實業同志會の市政刷新講演會は既に序幕のフイルムに依つて輕き反省を聽衆に與へてゐた。數字を巧みに文章化し映畫化し見る者の心を刳るものがある。此の種のものとして成功したものゝ一であるが、お職業柄殊に税金の説明が商工業品に厚く、農産品に粗なるは、生活の安定を主要なる目標として起てる實業同志會としては確に片手落で、政綱に對する國民の共鳴を得る所以でない。

◇

映畫が終ろ、電氣がパッと點いて場内は明るくなり堀川氏の禿頭は愈々輝く、お蔭で後ろのビラの字が瞭り讀めたのは有難かつたが、有難ついでに眠くなつたには閉口した。論旨は徒に彷徨して五里霧中、「パット」せざること其禿頭より甚し。立憲の眞義が既成政黨の悪口に飛び、米國ムッソリニーの國粹黨に飛び當つて戸惑ひの態だ、聽者の寡聞か?? 聽神經の錯覺か?? 米國のムッソリニーとは初耳咩、謂ひ違ひとは思へど玉(?)に疵。眞面目にも笑れなかつた。徹頭徹尾彈劾演説式 演も敬遠の拍手に送られて樂屋入り。ホッとすくはれて本日の花形小林博士を迎ふ。

◇

目醒して一寸後にさがり手は徐ろに組れ温顔は靜かに綻ぶ。壁にこだませる拍手の響、聽く者の心は躍りて靜中の動、嵐の前の靜けさに引摺られて極度の興奮に至ろ、論旨透徹、條理井然たる間を諧謔に縫ひ、聽衆の共鳴頻りなり、官治と自治 區別を明にして中央集權の弊に完膚なき批判を加へて歿すべからざる官僚、圖るべからざる頑迷官吏の改造を叫び、國家並地方財政が累卵の危にあると暴露して減債減税の急は國家及自治體更生の所以なると敎へ、國費の緊縮即ち 方財政の積極に至る道なりと緊縮政策を讃美せるも、十六億の國家豫算は緊縮内閣の膨大豫算なるを難じ、煙草の値上は增税の前提な と斷じ、此の內閣一日の存命は一日國家の破綻を速めるものなりと論難するあたり、意氣爽々三軍を叱咤するの慨あり。されど都市自治の命題を敎ゆる遠く、徒に自己の情熱に陶酔し、殊にその稍々活辯式口調は重厚の趣に乏し。

◇

次に顯れたる辯士は之れなん氣取屋のおん大石井滿君、米國が鼻について日本人たるを忘れ稚氣滿腹、內容の貧弱を修辭に誤魔化せるは此の講演會に無くともかなの感あり。說半ばにして歸ろ。

◇

一度覗いた許りの講演でアラの拾ひ晒しとは、これも誰やらにかぶれてか、氣ざに出來たれど、市政刷新と銘打つからには、ちと人を選んでやるがよし、武藤會長に物申す、市政刷新開くこちらより、說すそちらが先かいな、「枯木も山の賑ひ」は昔のこと、市民の頭も少しは開けたり、人を誤つては貴下の趣旨も畢竟是れ空、水の泡にては物憂かるべし、小林博士の「市政刷新の要諦は遂に人に在り」之れを捻れくれば「講演の効果人を選ぶに如かず」

◇

「國政改善の招來は自治制の完成にあり」との貴下の言には、兩手に持ちきれぬ贊意を表するも「嗚呼失敗は天の吾人に、福を齎す所以にして實に人生の至寶」なれば、武藤會長不撓不屈 共れ奮鬪努めよや。

泥濘の大井町に
町長名和長憲氏を訪ふ
さても、内務省の評判の悪さよ

一 記者

すが〳〵しい晩秋の陽ざしを浴びながら、朝の大井驛頭に降りる。

目白押しの驛を後に輕快な歩みを續けながら、寢起きの清淨な頭に、將官で男爵の、名和大井町長を想像して見た。

と、だし拔けに後から自働車に脅かされる。自轉車のベルがやけにガナリ立てる。おまけに狹い道路はアメリカ製とかのゴム長靴でも入りさうな、念の入つた泥濘さ加減で「一體大井町の人々はこれをどうしやうと云ふのだらう。愚痴を聽きながらそして言ひながら、役場の方でも仕樣なしに打つちやつて置くのだらうか」等と考へる。

役場に着いたのは九時心持ち過ぎで、清められた廳內は雜然たるペンの軌りと、算盤玉のたばしりに、大きな官廳等に見られぬ、眞劍さとあはたゞしさとが感ぜられる。それは同時に、仕事に追はれてゐる町村の、惱みそのもの丶焦燥さでもあらう。

× × × × ×

柔和な取次の吏員に案內されて、掃き清められた床に降す泥靴の一足々々に、顏から火の出る思ひをしながら、町長用談の間を傍の助役相手に四方山の話をして待つ。

町長はガッシリした赭顏の持主、書類は其の手許で氣持のいゝ程明快にドシ〳〵裁決されて行く。一吏員が請求書を持つて來る、度量衡器檢査に雇つた人夫賃の仕拂命令だ。と町長は「これは役場事務ぢやないのだから郡役所に請求するのが當然だ」と仲々聞き入れぬ。金額は僅か一圓なにがしであつたが、それを忽せにしない所に町長の面目躍如たるものがあつて、華族とは『大まかな締りのないもの』と決めてかゝつてゐた記者の頭もどうやら間違ひらしい。

とまれ、頬笑ましい一事であつた。

× × × × ×

談は直ちに自治の問題に入る。

「町村が國家の仕事を分任してゐる以上、その命令に從ひ全力を擧げて委任事務を遂行して、責任を全うしなければならないのは無論の事である。自治體の事務が圓滿に行はれて始めて、國家の政治もその完きを得るものである。中央政府に如何にその人を得ても、町村の自治が圓滑に行はれなくしては國政を擧げる事も、國民の幸福を期することも出來ぬ。

町村は實に國家構成の基礎で、此の土臺が確固たるものでなければ、國税の徴收も、法令の徹底も、將又國家と國民との調和劑たるの任務も、共に盡し得られないのである。」

町長の溫顔は漸く紅潮して、鋭い眼が頻りに輝く。聞き馴れた言葉ではあるが、至誠を以てする氏の雄辯は、一つ一つが熱を帶びて、事新しく胸を衝つ。

「然るに、この頃の內務省のやり方は自治體の任務を全く無視してゐる。例へば、經費の緊縮節約の如き、發展の途上にある町も、行き詰りの狀態にある村も、又擔税能力に餘裕があり、財政の豐かな町村も、然らざる町村も、之を同一視して、町村の經費迄國家同樣緊縮せよ、節約せよと命ずるは如何なる趣旨に出でたものか、殆ど諒解に苦しむ。町村は今尚なすべき多くの仕事を持ちつゝ、經費の都合上意に任せない有樣で、寧ろこの際、國家は町村に財源を與へて其の事業を助長し、保護政策を執つて、町村により以上の活動をなさしむべきである。國費の節約とならば、もつと徹底的に中央政府自らの行政整理を爲すべきであらう。消費節約運動の如きも、上流階級の奢侈を抑壓斷行して、初めて、社會的意義がある。若し町村に整理緊縮を行ふならば、能く町村の實情を精査して、その濫費、無用不急の事業等に對し整理を促すべきでは有まいか。十把一からげ式に、千變一律の緊縮を强制するが如きは、無謀極まるのみならず、實に、自治體の機能を無視したる暴擧であると云はねばならぬ」

太い握り拳しがドンと卓を叩けば、意氣と熱との交響が快い濁音となつて、開け放した窓から朗らかな空に消えて行く。

町長の腕は、恰も三軍を叱咤するが如く活潑に中空に躍り體は、話の熱して來るにつれ、段々前に乘り出される。

內務省が、一事を達成せんとして他を顧みなかつた一片の通牒が、斯くも、此の好町長を怒らせ、相對する記者は、恰も自分が叱られでもする樣で、體が熱くなるのだつた。

町長の舌鋒は、更に上級官廳の執務振りに及ぶ。

「僕は軍人上りだから愚圖々々する事が嫌ひだ。町民が出て吳れろと云ふから出て居るので、辭めろと云へば幾時でも辭める。然し幸ひにして町民の信任を得てゐるので、任期のある間は至誠一貫町民の爲めに働く考へで、只此の信念の下に働いてゐる。然るに、官廳の人々にはこの信念がない、國家の爲めに働き、國民の爲めに働くと云ふ崇高なる奉公の心がなく、唯その日暮し的である。かうした事で國務が遂行され國民の幸福を期し得られるであらうか」

眼鏡越しに、大きな目玉がギロリと光る。

「上からの仕事は『斯く々々の件に就き詳細調査して何月何日迄必ず回答せよ』と頗る命令的だ、それも當然であらう、期日を定める事も當然に違ひない。當然だと信じて居ればこそ、我々も他の仕事を措いて期限に遲れない樣に報告するがその多くは、愚にもつかぬ事を命令して來たり、若くは莫大な經費をかけねば調査の出來ぬやうな事を依賴して來る位ひ未だしもで、町村事務の緊急等全然眼中になく、從つて、地方自治體は委任事務にのみ追はれ通しで、自治體自身の仕事は全く出來ない。役場とは、何が故の存在だ。と反問したくなるのも當然で、自治制發布の御趣旨は、全然沒却され、泥土に委ねられてゐる」と。

世の自治體當局者達よ、如何にも同感ではないか。

「上級官廳が町村に望む所斯くの如くにして、町村から上級官廳に要求する事は一切期限なしだから、只々驚かざるを得ない。何を照會しても、何時回答の來るものやら來ぬものやら、首を長くして再三再四催促の揚句は、止むを得ずノコノコ出かけて行く有樣で、事務簡捷だ等と、今少し上からの手本が欲しいものである。

僕等がやつてるやうに、その日の書類は內務大臣か事務次官が見て、これは許可（認可）しても良い、これは少し研究しなければならぬ、これはいかぬから却下すべし、これは不可解の箇所があるから調査しなければならぬ、」と云ふやうに一々區分して屬僚に命ずれば、總ゆる事が間違ひなく、澁滯せずにドシ〳〵片付いて行く。それを、屬僚が見て局長、次官、それで大臣でも不在だと不雜作に引出しの中に突込んで置く。その內に忘れて終ふ。重要な事件の返事がないので郡役所に行くと、上申してあると云ふ。そこで府縣に行くと亦その通りの返事に、內務省に行つて調べて見ると机の中に仕舞ひ込んだまゝだ。そして『あゝ此れか、これは今調査中である』なんかんと刎ねつけられて、意氣卷いて見た所で致し方もなく、なんの事はない暖簾に腕押しである。不都合極まるではないか、上からは期限を附して嚴重な命令を發し、下からのは期限なしで、ラチの明かない事おびたゞしい。

起債の事などでも、時期がおくれて仕舞つて漸く認可、自治體の實績の擧らぬ一の理由は此處にある」

ハキ〳〵した口調で、スバリ〳〵云ひ切る所、流石に規律的な生活を續けて來た軍人さんだ。それ丈に、內務省のやり口の要領を得ぬ手ぬるさが、無闇に憤慨に値するらしい。

「低利資金の申込にしても、是々貸すからとの事に町會の諒解を經て申込めば、一年も一年半もの後半分は愚か全然借りられなかつたり等して、町會を嘘るやうな結果になるのはまだしも、その爲に仕事の豫定が全然打ち壞されて仕舞ふ事も少なくない」と意氣當るべからず、話は滾々として盡ない。

「君、言論の力と、我々の輿論を以て、自治權確立の爲め、うんと遣つ着けやうぢやないか」と。良哉。

× × × × ×

雨は晴れ、陽は依然として洋々と光りの海である。鬱憤(?)を吐き出した町長の心も、油をかけられた記者の心も、秋晴れのそれの如く爽快であつた。

年の暮れ

何處の國でも年の暮には犯罪が激增するアメリカ全體では昨年の統計に依ると年の暮に自動車泥棒が十萬近くもある外銀行襲擊ハンド・アップの事件が十一月から十二月に四萬三千三百六十八件もあつた。そこで今年はこれが對策としてニユーヨーク警察では武裝自動車四臺を川意して射手二名探偵三名探偵犬五頭警察官三名を乗せ銀行の警戒に當り全市の銀行を十分每に戶別訪問する事になつたといふ。

養鯉

——とても有利な副業のはなし——

群馬縣囑托養魚講師　田中友一

副業の條件とでもいふべきものは

一、勞務に連續的時間の制限なく本業の餘暇になし得ること

一、多數人の勞力を要せざること

一、多額の經費と大規模を要せざること

一、需要の範圍廣きこと

等を擧げなければならぬ。即ち經濟價値の大なる事を要求とする。彼の養鷄、養兎、養豚などが、敢て農家に限らず普遍的に行はれて居る事は、即ち以上の要件に合致する事を證するものであつて、養鯉も亦正に右に準すべき物であります。

▽▽

是等は單に副業としてゞはなく、本業として大規模の經營に於ても、充分の成功を收めて居る人が決して少くはない。併し私は玆には專門の業者と云ふのではなく、農家なり其他の方面に於る一般的の副業として有利有望であり、殊に私の研究提唱する養鯉法が、養鷄其の他の副業と比較して、如何に其の經濟價値の大なるかを示し、多年の研究を公開推奬して個々としては家庭の增收を計り、一面農村の疲弊、地方財界の不況を喧傳せらるゝ今日、幾分なりとも社會に貢獻する所あれば、小なる私の願は足りるのであります。

▽▽

單に副業と云つても、鷄の十羽や兎の七八頭を飼育する程度では、それは寧ろ娯樂の部類に屬すべきものであつて、副業と云ふ業の域には入らない、少くとも之れに依つて幾分の增收を計らんとすれば、そこには充分の研究と多少の設備や資本を要するは言を俟た

ない所であります、そして其の經濟價値如何は直に副業そのものゝ適不適を裁定すべき唯一の根據であらねばなりません。魚肉國民たる日本人に對する食料としての鯉の需要は、敢て私輩の呶々を要する迄もありません。一坪當り年百圓以上の純益を收むるは寧ろ本業以上の最も有利有望なる副業として、敢て此の養鯉法を推奬する所以であります。

坪百圓以上の純益!! それは決して空想でなく又誇張でもなく、眞實、私が現に擧げつゝあり、更により以上の收益を見んとしつゝある所であります。專門の水産技師も私の經驗を研究して「深い經驗と注意とそれに飼養法が合理的であればこれ以上の成績を擧げるのも決して困難ではない」と評されて居ます。

▽▽▽

元來私は何等水産上に於る學問的智識がある譯でなく、一個渺たる穀類商人に過ぎませんが、生來遊漁を好みまして、明治三十年頃、偶々漁獲したる數尾の鯉を放養したのに此研究が初まつたのであります。

何等特殊の設備もなく、空箱を利用して生巣を造り、宅側の川中に伏せて放養したのでありますが、飼育上に格別の注意を拂はなかつたにも拘らず、其の發育が非常に良好なるに暗示を受け、試みに宅地内に小池を掘り、川水を引いてこの池に放養し、仔細に其の習性なり發育狀態なり、更に水流、給餌等の研究を續けて爾來三十年、遂に養鯉法の一大法則ともいふべきものを發見して、今日の成功を見るに至つたのであります。

▽▽▽

私は、賢明なる諸氏の御研究に依つて、必ずや、より以上の成績の現はれることを、衷心期待して止まない次第であります。

堅實を村の生命として

◇北海道空知郡上富良野村◇

——はしがき——

＊　＊　＊　＊　＊

北海の模範村として唯れしも見むとするのは報德翁として有名なる山田勢太郎氏の任地たる栗澤村であらう。栗澤村は全國町村長會の北海道視察に態々視察せる所である、玆に紹介せむとするは北海道の脊柱・十勝嶽山麓に展開せられたる富良野盆地の一部、農村上富良野村の概要である。敢て模範村とは云はぬ。それは形式の村でなく內容の村である。盛澤山の施設の村でなくして魂の吹き込まれた實質の村である。外面的の村でなくして內面的、强いて名付くれば氣分の村である。從つて此の村は見るべき何物もないが味をうべき多くのものを持つてゐる。

一、沿革

北海道の町村建設の歷史は卽ち拓殖の歷史で、拓殖大いに進みて町村膨大し、拓殖衰とろうれば町村縮少す、これは拓殖の初期に見る免れ難き現象で或る一點迄拓殖の盛衰と町村の發展は相平行する。北海道の町村は未だ建設の生々しさを脫しない、見るものゝ何れもが自然との苦闘を物語つてゐる。リンカアーンが庭前の樹を伐つてゐる時代に髣髴たるものがある。生々活潑の風貌を備ふれど重厚味は見られない。住民の全部は今尚町村建設の基礎工事に營々としていゝそしんでゐる。我國自治發達史研究者に取りて一の好資料であらう。そして北海道の町村は大體分割より分割への道程を辿つて進んでゐる。內地の一國に相當する一郡一村の處も數多ある、北端の斜里郡中部の音更郡は最近まで四國愛媛縣のそれの大さであつた。前者は斜里村、後者は音更村今はどちらも二三の村に分割された。最長の郡は空知郡であらう。汽車に乘つてざつと七時間、一時間の速力を十六哩とすれば百十二哩だ、村の大きいのも隨分ある、それ故に開發さるゝに從つて町村が分割され數を增して行く、內地の町村が離合聚散の歷史を有するのと大いに趣が異ふ、內務省の或る人が內地の町村が併合されて減る丈北海道の町村が分割されて行くので當分全國の町村數は大差あるまいと云つてゐた。

上富良野村の沿革が北海道町村の特質に早變りしたが此の村だつて此の軌道の他に出てゐないのだ、明治二十九年殖民地と決し、三重縣人の團體移住が明治三十年の雪深き四月、十八戶の人々が草分の光榮を荷つたのだから遠く遡ればと改たまつて見ても二十九年の青年にしか過ぎぬ。當時の行政區劃は空知支廳の下に歌志內村外一ヶ村戶長役場とされて居たのが上川支廳の管轄に移り、明治三十二年に富良野村戶長役場の名稱のもとに、村界まで今でこそ汽車に乘り三時間半かそこいらで行けるが、その頃の不便さで見當の付かない程の大さであつたのだ、此の年十二月鐵道が開通して移住者は殖え、開墾は進んだので三十六年に至り下富良野村が出來、母村が上富良野村、二級町村制の實施が三十九年、大正六年に中富良野村を生み大正八年に名實共の一級村となつて現在の名村長吉田貞次郞氏を首班に戴いたのである。結局昔の富良野村は現在一町四ヶ村に殖えたのである。

二、地　勢

大體が緩漫な波狀形を爲して東南の一部は泥炭の平坦地で、三面は山、其の間を小川細流限なしでゐて水に困つてゐる。東京の地勢に全く似てゐる、お盆の上に十指をのせた其儘である。廣さは南北に六里、東西に四里、面積十五方里餘であるが地味肥え農耕に利用されてゐるのが六千町步、米麥の産地として知られてゐる。

三、村の構成

上海に外國人の展覽會を見るやうに北海道の町村には日本人の展覽會を見る。鹿兒島からも來て居れば中國からも來てゐるが創始者の三重縣人は今は全人口一萬餘人の三割弱で年々減少の傾にあるが重に三重團體として一部に居し富裕を以て村の中堅をなしてゐる。水田の增加と共に富山縣人が其の數を增し今では三重縣人を凌いで約三割强である、總體に東北人が多い、三重縣人一流の俊敏と東北人の重厚を搗き混ぜて堅實なる村風を成し、渾然たる一體となつてゐるが風習に統一なきは止むを得まい。戶口約二千戶一萬四百三十九人の內男は五千三百二十一人、女五千百十一人で婚姻が百十九件離婚が十二件、出生が五百四十八人で死亡は約其半數の二百三十四人、寒國の通有として人口増加率の多いのは多の永い關係か、殖民地なるが故に「産めよ殖へよ」は嘉すべしとしてもサンガー夫人は泣くだらう、一方里の人口が六百六十九人餘であるから共散らなる知るべく、從つて亦人口を容るゝ餘地多々ありと云ふべしだ。

四、人と村

自治制運用の妙味、乃至は自治體伸揚の重點は人にあることは先覺者の敎ゆる通りである。殊に建村日若き自治體に其の著しきを見るのである。住民が市町村長の心になり、市町村長が住民の心になりて圓融無碍、至通玄妙のデリケートな絲、その絲のもつれを巧に解き得てこそ自治體は一の渾圓となりて不可思議なる働きをすることが出來るのである。優れたる村長を中心に村民協力の總和があり、村民欲求の粋を抜いて施設するの明ありて自治の完壁は成る。自分がはしがきに上富良野村を氣分の村、味ふべき村と謂つたのは此の謂である。

此の上富良野村は玆三四年の間にどうして優れた村になつたか。村民の官治の惡政にさいなまされた血に浸むが如き反撥もあつた（北海道二級町村長は官選である）村民の協力も勿論であつた。村會の適正。公職者の献身、吏員の精勵、公共團體の共援等々は勿論共遠因近因ではある、さりながらそれ等は皆村長に其の人を得たからである之を逆に云へば村民が名村長の器を適確に堀出したからである。自治體の至高至妙なる働きの結局は制度に非ずして人であると云ふのは玆である。

現村長吉田貞次郎氏は三重縣の人で一級村最初に選ばれた名玉であつた。短軀ではあるが底知れぬ精力家である。一見望洋としてゐるが頭腦明敏精緻、機略縱横の太つ腹の人である。智の人であると共に德の人情の人である。覇道の人でなくして王道、派手に非ずして地道を行く人である。人格の反映は即ち村格で、歐洲大戰後の混亂經濟の打擊深く人心動搖の後を享けて村經濟を堅拔ならしめ、孜々として產業の指導誘掖に勉めて農家經濟の基礎を固たからしめ、青年團在鄕軍人會の活動を刺戟して社會敎化に努め村風を粛然たらしめたる皆氏の苦鬪縷身の賜である。任職七年にして村政大いに革りたる共の所で村民の信任日と共に厚きものがあるのも亦偶然でない。

五、理事者と村會

村會と理事者は親類であつて他人でない、對立すべきでなく融合すべきである。議決機關などと鹿爪めらずに相談的になるのが理想である。此の村の村會を覗ぞかして貰つて村治に擧れる原因の一つも玆にあると思つた。そこには村長もなければ議員もない、何れも村を憂ひ村を愛する有力者の相談會見たいもんだ、膝つき合さむ許りにして村の四方山の話をしてゐる內に事が順々と決つて行く、話に聞く丁抹の村會のそれに似てゐる。議事錄が書けないとは吏員の歎聲だ、法文萬能者には想像だに出來ない光景だ、羨ましい程の融合であると思つた。犬と猿、村會と理事者、嚙み合ひの醜き聯想である。これが我國自治體の大半である。是等の人に見せたきは此の村のそれの光景である。此の村の會議の特長は敢て此の村會のみでなく何れの會合も和氣藹々として然も眞摯に終始することである。內地で云ふ區長同樣の部長と理事者との關係や部長が村長の手足となつて働いてゐること、そしてよく村民と理事者とのよき相談相手になつてゐる事等は何れ機を見て紹介する。

六、吏員の働き

良き自治の生れる裏面によき吏員の偉大なる働きがある。村長一人の働きに依て出來る自治體でもなければ公職者熱誠のみを以てしてもよき自治體は生れない。德操高く卓見なる村長、犧牲的公職者の努力、然して吏員の一致體難の格鬪こそ自治進展の原動力ではある。上富良野村を訪るゝ者の唯れしもが感ずるのは吏員の融和の肉身も及ばざることである。なよなかな雰圍氣の漂つてゐることである。若き吏員の精勵はよく村長を贊けて今日に至つたのである。吏員の村長を見助役を見ること父母の如く、村長助役の吏員を愛撫すること我が愛子の如くである。吏員が比較的酬ひらるゝこと薄き物質待遇を意とせず事務に勵んでゐるのは此の故である。羨むべき家庭、模すべき家庭と村民が學びの標になつてゐるのも宜なる哉である。喜びは分ち、苦惱は慰め合ひ、一課の事務は吏員こぞつて助ける、どんな巧妙な有機體と雖も斯く程迄に微妙であらうか、先哲の「親和力」を如實に此の役場に見るのである。

七、團体の活動

此の村に於ける各種團體は農會、地主會、產業組合二、土功組合二、農友會三、畜牛組合、青年團一二等二十以上の團體が設立され村役場の兩翼となりて自治の助長に、團體自身の目的のために必死に活動し、整然たる規範の下に不斷の努力を拂つてゐる。夫々の組合の活動の狀況を玆に紹介することは紙數が許さぬ故省略するが表彰されたる團體名を記せば次の通りである。

上富良野村農會、上富良野江幌農友會、在鄕軍人分會、青年團の內三團體已未處女會、農產物受格組合。

八、優秀なる納稅成績

內地町村の如く行政區劃概ね狹く人家密集して異動比較的少なく、加ふるに交通至便なるに於てさへ納稅成績の面白からざるに、幾多の事情悉く之に反する北海道町村が徴税に少なからぬ努力を拂つてしても、尚よく萬全を期し得られないのである。然るに此の村は納税成績の拔群なるを以て全道に聞え、大正七八九年の不況時に遭會して尚九割五分以上の成績を收め得た事は偉なりとしなければならぬ。毎年の成績は國税、地方税、村税共殆んど定納で表彰されたるは再度の事である。此の成績を得るに至れる幾多の苦心がある。第一は吏員不眠不休の活動である。事務に支障なき限り吏員總出の督勵である。部落部落に出張して徴收する、再三再四秋は熊と冬は雪と戰つて督勵に巡回する、納税思想の宣傳もやれば印刷物の配付もする、納税表彰も行ふ其の間には納税組合を設置して活動せしめ、遂に今日あるに至つたので今では納税人各自が自發的に競ふて納税する様になつた、唯茲に障害になるのは村外居住地主の納税が意の如くならないのみで之もあらゆる手段を盡して完納に瑾つけない迄に至つた。

納税組合は役場と協力して組合內納税成績の向上に努め、貧弱者の納税は組合が之を立替へ手間を以て之に代へるが如き方法を執つてゐるのも學ぶべき方法の一つだ。

九、土　地

此の村の民有地は田千五百九十一町畑四千八百八十二町、原野九千四百三十七町、山林百九十六町其他を合せて一萬六千百六十二町で此の內農耕地として利用せらるゝは六千九十八町である。然して土地所有者總數は千三十九人で內村內所有者七四一人、村外所有者二八一人、道外所有者一八人と數へられてゐる。尚耕地所有反別による地主權は一町未滿四六人、五町未滿四六九人、五町以上二二〇人、十町以上一〇七人計八四二人であるが、之を耕作反別による農家戸數に見るに一町未滿六一人、三町未滿二〇二人、三町以上四一八人、五町以上四〇三人、十町以上八〇人で全農家戸數は千百六十四戸なるが北海道は五町歩を一戸分として農家の平均耕作反別としてゐる。

自作戸數は大正十一年の三一三戸に比し大正十三年は二七八戸に減少し、小作農家は大正十一年七五六戸のものが同様減少して七三二戸となり、反之して自作兼小作農家は大正十一年の一四〇戸が同十三年には一五四戸に増加してゐる。何れにしても自作農家の減少傾向は事實にして村當局も農會、產業組合と連力して自作農家の増加に努め、村外地主の土地賣買に當つては努めて村內人に賣らしむる様折衝して傍ら大正十四年からは自作農創設資金の融通を受け自作農の維持に努めてゐる。然して自作者の耕地所有反別は二千三百二町にして他村所有者の所有する耕地反別は三千七百九十七町で年々多少宛増加の傾向にある。他村居住者の所有地積が増加することは村財政に少なからぬ打撃を與へ且つ村勢を發達せしむる所以でもないので當局も頭を惱まして之が對策を講究してゐる樣である。

此處で更に以上の土地から生産せらるゝもの丶大要を見ると流石農産がその大宗で生産物總額百九十五萬八千餘圓の內百三十二萬五千圓を占め林産が次位の三十三萬七千圓、鑛産（硫黄石材）が十一萬五千圓工産物が十六萬六千圓、畜産が一萬五千餘圓と云ふ內譯で前年に比してざつと五十萬圓、前々年に比して六十五萬圓の增額である。

然らば農家の經濟はどうか、十三年度の一戶平均耕作反別は四町八反餘（水田を含む）此の所得は農産のみで千百九十八圓年々幾分か宛の增額である經營資本、生活費に千二百圓程を要するから副業收入を以て辛じて收支の平衡を見てゐるもの丶舊債もあり生活費の膨脹に伴ひ農家經濟は戰後の疲弊愈々癒えたもの丶彈力性に乏しきうらみがあるので農會は畑作農家手取り一千圓を目標として農業經濟の改善に意を注いでゐる。(因に畑作農家の平均收入は農産のみで七百圓內外である)

北海道の農業と馬は附きもので馬無くて北海道農業の今日はあり得ない。然るに農業上重要なる此の馬の數が平均して一戶一頭に當つてゐず、實際馬を飼育せざるものは百五十戶位ある由で農會、畜産組合が活動してゐる、牛は村勸業係の活動で現在六一頭飼育され十四年末には百頭以上にすると力んでゐる。

一〇、教育と衞生

此の村の學校は開村當初の建設にかかるものが大部分で今恰も改築の時期に當つてゐるので目下頻りに理事者の頭痛の種となつてゐる、一校は一昨年祝融子に見舞はれ低利資金の融通を受けて新裝成りたるも、殘る八校は併合整理を行ひ新築の運命にある。目下委員を設けて調査中であつたがどうしても拾萬圓を要するので每年一校宛の豫定で改築し時代に適したる設備を爲すと云つてゐた。それでなくてさへ教育費に四萬圓近くを支出してゐるのだから村としては大事業である。町村に財源を與へて教育費問題を解決せぬ內は自治體の面目は一新せぬであらう。

今此の村の教育狀況を數字的に見ると學校數が九、學級數三四、教師三八兒童千八百十二人で就學步合は九九、九九%である。

此の外に冬季中開催の女子實業補習學校もあるが明年中に他に二校設置する豫定であると聞く、各部の青年團では相當の規模の下に三ヶ月間の夜學を行つてゐる。

此村の衞生狀態は部分的には餘り良好とは云ひ得ない、元來富良野とはアイヌ語の「ふらぬい」の轉化で硫黃臭き惡水の溷濁を意味してゐるので、四時噴煙の堪へぬ十勝嶽からは每年二千噸程の硫黄を採取してゐる程で土地も川水も多分の硫黄分を含有してゐて飲料に適しないのみならず、平地は泥炭地であつた爲清淨の水を得る所は數個所にしか過ぎぬ有様である、死亡者の病類を見るに肺結核以外の呼吸器病は二九、消化器病二二、腦疾患一五、肺結核一二、其他九八で計一七六人毎年死んでゐる。傳染病として最も恐れられてゐるのは腸チブスで十三年の罹病者二六人の内五人死亡してゐる。腸チブスの好餌たる玉蜀黍の熟する時一層猛勢を逞しうする相である。これが爲め各部に衛生組合を組織して豫防に盡してゐる。尚昨年此の村で蛔蟲驅除を行ひ全道一の好成績を擧げたが藥の利目より滯蟲者が八割あつたのには吃驚したさうだ。藥は村費を支出し無代配付を行ひ六月一日一齊に服用したのだ相だが此の成績に鑑み今後毎年二回宛勵行すると云つてゐた。

一一、財　政

此の村の一ケ年の豫算は拾萬圓で村民一人當り拾圓に滿たず、一戸當り五十圓餘である、十三年迄の決算は七萬圓前後である、拾萬圓の歲入は村稅で五萬四千圓、其他が四萬六千圓、歲出の王様は敎育費の六萬五千圓で六割五分、役場費が一萬六千圓で一萬九千圓は其他の支出である、三役の給料は他町村に比し大いに劣り吏員の平均月俸も五十圓程である。

租稅の負擔は大正十三年度は國稅七千百圓前年に比し二千圓を增し、地方稅は二萬二千圓で前年に比し千圓を增し、村稅は五萬七千圓前年に比し之も千圓の增額で全額は八萬五千餘圓前々年と略同額で前年に比し四千圓の增額であるが、負擔戸數一戸平均に見る時は大正十一年が五十三圓、大正十二年が減少して五十一圓大正十三年は五十六圓になつてゐるが此の擔稅額は農產生產額の約五％である。

村有財產中收益財產の重なるものは土地で價格見積二十餘萬圓、有價證券七千圓、貸金一萬五千圓で大正十三年度の收益は四千四百圓であるが明年以降此の二倍三倍の收益を見る豫定で其增加の差額を學校改築資金に充當する由である。

＊　＊　＊　＊

結　言

此の村に就ては尚此の外に統計の整備(村長は統計村長とも云はれてゐる)勸業課の活動等記すべき多くのものもあるが折にふれ紹介する事にする。

此の名村長良吏員に借すに更に數年をするならば愈々以て其基礎は確立され、人變るとも深く植え付けられた自治の根は枯るゝことはあるまい。結局人に依つて制度が完備され、制度の完備に據つて自治政が伸揚され、そこに自治制發布の趣旨は貫徹さるゝのである。禿筆を擱くに當り記者は多幸なる村民を祝福し永久に光榮あれと深く祈つて止まぬ。(完)

自治獨語

宕北生

◇簡易生活と云ふ言葉がある、有識者と稱する階級者が主張して他人にも之を奬めて居る。之が有產階級の節約方法、尊ぶべき生活方法であると唱へられて居る、其方法は可成人手を減じ手數をかけぬ樣にし、移住民式の家屋に住み、瓦斯や電力を利用し、寢臺、椅子、卓子等を用ふる等のものである。斯る生活方法は富豪ならずとも此の簡易生活を營む餘裕のある收入者でなければ出來ぬ相談である、小作人の如き無產勞働者の如き、薄給のサラリーマンの如き、漸く小資本で商工業を營むもの丶如き其生活を簡易にする餘地がない、蓋し此等の階級者は缺乏生活を以てする生存に過ぎないのである。

◇威壓は武斷主義の世、專制主義の代に存在するもの、强食弱肉の社會に在るものと考へてゐたが、凡そ人間の存する所には必らず此の威壓があるを愚かにも今日悟つた。威壓は世相の一であると思つた、政府者は何んとかして國民を威壓して其の政權を持續せむとする、巧妙な手段、人氣取りの政策を假面として威壓する、政黨が可成多數の代議士黨員を蒐集せむとするも他に對する威壓の方法である。大氣の高壓は低壓よりはましである、が社會の高氣壓は恐るべきものである。

◇人間が高位高官に昇り富豪とならんと欲するは獨り名譽の爲めのみではない、他に威壓を加へんとするからである。自然を征服ずる、アルバターを征服すると云ふが、自然は人間の自由旅行に委してゐるのみで別に何等の苦痛も感じない、アルバターは依然としてその峻峯を天空に聳たて丶をる。そして人間は之を征服したと云ふ。

印度でも婦人參政權

【ナウエン十一月十六日發國際】カルカツタよりの報道によれば印度テンカルジュ聯邦議會は婦人參政權を可決した

▽▽新議員▽▽

△新潟縣

須田村(中蒲原郡同)

小林辰次　知野佐三郎　樋口富次郎
山田福藏　知野久太郎　鹽原六平
小林淸太郎　丸山又五郎　西井幸次郎
關川耕四郎　山野丑太郎

鷲卷村(同)

渡邊又市　眞柄敏太郎　佐藤辰三郎
阿部吉次　眞柄昌之介　藤野忠平
齋藤藤松　品田茂作　高橋佐吉
小林三郎　羽貝助三　田部友雄

◇學者智者が宇宙間に存在するエネルギーの一部を發見した、電力と稱して之を種々の手段に利用して居る、動力にも照明にも放電にも……。そして自然を征服したと云ふ。電氣は宇宙の始めより依然存在して其力を現して居るが、人間の知ると知らざるとは人間の勝手である。

◇警察官憲が犯罪人を作成することがある。何んとかして彼の非行を自白せしめて犯罪を構成する者とする。そして之れが警官の力であり智であり敏であり昇進の途であると考へて居る。玆に威壓がある。

◇檢事は說きつ、すかしつ、嫌疑者を訊問する、豫審判事が訊問するに檢束せられて居る者に世間の惡評を聞かす家族の苦悶の狀を話す、刑務所よりの解放が何時であるかを明かならずと告げる。そして被告人が捨鉢的心理を生ずるを待ち受け其陳述を自白なりと認むる。朝早く裁判所の假監に呼出し、夕頃まで何等の訊問も爲さず無聊を苦しめ、神身の疲勞を覺ゆるに至らしむる、そしてあきらめの心が起つた時を利用して陳述せしめたものを自白と云ふ。斯くして犯罪人は作成せらるゝ、威壓の手段は巧妙と云はざるを得ないが事實は事實で犯罪の有無は天ぞ知るのである。

◇女が男を征服すると云ふ、其道德を見捨て其良心を鈍くし、其精神を暗くする。男子が其要求に盲從する時に男を征服したと思ふ。一人が二人となり三人となり十人となり數十人となつた時に愈々男を征服したと思ふ。その時には女自身は滅亡して居る、最早墓穴に入つて居る、之をしも征服と云ふのである。

◇征服と思へる者、征服して其勝を誇るか、被征服者必ずしも征服せられてをらない。一時は征服せられて居るかの如く見らるゝ、之は錯覺である。人間の智なく明なき兆候である。男を征服したと思ふ女に苦痛がある。自然を征服したと思ふ者に疲勞がある。犯罪人を征服したと誇る官憲に寧ろ煩悶がある。

丸山 清吾　清水 忠吉　山田 德藏
長澤 榮　佐藤新一郎　大倉 十一

曾根村（西蒲原郡）

佐藤 平六　入澤伊勢松　大村 信忠
佐藤 友市　多賀 駒次　八百板勇八
加藤 喜市　高橋 安平　朝妻 晋松
石田二太郎　神田 勝衞　二村 倉次
佐藤啓次郎　朝孝 信治　高橋 平吉
內藤 利平

松野尾村（同）

岩﨑金一郎　山本 彦松　齋藤 定治
岩﨑 喜作　小出 喜七　酒井又五郎
山賀芳太郎　長谷川重市　堀川彌三兵衞
高橋作左衞門　小川富一郎　伊丹 五市

能生町（西頸城郡）

中村千代吉　月岡喜八郎　池田 喜一
高島 順作　長谷川大作　室川九三郎
中島 源吉　瀧藥 六郎　中村 源吉
高木爲一郎　金子 藤藏　中村 友平

猿橋町（北蒲原郡）

井上元三郎　高橋 規策　加藤仙太郎
水島 鎭平　增子喜一郎　諏訪 八郎
齋藏要之助　千賀鐵太郎　方山 茂太

『北海道町村制』改正さる
長官の委任權限は擴大

現行北海道町村制は施行以來卅有餘年を閲し其間種々の問題に遭逢する毎に相當の訓練を重れ、加之に北海道の拓殖產業大いに振いて今日に於ては內地に於ける一般町村と殆んゝ徑庭を見ざる迄に至つたのと、社會狀態の進步に伴ひ町村行政の事務は浸々として激增し、一々主務省の認可を要するが如きは町村行政を振興せしむる所以ならざるのみならず、著しく能率增進上支障を來し住民の齊しく不便となせる所なるが北海道町村長會及北海道廳より主務省に對し屢々之が改正を要望する所あり、內務省に於ても時代の進運に鑑みて以前より銳意調査研究し、北海道町村制改正を企圖しつゝありしが今回勅令を以て改正を公布し之れと同時に北海道長官の委任權限も擴張さるゝに至つた。

（勅令第三百六號）

北海道一級町村制中改正

第十三條の二　監督官廳の許可を要する事件に就ては主務大臣の定むる所に依りその許可の職權を下級監督官廳に委任し又は輕易なる事件に限り許可を受けしめざることを得。

附　則

本令は公布の日より之を施行す。

（勅令第三百七號）

北海道二級町村制中改正

第六十一條　監督官廳の許可を要する事件については主務大臣の定むる所により其の許可の職權を下級監督官廳に委任し又は輕易なる事件に限り許可を受けしめざることを得。

箱岩　石衞	清野敬二郎	水島宇忠次
林　林作		

見附町（南蒲原郡）

澁谷平九郎	坂田　藤藏	島田　桂藏
山谷　一治	小坂井茂市	小坂井庸次
大野源呂久	淺野　記策	今井　庄二
近藤武四郎	山谷　喜助	坂井　順吉
石田　吉松	齋藤爲次郎	小宮　源八
早川　鹿藏	新井辰五郎	關本　彥司

直江津町（中頸城郡）

伊藤　泰藏	井口　三郎	土肥　善三
田中石太郎	中村　末藏	中島　房三
梅田市兵衞	山本彥太郎	山岸末太郎
新保　善郎	淸水　淸吉	篠宮作太郎
關川　淸造	山崎　寅治	松口重太郎
深堀　智次	古川　駒作	布施吉太郎
船木　儀平	小出吉之助	河野　福藏
佐藤　庄作	木南助次郎	宮崎　八雄

伊米ケ崎村（南魚沼郡）

佐藤淸之丞	渡邊義太郎	梅田英太郎
橋　悅太郎	星野千代二	嵐　宇之吉
鹽川　定治	桑原熊太郎	上村　安三
荒井　寅吉	中川佐久造	關　萬七

附則

本令は公布の日より之を施行す。

內務大藏省令(甲)

北海道一級町村行政に關し監督官廳の許可を要する事件中北海道一級町村制第百十三條の二の規程に依り其の許可の職權を下級官廳に委任し又は許可を受けしめざる事件左の通定む。

大正十四年十月二十九日

內務大臣 若槻禮次郎

大藏大臣 濱口雄幸

北海道一級町村行政に關し北海道一級町村制第百十三條の二の規程に依る命令の件

第一條 左に揭ぐる事件は北海道廳長官之を許可すべし。

一、町村助役の定數增加、町村收入役代理者の設置、公法上の收入徵收、身元保證金、傳染病豫防救治に關する一時給與金、有給吏員の年功加俸、退隱料、退職給與金、療治料、救助金、手當金、死亡給與金、祭料、遺族扶助料に關する條例を設け又は改正すること。

二、特別稅反別割を新設し又は變更する事及之に關する條例を設け又は改正する事但し大正九年勅令第二百八十號に依り北海道廳長官に於て許可する課稅の限度を超へざるものに限る。

三、町村條例を廢止すること。

四、北海道地方費の基金又は教育資金より借入るる町村債及町村に轉貸の爲主務大臣の許可を得て借入れたる北海道地方費債の借入金より借入るゝ當該町村債に關する件。

五、小學校舍の建築、增築、改築等に關する費用、傳染病豫防費、急施を要する災害復舊工事費に充つる爲借入るゝ町村債に關する事、但し小學學校舍の爲めにする町村債にして償還期限十年度を超ゆるものに付ては此の限りに非ず。

六、借入れの翌年度に於て償還する町村債に關する事但し借入金を以て償還するものに付ては此の限りにあらず。

第二條 左に揭ぐる事件は其の許可を受くることを要せす。

△富山縣

堀岡村(射水郡)

法ノ要次郎 堀川吉右衛門 村田仁左衛門
堀 龜次郎 高寺粂次郎 朽木七三郎
小島 德松 時澤 喜一 堀川宗四郎
竹澤 善造 堺 常太郎 堀川仁四郎
田谷政次郎 堺 三六 網 寅次郎
橋本與三吉

片口郡(同)

江尻豐太郎 浦山勢十郎 杉山清五郎
江尻 三郎 水野造右衛門 高田美都穗
前川 與作 横川貞一郎 片村 美成
水野 藤助 高林未右衛門 杉原 關藏

小杉町(同)

島木 善作 高木助太郎 荒木與次郎
村 伊助 末永松太郎 羽柴 要
城石 松作 五歩市太郎 老田勝之勝
舟津兵太郎 川口瀧次郎 川腰喜太郎
澁谷 繁作 柳澤外次郎 倉田 利輝
山本新兵衛 舟木彌一郎 城石榮城郎

老田村(同)

石川三次郎 橋憲 太郎 內海 弘

一、町村債の借入額を減少し利息の定率を低減し又は之が爲償還年限を短縮する事。

二、町村債の借入先を變更し又は債券發行の方法に依る町村債を其の他の方法に依る町村債に變更する事。

三、許可を受けたる町村債に關する條例又は議決の定むる所に基き既定の償還年限を延長せずして低利借替を爲し又は繰上償還を爲す事但し外資に依りたる町村債の借替又は外資を以てする借替に付ては此の限りにあらず。

四、特別税に關する條例、使用料、手數料、加入金、町村常設委員に關する規則及町村の部會に關する規程を廢止すること。

五、三年内を超へざる繼續費を定め又は其の年期間に於て之を變更する事。

附　則

本令は公布の日より之を施行す。

内務大藏省令(乙)

北海道二級町村行政に關し監督官廳の許可を要する事件中北海道二級町村制第六十一條の規定に依り其の許可の職權を下級官廳に委任し又は許可を受けしめざる事件左の通定む。

大正十四年十月二十九日

内務大臣　若槻禮次郎
大藏大臣　濱口雄幸

北海道二級町村行政に關し北海道二級町村制第六十一條の規定に依る命令の件

第一條　左に掲ぐる事件は北海道廳長官之を許可すべし。

一、特別税反別割を新設し又は變更する事但し大正九年勅令第二百八十二號に依り北海道廳長官に於て許可する課税の限度を超えざるものに限る。

二、北海道地方費の基金又は教育資金より借入るゝ町村債及町村に轉貸の爲主務大臣の許可を得て借入れたる北海道地方費債の收入金より借入るゝ當該町村債に關する事。

三、小學校の建築、增築、改築等に關する費用、傳染病豫防費、急施を要する災

瀧　才次郎　多喜　十吾　花崎幸次郎
城石　庄作　土田　甚吾　黒川崎理右衞門
深田太七郎　城石　正治　端崎　正篤

宮崎村(氷見郡)

小川勝次郎　村田　清松　林　宗八
村田嘉八郎　村田彌八郎　秋無　太吉
佐々木善吉　林　三郎　林宗左衞門
村田　榮藏　秋田　忠吉　和泉兵九郎

佛生寺(同)

岩間　尙剛　岩間　精一　高木力次郎
向　助次郎　西尾榮太郎　齋藤德太郎
荒木吉右衞門　竹島　攝　屋敷　宗松
曾根又次郎　宮崎　重正　橋本庄太郎

阿尾村(同)

島　尾　岑　上野八郎右衞門　松澤墨太郎
高島彌右衞門　茶谷儀兵衞　扇浦　久一
井山　一頁　大谷　兵策　栗山作次郎
島尾兵太郎　小林淸太郎

籔田村(同)

大石　芳一　穴倉　權平　白石喜兵衞
穴倉權三郞　高野　丈助　田前　與助
松波　榮次　屋敷　泰治　濱野　勘作
山本庄次郎　坪之門仁之助

害復舊工事費に充つる爲借入るゝ町村債に關する事但し小學校舍の爲にする町村債にして償還期限十年度を超ゆるものに付ては此の限りにあらず。

四、借入の翌年度に於て償還する町村債に關する事但し借入金を以て償還するものに付ては此の限りに在らず。

第二條　左に揭ぐる事件は北海道廳支廳長之を許可すべし。

一、三年度を超へざる繼續費を定め又は其の年期內に於て之を變更する事。

第三條　左に揭ぐる事件は其の許可を受くることを要せず。

一、町村債の借入額を減少し利息の定率を低減し又は之が償還年限を短縮すること。

二、町村債の借入先を變更し又は債券發行の方法に依る町村債を其の他の方法に依る町村債に變更すること。

三、許可を受けたる町村債に關する議決の定むる所に基き既定の償還年限を延長せずして低利借入を爲し又は繰上償還をなす事但し外資に依りたる町村債の借入又は外資を以てする借入に付ては此の限りに在らず。

四、使用料、手數料、加入金に關する規則及町村の部會に關する規定を廢止すること。

附　則

本令は公布の日より之を施行す。

黑崎村（上新川郡）

高田吉之助　新舗初次郎　吉田久助
水口平之助　押川善四郎　島田久一
江上清右衛門　武田隆芳　寶田榮太郎
山井千次郎　吉井與四郎　江上理則

月岡村（同）

栗山武　高柳喜三次　清水仁八郎
野澤長太郎　村野安次郎　高井伊次郎
野上政次郎　深山敬夫　久保銀之助
橋本永次郎　中土政之助　野尻常次郎

新庄町（同）

山本吉次郎　成瀨政次郎　吉邊鶴次郎
林十作　高橋豐次郎　高瀨庄吉
安井安太郎　大松辰次郎　日野彥兵衛
宮崎清直　佐伯田次郎　三鍋繁二
金岡直治　黑川小三郎　常川堤
河井平三

釜ヶ淵村（中新川郡）

浦崎梅次郎　奥村作次郎　山田孝次郎
水上彥　奥村久松　田島長次郎
林權治　市丸長次郎　坂井榮三
青山喜三郎　酒井義知　品川彌右衛門

山加積村（同）

▽▽通　牒△△

河川の水理に關係ある鐵道工事施行に關する件

大正九年五月十五日發土第四四號を以て標記の件に付及通牒置候處本日各府縣知事へ別紙の通及通牒候條可然御了知相成度

（發土第三一號　大正一四、九、二二
內務省土木局長　各土木出張所長宛）

別　紙

河川の水理に關係ある鐵道工事施行に關する件

大正九年五月十五日發土第四四號を以て標記の件に付通牒置候處爾今左記各號に該當するものに限り稟伺の上處分相成其の他の事項に付ては貴官限り御處理相成度

追て本文の稟伺に付ては河川法第八條第一項の規定に依る河川工事施行區域に屬するものに當省土木出張所を經由相成貴官限り處理せらるゝものに付ては出張所と協議可相成

記

一、河川に關する法令及訓令通牒に依り內務大臣に報告を要すべき事項。

二、多量の土砂を河川に流入せしむるの虞ある工事及河川の流水斷面積は堤門地若は堤外地に於ける氾濫區域を著しく縮少するの虞ある工事

（發土第三一號　大正一四、九、二二
內務省土木部長　府縣長官宛）

公有水面埋立免許願書受理に關する件

標記の件大正十一年四月三十日發土第三五號通牒第二十三號第一項に依り從來報告相成居候處右者爾今之を要せざることに改められ候條御了知相成度

（發土第四〇號　大正一四、十、七
內務省土木局長　道府縣長官宛）

照會及回答

〔照會〕製鐵業者に對する不動産取得稅賦課に關する件

製鐵業奬勵法第二條に依り營業稅及所得稅を免除せられたる日與製鐵業者が今回其の營業の用に供する爲同法第二條の規程に依

稻谷文右衞門　神田　惠城　巽　瀧次郞
椎井喜右衞門　永原　省吾　下坂　權七
高井菊次郞　山岸淸太郞　山岸作右衞門
井原　善巧　森田　源門　井原　義正
赤坂　善七　加藤安次郞

大岩村（同）

瀧川作右衞門　山崎　又藏　杉森勇三郞
谷口圓次郞　嘉藤平三郞　松原　忠友
唐須　鼎造　坂井　義久　宮崎　善助
山下貞次郞　中島菊次郞

船見町（下新川郡）

野島　政治　入江　千松　西尾　薰
金山　源作　小森小次郞　酒井　榮之
內山　榮造　上野　與作　內島　甚一
羽黑與三吉　大野市之助　菅洞市次郞

愛本村（同）

立野市次郞　佐々木次郞八　野崎　吉治
野崎　與作　山本　祐次　中本　淸平
山本　德正　石谷　金藏　德道　勘助
佐々木孝次郞　谷口力治郞　立島　彥一

若栗村（同）

村椿伊太郎　西田　收三　花本孫三郞
金田源之助　西田　原良　西田武右衞門

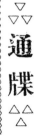

り課税免除の期間中に在る建物を乙製鐵業者より取得したる場合に於て、之に對し營業税及所得税と全く性質を異にする縣税不動産取得税を賦課することは、製鐵業獎勵法第七條の解釋より何等支障なき義と存候も、差懸りたる事件に關し些か疑義相生じ候條至急何分の御指示相仰度

（地第三一一號 大正一四、七、七
內務省地方局長宛 愛知縣知事）

（參 考）

縣税賦課規則拔萃

第二十五條ノ七 不動産取得とは賣買・贈與其の他原因の何たるを問はず、土地建物の所有權を取得する行爲を云ふ。

〔回答〕七月七日第三一一號を以て標記の件御照合の處右は不動産取得税を課するも差支なき義と存候

（發地第七〇號 大正一四、九二五
愛知縣知事宛 內務省地方局長）

町村公民資格に關する件

〔照會〕客月十七日附內務省築地第六八號を以て山梨縣知事に對し、「其の町村内に於て縣税戸數割附加税納付の義務を有する以上、偶々賦課洩の爲納付せざることあるも、右は賦課すべきものにして、町村制第七條第一項第四號に所謂、「町村税を納むる者に該當す」の旨御回答相成候處、右に關し左記の廉至急御意見承知致度

記

一、賦課洩の賦課は、選擧人名簿調製期日迄に爲すべきや、又は、賦課洩の儘選擧人名簿に登錄して差支なきや。

二、前項後段の通りとせば賦課洩の賦課を、選擧後に於て爲すも其の選擧は違法ならずや。

本縣内に町村税賦課洩の者を名簿に登錄し、投票を爲さしめたる町あり。然る處右選擧を違法「納税要件を缺くもの、投票ありとの理由」として異議申立あり、町會は之を違法に非ずと決定し目下訴願中のものあり、而して町税の賦課洩は未だ賦課し居らず

（庶第一、二三六號 大正十四、九、一五
內務省地方局長宛 愛媛縣知事）

〔回答〕九月十五日庶第一、二三六號照合標記の相は左記に依り御了知相成度

柳北二右衞門 長谷川松次郎 金谷 茂八
上田彥次郎 上田 [illegible]作 佐々木甚次郎
村瀨泰次郎

入善町（同）

米澤與三次 米澤 元健 大角 清作
米澤助五郎 澤田四郎次郎 米澤甚之丞
竹內 啓三 田原常次郎 佐田 省三
田中友次郎 竹內 亦三 寺島辰次郎

宮崎村（同）

折谷 義平 大林 豐二 竹內彌三松
竹內又右衞門 勝田 忠平 折谷由太郎
扇谷小太郎 扇谷岸次郎 大濱繁次郎
松本 豐松 水島忠五郎 竹谷 德松

上中島村（同）

田林玉次郎 野崎松三郎 石倉幸次郎
伊藤彌次郎 今井 七郎 山根松次郎
久田十次郎 牧 喜次郎 村崎竹次郎
寺西床次郎 溝口 亘平 浦田太三郎

下中島村（同）

魚津鶴太郎 高慶平三郎 高木 元吉
飛世安太郎 上田菊次郎 高三 長世
吉崎常太郎 石坂松之助 中山 清作
八倉巻重次郎 駒田 次郎

記

一、賦課洩の税は成るべく速に賦課徵收を爲すべきは勿論なるも、其の賦課が、選擧人名簿調製期日後に至りたる場合と雖も、事實賦課すべきものなるに於ては名簿に登錄すべき義と存ず。

二、違法に非ずと存ず。

市町村行政に關する件

〔照會〕調査上必要に付左記事項御取調の上、來十月十五日迄に必ず御回報相成度(地發甲第二八號 大正一四、九、一八 廳府縣長官宛 內務省地方局長)

記

一、市制第二條及町村制第二條に所謂、「法令」及「從來法令」中、現に府縣令を以て定むるもの及、同條に所謂「慣例」として現存するもの。

二、市町村會議員の選擧及、市町村長、助役、收入役の選擧に當り、他の候補者の年齡關係より見て特に年長者を選出し之が爲、適任者を得る能はざりし者著しきもの實例及件數。

三、最近行はれたる總選擧に於て、議員定數を以て有效投票の總數を除して得たる數の四分の一、又は、五分の一以下の得票にて當選し居る者ある市町村に付左記事項調査のこと。

市町村名		
議員の定數	人	
有權者の總數	人	
投票したる者の數 有効	人	
投票したる者の數 無効	人	
投票したる者の數 計	人	
棄權者の數	人	
議員定數を以て有効投票の總數を除して得たる數の四分の一の數	人	
現行法による當選者中其の得票數が同上の數以下となる者の數	人	
同上當選人中最低の得票數	人	
議員定數を以て有効投票の總數を除して得たる數の五分の一の數	人	
現行法による當選者中其得票者が同上の數以上となる者の數	人	
同上當選人中最低の得票數	人	

下野方村(同)

大城彌之助 石川嘉左衛門 大村嘉右衛門
小坂介一 海野元二郎 稻盛與兵衛
林久松 宮崎竹次郎 田中菊次郎

山田村(東礪波郡)

池田作藏 山下八次郎 伊本尙光
朝日八次郎 田島與三郎 大浦仁四郎
荒木文造 平田仁平 喜多助松
林與三吉 石橋太四郎 石橋彌三

栴壇山村(同)

東善藏 西地與次郎 山本升太郎
坂本助次郎 平井憲三 池田傳次郎
倉田與三松 喜多宗太郎 今井善藏
武部辰次郎 滿保利 鶴巻初藏

若野村(同)

駒方藤吉 松田宗市 南信一
澁谷吉郎平 森田善造 岡島長太郎
淺井清四郎 麻生常造 森田重造
河合孫左衛門 山本作五郎 沖田正吉
中島源藏 上野氏太郎 桃井孫四郎

五ケ山平村(同)

〔照會〕 藥劑師の業態に關する件

藥劑師にして賣藥營業又は、毒劇物營業に從事する者の數、左の區別に從ひ取調至急御報告相成度

（衞乙第四〇號　大正一四、一〇、一　廳府縣長官宛內務省衞生局長）

記

一、藥劑師にして賣藥營業に從事する者の數（營業主被傭者共に合算）內藥品營業を兼ぬる者藥品營業を兼ねざる者

二、藥劑師にして毒劇物營業に從事する者の數（營業主被傭者共に合算）內藥品營業を兼ぬる者藥品營業を兼ねざる者

〔照會〕 町村税賦課に關する疑義の件

左記事項に關し疑議有之候條至急何分の御回示相煩度

記

一、町村の內外に於て營業所を設け本税を分別して納めざる電氣株式會社が解散したる場合、同會社の請算所得に對し賦課する所得税に付ては、明治四十四年九月勅令第二四一號第一條の所謂營業收入に對する本税に該當するものとして關係町村は本税額の步合を協定し附加税を賦課すべきや、或は反對に清算所得税へ清算の結果生じたる所得に對し賦課するものにして、營業所を設けて營業を爲す營業收入に對し賦課する所得税とは全く課税の根據を異にするものなれば勅令の所謂營業收入に對する本税に該當せざるものとして單に本店所在地町村のみ右清算所得税に對し附加税の賦課すべきや。

（內務省地方局長宛　山口縣知事）

〔回答〕 標記の件六月廿五日庶第一八八九號を以て御照會相成候處右は御照會後段御見込の通に付御了知相成度

（內務省山地第五二號　一四、十、十二　山口縣知事宛　內務省地方局長）

町村長の認可に關する件

〔照會〕 町村會に於て町村長の選擧に當り投票二十四票中二十三票を有効とし甲十二票乙十票丙一票とし甲を當選者とせり、然るに無効投票一票は脫字あるも明に丁某（詮衡會に於て候補者として一應推薦演說ありたるもの）を指したる有効

田中　榮左　辻　精一　岡部金五郎
高江　源藏　山崎甚三郎　宮本　米吉
山木　長一　高田　知之　浦田　仙太
山本　三吉　鉢呂平太郎　澤田　勇藏
堂本　作間　岡村　爲二　圖書宅次郎
前本　文藏　藤井貞次郎　中村　辰造

東石黒村（西礪波郡）

丹羽　仁座　水木　恒次　河合淸右衞門
今井庄太郎　水口　政信　北野米次郎
丹羽外與吉　米田牛四郎　丹羽宇太郎
高田佐太郎　河合喜一郎　吉田六太郎
今井　孫三　得永吉次郎　裵口　淸義
種部傳一郎

南蟹谷村（同）

松浦　庄助　谷浦　庄造　山崎慶太郎
石川　韭造　金岡卯太郎　奥村伊太郎
內田小二郎　大谷　寨藏　山崎久一郎
石田　作造　守田小三郎　吉田八三郎

東太美村（同）

西川　太三　金戸又次郎　橋本茂九郎
松永菊五郎　井澤　精一　中川吉次郎
木戸紋次郎　山田長一郎　金山武次郎
奥野　平松　土井吉次郎　鵜野　伊松

投票たるべきものなり、故に實質上甲は制第五十一條の過半數の得票者に非ず、然れども投票の効力に關しては町村會に於て異議なかりしものにして議長に於て甲某を當選者とせるに手續上何等違法なし、從て之が認可申請に對しては其投票効力如何を考慮する限にあらずと思料するも或は、監督處分上斯くの如きは當然審査し認可の可否を決すべき筋合のものにあらずやと思料せられ些か疑義に亘り候に付御意見御承知致度目下差掛りたる事件有之折返御回示相煩度（内務省地方局長宛　佐賀縣知事）

〔回答〕標記の件に關し九月二十二日地親第四四號を以て御照會相成候處御照會の如き事實有之候はば該選擧は違法と被認候に付町村制第七十四條に依り相當措置すべき義と存ず

（内務省佐地第三四號　一四、一〇、一三）
（佐賀縣知事宛　内務省地方局長）

物のあはれは秋こそ勝れ

▲來議會の解散と豫算關係、郡役所廢止などで内務省ではいろ〳〵とらぬタヌキの皮算用にはしやいで居るが『來議會が解散になれば面白いなア、郡長は郡役所廢止で現内閣に知事は公選を主張する政友會におのおの自分の首の關係から極力反對して、選擧界はごつた返しだそれに普選と來て居るからなほさら面白いだらう』と▲内務の某高官はこぼしていふ『我々は知事になることをい一の望みに官吏となつた、それが公選でもされたらオサラバだ、官僚の牙城が崩れるのは早いものだ、昨日は郡制廢止、次に來るは必然知事公選だ、我々ばかりでなく本省の判任官も同じ運命で、少し同僚の氣に入らぬことをいふとオイ郡長に榮轉さすぞ……といづこも同じ秋の夕暮？』と

立野村（同）

石尾福次郎　竹内松次郎　福澤秀成
大井長次郎　青木門兵衛　日尾英吉
梶喜代治　源慶重　油井平五郎
清水庄太郎　高島要造　畠山藤作
瀧澤太七　田中要七　宮本岩次郎

東三位村（同）

窪田兵二　吉田孫太郎　杉本要次郎
杉江宗次郎　米澤要次郎　浦田助次郎
島野幸七　竹下保太郎　成瀬米次郎
竹下仁三郎　松田平次郎　竹島清作
吉岡時次郎　杉澤佐平次

正得村（同）

本田兵藏　澤田善作　中澤政次郎
棚田榮太郎　稲葉外一郎　上田利藏
末藏勇二郎　砂田兵藏　野澤又市
小倉忠太郎　池田市平　高田吉次郎

小勢村（同）

永井秀雄　中谷清吉　尾崎要次郎
野村伊携　吉澤伊三　高木大三郎
柴田清太郎　藤本好雄　村竹次郎八
深島由太郎　才田覺信　前田常次郎

副業に關する優良組合事例（農林省調査）

―高知縣長岡村三和村濱田―

（促成蔬菜の共同販賣、肥料種子薬劑紙の共同購入、荷揚場水ポンプの共同利用）

劒尾園藝組合

一 所在地方の産業及經濟事情の概況

當組合の所在地は十市村の東端及三和村の西端海岸の一帶にして南は洋々たる太平洋に面し北は戸を立てたる如く山系海岸に迫り北風を防ぐ海岸は縣道東西に通じ又西北約一里弱にして浦戸港と連絡ある下田に達す下田高知間は船運竝陸運を以て荷物の運送其他交通至便である。

此の地方は北部山手及中部と海岸の三分に分れ山手は畑多く果樹及桑園を主とし中部は低地にして濕田を主とし僅少の乾田あり南部海岸は全部砂濱にして其の大部分には桑園を栽培せり。

從て住民の多くは農業に從事し海岸にては漁業兼農業者多し主義は普通農事及農業にして從來製鹽業が民營なりし當時は副業に斯業に從事せるものありたれども斯業專賣後は全く跡を絶ち變ずるに養蠶業となり主要副業として著しい發達を來した一方園藝業も漸次發達し就中最近に於ては促成栽培業が各期に於ける副業として勃興し著しい發達を來し農家收入の重要位置を占むるに至つた。

二 沿革

當組合は十市村の東端及三和村の西端に於ける數部落の者を以て組織した之が設立の動機は遠く明治四十三年十一月頃に發し當時此の地方は通ずべき道路の完全なものもなく高知市近いと雖人馬の通行が不便で經濟上亦精神上共に發達を遲

くし且つ漁民の常として忠實勤勉な風がなく殺伐の氣風があり殺傷事件等面白くない問題ばかり徒らに多かつたと云ふ茲に於て地方有志の憂慮する所となり小野山才吉、溝淵熊馬、八松盛枝、八松幹茂等と發起して地方の改善發達を圖り此の憂ふ可き現況を脱して堅實な發達を期するのは青年の善導を計る外はないとして青年の補習教育を奬勵する事とした。

こうして明治四十三年十一月五日を以て夜學會を創立し東陽義塾會と名づけ八松盛枝及小野山才吉は進で自家を會場に提供し尚小野山才吉會長となり十市小學校訓導二人を講師として熱心に事業を開始して後十市村青年會劒尾支部と改名した。

其の後本會は幻燈會父兄會、敬老會、納税組合、貯金組合等を起して部落の改善青年の學術奬勵等に努め大正二年三月三十一日時の長岡部長より選奬状を授與された。

當時製鹽業廢止され部落民の經濟状態に大きな影響を及ぼすに至り製鹽業に變る可き事業の必要迫る時に際し青年會會堂の建設されたのを幸とし之を會場とし同地出身の農林學校卒業生土居改作を講師とし農業補習科を置き農業教育を爲すに至つた。之れ大正三年二月十二日にして茲に於て促成栽培の端緒を開く事が出來たのである。二月十四日三和村濱改田字濱田に本會の試作地を設置し蔬菜促成栽培の試作に着手し南瓜の栽培を爲した。同四月十五日試作地の南瓜苗を耕作者に配付し栽培せしに成績良好であつたので大正三年三月一日郡長及縣知事より賞狀及金子若干を授與表彰された。

爾來蔬菜の促成栽培は濱田部落を中心とし南瓜、茄子、胡瓜を主とし蕃茄、越瓜、冬瓜、甘藷等の栽培盛となり生産高の増加と共に高知市に販賣するのみにては充分な利益を獲得する事が出來ないので販路の擴張及販賣方法の改善を緊要とするに至つた。然るに他の地方にては促成栽培を阪神地方に出荷するものがあるので個人出荷を試むる者がある様になつた。然るに取引上の不便多く且つ取引に於て面白くない事等多かつた此時に當り縣郡當局に於て園藝組合の設立を勸奬し共同出荷の有利を示せるを以て之等の奬勵と相呼應し八松盛枝は松幹茂等相謀り大正十一年二月十二日劒尾園藝組合を組織した組合長は八松盛枝之に當り其の他副會長一名、幹事五名を設置し事業を開始した。

斯くして各員熱心其の職に當り上阪して商品陳列所神戸出張所と共に信用有る確實なる商店と取引を結ぶに至り其結果成績良好なるを以て附近郎地、濱改田等の部落よりも組合加入者を増加し設立當初の年に拘らず一萬餘圓の賣を得た。

大正十二年には道路及給水の不便を感じ耕地整理を行ひ二馬力の動力を使用し大小の溝渠を通し給水の便を計り勞力節約能率の增進を來し促成栽培上充分な手入を施すことを得るに至つた亦一方耕作地に共同食堂及び共同浴場の設備をなし

一箇の合圖に依り食堂に集合し從業者會食し食後は半時の休息時を設け各種の談合に費し向上の資となした夕刻業を終れば共同浴場にて入浴後各自家に歸る如き他に見る能はざる好事例を作つた。

如斯にして生產販賣方面に益々改善發達を期すると共に精神の修養併同團結の實を揚ぐるに至り大正十二年には賣上高一萬五千圓に上つた。

而して大正十二年十二月には事務所建築の議起り直に協議成り工事に着手し翌十三年三月二十九日現在の事務所及荷造場の上棟を見た。之が經費は皆共同積立金を以て支辨した。

大正十三年には益々内外の改善設備の完全を期すると共に生產も增加し實に貳萬圓餘の賣上を見るに至り更に一段の進步を來し將來益々發達の氣運に向つた。

三　組合の構成

設立の目的　園藝業の改善發達と共同團結の精神を涵養し農村の健全な發達を期するにある。

設立年月日　大正十一年二月十二日

組合の區域　三和村劒尾及同村濱改田の一部、十市村劒尾及同村坪池の一部。

組合の組織　倍成栽培に從事せる當業者を以て組織する任意組合である。

組合員の資格　特別の定めなけれども栽培業者なること。

職業　農業者約三分の二、農業兼漁業者三分の一、農業兼商業者二人。

員數　四十五名。

會費又は出資等の組合員の義務　加入料六圓（創立初年は三圓なりき）引落し金、販賣手取金の五分。

四　組合の機關

役職名員數　組合長　一名、副組合長　一名、幹事　五名顧問　二名、名譽會員　二名、事務員　二名、審査員　三名。

審査員は幹事等の門より每日三名出勤し交替で之を務め統一を計る。

役職員の執務狀況　常に出勤して執務するは幹事にて交替で一日三名宛出席して審査に當る、事務員は每日出席して總ての事務を鞅掌す。

役職員の報酬又は年末の手當等　事務員には日當貳圓位を支給し其の他は定まつた報酬なく年末手當等も一定しない

總會又は協議會　定期總會を每月一回開催し臨時總會は必要に應じ隨時開會し殊に出荷期には每月一二回開く組合員の出席良好にて組合の事業上に關して協議す。

五　組合の財務

出資金　加入料六圓（元三圓）あるのみにて組合の事業に使用した。

積立金　引落金中事業に費せる殘額及出荷箱代の割戻金を貯金した現在約貳千圓あり。

建物　事務所及共同荷造場の建物坪數參拾坪、内十六坪事務所兼集會所、殘餘荷造の場所。

借入金　肥料の共同購入に際し大正十二年には約貳千九百六拾圓を信用組合より借入れた。

補助金　創立當時村費拾五圓、大正十一年高知縣園藝組合補助四拾圓。

運轉資金の額　積立金を利用し不足の際は信用組合より借入金を爲す。

最近一箇年間の經費の額竝其の支辨方法　事務員給與其の他諸雜費約六百圓にして各組合員の出荷物手取代金の五分を手數料として徴收し之に充つる。

剰餘金の處分方法　剰餘金は悉く積立金とし信用組合に貯金す。

六　帳簿

組合員名簿、出荷簿、貫當勘定簿、組合員座帳、買入簿、出納簿。

七　事業の種類別狀況竝事業成績

（一）共同販賣

取扱品目　胡瓜、茄子を主とし南瓜、越瓜等なり。

販賣方法　阪神の問屋に直接又は縣商品陳列所大阪出張所に委託す。

受入日　販賣品は毎日受入る。

取扱品蒐集の方法　組合員各自共同荷造場に持參す。

檢査の方法規則　審査員三名にて品質、量目、荷造を審査し品質は三階級に區分統一する特別の規則の制定なく審査員の絶對權限にある。

販賣の時期　種類に依り多少の相違あれども三月より七月を主とす。

販賣先　大阪神戸を主とす。

現品の引渡竝代金の取立及支拂方法　現品は送狀に依り信用取引を爲し時々縣商品陳列所大阪出張所員立會ふことあり代金は問屋より直接送附することあるも多くは縣商品陳列所大阪出張所にて集金して組合に送附す。

組合員には現金は全然支拂はす送金あれば直に信用組合に貯金し組合員は必要に應じ組合より直接又は組合の手形に依り引出すものとす。

手數料　出荷物手取代金の五分を引き落し手數料として徴收す。
組合員が組合利用の狀況　組合員は總て組合を利用して個人行動に出るものなし。
最近一箇年間の取扱數量價額　主なる販賣品は胡瓜茄子にして其の割合は前者六、後者四の割合である今創立の手より現今迄の販賣高の大略を示せば次の如くである。

大正十一年　三、八一二箇（石油箱）一〇、五一四圓
大正十二年　三、二六八（同　）一四、八二二圓
大正十三年　四、六〇〇（同　）二〇、八五〇圓

（二）共同購入
取扱品目　肥料、種子、藥劑、荷造用箱紙。
注文買見込買の別　調査を爲し臨樹の方法を採る。
仕入先　一定せず。
仕入方法　同。
組合員賣却代金の回收方法　出荷品代と差引す。
手數料　徴收せず。
組合利用の狀況　良く利用して取扱品に付いては個人買入を爲すものなし。
最近一箇年間の取扱數量價額　肥料約參千圓を購入し其の種類は油粕、アンモニア、燐酸等である種子は約二三百圓を購入し大部分は自家にして採種するに至つた其の他のものは僅少である。

（三）設備の共同利用
事務所兼集會所　平屋建瓦葺　十六坪。
荷造場兼荷置場　二十四坪。
揚水ポンプ　二馬力　一臺（動力電力）本年三馬力に增加し二臺を設置の豫定此の外手押ポンプ二十數臺あるも此は個人持である。
共同浴場　終業後の入浴に當つ。
共同食堂　從業時晝食を爲す場所である。

八　產業上經濟上及社會上に及ぼせる組合の效果

產業、經濟及社會上組合の設立により多大の好結果を與へ何れも著々と改善進步の域に進みつゝあつて組合として模範とするに足るのみならず總ての點に於て善良な效果を擧げてある。

九　組合規約

劍園藝組合規約

第一條　本組合は園藝業の改良發達を圖るを以て目的とす。
第二條　本組合は劍尾園藝組合と稱して事務所を長岡郡十市村字劍尾五千四百六十九番地に置く。

第三條　第一條の目的を達せむが爲本組合に於て左の事業を行ふ。

一　組合員は蔬菜の促成栽培をなすこと。

二　組合員は各自又は共同して種苗の採取育成をなすこと。

三　組合員の生産物は一定の荷造商標を附し主として阪神地方（縣の販賣斡旋所）に共同販賣をなすこと。

四　種苗肥料其他園藝必要品の共同購入をなすこと。

五　精神修養竝園藝改良事業に關する講習講話を開催すること。

六　其の他本組合の目的を達するに必要なる事項。

第四條　本組合は總會の決議を經て本組合の爲功勞ある者若は學識經驗ある者を名譽會員に推薦す。

第五條　本組合は毎年一月一回定期總會を開き臨時總會は必要あるとき之を開く總會は組合長之を招集す。

第六條　夏期總會に於て協定すべき事項の概目は左の如し。

一　經費の豫算竝賦課徴收方法。

二　事業の細目及其の經營方法。

三　經營決算報告竝事業報告。

四　役員の選擧及各名譽會員の推薦。

五　其他必要の事項。

第七條　總會の議長は組合長又は副組合長之に當る組合長及副組合長共に事故ある時は評議員の一人之に代る。

第八條　本組合は左の役員を置く。

組合長　一名　副組合長　一名　評議員　五名　事務員　二名

第九條　組合長は本組合を總理し組合を代表す副組合長は組合長を補佐し組合長事故ある時は之を代理す評議員は組合長の諮問に應じ及組合事務執行の狀況を監査す事務員は庶務に從事す。

第十條　組合長及副組合長は總會に於て組合員又は名譽會員中より選擧の評議員及事務員は組合長の指名とす。

第十一條　組合役員の任期は各三箇年とし再選を妨げず。

第十二條　補缺選擧により就任した役員は前任者の任期を繼承す役員は任期滿了後と雖も後任者の就職する迄其の職務を行ふ。

第十三條　本組合の經費は各組合員の負擔金其の他の收入金を以て之に充つ負擔金の割合竝徴收方法等は毎年總會に於て議決す。

第十四條　本組合の會計年度は毎年一月一日に始まり十二月三十一日を以て終る。

第十五條　組合員にして義務を履行せず又組合の事業を妨ぐる行爲あるときは除名す。

あれこれ

金澤市で月賦償還による形式の市營住宅建築を計畫し目下地盛中それによると二十五ヶ年住居するとタヽもらへることになるのだが日本建築の平均壽命は何年だつたか知ら。

* 　*　 *　 *

靜岡縣下の小學校の副級長選擧にある生徒が二十錢の學用品で買收をやつた。末は立派な選擧屋になれる。

自治報道

農村の出來事

自治の黎明？　此の事實を見よ！

無産村の實現

無産政黨の實現は最早時機の問題となつてゐる折柄兵庫縣は飾磨郡から根底ある組織の下に名もその儘の無産黨なるものが生れ出づるに至り姫路署でも大に神經をとがらし始めたこの無産黨を組織したのは同郡四郷村上鈴で同部落は約二百戸を有するが貧富の懸隔甚だしく何か問題が生ずると階級的紛爭を惹起する事屢で最近にも前田區長その他數名の有力者によつて關東震災地寺院復興費として約七百圓の寄附金を集め一方秋祭に際しては出費をしぶつた爲青年達は承知せず豫て部落内の事はすべて有産階級により自由にされてゐた反感から又々大紛擾を來しその結果此無産黨が急に出現するに至つたものである主唱者は元同村役場書記浦辰之助氏その他で既にその綱領は發起人によつて申合をなし、既に假綱領に對して調印せる村民は七十六名に及び村内の眞の無産者全部を網羅し尚此他に黨の綱領に共鳴して入會の申來る者もあるが、田畑宅地一坪でも持つてゐる者は一名も黨員とせぬ方針で若し黨員中に田地等を所有する者あれば斷然退會を命ずることゝして有産者の入會は悉く拒絕してゐる同黨は近頃唱へられる無産政黨の主義主張とはやゝ異なるものあり穩健に對内的に階級の調和を圖るに善處するのが目的であると言けれども勢ひ政治方面に關する諸問題については無産者と立場行動を共にするに至るべく同部落は淸和會支部をまうけて改善につくした青年會婦人會は表彰されたことありかた〲今回の無産黨組織は重大視されてゐる。

秋祭に大紛擾

これも飾磨郡八木村木場は約四百戸の大部落だが去る十月十四五日兩日の秋祭りから村内が二派に分れ紛爭をつゞけてゐる。その原因にさかのぼると勞働者と資本家の衝突に始つてゐるので飾磨署でもその成行きを注目してゐるが右紛爭について聞くところによると同村は最近無産階級の勢力が擡頭し今春執行された村會議員選擧にも村内の有力者である小西長之助氏が落選するなど郡内の大番狂はせをやつたほどで旁々面白からぬ感情が双方に流れてゐた折柄今期の秋祭りに同村の資產家神澤松次郎氏が鹽田稼ぎ人に對し例年の慣習を破つて前借を拒絕したゝめやがて村内無産者の憤慨となり祭禮當日屋臺の差出しに際しても神澤家を訪問せず廻り道して通してしまつた、これがため神澤氏等を中心に西區の村民が激昂し神澤氏は昨年屋臺の太鼓を新調した費用千四百圓のうち四百圓まで負擔してゐるに拘らず斯かる態度に出づるは不都合であると大木場側に抗議を申込み遂に村内が兩派に分れて紛爭を始め十四日宮入りの歸途神澤氏への面當に屋臺を附近の溝へわざと投げ込み大損傷を與へその翌十五日の晝一宮にては更に損害の程度を大ならしむべく不穩の氣勢を示したので吉田飾磨署長は小西區長その他代表者を招致して訓戒を與へやうやく事無きを得たがその後も依然として解決を見るに至らず附近有力者が調停に奔走してゐると。

この不體裁

疑惑の焦點となつてゐる姫路市に合併した舊城北村の十三年度決算は十月十二日より開會の市會に於て詳細調査されたが、その內容は全くボロ會社の帳簿をくり擴げたやうなもので一番先に調査をした市參事會員も呆れ果てゝゐるが使途不明の約三千圓に對しては本年四月四五兩日本縣から佐藤局出張し來り充分調査したはずであつて大屬不正な點などは認められてないやうであるが同村は郡內でも納稅成績の不良な村の一とされてゐたのに市へ事務を引繼ぐ際は一厘の滯納もなくスツカリ缺損にくり入れて棒引にされてあつた、三月二十八日から四日間に二回も村會を開いて豫算の大更正を行ひ有金の殆ど全部を使つてしまつた始末である、この形勢がその以前に窺はれたので二十七日市から郡を通じて警告を發したほどであつた、こんな狀態だから村教育會の補助すべき最初の豫算二百七十圓を九百十八圓に增加したにおいても郡の認可を經ずにバタ〳〵と交附してしまつてゐる事實もあり調べあげるとかうした不滿な點などはいくらも出てくるだらうと。

農村振興具體案

福島縣信夫郡では現下の疲弊せる農村の振興を圖るため郡內各町村長並に小學校長を去る十月二十六日郡衙に召集し左の具體案を協議した。

一、農林教育を一層實際的ならしむること

二、公民教育の振興を圖りこれが普及徹底に努むること。

三、生產の試驗經濟努力の調査を行ふこと

四、教育と實業との連絡を圖ること。

實施細目

一、優秀なる教員の採用及び養成に努むること。

二、專任技術員を採用すること。

三、第一學期の授業に數を增加すること。

四、各種團體の連絡を圖ること。

五、試驗地の設置及適切なる農業勞力を調査すること。

六、共同作業の訓練に努むること。

七、小學校教員部落分住を期し各其方部の指導に任ずること。

日本一の小さい村

日本一の小さい村が富士北山麓から現れた、大正の御代に汽車を知らぬはまだしもお米のなる木も知らぬといふ珍しい農村大嵐村は富士山麓の原始林青木ヶ原へ通ずる道端の陽溜のやうな山峽にある。

○戶數五十六戶。人口男百七十五人女百五十六人計三百卅一人○世帶數六十七小學校の生徒が男卅一人女十七人しめて四十八人先生が二人村會議員八人は人口に比例して多過ぎるが町村制最低限度でやむを得ない。

× × ×

この村の村會がまた頗る振つてゐるあらためて招集の通知も發しない、村長さんが『オイ杢兵衛どん明日村會を開くべえ』といつた調子で一同か爐端を大あぐらで圍んで片つ端しから讀會省略で可決確定。こんな小さい村だから不公平のないやうにとすつかり妥協してしまひ村長さんは半期位で持ち廻してゐるから名主時代から調べて見ればどの家も名主様やら村長さんこのごろは農村にも役員がふえたから村會議員、區長、學務委員等と擧げていつたら無役の村民は一人もない。

× × ×

がつて或新任郡視學がこの村の小學校を視察したとき生徒の姿が殆ど見えないので不審げに聞けば校長先生赤面して『その柿の木の上で遊んでゐます』先生の號令で一齊に下界へ下りてきた見れば正く卅何人……といふ樣な話もある兎に角この村にお米の出來ないのが缺點だけ何のいさかひもなく日本一の小村であると共に日本一のユートピアで大正十六年度から基本財産で維持する無税の村となる。

農村婦人覺醒の二期三期

白壁の土藏を籬越しに見せて車井の繰る音物々しい豪農とても嫁女となると暗から闇まで紺の肌衣に紺の股引姉様かぶりで泥田の中に稻を刈る風習が古來傳はつてゐるのはまことによろこばしい傾向で、朝から晩まで鏡臺と首つ引きして亭主の細い給料の過半數を己れの身の裝飾に足らぬ程浪費してゐる女房連には瓜の垢でも煎じて呑ませたいものであるとは口さがな漫評であるが實際少し容姿のよい娘を持つた親たちはわが子の緣づき先をシチやかましく財産などには眼をくれず氣樂氣まゝになる九尺二間の佗住ひでもといふ傾向が流行し現に宮城縣黑川郡大松澤地方などにては豪農の娘ほど仙臺邊のヤリクリ商店に緣を求めて結婚させ爐の灰までなくしてゐる親たちもあるが最早かうした安逸の日を夢見てゐる機で子ないことが農村の女にも自覺されて來た機織る梭の音のみ立てゝゐる嫁女の時代は推移してしまつたことを悟り利府村邊の嫁女は競ふて副業的に培殖してゐる利果の捌に腐心してゐる亭主が朝草刈つてもどつてくる間に鹽釜や松島邊に天秤肩に十五六貫の梨をちらして歸つてゆく其姿は尊き生業の自覺でなくて何であらう隣家三軒競ふてこの種の行商に精を出して嫁たちこそ目醒た現代婦人の鑑であらう。

小作人ばかりの村

宮城縣桃生郡大谷地村は旱魃水災の被害を蒙り村民の經濟極度に疲弊し村內耕地の約七割强は他町村地主の所有地となり殆んど全部は小作生活をしてゐるが現政府は自作農創成を奬勵してゐるのでこの機會に於て自作農所謂中堅農民の數を增加すべく同村助役武山貞祐はそれ〲當局に對し低利資金の借入につき交渉を遂げてゐるがこの種の運動は東北地方に於ても餘りその類例がないので縣農會に於ても調査を開始したが一般より非常に興味ある問題として觀測されてゐる。

村營の産婆

靜岡縣安倍郡大谷、久能組合村では今回村營産婆規定を定めたが同規定は十二ヶ條より成り其重なるものは兩村住民にして姙娠六ケ月以內に於て姙婦の氏名姙娠月を明記した上届書を戸主より村長へ届出づるものとし村長は此届出があつた時は六ケ月以後及び出産時産後の三回必ず産婆をして診察せしめ助産及び手當其他必要なる事務を注意せしめ此時に本人の申出又は必要と認むる者に就ては隨時診察せしむることあり村營産婆の職務は左の通りで姙産婦一人の診察料は金三圓である。

一、姙産婦の心得べき事項を指示する事
二、兩村を巡回し姙産婦の臨床をなす事
三、乳兒哺育上の注意をなす事
四、幼兒の衞生上に付注意をなす事
五、其他姙産婦及幼兒の保護に關し注意又は指示すること

基本財産賠償の責任

長崎縣對馬仁位村では曩に同村基本財産たる特別五分利公債證書額面六百圓及び臨時國庫證券額面二千圓合計二千六百圓の管理に當つて前村長仁位誠之氏は自己の名に於て同地京和銀行に預け入れたるか同銀行は曩に破産の悲運に陷り到底之れが回收の見込なきに至つたが之より先仁位氏死亡したる爲め現仁位村長安藤倩哉氏は右證券預け入について京和銀行との間に證書の書替をなしたが然るに右證券は回收不能に付き賠償責任が何れにあるか種々論議され其結果本縣に對し村基本財産管理に關する意見を徵して來たので縣では大體次の如き解釋を下し十一月二十六日對馬島司に回答した。

村本財産たる證券等の管理權限は村長に在りて村長之が管理の一方法として銀行に預入れたるは手續に於て何等違法の點はない、預入契約は有效で村と銀行とに對して効力を生ずる、然し村長の爲した管理方法は管理規則に認めない處であるから村に損害を來すことがあれば預入れたる村長に於て賠償せなければならぬ事は明である、仁位村前任村長は銀行に預入たるも後任村長が之を引繼き預入證書の預主の名義書換をなし之を保管せるは現村長に於て前任村長の本件に關する債權及債務を繼承せるものと解すべきもので從つて賠償の責任は現村長にあるものと認めらる。

刷新を期待さるゝ西里村

熊本縣飽託郡西里村は昨年十二月以來助役並に收入役が缺員となつてゐる許りでなく村長渡邊歌吉氏は既に非常の高齡で自治事務は常に澁滯勝ちとなり村民の物議常に絶へざるの有樣であるが去る十月二十二日には午後一時より同村役場に於て村會の招會あり助役收入役の推薦及び選擧人名簿に對する異議の申立等の議題にて村會を開會渡邊村長の任期滿了すべきを確めたる上直に村長選擧の動議を提出したるが多數の贊成ありて成立したる結果議長たる渡邊村長は之れを採決したるも渡邊村長は自派の不振にして甚だ振はず形勢非なりと見るや自派一味の議員四名と共に議場を退場す依つて村會は直に法規によりて假議長として年長者德永議員を議長となし村長選擧を施行したるに平井又男氏當選した。

この選擧終るや渡邊村長は再び一味議員四名と共に議場に入場し村會を繼續して助役及び收入役の推薦をなしたるが之れに對し村會は多數を以て前記兩名を否認し有權者の異議の申立ては認容して二名を追加をなすこととなりて散會した尙村長選擧に際し議長並に議員若干の退場は議事の上に何等の支障なきは多くの前例あるは勿論内務省も之れを明かに認めて居り、西里村民は將來此の新村長によつて地方の諸問題を解決すべく目されてゐる。

東京府

▲隣接町村編入　市では懸案の隣接町村編入第一期として荏原、豊多摩、北豊島南足立、南葛飾五區　卅七ヶ町村）を新設の計畫にて吏員も其の儘引續ぎ尚ほ現在東京市議は二萬四千人に一人の割合であるから

荏原十一人、豊多摩廿三人、北豊島十三人、南足立四人、南葛飾六人

計五十七人が選出される譯である。

▲三多摩編入請願　東京都制實施促進のため三多摩の實行委員は六日內務省、東京府、市當局を歷訪して現在の東京府の區域を以て都の地域とされいたといふ請願の趣旨を陳述した。

▲神田區　土地區劃整理に就て他の區よりも比較的に成績が惡いと見られて居る神田區では此程區內の土地區劃整理委員聯合協議會を開催左記の決議事項を可決し各地區整理委員會議長の連名で若槻內相、清野復興局長官、中村市長等に陳情した。

決議事項

一、整理前土地價額の決定は換地位置豫定地を審議する以前に諮問せらるる事

二、換地位地豫定圖を諮問せらるゝ其豫定圖に對する淸算勘定を明示せらるゝ事

三、線路指數の單地を實數にて明示せらるゝ事

四、換地豫定圖には路次を指定する事

自治消息

□東京府□

○中村東京市長　十一月六日大島精義博士を招いてガス問題に關し意見を聞く所があつた。

□京都府□

○安田京都市會　東京で開かれる第二回化學工業博覽會用務のため安田市長は後藤祕書課長を伴ひ上京十五日朝歸洛

○郡長視察　矢吹愛宕郡長は左記日定により村事務視察を行つた

十一月三日大宮村、同五日鷹峯村、同六日松崎村、同九日鞍馬村、同一日大原村、同十七日靜市野村、同十九日八瀨村、同二十四日岩倉村、同二十五日修學院村、同二十六日上賀茂村

○優良村視察　竹野郡町村長研究會に於ては十月二十九日より四日間府下何鹿郡吉美村及加佐郡中筋村の優良村の視察を行つた。

五、東京都市計劃街路運河小公園及高速度交通機關の線路に關する事業と土地區劃整理事業と區別する事

六、土地區劃整理に依る失權借家人に補償をなす事

▲來議會に都制促進　中村東京市長は都制案實施促進のため、市部選出各代議士、市會正副議長、府會正副議長、同市部會議長、郡部會議長市會の實行委員長等を十一月六日夜帝國ホテルに招き內務省に向つて來る議會に都制案が必ず提出されるやうに市府協力して運動する、しかして都制案の內容については何等の註文を出さない事に決した。

▲道路新設　東京市では復興局が東京都市計畫の放射線かん狀線を郡部に增加新設する計畫を立てゝゐるので、これと連絡をとるために道路を新設する必要を生じ、過般來道路局で調査中この程出來上つたので七日復興局府市關係當局協議會に付議したが財政計畫の關係上事業を二期に分ち今回は第一期として山の手方面にとゞめ、決定次第具體的に豫算の編成等をなすはずである。

▲市參事會　十一日開會し地下鐵道及び軌道第一期未成線完成計畫軌道第二復興計畫の三計畫に關し協議した。

▲中央卸賣場敷地問題　東京市が中央卸賣市場建設敷地として豫定せる築地海軍用地の讓り受問題は、價額の點で折合はず行惱んでゐたが、最近復興局の仲裁で近く交渉がまとまる事となりこれがため既定豫算の千五百萬圓案の更正を行ふ必要を生じ、既定豫算千五百萬圓中六百五十萬圓を見込んでゐる、用地費は一千萬圓近くになる結果、總額は二千萬圓見當に更正さるる模樣であると。

京都府

▲自作農資金　豫て天田郡內各町村から自作農資金の貸付方を申請中であつたが今回左の通り貸付けられることになつた。

下川口村二萬五千圓、雀部村一萬圓、中六人部村三萬圓、上六人部村三萬圓、福知山町三萬圓。

都々城村役場　十月廿四日自治研究會開催。

▲自治研究會　愛宕郡役所員並に各村吏員を以て組織せる自治研究會は第四回例會を二十九、三十日の兩日雲ヶ畑村に於て

□神奈川縣□

○優良村視察　縣が十一月下旬一週間の予定で京都府及廣島縣下の優良村視察團へ橘樹郡から大綱村助役黑川新太郞氏を推薦した。

○村長優良村視察　荻野村長小林升氏は縣の囑託で十月下旬山陰山陽方面の元良町村視察の途に上つた。

□兵庫縣□

○有吉市長　十二日登廳

○楢岡助役　十二日上京法政局

○辛島知己（氏熊本市長）　二十六日新任挨拶の爲各方面を歷訪した。

○優良村見學　明石郡自治協會では十月二十日郡內各村大字戶主會長約二十名をしてかねて優良部落として名ある美囊郡淡河村南僧尾を一日の予定で視察せしめた。

□新潟縣□

○香川芝田町　長歸町香川新發田町長は水道敷設問題につき上京中の處十月十一日歸町した。

開催。

▲峯山青年團　廿一日役員會開會峯山線開通記念事業の件町運動場に關する件その他四件を協議した。

▲酪農視察　天田郡畜産組合では左の豫定で郡内の希望者を集め酪農先進地の視察をなした。

一、視察地　兵庫縣神崎郡鶴居及福崎兩村
二、日　時　十日十八、十九兩日
三、經　費　各自辨一人十圓の豫定

▲市參事會　廿六日開會豫備費支出の件收入役代理決定の件寄附受納の件
市内上京區押小路室町山田京治より市に對し衣笠小學校增築工事請負代金殘額支拂請求訴訟を提起せるに依り應訴するの件
十四年市歳入出追加豫算
十四年度市特別會計水道事業計經濟歳入出追加豫算その他に就てより調査立案中の京都市電氣使用條例改正の件が提出された。

▲畜牛共同購入　相樂郡畜産組合は農家の畜牛奬勵のため每年共同購入を斡旋してゐるが本年は二歳牛を丹波より共同購入し申込者に配付。

▲天田郡　十一月二日町村長會開會第一種度量衡檢査の件等を打合せた。

▲京都市會　同二日開會主なる議案は東山橋架け替費三萬三千四百五十圓、京都市電氣條例中改正過年度市稅還付金一萬五千圓、水道給水工事費十四萬三千八百圓等。

神奈川縣

▲川崎市會　十月二十四日開會左記事項附議本年度歳入出追加更正豫算本年度特別會計水道費歳入出追加更正豫算。

▲松田町會　十月十六日開會、戸數割賦課其他に就き協議した。

▲南秦野村會　十月十四日招集し本年度追加豫算議決の後停車場協議した。

▲川崎農會協議　川崎市農會は十月二十日評議員會を開き本年度豫算並に事業執行上につき打合をなした。

▲逗子町會　十月十二日開會、町稅加率更正農工銀行三萬圓一時借入の件を可決後協議會に移り小坪トンネル開鑿問題附議。

▲水道起債陳情　川崎市は十月二十日水道委員福岡、成宮外數名石井市會と共に大藏省に四十七萬八千圓の水道起債の件其他を陳情した。

▲厚木町會　十月十六日町會を開き左記諸件を附議した。

□群馬縣□

○佐野町表彰　安蘇郡佐野町自治功勞者表彰式は十月十七日午後一時役場樓上に於て擧行し自治功勞者左の如し

茂木文吾外九名衞生功勞者佐山忍外十六名消防功勞者橫田誠一外十八名其他納稅組合十一組佐野理髮組合佐野高等女學校職員組合第一尋常高等小學校職員納稅組合佐野第二尋常高等小學後職員納稅組合佐野警察署員納稅組合第十六區第一納稅組合第二十一區第一納稅組合第十四區南橫町納稅組合第五區二十一納稅組合佐野町役場吏員納稅組合

□福島縣（前便）□

○關東西教育視察　雙葉郡教育部會では關東關西方面教育視察のため十一月八日より五日間の豫定で左記諸氏を派遣

△富岡小學校長志賀秀孝△廣野小學校訓導金子勇藏△熊町小學校同飛田學次△浪江小學校同吉

○安積郡各町村行政監視　日割安積郡では左記日割をもつて郡内各村の行政監督をなした。

一、大正十四度後半期縣稅戸數割賦課及町稅賦諠率更正の件

二、大正十三年度縣營小住宅決算の件

三、小學校及町役場に物品寄附受領の件

四、役場倉庫建築請負の件

▲産業組合の改善向上協議　愛甲郡では産業組合の改善及之が向上を圖る爲十月十五日郡內産業組長會を開會縣より田中主事補列席左記事項を初め種々協議する處があつた。

一、資力充實の件

二、低利資金借入の件

三、漸進社利用の件

四、其他の件

▲町稅率更正　逗子町會は十三日開會十四年度町稅加率更正一時借入金等を附議加率更正は臨時收入の爲め五、五であつたのを四、五に輕減又一時借人金の件は保險局其他より借入の金が未着の爲め一時銀行より借入れるこ。

兵庫縣

▲神戸市參事會　十月五日定例神戸市參事會は午後二時より開會した大正十三年度各經濟決算を除いて既記諸案はいづれも原案通り可決した、從つて風水害復舊追加豫算も承認されたが十三年各決算は安光收入役の說明を聽取したのみでこの日は末議了に終り午後四時散會した。

十一月廿日の神戸定例市參事會に附議された案は左の通りである。

▽大正十四年度市費歲入出追加豫算（過年度市稅還付）▽同上（長樂小學校災害復舊資三萬八千圓）▽第二回都市計畫事業公債條例中改正の件

尙大正十三年決算に對する過日來の市參事會の審査は十五日をもつて各歎の說明聽取を終つたので廿日から廿二日まで市の重なる營造物を實地調査して後始めて意見の決定をなした。

▲向兵村會　橘樹郡向丘村は十日同村役場に村會開催本年後半期縣稅戸數割賦課方法附議。

▲生田村會　十月十日開催前記同議案及び寄附物件採綱の件學校增築問題につき協議せり。

▲加古川町會　十一月二十七日午後七時より加古川町會前議會を開き道路網その他に就いて審議した。

▲出石郡神美村會　出石郡神美村會を

十一月三日赤津、四日三伏、五日福良、六日中野、七日月形、九日丸守、十日喜久田、十一日富田、十二日富久山

□奈良縣□

○市長上京　大國市長は過般公債問題その他の用件を帶び吉田收入役を同伴上京中であつたが十月七日國際聯盟保健協會員一行の來奈を迎ふる爲め吉田收入役を留め單編歸來したが八日高松宮殿下の奉迎を終つた後再び上京した。

添上行政視察上添郡各町村行政視察は左記の日割を以て執行

▲十月二十九日、三十日瀨村▲十一月二日三日田原村▲四、五東山村▲九、十東里村▲十一、十二日狹川村▲十八、十九日柳生村▲二十三、四日大柳生

□三重縣□

○農事視察　一志郡農友會は十月六日より三日問の豫定を以て岐阜、愛知縣地方に農事視察をなした。

○得厨津市長　上京中の處十月七日夜婦驅

□靜岡縣□

二十日午前八時から開設し道路改良繼續支出方法外數件を附議する。

▲町役場新築　印南郡會根は這般國道改修を完成し目下水道等の計畫を樹立しつゝあるが同町は目下役寺院に假役場を設けて居る關係上不便少からず遠からず役場を新築せねばならぬ運命におかれ幾多問題が山積されてゐるけれどその財源を果して何處に求むるやについては未だ確固たるものないやうである町內の議論としても町役場新築を要望してゐる。

▲加古川町土木委員會　十月二十七日午後一時より役場樓上で開催し第三十四號線道路新設に關し家屋除去の件について協議した。

▲町制施行　城崎郡日高村に町制施行の件は十月二十七日許可十一月一日から町制を實施することゝなつた。

▲高砂町會開催　加古郡高砂町會は十月二十九日開會歌島病院修繕の件、大正十四年度追加更正豫算七千三百圓等に就て審議し原案通り可決閉會した。

▲垂水村々會　明石郡垂水村では十三日午後一時から村會を開き歲入出追加豫算の件寄附金採納の件等を附議した。

長崎縣

▲古部村會　十月十九日招集縣稅戶數割徵收期日變更を原案可決島原水電株式會社村道繼續占用願に關する件一部修正可決。

▲三重村會　二十三日追加豫算後期縣稅賦課額議決就學兒童出席督勵員村有原野官費造林その他を附議。

▲樺島村會　二十七日豫算議決決算報告等。

▲平島村會　二十九日助役選擧の件村議費用辨償支出給規定改正の件を附議。

▲茂木町會　同日防波堤築造工事隨意契約の件を附議。

▲大村町會　不動產處分の件縣稅賦課額の件寄附受入の件納稅獎勵規定設定の件。

▲諫早町會　二十八日召集重要議案たる第三校舍移轉問題公園橋梁設問題を原案可決し町基本財產繰替議決町村道路線認定諮問寄附受入追加豫算議決等の諸件を議了した。

▲各村會　雪浦二十三日長與二十七日喜々津二十八日瀨戶二十九日矢上、松島、深堀、七釜卅日いづれも縣稅營業稅雜種稅賦課額議決。

○和田市長の東上　沼津區裁判所甲號昇格御料地拂下げ、電燈市營促進等重要案陳情の爲め上京する筈の和田市長は種々なる公務のため延期となつてゐたが十一月三日東上滯在三日間六日夜歸沼

○相良步氏（金澤市長）　濱松地方產業狀況視察の爲來濱十四日花屋本店に一泊十月十五日日本樂器同形染帝國製帽下位織布等各工場を視察し同夜上京

□ 岐阜縣 □

○縣內外學事視察　吉城郡內各町村小學校長は學事視察のため十九日出發左記學校を視察▲十月二十日奈良第二小學校▲二十一日斑鳩小學校▲二十二日桑名第二小學校▲二十三日岐阜市白山小學校、女子附屬校▲二十四日稻葉郡島小學校視察▲二十五日岐阜市共進會を見學二十六日歸途

□ 長野縣 □

○羽田長野市助役　十月二十二日岐阜市より歸長

○山林爭奪戰實地視察　南佐久郡南相木村

▲峰村々債の照會　對馬峯村では小學校を新築すべく之か所要豫算一萬五千七百八十三圓に對し中五千圓を村債に依り充當し殘額は本縣低利資金を借入する事になり諾否につき縣に對し照會中であつたが十月二十七日付で罹災救助基金の貸附金があるけれども該基金の使用は主務大臣の認可を要するから其の點含み置の上然るべく申請すべき旨回答があつた。

▲前方村信用組合　前方村では組合員に基金貸付又は貯金の便を得せしむる爲有限責任前方村信用組合組織十一月六日認可申請。

▲口ノ津村　有限責任大屋信用組合農業倉庫建設費金五千圓起債許可二十四日申請

▲松原村　農事改良實行組合設立認可申請。

▲農事改良組合　北松浦郡今福村北東免では渡口十五郎氏、中野村坊方免では寺田傳作氏津吉村大佐志免では谷山實太郎氏を夫れ〳〵組合長に推薦して農事改良實行組合を組織二十一日附認可。

▲東彼杵聯合青年團　本田郡視學引卒の下に二十七日福岡縣各郡優良青年團の視察に赴き卅日歸郡した。

▲深江村　役場吏員中森村長の措置に快からざる者あり十月二十六日遂に本田收入役原口書記を除き總辭職をなし紛擾中である。

新　潟　縣

▲新潟市會　十月六日開會、直に日程に入り一潟千里左の各號議案に何れも讀會省略可決確定。

一、豫算外義務負擔に關するの件

一、新潟市營住宅建設費起　債還年次表更正の件

一、永田正之助氏を助役に推薦選定の件

一、大正十四年新潟市歲入出更正及追加豫算

一、有給吏員定制規則改正の件

一、有給吏員給料額規程制定

市參事會は十日開會十四年度新潟市歲出更正追加豫算等議決した。

▲高田市參事會　九月三十日開會、寄附金採納の件、大正十四年度特別會計水道事業費歲入出追加豫算、十四年度特別會計瓦斯事業費歲入出及び追加豫算、市會提出議案審査の件等を附議。

▲西頸町村合併　西頸城郡に於ける町

が施行査定の事から村有林と林と奇怪なる山林爭奪を惹起しつゝあるは既報の通りであるが但丸南佐久郡長は實地視察のため二十四日倉林業械手と共に同村に出張した。

□宮城縣□

○新沼氣仙沼町長高橋幸市氏　十月四日鐵道運動のため上仙し六日歸町

○耕生郡須江村長寺島貞吉氏　十月九日上仙し縣廳を訪問し廣淵沼開墾耕作地小作米減石の件を具申

○桃生郡飯野町長五島三右衞門氏　十月九日上仙

○佐々木古川町長　十月十六日午前九時四十五分古川驛發出發

○自治功勞者村上勇吉氏　自治功勞者として今回攝政宮殿下行啓に際し拜謁の光榮に浴した刈田郡圓田村村上勇吉氏は明治元年七月五日出生明治二十八年郡制實施さるるや郡會議員に選ばれその廢止まで議員の職にありて郡治に功勞あり一方明治二十八年より村長として現在に至る間村の產業敎育に意を注ぎその成績見るべきものあり大正十四年金一萬圓を公共事

村合併の議出でしより郡に久しきに亘り其間各町村委員の會合屢々であつたが郡役議所よりの提出に對し殆ど賛成せざるのみか全然合併反對論を唱ふる町村あり又甲村と乙村は合併するも丙村をも合併するは反對であると云ふ様な議論のみにて到底一致點を見出す能はさりとて監督官廳はこれを强請する權能を有せざる爲今の處該問題は全く行惱みの有様にある。

▲出雲崎町會　出雲町會十月三日開催、町會代理大鹽助役開長を宣し北越銀行訴〻提起の件を後廻しとなし十四年度歳入出追加更正豫算を附議し國勢調査費は異議きも去る十二年度より着手したる學校敷地均し工事其他に要したる八百四十四圓四十錢に對し支途は夫々明確なるも兩三年度後の今日に至り提出の承諾を求めんとするは甚だ理事者の怠慢であるとなし向後是に類似するもの無きやと質し兎も角承認を與へ次に北越銀行事件に最も重大の關係を有する　共有財産及公金三萬幾千圓の預金が北銀今日の狀態に徵し甚だ遺憾に堪へずとて訴訟提起を提出し事件の推移上重役を對手取り訴訟を提起することに決議し種々手段を講じた。

埼玉縣

▲川越市參事會　九月二十一日開會去る十六日市會議員協議會の結果改正した下水案を審議した。

▲小鹿野校增築　秩父小鹿野町の小學校增築に關して十月三日開會し種々協議の結果常務委員に茂木茂三郎、加藤芳三郎、船崎國五郎、浮田常次、荻原伊作、原田源作の六名を推薦して一切は委員附託に決した

▲兒玉農會評議　十月五日郡會議堂に於て開會、十四年度本會經費追加豫算、十三年度本會經費收支決算十三年度本會會務狀況會議錄記名者選擧の件を協議した。

▲鳩ケ谷初町會　九月二十日同町小學校に開催、這般當選の新町議の初顏合せを爲し收入役代理改選の件其他を附議した。

▲寄居町會　十月三日、十三年度の決算承認に關する件を附議した。

▲本庄町會　九月二十二日開會、不士用地建物賣却の件、實科商業學校組織變更の件、十四年歳入出追加豫算議定の件を附議

▲浦和町會　十月五日開會耕地整理に件ふ浦和驛北部第三線の四間道路が完成したのでこれが踏切の擴張工事を鐵道省に請願

業に寄附したる廉により、授褒賞を授與さる。

□福島縣（後便）□

○大森市長上京　大森郡山市長は職業紹介事務打合せ會へ出席のため十一月一日から四日間上京

○市水道を視察　若松市岸助役小池市會議員外九名は二十六日來福市役所に近藤助役をたづね上水道に關する說明をきき今泉主事付添辨天山に貯水池其他を視察した。

○福島の學校視察　在京市學務員笠間平右衞門氏外六名は十一月三日來福し市役所を訪ね市の學務狀態を調査し石田主事の案內にて市立各小學校を視察した。

□青森縣□

○町村長會出席　神田八戸町助役菊池板柳村長及幸田藤崎村長は十月六日岐阜市に開催の關西町村長會議に縣下町村長會を代表して出席した。

○行政監査　石橋北郡長は開米奈良兩郡書記を從へ鷄田村の行政監査を行ふべく九月二十五日出張した

申請中であつたが愈認可されたので町費から二百五十圓を支出認定の件其他を附議決定した。

▲菖蒲町　浦和區裁判所菖蒲出張所の事務は九月十四日より廳舍新築工事中南埼玉郡三ケ村大字三箇二九九の假廳舍で取扱ふ

▲小川小學校　比企郡小川町小學校は增築工費七萬圓の豫算を以て今秋起工し明春新入學までに收容する樣町會之を決議した。

▲川口町會　名譽町長永瀨庄吉氏の認可申請を縣當局へ提出したが十月七日町會を招集し助役（名）一名推薦の件、元町長たる成松胤隆氏に對する慰勞金に關する件元川口小學校長の佐久間得三氏に對する慰勞金の件その他數件を附議した。

▲粕壁町役場　本年六月より工費二萬五千圓、延べ坪九十坪の二階建洋風廳舍と九坪の鐵筋コンクリート倉庫を新築工事中であつたが十月一日落成したので二、三の兩日一般町民に縱覽を許したが四日新館に引移ることになつた。

群馬縣

▲前橋市會　十月二十四日第六區長本町補缺選擧の件△前市長慰勞金給與に關する件△大正十四年度歲入出追加豫算の件等の諸件附議。

▲群馬縣室戶町會　十月十四日開會御眞影奉安所並に校舍の一部移轉の件寄附受入れ區長補缺選擧十四年歲入出追加豫算外數件を附議議定せり。

▲群馬郡金古町會　十月十四日午前九時開會助役選任十四年度歲入出追加豫算寄附受入れの諸件を附議議定して閉會せり。

▲群馬郡駒寄村會　十月十九日開會十三年度歲入出決算、區長辭職後任選擧外二件を附議議定。

▲群馬郡明治村會　十月二十三日午後一時開會、暫らく缺員中なりし村長の選擧を行つた。

▲群馬郡古卷村會　十月廿三日開會、十四年度歲入出追加豫算、寄附受入村費補助外二件を附議した。

▲高崎市會騷擾事件　高崎市會議員松井親民氏が森川縣會議長及び憲政派の市會議員を騷擾罪を以て告訴した事件に就て高崎區裁判所の外山檢事は辻井書記を從へて十月二十四日高崎市役所に出張市會議事室の實地檢證を行ふと共に關係者を招致し

○縣外視察　女鹿澤村の新人連は村農會の補助の下に細成田村長引卒のもとに秋田縣下の產業視察の爲め十月一日出發せり視察者は對馬留吉、山田壽、佐藤重吉、奈良岡久吾、三上忠五郎、西塚勘三郎、海老名彥八、石岡政吉の八氏。

□福井縣□

○郡長視察　高城郡長は岡田田染の兩郡書記をしたがへ九月二十八日より三日間出納檢査及一般事務の視察のため上池田村へ出張した。

○武內福井市長　九月十八日午後五時二分福井發上り列車で上京し令息三七日法會を行ふて十日間滯京の上歸福した。

○三田村町長出張　十月六七日岐阜縣會議事堂で開會、關西府縣聯合町村長大會に三田村武生町長は縣下町村長會長として出席のため五日夜出發

○縣外農事視察　神山村千福用中甚衞氏は九月二十九日より三日間富山縣方面の農事を視察。

□石川縣□

て取調をなした。

千 葉 縣

▲富浦村會　十月二日午後村會を招集し左記事項を協議した。

一、傳染病豫防委員選擧に關する件

一、土木建築委員選擧に關する件

一、區長代理者選擧に關する件

外數件。

▲君津町村農會長會議　君津郡町村農會長會議は十月十五日午前九時から農談所で開會左記諸件を附議。

△諮問事項、十五年度町村農會經營水稻株種出種籾配布の具體的方法、橫濱販賣斡旋所に對し共同出荷の成績を擧ぐる爲の町村農會施設、町村農會經營改善に關する具體的方案、△指示事項　財務整理町村農會指導各種養成講習員採用農會相互視察△協議事項　十四年度本會事業方法十五年度町村農會株種圃經營方法

▲高神村に町制問題が持ち上る　海上郡高神村は近年著しく發展し町制問題なども持ち上がつてゐるが試みに、最近調査の主要物産移出高を見ると蔬菜四十二萬圓、石材十一萬圓、鮮魚二十二萬圓水產加工品三萬圓に達してゐる目下修理中の外川港工事進捗に伴ひ猶益々發展を見るべく戶數人口も郡下各町村の平均率以上に增加の趨勢を示してゐる。

▲保田區營住宅　安房郡保田町にては旣報の通り金八千圓を以て町營住宅八棟を建設する事となり、十月上旬豫て工事中であつたが內五棟は旣に上棟式を終へたので十一月中旬には全部落成の見込である。

茨 城 縣

▲高岡役場落成　工費七千圓を以て改築中の多賀郡高岡村役場廳舍は此程竣工を告げしに付十月二十八日開廳式を擧行した

▲相馬町の紛糾妥協有望となる　北相馬郡片町は久しく多數派少數派に別れ紛擾を續けてゐるか多數派は常に少數派を壓迫して居たが龍ヶ崎町沼崎八右衛門氏は見兼れて仲裁の勞を取り妥協有望を示して居る若し此の問題が解決出來ない場合には多數派の非事が曝露するやも計り難いと。

▲開墾術助申請　雙葉郡天野村大字川原渡邊縫は字上平地內二十筆を開墾したるより簡易土地改良の補助を申請した。

○郡長巡視　京念郡長は本田、澤田兩郡書記を伴ひ左記日割に係り村役場の事務巡視を爲した。

▲十月十目二神違村

▲十月十三日西浦村

▲十月十四日西海村

▲十川十地日東增穗村

○野村縣視學　十月十五日午前渡邊七中校長葬儀に知事代理として參列のため出張

○相色市長　岐阜の共進會を視察に兼ね市政上の用務を帶び九月十二日京都、東京方面へ出張

○收入役視察　河北郡町村收入設事務研究會では這般の會合に方て各町村收入役全部の視察方を決議せるが該決定に基き九月十六七兩日福井縣吉田郡松岡村役場の視察をなし永平寺に參拜、芦原溫泉に一泊の上歸郡した。

□島 根 縣□

○高橋飾雄（松江市長）　九月十八日白潟小學校巡視。

○橋飾雄氏（松江市長）　九月二十九日午後

▲富岡町會開く　雙葉郡富岡町では三十日町會を招集し大正十四年度歳入歳出追加更正豫算の件を附議した。

▲下妻町會慰勞金贈呈議決　下妻町會は十三日午後一時より役場樓上開會十四年度町税追徵課率同年度歳入出追加豫算を議定したる後元町議萩原作平、外山與三郎、元下妻小學校訓導入江福松三氏に慰勞金贈呈の件を可決し三時散會したが萩原、入江兩氏各五十圓外山氏三十圓である。

▲縣道編入陳情　雙葉郡大久村長谷平熊治氏は同郡久之濱町石城郡大野村に通ずる道路縣道編入の件に關し陳情のため十一月二日出縣した。

▲小野新町の町民大會　田村郡小野新町に於ける春山町長彈劾町民大會は十月十三日午後四時から同町新町會舘で開會したが來會者は六百餘人に及び前町議阿部末藏菅村代議士その他數氏彈劾的熱辯を揮ひ最後に彈劾の決議を滿場一致で可決し實行委員をあげて同六時散會した。

奈　良　縣

▲阪合村會　十月二十四日開會、收入役退職承認並に後任者選定の件等協議。

▲北倭村會　十月五日招集、十四年度歳出追加豫算並に同年度歳入出豫算更正の件に就き協議した。

▲市會　十月二十八日、市水道公債條例中改正の件、水道公債償還年次表更正の件、水道公債發行に關する契約變更の件、十四年度市歳入出追加豫算の件等の事項附議。

▲今井町委員制設置　今井町役場公金費消事件に鑑み町會議員は今後の町制を慮り町委員制を設くる事として町村條例の改正を行ふ計畫中の處十月十六日町會を開催し改正と同時に一町四名計二十九名の委員を選定することに決した。

三　重　縣

▲富田町會　三重郡富田町會は十月二日開會町營墓地火葬場新築位置變更の件外數件を協議した。

▲壬生野村會　阿山郡壬生野村に於ては現村長五百田武俊氏は病氣の爲め九月二十三日返職をなしたる爲め後任村長選擧に付十月三日村會を開催したが決定するに至らなかつた。

▲神志山村會　十月七日開會、十四年度追加十三年度決算、村醫手當賞與其の他

八時三十四分發上京

○足立大原議長　は高橋、山尾兩郡書記を隨ひ九月十日午前中春殖村役場の事務を視察をなしたるが一般事務は成績良好なる旨講評し尙將來施設事業に就き指示する所ありたり午後は多々納產業主事補と共に同村信用組合を視察したり。

○中島卓矣氏（美濃郡吉田村長）　佐々井利一郎氏（吉田村會議員吉田村中の島住民總代）高津川堤防嵩上げ工事益田農林學校養蠶科設置請願の爲め土居務部長、菅土木課長及び學務課訪問

○村費を寄附し褒賞を下賜　美濃郡安田村大石久之外五名から安田村費として金員を寄附したのに對して褒賞條例に依り褒狀を下賜された。

□岡　山　縣□

○町村長縣外視察　兒島郡町村長會の縣外優良町村視察員岡田鉾田村長外五氏は山陰、北陸並に本州中部地方視察の爲向ふ八日間の豫定で十月二十一日出發した。

○高野村農事視察　高野村農會では各農會區長及農會技術員等三十餘名十月五日午前五時村役場に集合自動車五臺に分乘し

た附議した。

▲久居町會　十月八日招集し左記議案を附議した。久居町立裁縫學校學則變更の件寄附出願受納に關する件、十三年度決算認定の件。

▲桑名町の隣接村併合問題　十月三日委員會を開き歴記隣村合併に關する向後の方針を熟議した。

▲田丸町會　九月二十九日開會、十四年度田丸町歳入出第二回更正豫算の件、田丸尋常高等小學校營繕費繼續年期及支出方法更正の件、道路擴張用地買入の件、寄附物件受入の件、收入役を定むる件等を附議した。

▲藤水村小學校　安濃郡藤水村小學校では豫てより同校舍増改築中の處漸く此の程落成をなしたるに就き十月　日同校に於て之が落成式を擧行したので郡より中川郡長服部視學臨席した尚午後よりは青年兒童聯合運動會を開催した。

愛知縣

▲方面委員會　愛知縣社會課にては九月二十一日縣廳會議室に第二十四回方面委員會を開き二木內務部長のあいさつ齋藤職業紹介事務局長並に當日本赤十字社愛知支部長の講演其他取扱事項の研究があつた。

▲兩家畜市場　中島郡畜産組合の十月廿日より廿二日迄三日間同郡祖父江町に臨時家畜市場(取扱家畜牛馬)開設東春井郡畜産組合の同月廿二日より二十四日まで三日間勝川町に臨時家畜市場(取扱家畜牛馬羊豚)開設の件は十月十四日許可された。

靜岡縣

▲沼津市會　十月二十八日開會議案は左の如くである。

△寄附金受領△十四年度歳入出追加更正豫算△同下半期縣稅漁業稅等級課稅議定△同上縣稅營業稅雜種稅等級課額△同縣稅戶數割賦課額議定。

▲笠井町會　十月二十六日開會、左記議案を審議した。

△十四年度後半期縣稅營業稅雜種稅等級割同戶數割△十四年度歳入出追加豫算△町財産管理規定中改正の件△學務委員設置規程中改正の件。

▲磐田大藤校落成式　校舍の狹隘を感じ一千七百圓を以て先頃増築工事中の處漸く竣工したので十月三十一日盛大なる落

農事視察の目的を以て縣農事試驗場及び共同試件第財田村の果樹園視察に赴き當日歸村した。

□和歌山縣□

○宮本啓三郎氏(朝來村長)　九月二十八日郡衙へ即日歸村。

□大分縣□

○中津町訪問　日田郡日田町長穗坂重吉、五和村長後藤龍藏日田郵局長廣瀨貞治有田村長帆足悅藏諸氏は中津町と日田郡とを連繫せしむべき諸問題に就き十月十三日中津町役場に堀ノ內町長を訪ひ種々懇談した。

○濃會事務視察　同日速見郡農會常任幹事安部白氏は北杵築村農會一般事務視察檢閲を行ひ即日歸郡。

○神澤別府市長　同日上水道擴張起債に關する運動の爲上京。

○軍人慰問　日田郡町村長二十七名並に東國東郡町村長二十名は二十日……大分步兵四十七聯隊在營中の同郡出身現役軍人を慰問。

成式を擧行した。

△磐田二俣町會　十月十六日開會過般の風水災害の復舊費追加豫算外數件を決議し更に左記八名の鐵道委を擧げ光明電鐵速成並に近く實施せんとする參信鐵道の□抗運動に付き、積極的方策を講ずる事となつた。

加藤素次郎　川島熊太郎　杉浦榮作　米山逸作　安西平三郎　小林覺之助　大田寅吉　松島長太郎

山梨縣

△明見村村長認可方針　南都留郡明見村の村長問題につき加賀美宗太郎一派は村會に於て當選した村長舟久保六雨氏の就任に反對してゐるが縣では種々の陳情があるにしても村會が合法的に村長を推薦してゐる以上は當選を認可せざるわけには行かぬから近く認可を發する筈である然しながら反對派が唱ふるが如く眞實に舟久保村長が一身上に公人的資格なきものとすれば舟久保村長の就任は自治體をして圓滿に進行せしむる以所ではないから自發的に所決することが當然である縣としては合法的に推薦せられた舟久保氏の進退を如何ともすることはできないとの意嚮をもつてゐる。

△甲運村の助役　西山梨郡甲運村では助役缺員中のところ種々詮衡の結果適當の人物がないので有給助役を設くることに決定して縣の認可方を申請した。

△三ケ村の死活問題　南都留郡舟津小立勝山三村水利組合では西湖の水より簡易水道を設置せんとして着工の運びになつたが隣村長濱村で土地貸與を承諾せぬので昨今の如き渴水の憂き目を見ては三ケ村一萬の人々の死活問題なりとして十月三日渡邊縣議外數名縣衛生課に陳情した。

岐阜縣

△大垣市會　十月二十一日招集、市有土地賣却附帶契約に關する件、寄附金採納の件、就學奬勵金規定設定の件、十四年度大垣市歲入出豫算追加の件、道路敷地借入契約の件、附議した。

△高山町街路擴張　飛騨高山町櫻山八幡宮前より宮川河畔千鳥町に通ずる記念道路延長□は土地家屋買收立退き等圓滿に解決し千鳥町方面は既に工事中で近く竣功すべく又大新町方面は近く工事に着手し本日

□佐賀縣□

○野口佐賀市長　全國市長會議に出席し歸途市電問題其他の件を帶びて東京に滯在中であつた野口佐賀市長は十月二十七日歸佐。

○河村神崎郡長　佐賀市於ける一市四郡清酒品評參列の爲十一月二日來佐。

○大石巳之助氏（脊振村素封家）　病氣靜養中三日死亡せり氏は明治二十二年同村村議となり二十二年村長となり在職八年村政の刷新に努め勸業に熱心にして大日本農會其他より表彰せられし事一再ならず地方開發に功勞多き稀篤の士であつた。

□熊本縣□

○伊藤飽託郡長　森山、荒木縣書記を隨へ十月十三日は中緑村役場十四日は川尻町役場を巡視した。

○長野忠次郎氏（鹽積同業組合長）　鹽絲中央會々議出席の爲上京中二十二日歸熊。

○辛島市長　二十九日山崎町悅亭に於て市會議員一同を招待した。

○後藤員訂氏（阿蘇郡白水村長）　十月十四日死去。氏は明治三十一年本村役場書記

に竣功の豫定であるがこの新市街路は幅員五間二尺兩側の溝四尺宛で宮前通りと改稱することになつた。

▲町營住宅起債 可兒郡豊岡町では十一年度に於て町營住宅建設の議起り當局一萬三千圓の內務省低利資金を借受け十五戸を建設したるが其の後小住宅の拂底著しく現在二百八十戸の不足を告ぐる狀態なるを以て簡易保險積立金五萬圓を借受け先づ五十戸の建築をなし緩和せんと本縣を通じて起債申請中の處十月十九日縣より正式に內務大藏兩省に復申した。

▲產業組合長會議 十月十九日郡上郡役所に於て同郡產業組合長會議を開催し田中郡長より產業組合の事務執行に關し指示事項を示達した。

長野縣

▲長野市會 長野市會に於て附議した案件は左の六件である。

一、物件勞力其他の供給に關する件
二、不用物分件處に關する件
三、土地請負規則中依正の件
四、大正十四年度縣税戸數割隨時收入賦課額決定の件
五、區有建物處分の件
六、區長及代理者補缺選擧の件

▲飯田町營電燈諒解 飯田町では二十一日午前九時より町役場に各區長を招集し水道布設及び町營電燈問題に關し今日までの經過を報告し今後全町民の力によつて二大事業の完成を期すべく諒解を求むるところがあつた。

▲ぬかる心配なくなる千歲町 長野市土木課では市內千歲町道路改修の爲め同町藤屋支店前より上百間を起工することになつた工事期間は十月二十七日より十二月九日までゞ片道通行止めをなして半面づつ改修するもので路床は中央道式路に改め冬期又は雨期の泥濘を防ぐものであると猶ほ該工事は二三年繼續事業として行はれる豫定である。

▲長野市參事會 長野市では二十六日午前九時から參事會を開催左の諸件を附議

一、四月二日以降納税義務を生じた四百七十戸に對する縣税戸數割隨時課徵收の件
二、鍋屋中學校不用土地無償讓渡の件
三、縣道 野期陽線地元寄附增額の件

▲安茹里村會 二十七日同役場內に村に就職以來二十八年間終始一貫村治の發展に努力し大正四年助役に選任十二年村長に推され今日に至つたものである。

□宮崎縣□

○神殿勇策氏（高千穗町長） 教育、土木勸業、軍隊慰問の件に就十月九日宮崎市へ出張都城小林を經て十四日歸町した。

○谷口浦津町長 十月九日出縣翌日歸町。

○日高南那珂郡長 十日出縣。

○宮內加久藤村長 部下吏員の事務澁滯のため引責辭を決したが勸告により留任

○農業視察 上穗北農會員四十五名小川助役に引卒十日延岡出北面を農業視察。

□鹿兒島縣□

○美擧 始良郡山田村森薪十郎氏ば母堂忌日祭の費用を節し左の如く公共團體に寄附した。

十圓 山田婦人會 十圓 下名青年團
十圓 山田村學齡兒童就學奬勵資金

○坂口壯介氏（縣會議員） 村長會議出席の爲來日中十月七日鹿屋へ。

○眞島中八氏（佐多村長） 同上。

○御牧秀一氏（肝屬郡長） 大崎持留川幹線

會を開いたが議題は大正十四年度隨時縣稅戶數割課額議定の件及び助役選定の件であつた。

▲芋井村會　十月二十四日村會を招集し保安林解除に關する件を決議し終つて後村有地管理常設委員の選擧を行つた。

宮城縣

▲仙臺市會　仙臺市會が攝政宮奉迎式上奉讀すべき奉迎文並に獻上品を決する爲め十月十五日市會招集、同時に獻上品と議員に拜觀せしめた。

▲須江村會　十月五日招集し目下大問題とされたる廣淵沼開墾地貸下げ問題の討議を遂げ善後策を協議した。

▲隔離舍新設　川渡村では永年隔離病舍の設置なきを遺憾とし今回千六百圓を投じ川渡村鍛冶谷驛字松下國ひに新設した。

▲角田町追加豫算　角田町の本年度歲入出追加豫算の要領左の如し。

歲入　交付金一六圓、補助金五〇九圓
雜收入二一八圓
計金七四三圓
歲出　傳染病豫防費五〇、寄附金二一四圓、就學兒童奬勵費二〇圓
歲出計金七四三圓

▲岩沼街路改修　名取郡岩沼驛前の街身は漸く改修さるゝこととなり十月七日より町費を以て街路側溝工事に着手した。

▲千貫校改築　名取郡千貫村の學校改築問題は可成り紛擾を來したか過般漸く解決し手打會を催し直に簡易保險局へ三萬五千圓の借入れ申請中であつたが十月十三日附を以て認可された。

▲認可指令二つ　內務省は左の如く十五日附畢可の指令を發した。

一、宮城縣宮城郡品井沼水害豫防組合制限外加稅の件

一、宮城縣桃生郡二俣村地租營業附加稅課稅の件

▲圓滿解決す女川埋立組合の不正支立問題　牡鹿郡女川村の埋立組合員の一部が運動費として組合の金約四萬圓の不正支出問題については硬骨派十五名より石の卷區裁判所に告訴を提起するやの說ありて同組合內部の紛擾を增大しつゝあつたのだがこの程塊方有志家が協定策を講じ奔走中漸く兩方より讓步することゝなり圓滿解決を告げたと傳へられる。

工事に關し東串良有志と共に縣と接衝のため出寬十四日歸任。

□沖繩縣□

○田村課長出張先島へ　田村產業課長は久場川兪本兩技手同伴昨日出港の便船で宮古八重山兩郡の一般產業視察に赴いた。

○仲吉首里市長來社　新任首里市長仲吉朝助氏は就任挨拶のため來社した。

□北海道□

○視察　幌小學校村上校長、德永、田畑兩教員は十月二十四日午後より雄冬視察に出張同夜一泊二十五日歸校。

○齋藤村長　沼田土功組合幹線改良工事視察の爲十一月一日出張。

○下田村長　は水利問題につき道廳へ東旭川高木神樂安達の三村長と出頭十日三十一日歸村。

○視察　赤堀村長は畜產狀況視察の爲五日音更村種畜場に出張せり。

○村長　十月二十六日から後志支廳町村長會議に出席の爲め小野寺村長同二十四日出發した。

○斜里　山田村長　公用を帶び出札中の處十月二十二日歸村。

福島縣

▲白河臨時町會　十月二十八日臨時町會を招集大正十四年歲入出豫算追加更正戸數割賦課に關する件等を附議した。

▲神島市學務委員會　十月二十六日から目下增築中の第五小學校舍使用屋根瓦の件を附議した。

▲白岩助役に反感起る　小學校問題の安達郡白岩村助役菅野光氏は問題が紛糾するや村理事者として嚴正中立を聲明してゐる問題の中心人物である元村長佐藤彥五郎氏が憲政派の首腦である爲めに黨派を廻つて問題を解決せんとし稻澤の糾彈派を攪亂せん爲めに同部落の憲政系を操縱せんとしたので忽ち同助役に對する激怒は增大して來た。

▲久の濱校敷地擴張認可　双葉郡久の濱町、大久保村組合では小學校敷地八百四十六坪の取擴め並に工費一萬二千百二十六圓を投じての學校舍增築は十一月四日縣から認可された。

▲若松住宅增築　若松市では更に住宅十二戸を增築するが三四日中に認可ありて貸出すべく十一月上旬に工事に着手する豫定であるが其の建築場所は千石町の市營住宅地空地を利用するもので總工費二萬四千二百圓である之が完成すれば住宅緩和の一つとなるであらう。

岩手縣

▲斗米村會　斗米村會は二戸郡斗米村に於ては二十二日村會を招集し一議員出席左の諸案全部原案可決確定の由。

(一)役場處務規程改正の件(二)財務取扱規程中改正の件(三)大正十三年度歲出決算報告認定の件(四)收入役任期滿了に付推薦の件は現收入役再選に決し(五)吏員退職手當金給與の件は三ヶ森書收入役代理退職に付慰勞金一百五十圓を贈呈の事に決す(六)收入役代理者退職に付後任者推薦の件(七)大正十四年度歲出入追加豫算議定の件因に收入役代理は坂本才兵衞氏決せり。

▲小高坂小學校落成式　本年度より新設の小高坂小學校はその校舍新築落成式を一日午後一時より擧行。

▲湯口村會招集　十月三十日稗貫郡湯口村役場に同村會招集左の件に關する決議せり。

人事移動

京都府

○高田菊太郎氏　相樂郡狛田村長十月十日滿期退任二十日再選せり。

神奈川縣

○山崎莊吉氏　十月十九日共和村長認可。

○小野常三郎氏　上郡吉田島助十月十日認可。

○平田三平氏　上郡吉田島村收入役に推薦され十月十三日附認可。

兵庫縣

○五島新太郎氏　橘樹郡稻田村長は小學校增築不正事件の責を負ひ辭表提出中の處村會で承認し後任銓衡に入つたが相當至難の模樣。

○井本作治氏　氷上郡船城村收入役當選。

○神戸多藏　加東郡加茂村收入役推さる。

○出石町助役　出石郡出石町助役金澤銑二氏が家事の都合で辭任後缺員となつてゐたが此程町會で町長の推薦したる日下部

一、湯口村吏員並に請給與及財務に關する規程中改正の件
一、湯口村納務奬勵規程中改正の件
一、隔離病處分の件
一、學務委員補缺選擧の件

▲薄衣村會招集 追加豫算提案　薄衣村にては十月三十日村會を招集し大正十四年度歲入出追加更正豫算の件外三件縣道花泉猿澤間改修速成に關し陳情するの件等を附議。

靑森縣

▲縣下町村長會　靑森縣町村長會評議員會は十月七日午前十時半より八戶町役場に開催され、大正十四年豫算追加更正の件會則變更の件を可決した。

▲大鰐町會　は收入役更迭の爲決算の延期中の處九月二十一、二十三の兩日午前九時より開會左記議案を可決した。

議件
一、元收入役退職給與金支給案
二、大字有積立金處分案
三、火葬場附屬建築物新築議案
四、助役辭任承認の件
五、大鰐町收入役身元保證に關する件
六、收入役給料支給案
七、ガソリンポンプ購入補助の件
八、大正十三年度大鰐町歲入出決算
九、大正十四年度追加豫算案
十、三ツ目内歲入出決算
十一、助役推薦案
十二、助役給料支給案
十三、前助役退職給與金支給案

▲弘前市參事會　市會議員當選異議中立辯明書議定其の他に關する弘前市參事會は十月二日午前十時より開設したるが提願中實地調査を要する案件ありために午前十一時休會とし障害木即ち開庭院の杉樹土手町市有地貸付けの實地調査をなし十月五日午前九時より再開せり。

▲部落有林統一 東目屋村で　中郡東目屋村部落有林野約三百町歩に對し大正十二年以來縣郡より村有に統一すべく勸奬し來りたるが各部落の所有林野には面積の多寡其の他均衡を得ざるものありて其の間部落民の理解を求むるため十數回にわたりて會合を重ねて今日に至りたるが愈々全村民の理解する所となり九月二十四日村會に附議し各部落所有の林野全部を村有に統一することに決議せられた。

良三郎氏を滿場一致可決したけれど當の日下部氏はまだ承諾してゐない。

○出石町助役金澤銳二氏（名譽職）十月二十五日附家事の都合で辭任した後任は十月二十九日の町會で決定。

○神戶經治氏　加東郡瀧野町長十月十二日任期滿了の處同日臨時町會にて滿場一致で再選。

長崎縣

○吉田良八氏　八ヶ年間缺員中の南高來郡西鄕村助役に推薦さる因に氏は目下同村收入役奉職中なるを以て後任を書記島崎與四郎氏に決定いづれも十月二十二日認可申請。

○信用組員役員　南高來郡北有馬村有限責任有馬村信用組合では此程總代會を開き監事再選の結果左の通り當選した。
▲小柳岩藏、吉田才次郎、中村禮藏、池田富士松、池田喜一郎、吉賀利男。

新潟縣

○永田正之助氏　新潟市助役に滿場一致可決した。

▲農事改良組合　後潟村農場後潟農事改良組合は嚢に其筋の設立認可を見たる以來着々計策の步を進め各種の改良農具を備へ付け組合員の共同使用に任し來れるが先頃アルファ式石油發動三馬力一臺を購求し是か備へ付けを了し來る十月二日正午より組合長吉田重五郎宅に於て是が試運轉をなし旁々近村の篤農及有志を招じ是が披露宴を張る趣きを以て本日各方面に案內狀を發したる。

▲瀧內村誌　種市瀧內村臨時代理村長は瀧內村勢の一班を少くとも村民一般に周知せしむるの要ありとし瀧內村誌を發行すべく目下之れか編輯方法講究中なるが來月中に上梓すべしと。

山形縣

▲特別町村調査　山形縣內特別町村調査の爲め文部省より瀬良屬來縣十月九日より十一日まで海東田川二郡內の特別町村を調査する所があつた。

▲飽海町村長會　飽海郡にては十月五日郡役所內に於て各町村長會を開き行啓に關する打合をなした。

▲戶籍吏協議會　山形區裁判所管內に於ける戶籍吏協議會は來る十一月上旬南村山郡上の山溫泉にて開催する豫定なり。

▲新庄町政研究會　新庄青年革新同盟會にては九月三十日大正堂に於て町政研究會組織に關する種々なる協議を爲す所あつた。

▲自治會講演　東置賜郡上郷村自治會は十月十五日同村小學校に於て花田中佐加藤山形自治講習所長を招き講演會を開催した。

▲傳染病院建設　西田川郡大山町及西郷村共同傳染病院は大正十五年度實現の見込にて敷地は大山地內の由。

秋田縣

▲秋田市會招集　十月十日午後二時左記件につき市會を開催議決せり。

一、東宮殿下行啓奉迎文捧呈の件
一、記念事業調査員規程の件
一、記念造林用地買入の件
一、大正十四年度市歲入出追加豫算
一、市水道使用料及手數料條例改正の件
一、市水道給水規則改正の件

▲本縣起債許可制限外課稅も　內務省は一日付を以て秋田縣に對し起債

埼玉縣

○岩田新太郎氏　大里郡寄居町名譽助役の選衡中の處十月三日町會にて氏に滿場一致した結果確定した。

○石川猛氏　北足立郡土合村長十月二日當選就任した。

○永瀬庄吉氏　川口にて名譽町長永瀬氏の認可申請を縣當局へ提出したる處同月九日認可となつた尙同氏も心よく承諾し十八日交渉委員たる芝坂平七氏外九名の委員に向つて承諾の旨を回答した。

群馬縣

○金古助役の申請　群馬郡金古町助役に町會議員神保統武氏選任され十月十九日その筋へ認可を申請せり。

○根岸森三郎氏　群馬郡大類村長十月五日限り滿期退職。

千葉縣

○小熊喜三郎氏　君津佐貫町長再選。

茨城縣

○眞壁助役當選　眞壁町では　二十九日

及び制限外課税の許可指令を發した。

一、秋田縣大館町住宅建設費五萬圓起債の件

▲制限外賦課許可　雄勝郡若湯村において御眞影奉安所建築費支辨のため地租營業税、所得税附加税に對し制限外賦課を爲すの件は九月十六日付を以て知事より許可せられた。

▲土崎港町會　土崎港町にて左記諸件に付き十月十二日午後一時から町會を招集された。

一、相澤重吉より土崎尋常高等小學校費へ指定寄附受納の件

一、十四年度町歳入出豫算追加の件

一、生保内營林署より木炭特約購入の件

一、多田覺性より男女兩小學校基本財産蓄積金指定寄附の件

一、特別會計に屬する小學校基本財産造成發十四年度歳入出豫算追加の件

一、土崎尋常高等小學校瓦屋根修繕工事請負を指名入札と爲すの件

▲耕整組合の解散　由利郡西瀧澤村耕地整理組合は九月二十七日同村小學校において耕業終了につき、これが維持管理を村に引繼ぎ圓滿に解散式を行つたが本組合は明治四十一年の天皇陛下本縣行幸の際における記念創立にかかるものにして同地方は濕地のため收量一石二斗位であつものが現在四石の收穫ある處が大部分あり非常な成績を收めつゝありと。

▲完納者表彰大館町の　大館町では九月三十日同町男子小學校に於て稅金完納者の表彰式を擧行する豫定であつたが國勢調査のため來月八日に延期した當日は同町有力者、納稅組合長、青年團長等を招待して納稅の宣傳をなす筈で被表彰者は約百名に達する見込みである。

▲近く出來る納稅組合　市における諸納稅納入成績の不良に鑑み市當局に於て納稅組合設立奬勵中各町とも續々創立の模樣であるが市内龜ノ丁では早坂衞生組合長主として斡旋し今般略統一せるため目下組合會規則起草中にて一兩日中創立のよしである。

福井縣

▲野向村會　九月二十五日急施村會招集した所は二十四日郡長外一名の吏員出張視察した際所得稅附加稅の過誤徴收を發見したからで之が更正のためである。

午前九時町會を開き助役選擧の結果町議園田藤太郎氏滿場一致を以て當選した。

奈良縣

○森川一政氏　高市郡阪合部村收入役岩鄉浩十月末を以て辭職その後任に決定。

○上窪庄太郎氏　山邊郡針ヶ別所村會にて十月二十三日村長に再選。

○山崎楠太郎氏　十月十九日の村會にて再選さる。

三重縣

○村岡誠一氏　阿山郡生野村長十月二日滿場一致當選した。

○須賀利村助役　北牟婁郡須賀利村助役は今回再選認可申請中の所十月二日附認可さる。

○小村萬吉氏　九月二十七日的矢村長當選

○井村增吉氏　九月二十七日立神村長當選

○壬生野村長辭職　阿山郡壬生野村長は百田武俊氏は今度病氣の故を以て退職した。

静岡縣

○高濱素氏　濱松市助役は夫人同件十月十

△**大野町**　新規戸數割賦課に關し九月三十日町會を開いた。

△**定例市參事會**　十月十日開會、提出案件は左の二項である。

一、寄附物件採納の件

一、大正十四年歳入出追加豫算の件（市長寄附金）

△**優良町村視察**　福井縣町村長會の優良町村事務視察として十月中旬頃甲、乙兩班に分ち甲班は今立、大飯兩郡より一名宛乙班は坂井、大野兩郡より一名宛選定し左記個所を視察すると。

△甲班　愛知縣碧海郡依佐美村同縣額田郡美谷村

△乙班　京都府河鹿郡吉美村同府與謝郡栗田村、滋賀縣甲賀郡宮村、同縣野州郡兵主村

△**敦賀町會**　九月十八日開會、附議事項盛澤山の上にも利害相反する問題が多いため中西町會議員をして喋るために議員となつたのであるから默つて居られぬと放言せしめた程で一問題毎に議論沸騰して際限なく果ては立廻りも演ぜられんとする光景であつたが結局大問題とされた築港倉庫會社への埋立地無償讓與の件、都市計畫準備委員設置規定制定の件、特別税觀覽税條例制定の件、露國領事館敷地決定の件、は後廻し若くは協議會に移し十九日町會を再會することゝなつたさが石の内埋立地問題に對しては大和田前對岸實業協會支部長が退任挨拶中築港倉庫會社として附帶事業の設備を經營せしめん目的であつたが理想の遂行不能である。

石川縣

△**寶立村會**　十月三日開會、十四年度歳入出豫算追加更正及び縣税戸數割不定期賦課額二件は滿場異議なく可決したが内十四年度追加更正は谷崎山道の縣道開設費二千二百三十圓で既決豫算額三千圓と併せ五千二百三十圓となり寶立村の負擔になる分を全部支出する事となつたから是て上戸村の二千圓と總計七千二百三十圓となり同工事費に對する四分の一負擔は決定した譯であるが工事着手は十一月上旬の豫定である。

△**七尾役場移轉**　鹿島郡七尾町役場は七尾郵便局の二等昇格に伴ひ移轉することとなり移轉の認可を縣當局へ申請中の處九月二十八日認可指令があつた。七尾町決算町會は十月七日開會、前年度歳入出決算認

二日東京より着任、渡邊市長同道で[illegible]社諏訪兩神社へ參拜後市吏員一同に就任の挨拶をした。

○**永見房吉氏**　十月十六日靜岡市助役に着任。

○**二俣後任町長**　交渉中の處圓滿に解決し前志太郡島田町助役篠原莊夫氏就任に決定。

○**松本謙氏**　十月十五日金谷町長に滿場一致決定した。

○**湯山剛平氏**　小山町長に決定した。

○**田原助役收入役決定**　收入役名倉庄平氏は今回助役に選定せられ其後任收入役に和田濟氏選定され目下認可申請中。

岐阜縣

○**下原村長辭職**　益田郡下原村長加藤金之助氏は家事の都合にて辭職に付後任村長の物色中である。

長野縣

○**西澤繁右衛門氏**　木曾上松町に於ては塚本清一郎氏町長辭任以來缺員中のところ十月二十七日町長銓衡會を開き議員十六名出席の上前警視西澤繁右衛門氏を推薦

定其他の件附議した。

▲崎浦村限外課税　石川郡崎浦村の特別税反別割制限課税並に地租附加税併課の件は豫て許可申請中の處本月二日附内務大藏兩大臣から許可になつた。

▲小松町會　九月十七日招集十四年度歳入出豫算追加並に縣税戸數割不定期賦課額の件を附議したが右豫算追加の件は前町長松佐次郎氏へ贈呈する慰勞金である。

▲羽咋町會　十月六日招集、本年度町豫算額追加更正（四千七百四十圓）及び民有土地賃借及び該地轉借の三件を附議し何れも原案を可決確定した。

▲部長會　河北郡では十月五日小學教員集會の部長會を招集し研究協議を開催した。

▲尾小屋小學校擧式　西尾小屋村尾小屋小學校にては十月六日同校創立五十年式及教育功勞者の表彰式を擧行、

富山縣

▲富山市參事會　一時借入れ金の件を附議した參事會は九月三十日開會、左記附議案件を原案通り可決した。

大正十四年度通常會計所屬經費支拂上差支へ生ぜしを以て市制第百三十二條第三ヶによリ特別會計市區改正費現在金中より金三萬圓を限度として必要に應じ一時運用をなし十一月末日までの間において隨時これが償還を爲すものとす。

▲小町村の併合　村田氷見郡長は過般來布勢村の半分と佛生寺村に餘の半分を十二町村の大部との各村につきそれぞれ各村當局者に慫慂しつあつたところ十二町村では贊意を表し相當下準傳をととのへたるやに傳へられ餘の布勢佛生寺につきしきりと斡旋を試みてゐるが漸く機熟してゐるやうで近く實現するものと觀測されてゐる。

▲生地町會　十月二日開會、十四年度縣税隨時戸數割各自賦課額の件、同年度歳出豫算變更の件を附議した。

▲町村併合　下新川郡石田村で　三日市町と併合するの有利なるを認め村會を開き審議の結果三日市、石田村、田家村及前澤村と大布勢村の一部と併合して一ヶ町とすることに意見が一致他日併合せし際は之を快諾することに決した。

鳥取縣

▲米子町會　十月十九日開會、鹹水漁業者負擔歩合の件は總位數四十四位七歩五位

し滿議異議なく可決十一月二日郡衙に對して通告して來た。

○會田村助役認可　さきに認可申請中であつた東筑摩郡會田村助役降旗藤市氏に對し十月二十日本縣より認可の指令があつた。

○南澤源之助氏　更級郡川柳村長に就任。

福島縣

○佐々木徹三氏　田村郡瀧根村助役十月二十六日就任認可さる。

○先崎巻太郎氏　同有給助役十月二十三日認可九請。

○藤田捨吉氏　田村郡守山町長十月十六日就任認可さる。

○奥川收入役就任　耶麻郡奥川村收入役には同村波田野小三郎氏が就任した。

○牧高川入役就任　河逹郡高川村收入役は同村渡邊太作氏就任した。

○鈴木榮次氏　田村郡瀧根村收入役代理に就任した。

○橋本五三郎氏　田村郡三春町收入役に當選して十月二十一日認可申講した。

○佐藤勝治氏　信夫郡佐倉村長に當選して十月二十一日認可申請した。

にして一位に付き九十八錢二厘八五七、となり原案通り可決した。尙米子町本年配當年額は八十六圓である次に公設市場委員選擧の件、臨時水道委員改選の件、その數件を附議し次に秘密會を開催して西伯郡成實村と米子町との合併經過報告を行つた。

▲根雨町の紛爭　日野郡根雨町長問題に關し同地公友會が反對しつゝある事は既報の通りであるが同會は町民大會を開き其決議に依り町民の聲なり町の輿論なりと高唱するも其內容に至つて必ずしも町民の迷惑なる事があるので之れが對策として某々等策士に依り別個の團體を組織し將來斯の如き問題の起こりたる時は是非共に町民の會合を促し其意見に贊成を求めて其數の多きものを以て決せんとして區長組長等を發起人に推し最員の募集に努めんとしてゐるが近く具體化するであらうと云はれて居る

▲倉吉町會　十月九日現議員の提唱で新廳舍が出來あがつたのであ名殘りの町會を開いた左の件が附議した。

一、第六回大正十四年度追加豫算
一、寄附物收納の件
一、區長及代理者選擧の件
一、水路變更の件

猛烈な選擧戰が濟んだ倉吉町は颱風一過の跡の靜けさで今日の處では選擧に關する異議の申立も出さうには物い異議の申し立があれば之を決定する爲めに町會を招集する必要もあるが何れ新に出來た二十四名議員の顏合せ會もせねばならない。

島根縣

▲村林貸借契約　邑智郡川越村にては九月二十三日村會を開き左の案件を附議した處滿場異議なく原案通り可決し九月二十四日は川本農蠶學校長出張實習林としての契約事項を詳細に說明した。

村有林貸借契約に關する件

▲和田臨時村會　十月四日開會十四年度村歲出追加更正豫算の件

▲倉吉町會　九月二十八日開會、十四年度倉吉町歲入出第五回追加豫算、町稅賦課に關する件等附議した。

▲[illegible]廣瀨町會　九月三十日招集十四年度島根縣能義郡廣瀨町歲入出豫算追加更正及び遊興稅徵收交付金追加の件を附議す

▲濱田町會　十月十二日開會町立圖書館條件の件、屠物不淨物處分の件、十四年度町歲入出第四回追加更正豫算の件、瀨戶け

○田邊精一氏　耶麻郡鹽川町長十月二十六日就任認可された。

○長谷川善太郎氏　耶麻郡加納村長十月二十一日就任認可。

岩手縣

○山下菊治氏　九戶郡輕米町臨時收入役辭職。

○日山米五郎氏　同町收入役就任。

○菊池惟重氏　江刺郡廣瀨村長十一月七日當選した。

○岩淵淸之助　東磐井郡矢越村助役十月三十日付認可。

○古里政次郎　九戶郡晴山村長十月三十日付認可。

○千葉助役　遠野町助役千葉陸郎氏は十月廿一日突然辭表を町長の元まで差出したるが今回町役場を退職せるは三陸銀行遠野派出所に入るためにて廿五日及川年之助氏と共に有志者を歷訪なし挨拶をなせるが二十六日より營業を開始し繁忙を極めつゝあり。

青森縣

○青森市助役鈴木新吉就職　申請は十月八

島區長代理者選擧の件等附議した。

▲三成村會　九月二十八九兩日開會、十四年度歳入出追加更年豫算の件、定期家畜市場敷地料負擔に關する契約締結の件、土木工事指名請負件三成村諸給算規程の件等附議

▲縣道昇格認定　鳥取縣の町村道中左記二線は今回縣道に昇格認定されることゝなり、內務大臣から白上知事に認可の指令が發せられた。

一、東町鳥取市（六町四十間）

一、上菅停車場本山線（卅町七間）

▲松江市參事會　十月七日土木委員會を開催し次いて市參事會を開催し、國有地拂下申請に關する件、寄附物品收受の件を議決。

▲鍋山村會　九月十五日開會、十四年度追加豫算、事務委員選擧の件、基本財產土地貸付の件外數件附議學務委員を選擧し種牡手村役補助額の協定勞働賃銀に關する件村有林境介に關する件、等の事項を協議した。

岡山縣

▲倉敷町會　十月二十三日開催、本郡菅生村外一個村地內縣道改修潰地買收費寄附の件、本町濟生會へ補助金支出議決の件、十四年度臨時縣稅戶數割賦課額議決の件、本町有溝渠變更並に拂下議決の件等附議。

▲吳妹村會　十月十一日開會同村及び大字妹、同尾崎兩部落大正十四年度追加豫算並に小田川改修敷地寄附の件を附議した。

▲岡田村會　十一月十一日招集し十四年度後期縣稅戶數割賦課等級查定會を開き正午十二時原案を承認圓滿裡に閉會した。

▲町制實施　淺口郡長尾村は兼て町制申請中であつたが十一月一日施行されることゝなつた。

▲津山町會　十月十二日開會、十四年度苫田郡津山町歳入出追加豫算議定の件、十三年度町歳入出決算の件等を附議した。

▲大野村會　十月七日開會、十三年度決算承認の件、堤塘、河岸、溝渠使用等例制定の件、外數件を附議したが滿場一致原案通り可決した。

▲山田神在村會　十月二十三日招集し十四年度縣稅戶數割後期賦課の件及び同上追加賦課の件を附議した又山田村では二十二日開會同樣議案を附議し即日議了した。

▲學校問題協議　灘崎村では十月十二

日附認可された。

○大鰐町助役渡邊守恭氏は九月十三日退職し嘉瀨周助氏の就職は十月五日附認可。

○東部西平門村長に木村清藏氏當選九月二十九日附を以て認可さる

○西部十三村名譽職村山加福喜藏氏及同名譽職助役永井庄平氏就職の件何れも十月八日認可さる。

山形縣

○伊佐澤村長決定　東置賜郡伊佐澤村は從來村長の改選毎に圓滿に缺き來つたが十月三日の村長選擧會に滿場一致前村長鈴木琢磨氏を選擧した。

○南遊佐村助役決定　飽海郡南遊佐村助役二名の改選に大場與衞門佐藤哲太郎の兩氏當選直に就職認可申請した。

秋田縣

○本莊町名譽助役に瀧澤潜氏が就職し二年間の空席も埋つた譯である。

○由利郡東瀧澤村長は名譽職村長として多田善次郎氏當選九月三十日付就任認可された。

日村會を開東兒各町村組合立女學校設置に關する件、西北兒各町村組合立農學校設立の件及縣稅戶數後期課稅額決定の件、地目變換に關する件等を附議した。

△村道改修費寄附　眞庭郡河內村大字上河內部落では字東谷地內村道百四十五間を二千二百圓の經費を以て改修するに決しこれが經費を寄附金によりて行ふこととし左記寄附金を得たと。

一千八百九十九圓十五錢部落中◇一百圓同所本山貞市△一百圓同所新山賢治△五十圓久米郡西川村大字奥山手福井儀作△五十圓河內村池田忠藏五圓同所岩崎彦四郎

△山田村會　山田村會は十二日午前十時から村役場で開會、傳染病豫防委員規定改正の件、土木工業委員規程設定の件大正十四年度追加豫算の件等を附議可決した。

△藤野村會　藤野村會は十月十九日午前十時から開會、大正十四年度第二次追加豫算寄附金品受納の件歲計一時借入金の件木村消防組設置の件を附議した。

廣島縣

△甲奴郡淸嶽村臨時村會　十月十五日開會、大正十四年度豫算追加更正の件、村稅賦課率の件を可決した。

△甲奴郡甲奴村會　十月八日開會、大正十四年度豫算追加更正の件を議決した。

收入役會　蘆名郡下各町村長及收入役のため十月十二日常金丸役場に於て研究會を開催した。

▲郡町村長會　高田郡各町村長は九月二十八日吉田町に臨時合同を催し豫て缺員中なりし同會長の後任選擧を行ひ志屋村長芥川贇九郎氏推薦された尙軍隊慰問全國町村町會議提出問題其他の打合せをなした。

△津田村會　佐伯郡津田村會は十月四日開會され大正十四年度歲入出豫算追加の件助役退職に關する件を議決し尙水害復興の爲め左の諸項を協定した。

一、向ふ五ケ年間祭禮を中止し至極質素に行ふ。

一、酒肴等贅澤飮食物購入を禁ず

一、芝居其他の催物は一切禁ず

衣服は木綿物使用のこと

一、長村外村會議員一同謝禮に廻ること

一、一般村民の志氣を緊張せしめ勤儉を徹底的に實行せしむること

福井縣

○村助役辭任　岡本村助役杉原半四郎氏は此程辭職した同村では有給助役例が決議したから目下人選人である。

○村長認可　荒土村長に當選した竹內茂一郎氏の認可は九月十七日到着したが福田村長代理は事務引繼を了し二三日中に退職す可く尙助役缺員であるから竹內村長就任後詮衡する。

○收入役更迭　北新庄村收入役石本奥右衛門氏は家事都合により辭職したので後任に尾形喜太郞氏就任した。

○村岡村長更迭　大野郡村岡村長笠川嘉治馬氏は家事の都合により辭職したので九月十六日選擧會を開いた結果淨土寺の本多彌太郎氏當選直ちに認可申請の手續をしたと因に笠川氏の在任期は一年九月であつたさ。

石川縣

○竹宮廉氏（羽咋郡中甘田村助役）　十月五日認可。

○玉野市三郎氏（石川郡米丸村長）　九月廿六日退職。

和歌山縣

湯淺町會　九月十三日開會、隔離病舍敷地の件及び十一月四五兩日同所で開催の縣山林大會援助の件等を附議した。

▲森林開墾　西牟婁上芳養村岩本しろ、下秋津村玉井岩藏兩氏より申請中であつた森林開墾の件今回許可された。

▲秋津川村會　十月八日、追加豫算、警察官舍改築による寄附金等の支出を附議

▲二川村　豫て申請中の縣道諸川田邊線三箕橋架換費中の一千一百圓寄附の件は今回知事より許可された。

▲大都河村　村稅を確立する爲め近く村務の調査に着入する由であるが右は公共事務の經營及至將來に於る民業歸趨並に指導奬勵に付必須な材料となさんと　るのでその結果により村の產業方針をも決定し大奬勵を行ふと。

▲西牟婁三川村　今回豐原村大字熊野字北の川千二百八十一番の一山林四町十一步及び同字八十一番の二號山林二反步を村有山林として購入する事に決定した。

▲西牟婁一ケ村のみ　さきに稅制整理の參考に資するため各郡に對し山林反別稅の賦課町村に付調査方通牒して來たが右に該する反別稅の賦課してゐるは西牟婁郡では佐本村のみである。

▲公有林補助　東郡高池、北山、濤川、三ケ瀨村有公有林野造林に縣に對し相當奬勵金下付方を申請中今回縣知事より許可された。

▲前村長へ一千圓贈呈　秋津川村ては十月八日村會を開き十四年度歲入出第一回豫算田邊警察署長官舍改築寄附の件等を原案通り決定し、引續いて前村長山下有次氏に慰勞金一千圓贈呈の件等を附議可、決其他村有林下刈りは入札に附し施行する事に決定芳養往來村內橋梁架換も決行する事となつた。

▲和深村會　十月六日、十四年度和深村歲入出第二回豫算及び收入役辭職に付認定の慰勞金贈呈助役推薦の件其の他數項を附議した。

愛媛縣

▲松山市　九月二十八日市會を開き十四年度市歲入出追加及び豫算並に松山市大字味酒歲入出豫算其他二件を附議、因に松山市の十三年度歲入出決算は歲入出決算高五

○川岸成知氏（鳳至郡大屋村長）　十月九日認可。

○竹內吉次氏（鳳至郡柳田村長）　二十八日認可。

○武山豐三氏（河北郡內灘村長）　九月二十八日認可。

○助役認可申請　九月二十九　の笠師保村會に於て三輪善四郎氏が同村助役に選任され就職認可申請が六日郡衙經由知事へ宛提出された。

○玉野市三郎氏（石川郡米丸村長）　十月三日認可。

○西野勇喜智氏（鹿島郡矢田鄉村長）同上。

○石川縣書記官　宮脇梅吉府縣制第八十五條第三項に依り石川縣參事會員　命ず。

市制第百七十條第一項に依り石川縣市吏員懲戒審査委員を命ず。

町村制第五十條第二項に依り石川縣町村吏員懲戒審査委員を命ず土地收用法第三十八條第二項により石川縣收用審査會委員を命ず。

地方森林會規則第三條第二項第一號に依り石川縣地方森林會委員を命ず。

○野々市町長　辭職書明驛名改稱から石川郡野々市町は本年四月野々市驛名改稱問

十八萬八千百　十圓五十錢二厘歳出經常部決算高三十七萬七千七百十五圓五錢同臨時部決算高十一萬四千二百二圓二十一錢歳出合計四十九萬千九百十七圓二十六錢で差引殘金九萬六千二百四十三圓二十九錢二厘を翌年度に繰越した。

▲農村教育協議　十月二十八日乃至三十日開會、農村振興の根本方策如何、農村の高等學校を如何に改造すべきか、農村の實業教育に關する件等を附議した。

高知縣

▲高知市會　十一月十六日開會、左の議案を附議した。

一、鏡川堤防組合議員選擧規程中改正の件

一、市道路線認定諮問の件

一、架造建築に關する諮問

一、第二小學校建築費

起債償還方法更正議案

一、特別所得税條例中改正の件

一、市税賦課徴收方法規程改正の件

一、收入證紙規程中改正の件

一、大正十四年度歳入追加豫算

▲伊豆田村長郡長より譴責　幡多郡伊豆田村長吉井平次氏は本年五月二十日執行村會議員總選擧に際し公民權を有せざる者を名簿に登錄し投票せしめたる結果選擧をして無效ならしめしは職務上不都合なりとし、十月十日同郡長より譴責された。

▲下ノ加江校新築落成式　幡多郡伊豆田村下の加江小學校は本春工を起し新築中であつたが漸く竣工を見たるにより十月十五日落成式を擧行する事に決定した餘興は煙火、相撲であるが賞金は七番拔に五十圓の現金を授與するとの事である。

▲太田氏の美擧　安藝郡田野町太田清兵衛氏は曩に農林省より拂下げを受けたる馬路營林署舊作業所の一部を馬路村の爲に特賣をなし同村は之を村の營造物に充用せるが今回又金三百圓を同村へ寄附した寄特と云ふべし。

大分縣

▲大分市會　十月八日開會、部落有財産處分の件、區長及代理者設置規程中改正の件十四年度追加更正豫算・市税臨時賦課徴收規則制定の件、名譽職辭任理由認定の件等を順次に附議可決したが追加豫算九千八

題起るや之を以て町民は死活問題として反對運動を起し町民大會等を開催し運動をなしつつありたるも遂に今九月一日より西金澤驛と改稱するに至りたるが之が運動に關係せる町會議員十四名は町民に對する責任を負ひ曩に辭職したるがその後十月二十九日の町會協議會に於て館町長も自己の責任上辭職すべく言明したさうである。

富山縣

○町村吏員認可　下新川郡飯野村助役高見德次郎、氷見郡女良村長木和田久八、婦負郡保内村長山下龜次郎、中新川郡東谷村長清水彦五郎、同郡立山村長佐伯新之

○須河信一氏　嘗て東礪波郡利賀村において村長選擧に紛擾を釀して居たが今回氏が村長として認可された。

鳥取縣

○谷田庸市氏　日野郡江尾村收入役十月十二日を以て滿期村會にて再選した。

○國政通隆氏　十月十八日頭郡那岐村長に當選した。

百七十六圓の財源は主として縣稅戶數割附加稅に一戶平均八十四錢二厘を增徵しその他は不用土地賣却代等を以て充つると。

▲西馬城村會　三日招雄追加豫算部落申請に係る道路費補助議決の件各提出い建議等議決の件を附議した。

▲上伊美村　七日開會、縣行造林施行議定の件部落有土地分筆議定の件等を議決した。

▲直見町　十日豫算町會開會。

▲判田村自治會　最に村會議員の改選を機會に更始一新大に面目を改めしむ可く村町は擧て村會議員、役場吏員及び學校長等に向つて「判田村發展の策如何」と云ふ諮問を發してあつたが去八月末迄に各人の答案全部を提出を得たので、八日自治會を開いて村會議員、學校長產業組合役員は素より各團體代表者有志と硏究審議した。

▲中津町會　十二日追加更正豫算傳染病豫防委員選擧其他を附議。

▲龍王村會　十三日追加豫算寄附受入等

▲合併委員會　小楠・鶴居、東吉富と中津町合併　期する中津町村合併委員は十五日交涉準備協議を爲した。

▲自治講習會　大野郡主催十九日より五日間同郡役所にて開催講師は井口郡長挾問郡視學郡書記等。

▲大分市　二十八日春日浦埋立問題に關する知事諮問に對し調査委員會開會愼重審議二十九日市會本會議に於ては區長改選の件並埋立の件に關する調査委員會の經過報告をなし知事諮問案に對し答申。

▲東中浦村會　二十九日追加豫算附議傳染病豫防委員選擧を行つた。

▲副業奬勵　別府市は市街市繁榮に比し山間部の疲弊甚だしく神澤市長は今回相當補助金下附を爲して之が部落民の福利を計り副業を奬勵すると共に田畑開墾をなして將來別府市全部の需要を充す計畫なりと。

佐賀縣

▲佐賀市會　十月十五日開會蓮根及魚族拂下の件本年度歲入出追加豫算の件官有水面有料使用願の件私設架橋願の件區長代理選擧の件等を附議した。

▲三養基郡　十六日町村長會開會地方維持增進に關する件稻採種田管理指導に關する件電氣動力灌漑施設に關する件等を附議

▲芦刈村　中溝耕地整理組合設立に就南里爲一氏申請中十月一日付認可された。

島根縣

○三代恒芳氏　簸川郡國富村に於ては本年二月前村長細木孫三郞氏退職以來今日迄缺員中の處九月十四日開會後任村長の選擧に於て現名譽助役三代恒芳氏當選。因に同氏は大正二年八月十七日同村收入役となり次いて同八年十二月十六日名譽助役に榮進し此度村長に富選せしなり同家は同村內に於ての舊家にして德望あり一般町民はかゝる良村長を得たるに歡喜し前途を囑望して居る。氏は明治二十七年十月十四日生れにして本年三十二歲の前途洋々たる靑年村長なり。

岡山縣

○畑高太郞氏　茶屋町助役十月十日認可。

○中村吉治氏　帶江村收入役に再選十月十五日認可した。

○赤木佐平治氏　十月七日の村會にて高山村長に滿場異議なく再選した。

○野崎茂平氏　味野町長就任した。

○高橋不揭太兩氏　小田長村就任したが野崎茂平氏とも町村相隣接し新進の適任者

▲就學奬勵金　佐賀市に於て九月中の就學奬勵給與金總額は百十三圓にしてその被給與兒童數五十五名であると。

▲東松浦郡　十一月七日厳木村役場に於て町村事務研究會開催。

▲神崎町　十月卅日に緊急町會開會傳染病豫防に關する協議を行つた。

▲杵東米穀商組合　杵島郡東部山口佐留志小田大町六角福治福富北有町南有明錦江瀧王各村米穀商を網羅し同業組合を組織し二十九日山口村稻富進吉氏宅にて發會式を擧げた。

▲名護屋青年會　十一月一日名護屋校にて開催會計會務の報告後討議に入り講習會運動會開催の件等を決議來賓の演說あり

▲西嬉野村　嬉野區青年會は四日創立十周年祝賀會擧行功勞者小野原芫太郎氏安永安太郎氏を表彰來賓祝辭會員演說等あり。

▲東川賀村　四日婦人農事講話會開會

▲佐賀稅務署管內　市町村稅務協議會開會し稅務主任並に各村長助役百餘名出席大正四年度以降十ヶ年間に於ける稅金完納優良村三瀨境野金立中川三川南茂安六ヶ村に對し署長より表彰狀を授與（總代金立村長眞島長一郎氏）稅務署長提出の地租所得稅營業稅相續稅自家用醤油稅を協議し各村提出事項の協議をなした。

▲農村金融狀態　佐賀縣信用組合聯合會に於ける所屬組合は近年著しく之を利用する事となつた結果十月末の成績に見れば出資一七萬餘圓となり貯金又六十萬餘圓に達し更に十一月に入つて尙ほ益々增加の狀勢を辿り貸付金は九月末まで五十萬圓以上のもの十月中には償還頗る多く之に反し需要閑散の爲め同月末現在では三十萬圓に減少し一般に農村の金融樂になり餘金も亦敷十萬圓の多きに上り數年前に比すると非常の增加である。

熊本縣

▲日奈久町會　十月十四日招集十四年度歲入出追加更正豫算の件町道路變更並に舊道路敷地無償交換の件町有林視察の件を附議。

▲人吉町會　二十二日人吉町外四ヶ村傳染病院組合會議員、二日町區長、收入役代理等の選擧小學校地擴張町有地貸付等を附議。

▲稻の假差押へ　八代郡村簗小作人全體の不納米は大正十一年より三年に亘り總

を以て內外の輿望を擔うて立つたのであり南兒六ヶ町村の自治體展開の機運を促進するのであらうと期待されてゐる。

廣島縣

○小山安藏氏　比婆郡北原町長病軀の爲め辭任申出の處町民の切なる勸告に依り留任することになつたが町民は同氏に感謝狀を贈つた。

○永渡村助役送別　二十餘年間村政に貢獻せる神石郡永渡村助役佐々木貞雄氏の送別會は九月二十五日同村役場樓上に行はれた。

○石内村助役收入役推薦　九月二十六日收入役丑田茂氏を助役に、倉本與一氏を收入役に推薦した。

○甲奴村長決定　九月二十八日池田仙太郎氏當選し直に認可申請した。

和歌山縣

○湯森粂太郎氏（日高郡志賀村長）　今回就職認可。

○政所與次右衞門氏（東郡上太田村助役同上。

○吉川大郎氏（和深村助役）　今回家事都合

類六千俵の巨額で十四年分に對しても脫納の企あり地主たる公益事務組合代理人は小作不納者園田末蔵外百八十三名に對し十月二十七日刈取りて小積と爲したる稻約四千表の假差押を爲した。

△役場落成　熊本郡米野岳村役場は十八日新築落成式を擧行した。

△三村併合　八代郡野津、和鹿島、吉野三村合併につき二十日豫傳會を開き具體案成立を見たので愈々知事を經て內務大臣へ認可申請を提出すべく圓滿成立を見るべしと。

△八代町會　廿八、九兩日開會球磨尻四百五十間浚渫に關する件區長代理及代理者資格並に費用辨償支給追加變更の件町有地を日本セメント會社道路敷地として賣却の件等を附議した。

△熊本市　十月廿九日市會十一月三日參事會開會市外三ヶ村土木組合規約を附議。

△下益城郡　十月二十九日町村長會議開會吏員優遇に關する方案として左記を決議した。

一、報酬給料額を向上せしむる事

二、年功加俸制度を設くること

三、退隱料條例制定の件

△藍田村　村發展の爲人吉町より大塚に到る三里の道路を去る七月竣工せしが之が有意義なる活用をなすべく戶畑國有林を明年より伐採に就き沿道各區長及村會は搬出路として使用方を陳情した。

宮崎縣

△宮崎市聯合青年團　十月十日總會並に運動豫選會開催大迫團長の訓辭があつた。

△宮崎市參事會　同十三日開會農學校敷地買收追加豫算の件寄附受納等を附議。

△道路補助陳情　兒湯郡妻高鍋間道路開鑿補助問題に就き元高鍋町長黑木新田村長黑木新田村會議員黑木妻町長等二十一日出縣土木課長と知事を訪問し明年度豫算にて是非とし補助交附方の諒解を求めた。

△役場事務研究　北諸縣郡內各町村役場吏員事務研究會を二十八日高崎村に開催し同役場の事務視察、批評研究等を行つた。

△妻町會　卅一日十三年度決算町會開會

△三納村　共同經營の笠原提式製莚機を共同購入すべく二十五日手續了。

△本庄町　工費一萬四千五百五十圓にて

により辭職。

○山本良助氏（田並村助役）　今回縣へ認可を申請した。

○玉置國太郎氏　日高志賀助役に就任認可さる日。

○村議辭意　西牟婁郡三舞村會議員吉屋辨次郎氏は九月廿八日付で病氣の故をもつて村會議員を辭職した。

○山本良太郎氏（田並助役）　就職認可さる

○小牧義夫氏（元西牟婁郡長現廣島縣事務官）今回六級俸下賜さる。

○野下龜一氏　東郡三野收入役に選擧され今回認可申請。

○尾原五郎吉氏　西牟婁郡和深村助役に十月六日の村會にて當選。

○吉川養太郎氏　同收入役當選。

○白井菊一氏　和深村收入役を今回家事都合に依り突然辭職、同氏は書記として役場に入つてより今日まで九年間一意專心職務に盡された溫厚な人格者で村民は今回退職を非常に惜んでゐる。

愛媛縣

○松山市收入役　十月二十八日の松山市會で柳生松山市收役の後任として飯尾吉氏

役場を新築の筈で位置變更の件を出願した

▲八代村　若松農林技手主任となり脫穀機の共同購入を勸誘中。

▲三股村　廿八日田上發鑑組合の上り祝開催同組合は四十四所で春秋を通じ四百八十三枚上繭二、三五五貫玉繭百八十貫の好成績で技術員中郷村和田清二氏に負ふ所多く組合員は今回謝意を表し腕時計を贈呈。

▲北諸聯合青年團　十一月八日都中に於て總會並運動會を開催した。

▲延岡町靑年會　同十日延岡校に於て秋季總會開催講話規約改正會員意見發表等あり終つて運動會を催した。

▲飫肥町新町　嚢に町有地廉價貸下斷行以來頓に繁榮地となり中山町會議員外有志數名は結束して絕えず繁榮策に心掛てゐる。

▶水利改良委員會　宮崎市アオキ村住吉村一市二ヶ村水利改良事業委員會を六日開催せしも市委員出席せず之加委員は各自議論を固持する爲議事に入らずして散會。

▲沖水村平江青年團　村長の懇望に依り今回都城市小松青年團より分立獨立し團長に大久保義則氏を推戴團旗團服の寄附を受けしも基金造成の爲十二月一日より夜警をなし月三十圓の寄附を仰ぐと。

鹿兒島縣

▲牛根村會　十月十六、十九、二十の三日間本年度後期戶數割及營業稅査定を附議

▲鶴田村會　二十日開會川內電氣株式會社第三發電所建設の利害如何の諮問を審議

▲西大臣村會　二十二日臨時會後期戶數割賦課査定の件を附議したが前斯査定の折は議員改選後最初の事とて委員を設け愼重審議の結果例年に比し非常に好成績であつた爲今回も前通り公平なる査定を爲した

▲各町村會　阿久根町萬世町は二十二日郡山村伊敷村は二十三日枕崎町二十四日今泉村二十六日恒吉村は十月中三日間いづれも本年度後期縣稅戶數商營業稅雜種稅各自負擔額査定につき決議を爲した。

▲稻荷町會　十一月八日會計報告其他町務上の必要案件を決議し後宴會を催した。

▲鹿兒島市　十月二十四日參事會二十九日市會開會議案中市有功者表彰規定の件は次會に延期荒田耕整理組合耕地整理地域内に國有地編入の件本年度後期營業稅雜種稅賦課額の件は各原案確定縣費補助申請の件は決議の要を見す豫算に對する希望あり附

を推薦する事に決定した。

大分縣

○甲斐泰藏氏（前大分挾郡間村長）　五日滿期後進の途を開く爲に引退した。

○宮田又四郎氏　南海部郡蒲江町助役は十三日の町會にて當選。

○秋山武人氏　大分郡鶴崎町名譽職町長に就任の件十五日認可さる。

○小野隆九郎氏　同郡南村長に同日認可。

○油布定氏　同郡挾間村助役同日認可。

○朝來村　十月二日村會召集、前村長田邊顯良三氏の後任選擧を行ふたが十二議員の内七名對五名の差で元村長藤原萬吉氏當選した。

熊本縣

○倉井一斗氏　八代郡松高村助役就任の件十月十日認可さる。

○上野彌太郎氏　天草郡下津深江村小田床村組合助役同日認可さる。

○黑木德太郎氏　珠摩郡久米村長十四日就任認可。

○平瀨一良氏　玉名郡茬名村長同日認可

○堀本文太氏　天草郡本村助役二十日認可

會。

▲伊集院臨時町會　二十九日追加豫算附議十八日。

▲山崎村農會　十八日小組合研究會開會組合各戸の整理帳簿視察小組合長の活動狀態說明出會者の批評後各種協議を行つた

▲大村上手青年　市來家隆氏を團長に戴いて以來頓に向上せしが二十六日役員會開催團則增補の件閱圖書館藏書整理の件等を附議。

▲牛根村青年會　十一月二日開會會計會務報告後團服制定の件その他を協議し討論會演說會運動會を催した。

▲蕨島青年　基本金造成の爲春秋二回共同事業をなし居り今回は一日魚釣を行ひ二十餘貫三十餘圓を獲得した。

▲加治木町　日高町長は十一月上旬各學校長を招集從來財政紊亂の爲町當局と學校側との豫算執行上の手續に圓滿を缺き出り此の際財政狀態を明白にし協力立直しを斷行すべく協議を爲した。

▲鹿屋町會　戶數割查定笠野夏水道費負擔額の協定鹿屋講堂場に關する件

▲揖宿郡自治研究會　十一月五、六兩日自治の研究優良部落視察及講演あり

沖繩縣

▲中頭敎育部會　十月十五日開會左記記事事項を執行。

一、懸賞論文當選者へ授賞

二、銀行整理合同に依る餘金の一部切捨並株式振替に關する報告

三、研究發表（當選者中より三名）

四、講演交涉中

五、巡回文庫古本賣却

▲公金預金切捨問題　町村公金預金の切捨、株式振替問題に關する善後協議の町村長會は十一月三日開會した出席議員三十七名銀行側より隈本專務に百名金城兩設立委員出席し質疑應答するところがあつたが各神村長も結局事情止むを得ざるものとして各町村會に提案することを申合せて散會した。

▲首里市會　十月十五日招集、本市基本財產減額承認の件、本市學校基本財產減額承認の件、本市生徒獎勵基金減額承認の件本年度歲入預金減額承認の件等附議した。

北海道

▲釧路市會招集　釧路市會は十一月九

○川上昇氏　同郡今津村助役同日認可。

○大西愛次氏　同郡早浦龜浦組合村長二十一日就任認可。

○小幡安市氏　同中村助役同日認可。

○永島國平氏　球摩郡四浦村長同日認可。

○興梠又一氏　阿蘇郡白村村長二十四日當選。

○芥川篤美氏　飽託郡走潟村長二十八日認可。

○河崎永諸氏　阿蘇郡中通村長就職の件十一月三日認可さる。

○水本東浦氏　玉名郡荒尾町長新任。

宮崎縣

○濱沙重言氏　兒湯郡東米良村長に再選十一月七日認可指令あり。

○山元忠信氏　北諸縣郡三股村長に當選の件十月廿九日認可あり。

鹿兒島縣

○寺原竹二氏　十月一日大口町長當選認可

○富田重治氏　同十日牧園村長當選認可。

○高城彌市氏　同日枕崎町助役當選認可。

○大迫俊造氏　同日日置村助役當選認可。

○日高彥市氏　衆望止み難く遂に加治木町

日招集左記案件を附議。

一、十四年度地方税追加戸數割附加の件

二、不動産賣却の件

三、學校敷地寄附の件

四、參事會委員補缺選擧の件

外諸問案二件

▲幌延村會 十一月二三の兩日村會開會追加戸數割其他の賦課額査定を議了し上幌延停車場道路認定の諮問を經由定刻閉會した。

▲夕張町會 夕張町は四五兩日町會を招集し左記議案を附議。

△十四年度歳入出豫算追加更正の件△同第二期特別税反別割課税の件△同地方税反別割賦課の件△隨時地方税戸數割課税の件△枯損木賣拂の件△副産物賣拂規定の件△町有地位付の件

▲古平町會 二十九日招集左記議案審議し一、二多少の修正あり土地買得の件は寄附を受くる事其他原案通り決定午後一時散會した。

一、十四年度地方税追加戸數割各個課税額

二、十四年度地方税隨時戸數割各個課税額修正

三、十四年度第二期地方税雜種税（反別割）各個賦課額

四、土地買得の件（寄附を受くる事）

五、財産管理の件

六、町有地賃貸料及年限に關する件（修正）

七、町有地賃貸料未定の件

八、薪炭傳林旅行方法の件

九、十四年度特別會計普通基本財産歳入追加更正豫算表

十、戸數割附加税附加せざる件

▲遠輕村會 月二十八日より招集大正十四年度一般會計歳入歳出豫算追加更正の件不動産收得税の件、大正十四年度第二期地方反別割附加件、大正十四年度全期特別割等級査定の件、大正十四年度戸數割追加賦課の件。遠輕村特別會計大正十四年度遠輕校基本財産追加豫算の件を附議。

▲岩見澤町會 岩見澤町會は十一月二日賣會した。

一、本年度地方税追加戸數割各個額

二、本年度地方税第二反別課税額の二案を附議したが孰れも原案を可決確定

▲老古美小學校落成 かねて改築工事中の岩内郡前田村老古美小學校の落成式並に祝賀會は十一月二日午前十年より同校に於て盛大に催された。

長を承諾廿四日知事の認可指令あり廿八日法元前町長との事務引繼、町議區長役場吏員等との挨拶あり氏は元薩摩郡長として敏腕の聞へ高く必ず町政の刷新を期し得べく期待されてゐる。

沖縄縣

○仲吉望助氏 今回首里市長に就任。

○首里市收入役 臨時代理者首里市書記伊地柴本市制第百六十四條に依り首里市收入役臨時代理者に選任す。

○辭令國吉政永 任沖縄縣國頭郡書記給月俸三十五圓國頭郡書記翁長良彦給十級俸依願退職。

北海道

○臼木龜田村長辭任 豫れて辭表提出中であつた龜田郡龜田村長臼木五八郎氏は十一月六日を以て退職の認可があつた。

○江差助役 江差町助役宮島鉛次郎氏は任期滿了に付十一月二日の町會で選擧せるが現宮島助役は滿場一致にて再選に決定し直ちに其の手讀をなせり改選の慰勞二百四十圓を支給した。

編輯餘錄

△あれやこれと、事の多かつた大正十四年も、今月を以て將に暮れやうとしてゐる。

十四年!! 回顧すれば、實に我が自治政に取つては、忘れんとしても忘れられない意味深きひと歳ではあつた。

普選を筆頭に、郡制の廢止、引續いて郡役所の廢止。義務教育費問題に税制整理の喧騷さては、知事公選論の萠芽。農村問題の論議せられた事本年の如きはなかつた。

然も、この十二月は、本會に取つては始めての年の暮れである。始めて、卷を重ねやうとする本誌である。

新綠の五月、溌剌の意氣を以て、世に出でた本誌が、多大の自信を持つては居たものゝ、ふりかへつて見て、その、餘りに、豫期以上の成績であつたことを、今更ながら賴もしく、亦喜しく思ふ。と同時に、陰に陽に、謝すとも尙謝し終せぬ、江湖諸氏の御盡力に對し、深甚なる感謝の誠を捧げる次第である。

時は、年の暮れ。過ぐる年を謝すると共に將來に於ける、より以上の奮闘を誓ひ、絶えて變らぬ、諸氏の御後援を御仰ぎしたい。

△何よりも、農村には今、高尙なる娯樂機關が必要である。我々は、農村に智識の充實を希ふと共に、よい以上の誠意と熱とを以つて、情操の訓練に心せねばならぬ。

さうした目的で、鄕土文學を鼓吹すべく本誌は、來年度から俳壇を設けて、諸彦の作句を紹介する事とした。

從來の如く、自治政に關する諸問題と共に、御寄稿あらんことを。

△その他の、すべての點に於いて、面目を一新する新年號の本誌は、必ずや讀者諸彦の期待を裏切らないであらう、と共に、斯界の、一大驚異であらう事を、固く信じて疑はない。

△諸彦幸ひに自重されて、幸福なる新春を迎へられん事を。

市町村（毎月一回一日發行）

冊數	定價（郵税共）
一冊（一ヶ月）	五拾錢
六冊（半ヶ年）	參圓
十冊（一ヶ年）	六圓

◉誌代は前金の事◉切手代用一割增（但し切手は、一錢、一錢五厘、三錢の三種に限る）◉前金受取書差出不申候 ◉前金切の節は封紙に其旨表示可致候

大正十四年十一月廿九日印刷納本
大正十四年十二月一日發行
（第一卷）（第六號）

各項禁轉載

發行 編輯兼 印刷人 前田郁

印刷所 東京市本鄕區金助町六十八 帝國自治研究會印刷部

發行所 東京市日本橋區本銀町四ノ三 帝國自治研究會 振替東京七一六〇〇番

大阪市東區淀川十三東ノ町一〇四 帝國自治研究會關西支局 電話北六一五九番

市町村創刊號ヨリノ執筆者（イロハ順）

日本銀行總裁 市來乙彦
法學博士 泉哲
男爵 稻田昌雄
衆議院議員 秦豐助
法學博士 馬場鍈一
和歌山縣知事 長谷川久一
貴族院議員 德富猪一郎
家庭學校長 留岡幸助
衆議院議員 岡田溫
內務省社會局書記官 大野緑一郎
內務大臣 若槻禮次郎
總理大臣 加藤高明
貴族院議員 鎌田榮吉
法學博士 川手忠義
商學士 金子利八郎
農學博士 横井時敬

子爵 高橋是清
政友會總裁 田中義一
明治學院總理 田川大吉郎
法農學士 田中長茂
農學士 協調會 根津勉治
農學博士 那須皓
農學士 鳴鬼喜雄
內務省地方局長 潮惠之助
衆議院議員 植原悅二郎
衆議院議員 黑住成章
內務省衛生局長 山田準次郎
山本鼎
法學博士 松井茂
內閣統計局長 下條康麿
子爵 後藤新平
醫學博士 兒玉豐次郎

明治大學教授 小島憲
文學博士 柳澤政太郎
衆議院議員 粟山博
東京府內務部長 菊池愼三
文部書記官 木村正義
東京市政調査會 弓家七郎
法學博士 水野錬太郎
貴族院議員 宮田光雄
農林書記官 南正樹
農林書記官 三宅發士郎
東京市役所 三輪爲一
東京市役所 三好豐太郎
行政裁判所評定官 島村他三郎
大阪市立市民館長 志賀志那人
平井良成
協調會 鈴木誠治

正眞南部

國勢調査記念

本場直卸

（裏）

皇國の隆盛を表徴し旭日昇天の圖に年號を附し桐唐草の模樣を附す。

意匠新案 國調形 一升入

（表）

今回の徽章圖案に習ひ菊と櫻の中央に國勢調査及記念の文字を著はす。

▲諸官衙並に販賣商店にて多數御申込は個數に依りて特別の割引あり。

見本 送料不要 但し諸官衙並に販賣商店の捺印あるものに限る。

◎尚拾五個以上の御註文ありたるとき右見本分をも割引の値に加ふべし。

▲大特價金五圓五拾錢

内地 責任送料 金八拾錢

（朝鮮、臺灣 樺太、諸島） 金壹圓拾錢

◎代金引換を望まるゝ方は申込金壹圓前納ありたし、

岩手縣盛岡市關口（柳館鑄工所）

南部鐵瓶 專門製作 紫雲堂

振替口座 仙臺一一九六番

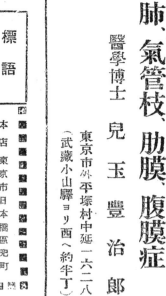

大正十四年十二月一日發行（毎月一回發行）

定價金五拾錢

地方自治法研究復刊大系〔第240巻〕

市町村 第1年合本〔第1号-第6号〕

日本立法資料全集 別巻 1050

2018（平成30）年1月25日　復刻版第1刷発行　7650-3:012-010-005

編　輯　前　田　郁
発行者　今　井　貴
　　　　稲　葉　文　子
発行所　株式会社信山社

〒113-0033 東京都文京区本郷6-2-9-102東大正門前
Ⓣ03（3818）1019　Ⓕ03（3818）0344
来栖支店〒309-1625 茨城県笠間市来栖2345-1
Ⓣ0296-71-0215　Ⓕ0296-72-5410
笠間才木支店〒309-1611 笠間市笠間515-3
Ⓣ0296-71-9081　Ⓕ0296-71-9082

印刷所　ワイズ書籍
製本所　カナメブックス
用　紙　七洋紙業

printed in Japan　分類 323.934 g 1050

ISBN978-4-7972-7650-3 C3332 ¥85000E